다시 펴지는 햇살

周易(주역)

李玄揆 譯解

도서출판 월인

차례

上經

下經

읽기 전 참고의 말

'周易'의 용어가 쓰인 책을 대하다 보면 그 종류가 너무 많고 다름에 당황하게 된다. 그 중 儒學유학의 경전인 『易經역경』에 관한 것도 여러 방면에서 논술하고 있다. 그래서 '주역'이 무엇인지를 종합적으로 정확히 알게 하는 책이 필요함을 느꼈다. 이를 해결하기 위해 '실마리'장에는 그 생성과 원리, 오늘의 통행본 『주역』이 만들어진 과정, 그리고 이의 해석에 필요한 각종 용어 등을 수록하고, '上經'과 '下經'장에는 통행본 『주역』 상하경의 해설을, '마무리'장에는 흔히 주역으로 알고 있는 명리·작명·택일의 원리와 『주역』과의 비교, 마지막으로 『주역』을 총론적으로 해설한 '傳'인 『繫辭傳계사전』의 풀이를 붙이고 마무리했다. 그런데 현재 통용되는 『주역』의 上下經을 해설한 책들도 그 내용이 많이 다르다. 자구의 해석에 차이가 나는 것도 있지만 아주 다른 상황을 말하는 것도 있다. 알다시피 유학은 우리 선조들의 사상이요 철학이었으니, 유학의 최고 경전인 『역경』의 글을 바르게 알아둘 필요가 있어서, 『주역』의 해설서들을 다음과 같이 종합하여 취사선택했다.

먼저 新舊를 구별하고 韓中을 구별하여 살폈다. 우리나라의 책 중 나이가 든 분은 거의 『備旨具解비지구해 原本周易』을 근거로 한 것 같고, 이 책은 중국 명나라 호광의 『周易傳義大全』에서 비롯한 것 같다. 그래서 우리의 것은 이 두 책과 정약용의 견해를 중심으로 하고, 젊은 학자들의 저서와 주역학회의 관련서적을 참고했다. 그리고 중국의 옛 학자 중 알려진 분의 견해는 거의 모두 참고하고, 현대 학자로는 고문자 학자인 고형·우성오, 상수학파인 상병화와 그의 제자 황수기, 의리학파인 김경방과 그의 제자 여소강·료명춘의 견해를 주로하고, 대만의 역학자 고회민의 의견도 참고했다. 이들 견해를 살펴서 가장 마땅한 우리말 번역을 [번역]란에 올렸고, 알아두어야 할 한문을 [자구의 뜻]란에 몇 개 나열하고, 이어 왜 그렇게 번역되는지와 다른 사람들의 견해를 [해설]란에 실었다.

『주역』은 그냥 술술 읽어서는 이해하기가 힘들다. 읽고 또 읽으면서 제시된 용어나 자구를 익히거나 다시 살피며 공부하듯 해야 한다. 그래서 '실마리'와 '상경'에서는 인용한 문장의 번역문을 먼저 싣고 원문은 ( )에 넣었으나, 하경부터는 원문을 먼저 싣고 번역문을 ( )에 넣었다. 이것은 스스로 번역을 해보라는 뜻이다. 용어는 처음은 한문으로, 차차 한글을 병행하면서 한글을 위주로 썼으니, 한글로 된 용어도 알아야 한다는 뜻이다. 해설도 처음은 자세히, 점점 간략히 했으니 첫 괘부터 읽어야 할 것이다. 책을 지칭할 때 한 권 이상은 『 』 한 권은 「 」으로, 문장을 그대로 인용한 것은 " "로 표시하거나 긴 것은 칸을 띄어 썼고, 그 의미만을 인용한 것은 ' '로 했다. 그리고 강조할 필요가 있는 용어나 자구에도 ' '을 붙였다. 현대의 것은 인용문 근거를 주석에 밝혔으니 필요하면 해당 책을 보고, 옛날 것은 여러 곳에서 인용한 것들이라 책명이나 사람 이름만 밝혔다. 그리고 漢字의 우리말 음은 처음은 쉬운 자도 붙였으나, 진행될수록 어렵다고 생각되는 것만 붙였다. 이것도 한자를 익히라는 의미이다. 참고하여 읽기 바란다.

실마리

周易주역을 흔히들 '占점치는 것'으로 알고 있는 사람들이 많다. 그런데 누구나 주역을 공부하면 儒家유가에서 말하는 四書三經경 (혹은 오경, 육경) 중의 가장 으뜸으로 치는 『易經』이라는 것을 알게 된다. 『역경』인 『주역』은 조선 500년의 통치이념이고 오피니언 리더인 선비들의 생활지침서였다. 그러므로 우리 아버지세대는 『주역』의 가르침을 그대로 따랐을 것이니, 우리 전통의식관념에 속한다. 지금도 생활 곳곳에 배어 있는데 그것을 의식하지 못하고 생활할 따름이다.

가령 무협영화나 드라마에서, 동트는 새벽에 무술을 연마하거나 바위에 앉아 정신을 가다듬는 장면을 볼 수 있다. 이는 어둡던 陰음의 세계에서 陽氣양기의 덩어리인 태양이 돋는 새벽에는 굳세고 전진하는 양기의 기운이 크고 많다는 관념에서 비롯된 것이다. 그리고 여자는 음적인 사람인데 아이를 잉태하지 못하는 것은 이 음기가 부족해서 그렇다고 여겨 한밤중에 그 음기를 받기 위해 음기의 상징인 달을 보고 숨을 들이키며 기원한다. 모두 『주역』의 음양관념에서 비롯한 것이다. 특히 나라를 상징하는 국기인 '태극기'의 '太極태극'은 『주역』의 용어이고, 모서리에 있는 ☰ ☷ ☵ ☲은 『주역』의 卦괘 중 가장 기본적인 하늘, 땅, 물, 불을 상징하는 부호이다. 그리고 가운데 원의 빨강과 파랑의 어울림은 바로 음양의 어울림을 말하는 것으로 『주역』을 해설한 책의 그림에서 따온 것이다. 제사를 지내면서 신주를 모실 때 북을 등지고 남으로 향하는 것, 남향집을 선호하는 것, 심지어는 마음이 안정되지 못하여 바쁘게 왔다갔다하는 것을 '동동거리다'라고 하는데 이때의 '동동거리다'도 순 우리말이 아니라 바로 『주역』 속의 '憧憧동동往來왕래'에서 온 것이다. 이렇게 국기와 말까지도 『주역』에서 비롯된 것인데도 우리는 그것을 의식하지 못하고 생활하는 것이 일반적 실태이다.

지금 우리들은 지나치게 서구의식에 젖어 있다. 이제 한 번쯤 전통적인 의식과 비교해보고 가꿀 것은 가꾸고 고칠 것은 고쳐서 新舊신구를 융합할 필요가 있다. 그런 가운데 삶을 살아가는데 필요한 교훈을 발견할 수 있다면 더 없이 좋을 것이다. 그래서 『주역』을 공부해 볼 필요가 있는데, 이 『주역』의 해설들이 너무도 다르고 복잡하다. 이제 우리는 다시 『주역』을 햇살처럼 돋아나게 해서 음지와 양지를 가려 밝혀내고 이를 바르게 공부해 보자는 것이다.

그러면 먼저 『周易』이 무엇을 원리로 발생했고 발전했으며, 철학적 의미는 무엇이며, 그 내용을 이해하기 위해 알아두어야 할 사항은 어떤 것이 있는지 보자.

1. 周易의 말뜻

'周'의 많은 우리말 뜻 중 제일 먼저 나오는 뜻은 '두루 주'와 '나라이름 주'가 있다. 이보다 더 많은 '易'의 뜻 중에는 '바꿀 역', '쉬울 이'가 있다. 이런 뜻을 섞어서 우리말로 간단히 새겨보면 '두루 바뀌는 것', '주나라의 변화(법칙)', '두루두루 쉽다' 쯤이 될 것이다. 이런 번역에서도 글자의 무게중심이 '易'에 있음을 짐작하게 한다.

'易'의 글자는 대개 도마뱀의 머리모양[日]과 발 모양[勿]을 본 뜬 '도마뱀을 형상한 글자', 혹은 위 글자는 해[日], 아래 글자는 달[月]로서 '日과 月을 합한 자', 또 햇볕[日]에 나부끼는 깃발 모양[勿]을 본 뜬 글자라고 본다. 도마뱀은 껍질색깔의 변화, 日月합성은 해 '陽'과 달 '陰'의 바뀜, 햇볕에 나부끼는 깃발은 깃발의 나부끼는 움직임이니, 행렬이 움직일 때, 아니면 바람에 의한 풍향의 변화나 날씨의 변화를 나타내는 현상이다. 이런 글자 형성의 풀이는 모두 '변화'와 관련이 있음을 알 수 있다. 이것들은 모두 『說文解字설문해자』[1]에 수록된 풀이이다. 이런 글자의 탄생에 대해 좀 더 관심을 끄는 해석은 甲骨文갑골문 중의 '易'자에 대한 해석이다. 여기에 보이는 모양 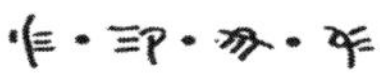은 마치 해가 구름에 가렸거나 뚫고 나오는 것을 형용하고 있다. 이것이 易자의 본래 모양이고 쓰임인데 대체로 날짜를 변경하는 의미로 써졌다고 했다. 이것의 의미가 일치된 견해를 보이고 있지는 못하지만, 대만의 역학자 高懷民고회민은 易자가 역학의 명칭으로 채용되기 전의 본래 의미를 '更(바꿀 경)'이라고 생각한 학자와 뜻을 같이해, 변경, 변화, 대체의 뜻으로 보았다.[2] 이런 것들을 종합하면 易은 결국 '변화'를 의미하고 있는 것이 된다.

易 앞에 붙은 '周'는 나라 이름으로 본다. 고대 중국에는 역이 세 개가 있었는데, 夏하나라에는 連연山易, 殷은나라에는 歸藏귀장易, 周나라에는 周易이 있었다. 사람들은 이 三易을 구분하다 보니 역 앞에 시대와 나라를 구별하는 '周'가 붙어 '周易'이라는 이름이 되었다고 본다. 그러나 東漢시대의 經學家요 易의 권위자인 鄭玄정현은 '두루'나 '널리'라는 뜻으로 '周'를 붙였다고 했다. 이 두 가지 설 중 어느 것이 더 타당한지는 판정하기 어렵지만 대체로 나라 이름인 '周'로 많이 본다. 그런데 연산역과 귀장역은 『周禮례』[3]나 鄭玄의 문헌기록에 보이기는 하나 소실되었기 때문에 확실한 존재나 그 내용은 확인이 안 된다. 그래서 오늘날에는 '易'은 '周易'밖에 없기 때문에 역과 『주역』은 같은 것이고 같은 의미로 쓰인다.

어떻든 易자의 탄생은 '更'의 뜻을 가진 갑골문에서 비롯하여 '易'이라는 자구로 통용되어 왔다고 보는 것이 가장 그럴듯해 보인다. 처음은 단순 '변화'의 뜻으로만 사용했을지 모르나,

---

1) 後漢의 許愼이 편찬한 중국어 사전.

2) 高懷民 著, 崇實大 東洋哲學硏究室 譯, 「中國古代易學史」(崇實大學出版部, 1990), 21쪽. 高懷民은 대만 문화대학 철학과 교수였고, 역학가. 「先秦易學史」, 「兩漢易學史」, 「大易哲學論」의 저서가 번역되어 읽혀지고 있다.

3) 周代의 官制를 기록한 유교 경전의 하나. 쓰인 연대는 정확히 모름.

그 변화를 관찰하고 예견하며, 대처방안을 마련하는 것으로 확대되면 그것이 곧 『周易』의 내용이고, 易자가 의미를 확장하면서 계속 써져온 내력이 아닌가 한다.

후대에 와서 이 '易'에 대한 뜻을 종합적으로 논할 때 빠뜨리지 않고 언급되는 것이 『易緯위』「乾鑿度건착도」[4]와 鄭玄의 『六藝論육예론』「易論」에 나오는 '易簡이간', '變변易', '不易'이다. 易簡은 천지는 쉽고 간결하게 작용한다는 뜻이고, 變易은 만사만물은 항상 움직이며 변화를 보인다는 뜻, 不易은 이런 변화를 잘 관찰하면 정연한 불변적인 법칙이 있다는 것이 불변이다.

결론적으로 말하면 천지 만물만사는 항상 변하고 변화를 드러내 보이고 있는데, 『주역』으로 이를 쉽고 간단히 그 이치를 꿰뚫을 수 있으며, 이런 기본원리는 변하지 않는다는 것을 우리에게 가르치고 있다는 뜻이 된다. 이런 개념 중에서도 그 중심이 되는 『주역』의 사상은 역시 '변화'일 것이다.

2. 『주역』의 생성

1) 易의 탄생과정

인간은 변화무상한 우주의 '변화'에 적응하지 못하는 경우도 있고, 자기 앞에 닥친 世間事를 해결하지 못하는 것도 있다. 그것이 크고 절박한 것이라면 해결해 줄 상대를 찾게 된다. 이때 天·帝제·神이라는 절대자에게 직접 의지하는 행위(祈禱기도·祭제禮)나 이들의 능력이 미칠 것으로 예상하는 神物에게 묻는 행위, 곧 점을 쳐서 해결하려 했다. 이런 신물로 여긴 거북이나 蓍草시초라는 초목에게 묻는 점이 있었는데 이를 卜筮복서라 했다. '卜'은 甲骨, 곧 거북의 껍질이나 소뼈 등을 불에 태워 번지는 조짐을 보고 점했고, '筮'는 蓍草[5]의 줄기를 잘라서 數와 연결시키면서 점을 쳤다. 점을 친 결과는 마주친 난제를 해결하는 방편으로 사용했을 것이고, 또 집단의 교화·교육용으로 사용했을 것이다. 그런데 이렇게 점치는 일, 특히 부족·국가의 중대사는 아무나 하는 것이 아니고 卜師사라는 직책을 가진 자가 전적으로 맡아 처리하며 결정했다고 한다. 그리고 반복되는 이런 행위의 결과를 기록해 오다가 나중에 이것을 모아 간추려서 하나의 書冊서책을 만들었을 것으로 추정하는데, 이것이 『周易』 중의 經文이 됐다고 추측한다. 이렇게 『周易』은 처음 점술에서 비롯되었고, 누대에 걸친 그것의 결과물로 만들어졌다는 사실은 오늘날 대체로 통일된 인식이다. 이런 추리의 근거는 무엇일까?

---

4) 西漢 末에 만들어진 周易 經典을 해설한 책이 『역위』. 그중 「건착도」는 『역위』의 대표적인 편명의 하나. 한대에는 6경에 모두 緯書가 있었는데 없어지고 『역위』는 후대의 사람이 逸文을 편집한 것임.

5) 다년초 식물. 잎은 톱 모양이고 몸에 부드러운 털이 있다. '톱풀'이라고도 하는데 가지가 많은 것이 특징이라고 함. 하늘로 뻗은 많은 가지가 하늘의 신물로 여긴 것이 아닌가 한다.

우선 卜筮의 사실은 殷墟은허[6]에서 발굴된 유물과 문헌으로 입증된 것이다. 특히 『周禮』에는 太卜(혹은 복사)라는 직책이 있어 이 사람이 卜과 筮를 함께 관장했고, 점친 것은 그 결과를 잘 보관했다가 연말에 적중여부를 통계했다는 기록이 있다. 이렇게 점친 결과를 누대에 걸쳐 보관해오다가 그 기록물을 정리하고 편집할 필요성이 있었을 것이고, 이것이 하나의 書冊으로 탄생되지 않았을까 하고 추론하는 것이다. 이것이 『주역』 중의 經文이고 태복의 『易經』 編纂說편찬설이다.

점을 치는 도구도 날이 가면서 교체된 것으로 본다. 거북은 점차 귀해지고 소는 농경사회의 필수불가결한 동물이 되었으며, 다른 猛獸맹수의 뼈들도 구하기가 힘들게 되었다. 거기에다가 태워 번지는 卜占의 무늬들은 우연성이 강해 조직화하기가 힘든 반면 揲蓍설시하여 얻는 數를 조직화하는 것이 가능하자 蓍草로 완전 대체된 것으로 본다. 물론 蓍草도 오늘날에는 댓가지를 이용함으로써 『주역』의 筮竹죽 점이 되었다. 이렇게 筮占이 『周易』과 통한다는 것은 상기한 『周禮』 외에도 古代의 史實을 기록하고 있는 『尙書』·『左傳』·『國語』[7] 등의 占例례나 관련 기록들에서도 이를 뒷받침할 수가 있다.

점을 친 결과물인 辭사도 처음은 간단한 메모에 불과했겠지만, 세월이 흐르면서 인간의 경험에 의한 意志와 성인들의 말이 첨가되어 義理가 있게 되었는데, 이것이 오늘날 우리가 접하는 卦爻괘효辭로 발전되었다고 본다. 그래도 이 辭는 워낙 축약된 언어이기 때문에 이런저런 풀이를 붙이게 됐는데, 여기서 '傳'[8]이 생겨나고 그 중 孔子공자와 그 문인들도 오늘의 『易傳』, 곧 十翼십익[9]을 탄생시켰다. 이렇게 해서 『易經』과 『易傳』이 『주역』의 기본내용이 된 것이다.

시대가 흐르면서 계속해서 『주역』에 대한 傳, 注주, 疏소[10]가 학자마다 있게 되면서 방대한 연구가 이어지는데 이를 우리는 易學이라 한다. 그래서 朱伯崑주백곤은 이 易學까지를 포함시켜 "주역을 역경과 역전 그리고 역학 모두를 포괄하고 있는 것"[11]이라고 했다.

그러면 易이 관리·연구되는 시기, 즉 易에 學字가 붙어서 '易學'의 기원이 되는 시기는 언제쯤일까? 이에 대해 현대 중국 칭화대 교수인 寥名春료명춘은 늦어도 西周 초기로 보고 있다. 그 이유는 『尙書』 「洪範홍범」과 周代의 관제를 기록한 『周禮』의 「春官」에 '筮人(太卜)'이라는

6) 殷代의 유물이 출토된 무덤. 많은 고대의 자료가 여기서 나왔는데 특히 甲骨文은 중국최고의 상형문자로 이를 풀이하면서 은대의 占辭들이 알려지는 계기가 됨.

7) 『尙書』는 『書經』을 말하며 虞·夏·商·周 등 唐虞 三代의 기록이요, 『左傳』은 孔子의 『春秋』를 해설한 책으로(해설한 자는 '좌구명'이라는 설이 있으나 근거가 미약하다.) 춘추시대의 역사를 다루었고, 『國語』도 춘추시대 8국의 역사를 기록한 책이니, 모두 중국 고대의 기록물임.

8) 傳은 經을 해석한 것을 이른다. 그런데 중국에서의 傳은 단순히 해석만 한 것이 아니고 해석한 사람의 사상과 철학도 들어가 있어 또 하나의 著述이 되는 셈이다.

9) 易을 해석한 傳이 많아 공자(와 그 제자)가 만들었다고 여긴 『역전』을 다른 전과 구별하기 위해 붙인 이름. 「彖」 上·下, 「象」 大·小, 「文言」, 「繫辭」 上·下, 「說卦」, 「序卦」, 「雜卦」를 말함.

10) '注'는 經書의 자구에 대한 해설인데, 이 注를 다시 해설 또는 부연한 것을 '疏'라 한다.

11) 주백곤 외 지음, 김학권 옮김, 「주역산책」(예문서원, 1999), '주역이란 무엇인가?', 15~23쪽. 주백곤은 북경대 철학과 교수. 이 외 그의 저서에 「역학철학사」 4권이 있음.

점을 치는 전문가가 卜筮를 命하고 역을 관리했다는 기록이 있으니, 관리를 했다는 것은 연구를 계속하기 위한 것임을 추측할 수 있다. 또 『左傳』 昭公소공[12] 2년에 周公의 덕을 찬양한 기록 등으로 그 근거를 삼는데, 『左傳』의 이 기록은 역의 史나 총론을 다루는 저서에서 많이 인용하고 있다. 韓宣子한선자가 太史씨가 집무하는 방에서 책들을 보고 놀란 말이다. "『역상』과 『노춘추』를 보고 말하기를, 주례가 다 노나라에 있구나. 나는 이에 지금 주공의 덕과 주나라가 왕 노릇한 까닭을 알겠다(~見易象與魯노春秋, 曰, 周禮盡在魯矣, 吾乃今知周公之德, 與周之所以王也)"

韓宣子가 말한 '주공의 덕'의 '周公'은 주나라 文王의 아들이요, 殷을 멸하고 통일을 이룩한 武王의 동생으로서 형을 도와 주가 천하를 통일하는데 기여한 사람이고, '노나라'는 그의 아들이 제후가 된 나라다. 太史씨의 방에서 '易象'을 보고 놀랐기 때문에 늦어도 이 보다는 빠른 시기에 역학의 기원이 이루어진 것으로 보았다. 특히 『역상』을 廖名春은 『주역』을 일상 익혀왔던 韓宣子가 놀라고 감탄한 것을 보면 이것이 역에 관한 책일 것이라고 추측했다.[13] 만약 그렇다면 이 시기에는 이미 『주역』에 대한 본격적인 연구가 있게 된 것으로 볼 수 있으니 '늦어도'라는 단서를 붙여 '西周 初'에 易學이 시작된 것으로 본다. 역학이 辭를 편집하여 만든 『역경』의 후인지 전인지는 분명치 않다. 다만 이와 같이 역학이 활발히 계속되어 왔기 때문에 공자도 이런 연구를 했고 그의 제자들도 이어갔을 것이다. 그 결과물로 十翼이라는 새로운 '傳'도 만들게 된 것으로 보면 된다. 이렇게 해서 현대 우리들이 부르는 『주역』이 있게 된 것이다.

2) 최초의 시작은 누가 무슨 원리로 만들었는가?

공자와 그의 제자들에 의해 만들어졌을 것으로 알려진 十翼 중 「繫辭傳계사전」에서도 생성문제에 대한 다음의 글귀가 있다.

> 가) 이런 까닭으로 역에는 태극이 있고, 이것이 양의를 낳고, 양의가 사상을 낳고, 사상이 팔괘를 낳으니, 팔괘가 길흉을 정한다(是故, 易有太極, 是生兩儀의, 兩儀生四象, 四象生八卦, 八卦定吉凶).
>
> 나) 이런 까닭으로 하늘에서 신물을 내니, 성인이 이를 법하고, 천지가 변화하니, 성인이 이를 본받았다. 하늘이 상을 드리워 길흉을 보이니, 성인이 이를 형상하였다. 하수에서는 도가 나오고 낙수에서는 서가 나와, 성인이 이를 법칙 삼았다. 역에 4가지 본뜸이 있음은, 이를 나타내 보인 바다(是故, 天生神物, 聖人則之, 天地變化, 聖人效之. 天垂수象見吉凶, 聖人象之, 河出圖洛낙出書, 聖人則之, 易有四象, 所以示也).

---

12) 소공은 周나라의 정치가. 주공과 함께 어린 성왕을 옹립하고 은나라 부흥을 꾀하는 반란군을 진압했다 함.
13) 료명춘 등 著, 심경호 옮김, 「주역철학사」(원명: 「周易硏究史」)(예원서원, 1998), 56~57쪽.

다) 옛적에 포희씨가 천하를 통치하면서, 우러러서는 하늘에서 형상을 관찰하고, 구부려서는 땅에서 법칙을 보며, 새나 짐승의 무늬를 살펴서, 땅의 마땅함과 함께하였고, 가까이로는 몸에서 취하고, 멀리서는 사물에 취하여, 이에 비로소 8괘를 만들었다. 이것으로써 신명의 덕에 통하고, 만물의 본성을 구별 지었다(古者包犧포희氏之王天下也, 仰앙則觀象於天, 俯부則觀法於地, 觀鳥獸조수之文, 與地之宜의, 近取諸저身, 遠取諸物, 於是始作八卦, 以通神明之德, 以類萬物之情).

가)항은 원래 태극[14]이 있어서 여기서 양의, 사상, 팔괘로 발전·분화하면서 만들어졌다고 보았다. 자연적으로 그렇게 되는데 누가 알아냈는지에 대해서는 언급이 없다. 나)항은 성인이 하늘이 내리는 변화를 따르다가 하도와 낙서에 힌트를 얻어 이를 법하고 본받아서 만들었다고 했으며, 다)항은 사람인 포희씨가 하늘과 땅을 살펴서 만들었다고 했다. 이 3개의 항들을 종합해 보면 성인 중의 한 사람이 천지의 변화를 관찰하여 팔괘(8經卦: 『주역』의 기본이 되는 형태)를 만들었다는 말이 되는 것 같다. 그런데 현대의 고고학에서의 연구결과는 이렇다.

『주역』은 陽을 의미하는 '—'과 陰을 의미하는 '--'이 3번 겹쳐지면서 8개의 형태가 이루어지는데, 이를 8經卦라 한다. 이것이 다시 겹쳐 8X8하여 64개의 卦를 이루고 있다.[15] 그러면 과연 홀짝, 음양의 부호는 어디에서 온 것인가. 이런 類의 부호는 숫자에서 왔다는 것이 현대의 고고역학자 張政烺장정랑[16]의 연구결과이다. 陝섬西 岐기山 周原에서 출토된 甲骨과 阜陽부양 雙古堆쌍고퇴 漢墓묘에의 周易 殘簡잔간, 河南省 安陽縣현 殷墟에서 발견된 갑골문, 이런 것들에 이상한 문양 같은 것이 있었다. 그는 이 문양을 數와 결부시켜 대입하고 이를 음양으로 나누어 劃을 그어 卦를 만들어 보였다. 결국 문양 같았던 이들은 筮數였고 숫자로 된 괘였다. 殷墟는 殷, 기산 주원은 周의 땅이니, 여기서 나온 갑골문이면 부호로써 정형화되기 이전부터 숫자 괘가 존재한 셈이다. 그래서 음양의 부호는 조작된 숫자에서 왔고, 역의 시작은 숫자를 헤아리는 것에서 비롯되었음을 추론할 수 있다. 이들 숫자괘의 모양이다.

 오일일육팔일  칠육팔칠육칠  육육오칠육팔[17]

이들 數 중에 장정랑이 조사한 숫자 괘에는 二, 三, 四의 숫자는 나타나지 않았는데, 숫자가 존재하지 않았다고 보기보다는 한데 아울러 쓰면 구별하기가 어렵기 때문에 奇偶개념을

14) '太極'은 『역경』과 『역전』을 통틀어 여기 한 번 쓰이는데, 여기에서는 占筮하는 과정에서 시초 49개를 아직 나누지 않은 상태, 혹은 괘를 그려나가는 측면에서는 음양으로 아직 나뉘지 않는 상태를 말하는 것으로 보인다. 그러나 후대로 갈수록 역의 중요한 기본개념이요 범주로 쓰인다. 혹자는 이 태극을 '元氣'로, 혹은 '無'로, '우주본체'로, 數의 근원인 '일(一)'로, 또 '理'라고 하기도 한다. 세계의 형성과정에서 말하면 최초의 본원을 말한다.

15) 현대 중국의 韓仲民은 6획괘가 먼저 있었고 3획괘는 이를 해석하기 위해 운용한 것으로 보기도 함.

16) 현대 중국의 대표적 고고역학자. 마왕퇴 백서 정리작업에 참가하고 기산 周原의 卜龜도 연구함.

17) 료명춘 등 著, 심경호 옮김, 「주역철학사」, 66~69쪽 참고.

활용하여 一과 六에 포함시켰다고 보았다. 그런데 여기서 '一'과 '∧(六을 나타낸 수)'는 괘의 획인 '—'과 '--'으로 변했을 것으로 추정한다. 일(一)은 기수인 天數 중 처음이고 필기와 판독이 쉽기 때문에 대표시킨 것으로 추정했다. ∧은 帛書백서[18]에서 나타나는 八로 변했다가 --으로 변했을 것으로 추론하는데 6은 음수이면서 소위 성수의 첫머리이기 때문이 아닐까 한다. 특히 九보다는 一을 양수의 대표로서 부호를 삼은 데는 효의 위치를 명명하는 爻題가 阜陽 殘簡에 이미 붙어있었는데, 효제 初九, 上九가 있게 되자 구별을 쉽게 하기 위해서 一로 대표시켰다고 보았다. 「계사전」에서 말하는 생성논리보다는 훨씬 자연스럽게 추론할 수 있는 논리다. 만약 이런 추론이 맞는다면 『주역』은 筮數를 원리로 하여 생겼고, 결국 수의 조작에서 비롯됐다고 보아야한다. 이 이전에 金景芳김경방[19]은 괘의 부호(—과 --)는 筮法에서 7·8·9·6의 수(서법은 차츰 알게 될 것이다)를 얻은 뒤에 劃을 그어 만든 것이라 하였다.

결국 상기 「계사전」의 말들은 뒷사람이 역을 높이기 위해 포장한 말들이 아닌가 한다. 특히 위 다)항의 包犧씨는 중국 고대의 신화적 존재로, 이름도 伏복犧, 伏羲희, 庖포犧 등 많다. 이런 사람인 "복희가 팔괘를 그렸다는 것은 모든 사람에게 알려진 하나의 전설이다"[20]라고 했다. 사실여부를 확인할 길이 없다는 말이기도 하다.

위 「계사전」의 가)항은 수와 연관 지어 만들어진 뒷날의 이론이겠지만, 이 가)항을 토대로 만든 邵雍소옹[21]의 八卦次序圖가 음양의 분화과정을 쉽게 이해할 수 있도록 도와준다. 그러면서 『주역』이 조작된 數에서 기우의 부호를 그려나가는 것과도 잘 어울리니 이를 보도록 하자.

<table>
<tr><td>坤(☷)</td><td>艮(☶)</td><td>坎(☵)</td><td>巽(☴)</td><td>震(☳)</td><td>離(☲)</td><td>兌(☱)</td><td>乾(☰)</td><td>八卦</td></tr>
<tr><td colspan="2">老陰(⚏)</td><td colspan="2">少陽(⚎)</td><td colspan="2">少陰(⚍)</td><td colspan="2">老陽(⚌)</td><td>四象</td></tr>
<tr><td colspan="4">陰(--)</td><td colspan="4">陽(—)</td><td>兩儀</td></tr>
<tr><td colspan="8"></td><td>太極</td></tr>
</table>

이 八卦次序圖는 가)항의 '태극기원설'의 과정을 잘 설명하고 있으면서 부호의 조작에 의한 분화과정과도 결합되므로 살펴보았다.

3) 기타 생성의 논설

『주역』의 생성과 그 원리에 관련된 논설은 張政烺의 유물에 의한 고고학적 성과 외에는 아

18) 백서주역은 1970년에 中國 長沙 馬王堆에서 발견된 비단에 써진 역. 漢 문제 초기에 나온 사본이라고 함.

19) 현대 중국의 의리파 역학가. 료명춘의 스승. 유물변증법을 이용하여 주역 철학을 연구함. 「易通」, 「周易講座」, 「周易全解」 등의 저서가 있음.

20) 蔣伯潛·蔣祖怡 著, 崔錫起·姜貞和 譯註, 「儒敎經典과 經學」(원명: 「經與經學」)(景仁文化社, 2002), 174쪽.

21) 北宋대의 象數派 易學家. 시호가 康節이고 『皇極經世書』를 썼다.

직 異論과 의문스러운 점이 있어 여러 설이 있다. 의론이 분분한 까닭은 고대의 典籍전적들을 통해서 작자나 그 시기를 추단하기가 어렵고 확실치가 않기 때문이다. 그것은 우리가 익히 알다시피 B.C.213년 秦진의 시황제가 卜筮의 책을 제외하고 민간의 서적을 모두 불태운 焚書坑儒분서갱유와 B.C.206년 초나라 項羽항우가 박사들의 서적을 불태운 사건으로 고대의 책들이 사라진데다가 혹시 흩어져 있던 글을 모운 것이 있어도 수집한 편저자의 견해로 의심되는 것도 있고, 권위를 높이기 위해서 과장하거나 끌어다 붙인 것도 있어서 원류를 판단하기가 조심스럽기 때문이다.

특히 이들 생성문제 중 辭의 탄생 시기에 대한 옛날부터 있어왔던 전통적 의견은 앞에서 논한 태복의 역경 편찬설과는 다르다. 사를 지은이는 周의 文王이 殷의 紂주로부터 羑里獄유리옥에 갇혔을 때일 것이라고 본다. 이는 『史記기』[22] 「周本紀」와 「日子列傳」, 그리고 『漢書』[23] 「藝예文志」를 보면 알 수 있다고 한다. 여기에는 夏·殷(商)·周로 이어지는 고대 중국에서의 殷末쯤으로 추측했다. 「繫辭傳 下」의 다음 두 문장도 이를 지원하는 듯하다. 아니면 이 문장으로 상기 역사책의 두 저자가 추론했는지도 모른다.

> 역의 흥함은 그 중고시대 인가? 역을 지은 자는 우환이 있었는가?(易之興也, 其於中古乎, 作易者 其有憂患乎)
>
> 역의 흥함은 은의 말기에 해당하면서 周가 덕이 성한 때이겠지? 문왕과 주의 일에 해당하겠지?(易之興也 其當殷之末世 周之盛德邪, 當文王與紂주之事邪)

위의 문장에서 '中古시대의 憂患'은 周의 文王이 羑里獄에 유폐된 사건을 말하는 듯하고, '문왕과 紂의 일'도 이 사건이 아닌가 하여 옛 학자들은 문왕이 유리옥에 갇혔을 때 괘효사를 지었다고 보는 것이다.

그런데 현대의 학자들은 괘효사 가운데 시기적으로 후대의 일이 있기 때문에 이를 부정한다. 晉진卦의 괘사에 나오는 '康侯강후'와 明夷卦 六五 효사의 '箕子기자의 일'이 그것이다. 강후는 衛위國에 봉해진 衛康叔숙 혹은 康叔으로 불렸던 사람으로 周初의 今文에 강후로 자주 나타나는데, 이는 商(殷)을 멸한 武王 후의 시기이다. '기자의 일'은 무왕과의 고사로서, 이것도 무왕의 일이니, 문왕과 동생 周公旦단 보다는 시기가 늦어 주초라고 했다.[24] 그래서 적어도 통행본의 辭가 완성된 시기는 문왕보다는 후이다.

그런데 우리나라에서는 天符부經과 三一神誥고[25]를 근거로 단군신화의 桓雄환웅이 만들었다

---

22) 前漢의 역사가 司馬遷이 상고시대의 黃帝에서 前漢 武帝까지를 엮은 역사서. 本紀는 編年史 12권, 列傳은 개인의 전기 70권, 그 외에도 年表, 文化史인 書, 列國史인 世家가 있다.

23) 후한 시대의 역사가 반고가 저술한 역사서로 前漢 전부를 다룸. 12帝紀, 8表, 10志, 70列傳의 체제로 됨.

24) 여기에 대해서는 현대 중국의 顧詰剛의 「周易卦爻辭中的故事」와 余永梁의 「易卦爻辭的時代及其作者」 등이 있음. 『고사변』 제3책에 수록.

는 '한역[桓易]설'[26]을 내놓은 사람도 있다. 이 두개는 지금 대종교의 경전들이다. 이 경전에서 數理와 天地人의 三才를 논하고 있는 것은 『주역』과 비슷한 면이 있다. 그러나 『주역』에서는 음양의 수가 서로 변하고, 특히 7·8·9·6의 숫자를 중요시하는데 비해, 여기서는 三에서 一로 귀일하는 것을 강조하는 등 기본적인 틀이 같지 않다. 그리고 천부경은 檀君篆碑단군전비를 崔致遠최치원이 번역한 것이라고 하는데, 최치원은 신라 때 사람이니, 중국으로는 唐代당대이다. 그리고 후대에 와서 암벽에 새겨진 내용을 桂延壽계연수가 1916년에 발견했다고 한다. 단군전비가 써진 연대를 정확히 알 수는 없으나 그것을 활용한 연대는 고구려와 발해인 듯하고, 이 시기는 중국의 周代와는 너무 떨어진 시기이니, 후인들의 견강부회가 아닌가 한다. 그리고 원래 천부경에 대해서는 위작 논의가 있다.

이것으로 주역의 기원과 생성에 관계된 여러 설들을 요약 설명했다. 그러면 이렇게 생겨난 『주역』의 발전과정을 살펴보자.

3. 『역경』 『역전』의 발전과 결합

『易經』[27]의 '經'은 '날줄 경, 글 경'이다. 날줄이란 베를 짜는데 근본이 되는 세로줄을 말하니 그 만큼 중요하다는 의미이다. 그렇기 때문에 경전이라 하면 학문의 근본이 되고 중요한 것임을 말한다. 지금은 유학의 으뜸 되는 경전이 된 『주역』에는 괘효에 '글', 즉 辭를 붙여 괘사·효사가 있고, 여기에 이를 설명하는 풀이 글들 중 공자와 그 제자들이 만든 '傳', 곧 『易傳』이 포함되어 있다고 이미 말했다. 그래서 여기서는 그것이 어떻게 발전하고 결합하여 통행본이 됐는지를 알아본다.

1) 儒學의 經이된 경위

『주역』이 최고의 경전으로 떠받힘을 받게 된 경위를 시대의 발전과 더불어 총론적으로 간추리면 다음과 같다. 天과 帝에 의존하던 사고가, 차츰 시대가 진보·발전하면서 사람들의 의식이 높아지자 人智에 의존하게 되고, 『주역』의 점단보다는 사람의 도리를 강조하는 경향으로 바뀌게 되었다. 마침 괘효사에는 단순한 점사와 제사지내고 신에 기원하는 것 외에도 인간의 노력을 강조하는 말도 들어 있었다. 그래서 『주역』에 있는 문장을 인용하는 것이 유식해 보여 여러 학자들이 인용하곤 했다. 이때 공자 같은 성인이 여기에 있던 인사와 자연의 이

---

25) 단군이 三千團部에게 가르쳤다는 말. 고구려 때 번역하고 발해 때 해석한 한문이 남아있다고 함.

26) 최동환 지음, 「한역」(지혜나무, 2000) 참조.

27) 『周易』과 『易經』은 서로 혼용하여 쓰기도 한다. 그런데 『주역』 책 내의 '經文'과 '傳文'을 나눌 때는 경문을 '역의 경문'을 줄여 '역경'으로, '역의 전문'을 줄여 '역전'이라고도 하니 그 쓰임을 잘 살펴야 한다. 여기서는 『주역』에 합치기 전의 각각의 별책을 말한 것이다.

치를 끌어내어 철리로 묶어 『역전』을 만들었다. 그래서 "『역전』은 하나의 철학서로 『주역』과 筮法에 대한 해석을 통해 『주역』의 기본원리를 서술하고, 더 나아가 세계의 본원과 우주의 질서 그리고 사물의 본성 및 그 변화의 법칙을 탐구하여 다방면에 걸친 철학적 원리와 그 지혜를 말하고"[28] 있다고 했다. 결국 天과 帝 등 신을 천지만물의 본원으로 생각했으나, 이성으로서 우주와 인류의 기원·변화 문제를 탐구 토론하게 되면서 『주역』의 양대 산맥중 하나인 義理易이 그 기반을 잡게 되고, 이것이 자리 잡자 經으로 추앙받게 된 것으로 추론이 된다.

그러면 이 시기는 구체적으로 언제쯤일까? 단순히 점을 치는 말(繇辭주사)보다는 『역전』이 많은 사람에게 떠받힘을 받았을 때일 것인데, 이 『역전』이 經의 지위를 획득한 것으로 추측할 수 있는 참고할 만한 논조가 있다.

『역경』을 해설한 傳이 여러 종류가 있었는데 先秦시대에 『역전』이라고 불린 것은 今本의 『역전』은 거의 없고, 『주역』의 다른 해설서들이 『역전』이라 불린 반면, 先秦시대를 논하고 있는 자료들에서 今本의 「繫辭傳」, 「象傳」, 「文言傳」, 「序卦傳」의 문구를 인용하면서 '易傳'이라 하지 않고 '易'이라고 했다는 점, 그리고 『易緯』 「乾鑿착度」에서는 今本 『역전』과 기타 『역전』과를 구별하기 위해 금본 『역전』을 따로 '十翼'이라 칭했다는 점을 들어 금본 『역전』은 이때 이미 경의 지위를 획득했다고 廖名春은 보고 다음과 같이 결론지었다.

> 선진시대에는 금본 『역전』의 지위가 일반 『역전』과는 아주 달랐음을 알 수 있다. 즉 금본 『역전』은 先秦 때에 이미 傳에서 經으로 되었으나, 다른 『역전』은 여전히 傳으로 있었던 것이다.[29]

결국 『역전』이 경의 지위를 획득함으로써 『주역』이 유학의 경전이 되었다는 말이고 그 시기는 선진으로 보았다.

그런데 이 시기에 대해서는 여러 견해가 있다. 일본 大東文化大學 교수 池田知久지전지구는 훨씬 후대인 서한 후기쯤으로 보기도 한다.[30] 또 『동아세계대백과사전』에 莊子가 六經을 말한 기록에 『易』이 포함되어 있다. 이는 『장자』 「천운」의 다음 기록에서 연유한 것이다. "구는 시·서·예·악·역·춘추 6경을 연구하였는데, 스스로는 이것을 오래하여, 그 내용을 숙지한다고 생각했다(丘治 『詩』·『書』·『禮』·『樂』·『易』·『春秋』 六經, 自以爲久矣, 熟知其故矣)"라는 말이 있다. 이 말은 공자인 공구가 노자에게 한 말이다. 공자가 직접 六經이라 했다면 공자 시대에 『역』을 경이라 불렀다는 말이 된다. 그러나 전국시대의 장자가 춘추시대의 공자가 한 말을 틀리지 않고 그대로 인용했을까 하는 의문이 있고, 장자가 丘의 말을 빌려 자기의 생각을 말하면서 六經이라 했다면, 장자의 시대에는 이미 이것들을 육경이라

---

28) 朱伯崑 외 지음, 김학권 옮김, 「주역산책」(예문서원, 1999), 92쪽.

29) 료명춘 등 著, 심경호 옮김, 「주역철학사」(원명: 「周易研究史」)(예문서원, 1998), 101쪽.

30) 성균관대 유교문화 연구소가 주최한 「유교경전과 17세기 동아시아 유교사상」(2006.7.13~14) 발표회 자료집 참고.

하고 있었다는 말이다. 장자가 전국시대의 사람이고 주요 '傳'들이 그 이전에 만들어 졌다면 장자의 시대에는 이미 『易』은 경으로 존중되었다고 여겨지기도 한다. 이 이후 세월이 흘러 漢의 武帝 때에는 유술만을 숭상하여 六經으로 관리를 등용했으니 유가뿐만 아니라 천하의 학파가 다 『주역』을 공부했을 것이니, 이때는 경의 지위를 확고히 했으리라 확실하게 짐작된다.

2) 十翼의 내용과 만든 시기

공자학파의 『역전』, 곧 十翼이 존중받아서 『주역』이 유학의 경전으로 됐다면 이 十翼은 어떤 것인가?

금본 『역전』, 곧 十翼은 7종 10편이다. 64괘의 괘사를 해석한 「彖단」 上下, 괘상과 괘의 뜻을 파악해 인간사를 위주로 해석한 大象과 효를 해석한 小象의 「象」 上下, 乾坤 두 괘의 괘효사만을 다른 시각으로 문장을 아름답게 꾸며서 해석한 「文言」, 『주역』의 역리를 총론한 「繫辭」 上下, 八卦의 상을 논한 「說卦」, 괘의 배열에 대한 의미를 논한 「序卦」, 두 괘씩 쌍을 지어 배열하고 그 의의를 논했으나, 배열순서도 의의도 「序卦」와는 다른 「雜잡卦」가 그것이다.

「彖傳」이라는 이름은 唐 이전에는 괘사를 彖辭라고 불렀는데, 이 단사를 해석한 것이라고 「彖辭傳」이 됐는데, 이를 줄여 「단전」이라했다. '彖'은 '斷단'의 뜻으로 해석하여 '단정 짓는다'는 의미였다. 주로 괘의 형태와 팔괘의 상으로써 괘명과 괘사를 풀이했다. 「象傳」은 괘와 효의 상, 곧 天, 地, 風, 雷 등으로 卦義를 넓혀 교훈으로 삼을 수 있는 의미를 찾아서 알리고, 또 爻義를 축약해서 설명한데서 그 이름이 유래됐다. 「文言傳」은 문자로 경사들의 언론을 기록했다는 의미일 것 같고, 「繫辭傳」의 '繫辭'는 괘효의 사에 연결하여(繫辭) 대의를 통론한 말이라는 의미로 해석되고, 「說卦傳」은 八卦의 괘의와 괘상을 설명했다는 의미이고, 「序卦傳」은 괘의 배열 순서를 해석했다는 뜻이고, 「雜卦傳」은 괘의 순서와 관계없이 괘명의 상반된 뜻을 좇아 설명했기 때문에 '뒤섞었다'는 뜻으로 붙여진 이름이다.

이 금본 『역전』을 지은 사람과 연대에도 설이 분분하나 대체로 공자와 그의 제자들이 수대에 걸쳐 지었다고 본다. 공자와 『易』의 관계에 대해서도 말이 많았지만 마왕퇴 帛書周易의 「요」편으로 인해 공자가 『易』에 심취했음은 입증되었다. 그런데 『역전』의 사상이 유가의 仁義道德을 강조하지만 음양의 변화가 주된 사상이며, 선진시대의 제 사상가들이 논한 '天道'에서 영향을 많이 받고 있기 때문에 공자학파의 작품이 아닐 수 있다는 논설도 있었다. 또 『역전』의 연대와 작자에 대해서도 설왕설래가 많다. 그렇지만 『역전』은 대체로 공자와 그의 제자들에 의해 오랜 기간을 거치면서 만들어졌고, 그 지어진 시기는 전국 중기보다는 늦지 않는다는 료명춘의 논리를 받아들이며 넘기도록 한다. 『역전』이 언제 만들어졌던 그것이 널리 존중되자 『주역』이 확고하게 자리를 잡은 것은 의심의 여지가 없어 보인다.

3) 지금 통용되는 『주역』의 책

처음은 『易經』과 이를 해석한 『易傳』이 각각 별책이었다. 그런데 금본 『周易』에는 괘사와 효사에 그 괘사와 효사를 해석한 「단전」과 「상전」이 괘사와 효사 아래에 붙어있고, 건곤괘에는 「문언전」이 더 첨가된 형태로 편집되어 있다. 이렇게 한 사람은 "前漢의 費直비직이라는 설과 후한의 鄭玄이라는 설, 그리고 魏위의 王弼필이라는 세 가지 설이 있다"[31]고 했다. 그런데 明代의 『周易傳義大全』과 이것과 거의 같이 구성된 『備旨具解原本周易』[32]의 책머리에는 이렇게 되어 있다.

> 주역 상하경 두 편과 공자의 십익 10편이 각각 한 권씩이었다. 한의 비직이 처음으로 단과 상으로 경을 해석하면서 경의 뒤에 붙였다. 정현과 왕필이 이를 종주로 삼고, 또 괘효사의 아래에 나누어 붙이면서, 건곤의 문언전을 더 들여와 비로소 단왈 상왈 문언왈을 가하여 경과 구별하고, 계사전 이후는 예전과 같이 했다. 역대로 이를 따랐다.
> 周易上下經二篇, 孔子十翼十篇, 各自爲卷. 漢費直初以彖象釋經, 附於其後. 鄭玄王弼宗之, 又分附卦爻之下, 增入乾坤文言, 始加彖曰象曰文言曰, 以別於經, 而繫辭以後自如其舊. 歷代因之.[33]

우리가 재미있게 읽었던 『삼국지』의 세 나라, 魏위·吳·蜀촉 중 위나라 사람인 王弼이 쓴 『周易注』는 우리나라에도 번역되어 있는데, 거기에는 위에서 논한 대로 괘효사 아래에 「단전」과 「상전」이 나누어 붙어있고, 그리고 건곤괘에는 뒤에 「문언전」이 더 붙어서 함께 편집되어 있다. 그 이전 東漢 때 정현이 경문 아래에 「彖」·「象」을 붙여 '彖曰'·'象曰'하였다고 朱震[34]도 말했다. 그리고 그 이전 古文經으로 철학적 이치를 위주로 역을 연구한 費直이 있었다. 그의 '易'이 馬融융[35]을 거쳐 정현에게 전해졌기 때문에 『주역』을 『역전』 위주로 해석한 비직이 「단」·「상」을 경문 뒤에 붙여 강론했을 가능성은 쉽게 짐작은 되지만, 그의 저서는 소실되어 확인은 할 수 없다. 이 때 『주역』은 今文經과 古文經이 있었다. 금문경은 秦漢 이후 통용되던 隷예書로 씌여진 것인데 경전해석에 天人感應의 이론을 주로 담았고, 이에 비해 고문경은 六國의 문자로 씌여진 것으로, 焚書를 거치고도 용케 보존된 옛 서적이다. 고문경파는 경전해석에 讖緯참위學[36]을 반대하는 입장을 취했다. 금문경이 성했다가 고문경이 성하기도 하는 과정을

---

31) 李基東 譯解, 『周易講說·上』(成均館大學校出版部, 1997), 31쪽.

32) 『周易傳義大全』의 傳은 『이천역전』이고 義는 주희의 『주역본의』인데 이 둘을 합본하고 기타의 설을 첨가한 책. 胡廣 등이 칙명으로 편찬함. 明 成祖 永樂 13년에 이루어짐. 『備旨具解原本周易』도 같은 字句로 되어 있는데, 더 많은 부분도 있어 『周易傳義大全譯解』의 원본을 구하지 못해 同異를 구별치 못했다.

33) 『周易傳義大全譯解·上』 大山 金碩鎭(大有學堂, 1997), 『備旨具解原本周易·上』, 각 1쪽.

34) 남송의 역학자. 각 종 圖를 많이 해설하여 상수학파로 불린다. 『周易圖』 『漢上易傳』 등의 저술이 있음.

35) 東漢 때의 古文經學 大師. 이때는 今文經과 古文經이 상호 배척 투쟁했다.

36) 陰陽五行, 天人感應, 符瑞說 등에 바탕을 둔 미신적 예언을 믿는 것. 圖讖의 讖(조짐 참)과 緯書의 緯가 합친 字가 아닌가함.

거치는 중에 고문경 위주의 『주역』이 오늘의 책으로 됐다고 본다.

그러면 이제 『주역』의 형태와 그 구조들을 익혀보도록 하자.

4. 卦와 爻

1) 8卦에서 64卦로

數를 홀짝으로 나누고 홀수는 '—', 짝수는 '--'으로 부호화해서 이것이 서로 어울려 3개로 겹치면 8개의 3劃卦가 만들어지고, 이를 다시 중첩시키면 64개의 6劃卦가 만들어진다. 8개의 3획괘 모양은 ☰, ☷, ☳, ☴, ☲, ☵, ☶, ☱이다. 한 개 한 개의 '—'과 '--'을 爻라 하고, 모인 전체는 卦라 한다.

'卦'라는 것은 '挂괘(걸어놓는다)'의 뜻이니, 3획 괘의 8괘나 이것이 중첩된 6획 괘의 64괘가 모두 누구나 알 수 있게 象을 걸어놓는다는 뜻이다. 이렇게 해석하는 이유는 『周禮』「춘관」 '太卜'에서 "卦는 挂라는 말이니 위에 만상을 걸어놓는 것이다(卦之爲言, 挂也, 挂萬象於上也)"라고 한 것에 근거한다. 그런가 하면 '卦'의 字形이 땅을 의미하는 '土'가 2개, 占을 의미하는 '卜' 하나로 구성되어 있는데, 점을 쳐서 이를 땅에다 써서 효를 식별하고 기억한데서 붙여진 글자라고 淸代의 張惠言장혜언[37]은 설명하기도 한다.

비록 6개의 부호로 만들어진 괘가 처음부터 있었다고 주장하는 학자도 있지만은, 적어도 『주역』을 해석하는 데는 '—'과 '--'의 부호를 각각 3번 겹친 3획의 八卦가 먼저 있었다고 보는 것이 편리하다. 그리고 팔괘가 먼저 있었다는 것이 옛사람들의 전통적인 생각이다. 이런 생각의 근거는 「繫辭傳 上」의 "팔괘가 작게 이루어진다. 이를 끌어당기고 펼치며, 류를 접촉시키고 늘이면, 천하의 가능한 일을 다한다(八卦而小成 引而伸之 觸類而長之, 天下之能事畢矣)"와, 「계사전 하」의 "팔괘가 열을 지으니 상이 그 가운데 있고, 이것에 따라 이를 중첩하니 효가 그 가운데 있다(八卦成列 象在其中矣, 因而重之 爻在其中矣)"라는 구절들이다.

하여튼 옛사람들은 이 八卦를 대단히 중요시 여겼다. 천지사이에 존재하는 모든 것을 요약하여, 상징체계로 보편화시켜 나타낸 것으로 보면서 그 의미도 다양하게 이끌어내었다. 그러므로 오늘날 『주역』을 이해하기 위해서는 이 팔괘를 익혀야 한다. 팔괘의 이름과 모양은 다음과 같다.

乾건卦☰ 坤곤卦☷ 震진卦☳ 巽손卦☴
離리卦☲ 坎감卦☵ 艮간卦☶ 兌태卦☱

37) 청 중엽의 경학가이자 문학가. 한대인의 역에 대한 설을 조술하였는데, 특히 우번의 역을 연구, 발표함.

이 부호 3개의 3획 괘를 小成卦, 純卦, 혹은 八經卦(經卦, 八卦라고 줄여서 부르기도 함)라 한다. 이 8개의 圖象을 각각 겹치면 8X8=64 하여 64괘를 이루는데 이를 大成卦, 혹은 別卦라 한다. 이 6획의 대성괘에서 상하로 나누어, 위에 있는 3획의 순괘는 上卦, 아래에 있는 것은 下卦라 하고, 이를 또 안팎으로 나누어, 위의 것은 外卦, 아래 것은 內卦라고 하며, 혹은 위 것을 悔卦, 아래 것을 貞卦라고 한다.

왜 하필이면 3개의 부호로 괘의 근본인 팔괘를 만들었을까? 그것은 2대 1이 다소와 강약을 나타내는 최소의 비율이기 때문일 것이다.

이 팔괘에는 각각이 나타내는 기본적인 象[38])이 있는데, 乾은 하늘, 坤은 땅, 震은 우레, 艮은 뫼, 離는 불, 坎은 물, 兌는 못, 巽은 바람이다. 팔괘가 상징하는 여러 象 중에 이를 正象이라 한다. 시작하면서 언급한 우리의 국기 모서리에 있는 것이 乾坤(☰ ☷)과 坎離(☵ ☲)의 형태와 같다. 이 모두는 중요한 자연현상이다. 고대인들은 팔괘가 의미하는 이들 자연현상을 나타내는 문자가 필요했는데, 이를 奇偶, 剛柔를 나타내고 있는 부호 ⚊와 ⚋의 모임으로 대신했는지도 모르고, 복희라는 성인이 천문과 지리를 관찰하며 우주 생성변화의 원리를 탐구하던 중에 이끌어낸 것인지도 모르며, 또 태복이 수를 조작하면서 만들어지는 일정한 틀을 자연물과 대비하여 이름을 지은 것인지도 모른다. 어떻던 성인들은 이렇게 만들어진 팔괘가 음양이 변화하면서 만들어낸 기본 틀로 보면서, 『주역』의 가장 기본이 되는 형태가 된 것이다. 그러므로 주역을 하는 사람은 팔괘의 선 모양과 상징을 외울 필요가 있는데, 이를 위해 朱熹주희가 지은 노래는 이렇다.

> 乾三連(☰), 坤六斷(☷), 震仰盂앙우(☳), 艮覆碗복완(☶),
> 離中虛(☲), 坎中滿(☵), 兌上缺결(☱), 巽下斷(☴).
> 건은 3개로 이어졌고, 곤은 6개로 끊어졌다. 진은 그릇을 보는 것 같으며, 간은 식기를 엎어 놓은 것 같다. 리는 가운데가 비었고, 감은 가운데가 가득하다. 태는 위가 이지러졌고, 손은 아래가 끊어졌다.

그리고 또 상에 순서를 매겨 익히기도 했는데 그것은 이랬다. '一乾天, 二兌澤, 三離火, 四震雷, 五巽風, 六坎水, 七艮山, 八坤地.' 여기서의 첫머리 숫자 1, 2, 3……은 八卦次序圖에 나타나는 순서이다. 곧 양과 음의 兩儀에서 다시 각각 양과 음이 생겨 太陽 · 少陰 · 少陽 · 太陰의 四象이 되고, 여기서 다시 음양이 생기면 태양에서 건이 되고 태가 되며, 소음에서

38) 象은 '形象'이라 할 때는 '形'이라는 字에 구속을 받아 구체적인 物을 연상하게 되고, '象徵'이라할 때는 구체적인 것이 아닌 屬性이나 이미지, 곧 상상에 의해 떠오르는 대상의 모습을 이야기한다. 원래 象은 코끼리를 形象한 글자여서 '코끼리 상'이란 뜻이 있는데, 실제의 코끼리를 중국에서는 볼 수 없자 코끼리뼈를 구하여 이것을 근거로 그림을 그려 상상으로 코끼리를 인식한데서 연유하는데, 여기서 의미가 넓혀졌다. 易에서는 상징성을 내포하는 상의 의미로 주로 쓰인다.

리가 되고 진이 되는데 이를 차례지운 것이다. 이것은 언제 누가 차례지었는지 정확히 모르나 宋代의 도서학파들의 책에 여기저기 보이는 것인데, 이 八卦를 8方位에 배정하고 氣의 흐름도 이 순서로 진행된다고 믿기도 한다. 그래서 이를 吉凶의 占과도 연결을 하는 것 같다.

어떻든 八卦라는 것이 어떻게 있게 되는지를 이해하는 하나의 이론체계를 圖로 만든 것이 앞에서 살펴본 八卦次序圖이고, 여기에다 순서를 매긴 것이다. 8괘가 다시 음양으로 변해가면 16괘로 되겠지만 앞에서 말한 바와 같이 3획이 다소와 강약을 구분하는 최소의 비율이기 때문인지 3획으로 이루어진 8괘로서 근본을 삼았다.

그런데 왜 乾·坤·震·巽 등의 선모양이 하늘·땅·우뢰·바람 등을 상징했다고 볼 수 있을까. 이에 대한 해석을 고회민은 시도하고 있는데, 명확한 맛은 없지만 참고하면 다음과 같다.39) 건괘와 곤괘는 '—'과 '--'만으로 표현할 수 있으나 나머지 卦象과 짝을 맞추기 위하여 겹쳐서 3획으로 되었다. 다른 괘들은 3획 중에서 主가되는 '—'과 '--'이 하나씩 있고 나머지는 하늘과 땅의 생략형이다. 주가 되는 획은 하늘과 땅 가운데서의 움직임이나 그 결과를 나타내고 있는 것으로 파악한다. 예를 들면 손괘☴에서 위의 '⚌'은 하늘의 생략형이고 아래의 '--'은 움직임을 나타내는데, 하늘 아래에서 움직임의 자취를 드러내는 것은 바람이니, 여기서 風의 상징이 만들어진다고 하였다. 감☵은 땅속으로 물이 스며들므로 땅의 생략형인 '⚏'속에 움직임을 나타내는 '—'은 물이라 할 수 있으니 물을 상징한다고 했다. 다른 것도 이런 식인데 간☶은 땅의 생략형인 ⚏ 위에서 땅의 움직인 결과로 나타난 우뚝우뚝 솟은 봉우리(—)를 상징한 것이니 산이라고 했고, 태☱는 하늘 '⚌'의 움직임(--)을 물로 통해서 볼 수 있는 곳은 못이니 못의 상이 있다고 했다. 리☲는 하늘 가운데서 움직이는 것은 '해와 달'이고, 진☳은 땅을 흔들어 일깨우는 것은 '우레'라는 뜻이라고 했다.

이 팔괘로는 만사만상을 나타내는데 한계를 느껴 이를 겹쳐서 64괘가 이루어졌다고 했는데, 그 중 몇 개라도 그 모양을 보면 이렇다.

준괘 ䷂ 고괘 ䷑ 항괘 ䷟ 점괘 ䷴

이런 괘와 효에서 여러 가지 象이 만들어지는데, 점에 관심이 많은 사람은 상에 대한 연구를 깊이 할 필요성이 생기니, 여기서 고대로부터 상을 연구하여 주역을 해석하는 象學派가 생기게 된다. 여기서는 괘에는 상이 발생하고 상은 어떤 식으로 추리하는지를 개략적인 이해를 돕기 위해 소개했다. 상에 관한 것은 따로 더 논의를 하기로 한다.

39) 高懷民 著, 崇實大東洋哲學硏究室 譯, 「中國古代易學史」(숭실대학출판부, 1990), 82~84쪽.

2) 6획 卦의 卦名과 「序卦傳」

팔괘에 괘명이 붙여지듯이 6획의 64괘에도 괘명이 있게 된다. '卦'라는 글자가 '만상을 걸어놓는다'는 뜻이라고 64괘의 卦名 모두 그 상으로만 이름 지어져 있지는 않다. 家人卦(가족)이나 歸妹귀매卦(누이의 시집감) 같이 인간사에 견주어 지은 것도 있어서 일정하지가 않다.

통행본 『易傳』 중 「序卦傳」에서는 괘명의 뜻을 풀이하고 있는데, 괘의 순서와 연관 지어 논하고 있다. 앞 괘를 이었거나 反하는 관계에 의미를 부여하고 괘명과 연관시켜 '傳'하나를 만들었다. 괘의 순서가 두 괘씩 두 괘씩 짝을 짓고 있는데, 그 짝들이 아래서부터 위로 본 괘와 반대편인 위에서부터 아래로 보는 괘, 즉 전도된 괘(䷂ ䷃: 綜종卦라 함)가 짝이 되고 있거나, 음양이 반대로 된 괘(䷀ ䷁: 錯착卦라 함)가 짝이 되어 있어 제멋대로 나열된 것은 아니다. 이렇게 錯綜[40]으로 짝지어진 순서에 의미를 부여하고 괘명과 연관 지워 傳을 만들었다. 그러나 건괘(䷀)와 곤괘(䷁)는 錯卦로 짝을 이루었지만, 그 다음인 곤괘(䷁)와 屯준卦(䷂)에는 아무른 관계가 없고, 준괘(䷂)와 蒙卦(䷃)는 綜卦로 짝을 이루었지만 그 다음인 몽괘(䷃)와 需卦(䷄)는 아무런 관계가 없다. 그리고 馬王堆마왕퇴 帛書 주역의 괘 순서는 통행본보다 더 규칙적이고 조직적이어서 기억하기도 편하게 되어있다.[41] 그런데도 卦序・卦名에 특별한 의미가 있는 것처럼 괘명의 뜻을 풀이하고 있는데, 아무래도 「서괘전」을 만든 작자의 이해일 뿐, 괘명과 괘서 본래의 의미는 아닌 것 같다. 어떻든 성인들은 괘명까지도 고심하면서 의미를 부여하려고 힘쓴 것을 알 수 있을 뿐이다.

그런데 현대에는 괘명을 卦序에서 추구하지 않고, 卦爻辭와의 관계에서 발견하려 한다. 그런 학자 중의 한 사람인 高亨[42]에 의하면 괘효사 중의 한 글자나 혹은 두 글자로 이름 짓거나, 이것에 다른 글자를 붙여 이름 지었을 뿐이라고 했다. 결국 괘를 구별하기 편하도록 괘효사 중에서 추출하여 지었다고 보는 것이다. 그래서 괘명이나 괘의 순서가 알려주는 의미를 참고는 하되 지나치게 얽매일 필요는 없다. 그리고 괘명이 괘효사를 참고하여 만들어졌다면 괘의 이름은 괘효사가 생긴 이후에 지어졌다고 보아야 한다.

그런데 언제부터인지 먼저 外卦의 상을 붙이고 이어 內卦의 상을 붙인 다음 해당 괘명을 붙이는 방식으로 써졌다. 이를테면 師卦(䷆)를 '地水師', 歸妹卦(䷵)를 '雷澤歸妹'라고 하는

---

40) 錯은 쇠를 가는 공구인 줄을 말하는데 이것으로 겉을 갈면 속이 드러난다. 음을 갈면 감추어져 있던 양이 들어나고 양을 갈면 음이 드러나므로 각 位마다 음양이 반대되는 괘를 錯卦라 한다. 綜은 배틀의 바디를 말하는데 베를 짤 때 날실을 고정시키고 바디를 오르내리면서 짠다. 하여 아래에서 위로 차례지운 괘를 위에서 아래로 차례 지워 괘를 만들 수 있다. 그러면 이 두 괘는 綜卦가 된다.

41) 帛書의 괘 순서는 八卦를 양괘와 음괘로 나누고 또 이들을 소・중・장의 자녀괘로 나누어서 착종관계로 차례지움. 백서주역 괘서에 대해서는 이학권 저, 임형석 역, 「잃어버린 고리」(학연문화사, 1996) '백서주역의 괘위와 괘서', 주백곤 외 지음, 김학권 옮김, 「주역산책」(예문서원, 1999) '괘의 이름과 차례'편 등에 보임.

42) 중국의 고문자 학자이며 훈고에 능한 역학가(1900~1986). 그의 「周易古經今注」는 우리나라에도 번역되어 출판됐음.

식이다. 내외괘가 같은 經卦로 이루어진 괘, 즉 건괘(䷀)와 곤괘(䷁)는 '重天乾', '重地坤' 혹은 '乾爲天', '坤爲地'라 부르고, 감괘(䷜)와 리괘(䷝)는 '重水坎', '重火離', 혹은 '坎爲水', '離爲火' 등으로 명명하기도 한다. 현재 우리의 『주역』 해설서들은 거의 이렇게 명명되어 있는데, 아마도 괘명과 함께 그 상도 함께 알아두는 것이 필요하여 후대에 함께 쓴 것이라고 여겨진다. 그런데 이렇게 괘명에 붙어있는 상만으로는 辭를 해석하지 못하니 상을 따로 익혀야 한다. 그렇기는 하나 6획의 괘에 어떤 3획의 소성괘가 두 개 있는지를 알게 하는 효과는 있을 것이다.

3) 爻의 位

가) 爻는 변화를 나타낸다.

'爻'는 '效' 혹은 '倣효'의 '본받다'는 뜻으로 쓰였다는데, 「계사 상」에 "효는 변하는 것을 말한다(爻者 言乎變者也)"라 했고, 「계사 하」에는 "효라는 것은 천하의 움직이는 것을 본받는다(爻也者, 效天下之動者也)"라는 구절이 있으니, 효는 '변화'를 뜻한다는 말이다. 만물은 항상 변하니, 효는 이를 나타내고 있다는 말이다.

그러면 효의 변화는 무엇으로 어떻게 나타내고 있는가? 괘를 만들 때 奇偶의 수에서 정해진 음양의 부호를 아래에서부터 위로 차례로 그으면서 괘를 만든다. 이 이유는 만물의 생장이 아래에서 위로 커나가기 때문이다. 이에 따라 모든 상황이 아래에서 위로 진행되니 시간, 귀천, 계급이 아래에서 위로 진행된다. 그래서 효는 괘에 처한 효 각각의 위치에 따라 상황이 다르고 역할도 달라진다. 괘에서 자리한 해당 효의 위치를 '爻位'라고 한다. 이 爻位에 따라 처한 상황이 달라지므로 이것이 효가 변화를 말하는 것이 된다.

이렇게 6효가 차례 지워져 성쇠 변화하는데, 그 하나하나의 처한 위치에 따라 부르는 명칭도 初·2·3·4·5·上으로 순서 지워져 있다. 즉 제일 아래의 것은 初를 먼저 붙이고 양이면 양의 대표수인 九를, 음이면 음의 대표수인 六을 붙여 初九, 初六으로 명명하고, 맨 위의 것은 먼저 上을 붙인 다음 양이면 九를, 음이면 六을 붙여 上九, 上六으로 호칭한다. 그리고 두 번째 효부터는 양이면 九를 먼저 붙이고 음이면 六을 먼저 붙인 다음, 그 위치를 지칭하는 二·三·四·五를 붙여나간다. 곧 음이면 六二, 양이면 九二 등이 된다. 이를 '爻題'라 한다. 기제괘(䷾)와 미제괘(䷿)를 예로 하여 붙여진 효의 이름을 보면 다음과 같다.

기제괘　　　　미제괘

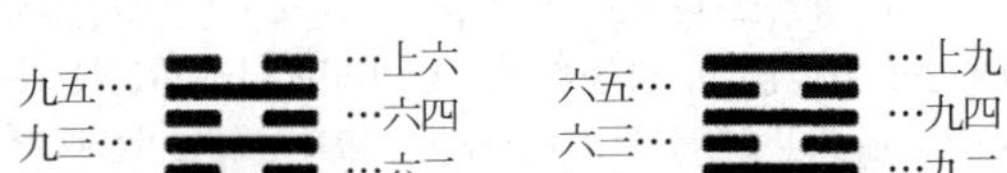

이렇게 효는 각각의 위치가 있게 되고, 이 위치에 따라 처한 상황이 달라지며, 이것이 시간이 흐르면 初에서 二位로, 二에서 三位로 나아가니 바로 앞으로의 변화과정을 유추할 수 있다.

나) 爻變

또 효가 지정된 位에서 스스로 변화를 일으키니, 이를 '爻變'이라 한다. 효변은 음양이 極극하면 (극한 음은 老陰 혹은 태음, 극한 양은 老陽 혹은 태양이라고 함.) 음은 양으로, 양은 음으로 변한다고 본다. 6·7·8·9의 수 중, 물러나는 음의 극수 6(노음)은 7(소양)로 늘어나고, 전진하는 양의 극수 9(노양)는 8(소음)로 줄어드는 것으로 본다. '極則變'의 논리이다. 그러므로 같은 양의 획(—)이라도 9로서 만들어진 획은 음의 획(--)으로 바뀌니 다른 괘가 하나 더 형성되는 것이다.

효변이 일어나면 괘가 두 개가 있게 된다. 처음 괘를 '本卦'라 하고 변한 괘를 '變卦' 혹은 '之卦'라 한다. 두 괘의 상과 괘효사를 비교하면서 점을 친다. 이렇게 변괘가 생기면 점법이 더욱 다양해지는 것이다. 이런 位와 괘의 변화에 대해서는 이와 관련된 다른 여러 용어들과 함께 '마지막 장'에서 다시 언급이 된다.

그런데 효변이 하나일 수도 있고 둘일 수도 있으며 모두가 변할 수도 있는데, 그때그때마다 어떻게 점을 치는가? 여기에 대한 방법을 적은 '傳'이나 서적은 없다. 단지 朱熹가 나름대로 연구하여 밝혀 놓은 기준은 이렇다.

효변이 하나도 없으면 本卦의 괘사로, 효변이 하나이면 본괘의 변한 효사로, 둘이면 본괘의 변한 효사 중 위에 있는 것을 주로 하고 아래의 변한 효는 보조로, 셋이면 본괘의 괘사를 주로 하고 之卦의 괘사를 보조로, 넷이면 지괘의 불변한 효사 중 아래의 것을 주로 하고 위의 것을 보조로, 다섯이면 지괘의 불변한 효사로, 여섯이 다 변했으면 지괘의 괘사로 점한다고 했다. 이것은 단지 참고만 할 것이고 점에 관심이 있는 분은 스스로 연구하면서 적용시켜보아야 할 것이다.

살펴본 바와 같이 효는 時와 位를 나타내면서 變을 내재하고 있고, 이런 변화에 따라 전체의 상황인 괘도 변하게 되는 것이다. 효를 지칭하여 변화를 여러 곳에서 말하고 있는데 이것은 효의 변화가 곧 괘의 변화가 되니 이를 중시한 것일 것이다. 괘와 효와의 상호 관계에 대해서는 다음 문장이 다 말하고 있다.

> 괘가 구조·사회·거시·전체를 상징하면서 괘의 時宜에 따라 괘 속의 행위·개인·미시·부분에 해당되는 각 爻를 규정하지만, 동시에 각각의 爻도 자기 운동으로 괘 자체를 변화시킴으로써 괘를 달리 규정할 수 있다. 그리고 하나의 괘는 上卦(위에 있는 純卦)와 下卦(아래에 있는 순괘)의 관계, 괘 전체와 각 효와의 관계, 효와 효의 관계를 동시에 상관적으로 규정하기 때문에 구조와 행위, 미시와 거시, 부분과 전체, 부분과 부분간의 관계가 분리되지 않고 일체적으로 파악된다.[43]

크게 말하면 괘사는 한 괘 전체적인 의미의 범위를 정하고 효사는 그 한 괘 내에서 특정한 시점의 변화를 말하고 있는데, 부분적으로는 이것저것이 모두 관련되어 있어 이런 관련성을 꿰뚫는 파악이 되어야 한다는 말이다.

이것으로써 괘와 효에 대한 기본적인 이해는 된 것으로 하고, 『주역』을 읽고 이해하기 위해서는 좀 더 깊은 속을 살펴보아야 하므로 그 속에 내재된 중요한 개념을 알아보도록 하자.

5. 象數

『周易』은 시초를 나누거나 덜고 더하여 만든 數에서 음양의 부호를 그어, 이것을 근거로 점을 친 다음, 그 결과가 맞은 것을 가려내어서 일정한 틀을 만들고 결과물을 배당시켜 만들었을 것으로 추측했다. 그러다보니 이들 각각의 결과물이 서로 통하도록 연결할 필요성이 생긴다. 여기서 음양 부호의 어울림인 象과 이를 만들어내는 數, 즉 象數로써 통일을 기하려는 시도가 있게 된다. 그래서 卦와 爻가 의미하는 상징물과 卦爻辭가 의미하는 것을 일치시키기 위해 많은 상이 필요했고, 이런 상을 만들어내는 수의 의미가 확대되는 것이다. 그러니 괘효사, 크게는 『주역』을 이해하기 위해 卦劃 속에 내재된 象과 數를 아는 것이 도움이 된다면 이를 알아둘 필요가 있게 된다. 그러면 象數 중 먼저 수에 관해 알아본다.

1) 數

가) 『주역』에서의 수에 대한 관념

『주역』에서의 수는 일반적인 의미의 차례지우거나 크기나 양을 저울질하는 수준을 넘는다. 가령 '五'는 기수요 양수이며, 木·火·土·金·水라는 오행의 本性이고, 인체 장기가 五臟장으로 유기적 관계를 맺으며 작용하는 이치의 수이다. 그리고 생겨난 수 1·2·3·4를 6·7·8·9의 완성된 수로 만들기도 하는 수이다. 이런 의미가 넓혀져 만사만물을 변화시키고 완성하는 수이다. '三'이라는 수도 자연계에서의 기본인 하늘과 땅 그리고 사람을 지칭하는 三才라고 보고, 기본적인 바탕은 다 갖춘 수로 본다. 기본이 다 갖추어졌다는 의미가 확대되어 이것(1)도 있고, 그것(2)도 있으니 모두(3)가 다 있으므로 '많다'라는 뜻으로도 쓰였다. 이렇게 단순히 셈을 하는 수가 아니라 그 의미가 여러 형태로 확장되고, 수와 수가 서로 영향을 미치면서 변화를 일으키는 것으로 파악했다. 이렇게 해석하는 근거를 살펴보자.

「계사전 상」에는 "1, 3, 5, 7, 9의 홀수를 天數, 2, 4, 6, 8, 10의 짝수를 地數(天一地二天三地四天五地六天七地八天九地十, 天數五地數五)"라 하였으니, 홀수, 양수, 천수가 성질이 같아서

---

43) 김재범 지음, 『주역사회학』(예문서원, 2001), 279쪽.

서로 통하여 같은 성질이고, 짝수, 음수, 지수가 같은 성질이다. 곧 홀수와 짝수가 하늘과 땅의 성질과 통하니 천지가 일으키는 자연현상이 홀수와 짝수에 원인함을 암시하고 있는 것이다. 이후 東漢의 정현에 이르면, 이 天地之數를 바로 오행과 결부시켜 1~5까지를 오행의 生數, 6~10까지를 오행의 成數라 하였다. 생수는 만물을 生하는 수요 성수는 만물을 완성하는 수이다. 物은 음과 양이 섞여 있으므로 천수의 생수와 지수의 성수, 지수의 생수와 천수의 성수가 결합하여 만물을 생성하니 이것이 水火木金土라고 했다. 그는 數가 어울려 오행을 만들어 낸다고 말하고 있다. 宋代의 상수학파 劉牧유목은 천수 1·3과 지수 2·4는 각각 천수 5와 배합하여 6·8·7·9의 수를 얻어서 노음·소음·소양·노양의 象을 정하게 되었다고 본다. 이것은 일체에서 분리되고 변화하는 과정의 근본이 수에 있음을 설명한 것이다. 그리고 邵雍소옹은 1, 2, 4, 8, 16, 32, 64로 이어지는 수의 加一倍에 착안하여 64괘까지 연결하고,[44] 이로써 수학의 관점에서 역을 풀이하는 새로운 유파를 형성하였다. 그는 "揲蓍의 수, 팔괘의 수, 64괘의 수, 九와 六의 수, 건곤의 괘상, 이 모두가 천지의 正數인 기수·우수에 근원한다고 보았다"[45] 곧 모두가 홀수와 짝수를 근본으로 하여 일어난다는 말이다.

이렇게 여러 학자들이 수와 수가 서로 영향을 미치면서 생성변화를 주도한다는 관념아래 논리를 펴며 『주역』과 연결시키고 있다. 곧 천지 완성의 의미가 있는 수 6·7·8·9가 『주역』에서 왜 필요한가? 그것은 수와 수가 영향을 미쳐 변화된 수이니, 변화를 예측하는데 필요한 수이다. 그리고 왜 기우의 부호로써 효와 괘를 나타내고 있는가? 그것은 하늘과 땅이 만물을 생성하여 변화를 주도하듯이 6·7·8·9도 천수이며 지수로 나누어 살피면 변화가 보일 것이다. 이런 관념으로 묶으려고 한 것이 아닌가 한다.

그런데 『주역』에서 뿐만 아니라 '피타고라스의 정리'로 잘 알려진 희랍의 수학자 피타고라스학파에서도 이런 수적관계를 연구했다. 직사각형에서 빗변 길이의 제곱과 다른 두변 길이의 제곱의 합이 같다는 '피타고라스의 정리'도 이런 수적인 관계의 영원한 진실성을 강조하는데 있다. 그들은 이와 같이 정해져 있는 수적 비례의 관계, 즉 '조화(Harmony)의 존재'를 밝히고자 하였다. 그는 우주에는 이 '하모니'가 존재하며 인간은 이것을 수에 대한 끊임없는 수련을 통해 발견할 수 있다고 했다. 팽팽한 줄의 길이와 음조의 달라지는 관계도 수의 비율에 의해서 이루어진다는 사실을 그가 밝혀 '하프'라는 악기가 탄생했다. 그들도 『주역』과 동일하게 모든 짝수는 여성이고 모든 홀수는 남성이었다. 이렇게 서양에서도 여러 뛰어난 사람들이 수에서 우주의 원리, 생명의 탄생을 알아내려는 시도를 한다. 이것을 우리들은 수학(Mathematics)이 아닌 數秘學(Numerology)이라 부른다. 지금도 이 수비학을 계속 연구하는 학자가 있으니 『주역』에서의 수에 대한 연구와 통하는 것이다.

---

44) 태극에서 8까지 분화하는 과정이 제3장에서 본 '팔괘차서도'이고, 이를 계속해서 음양으로 분화되는 과정을 연결해 나가면 64괘가 만들어진다.

45) 료명춘 등 著, 심경호 옮김, 「주역철학사」(원명: 『周易硏究史』), 407쪽.

나) 6 · 7 · 8 · 9의 작용과 의미

6·8은 짝수이면서 음수고 땅의 수이며, 7·9는 홀수이면서 양수고 하늘의 수이다. 양수는 커가고 확대되는 수이니, 9는 이것의 다함이므로 극하여 8로 물러난다. 음은 물러나고 줄어들므로 6은 음의 완성된 수이니, 이것은 극하여 앞으로 나아가서 7이 된다. 사물이 극하면 반전하는 원리다. 이런 수의 변하는 원리에 사물의 변화법칙이 있다고 생각했다. 10은 사물을 완성시키는 천수 5와 5가 결합했으니, 하늘에서 완성하여 하늘로 돌아간 것은 죽음이요 끝이므로 제외한 것 같다.

그래서 1에서 9까지가 수를 다한다고 보고, 그 중 九가 홀수의 대표 수이니 爻題로 쓰이고, 또 홀수는 천수이니, 하늘은 만물의 시작을 의미한다는 뜻으로 부호는 수의 시작인 一로 했다. 그리고 짝수, 곧 지수는 땅을 의미하니, 땅은 만물을 완성하므로 완성의 의미가 있는 成數 중 첫 수인 六으로 대표시키고, 그 부호는 발굴된 유물에 六이 ∧으로 쓰였으니 ∧이 변해 '‒ ‒'이 됐다고 본다. 처음은 단순히 천수와 지수로 구별하여 점을 쳤는지 모르지만 점점 발전하여, 7·8·9·6의 수로서 괘를 만들었다. 결국 하늘의 변화를 가장 많이 받아 가지가 제일 많은 식물인 시초의 가지에서 천지의 수(아마도 55개인 듯함)를 만들어 이것을 자연의 변화에 맞게 나누어서 7·8·9·6의 수만 알아낼 수 있으면 변화의 법칙이 여기에 있다고 보았다. 그래서 시초를 이리저리 나누어서 얻은 수를 음양으로 부호화한 괘에서 卦爻象을 얻고, 이 괘효상으로 그 변화를 추론하여 사물의 길흉을 판단하였다. 이것이 얼마나 과학적 근거가 있는지에 대해서는 확연치 않지만, 수에서부터 괘가 성립되었다고 추론할 수 있게는 한다. 그러나 학자에 따라 상과 수의 관계에서 무엇이 먼저이고 우선하는가에 대한 논점은 분분하다. 그래서 상학파와 수학파가 나뉘기도 한다. 오늘의 우리들은 의미를 파악하기 위해 필요한 것은 무엇이든 빌려와야 편리하니 상과 수를 함께 살펴보는 것이다.

다) 設蓍法

그러면 시초를 어떤 방법으로 조작하여 이런 수를 만들어서 점을 쳤을까. 이에 대해서는 먼저 「계사 상」을 보자.

> 천 一, 지 二, 천 三, 지 四, 천 五, 지 六, 천 七, 지 八, 천 九, 지 十. 하늘 수가 다섯 개, 땅의 수가 다섯 개이니, 다섯 자리가 서로 얻어서 각각 합한다. 하늘 수는 25이고, 땅의 수는 30이니, 하늘과 땅의 수가 모두 55이다. 이것이 변화를 이루고 귀신이 행하는 것이다. 대연의 수가 50이나 그 씀은 49다. 나누어서 둘로 하여 양의를 상징하고, 하나를 걸어서 삼(재)를 상징한다. 넷씩 이를 세어 나가니 사시를 상징하고, 나머지를 손가락 사이에 끼우는 것은 윤달을 상징한다. 5년에 다시 윤달이니, 때문에 다시 (손가락에)끼운 후 건다. ……이 때문에 네 번 경영해서 역을 이루고, 18變해서 괘를 이룬다.
>
> 天一地二天三地四天五地六天七地八天九地十. 天數五, 地數五, 五位相得, 而各有合. 天數二十

> 有五, 地數三十, 凡天地之數, 五十有五. 此所以成變化, 而行鬼神也. 大衍연之數五十, 其用四十有九. 分而爲二以象兩, 掛一以象三. 揲之以四以象四時, 歸奇於扐륵以象閏. 五歲再閏, 故再扐而後掛. …… 是故四營而成易, 十有八變而成卦.

『주역』의 經文과 傳文을 통틀어 筮法에 관한 구절은 「계사 상」의 이 문장에서 '大衍之數五十'이하의 구절이 전부다. 우리들은 이것만으로는 어떻게 점하는지 알기 어렵다. 그래서 宋代의 朱熹가 이 구절과 『좌전』『국어』 등에 나오는 점친 예를 연구하여 소개한 점법이 있으니 이상의 구절과 비교하면서 여기에 점치는 법을 소개한다.

댓가지 50개 중 하나는 태극을 상징하니 뽑아 그대로 櫝독에 넣거나, 책상 중앙 위쪽에 가로로 두고, 이것은 괘를 얻을 때까지 쓰지 않는다[大衍之數 五十 其用四十有九]. 49개를 한 손에 쥐고 오른손과 왼손으로 무심히 둘로 나눈다. 이것이 兩儀, 즉 하늘과 땅을 상징한다[分而爲二以象兩: 一營]. 오른손의 것을 책상 오른편에 놓고 (이것이 땅에 놓아지니 地策, 왼손에 들고 있는 것을 天策이라 한다.) 여기서(地策에서) 하나를 뽑아 새끼손가락에 끼운다. 이것이 하늘과 땅 사이에 있는 인간을 상징(곧 人策이다)한다고 보아 하늘·땅·사람으로 三才가 된다[掛一以象三: 二營]. 이렇게 되면 둘로 갈라진 무더기의 합은 48개가 된다. 이어 왼손의 천책을 네 개씩 세어 나가니 이 넷은 사계절을 상징한다[揲之以四以象四時: 三營反]. 여기까지를 三歲로 보고, 윤달은 늦어도 3년 되면 있어야 한다. 그래서 남는 것은 윤달을 상징 한다고 보며, 이를 넷째 손가락과 가운데 손가락 사이에 끼운다[歸奇於扐以象閏: 四營反]. 이 손가락 사이에 끼워진 개수는 4개씩 4개씩 센 나머지이니 4가 아니면 3, 2, 1 중 하나이다. 손가락에 끼운 것 외에는 모두 책상 왼쪽 편에 놓고 오른쪽 편에 놓아두었던 다른 한 무더기(地策)를 오른 손으로 들어 왼손으로 다시 네 개씩 세어 들어내면서(4歲, 三營完) 나머지를 가운데 손가락과 둘째손가락 사이에 끼우니(5歲, 四營完), 5년 만에 다시 윤달이 있게 됨을 상징한다[五歲再閏]. 이 地策의 남은 개수는 먼저 것, 곧 천책의 남은 수가 4개면 이것도 4개일 것이고 3개면 이것은 1개, 2개면 역시 2개, 1개면 3개일 것이다. 그러니까 인책인 하나를 제외한 두 무더기의 남는 수는 8이거나 4이다. 이어 손가락 사이에 끼워진 댓가지를 별도로 둔다[故再扐而後掛]. 여기서 4개씩 세어가는 과정과 세고 남는 것을 손가락 사이에 끼우는 행위는 두 무더기에서 각각 일어나니 같은 행위가 반복된다. 하여 營을 계산할 때는 歲와는 달리 각각을 營으로 계산하지 않고 합해졌다[四營而成易]. 이 과정 전부가 一變이다. 손가락 사이에 끼워진 것을 모두 합한(天·地·人策)댓가지는 5가 아니면 9이니 이것을 별도로 둔다는 말이다. 천지의 수에서 윤달에 필요한 수를 제하고 천지의 변화를 따라간다는 뜻으로 이를 다시 계속한다.

5개 혹은 9개를 뺀 나머지 댓가지(40 혹은 44개)를 모두 모아 다시 임의로 양분하여 같은 방법으로 한다. 손가락 사이에 끼워진 모두를 합하여 다시 별도로 두니 이것이 2變이다. 2변에서 천책이 하나면 지책은 2개, 천책이 2개이면 지책은 1개, 천책이 3개면 지책은 4개, 천책이 4개면 지책은 3개가 된다. 天地人을 모두 합하면 4개 아니면 8개이다. 이를 뺀 나머지 댓가지는 40개 아니면 36개이거나 32개이다. 이를 모두 모아 다시 같은 방법으로 하니 이것이 3變이다. 3변의 남은 수(손가락 사이에 끼워진 수)의 합도 2변과 같이 4개거나 8개이다. 그러니까 각각 별도로 두었던 3변까지의 수, 곧 손가락 사이에 끼워두었던 댓가지의 수는 5+4+4=13, 5+4+8=17, 5+8+8=21, 9+4+4=17, 9+4+8=21, 9+8+8=25 중의 하나가 된다. 사용한 것이 49개이니 49-13=36, 49-17=32, 49-21=28, 49-25=24 중 하나가 남은 것이다. 결국 3變 후에 남은 대가지 수가 老陽, 少陰, 少陽, 老陰의 대가지 수(策數) 중의 하나가 된다. 이 策數를 4계절로 나누면 9, 8, 7, 6 중의 하나를 얻기 때문이다. 3變만 하면 9, 8, 7, 6 중의 한 수를 얻으니 처음 효 하나를 얻게 되는 것이다. 6효를 얻기 위해서 이를 계속하면 3×6이니 18변하여 괘 하나를 얻게 된다. 곧 [18變而成卦]이다. 이렇게 괘가 이루어지는 과정이 천지, 사시, 3년과 5년에 한 번씩 윤달이 있게 되는 숫자로써 변화의 과정을 모방하여 괘를 구했다.

복잡하게 18변하는 순서와 괘가 이루어지는 과정을 설명했는데, 그것의 결과는 결국 6·7·8·9의 수를 구하는 것이고, 이를 거꾸로 말하면 6·7·8·9의 수가 변화를 주도한다는 것이다. 7·9는 기수로 양이니 7은 소양, 9는 노양 혹은 태양이라 하고, 6·8은 우수로 음이니 8은 소음, 6은 노음 혹은 태음이라 했다. 노양과 노음은 효변을 일으키니 만물은 '極則變'하는 원리이다. 한 괘를 얻으면 효변이 있는 효를 중심으로 점을 쳤고, 음양의 획을 그을 때 9와 6의 수에는 그 부호에 따로 표시를 하여 알 수 있게 했다. 이것이 괘를 만드는 방법이다.

라) 大衍之數의 고찰

여기서 우리는 잠깐 大衍數 50에 대해서 생각해보자. 앞서 「계사 상」의 서법을 말한 조항 앞부분의 요약은 이렇다. 1에서 10까지의 수 중 기수는 천수이고 우수는 지수인데 각각 다섯 개씩이다. 그리고는 다음 문장이 이어진다. "천수는 (합이)25요, 지수는 30이니, 천지의 수가 모두 55이다. 이것이 소이 변화를 이루고 귀신을 움직인다. 대연의 수가 50이나……(天數二十有五, 地數 三十, 凡天地之數 五十有五. 此所以成變化而行鬼神也. 大衍之數五十,)"

천지지수 55가 변화를 이루고 귀신을 움직인다고 해놓고, 갑자기 '大衍之數 五十'이 등장했을까? '衍'이란 '넉넉하다, 넓히다'의 뜻이니 大衍數란 '크게 넓힌 수'이다. 과연 이 大衍數는 무엇인가? 여기에 대한 논의 또한 분분하여 다 소개할 수 없다. 그 중에 생수의 마지막 수 5와 성수의 마지막 수 10을 곱한 수 50이 대연수라는 설과, 河圖와 洛書의 수를 합하여 2로 나눈 수라는 논리가 있다. 모두 후세의 사람들이 50에 맞도록 만든 것인 듯하다. 하필 쓰지도 않는 성수의 마지막 수 '10'이어야 하는지, 왜 합하지 않고 곱해야 하는지 등의 의문이 남는다. 그리고 하도는 동서남북 4정방과 중앙에, 오행(水·火·木·金·土)과 수를 배당한 것인데 이의 합은 55이다. 낙서는 동서남북 4정방과 동남, 남서, 서북, 북동의 4간방, 곧 8방에 중앙을 더하여 각각 숫자를 배당했는데 이것의 합은 45이다. 합하여 2로 나누면 50이 된다. 하도와 낙서가 하늘이 내려준 신령한 것으로 성인이 만든 것이라는 관념에 어울리게 만들어 낸 수이다. 그런데 이 도식은 鄭玄이 『주역』을 오행과 결합하여 풀이한 것에 근거한 관념으로 훨씬 후대의 논설이다. 또한 「계사 상」의 하도와 낙서에 대한 장에는 河에서 圖가 나오고 洛에서 書가 나왔다는 언급만 있을 뿐이고 숫자와는 연관시키지 않았다.[46] 그리고 「설괘전」에도 8괘의 방위와 성질을 논했을 뿐 역시 수와는 관련짓지 않았다.[47] 뿐만 아니라 「하도」·「낙서」가 복희와 문왕이 만든 것이 아니라 漢代에 만들어진 것으로 추측되는 『易緯』에 근거하였음을 말하는 학자도 있고, 후인이 끼워 넣은 것으로 보는 학자도 있다. 우리는 원대의 兪琰유염이 『주역』에는 이른바 河洛之數란 없으며, 이것은 대개 緯書에 근거한다는 말을 유념할 필요가 있다. 훨씬 후대의 논설을 받아들여 그 당시의 생각으로 추측함은 비논리적이다. 그리고 무엇보다 크게 넓힌 수가 오히려 천지의 수보다 줄어들었으니, 어쩐지 위의 설들은 끼워 맞춘 듯하다. 이 보다는 金景芳의 '大衍之數 五十' 다음에 '有五'가 떨어져 나간 것으로 보는 것이 그래도 이해하기에 나은 것 같다. 天地之數요 곧 大衍之數인 55중 6개를 사용치 않고 49개를 사용하는 것은 6爻의 6을 빼고 하는 것으로 보는 것이 타당할 것 같다. 거꾸로 점치는 것의 총 근원인 6효의 괘상과 일치시키기 위하여 4영 18변해서 오로지 6·7·8·9의 숫자를 구하려면 49개가 필요하기 때문이라고 보는 것이 더 합리적이 아닐까 한다.

아무튼 『주역』은 이렇게 일정한 수를 구하여 길흉의 점사와 연결시키는 것으로 시작했음을 알 수 있다. 이런 복잡한 과정을 거치기 전에는 수를 기수·우수로 나누고 여기서 길흉을 정하는 단순함에서부터 시작했는데, 수에 대한 관념이 발전하면서 변화를 거듭하여 4營 18變하는 수의 조작으로 괘효를 만들었을지도 모른다. 지금으로서는 수와 수의 관계에서 변화가 일어나듯이 자연과 인간사에도 이런 수적변화가 있다고 생각하여 점을 친 것이 아닌가 하고 생각할 따름이다.

2) 象

가) 『주역』은 象을 알아야 한다.

그러면 이제 象에 대한 문제를 생각해보자. 수에서 시작한 것이 奇偶의 부호로 나누어지고, 나누어진 막대 부호가 3개, 그리고 그것이 겹쳐진 6개의 부호에서 상상할 수 있는 이미지가 생기니, 이것이 상이다. 그러므로 수에서 상이 생겨난 셈이 된다. 그래도 宋代의 의리파 역학자는 수가 상을 낳았다는 설에 반대를 했다. 程頤정이[48]는 "理가 있은 후에 상이 있고, 상이 있은 후에 수가 있다"고 했으며, 역시 宋의 氣學派 張載장재는 "氣에서 상이 생겨났다"고 했다.

46) 금본 『역전』 중 「계사전 상」의 11장 참조. '마무리'에 풀이가 있다.

47) 금본 「설괘전」의 5장 참조.

48) 북송의 의리파 역학가이며 理學의 기초를 닦은 사람. 세칭 伊川先生이라 함. 『伊川易傳(약칭: 程傳)』이 있다.

그러다가 마침내 명말 청초의 方以智와 王夫之에 이르면 理氣象數는 하나이며, 象·數·辭·義[49]는 분리될 수 없는 것으로 보았다. 시대와 학자에 따라 보는 관점의 차이가 있어 이렇게 얽히는 것은 상·수·리가 서로 맞물려 있기 때문이다. 지금 우리들은 겹쳐있는 부호에서 상을 도출하고, 이 부호는 수에서 비롯했으며, 부호가 있기 전에는 수로서 점을 쳤음이 확인 되었으니, 수에서 상이 생겼다고 생각하는 것이 편하다. 확실한 것은 상을 완전히 버리고서는 뜻을 찾기가 힘들고, 辭를 이해하기가 어려우니 사람들은 상에 관심을 갖지 않을 수가 없게 되는 것이다. 이미 의리로 해석한 공자학파에서도 상을 이용하고 있으니 『주역』을 이해하기 위한 필수 요건이 된다고 하겠다.

나) 상의 종류와 그 한계

상이란 괘와 효가 의미하고 있는 이미지이다. 곧 팔괘에서 이미 기술한 바와 같이 正象인 하늘·땅·바람이나 말·소·닭 등의 구체적인 사물들로 상징하는 물상과, 굳세다·순하다 등의 성질을 나타내는 속성을 추상적인 부호가 나타내는 것과 일치시킨 것이다.

우리는 앞에서 팔괘가 말하는 상, 곧 '건은 하늘, 곤은 땅, 진은 우레'라고 하는 正象 뿐이라면 간단해 좋기는 하나 그것만으로는 천지의 만사만물을 다 표현하기 어렵다. 그래서 점차 사람들은 생각을 거듭하여 정상에 더 상을 넓혀갔는데 「단전」과 「대상전」에 이미 20여 개의 상이 보이고, 상을 전문으로 해설한 「설괘전」에는 137개나 된다. 상을 익히기 위해서는 「설괘전」을 숙지해야 한다. 「설괘전」에 나타난 상의 중요한 것을 간추려 표를 만들면 다음과 같다. 상을 중요시 여기는 학자들은 이 「설괘전」에 나오는 상 이외에도 상을 더 만들어내어 적용하고 있고, 왜 이런 상이 나오는지에 대한 설명은 없으니 혼란스럽기도 하지만 넓히고 유추하여 이끌어낼 수밖에 없다.

	乾 건	坤 곤	震 진	巽 손	坎 감	離 리	艮 간	兌 태
자연	天	地	雷	風	水	火	山	澤
인간	부	모	장남	장녀	중남	중녀	소남	소녀
성질	健	順	動	入	陷 빠질 함	麗 걸릴 려	止	悅
동물	馬	牛	龍	鷄 닭 계	豚 돼지 돈	雉 꿩 치	狗	羊
신체	首	腹	足	股 넓적다리 고	耳	目	手	口
방위	서북	서남	동	동남	북	남	동북	서
기타	圜, 金	釜, 衆	큰길, 갈대	木, 巽	憂, 險	日, 明	門, 徑路	무당, 첩
	크게 붉음	땅의 흙색	玄黃	먹줄, 백색	心病, 赤	갑옷, 투구	풀열매	毁折, 소금

49) 義의 첫 번째 뜻은 '옳다'는 뜻이다. 그런데 '意義'라 할 때는 '뜻'이라는 의미로 많이 쓰인다. '뜻, 의미'로는 意와 義가 같이 쓰이는데, 주로 구체적인 言의 의미를 말할 때는 意로, 보다 보편적으로 철학적 의미를 함유하여 태극, 괘효, 음양 등과 더불어 쓰일 때는 義로 많이 쓰인다.

원래 象은 '像'과 '擬의'의 뜻으로 쓰였다고 하니 '본뜨고 흉내 낸다'는 뜻이다. 聖人이 『주역』 부호가 상징하는 것을 자연과 인간사에 이리저리 견주어서 본떠 만들어 놓았다는 말이다. 우리는 이를 찾기 위해 괘의 생김과 의미를 상상하여 사물의 형상과 통하는 이미지를 만들어야 한다. 예를 들면 艮☶은 땅(==) 위에 굳건하게 있는(—) 것으로써 산을 형상했고, 양쪽 기둥 혹은 쌓은 벽돌(==) 위의 문설주(—)를 상상하여 문이 되고 들창문도 되며, 더 넓혀서 집과 주거가 되기도 한다. 열려있는 길(==)이 막혀(—) '徑路'도 된다. 그래서 八經卦가 상징하는 물상으로써 이를 겹친 重卦의 卦象을 설명하고, 또 이것으로 卦爻辭를 해석한다. 이것이 소위 '取象說'이다.

상을 여러 가지로 만들어 내면 아리송한 뜻을 상과 일치시켜 뜻을 끌어오기가 수월하고, 점을 칠 때도 여러 경우에 끌어다 붙일 수 있는 유리한 점이 있다. 그러다 보니 상수학파의 거장인 漢代의 虞翻우번[50]이 취한 상은 300여 가지였다고 한다. 그 결과 象에는 서로 같은 것이 여럿 있고, 또 한 괘에 서로 배치되는 의미도 생겼다. 즉 巽에도 '入'의 의미가 있고 坎에도 '入'의 의미가 있으며, 坎에서 '구덩이(陷)'의 뜻에 또 '平'의 의미도 있게 됐다. 이렇게 너무 번다하게 되면 결국 아무것이나 끼워 맞추는 식이 되니 논리성을 잃게 되고, 이것이 설득력이 약해져 몰락의 길을 걷고 의리만 부각됐는지 모른다. 그래서 이 책에서는 상을 「설괘전」에 나오는 것만 한정하여 제시하고 의미를 풀었다. 그러므로 위의 도표에 표시된 상을 익히고 본문 풀이의 概說개설을 참조하기 바라며 이것으로 상에 관한 것은 단락을 짓는다.

6. 陰陽과 五行

우리는 두개의 부호, 즉 홀수 부호인 '—'과 짝수 부호인 '--'을 언급했다. 홀수는 천수이고 양수이며, 짝수는 지수이고 음수이다. 곧 양과 음이다. 여기서 陰陽이 등장하여 『주역』의 철학적 개념으로 발전하니 이를 알아야 하고, 음양의 뒤에는 오행이 따라붙으니 이것도 함께 알아보자.

1) 陰陽

가) 음양은 서로 상대되는 성질이다.

陰陽이라는 말뜻은 햇빛과 관련이 있었다. 햇빛이 드러난 곳, 밝은 것, 따뜻한 것이 양이요, 햇빛이 가려진 곳, 어두운 것, 추운 것이 음이었다. 語源상의 이런 두 개념이 이미지가 넓혀져 '氣'개념으로 발전되고, 對待(맞서고 기다림)의 관념까지 생겼다. 이런 관념에 의해 오늘의

50) 漢末 삼국시대의 사람. 『주역주』를 지음. 상수학파로 괘변설 납갑설에 특색이 있다.

우리는 남녀・상하・출입・전후・왕래・유무・대소・장단・고저 등 서로 상반되는 두 짝을 특별히 의식하지 않고 함께 사고한다.

이런 상반된 두 측면을 나누어 설명하면 음과 양이 되니 음적인 物과 양적인 물로 구분되는 것 같다. 그런데 음양이란 한 사물에 음적인 성질과 양적인 성질이 동시에 존재하는 것으로 본다. 태극에서 兩儀를 낳고 양의에서 四象을 낳을 때의 분화과정에서 음을 상징하는 --과 양을 상징하는 —이 각각 생겨나와, 陰에서 음양으로, 陽에서 음양으로 분화하고 있으니까 일체에 음양이 있음을 말한다. 『주역』의 卦에서도 陽爻와 陰爻가 섞여 있고, 순 양괘인 乾卦에 짝수 位는 陰位이니, 음적인 성질이 포함되어 있고, 순 음괘 坤卦는 홀수 위를 陽位라하니, 양적인 성질이 내포돼 있다. 그러니 한 사물에 음양의 성질이 동시에 존재한다고 보아야 한다.

인간도 적극적이고 소극적인 두 성질이 존재하는데, 적극적인 성질, 곧 양이 강하면 남성답고, 소극적인 성질인 음이 강하면 여성답다고 한다. 남자는 대체적으로 양적이고, 여자는 대체적으로 음적이지만, 남자가 여자처럼 행동하는 경우도 있고, 여자가 남자처럼 행동하는 경우도 있다. 이 경우 남자에 있던 음적인 성질과 여자에 있던 양적인 성질의 표현으로 보면, 음양이 동시에 존재하는 것으로 이해된다. "그러므로 건곤음양은 사물자체의 고유한 성질이 아니라 사물과 사물의 상호관계에 의해서 정해지는 성질이다"[51]라고 했다. 이런 설명에서 음양은 서로 상대되는 성질이며, 한 사물에 동시에 존재하는 것으로 파악하고 있음을 알 수 있다.

나) 음양의 개념은 氣와 道로 이어진다.

그런데 음양의 이런 개념에는 만물만상이 존재하게 되는 근본인자가 무엇인가에 대한 물음에는 어딘가 부족해 보인다. 그래서 '氣'라는 개념이 부가 되어 음기와 양기의 조화가 천지만물을 낳는다 하고, 다시 이 음양의 기는 무엇에서 비롯할까라는 근원으로 회귀하면 易・道라 불리는 개념이 등장한다. 程頤에 의하면 음양은 氣인데 이 기는 형체가 있으므로 形而下者라하고, 음이 되고 양이 되도록 작용하는 것은 道이며, 도는 형체를 볼 수 없으므로 形而上者라 했다. 朱熹는 음과 양은 기이나, 음이 되고 양이 되는 것은 理로 이 리가 道라고 했다. 張載장재[52]는 기는 하늘의 본체로 이것이 뭉치면 만물이 형성되어 볼 수 있고, 하늘의 본체인 기 상태로는 감각할 수 없다고 했다. 이렇게 학자에 따라서 道・氣의 관계와 인식에 대한 논쟁은 활발했지만 이를 다 논할 수는 없다. 다만 우리는 음양이 相反相成의 성질을 가진 두 가지 원소로써 우주의 만물을 형성하는 유기체로 인식하면 된다. 「계사 상」에 "한번은 음 한번은 양이 되는 것을 도라 이른다(一陰一陽之謂道)"라는 말이 있다. 이 말은 모든 것에서 다 존재하는 대립자인 '일음일양'이 '道'라는 통일체가 됨으로써 대립・분할하는 것만 아니고 조화와 합일성

---

51) 한국주역학회 편, 「주역의 근본 원리」(철학과 현실사, 2004) '주역에서의 和諧와 相生'(김학권), 196쪽.
52) 송명 리학의 기초를 닦은 사람이며 의리파 가운데 기학파를 개창한 사람. 저서는 『易說』 『正蒙』이 있음.

을 갖게 된다는 의미이다. 이런 풀이의 음양개념이 주역사상의 근본개념으로 되었다.

이 음양을 종합적이면서 그것의 상징적 의미를 잘 나타내고 있는 圖가 있으니 다음 그림이다. 이를 흔히들 '태극도'라 하는데, 명초의 趙撝謙조휘겸이 저술한 『六書本義』에는 '陰陽魚太極圖', 일명 '天地自然河圖' 혹은 '天地自然之圖'라고도 한다.

태극도(천지자연지도)

이 도식은 두 물고기 형체의 음양이 서로 밀치고 싸안으면서 물고기의 눈 같은 핵이 있다. 이 형체는 음양의 消長관계를 나타내면서 백 가운데 있는 검은 핵은 음의 魄이고, 흑 가운데의 흰 핵은 양의 精을 나타내고 있다고 말한다. 이것은 양속에 음이, 음속에 양이 존재함을 말하고 있다. 고기의 꼬리는 음양이 막 일어나는 모습이고, 머리모양은 양과 음이 극성하여 서로 밀치고 있는 모양이다. 그러면서 전체로는 서로 싸안고 있으면서, 양은 위, 음은 아래에(天上地下) 있다. 그리고 팔괘의 방향에서 어떻게 소장하는가를 보여주려고 한다. 이 도식은 태극, 음양, 팔괘의 관계를 보여주고, 또 음양의 대립과 상호의존, 상호 따름과 소장과정, 流行하는 가운데 상호보충의 관계, 서로의 균형과 화해하는 상태 등을 표현하려고 한다는 것을 잘 알 수 있다. 이런 도식은 이미 宋代부터 등장하는데, 이 도식에서 핵을 없애면 우리태극기의 중심 圓원과 많이 닮았음을 알 것이다.

다) 『주역』 속의 음양

그러면 이런 음양개념이 『주역』 어디에 어떻게 쓰였을까. 금본 『역전』에는 서로 상반되면서도 필요로 하는 두 성질이 존재하고 이를 음과 양이라 했고, 이 음양을 근본적 개념으로 해서 『주역』을 풀이하고 있다. 음양, 강유, 건곤, 消息盈虛 등 음양변화의 논리를 설명한 말이 자주 출현한다. 그런데 『주역』의 經文, 그러니까 괘사와 효사에는 음양을 이야기하지 않았다.

오직 한군데 中孚卦 九二 효사에 "鳴鶴학在陰 其子和之(우는 학이 그늘에 있으니 그 자식이 화답한다)"라는 구절이 있으나 여기의 '陰'은 단순히 '그늘진 곳', 즉 '가려진 곳'을 뜻하는 의미로 쓰였을 뿐이다. 이런 사실 때문에 『주역』에는 음양개념이 존재하지 않았다고 논하기도 한다. 그러나 직접 은급하지 않았을 뿐 괘획 속에 음양개념이 자리 잡고 있으니, 이것을 밝혀내어 『역전』에서 발휘하고 있다고 보아야 한다. 효제 初六, 初九의 數 6과 9는 음과 양을 대표하는 수이고, 건곤은 순양과 순음을 말하는 괘이며, 무엇보다 『주역』의 '—'과 '--'의 부호는 양음의 의미를 빼고는 설명하기가 곤란하기 때문이다. 張政烺이 밝힌 바처럼 처음은 숫자로만 점을 치다가 후에 음양개념이 도입되면서 부호화시켜 지금의 형태가 됐을 것이다. 하여튼 음양의 개념을 빼고는 이해하기 어렵다.

『역전』에서도 통행본에 붙어 있는 「단전」「상전」「문언전」의 음양개념은 확실히 초보적인 면이 있다. 그러나 별책 중의 「계사전」은 이와 달리 음양·강유개념을 풍부히 내포하고 있다. '傳'은 '經'을 풀이한 것이니, 음양개념은 결국 경에서 이끌어낸 것으로 보아야 한다.

2) 五行

가) 五行개념의 태동

五行은 水·火·木·金·土를 말한다. 이것들은 인간이 생활하는데 필요한 기본적인 물질이다. 이 필수불가결한 재료를 잘 다루어야 인간생활이 풍족해지고 번창하며 만물은 이것에 의해서 형성된다고 본다. 중국 고대기록인 『尙書(書經)』의 「大禹謨우모」에서는 '穀곡'이라는 것을 더 붙여서 여섯 가지를 잘 다스려야 한다는 말이 있다. 그러나 오행에서는 穀은 없어지고 水·火·木·金·土만 있다. 사람의 손가락이 다섯 개이므로, 5는 수를 인식하는데 간편하고 여럿을 대표하는 의미의 수이다. 그러니 6보다는 5를 취하고, 곡식은 흙에서 생산되니 곡을 토에 포함시키면 지금의 오행이 된다. 이것은 「대우모」에서 말하고 있는 6府에서 다섯 물질로 간추려지고 이것이 오행이라는 개념으로 변화했을 것이라는 하나의 추론이다. 혹자는 음양보다는 오행이 먼저 있었다고 하기도 하며, 혹자는 음양의 하위개념으로, 음양의 氣가 발휘된 形而下의 물체 중 가장 기본적인 것이라 말한다. 어쩌면 方術家들이 만들어낸 물체일 수도 있으며, 黃老學[53]에서 말하는 황제가 만든 것일 수도 있다. 이렇게 오행이 언제 어떻게 생겨난 개념인지는 확실치 않고, 학자와 시대에 따라 개념의 정의도 조금씩 다르다. 다만 氣의 작용을 지칭하는 음양은 구체적 품물을 볼 수 없고, 오행은 품물이 있는 것이 확연히 다를 뿐이다.

문서상으로 오행의 성질을 최초로 서술한 문장은 殷나라를 멸망시킨 周의 武王이 은의 유

53) 도가의 종주인 老子의 '老'와 도가의 창시자로 떠받드는 전설상의 인물 黃帝의 '黃'을 딴 명칭으로 漢의 초기 無爲 정치시절 황로학이 성행했다.

족 箕子에게 가르침을 청해 얻었다고 하는 「홍범」에 나타난다. 다음은 「홍범」의 구절이다.

> 오행은, 첫째가 물이요, 둘째가 불이요, 셋째가 나무요, 넷째가 쇠요, 다섯째가 흙이다. 물은 아래로 젖어들고, 불은 위로 타오르며, 나무는 휘어지고 곧고, 금은 마음대로 바꾸고, 흙은 이에 심고 거두는 것이다.
>
> 五行, 一曰水, 二曰火, 三曰木, 四曰金, 五曰土. 水曰潤下, 火曰炎上, 木曰曲直, 金曰從革, 土爰원稼穡가색.

이런 오행관이 점점 넓혀져서 오늘의 오행개념으로 발전하게 되었는데, 이의 과정을 우리들은 쉽게 다음과 같이 생각하자. 나타난 품물, 곧 실제의 나무・쇠・물・불・흙이라는 자연물에서 이것들의 본성(나무는 곧고 쇠는 단단하다 등)에 이를 운용하는 인간의 경험(나무는 물을 주면 잘 자라고 쇠는 열을 가하면 녹는다 등)이 침투되고 융합해져 오행의 개념으로 되었다가, 드디어는 만물을 형성하는 기본원소로까지 확대되어 초자연적 의미의 오행관념이 만들어진 것으로 보는 것이다. 일단 이렇게 알고 오행개념의 이해를 위해 기본 작용에 대한 것을 알아보자.

나) 五行의 相生과 相勝

오행의 개념에 유입된 생각 속에는 오행을 활용하는 중요한 두 원리가 등장한다. 상호 돕기도 하고 충돌하는 관계이다. 돕는 관계를 相生, 충돌하는 관계를 相勝 혹은 相剋극이라 하여 五行相生과 五行相勝(剋)의 원리가 있게 된다. 오행상생은 물로서 나무를 기르니 水는 木을 생하고, 나무를 부비면 불이 생기니 木은 火를 생하고, 불에 탄 재는 흙이 되거나 그 거름이 되니 火는 土를 생하고, 흙에서 쇠를 캐니, 土는 金을 생하고, 쇠를 녹이면 물로 변하니 金은 水를 생한다는 것을 말한다. 여기에는 다섯 가지 재료에 대한 인간의 운용이 포함돼 있다.

五行相勝이란 물은 불을 끌 수 있으니, 水는 火를 이기고, 불은 쇠를 녹이니, 火는 金을 이기고, 쇠는 나무를 베니 金은 木을 이기고, 나무는 흙을 헤치고 나와 자라니 木은 土를 이기고, 흙으로 물을 가두고 막으니 土는 水를 이기는 것이다. 여기에는 사물의 본성에 대한 이해를 바탕 삼는다.

이런 원리가 오행의 근본개념으로 하여 각종 사물에 적용되어서 그 범위가 확대되어 갔다. 그래서 五行의 '行', 곧 '유행 한다', '변 한다'는 의미가 강조되는 개념이 된 것이다.

다) 五行개념의 확대와 그 문제점

相生 相勝의 원리가 각종 다섯 개의 다른 것들, 예컨대 東西南北과 중앙의 五方, 黑・白・靑・赤・黃의 五色, 그리고 五味, 五臟 등과 결합하면서 결국 만물의 생성과 상태에 영향을 미치는 원소로서 개념이 정해졌다. 결국 모든 것이 오행과 결부되지 않는 것이 없을 정도가

되어 불변의 진리처럼 되었다.

당연히 그 중에는 억지스러운 것도 있다. 인간에게 가장 근본이 되는 물질의 분류가 이 오행뿐인지, 또 합당한 분류인지, 相生과 相勝의 원리는 이치에 딱 맞는 것인지에 대해서는 확답할 수 없다. 그런데도 이것을 각종 사물・사건에 대입하여 추론해서 얻은 결론을 불변의 진리쯤으로 여기고 길흉화복을 가리는 것에까지 이용하고 있다. 오늘날 命理라 일컫는 사주팔자, 이름을 짓는 作名, 행사를 위한 각종 擇日 등에서 이용되는 기본원칙이 이 오행의 원리에서 발생한 것들이다. 가령 하늘에는 六氣가 있었다는 관념도 있었다. 그것은 陰・陽・風・雨・晦회・明이다. 이것이 만물에 미치는 영향도 오행에 못지않을 것 같은 생각도 드는데 오행이어야 하는가? 그리고 상생에서 '金生水'인데 물은 오히려 땅 밑에서 나오거나(土生水) 하늘에서 비가 내려 물이 생긴다. '水生木'은 되는데 땅에서 식물이 자라나니, '土生木'은 왜 안 될까. 이런 것들을 徐復觀[54]은 지적하고 "매우 유치하고 불합리한 설명"[55]이라고 했다. 과학이 발달한 오늘의 우리들은 유념할 필요가 있는 지적이다. 물론 占에서도 이런 불합리성이 있는 오행원리로는 한계가 있기 때문에 이를 극복하기 위해 여러 가지 보충방안을 도입한다. 가령 사주팔자를 보는데 干支를 오행에 배당하고도 다시 合沖개념[56] 등을 도입하여 이론을 전개하는 경우 등이다.

이와 같이 보충에 보충을 거듭하는 것은 오행을 적용하니 맞지 않는 것이 있다는 것을 반증하는 것인데, 오행의 원리를 아주 버리지 못하는 것은 그 속에 합리적 성분도 있기 때문이다. 가령 농경생활은 계절의 변화에 따라야 하고, 농업생산 활동은 四時의 기후변화를 거역할 수 없다. 木은 동・서・남・북・중앙의 방향으로는 동방이고 계절로는 봄이다. 왕성한 木의 덕이 있는 봄에는 초목이 번성하므로 씨를 뿌리고 나무를 심어야지 벌목을 해서는 안 된다. 물론 오늘날은 이것도 각종 난방장치로 추운 겨울에도 필요한 것을 생산하기도 한다. 그러나 옛날에는 어길 수 없는 원리였다. 이런 것들을 정리해 놓은 것이 『예기』「월령」인데, 이 월령에는 타당한 원리를 발견할 수 있는 것들이 있다. 이런 원리에 따르면 길하고, 어긋나면 흉할 것은 자명하다. 물론 미신적이고 비과학적인 것도 있다. 그리고 우리가 오행을 인식하는데 이렇게 물질적 의미를 확대・유추해서 추론하는 것만이 아닌, 느낄 수는 있어도 언설로는 표현할 수 없는 그 무엇이 있는지도 모른다. 아무튼 오행의 취사선택과 적용에 관한 것은 각 개인의 연구과제로 미루고, 일단 오행과 관련을 맺고 있는 것 중, 중요한 것만 간추려 표로서 이들의 관계를 정리하면 다음 페이지와 같다. 적어도 점술에 관심이 있는 분은 이를 익혀야 한다.

---

54) 중국 현대 신유가의 대표자로 불림. 「중국인성론사」의 저자.

55) 양계초, 풍우란 외 지음, 김홍경 편역, 「음양오행설의 연구」(신지서원, 1993), 78쪽.

56) 天干의 合에는 甲己가 맞붙어 있으면 木인 甲이 土인 己를 극하는 것이 아니고 오히려 土로 변하고, 乙庚은 金, 丙辛은 水로 변한다는 등이 있고, 沖에는 甲庚, 乙辛, 丙壬 등이 맞붙어 있으면 충하여 둘 다 힘이 없어진다고 보는 것 등이다. 물론 地支에도 이러한 것들이 있다.

	木	火	土	金	水
방위	동	남	중앙	서	북
사시	춘	하	하추 사이	추	동
오색	청	적	황	백	흑
오미	신맛	쓴맛	단맛	매운맛	짠맛
오음	각	치	궁	상	우
천간	갑을	병정	무기	경신	임계
지지	인묘	사오	진미술축	신유	해자
수	3, 八	2, 七	5, 十	4, 九	1, 六
오장	간장	심장	비장	폐	신장
오관	눈	혀	입	코	귀
육부	담	소장	위장	대장	방광
오기(기후)	풍기	暑기	습기	조기	한기
정서	분노	기쁨	근심	슬픔	두려움
五常	仁	禮	智	義	信
성장기능	발생	성장	변화	거둠	저장

3) 음양과 오행의 결합

가) 음양오행

그런데 음양과 오행의 두 개념이 어떻게 합쳐져서 음양오행이 됐는지, 그 정확한 시기와 사건을 단정키는 어렵다. 그런대로 각종 설에서 합리적인 견해들을 요약하여 정리하면 이렇다.

하나, 음양의 개념은 단독으로도 많은 설명을 하고 있지만, 오행의 개념은 음양과 복합적으로 쓰고 있는 것을 보면 오행은 음양개념을 필요로 하고 있다. 둘, 전국시대 사람인 鄒衍추연의 '五德終始說'[57]에 이르면 오행이 인사에도 영향을 미치는 氣로서의 기능은 다하고 있다. 진시황은 이에 기초하여 水德을 입었다고 여겼다. 그래서 服色, 旗 등의 색은 검은색으로, 길이 등 數의 표준은 6[58]으로 하였고, 황하의 이름도 德水로 바꾸고, 물의 성질대로 인정과 온화함을 없애고 차갑고 엄격히 하여 나라를 다스렸다. 이런 '오덕종시설', 「홍범」, 「여씨춘추」 '12紀' 등에 보이는 오행사상은 상당히 성숙된 것으로 보여, 전국시대 중·후기 이전에는 오행사상이 인간생활에 실제로 많이 적용된 것으로 보이고, 이때부터 음양과 오행은 서로 결합이 된 것으로 본다. 셋, 前漢 景帝 때의 박사 董仲舒동중서에 이르면 음양과 오행이 완전히 결합되어 완성되었음을 보여준다. 그의 『춘추번로』 「천지음양」에 天·地·人·陰·陽·木·火·土·金·水, 열 가지가 天의 열 가지 表現態이자, '하늘의 數'로 표현되면서 天과 人의 불

57) 왕조는 오행 중의 한 덕과 상응하는 관계를 가진다는 설. 이설에 의하면 황제 때는 土德, 우왕 때는 木德, 殷나라는 金德, 周나라는 火德을 입었다. 다음은 水德을 입은 나라가 일어난다고 했다.

58) 동한의 정현에 의하면 天數 1과 地數 6이 합하여 오행의 水를 만든다는 설에서도 물을 이루게 하는 6의 수가 나오는데, 훨씬 이전 추연에서부터 이런 관념이 존재했다고 보아야 한다.

가분의 관계를 논하고 있다. 넷, 동중서 이후 점점 더 뜻이 넓혀지고 만사와 결합되어 京房[59]에 이르면 음양오행이 하나의 구조를 이루어 『역』의 해설에 체계적으로 등장하여, 팔괘가 오행에 배당되고 爻의 位에 12支가 배당되는 등 복잡해지면서 모든 세간사에 뺄 수 없는 것이 되고, 다섯, 劉歆유흠과 鄭玄에 이르면 음양오행과 결합된 數가 아주 큰 영향을 미치면서 吉凶과 占算에서 벗어날 수 없게 되었다.

이런 정도가 여러 논설에서 이끌어낸 통설이다. 이렇게 해서 한대 이후부터는 중국인의 의식체계에서 음양오행은 버릴 수 없는 사상체계가 된다. 이제 음양과 오행의 결합논리와 상호연관관계에 대해서 다음 方以智[60]의 논설을 참고로 밝히니, 이렇게 생각하도록 하고 음양오행의 결합에 대해서는 단락 지우도록 한다.

> 太極(혹은 元氣, 大一)이 스스로 작용하여 음양으로 나뉘고, 이 음양이 상호작용하여 五氣가 생긴다. 이런 작용은 분리되고 떨어져 나와서 독립하는 것이 아니라 일시에 작용하고 완성한다. 이때의 작용은 서로 待對하고 상호 따르며 결합하는 것을 말한다. 이 오기가 생기면서 이들이 상호작용하여 다시 일시에 五材를 生하게 되니 이것이 소위 木·火·金·水·土이다. 일시에 오재를 생하므로 하나의 一行 속에는 다른 四行의 성질이 들어 있다. 그러면 어떻게 物로서 차별이 되느냐? 그것은 그 중의 한 氣가 많거나 강하기 때문이다. 그래서 五行은 물질을 이루는 원소로 본다.

나) 『주역』과 오행

그러면 『주역』에서는 음양 그리고 오행은 어떻게 결합하고 있는가? 앞에서도 언급이 있었지만 『주역』의 원 經文, 곧 괘효사에는 음양에 관한 辭는 없지만, 이를 해석한 『易傳』에서는 음양개념으로 풀이하고 있다. 그런데 이 『역전』 어디에도 오행에 관해서 직접 언급하면서 오행개념으로 풀이한 곳이 없다. 흔히들 말하는 「說卦傳」의 '帝出乎震(황제가 진에서 나온다)' 章[61]도 팔괘를 팔방에 배당하고 있을 뿐 오행의 五方과는 직접적으로 관련을 짓지 않고 있다. 그래서 『역전』에는 오행사상이 없다는 것이 일반적 견해였다.

그런데 백서주역의 「二三子」와 「要」편에서 공자가 오행을 말한 기록을 발견했다. 그리고 高懷民은 「설괘전」의 '帝出乎震'장이 儒家의 참 정신에 위배되어 비판을 두려워한 나머지 감추었을 뿐, 五行相生을 말하고 있다고 주장하기도 한다.[62] 이렇게 보면 오행개념이 추연의 시대 이전부터, 어쩌면 공자의 시대부터 있었던 관념일 수도 있다. 그리고 보면 괘효사에 黃色

59) 한역의 대표자로써 상수파의 대가. 특히 음양오행설과 결합시킨 역학체계를 구성함. 『京氏易傳』이 현존함.
60) 명청 교체기의 과학자이자 탁월한 사상가. 4대째 역을 전한 집안에서 태어났다. 저서는 『易餘』, 『周易時論圖象幾表』, 『物理小識』 등이 있다.
61) 금본 「설괘전」의 제5장으로 8經卦를 8方에 배정하고 배정된 이유와 하는 일을 설명함.
62) 고회민 저, 정병석 역, 「주역철학의 이해」(예문출판사, 1996), 65쪽.

이 드물지만 나오는데 이것은 '中'으로 이해하고 번역해야 하는 곳이 있다. 그렇다면 오행의 개념도 음양개념과 같이 辭에는 직접 들어나지 않지만 의미는 내재하고 있었던 것으로 볼 수도 있다. 단지 확정적으로 단정 짓지 못할 뿐이다.

어떻든 한대에 오면 『주역』에 오행개념이 결합하여 각종설이 번다하게 번져 吉凶占算의 절정기를 달린다. 곧 상수학파가 官의 힘을 업고 『주역』풀이의 주류를 이루었고, 여기에서 음양오행을 접목시킨 각종 점술이 유행하게 되어 오늘날까지 면면히 이어지고 있다. 그래서 점에 관한 것이면 모두 『주역』에다 갖다 붙여야 권위가 있게 되고, 한편으로는 음양오행의 이론으로 성립된 점술들이니 周易이라 불러도 이상하지 않았던지, 오늘날까지도 주역이라 하면 점치는 것으로 알고 있다.

그러나 금본 『주역』의 말을 이해하고 해석하는 데는 '黃'은 中을 의미하는 것으로 보는 논리 정도가 필요할 뿐이다. 그렇기는 하지만 오행의 논리를 알아두면 漢代人의 易學이나 점을 연구하려는 사람에게는 꼭 필요할 것이니 기본적인 것만 논했다.

7. 『주역』 해석에 필요한 기타 용어

역학에서는 『주역』의 辭를 해석하는데 필요한 용어들이 많이 등장한다. 이를 이해해야 하므로 빠짐없이 숙지하도록 하자.

1) 爻位

가) 位의 의미

3章에서 괘효의 '변화'를 설명하면서 효의 위치에 대해서 잠깐 언급한 적이 있다. 항상 변하고 있는 현상세계에서 時와 位는 변화의 양대 조건에 속한다. 만물의 존재는 시간과 공간 속에서 그 존재를 인식하게 되는데, 어떤 상황 속에서 사물이 처해 있는 위치를 우리는 '位'라고 부른다. 즉 물의 지정된 공간과 때를 의미한다. 가령 가정에서는 할아버지, 아버지, 어머니, 형, 동생의 어떤 자리에 있을 때 어떤 일이 있었느냐에 따라서 가치의 기준이 달라지고, 회사에서는 신입사원, 중견사원, 간부사원, 이사, 사장, 고문의 지위에 따라 맡아서 하는 일도 다르고, 발생한 하나의 일에 대해서 주어진 역할도 달라지니, 바로 '位'가 다르기 때문이다.

앞에서 作卦할 때 아래의 初爻부터 차례차례로 제일 위의 上爻까지 만들므로 시간과 貴賤이 아래에서부터 위로 흘러간다는 것을 이미 말했다. 효의 시간적 의미와 처한 상황을 여기에 대비시켜 확대시켜 보자. 초효는 시작이고 상효는 종료이다. 上下卦로 나누어 생각하면, 하괘는 땅이고 사건의 전반부며 피지배층이고, 상괘는 하늘이고 사건의 후반부며 지배층이다. 그리고 경우에 따라서는 초효는 지하요 상효는 천상이고 중간의 효들은 지상과 천하의 여러 단계로 취급될 수도 있다. 사람의 인생으로 따져 6효에 대비하면, 초효는 소년기, 2효는 청년기, 3효는 30대, 4효는 중년기, 5효는 장년기, 상효는 노년기쯤으로 대입해 볼 수도 있다. 귀천도 초효가 백성이면 2효는 선비고, 3효는 지방장관이나 대부가 되고, 4효는 중앙의 장관이나 公侯이며, 5효는 군왕, 상효는 은퇴한 상왕쯤으로 간주한다. 이렇게 爻는 位에 따라 역할과 능력이 달라진다. 『주역』에서는 이 爻位를 이해지 않고는 辭를 해석해 낼 수 없으니 그 의미와 상호관계를 숙지해야 한다.

나) 中位와 正位

爻位로 괘효사를 풀이한 것은 『역전』에서 비롯된다. 특히 「단전」에서 두드러진다. 가령 「단전」의 '剛中正' '柔中'의 문구를 접하게 되는데, 剛인 양효와 柔인 음효의 처한 위치를 말한 것이다. 그러면 '中', '正'의 位는 어떤 위치인가?

우선 八經卦가 두개 합쳐 大成卦가 이루어졌다는 것을 언급했다. 內外卦가 합쳐진 大成卦 6효에는 짝수 位가 있고 홀수 위가 있다. 초(1)·3·5위는 홀수 위로 양위이고, 2·4·상(6)은 짝수 위로 음위이다. 양효(—)가 양위에 자리하고 음효(--)가 음위에 있는 것을 當位·得位·正位라 하고, 그렇지 못한 것을 不當位· 失位·不正位라 한다. '當'은 '책임지고 집행하다'의 뜻이니 '그 자리를 맡아 책임지다'는 뜻이고, '正'은 '바르다'의 뜻이니 '그 자리에서 바르게 처리하다'는 뜻이 된다. 두 뜻이 자기의 역할은 수행한다는 뜻이다. 상관의 지시나 국가·사회가 만들어 놓은 규율을 따르고 수행하는 자리에는 유순하고 순종하는 음적인 사람이 그 자리를 차지하면 좋고, 반대로 자신이 사태를 책임지고 꿋꿋이 처리해야 하는 자리에는 굳세고 강한 강적인 사람이 자리해야 좋다. 이럴 때는 대체로 正位(當位)이면 길하고 실위이면 흉하다.

그리고 2효는 內卦의 가운데 효요, 5효는 外卦의 가운데 효이다. 그러니까 이 '中位'를 점한 효를 得中이라 하여 이롭고 중요하게 여긴다. '中'에 자리했다는 것은 아래의 의견도 위의 의견도 모두 참작하여 중심을 잡고 일을 처리한다는 의미가 있다. 그러므로 이렇게 중심에 자리한 사람은 그 덕도 中道를 지키는 훌륭한 사람이라고 여긴다. 음효가 2位에 있고 양효가 5位에 있으면 中을 차지하고 正을 얻었다고 하여 '中正'이라 한다. 물론 正만 얻고 中만 얻은 것보다 더 길하고 이롭게 여긴다. 『주역』에서는 正도 좋지만 中이 正보다는 더 중요하고 이롭다고 본다. 中庸의 사상을 여기서 엿볼 수 있다. 中은 점사에서 보통 '无咎'로 강조된다.

다) 正應과 親比

內外卦의 下·中·上이 각 괘에서 차지하고 있는 위치가 같으니 같은 처지의 것은 서로 통함이 있다고 본다. 곧 내괘와 외괘의 下位에 속한 初爻와 4효, 가운데인 2효와 5효, 上位인 3효와 上爻가 서로 호응할 수 있는 관계로 보고 이를 '應'이라 한다. 남여가 서로 응하듯이, 음양이 다르면 相應 혹은 正應이라 하고, 같으면 適應 혹은 不應이라 한다. '應'을 '與'라고도 한다. 이것도 보통 상응이면 길하고 적응이면 흉하다. 또 서로 이웃하는 효끼리도 관련이 있다. 이웃하는 효를 '比'라 한다. 즉 초효와 2효, 2효와 3효 등이 比爻인데, 음양이 다르면 親比·相比라하여 좋은 관계를 유지하고, 같으면 반발한다고 본다. 그리고 이같이 이웃하는 효끼리의 관계에서, 음효가 양효의 아래에 있을 때는 '받들다'라는 뜻의 '承'이라 하고, 음효가 양효 위에 있을 때는 '올라타다'는 뜻의 '乘'이라 한다. 물론 음이 양을 받들어 잇는 것이 좋고 올라타는 것이 나쁘다. 양은 앞장서고 음은 뒤에서 따르며, 양은 강건하고 음은 순한 성질을 갖고 있다고 보기 때문이다. 이런 것에 연유하여 시대의 산물인 남존여비의 관념을 낳기도 했다. 여기서 '좋다, 나쁘다', 혹은 '길하다, 흉하다'고 하는 것은 정해진 것이 아니라 대체로 그렇다는 뜻이다.

이렇게 넓게는 음양이 서로 감응하고, 가깝게는 가까이 있는 比爻, 그리고 처한 입지가 같은 應爻가 서로 영향을 미친다고 보는 것이다.

라) 각종 占辭들

괘가 말하는 시대의 상황에서 그 효의 처한 상태, 곧 처한 위치와 다른 효와의 관계에 따라 효의 능력이 발휘되는데, 이에 따라 길흉과 관련한 점사들이 등장한다. 그러면 이런 점사들에 관해 알아보자.

점사에는 吉凶 无咎 悔吝 등 여러 개가 있다. 이들은 괘효의 변화로 있게 되는 인간사의 결과이다. '吉'은 적합한 시간과 위치를 차지했음을 말하고 '凶'은 적합함을 차지하지 못했음을 말하며, '悔'는 적합한 시간과 위치를 차지하지 못했지만 노력하여 적합함을 찾고자 하는 것이요, '吝'은 적합한 시간과 위치를 차지했으나 이에 자족하고 노력을 하지 않아 흉으로 진행되어 감을 의미한다. 만약 이들을 차례지운다면 吉, 无咎, 悔, 吝, 凶이 될 것이다. 그런데 吉은 凶으로 바뀌고, 悔吝은 正에서 反으로, 혹은 반에서 정으로 움직이는 상태이나, '无咎'는 중간선상에 머물러 있다. 그래서 어떤 폐단도 없이 일상의 일을 즐긴다. 그러므로 无咎가 중요하고 좋은 것이다. 점사는 이 뿐만 아니라 利, 不利나 善, 不善 등을 말하기도 하니 좋고 나쁨을 판단하는 말들은 모두 점사에 속한다고 보면 된다.

이상의 것들이 효의 위치와 관련이 있는 여러 용어이다. 이 모든 것은 때에 맞느냐 맞지 않느냐에 따라 좋기도 하고 나쁘기도 하다. 아무리 中正을 얻었다 해도 때에 맞지 않으면 좋지 않다. 그래서 『역전』의 사상 중에 제일 중시하는 것이 '때를 따름'이 아닌가 한다. 때를 놓치면 아무리 되돌리려 해도 되돌릴 수 없기 때문이다.

결국은 천지자연과 인간사의 쉼 없는 변화에 따라 그가 처한 상황, 다른 말로 하면 괘효에 나타난 時에 따라서 그가 차지한 位의 中·正과 承·乘·應·比의 관계에 의해서 발휘되는 능력이 그런 상황에 잘 맞추어 가느냐, 거슬리게 가느냐에 따라 吉·凶, 悔·吝, 咎·無咎,

利·不利가 나타난다. 그러니까 이 길흉은 고정된 것이 아니고 時와 位에 따른 역할이므로 얼마든지 달라질 수 있다. 그래서 "吉凶은 상황에 따라서 옮겨간다(吉凶以情遷천-「繫辭 下」)"고 했다.

2) 卦變

卦가 정해졌다고 그것이 고정되는 것이 아니라 변한다. 그래서 「계사 하」에 "강유가 서로 옮겨 다니니, 변화가 그 중에 있다(剛柔相推, 變在其中矣)" "도의 됨됨이 여러 번 옮겨 다니며, 변동하면서 가만있지 않으니, 6개의 허한 자리에 두루 흘러, 위아래가 일정함이 없고, 강유가 서로 바뀐다(爲道也屢누遷, 變動不居, 周流六虛, 上下无常, 剛柔相易)"는 구절이 있다. 이런 괘의 변화를 '卦變'이라 하는데, 괘사를 풀이한 「단전」 등에 이 괘변을 말한다고 보는 시각이 있으니 이를 알아보자.

그런데 괘변을 일으키는 요인이 무엇에서 비롯하느냐를 보는 시각이 여러 갈래다. 가장 중심이 되는 이론은 乾坤 두 經卦의 사귀고 어울리는 결과로 괘변이 일어난다고 본다. 이는 「설괘전」에 이 건곤의 사귐으로 "震(☳)은 한번 구해서(건곤이 사귀어서) 男을 얻으니 長男이라 하고, 巽(☴)은 한번 구해서 女를 얻으니 長女라 한다(震一索而得男, 故謂之長男, 巽一索二得女, 故謂之長女)"라고 하면서 계속 자녀괘를 낳는 구절이 이어진다.[63] 이를 근거로 건곤의 사귐에 의해서만 괘변이 일어난다고 보는 학자도 있고, 여러 잡다한 괘로부터도 괘변이 일어난다고 보기도 한다. 이 중 12달과 관계를 지은 '消息卦'로부터 괘변이 일어난다고 보는 설을 알아보자.

음효나 양효가 아래 초효에서부터 2, 3효로 자라 발전해 나가는 과정을 '長(息)'이라하고, 음효나 양효가 점차 교체되어 소멸해 나가는 과정을 '消'라 한다. 이렇게 음효나 양효가 차례로 변하는 消長관계에 착안하여 괘의 변화를 알기 쉽게 圖를 만들어 전해오는 '卦變圖'[64]를 『주역』 관련 서적에서 쉽게 접할 수 있다. 그 중의 음양 消息[65]의 변화에 따라 계절과 관계 지운 消息卦가 있다.

復(䷗)·臨(䷒)·泰(䷊)卦로 점차 양이 생장하여 음을 소멸하는 것을 息卦라하고, 반대로 姤(䷫)·遯(䷠)·否(䷋)卦의 순서로 이어져, 음이 자라서 양을 소멸시키는 것을 消卦라하여 소식괘라는 말을 썼는데, 이것은 漢代 孟喜맹희의 卦氣說[66]에 나오는 것들이다. 음양의 변화에 따

63) 금본 「설괘전」 10장. 坎은 2번 구허여 中男, 離는 2번 구하여 中女, 艮은 3번 구하여 少男, 兌는 3번 구하여 少女를 얻는다 했다.

64) 64괘를 음양의 효 각각 하나가 밑에서부터 위로 오르도록 괘를 배열하고, 다음은 밑에서부터 각기 2개, 3개의 효가 하나씩 둘씩 세씩 옮겨 다니는 것을 배열하여 양과 음이 자라나고 사라지는 것에 대하여 의미를 두는 그림이다. 『周易傳義大全譯解』(大有學堂, 1997) 上, 122~127쪽 참조.

65) 息은 '쉰다(休也)'는 뜻도 있지만 '자란다(長也)'는 뜻도 있다.

라서 계절의 변화와 결부시킨 것이다. '12소식괘', 혹은 '12辟벽卦'라 불리는데 12달을 의미하는 괘로서 다음과 같다.

음11월	12월	1월	2월	3월	4월	5월	6월	7월	8월	9월	10월
복괘	임괘	태괘	대장괘	쾌괘	건괘	구괘	돈괘	비괘	관괘	박괘	곤괘
䷗	䷒	䷊	䷡	䷪	䷀	䷫	䷠	䷋	䷓	䷖	䷁

이렇게 음양이 줄고 불어나면서 계절이 변하는 消息卦처럼 이를 母卦로하여 계절이 변하듯이 괘도 '變'이 일어난다고도 본다.

이 외에도 여러 형식의 母卦에서 괘변이 일어남을 말하고 있다. 또 괘변을 일으킬 때도 內外卦가 다 변하기도 하고 내괘나 외괘 중의 하나가 변하기도 한다. 이렇게 괘변이 다양한 것은 해석하고자하는 사태에 맞게 논리를 전개시켜 가기 위해서일 것이다. 『주역』의 원리가 음양의 對待로 인한 변화이므로 괘변은 剛柔가 서로 옮겨 다니면서 일어난다고 편히 생각하고, 꼭 괘변의 변화를 밝혀야 할 때는 어머니인 坤과 아버지인 乾이 사귀어서 일어나거나, 消息卦처럼 음양이 차례로 불어나고 줄어드는 것에서 찾는 것이 좋다. 구체적 상황에서의 괘변에 관한 설명은 上經 訟卦 「단전」과 그 외의 「단전」에서도 설명을 하니 이를 참조하도록 하자.

그리고 筮數로 인하여 효변을 일으키는 것, 즉 9인 노양이 소음(8)으로 변하고, 6인 노음이 소양(7)으로 변하여서 또 하나의 괘를 만드는 變卦, 즉 之卦라는 것도 있다는 것을 혼돈하지 않고 알아두자.

3) 互體

음양의 상호 오르내림으로 卦의 변화가 생기는 것과 같이, 한 괘에서도 다른 여러 가지 괘를 잠재하고 있다고 생각했는데, 이를 '互體'라 한다. '互'는 '서로 갈마들다'는 뜻이니, 한 卦象 속에 다른 괘상을 내포하고 있는 卦體가 있다고 보는 것이다. 괘는 내외괘의 象뿐만 아니라, 한 효에서 應·比·承·乘으로 인하여 효와 효가 서로 관련을 맺고 있으니, 의미를 밝히고자 하는 효와 그 이웃하는 효에서 다른 새로운 상이 있을 수 있다는 생각이다. 이런 생각의 근저에 있는 사상은 인간과 자연, 인간과 인간, 인간과 사물들이 독립하는 것이 아니라 상호 연관되어 있다는 것이고, 한 사람의 속성에도 여러 가지 속성을 내재하고 있다는 사상이다.

互體라는 용어는 京房이 만들었다는 설이 있으나, 춘추시대의 역사를 기록한 『左傳』의 占

66) 田王孫에게 역을 수업하여 괘상으로 계절에 따라 괘를 배정하여 1년 절기를 해설한 것을 괘기설이라 함. 그 하나로 12辟卦說이 있는데, 復卦를 11월에 臨卦를 12월에, 이런 식으로 양이 점점 성장함에 따라 1월, 2월에 차례로 배정하여 乾卦가 4월에 배정되고, 姤卦는 5월에 배정되면서 음이 점점 성해짐에 따라 6월 遯, 7월 否, 이렇게 하여 坤卦가 10월에 배정되는 것을 말했다. 여기에 해당되는 괘들을 12벽괘 혹은 소식괘라 한다.

例에 이미 호체로 풀이한 내용이 있다. 그것은 莊公 22년의 周의 太史가 점을 풀이한 예인데, 觀之否(䷓→䷋)를 해석하면서 艮(☶)의 山이 등장했다. 本卦와 之卦에 공히 산의 상이 없으나 호체로서는 본괘 觀卦(䷓)의 3, 4, 5효로, 之卦 否卦(䷋)의 2, 3, 4효로는 가능하다. 이 점례가 뒷사람이 끼워 넣은 것이 아니라면 그 기원은 경방 이전으로 거슬러 올라간다. 그러나 지금의 학자들은 『춘추좌전』을 춘추시대와 가까운 시대에 만들어진 책이라고 믿는 학자는 없고, 일본의 학자들은 西漢 시대까지 내려 잡기도 하니, 호체를 처음 이용한 정확한 시기는 역시 아리송하다. 漢代의 虞飜은 이 互體로서 경문을 많이 해석했다고 한다.

호체는 한 효를 중심으로 상하의 효로서 經卦를 만들거나, 아니면 위로 두 효 아래로 두 효를 사용하여 경괘를 만들어 괘상을 넓히기도 하고, 이들을 중첩하여 다른 大成卦를 만들기도 한다. 屯卦(䷂)로서 예를 들면, 해석하고자 하는 효가 3位라면 이 3효를 중심으로 위로 4효, 아래로 2효를 합하여 새로운 坤(☷)의 經卦를 만들거나, 아니면 위로 4, 5효로 새로운 艮卦(☶)를 만들고, 만약 해석하고자 하는 효가 4효였다면 아래 3, 2효로 새로운 坤卦(☷)를 만들어 해석을 넓혀나갔다. 그리고 3효를 겹쳐서 大成卦를 만들 때는 1, 2. 3의 經卦 震(☳)과 3, 4, 5의 경괘 艮(☶)으로써 새로운 대성괘 頤이卦(䷚)를 만든다는 말이다. 이렇게 하여 만든 卦象으로 卦義와 爻義를 해석한다. 이런 互體로서 상의 변화를 다양화할 수 있으니, 이런 상의 다양화는 알아보고자 하는 사태에 다양하게 적용할 수가 있게 된다.

이상은 호체에 대한 이해를 돕기 위해 많이 만들어 쓰는 것을 말한 것이고, 실제는 4획으로 만들기도 하고 5획으로 만들기도 한다. 咸卦(䷞)로 예를 들어 보자.

함괘(䷞)는 원래 내괘는 간이고 외괘는 태이다. 그런데 4획 연호법으로, 초효에서 4효까지의 호체는 내괘 간☶ 외괘 손☴으로(2, 3효 중복) 새 重卦 漸(䷴)을, 2효에서 5효까지의 호체는 내괘 손☴ 외괘 건☰으로(3, 4효 중복) 새 중괘 姤(䷫), 3효에서 상효까지의 호체는 내괘 건☰ 외괘 태☱로(4, 5효 중복) 새 중괘 夬(䷪)가 된다.

그리고 5획 연호법으로는, 초효에서 5효까지의 호체는 내괘 간☶ 외괘 건☰으로(3효 중복) 새 중괘 돈(䷠)을, 2효에서 상효까지의 호체는 내괘 손☴ 외괘 태☱로(4효 중복) 새 중괘 대과(䷛)를 만든다.

만약 3효의 효의를 넓히기 위해서는 重卦가 아닌 經卦로만 호체를 만들기도 하는데, 본괘인 함괘의 내괘 간괘☶ 외에, 3효를 中爻로 한 손괘☴, 下爻로 한 건괘☰로서 효의 의미를 넓히기도 한다. 호체는 대체로 2, 3, 4효와 3, 4, 5효로서 많이 만들어 사용하였다.

호체의 맥락은 괘변과 같은 것이다. 그것의 효과는 역시 상을 다양화시켜 해석하고자 하는 사태에 보다 넓게 적용시킬 수 있는 이점이 있다. 그러나 후대인들은 상 밖에 또 상을 만든다고 비판을 하기도 했다.

이상으로 『주역』을 이해하기 위해 필요한 것을 용어중심으로 개괄했다. 이제부터 자연계

및 인류 사회의 발전을 강론한 『주역』이란 책 속에서 얼마나 좋은 인간 활동의 규범들이 있는지, 또 우리의 아버지세대는 왜 그토록 익히려고 했는지, 이런 의문들을 밝히기 위해 그 구체적 문장들을 보자. 추상적인 象·數로부터 辭의 의미를 밝혀내고, 여기에 숨어 있는 법칙들을 찾아내어서, 군자의 일과 소인의 일을 가려내고, 일에 앞서 의문을 결단하며, 凶을 피하고 吉로 나아갈 수 있다면 더 없이 좋을 것이다.

上經

䷀ 乾 (重天乾 · 乾爲天)

槪說: '乾'은 卦이름이다. 그런데 괘를 이해하는 데는 象이 필요하므로 卦名에 上下 經卦의 상을 붙여 불러왔으므로 이것이 괘명처럼 되었다. 그래서 ( )로 함께 표시한 것이다. 같은 경괘가 겹쳐져 大成卦를 이룬 乾卦와 같은 괘는 '거듭하다'는 뜻인 '重'이 붙여지거나, 아니면 '무엇이 된다'는 '爲'를 붙여서 말해왔으므로 이 두 가지를 함께 적었다. (이하 모든 괘에서도 같은 형식임.)

卦名 '乾'은 '하늘, 굳세다, 마르다' 등 여러 가지 뜻 중에 '하늘'이라는 뜻이다. 하늘은 언제나 제자리에서 쉬지 않고 자기할 일을 굳건히 하므로 '굳세다'는 의미도 파생된다. '⚊'이 陽爻의 부호이고, 陽爻를 剛爻라고 하니 '剛'은 '굳세다'의 뜻이 있다. 이 陽爻(⚊)가 셋이나 겹쳐 經卦 乾(☰)이 되었고, 이것을 다시 중첩시켰으니 그 모양에서부터 '지극히 굳세다'는 뜻이 나온다. 그래서 象을 말한 「說卦傳」에서도 "건은 굳세다(乾 健也)"라 했다. 상은 卦辭와 爻辭를 이해하는 데도 도움이 되지만 점을 치는 데는 卦爻辭만으로 해석하기에는 한계가 있어, 상으로 그 뜻을 넓혀 가야하니 알아두면 유용하다. 상을 말한 「설괘전」의 '乾'에 대한 주요 구절이다. "건은 하늘이 되고, 원이 되고, 임금이 되고, 아버지가 되고, 옥이 되고, 금이 되고, 추움이 되고, 얼음이 되고, 새빨간 색이 되고, 좋은 말이 되고, 늙은 말이 되고, 파리한 말이 되고, 얼룩말이 되고, 나무의 열매가 된다(乾 爲天 爲圜 爲君 爲父 爲玉 爲金 爲寒 爲冰 爲大赤 爲良馬 爲老馬 爲瘠척馬 爲駁박馬 爲木果)" 또 "건은 굳세다(乾 健也)" "건은 머리가 된다(乾爲首)" "건은 서북의 괘다(乾西北之卦也)"라고 했다. 여기에 등장하는 것이 전부이면 확실하고 덜 복잡할 것 같은데 그렇지가 않다. 하늘의 둥긂, 존귀함, 강건함, 냉정함, 변화무상함 등에서 유추하여 그 상을 더 넓혀 나가면서 각가지로 적용하고 있다. 또 이 상을 말할 때 고정된 형체가 있는 하늘·말·금 등과, 어떤 성질이나 움직임을 나타내는 강건·존귀함 등을 구별하여 卦形, 卦德 등의 말을 만들어 붙이기도 하는데, 이들이 모두 하나의 '이미지'이므로 이 책에서는 '象'으로만 썼다.

괘의 순서가 정해진 이유를 말하고 있다는 「序卦傳」의 첫 구절에는 "천지가 있은 후에 만물이 태어난다(有天地然後, 萬物生焉)"라고 했다. 乾은 하늘, 坤은 땅을 상징하니, 하늘과 땅이 있은 다음 만물이 생긴다는 것이 옛사람의 고정관념이었다. 그래서 모든 만물의 근본이 된다.

그러므로 64괘의 순서에 제일 먼저 하늘인 건이 나오고 다음으로 땅인 곤이 차례로 나온다.

「雜卦傳」에서도 "건은 강건하고 곤은 부드럽다(乾剛坤柔)"라 했다. 이렇게 乾卦는 하늘(天)이므로 만물의 으뜸으로써 꾸준히 굳세게 일을 할 것이다. 과연 卦爻辭에서는 어떻게 말하는지 살펴보자.

1. 卦辭

* 乾, 元亨, 利貞.

건괘, 크게 형통하며, 바름을 지키면 이롭다.

[字句의 뜻] 貞: 바를 정, 정조를 지킬 정, 점칠 정, 단단할 정, 거두어들일 정, 줄기 정, 일 정.

[해설] '元亨利貞'을 주로 위와 같이 '元亨, 利貞'과 '元, 亨, 利, 貞'으로 풀이를 한다. 朱熹주희는 위와 같이 두 句로 나누면서 乾의 성질과 점사를 나타낸 것으로 보았다. 程頤정이는 각각 한 자씩 띄어서 "시작하고, 형통하고, 이롭고, 바르다"로 풀었다. 정이는 하늘이 베풀 수 있는 4가지 덕으로 연결지어 "元이라는 것은 만물의 시작이고, 亨이라는 것은 만물의 자람이고, 利라는 것은 만물의 이룸이고, 貞이라는 것은 만물의 완성이다(元者萬物之始, 亨者萬物之長, 利者萬物之遂, 貞者萬物之成)"라고 하면서 각각 띄어서 풀이했다. 이는 다음에 나오는 「彖傳」과 「文言傳」의 관념과 연결지운 풀이인 것 같다. 하늘이 4계절의 변화를 일으키니, 봄에 만물이 生을 시작하여, 여름에 성장하고, 가을에 결실하여, 겨울에 저장한다는 논리로 풀이한 것이다. 이런 뜻을 나름대로 끌어와 '원형이정'을 봄, 여름, 가을, 겨울의 현상으로 비유하여 번역하는 학자도 있다. 곧 성균관대 李基東은 '봄에 시작하면 여름에 확장하고, 가을에 결실하면 겨울에 저장한다'는 의미의 번역을 한다.

程頤 이전부터 '元亨利貞'의 '元'은 봄이 되고, 仁이 되고, 동쪽이 되며, '亨'은 여름, 禮, 남쪽을 의미하는 등, 춘하추동의 사계절, 五常 중의 信을 제외한 仁禮義智, 방위의 동남서북 등과 결합되어 그 의미가 확대되면서 번잡하게 써져왔다. 그래서 오늘에는 이 '원형이정'의 풀이를 어떤 것과 어떻게 연결 짓고 있느냐에 따라 시대를 가름하는 기준으로 쓰이기도 한다. 「文言傳」과 『左傳』[67]의 襄公양공 9년朝에 나오는 '元亨利貞'은 儒學의 '仁禮義智'와 관련을 지어 쓰고 있는데, 유학에서 仁禮義智가 등장한 시기와 견주어서 연대를 추정하는 것이다. 이렇게 추정한 이 두 서적의 지어진 시기는 빠르게 보는 이는 전국시대, 늦게 보는 이는 漢代의 문건으로 보기도 한다.

---

67) 공자의 『춘추』를 해석한 3전 중의 하나인 『춘추좌씨전』의 준말이다. 현존하는 『춘추좌씨전』의 정확한 제작연대는 모른다.

그런데 이런 관념이 과연 辭가 만들어진 시기에도 있었을까 의심이 들면서 후세 학자들이 하늘의 역할을 의리적으로 포장하고 꾸미기 위한 노력의 일환일 것이라고 보고, 단순하면서도 하늘에 대한 관념이 잘 반영되어 있는 朱熹의 풀이를 따랐다.

그런데 현대의 高亨은 이를 "큰 제사를 거행한다, 이롭다는 점이다"라고 전혀 다른 풀이를 하였다. '亨'과 '貞'에 관해서는 古書에서 字句의 쓰임을 분석하여 논리를[68] 폈다.

'亨'은 '享향'의 뜻으로도 쓰이니, 우리말로의 번역은 '누리다', '제사(드리다)', '(물건 등을) 드리다'가 된다. '형통하다'라는 의미는 '뜻이 통하다'이다. 卦爻辭에는 '亨'과 '享'이 함께 쓰이고 있고, 그 중 亨이라 표기된 것에서 '제사지내다' '공물을 바치다'의 뜻인 享으로 해석해야 뜻이 통하고 자연스러운 곳도 있다. 그러나 '亨'을 高亨처럼 모두 享의 뜻으로 통일할 수는 없었다. 대부분의 괘효사는 앞뒤의 문을 살펴 보건데 '제사를 올리다'보다는 '형통하다'가 더 자연스러워, 특별히 '제사를 드리다'로 뜻을 삼아야 어울리는 괘효사 외에는 '형통하다'를 택했다. 여기 乾卦에서도 '형통하다'의 뜻을 취해 하늘의 성질을 말하는 것으로 보았다.

'貞'은 高亨 뿐만 아니라 현대 중국의 清華大 교수인 廖名春료명춘도 '점' 혹은 '점하다'의 뜻이 있다고 했기 때문에 우리나라에서 『周易』과 관련 있는 학문을 하는 젊은 학자들은 이를 따라 많이 번역한다. 그러나 이것도 그렇게 번역하다 보면 많은 부분이 부자연스러워 그의 해석을 따르지 않았다. 그리고 조선의 茶山 丁若鏞정약용은 貞이 어떤 글자와 어울려 써졌느냐에 따라 그 뜻을 여러 가지로 나누어 번역을 하고, 이 괘에서는 '일'의 뜻을 취해 "크게 형통하고, 일에는 이롭다"라고 번역을 했다. 형통하면 자연 일에는 이로울 것이니 중복되는 느낌이 있고, 하늘의 힘을 두려워하는 뜻이 없어져 취하지 않았다. 이 책에서는 '바르다', '바름을 꿋꿋이 지켜가다' 등의 뜻으로 보고 번역했다. 앞으로 여러 卦爻辭에서도 참고하여 어떤 것이 더 자연스러운지 생각하면서 읽기를 권한다.

이 괘는 무엇이든 할 수 있는 하늘의 힘을 말하고, 인간은 바름을 지켜야 하늘이 돕는다는 옛사람들의 관념을 느끼게 한다.

2. 爻辭

* *初九, 潛龍勿用.*

초구, 잠겨있는 용이니 쓰지 말라.

[자구의 뜻] 潛: 무자맥질할 잠, 잠길 잠, 숨을 잠.

68) 高亨(고형은 실마리 19쪽의 주 참조)은 '亨'을 '제사를 드리다'와 '공물을 바치다'의 두 뜻으로 풀었다. 고형 주해, 김상섭 옮김, 『고형의 주역』(예문서원, 1996), 81~87쪽.

[해설] 다른 卦는 卦辭 다음에 「彖」·「大象」의 풀이가 있고, 이어 爻辭와 이를 풀이한 「小象」의 순서로 돼 있으나, 乾卦만은 괘사·효사·彖辭·象辭·文言의 순으로 이어지고 있는 것이 보통이다. 아마도 편집자가 각각의 지어진 순서를 예시하려고 했거나, 아니면 별책이었던 十翼을 費直69)이 합본하여 만든 책의 차례를 보여주기 위한 것인지, 확실치 않다. 여기서도 괘사 다음에 효사의 순이다.

'初九'는 爻題이다.70) 九는 陽의 대표수로 陽爻를 말하고, 初는 획을 그을 때의 처음이니 맨 아래의 효임을 말한다. 여기서는 '龍'이 등장한다. 「설괘전」에는 乾은 '馬'이고, 震이 '龍'이다. 그런데 왜 용일까? 이에 대해 명확히 이해가 되는 설명을 보지 못했다. 조선의 茶山 丁若鏞은 乾卦는 復卦(☷)로부터 시작하여 臨卦(☷), 泰卦(☷), 大壯卦(☳), 夬卦(☱), 乾卦(☰)로 진행하는데, 大壯卦까지는 하나의 '震☳'을 얻어감이 나타나 있고, 夬卦와 乾卦에는 음효가 모자라거나 없어도 震의 주효가 하나의 陽爻이므로 진을 얻은 것이나 마찬가지라고 했다. 震은 陽卦이고 '움직임'의 뜻이 있으니, 양기의 대표는 진이고 양기들이 점점 모여 건괘가 됐다는 설명이 된다. 그래서 震의 象 '용'으로 상을 삼았다는 뜻이다. 그러나 여기서는 하늘의 '元亨利貞'한 능력을 나타내는 데는 '말'보다도 '용'이 더 적합하기 때문에 용을 내세운 것으로 보고 넘기는 것이 좋겠다. 象은 그 의미하는 바에서 연유되어 여러 가지로 변하니, 하늘의 '굳건함'에서는 말을, '변화무상함'에는 용을 상으로 삼을 수도 있을 것이다. 옛사람들은 용을 길렀다는 기록도 있지만, 오늘날 우리들이 상상하는 바와 같이 건괘의 각 효사에 등장하는 용은 물과 들과 하늘에서 노니는 동물이다. 이 용의 성정이 강건하고 존귀해서인지, 아니면 그 변화가 하늘의 변화와 같다는 생각 때문인지, 어떻든 건괘는 용을 상으로 활용하고 있다.

初九. 용이 변화무상한 능력을 지닌 동물이라 하더라도 初九는 아직 어린 상태고 일찍은 시간이다. 그래서 '潛'이 쓰였다. 용의 능력이 어떤 수준에 이를 때까지 수양을 쌓는 과정이라고 볼 수도 있고, 단지 등장할 때가 아니어서 때를 기다린다고 볼 수도 있다. 그러므로 잠겨 숨어있는 상태니 그의 능력을 쓸 수 없다. '勿用'이다. '사용하지 말라'라는 뜻의 勿用은 앞으로 종종 접하게 된다. 潛龍은 효의 상이 되고 勿用은 점사가 된다.

* 九二, 見龍在田, 利見大人.

구이, 나타난 용이 밭에 있다. 대인을 만나보면 이롭다.

[해설] 용이 드디어 세상에 나타나서 '밭'에 있다. 자연계를 이루는 기본요소는 天, 地, 人

---

69) 漢代의 官이 아닌 민간에서 전파된 역학을 한 학자로 의리역의 시초가 되며, 그가 彖, 象, 文言을 중시하여 괘효사 다음에 이들을 붙였다고 한다.

70) 효제는 실마리 20쪽 참조.

의 三才이다. 하늘은 위에, 땅은 아래에, 사람은 그 중간에 처해 있다. 그래서 6효를 삼재로 나누어 아래의 두 효는 地, 중간의 두 효는 人, 위의 두 효는 天으로 본다. 地에서 初爻는 지하, 二爻는 지상이 될 것이므로 '田'이 되었다. 용처럼 변화무상한 능력을 지닌 사람이 드디어 활동을 개시하니 누구라도 그를 만나보면 이로울 것이다. '利見大人'이다.

'見'에 대한 풀이가 조금 다르다. '見龍'의 '見'은 '나타나다'의 '現'으로 보는 것은 모두 같다. 그런데, '利見大人'의 '見'은 '보다'의 뜻으로도 보고, '나타나다'의 뜻으로 보기도 한다. 高懷民고회민과 黃壽祺황수기・張善文장선문[71]은 분명히 '利見大人'의 '見'도 '現'으로 해석하여 "대인이 나타났으니 이롭다"고 해석하였다. '보다, 만나보다'는 보고자 하는 사람의 의지와 노력이 있는 것이요, '나타나다'는 그런 의지와는 관계없이 저절로 일어난 것이니, 의미상 약간의 차이가 있다. 어느 것을 택해야 할까? 여기의 '大人'을 九二로 본다면, 구이로 인해 내 의지와는 관계없이 저절로 이로움이 있다는 뜻은 무리가 있어 보인다. 그는 下卦에 속하므로 아직 전체를 다스리는 정치적 지위에는 있지 않기 때문이다. 대신 '구이를 만나보면 이롭다'는 뜻은 가능하다. '中位'에 있는 자는 바로 中庸의 덕을 갖춘 사람이니, 그에게 도움을 요청하면 외면할리는 없기 때문이다. 만약 대인을 九五로 본다면, 사회에 진출하기 위해 밭에 나타난 구이는 최고의 권력을 지닌 구오를 만나보는 것이 이로울 것은 당연하다. 그러므로 '만나보다'가 더 자연스러워 보여 이를 택하여 번역했다. 그리고 여기서의 '大人'은 九二를 말하는 것으로 보았다. 변화무상한 용의 능력과 중용의 덕을 갖춘 사람이니 대인이라 할 수 있을 것이기 때문이다. 그러나 미래의 군왕감이지 아직은 아니니, 그가 나타났다고 저절로 이롭게 된다고 할 수는 없을 것이다.

* 九三, 君子終日乾乾, 夕惕若, 厲, 无咎.

구삼, 군자가 종일 부지런히 힘쓰고, 저녁에 두려워하면, 위태로우나, 허물없다.

[자구의 뜻] 惕: 두려워할 척, 빠를 척. 惕若: '若'을 '然'과 같이 보아 '惕然(두려워하는 모양)'으로 보기도 하나, 단순히 어기를 고르는 어조사로 보아도 된다. 厲: 숫돌 려, 갈 려, 위태로울 려. 无: 無와 同. 咎: 재앙 구, 허물 구.

[해설] 九三에서는 용 대신 군자를 썼다. 용의 象을 사람에 비기면 군자에 어울리는데, 이 三爻에서는 특별히 사람이 해야 할 행위를 말하려고 하기 때문일 것이다. 爻辭들이 人道를 말하고 있는데, 二爻는 下卦의 中이니 중덕을 강조할 필요가 있어 '大人'이라 했고, 三爻는 이를 지나쳐 비켜나 있으니 대인보다는 일반적 의미의 훌륭한 사람인 군자를 쓴 것으로 보인다.

---

71) 황수기는 福建師範學院 교수를 지냈다. 장선문과의 공저, 「周易譯注」(상해고적출판사, 2002)는 수준 높은 전문서적이다. 고회민은 실마리 5쪽의 注를 참조하라.

이 爻는 위치한 자리를 핵심으로 하는 辭를 지었다. 종일토록 열심히 일하는 것도 양이 양자리에 있으니 굳세고 전진하는 의미가 중복되기 때문이요, 下卦의 윗자리에서 한 계단 더 전진해서 上卦로 올라가야할 처지이니 노력하지 않을 수가 없다. 그러면서도 군자라면 아래로부터 질시를 받고, 위로부터 견제를 받는 일은 없는지 반성하며 되돌아보아야 한다. 그래서 '夕惕若'이다. 혹시 지나친 점은 없었는지 저녁이면 반성해 본다는 의미. 그렇게 하면 비록 위태한 위치에 있어도 잘못되는 일은 없다는 뜻이다(厲, 无咎).

그런데 이 효의 末句의 띄어쓰기를 '夕惕若厲, 无咎'로 하여 풀이한 곳이 있다. 성균관대 교수 李基東의 책[72]과 『회남자』[73] 「인간훈」(終日乾乾以陽動也, 夕惕若厲以陰息也……종일건건은 양의 움직임이요, 석척약려는 음의 자람이다)에 보인다. 그러나 丁若鏞은 바로 이것을 지적하여 漢代人의 오류라고 했고,[74] 「문언전」을 살펴보아도 띄어쓰기는 '夕惕若, 厲无咎'가 더 어울린다. 띄어쓰기가 되어있지 않았던 옛 원문을 후대에서 해석한다는 사실이 쉽지 않다는 것을 보는 한 예이다.

그리고 또 이 爻辭에 대해 주목할 만한 연구가 있다. 帛書周易에서 '惕'이 '沂기'로 써져 있고, '沂'는 본래 '析석'으로 쓰였으며, '惕, 沂, 析'이 모두 본래 의미는 '解除(해제하다, 제거하다)'이나 이것이 넓혀져서 '安閑休息(편안하고 한가롭게 휴식하다)'의 뜻으로 쓰였다고 했다[75] 이에 의거하면 낮에는 열심히 일하고 밤에는 휴식하다는 뜻이고, 이렇게 하는 것이 군자가 하는 일이므로 위태해도 허물이 없다는 뜻이 된다. 참고할 만하다. 그러나 전통적인 풀이도 자연스러워 위의 풀이를 취했다.

* 九四, 或躍在淵, 无咎.

구사, 혹 뛰기도 하고 연못에 있기도 한다. 허물이 없다.

[자구의 뜻] 躍: 뛸 약, 빠를 약.

[해설] 九四의 자리는 군왕의 밑이요 만인의 위인 재상이나 왕자의 위치이다. 이런 위치에 있는 군자는 때로는 군왕의 명을 받아 정치를 대신해야 하는 일도 있고, 아래에 있는 제후와 백성들을 돌보고 이끌어야 한다. 영광과 함께 九三과 같이 위태롭고 조심해야 할 처지이다. 아래 사람의 질시와 모함, 그리고 윗사람의 의심과 감시가 따라다니기 때문이다. 그러므로 혹 뛰기도 하고, 혹 자기의 고향인 연못에 있기도 해야 하는 것이다. 연못에서 나와 들에 나타난

72) 이기동 역해, 「주역강설」(성균관대학교출판부, 2006), 84쪽.

73) 前漢의 회남왕 劉安이 저술한 책으로 빈객과 방술가를 모아서 편찬한 災異에 속하는 책.

74) 다산 정약용 지음, 방인, 장정욱 옮김, 『譯註 周易四箋』 1권(소명출판, 2007), 267쪽.

75) 金景芳, 呂紹綱 著, 여소강 修訂, 「周易全解」(上海古籍出版社, 2006), 8쪽. 김경방의 제자 廖名春의 풀이를 여소강이 인용하고 있다.

용이 다시 연못에 있어야 한다는 '在淵'은 근본을 잊지 말라는 警경句이면서 백성을 떠날 수 없음을 이르는 말로 본다. 그래서 「文言傳」에 "나아가고 물러남이 일정하지 않음은 무리를 떠나려 하지 않는 것이다(進退无恒, 非離群也)"라 했다. 때로는 군왕의 일을 대신하지만 그는 결코 군왕은 아니니, 열심히 활동하지만 근본은 잊지 말아야 함을 말한 것이다. 또 거의 모두가 '或'은 '躍'에만 제약을 주는 자로 보고 있으나, '淵'에도 제약을 주는 자로 보았다. 그러나 이미 淵을 떠나 田에 나타난 군자이므로 '淵'이 반드시 있어야 하는 처소로 보지 않았기에 '있기도~'로 번역했다.

* 九五, 飛龍在天, 利見大人.

구오, 날아오른 용이 하늘에 있다. 대인이 나타났으니 이롭다.

[해설] 潛龍·見龍·飛龍, 모두 용이 노는 상태이고, 그 노는 곳은 연못, 들, 하늘이다. 사람으로는 군자가 은거하고 있다가 활동을 개시한 후 이윽고 임금의 자리에 올랐다. 九五가 군왕의 자리이기 때문이다. 성인군자가 나라를 다스리는 격이니 천하 만백성이 이롭다. 여기서의 '見'은 이미 많은 사람에게 영향을 미치는 군주의 자리까지 이르렀으니, 성인이 다스리면 저절로 이로움이 있으므로 '나타나다'의 뜻이 더 알맞다. 일반 백성이 군왕을 만나보는 것은 쉬운 일이 아니기 때문이다. 그런데 한 곳에 이런 류의 해석과는 달리 "구오는, 날아가는 용이 하늘에 있는 것으로, 대인을 나타내기에 적합하다"[76]고 했다. 이렇게 되면 점사가 없고, 이미 九二에서 대인이라 했는데, 대인을 九五에 한정시키는 것 같고, '利'를 '적합하다'로 번역하는 것도 낯설다. 우리말로 번역하는 문제가 쉽지 않다는 예를 보여준다.

* 上九, 亢龍有悔.

상구, 다 오른 용이니 뉘우침이 있다.

[자구의 뜻] 亢: 높을 항, 오를 항, 목 항.

[해설] 맨 위의 마지막 爻다. 끝까지 왔다. 정리할 시기. 정리할 때는 누구나 반성한다. 그러면 뉘우침은 있기 마련. 군자라도 이에 벗어날 수는 없는지 '有悔'라 했다. 陽剛이 의미하는 뜻인 '나아가기'만 하면 후회가 있게 되니 때로는 물러날 줄도 알아야 함을 말하고 있다. 그런데 高亨만은 '亢'을 '늪'이라 했다. 이렇게 해도 有悔하는 이유는 되지만 上爻가 밑에서부터

---

76) 高懷民 著, 鄭炳碩 譯, 「周易哲學의 理解」(文藝出版社, 1996), 278쪽.

차례 지워져 맨 위에 있게 된 位의 의미를 읽을 수가 없다. 그래서 취하지 않았다.

＊ 用九, 見群龍无首, 吉.

九를 쓴다. 나타난 뭇 용들이 머리가 없다. 길하다.

[해설] 用九는 陽爻의 대표 수로서 九를 씀을 말한 것이다. 9는 극하여 8로 변한다. 그러므로 머리가 없다. 변하는 것은 천지의 원리로서, 지나쳐 낭패 보는 일 없으니 吉하다. 양효에 대한 총체적 설명을 한 것으로 앞으로 나가는 陽剛한 성질의 양수가 9라는 수에 이르면 변화를 가져오니 특별히 우두머리가 있을 수 없다는 뜻이고, 그렇기 때문에 7과 9의 양수 중에서 양효는 9로서 대표시켰다는 말이다.

乾卦와 坤卦에만 '用九'와 '用六'이 있다. 이에 대한 해석이 분분하였는데 오늘은 위와 같은 尙秉和상병화[77]의 논설로서 거의 통일되고 있다.

乾卦는 용처럼 뛰어난 동물과 같은 사람이 천자가 된다는 君主觀을 엿볼 수 있다. 그런 사람도 때를 기다리고 널리 덕을 펴며 열심히 노력하면서 근본을 잊지 않고 물러날 줄도 안다. 우리는 이런 태도를 배울 필요가 있을 것이다.

3. 彖曰

＊ 彖曰, 大哉乾元, 萬物資始, 乃統天. 雲行雨施, 品物流形. 大明終始, 六位時成, 時乘六龍以御天. 乾道變化, 各正性命, 保合大和, 乃利貞. 首出庶物, 萬國咸寧.

단전에서 말했다. 커구나 건괘의 원이여! 만물이 (원을)기반으로 삼아 시작하니, 이에 하늘(의 운행)을 총괄한다[元]. 구름이 움직여서 비를 뿌리니, 각종 사물이 형체를 키워 간다[亨]. 큰 밝음이 마치면 다시 시작되어, 여섯 효의 자리가 때맞추어 완성되고, 그 때에 맞게 여섯 용을 타고서 하늘을 어거한다[利]. 건도가 변화하면서 각각 고유의 성질을 바르게 하고, (이런)대 조화를 보존하고 합하니, 이에 곧음이[貞] 이롭다. (다시)머리가 각종 사물에서 나오니, 온 세상이 다 편안하다.

77) 중국 현대의 상수 역학가(1870~1950). 「焦氏易林注」(民國 作道益 校刊本), 「周易尙氏學」(中華書局, 1980) 등의 저서가 있다.

[자구의 뜻] 彖: 단사(彖辭) 단, 점칠 단, 결단할 단(斷也). 哉: 비롯할 재, 영탄・감탄의 어조사(~로다, ~도다) 재. 乘: 탈 승, 오를 승, 수레 승. 御: 어거할(말・수레를 몰다) 어, 다스릴 어. 性命: 만물이 제각기 가지고 있는 천부의 성질. 性은 만물이 부여받는 것이고, 命은 하늘이 부여하는 것. 庶: 많을 서, 무리 서, 평민 서. 咸: 다 함, 화할 함, 느낄 함(感). 寧: 편안할 녕, 문안할 녕, 차라리 녕, 어찌 ~하지 아니하느냐 녕.

[해설] '彖'은 「彖辭傳」을 줄인 공자의 「彖傳」을 말한다.[78] 이 「단전」에서는 이미 시대가 흘러 원래의 彖辭, 즉 卦辭와는 의미에 차이가 있을 수 있다. 특히 점사의 의미를 직접 느낄 수 없다. 여기도 程頤와 같이 元・亨・利・貞으로 분리하여 의리적 해석을 했다. 전체로는 하늘이 만물을 생하게 하고 이를 양육하는 일을 계속한다는 것을 말하고 있다.

먼저 乾卦의 '元'이 큼을 감탄하고, 元의 풀이를 이었다. 乾 '하늘'은 모든 것을 시작하게 했다는 관념이 있다. 하늘이 열림으로써 땅도 생기고 사람도 생겨났다. 그러니 하늘의 덕을 감탄하지 않을 수 없고, 이런 시작이 만물의 생의 시작이니 '萬物資始'이다. 만물의 생이 시작되었기 때문에 이들을 꽃피워 열매 맺게 하고 거두어들이게 된다. 자연적으로 이렇게 되는 하늘의 작용이지만, 이를 사람의 일에 비유하면 생명이 탄생했으면 이를 자라게 해야 한다. 시작이 빌미가 되어 다음 차례를 잇지 않을 수 없으니 오히려 이 일에 매인 꼴이다. 그러므로 元이 필연적으로 다음 일을 이어가야 하니 총괄하는 것이다. 이를 '乃統天'이라 했다. 곧 양기가 일어 만물이 자라기 시작하는 봄을 시작으로 중단 없이 여름, 가을, 겨울이 이어지는 天道의 전경이다. 元의 시작이 있어야 다음으로 '亨, 利, 貞'이 이어지고, 이것이 하늘이 일으키는 변화이고 4계절로 나타나는 현상이니 '統天'이라 했다.

다음 '亨'을 풀이했다. 하늘의 작용 중에서 비를 뿌려 만물을 성장케 하는 것은 무시할 수 없는 작용이고, 형통한 것이다. 하늘이 비를 뿌리니 '雲行雨施'이고, 이렇게 비를 뿌리면 각종 사물이 무럭무럭 자라니 '品物流亨'이다. "'雲行雨施'는 하늘의 氣가 형통함을, '品物流亨'은 만물형체의 형통함을 말했다고 한다."[79]

다음 '利'를 풀이했다. 하늘에는 태양이 밝았다가 지면서 시간이 흘러간다. 그래서 때에 맞게 만물이 완성되어 간다. 이를 '大明終始'하면서 시간이 흐름에 따라 괘가 완성됨을 비유하여 '六位時成'이라 했다. '大明終始'의 '大明'을 終始를 받는 동사로 본 이도 있고 주어로 본 이도 있다. 동사로 보면 '마침과 시작을 크게 밝히다'가 된다. 위의 번역은 주어로 본 것이다. 이렇게 시간에 맞추어 6位가 생겨 初爻부터 上爻까지 때를 따라 활동하게 되니 '時乘六龍'이다. 앞 句 '六位時成'은 형태가 이루어지는 과정이고 이 구는 활용하는 쓰임을 말한다. 이것은 사물이 시간이 흐름에 따라 각각 열매를 맺어 자기의 역할을 완성한 것에 비길 수 있으니, 마

---

78) 실마리 14쪽 참조.

79) 金碩鎭, 『周易傳義大全譯解』 上(大有學堂, 1997), 175쪽. [원래 『주역전의대전』은 명대에 胡廣 등이 칙명으로 지은 책이다.]

치 하늘을 돌아다닌 것처럼 변화를 따랐다. 그래서 '以御天'이라 했다. 이렇게 모든 것이 완성되어 활용되는 넉넉함이 느껴지니 이롭다고 할 것이다. '利'의 풀이가 된다.

이렇게 계절의 변화인 乾道의 변화가 만물을 그 본성대로 바르게 키우니, '各正性命'이고, 이런 조화된 음양의 기운을 보존하고 합하여 저장해야 다음을 기약할 수 있으니, 이에 '저장하는 올곧음(貞)'이 이로운 것이다. 그래서 '保合大和, 乃利貞'이라 했다. '乃利貞'을 '이롭고 바르다'로 번역하면서 앞의 '大明終始'부터 '保合大和'까지를 한 구절로 묶어 풀면서 '利'와 '貞'을 동시에 설명했다고 보기도 한다. 이것도 일리가 있는 풀이 이지만, 여기서는 '貞이 이로운 것이다'로 번역하고 '貞'을 설명한 '利'로 보았다.

이상이 '원형이정'을 하늘의 덕으로 풀이한 것이다. 이는 자연의 변화인 4계절과 이 하늘이 베푸는 네 덕과 연관지울 수 있다. 元의 풀이는 봄의 전경이고, 비를 뿌려 성장케 하는 亨은 여름, 완성을 의미하는 利는 가을, 저장의 이로움을 말하는 貞은 겨울과 통한다.

이어 끝구는 이 네 덕이 다시 시작됨을 나타낸다. 곧 만물에서 다시 머리, 곧 처음의 새싹이 나오니 온 만방이 안녕하다는 뜻이다. 그런데 이 '首出庶物'도 해석이 각각이다. "성인이 뭇 물에서 나오니……(朱熹: 首를 성인으로)", "만물에서 으뜸으로 나오니……(장원석: 首를 으뜸으로, 이는 가장 먼저의 뜻임)",[80] "머리가 만물에서 벗어나야……(이기동: 首를 머리로, 이는 새싹의 나는 상태를 뜻함)" 등. 그 중 사계절과 연관 지은 黃壽祺, 張善文의 해석, 즉 "머리가 각종 사물에서 나오니……"가 (이기동의 해석도 같은 뜻임.) 더 합리적인 것 같아 이를 취했다.

4. 象曰

* 象曰, 天行健. 君子以自强不息.

상전에서 말했다. 하늘의 운행이 굳세다. 군자가 이를 보고서 스스로 힘쓰고 쉬지 않는다.

[자구의 뜻] 健: 굳셀 건, 용맹할 건. 息: 쉴 식, 숨쉴 식, 자랄 식, 소식 식.

[해설] 卦의 象을 보고 풀이한 「大象傳」이다. 먼저 다른 괘와는 달리 괘명인 '乾'이 빠졌다. 다른 괘와 같은 형식은 '天行健乾'이어야 할 것이다. 확실한 이유는 알 수 없으나 '健'과 '乾'이 뜻도 소리도 같기 때문이 아닌가 한다. 어떻든 「대상전」에서 괘명이 빠져있는 괘는 유일하다.

80) 유교사상연구소 책임연구원. 한국주역학회 편, 「주역의 근본 원리」 '주역의 우주론과 시간', 275쪽에 보임.

'天行'은 상하 經卦의 상이 '天'이니 天이고, 이 하늘은 하루가 지나면 또 하루를 시작하니 '行'이다. '以'는 '이를 가지고, 이를 본받아서'의 뜻인데, 지시하는 '이것'이 무엇인지는 보통 다음 두 가지로 해석할 수 있다. '卦象을 본받는 것'과 '역을 본받아 활용하는 것(以者所以體易而用之也)'의 두 설이다. 전자는 그 구에서 직접 연결한 것이고, 후자는 주역 괘의 「대상전」에 '以'자가 같은 형식으로 모두 쓰였기 때문에 이와 연결 지은 번역으로 보인다. 이해하기는 역시 바로 앞 구절, 여기서는 '天行健'과 연결하여 '하늘의 굳셈을 본받아서'로 이해하는 것이 더 직접적이고 구체적일 것이다. 그러나 우리말의 '본받다'란 어떤 행위를 그대로 따른다는 뜻이 강해, 이 보다는 어떤 현상을 보고 나름대로 옳다고 생각하는 것을 행동으로 옮기는 뜻을 담도록 '이를 보고서'로 번역했다.

「大象傳」은 대체로 卦象을 연구하여 인간이 행할 수 있는 마땅한 도리를 유추해내고, 이것을 자신의 수양 목표나 도덕규범으로 삼기도 하고, 이런 행위를 모두가 본받게 하거나 이끎으로써 백성을 다스리는 정치이념으로 넓혀진다. 이렇게 할 수 있는 사람이 군자이고 성인이다. 乾은 물론 坤의 「대상전」도 하늘과 땅이 행하는 자연현상을 인간의 도덕규범으로 끌어들인 풀이다. 여기서는 묵묵히 변화를 이어가는 하늘을 보고, 군자는 이를 본받아 스스로 쉬지 않고 노력한다는 뜻이다.

*** 潛龍勿用, 陽在下也. 見龍在田, 德施普也. 終日乾乾, 反復道也. 或躍在淵, 進无咎也. 飛龍在天, 大人造也. 亢龍有悔, 盈不可久也. 用九, 天德不可爲首也.**

'潛龍勿用'은 양기가 아래에 있다는 것이다. '見龍在田'은 덕을 널리 베푼다는 것이다. '終日乾乾'은 도를 반복한다는 것이다. '或躍在淵'은 나아가도 허물이 없다는 것이다. '飛龍在天'은 대인이 떨쳐 일어나 다다른 것이다. '亢龍有悔'는 가득차면 오래갈 수 없다는 것이다. '用九'는 하늘의 덕은 머리가 있을 수 없다는 것이다.

[자구의 뜻] 普: 넓을 보, 보통 보 造: 지을 조, 거짓 조, 이룰 조, 이를 조 盈: 찰 영, 성할 영.

[해설] 각 爻의 「小象傳」과 마지막에 '用九'를 더 보탰다. 이상의 문장에서 뜻이 잘 통하지 않는 것은 九五의 '飛龍在天'을 설명한 '大人造也'의 '造'에 대한 번역이다. 대체로 '짓다', '만들다', '작용', 또 '이루다', '일어나다' 등으로 역하였다. '지음', '만듦', '작용'은 朱熹의 『本義』에서 "造猶유作也(조는 作과 같다)"로 본 것을 바로 직역한 것 같다. 곧 '비룡재천은 대인의 지음(만듦, 작용)이다'로 번역되는데, 이것은 '飛龍在天'하는 것을 대인이 하게 했다는 것으로 이해되기가 쉽고, 그렇게 되면 대인이 용을 하늘에 날아오르게 한 것이 되니 이상한 해석이

된다. '飛龍在天'은 용 즉 대인이 군왕의 자리를 차지한 것을 형용한 말이니, 대인이 떨쳐 일어나 군왕의 지위까지 이른 것으로 풀이함이 마땅하다. 이렇게 되면, '至也(이르다)' '成也(이루다)'의 풀이가 더 적당하다. 위의 번역은 이런 뜻이 살아나도록 한 풀이이다.

初九의 양은 양기가 처음 생긴 상태이니 아래에 있다 했고, 다음은 지상에 출현하였으니 만물에 영향을 미치게 되고, 이는 덕을 넓게 베푸는 것이 된다. '乾乾'은 계속 노력한다는 것이니 도를 반복하는 것이요, '혹 뛴다'는 것은 나아감이니, 못에도 기반을 유지하면서 나아가니 허물이 없다. 이렇게 해서 드디어 九五의 임금 자리에까지 이르게 됐다. 上爻는 무엇이든 끝까지 오를 수만은 없으니 가득 찬 것이 오래 갈 수 없다고 했다. 九의 數 양은 음으로 변하듯, 하늘이 베푸는 덕은 일정한 변함만 있지 특별히 으뜸이 되는 것은 없다. 이런 뜻이 用九이고, 用九는 건괘의 「소상전」을 따라 덧붙여 해석했을 뿐이다.

여기까지 말한 乾은 사물의 기본이고 바탕이며 시작이다. 태초에 하늘이 열려 땅이 생기고 그리고 사람이 비롯됐다는 관념과도 통한다. 이런 하늘의 작용은 시간을 움직이게 하고, 시간의 흐름에 따라 대체로 발전해 가지만 마지막에는 새로운 것으로 다시 시작하는 변화를 가져오게 한다. 곧 九의 쓰임이다. 이런 것에서 공자는 사계절이 말해주는 자연의 변화법칙과 상통함을 찾았다. 그리고 이런 변화에 맞게 사는 것이 이로운 것임을 밝혔다. 이런 식으로 괘효사를 인간사에 유익하게 활용할 수 있는 원리를 접목시켜 나간 것이다.

5. 文言曰

*** 文言曰, 元者善之長也, 亨者嘉之會也, 利者義之和也, 貞者事之幹也. 君子體仁足以長人, 嘉會足以合禮, 利物足以和義, 貞固足以幹事. 君子行此四德者, 故曰乾元亨利貞.**

문언에서 말했다. 元이라는 것은 선의 최고이고, 亨이라는 것은 아름다움의 모임이고, 利라는 것은 의로움의 어울림이고, 貞이라는 것은 일의 뼈대이다. 군자가 仁을 체득하면 충분히 사람을 키울 수 있고, 모임을 아름답게 하면 충분히 禮에 부합할 수 있고, 사물을 이롭게 하면 충분히 의로움을 조화시킬 수 있고, 곧고 굳으면 충분히 일을 주간한다. 군자가 이 네 덕을 행하니, 고로 건이 元하고 亨하고 利하고 貞하다고 이른다.

[자구의 뜻] 嘉: 아름다울 가, 즐길 가. 貞固: 마음이 곧고 굳음. 幹: 근본 간, 주관할 간.

[해설] 공자와 그의 제자들이 만들었다는 十翼 중 「文言傳」이다. 乾·坤卦에만 있다. 「문언전」도 점과 관련한 풀이는 없다. 그래서 원 괘효사의 뜻을 儒家가 그들의 철학에 맞게 재포

장했다고 보는 것이 적절하다. 그리고 같은 괘효사에 풀이가 거듭되니, 이것은 여러 각도에서 그 의미를 이끌어내고 있음을 보여준다.

괘사 '乾 元亨利貞'을 각각 인간사의 仁·禮·義·智와 관련지어 文飾식(꾸미다)한 풀이이다. '元'은 '시작'의 뜻이 있으니 동식물의 시작은 곧 생명의 시작이고, 이것은 가장 상서로운 것이다. 그래서 '善之長也'라 했다. '善'을 '상서로움'으로 설명은 했으나 딱 어울리는 것 같지를 않아서 번역은 그대로 '선'이라 했고, '長'은 으뜸의 뜻으로 '최고'라고 번역했다. 만물이 生을 시작하는 것은 인간세계에서는 널리 사랑을 베푸는 仁에 해당할 것이다. 仁을 베풀면 충분히 사람을 키울 수 있다. '亨'은 널리 통함의 뜻이니 서로서로가 통하면 아름다운 모임이 될 것이다. 그래서 '嘉之會也'라 했다. 모임을 아름답게 하면 충분히 禮를 지키는 것이다. '利'는 이로움이니, 이로움은 의로움과 어울려야 한다. 인욕이 있는 인간사에는 특히 더 필요하다. 자기 혼자만의 이익을 위한 것은 진정한 '利'가 못된다. 그래서 '義之和也'라 했다. '義'는 '옳음'의 뜻이고 '의로움'의 뜻이니, 義와 부합해야 한다는 의미이다. 그러므로 사물을 이롭게 하는 것은 충분히 '義'와 조화를 시켜야 하는 것이다. '貞'이란 '바르고 곧은 것'을 뜻하니, 이것은 일을 일관되게 추진하는 원동력이다. 그래서 '事之幹也'라 했다. 여기의 '幹'은 근간이라는 의미로 '뼈대'로 번역을 했다. 이렇게 꿋꿋이 추진하니 '貞固'라 했고 貞固하면 충분히 일을 주관할 수 있다. '足以幹事'의 '幹'은 '주관하다'로 번역했다. 이렇게 일을 주관하는 능력은 智'로부터 나온다. 지혜로워야 일을 주관한다는 것을 묵시적으로 알려주면서 '智'자는 생략한 것이 묘하다. 이어서 이 4덕을 군자는 행해야 하고, 이것이 바로 '乾卦의 元亨利貞'이라 했다.

'長人'을 '어른' 혹은 '존장'으로 많이 번역하나 임채우와 徐相潤서상윤[81]은 '사람을 키우다'로 번역했다. 문장의 구조상으로 '合禮', '和義', '幹事'와 같은 형식으로 보아 '長'을 동사로서 해석하는 것도 좋아 보여 이를 따랐다. 貞固를 '곧고 굳음'이라 번역했으나 '바름을 꿋꿋이 지키다', '꿋꿋함을 바르게 하다'로도 해석할 수 있다. 앞의 구절들 '體仁', '嘉會', '利物'과 같이 이 구절도 '固를 貞하게'로 역하면 좋은 번역이 된다. 참고하자.

이상은 乾卦의 卦辭를 人事의 仁禮義智와 연결시켰는데, 결국 이 4덕을 행해야 군자가 된다는 말이다. 그 비유가 형이상학적이니, 그래서 '飾也(꾸미다)'라는 뜻을 가진 '文'을 써서 「文言傳」이 되었다.

*** 初九曰, 潛龍勿用, 何謂也. 子曰, 龍德而隱者也. 不易乎世, 不成乎名, 遯世无悶, 不見是而无悶, 樂則行之, 憂則違之, 確乎其不可拔, 潛龍也.**

초구에 이르기를, 잠긴 용이다, 쓰지 말라고 한 것은, 무엇을 말한 것입니까? 공자가

---

81) 임채우는 「주역 왕필 주」와 「노자주」를 번역했고. 徐相潤은 철학박사로 新韓出版社의 四書五經 중 「周易」을 譯解했다.

말했다. 용의 덕이 있으면서 숨어 있는 자이다. 세상을 바꾸려고 하지 않고, 이름을 이루려고도 하지 않으며, 세상을 피해 숨어 살아도 번민하지 않고, 옳다고 알아주지 않아도 번민하지 않는다. 즐거우면 행하고, 괴로우면 멀리하니, 확고하여 옮길 수 없다. 이것이 잠긴 용이다.

[자구의 뜻] 遯: 달아날 둔, 숨을 둔. 悶: 번민할 민, 혼미할 민. 違: 어길 위, 떠날 위, 멀 위, 피할 위. 確: 굳을 확, 확실할 확. 拔: 뽑을 발, 옮길 발, 빠를 발.

[해설] 爻辭 初九를 文飾한 「문언전」이다. '子曰'의 '子'에 대해서 몇 가지 설이 있어서나, 지금은 孔子를 지칭하는 것으로 거의 통일됐다.

'龍德而隱者也'를 龍을 주어로 보고 '용이 덕이 있으면서 숨어있는 것이다'로 번역된 것도 있는데, 전체의 문장이 세상을 등지고 은거한 군자를 나타내고 있으므로 사람의 덕을 형용한 '용의 덕'으로 보았다. 이런 용덕을 갖추고 숨어있는 사람은 어떻게 하는가? 이를 이은 문장이 '不易乎世' 이하이다. '不易乎世'를 '세상에 의해서 바뀌지 않고'로 번역하여 피동적으로 본 글도 있으나, 역은 변화를 기본 사상으로 하고 있으므로 사람이 변화를 주도하려고 하지 않는 것으로 보았다. 여기 '乎'는 전치사고, '行之', '違之'의 '之'는 어세를 고르는 어조사이다. 끝 구 '潛龍也'를 '이것이 잠긴 용이다'로 번역했는데, 여기의 '이것'은 글자에는 없으나 문장을 잇는데 필요하여 썼다. 결국 문장의 뜻은 나설 시기가 아니라서 세상일에 상관없이 혼자 유유자적하는 모습을 나타내고 있다.

*** 九二曰, 見龍在田, 利見大人, 何謂也. 子曰, 龍德而正中者也. 庸言之信, 庸行之謹, 閑邪存其誠, 善世而不伐, 德博而化. 易曰, 見龍在田 利見大人, 君德也.**

九二에 이르기를, 나타난 용이 밭에 있다, 대인을 만나보면 이롭다고 한 것은, 무엇을 말합니까? 공자가 말했다. 용덕이 있으면서 중심에 바르게 있는 자이다. 일상의 말에 믿음이 있고, 일상의 행위를 삼가며, 부정한 것을 막고 정성스러운 것을 보존하고, 세상을 선하게 해도 자랑하지 않으며, 덕을 넓히면서 감화시킨다. 이것이 역에서 말한 '見龍在田 利見大人'이니 인군의 덕을 말한 것이다.

[자구의 뜻] 庸: 쓸 용, 공(功) 용, 떳떳할 용. 庸言: 중용에 맞는 말, 일상의 평범한 말. 庸行: 평소의 행실. 謹: 삼갈 근, 금할 근. 공경할 근. 閑: 막을 한, 겨를 한. 邪: 부정할 사, 사악할 사. 어조사 야. 誠: 정성 성, 실정 성. 伐: 벨 벌, 정벌할 벌, 자랑할 벌. 博: 넓을 박, 통달할 박.

[해설] 爻辭 九二의 文飾. 요지는 자기를 닦아서 세상에 덕을 펴는 것이고, 이런 사람이 곧 용덕을 갖춘 사람이라는 말이다. 문장의 형식은 初九와 같다. 九二를 단적으로 말하면 '龍德而正中者也'인 사람이고, 이런 사람은 어떤 행동을 하는가가 이어진 문장이다. '正中者也'의 '正'을 보는 관점은 爻位에서 正과 中을 논할 때의 '正中'으로 보는 견해(실마리 38쪽부터 참고)와 단순히 '中'을 수식하는 자로 보는 견해, 또 뒤섞여 잘못 들어간 것으로 보는 견해가 있다. 순전히 양으로만 이루어진 하늘의 괘라고 해서 陰位인 2위에 처한 양을 正位로 보는 것, 추측만으로 잘못 들어간 것으로 보는 것보다, '中'을 수식하는 '正'으로 보아 '중심에 바르게'로 역했다.

'庸言', '庸行'의 '庸'을 '中庸'의 '庸'을 뜻한다고 보아 '중용을 지킨 말', '중용을 지킨 행동'으로도 해석한다. 참고할 만하다. 그리고 '떳떳하다'라는 뜻으로 보아 "떳떳한 말이 믿음직하며 떳떳한 행실이 공경스러워……"[82]로 해석한 곳도 있다. 물론 이 때는 '之'가 목적격이 아닌 주격을 나타내게 된다. 이것도 참고하여 알아두자.

'善世而不伐, 德博而化'에서 '善世'란 '세상을 위해 좋은 일을 행함'의 뜻이고, '化'는 '教化·感化'의 '化'로 보면 적당하다. 그런데 清末의 의리파 역학가 吳汝綸오여륜은 '世'가 '大'와 통하였기 때문에 '大善'으로 풀이해야 한다고 했고, 지금의 黃壽祺·張善文도 이런 뜻의 注釋을 달았다. "善은 명사. 훌륭한 행위를 가리킨다. 世는 大라고 말하는 것과 같다. '世子(천자의 적장자)'나 '世父(큰아버지)'의 '世'처럼 모두 '大'로 여겨 푼다(善, 名詞, 指美好的行爲, 世, 猶言'大', 如 '世子', '世父'之'世', 均作'大'解)"[83] 그러나 전통적인 해석을 해도 무리가 없어 여기서는 취하지 않았다.

＊九三曰, 君子終日乾乾, 夕惕若, 厲无咎, 何謂也. 子曰, 君子進德修業. 忠信, 所以進德也, 修辭立其誠, 所以居業也. 知至至之, 可與言幾也, 知終終之, 可與存義也. 是故居上位而不驕, 在下位而不憂. 故乾乾因其時而惕, 雖危无咎矣.

구삼에 이르기를, 군자가 종일 부지런히 힘쓰고, 저녁에 두려워하면, 위태로우나 허물이 없다고 한 것은, 무엇을 말합니까? 공자가 말했다. 군자는 덕을 향상시키고 업을 닦아야 한다. 충성과 신의가, 덕을 향상시키는 것이고, 말을 닦아서 그 정성스러움을 나타내는 것이, 업을 쌓는 것이다. 이를 것을 알고 이르면, 더불어 조짐을 말할 수 있고, 마칠 것을 알고 마치면, 더불어 의리를 지킬 수 있다. 이런 까닭으로 윗자리에 있어도 교만하지 않고, 아랫자리에 있어도 근심하지 아니한다. 이 때문에 부지런히 힘쓰다

82) 주역학회 편, 「주역의 근본 원리」, 90쪽.
83) 황수기, 장선문 撰, 「周易譯注」(上海古籍出版社, 2002), 12쪽.

가 그 때가 되어 두려워하면, 비록 위태하나 허물은 없다.

[자구의 뜻] 所以: 하는 짓, 소행. 까닭, 이유. 幾: 은미할 기, 조짐 기, 기틀 기. 驕: 교만할 교, 말이 굳센 모양 교, 사랑할 교(嬌와 통용). 雖: 비록 수, 대저 수(말머리에 쓰는 어조사), 짐승이름 유.

[해설] 九三. 요지는 군자가 '進德修業'을 어떻게 하고, 그 결과는 어떤가를 나타냈다. 결국 군자가 종일 노력하고 저녁에 반성하는 것은 덕을 향상시키고 업을 닦는 일이며, 이렇게 노력하기 때문에 허물이 없게 된다는 뜻이다. '忠信'부터 '居業也'까지는 進德修業하는 과정이고, '知至'부터 '存義也'까지는 進德修業한 결과로 얻는 것이다. 이렇게 進德修業하는 사람이니 비록 위에 있으나 거만하지 않고, 위로 오르지 못했다고 근심하지 않는 것이다. 곧 '居上位而不驕, 在下位而不憂'이다.

대개 '誠'으로써 사람을 사귀면 信이 되고 군왕을 섬기면 忠이 된다고 말한다. 아마도 개인과 개인은 信이고 개인과 단체는 忠일 것이다. 이렇게 보면 '忠信, 所以進德也, 修辭立其誠, 所以居業也'의 앞뒤 구가 서로 연결되어 통하니, 결국 '進德'과 '居業'도 서로 통하는 같은 뜻이다.

'知至至之'와 '知終終之'의 구절은 나아갈 것인가 멈출 것인가를 알아서 행동한다는 것이니, 곧 '夕惕若'하기 때문에 할 수 있는 것이고, 그렇게 행동하기 때문에 '厲, 无咎'하게 되므로 '居上位而不驕, 在下位而不憂'할 수 있다는 뜻이다. '知至至之'와 '知終終之'에서 앞의 '至'와 '終'은 명사로, 뒤의 '至'와 '終'은 동사로 보면 된다. '之'는 대명사로 보면 '그곳에 이른다'로 번역이 되겠지만, 어세를 강하게 하는 어조사로 보았다. 그런데 '至'를 '지극하다'로 보아 '지극함을 알아 지극하게 하니'로 풀이한 곳도 있다. '지극하다'와 '마치다'보다는 '이르다' '마치다'가 더 짝이 되는 것 같고, 九三의 위치에서는 진퇴의 언급이 더 필요해 보여 '이르다'로 풀었다.

'可與言幾也'에서 '言'자는 옛 책에는 있고 唐 이후에는 사라졌다고 했는데, 『備旨具解 原本周易』을 비롯해 우리의 번역 책에는 거의 '言'자가 보이지 않으나, 唐代 李鼎祚이정조의 『周易集解』와 지금의 황수기・장선문의 「周易譯注」 등의 책에는 보인다. 그래서 言자를 넣어 번역했다. 言자가 들어감으로 해서 다음 구절인 '可與存義也'와 글자 수가 같아 對를 이루어 좋게 보이기 때문이다.

끝 구절은 '終日乾乾, 夕惕若, 厲无咎'를 '乾乾'의 뜻만 살도록 '終日'은 줄이고 '夕'을 '時'로 바꾸어 반성의 시간을 갖는 '때'가 중요함을 나타내면서, 단정 짓는 어조사 '矣'를 넣어 단정의 뜻을 살려 표현했다. 같은 字를 간소화시켜 같은 뜻을 표한 노력이 특히 눈에 띈다. '因其時而惕'의 '因'은 '인할 인'의 뜻이므로 '그 때로 인하여'가 되나, '되니'로 대체했다.

＊ 九四曰, 或躍在淵, 无咎, 何謂也. 子曰, 上下无常, 非爲邪也, 進退无恒, 非離群也. 君子進德修業, 欲及時也, 故无咎.

구사에 이르기를, 혹 뛰기도 하고 연못에 있기도 한다, 허물없다는 것은, 무엇을 말합니까? 공자가 말했다. 오르내림이 항상성이 없음은, 삿되고자 함이 아니며, 나아가고 물러남이 일정치 않음은, 무리를 떠나려는 것이 아니다. 군자가 덕을 향상시키고 업을 닦는 것은, 때와 함께 하고자 함이니, 그러므로 허물이 없다.

[해설] 九四의 문장은 九三과 비슷한 면이 있다. 종일 굳세게 노력하다가 때가 되면 반성하는 구삼과, 상하·진퇴를 때에 맞도록 하는 구사가 그렇다. 그래서 '進德修業'과 '時'라는 자구가 같이 등장한다. 卦象으로 보아도 하층부의 제일 윗자리와 상층부의 제일 아랫자리가 인접해 있고, 하늘·사람·땅의 三才로 6효를 나눌 때 3·4효가 人位에 해당하는 점이 두 효를 닮게 하나 보다.

사람은 무엇을 하든 한 단계 도약이 필요하다. 그렇다고 근본을 잊어서도 안 되고, 주위의 동류와 이별하는 것도 아니다. 그리고 윗사람이 부르면 달려가고 아랫사람이 아프면 보살펴야 한다. 이것이 '或躍'과 '在淵'이다. 혹 뛰어 올라가기도 하고 혹 아래로 달려가기도 하면서 그때그때마다 두루두루 살펴야하는 것이다.

'上下无常'과 '進退无恒', '非爲邪也'와 '非離群也'가 서로 상통하는 구절이다. '上'과 '進'은 '或躍'을, '下'와 '退'는 '在淵'에 해당하는데 이런 일정하지 않는 행위는 자신만을 위해 부정하게 하는 행위도 아니며, 소속된 집단과의 결별을 뜻하는 것도 아니다. 단지 때에 맞게, 즉 상황에 대처하기 위한 행위라는 뜻으로 공자는 말했다.

＊ 九五曰, 飛龍在天, 利見大人, 何謂也. 子曰, 同聲相應, 同氣相求, 水流濕, 火就燥, 雲從龍, 風從虎, 聖人作而萬物覩. 本乎天者親上, 本乎地者親下, 則各從其類也.

구오에 이르기를, 날아오른 용이 하늘에 있다, 대인이 나타났으니 이롭다는 것은, 무엇을 말합니까. 공자가 말했다. 같은 소리는 서로 호응하고, 같은 기운은 서로 구하니, 물은 습한 데로 흐르고, 불은 마른 데로 나아가며, 구름은 용을 따르고, 바람은 범을 좇고, 성인이 일어나니 만물이 우러러본다. 하늘에 근본하는 것은 위와 친하고, 땅에 근본하는 것은 아래와 친하듯이, 곧 각각 그 무리를 좇는 것이다.

[자구의 뜻] 濕: 습할 습, 습기 습. 燥: 말릴 조, 마른 물건 조,. 覩: 볼 도, 睹와 같음. 환히

알 도.

[해설] 군자가 떨치고 일어나서 임금의 자리에 오르면 곧 聖人의 정치가 시작된다. 성인은 하늘의 속성과 같이 하니 만물과 同聲이고 同氣이므로 만물이 우러러보면서 모두 따르고 자기 할 바를 잘해 나간다. 이것이 九五를 푼 요지인데 시적표현이다.

同聲이 응하는 것은 새벽에 한 닭이 울면 여러 닭이 따라 울고, 한 아이가 울면 다른 아이도 따라 우는 현상이요, 同氣가 구하는 것은 배가 침몰하기 직전 쥐들이 피하고, 비가 오기 전에 후덥지근한 습기를 느끼는 현상이다. '水流濕, 火就燥, 雲從龍, 風從虎'도 同聲同氣가 응하고 구하는 또 다른 표현이다. 그리고 마지막으로 강조한 것이 성인이 출현하면 만인이 그를 따르는 것, 곧 '聖人作而萬物覩'도 同聲同氣가 응하고 구하는 것이다.

하늘에 근본 하는 것은 좁게는 해·달·별과 구름·바람의 자연현상이요, 넓게는 이들의 영향을 받는 동물들이다. 땅에 근본 하는 것은 넓게는 땅에 사는 모든 생물이요, 좁게는 땅의 영향을 그대로 받는 초목이다. 이렇게 자연스럽게 서로서로 따른다는 뜻이고, 九五의 성인이 천하를 다스리면 모두가 이처럼 그를 따른다는 뜻이다.

＊ 上九曰, 亢龍有悔, 何謂也. 子曰, 貴而无位, 高而无民, 賢人在下位而无輔, 是以動而有悔也.

상구에 이르기를, 다 오른 용은 뉘우침이 있다고 한 것은, 무엇을 말한 것입니까. 공자가 말했다. 귀해도 지위가 없고, 높아도 신하가 없으며, 현인이 아래지위에 있어도 돕는 자가 없다. 이 때문에 활동하면 뉘우침이 있다.

[자구의 뜻] 輔: 도울 보, 보좌역 보, 광대뼈 보.

[해설] 上九는 은퇴를 했거나 여생을 보내는 처지. 실권이 없으니 지위나 부하직원이 없다. 이런 상태에서 옛날의 처지를 생각하고 뽐내거나 거만을 떨면 후회하는 일이 있게 된다. '動'의 의미가 비유적이다. 단순히 움직인다는 의미가 아니라 靜과 상대되는 의미로서, 지나치게 의욕이 넘치는 활동을 뜻하는 것으로 보아야 한다.

'賢人'은 구체적으로 누구를 가리키는가? 세 가지로 생각할 수 있다. 上九, 九三, 그리고 九四이하의 효. 이 중 上九는 자기 자신을 낮추어 가리킨 것이라고 보는 견해인데, 无位가 아니고 下位라 했으니 약간 무리가 있고, 應이 되는 九三이 되거나 九四 이하의 제 양효일 것이다. 학자에 따라 九三으로 보는 경우도 있고, 九四 이하의 효로 보는 경우도 있다. 제 효를 용과 군자로 표현했으니 현인도 같은 의미일 것이니, 九四 이하를 말한 것으로 봄이 좋을 것 같다. 그런데 이 두 가지가 모두 九五를 보좌하고 上九를 보좌하지 않음은 같으니 '无輔'를 해석함에는 어려움이 없다.

지금까지 훌륭한 사람을 지칭하는 것으로는 大人, 君子, 聖人, 賢人이 쓰였는데, 성인은 九五에만 썼고, 대인은 九二와 九五에, 군자는 九三에 썼고, 현인은 九四이하를 지칭한 것으로 보인다. 이 모두가 훌륭한 사람을 지칭하고 있다는 것은 알아도 어떻게 다른지는 아직 확실하게 알 수 없다. 각각의 쓰임을 계속 살피자.

이상은 군자는 어떤 사고와 행위를 하는 사람인가를 나타내면서 이런 사람이 정치를 하면 만물도 우러러보는 정치가 된다는 정치윤리까지도 말했다. 지상낙원을 이루기 위한 도리와 목표이다. 효사를 말하면서 권위를 높이기 위해서 인지 특별히 '子曰'이라 하여 공자의 말을 빌려 말한 것이 특이하다.

＊潛龍勿用, 下也, 見龍在田, 時舍也, 終日乾乾, 行事也, 或躍在淵, 自試也, 飛龍在天 上治也, 亢龍有悔, 窮之災也, 乾元用九, 天下治也.

잠겨있는 용이니 쓰지 말라는 것은, 아래에 있기 때문이요, 나타난 용이 밭에 있다는 것은, 때가 베풀어짐이요, 종일 부지런히 힘쓴다는 것은, 일을 행한다는 것이다. 혹 뛰기도 하고 연못에 있기도 한다는 것은, 스스로 시험해 보는 것이요, 날아오른 용이 하늘에 있다는 것은, 위에서 다스린다는 것이요, 다 오른 용은 뉘우침이 있다는 것은, 극에 달하면 재앙이 있다는 것이다. 건괘에 구의 수를 쓴다는 것은, 천하를 다스리기 때문이다.

[자구의 뜻] 舍: 집 사, 쉴 사, 쏠 사, 버릴 사, 베풀 사. 試: 시험할 시.

[해설] 이어서 다른 말로 爻辭를 달리 꾸민 글이다. 이 장을 王弼필은 인간사를 밝힌 것이라 했고, 『備旨具解原本周易』에서는 "「象傳」의 뜻을 거듭 했다(申象傳之意)"[84]라 했다. 「상전」의 뜻을 거듭 밝혔다고 보기보다는 거듭 「상전」처럼 뜻을 풀이한 것이 아닌가 한다. 앞 구절의 효사가 네 글자로 되어있고 이를 푼 말의 간단함도 많이 닮았기 때문이다. 어떻든 효사와 用九를 다시 풀었다.

'下'는 그가 처한 자리를 말하니, 가장 아래의 자리는 땅 밑이고 아직 어린 자리다. 그러니 쓸 수 없다. '時舍也'의 '舍'를 거의 모든 책에서 '쉰다', '버린다'로 번역하고 있다. 이는 일반적으로 많이 쓰이는 舍의 뜻으로서 푼 것 같다. 그러나 '때가 쉰다'거나 '때가 버려진다'는 것은 의미가 어긋나고 이해가 안 되는 문장이다. 효사에서는 이미 대인의 출현이 이롭고, 「小象傳」에는 덕이 넓게 시행되고 있는데 왜 때가 버려져야 할까? 그런데 왕필은 '通(통한다)'로 역했고, 황수기 · 장선문은 '舒展서전(펴다)'로 역했다. 舍의 뜻에는 '베풀다'는 뜻도 있으니, '시

84) 『備旨具解原本周易』 上, 卷之一 40쪽, 총 144쪽.

간이 베풀어지는 것'은 '시간이 펼쳐지는 것'이나 '통하는 것'과 같은 뜻이다. 그래서 여기서는 시간이 베풀어지는 것으로 역했다. '乾乾'은 노력하는 모습이니 열심히 일하는 모습과 통하여, '行事'라 했고, 혹 뛰어도 본다는 것은 자기의 능력을 시험해 보는 것과 닮은 모습이다. 무엇을 시험해 보는 것일까? 바로 다음의 九五처럼 할 수가 있는지를 시험해 보는 것일 것이다. '上治也'는 上을 '尙(숭고하다)'으로 역하여 '숭고하게 잘 다스려 진다'로 보는 시각과 성인이 '上(윗자리)에서 다스린다'는 뜻이 있는데, 여기서는 많이 쓰이는 뜻인 '윗자리'를 특별히 피할 필요를 못 느꼈다. 九五는 왕의 자리이니 위에서 천하를 다스리는 것이다. 무엇이든 다 했으면 막히게 마련이고 다 올라간 용도 막힌다. 막히면 이를 극복해야 하니, 이것이 '災'인 것이다. '乾元用九'의 '乾元'이란 乾의 네 덕을 통괄하는 '元'을 함께 써 건괘의 덕을 나타내고 있다고 본다. 그래서 건괘를 상징적으로 표현한 것이다. 九는 양이 음으로 변하는 수. 이렇게 양이면서 언제라도 음으로 변할 수 있는 상태라야, 막힘없이 변통이 이루어지니 천하를 잘 다스릴 수 있는 것이다. 그러니 '天下治'라 했다.

＊ 潛龍勿用, 陽氣潛藏, 見龍在田, 天下文明, 終日乾乾, 與時偕行, 或躍在淵, 乾道乃革, 飛龍在天, 乃位乎天德, 亢龍有悔, 與時偕極, 乾元用九, 乃見天則.

잠긴 용이니 쓰지 말라는 것은, 양기가 잠겨 숨어있기 때문이고, 나타난 용이 밭에 있다는 것은, 천하가 밝게 빛나는 것이요, 종일 부지런히 힘쓴다는 것은, 시간의 흐름에 따라 굳세게 행하는 것이고, 혹 뛰기도 하고 연못에 있기도 함은, 건의 도가 바뀐 것이다. 날아오른 용이 하늘에 있다는 것은, 곧 하늘의 덕이 있는 자리에 있다는 것이요, 다 오른 용이니 뉘우침이 있다는 것은, 시간의 흐름에 따라 두루 한도에 이른 것이다. 건괘에 九의 수를 쓰는 것은, 곧 하늘의 법칙을 나타내기 때문이다.

[자구의 뜻] 藏: 갈무리할 장, 숨을 장, 곳집 장. 偕: 함께 해, 굳셀 해.

[해설] 다시 初九부터 用九까지를 설명하였는데 이번에는 天則 곧 자연의 기운을 대비하여 설명했다. 이를 王弼은 "天氣로써 밝혔다"고 했다.

初九는 양기가 아래 있어서 잠복된 상태로 보았고, 용이 밭에 나타났다는 것은 양기가 온 들판에 비추어 만물이 이를 받아 화려하게 빛날 것이니 '文明'이라 했다. 『周易述義』[85]에서는 九二가 변하면 離卦로 되니 상이 文明[86]이 된다고 설명했다. '乾乾'은 종일 노력하는 모양이니, '偕行', 곧 굳세게 일을 행하고 있는 것이다. 九四는 下卦인 하층부에서 도약하여 上卦인 상층부로 왔으니 乾道를 수행하도록 아랫사람을 다스리는 상태로 바뀐 것이다. 그러니

85) 청의 건륭제가 칙명을 내려 엮은 책으로 漢易과 宋易을 한데 얽어 하나로 한 것.
86) 離의 象이 火, 日이니 '밝음'을 상징하므로 문명의 상이 된다. 리의 상은 同人卦의 개설을 참조할 것.

'革'을 썼다. 九五는 상괘의 中으로, 양기가 만발한 최고의 상태를 나타내니 天德의 존귀한 자리를 차지한 것이라 했다. 上九는 이미 궁극에 달하여 소멸하고 주저앉아야 하는 위치이니 극한 상태이다. '偕'를 九三의 풀이에서는 '굳세다'를, 上九의 '與時偕極'에서는 '함께, 두루'를 택하여 번역했다. 끝으로 이런 乾卦의 덕을 九를 써 나타내니, 九는 天數의 대표 數이므로 하늘의 법칙을 나타내고 있다고 보는 것이다.

＊ 乾元者, 始而亨者也, 利貞者, 性情也. 乾始能以美利利天下, 不言所利, 大矣哉. 大哉乾乎. 剛健中正, 純粹精也, 六爻發揮, 旁通情也, 時乘六龍, 以御天也, 雲行雨施, 天下平也.

건괘의 元은, 시작하면 형통한 것이요, 利貞은, 본성과 마음이다. 건의 시작함은 큰 이익으로써 천하를 이롭게 하는데, 이로운 바를 말하지 아니하니, 크도다! 커구나, 건이여! 굳세고 튼튼하면서 중심이 되고 바르며, 순수한 정화이다. 6효가 발휘되니, (만물과)마음이 두루 통하게 되고, 때에 맞게 여섯용을 타고, 하늘을 어거하니, 구름이 일고 비가 내려, 천하가 편안하다.

[자구의 뜻] 性情: 사람의 품성과 기질. 美利: 큰 이익. 純: 실 순, 순수할 순, 다 순. 粹: 순수할 수, 아름다울 수. 부서질 쇄. 純粹: 다른 것이 조금도 섞이지 않고 깨끗하고 아름다움. 精: 정세할(자세하고 면밀할) 정, 찧은 쌀 정, 精華화(사물의 가장순수하고 아름다운 부분) 정. 揮: 휘두를 휘, 지휘할 휘. 發揮: 실력을 드러냄. 발동함. 旁: 곁 방, 두루 방, 도움 방. 旁通: 두루 깨달음. 두루 통함.

[해설] 다시 卦爻辭를 文飾한 문장이 이어지는데 그 괘사이다. '乾元'의 '乾'이란 하늘을 상징하고, '元'이란 처음 시작한다는 뜻의 元德을 말한다. 하늘의 덕 중 시작의 덕은 만물을 生하는 것이니 형통치 않을 수가 없다. '始而亨者也'다. 이렇게 만물이 생하여 여름에는 자라고 가을이면 열매를 맺고 겨울에는 갈무리를 한다. 그래서 가을이면 형체가 확연히 드러나고 겨울이면 그 쓰임이 각각이 되니, 그 본성과 기질을 알게 된다. 그래서 '利貞'은 '性情'이라 했다. '元亨', '利貞'으로 묶어서 설명을 한 형태이니 원문을 보는 시각의 여러 갈래를 나타내고 있다. 그런데 '乾元' 다음에 '亨'이 빠졌다고 清代 王念孫의 『讀書雜志』에서 지적했다. 다음 구 '利貞者'와 상응함으로 일리가 있는 지적이니 참고할 필요가 있다. 번역은 없는 데로 했다.

'性'은 만물이 하늘로부터 부여받은 것이니 '본성'이라 번역하고, '情'은 본성이 내면화되어 새롭게 표현되는 것이니 '마음의 씨알'이다. 글자도 마음 心에 '푸르다, 젊다'는 뜻이 있는 靑이 합쳐서 된 글자다. 그래서 이를 줄여 '마음'이라 번역했다.

이렇게 하늘의 시작으로 인하여 亨하고 利貞하게 되었으니 천하를 이롭게 하는 것이다. 그러면서도 하늘은 말없이 작용할 뿐이니, '不言所利'라 했다. 이런 큰일도 말없이 수행하니 감탄하지 않을 수 없어 다음에 감탄사 '大矣哉'가 붙었다. '乾始能以美利利天下, 不言所利, 大矣哉'이다. '美利'의 '美'는 '아름답다'보다는 '크다'의 의미로 쓰였다.

剛·健·中·正·純·粹·精을 각각 독립적인 것으로 보아서 풀이할 수도 있고, 모두 '精'을 수식하는 것으로 볼 수도 있고, '剛健中正'과 '純粹精'을 분리하여 두 구절로 풀이할 수도 있다. 여기서 두 구절로 본 이유는 전자는 陽爻의 덕을, 후자는 6효가 모두 양효로 이루진 결정체(精華)임을 나타내는 것으로 본 것이다.

다음에 이어지는 문장은 하늘의 변화를 말하면서 이 변화에 맞추어 움직이면 천하가 태평함을 나타낸 것이다. 乾卦의 발동인 '六爻發揮'는 하늘의 움직임을 상징한 표현이요, '時乘六龍'은 그 움직임에 부응하는 현상을 표현한 것이다. 하늘의 움직임(六爻發揮)은 만물의 성장에 영향을 주니 만물과 두루 마음이 통하는 것(旁通情也)이요, 이렇게 하늘이 때에 맞게 하는 현상(時乘六龍)의 하나로 구름이 일어나 비를 내리게 하여(雲行雨施) 만물을 양육하니, 천하가 편안한(天下平也) 것이다.

이렇게 하늘이 때에 따라 만물을 양육하듯, 성인도 때에 맞게 만백성을 이끌면 천하가 편안할 것이다. 그러므로 '時乘六龍, 以御天也'는 성인이 한 행동의 상징물이기도 하다. 이런 뜻으로 보면 건의 덕과 하늘의 변화와 성인의 행위는 동일 선상에 있는 것이 된다. 이런 뜻을 함축하여 건괘를 해석하고 있는 것으로 보여진다.

*** 君子以成德爲行, 日可見之行也. 潛之爲言也, 隱而未見, 行而未成, 是以君子弗用也.**

군자는 덕을 완성하고서 행동을 하니, 매일 볼 수 있는 것이 행동이기 때문이다. 잠의 말 뜀은, 숨어서 나타나지 않는 것이고, 행동해도 완성을 하지 못함을 말하니, 이 때문에 이런 군자는 활동하지 않는다.

[해설] 다시 爻辭 初九부터 文飾하는데 이 爻는 군자가 덕을 완성하기 위해 노력하는 위치에 있음을 묘사하고 있다. 행동은 매일 보는 것이기 때문에 군자는 덕을 쌓고서 외부활동을 한다. 아직도 덕을 쌓고 있으니 물에 잠겨있는 상태와 같으므로 활용할 수는 없다는 뜻이다.

'爲行'과 '可見之行'의 '行'을 군자가 덕을 쌓는 행위로 한정하여 보면 '군자는 덕을 완성하기 위해서 행동하니, 매일 이런 행위를 볼 수 있는 것이다'로 번역되어, 매일 덕을 쌓는 행동을 볼 수 있다는 뜻이 된다. 이는 '潛'의 상태를 오가는 사람들이 매일 본다는 것이 되어 자연스럽지가 못하므로 위와 같이 번역했다. '日可見之行也'의 '見'은 볼 견, '之'는 주격조사이다. '隱而未見'의 '見'은 '나타날 현'이고, '弗用'의 '用'은 '활동하다'의 뜻이다.

＊ *君子學以聚之, 問以辨之, 寬以居之, 仁以行之. 易曰, 見龍在田, 利見大人, 君德也.*

군자는 배워서 갖추고, 물어서 판단하고, 너그러움으로 거처하고, 인자함으로 행동한다. 역에서 말한, 나타난 용이 밭에 있다, 대인을 만나보면 이롭다는 것은, (이런)인군의 덕 때문이다.

[자구의 뜻] 聚: 모일(을) 취, 갖추어질 취. 辨: 분별할 변, 드러낼 변, 이음새 변. 다스릴 판(辦과 통용), 辯(말 잘할 변)과도 통용. 寬: 넓을 관, 너그러울 관.

[해설] 九二 爻辭의 文飾. 대인이 나타나면 왜 이로움을 주는가에 대한 문제를 군자의 사고와 행위로써 설명한 문장이다. '聚之', '辨之'의 구는 학문하는 것을, '居之', '行之'의 구는 행동하는 것을 나타낸 글귀이다. 이를 程頤는 '學'과 '問'은 '進德'이고, '寬'과 '仁'은 '修業'이라 했다. 朱熹는 이 學·問·寬·仁의 네 가지가 대인의 덕이니, 곧 九二효가 지닌 덕을 말하며 임금의 덕이 이것이라 했다.

'以'는 '써 이'이니 그대로 직역하면 '배움으로써'나, '물음으로써' 등이 되고 '之'는 단순히 어세를 고르는 어조사로 보면 된다. 여기서는 '배워서, 물어서' 등으로 번역했다. 그리고 '辨'에는 '辯'을 쓴 판도도 있는데 서로 뜻이 통용된다. '君德'을 '군자의 덕'으로 보는 것이 일반적인 번역이 될 것 같은데, '君'을 '임금'의 뜻을 취하여 거의 모두 '인군의 덕'으로 보았다. 여기의 '大人'은 군자 중에서 백성을 다스리게 되는 미래의 임금을 말한다고 보고, 이런 사람이 앞으로 왕이 되면 이롭다는 뜻으로 보아야 할 것이다. 이렇게 보면 천자는 하늘이 내린다는 옛사람들의 관념과 세습제도 아래에서 어울리므로 '인군의 덕'으로 번역했다.

＊ **九三重剛而不中, 上不在天, 下不在田, 故乾乾因其時而惕, 雖危无咎矣.**

구삼은 굳센 양이 거듭했으나 중앙이 아니다. 위로는 하늘에 있지 않고, 아래로는 밭에 있지 않다. 그러므로 부지런히 힘쓰면서 그 때가 되어 두려워하면, 비록 위험하나 허물이 없다.

[해설] 九三과 다음의 九四는 中을 벗어난 효의 처지를 다시 살폈다. '重剛'은 양이 양위에 있으니, 양은 剛이므로 강이 거듭한 것이다. 또 初九·九二의 강효가 거듭한 그 위에 九三이 있기 때문에 '重'을 쓸 수도 있다. '中'은 二爻와 五爻를 말하니 三爻는 '中'이 아니다. 九五는 '飛龍在天'이니 하늘에 있고 九二는 '見龍在田'이니 땅에 있는데, 九三은 그 사이에 있으니 天도 아니고 田도 아니다. 곧 初와 二爻는 땅이고 三과 四효는 사람이고 五와 上효는 하늘이니

구삼은 사람에 해당된다. 사람은 때가 되면 노력해야 한다. 그래서 그 때로 인해서 '乾乾'하다고 했다. 때가 건건하도록 하는 이유는 다음의 '惕'과 '危'의 두 자에 있다. 두렵고 위태한 처지이기 때문이다. 下에서 上으로 한 단계 뛰어야 하는 상태는 땅에서 하늘에 올라 안착해야 하는 상태로 위험한 처지이다. 마치 비행기가 이륙하기 직전이고, 새가 날기 위해 온 힘을 쏟는 경우이다. 이런 위험하고 두려운 상태를 극복키 위해서는 열심히 노력할 수밖에 없다. 그래서 '因其時'하여 '惕'하게 되고, 그래도 乾乾했기 때문에 '危'를 벗어나서 '无咎'의 결과가 오는 것이다. 이런 뜻의 풀이이다.

＊ 九四重剛而不中, 上不在天, 下不在田, 中不在人, 故或之. 或之者疑之也, 故无咎.

구사는 굳센 양이 거듭했으나 중앙은 아니다. 위로는 하늘에 있지 않고, 아래로는 밭에 있지 않으며, 중심의 위치에 있지 않은 사람이니, 때문에 '혹'을 쓴다. 혹이라는 것은 의심하는 것이니, 때문에 허물없다.

[자구의 뜻] 疑: 의심할 의, 미혹될 의, 아마도 의, 엉길 응(凝과 통용), 비길 응.

[해설] 九四의 처지는 九三과 비슷하다. 그래서 글귀도 비슷하다. '重剛'인 이유는 九三에서도 말한 바와 같이 강효가 거듭했기 때문에 '重'을 썼다고 보면 간단하다. 그런데 이를 잘못 들어간 '衍文'으로 보는 사람, 또 상하가 剛으로 된 乾卦가 겹쳐진 사이에 놓였기 때문이라고 보는 사람 등이 있는데, '重'이 반드시 두 가지의 요건이 겹쳐야 할 때에만 사용하는 것이 아니라면, 여러 강이 겹쳤기 때문에 重을 썼다고 보면 편하다. 그리고 '不中'도 九三과 같다. 역시 상하괘의 중심에서 벗어나 있다. 그런데 '中不在人'이 확연치 않다. 三才로 따지면 '中在人'이어야 하기 때문이다. 孔穎達의 『周易正義』[87]에 의하면 三·四효가 사람의 자리이지만, 사람은 땅에 가깝고 하늘에는 먼데, 구삼은 땅에 가깝고 하늘은 멀어 바로 사람에 해당하니 언급이 필요 없고, 九四는 하늘에 가깝고 땅에는 멀어 사람이 처할 바가 아니니 특별히 '中不在人'을 언급했다고 했다. 어쩐지 이유를 찾아 만든 것 같이 보이지만 이 외에는 참고할 만한 언급이 없다. 그런데 이 '中'을 三才로서 분류할 때의 中이 아니고, 상하괘의 중심인 二와 五爻를 말하는 것으로 보면, 四효는 중심을 벗어나 있으니 '중심에 있지 않는 사람'이 된다. 이것은 앞에서 이미 '重剛而不中'이라 하여 '不中'을 말했는데 다시 이를 거듭 강조해야 하느냐의 의문을 들게 하지만은, 그래도 여기서는 이런 뜻으로 보았다. '故或之'의 '之'는 '用'의 뜻으로, '或之者疑之也'의 두 '之'는 주격조사로 봄이 좋을 것이다. 의심하면 조심하게 되

87) 唐代에 孔穎達이 대표 명의로 편집한 역학 서. 왕필과 한강백의 주를 소통하고 해석했음.

니 허물이 없게 된다.

＊ 夫大人者, 與天地合其德, 與日月合其明, 與四時合其序, 與鬼神合其吉凶. 先天而天弗違, 後天而奉天時. 天且弗違, 而況於人乎, 況於鬼神乎.

저 대인이라는 자는, 천지와 더불어 그 덕을 함께하고, 일월과 더불어 그 밝음을 함께하며, 네 계절과 더불어 그 차례를 함께하고, 귀신과 더불어 그 길흉을 함께한다. 하늘을 앞서면 하늘이 어기지 않고, 하늘 보다 늦으면 천시를 받든다. 하늘도 하물며 어기지 않는데, 하물며 사람이겠는가? 하물며 귀신이겠는가?

[자구의 뜻] 奉: 받들 봉, 드릴 봉, 준수할 봉. 봉사할 봉. 且: 또 차, 하물며 차. 나아가지 못하는 모양(머뭇거리다) 저. 況: 하물며 황, 비교할 황, 실정 황. 於: 전치사 어(~에, ~에서, ~에게, ~로부터, ~에 의하여, ~와는). 이에 어.

[해설] 九五는 大人과 하늘의 작용이 같음을 설명했는데 과연 이런 사람이 있을까. 천하를 다스리겠다고 하는 자들이 명심할 일이다. 천지, 일월, 4계절, 귀신과 함께 한다고 했으니 자연과 일치하는 사람이다. 이어서 하늘도 대인이 하는 일을 어기지 않는데, 사람과 귀신이 어찌 어길 수 있겠는가 하는 뜻이다. 실제로 대인을 따라 하늘이 행하는 것은 아닐 것이고, 대인이 하늘의 변화와 일치하는 행동을 하기 때문에 이를 격을 높여 하늘이 따라서 행하는 것으로 표현했을 것이다. 소인들은 귀신을 두려워하고 산천의 귀신에게 빌기도 하는데, 귀신까지도 대인을 어기지 않으니, 대인은 훨씬 더 높고 귀한 존재로 격상시켰다.

＊ 亢之爲言也, 知進而不知退, 知存而不知亡, 知得而不知喪. 其唯聖人乎, 知進退存亡, 而不失其正者, 其唯聖人乎.

항의 말 됨은, 나아감은 알지만 물러남은 알지 못하고, 있음은 알지만 없어짐은 알지 못하며, 얻음은 알지만 잃음은 알지 못하는 것이다. 그 오직 성인뿐인가! 나아가고 물러남과 있고 없음을 알면서, 바름을 잃지 않는 사람은, 오직 성인뿐인가!

[자구의 뜻] 唯: 오직 유, 비록 ~하더라도 유, 바라건대 유. 생각할 유.

[해설] 上九 '亢'의 말뜻을 풀이하면서 상구를 이에 비유하여 재해석했다. 九五 '大人'과 같은 경우이다. '知進~'부터 '~不知喪'까지는 '亢'의 의미고, 그 다음은 亢에 이른 것을 탄식하는 말이라 보고 두 단으로 하여 번역했다. 上九에 '亢'이 붙게 된 이유가 상구의 처한 상황 때문이니, 亢의 뜻을 알면 그것이 바로 상구의 상태고 그가 하는 행위라는 것이다. 끝에는

'亢'하지 않는 사람은 성인밖에 없다는 말로 감탄문 형식을 빌려 나타낸 것이다.

卦辭와 爻辭를 한 번 문식한 다음 이어서 효사를 두 번씩이나 「小象傳」처럼 풀이하고, 다시 괘사에서부터 효사까지를 한 번 더 풀이하고 있다. 대체로 군자는 어떻게 수양을 쌓고 어떤 행동을 하는가를 말하면서 군자의 덕을 완성한 대인이 최고의 자리에서 정치를 하면 천하가 잘돼 간다는 뜻을 피력하고 있다. 물론 이상향을 말한 것이다. 그렇다고 못할 일은 아니다. 하늘은 곧 자연의 규율이고 이것은 사계절과 밤낮 같이 일정하게 구현되니, 이에 맞추어 가고 미리 예견하면 성인이 될 수 있다고 했다. 끝으로 '지나치면 모자람만 못하다'라는 속담과 같이 '亢'해서는 안 된다고 경고를 한다. 亢은 지나친 것이고, 지나치면 편향된다. 九의 수(陽數)는 六의 수(陰數)로 변하게 됨을 알고 지나치게 부귀영화를 추구하지 말아야 한다. 오늘을 사는 사람들도 이런 경고의 의미를 알고 있었다면 탤런트만이 선망의 대상일 수도 없었을 것이고, 그러면 자살소동도 있지 않았을 것이다.

「文言傳」은 卦爻辭를 풀이했으나 점사적인 요소가 없다. 그래서 학자들은 지어진 시기도 가장 후대로 잡는다. 그러나 여기에는 儒家적이면서도 아름다운 문장이어서 교훈적인 요소가 많아 거듭 읽을 만하다. 그리고 같은 辭을 여러 각도에서 풀이를 했다. 이것은 단지 이 乾卦에만 해당되는 사항은 아닐 것이다. 우리들이 『주역』을 공부하는 방법의 하나로 삼을만하다. 비록 괘효사의 의미를 바르고 정확하게 알아야 하지만 그런 후에는 여러 방면에서 이를 적용할 수 있도록 해야 함을 말해주고 있다.

여기까지 나온 사람의 인성에 관한 어휘 君子, 賢人, 大人, 聖人을 보면, 대인과 성인이 동격 같고, 군자와 현인이 동격인 것 같다. 그런데 군자와 현인은 훌륭한 사람이되 계속 덕을 쌓으면서 베푸는 사람이고, 대인과 성인은 인격을 완성한 사람으로 천하를 다스렸거나 다스릴 사람을 말하는 것 같다. 인격적인 면만 보면 대인과 성인은 현재의 눈으로 보면 이상향의 인물이다. 그리고 이런 사람은 하늘이 점지한 사람이고 이런 사람만이 왕이 될 수 있다는 옛사람의 君主觀을 엿볼 수 있다. 그러나 오늘날에도 사람을 다스리고 이끄는 위치에 있는 사람이나, 그런 위치에 있고자 하는 사람들은 대인과 성인의 경지를 잠시도 잊지 말아야 할 것이다. 그리고 평범한 사람들은 이런 사람이 되기 위해 오늘도 내일도 進德修業해야 할 것이다.

䷁ 坤 (重之坤, 坤爲地)

概說: '坤'은 '땅 곤'이고, 흙 '土'가 '거듭되다(申)'라는 뜻의 字이다. 이런 뜻의 坤을 「說卦傳」에는 무슨 象이라 했을까? "곤은 땅이 되고, 어머니가 되고, 베가 되고, 솥이 되고, 인색함이 되고, 균일함이 되고, 새끼와 어미 소가 되고, 큰 수레가 되고, 무늬가 되고, 무리가 되고, 손잡이가 되고, 땅에서는 검은색이 된다(坤爲地, 爲母, 爲布, 爲釜, 爲吝嗇인색, 爲均, 爲子母牛, 爲大輿, 爲文, 爲衆, 爲柄병, 其於地也 爲黑)" 또 "곤은 순하다(坤順也), 곤은 (사람의)배가 된다(坤爲腹)"라고 했다.

「序卦傳」의 첫 구절에 "천지가 있은 후에 만물이 생겼다(有天地然後, 萬物生)"라고 했고, 「雜卦傳」에는 "건은 굳세고 곤은 부드럽다(乾剛坤柔)"라고 했음은 乾卦에서 이미 말했다.

陽은 剛이고 陰은 柔이다. 음이 셋이 모여 小成卦 坤☷이 됐고, 이를 중첩하여 大成卦 坤卦(䷁)가 됐다. 그러니 象에 나타난 바대로 성질은 순하고 부드럽기가 그지없을 것이고, 형체는 넓고 두터울 것이다. 그러므로 만물을 모두 받아드리고 포용할 수 있다. 乾이 '하늘'이면 坤은 '땅'이요, '아버지'이면 '어머니'이고 '굳세면' '부드러우니' 건괘와는 對가 된다. 이렇게 '땅', '어머니', '부드럽고 순한 것'으로 상징되는 坤卦를 어떻게 말하고 있는지 보자. 坤卦부터는 괘에 卦辭와 이를 설명한 「彖傳」 「大象傳」이 이어지고, 그 다음으로 효에는 각 爻辭와 이를 설명한 「小象傳」이 있다. 그리고 끝에 「文言傳」이 첨가되어 있다.

1. 괘

*** 坤, 元亨, 利牝馬之貞. 君子有攸往, 先迷, 後得主, 利. 西南得朋, 東北喪朋. 安貞吉.**

곤괘, 크게 형통하고, 암말의 바르고 곧음이 이롭다. 군자가 갈 바가 있으면, 앞서면 헤매고, 뒤에서 따르면 주관하는 이를 얻으니, 이롭다. 서남 방향은 벗을 얻고, 동북 방향은 벗을 잃는다. 편안히 바르게 하면 길하다.

[자구의 뜻] 牝: 암컷 빈(牡모의 대), 음(陰) 빈, 자물쇠 빈. 攸: 바(所) 유, 곳 유, 오랠 유. 迷: 미혹할(헤맬) 미, 길 잃을 미, 그르칠 미.

[해설] 卦辭이다. 땅을 상징하는 坤(☷)이 거듭 쌓여서 곤괘라 이름 했고, 그 성질이 순하므로 뒤따르는 것으로써 설명을 하고 있다.

처음에 乾卦와 같이 '元亨利貞'이 첫머리에 나왔지만, '貞'에 '牝馬之貞'이라 하여 貞의 조건이 첨가됐다.

먼저 '牝馬之貞'이란 어떤 번역이 가능한가? '암말의 점', '암말의 일', '암말의 바름', 대체로 이 세 가지를 생각할 수 있다. 그 중에서 '암말의 점'은 암말이 좋은 말인가 좋지 않은 말인가를 점치는 것이 될 것이고, '암말의 일'이란 새끼를 낳는 일 이외에 수말과 특별히 차이가 나는 것이 없다. 그런데 이런 일들이 유독 암말에 비유해야 하는 이유를 찾기가 힘들다. 특별히 암말에 대한 길흉의 점을 묻는 이유도 알기 어렵고, 새끼를 낳는 번식에 관한 일을 말하려고 했다면, 번식은 쥐, 개, 돼지가 더 나을 것이니, 이것도 이해하기가 어려운 것이다. 그리고 이 두 가지의 번역도 '利'와 연결하여야 말이 통한다. 곧 '암말의 점이다', '암말의 일이다'가 되면 '元亨利貞'의 풀이가 '크고, 형통하고(혹은 크게 형통하고), 이롭고(이로우니), 암말의 점(일)이다'로 번역이 되는데, 끝구의 번역 때문에 전체 문장의 의미가 무엇을 말하는지 모호해진다. 그래서 '貞'과 '利'를 묶어 '利牝馬之貞'이 되고, '元亨'을 묶어 '元亨, 利牝馬之貞'으로 하게 된다. 이것도 '암말의 점(일)이 이롭다'고 하면 앞서의 설명처럼 '빈마지정'이 되는 뚜렷한 이유를 밝힐 수가 없다. 그래서 '암말의 바름'으로 하고, 이 '암말의 바름'이 특별한 점이 있다는 것을 이해하면 된다.

암말은 수컷을 따르는 정숙함이 있다고 했다. 중국 북방 소수민족의 목축생활을 기록한 『黑韃달事略』에는 수컷 한 마리가 암말 오육십 마리를 거느리는데, 그 중의 암말 한 마리가 우리 밖으로 탈출하면 다른 말들이 입으로 씹거나 발길질하여 탈출한 그 말을 도로 우리 속으로 집어넣는다고 한다. 그리고 "암말은 성장한 자기의 새끼와 교미를 시키면 거부하는 분별력을 가지고 있다"[88]고도 했다. 이런 것으로 볼 때 '암말의 정숙함'이나 '암말의 바름'은 다른 동물과 비교하면 특별한 면이 있기 때문에 이를 비유한 것이 아닌가 한다. 이런 것에서 '貞'을 '占'으로 보지 못하는 것이다. 「설괘전」에는 '馬'는 乾의 象이다. 건은 남성이고 수컷이니 '수말'로 보면 그것의 상대는 '암말'이다. 그래서 坤의 상인 '牛'대신에 '牝馬'를 등장시킨 것으로 보인다. 암말은 수말을 정숙하게 따른다. 이것은 하늘과 상대되는 땅이요 아버지에 상대되는 어머니이며 건에 상대되는 곤의 의미를 상징한 것이 된다.

땅인 곤은 하늘인 건의 변화를 그대로 이어받고 따른다. 최초의 시작은 하늘이었는지 모르나, 그 다음은 땅도 하늘을 이어받아 나름의 만물을 생하니, 크게 형통하다고 할 수 있다. '元亨'이다. 이렇게 하늘을 따르고 이어가는 것이 암말이 바름을 지키듯이 하고, 이로써 만물을 생육하니 이로운 것이다. '利牝馬之貞'이다.

'君子'이하는 군자의 행동 중에서 구체적인 경우를 들어 더 설명을 가했다. 이 구절들은 곤괘의 덕과 점사를 동시에 나타낸 문장이다. 우선 곤(☷)은 음으로만 된 괘이다. 음은 소극적이고 주저하는 성질이다. 그러니 앞장서서 일을 하면 헤맬 것이니, '君子有攸往 先迷'라 했다. 다음은 '後得主 利'인데, 이 '利'를 보통 세 가지로 본다. 앞의 '主'와 연결하여 해석하는 것,

88) 앞에 인용한 책, 이기동 역해, 『주역강해』, 103쪽.

뒤의 '西南得朋'과 연결하여 해석하는 것, 그리고 쓸데없이 들어갔다고 보는 것이 있다. 쓸데없이 들어간 것으로 보는 이유는 앞뒤 문장이 '利'를 필요로 하지 않는다고 보는 견해인 듯하고, 象傳에서도 빠져있기 때문일 것이다. '西南得朋'과 연결하는 것은 '利'는 문장의 앞에 놓이지 뒤에 있는 경우는 없다고 말한다. 여기서는 순서는 그대로 두되 '利'를 독립시키고, 암말의 바름이 이로운 것과 마찬가지로 곤괘에서의 군자는 앞서는 것보다 뒤따라 행하는 것이다. 그러니 이롭다는 뜻을 말하고 있는 것으로 보고 번역했다. 그리고 '得主'도 '주인을 얻다', '주장(혹은 주관)함을 얻다', '안정을 얻다', '主公을 얻다' 등으로 해석하고 있다. '主公'은 주인을 높여서 尊君의 禮에까지 발전시킨 번역이지만, '안정'[89]이라고 번역한 이유는 잘 이해가 되지 않는다. 여기서는 음은 양을 따르니, 음이 양을 만나면 그 양이 '主'가 된다. 이것은 일을 앞장서서 처리한다는 의미이고, 主에는 '주관하다'의 뜻이 있으므로, 다음 구의 '朋'과 연결시켜 생각하면 '주관하는 사람'이 더 적당해 보여 이렇게 번역했다.

'西南得朋, 東北喪朋'도 대략 다음의 견해가 있다. 하나는 서남을 음의 방향, 동북을 양의 방향으로 보고 음의 방향에서는 '得朋'이고, 양의 방향에는 '喪朋'이라는 견해다. 이는 後天八卦方位圖(文王八卦方位圖)에 근거한다. 서북간에 있는 양괘인 乾卦와 동남간에 있는 음괘인 巽卦를 잇는 사선으로 갈라놓으면 서남에는 음괘인 巽·離·坤·兌가 있고, 동북에는 양괘인 震·艮·坎·乾이 있게 되니 맞아 떨어진다(후천팔괘방위도 참조). 다음은 '得朋'을 양이 불어나고, '喪朋'을 음이 불어나는 것으로 보는 견해이다. 이는 음은 양을 따른다는 일반적인 논리와 연계시켜 양이 친구가 된다. 이것은 十二辟卦方位圖에 근거한다. 이 도를 보면, 음은 시계 반대 방향으로 움직이니, 서남으로 가면 양이 점점 많아지고 동북으로는 음이 점점 불어난다(12벽괘방위도 참조).

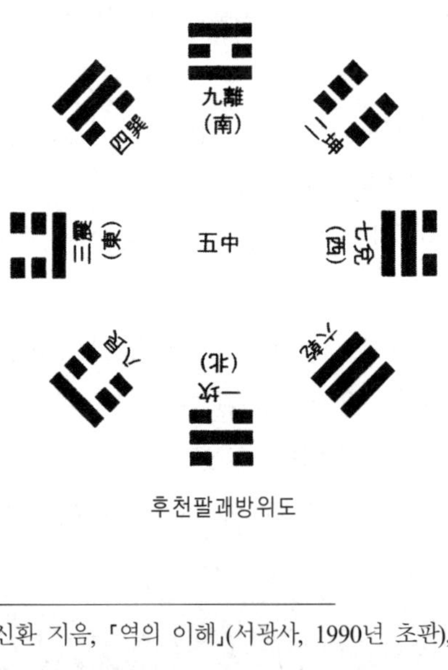

후천팔괘방위도

12벽괘방위도

89) 곽신환 지음, 「역의 이해」(서광사, 1990년 초판), 239쪽에 보임.

그런데 12벽괘방위도는 괘효사가 만들어진 당시에도 이런 방위의 문제가 존재하였느냐에 대해서는 연구할 여지가 있다. 그래서 「說卦傳」을 근거로 하여 만들었을 것으로 추정되는 후천팔괘방위도를 참고는 하되, 직접 「설괘전」에 나오는 방위로서 이해하는 것이 편하다. 「설괘전」에는 서남이 坤이라고 (명시되어 있는 것은 아니라도 충분히)유추할 수 있고, 동북은 '艮'이라 했다. 서남은 같은 곤방이니 '得朋'이 되고, 동북은 艮方이니 간은 陽卦며 '그침'의 상이므로 '喪朋'의 뜻이 된다고 생각하는 것이다. 또 하나의 설은 동북은 殷나라의 위치요, 서남은 周나라의 위치로서 당시의 인심이 은나라를 떠나 주나라로 몰리는 현상을 이야기했다고도 한다. 이런 여러 설중에 무엇이 맞는 것인지는 확정할 수가 없다. 그런데 下經 蹇건卦의 괘사에서도 꼭 같은 방향이 언급된다. 이를 풀이한 彖傳에서는 서남은 坤方으로 동북은 艮方으로 해석해야 뜻이 자연스럽게 통한다(건괘 단전 참조). 그러니 여기서도 근거를 「설괘전」으로 하여, 같은 곤의 방향에서는 친구를 얻고, 간의 방향에서는 그치니 친구를 잃는 것으로 보는 것이 좋아 보인다. 무엇이 정답이든 우리는 이 구를 점사로 이해하는 데는 무리가 없다. 그러므로 이 괘가 나오면 서남으로 가면 친구를 얻고 동북으로 가면 친구를 잃는 것으로 풀고 넘기자. 그리고 이 '朋'에는 '재물'의 뜻도 있으므로, 재물로도 보는데 이것도 뜻이 통한다.

끝으로 '安貞吉'은 땅은 넓고 크므로 곤괘의 덕이 '安貞'이 된다. 이런 덕을 받거나 덕이 있는 사람은 吉하다는 것은 당연하다. 그런데 여기서도 '貞'을 '점치다'로 보면 '利牝馬之貞'의 '貞'과 함께 한 괘에 두 가지 사건의 점이 등장하는 셈이다. 한 괘에 두 종류의 점이 등장하지 말라는 법이 없지만, 그래도 부자연스럽다. 그래서 '貞'을 '점치는 일'로 번역하지 않는 또 하나의 이유이다.

＊ 彖曰, 至哉坤元, 萬物資生, 乃順承天. 坤厚載物, 德合无疆, 含弘光大, 品物咸亨. 牝馬地類, 行地无疆, 柔順利貞. 君子攸行, 先迷失道, 後順得常. 西南得朋, 乃與類行, 東北喪朋, 乃終有慶. 安貞之吉, 應地无疆.

단전에서 말했다. 지극하도다 곤의 큼이여! 만물이 이를 기반으로 하여 생기니, 이에 하늘을 순순히 따른다. 곤이 후덕하여 물을 실으니, 덕이 경계가 없게 합하고, 넓게 포용하고 크게 빛나니, 뭇 물이 다 형통하다. 암말은 땅의 부류이니, 땅의 행함이 끝없듯이, 부드럽고 순하여 바름을 지키니 이롭다. 군자가 가는 바, 앞서면 길을 잃어 헤매고, 뒤서면 일상을 얻어 순조롭다. 서남에서는 벗을 얻으니, 곧 무리와 더불어 행하고, 동북에서는 벗을 잃으나 마침내 경사가 있다. 편안히 바르게 하면 길하다는 것은, 끝없는 땅(의 덕)에 응하기 때문이다.

[자구의 뜻] 厚: 두터울 후, 무거울 후, 클 후. 載: 실을 재, (머리에)일 재, 탈(것) 재. 疆:

지경 강, 끝 강, 밭두둑 강, 구획할 강. 含: 머금을 함, 쌀 함, 드러내지 않을 함. 弘: 클 홍, 넓을 홍. 慶: 경사 경, 착한 행실 경, 상(賞) 경, 벼슬 경.

[해설] 坤卦의 卦辭를 의리적으로 풀이한 彖傳이다. 땅은 하늘을 순순히 받들어 좇아도 만물을 생육하고, 땅처럼 순한 암말도 땅과 같이 유순하게 바름을 지켜가고 있듯이, 사람도 이렇게 따라가는 것이 필요함을 말했다.

'至哉坤元'부터 '品物咸亨'까지가 '元亨'을 풀이했는데, 처음 3구절은 '元', 이은 4구절은 '亨'을 풀이했다. 먼저 만물이 땅을 터전으로 하여 생겨나서 자라니, 하늘을 지극하게 따르는 땅의 역할이 크다고 감탄하면서 '元'을 풀이했다. 乾卦와 비교하면 '大'가 '至'로, '始'가 '生'으로 바뀌면서, '統天'이 '順承天'으로 되었다. 차이의 핵심은 '하늘을 순순히 따르는 것'에 있다. 그러면서 앞 구절의 '至'와 '生'이 주는 의미가 미세하면서도 확실하게 만물을 生하는 역할을 나타나게 한다.

이어서 '坤厚~'부터 '~含亨'까지의 4구절이 '亨'을 해석했다. 땅이 두터워서 각종 동식물을 모두 받아들이니, 그 덕이 경계가 없이 넓고 빛나니 형통하지 않느냐, 이런 뜻이다. '厚'를 곤의 성정을 나타내는 字로 보면 '坤厚'로 하여 '곤이 두터워'가 되고, '載物'을 꾸미는 자로 보면 '厚載物'로 되어 '두텁게 물을 실으니'로 된다. 곤괘가 이루어짐이 --이 6개가 쌓여 두텁기가 그지없는 땅을 상징한 것이므로 곤을 형용한 것으로 보았다. '載物'의 '載'는 우리말의 '싣다'이나 여기서는 '生育'의 의미가 함축되어 있다. '德合无疆'의 '无疆'은 天道의 德이라 볼 수도 있고, 단순히 곤의 덕을 직접 지칭한 것이라고도 볼 수도 있다. 이는 '곤의 덕이 천의 무강한 덕에 합한다'와 '곤의 덕이 끝없다'와의 차이인데, 둘 다 곤덕이 무강함을 나타내는 것이므로 의미가 달라지지는 않는다. '含弘光大'를 한자 한자씩 해석하기도 하나 '含弘' '光大'로 묶어 해석하는 것이 더 자연스럽다. 여기까지 땅이 물을 생육하면서도 끝없이 받아들임을 말하니, '元'과 '亨'이 연결되므로 '元亨'의 풀이가 된다.

'牝馬~'부터 '~利貞'까지는 괘사의 '利牝馬之貞'을 말하고 있다. 암말은 암컷이니 음이고, 땅도 음이니 같은 類이다. 또 말이란 땅에서 달리는 동물이므로 그래서 '地類'라 했다. 땅이 오로지 하늘을 받들어 따르며 만물을 포용하듯이 암말도 하늘처럼 수말을 따르며 부드럽고 유순하게 바름을 지키니 이롭다고 했다. 이렇게 '柔順'한 것을 지켜나가는 것이 '牝馬之貞'이다. 하늘을 따르고 받드는 땅과 牝馬가 같은 류로 본 것이다. 그런데 '柔順利貞'을 다음 구인 '君子攸行'과 연결하여 풀이하는 것이 옛 학자들의 일반적인 경향이다. '암말은 지류이니 땅을 다님에 지경이 없으며, (이렇게)<u>柔順하고 利貞함이 군자가 행할 바이다</u>'가 된다. 그러나 뜻으로 보면 '柔順利貞'에서 句를 끊고, 앞부분은 말을, '君子攸行'부터는 뒤 구와 연결하여 인간인 군자에 대한 것으로 보는 것이 더 자연스러워 보인다. 현대의 학자들은 거의 이렇게 나누어 풀이한다. 곧 '君子攸行'부터 '後順得常'까지는 괘사의 '君子有攸往 先迷, 後得主, 利'를 달리 풀이한 것이다. 곤괘의 시절에는 군자는 앞서면 헤매어 길을 잃고, 뒤에서 하면 일상처럼 일이 순조롭다는 뜻이다.

이어서 '西南～'이하부터 '～有慶'까지의 4구는 괘사의 '西南得朋, 東北喪朋'을 해석한 것이다. '西南得朋'의 풀이는 쉬운데, '東北喪朋'은 좀 엉뚱하게 '終有慶'이라 했다. 이 '終有慶'은 東北의 艮은 양괘이니 결국 음이 양을 만나게 되고, 음이 양을 만나게 되면 새로운 변화가 일어나는 경사가 있다는 말이다. 사람인 여자도 남자를 만나서 새로운 가정을 이루면 그것이 결국은 慶事이다. 이런 뜻으로 보아야 한다.

마지막으로 괘사의 '安貞吉'을 풀이했다. 땅의 덕은 끝없이 넓고 하늘을 올곧게 이어받으니 '安貞'이고 이런 땅에 응하면 '吉'하는 뜻이다.

그런데 程頤가 乾卦의 괘사를 '元, 亨, 利, 貞'으로 풀이한 것과 틀을 같이 하려는 사람은 '至哉～'부터 '順承天'까지는 '元', '坤厚～'부터 '～咸亨'까지는 '亨', '牝馬～'부터 '後順得常'까지는 '利', '西南～' 이하 끝까지를 '貞'으로 풀었다고 보는 학자도 있다. 참고만 하기 바란다.

* 象曰, 地勢坤. 君子以厚德載物.

상전에서 말했다. 땅의 형세가 곤괘이다. 군자가 이를 보고서 덕을 두텁게 하여 사물을 싣는다.

[자구의 뜻] 勢: 세력 세, 형세 세, 기회 세.

[해설] 卦의 象을 보고 해설한 「大象傳」이다. '地勢坤'은 땅의 형세는 흙이 쌓이고 쌓여 이루어졌다는 상징적 표현이다. 군자는 坤卦가 흙이 쌓이고 쌓여서 각가지 생물을 살게 하는 것과 같이, 덕을 쌓고 쌓아서 여러 종류의 일을 처리하려 한다. 이런 뜻이다. 이렇게 땅처럼 깊고 넓게 덕을 쌓아 일을 처리하라는 뜻이다. '載物'에서 '載'는 '행하다'는 뜻이, '物'에는 '일'이라는 뜻이 있으므로 '行事'라고 표현해도 되겠지만, 이런 직접적인 표현보다는 함축적인 자구로 풀이를 했을 뿐이다.

사람은 하늘과 땅의 영향을 받게 되어 있다. 그래서 자연을 잘 이용하려 한다. 그런데 공자는 시각을 더 넓혀 땅의 성질까지도 끌어와 배우도록 권한다. 곧 땅이 편안하게 순순히 하늘을 따르면서 만물을 포용하고 기르며 바르게 행하는 것을 사람도 본받을 만하다고 했다. 이렇게 하기 위해 군자들은 덕을 쌓고 쌓는다고 말한다. 지나친 자존심으로 상대를 수용치 못하고 경쟁에서 패하면 등을 돌리며, 남이 잘 살면 배가 아픈 우리의 기질에는 이 곤괘의 덕을 교훈으로 삼을 만하다.

2. 효

* 初六, 履霜, 堅冰至.
象曰, 履霜堅冰, 陰始凝也, 馴致其道, 至堅冰也.

초육, 서리를 밟으면, 굳은 얼음에 이른다.

상전에서 말했다. 서리를 밟으면 굳은 얼음이라는 것은, 음이 엉기기 시작함이니, 그 도를 점차 나아가게 하면, 굳은 얼음에 이른다는 것이다.

[자구의 뜻] 履: 신 리, 밟을 리, 복(福) 리, 행할 리. 霜: 서리 상, 흴(白) 상. 冰: 氷의 本字. 얼음 빙. 凝: 엉길 응, 얼 응, 이룰 응, 집중할 응. 馴: 길들 순, 유순할 순, 나아갈 순. 馴致: 차츰차츰 이르게 함.

[해설] 처음 시작하는 爻辭와 이를 설명한 공자학파의 「小象傳」이다. 이하 모두 이 둘을 함께 제시한다.

음이 첩첩이 쌓인 坤卦의 시작이다. 곤은 순순히 따라 좇아가는 것이고 初爻는 처음으로 좇기 시작하니 이의 뜻을 '履(밟다)'로 나타냈다. 그리고 양은 불이요 여름이고 음은 물이요 겨울이니, 겨울의 첫 시작을 '서리'로 표현했다. 그래서 음기의 시작을 알리는 의미로 '履霜'이라 했다. 清代 건륭제의 칙명으로 찬술한 『周易述義』의 풀이에 의하면 初六이 변하면(☷ → ☳) 震이 되고 震은 '발'이니 '밟다'는 象이 있다고 했다. 그리고 王弼은 음의 道는 낮고 약한 데에서 시작하여 점차 쌓여 드러나니 '履霜'으로 처음을 밝혔다는 注를 달았다.

음기가 시작되면 반드시 왕성해져서 얼음이 얼게 되니 '堅冰至'가 된다. 서리가 시작되면 계절은 차츰 더 추워져 겨울이 오게 됨을 말하고 있다. 이때부터 땅위의 사물은 미리 겨울준비를 한다. 이런 뜻으로 순 음괘의 초육을 풀었다. 음을 은근히 경계하고 있다. 西漢의 孟喜에서 비롯됐다고 보는 12月卦說에 의하면 곤괘는 음력 10월이다. 이것에서 초육을 이해하는 단서를 잡는 이도 있다. 음력 10월이면 서리가 내리고 곧 얼음으로 변할 시기가 된다. 다만 그의 卦氣說이 효사를 지을 당시에도 적용되는지에 대해서 확증할 수가 없다.

象曰에서 '履霜堅冰'의 '堅冰'을 필요 없이 들어간 자구로 보는 이가 있다. 특히 朱熹는 『三國志 · 魏志 · 文帝丕비』에 '初六履霜'으로 돼 있는 것을 보고 '堅冰'을 삭제하고 『삼국지』를 따른다고 했고, 우리나라 조선의 旅軒헌 張顯光도 衍文으로 본다고 했다.[90] 없는 것이 더 자연스러우니 참고할 만하다. 여기서는 효사를 줄인 것으로 보고 그대로 번역을 하여 뜻이 통하게 했다.

---

90) 조선조 성리학자인 여헌 장현광에 대한 글은 한국주역학회 편, 「周易과 韓國易學」, 372~403쪽에 실려 있고, 연문으로 보았다는 부분은 390쪽에 있다.

* 六二, 直方大, 不習无不利.
象曰, 六二之動, 直以方也, 不習无不利, 地道光也.

육이, 곧고 반듯하고 커며, 익히지 않아도 불리함이 없다.
상전에서 말했다. 육이의 움직임은, 곧고 반듯하며, 익히지 않아도 불리함이 없음은, 땅의 도가 빛나기 때문이다.

[해설] 六二 爻辭와 그 小象傳. 六二는 순음의 괘에서 中正(중앙에서 정위함)에 자리했다. 하늘을 받드는 땅, 양을 따르는 음은 유순하고 낮은 곳에 처하니, 낮은 곳(下卦)에 있으면서 中正을 차지한 이 효가 이 괘의 主爻가 된다. 주효가 괘의 의미를 대변하는 역할을 하므로, 많은 사람이 坤卦의 의미를 밝히는 말로서 풀이한다.

옛사람들은 하늘은 둥글고 땅은 모나다고 생각했다. 쭉 뻗어서 측정할 수 없는 넓은 땅의 형체를 표현해서 '곧고 모나고 크다'라는 번역도 한다. '直方'을 '正方形'을 표현했다고 보는 것이다. 그런데 '方'을 '모나다'로 번역하지 않고 '바르다'의 뜻을 살려 '방정하다'로 많이 번역하고 있다. 이미 지구가 '둥글다'는 것을 알면서 '모나다'로 번역하는 것보다 더 낫게 보이기 때문일 것이다. 위의 '반듯하다'는 이 두 뜻을 아우르는 것 같아 취했을 뿐이다. 그리고 '直方하므로 크다'라고 번역하기도 하고, '方大하므로 곧다'고도 번역한다. 이렇게 풀이들이 고만고만하면서 다양하다. 이 모두가 곤괘의 주효이므로 곤의 상과 덕의 쓰임을 말하기 위한 풀이이다.

그런데 현대의 廖名春은 '直方, 大, 不習, 无不利'로 구절 짓고, '習'은 '摺접'을 빌려온 자이고 '習, 摺, 折'을 모두 '敗'로 푼다고 했다. 이에 따른 그의 풀이는 "정직하고 방정하니, 광대하고 <u>무너지지 않으므로</u> 불리함이 없다"91)라는 번역이 된다. '直方'은 건을 따르고 받드는 곤괘의 성질이 '直方'이고 이로 말미암아 '大, 不習, 无不利'가 된다는 뜻이다. 이 번역은 '不習'인데도 '불리함이 없다(无不利)'고 하는 아리송한 의미를 가시게 한다. 참고할 만하다.

여기서는 전체적으로 전통적 견해를 좇아서 直, 方, 大를 곤괘의 형태와 성질을 나타내는 것으로 보고, 하나하나 분리하여 해석했다. 이렇게 '直方大'함은 하늘을 이어 받으면서 얻은 곤의 근본 형태고 성질이다. 이런 땅은 하늘의 변화를 그대로 따르면 만물이 생육되니 특별히 익히지 않아도 된다. 그래서 '不習无不利'라 한 것으로 보았다. 바로 괘사에서 말한 '後得主 利'가 되는 것이다. 이런 뜻으로 번역했다.

이 '不習'에 대해 여러 사람이 注를 달고 있다. 王弼은 "만물이 스스로 생겨나고, 닦고 경영함을 빌리지 않아도 공을 스스로 이루므로 不習无不利다(而物自生, 不假營修而功自成, 故不習

91) 金景芳, 呂紹綱 著, 여소강 修訂, 「周易全解」(上海古籍出版社, 2006), 49쪽.

焉而无不利)"라 했다. 南宋의 心學者 楊簡양간은 땅과 인간은 自生·自成하는 고유한 성질을 갖고 있으므로 '선천적으로 타고난 지혜와 능력(良知良能)'이니 익히지 않아도 된다고 하여 '不習'을 풀이했다. 그런가 하면 于省吾(六三에 소개됨)는 直과 値치(가지다), 習과 襲습(습격하다)이 통용되었고, 方은 '方國(제후국)'이니 '値方大不襲无不利'로 되어, '방국이 성대할 때에는 이를 侵침襲하지 않아야 진실로 불리함이 없다'의 뜻이라 했다. '不習'의 이해가 쉽지 않음을 보여주는 예다.

그러나 우리는 간단히 땅은 하늘이 내려주는 비, 햇빛, 바람 등을 받아서 자양분으로 생물을 생장시키니 학습이 필요 없다. 이를 말한다고 보는 것이 편하다.

象曰의 '六二動'은 바로 땅의 움직임이므로 땅의 본성대로 발휘될 것이다. 그러니 '直以方'이다. 이때의 '以'는 접속사로 '~과, 그리고'의 뜻이다. '不習无不利'는 땅의 도가 하늘에는 미치지 못하더라도, 그 하늘의 도를 끝없이 이어받아 스스로 物을 생육하므로 역시 빛나기 때문에 '地道光也'라 했다.

*** 六三, 含章可貞, 或從王事, 无成有終.**
象曰, 含章可貞, 以時發也, 或從王事, 知光大也.

육삼, 아름다움을 품고 있으니 바를 수 있다. 혹 왕의 일을 좇아 행해도, 완성은 없으나 마침은 있다.

상전에서 말했다. 아름다움을 품고 있으니 바를 수 있다는 것은, 때맞게 드러내기 때문이요, 혹 왕의 일을 좇아 행함은, (때맞게 하는)지혜가 크게 빛나는 것이다.

[자구의 뜻] 含章: 아름다움을 속에 지님. 王事: 왕명으로 행해지는 公事. 조정의 큰 행사(朝聘빙, 會盟, 征伐 등)

[해설] 六三 爻辭와 小象傳. 三·四位는 늘 조심해야하는 자리다. 음이니 정적이지만 陽位에 있기 때문에 움직이려 한다. 이를 염두에 두고 이해의 폭을 넓히자.

'章'의 뜻을 南宋의 王大寶보는 이렇게 말했다고 한다. "강유가 서로 섞임을 文이라 하고, 문이 성한 것을 章이라한다. 강이 움직이면 유가 쌓여 있으므로 含章이 된다(剛柔相雜 曰文, 文之成者 曰章, 剛動而柔縕온之含章也)"[92]

'含章可貞'에 대한 현대의 여러 견해를 소개한다. 高亨의 설. '含'은 '戡감'으로 '勘감'과 통용되어 '殺(죽일 살)'과 '克(이길 극)'의 뜻이고, '章'은 '商'과 통용되었다. 그러므로 "商나라를 쳐 이길 수 있다는 점이다"[93]고 번역했다. 이런 번역은 다음 구의 '국가 중대사'를 말하는

92) 앞 책, 『비지구해원본주역』 上, 곤괘 11쪽, 총 171쪽. '剛動而柔縕'의 '剛動'은 剛位에 있음으로 움직이려 함.
93) 앞 책, 「고형의 주역」, 101쪽. 그의 六三의 풀이는 101~102쪽.

‘王事’와 ‘때가 되어야 행한다’는 象曰의 ‘以時發’과 어울리는 면도 있다. 다음 于省吾.[94] ‘含’은 ‘函(상자 함)’과 ‘章’은 ‘璋(반쪽 홀 장)’과 통용되었으니, ‘函璋’은 ‘櫝(함 독)玉’이다. 그러므로 “函璋은 옥함(櫝玉)이라는 말과 같으니, 곧 아름다움을 간직하여 義를 드러내지 않는 것이다. 곤괘 六三과 垢구卦(姤卦를 말함) 九五는 모두 괘의 안에 처했으므로 函璋으로 말을 한다(函璋猶言櫝玉, 卽蘊온美不發之義, 坤六三, 垢九五, 均處於卦之中, 故以函璋爲言)”[95]라고 했다. 그리고 黃壽祺·張善文. 『주역집해』에 있는 虞翻우번[96]의 ‘以陰包陽(음으로써 양을 감싼다)’을 인용하면서 “章은 剛의 아름다운 문채를 지적한 것이다. 이는 육삼의 음이 양위에 있음을 이름인데, 안으로 강의 아름다움을 머금고 가볍고 쉽게 나타나지 않는 것과 같다. 그러므로 바름을 지킬 수 있다(章, 指剛美章彩채, 此謂六三陰居陽位, 猶內含剛美而不輕易發露, 故可守貞)”[97]라고 했다.

宋代의 朱熹도 黃壽祺와 같은 풀이를 했고, 위의 王大寶도 비슷한 맥락이다. 于省吾와 高亨은 문자를 고증하여 뜻을 밝혔는데, 결과적으로 우성오도 ‘蘊美’라 하였으니 옛사람들의 일반적인 견해와 다르지 않다. 그래서 다수 의견을 좇고 고형의 설은 취하지 않았다.

‘无成有終’이란 왕명으로 하는 국가의 큰일은 공이 모두 왕에게 돌아감으로 완성은 없고, 오직 끝내는 것만 있다는 말이다. ‘成’을 우리의 ‘완성’으로 번역했지만, 『주역집해』[98]에 있는 宋衷충[99]의 언급에 의하면 ‘일을 성공적으로 끝내고 그것에 대한 공적의 결과, 구체적으로 공적에 오르는 이름까지도 받지 못하는 경우를 말하고 있다’고 했다. 끝까지 숨긴다는 뜻이다. 일은 끝까지 하되 그 공은 윗사람에게 돌리면, 결국은 그 윗사람의 인정을 받게 되니 끝은 자기에도 이로움이 있을 것이다. 그러나 만약 일이 잘못되면 그 책임은 자신이 스스로 지게 된다는 뜻이기도 하다. 이 때문에 오늘도 권력층의 비리는 부하직원이 끝까지 안고 가는지 모르겠다. 효의 처한 상태로 보면 六三의 처함이 하괘의 끝이니 ‘有終’이 되고 그러면서도 상괘로 이어지니 완결은 없어 ‘无成’이다.

象曰의 ‘以時發’은 ‘때로서 드러내다’라고 직역되니, 이는 ‘때에 맞게 드러내다’는 뜻이고, ‘知光大也’에서 ‘知’란 地道를 앎이니, 지도는 괘사에서 말한 바와 같이 유순하면서 앞서지 않고 뒤따르는 것이므로, 剛位에 있다고 함부로 나서는 것이 아니라 때가 되어 나서니 ‘或’이 있는 ‘從王事’이고, 그런 지혜가 크게 빛난다는 말이다.

---

94) 중국의 고문자 학자로 「주역」의 문자 훈고에 업적이 있다. 「易經新證」 일명 「雙劍誃易經新證」의 저자.

95) 우성오, 「雙劍誃群經新證·雙劍誃諸子新證」(上海書店出版社, 1999), 14쪽.

96) 漢末 삼국시대 吳에서 벼슬함. 상수학의 거장으로 그의 『周易注』는 한대의 역을 아는데 중요한 역할을 함.

97) 앞 책, 「周易譯注」, 29쪽.

98) 唐대의 象數學을 대표하는 이정조가 역학 저서를 한데 모아 저술한 역학서적. 공영달의 『주역정의』에 불만이 있어 엮었다 함.

99) 漢末 荊州에서 존경 받는 古文易의 대가. 형주학파라는 새로운 고문학풍을 형성했다 함.

* 六四, 括囊, 无咎无譽.
象曰, 括囊无咎, 愼不害也.

육사, 주머니의 주둥이를 묶으면, 허물도 없고 명예도 없다.
상전에서 말했다. 주머니의 주둥이를 묶으면 허물도 없다함은, 삼가면 해로움이 없는 것이다.

[자구의 뜻] 括: 묶을 괄, 쌀 괄, 조사할 괄. 囊: 주머니 낭, 덮을 낭.

[해설] 六四는 상하가 모두 음괘인 坤☷이 겹쳤는데, 거기에 또 음위에 있으면서 中도 아니다. 음은 유순하고 삼가야 하니, 삼가고 또 삼가야 될 처지다. 이럴 때는 주머니의 주둥이를 꽉 맨 것처럼 행동해야 한다. 그러면 밖에서 안으로 들어갈 것도 없고 안에서 밖으로 나올 것도 없으니 그런대로 안은 지킬 수가 있는 것이다. 그래서 허물도 없지만 명예도 없다. 이렇게 삼가면 불행한 일은 없는 것이다. 象으로 해석하는 자는 음은 虛한 것이며, 虛는 빈 것이니 주머니의 상이 있다고 했다.

번역을 '묶었으니'로 하여 이미 그렇게 돼 있음을 표현할 수도 있으나, 사람의 의지를 나타내는 것이 더 좋아 보여 '묶으면'으로 하여 연결시켰다. 六四 爻의 처지를 주머니를 등장시켜 풀이한 옛사람의 비유가 절묘하다.

小象傳은 삼가면 해는 피할 수 있다는 뜻이다.

* 六五, 黃裳, 元吉.
象曰, 黃裳元吉, 文在中也.

육오, 황색 치마이니, 크게 길하다.
상전에서 말했다. 황색치마이니 크게 길함은, 곤덕이 중심위치에 있기 때문이다.

[해설] 六五 爻辭와 小象傳이다. 음이 가장 높은 지위에 있다. 곧 上卦의 中을 차지했다. 그러나 음이 양위를 차지하고 있으니 正位가 아니요, 땅의 도는 신하의 도이며, 아내의 도라 했다(아래 文言傳에 나옴). 이를 염두에 두고 풀어야 한다.

'黃'은 색의 종류. 땅의 색이며 또 황금, 황제 등에 쓰이는 귀한 것을 암시하는 색이다. 그리고 색을 오행으로 나누면 중앙 土가 황색이 된다.[100] 이런 것이 땅의 괘에서 상괘의 中位를 나타내기 위해 '黃'이 등장했다고 본다.

---

100) 실마리 32쪽부터의 오행을 참고하기 바람.

'裳'은 의복 중에서 아래를 꾸민다. 그래서 아래를 보호한다는 것을 암시한다. 땅은 하늘의 아래에 있고 六五는 정위도 아니니, '衣'는 없고 裳만 있다고 보아야 할 것이다. 그래서 '黃裳'이다. 결국 제일 좋은 지위에 있지만 몸을 낮추어야 하니 아래를 꾸미는 것이 되어, '裳'이 등장한다. 땅인 '黃'이 그 아래를 '裳'으로 보호하여 만물을 생육하니 크게 길하다는 뜻이다. 대체로 이렇게 푼다.

그리고 또 「繫辭傳 下」에는 시대를 앞서가는 성인들이 괘에서 기구와 제도를 만들었다는 것을 나열한 문장이 있다. 이것에 의거해 풀 수도 있다. "황제요순은 의상만 드리워도 천하가 다스려졌으니, 대개 저 건곤괘에서 취했다(黃帝堯舜, 垂衣裳而天下治, 蓋개取諸乾坤)"라는 글귀가 있다. 衣裳 중에서 乾卦는 '衣'로 곤괘는 '裳'으로 보면 여기 六五에 裳이 등장했고, '黃'은 黃帝堯舜을 대표시켜 黃帝氏를 말하는 것으로 보면 된다. 곧 黃帝氏가 아래를 가리고 천하를 다스리니(黃裳) 크게 길하다는 뜻이 된다. 이의 풀이는 아무래도 「계사전」이 효사가 지어진 시기보다 후대이므로 곤괘의 이 효사를 보고 「계사전」에 꾸며 넣은 것으로 보는 것이 타당할 것이다. 그렇더라도 初爻부터 세월이 흐르다가 六五 시점에서부터 황제요순시대처럼 태평세월이 시작되어 黃裳을 입게 됐다고 보면 자연스러운 풀이가 되기도 한다.

소상전. '文在中'의 '文'은 五爻가 음으로서 양위에 있으니 양을 품고 있는 형국이다. 하여 음양의 어울림으로 무늬가 있게 된다. 「설괘전」에도 坤은 '爲文'이라 했다. 그런데 文은 '덕'이라는 뜻으로도 쓰였다. 곤괘의 최고의 자리에서 나타난 무늬는 곤의 덕이다. 그래서 번역을 바로 '坤德'이라 하였고, 이 곤덕이 중심에 자리하고 있으니 '元吉'하다는 말로 번역했다.

. 위 六五의 爻辭나 그 小象傳으로는 퍽 좋은 말이고 상서롭게 보인다. 그러나 『春秋左氏傳』에는 좋지 않는 점괘의 예가 있다. 이는 점치는 일이 얼마나 어려운 일이고, 다양하게 적용하고 있는지를 알게 하는 것이므로 여기에 간추려 살핀다.

魯노나라 季계平子의 가신인 南蒯괴가 반란을 일으키기 위해 점을 쳤는데 坤之比(䷁→䷇)를 얻었다. 이는 곤괘의 五爻가 변한 것이므로 변한 오효를 중심으로 점을 본다.[101] 이를 子服惠伯에게 보이며 풀이를 요청했다. 다음은 혜백의 말이다.

> 나는 일찍이 이렇게 배웠다. 충성과 신의가 있는 일은 가능하고, 그렇지 않으면 반드시 실패할 것이다. 밖으로 강하고 안이 온순한 것을 忠이라 하고, 온화하면서 바름으로 이끄는 것이 信이다. 그렇기 때문에 '黃裳元吉'이라 이른다. 黃은 중심의 색이요, 裳은 아래를 꾸미는 것이다.

---

101) 坤之比의 '之'에는 '가다'의 뜻과 '~의'라는 두 뜻이 있다. '가다'의 뜻은 괘가 변해 갔다는 것이고 '~의'의 뜻은 변괘의 형식을 빌려 해당 효 곧 六五를 지적한 말이다. 이에 대한 것은 료명춘 외 지음, 「주역철학사」, 73쪽을 참고하기 바람. 주희는 하나의 효가 변했으면 변한 효로서 점을 본다고 했으니, 변한 比卦를 얼마나 고려하느냐의 문제는 있으나 점의 해석은 坤의 六五와 같다고 보아야 한다.

元은 善의 으뜸이다. 마음이 충성하지 않으면, 그 색을 얻지 못하고, 아래에서 공손치 않으면 그 꾸밈을 얻지 못하며, 일이 선하지 않으면, 그 다함을 얻지 못할 것이다. 안팎으로 부르고 화답함이 충성이 되고, 신의로서 일을 이끎이 공손함이 되며, 세 덕(亨・利・貞)을 공양함이 善이 되니, 이 세 가지가 아니면 마땅하지 못하다. 또 역은 험한 것을 점할 수 없는데, 장차 무슨 일을 하며, 또 꾸밀 수 있으리오. 마음이 아름다워야 黃이 되고, 윗사람을 아름답게 해야 元이되고, 아랫사람이 아름다워야 곧 裳이니, 이 셋이 이루어져야 점이라 할 수 있다. 만약 빠진 것이 있으면 점이 비록 길해도 아닙니다.

吾嘗상學此矣. 忠信之事則可, 不然必敗. 外彊內溫온, 忠也, 和以率貞, 信也. 故曰 黃裳元吉. 黃中之色也, 裳下之飾식也. 元善之長也. 中不忠, 不得其色, 下不共, 不得其飾, 事不善, 不得其極. 外內倡창和爲忠, 率事以信爲共, 供養三德爲善, 非此三者弗當. 且夫易, 不可以占險, 將何事也, 且可飾乎. 中美能黃, 上美爲元, 下美則裳, 參成可筮. 猶有闕也, 筮雖吉, 未也.

南蒯는 이를 믿지 않고 반란을 꾀해 실패하고 도망갔다고 하니, 결과는 惠伯의 점괘 풀이가 맞았고, 효사가 말하고 있는 것과는 차이가 있다.

*** 上六, 龍戰于野, 其血玄黃.**
象曰, 龍戰于野, 其道窮也.

상육, 용이 들에서 싸우니, 그 피가 검고 누렇다.
상전에서 말했다. 용이 들에서 싸운다함은, 그 도가 다함이다.

[해설] 上爻의 爻辭와 小象傳이다. 上六은 음이 궁극에 도달한 상태다. '龍'은 乾卦에서 나왔으니 양을 의미한 것임을 짐작할 수 있다. '野'는 城을 나가면 郊이고 더 나가면 野가되니, 나갈 때까지 나간 것을 말한다. '玄黃'은 하늘과 땅의 색이다.

그런데 이 '戰'의 의미를 두 가지로 본다. 하나는 음이 극하면 양의 氣가 많아져 양기와 양기가 서로 싸워서, 그 결과 상처를 입고 검고 누른 피가 늘렸다고 보는 견해다. 곧 坤이 극하여 乾으로 변하는 시점이면 건을 유순하게 따르던 곤이 사라지고 건과 같이 되니, 하늘의 건괘와 싸움이 일어나는 것으로 본다. 그리고 다른 하나는 '戰'이 '接(사귈 접)'의 뜻으로 쓰였음을 증명하면서 음기가 극성하면 양과 서로 교접해서 천지의 生生하는 덕을 이어가는 것으로 보는 견해다. 이때의 '血'은 상처를 입고 흘린 피가 아니고, 음양의 기가 교접할 때의 분비물이나 새로운 생이 탄생하는 피로 보아야 한다. 현대에는 '戰'을 '교접'으로 '血'을 교접에 의한 분비물로 많이 본다. 그리고 아득한 들판의 끝 지점에는 하늘과 땅이 맞닿아 있고, 이는 마치 乾陽과 坤陰이 서로 안고 있는 모양으로 볼 수도 있다. 그리고 彖傳에서 말한 '東北喪朋乃終有慶'과 통하는 바도 있다. 그러나 음이 이미 늙어서 음기가 사라져가는 시기에 양기와 교접한다는 것보다도 여성이 나이가 들면 남성 호르몬 분비가 많아져 남성화 되어가는 과정으로 보는 것이 더 합당해 보이고, 다음에 '用六'으로 이어지는 것처럼 음의 수 6은 양 7로 늘어나 양으로 변하니, 양기와 양기의 싸움으로 보았다. 그리고 이 싸움을 신하와 군왕의 싸움에 비유해 번역하기도 한다.

그런데 이 두 견해를 점으로 활용하면 吉과 凶으로 나뉜다. '血'을 상처를 입은 피로 해석하면 싸움이나 갈등과 연계되어 凶이 되고, 교접으로 해석하면 난제가 확 해결되는 것으로 생각되어 吉이 된다. 이때는 점자의 태도와 생각, 그리고 주변 여건에 따라 이를 가름하게 될 것이다. 점은 여러 경우로 넓혀 적용하는 것이 적중률이 높아지므로 어떤 해석이 옳다고 해서 다른 해석을 아주 무시하지 않는 것이 좋다. 이렇게 해야 좋은 것은 六五 南蒯의 점에서도 확인이 된 바이다.

소상전의 '其道'를 '음의 도'로 보았다. 上六에 이르러 음의 도가 다하면 양으로 변하므로, 역시 양과 양의 싸움을 말하는 것이 된다.

*** 用六, 利永貞.**
象曰, 用六永貞, 以大終也.

6의 수를 쓰면, 오래도록 바름을 지키게 되니 이롭다.
상전에서 말했다. 6의 수를 쓰면 오래도록 바름을 지키게 된다는 것은, 큰 것으로 마치기 때문이다.

[해설] '用六'과 그 小象傳이다. 用六은 陰爻의 대표 수로 6을 쓴다는 뜻. 6은 7로 변한다. 그래서 上六에서 '龍戰于野'했다. 이렇게 변화가 있으므로 물러나서 끝나지 않고 계속할 수 있는 것이다. 그러므로 오래도록 바름을 지킬 수 있으니 이것이 이로운 것이다. 음은 小이고 양은 大이다. 그러므로 '極則反'하여 결국은 양의 大로 마치게 된다. 이것이 소상전의 풀이다.

坤卦는 卦爻辭가 신하의 도리를 말한다. 人事에서는 누구나 위를 섬기는 일이 있다. 이 괘를 터득하고 윗사람을 섬기면 아마도 '元吉'할 것이다. 그런데 끝에는 '龍戰于野'하여 변화를 말했다. 인간이야 머리 숙이며 충성하던 부하가 어느 날 맞서는 일은 실제 있는 일이지만, 자연에서 이렇게 되면 어떻게 될까? 오늘날 지구온난화로 인한 폭우와 빙하의 붕괴 등은 이런 형상을 대변하는 것 같다. 이런 것에서 지구 종말론도 나옴직하다. 그러므로 자연보호가 인간의 가장 중요한 과제임을 여기서도 느끼게 한다. 부디 변화의 소용돌이 속에서도 삶이 이어지기를 바랄 뿐이다.

3. 文言曰

＊ 文言曰, 坤至柔而動也剛, 至靜而德方. 後得主而有常, 含萬物而化光. 坤道其順乎, 承天而時行.

문언전에서 말했다. 곤은 지극히 부드러우면서도 활동은 굳세고, 지극히 고요하면서도 덕은 반듯하다. 뒤에 하여 주관하는 이를 얻는 상도가 있으니, 만물을 감싸면서 화육하여 빛나게 하는 것이다. 곤도 그 순조로움이여! 하늘을 이어받아서 때에 맞게 행하는구나.

[해설] 「文言傳」 중 坤卦의 卦爻辭를 文飾한 문장들인데 먼저 괘사이다.

坤의 품성이 먼저 등장했다. 坤은 유순한 음으로만 이루어졌으니 부드럽기가 그지없어 '柔'가 등장하고, 양인 하늘을 만나 따르면서 음양의 만남으로 변화가 이루어지니 '動'이 쓰였으며, 이런 변화로 굳세게 생육활동을 이어가니 '剛'이 쓰였다. '靜'은 움직이지 않아서 고요한 것이니, 땅의 자전과 공전을 알지 못한 옛사람은 땅을 지극히 靜한 것으로 보았고, 그러면서도 만물을 生育하는 공덕은 사방에서 골고루 이루어지니, 이를 '方'으로써 나타냈다. 이런 뜻의 글자를 모아 坤의 품성을 표현한 말이 '至柔而動也剛, 至靜而德方'이다. '至'를 쓰서 뜻을 강조했을 뿐이다.

이어진 '後得主'는 괘사와 象傳에 나오는 句. 음인 땅은 하늘의 변화를 항상 따른다. 그러니 항상 하늘은 앞서서 주도하고 땅은 뒤따라갈 뿐이므로 '常'을 써서, '後得主而有常'이라했다. 이런 常道로써 땅은 만물을 감싸 안으면서 생육하여 자태를 드러내게 하니 '含萬物而化光'이다. 단전의 '含弘光大, 品物咸亨'을 말한 것이다. '含萬物'은 만물을 생존시키기 위해 씨앗을 품고 있음을, '化光'은 이를 키워 지상에 그 존재를 알리는 형상을 나타낸 말이다. 그리고 어떤 품물도 모두 받아들이면서 그 품물이 각각의 본성을 뽐내는 것을 말하는 것이기도 하다. 이것이 坤이 만들어내는 결과이니 곤의 공덕이다. 끝으로 이런 공덕인 坤道를 찬탄하며 종결지었다.

＊ 積善之家, 必有餘慶, 積不善之家, 必有餘殃. 臣弑其君, 子弑其父, 非一朝一夕之故, 其所由來者漸矣, 由辨之不早辨也. 易曰, 履霜, 堅冰至, 蓋言順也.

선을 쌓아온 집안은 반드시 남는 경사가 있고, 불선을 쌓아온 집안은 반드시 남는 재앙이 있다. 신하가 임금을 죽이고, 자식이 아버지를 죽임은 하루아침 하루저녁의 연고가 아니니, 그 유래한 바는 점차 된 것으로, 분별할 것을 일찍 분별하지 못한 연유

이다. 역에서 말한, 서리를 밟으면 굳은 얼음에 이른다함은, 대개 차례차례 되어 감을 말한다.

[자구의 뜻] 殃: 재앙 앙, 망칠 앙. 弑: 죽일 시(아랫사람이 윗사람을 죽이다). 漸: 점진할 점, 잠길 점. 蓋: 덮을 개, 숭상할 개, 대개 개, 모두 개. 문짝 합.

[해설] 이어 爻辭들을 꾸민 풀이가 이어지는데 그 初爻이다.

남는 경사나 남는 재앙이란 잠재의식이 남아 있어서, 이것이 자신뿐만 아니라 가족 전부와 후대에까지 영향을 받게 되는 것을 말한다. 극히 작은 불선도 쌓게 되면 사람을 죽이는 일, 그것도 어버이를 죽이는 지경에까지 이르게 되니, 일찍부터 분별하는 가르침을 주고 미연에 방지해야 함을 말하고 있다. 서리가 내리면 얼음이 얼 듯, 조그마한 것이 앞으로 점차 크게 되므로 분별하고 삼가라는 가르침이다.

'蓋言順也'의 '順'을 '愼(삼가다), 循순(좇다)'로 보아 '循理(이치를 좇다)'로, 또 '따르다', '교훈' 등으로 해석하는데, 여기서는 順의 뜻 중 '차례'를 동사로 해석하여 순차적으로 진행되는 뜻으로 보았다. 이 풀이가 훨씬 자연스럽다.

우리는 이 효사의 문식에서 '세살 버릇이 여든까지 간다'는 속담을 연상케 하면서, 조기교육의 필요성을 여기서도 볼 수 있다.

*** 直其正也, 方其義也. 君子敬以直內, 義以方外, 敬義立而德不孤. 直方大, 不習无不利, 則不疑其所行也.**

곧음은 바름이요, 반듯함은 의로움이다. 군자는 안을 바르게 함으로써 공경 받고, 의로움으로써 밖을 반듯하게 하니, 공경과 의로움을 세우면 덕이 외롭지 않다. 곧고 반듯하고 커서, 익히지 않아도 불리함이 없다는 것은, 곧 그 행하는 바를 의심하지 않는 것이다.

[자구의 뜻] 敬: 공경할 경, 삼갈 경, 공손할 경

[해설] 六二 爻辭의 文飾. 먼저 '直'과 '方'을 풀이했다. '直'은 성품의 바름을, '方'은 행동의 의로움을 표현하는 것으로 보아 '直內'와 '方外'가 등장한다. '공경'의 뜻인 '敬'은 마음속에서부터 우러나는 것이다. 그래서 直에서 正으로, 正에서 敬으로 이어지고, 이것은 마음으로부터 나오니 '內'로 이어졌다. 때문에 번역도 正內함으로써 '敬'하다고 했다. '義'란 밖으로 나타난 결과이기 때문에 앞 문장과는 달리 義함으로써 '方外'라 했다. 곧 '以'가 전문에서는 뒤의 直內를, 후문에서는 앞의 義를 받는 것으로 풀었다. 이렇게 '敬'과 '義'가 세워지면 '德不孤'라 했다. 이 뜻은 덕이 점점 유포되어 커져간다는 뜻을 내포하고 있다. 그래서 大의 의미

가 포함되니, 따로 '大'를 쓰지 않고도 '直方大'의 뜻이 표출됐다. 이런 덕이 있으면 모든 것이 자연스럽게 이루어짐을 의심 없이 믿게도 되니 '不疑'가 된다. 하여 『程傳』102)에서 "쓰이는 것이 두루 쓰이지 않는 바가 없고, 베풀어지는 것이 이롭지 않는 바가 없으니, 무엇을 의심하리오(无所用而不周, 无所施而不利, 孰爲疑乎)"라 했다. '正'과 '義'로써 행하면 널리 수용된다(不疑)는 뜻으로 효사 '直方大, 不習无不利'를 문식했다.

＊ 陰雖有美, 含之以從王事, 弗敢成也. 地道也, 妻道也, 臣道也. 地道无成而代有終也.

음이 비록 아름다움은 있으나, 이를 머금고서 왕의 일을 좇으니, 감히 이룸은 없다. (이것이)땅의 도이며, 아내의 도이며, 신하의 도이다. 땅의 도는 이룸은 없고 대신하는 마침은 있다.

[자구의 뜻] 敢: 용감할 감, 감히 감, 범할 감.

[해설] 六三은 음이 양위에 있으므로 음양의 어울림으로 무늬가 이루어지니 아름다움이 있다. 그런데 음은 뒤따르며 감추는 것이 근본 성정이므로 이를 드러내지 않고 국가의 중대사에 임한다. 그러니 그것의 성과는 명령을 내린 군주에게 돌아가고, 또 마땅히 그렇게 되도록 해야 한다. 이것이 아랫사람의 도리이다. 이런 뜻이다.

'含之'의 '之'는 '美'를 받는 대명사로, 다음의 '以'는 접속사 '~하고서'로 보았다. 그런데 '含之'를 전 문장에 붙여 '陰雖有美含之, 以從王事'로 보는 곳도 있다. 이때는 '以'를 '그리고서'로 보면 된다. 번역은 '음이 비록 아름다움이 있으나 이를 머금고, 그리고서 왕의 일을 좇으니, (감히 이룸은 없다)'가 된다. '代有終也'의 '代'를 '(无成)대신에', '(하늘을)이어서', '(하늘을)대신하여' 등으로 번역하는데 陽·天·君·夫을 대신하는 陰·地·臣·妻로 받아들여 '대신하다'로 번역했다.

여기서는 한 마디로 하늘을 그대로 따르는 땅을 말하면서, 그대로 따르기만 해도 만물을 양육하는 공덕(有終)은 있다는 말이다.

＊ 天地變化, 草木蕃, 天地閉, 賢人隱. 易曰, 括囊, 无咎无譽, 蓋言謹也.

천지가 변화하면 초목이 번성하나, 천지가 닫히면 현인도 숨는다. 역에서 말한, 주머니의 주둥이를 묶으면 허물도 없고 명예도 없다는 것은, 삼가라는 말이다.

---

102) 송대의 의리파 역의 대가인 程頤의 『伊川易傳』을 말하는데, 송대 의리파 역학의 고전이라 할 수 있다.

[자구의 뜻] 蕃: 무성할 번, 번식할 번. 閉: 닫을 폐, 자물쇠 폐, 끊을 폐.

[해설] 爻辭 六四의 문식. 上卦에 있으니 아랫사람들을 돌보아야 하고, 군왕의 측근이니 군왕을 잘 보필해야 하는 위치에 있다. 그런데 시기와 경쟁이 심한 음으로 이루어진 집단에 속해있으면서 그 자리가 가리고 덮어야 하는 陰位이다. 어떻게 해야 할까. 삼가는 것이 제일일 것이다.

天地는 음과 양을 말함과 동시에 온 우주를 통칭하고 있다. 음양이 조화를 이루면 모든 것이 번성하니 자연에서의 초목이 번창한 것으로, 음양이 조화를 이루지 못하고 닫히면 이루어지는 일이 없으니, 인간사의 현인이 숨는 것으로서 예를 제시했다. 육사의 처한 위치가 이렇게 중대한 시점임을 자연계와 인간사에서 잘되고 잘못되었을 때를 배당시켜 나타낸 것이다. 육사는 음이 음위에 있으면서 첩첩이 음이 쌓인 자리이니, 음양의 조화를 이루기가 매우 힘들다. 때문에 조심에 또 조심하라는 뜻으로 풀이를 하고 있다. 끝 句 '蓋'는 문구의 첫머리에 쓰이는 發語辭로 쓰였다.

* *君子黃中通理, 正位居體, 美在其中, 而暢於四支, 發於事業. 美之至也.*

군자는 땅의 中和하는 성품으로 이치에 통하고, 자리를 바르게 하여 몸을 거하니, 아름다움이 그 마음속에 있어서, 사지에 통해 흐르고, 사업에도 발휘된다. 아름다움의 지극함이로다.

[자구의 뜻] 暢: 펼 창, 통할 창, 상쾌할 창. 支: 가지 지, 四肢지 지, 地支 지.

[해설] 六五 爻辭의 문식이다. 음이 五爻의 陽位에 있게 되니 역시 음양의 어울림으로 문채가 난다. 그 문채의 아름다움이 항상 심중에 가득하면 사지에도 통하게 되고, 드디어 하는 사업에도 발휘되니 아름다움의 극치가 아니겠는가 하는 뜻이다.

'黃中'의 '黃'은 누런색을 말하는데, 이를 高亨은 귀하게 여기는 색이라 했으나, 다른 이들은 오행에서의 중앙에 위치한 색이라 했다. 오행 중의 흙은 중앙의 위치이고 이에 배당된 색은 황이다. 중앙이라는 것은 사방을 관장하는 위치이면서, 어느 것에도 지우치지 않는다는 의미가 있다. 黃中의 '中'은 이런 중앙을 의미하는 黃의 뜻을 더 강조하기 위해 덧붙인 것인지, 아니면 황색이 원색을 섞어서 만들기 때문에 황색은 中和된 색이라는 뜻인지, 아니면 황색인 땅이 만물을 화육하는 중심이 된다는 뜻인지 분명치는 않다. 그러나 이 모두가 중심에서 편향되지 않는다는 뜻이니, 결국 '黃中'의 의미는 '中道'와 서로 통하고 있다. 그래서 여기서는 中道의 뜻과 땅의 황색을 결합시켜 '땅의 中和화하는 성품'이라고 번역을 했다. '理'도 '다스리다'로 보는 학자도 있고, '文理', 곧 '이치'로 보는 학자도 있다. '다스리다'로 보면 '黃中을 다스려 통하고', 혹은 '황중을 통하고 다스리면서'로 역하게 된다. 이 보다는 '黃中'이 뒤에 오는 구인 '通理'를 하게하는 기준으로 보고, '黃中으로 理(이치)를 通하고'로 번역하는 게 더 자연스러워 이렇게 번역했다. 군자가 땅이 만물을 중화시키며 생육하는 이치에 통하게 되면 아름다움이 묻어난다는 뜻이다. '正位居體'는 '體'를 보통 '몸통'으로 번역하면서 아랫도리를 말한 것으로 본다. 그래서 朱熹는 앞의 '黃中通理'는 六五 효사의 '黃'을, 이 문장은 '裳'을 풀었다고 했다. 그렇다고 해도 간단히 다음에 나오는 '四支'와 통하는 '몸'을 말하는 것으로 보고 풀이하면 편하다. 그런데 高亨은 '體'를 '禮'를 假借가차(임시로 빌린 글자)한 것으로 보아 "바른 위치에서 예를 지키면"으로 보았는데 좋은 번역이나, 아직 많은 사람이 채택하고 있지는 않다. 그리고 '正位'의 '正'은 단순히 '位'를 수식하는 字이지, 음양이 제자리에 있음을 말하는 '正位'는 아니다. '美在其中'의 '中'은 '마음속'을 말하는 것으로 보았다. 그래야 아름다움이 밖으로 자연스럽게 들어날 것이니 '暢於四支'가 될 것이다.

결국 坤卦의 육오는 군자처럼 中道의 마음을 지니고 있으면 아름다움이 모든 것에서 발휘되어 나타난다는 뜻을 말하고 있다.

*** 陰疑於陽必戰. 爲其嫌於无陽也, 故稱龍焉, 猶未離其類也, 故稱血焉. 夫玄黃者, 天地之雜也, 天玄而地黃.**

음이 양으로 의심하니 반드시 싸운다. 양이 없는 것을 의심할까 하여, 龍이라 칭하고, 마땅히 이런 부류를 떠나지 못하니, 때문에 (싸워)피를 흘린다고 말한다. 무릇 검고 누렇다고 하는 것은, 하늘과 땅의 섞임이니, 하늘은 검고 땅은 누렇다.

[자구의 뜻] 嫌: 의심할 혐, 미워할 혐, 원망할 혐. 稱: 저울질할 칭, 들 칭, 일컬을 칭. 焉: 어찌 언, 이에 언, 어조사 언(句末: 의문, 반어, 감탄, 긍정의 구실). 猶: 짐승(원숭이의 일종) 이름 유, 같을 유, 오히려 유, 마땅히 유.

[해설] 上六 爻辭의 문식이다. 上六 효사는 '戰'과 '血'을 어떻게 보느냐에 따라 번역이 달라짐을 이미 효사 풀이에서 언급했다. 즉 '疑'가 '凝'과 통용되므로 '정이 응기는 것(凝情)'으로 풀어 '음양이 엉기어 교접한다(陰疑於陽必戰)'가 된다. 이어서 易을 지은 자는 독자들이 곤괘에는 양효가 없는 것으로 의심하기 때문에 양의 대표적 상징어 '龍'을 말하고(爲其嫌於无陽也, 故稱龍焉), 또 음은 그 배우자 양을 잃고 떠나지 못하기 때문에(猶未離其類也) 효사 중에 '血'을 대표시켜 음양 교접을 말했다(故稱血焉). 그리고 그 혈의 색이 '玄黃'이 서로 섞여 있으므로 천지음양의 교접이며, 하늘은 검고 땅은 누른 것이 아니겠는가. 이런 의미로 풀이하니 참고할 것이다.

그러나 이미 우리는 이런 뜻을 취하지 않았다. 전통적인 풀이를 취하여 음이 上六에 이르면 음기는 줄고 양기가 많아지니 스스로 양이라고 의심하여 양과 싸움을 피를 흘려서 한다고 보는 것으로 해석했다. 그래서 양이 없는 것으로 의심할까 하여 '龍'이라 칭하고(爲其嫌於无陽也, 故稱龍焉), 모든 음양의 이치가 이런 이치의 부류를 떠나지 못하므로, 싸워 피만 흘릴 뿐이다(猶未離其類也, 故稱血焉). 이런 뜻으로 보았다. 龍戰하는 이유와 피를 흘리는 이유를 설명하고, 끝에는 玄黃의 의미를 더 붙였다.

여기서는 음양의 변화함이 만물의 이치임을 은연중 설명하고 있다. 이는 순수한 점사로만 이해할 수 없는 의리적 해석이다.

인간의 품성과 기질에는 양적인 것과 음적인 것이 서로 상존하고 있다. 곤괘에서는 음적인 것을 말하고 있으니, 인간의 품성도 은근히 나타나는 매력, 나를 낮추고 남을 높여주는 겸손, 삼가고 조심하는 신중함이 필요함을 말해주고 있다. 그러면서 음양의 어울림을 '美'라 했으니 양적인 것과의 조화를 은연중 말하고 있다. 이것이 「문언전」에서 나타내고자 하는 坤卦의 文飾이다.

䷂ 屯 (水雷屯)

概說: 屯은 '둔'이라고 읽기도 하고 '준'이라 읽기도 하는데, 뜻은 '모이다, 진 치다, 어렵다, 험난하다'이다. 괘명을 말할 때는 주로 '준괘'라고 읽고, '어려움'을 상징하는 괘이다. 屯이라는 글자도 一은 땅을 의미하고 屮은 싹을 의미하니, 새싹이 어렵게 돋아나면서 꼬부라진 현상을 나타내고 있다. 그러니 글자에서도 어려움이 은연중 나타난다. 위의 그려진 괘 부호를 小成卦로 나누면 위에는 坎☵으로 '水'가 象이요 아래는 震☳으로 '雷'가 상이므로 합쳐 '水雷屯'으로도 불려진다. 이 震・坎의 상은 卦를 이해하는데 도움이 될 뿐만 아니라 점을 칠 때 응용할 수 있으므로 더 알아보자.

「說卦傳」에 나오는 글. "震은 우레가 되고, 용이 되고, 현황(검고 누런색의 섞임)이 되고, 꽃[103]이 되고, 큰길이 되고, 맏아들이 되고, 조급한 결단이 되고, 푸른 어린 대나무가 되고, 갈대가 되고, 말(馬)로는 잘 울고, 왼발이 희고, 두 발을 들어올리고, 이마에 흰털이 있고, 심는 것에서는 다시 살아나는 것이며, 궁극에 가면 굳셈이 되고, 무성하고 신선함이 된다(震 爲雷, 爲龍, 爲玄黃, 爲旉부, 爲大塗도, 爲長子, 爲決躁조, 爲蒼莨竹창랑죽, 爲萑葦환위, 其於馬也, 爲善鳴, 爲馵주足, 爲作足, 爲的顙상, 其於稼가也, 爲反生, 其究, 爲健, 爲蕃鮮번선)" 또 "진은 움직이고(震動也)", "진은 발이다(震爲足)", "만물이 진에서 나오니 진은 동방이다(萬物出乎震, 震東方也)"라고 했다. "坎은 물이 되고, 도랑이 되고, 숨어 엎드림이 되고, 굽은 것을 바로잡음이 되고,

103) 旉는 敷의 본자. 敷의 뜻이 '펴다'이므로 우리의 번역판에는 모두 '펴는 것'의 뜻으로 함. 그런데 唐의 육덕명이 지은 『주역석문』에 '花之通名'이라 했다.

활과 바퀴가 되고, 사람에게는 근심을 더함이 되고, 마음병이 되고, 귀앓이가 되고, 피의 괘가 되고, 붉은 색이 되며, 馬로는 수려한 잔등이 되고, 급한 마음이 되고, 머리를 떨어뜨림이 되고, 발굽으로 땅을 치는 것[104]이 되고, 끄는 것이 되고, 수레로는 고장이 많음이 되며, 통행함이 되고, 달이 되고, 도적이 되고, 나무로는 굳고 심이 많음이 된다(坎 爲水, 爲溝瀆구독, 爲隱伏복, 爲矯輮교유, 爲弓輪륜, 其於人也 爲加憂, 爲心病, 爲耳痛, 爲血卦, 爲赤, 其於馬也 爲美脊척, 爲亟心, 爲下首, 爲薄蹄박제, 爲曳, 其於輿也 爲多眚생, 爲通, 爲月, 爲盜, 其於木也 爲堅多心)" 또 "감은 빠지고(坎陷也)" "감은 돼지가 된다(坎爲豕시)" "정북방의 괘(正北方之卦也)"라 했다. 진에서 '動', 감에서 '陷'이 있으니 움직이면 구덩이에 빠지는 어려움이 있다.

괘 순서에 의미를 붙인 「序卦傳」에는 "천지가 있은 후에 만물이 생하니, 천지간에 가득 찬 것은 오직 만물이다. 그래서 준으로서 받았다. 준이라는 것은 가득 찬 것이요, 사물의 처음 생김이다(有天地然後, 萬物生焉, 盈天地之間者, 唯萬物, 故受之以屯. 屯者盈也, 屯者物之始生也)"라 하여 하늘인 乾卦의 순양과 땅인 坤卦의 순음 다음에 음양이 합하여 처음으로 物이 생긴다는 준괘를 두었는데 '가득 차다'의 뜻을 취했다. 그리고 「雜卦傳」에는 "준은 나타나되 그 거주지를 버리지 못한다(屯 見而不失其居)"라 하여 탄생은 하되 있던 곳을 버리지는 못함을 말하고 있다. 모두 생물의 탄생을 말하지만 '어려움'을 직접 말하지 않고 그 의미를 조금씩 달리하고 있다. 과연 卦爻辭는 무엇을 말하는지 알아보자. 屯卦부터 「문언전」은 없다.

1. 괘

* 屯, 元亨, 利貞. 勿用有攸往, 利建侯.

준괘, 크게 형통하려면, 바름을 지키는 것이 이롭다. 갈 바가 있는 것은 적당치 않고, 제후를 세움이 이롭다.

[자구의 뜻] 侯: 임금 후(군주의 통칭, 제후), 후작 후, 고울 후, 어찌 후.

[해설] 卦辭이다. 천지가 있은 다음 생물이 처음으로 탄생되는 시기이니, 이런 때는 험하고 어려울 것이니 '屯'이다. 이를 벗어나면 형통할 것이고, 그렇게 되려면 바름을 지켜야 할 것이다. 그래서 '元亨, 利貞'이다. '元亨'이 되려면 '利貞'해야 한다는 뜻으로 번역했다. '준괘, 크게 형통하고. 바름을 지키는 것이 이롭다'로 번역하면 어려운 '屯'의 때가 '형통하다'는 것은 이상하기 때문이다. 屯卦는 어려움을 해결하기 위해 노력하는 상황으로 보아야 자연스럽게 전체 卦爻辭의 뜻과 통한다.

104) 薄을 '얇다'는 뜻을 취하여 '얇은 발굽'으로 많이 역하나 '치다'의 뜻이 있고, 『주역정의』에서 '흐르는 물이 땅을 치고 가는 것을 취했다'고 했다.

사람은 이런 어려운 시기에는 기원을 하게 되므로 高亨처럼 '亨'을 '享'으로 뜻을 삼아 '큰 제사를 드리며, 바름을 지키는 것이 이롭다'로 번역할 수도 있다. 그러나 '형통하다'로 뜻을 삼는 것이 대세이니, 이를 취하고 대신 조건으로 보고 번역했다.

어려울 때는 경솔하게 움직이면 더 어려움에 빠질 수 있다. 그래서 도와주는 이와 함께 지혜와 힘을 합쳐야 해결할 수 있다. 이를 나라가 처음 건국할 때로 비유하여 푼 것이 '勿用有攸往, 利建侯'이다. 즉 국가건립과 같은 새로운 일을 시작할 때는 그 일에만 몰두해야지 다른 여러 가지 일을 하는 것은 적당치 않고(勿用有攸往), 제후를 세워 이들과 함께 천하를 다스리도록 하는 것이 이롭다(利建侯)는 뜻이다.

아래 소성괘 震(☳)은 '움직임', 위의 坎(☵)은 '구덩이, 험함'이 象이니, 움직이면 위험에 처한다는 뜻이 된다. 하여 '勿用有攸往'이라 했다. 이때의 '用'은 '사용하다'는 뜻 보다 '적당하다'는 뜻이 더 자연스럽다. 乾卦 '潛龍勿用'의 '用'과는 작은 차이가 있다. 黃壽祺, 張善文의 「周易譯注」(이후 黃壽祺로 대표함)에는 裴學海의 『古書虛字集釋』[105]을 인용하면서 '宜'로 보았고, 『주역』의 여러 서적들에서는 동사 '施用'과 부사 '宜'의 두 뜻으로 주로 해석했다. 여기서는 '宜'의 우리말 '적당하다'를 취했다.

*** 彖曰, 屯, 剛柔始交而難生, 動乎險中. 大亨貞, 雷雨之動滿盈. 天造草昧, 宜建侯而不寧.**

단전에서 말했다. 준은, 강유가 처음 사귀어 어려움이 생기니, 험한 가운데서도 움직인 것이다. 크게 형통하려면 바름을 지켜야한다 함은, 우레와 비의 움직임이 가득 찼기 때문이다. 하늘이 시작의 어려움을 만드니, 마땅히 제후를 세우고 편히 있지 않아야 한다.

[자구의 뜻] 難: 어려울 난, 꺼릴 난. 우거질 나. 昧: 어두울 매, 어리석을 매, 가릴 매. 草昧: 천지가 개벽할 때의 혼돈한 상태, 시대가 혼란하고 어지러움.

[해설] 彖傳에서도 준괘는 처음 시작하는 어려움이니 이를 해결하려면 만반의 준비를 해야 함을 말하고 있다.

먼저 卦名 '屯'을 설명했다. '剛柔始交'는 乾과 坤, 양과 음의 처음 사귐을 말한다. 그래서 乾坤卦 다음에 준괘를 두었다고 「序卦傳」에서도 말했다. 「說卦傳」에 "震은 맏아들이 된다(爲長子)"라는 말도 있었지만, "震은 한번구해서 남자를 얻으니 이를 장남이라 한다(震一索而得男, 故謂之長男)"라고도 했고, 坎에는 "坎은 두 번 구해서 남자를 얻으니 이를 차남이라 한다(坎再索而得男, 故謂之中男)"라는 말도 있다. 하여 진괘가 먼저 아래에 놓여 괘 형태의 시작을

105) 1984년 中華書局출판사에서 발행된 책으로, '虛字'란 문장의 구성을 돕는 介詞, 連詞, 助詞, 따위의 글자를 말함. 이를 撰한 裴學海는 현대의 고문자 학자인 듯함.

하고, 감괘가 그 다음으로 위에 놓여서 완전한 大成卦를 이루었다. 하늘과 땅이 서로 구하기 시작하여 차례차례 낳는 것으로 괘가 만들어졌다. 이렇게 이루어진 괘의 象을 살피면 坎은 '險', 震은 '動也'이다. 아래에서부터 위로 진행되는 것이 시간의 흐림이니 험을 향해 움직였다. 여기서 '難生'과 연결이 되고, '動乎險中'이 된다. '剛柔始交而難生, 動乎險中'이다. 이로서 자연스럽게 '屯'이란 이름이 붙여진 이유와 괘의 성질이 먼저 설명이 됐다.

그 다음은 卦辭 '元亨利貞'을 설명했는데, '大亨貞'이라고만 하고 '利'가 빠진 것을『周易正義』에서는 利는 貞에 포함되는 까닭이라 했다. '利'는 공익만을 말하므로 '貞'이 절대적 조건이고, 바르게만 하면 모든 것이 이롭게 되므로 貞에 포함된다고 보는 것 같다. 곧 '삿된 이로움은 利가 아니다'라고 생각하기 때문인지, 다른 곳에서도 利가 빠지는 곳이 더러 있다. 여기서도 '大亨貞'이라 했고, '大亨貞'의 결론에 이르게 될 조건이 마련되어 있다고 '雷雨之動滿盈'이라 했다. '雷雨之動滿盈'은 대자연이 장차 새 생명을 탄생시킬 기운이 모인 현상으로, 음양의 사귐이 가득 찼다는 뜻이다. 우레와 비가 곧 쏟아질 지경이다. 우레가 치고 비가 오면 만물을 일깨워 자라게 한다. 이렇게 크게 형통하게 되려면 바름을 지켜야 할 것이니 '大亨貞, 雷雨之動滿盈'이다. '雷'는 震에서 '雨'는 坎에서 나온 象이다.

마지막 '天造草昧, 宜建侯而不寧'. '草'는 초창기, 즉 '시작하다'의 뜻이고 '昧'는 '어둡다'는 뜻이다. 이 두 글자가 어울려 천지개벽하는 혼란의 시기를 말하고, 나라 일에는 開國하는 혼란의 때 같은 것을 말한다. 이럴 때는 제후를 세워야 하고 무사안일하게 있을 수 없는 것이다. 그래서 '天造草昧, 宜建侯而不寧'이라 하여, '利建侯'을 설명하고서 마침을 했다.

그런데 이 단전의 해석은 크게 두 종류로 나뉜다. 하나는 위의 번역인데, 이것은 程頤의 풀이에 기초한 것이다. 다른 하나는 朱熹의 풀이에 기초한 것인데, 그 차이는 '動乎險中'과 '大亨貞'을 어떻게 연결시켜 문장을 만들 것인가의 문제이다. 朱熹의 풀이에 기초한 문장은 '剛柔始交而難生'에서 문장에 마침표를 찍고, '動乎險中, 大亨貞'으로 다른 한 문단을 만들어 다음과 같이 번역한다(원문의 ,과 .에 유의).

"단전에서 말했다. 준은 강유가 처음 사귀니 어려움이 생기는 것이다. <u>험한 가운데서도 움직여서 크게 형통하고 바르게 된다.</u> 우레와 비의 움직임이 가득 차면서, 하늘이 시작의 어려움을 만드니, 마땅히 제후를 세우고 편히 있지 않아야 한다(彖曰. 屯, 剛柔始交而難生. 動乎險中, 大亨貞. 雷雨之動滿盈, 天造草昧, 宜建侯而不寧.)" 많은 사람들이 이렇게도 풀고 있다. 험한 가운데서도 움직였기 때문에 '大亨貞'하다고 했으니 '亨'이 되는 이유는 분명히 들어난다. 이어서 비가 와야 할 것인데 아직 오지 않고 있으니 이것이 하늘이 만드는 어려움이고, 국가를 건국할 때 이런 어려움이 생기면 제후를 세우고 열심히 노력해야 한다는 뜻이다. 이것의 문제는 '元亨'을 '크게 형통하<u>고</u>'로 번역해야 통하는데, 괘사에서 논한 대로 '屯'이 '형통하다'는 것은 이상하다. 그리고 어려움이 생겨도 움직여 '大亨貞'하다고 말해 놓고, 다시 '屯'의 어려운 상황을 말하면서 이를 해결하는 방법을 말하고 있는 것도 부자연스럽다. 또 '大亨貞'하게 한 '動乎險中'의 '動'과 괘사 '勿用有攸往'은 '不動'의 뜻인데, 이 둘의 이해가 혼란스럽다. 그러나 程頤의 풀이는 이를 해소한다. 처음은 '屯'이 괘명이 된 이유와 그 성질을 말하고, 다음은 '元亨利貞'한 까닭을, 마지막으로 '勿用有攸往, 利建侯'해야 하는 까닭을 밝힌 뜻으로 보면 그침이 없는 것이다. 그래서 '大亨貞, 雷雨之動滿盈'으로 연결하여 번역해야 괘사의 해석과 서로 통한다.

그리고 괘효사에서는 '亨'을 '享'으로도 가끔 풀이하므로 만약 '亨'을 '제사를 드리다(享)'로 번역한다면, '크게 제사를 드리고 바름을 지켜야, 우레와 비의 움직임이 가득찰 것이다'가 될 것이다. 그렇지만 「彖傳」 등 傳에서는 '亨'은 '형통하다'의 뜻으로만 썼음을 알아야 한다. 괘효사가 지어진 훨씬 후대에 『易傳』이 지어졌는데 『역전』에서는 모두 '형통하다'의 뜻이 잘 통하기 때문이다.

* 象曰, 雲雷, 屯. 君子以經綸.

상전에서 말했다. 구름과 우레가 준괘다. 군자는 이를 보고서 (국가를)경륜한다.

[자구의 뜻] 經: 날 경(피륙의 세로로 놓인 실, 남북・상하로 통하는 선이나 도로), 글 경, 법 경, 경맥 경, 다스릴 경, 경영할 경. 綸: 푸른 끈 륜(관리가 도장을 차던 푸른 색 끈), 낚싯줄 륜, 실을 다스릴 륜(인신하여 다스릴 륜), 도리 륜. 經綸: 국가의 대사를 계획하고 다스림, 國을 다스리는 포부와 재능.

[해설] 卦辭를 象으로 푼 「大象傳」이다. 屯은 원래 '모이다(聚)'의 뜻이 있다. 북송의 張載[106]는 구름과 우레가 다 氣가 모인 것이므로 '모이다'는 뜻의 '屯'을 괘명으로 하여 '雲雷, 屯'이 됐다고 했다. '구름(雲)'은 坎에서 나온 象으로, 水나 雨에서 유추할 수 있고, '우레(雷)'는 震에서 나온 상이다. 이런 음양의 기들이 모여 있으니 장차 지상에 비를 뿌려 만물을 양육할 것이므로, 군자는 이를 관찰하고서 음양의 기가 모여 새로운 변화를 이루듯이 힘을 모아 국가를 다스린다는 뜻이 된다. 그런데 우리는 '어렵다'는 뜻을 취했다. 이런 뜻으로 풀면 이렇다. 구름은 비가 되기 전이다. 만약 坎이 下卦가 되어 물이 아래로 흐를 수 있다면, 곧 비가 오면 해결이 될 것이나 위에 있으므로 아직 비가 내리기 전의 어려운 상황이다. 그래서 象도 '水'라고 하지 않고 '雲'이라 하여 '雲雷, 屯'이다. 이때는 비를 기다리며 만반의 사태를 대비해야 효과가 클 것이다. 군자는 국가를 다스리는데도 이렇게 하니 '經綸'하는 것이 된다.

「대상전」은 어떤 현상을 보고 자기의 생각과 행동을 결정하는 군자의 행위이다. 그의 행위는 항상 인간의 모범이 되고 선도하는 것이니 누구에게나 교훈이 된다. 그리고 축약된 몇 글

106) 송명 리학파의 하나인 關學派와 송역 기학파의 개창자이며, 횡거 선생이라 불린다. 저서 『역설』, 『정몽』이 있다.

자로 의미를 상징적으로 나타내고 있으니, 항상 거듭 읽도록 하자. 특히 象이 나타내는 사물의 이면에서 인간이 해야 할 도리를 찾는 경우를 허다히 보게 될 것이니, 사물을 분석 관찰하는 것에도 도움을 받을 것이다.

괘사와 이를 풀이하는 '傳'에도 처음 시작의 어려움을 말하고 있다. 어려움을 해결하려면 힘을 모아야 한다. 어려움이 크면 혼자의 힘으로는 불가능한 경우가 많다. 그러니 동료나 선배, 전문가의 도움이 필요한 것이다. 마치 남녀가 만나서 산통의 고통 속에서 아이를 낳는데, 산파의 도움이 절실히 필요한 것처럼. 이런 것에서 무엇이든 새로운 것을 시작할 때는 혼란과 어려움이 따르니, 필요한 도움을 받아 이겨내야 한다. 적재적소에 필요한 도움을 받으려면 어떻게 해야 하는가? 평소에 내가 남을 돕고, 바른 처신을 해야 한다는 교훈을 어렵지 않게 찾을 수 있는 것이다.

2. 효

* 初九, 磐桓, 利居貞, 利建侯.
象曰, 雖磐桓, 志行正也. 以貴下賤, 大得民也.

초구, 머뭇머뭇한다. 바르고 곧게 처신하는 것이 이롭고, 제후를 세움이 이롭다.
상에서 말했다. 비록 머뭇머뭇하나, 뜻과 행동은 바르다. 귀함으로써 천한 것의 아래에 하니, 크게 백성을 얻는다.

[자구의 뜻] 磐: 너럭바위 반, 머뭇거릴 반. 桓: 푯말 환, 굳셀 환, 클 환, 머뭇거릴 환. 磐桓: 배회함, 머무름. 賤: 천할 천, 얕볼 천, 값이 쌀 천.

[해설] 屯卦 첫 爻辭와 그 小象傳이다. 乾坤卦는 모두 같은 부호로 이루어졌으므로 효와 효 사이의 관계를 따질 수가 없었다. 그러나 음양의 부호가 섞여 있는 준괘부터는 제자리에 있는지, 應·比관계는 어떤지를 따져보는 것이 辭를 이해하는데 도움이 된다.[107]

初九가 처한 상황은 어떤가? 준괘의 시초이니 어려움이 시작된다. 동시에 처한 위치도 가장 낮으니 어리다. 그러나 하괘 震의 主이니, '震'은 '움직임'의 象이므로 움직임을 주도하는 처지다. 더욱 어려움을 해결하기 위해서는 행동을 하는 것이 가장 중요하니 이 괘의 主爻도 된다. 그리고 상괘는 坎이니 '坎'은 '빠지는 구덩이'의 상이므로 험한 것이 놓여있다. 양이 양위에 있으니 正位했다. 정위는 바른 자리이고, 바른 자리에 있다는 것은 자기의 역할을 바르

107) 이에 대해서는 실마리 마지막장의 효위 등을 참조하기 바람. (37쪽부터~)

게 수행함을 말한다. 그리고 다른 효와의 관계는 六二와는 親比이고, 六四와는 正應이니 이들과는 뜻을 서로 주고받는 사이이다. 끝으로 자신은 양이니, 양은 적극성이 있는 성품의 소유자다. 이렇게 효가 처한 상황과 時를 생각하면서 辭를 풀어야 한다.

'屯'의 '어려움'은 벗어나야 한다. 그런데 아랫자리에 있으니 아직은 경험이 부족하고 위에는 빠지는 험의 구덩이(坎의 象)가 있으니 머뭇거리는 것이다. '磐桓'이다. 그렇지만 어려움은 해결해야 하고, 正位하고 正應・親比의 도움이 있으니 노력하는 바른 처신을 한다. '利居貞'이다. 이를 나랏일로 넓히면 제후를 세워 협력하는 것이 이로우므로 '利建侯'라 했다. 서로 협력하여 어려움을 타개해야 한다는 뜻이다.

初九는 이 괘의 主爻다. 주효는 괘사와 뜻을 같이하는 자구가 자주 등장한다. '勿用有攸往'은 '磐桓'으로 '利貞'은 '居貞'으로, '建侯'는 같은 '建侯'로 설명했다.

소상전에서도 뜻과 행동을 완전히 거두어들여 험을 구제하지 않으려 하는 것이 아니고, 마음을 바르게 갖고 기회를 엿보고 있다는 말이다. 그래서 '志行正也'다. '行'을 '행위'라는 명사로 보지 않고 '행하다'라는 동사로 많이 번역하는데 뜻은 다 통하나, '志'와 '行'을 함께 주어로 보았다. 그리고 귀한 陽이 몸을 낮추어 가장 아래에 있으니 백성들이 따르므로 어려움이 해결될 것임을 암시하면서 끝냈다.

「소상전」은 象으로서 감추어진 뜻을 드러내기도 하고, 단순히 자구의 뜻을 다른 자로 풀기도 하고, 원인과 결과를 나타내 보이기도 하는 등 다양하다.

*** 六二, 屯如邅如. 乘馬班如, 匪寇婚媾. 女子貞不字, 十年乃字.**
象曰, 六二之難, 乘剛也. 十年乃字, 反常也.

六二, 어려우니, 가기도 어렵구나. 말 탄 행렬인데, 도적이 아니고 청혼이다. 여자가 발라서 (초구에게)허혼치 않다가, 십년이 되어 (구오에게)허혼한다.

상전에서 말했다. 六二의 어려움은 강을 탔기 때문이다. 십년이 되어 허혼함은 상도로 돌아간 것이다.

[자구의 뜻] 邅: 가기 어려워 나가지 못할 전, (빙빙)돌 전, 좇을 전. 班: 나눌 반, 반포할 반, 되돌릴 반, 머뭇거릴 반, 행렬 반, 펼 반. 寇: 도적 구, 약탈할 구. 媾: 겹혼인 구, 사랑할 구. 字: 글자 자, 기를 자, (문자의)자음 자, 허혼할 자.

[해설] 六二의 爻辭와 小象傳. 육이는 屯의 때가 한 걸음 진전된 상태다. 음이 음의 자리에 있으니 正位했고, 하괘의 中을 차지했다. 中正이니 치우치지 않게 바르게 처신하는 사람이다. 이를 중정의 덕을 갖춘 사람이라 한다. 아래는 親比인 初九가 있고 위에는 正應인 九五가 있다. 아래에는 움직임을 주동하는 현명한 재능을 지닌 멋진 남자(初九)가 함께 하자고 추파를

보내고, 멀리에는 최고의 지위에 있는 구오가 험한 구덩이에 빠져 도움을 요청하고 있다. 이런 두 효 사이에 있는 육이의 상황이 '屯如邅如'이다. 구오를 도와야 하지만 가까이에 있는 초구를 모르는 척하기도 어려운 상태인 것이다. 그래도 육이는 '得中正'해서니, 신중하고 헤아림이 있는 자이므로 바른 길을 가기 위해 상황을 주의 깊게 관찰하는 것이다.

'乘馬班如'에서 '班'의 풀이가 다양하다. 이를 크게 나누어 보면, 말에서 내린다는 뜻으로 본 것, 말을 타고 선회한다고 본 것, 암수의 말이 나누어진 상태로 본 것, 말을 탄 사람의 일행을 묘사했다고 보는 견해다. 첫째 것은 程頤와 朱熹, 둘째 것은 孔穎達, 高亨, 셋째 것은 鄭玄과 王夫之,[108] 마지막 것은 吳汝綸[109]과 『漢書』의 풀이이다. 모두 글자의 쓰임을 좇아서 딴 풀이들인데, 여기서 마지막의 풀이를 따른 것은 문장이 뒤의 구 '匪寇婚媾'와 연결하면 자연스럽기 때문이다. 즉 옛날에는 약탈혼의 풍습이 있어서 말을 타고 무리지어 다닌 일이 있었기 때문에 '寇'로 오인할 수 있고, 또 婚媾의 상대가 되는 九五 같은 권력자들이 움직이면 혼자는 아닐 것이기 때문이며, 구오가 위치한 상괘인 坎卦는 '水'에서 '구름(雲)'의 상으로 연결되니, 구름은 퍼져 널려 있는데서 그 상을 따오면 '행렬'로 볼 수 있다. 그래서 '班'을 우리말의 뜻 중에 '행렬'을 택했다.

그런데 乘馬한 자를 누구로 보느냐에 따라 해석과 문장 구조가 달라진다. 우리의 많은 번역서에는 六二로 보았다. 일반적으로 馬는 陽剛으로 보고, 육이가 陽인 初九를 타고 있기 때문이다. 이의 번역은 '屯如邅如, 乘馬班如'로 단락을 짓고 번역한다. 곧 '어려우며 가기 어려워, 말을 탔다가 내린다 (혹은 말을 타고 서성거린다)'로 하여, 나아가지 못하고 망설이고 있는 상태를 나타내는 것으로 본다. 그러면 다음의 '匪寇婚媾' 이하는 또 다른 뜻의 문이 된다. 이 보다는 육이의 지위는 말을 타고 행렬을 짓고 다닐 지위는 아니므로 '屯如邅如'에서 끊고, '乘馬班如'는 '匪寇婚媾'와 연결하면서 말 탄 사람을 九五로 보면 자연스럽다. 말 타고 청혼할 사람은 正應인 구오뿐이다. 왜냐하면 남자는 두 사람인데 초구는 하위에 있으니 현대로 말하면 자가용을 굴릴 형편이 아니면서 正應이 아니고, 구오만이 인군이면서 정응이기 때문이다. 곧 말을 타는 행렬을 짓고 다닐 수 있는 사람은 구오이고 혼인할 상대는 정응으로 보기 때문이다. 현대는 많이 이렇게 보며, 여기서도 이를 따랐다. '如'는 어조사이다. 육이가 살펴보니 약탈하는 나쁜 무리가 아니고 바로 자기의 정혼자인 구오임을 알게 되니, '匪寇婚媾'인 것이다.

'女子貞不字, 十年乃字'의 '여자'는 二爻가 음이니 음은 여자로 보기 때문이기도 하고, 互卦(二, 三, 四爻)로도 坤이니 여자의 상이 나온다. '字'는 '許婚'의 뜻이다. 어려운 시기에 어려운 관계를 풀기 위해 바름을 지키고 있다가 옳은 방향이 결정되면 시집간다는 뜻이다. '十年'의 '十'은 수의 다함을 뜻한다. 효사의 요지는 六二의 어려움은 누구와 혼일할 것이냐에 있다는 말이니, 행복한 고민이다. 중정의 이득이다.

---

108) 정현은 동한 말에, 왕부지는 명말과 청조에 활동한 그 시대의 으뜸가는 학자요 역학가이다.

109) 청말 문단의 대가이며, 의리파 역학가. 상병화의 스승이다. 『易說』을 지음.

소상전에서는 '難'을 간단히 '乘剛'으로 풀었다. 음은 따르고 좇아가는 것인데, 初九 剛의 위에 있으니, 도리어 강을 조종하는 위치로 바뀌었기 때문에 어렵고, 초구의 바람을 물리치기란 더욱 어려운 것이다. '反'을 '되돌리다'라는 뜻으로 보는데, 간혹 '상반되다'라는 뜻으로 보아서 '상도와는 상반 된다'로 번역하여 '십년까지 시집가지 않는 것은 상도와 상반된다'고 푸는 데도 있다. 그러나 여자가 시집가는 것은 常道이므로 '상도로 돌아간다'고 보는 견해가 일반적이다.

＊ 六三, 卽鹿无虞, 惟入于林中. 君子幾, 不如舍, 往吝.
象曰, 卽鹿无虞, 以從禽也, 君子舍之, 往吝, 窮也.

육삼, 사슴을 좇는데 우인이 없으니, 오직 숲속으로 들어간다. 군자가 조짐을 보고, 그만둠만 못하다. 가면 인색하다.

상전에서 말했다. 사슴을 좇는데 우인이 없음은, 짐승을 따라가는 것이 되며, 군자가 그만 두어야지, 가면 인색하다는 것은, 궁색하기 때문이다.

[자구의 뜻] 卽: 나아갈 즉, 이를 즉, 좇을 즉, 곧 즉. 鹿: 사슴 록, 곳집 록, 거칠 록. 虞: 추우(짐승 이름) 우, 헤아릴 우, 虞人(山澤의 짐승 관리인) 우. 惟: 오직 유, 생각할 유, 으로써 유(唯, 維와 통용).

[해설] 六三 爻辭와 小象傳이다. 六三은 음이 양의 자리(陽位)에 있으니 正位하지 않았다. 그리고 움직임을 상징하는 震의 끝이다. 그런데 가까이는 도움을 주는 자(親比)도 없고 멀리서 호응(正應)하는 자도 없다. 이런 상태에서 움직이면 바로 위에 있는 上卦 坎의 險陷에 빠진다. 이런 뜻으로 六三을 풀면 된다.

양이란 강하고 능동적이다. 이런 양위에 있으면서 움직이는 진의 끝에 있으니 움직이는데, 정응, 친비가 없으니 홀로 하는 격이다. 마치 숲속에서 사슴사냥을 관리인의 안내도 없이 하는 상이 된다. 그러면 숲속으로 들어가 헤맬 뿐이다. 그래서 '卽鹿无虞, 惟入于林中'이라 했다. '卽'은 사냥하는 정황으로 보고 '급하게 뒤를 따르다'는 뜻의 '좇다'를 취했고, '虞'는 산이나 못, 동산의 관리인을 말하는 虞人이다.

군자라면 이런 정황을 파악하고 하던 일을 그만두어야 한다. 계속하면 숲속을 헤매게 되니 인색해질 뿐이기 때문이다. 그래서 '君子幾, 不如舍, 往吝'이다. '舍'는 '폐지하다, 그만두다'의 뜻이고, '吝'은 대체로 '후회하다'와 '인색하다'의 두 뜻 중에서 번역한다. '인색하다'로 번역한 것은 '悔'를 앞으로 종종 만나게 되는데 이것의 뜻도 '뉘우치다, 후회하다'이니, 이와 구별하기 위해서이다. '인색하다'는 '재물을 아끼다'의 뜻으로 주로 쓰이므로 적합한 번역은 아니다. 그러나 '잘못을 고치는데 인색하다'로도 쓸 수 있으므로 이런 뜻의 '인색하다'로 생각하고 이를 쓰도록 했다.

소상전에서는 효사의 句를 부언하면서 그 뜻을 다시 풀었다. '以從禽也'의 '以'는 '~하는 것'의 뜻으로 쓰였고, '禽'은 새보다는 짐승을 총칭하는 것으로도 쓰인다. 뒤 구절의 '君子舍之'는 이 구절만으로 효사의 '君子幾, 不如舍'의 줄인 것으로 보고, '往吝窮也'는 이를 풀이한 것으로 보는 이도 있다. 이의 번역은 '군자가 기미를 알고 그만두는 것은, 가면 인색하고 궁색하기 때문이다'로 된다. 그러나 '往吝'이 그대로 효사에 있는 것이니, '往吝'까지를 효사를 언급한 것으로 보았고, 번역도 있는 글자만을 가지고 했다.

＊ 六四, 乘馬班如, 求婚媾. 往吉, 无不利.
象曰, 求而往, 明也.

육사, 말을 탄 행렬을 하고, 혼인을 청한다. 가면 길하고, 불리함이 없다.
상전에서 말했다. 구하여 가면, 밝은 것이다.

[해설] 六四 爻辭와 小象傳. 육사는 음이 음위에 있으니 正位했고, 初九의 正應이 있다. 정위로 바르게 처신하니 바로 위의 군왕에게 신임을 받는 재상이다. 음은 양을 찾고 양은 음을 찾는 것이 이치이다. 음이 정응인 양을 얻기 위해 말을 타고 가서 혼인을 청한다. 무슨 어려움이 있겠는가? 어려움이 있다 해도 군왕이 도와 이를 구제해 줄 것이다. 길하지 않을 수 없다. 이런 해석이 가능해진다.

'乘馬班如'는 음이 음위에 있는 2, 4, 6효에 모두 있다. 모두 양을 만나서 결합을 원하는 것에 이 구절이 있으므로, 청혼의 정경을 그린 것일 것이다. 여기의 말 탄 행렬은 귀족의 지위에 있는 六四이다. 음양이 만나야 변화가 이루어지고, 사람에게는 남녀가 만나 결혼을 함으로써 새로운 가정이 출발한다. 정응이 있는 2, 4효는 '婚媾'가 이루어짐으로서 어려움이 해결되는 길이 보이나, 上六은 九五 比爻만 있고 정응이 없어 결혼할 수가 없으니, 눈물을 흘리는 것이 아닌가 한다(上六 효사 참조). 물론 '婚媾'는 어려움을 해결하기 위한 움직임을 상징한 표현이다. '往'을 앞 구 '求婚媾'에 붙여 '求婚媾往(혼인을 구하여 가면)'으로도 번역한다.

소상전은 어려운 때는 윗사람이 먼저 구해서 가는 것이 밝은 이치라는 뜻이다.

＊ 九五, 屯其膏. 小貞吉, 大貞凶.
象曰, 屯其膏, 施未光也.

九五, 은혜를 베풀기가 어렵다. 작은 것(陰)은 바르게 지키면 길하나, 큰 것(陽)은 바르게 지키는 것만으로는 흉하다.

상전에서 말했다. 은혜 베풀기가 어렵다는 것은, 베푸는 것이 아직 빛나지 않는 것이다.

[자구의 뜻] 膏: 살찔 고, 기름(질) 고, 고약 고, 은혜 고.

[해설] 九五 爻辭와 小象傳이다. 上卦의 中位에서 得正했으니 중정의 덕이 있고 正應과 親比가 있다. 군왕의 지위에 있는 자로서 어려움을 해결해야 하는 위치. 그런데 屯의 상황에, 특히 상괘 坎의 구덩이에 빠져있고, 가까이에 굳센 힘을 가진 신하가 없다. 이런 상황에서 이 효사를 풀어야 한다.

九五는 어려움을 해결하고 만백성에게 은덕을 베풀어 걱정을 들어주어야 하나, 아직 그렇지가 못하다. 그래서 '屯其膏'이다. 중정의 덕을 갖추고 명령을 잘 수행하는 正應·親比도 있는데 왜 그런가? 屯의 절정기이고 그 자신이 구덩이에 빠져있으며, 움직임을 주동하는 初九와는 멀면서 應·比가 아니니 그에게 미치는 九五의 영향력이 미약하기 때문인 것으로 보아야 한다. 그래서 끝에, 양인 '大'는 바름을 지키는 것만으로는 해결되지를 않는다고 '大貞凶'이라 했다.

'膏'를 대체로 '膏澤(은혜를 비유한 뜻)'으로 풀이하나 '식량'으로 풀이한 사람110)도 있다. '기름지다'의 뜻에서 '식량'으로 의역한 것 같으나 너무 동떨어져 일반적인 경향을 따라 '은혜를 베풀다'라는 동사로 번역했다. '小'와 '大'도 '작다', '크다'의 형용사로 하여 '貞'을 수식하는 것으로 보고 '조금 바르게 하면(小貞)', '크게 바르게 하려면(大貞)' 등으로 번역하나, 여기서는 음과 양을 가리키는 명사로 보았다. 九五는 효 전체를 이끌 위치에 있으므로, 음효와 양효의 차이를 밝히는 것이 이상한 것이 아니다. 여기 준괘에서는 대체로 음효는 소극적이니 '바르게 지키는 것(守貞)'으로 어려움을 해결하려 하나, 양효는 적극적이어야 하니 '어려움을 해결하기(濟屯) 위해' 적극적으로 노력하라는 뜻으로 보면, 전체의 문맥이 그런대로 통한다. 그래서 음과 양으로 보았고 남자와 여자, 큰일과 작은 일을 상징하는 것으로 보았다.

그래도 '貞'이 '凶'으로 바로 연결되는 '大貞凶'의 번역이 매끄럽지가 못하다. 그래서 '貞'은 길하지 못한 말, 즉 '凶', '厲', '吝', '疾' 등과 연용 되어 쓰이면, "守正以防凶(바름을 지킴으로써 흉을 막는다. 厲, 吝, 疾도 같음)"으로 쓰인다고 했다.111) 卦爻辭 전부에 이들과 함께 쓰인 것에는 모두 통하고 번역도 자연스러워 참고할 만하다. 그러나 '防'을 의미하는 자가 없이도 그렇게 해석해야 한다는데 의구심이 일어 이 책에서는 취하지 않았다.

소상전은 아직 은혜를 넓게 베풀 수 있는 형편이 아니므로 '施未光也'라 했다.

---

110) 한국주역학회 편, 「주역의 근본 원리」 황정원의 '易經에 나타난 禮'(철학과 현실사, 2004), 138쪽.

111) 黃壽祺, 張善文 撰, 「周易譯注」(上海古籍出版社, 2002), 46쪽.

* 上六, 乘馬班如, 泣血漣如.
象曰, 泣血漣如, 何可長也.

상육, 말 탄 행렬이지만, 소리 없이 눈물을 흘린다.
상전에서 말했다. 소리 없이 눈물을 흘리나, 어찌 오래 가겠는가?

[자구의 뜻] 泣: 울 읍, 눈물 읍, 근심할 읍. 泣血: 상심이 커서 피처럼 소리 없이 흐르는 눈물. 漣: 잔물결 련, 눈물 줄줄 흐르는 모양 련.

[해설] 마지막 爻辭와 小象傳. 上六은 屯의 끝이면서 坎의 끝이다. 그리고 正位했고, 아래 九五와 親比하고 있다. 그러나 불행히도 짝(正應)이 없다. 괘의 끝은 한 시절을 잘 마무리하거나 아니면 다음 시절의 변화를 잘 대응하지 못해 허우적거리는 경우가 될 것이다.

상육은 구덩이에서 벗어나 어려움이 거의 해결됐으나, 이미 인생은 저물고 반려자는 없는 상태다. 겨우 구오의 親比가 있으나 구오는 구덩이 한가운데 있으면서도 아래 백성들을 돌보기 위해 여념이 없으니, 차마 윗사람으로서 구오에게만 전적으로 의지할 수가 없다. 물론 정응도 아니다. 겨우 험을 벗어나고 어려운 '屯'이 해결될 직전에 홀로 외로워 하염없이 눈물만 흘리는 것이다. 그래서 '泣血漣如'이다.

'乘馬班如'는 상육도 비록 실권은 없으나 제일 윗자리이니, 구오처럼 賢人을 구하거나 배우자를 구할 때 말을 탈 수 있는 경우이다. 그렇지만 소극적이고 유약한 음으로 음위에 있고, 특히 정응도 없으니 구하지 못하여 '泣血漣如'가 되는 것이다.

소상전의 '何可長也'는 궁극에 처하면 변화는 오게 마련이니 오래가지 않는 다는 뜻이다. '泣血漣如'도 오래가지 않아 변화를 맞게 된다는 뜻이다.

屯卦는 卦爻辭가 모두 어려움을 헤쳐 나가는 상황을 말하고 있다. 卦辭는 대체로 마음을 굳게 먹고 바름을 지키면서 힘을 합쳐야 한다는 뜻을 읽을 수 있다. 爻辭에서도 '婚媾'나 '虞'가 등장하니 혼자보다는 힘을 합쳐 해결하라는 뜻임을 알 수 있다. 그런데 初九와 九五의 陽은 남자로서 적극성이 강조되고, 기타 음효인 여자들은 어려운 상황도 定婚者를 구하는 정도면 해결된다. 六三이 陽位에 있기 때문에 사냥하는 정도의 움직임을 말할 뿐이니, 男尊女卑만을 강조하는 것이 아니고, 男剛女柔의 사상도 피력하고 있다. 여성보다 적극적인 남성의 역할을 강조하고 있다.

『좌전』에 '屯之比'로 되는 占 풀이가 두 개 있어서 소개하니 같은 괘의 점 풀이라도 어떻게 풀이를 하는지 참고하기 바란다.

1. 필만은 晉나라에서 벼슬하는 일에 대해 점을 쳤는데 '屯之比'를 얻었다. 신료는 점을 말하기를, 길하다. 屯은 견고하고 比는 들어가는 것이니, 길함이 어찌 크지 않겠는가. 반드시 번창할 것이다. 震이 땅으로 되니, 수레가 말을 좇으며, 발은 서있는 것이니, 형이 키워주는 것이며, 어머니는 감싸주니, 무리는 모여드는 것이다. 여섯 개의 형체가 변함없이, 합하면 견고해지고, 편안히 마무리 지을 수 있으니, 공후의 괘이다. 공후의 자손이 반드시 그 처음으로 돌아간다.

畢필萬, 筮仕사於晉, 遇屯之比. 辛廖신료占之曰, 吉. 屯固比入, 吉孰大焉, 其必蕃昌. 震爲土, 車從馬, 足居之, 兄長之, 母覆부之, 衆歸之, 六體不易, 合而能固, 安而能殺, 公侯之卦也. 公侯之子孫, 必復其始.

[해설] 먼저 '屯之比'는 屯卦가 比卦로 변했다는 뜻과 屯의 初爻를 지칭한다는 뜻이 있다. 이 두 뜻의 차이는 屯卦(䷂)의 初爻가 변해서 比卦(䷇)로 되었으니 屯의 초효를 중심으로 보되 比卦도 고려한다는 것이고, 屯의 初爻라는 것은 屯卦 초효 만으로 푼다는 차이일 것이다. 여기서의 쓰임은 전체 문장을 살펴볼 때 屯卦가 比卦로 변했다는 뜻이다.

畢萬은 점을 친 사람이고 辛廖는 점친 것을 보고 풀이한 사람이다. 먼저 屯卦는 屮가 단단한 땅을 뚫고 올라오는 象이고 험난함을 말하니 '固', 比卦는 위의 물이 땅으로 스며드는 象이고 친밀함을 말하니 '入'이다. 그리고 준의 하괘 震은 車. 足. 兄의 象이고, 比의 하괘 坤은 土, 牝馬, 母, 衆의 象이다. 그리고 合과 安은 坤에서 固와 殺은 坎에서 연유된 象이니 변해도 屯卦 初九의 '利建侯'의 뜻에는 변함이 없으므로 吉하고 公侯의 괘가 된다고 했다. 그러므로 자손은 조상이 시작한 것과 같이 공후가 된다는 뜻으로 풀었다. 물론 '牝馬 安 居 候'는 辭에서도 나오는 字이지만 象으로도 연상되는 것이니 辛廖의 풀이는 대체로 象으로 점을 푼 것이다.

2. (위나라 襄양公에게는 다리를 저는 장남 孟縶집이 있었다. 양공의 신하인 공성자의 꿈에 始祖인 康叔이 자기에게 元을 세우라고 말했다. 그 후에 元이라는 次子가 탄생했다.)

공성자가 주역으로써 점치면서 '元이 衛위國의 주인과 그 사직을 향유하기 바랍니다'고 말하고 屯卦를 얻고, 또 '나는 縶을 세우기를 바라고 능히 아름답기를 바랍니다'고 말하고 屯之比를 얻었다. 이를 史朝에게 보였다. 사조가 말하기를 元亨이니 또 무엇을 의심하겠습니까? 成子가 말하기를 장자를 말하는 것이 아닐까요? 이에 대해 말하기를, 강숙이 이름을 지었으므로 장자라고 말할 수 있고, 孟은 그 사람이 아닙니다. 장차 宗主에 줄서지 못하니 장자라고 할 수 없습니다. 또 그 주사에서 이르길, 利建候이니, 상속자가 길하면 어찌 세운다고 합니까. 세운다는 것은 상속자가 아닙니다. 두 괘가 모두 자식을 세우는 것으로 말합니다만, 강숙이 명했고, 두 괘가 이를 알리고, 점이 꿈을 되풀이 했으니, 무왕도 활용할 것인데, 좇지 않고 어찌 하겠습니까. 다리가 약한 자는 거처하고, 제후는 사직을 주제하고, 제사에 임하면서, 백성에 봉사하고, 귀신을 섬기며, 회합과 조회를 좇는데, 또 어찌 거처만 얻으리오. 각자가 이로운 바가, 역시 좋지 않겠습니까? (이에) 공성자가 영공을 세웠다.

孔成子, 以周易筮之曰, 元尙享衛國主其社稷, 遇屯. 又曰, 余여尙立縶, 尙克嘉가之, 遇屯之比, 以示史朝. 史朝曰, 元亨, 又何疑焉. 成子曰, 非長之謂乎. 對曰, 康叔名之, 可謂長矣, 孟非人也, 將不列於宗, 不可謂長. 且其繇曰, 利建侯, 嗣사吉何建, 建非嗣也. 二卦皆云, 子其建之. 康叔命之, 二卦告之, 筮襲습於夢몽, 武王所用也, 弗從何爲, 弱足者居, 侯主社稷사직, 臨祭祀, 奉民人, 事鬼神, 從會朝, 又焉得居, 各以所利, 不亦可乎. 孔成子立靈公.

[해설] 위나라 襄公이 죽고 난 후 신하인 공성자가 長子 맹집과 次子 원을 公으로 세우는 문제에 관해서 주역 점을 쳤다. 먼저 元을 세우는 것을 기원하며 점을 쳐 屯卦가 변하지 않았고, 다음 맹집을 세우는 것을 기원하며 점을 치니 屯卦의 初爻가 변하였다. 이를 史朝에게 보였다. 여기의 점쳐 얻은 '二卦'는 변하지 않는 屯과 초효가 변한 屯을 말하니, '屯之比(䷂→䷇)'는 屯의 初九를 말하는 것으로 보인다. 사조의 풀이는 屯卦의 卦辭와 屯卦의 初爻의 爻辭를 가지고 해석했다. 요지는 괘사의 '元亨'의 元은 바로 元의 이름을, 亨은 享으로 보았고, 두 詞에 모두 '利建侯'라 했지만 '建'의 뜻은 장자에게는 필요 없는 것이다. 다리가 불편한 사람은 '不列'이고, 특히 初爻의 詞에는 '居貞'이 있으니 다리가 불편한 맹집은 가만히 있는 것이 이롭다고 풀었다. 그래서 공성자는 元을 公으로 세웠다. 靈公은 元이다.

辛廖는 주로 象으로 점을 해석했고 史朝는 詞로서 점을 해석했다. 결국 같은 종류의 점을 해석해도 이렇게 끌어다 붙이는 것은 다르니, 점을 치는 일은 역시 처한 상황과 상대방의 능력을 정확히 파악하지 않으면 맞히기가 힘들 것이다.

䷃ 蒙 (山水蒙)

概說: 大成卦 蒙몽卦를 小成卦로 나누면 위는 '山'을 상징하는 艮☶, 아래는 '水'를 상징하는 坎☵이니 '山水蒙'이라고도 한다. 屯卦(䷂)를 맞은편에서 보면, 곧 위에서부터 보면 상괘와 하괘가 서로 바뀌어 蒙卦가 됐으니 이를 綜卦라고 한다.

'蒙'에는 '덮을 몽, 부합할 몽, 받을 몽, 어리석을 몽, 어린사람(모양) 몽'의 뜻이 있는데, 「序卦傳」에서 "만물이 생겨나면 반드시 어려 어리석으니, 때문에 몽으로써 이를 받았다. 몽이라는 것은 어리석은 것이요, 만물의 어린 것이다(物生必蒙, 故 受之以蒙, 蒙者蒙也, 物之穉치也)"라고 했다. 그러니 '어려 어리석다'는 뜻이 괘명임을 알려준다. 하늘과 땅이 열린 후 어렵게 생물이 탄생하니 이것이 준괘요, 그 생물은 어려서 어리석으니 이것이 몽괘이다. 그러면 어떻게 할 것인가? 당연히 잘 가르쳐 길러야 한다. 그래서 몽괘는 교육과 관련된 괘다.

역시 아래위 소성괘가 상징하고 있는 것을 아는 것이 유리한데, 아래의 坎卦는 이미 살펴

보았으니 위의 艮卦를 보도록 하자. 「설괘전」이다. “간은 산이 되고, 작은 길이 되고, 작은 돌이 되고, 큰 문이 되고, 과일과 풀 열매가 되고, 문지기가 되고, 손가락이 되고, 개가 되고, 쥐가 되고, 주둥이가 검은 짐승이 되고, 나무에 있어서는 견고한 많은 마디가 된다(艮爲山, 爲徑路, 爲小石, 爲門闕궐, 爲果蓏라, 爲閽寺혼시, 爲指, 爲狗, 爲鼠서, 爲黔喙금훼之屬, 其於木也, 爲堅多節)” 또 “간은 그침이고(艮止也)”, “손이 되고(艮爲手)”, “작은 아들(小男)”, “동북의 괘(東北之卦也)”라 했다.

이렇게 艮의 상인 문과 문지기, 또 집을 지키는 개, 그치다, 이런 것에서도 무엇인가 그릇된 것을 못하게 하는 인상이 있다. 坎의 ‘물’과 ‘험’, 艮의 ‘산’과 ‘그침’이 있으니, 험해서 그쳐있어야 하고, 물을 건너는 길도 뱃사공이 있어야하고 험산을 오르는 길도 세르파(Sherpa)가 있어야 하니, 이런 것에서 인도자가 필요해 보이는 괘가 몽괘이다. 어려 어리석어서 인도자가 필요한 이 몽괘를 어떻게 보고 어떻게 대처해야 하는지를 보자.

1. 괘

* 蒙, 亨. 匪我求童蒙, 童蒙求我. 初筮告, 再三瀆, 瀆則不告. 利貞.

몽괘, 형통하다. 내가 어리석은 이를 찾는 것이 아니고, 어리석은 이가 나를 찾는다. 처음 점치면 알려주나, 여러 번하면 업신여기는 것이니, 업신여기면 알려주지 않는다. 바르게 해야 이롭다.

[자구의 뜻] 童蒙: 미숙하고 어리석음, 철없는 어린아이. 筮: 점대 서, 점칠 서, 점괘 서. 瀆: 도랑 독, 업신여길 독, 탐할 독, 더럽힐 독.

[해설] 蒙卦의 卦辭. ‘蒙’은 어려서 어리석지만, 그러나 어린애를 보고 있으면 저절로 웃음이 나는 형통한 면이 있다. 배고프고 아프면 울고, 어머니가 안아주면 신통하게도 웃고 잠들기도 하는 형통함이 있다. 이렇게 느낌으로 어머니와 아버지를 알아보고 배우고 익히면서 커간다. ‘亨’하다고 할 수 있다. 물론 갓난아기를 덮고 가려주고 품어주며 젖을 물리는 손길이 필요하니 인도자는 반드시 있어야 하는 조건에서 형통한 것이다.

인도를 받거나 도움이 필요하면 그 사람이 인도해줄 사람을 찾는 것이 상식이다. 갓난아이도 울음으로써 인도자를 찾는다. 다음으로 이어진 구의 ‘我’는 인도자요 선생이며 九二가 중심이 된다. ‘童蒙’은 이끌음을 받고 교육을 받아야할 사람이요, 我에 상대되는 사람이니 應의 관계에 있는 六五가 대표가 된다. 王弼은 “我는 동몽이 아닌 자를 이른다. 동몽이 아닌 자는 곧 양이다. 무릇 알지 못하는 자는 아는 자를 찾아 묻지만, 아는 자는 알려줄 바를 찾지 않는다(我謂非童蒙者也. 非童蒙者, 卽陽也. 凡不識식者, 求問識者, 識者不求所告)”라고 했다. 이렇게 거의 모두가 '我'는 九二를 대표시켰고, '童蒙'은 六五로 대표시키면서, 학생이 선생을 찾는 뜻으로 해석했다. 교육의 효과도 배우고자 하는 학생의 열망이 강해야 효과가 있지, 선생이 억지로 하는 것은 효과가 적다. 특히 괘의 位로 살피면 군왕의 지위에 있는 육오가 현인을 찾아가서 가르침을 청해야지, 아래에 있는 백성이 군왕에게 가서 내게 교육을 받으라고 할 수가 있겠는가. 그래서 '匪我求童蒙, 童蒙求我'라 했다.

그런데 李基東은 학생과 선생이 서로 구하는 것으로 번역했다. "나만이 어린이를 구하는 것이 아니라 어린이도 나를 구한다."[112] 오늘의 사회현상으로 보면 더 그럴 듯해 보이나, 옛날 국난을 해결할 시점에 군왕이 현인을 찾아다니고, 학생이 스승을 엄격히 존중하든 사상을 생각하면 취할 수가 없었다.

'初筮告' 이하의 구는 점치는 행위를 비유하여 뜻을 전하고 있다. 한 사건의 점은 한 번으로 끝나야지, 불리하거나 마음에 들지 않는다고 거듭 점을 친다면 점이 무슨 소용이 있겠는가. 교육도 이해를 못해 질문하는 것이 아니라, 선생을 믿지 못해 자꾸 의심스러워하면서 같은 것을 거듭 물으면 무슨 교육이 되겠는가. 그 대신 가르치는 스승도 반듯해야 할 것이다. 이런 의미를 밝힌 것이 '初筮告, 再三瀆, 瀆則不告'이다. 여기서의 '告'는 '곡'으로 발음한다. 일반적인 것을 알리면 '고'라 하고, 정곡을 찔러 알릴 때는 '곡'이라 한다. 이런 것들 모두가 바름을 지켜야 이롭다. 我든 童蒙이든 몽의 시기에는 바르지 않으면 어지럽게 얽혀 몽을 벗어날 수 없을 것이다. 그래서 '利貞'이니, 앞 구들의 결론으로 말한 것이다.

＊ 彖曰, 蒙, 山下有險, 險而止, 蒙. 蒙, 亨, 以亨行時中也. 匪我求童蒙, 童蒙求我, 志應也. 初筮告, 以剛中也, 再三瀆, 瀆則不告, 瀆蒙也. 蒙以養正, 聖功也.

단전에서 말했다. 몽괘는, 산 아래에 위험이 있어서, 험해서 그쳐있으니, 몽괘이다. 몽괘가 형통함은, 형통하게도 때에 알맞게 행하기 때문이다. 내가 어리석은 이를 찾는 것이 아니고, 어리석은 이가 나를 찾는 것은, 뜻에 응하는 것이다. 처음 점쳐 알려주는 것은, 강이 중심(中德)에 있기 때문이고, 여러 번하면 업신여기는 것이니, 업신여기면 알려주지 않는 것은, 동몽을 더럽히기 때문이다. 동몽을 바르게 기르는 것이, 성인이 하는 일이다.

[해설] 괘사를 설명한 「彖傳」이다. 처음은 소성괘의 象으로 괘명인 蒙을 해석했다. 上卦인 艮은 '山'이요 '止'이며, 下卦인 坎은 '水'이고 '險'이다. 험한 강과 산이 가로막고 있어 움직이

112) 이기동 역해, 「주역강설」(성균관대학교출판부, 2006), 135쪽.

지 못하고 그쳐있는 象인데, 이것이 蒙卦라는 말이다. '山下有江, 險而止'라고 표현하지 않고, '山下有險, 險而止'라고 했는지 모르겠다. 물의 상을 넓히면 강도 될 것인데. 아마도 '險'을 강조하기 위한 것이 아닌가 한다. 어떻든 坎을 '險'으로써 상을 취해, 험해서 그쳐있으므로 이것이 괘명의 '蒙'이 됐다는 말이니, 험해서 그쳐있는 몽괘는 인도자가 있어야 함을 간접적으로 말하고 있다.

이어 괘사 '蒙, 亨'을 설명했다. 몽괘가 형통함은 갓난아이가 자라면서 배고프면 울고 배가 부르면 잠자는 행동이 그 시간에 맞게 행하니 이 때문에 형통한 것이다. 또 九二가 양으로써 하괘의 중심을 차지하고 있어서, 인도자의 역할을 할 수 있도록 때에 맞게 그 자리에 존재했기 때문에 형통하게 됐다고 볼 수도 있다. 그래서 구이 中位의 '中'과 '時'를 결합시켜 '時中'이 됐다고 본다. '行時'도 때에 맞게 행하는 것인데, 또 '中'을 더해 '行時中'으로 하여 적절한 때를 강조한 것은 아마도 구이가 중위에 있음을 강조하기 위해서일 것 같다.

그 다음 구절에서의 '志應也'의 '志'는 '동몽의 뜻'인지 '스승의 뜻'인지, 아니면 이 둘을 모두 지칭하는 것인지 아리송하나, 몽을 깨우치고자 하는 뜻일 것이니, 동몽의 뜻이 주가 될 것이다.

그리고 처음 筮하여 告한다는 것은, 잘못이 있으면 그 때 바로 바른 방향으로 인도한다는 것이니, 이는 양으로 중덕을 갖춘 九二가 있기 때문에 가능한 일이므로, '剛中也'라 했다. 그러나 여러 번하면 순수함을 더럽히고 어지럽게 하는 것이므로 '瀆蒙也'라고 하여, 이렇게는 하지 않는다 했다. 여기서의 '蒙'은 어린이의 순수함이 살아나도록 '童蒙'이라고 번역했다. 이런 천진난만한 어린이를 바르게 잘 기르는 것이 무엇보다 중요한 일이니, 이런 일은 성인들의 공덕과 같으므로 '聖功也'이다.

'蒙以養正也'의 以는 '~하는 것'으로 번역했다. '聖功也'의 '聖'을 '성스러운'이란 형용사로도 많이 번역한다. '성스러운 일'이든 '성인의 일'이든 큰 틀의 의미는 다를 바가 없지만, 그래도 그렇게 인도하는 사람이 중요하다는 뜻을 살리려고 '성인의 일'로 번역했다. 功에는 '일'의 뜻이 있다.

* 象曰, 山下出泉, 蒙. 君子以果行育德.

상전에서 말했다. 산 아래 샘이 나오는 것이 몽괘이다. 군자는 이를 보고서 과감하게 행하며 덕을 기른다.

[해설] 괘사를 풀이한 「大象傳」의 글. 이번에는 坎이 '泉'이 됐다. 물론 水에서 연유된 象. 샘은 물이 나오는 시발점이니 어린 것과 통하고, 자갈과 흙덩이 같은 것에 막혀 흐르기도 어렵고 어디로 흘러가야 할지도 모르는 상태이니 괘명인 '蒙'의 상이다. 그러면서 샘물은 목마

른 이를 마시게 하고 흘러서 내를 이루기도 한다. 이러 현상을 군자가 보고는 물을 마시게 하는 것처럼 남을 인도하기 위해 덕을 기르고, 개천을 향해 흘러내리는 것처럼 행동을 과감하게 한다고 했다.

인간은 때로는 그 상황에 적응할 줄도 알아야 하지만, 만인의 어려움을 해결하고, 어린이를 기르는 일 같은 것은 물이 흐르고 흘러 강에 이르듯이 오랜 기간 동안 끊임없는 노력을 다해야 함을 말하고 있다.

2. 효

* 初六, 發蒙, 利用刑人, 用說桎梏, 以往吝.
象曰, 利用刑人, 以正法也.

초육, 어리석음을 계몽하는 데는, 형벌을 가하는 것이 이로우니, 그것으로써 속박을 벗긴다. 앞으로 가기만 하면 인색해진다.
상에서 말했다. 형벌을 가함이 이롭다는 것은, 바른 법칙이기 때문이다.

[자구의 뜻] 刑人: 형벌을 받는 사람. 사람에게 형벌을 가함. 머슴. 說: 말할 설. 좋아할 열. 달랠 세. 벗을 탈. 桎: 차꼬(족쇄) 질, 속박할 질. 梏: 수갑(채울) 곡.

[해설] 蒙卦 初六의 爻辭와 小象傳이다. 효사 해석의 관건은 '刑人'과 '桎梏', 이 둘의 관계이다. 곧 형벌을 가하기는 하나 심하지 않게 질곡은 벗기고 '刑人'하는 것이냐, 아니면 형벌을 가하되 계속하는 것이 아니고 때가 되면 질곡을 벗기는 것이냐, 아니면 형벌을 주는 것이 그가 속박을 당하고 있는 몽매함, 즉 '桎梏'을 벗기기 위해서이냐의 문제다. 물론 여기서의 '說'은 '脫'과 통용된 것으로 본다.

『備旨具解原本周易』의 토와 해설을 기본으로 한 번역에는 대개 형벌을 계속 가하는 것이 아니고, 때가 되면 형벌의 한 형태인 질곡을 벗겨야지 계속하면 인색하게 된다고 번역한다. 그래서 '以往吝'의 '往'은 계속형벌을 가하는 것으로 보았다.

그러면 초육은 어떤 시기에 어떤 상태에 놓여 있는가? 몽의 시초이고 아래 坎의 '險'에 빠져 있으면서 陽位에 있다. 음이 양위에 있으므로 不正位이고, 위에 九二의 親比가 있으나 正應은 없다. 이런 상태는 어린시기에 험에 빠져있으면서 바르지 못하게(不正位) 움직이려는(陽位) 상태다. 그러니 바로 위에 있는 구이가 몽매함을 벗기기 위해서는(發蒙) '刑人'할 수밖에 없다. 그래서 '利用刑人'이다. 여기서 '發'은 '깨우쳐 열다'의 뜻이고, '利用刑人'의 '用'은 '於', '刑人'은 채찍을 들고 꾸지람을 하는 부모나 선생쯤으로 생각하면 될 듯하다. 이렇게 하면 초육은 어린아이에 해당하므로, 어린이는 금방 따라오게 마련이다. 제재를 가하면(刑人) 곧바로 따르니 그가 가지고 있는 어리석음, 즉 '桎梏'을 벗는 것이다. '用說桎梏'이다. 여기서의 '用'은 '以'로, 즉 介詞로 보면 된다. 여기까지는 이렇게 보고 번역했고, 이것이 자연스럽다고 보았다.

'以往吝'은 깨우침을 받지 않고 앞으로 간다면 어려움이 계속될 것이므로 인색하게 될 것이라는 뜻으로 역했다. 초육은 몽의 때에서도 가장 이른 시기이니 반드시 구이의 가르침을 받고 움직여야지, 양위에 있다고 움직이면 아니 됨을 밝힐 필요가 있다고 보기 때문이다. 그런데 이 구절을 바로 앞 구절에 붙여 '用說桎梏以往, 吝'으로 보고, '질곡을 벗어두고 가면 인색하다'는 뜻으로 번역하기도 한다. 刑人의 한 형태가 桎梏이므로 전체의 뜻이 '반드시 형인이 필요하다'는 의미이다. 이는 몽이 개발되어가는 뜻은 없어지고, 벌과 제재가 지나치게 강조되는 것 같아 취하지 않았다.

이 효에도 색다르고 상이한 맛을 주는 번역이 더러 있다. 예를 들면 于省吾는 '發蒙'의 '發'을 '法'으로 보는 예를 들었고, 黃壽祺는 '刑人'의 '刑'을 '型'으로 보는 것 등이다. 전자는 '蒙의 법칙'으로, 후자는 '사람을 가르치는 전형'으로 번역이 된다. 모두 옛 글자의 쓰임과 주석을 들어 증명했으니 참고로 알아만 두자.

소상전의 '以正法也'는 '刑人'하는 것이 초육에게는 바른 법이 된다는 뜻으로 보면 된다.

* 九二, 包蒙, 吉, 納婦, 吉. 子克家.
象曰, 子克家, 剛柔接也.

구이, 어리석은 이를 감싸니, 길하고, 아내를 맞아들이게 되니, 길하다. 아들이 집안을 다스린다.

상전에서 말했다. 아들이 집안을 다스린다는 것은, 강과 유는 합치기 때문이다.

[자구의 뜻] 納: 거두어들일 납, 바칠 납, 받아들일 납, 장가들 납.

[해설] 九二의 효사와 小象傳이다. 구이는 어려서 몽매한 시기를 좀 지난 때에 흐르는 물의 중심에 위치해 있으며, 剛이 음위에 있어서 正位는 아니나 中德이 있고, 군왕인 六五와 正應이고 아래의 初六과 위의 六三이 친밀하게 곁에 있다. 하괘 坎 '水'의 主爻이면서, 산 밑의 샘은 흘러 계곡으로 가야 하니, 이 괘의 주효도 된다. 물이 개천을 찾아 흐르듯이 몽매함을 깨우쳐 나가는 중심적인 역할을 한다. 이런 상황에서 辭를 풀면 된다.

'包'는 구이가 여러 음들에 둘러싸여 그들을 포용하고 있는 상태를 표현한 말이다. 이는 선생이 학생들에게 둘러싸여 있는 현상으로 배움의 열기가 높다는 것이니, '吉'이다. '納婦'는 육오의 음과 구이의 양이 정응이니 서로 합칠 수 있으므로, 구이가 장가를 간다는 뜻이다. 역시 '吉'이다. 최고 지위와의 관계를 따로 강조해 나타냈다. 구이가 얼마나 좋은 조건에 처해 있는지를 여러 각도에서 조명하고 있다. '子'도 구이이다. 하괘는 상괘보다는 젊은 시기이다. 구이는 정응 육오와의 관계에서 부부관계로는 남편이었으나, 부모와 자식으로 나누면 하괘에 있으니 자식에 해당된다. 그러니 구이 '子'는 남자로써 주변을 이끌고 있으니 '家'를 다스리는 격이다. '子克家'이다. 결국 이 효는 구이가 이 괘에서 차지하고 있는 위치를 3가지 각도에서 말하고 있다. 선생, 남편, 아들의 역할이다.

소상전은 구이의 3가지 역할 중에서 '子克家'를 대표시켰다. 이 세 가지 역할이 모두 강과 유가 어울려 사귀기 때문에 수행할 수 있는 것들이다. '剛柔接也'이다.

*** 六三, 勿用取女, 見金夫, 不有躬, 无攸利.**
象曰, 勿用取女, 行不順也.

육삼, 그녀에게 장가들면 안 된다. 돈 있는 남자를 보면, 몸을 가누지 못하니, 이로울 바가 없다.

상전에서 말했다. 그녀에게 장가들면 안 된다는 것은, 행실이 불순하기 때문이다.

[자구의 뜻] 取: 귀 벨 취, 손에 쥘 취, 장가들 취(娶와 통용).

[해설] 六三의 효사와 小象傳. 이 효는 음으로 양위에 있으니 不正位이고, 하괘의 맨 윗자리로 변화를 구해야 하는 위치이다. 육삼의 互卦(二 三 四)가 震이고 육삼이 변한 호괘(三 四 五)도 진이 되니 '움직임'의 상이 있다. 또 上九와는 正應이나 가까운 九二를 올라타고 있다. 不正位하였으니 正應을 두고 가까운 구이에게 더 관심을 보내는 바르지 못한 행위를 할 것이 예상된다. 아마도 효사는 이런 상태를 나타내고 있을 것이다.

'女'는 음이니 육삼이고 이 여인은 양위에 있으면서 호괘도 진이니 다소곳하지 못하고 활발히 움직이는 여인이다. '金夫'는 남자이니 구이와 상구 중의 한 사람이다. 구이는 이 괘에서는 가장 유능한 남자인데, '金夫'의 뜻도 '건장한 남자', '미남', '돈 있는 남자' 등으로 번역하므로, 젊고 중덕을 가진 구이에 더 가깝다. 정응인 上九와는 당연히 짝을 이루어야 하는 관계이나, 가까운 남자 구이를 올라타고 있으면서 正位하지 않았으니 구이를 홀리려 할 것이다. 정혼자를 두고도 이런 행동을 하는 여자에게 장가들면 안 된다고 먼저 '勿用取女'라 했다. '取'는 바로 '娶'와 통용했으니 '장가들다'의 뜻이다. 그리고 구체적인 행위를 나타내는 말이 이어지니, '見金夫, 不有躬'이다. '金夫'의 번역은 금을 돈으로 더 밀접하게 인식되어 온 우리의 풍습을 따라 '돈 있는 남자'로 했다. '不有躬'은 '몸이 있지 않다'인데 아무에게나 몸을 허락하는 뜻으로 보고 상기처럼 번역했다. 이런 여자와 혼인하는 것은 '无攸利'이다. 이런 여자는 누구도 자기의 배필로 맞이하고 싶지 않을 것이다.

소상전에서는 직접적으로 행동이 정숙하지 못하다고 했다.

* 六四, 困蒙, 吝.
象曰, 困蒙之吝, 獨遠實也.

육사, 곤궁한 어리석음이니, 인색하다.
상전에서 말했다. 곤궁한 어리석음으로 인색함은, 홀로 실리와는 멀기 때문이다.

[해설] 六四 효사와 小象傳이다. 이 효는 음이 음자리에 있기는 하나, 正應도 親比도 없다. 그리고 현인으로 떠받힘을 받는 九二와도 떨어져 있다. 그래서 곤궁하다. 굳이 괘상으로 '困'을 찾으면, 六四가 변하여 양이 되면, 外互卦[113]가 坎(☵)이 되니, 감은 험이고 困이 된다했다. 곤궁한 처지에 놓였으니 잘 처리되지 않을 것은 당연하다. 그나마 '凶'이라 말하지 않고 '吝'이라 말한 것은 음이 음위에 있어 正位했기 때문이라고 말한다.

소상전에서도 홀로 실리와 멀기 때문이라고 했다. 實은 양이고 虛는 음이다. 음인 六四는 양인 九二와 上九에 떨어져 있다. 그래서 '遠實'이고, '實'의 번역은 '實利'로 했다.

* 六五, 童蒙, 吉.
象曰, 童蒙之吉, 順以巽也.

육오, 어린아이 같으니, 길하다.
상전에서 말했다. 어린아이 같아서 길하다 함은, 순하고 공손하기 때문이다.

[해설] 六五는 음이 양위에 있으나, 상괘의 中을 차지했으니 최고의 권력과 中德을 함께 지니고 있다. 그리고 훌륭한 九二와는 相應하고 위의 上九와도 친하다.

최고의 권력을 가졌음에도 음이니 부드럽고 위의 艮은 '그침'의 象이니 겸양의 덕이 있으며, 중심에 있으니 중덕이 있는 사람이다. 그러므로 아랫사람인 九二를 스승으로 삼아 가르침을 받으며, 윗사람인 上九에게도 잘 따르는 유순한 마음이 어린이와 같다. 그래서 '童蒙'이라 했다. 동몽이란 '미숙한 어린이'를 말하나 여기서는 어린이와 같은 순수한 마음을 가진 사람으로 보는 것이 편하다. 다음에 오는 '吉'과 자연스럽게 통할 수 있기 때문이다. 이렇게 순수한 마음으로 가르침을 잘 따르니 吉하지 않을 수가 없다는 뜻이 된다. 그래서 '蒙'을 '어리석을 몽'으로 번역하지 않고 여기서는 '童蒙'의 숙어로 간주하면서 '어린아이 같다'로 번역했다. 비록 자기는 음으로 어리석지만, 양명한 두 양의 의견을 가납하여 행하는 군주는 몽의 시대를 극복할 수 있을 것이므로 길하다고 하는 것이다.

---

113) 3·4·5位는 외호괘, 2·3·4位는 내호괘라 한다. 互體에 관한 글은 실마리의 41쪽부터 있으니 참조하라.

小象傳에서도 순순히 좇고 겸손하기 때문이라 했다. 여기서도 상을 넓히면, 외호괘가 坤(☷)이니 '順'이 나오고, 六五 음이 양으로 변하면 상괘가 巽卦(☴)가 되니 '巽'이 나온다. '順以巽'의 '以'는 '而'의 뜻이고 우리말로 '그리고'에 해당한다.

＊ 上九, 擊蒙. 不利爲寇, 利禦寇.
象曰, 利用禦寇, 上下順也.

상구, 어리석음을 친다. 도적이 되는 것은 불리하고, 도적을 막는 것은 이롭다.
상전에서 말했다. 도적을 막는 것에 이로움이 있다함은, 상하가 순응하기 때문이다.

[자구의 뜻] 擊: 칠 격, 죽일 격, 가르쳐 열어줄 격, 남자 무당 격. 禦: 제사지낼 어, 금할 어, 항거할 어, 방비 어. 禦寇: 도적이나 외적을 막음.

[해설] 上九 효사와 小象傳이다. 上九는 몽의 극이니 새로운 변화가 일어나거나 진행되어 오던 것이 마무리가 되는 시기이다. 上卦 艮 '그침'에 있고 종극이다. 한편으로는 양으로 음위에 있으니 不正位이고 아래로는 六三과 正應이다.

상구의 시대상황도 역시 몽의 시기. 제일 윗자리이니 가장 웃어른이고, 양이니 剛하고 부정위이면서 우뚝 솟은 산봉우리이므로 치우치게 강력해, 몽을 쳐서 깨우치려 한다. 그래서 '擊蒙'이다. 그러나 지나치면 피교육자, 특히 이미 성인이 된 피교육자에게는 반감을 사게 된다. 그리고 六五에게도 자기의 권한을 빼앗는 것으로 의심을 받을 수도 있다. 이렇게 되면 오히려 도적이 되니 이롭지 않는 것이다. 이런 표현이 '不利爲寇'이다. 그러므로 외부로부터 오는 각종 유해한 것을 막는 정도면 이롭다. '利禦寇'는 이런 뜻이다. 즉 음위의 '陰'에서 나오는 '유순함'과 艮의 '그침'의 뜻을 살려야 이롭지, 지나치게 '擊'을 하면 안 된다. 이런 뜻을 새긴 말이다.

'擊蒙'과 '不利爲寇'를 연결하여 풀이를 많이 한다. 곧 '擊蒙, 不利爲寇'가 되면 '몽을 쳐서 깨우치니, 도적이 되면 이롭지 않고'가 된다. 이렇게 되면 어리석은 사람, 즉 몽이 도적이 되는 것인지, 상구가 도적이 되는 것인지가 구별이 잘 안 된다. 그래서 마침표를 찍고, 다음의 '不利爲寇, 利禦寇'와 연결하여 지나치게 '擊'하면 좋지 않다는 뜻을 새긴 것으로 보았다. 程頤는 舜순·周公과 秦始皇·漢武를 비교하면서 진시황과 한무처럼 지나치게 擊하는 것을 경계한 것으로 보았고, 현대의 黃壽祺도 격렬하고 지나친 교육방식이 불리하다고 풀이하니, 모두 상구의 깨우침이 격렬할 수 있기 때문에 '擊'이 등장하고, 이런 지나침을 경계한 것으로 본다.

소상전의 '上下'에서 上은 상구를 일컫는다는 것은 통일되는데, 下는 九二, 六三, 六五로 나뉜다. 구이로 보는 것은 상구와 구이의 두 양이 몽을 다스리는 위치이니 같은 처지를 말하는 것이다. 그런데 구이와 상구는 몽을 다스리되 교육방법은 다르다. 구이는 '包蒙'이고 상구는 '擊蒙'이니 자세히 살피면 '上下順'에는 모순이 발견된다. 그러면 육삼과 육오 중에 어느 것인가? 六三은 '勿用取女'이니 '擊蒙'의 상대이므로, 상구의 지위나 성격이 擊蒙을 할 가능성이 있다. 그러나 심하면 위에서 지적한 바와 같이 '爲寇'가 될 것이므로 좋지 않고, '禦寇' 정도가 좋다는 뜻이다. 육오는 군왕이므로 격몽의 상대는 아니다. 그러므로 육삼으로 보는 것이 타당할 것 같다.

이 괘는 처음 일을 시작하거나, 어린생명이 生을 영위할 때는 어리석음이 있다는 것을 卦名인 '蒙'으로 나타냈다. 이 몽에서 탈출하기 위해서는 반드시 깨우침을 받아야 하는데 이것은 교육이다. 그래서 이 괘는 교육에 관한 언급을 위주로 한다. 九二와 上九는 교육자이며 이끌어가야 하는 위치에 있는 자이고, 뭇 음들은 학생의 위치에 있는 자이다. 교육자나 피교육자 모두가 '學'을 중요하게 생각고, 또 '養正'해야 함을 나타내면서 스승을 존중해야 함을 일깨우고 있다. 괘사의 '匪我求童蒙, 童蒙求我', '初筮告, 再三瀆, 瀆則不告'에서는 스승존중을, 효사의 '說桎梏', '包蒙', '擊蒙' 등에서는 스승의 교육방법을, '以往吝', '勿用取女', '獨遠實'에서는 학생들의 태도와 연관이 된다. 특히 교육방법에서도 '포몽'과 '격몽'의 방법이 나오고 있으니 지금의 우리 교육현장에서도 참고해야 할 일이다. 특히 '격몽'에서도 '利禦寇' 하고 있음을 잊지 않았으면 한다.

오늘 우리의 교육현실은 국가와 교육자, 교육자와 학생, 교육자와 학생의 부모, 이들 서로간에 믿음은 없고 오직 자신들의 권리를 강화하는 일에만 집중하는 실태이다. 蒙卦 어디에서도 선생과 학생간의 관계에서만 말했지 다른 것에는 일체의 언급이 없다. 이미 옛날 옛적에는 이런 교육환경이 모두 언급이 필요 없는 상태이기 때문이다. 그러니 우리는 얼마나 잘못되고 한심한 나라인가?

어디부터 무엇이 잘못인지 생각에 생각을 거듭해야 할 일이지만, 스승에 대한 존경심은 교육자의 자질과 덕에부터 살아나고, 여기서 교권은 절로 강화될 것이다. 이런 단순한 진리를 부디 깨우쳐서 교사들의 집단적인 데모로 자신들의 지위를 찾으려는 행위가 없었으면 한다. 우리 외에 또 어느 나리에서 있는지 반문하고 싶다.

䷄ 需 (水天需)

概說: '需'는 '기달 수, 필요로 할 수, 제공할 수, 반드시 수' 등의 뜻이 있는데 卦名에는 '기다리다'의 뜻이 가장 적당하다. 위는 坎卦☵, 아래는 乾卦☰다. 坎은 '물'로 상징되면서 '험한' 성질이 있고, 乾은 '하늘'로 상징되면서 '강건한' 성질이 있음은 이미 앞 乾卦와 屯卦에서 지적한 바이다. 건의 하늘위에 감의 물이 있으니 조금만 기다리면 비가 아래로 내려 순조롭게 진행될 것임을 알 수 있다. 대체로 생물이 태어나면 어리고 어리석어서 가르치고 이끌어 준 후에는 기다리면 점점 양육되어진다. 그래서 '기다림'의 뜻으로써 괘명 '需'가 되는 것이다.

그런데 「序卦傳」에서는 "사물이 어리면 양육하지 않을 수 없다. 때문에 수괘로서 받았으니, 需란 음식의 도이다(物穉, 不可不養也, 故受之以需, 需者 飮食之道也)"라고 했다. 어려서 어리석다는 蒙卦 다음에 需卦가 놓인 까닭을 이렇게 풀었다. 수괘에는 '飮食' '酒食'의 단어가 등장하기는 하나, 卦爻辭 전체를 관통하고 있는 의미는 '飮食之道'라기보다는 '기다림의 도'를 말하고 있다. 그런데도 '飮食之道'라고 하니 억지스러워 보이나 '기다림'과 연결시키면, 음식이란 금방 되는 것이 아니고 재료를 구해서 다듬고 이를 익혀서 만드는 과정이 있으니 입맛을 다시며 '기다리는 것'이 곧 '음식의 도'라고 말할 수 있을지 모르겠다. 아마도 어린 것을 양육시키기 위해서는 음식을 먹여야 커가니 「서괘전」에서는 이를 말하고 있는 것 같다. 그래서 '需'자의 뜻에는 '기다리다'도 있고 '필요한 것을 구하다'라는 뜻도 있으니 필요한 것을 구해서 기다려야 음식을 먹는 '飮食之道'가 성립하는 것인가 보다. 그러나 아래 彖傳에서는 간단히 "需는 기다림이다(需 須也)"라 했다.

「雜卦傳」에는 "需는 나아가지 못한다(需不進也)"라고 했다. 이 「잡괘전」의 의미는 수괘의 象에서 얼마든지 유추해 낼 수 있다. 下卦 건의 '강건함'이 上卦 감의 '험난함'에 막혀 전진하지 못하는 상이 있기 때문이다. 그래서 전진하기 위해 때를 기다리고 있다는 의미가 된다.

만물이 태어나면 어느 수준까지 자라기를 기다려야 하는 것이 자연의 이치이다. 이런 기다림의 상황을 어떻게 말하고 있는지 알아보자.

1. 괘

* 需, 有孚, 光亨, 貞吉, 利涉大川.

수괘, 믿음이 있으니, 빛나고 형통하며, 바름을 지키면 길하고, 큰 내를 건너야 이롭다.

[자구의 뜻] 孚: 誠信(미쁨) 부, 알 깔 부. 涉: 건널 섭, 나루 섭, 지날 섭.

[해설] '需'는 괘명이고, 需卦는 성장하기를 기다리는 괘이다. 그러니 특별한 경우가 아니면 기다리면 성장할 것이라고 믿는다. '有孚'이다. 이렇게 믿음을 가지면 빛나고 형통하게도 자라니 '光亨'인 것이다. '孚'는 일반적으로 마음속에 믿음을 품고 있음을 말할 때 등장한다. 그렇다고 사욕을 채우며 게으름에 빠져서 아무렇게 해도 된다는 뜻은 아니다. 그래서 자주 등장하는 '貞'의 단서가 붙고, 이렇게 바르게 하면 만물은 양육되므로 기다림의 성과가 있게 되니 '吉'하게 된다(貞吉).

마지막 利涉大川. '大川'은 상괘의 坎에서 나온 상이다. 하괘 乾의 '강하고 꿋꿋함'이 결국은 이 감의 險難을 헤치고 나가야한다. 옛날은 큰 강을 건너는 일이 쉽지 않았다. 그렇기 때문에 어려운 일을 해내는 것을 상징한 표현이 '涉大川'이다. 어린이가 자라서 성인이 되는 데는 강을 건너듯이 어려움을 헤치고 나가야 한다. 가령 예방접종이 없었던 옛날에는 각종 질병을 이겨내야 했고, 母乳유가 없으면 남의 젖을 먹이기도 하고, 끓인 밥물도 먹여야 했다. 현대에도 각종 위험은 있으니 이를 이겨내야 한다. 그래서 '利涉大川'이다. 무작정 시간만 보내는 기다림이 아니다. 이런 뜻을 괘사는 말하고 있다.

＊ 彖曰, 需, 須也, 險在前也. 剛健而不陷, 其義不困窮矣. 需有孚光亨貞吉, 位乎天位, 以正中也. 利涉大川, 往有功也.

단전에서 말했다. 수는, 기다림이니, 위험이 앞에 있어서이다. (그러나)굳세고 튼튼하여 (위험에)빠지지 않으니, 그 뜻이 몹시 구차하지는 않다. 수괘는 믿음이 있으니 빛나고 형통하여 바름을 지키면 길하다는 것은, (九五가)하늘 자리에 자리하고, 바르고 중심에 있기 때문이다. 대천을 건너야 이롭다함은, 가면 공이 있기 때문이다.

[자구의 뜻] 須: 모름지기 수, 수염 수, 기다릴 수, 쓸 수.

[해설] 괘사를 설명한 「彖傳」이다. 먼저 '需'라는 괘명의 뜻을 卦象으로 풀었다. '需'의 뜻은 '기다림'이고, 왜 기다리느냐, 앞에 위험이 있기 때문이라 했다. '險'은 상괘 坎에서 나온 象이고, 괘는 아래에서 위로 진행되니 상괘가 앞이 된다. '剛健'은 하괘 乾에서 나왔다. 이 剛健 때문에 기다림도 곤궁하지는 않다고 했다. 마냥 기다리는 것이 아니고 때가 되면 꿋꿋이 나아갈 수 있기 때문이다. 수괘의 의미가 드러나도록 설명을 더 이은 것이다.

그 다음은 괘사를 상괘의 九五와 하괘의 성질로 풀었다. '需, 有孚光亨貞吉'하게 됨은 九五가 하늘자리, 즉 천자의 자리에 있으면서 양이 正位하여 중앙을 차지했기 때문이니, 이를 '位乎天位, 以正中也'라 했다. 이는 천자가 중덕을 갖추고 바르게 일을 처리하는 것을 의미하므로 '有孚光亨貞吉'의 결과를 가져오는 것이다. 그리고 때가 되면 아래 건의 강건함과 九五의 중정으로 대천도 무사히 건너가 공을 이룰 수 있으므로 '利涉大川, 往有功也'라는 결과도 이루어내는 것이다.

그런데 '以正中也'를 해석함에 正은 九五를, 中은 九二를 말하고 있다고 보기도 한다. 구오만을 지칭했다면 '正中'이라 하지 않고 '中正'이라 해야 마땅하다고 생각하기 때문이다. '正'보다는 '中'이 더 중요하고 앞서야 한다는 생각이다.[114] 그리고 하괘의 中을 차지하고 있는

---

114) 상괘의 가운데 자리에 양효가 자리하고, 하괘의 가운데 자리에 음효가 자리하면 보통 '中正'이라 한다. 이 中正에 관해서 실마리의 38쪽 이하를 보라.

구이의 역할을 무시할 수 없다는 생각일 것이다. 그러나 구오와 구이는 양과 양으로 中位가 아니었다면 서로 충돌하는 관계이니, 협력한다는 의미를 끌어내기 보다는 九五의 역할로만 해석하고, '正中'과 '中正'은 서로 혼용할 수 있다고 생각하는 것이 합리적일 것 같다.

* **象曰, 雲上於天, 需. 君子以飮食宴樂.**

상전에서 말했다. 구름이 하늘로 오르는 것이 수괘이다. 군자는 이를 보고서 먹고 마시면서 편히 즐긴다.

[자구의 뜻] 宴: 잔치 연, 즐길 연. 宴樂: **연락**-편안히 즐김, 잔치를 벌려 즐김.

[해설] 大象傳. 구름이 하늘에 모이면 장차 비가 올 조짐이다. 양육의 시기에 비가 오면 만물이 자라게 되니, 군자라면 하늘 위로 구름이 모여드는 자연의 이치를 보고서 이제 편히 비 오기를 기다리면 된다. 수괘의 뜻을 이런 의미로 풀이했다.

'雲'은 상괘 坎에서 취한 象. 水·川·河·雨·雲이 모두 坎에서 나온 상이다. '天'은 하괘 乾의 象. 상으로 괘를 말했다. 구름은 물의 기운이고 물의 기가 하늘로 올라가면 비를 기다리게 된다. 孔穎達의 『周易正義』에서는 '天上有雲(하늘 위에 구름이 있다)'라고 하지 않고, '雲上于[115]天'이라 한 것에 의미를 두기도 했다. 곧 하늘 위에 언제나 볼 수 있는 구름이 아니라, 구름이 하늘로 오른다는 것은 비가 올 것을 말하고 있다는 이야기이다.

물기가 하늘로 올라가면 다음은 음양이 조화되는 자연의 이치에 맡길 수밖에 없다. 군자는 비를 내리기 위해서 구름이 모이는 현상은 사람이 남에게 베풀기 위해 몸을 기르는 것과 같은 것으로 보고 음식을 먹고 마음을 편히 해서 기다린다고 '飮食宴樂'이라 했다. 程頤는 "음식으로써 정기와 몸을 기르고, 편히 즐김으로서 마음의 뜻을 온화하게 한다(飮食以養其氣體, 宴樂以和其心志)"라고 했다. 군자들의 마음가짐과 행위를 나타낸 말이다. 곧 군자들은 세상에 나가 실력을 발휘할 시기가 돌아올 때까지 계속 몸을 기르고, 덕을 더 쌓으면서 편한 자세로 기다린다는 뜻이다.

2. 효

* **初九, 需于郊, 利用恒, 无咎.**
象曰, 需于郊, 不犯難行也, 利用恒无咎, 未失常也.

115) 어조사 '於'가 아닌 '于'로 된 책도 보인다.

초구, 들판에서 기다리니, 항심을 가지는 것이 이롭고, 허물이 없다.

상전에서 말했다. 들판에서 기다린다는 것은, 위험을 무릅쓰고 행하지 않는 것이요, 항심을 갖는 것이 이롭고 허물이 없다는 것은, 상도를 잃지 않는다는 것이다.

[해설] 初九 爻辭와 그 小象傳이다. 초구는 괘의 가장 아랫자리에 있으니 어리고 미천한 존재이다. 그리고 乾 '굳셈'의 시작이니 꿋꿋함도 미약하다. 그러나 정위했고 위로는 六四와 正應이다.

여기서 가장 중요한 것은 坎의 물과는 거리가 제일 멀리 떨어져 있는 것이다. 그래서 '郊'를 썼다. 下卦의 3양은, '險'이요 '水'의 象인 坎과의 거리로 효사의 상태를 말하고 있다. 감은 험한 세태를 상징하기도 한다. 아직 어린아이는 험한 세상사가 바로 앞에 닥친 일이 아니라는 뜻이다. 위험은 멀리 있고 어리고 미천하니 구태여 모험을 할 이유가 없다. 성 밖 기다림과 같이 시간이 걸리는 기다림은 평상심을 갖는 것이 좋다. 그리고 초구가 得位했고, 정응이 있으므로 그렇게 할 수 있게 돕는다. 그러므로 '需于郊, 利用恒'이요, 이렇게 하면 허물이 있을 수 없으니 '无咎'이다.

'恒'은 평상심을 말한다. 그래서 '用恒', 즉 '항심을 사용한다'는 것은 평상시의 마음을 유지하는 것이요 이것이 常道이다. 그런데 이 '恒'을 '오래 간다'는 뜻으로 풀이한 분도 있으나 가장 적당한 것은 아니다.

이런 효사의 뜻을 '需于郊'와 '利用恒, 无咎'로 나누어, 위험과는 멀리 떨어져 있으니 위험을 무릅쓸 이유도 없고, 그러므로 상도를 잃지 않는 것이 이롭다는 뜻으로 푼 것이 소상전이다.

*** 九二, 需于沙, 小有言, 終吉.**
象曰, 需于沙, 衍在中也, 雖小有言, 以吉終也.

구이, 모래에서 기다리니, 사소한 말은 있으나, 결국에는 길하다.

상전에서 말했다. 모래에서 기다린다함은, 모래사장 가운데 있는 것이요, 다만 사소한 말만 있다는 것은, 길함으로써 마친다는 것이다.

[자구의 뜻] 衍: 넘칠 연, 넉넉할 연, 모래톱 연, 넓을(힐) 연, 허물 연.

[해설] 九二 효사와 소상전. 初九보다는 물과 험을 상징하는 위의 감괘에 가깝다. 無應·無比이면서 제자리도 아니다. 그런데 강건한 것이 中을 차지하고 있는 것이 이 효의 장점이다.

물가에는 모래가 있다. 초구의 '郊'보다는 물에 가깝게 있다는 표현으로 '沙'를 썼다. 젊은이들이 물가의 모래에 있다면 자연히 이런저런 주의와 핀잔의 말이 있게 마련이다. 그래서 '小有言'이다. '小'의 우리말은 '사소하다'가 가장 적당하다. '言'을 高亨은 『篆전文』, 『설문』116)과 갑골문에서의 쓰임을 검토하여 우리말의 '꾸지람'이라 했다. '말'보다는 '꾸지람'이 좀 더 구체성을 띄고 있어 이해가 쉽다. 그러나 '말'은 구체성이 떨어지기는 하지만, 여러 사태를 포함하는 이점이 있어서 그대로 '말'로 번역했다. 예를 들면 '말'은 '꾸지람'일 수도 있고, '걱정하는 말'일 수도 있고, '원망의 말'일 수도 있기 때문이다. 여러 가지 뜻을 함축하고 있음은 다양한 사태를 포함하고, 이는 占에서 다양하게 적용하는 이점이 있다. 모래사장에 있으나 구이는 중덕이 있으니, 지나친 행동은 자제하며 기다린다. 그러니 결국은 吉이 된다.

초구는 无咎이고 이 보다 위험에 가까이 있는 구이는 吉이다. 무엇이 더 좋은 占斷인지 깊이 생각할 필요가 있으나, 지금 당장은 吉이 더 확실하고 좋아 보인다. 위험이 가까이 있지만 이 위험을 범하지 않으면 결과는 확실해지면서 좋게 된다고 본 것 같다. 이에 대해 원나라 때의 胡炳文은 이렇게 말했다. "초구는 강으로서 강에 거하니 조급할 것을 두려워하였기 때문에 비록 험에서 멀리 있으나 오히려 경계하는 말을 두었고, 구이는 강으로서 유(부드러운 자리)에 거하니 성질이 너그럽고 중덕을 얻었기 때문에 험에서 가까우나 길하게 되어 해가 없다(初九, 以剛居剛, 恐其躁急, 故 雖遠險, 猶有戒辭, 九二, 以剛居柔, 性寬관而得中, 故 雖近險而不害其爲吉)"[117] 吉이 되는 이유를 설명하는데 많이 인용하는 말이다.

소상전은 효사를 쉽게 덧붙여 설명한 것이다. '衍'을 '너그럽다'는 뜻으로 많이 푼다. 구이의 중덕을 강조하기 위해서다. 그러나 여기서는 '需于沙'의 자구 풀이를 직접 한 것으로 보고, '모래톱'을 취했다. 모래톱이란 모래가 쌓여 있는 넓고 큰 벌판을 말하니 '모래사장'이다. '以吉終也'는 '以終吉也'로 해야 한다는 설이 있고, '以終吉也'로 나온 책도 있다. 효사가 '終吉'이기 때문이다. 합당한 지적이나 뜻에는 큰 차이가 없어 그대로 두었다.

*** 九三, 需于泥, 致寇至.**
象曰, 需于泥, 災在外也, 自我致寇, 敬愼不敗.

구삼, 진흙 밭에서 기다리니, 도적을 불러들인 것이다.

상전에서 말했다. 진흙 밭에서 기다림은, 재앙이 바로 앞에 있다는 것이요, 내 스스로 도적을 불러들였으니, 공경하고 삼가야 실패하지 않는다.

[해설] 九三 효사와 소상전. 구삼은 剛이 剛位에 있고 下卦의 제일 위에 있으면서 上卦의 坎과 맞대고 있다. 六四와는 比, 上六과는 應의 관계다. 과연 구삼은 어떻게 할까. 지극히 강

---

116) 『篆文』은 한자의 글씨체의 일종이고 「대전」과 「소전」이 있다. 『說文』은 漢의 허신이 지은 책으로 『說文解字』의 준말이다.

117) 호병문은 주희의 『周易本義』를 근거로 여러 설을 절충하여 『周易本意通釋』을 지었는데 그 중에 이 두 효를 비교분석한 내용이 있다. 이를 『周易傳義大全』에도 인용하고 있다.

건하고, 또 乾卦의 구삼은 '終日乾乾'이니, 바로 앞에 있는 위험을 해결하려 할 것이다. 하괘의 제일 어른이니 앞장 설 수밖에 없을 것이다. 그러니 앞에 놓여 있는 물속으로 발을 들여놓으니 '需于泥'이다. 험 속에 있는 육사와 상육을 도와주기 위해서인지 한 발 나서고 말았다. 그래서 위험에 빠지니 도적을 불러들인 꼴이므로 '致寇至'이다. 물로 상징되는 위험한 곳에 용감히 뛰어든 것이다.

바다가 보이는 들판, 더 나가면 모래사장, 더 나가면 발이 빠지는 진흙탕이다. 아래 건괘의 세 효는 이런 표현으로 험한 坎卦에 다가섬을 나타내었다. 어차피 성장하면 세상사와 얽히지 않을 수 없고, 잘 잘못은 그가 하기에 따라 갈릴 것이므로 점사는 말하지 않은 것 같다.

'致寇'는 '도적을 불러들이다', '至'는 '그런 상태에 이르다'는 뜻이다. 결국 소상전의 표현 '自我致寇'에서 나타나듯 내 스스로가 도적을 부른 상태가 됐다는 의미.

'災在外也'의 '外'는 外卦를 말하고, 구삼의 바로 앞에 있으니 번역은 '바로 앞'으로 했다. 외괘인 坎은 '위험'이니, 재앙이 있는 것이다. '自'는 원인을 나타내는 우리말의 '말미암아'로 보아도 되나 '스스로'의 뜻을 취했다. 결국 스스로 위험에 뛰어들었으니 만사를 공경하고 삼가면 실패에 이르지 않는다는 뜻이 소상전의 풀이다.

*** 六四, 需于血, 出自穴.**
象曰, 需于血, 順以聽也.

육사, 피바다에서도 기다리면, 구덩이로부터 나오게 된다.
상전에서 말했다. 피바다에서도 기다리는 것은, 순순히 따르고 (말을)들었기 때문이다.

[자구의 뜻] 穴: 구멍 혈, 굴 혈, 무덤 혈, 혈(침놓는 부위) 혈. 聽: 들을 청.

[해설] 六四는 괘의 위치로 보면 기다리고 기다리는 때이고, 위 坎의 시작이니 '위험'이 이미 시작됐다. 그리고 정위했고, 상하가 親比이며 初九와는 相應한다. 지금 이 나라의 제도에 견주어서 말하면, 그는 장관의 지위에 있으면서 위로는 대통령을 잘 보좌하고 아래로는 시·도지사와도 친하며, 백성들과도 서로 응원하는 사이이다. 나라의 상황은 위험한 구덩이에 처해있으니 탈출구를 마련해야 한다. '血'은 이미 험하고 어려움 속에 빠져 상처를 받고 있음을 말하고, '穴'은 坎의 험한 구덩이를 상징한 것이다. 육사는 상처가 난 피바다에서도 충실히 자기 직분을 다하면서(正位이고 正應, 親比가 있어 가능하다) 노력하면 기다림의 보람이 있어서 구덩이에서 나올 수 있다는 표현이다. 곧 어려운 상황에서도 기다린 보람이 있어서 구덩이에서 탈출한다는 뜻이다. 여기서의 '需'는 '求하다'라는 뜻이 내포된 기다림이다.

소상전의 '順以聽也'는 윗사람의 명령과 백성의 소리를 듣고 따른다는 뜻이니, 이것이 피바다에서도 기다리며 노력한 이유라는 말이다.

＊ 九五, 需于酒食, 貞吉.
象曰, 酒食貞吉, 以中正也.

구오, 술과 음식으로 기다린다. 바르게 하면 길하다.
상전에서 말했다. 주식과 바름이 길하다고 한 것은, 중정하기 때문이다.

[해설] 九五 효사와 小象傳이다. 구오는 需卦의 天位, 곧 중덕을 갖춘 임금이고, 양이 양자리에 있으니 正位이고 아래위로 친밀한 관계를 유지하고 있다. 단지 九二와는 正應이 되지 못한다. 그래도 이만하면 이 괘가 당면한 어려움에서 벗어나는 결실을 얻기 위해 기다린 보람이 있을 때이다. 그러므로 앞으로 있게 될 포상을 준비하면서 기다린다. 그래서 '需于酒食'이라 했다. 그렇다고 태만하거나 게으름을 피울 수 없는 경우이니, '貞'이라는 조건은 붙여야 한다. 이렇게 바르게만 하면 구이도 중덕을 갖춘 자이므로 같이 힘을 합칠 것이다. 기다림의 결과가 완전히 이루어질 것임을 확신하고 있음을 나타내고 있다.

이런 결과는 오로지 需卦의 主爻인 구오가 가운데서 제 위치를 얻은 왕의 자리에 있기 때문이라고(中正) 소상전은 말하고 있다. 彖傳의 '天位'도 구오를 말함이요, 大象傳의 '君子以飮食宴樂'도 구오로 말미암은 것이니, 구오가 이 괘의 주효이기 때문에 괘사의 풀이에서 나오는 글자가 여기서도 나타나는 것이다. 소상전의 '酒食貞吉'은 '需于酒食, 貞吉'을 줄인 것이겠지만, 번역은 조금 억지스러워도 줄인 말 그대로를 옮겼다.

＊ 上六, 入于穴, 有不速之客三人來, 敬之, 終吉.
象曰, 不速之客來, 敬之終吉, 雖不當位, 未大失也.

상육, 구덩이 안에 있었는데, 청하지 않은 손 세 사람이 와서, 이들을 공경하였더니, 마침내 길하게 되었다.
상전에서 말했다. 청하지 않은 손님이 와서, 이들을 공경하였더니 마침내 길하게 되었다는 것은, 비록 자리는 마땅치 아니하나, 크게 잃지는 않는다는 것이다.

[자구의 뜻] 速: 빠를 속, 초청할(부를) 속, 약속할 속. 當: 향할 당, 알맞을 당.

[해설] 上位의 효사와 소상전이다. 上六은 需卦의 끝이면서 위 坎의 끝이다. 그러므로 '기다림'도 끝나고 '험'에서의 탈출이 예상되는 위치이다. 다행히 정위하고 있으니 바른 행동을 할 것이나, 음이 음위에 있으므로 지극히 유약할 것이다.

'入于穴'은 上坎의 험한 穴에 속해 있음을 말한다. 그래서 '入'을 '구덩이로 들어가다'는 표현보다는 '원래 구덩이에 있었다'는 뜻을 나타내기 위해 위의 번역이 됐다. 약한 음이 변화의 회오리 속에 있는데, 아래에서 청하지 않은 손님이 왔다. 혼란과 어려움 속에서도 이들을 공경히 대접하였더니, 이들이 협력하여 마침내 어지러운 상황이 깔끔이 해결되어 吉하게 된다. 이런 뜻이 '不速之客三人來, 終吉'이다.

'客三人'은 응인 九三이 그의 동료요 아랫사람인 두 양(初九와 九二)을 대동하여 온 것이고, 이들은 '天'이니 오르는 성질이므로, 기다리다가 그 때가 극하였기에 온 것이다. 왜 '不速'인가? 구삼은 응이니 상육이 도움을 청할 수도 있고, 구삼 스스로가 도와주기 위해 갈 수도 있으니 '不速'이라는 말은 이상하나, 초구와 구이는 전혀 관계가 없으니 '不速'이라 했다. 초구와 구이는 왜 도와주려고 갔는가? 양의 성질은 앞으로 가는 것이요 天에 속해서니 때가 극하면 움직여 갈 수 밖에 없다. 이런 이유를 들어 설명한다. 많은 분들이 '速'을 '초청하다'라는 의미로 풀이하나, '빠르다'라는 의미로 푼 사람도 있다. 이것은 양들이 즉시 오는 것이 아니라, 시간이 다 되도록 기다렸다가 오므로, 빨리 오지 않은 양이라는 의미로 '不速'이다. 이것도 하나의 안이나, 여기서는 대세를 따랐다.

소상전의 '不當位'에 대해서는 학자들 마다 설이 다르다. 음이 음위에 있으니 마땅히 當位가 돼야 하기 때문이다. 王弼은 괘의 初와 上은 그 힘이 미약하므로 位의 귀천과 강약이 확실하게 나타나는 자리가 아니라는 '初上无位說'을 주장하면서 이 때문에 '不當位'라 했다. 程頤는 음양의 자리가 아니고 직급을 말한 것으로 상육은 은퇴한 원로이므로 '不當位'라 한다고 했다. 朱熹는 잘 모르겠다고 했고, 蔡淸[118]은 온당한 환경에 처해 있지 않음을 말하는 것으로 보았다. 그리고 현대의 高懷民은 應도 아닌 초구와 구이가 함께 왔기 때문에 이들을 '不當位'라 한다고 했다. 여기에서는 양이 양위에, 음이 음위에 있는지의 여부를 따지는 '當位·不當位'가 아니고, 상육의 자리가 坎의 극으로 안전한 자리가 아니므로 '不當位'라 한 것이 아닌가 하여, 蔡淸의 설을 따르고 싶다. 좋지 않은 자리에 있지만 세 사람의 도움 등으로 크게 잃는 것 없이 일이 해결되면 吉로 마치는 것이 된다.

삶은 항상 계속되어야 한다. 이런 긴 여정은 기다림이 중요하다. 때로는 大川이 가로막아도 군자는 즐기며 기다렸다가 때가 되면 건너간다. 이런 때 소인은 자살 같은 극단적인 것을 택하기도 하니, 인생을 보는 관점이 이렇게 다르다. 이런 환경의 需卦에서 下卦는 점점 자라면서 험한 세태에 다가감을, 上卦는 이런 험한 세태에 물들지 않고 어떻게 바르게 헤쳐 가느냐의 문제를 말하고 있다. 특히 六四에서는 인생의 확고한 지위를 마련하기 위해서 피나는 노력을 하는 것 같고, 善과 不善의 갈림길에 놓여 고군분투하는 것 같기도 하다. 이렇게 고달픈 인생길이지만 종국에는 길하고 만물의 생육도 기다림 속에서 꽃이 피니, 군자들의 飮食宴樂하는 태도를 먼 인생여정에서는 배우고 실천해야 함을 이 괘는 말하고 있다.

118) 명대의 사람으로 『易經蒙引』 12편을 편찬함. 朱熹의 『주역본의』를 위주로 해설한 책이다.

䷅ 訟 (天水訟)

槪說: '訟'의 뜻은 '송사할 송'이다. 하늘과 땅이 열려 혼란하고 어려운 가운데 처음으로 생물이 탄생했다. 이 생물은 아직 어리니 잘 양육하면서 기다리면 성장한다. 이렇게 성장한 생물들은 어느덧 서로 경쟁하고 다투게 되니 訟卦가 있게 된 것이다. 괘가 위의 乾☰ '天'과, 아래 坎☵ '水'의 象으로 이루어져 '天水訟'이라고도 부른다. 앞 괘 '水天需'와는 상하가 바뀐 괘(綜卦)이다. 양은 전진하고 오르는 성질이 있다. 그러므로 하늘은 양의 덩어리이니 위로 올라가고, 그에 비해 물은 아래로 흘러내린다. 오르는 것이 위에 있고 내리는 것이 아래에 있어 서로 접촉이 되지 않고 돌아앉아 어긋나니, 그래서 송사가 있게 된다. 卦象으로 밝히는 訟의 의미다.

「서괘전」. "飮食에는 반드시 송사가 있으니, 그 때문에 송괘로서 받았다(飮食, 必有訟, 故受之以訟)"라고 했다. 이는 需卦를 '飮食之道'로 보고 한 말이다. 먹을 것이 충분치 못한 옛날은 음식으로 인한 다툼이 흔했을 것이다. 지금도 음식으로 인해 마음 상하는 일이 자주 있으니 수괘 다음에 송괘를 둔 그럴듯한 이유가 된다. 그러나 수괘를 '기다림의 도(需待之道)'로 보면 괘의 순서가 이래야할 이유는 못된다. 기다려 성장한 후는 경쟁이 있기 때문인 것으로 보아야 할 것이다. 「잡괘전」에는 "송은 친하지 않는 것이다(訟不親也)"라고 했다. 친한 사이보다 친하지 않는 사이가 자주 송사가 일어날 것이니 이를 말하는 것 같다. 물론 小成卦의 象에서도 하늘과 물이 각각 위와 아래로 그 기운이 향하면서 어긋나니 친할 수가 없었다.

'飮食'이든 '不親'이든 인간에게는 욕망이라는 것이 있고, 이 욕망이 부딪칠 때, 크고 작은 다툼이 없을 수 없다. 작은 다툼이 크게 되면 소위 소송으로 가게 된다. '訟'은 작은 말다툼에서부터 법정에 서는 큰 것까지를 모두 송이라 한다. 訟이라는 글자도 言+公이니, 이는 말로서 다투나 그것은 공평해야 한다는 뜻을 담고 있다. 그러면 이 訟의 문제를 어떻게 보고 있으며, 각 위치에서의 대처방법은 어때야 하는지를 알아보자.

1. 괘

* 訟, 有孚, 窒惕, 中吉, 終凶. 利見大人, 不利涉大川.

송괘는, 믿음은 있어도, 막히면 두려우니, 중화시키면 길하고, 끝까지 가면 흉하다. 대인을 만나면 이롭고, 큰 내를 건너는 것은 불리하다.

[자구의 뜻] 窒: 막을(힐) 질, 장애물 질, 찰 질, 집 질.

[해설] 괘사이다. 송사를 할 때는 자기의 정당함에 대한 어떤 믿음이 있기 때문에 한다. 그

래서 '有孚'. 그러나 진행함에 따라 상대방에게도 주장하는 바가 있으니 내 주장만 옳은 것이 아니게 된다. 그러면 믿음이 막히고 패할 가능성도 있게 되어 두려움이 생기니 '窒惕'. 그래서 적당한 선에서 화해를 하고 치우침 없이 처리하는 것이 좋은 것이므로 '中吉'이고, 우겨서 끝까지 가면 이겨도 들어간 시간, 노력, 비용과 결국 상대방을 적으로 만들게 되니 좋을 것이 없게 되므로 '終凶'이다. 이런 송사에는 여러 가지 조언이 필요하고 도움을 주는 사람이 필요하다. 그래서 요즘도 법을 잘 아는 변호사나, 권력과 돈을 가진 사람의 도움이 있으면 금상첨화이고, 비록 그렇지는 못하나 중간적인 입장에서 옳은 판단을 할 수 있도록 도움을 주는 사람이 있으면 이로운 것이므로 '利見大人'이다. 그러나 끝까지 해보자고 우겨서 계속하면 큰 내를 건너야 하는 어려움이 있으므로 이는 불리하니 '不利涉大川'이다.

우선 '有孚窒惕中吉終凶'의 6자를 구로 구획 짓는 것이 여러 가지다. 위의 방법 외에도 '有孚窒, 惕中吉, 終凶'이나 '有孚窒惕, 中吉, 終凶'이 있다. 앞의 것은 '믿으나 막힘도 있으니, 두려워하여 중도로 하면 길하고, 끝까지 가면 흉하다'로 되고, 뒤의 것은 '믿음이 막힘을 당하면 두려움이 있어서, 중도로 하면 길하고……' 등으로 번역이 된다. 아주 미묘한 차이는 있으나 어떻든 '中吉'과 '終凶'으로 귀착되는 것은 같다. 그런데 丁若鏞은 상당히 다르다. 그는 '有孚, 窒惕中, 吉, 終凶'으로 보고, '窒'은 '가득 차다'의 뜻에서 '實心(성실한 마음)'으로, '惕'을 '天命을 두려워하는 것'으로, '中'을 '마음'으로 하여, 전체를 "믿음이 있음이니, 마음을 성실하게 가득 채워 천명을 두려워하는지라 길하나, 끝은 흉할 것이다"[119]로 번역했다. 너무 의역이 되고, '吉'인 이유만을 치우치게 설명하고 '終凶'의 이유는 나타나지 않으니, 문장이 균형을 이루지 못하고 있다. 좀 부자연스러워 취하지 않았다.

여기서 '中'을 보는 견해가 또 다양하다. 송사를 끝까지 하지 않고 중간에서 화해하거나 그만두는 것으로 보느냐, 아니면 사심에 치우치지 않는 '中道'의 뜻으로 이해할 것이냐, 정약용처럼 '마음'으로 볼 것이냐의 문제다. '中'을 '終'에 상대되는 뜻으로 보아서 송사를 끝까지 몰고 가지 않는 뜻으로도 많이 보나, 여기서는 '中和' '中道'의 '中'으로 보았다. '中和'란 넓히면 중간에서 화해한다는 뜻도 포함할 수 있으니 이를 취했다. 그리고 '窒惕'을 于省吾는 '至易(지극히 쉽다)'를 빌린 글자라 했는데 高亨도 이 설을 따랐다. 만약 '孚'를 '믿음'으로 번역하면 "믿음이 있으면 지극히 쉽다. 중간이면 길하게 되나……"[120]로 된다. 高亨은 '孚'를 '俘(사로잡다)'로, 李基東은 '양심'으로 번역했는데, 문장의 흐름이 '믿음'과 '막히면 두렵다'가 더 평이하면서 이해하기가 쉽다. 또 많은 사람들의 대세가 이것이다.

---

119) 茶山 丁若鏞 지음, 방인, 장정욱 옮김, 『譯註 周易四箋』 권2(소명출판, 2007), 121~122쪽. 전체의 번역은 필자가 설명을 참고하여 이해가 쉽도록 약간 수정하였다.

120) 于省吾의 『雙劍誃群經新證』에는 '有孚窒惕'에 대한 설명 중에 이와 같은 설명이 있는데, 高亨은 '孚'도 '사로잡다'의 '俘'로 보고, 이 구절의 번역을 '적을 사로잡는 것이 매우 쉬우나, 중간은 길하고……'로 했다.

需卦에서는 '利涉大川'이었는데 송괘는 '不利涉大川'이다. 송사는 하지 않는 것이 이롭고, 큰 송사일수록 더 힘이 들 것은 뻔한 이치이니, '不利涉大川'인 것이다. 이것은 수괘는 밖이 '험'하고 안이 굳세니, 그 험을 건널 수 있지만, 송괘는 안이 험하면서 바깥도 단단하니 건너기가 어렵다는 상이 나온다. 彖傳과 大象傳은 어떻게 말하고 있는지 살펴보자.

＊ 彖曰, 訟, 上剛下險, 險而健, 訟. 訟, 有孚窒惕, 中吉, 剛來而得中也. 終凶, 訟不可成也. 利見大人, 尙中正也, 不利涉大川, 入于淵也.

단전에서 말했다. 송은, 밖은 굳세고 마음은 험악하며, 험악한 중에서도 용맹하니, 송사를 한다. 송괘는, 믿음은 있어도 막히면 두려우니, 중화시키면 길하다고 하는 것은, 강이 와서 중심을 잡고 있기 때문이다. 끝까지 가면 흉하다는 것은, 송사는 좋을 수 없기 때문이다. 대인을 만남이 이롭다는 것은, 중립과 바름을 존중하기 때문이요, 큰 내를 건너는 것이 불리함은, 못으로 빠져 들어가기 때문이다.

[해설] 彖傳에서는 먼저 괘명의 '訟'을 卦象으로 설명했다. 위 乾에서 '剛'과 '健'이 나오고, 아래 坎에서 '險'이 나온다. 上卦는 外卦, 下卦는 內卦라고도 하니, 사람에 비기면 上은 밖이니 나타나는 태도이고, 下는 안이니 마음을 의미한다. 송사라는 것은 험악한 마음을 가지고 있으면서 고집스럽거나 용맹하면 일어난다. 상하괘가 뜻하는 바와 괘상으로서 말한 것이 '上剛下險, 險而健'이다. 이것의 번역을 그 의미하는 바가 통하도록 '上'은 '밖', '下'는 '마음', '健'은 '용맹하다'로 했다.

다음은 '有孚窒惕, 中吉'하게 되는 이유를 설명했는데, 剛이 와서 중앙을 차지했기 때문이라 했다. 하괘의 九二를 '강이 내려왔다(剛來)'고 하면서, 여기서의 '來'를 보통 卦變說로 설명을 한다. 괘변은 乾坤卦가 자녀괘를 낳는다는 관념에서는, 泰卦(䷊)와 否卦(䷋)에서 괘변이 일어나는데, 여기서는 否卦에서 아래의 곤이 위의 건과 사귀어 강이 내려와 九二가 됐는데 음은 올라간 흔적이 없으니 사라졌다. 음 하나가 없어진 것이 마땅찮기 때문인지 다른 괘변을 말한다. 양과 음이 밑에서부터 차례차례 쌓여가면서 변화가 생기는 辟卦에서 비롯됐다는 설이다. 벽괘설로 보면 遯卦(䷠)의 九三과 六二가 자리를 바꾸었다. 또 이웃에 있고 비슷하기 때문에 괘변이 이루어진다고 보는데, 여기서는 綜卦인 앞괘 수괘(䷄)에서 변했다고 본다. 곧 수괘의 上 坎이 아래로 내려옴으로써 九五가 아래로 내려와 九二가 됐다는 것이다. 이렇게 복잡하고 학자들 마다 母卦를 보는데도 의견에 차이도 있기 때문에, 편하게 음양이 사귀고 변하며 왔다갔다 움직이는 중에 괘변은 일어날 수 있는 것으로 이해하고, 구태여 爻의 자리 옮김에 얽매일 필요는 없다고 본다. 여기서도 양이 음들이 있는 속으로 온 것을 표현한 것이 '來'라고 보면 편하고 문장해석에도 별 무리가 없다(실마리 7장 卦變 참조). 그래서 다른 괘에서도 괘변에 관한 설명은 일일이 하지 않는다. 어떻든 이 구이가 험에 빠져있으면서 강으로 용맹하여 송사를 일으키나, 中位에 있으므로 중덕을 갖추었기 때문에 중화시켜서 화해를 하여 吉을 얻는다고 보는 것이다.

그리고 '終凶'의 풀이다. 이미 괘사에서 설명했듯이 송사를 끝까지 해서 이겨도 시간소비, 마음의 상처, 상대와의 등짐 등이 다 보상되지는 않기 때문에 좋은 것이 아니니 凶이다. 이를 간단히 '訟不可成也'라 했다. '成'은 '좋을 성'의 뜻이 가장 적당하다. 爻로서는 剛으로 제일 윗자리에서 송사에 이겨 당당해 보이는 上九를 지적한 말이다. 상구의 효사를 보면 좋은 일만 있지 않음을 알게 된다.

이어 '利見大人, 尙中正也', '大人'은 卦에서는 剛이 인군의 자리를 차지했을 뿐만 아니라 중앙이며 정위에 있는 九五이고, 인간사에서는 훌륭한 인품을 갖춘 조언자일 것이다. 대인이면 '중정의 덕'을 갖추었으니 바른 판단을 할 수 있도록 도움을 줄 것이다. 송사는 고소인이나 피고소인이나 치우침이 없이 바른 생각을 해야 해결되니 중정을 숭상할 수밖에 없다. '尙中正也'다. 그런데 '尙'을 '오르다'의 뜻을 취해 '강이 위로 올라가서 중정하기 때문이다'라고 번역하기도 한다. 구체적으로 구오의 역할을 강조하는 의미는 있으나, '剛'이란 字가 없는데 있는 것으로 해야 하고, '오르다'는 또 괘변설로서 구차한 설명을 해야 하니, 간단히 '숭상하다'의 뜻을 취했다.

끝으로 '不利涉大川'은 '入于淵也'라 했다. 송사는 편안한 마음을 가지고 이성적으로 대처하기가 힘들다. 대천을 건너듯이 끝까지 가게 되면 위험한 일을 여러 번 당하게 되니 이는 심연에서 허우적거리는 것이다. '不利涉大川, 入于淵也'이다. '大川'이나 '淵'은 모두 坎卦에서 나온 상이다. 상괘 건이 하괘 감을 타고 있으니, 험에 흔들릴 것이 괘의 형태로서도 보인다. '入于淵也'이다.

* 象曰, 天與水違行, 訟. 君子以作事謀始.

상전에서 말했다. 하늘과 물이 어긋나게 행하는 것이 송괘이다. 군자가 이를 보고서 일을 함에 처음을 잘 꾀한다.

[자구의 뜻] 謀: 꾀(할) 모, 의논할 모, 모일 모.

[해설] 大象傳이다. 역시 상하괘의 象으로 '訟'을 풀었다. 하늘의 기는 위로 오르고 물은 낮은 곳으로 흘러내리니 서로의 행위가 어긋난다. 그래서 송사가 일어난다고 했다. 군자는 이런 현상을 보고 처음부터 송사가 일어나지 않도록 각각 위치를 바르게 잡고 일을 해야 한다고 가르치고 있다. 王弼은 "처음을 잘 꾀함은 제도를 만드는 것에 있다(謀始在於作制)"라고 했다.

하늘과 물이 어긋나는 것을 唐代 孔穎達의 『周易正義』에서는 하늘은 서쪽으로 돌고 물은 동쪽으로 흐르기 때문이라 했다. 서쪽으로 해가 지고, 동해로 물은 흐른다는 생각이다. 宋代에 오면 '天上水下', 즉 氣의 상하로 풀고 있다. 우리는 기의 상하로 이해하는 것이 더 합리적일 것이다.

'作事謀始'에서 우리는 생각 없이, 혹은 멋모르고 일을 하다가 낭패를 당하지 말고, 신중히 거듭 생각하여 일을 시작하도록 하라는 교훈을 새길 수 있다.

2. 효

*** 初六, 不永所事, 小有言, 終吉.**
象曰, 不永所事, 訟不可長也, 雖小有言, 其辯明也.

초육, (송사하는)일을 오래 끌지 않으니, 사소한 말은 있어도, 마침내 길하다.

상전에서 말했다. 일을 오래 끌지 않음은, 송사는 길게 하지 않는 것이요, 비록 사소한 말은 있어도, 판단은 밝았다.

[해설] 初六 爻辭와 小象傳. 초육은 시작하는 때에 유약한 음이 양의 자리에 있다. 다른 효와의 관계는 九二와는 親比하고, 九四와는 正應이다. 訟의 때이나 이제 시작되는 초이니 크게 다툼이 벌어지기 전이다. 그래서 글자도 '訟'이라 하지 않고 '事'라고 했다. '事'의 뜻은 '訟의 시작'을 의미하는 것이다. 비록 다툴 일이 있어도 음이니 유약하고 정위가 아니므로 불안한데, 위로는 親比와 正應의 관계에 있는 사람들이라 크게 다툴 수도 없다. 그래서 '不永所事'라 했다. '永'은 '長'이다. 그것의 결과는 주위의 이런저런 말이 있어도 마침내 길하게 되어 '小有言, 終吉'이라 했다.

그런데 송사는 누구와 할까? 이에 대해서 王弼은 구사가 먼저 침범했기 때문이라 했는데(四召$_{소}$而應, 見犯乃訟), 程頤는 오히려 구사의 도움으로 '不永'이라 했으니, 應인 구사와의 관계를 보는 견해가 다르다. 송사를 응의 관계에 있는 初와 四, 二와 五, 三과 上의 관계에서 많이 해석한다. 굳이 송사의 상대를 지적하여 이해를 해야 한다면 응의 관계를 좀 더 넓혀 比와 應 중에서 하는 것으로 보아야 한다. 上卦 九四는 아무래도 九五와의 관계로 보는 것이 자연스럽기 때문이다(구사효 참조). 그러니 상대를 꼭 정해서 이해하기보다는 효가 처한 위치에 따라서 일어날 수 있는 송사관련 일로 이해하는 것이 좋다. 물론 應·比가 영향을 당연히 미칠 것이다.

'小有言'도 王弼의 견해를 좇는 사람들은 구사가 침범했기 때문에 어쩔 수 없이 송사를 하므로 '사소한 말이 있는 것'으로 보나, 程頤의 견해를 좇는 사람은 송사에서 있을 수 있는 이런저런 말들로 본다. 여기서는 程頤의 의견이 좀 더 자연스럽다.

소상전에서는 '不永所事'해야 하는 이유와 '小有言'이라도 '終吉'이 되는 것을 각각 말했다. 송사는 중간에서 화해하는 것이 좋으니 '不可長'이고, 항상 누가 옳고 그러다는 말은 있지만 오래 끌지 않고 마무리 지은 그 판단은 좋았다는 뜻이 '其辯明也'이다. '辯'은 '辨'과는 통용되었다.

＊ 九二, 不克訟, 歸而逋, 其邑人三百戶, 无眚.
象曰, 不克訟, 歸逋竄也, 自下訟上, 患至掇也.

구이, 송사를 이기지 못하니, 돌아가 도망치는데, 마을 사람이 삼백호면, 재앙이 없다.
상전에서 말했다. 송사를 이기지 못하니, 돌아가 도망쳐 숨는 것이요, 아래에서 위를 소송하면, 재앙이 이르므로 중지하는 것이다.

[자구의 뜻] 逋: 달아날 포, (세금을)체납할 포, 지체할 포. 眚: 눈에 백태 낄 생, 허물 생, 재앙 생. 竄: 숨을 찬, 달아날 찬, 용납할 찬. 逋竄: 달아남, 달아나 숨음. 掇: 주울 철, 가릴 철, 취할 철, 꿰맬 철(綴과 통용) 그칠 철(輟과 통용).

[해설] 九二는 下卦의 가운데다. 성품은 강직한데 험한데 빠져있다. 그래서 송사의 주체다. 불행히도 응의 자리에 있는 上卦의 九五와는 서로 양과 양으로 반발하는 관계다. 구오는 군왕이다. 절대 권력자를 상대로 송사를 벌리면 이기지 못한다. 응의 관계와 관련짓지 않아도 송사를 하는 시기에 坎 '陷'에 빠져있으니 '不克訟'이다. 구이는 中을 차지했으니 중덕을 가졌으므로 事勢의 흐름을 이미 아니, 달아나 숨는다. 坎에는 '隱伏은복'의 象이 있다. 이것이 '歸而逋'이다. 숨어도 멀리 도망가 삼백호의 작은 마을에 숨는다. '其邑人三百戶'이고, 그러면 '无眚'이다. 왕과 연관시키면 작은 마을에 숨으니 대항할 힘이 없는 것을 확인하고 왕이 눈을 돌리는 것이다.

'其邑人三百戶'를 위와 같이 구이가 재앙을 피할 수 있는 작은 마을로 풀지 않고, 구이가 송사를 그만두고 도망갔기 때문에 그가 속해있던 집단인 '읍인 삼백호'가 재앙을 면하게 됐다고 보는 풀이도 있다. 이것도 뜻이 통하고 좋은 안이다. 그러나 구이가 하괘의 실력자이고, 중덕이 있으니 송사를 벌릴 수 없음을 아는 지혜를 가진 자이므로 숨어 지낼 마땅한 거처로 삼은 것이 아닌가 한다.

소상전에서는 '不克訟'으로 일어나는 현상을 말한 뒤에, 만약 '自下訟上'를 하면 결국 재앙이 오니 송사를 중지하게 됨을 말하고 있다. 소상전은 '自下訟上'이라는 구절이 등장하니, 아무래도 송의 상대는 응인 구오로 보는 모양이다. '掇'을 '취하다'를 택해 '재앙(근심)에 이름을 취하다'로 많이 역하나, 掇은 '綴(정지할 철)'이나 '輟(그칠 철)'과 통용됐으므로, 이들의 뜻을 취하는 것이 가장 좋아 보인다.

* 六三, 食舊德, 貞, 厲, 終吉. 或從王事, 无成.
象曰, 食舊德, 從上吉也.

육삼, 옛 덕업을 누리면서, 바름을 지키면, 위태하나, 마침내 길하다. 혹 왕의 일을 좇아 행해도, 이룸은 없다.

상전에서 말했다. 옛 덕업을 누림은, 윗사람을 따른 것이니 길하다.

[해설] 六三 효사와 소상전이다. 육삼은 訟의 절반에 이르렀고 하괘의 끝이니, 중도에서 어떤 변화를 모색하는 시기이다. 유약한 음이 정위하지 않았고, 양을 타고 있으니 몹시 불안하다. 한편 아래 坎의 '陷'을 벗어날 상황이다. 그래서 송사의 때이지만 송사를 포기하기로 하고 자기에게 주어진 것만 갖기로 했으니, 이것이 '食舊德'이다. 다행히 九四와는 親比, 上九와는 正應이니 그들을 따른 것이다. 이렇게 해도 그가 처한 때와 상황은 크게는 송사의 때이고 작게는 험한 구덩이인 감에 속해 있으니, 바르게 해야 하며, 바르게 해도 위태롭다. '貞'해도 '厲'한 것이다.

대체로 '舊德'은 녹봉으로 본다. 그러니 지금까지 쌓아온 녹봉이나 받고 살려고 하는 것이다. '食'은 우리말의 '누리다'가 가장 알맞다. 貞과 厲를 붙여서 '貞厲'로 해도 뜻은 같으나, 구분 지음으로 뜻이 확실해지기 때문에 띄어 썼다. 위태해도 친비와 정응의 관계도 있고 하여 바름을 지키면서 송사를 피했으니 '終吉'이 됐다.

육삼은 지방장관의 자리이기 때문에 혹 국가의 중대사에 관련된 송사일지라도 자신이 송사를 주관하는 것이 아니고, 위의 剛들을 따랐을 뿐이므로 성공이 스스로에게 있지 않다. 아마도 '王事'란 '국가의 중대사'일 것이다. 이를 '或從王事, 无成'이라 했다. 坤卦 육삼 효의 '或從王事, 无成有終'과 같은 경우이다. 그러니 송사를 하지 않는 것이다.

소상전에서는 '食舊德'하게 된 것이 위의 의견을 따랐다는 말인데, '上'이 상괘 乾의 모두로 보는 이도 있고, 구사와 상구로 보는 이도 있다. 녹봉이란 국가에서 주는 것이므로 상층부의 전체(乾) 의견을 따랐다고 보는 것이 더 타당할 것 같다.

* 九四, 不克訟, 復卽命, 渝安貞, 吉.
象曰, 復卽命, 渝安貞, 不失也.

구사, 송사를 이기지 못하니, 돌아와 천명을 좇아서, (마음을)바꾸어 편안하게 바름을 지키면, 길하다.

상전에서 말했다. 돌아와 천명을 좇아서, (마음을)바꾸어 편히 바름을 지키는 것은, 잃지는 않는다는 것이다.

[자구의 뜻] 渝: 변할 유, 풀(解) 유, 넘칠 유, 구차할 유. (본음은 투)

[해설] 구사 효사와 소상전. 상괘 乾에 있고 인군과 가까우며, 양이 음자리에 있다. 아래로는 六三과 初六이 다 음이므로 서로 통함이 있는데 불행히도 九五 인군과는 갈등하는 관계이다. 임금을 상대로 다투어서 이길 수가 없다. 그래서 九二와 마찬가지로 '不克訟'이다. 송사할 마음을 버리고, 순리를 따라 마음을 바꾸고 편안하게 바름을 지키면 길하게 된다고 했다. '命'은 임금의 명으로 보아도 되겠지만, 자신의 마음을 고쳐먹는 것이므로 乾卦 하늘의 命으로 보는 것이 더 자연스럽다. '渝'는 '변하는 것'을 말하니 송사하려는 마음을 돌려 바꾸는 것을 말한다. '克'을 '이기다'가 아닌 '할 수 있다(能也)'의 뜻을 취하여, '송사를 할 수 없어, 다시 명령에 나아가니'로 번역하기도 한다. 뜻에는 큰 차이가 없다.

송사를 응의 관계로만 보는 이는 아래 초육과의 송사이니 아랫사람과 송사를 하는 것이 좋은 일이 못됨으로 '이기지 못한다' 혹은 '할 수 없다'고 보는데, 이것은 어쩐지 이유가 부자연스럽다. 왕조시대의 구사가 아래 사람과 송사를 해서 이길 수 없다는 것은 이해하기 어렵고, 訟卦의 때에 송사를 할 수 없다는 것도 조금 이상하기 때문이다. 아무래도 구오와의 관계로 보는 것이 자연스럽다.

'安貞'을 高亨은 '안부를 묻는 점'으로 해석하여, 전체의 번역이 "소송에 이기지 못하여 돌아가 명령을 따르니 패한 것이다. 안부를 묻는 점은 길하다"[121]라고 했다. 이렇게 되면 소송에 패했는데도 점은 吉로 나오니 무언가 부자연스럽다. 그래서 그의 '貞'을 '점'으로 해석하는 것을 따르지 않는 것이다.

소상전에서는 천명에 의거하면 손해 보는 일은 없다는 말이다. 천명이란 자연스러움을 따르는 것을 말한다. 효사 전체의 뜻을 묘하게 취합해서 설명을 덧붙였다.

*** 九五, 訟, 元吉.**
象曰, 訟, 元吉, 以中正也.

구오, 소송을 해결하니, 크게 길하다.
상전에서 말했다. 소송을 해결하여 크게 길함은, 중정하기 때문이다.

[해설] 九五는 송사를 확정지어야 하는 때이고, 위 乾의 중심이니 굳건하기가 그지없다. 송괘의 최고 책임자이고, 강건하고 중정하다. 그러니 아랫사람들의 소송을 해결하는 데 밝게 판단하여 결정해 줄 것이다. 그러니 '元吉'이다.

'訟'의 뜻에는 '송사를 한다'는 의미도 있고, '송사를 해결한다'는 의미도 있다. 訟의 '伸寃신원'

---

121) 고형 주해, 김상섭 옮김, 『고형의 주역』(예문서원, 1996), 126쪽.

이라는 뜻은 '남의 원통한 일을 푼다'는 뜻이니 송사를 해결하는 것이다. 절대 권력을 누렸던 군왕은 자신 스스로가 관계되는 송사의 일은 없을 것이고, 신하와 백성들의 송사를 해결하는 일이 자주 있을 것이니 여기서는 송사를 해결하는 것을 말한다고 보아야 한다. 다만 보통사람이 점하여 이 효를 얻었다면 그의 소송은 이길 것이다.

이 효에 많이 인용하는 王弼의 注가 있다. "처함에 존위를 얻었고, 송괘의 주인이 되니, 중정을 사용하여 굽고 곧음을 단정한다. 中은 지나치지 않고, 正은 삿되지 않으며, 剛은 빠지지 않고, 公은 치우치지 않기 때문에 송사에 크게 길한 것이다(處得尊位, 爲訟之主, 用其中正 以斷枉왕直. 中則不過, 正則不邪, 剛无所溺익, 公无所偏, 故訟元吉)" 여기에 이 효사의 설명이 다 있다.

*** 上九, 或錫之鞶帶, 終朝三褫之.**
象曰, 以訟受服, 亦不足敬也.

상구, 혹 반대를 하사받더라도, 하루가 끝날 때까지 세 번 이를 빼앗는다.
상전에서 말했다. 송사로서 의복을 받지만, 족히 공경 받지 못한다.

[자구의 뜻] 錫: 주석(금속 명) 석, 줄 석, 하사한 재물 석. 鞶: 큰 띠 반, 주머니 반. 帶: 띠 대, 지대(구역) 대, 두를 대. 鞶帶: 벼슬아치가 띠는, 가죽으로 만든 큰 띠. 褫: 옷을 벗길 치, 빼앗을 치, 잃을 치.

[해설] 上九는 송괘의 끝이니 소송결과를 누리는 때이다. 柔한 자리에 剛이 차지하고 있으니 안정된 자리가 아니다. 양효이니 성질은 강건하여 송사를 궁극에까지 진행했다. 윗자리에 있음으로 인하여 그 결과가 좋아서, 관복의 허리에 두르는 가죽 띠 '鞶帶'를 받았다. 받는 사람은 상구이고 주는 사람은 九五일 것이다. 이런 뜻을 담아 '或錫之鞶帶'라 했다. 그런데 앞에 '或'이 붙어있다. 송사란 변화무상하여 번복이 된다. 현대의 제도에도 삼심이 있으니 시비의 결정이 바뀌는 경우가 있다. 그리고 윗자리에 있음으로 해서 쟁취한 것일 수도 있으니 진실이 아닐 수도 있다. 상구의 자리도 不正位이니 바른 처리를 하지 않는 조건에 해당한다. 이런 것들이 변화가 있음을 말한다. 이런 뜻이 '終朝三褫之'이고 앞에 '或'자가 붙은 이유이다. '終朝'는 변덕이 매우 심함을 나타낸다. 乾卦 九三 효에서는 '終日乾乾'의 '終日'이 여기서는 '終朝'가 나왔으니(乾☰의 같은 위치), 시간적 의미가 같은 것으로 나타냈다. '之'는 鞶帶를 받는 대명사로 '이것을'의 뜻이다. 물론 빼앗는 사람은 군왕인 구오일 것이다.

소상전에서는 송사로 승리를 쟁취해도 결코 존경할 일이 아니라 했다. '服'은 반대를 두른 관복을 말하고, '亦'은 뜻 없는 어조사로 보는 것이 좋겠다. '不足'은 글자를 하나씩 분리하여 '足'을 '족히'로 번역하였다.

송사는 끝까지 밀고 나가기보다는 중간에서 타협점을 찾는 것이 좋은 것이라는 것은 오랜 역사를 거치는 동안 생활 속에서 얻어낸 교훈이면서 지금도 동의하는 가르침이다. 그러므로 일을 할 때는 송사가 일어나지 않도록 해야 한다. 그러기 위해서는 처음을 신중히 하여야 할 것이다.

訟卦 전체의 辭 중에 송사의 승리를 위해서 어떻게 하라는 조언은 없다. 모두 중도에서 그만두거나 하지 않는 것이 좋다는 말 뿐이다. 이것은 사회가 분쟁 없이 평온하게 맡은 바의 직무를 충실히 해 나가는 것을 바라고 있기 때문일 것이다. 그래서인지 송괘에는 九五를 제외하고 得位한 효가 없다. 그 만큼 자신이 거처할 곳에 거처해야 안정된 삶을 누린다는 것을 은연 중 말하고 있다. 이렇게 부호와 부호의 상관관계에서 말의 뜻을 유추해낼 수 있어야 한다.

䷆ 師 (地水師)

槪說: 上卦는 坤☷으로 '地', 下卦는 坎☵으로 '水'가 象이니, 師卦는 '地水師'라고도 한다. 땅 아래에 물이 고여 있다. 이 물은 땅속으로 스며들어 보다 낮은 곳에 여기저기서 모여 무리를 이룬 것이다. 이것은 마치 무리지어 모여 있는 군대에 비유되므로 師卦가 된 것이다. 그래서 '師'의 뜻에는 '군대'와 '무리'라는 두 뜻이 공존한다. 또 군대는 전쟁 같은 험한 일을 하면서도 명령에는 순순히 따른다. 여기서 '險'과 '順'이 동시에 쓰이니, 사괘 상하의 象, 坤 '順'과 坎 '險'이 도출되는 것이다. 그리고 괘를 이루고 있는 효에 한 양(九二)이 있어, 이것이 뭇 음들을 이끌고 있다. 꼭 한 장수가 병졸들을 통솔하고 있는 모양을 상상할 수 있다. 이런 것들이 '師'라는 이름을 붙이게 한 이유이다. 여기에 더 붙이면 「설괘전」에 坎은 "말에는 끄는 것이 된다(其於馬也, 爲曳)"라고 했고, 坤은 "무리(爲衆)"라고 했으니, 車馬를 끄는 무리이니 군대의 상이 있다.

「서괘전」에는 "송사는 반드시 무리가 일어남이 있다. 때문에 군대로서 이를 받으니, 군대는 무리이다(訟必有衆起, 故受之以師, 師者衆也)"라고 하여, 訟卦 다음 師卦가 온 이유를 말했다. 어떤 문제가 집단의 이해로 인해 무리가 모여 자주 데모가 일어나는 오늘의 상황에서는 제법 그럴듯한 이유이다. 「잡괘전」에는 "사는 근심이다(師憂)"라 했다. 군대는 근심 걱정이 아닐 수 없다. 무리를 이끌고 전쟁을 하게 되면 걱정거리가 하나 둘이 아닐 것이다. 이런 사괘의 괘효사들을 살펴보자.

1. 괘

* 師, 貞, 丈人吉, 无咎.

군대(師卦는), 올발라야 하고, 장인이면 길하고, 허물이 없다.

[자구의 뜻] 丈: 발(길이의 단위) 장, 어른 장, 사나이 장.

[해설] 괘사이다. '師'는 괘명이고 그 뜻은 '군대'이니 괘명의 뜻을 바로 대입해 번역해 보았다. 그래야 이를 설명한 괘사가 직접적이고 확실히 전달되는 맛이 있어서이다. 물론 다른 괘에서도 이렇게 괘명의 뜻을 바로 대입하여 해석해도 된다.

군대의 행위는 정당하고 발라야 한다. 많은 무리를 이끌려면 바름은 당연한 것이다. 바르지 않은 명령을 언제까지나 따르지는 않는다. 그리고 모든 전쟁에는 비록 자기의 국가와 민족에 한정된 이유라 할지라도 정당한 이유가 있다. 그렇지 않으면 무리를 동원하기 힘들고 전쟁에서 승리하기도 힘들다. 그래서 먼저 '貞'이라 했다.

군대를 이끄는 사람은 그만한 자격이 있어야 통솔한다. 그렇지 않으면 무리가 따르지 않는다. 현대에도 장교는 따로 교육을 받아야 자격이 주어진다. 그것을 여기서는 '丈人'이라는 말로 표현했다. 장인은 한 집단의 제일 웃어른을 말한다. 그런데 이 '丈人'을 『周易集解』에 崔憬[122]의 말을 인용하여, 『子夏傳』[123]에서 '大人'으로 썼으니 이를 따라야 한다고 했다. 이를 많은 학자들이 지지하였고, 현대의 高亨도 이 설을 따랐다. 다른 괘에서는 '大人'이라는 말이 자주 나오는데, 여기에서는 丈人이라 했으니 大人을 잘못 썼는지 모르겠다. 그러나 지향하는 뜻은 같고 隨卦에서는 '丈夫'라는 말도 나오니 그대로 두었다.

뭇사람을 이끌 능력이 있는 사람이 군대를 통솔하면 길하고, 길하면서도 허물도 없다고 했다. '吉'과 '无咎'를 동시에 강조한 것을 보면 군대라는 특수한 집단을 이끄는 사람의 능력과 인격이 그만큼 중요한 것임을 보여주려고 하는 것 같다.

＊ 彖曰, 師, 衆也, 貞, 正也. 能以衆正, 可以王矣. 剛中而應, 行險而順, 以此毒天下, 而民從之, 吉又何咎矣.

단전에서 말했다. 師는, 무리이고, 貞은 바름이다. 무리를 바르게 할 수 있으면, 왕 노릇할 수 있다. 강이 중심에 있으면서 응함이 있으니, 험을 행하는데도 순순히 따르니, 이로써 천하를 다스리면, 백성이 따르므로, 길하지 또 무슨 허물이리오!

[해설] 괘사를 해석한 「단전」. '師衆也, 貞正也'는 '師'와 '貞'의 글자 뜻을 말했다. 이어서 '師貞' 곧 무리를 바르게 할 수 있으면 천하를 지배할 수 있다는 뜻으로 '可以王矣'라 했다.

---

122) 唐代의 역학가로 상수학파 이정조의 『주역집해』는 특별히 그의 설을 많이 인용했다.

123) 『자하역전』을 말하는데, 공자의 제자인 子夏가 지었다는 설이 있으나 '子夏'는 한대 초기의 역학가 韓嬰의 字로 알려졌다.

괘명과 괘사 '貞'을 합해서 풀이한 것이다.

다음 '丈人吉, 无咎'를 설명했다. '剛中而應, 行險而順'은 九二가 중앙을 차지하고 있으면서, 위로 인군인 六五의 응함이 있고, 그리고 하괘 坎 '險'과 상괘 坤 '順'의 象이 험해도 순순히 따르는 것을 나타내니, 이것이 괘사의 '丈人吉, 无咎' 할 수 있음을 나타내고 있다. 그런데 '行險'은 군대가 하는 일이 위험하고 험악한 일을 말하는데, '順'은 백성들이 군대에 복종하는 것으로 보는 학자도 있고, 병졸들이 군령에 복종하는 것으로 보는 학자도 있다. 군대의 일사불란한 모습을 그린 것으로 보고 이 '順'은 군사의 무리가 군령에 순종하는 것으로 봄이 좋을 것이다. 이렇게 험해도 순순히 따르듯이 천하를 다스리면(以此毒天下), 백성들도 따르게 되니(而民從之) '吉'하고 '无咎'하다고 했다.

'以此毒天下'의 '毒'을 여러 가지로 해석한다. 먼저 王弼은 '役'이라고 하였으니 '천하를 부려먹어도'라고 번역해야 하고, 干寶간보[124]는 '荼苦도고'라 했으니 '천하에 고통을 주어도'라고 해야 하고, 東漢의 馬融은 '治'라 했으니 '천하를 다스려도'라고 해야 한다. 또 朱熹는 '害'라고 했으니 '천하를 해롭게 해도'라고 번역한다. 우리나라의 책에서는 대체로 '해롭다'는 뜻으로 번역하는데, 김인환도 "군대가 세상의 생명을 해치되"[125]로 번역했다. 그러나 李其東은 '다스리다'를 취해 번역했다. '毒'은 병을 다스릴 때 극약처방으로 '毒'을 쓰는 경우가 있는데, 이를 원용하여 '다스리다'라는 뜻으로도 쓰인다. 여기서도 '다스리다'의 뜻을 취했다.

＊ 象曰, 地中有水, 師. 君子以容民畜衆.

상전에서 말했다. 땅속에 물이 있는 것이 사괘이다. 군자가 이를 보고서 백성을 받아드리고 무리를 기른다.

[해설] 괘의 象을 보고 군자가 지향할 방향이나 정치이념을 말한 「대상전」. '地'는 상괘의 坤에서, '水'는 하괘의 坎에서 취한 상이다. 물은 땅속으로 모여들어 어떤 지점에서 무리를 이루니, 땅 가운데 물이 있는 것이 된다. 이처럼 군대도 무리가 모인 것이니, 땅속의 물은 군대의 모습이다. 이렇게 땅에 물이 모여드는 것처럼 백성을 포용하고, 이 물이 많은 삶을 살리는 것처럼 무리들을 기른다고 했다. 옛날은 군대와 농민이 일체였다. 평시에는 호미와 쟁기를 가지고 논밭을 가꾸고, 유사시에는 이들이 병장기를 가지고 전쟁에 참여하는 병사가 됐다. 이렇게 백성들을 먹고 살게 하면서 동시에 병력으로 쓴 것도 '容民畜衆'의 하나이다.

---

124) 魏晋南北朝時代 東晋의 상수파 역학자. 그의 역학 일부가 이정조의 『주역집해』에 전해진다.

125) 김인환 역해, 「주역」(고려대학교 출판부, 2010), 91쪽.

2. 효

* 初六, 師出以律, 否臧凶.
象曰, 師出以律, 失律凶也.

초육, 군대의 출동은 규율로서 하니, (律이)좋지 않으면 흉하다.
상에서 말했다. 군대의 출동은 규율로서 한다함은, 규율을 잃으면 흉하기 때문이다.

[자구의 뜻] 律: 법 률, 음률 률, 절기 률. 臧: 착할 장, 노예 장, 갈무리할 장.

[해설] 初爻의 효사와 이를 풀이한 小象傳. 초육은 이 괘의 시작이다. 군대에서는 졸병의 위치이고, 움직임의 시작이니 출동을 시사한다. 군대의 움직임은 규율이 없으면 일사불란할 수 없고 졸병은 규율을 따라야 한다. 법령과 규율이 아니면 무리를 통제하기 힘들다. 그래서 '師出以律'이다. '以'는 '~로써 하다'의 뜻이다.

다음 句 '否臧凶'의 '臧'은 '善'과 통용된다. 그래서 대체로 이 구절을 '그렇지 않으면 착해도 흉하다'고 많이 번역한다. 여기서는 '否'가 '臧'을 부정하는 부정사로 보고, '착하지 않으면'의 뜻을 취했다. 그러면 '臧'이 '律'과 바로 연결되어 '율이 좋지 않으면'의 뜻으로 되고, 이 번역이 자연스럽다고 보았다. 소상전에서도 '律'에만 관련한 설명을 덧붙였을 뿐이니 이렇게 번역하는 것이 합당하다고 생각한다. 결국 소상전의 풀이로 '否臧'은 바로 '失律'의 뜻이 된다.

그런데 '師出以律'에는 '吉'이라 하지 않았는데, '否臧'에는 왜 '凶'이라 했을까? 이를 呂紹綱은 "왜냐하면 '師出以律'은 단지 승리를 취하는 전제조건이고, 유일한 조건은 아니다. 이에 근거해서 승부를 판단할 수는 없으니, '길'이라 말하지 않는 것이고, 그러나 만약 군대의 출정이 규율로서 하지 않으면, 곧 패전을 맛보는 것은 의심할 수 없이 긍정하는 것이니, '否臧'은 '凶'이라 말하는 것이다(因爲'師出以律', 只是取勝的前提條件, 不是唯一條件, 不能据거此判斷勝負, 所以不言'吉'. 可是若師出不以律, 則吃흘敗仗장是肯定无疑的, 所以'否臧'言'凶')"126)라고 했다. 참고할 만하다.

* 九二, 在師, 中吉, 无咎. 王三錫命.
象曰, 在師中吉, 承天寵也, 王三錫命, 懷萬邦也.

구이, 군대를 통솔할 때는, (치우치지 않는)中道가 길하고, 허물이 없다. 왕이 여러 번

126) 金景芳·呂紹綱 著, 여소강 수정, 『周易全解』(상해고적출판사, 2006), 91쪽.

명령을 내린다.

상전에서 말했다. 군대를 통솔할 때 중도가 길함은, 하늘의 은총을 받기 때문이고, 왕이 여러 번 명령을 내림은, 천하를 끌어안는 것이다.

[자구의 뜻] 寵: 괼(총애) 총, 은총 총, 영예 총. 懷: 생각할 회, 품(을) 회.

[해설] 九二 효사와 그 소상전. 구이는 양이 중을 얻었고, 六五 왕과 正應이며, 아래위로 모두 음이니 그를 따른다. 단지 양이 음의 자리에 있으므로 무사태평한 자리는 아니다. 剛中이니 괘사의 '丈人'의 자격이 있고, 왕이 믿어주고 뭇사람이 따르니 장수로 임명되어 군대를 이끈다.

'在'에는 '살피다'라는 뜻이 있는데, 군대를 살피는 것은 '통솔하다'는 의미다. '中'은 두 가지의 뜻으로 푼다. 하나는 군대를 통솔하는데, 치우침이 없이 중도로 통솔한다는 뜻이고, 또 하나는 군대의 편제가 주로 左·右·中 혹은 前·中·後의 3편제로 이루어지는데 그 중 가장 중요하고 가장 계급이 높은 장수가 주로 맡는 중군을 의미한다는 뜻이다. 군의 편제는 여러 가지 형태가 있을 것이고, 역사적으로도 많이 다를 것 같다. 여기서는 구이가 中位를 차지했기 때문에 '中'이 등장하고, 중위에 있다는 것은 중덕으로 일을 처리하는 것이다. 엄격한 군율과 공평한 중도를 취하면 군대가 잘 운용될 것이니, 그 결과 길하고 허물이 없다는 뜻을 말한 것으로 보았다. 이런 내용을 담은 것이 전반부의 구절 '在師, 中吉, 无咎'이다.

'王三錫命'을 『周禮』에 一命은 작위, 二命은 의복, 三命은 거마를 받는다고 했는데, 이를 인용하여 설명을 하기도 한다. 그러나 易에서의 '三'의 의미는 단순히 '셋'만을 의미하기보다 '많다, 자주'의 뜻이 있다. 이 '三'이라는 숫자는 하늘과 땅 그리고 사람을 의미하는 수이고, 이것은 생태계를 이루는 대표로서 모든 것을 포괄한다는 의미에서 나온 개념이다. 그래서 '여러 번'으로 번역했다. 지금이나 옛날이나 국방의 의무가 중요한 만큼 최고책임자는 자주 군대를 시찰하고 격려와 賞상을 내리고 있다. 이런 뜻을 담은 구절이 '王三錫命'이라고 보았다. 이 구절에서 구이와 육오와의 관계가 긴밀함을 엿볼 수 있다. 이 구의 전면에 나타나는 것은 두터운 왕의 신임이지만, 그 이면에는 그만큼 노력도 필요할 것이다.

소상전에서는 '在師中吉'로 줄이면서 '中'을 강조하고, 중도를 행하면 '吉'이 되는 이유는 이것이 바로 천지자연의 이치이므로 '承天寵也'라 했다. '天'에는 자연의 '하늘'을 의미하면서 동시에 왕을 의미하는 '天子'의 의미도 아우르고 있다.

끝으로 왕이 여러 번 명령을 내리면서 계속 관심을 갖는 것은 구이의 행동이 훌륭하기 때문이기도 하지만, 그렇게 해야 여러 나라를 평정하여 감싸 안을 수 있기 때문이라 했다. 곧 '懷萬邦也'이다.

* 六三, 師或輿尸, 凶.
象曰, 師或輿尸, 大无功也.

육삼, 군대가 간혹 시체를 수레에 싣고 운반하니, 흉하다.
상전에서 말했다. 군대가 간혹 시체를 수레에 싣고 운반함은, 대체로 공이 없는 것이다.

[자구의 뜻] 尸: 주검 시, 신주 시, 진칠 시, 주관(장)할 시, 관리 시.

[해설] 六三은 하괘의 제일 윗자리에 있다. 그러면서도 아랫자리에 있는 九二에게 군대의 지휘권을 빼앗겼다. 그리고 正應도 없고, 제자리도 아니며, 강을 올라타고 있다. 사면초가인데 나타낼 것이라곤 오로지 양위에 있고, 하괘의 윗자리라는 것이니, 이는 조급히 공만 탐하게 된다. 그러니 승리할 수가 없으므로 고작 '輿尸'인 것이다. '尸'는 '시체'를 말하고 '輿'는 '실어 나르다'는 동사로 보았다. 그런데 '輿尸'의 '輿'를 '무리'로, '尸'를 '주관하다'의 뜻을 취해, 육삼도 구이에 지지 않게 자기주장을 함으로써 두 무리의 군대가 자기주장을 하기 때문에 흉하다는 의미로 보는 분도 있다. 일반적으로 흔히 사용하는 자구의 뜻이 아니고, 육삼이 군을 지휘하면 그 결과를 상징하여 나타낸 것으로 보는 것이 자연스러워 취하지 않았다.

소상전의 '大无功也'의 '大'를 '크게'로 번역하는 것이 일반적이다. 그런데 '크다'는 '작다'와 대가 되는 것이니, '작은 공은 있다'는 뜻으로 비쳐지는 것이 옳지 않다고 생각해 '대강'의 뜻으로 번역했다.

* 六四, 師左次, 无咎.
象曰, 左次无咎, 未失常也.

육사, 군대가 (임금의)직위를 잘 보좌토록 하니, 허물이 없다.
상전에서 말했다. (임금의)직위를 잘 보좌토록 하여 허물이 없다는 것은, 평상의 도를 잃지 않는 것이다.

[자구의 뜻] 左: 왼 좌, 아랫자리 좌, 도울 좌. 次: 버금 차, 차례 차, 직위 차, 배열할 차, 숙소 차. 머뭇거릴 자.

[해설] 四爻의 효사와 소상전이다. 六四는 상괘의 시작인데 음이 음자리에 있다. 이것은 위치한 곳이 안정되어 자기의 역할을 다할 수 있음을 나타낸다(正位). 正應도 親比도 없으니 감히 전진하지는 못하지만 지키는 일은 할 수 있다.

'左次'의 뜻이 다양하다. 병법에서 좌측 손을 들면 후퇴하고, 우측 손을 들면 공격하는 것을 예를 들면서 左를 '退'로 보고, '次'는 『좌전』에 하루 숙식은 舍, 이틀은 信, 信을 초과하면 次라고 한 것을 인용하여 '후퇴시켜 삼일 이상을 머물다'로 해석한다. 이는 중국 明末의 王夫之와 朝鮮의 丁若鏞과 현대 중국의 呂紹綱이 이를 취했다. 그리고 군대편제의 左軍에 자리한다고 보는데, 中에 자리하는 것보다 중요도가 떨어져 안전함이 있으므로 '无咎'가 된다고 보는 풀이도 있다. 나머지 하나는 帛書周易의 '昭力'편에 나오는 것으로, '次'를 '國君의 지위'로 보니, 이는 '직위'라는 뜻에서 나온 풀이인 것 같고, '左'는 '보좌하다'의 뜻으로 풀었으니, 이는 '돕다'는 뜻을 취한 것으로 보인다. 여기서는 육사가 처한 위치가 임금을 보좌하는 자리이니, 비록 음과 음으로 갈등의 소지가 있지만 정위했고, 전쟁 중임을 감안하면 왕을 도와야 한다. 임금의 자리를 보좌한다는 것은 그 직위를 지켜준다는 뜻이다. 허물이 있을 수 없다. 그래서 이런 뜻으로 '師左次, 无咎'을 해석했다.

소상전에서는 군대가 군주의 직위를 지키기 위해 있음도 常道이고, 육사가 군왕을 돕는 일도 상도이다. 그래서 항상 근위대라는 것이 있고 측근이라는 것이 있다.

＊ 六五, 田有禽, 利執言, 无咎. 長子帥師, 弟子輿尸, 貞凶.
象曰, 長子帥師, 以中行也, 弟子輿尸, 使不當也.

육오, 밭에 짐승이 있으면, 잡는 것이 이롭고, 허물이 없다. 장자라야 군대를 거느리고, 아우는 시체를 수레에 싣고 운반하니, 바른 것이라 해도 흉하다.

상전에서 말했다. 장자가 군대를 거느림은, 중용의 바른 행위이고, 아우가 시체를 수레에 싣고 운반함은, 부림이 적당치 않았던 것이다.

[자구의 뜻] 帥: 장수 수, 우두머리 수, 거느릴 솔. 弟子: 나이 어린 남의 아우나 아들, 가르침을 받는 학생, 문인. 使: 부릴 사, 하여금 사, 가령 사, 사신 갈 시.

[해설] 六五는 군대를 움직여야 하는 상황인데, 임금의 자리에 있으면서 중덕을 지녔다. 그러나 유약한 사람이 굳센 자리를 차지하고 있으니 불안하다. 다행히 九二라는 훌륭한 장군이 있다. 이런 경우 구이로 하여금 침략자를 물리치게 하면 된다.

'田有禽'은 침략자가 국경을 침범했을 경우를 비유한 표현이다. '밭'은 내 영토의 비유요, '짐승'은 침략자를 비유한 것이다. '禽'은 지금은 '새'로 많이 쓰이나, 옛날은 '짐승'의 통칭으로도 쓰였다. '田'을 '사냥하다'라는 뜻으로도 번역하나 '밭'으로 보는 것이 더 자연스럽다. '利執言'의 '言'을 보통 '말'로보고, '執言'을 '말을 받들다', '말을 집행하다', '잡으라는 말' 등으로 번역하는데, 이는 왕인 육오가 명령을 받는 것으로 오해할 소지가 있고, 앞 문장과의 연결도 깔끔하지 않다. 그런데 朱熹는 '言'을 '어조사'로 보았다. 뜻 없이 어기를 고르는 조사로 보는 것이 가장 자연스럽다.

'長子'는 家를 승계하는 가장 적임자라는 뜻에서 나온, 군대를 통솔할 적임자를 비유한 말로 보인다. 물론 이 괘에서는 구이를 가리킨다. '弟子'는 최적임자인 장자 외의 아우를 말하는데, 소위 괘사에서 말하는 '丈人'이 아닌 사람이 군을 지휘하면 六三에서 보는바와 같이 패전으로 시체를 싣고 온다고 '弟子輿尸'라 했다. 이 '弟子'도 육삼 만을 지칭한다고 보는 견해, 육삼과 육사 둘을 지칭한다고 보는 견해, 初·三·四 모두를 지칭한다고 보는 견해 등 다양하다. 적임자와 비적임자의 차이가 중요한 것이지, 누구를 지칭하는가에 대해서는 여러 견해가 있다는 것만 밝히고 다음으로 넘긴다. '貞凶'은 '바르게 해도 흉하다'는 뜻이니, 어떤 사정으로 육오가 구이가 아닌 자에게 군을 통솔하게 하면 그것이 바른 명령이라도 흉하게 된다는 뜻이다.

소상전의 '中行'은 장자로 군을 통솔케 하는 것은 중용의 행위이고, 제자로 통솔케 하면 사람의 부림이 잘못되었다는 뜻이다.

*** 上六, 大君有命, 開國承家, 小人勿用.**
象曰, 大君有命, 以正功也. 小人勿用, 必亂邦也.

상육, 대군이 명을 내림에, 나라를 열고 가업을 잇는데, 소인은 쓰지 않는다.
상전에서 말했다. 대군이 명을 내림은, 공을 바르게 하는 것이고, 소인을 쓰지 않음은, 반드시 나라를 어지럽힐 것이기 때문이다.

[해설] 맨 위의 효사와 소상전이다. 上六은 師卦의 끝이다. 이것은 군대의 움직임이 끝났음을 말한다. 음이 음위에 있다. 이것은 유순하게 제자리를 지키며 안정되어 있음을 뜻한다. 正應·親比는 없어도 일은 이미 끝난 상태라 별 영향이 없다.

군대의 움직임이 끝났음은 전쟁의 종결을 의미하니, 전쟁의 종결은 논공행상이 있을 것이다. 논공행상은 임금이 한다. '大君'은 六五를 가리키고, '開國承家, 小人勿用'은 六五가 내린 명령의 내용이다. 상육은 단지 開國承家의 한 사람이다. '開國'은 제후를, '承家'는 경대부를 삼는 것을 말한다고 했다. 『주역정의』에 이런 말이 있다. "만약 그 공이 크면, 주는 것을 나라를 열게 해서 제후로 삼고, 그 공이 작으면, 주는 것을 가업을 잇게 해서 경과 대부를 삼는다(若其功大, 使之開國爲諸侯, 若其功小, 使之承家爲卿大夫)" 그러나 이런 큰 상에는 소인은 쓰지 않는다. 그래서 '小人勿用'. 그러면 혹 소인도 공을 세운 자가 있을 것인데, 어떻게 하는가. 朱熹는 "단지 금과 비단으로 우대해 줌이 옳다(但優以金帛可也)"라고 했다.

소상전에서는 대군은 공을 바르게 하기 위해 명을 내리고, 소인은 나라를 어지럽히기 때문에 쓰지 않는다고 했다. '有命'의 목적과 '勿用'의 이유를 각각 붙여 풀었다.

師卦는 자구해석에 학자들의 견해가 여러 갈래인 卦중의 하나이다. 여기서는 전쟁 상황이 진행되어 감과 함께 각 위치에 속한 사람이 행할 수 있는 행위를 나타낼 수 있는 뜻을 취했다. 爻의 진행상황에 통일성이 있게 되고 그러면 이해가 쉽기 때문이다.

이 괘에서는 師라는 이름으로 무리를 어떻게 잘 통솔할 수 있는가를 주로 말했다. 잘 통솔하기 위해서는 '貞'이 있어야하고, 이렇게 행할 수 있는 '丈人'을 통솔자로 세워야 종국에는 승리의 논공행상을 할 수 있다고 말한다.

전쟁에서의 '貞'에 관한 많은 실례 중 미국의 이라크 침공에서 보여주는 것도 있다. 국제적으로 완전한 인정을 받지 못하면서 침략을 강행했다. 그래서 2011년까지도 미군은 이라크에 주둔하고 있어야 했고, 앞으로의 정국이 과연 親美로 계속될지도 의문이다. 이런 것에서도 '貞'의 중요성을 느끼게 한다. '丈人'에 대해서는 조선 宣祖 때의 임진왜란에서 이순신을 생각하게 한다. 처음부터 끝까지 그에게 군사를 통솔하게 했다면 아마도 그가 丈人임이 증명되었을 것이고, 전쟁도 승리하지 않았을까 하는 가정을 한다.

현대 우리나라는 집단이 데모를 하고 이를 막기 위해 경찰이 동원된다. 이때는 무리가 두 집단이다. 그런데 이를 해결하는데 말썽이 자주 일어나고 법정으로까지 간다. 이런 사태를 보면 데모하는 집단도 경찰들도 '貞'과 '丈人'이 필요함을 절실히 느낀다. 바르지 못한 일, 장인이 이끌지 않는 무리는 사회의 혼란을 가져올 뿐인 모양이다.

이상의 것들을 보면 '貞'과 '丈人'의 문제가 쉽지 않은 것 같다. 세계를 이끌고 무리를 이끄는 위치의 사람, 특히 정치가들이 유념해야 할 사항이다. 정치가가 아닌 일반인도 누구나 貞을 행하고 丈人의 자질을 키울 필요가 있다. 누구나 가족이라는 작은 집단을 이끌 '丈人'이 될 수 있기 때문이다. 그러므로 이 괘를 숙지할 필요가 있는데, 특히 中位와 正位를 차지한 효와 그렇지 못한 효를 비교하며 다시 새겨보면 자신의 방향을 찾을 수 있을 것이다.

䷇ 比 (水地比)

概說: '比'란 '견줄 비, 친숙할 비, 따를 비, 도울 비'이다. 卦의 象으로 보면 위에는 '물'이요 아래는 '땅'이다. 물은 땅과의 밀착정도를 헤아릴 수 없고, 땅은 물을 거침없이 받아들인다. 괘의 형태에서는 양(—)인 남자는 오직 九五 한 명이고. 무리지은 음(--)인 여자들 속에 한 남자가 있다. 그 남자가 최고의 인품과 권력을 가졌다면 뭇 여자들은 어떨까. 이런 것에서 '친숙하다', '따르다', '돕다'라는 뜻이 포함되지 않을 수 없을 것이다. 이런 괘를 '比'라고 이름 지었다.

『說文解字』[127]에는 "비는 친밀함이다. 두 사람이 나란히 있는 모습인데(从종), 从을 반대로 하면 比가 된다(比密也, 二人爲从, 反从爲比)"라고 하였다. 象傳에서는 '輔(도울 보)'라 했고,

『주역정의』에서는 '相親比(서로 친하고 돕는다)'라 했으며, 『주역본의』에서는 '親輔'라 했다. 우리의 해설서에는 대체로 '친하다', '돕는다', 혹은 '따르다'라는 뜻으로 번역한다. '比'에는 이 모든 뜻을 다 포함하고 있다. 친한 것이고, 친하기 위해서는 도와야 하고, 위에서는 아래를 어루만지고, 아래에서는 위를 좇아 따라야 서로 친밀하게 돕고 살게 되는 것이다. 그런데 불행히도 우리말에는 '比'의 뜻을 모두 담는 한 단어는 없다. 그래서 여기서는 '친하다, 친함'이라는 단어로 이 '比'의 뜻을 모두 담은 것으로 하니, 괘효사의 설명에 참고하기 바란다.

「서괘전」에서는 "군대는 무리이고, 무리는 반드시 친밀히 돕는 바가 있으니, 때문에 비괘로서 받았다(師者衆也, 衆必有所比, 故受之以比)"라고 했다. 무리가 있으면 서로 돕고 친하게 지내기도 하지만, 싸우고 흩어지는 경우도 있으나, 차례에 대한 의미를 부여키 위한 방편으로 삼기는 충분한 것 같다. 그리고 「잡괘전」에는 "比는 즐겁고 師는 근심이다(比樂師憂)"라 했으니 친하다는 것은 즐거운 것이다. 즐겁게 돕고 즐겁게 친해야지, 사욕을 위해서 마음에 없는 '比'를 해서는 안 된다는 의미를 우리는 읽어야 할 것이다. 그럼 괘효사는 어떻게 말하는지 보자.

1. 괘

* 比, 吉. 原筮, 元永貞, 无咎. 不寧方來, 後夫凶.

비괘, 길하다. 근원을 찾아 점쳐 결정하는데, 착하고 오래하며 바름을 지켜야, 허물이 없다. 편치 못해 사방에서 몰려오는데, 뒤에 오면 흉하다.

[해설] 괘사다. 먼저 친하면 좋다. 그러니 '吉'이다. 이어 '原筮, 元永貞, 无咎'. 이 중 '原筮'에 관해서도 그 풀이가 각각이다. 현대의 高亨은 '원래의 점', 곧 뒷사람이 옛사람의 점을 가리키는 말로 보았고, 尙秉和는 '들에서 점을 보는 것(野筮)'으로 보았다. 옛 宋代의 朱熹는 '거듭해 점치는 것(再筮)'[128]으로, 程頤는 "근원을 미루어 점으로 결정하는 것(必推原占決)"로, 唐代의 孔穎達은 "실정을 근원적으로 궁구하여, 그 뜻을 점으로 결정한다(原窮其情, 筮決其意)"라고 풀었다.

'原筮'는 친하고자 하는 대상을 정할 때의 상황을 표현한 것으로 보고, 程頤와 孔穎達의 풀이를 따랐다. '筮' '점치다'의 뜻은 신중히 생각한다는 상징적 표현이기도 하다. 그리고 '元永貞'. 이는 대체로 친하고자 하는 상대의 덕이나 재질로 본다. 친하기 위해서는 이런 자질이

---

127) 漢의 許愼이 글자의 형태, 뜻, 음을 해설한 책. 줄여 『설문』이라고도 한다.

128) 여기서의 '再筮'는 같은 사실을 두 번 점친다는 뜻이 아니고, 조심하고 신중히 한 번 더 생각하여 점치는 것으로 본다.

있어야 하고, 친한 후에도 이렇게 해야 할 것이다. 특히 천하를 다스리는 九五 천자라면 이런 사람을 등용할 것이다. '元'은 '善' '大' 혹은 '君長(임금의 덕)'으로 보는데, 乾卦 文言傳의 '元者善之長也'에서 '善'을 취했다.

'不寧方來'는 九五의 군왕과 친하지 못할까하여 사방에서 몰려오는 현상을 표현했다. 앞 句節은 구오의 행위와 생각이면, 이 구절은 여러 陰爻의 행위이다. 이때 늦게 오면 좋지 않을 것이다. 특히 군왕과 관련된 정치적 일이면 의심을 살 수 있을 것이므로 '凶'은 정한 이치니, '後夫凶'의 표현이 뒤에 따랐다. '不寧'을 침략하는 편치 못한 국가로 보고, 이런 국가가 있어서 침략을 막고자 부르니 '方來'해야지, 늦게 오면 흉하므로 '後夫凶'이라고 보는 곳도 있다. 또 '不寧方'을 '不寧侯'로 보아야 함을 설명하면서 편치 못한 제후들이 천자의 조회에 달려가는 모습으로 보기도 한다.[129] 구체적이라 확실하게 이해를 시키는 면은 있으나 나타난 자구만으로 번역한 일반적인 번역을 따랐다. '方來'의 '方'을 '바야흐로'로 번역하기도 하나, '사방에서'가 더 좋아 보이고, '後夫'의 '夫'를 '사나이'로 많이 번역을 하는데 '어조사'로 보는 것이 더 좋을 것 같다. 이는 虞翻우번[130]의 풀이를 따른 것이다. 그에 의하면 뒤에 오는 사람은 上六이다. 상육은 실권은 없지만 구오보다는 윗자리에 있으면서 강을 타고 앉았으니 건방을 떨만하다. 그래서 충분히 뒤에 오는 사람일 수 있다. 그래서 상육의 효사에도 '凶'이 있다. 이렇게 '後'를 상육으로, '夫'를 어조사로 보면 간편하다.

결국 돕고 친밀한 것은 길한 것이고, 근본을 헤아려 사귀므로, 선하고 오래도록 바르게 해야 한다. 그리고 상대가 도움이 필요로 할 때 가만있으면 편치 못하니 늦지 않도록 달려가 도와주어야지 늦으면 신임을 잃는다. 이런 뜻이 된다.

*** 彖曰, 比吉也, 比, 輔也, 下順從也. 原筮, 元永貞, 无咎, 以剛中也. 不寧方來, 上下應也. 後夫凶, 其道窮也.**

단전에서 말했다. 비괘가 길하다는 것은, 비는 돕는 것이고, 아래에서 순순히 따르기 때문이다. 근원을 찾아 점쳐 결정하는데, 착하고 오래하며 바름을 지켜야 허물없음은, 강이 중심에 있기 때문이다. 편치 못해 사방에서 몰려온다 함은, 상하가 응하는 것이다. 뒤에 오면 흉하다 함은, (친하는)그 도가 막히기 때문이다.

[해설] 彖傳의 설명이다. 먼저 比卦가 왜 길한가를 풀면서 자연스럽게 괘명 '比'의 뜻을 나타냈다. '下順從也'는 九五의 아래에 있는 음 4효가 순순히 따른다는 뜻이다. 이것은 比卦가 길한(比吉也) 이유를 말한 것으로 본다. 특히 조선의 陽村은 朱熹가 첫 문장인 '比, 吉也'를

---

129) 여소강 수정, 「周易全解」(상해고적출판사, 2006), 96쪽 참조.

130) 漢末 삼국시대 사람으로 「周易注」을 지었다. 漢易을 아는데 중요한 자료이다. 한역 상수파의 대표자이다.

연문으로 의심한데 대한 반대 의견으로, 괘사 '比, 吉'을 지칭하는 말이 '比, 吉也'이고, 이를 풀이한 것이 '比, 輔也, 下順從也'로 보았다. 그렇게 보면 자연스럽다. 그리고 이 문장의 '輔'와 '順從'은 '比'의 말뜻도 된다.

이어서 괘사 '元筮, 元永貞, 无咎'를 풀었다. '以剛中也'는 구오가 처한 상황을 나타낸 것으로, 강이 상괘의 中을 얻고 있으니, 왕의 자리에서 굳세면서 치우침이 없는 중용의 덕을 지녔음을 말한다. 이런 덕을 갖춘 인격자가 왕이니 '元筮'하고, 모두 '元永貞'한 사람을 택할 능력이 있고, 그렇기 때문에 '无咎'할 수 있다는 것이다. 또 이런 중덕을 갖춘 임금과 친하려면 '元永貞'해야 '无咎'하다는 뜻이기도 하다.

이어 '不寧方來'는 위아래가 서로 응하기 때문이라 했다. 상괘에 있는 구오는 이 괘의 유일한 양이면서 임금의 지위이고, 신하와 백성들은 모두 음이니 그를 따르므로 '上下應也'이다. 상하를 구체적으로 누구를 말하느냐? 上은 구오이고 下는 구오 아래의 4음을 말한다고 보면 上六은 제외되고, 上은 상육이고 下는 구오 아래의 4음이라고 보면, 위아래가 모두 응하는 것이니 상육도 포함된다. 모든 음 중에서 '後夫凶'이 될 사람은 상육일지라도(괘사 설명 참조) 그 때문에 응하지 않는다고 보기는 힘들다. 상육도 정위했고 구오와는 親比이기 때문이다. 아마도 상육까지 합쳐 음 전부를 말하는 것으로 보아야 하지 않을까 한다.

끝으로 '後夫凶'을 설명했다. '뒤에 오면 흉하다는 것'은 이미 서로 돕기로 확정된 후에 늦게 온 사람은 자연 홀로 외톨이가 되고, 서로 친하고자 하는 길이 막히게 된다. 그래서 '其道窮也'라 했다.

* 象曰, 地上有水, 比. 先王以建萬國, 親諸侯.

상전에서 말했다. 땅위에 물이 있는 것이 비괘이다. 선왕이 이를 보고서 만국을 세우고, 제후와 친밀히 지냈다.

[자구의 뜻] 先王: 그 전대의 임금, 옛날의 聖王. 諸侯: 분봉된 小國의 임금.

[해설] 大象傳의 풀이. '땅'은 下坤, '물'은 上坎의 象이다. 땅위에 있는 물은 넓게 퍼지면서 밑으로 흐르고 스며든다. 또 땅은 물을 받아들이면서 생물을 기른다. 이를 何晏안[131]은 "물의 성질은 아래로 스며드는데, 지금 땅위에 있으므로 곧 서로 적시니 比의 뜻이다(水性潤下, 今在地上, 更相浸潤, 比之義也)"라고 표현했다. 이런 현상을 보고 옛 천자들은 넓은 땅처럼 천하를 통일하고, 땅이 모든 물을 받아들이듯이 작은 나라들을 다스리는 제후들과 친밀히 지냈다. 이런 뜻이다.

---

131) 魏晉시대 역을 노장 사상으로 해석하는 玄學파의 한 사람으로 왕필과 교분이 깊었다.

이때까지는 군자를 가정하여 풀었는데, 여기서는 '先王'으로서 풀었다. 군자와 선왕이 문맥을 이해하는 것에는 뚜렷한 차이가 없다. 다만 전대의 임금이니, 정치적이고 새로운 제도를 운용한 역사적 의미가 내포되어 있음을 추측할 수 있다.

단전에서는 주로 아랫사람이 위를 순순히 따르면서 돕는 뜻을 취했고, 대상전에서는 윗사람이 아랫사람을 어루만지고 보살피는 뜻을 취했다. 친하고 돕는 데는 상하의 구별이 있을 수 없다는 뜻도 함께 알려주고 있다.

2. 효

* 初六, 有孚比之, 无咎. 有孚盈缶, 終來有它吉.
象曰, 比之初六, 有它吉也.

초육, 믿음을 가지고 친함은, 허물이 없다. 믿음이 장군에 가득함이 있으면, 마침내 영역 외에서도 길함이 온다.
상전에서 말했다. 비괘의 초육은, 영역 외의 길함이 있는 것이다.

[자구의 뜻] 缶: 장군(瓦器: 액체를 담는 용기) 부, 질장구(古樂器) 부, 물병 부.

[해설] 初六은 比의 시작이고 땅의 제일 아래이다. 不正位이고, 正應도 親比도 없다. 고립무원의 상태다. 친해야 하는 상황에서 절망하고 포기할 것이냐?

그런데 초육은 바로 이웃에 있는 六二가 국가로부터 도움을 받는 것을 보게 된다. 위로 모두 음이라 터여 있으므로 임금이고 국가인 九五가 보이는 것이다. 비슷하게 같은 처지의 음들이 친교가 이루어지고 있으니 자기가 있는 곳까지 내려올 것이라고 믿는 것이다. 이를 '有孚, 比之'로 표현했다고 보아진다. '比之'의 '之'는 주격 조사로 봄이 좋다. 초육이 失位하고 정응·친비도 없기 때문에 원래 허물이 있는데, 친함에 대한 '有孚'가 있었기 때문에 결국 허물이 없게 되어 '无咎'라 했다.

'有孚盈缶'는 항아리에 믿음이 가득하다는 뜻이다. 여기서의 '缶'는 하괘 坤의 상인 '흙'에서 나온 것이고, 흙으로 장군같이 만든 질그릇을 '缶'라 한다. 이 항아리 안에 채우는 것은 술이요 장류이니, 상괘 坎의 '물'이 흘러내려 '盈缶'가 되었다. 그러면 여기서의 '有孚'는 이 물에서 연유한 것으로, 상괘 구오의 뭇 物에 대한 친교의 믿음이다. 이렇게 보면 구오의 믿는 마음이 장군에 가득 찼다는 뜻이 된다.

'終來有它'의 '它'는 일반적으로 '他'의 뜻 '다른 것'으로 번역한다. 여기서는 뜻은 '다른 것'이란 뜻을 취했으나, 직역하지 않고, 그 의미를 넓혀 번역했다. 즉 구오와 초육은 정응도 아니고 친비도 아니며 같은 상괘도 아니다. 그리고 제일 먼 사이이다. 이런 상태는 일정 범위

안이 아니고, 구역 밖의 다른 것을 의미하는데, 구오는 이러한 것도 충분히 받아들이는 넓은 아량으로 천하를 다스리며 베푼다는 의미가 있다. 그래서 이런 의미로 위의 번역 '영역 외'가 됐다. 결국 구오가 뭇 음들을 감싸는 마음이 가득 찼기 때문에 영역 밖에 있어도 친함이 이루진다는 뜻이다.

이 구절의 번역 중에 특이한 것은 于省吾[132]와 高亨의 해석이다. 이들은 '來'는 '未'의 譌와 字로 보았고, '它'는 '蛇사'의 의미로 쓰였는데, 이를 직역하면 '뱀이 있지 않으니'가 된다. 옛 사람은 풀에서 살았기 때문에 뱀으로 인해 놀라는 뜻밖의 일이 종종 있었다. 그래서 '뜻밖의 환난' 쯤으로 번역하여 '終來有它吉'를 "결국 <u>뜻밖의 어려움은 없으니</u> 길하다"고 역했다.[133] 참고하기 바란다.

＊ 六二, 比之自內, 貞吉.
象曰, 比之自內, 不自失也.

육이, 친함을 안에서부터 하니, 바르므로 길하다.
상전에서 말했다. 친함을 안에서부터 하는 것은, 스스로를 잃지 않는 것이다.

[해설] 六二는 親比만 없을 뿐 중정하고 위로는 존위의 군왕과 相應하고 있다. '吉'이라는 점사가 나옴직하다. '內'는 육이가 소속된 괘가 下卦이고, 하괘를 內卦라고도 하니, 이를 말한 것이다. 그렇지만 이것의 함축된 의미는 개인에 한해서는 마음이라는 말이 되고, 가정은 어머니가 맡은 집안일이 되고, 국가는 내무부장관의 국내일이기도 하다. '內'를 번역한 '안'에는 이런 의미를 가지고 있다. 이렇게 안에서부터 시작하니 모든 것을 수용한 상태가 될 것이므로 '貞'이 나온다. '自'는 '~부터'의 의미로 번역을 했으나, '마음으로부터(自內)'의 의미는 누구로부터 강요된 것이 아니라 스스로 한다는 뜻이므로 '스스로'의 의미도 포함된 것이다. 그러니 '自自內'가 합쳐서 '自內'가 됐다고 보면 좋겠다. '之'는 도치형의 문장에 쓰이는 목적격을 나타내는 것이다. 무엇이든 안에서부터 시작하고서 밖으로 향하는 것이 정도이니, 정위한 역할을 잘 해내었으므로 '貞'이고, 貞하니 '吉'하다고 '貞吉'이라했다.

小象傳의 '自失'은 스스로의 마음가짐과 행할 바를 잃지 않는 것을 말한다. 강요된 것이 아니고 '比之自內, 貞'하여 '不自失'한다는 뜻이다.

程頤는 "중정의 도로서 위의 구함에 응하는 것은 안으로부터 하는 것이니 스스로를 잃는 것이 아니나, 다급히 比를 구하는 것은 군자의 자중하는 도가 아니니 이는 스스로를 잃는 것

132) 1984년에 작고한 중국의 고문자 학자. 북경대학, 길림대학 교수 등을 역임. 「易經新證」(별칭: 쌍검치역경신증)의 저자임.
133) 于省吾, 「雙劍誃群經新證 · 雙劍誃諸子新證」, 16쪽. 高亨, 김상섭 옮김, 「고형의 주역」, 137쪽에 있다.

이다(以中正之道, 應上之求, 乃自內也, 不自失也, 汲급汲以求比者, 非君子自重之道, 乃子失也)" 라고 하여 위의 구함이 있은 후에 친해지는 것을 말한다고 보았다. 현대의 尙秉和는 "失과 佚(편안할 일)은 통하여, 안에서부터 구오를 比하니, 감히 안일할 수 없다는 말이다(失通佚, 言自內比五, 不敢安逸也)"라고 했다. 두 사람의 풀이에 '內'에는 '꿋꿋함'의 의미가 살아나니, 이 점도 참고하자.

* 六三, 比之匪人.
象曰, 比之匪人, 不亦傷乎.

육삼, 친할 사람이 없다.
상전에서 말했다. 친할 사람이 없다면, 역시 상처받지 않겠는가?

[해설] 六三은 中을 지났고, 음이 양의 자리에 있으니 正位가 아니며, 无應·无比이다. 위에는 六四가 九五와 親比했고, 아래로는 六二가 正應으로 서로 통하니, 자기 혼자만 소외당한 경우다. 初六은 시작이요 어리다는 이점이 있었지만 이 효는 이미 성인이니 구오가 특별히 신경을 쓰지 않는 것이다. 이런 상태는 뜻이 통하는 친구가 없는 것과 같다. 이를 '比之匪人'이라 했다. 이런 사람은 스스로 노력하지 않으면 '凶'이 될 것이다. 실제로 그는 아래위의 음들과 같이 행동했기 때문에 괘사에서 말한 '方來'를 했으므로 '凶'이라고 하지는 않았다. '匪人'의 '匪'는 '無也'로 본다.

王弼은 "가까이는 서로 얻지 못하고, 멀리는 응이 없으니, 더불어 친하고자 해도 모두 나와 친하지 않는다. 때문에 比之匪人이라 한다(近不相得, 遠則无應, 所與比者, 皆非己親. 故曰比之匪人)"라고 했다. 그런데 '匪人'을 '인간답지 못하다'로 보면서 응의 위치인 上六을 지칭한 것으로도 본다. 상육이 앞장서지 않아서 '後夫凶'의 사람이기 때문이다. 그러나 상육만의 관계보다 육삼의 전반적 상황으로 보는 것이 좋다.

소상전은 구오와 친하지 못하는 사실의 큼을 강조하여 그런 지경에 이르지 않도록 경계한 말이다.

* 六四, 外比之, 貞吉.
象曰, 外比於賢, 以從上也.

육사, 밖에서도 친하니, 바르게 하면 길하다.
상전에서 말했다. 밖에서도 현인과 친함은, 위를 좇는 것이다.

[해설] 六四의 효사와 소상전이다. 육사는 가까이에서 왕을 보필하는 자리다. 순종의 미덕이 있는 음이 제자리를 차지하고 있고, 중정의 덕이 있는 왕과는 比爻이다. 이로써 왕의 충복임을 알 수 있다.

'外'는 外卦의 '外'에서 나왔는데 이를 보통 두 부류로 푼다. 하나는 '外'가 '九五'를 지칭하는 것으로 보고, 구오와 比하는 뜻으로 '밖으로 친하니'로 역하는 것이다. 또 하나는 六二의 '內'와 상대되는 육사가 처한 육사의 위치로 보는데, 위의 풀이도 이렇게 보았다. 그러면서 '外'가 상징하는 의미는 육사의 행동이 밖으로 나타나는 것이며, 그가 행하는 업무는 국익에 직접 연결이 되어 드러나는 것을 상징하는 것이라고 보았다. 물론 친하고자 하는 상대는 구오이다. 이렇게 外卦에 있으면서 바르게 일을 처리하며 구오를 잘 보필하면 '吉'할 것은 당연하다.

소상전의 '賢'은 바로 구오를 말하는 것으로 보았다. 구오의 賢君과 친하면 이것이 바로 위를 좇는 것이다.

이 효는 '外'를 제일 앞에 내세운 의미가 있다. 어진 군주라도 육사의 라이벌 관계에 있는 六三에게는 눈길을 주지 않고, 또 육이와는 분명하게 구별하고 있다. 이것이 중정의 덕으로 구오가 적재적소에 사람을 부리는 능력임을 암시한다.

*** 九五, 顯比. 王用三驅, 失前禽. 邑人不誡, 吉.**
象曰, 顯比之吉, 位正中也, 舍逆取順, 失前禽也. 邑人不誡, 上使中也.

구오, 친함을 환히 드러낸다. 왕이 (사냥할 때)삼면으로만 몰아서, 앞으로 향하는 짐승은 놓아둔다. 마을사람들이 경계하지 않으니, 길하다.
상전에서 말했다. 환히 드러낸 친함의 길함은, 직위가 바르게 중심을 지키기 때문이고, 거역하는 것을 버리고 순히 따르는 것을 취함은, 앞으로 향하는 짐승은 놓아두는 것이다. 마을사람이 경계하지 않음은, 위에서 중덕을 사용하기 때문이다.

[자구의 뜻] 驅: (짐승 등을)몰 구, 나아갈 구, 달릴 구. 三驅: 고대의 사냥 법(한 면은 터놓고 삼면만 에워싸던 일), 사냥을 하던 세 가지 경우와 그 예의(제사, 빈객, 임금의 음식 충당을 위해서 함) 誡: 경고 계, 경계할 계, 훈계할 계, 계율 계.

[해설] 九五는 이 괘의 주효이고 친함의 근본 상대이다. 양으로 최고의 권력을 장악한 왕이 중정의 덕으로 행하니, 여러 음들이 우러러보는 바이다. 그러므로 또한 여러 음들을 돌보아야 하고 친해야 한다. 그러므로 '比'를 밝게 드러내 놓고 사심 없이 해야 하니 '顯比'이다.

옛날 왕은 사냥할 때 사방에 거물을 치거나, 사방에서 몰아 잡지를 않았다. 짐승에게도 한 면은 터놓아 도망갈 길을 마련해 주는 仁을 베풀었다. 이런 사냥의 법도를 예를 들어 구오의 친하기 위한 태도를 밝혀 비유하여 나타낸 것이 '王用三驅, 失前禽'이다. 이 때 '前'을 두 가지 각도로 설명이 되고 있다. 하나는 밀렵하는 사람을 향해서 앞으로 다가오는 짐승이다. 이는 몰이를 하면 어린 짐승들은 도망가지 못하고 반대로 밀렵하는 사람으로 돌아서므로 이들은 잡지 않는다는 뜻이다. 다른 하나는 사냥꾼이 몰면 터진 곳으로 도망가는 짐승이다. 이렇게 살려고 힘을 다하는 짐승은 살려두는 사랑을 베푼다는 뜻이다. 어느 것인지는 확실치 않지만 소상전의 '舍逆取順'은 '오는 사람은 막지 않고 가는 사람은 붙잡지 않는다'는 옛말과 통하는 것이니, 후자에 더 가까운 것 같다. 어떻든 사냥에도 이렇게 사랑을 베푼다는 의미로 '三驅'가 쓰인 것은 帛書周易의 '昭力'편에서도 확인된 것이다. 이런 덕으로 친하게 지내려 하니, 소속된 마을 사람들이 경계할 필요가 없다. 이렇게 베풀고 모두가 믿으니 자연 '吉'하게 된다.

'三驅'와 '邑人'과의 직접적인 연관관계로 설명을 더하면, 마을 사람들이 잡을 것이 없도록 싹쓸이 사냥해 버리지 않으니 걱정할 필요가 없고, 사냥을 위해서 어떤 동원령을 발하지 않으니 경계할 필요가 없다. 그리고 사냥할 때 한 면을 틔워주는 것을 현대의 정치와 연관시키면, 어떤 경우든 개인의사는 존중하면서 언론의 자유는 막지 않는다는 뜻과 통한다. 이런 아량을 갖고 정치하는 사람이니 경계할 필요가 없다. 성인의 정치가 이런 것이다.

소상전의 설명은 구오의 剛이 正位와 中을 차지한 것 때문에 이렇게 된다고 설명했다. 특히 '中'의 의미가 두 번이나 강조됐다. 즉 치우치지 않는 것, 지나치거나 미치지 못하는 것이 없는 것을 강조하고 있다.

* **上六, 比之无首, 凶.**
象曰, 比之无首, 无所終也.

상육, 친하는데 앞장서지 않으면, 흉하다.
상전에서 말했다. 친하는데 앞장서지 않음은, 끝맺음도 없다는 것이다.

[해설] 上六은 比卦의 끝이니 친하게 사귀고자 하는 마음도 다했고, 上坎 '험'의 끝이니 위험도 사라져 간다. 중덕을 지닌 지도자를 타고 앉았다는 것은, 자기보다 더 잘난 사람은 없다고 생각하는 교만함이 엿보인다. 모두가 九五와 친하고자 하는데 상육은 윗사람으로써 앞장서지 않고 이런 교만함 때문에 체면치레만 하고 있다가 뒤쳐질 가능성이 있다. 比爻인 구오와의 사귐을 놓치면 正應도 없으니 아무와도 친할 수가 없다. 그러면 '凶'이다. 그래도 正位했기 때문에 가정으로 역했다.

'首'는 '선두, 선창하다'의 뜻인데, 여기서는 무리를 이끌고 친하기 위해 앞장서지 않는다는 뜻으로 '无首'를 썼다. 그래서 괘사의 '後夫凶'과 같은 경우이다.

소상전에서는 친교의 끝맺음이 없으면 결국은 흉으로 마치게 된다는 뜻이다.

물과 땅이 서로 친밀하게 합치듯이 개인, 가정, 사회, 국가 간에 서로 돕고 친하게 지내며, 위아래가 서로 응하고 합쳐야 좋다는 괘이다. 친하고 돕는 상대를 고를 때는 신중히 하여 선하고 오래도록 바름을 지키는 자와 사귀어야 한다고 했고, 사귄 친구가 도움이 필요하면, 특히 그가 윗사람이라면 신속하게 실행하는 것이 좋다고 했다. 누구나 넓고 친밀하게 사귀는 것이 좋은데, 특히 나라를 다스리는 위치의 사람은 영역 밖의 사람도 친할 줄 알아야 한다고 했다. 그리고 이런 위치의 사람은 힘으로 싹쓸이 하지는 않는다고 했다. 이런 것이 이 괘가 말하는 요지이다.

☴ 小畜 (風天小畜)

概說: '畜'은 '모아 쌓을 축'이니 '小畜'은 '조금 쌓는다'는 뜻이다. 괘가 위는 巽卦☴이고, 아래는 乾卦☰이다. 乾의 상징과 그 성질은 이미 알았는데, 손은 어떨까?

「설괘전」. "손은 들어감이다(巽入也)", "손은 닭이 된다(巽爲鷄계)", "손은 넓적다리가 된다(巽爲股고)", "손은 동남방이다(巽東南也)"라 했고, 또 "손은 나무가 되고, 바람이 되고, 장녀가 되고, 표준이 되고, 섬세함이 되고, 흰 것이 되고, 길고, 높고, 진퇴를 결정하고, 과단성이 없고, 냄새가 되고, 사람에 있어서는 머리털이 적고, 이마가 넓고, 흰자위가 많은 눈이고, 이문에 가까워 시장에서 3곱을 얻고, 종국에는 조급한 괘가 된다(巽爲木, 爲風, 爲長女, 爲繩승直, 爲工, 爲白, 爲長, 爲高, 爲進退, 爲不果, 爲臭, 其於人也爲寡髮발, 爲廣顙상, 爲多白眼, 爲近利市三倍, 其究爲躁卦)"라고 했다. 여기서 巽의 '風'과 乾의 '天'을 엮어 '風天小畜'이라고도 부른다.

하늘의 기운은 위로 올라간다. 巽(☴)의 형태는 밑이 열려 있으니 '入'의 象이다. 아래 乾의 기운이 위로 올라가되 위에 입구가 있으니 한 곳으로 들어가 모이는 꼴이고, 하늘 위에 바람이 불고 있으니 바람이 구름을 모으는 것을 연상할 수 있다. 또 한 효(六四)가 괘의 유일한 여자이니 뭇 남자가 멈추어 바라보고 있는 상이다. 이런 것에서 '모아 쌓다'는 '畜'이 괘명에 들어갔다. 그런데 '小'는 왜 있을까? 끝없는 하늘의 기운을 바람으로 모두 모을 수 없고, 乾의 강건한 힘을 공손한 巽만으로 모두를 제지할 수 없으며, 한 여자가 남성들의 시선을 언제까지나 잡아둘 수는 없기 때문인 것으로 본다. 또 음은 小이고 양은 大이다. 음인 소가 양을 그치게 하므로 小가 있게 되고, 음은 하나이고 양은 다섯이니 음이 양보다 적으므로 小이다. 음이란 재물을 이르고 양이란 정신을 이르므로 재물에만 정신을 온통 집중시킬 수 없다는 의미로 넓혀 해석하기도 한다. 그리고 쌓아올리는데 바람이 불어, 높고 많이 쌓을 수 없어 小가 붙었다고도 한다. 아무튼 이런 것이 괘명이 '小畜'이 된 이유다.

「서괘전」에는 "比란 친밀히 돕는 것이다. 친밀히 도우면 필히 모여 쌓이는 바이니, 때문에 소축으로 받았다(比者比也, 比必有所畜, 故受之以小畜)"라고 했다. 돕고 살면서 친해지면 정도 쌓이고 사람이 모여 들겠지만, 왜 同人卦와 萃췌卦도 '모이다'는 뜻이 있는데 이들 괘가 아닌 소축괘이어야 하는지 그 이유는 나타나지 않았다. 아무튼 서로 돕고 친하면 친분이 조금씩 쌓여가니 그래서 比卦 다음에 小畜卦가 있게 됐다고 생각하자. 「잡괘전」에는 "소축은 적은 것이다(小畜寡也)"라고 했다. 六四 음은 '적은 것'이고 이것의 영향도 적은 것이니, 이를 나타낸 것으로 보아야 한다. 그러면 어떻게 해서 조금이라도 쌓는지 보자.

1. 괘

* 小畜, 亨. 密雲不雨, 自我西郊.

조금 쌓이니(小畜卦는), 형통하다. 빽빽이 구름만 끼고 비는 오지 않는데, 나의 서쪽 교외로부터이다.

[해설] '小畜'은 조금 모아 쌓였다는 의미이니, 저축이 되어가는 과정도 마음을 만족시키니 '亨'하고, 그 결과도 형통할 수 있다. 그래서 괘명의 말뜻을 직접 나타내는 '조금 쌓이니'로 하면 번역이 더 자연스럽게 연결되는 것 같아 여기서도 그렇게 번역해 보았다. 물론 바로 괘명으로 이어도 된다.

'密雲不雨'는 구름은 잔뜩 끼었으나 비는 오지 않는다는 뜻이다. 여건은 마련됐지만 아직 시행은 되지 않고 있는 것을 말한다. 이것은 하나의 음이 뭇 양들의 마음은 끌 수 있으나 마음대로 할 수는 없음을 말하고, 또 巽인 '장녀'가 乾인 '아버지'를 간곡히 말릴 수는 있으나, 더 이상은 어쩔 수 없음을 말한다. 곧 小畜卦의 象이니 소축으로는 만사가 다 해결되지는 않는다는 뜻이기도 하다.

이렇게 비가 오지 않는 곳은 '自我西郊'라 했다. 이 句의 '我'와 '西郊'는 어떻게 연결해야 하는가? 현재 내가 있는 서쪽교외인가? 나로부터 떨어져 있는 서쪽교외이니 나와는 무관한가? 아니면 멀리 떨어져 있는 나의 서쪽교외인가?

여기서의 '我'는 이 괘의 유일한 음이고 主爻인 六四를 말한다고 보아야 한다. 괘사는 주효와는 항상 연관성이 있기 때문이다. 육사가 뭇 양들을 컨트롤하니 힘이 미약하여 구름만 빽빽하고 비는 오지 않는 것이다. 그러면 내가 있는 곳에는 비가 오지 않는다는 뜻이니, 번역은 '내가 있는 서쪽 교외로부터이다'가 된다. 비가 오지 않는 것은 나의 능력과 무관하지는 않다는 뜻으로 보아야 한다. 그런데 왜 하필 서쪽인가? 서쪽은 옛사람들에게는 음의 방소이고, 육사도 음이고 구름도 음이기 때문에 '西'가 나왔다고 한다. 곧 양의 상징인 태양은 동쪽에서

뜨니 양의 방향은 동쪽이고 그와 반대인 음은 서쪽이라는 관념에서 온 것이다.

그런데 '西'가 등장한 또 하나의 해석은 周의 岐山이 殷나라에서 보면 서쪽에 위치하고 있었기 때문에, 동쪽 은이 서쪽 주를 핍박하는 상을 '비가 오지 않는다'는 것으로 비유했다고도 한다. 이때의 '我'는 바로 文王이고 문왕이 은의 유리옥에 갇혀 있었던 때로 본다. 그러면 동쪽의 유리옥에 갇혀서 자기가 다스리는 서쪽의 周를 보고, 아직 비가 오지 않으므로 이를 안타깝게 여기는 것으로 번역을 해야 하니, '나로부터 서쪽교외이다'가 될 것이다. 이 두 가지의 상황이 어느 것인지 알 수 없다. 그런데 묘하게도 내가 있는 서쪽과 문왕 자신이 다스리는 서쪽이 모두 통할 수 있는 번역이 '나의 서쪽'이 됨으로 이렇게 번역을 했다. 그래도 꼭 하나를 택한다면 역사적인 사실이 아니라도 통할 수 있는 '내가 있는 서쪽교외로부터이다'를 택하고 싶다. 어떻든 결론은 아직 문제의 해결이 완전히 되지 않고 있음을 뜻한다. 곧 소축이 형통하기는 하나, 아직 비가 오는 단계까지는 이르지 않았으니, 완성을 보지는 못한 상태라는 의미이다.

＊ 彖曰, 小畜, 柔得位而上下應之, 曰小畜. 健而巽, 剛中而志行, 乃亨. 密雲不雨, 尙往也, 自我西郊, 施未行也.

단전에서 말했다. 소축은, 부드러운 것이 제자리를 얻고, 위아래가 이에 호응하니 소축이라 한다. 튼튼하면서 공손하고, 굳센 것이 중심에 있으면서 뜻을 행하니, 이에 형통하다. 빽빽이 구름만 끼고 비는 오지 않음은, (陽氣가)위로만 올라가기 때문이고, 나의 서쪽 교외로부터라고 함은, (그곳은)베풂이 아직 행해지지 않는 것을 말한다.

[해설] 괘명과 괘사를 설명한 단전이다. 먼저 '小畜'이라고 괘명이 된 이유를 설명했다. '柔'는 六四이고, 이 柔가 정위에 있으니 '柔得位'이다. 이것이 위아래에 親比와 正應이 있어서 이들과 그 주위의 양들이 모두 그와 뜻을 함께 하므로 '而上下應之'라 했다. 그래서 조금은 쌓이게 되니 小畜이 됐다는 말이다.

이어서 '亨'을 설명했다. '健而巽, 剛中而志行'의 '健'은 하괘 乾의 象이고, '巽'은 상괘 巽에서 나왔다. '剛中'은 양이 中을 차지하고 전체를 통솔하는 九五를 말한다. 上下 소성괘의 성질과 中을 차지한 효를 들어서 풀었다. '下'는 '內'를 말하니, 안은 마음이다. '上'은 '外'이고, 밖은 나타나는 것이니 행동이고 태도이다. 이와 연결하여 해석하면, 마음은 굳세고 태도는 공손하며, 양강이 중심에 있으니 굳세면서도 중덕으로 조절하며 뜻을 행하면 쌓임이 이루어지므로 '형통하다'는 뜻이다.

'密雲不雨'란 음양의 기가 완전 화합하면 비가 내릴 것인데, 그러지 못하고 강한 乾의 양기만 하늘로 자꾸 올라가니 '不雨'하게 되므로 이를 '尙往'이라 했다. 이때의 '尙'은 '오르다'의 뜻이다. 이어진 '自我西郊, 施未行也'의 '施未行也'는 하늘이 내려주는 은택을 아직 받지는 못하고 있다는 의미이다. 이것으로써 끝맺음 했다.

* 象曰, 風行天上, 小畜. 君子以懿文德.

상전에서 말했다. 바람이 하늘 위에서 부니 소축괘이다. 군자가 이를 보고서 문장과 덕을 아름답게 가꾼다.

[자구의 뜻] 懿: 아름다울 의, 기릴 의, 깊을 의, (한탄의 소리)아 의.

[해설] '風'은 上巽, '天'은 下乾의 象이다. 두 經卦의 상으로써 괘명의 뜻을 밝혔다. 바람이 하늘 위에서 불고 있다는 것은 하늘에서 이런저런 힘을 쓰고 있는 것이다. 구름 등을 모으기도 하고 이리저리 보내기도 한다. 그래서 때가 되면 비가 오고, 더 큰 움직임인 계절의 변화 같은 것도 언제나 찾아온다. 군자가 이를 관찰하고, 하늘 위의 바람처럼 문장과 덕을 아름답게 가꾸는 노력을 다하면서 미래에 자기의 능력을 발휘할 수 있는 때, 곧 비가 내리는 때를 기다린다. 이런 뜻이다.

2. 효

* 初九, 復自道, 何其咎, 吉.
象曰, 復自道, 其義吉也.

초구, 스스로의 길로 돌아서니, 무엇이 허물이리오. 길하다.
상전에서 말했다. 스스로의 길로 돌아선다 함은, 그 뜻이 길한 것이다.

[해설] 初九는 畜의 시작이고, 아래 乾의 시작이니 위로 오르는 하늘의 기운이 여린 상태다. 한편으로 양이 正位했고, 위로 六四와 相應하고 있다.

'復自道'에서 '道'를 어떻게 볼 것이냐의 문제다. 양은 나아가고 건은 위로 오르니 앞으로 나가는 道냐, 아니면 정위하고 응의 도움이 있어 괘의 의미인 畜의 쌓는 道냐의 문제다. 그리고 '自道'로 묶고 '自'를 '원래'의 뜻을 취하여 '원래의 도로 돌아가니'로 번역하면서 '근본'을 의미한다고 보는데, 이때 '근본'은 무엇을 말하느냐이다. 이 문제는 소축의 때이고, 건의 기운은 아직 여려 오르기 힘 드는데, 정위하고 정응이 있으므로 쌓는 길로 돌아섰다고 보아야 한다. '근본'도 소축이라는 괘의 뜻이 구체적으로 반영되는 이 뜻으로 보았다. 이것도 양이므로 사태를 파악했으면 스스로 능동적으로 행하는 것으로 보아 '自'를 '자신, 스스로'의 뜻을 취했다. 결국 초구가 소축의 길로 돌아섰으니 허물이 있을 수 없으므로 길하다는 뜻이다.

小象傳의 '其義'란 '復自道'를 택한 초구의 '뜻'을 의미한다.

＊ 九二, 牽復, 吉.
象曰, 牽復在中, 亦不自失也.

구이, 이끌리어 돌아서니, 길하다.
상전에서 말했다. 이끌리어 돌아선다함은 중심에 있음이니, 역시 스스로 잃지 않는 것이다.

[자구의 뜻] 牽: 끌 견, 거리낄 견, 이어질 견, 배를 끌어당기는 밧줄 견.

[해설] 小畜도 乾氣도 제법 익어가는 시기다. 그런데 양이 음위에 있으니 정위는 아니다. 親比도 正應도 없다. 그러나 중심에 자리 잡고 있다.

중심에서 위아래의 뜻을 절충시키며 방향을 잡아야 한다. 자기가 속한 아래 乾卦는 전진하려 하고, 위의 巽卦는 이를 받아서 쌓으려 한다. 그런데 전진하려던 아래의 初九는 제자리로 돌아가고, 상괘의 같은 中의 위치에 있는 九五는 바로 아래의 六四가 양들을 모아 쌓는 일을 지지하고 있다. 친비의 관계이기 때문이다. 중심에서 바른 판단을 해야 하는 九二는 畜의 때를 피할 수 없음을 알고 육사와 초구를 따른다. 중덕이란 사심 없는 판단으로 상황에 대처하는 능력이 있는 것이다. 그리하여 위로 오르지 않고 다시 원위치로 회복하는 것이다. 이것이 '牽復'인데, 상황이 '復'하도록 했기 때문에 '牽'을 피동으로 풀었다.

소상전에서는 '牽復'이 '在中'했기에 가능하고, 이것은 중심의 위치에 있는 자신을 잃지 않는 결과이니, '不自失也'이다. '亦'은 '초구와 같이'라는 의미가 담겨있다.

＊ 九三, 輿說輻, 夫妻反目.
象曰, 夫妻反目, 不能正室也.

구삼, 수레가 바퀴살이 벗겨지고, 부부가 반목한다.
상전에서 말했다. 부부가 반목함은, 가정을 바로 할 수 없다는 것이다.

[자구의 뜻] 輻: 수레바퀴의 살 복, 모여들 복. 室: 방 실, 집 실, 아내 실.

[해설] 九三 효사와 소상전이다. 구삼은 剛이 강위에 있으니 지나치게 강하고, 이미 중심을 지나 乾의 끝에 있다. 乾卦 구삼의 '終日乾乾'이니 전진하고자 하는 마음이 앞선다. 그런데 바로 위에 있는 六四가 군왕인 九五의 도움을 받으면서 제지한다. 그리고 육사와는 親比이니

그의 말을 외면할 수도 없다. 이런 상태를 '輿說輻'이라 표현했다. '說'은 '脫(벗어날 탈)'이고, '輻'은 '바퀴살'이다. 바퀴살이 벗겨져서니 제대로 갈 수가 없을 것이다. 그런데 많은 사람이 '輻'은 '輹(복: 수레의 가마와 굴대를 연결하는 나무나 끈)'을 말한다고 했다. 大畜卦 九二와 大壯卦 九四에도 모두 '輹'으로 썼고, 수레의 진퇴는 輹이 더 직접적인 관계가 있으므로 輹으로 쓰는 것이 타당해 보인다. 그러나 그대로 두어도 뜻은 통하므로 그대로 두고 번역했다.

전진하고자 하나, 육사 음이 양인 자신을 올라타고 이래라저래라 간섭을 하니 좋은 관계를 유지할 수가 없다. 이는 가정에서 부부가 반목하는 것과 같으므로 '夫妻反目'이다. 문장은 어쩔 수 없이 '畜'이 됨을 말한다.

소상전 '不能正室'은 '正室'을 묶은 뜻인 '본처'를 취하지 않고, '正'과 '室' 각각의 뜻을 취했다. '不能'과 연결하면 '正'을 형용사로 보아야 문장이 되기 때문이다.

* 六四, 有孚, 血去惕出, 无咎.
象曰, 有孚惕出, 上合志也.

육사, 믿음이 있으니, 근심이 가고 두려움에서 나온다. 허물없다.
상전에서 말했다. 믿음이 있어 두려움에서 나옴은, 위에서 뜻을 합하기 때문이다.

[해설] 六四는 뭇 양들을 그치게 하여 쌓는 일을 하는 유일한 음이고, 자기 자리를 차지하고 있으면서 九五와 比爻이기 때문에 구오의 지원을 받고 있다.

'有孚'란 육사와 구오의 믿음이다. 그래서 구오에도 '有孚'가 나온다. '血'은 唐 陸德明의 『周易釋文』에서 東漢의 경사 馬融이 "당연히 恤휼로 써야하고, 근심이다(當作恤, 憂也)"라고 했다고 한다. 우리의 漢韓辭典에도 '근심할 혈'이란 풀이가 있다. '피'보다는 '恤'이 훨씬 자연스럽고 부드럽다. 음이니 소심하고 작다. 그러면서 큰 양들을 쌓아야 하니 근심과 걱정이 있겠지만, 정위했고 왕이 밀어주니, 근심 걱정이 사라진다. '血去惕出'이다. 그러면 자연 허물도 없게 된다.

소상전에서는 윗사람과의 뜻이 합쳐져 두려움이 없다고 풀이했다. 보통 여기의 '上'을 구오로 보고 있으나, 尙秉和는 구오와 상구를 함께 말한다고 보기도 한다.

* 九五, 有孚攣如, 富以其鄰.
象曰, 有孚攣如, 不獨富也.

구오, 믿고 함께 매이면, 부유함으로써 이웃한다.
상전에서 말했다. 믿고 함께 매임은, 혼자 부유하고자 함이 아니다.

[자구의 뜻] 攣: 매일 련, 경련 일어날 련. 鄰: 이웃(나라) 린, 가까울 린.

[해설] 九五는 최고의 지위에 있으면서 중정의 덕이 있고, 六四와 親比하여 좋은 관계를 맺고 있다. 곧 소축괘의 임금의 자리에 있으면서 아래 육사를 믿고 육사도 임금에 대한 믿음이 있어, 서로 믿고 매여 힘을 합치면 쌓아 모을 수 있다. 이렇게 서로 믿음으로 매이니 '有孚攣如'라 했다. '攣如'의 '攣'은 '끌어매다(牽係)'의 뜻이고, '如'는 어세를 고르는 어조사이다. '有孚'를 대체로 구오와 육사 사이의 '孚'로 보고 있으나, 尙秉和는 아래 乾의 3양들 모두가 육사를 믿는 것으로 보았다. 양은 음을 좋아한다는 관념에 기초한 것이다. 그렇다고 해도 구오와 육사에서 '有孚'를 언급했으니 구오와 육사 간의 믿음을 강조한 것으로 보는 것이 좋겠다.

양은 '實'이 되고 '富'가 되니 육사와 힘을 합쳐 여러 양들을 쌓게 되면 富가 이루어진다. 그러면 음인 육사도 함께 부를 이루니 이를 '富以其鄰'이라 했다. '以'는 '더불어(與)'라는 뜻이고, '鄰'은 구오와 육사의 믿음으로 인해 부가 이루어졌기 때문에 '鄰'이지만, 구오의 부는 곧 국가의 부이니 국가 전체의 인민을 이른다고 넓혀 생각해도 된다. 그리고 육사 외에는 모두 양이므로 '富'이다.

소상전에서는 구오 자기만의 부를 위해서가 아니고, 육사는 물론 국가의 부를 쌓기 위해서라는 뜻이 '不獨富也'이다.

* **上九, 旣雨旣處, 尙德載, 婦貞厲, 月幾望, 君子征凶.**
象曰, 旣雨旣處, 德積載也, 君子征凶, 有所疑也.

상구, 이미 비가오고 이미 멈추었으니, 높은 덕을 실었으므로, (더 나아가면)부인은 바름을 지켜도 위태하고, 달이 거의 보름이니, (이때)군자는 나아가면 흉하다.

상전에서 말했다. 이미 비가오고 이미 멈추었다 함은, 덕을 쌓아 실었다는 것이고, 군자가 나아가면 흉하다 함은, 의심되는 바가 있기 때문이다.

[자구의 뜻] 征: 갈 정, 칠 정, 세(稅) 받을 정. 望: 바라볼 망, 보름 망.

[해설] 上九의 효사와 소상전이다. 상구는 小畜의 끝이니 쌓는 일의 완성이나 그 다음의 변화를 생각하는 시기이다. 正應·親比도 없고 제 자리도 아니며, 巽의 끝에 처해 '공손함'을 다했다. 小畜의 시절에 이런 상태의 상구는 어떻게 될까.

'旣雨旣處'란 '密雲不雨'가 이미 비가 내린 것을 말하니, 이는 소축의 완성을 뜻한다. 그러므로 재물이든 덕이든 쌓는 것이 이미 실현됐다는 뜻이다. 이를 '尙德載也'라 했다. '尙'은 '上'이고, '德'은 '陽'을 상징한 것이다. 구오에서는 富가, 여기는 德이 나왔다. 쌓는 것은 부일 수도 있고 덕일 수도 있다는 것을 나타내고 있다.

이렇게 완성을 했는데도 더 쌓게 되면 음 六四의 힘이 지극히 극성하게 된다. 곧 坤卦 上

六처럼 '必戰'하여 '其血玄黃'이 되는 것이다. 이런 처지는 음양이 모두 위태하다. 그러므로 육사의 쌓는 일이 더 이상은 위태하게 되니 '婦貞厲'이다. '婦'와 '月'은 '陰'을 상징하고, 육사이다. 육사가 일을 다 처리했으므로 더 이상은 양과의 싸움만 있게 된다는 뜻이다. 지금의 육사를 '月幾望'이라 본다. 幾望은 14일이고, 已望은 15일며, 旣望은 16일이다. 보름이면 음이 극성하게 되고, 극성하면 양과 싸우게 된다고 坤卦에서 말했다. 上九는 陽이고 양은 군자이니, 군자가 음이 극성하기 직전의 '月幾望'의 때에 가면 자연 극성한 '已望'을 만나게 되고, 그러면 싸우게 되므로 '君子征凶'이라 했다. 상구는 가만있어야 하고 적극적으로 나서면 음과 싸우게 되니 흉하다는 뜻이다. 결국 상구는 소축의 완성으로 끝맺음을 하는 것이다.

소상전에서는 이를 다시 강조한 수준이다. 끝 구 '有所疑也'는 음이 극성하므로 싸움이 일어날 것으로 의심된다는 뜻이다. '疑'가 '凝'과 통용됨으로 '엉기다'의 뜻을 취하여 음과 '엉기어 뒤엉키는 것'으로 보는 학자도 있다. 음양이 엉기는 것이 꼭 흉으로만 볼 수 없으므로 취하지는 않았으나 참고하기 바란다.

小畜卦의 의미를 음과 양이 완전 화합하여 새로운 변화를 생산하지 못하고 있음을 표현하면서, 음기의 한계를 말하고 있다. 음적인 사람도 덕이든 재물이든 노력하면 충분히 쌓을 수 있으나 小畜이다. 그런데 소축할 수 있는 자질은 의외로 간단하다. 공손하고 바르게 처신하면서 윗사람과 친밀하게 지내면 된다. 이 괘 六四의 자질이다. 이런 자질이면 '輿說輻'의 어려움도 있으나 좋은 결과를 맺게 된다고 했으니, 스스로 모자라고 작다고 비관하지 말고 꾸준히 노력하라고 말하는 것과 같다.

䷉ 履 (天澤履)

概說: '履'는 '밟을 리, 행할 리, 좇을 리'이다. '天澤履'에서 上乾☰은 '天'이 象임을 알고 있으니, 下兌☱의 상이 '澤(못 택)'임을 짐작할 것이다. 위에서 하늘이 비를 내리면 밑에 있는 못은 이를 받고, 쨍쨍한 가뭄이 계속되면 말라가니 하늘을 좇아 따라간다. 그러니 괘명 '履'와 통한다. 兌卦가 처음 등장했으니 그 상을 더 살펴보자. 「설괘전」이다. "태는 못이 되고, 소녀가 되고, 무당이 되고, 입과 혀가 되고, 해져 끊어짐이 되고, 좇아서 결단함이 되고, 땅에서는 단단한 염전이 되고, 첩이 되고, 양이 된다(兌爲澤, 爲少女, 爲巫, 爲口舌, 爲毁折, 爲附決, 其於地也爲剛鹵로, 爲妾, 爲羊)"라고 했고, 또 "태는 바로 가을이니 만물이 기뻐하는 바이기 때문에 이르기를 기쁨은 태를 말한다(兌正秋也, 萬物之所說也, 故曰說言乎兌)", "동북의 괘이니, 만물의 마침을 이루고 시작함을 이룬다(東北之卦也, 萬物之所成終而所成始也)"라 했다.

위의 하늘이 행함에 따라 아래의 못은 따라만 가고, 앞에서 건(上乾) '아버지'가 이끌면 뒤의 태(下兌) '어린 딸'이 기쁘게 좇아가는 상이 된다. 그리고 小畜卦의 六四와 履卦의 六三은 괘에서 유일한 음으로 양들의 주목을 받음은 같다. 그러나 육사는 위에 있기 때문에 실제로 힘을 행사하고, 육삼은 아래에 있으므로 위를 받들어 좇아야 하는 차이가 있다. 이런 것에서 '履'의 뜻을 충분히 짐작할 수 있다. 그런데 '밟다, 행하다'가 넓혀져서 '행실, 실천, 실행'까지 의미가 이어지고, 사람의 '행실'은 일정한 법도가 있어야 하니, 여기서 '禮'로까지 뜻이 넓혀진다. 그래서 「서괘전」에는 "물이 쌓이면 예의가 있어야 하기 때문에 리괘로써 받았다(物畜然後有禮, 故受之以履)"라고 했다. 밟아나가는 행실이 서로 간에 갈등이 없으려면 예의가 필요하듯이, 물건을 쌓는 과정이나 쌓인 물건을 대하는 마음에서도, 또 분배하는 과정에서도 예가 필요할 것이다. 그래서 소축괘 다음에 리괘로서 받았다는 말이다.

「잡괘전」은 "履는 거처하지 않는다(履不處也)"라고 하여 '움직임'을 나타냈으니, 실행·실천과 통한다. 「계사전 하」에서는 "리는 덕의 기초이다(履德之基也)", "리는 화순하게 이르는 것이다(履和而至)", "리는 온순하게 하는 것이다(履以和行)"라는 말이 보이니, 여기에서도 예절과 상통하는 바가 있다. 이런 것을 염두에 두고 괘효사를 살펴보자.

1. 괘

* (履), 履虎尾, 不咥人, 亨.

(리괘는), 호랑이 뒤를 밟아가도, 사람을 물지 않으니, 형통하다.

[자구의 뜻] 尾: 꼬리 미, 끝 미, 뒤따를 미. 咥: 웃을 희(혹은 질). 깨물 절(질).

[해설] 괘사이다. 먼저 '履虎尾' 앞에 '履'자가 하나 빠졌다고 보는 학자가 많다. '履虎尾'의 '履'는 虎尾를 설명하는 동사이니, 괘명인 '履'가 하나 더 있어야 뜻이 자연스럽게 해석이 되고, 다른 괘에서도 제일 앞에 괘명이 나왔으니 빠졌다고 보는 것이 옳다. 뒤에 나오는 否, 同人, 艮卦 등도 마찬가지다.

'虎尾'를 '호랑이 꼬리'로 하여, '호랑이 꼬리를 밟아도 사람을 물지 않으니 형통하다'라고 번역한다. 호랑이 꼬리를 밟았는데도 가만있는 호랑이보다는 호랑이 뒤를 따라갔지만 가만히 있는 호랑이가 보다 더 자연스럽다. 그래서 '尾'를 '뒤, 뒤쪽'으로, '履'를 '밟다'의 뜻으로 번역했다. 어떻든 '履虎尾'는 조심하고 삼가며 예의를 지키는 상황을, '不咥人, 亨'은 그렇게 행동하면 잘못이 없게 됨을 뜻하는 표현이다.

卦象으로 보면 '虎'는 동물의 우두머리에 해당하므로 乾의 '首'에서 연유한 象인데, 건괘에서는 용, 여기서는 호랑이로 상을 삼았으니, 상은 이렇게 여러 가지로 상황에 따라 다른 것으로 표현된다. 건은 '아버지' 상도 되니, '虎'는 엄하고 무서운 아버지와도 연관시킬 수 있다.

엄하고 무서운 아버지 뒤를 兌 '막내딸'이 기뻐하며 따라가는 것이다. 이렇게 딸이 기꺼이 아버지가 행하는 일을 좇아오니 엄격한 아버지도 기특하여 딸이 실수가 있어도 야단치지 않는다. 이를 '不咥人'으로 형용했다. 또 상하괘의 상에서 받는 의미를 포장하여 사람의 인격에 대비시켜 풀면, 밖으로 엄격하고 무서우나(外卦 乾-순양괘), 안으로 부드럽고 자상한(內卦 兌-음괘) 성품이므로 사람을 함부로 야단치지 않는다(不咥人), 라고도 생각할 수 있다. 이렇게 근실하게 앞에서 이끌고 뒤에서 기쁘게 따르니 형통하므로 '亨'이 붙었다. 이런 여러 가지 뜻을 호랑이에 비유하여 함축적으로 나타낸 것이다.

＊彖曰, 履, 柔履剛也, 說而應乎乾, 是以履虎尾, 不咥人, 亨. 剛中正, 履帝位而不疚, 光明也.

단전에서 말했다. 리괘는, 유순한 것이 강건한 것을 따라가며, 기뻐하면서 건에 응하므로, 이 때문에 호랑이 뒤를 따라 밟아가도, 사람을 물지 않으니, 형통하다 했다. 강이 중심에서 바르게 하여, 제왕의 지위를 이행하는데 고질적인 병폐가 없으니, 밝게 빛나는 것이다.

[자구의 뜻] 帝: 임금 제, 하느님 제, 클 제. 疚: 고질 병 구, 가난한 구.

[해설] 괘사를 설명한 「단전」이다. 부드럽고 순한 것이 굳센 乾을 기쁘게 따르니, 이것이 호랑이가 뒤에 따라오는 사람을 물지 않는 것과 같으므로 형통하다고 했다. 이런 형통함은 굳센 왕이 중심을 잡고 바르게 행하여 병폐 없이 처리하는 것과 통하는 것으로 풀었다. 괘사의 뜻을 밝히면서 괘명도 이해하도록 하고 있다.

彖曰 다음의 '履' 한 자는 괘명을 말한 것이다. '柔履剛也'의 '柔'는 六三을 가리킨다. 또 아래의 兌卦가 음괘에 속하므로 태괘를 가리키는 것으로 보아도 된다. '剛'은 마찬가지로 上卦 乾을 가리키면서 九五를 대표한다. 柔는 음이고 여자이며 剛은 양이고 남자이다. '履'를 '밟다'로 해석하면, 여자가 남자를 밟고 있다가 되거나, 신하인 육삼이 임금인 구오를 밟고 있다는 것이 되니 말이 되지 않는다. 그래서 '유가 강에게 밟히다'로 하여 피동으로 해석하기도 한다. 괘의 형태를 보아도 위의 건이 육삼을 누르고 있는 모습이기도 하다. 그러나 뭇 남자에게 둘러싸여 있는 유일한 여자를 여러 남자가 짓밟고 있다는 생각은 자연스럽지 않다. '履'를 '좇아서 이행하다'로 보면 이런 문제에 걸리지 않는다. 그래서 번역이 위와 같이 됐다. '柔履剛也'는 괘사의 '履虎尾'를 설명하고 있다. 이어 어떻게 따라가느냐를 설명한 것이 '說而應乎乾'이고, 이는 '不咥人' 하는 이유이다.

'說而應乎乾'의 '說'은 '悅(기뻐할 열)'로 兌卦의 상이다. '乾'은 上乾의 '健'의 뜻이면서 호랑이 같이 무서운 아버지의 상을 동시에 나타내고 있어서 그대로 '乾'으로 번역했다. 아래에 있는 '兌' 소녀가 기뻐하면서 위에 있는 '乾' 아버지의 뜻에 응하니 질책할 이유가 없으므로 '不咥人'하는 것이다. 이렇게 '不咥人'하니 결국 형통하므로 '亨'의 설명도 된다. 이렇게 상하 經卦의 이루진 형태와 이들의 象으로 괘사를 함축적으로 풀이하였다. 그래서 '是以' 이하에 괘사가 붙었다. 이렇게 보면 리괘는 괘명의 뜻을 따로 풀이하지 않았다. 그러나 괘사의 풀이로 자연스럽게 이해가 된다.

이어서 이를 가정의 아버지에서 나라의 임금으로 높여 다시 한 번 나타냈으니, '剛中正, 履帝位而不疚, 光明也'이다. '剛'은 구오이고, 이 구오가 제자리(陽位)에서 중심을 잡고 있으니 '中正'이다. 구오는 임금의 자리이니, '履帝位'는 임금의 지위를 수행한다는 뜻이다. '不疚'는 일을 처리하는데 잘못이 없다는 것이다. 특히 '疚'는 '오래된 병'을 지칭하니 절대의 자리에서 오랜 기간을 거치며 있게 되는 독재적 병폐 등을 말하고 있는 것 같다. 구오가 중정하기 때문에 이런 잘못은 없으니 광명하고, 그러니 '亨'한 것이다. 아래위의 괘의 상과 위 건의 중심 효인 구오로서 괘에서 밝힐 수 있는 정치적 일을 함축하여 다시 나타내면서 괘사의 풀이를 끝맺음했다.

* 象曰, 上天下澤, 履. 君子以辯上下, 定民志.

상전에서 말했다. 위는 하늘이고 아래는 못이 리괘이다. 군자는 이를 보고서 위와 아래를 구별하여, 백성의 뜻을 정한다.

[해설] 履의 大象傳. '上天'은 上乾에서 '下澤'은 下兌에서 나온 象이다. 위에 있어야 할 것은 반드시 위에 있고, 아래에 있어야 할 것은 반드시 아래에 있음을 보고, 군자는 위아래, 존비귀천을 파악하여 구별하고, 각각의 위치에서 할 바를 결정하게 한다는 뜻이다. 곧 禮를 만들고 이를 지키게 한다는 말이다. 이것이 '辯上下, 定民志'이다. '辯'은 '辨'과 통용된다. 程頤는 이 대상전을 이렇게 말했다. "군자가 리괘의 상을 살펴서, 위아래를 분별하고, 각각 그 분수에 마땅하게 해서, 백성의 마음과 뜻을 정한다(君子觀履之象, 而分辯上下, 使各當其分, 以定民之心志也)"

2. 효

* 初九, 素履, 往无咎.
象曰, 素履之往, 獨行願也.

초구, 소박하게 밟아 나간다. 가면 허물이 없다.

상전에서 말했다. 소박하게 밟으며 간다는 것은, 혼자서 하고자 하는 것을 행하는 것이다.

[자구의 뜻] 素: 흴 소, 질박할 소, 근본 소, 평소 소, 채소 소, 헛될 소.

[해설] 初九는 履의 시작이고 澤의 밑바닥이다. 정위했으나 无應, 不比다. 그러니 그는 더할 것도 없고 덜할 것도 없는 혼자서 시도해 보는 소박한 처지다. 그러므로 '素'가 등장하고, 전진하는 강이면서 정위했으니 맡은 바의 일을 '밟아나가는 것(履)'이다. 자기가 행할 일을 하기 위해 가는데 허물이 있을 수 없다. '往无咎'이다. '素'란 '희다'는 뜻이고, 이는 꾸미지 않고 본래 있는 그대로 행한다는 뜻이니, '소박하다'로 번역했다.

소상전의 '獨'은 우리말로 두 종류로 번역되어 있다. 하나는 '홀로'이고, 또 하나는 '오로지'이다. 실상 두 뜻은 통한다. '오로지'란 '외곬'이란 뜻이니, 다른 사람은 몰라도 나만은 혼자라도 행한다는 뜻이 되니 문제될 것은 없으나, 여기서는 素의 '소박하다'가 '홀로'와 더 어울려 보여 '홀로'로 했다. '오로지'는 『程傳』의 "獨, 專也(독은 전일하다이다)"라고 한 것에 근거한 것이다. '願'은 '원하다'이니, 하고자 하는 바를 한다는 뜻이다.

＊ 九二, 履道坦坦, 幽人貞吉.
象曰, 幽人貞吉, 中不自亂也.

구이, 밟아나가는 길이 탄탄하니, 유인처럼 바름을 지키면, 길하다.
상전에서 말했다. 유인처럼 바름을 지키면 길하다고 하는 것은, 마음속을 스스로 어지럽히지 않아야 하기 때문이다.

[자구의 뜻] 坦: 평탄할 탄, 너그러울 탄. 幽: 깊을 유, 숨을(길) 유.

[해설] 九二 효사와 소상전이다. 구이는 아래에서 중심에 자리하고 있으니, 아래를 보살피고 위를 존중하면서 上卦와 보조를 맞추어 이끌어야 하는 중심적인 역할을 수행해야 한다. 그러나 正位하지 않았고 无應이다.

괘의 아래 兌는 '기쁨'의 象이 있다. 剛으로 기쁨의 중심에 위치하니 길을 가는데 즐겁고 평탄한 상이 된다. 특히 앞에는 六三이 음(--)이므로 길이 트여 있다. 그러니 '履道坦坦'이다. 그런데 강이고 정위하지 않았으며, 또 구이가 변하면 震이 되고, 진은 '大路'의 상이 있으므로 조급하게 나갈 수도 있다. 이럴 때는 조급한 마음을 먹지 말고 편안하고 여유롭게 하라는 경계의 말을 붙였는데, 이것이 '幽人貞'이고, 그렇게 하면 '吉'이 된다고 했다. 이 효사는 이런 뜻으로 풀이가 된다.

그런데 '幽人貞吉'의 번역도 각가지다. '유인이 바르게 하면 길하다', '유인은 바름을 지키니 길하다', '유인이라야 바르고 길하다'. 고만고만하나 '幽人이 貞하면 吉하다'는 뜻을 취하면서 앞의 문장과 이 幽人의 문장이 자연스럽게 연결되도록 '~처럼'을 붙여, 구이의 태도를 경계한 뜻을 살려 번역했다. '幽人'은 일반적으로 쓰이는 '隱者'의 뜻으로 보면 된다. 세상사에 一悲一喜하지 않는 유유자적하는 사람이다.

소상전에서의 '中'은 中位에서 中이 나왔으나, 그 뜻은 사람의 중심인 '마음'을 뜻한다. 마음이 어지럽지 않아야 '吉'을 얻을 수 있다는 뜻으로 번역해야 자연스럽다. 곧 幽人의 마음이다.

＊ 六三, 眇能視, 跛能履, 履虎尾咥人, 凶. 武人爲于大君.

象曰, 眇能視, 不足以有明也, 跛能履, 不足以與行也, 咥人之凶, 位不當也. 武人爲于大君, 志剛也.

육삼, 애꾸눈으로도 보고, 절름발이로 밟아나가다가, 호랑이 꼬리를 밟아서 사람을 무니, 흉하다. (그러나)용맹한 사람은 대군을 돕는다.

상전에서 말했다. 애꾸눈으로 봄은, 충분히 밝음이 있지 못하고, 절름발이로 밟는다는 것은, 충분히 함께 행하지 못하는 것이며, 사람을 물어 흉하다는 것은, 자리가 마땅치 못하기 때문이다. 용맹한 사람은 대군을 돕는다는 것은, 뜻이 강하기 때문이다.

[자구의 뜻] 眇: 작은 눈 묘, 애꾸눈 묘, 정묘할 묘. 跛: 절뚝거릴 파, 절름발이 파, 미련할 파. 武人: 군대를 통솔함, 군인, 용감하고 씩씩한 사람.

[해설] 六三은 실천하는 괘에서 유일한 음이다. 그런데 불행히도 음이 양의 자리에 있기 때문에 正位도 아니고 中을 지났으니 不中하다. 九二의 양을 타고 있기 때문에 구이는 싫어하겠지만 上九와는 正應이요 九四와는 親比이니 이들과는 좋은 관계이다. 좋고 나쁜 양면성이 있는데, 효사에 그대로 나타나 있는 것 같다.

사람이 밟아나갈 때는 바로 보고 균형 있게 가야한다. 그런데 位不正이니 바로 보지 못하고, 不中이니 균형을 잡지 못한다. 그러면서도 兌 '기쁨'의 극에 처해서 뭇 남성의 주목을 받고 있으니 잘난 체하며 걸어간다. 이런 경우를 나타낸 것이 '眇能視, 跛能履'이다. 이런 상태로 호랑이인 乾을 좇으면 실수할 수가 있다. 곧 호랑이 꼬리를 밟게 될 것이다. 그러면 물리게 되고 물리게 되니 흉할 것이다. '履虎尾咥人, 凶'이다. 여기서의 '尾'는 '꼬리'가 더 어울리고, 앞의 '能視, 能履'의 '能'은 '능히'로 번역해도 뜻이 통한다.

괘사에서는 '不咥人'인데 이 효사에서는 '咥人'이다. 이렇게 같지 않는 것은 상하괘의 형체에서 연유한다. 곧 아래 兌와 위 乾으로 풀면, 태(☱)는 입을 벌린 모습이고, 건은 호랑이이니, 합하면 호랑이가 입을 벌렸으므로 무는 것이 된다. 그러므로 괘사와는 다른 뜻이 된다고 송대의 胡炳文이 말했다. 이런 象을 끌어들이지 않아도 不中·不正하면서 잘난 체하는 상태의 묘사이니 괘사와는 같을 수 없었을 것이다.

'武人爲于大君'의 풀이가 세 가지로 나뉜다. 하나는 '무인이 대군이 된다'이고, 다른 하나는 '무인이 대군에게 당한다'이며, 그리고 위의 풀이이다. 처음은 육삼이 능력은 없으면서 망동하는 것을 '무인'과 같은 것으로 보고, 무인이 국가를 다스리는 대군이 된다. 그러니 오래 갈 수가 없다는 뜻이 내포되어, 앞의 흉과 연결된다. 다음은 '爲'의 뜻을 '당하다'로 풀어서, 망동하다가 대군에게 내침을 받는다는 뜻으로 보았다. 처음의 풀이는 육삼 음이 '大人'이 되어야 하고 '于'가 필요 없이 들어가 있는 것이 되며, 그리고 실행을 하는 괘인데 나쁜 조건에서도 하고자 하는 의지를 좋지 않는 것으로만 보게 되는 것이 마땅하지 않다. 또 다른 하나는 '于'에 대한 것은 해결되나, 역시 행하고자 하는 의지를 나쁘게만 보아야 하는 것은 여전히 남는다. 이 괘를 어떤 괘로 볼 것이냐는 괘에서 논했다시피, 극히 조심하지만 기쁘게 따라야 한다. 그리고 뭇 양들 속의 유일한 음이다. 비록 下卦에서 中을 지나고 위험한 처지의 자리이나, 주위의 도움이 있고 실천을 해야 하는 리괘이니 행하여야 한다. 비록 호랑이 꼬리를 밟게 되었어도 용맹하게 실천한 것, 적어도 응인 상구에게 도움을 주기 위한 육삼의 행위로 해석하는 것이 자연스러워 보인다. 비록 도가 지나친 행동이라도. 그래서 위와 같이 번역했다. 剛位의 '剛'을 살려 용감히 행동하면 '武人'이 되는 것이다. '大君'은 九五로 보는 이도 있고, 上九로 보는 이도 있으나 응인 상구로 보는 것을 따른다. 결국 호랑이에게 물려 흉하게 된 것은 정응인 대군을 향해 간 용기 때문이라는 뜻을 나타낸 것으로 보았다.

소상전의 풀이는 덧붙일 것이 없다. 앞의 두 句는 구 자체의 의미를 풀이했고, 뒤의 두 구는 그렇게 되는 이유를 말했다.

* 九四, 履虎尾, 愬愬, 終吉.
象曰, 愬愬終吉, 志行也.

구사, 호랑이 뒤를 밟아나가는데, 조심조심하니, 마침내 길하다.
상전에서 말했다. 조심조심하니 마침내 길하다 함은, 뜻을 행하였기 때문이다.

[자구의 뜻] 愬: 하소연(할) 소, 두려워할 색. 愬愬: 두려워하는 모양.

[해설] 九四는 上卦 乾의 제일 아랫자리다. 건은 머리(首)가 되니 여기서 맹수의 우두머리인 호랑이의 상이 있다고 본다. 그래서 호랑이의 제일 밑이 되니 '虎尾'. 虎尾인데 또 4효는 인군과 가까워 조심하고 삼가야 하는 자리다. 그러니 '愬愬'. 무엇이든 삼가고 조심하는데 좋지 못하겠는가. 마침내 뜻을 이루니 '終吉'이 된다.

이렇게도 말한다. 九五는 가장 높은 군왕의 자리이니 동물로는 호랑이에 비유된다. 이와 근접한 자리이면서 不當位이니, 호랑이 뒤를 따르는 위태한 상이 있다. 그리고 양이면서 음의 자리에 있으니 강한 성질이 중화되고, 四位는 겸손하고 삼가는 자리다. 이렇게 겸손하고 삼가면 결국은 吉을 얻게 된다. 비슷한 풀이다.

소상전은 하고자 하는 바를 했기 때문에 '終吉'이 됐다는 설명이다.

*** 九五, 夬履, 貞厲.**
象曰, 夬履貞厲, 位正當也.

결단하여 밟아나가면, 바른 것에서도 위태로움은 있다.
상전에서 말했다. 바른 것에도 위태로움은 있지만 결단하여 밟아나가는 것은, 자리가 바로 당면해 있기 때문이다.

[해설] 九五 효사와 소상전이다. 구오는 괘를 이끌 위치에 있다. 無應, 不比이니 혼자라도 결단을 내려야할 처지. 그러므로 '夬履'이다. 국가를 다스리는 통치자는 의사소통을 많이 한 후 결단하여 실행해야 한다. 그런데 비록 구오가 강이고 中正하나, 正應도 親比도 없으니 혼자서 결단하여 처리하는 상태다. 이럴 때는 독단에서 비롯될 위험이 항상 존재한다. 그래서 경계사를 두어 '貞厲'라 했다.

'貞厲'를 번역하는데 어려움이 있다. 바르게 하면 좋아져야 하는데 오히려 위태하다고 하니 잘 통하지 않기 때문이다. 그래서 黃壽祺는 바름을 지키면 위태함을 <u>막는다</u>는 뜻으로 푼다. 또 '고집하다'의 뜻을 취해 '夬履'만 고집하면 위태하다는 뜻으로 번역한 곳도 있다. 여기서는 彖傳에서 말한 '剛中正, 履帝位而不疚'이지만, 언제나 그 반면에는 조심할 점도 있으니, 이를 지적한 것으로 보고 '바른 일을 하지만 위태로움도 있으니 경계하라'는 뜻으로 보고 위와 같이 번역했다.

소상전에서도 자리가 자리인 만큼 결단을 내리지 않을 수 없음을 말했다. 자리가 마땅히 해야 할 자리에 있기 때문에, '貞厲'가 있더라도 '夬履'할 수밖에 없었다는 뜻으로 번역했다. 효사의 순서대로 '夬履貞厲'로 되어 있으나, 뜻은 '貞厲, 夬履'의 순서로 풀어야 자연스러워서이다. 여기 '位正'의 '正'도 '바로'의 뜻으로 보았다.

*** 上九, 視履考祥, 其旋元吉.**
象曰, 元吉在上, 大有慶也.

상구, 밟아온 것을 보고 화복을 조사하여, (근본으로)돌아서니 크게 길하다.
상전에서 말했다. 크게 길함이 위에 있는 것은, 크게 경사가 있는 것이다.

[자구의 뜻] 考: 생각할 고, 조사할 고, 죽은 아비 고. 旋: 돌 선, 돌아올 선.

[해설] 上九는 履卦의 끝에 처해있다. 끝이란 항상 새로운 변화가 시작되거나 종말을 고하는 시기이다. 剛이고 乾이니 굳세게 밀고 나간다면 지나친 욕심으로 끝장이 날지 모른다. 그러나 강이 음위에 있으므로 굳셈이 무디어졌고, 건의 끝에 처해 힘도 다해가며, 더욱 아래로 正應인 六三이 기쁘게 그를 유혹하니, 밟아나가던 걸음을 멈추고 이때까지 실행해 오던 것을 되돌아보게 되었다. 이것이 '視履考祥'이다. '祥'은 일반적으로 '복'이라는 뜻이지만 거기에는 재앙이나 不善도 포함하고 있다. 이렇게 화복을 고찰해보고 下卦의 시작하던 때로 돌아서는 변화를 한다. 이것이 '其旋'이다. 禮로서 실행해야 하는 때에 乾의 극에서 '視', '考'하고, '旋'하여 새로운 마음가짐을 하니, '元吉'하지 않겠는가. 밟아온 것을 완성했으면 다시 새롭게 시작하는 이런 행위가 大君의 행위로 볼 수 있다. 그래서 육삼에서 대군이 등장한 것으로 보자. '旋'은 많은 번역이 있으나, 兌卦에 응하는 태도로 받아들이는 것이 좋다. 王弼도 "극에 있으면서도 기쁨에 응하니, 높아도 위험하지 않다. 이것이 其旋이다(居極應說, 高而不危. 是其旋也)"라고 했다.

소상전에서는 '元吉'을 '大有慶'이라는 다른 자구로 표현했을 뿐인데, '在上'을 붙인 뜻은 아랫것이 아닌 위의 귀한 분이 했다는 것을 강조한 것이라 보인다.

고난이 가로놓여 있어도 기꺼이 해결하려는 행동이 중요하다. 고난에 빠져 허우적거릴 것을 미리 걱정하여 움직이지 않는 것보다 '履'할 것을 말한다. 그러면서도 '虎尾'가 있으니 조심하고 삼갈 것을 말하지만 강조점은 실천에 있다. 그리고 각자의 처한 위치를 알고 일을 처리하도록 권하고 있다. 이것이 질서이고 예의이다. 이끌어야 할 사람은 치우치지 않게 중덕으로, 따르는 사람은 실수가 없도록 조심하면서도 기쁘게 따라야 질서와 예의가 지켜질 것이다. 이 괘는 예의를 지키면서 실천하는 행위를 가르치고 있다.

일을 실천하면서 조심할 것을 강조하는 辭가 『周易』에서는 많다. 이런 것에서 文王이 紂天子에 의해 의심을 받고 있을 때 극도로 조심한 상황이 반영된 느낌이 들고, 그래서 문왕이 역을 지은 것으로 추측도 하는 것이다. 바로 「계사전」의 "文王과 紂의 일에 해당하는가? 이런 까닭으로 그 말이 위태하다(其當文王與紂之辭邪, 是故其辭危)"가 뜻하는 바일 것이다.

易을 누가 지었던 어떤 일이라도 행하면서 주위의 사람들에게 나쁜 영향이 미치지 않도록, 삼가고 조심한다는 근본 취지는 오늘의 우리들도 새겨두어야 할 것이다.

䷊ 泰 (地天泰)

概說: '泰'는 '클 태, 통할 태, 편안할 태'이다. 위에는 坤卦☷가, 아래는 乾卦☰가 있다. 곤은 '땅'이니 아래에 있어야하고, 건은 '하늘'이니 위에 있어야 바른 위치다. 그런데도 '泰'의 뜻에 '安(편안하다)'이란 뜻이 있으니, 어쩐 일인가. 이는 '氣(기운 기)'라는 개념으로 이해해야 한다. 땅은 음기의 대표이니 그 기운은 물러나고 아래로 흐르며, 하늘은 양기의 대표이니 그 기운은 뻗어나고 위로 오른다. 위로 오르는 운기가 아래에 있어서 위로 오르고, 아래로 흐르는 운기가 위에 있어 아래로 내리니, 두 기가 서로 사귀고 어울려 통하게 된다. 그래서 泰가 되었다. 그러므로 '泰'를 '通', 혹은 '通泰(통하여 편안하다)'로 해석한다.

또 이렇게도 이해할 수 있다. 땅의 열기나 수증기는 위로 올라가 구름과 바람을 이루는 天道가 되고, 하늘의 햇빛이나 비는 아래로 내려 만물을 생성하는 地道가 되니, 각각의 기가 위치한 곳이다. 그래서 『주역집해』에서 荀爽순상[134]은 "곤의 기는 상승하여 천도를 이루고, 건의 기는 하강하여 지도를 이루는데, 천지의 두 기가 때맞게 교통하지 않으면 닫히고 막히게 된다(坤氣上升以成天道, 乾氣下降以成坤道, 天地二氣若時不交, 則爲閉塞)"라고 했다.

「서괘전」에서 말했다. "예를 지켜 실행하면 서로 통한다. 그런 후에는 편안하다. 그렇기 때문에 태괘로 받았다. 泰는 通이다(履而泰, 然後安, 故受之以泰, 泰者通也)" 그리고 「잡괘전」에는 "否卦와 泰卦는 그 종류가 반대된다(否泰反其類也)"라 했다. '否'는 '막힐 비'이다. 세상사는 통하기도 하고 막히기도 한다. 통해서 안정되는 것이 泰요 막혀 불안한 것이 否이니 서로 반대가 되고, 이런 것이 일상으로 일어나는 현상이다. 두 괘를 묶고 음지가 양지되고 양지가 음지 되는 변화를 말했다.

자연은 生하여, 시간이 흐르면서 成, 盛, 終으로 가고, 『주역』괘의 여섯 효는 아래에서부터 생겨 위에서 마친다. 이런 원리를 염두에 두고 卦爻辭를 보도록 하자.

1. 괘

* 泰, 小往大來, 吉, 亨.

태괘, 작은 것이 가고 큰 것이 오니, 길하고, 형통하다.

[해설] 陰은 柔이고 小이며 小人이 되고, 陽은 剛이고 大이며 君子가 된다. 현재는 굳세고 건실한 양과 부드럽고 순한 음이 조화를 이루고 있다. 자연계로 살피면 양기는 오를 것이고 음기는 내릴 것이니, 음양의 기가 서로 어울리고 통하여 만물을 낳고 기를 것이다. 그리고 인류사회로 넓히면, 군자가 아래 하여 소인들을 높이면서 함께하고 있다.

안에서부터 자라서 밖으로 사라져가는 것이 괘의 부호를 보는 원리이고, 자연에서도 태어

---

134) 東漢의 저명한 경학대사. 소설 삼국지의 동탁이 집권하던 때 산 사람. 陽升陰降說의 주창자임.

나고 자라서 성장하면 사라져 가는 것이다. 양이 밑에 있으니 시간이 갈수록 자라고, 음은 위에 있으니 시간이 갈수록 소멸해 간다. 군자는 점점 많아지고 소인은 점점 줄어들 것이다. 이렇게 작은 것은 가고 큰 것이 오니 '小往大來'이다. 만물은 점점 굳세게 자라며 많아지고, 군자가 세상을 점점 밝게 만들어 군자의 세상을 만들어 가니, '吉'하고 '亨'하다. 이런 뜻을 卦辭가 나타내고 있다.

'往'은 안에서 밖으로 가는 것, 혹은 밑에서 위로 가는 것으로, '來'는 이와 반대로 밖에서 안으로 오는 것, 위에서 밑으로 오는 것 등으로 설명하기도 하고, 또 '간다(往)'는 것은 쇠하여 소멸해 가는 것이요, '온다(來)'는 것은 盛하여 자라는 것이라고도 한다. 漢代에서 정립된 개념이지만, 이런 것에 바탕을 두고 陰爻와 陽爻가 각각 하나씩 하나씩 자라나고 소멸하는 과정을 나타내는 괘를 12달에 배당한 消息卦에서는 이 태괘가 정월에 해당한다.[135] 음력 정월은 한해의 새로 시작하는 달이면서 만물이 자라나는 첫봄의 시기이니 길하다는 관념이 없을 수 없다. 만물이 자라니 형통한 것이다.

＊ 彖曰, 泰, 小往大來, 吉, 亨, 則是天地交而萬物通也, 上下交而其志同也. 內陽而外陰, 內健而外順, 內君子而外小人, 君子道長, 小人道消也.

단전에서 말했다. 태괘는, 작은 것이 가고 큰 것이 오니, 길하고, 형통하다고 했는데, 곧 이것은 천지가 교류하여 만물이 통하는 것이요, 상하가 사귀어서 그 뜻이 같은 것이다. 안은 양이고 밖은 음이니, 안은 굳건하고 밖은 온순하며, 안은 군자이고 밖은 소인이니, (그래서)군자의 도는 자라고, 소인의 도는 사라진다.

[해설] 彖傳이다. 여기서도 처음부터 괘사를 八經卦가 상징하는 것으로서 그 뜻을 모두 설명했다. '天地交而萬物通'은 下乾 '天'과 上坤 '地'의 기운이 교류하고 잘 어울리면, 자연계에서 만물이 서로 통하게 되어 잘 생장하게 될 터이니, 이런 모습으로 설명했고, '上下交而其志同'은 人事에서 윗사람과 아랫사람이 잘 어울림으로서 뜻을 같이 하면, 만민을 구제하고 이끌 수 있을 테니, 이런 모습으로 설명했다. 천지, 음양의 교화가 이렇게 좋은 것임을 말한 것이다. 직접적으로는 '亨'과 통하는 설명이다. 그 다음은 內卦와 外卦의 내외를 따와 이를 나누고, 내외괘가 상징하는 것으로 뜻을 이어갔다. 안은 양・健・군자이고, 밖은 음・順・소인이다. 아래에서 생겨 위로 자라면서 소멸해 가니, 군자의 도는 자라고 소인의 도는 소멸해 간다. 그래서 끝구 '君子道長, 小人道消也'로서 결론을 내고 풀이를 마쳤다. 직접적으로는 '小往大來'와 통하는 설명이다. 전체로 뜻을 넓히면 이렇게 되므로 길하다는 뜻이다.

---

135) 실마리의 40쪽 소식괘 참조.

결국 태괘는 군자가 점점 세상을 지배하는 과정으로 진행될 것임을 알 수 있게 한다. 乾坤이 陽陰을 대표하고 있음을 알면 모두 이해가 될 것이다.

* **象曰, 天地交, 泰. 后以財成天地之道, 輔相天地之宜, 以左右民.**

상전에서 말했다. 천지가 교류하는 것이 태괘이다. 임금이 이를 보고서 천지의 도를 맞게 마름질 하고, 천지의 마땅함을 서로 보충해서, 백성을 돕는다.

[자구의 뜻] 后: 임금 후, 왕의 처 후, 뒤 후. 財: 재물 재, 마름질할 재.

[해설] 괘사를 푼 「大象傳」. 天氣와 地氣가 서로 교류하고 합하여 만물이 생기고 자라는 것을 보고, 임금은 인사에서도 서로 다른 것을 맞게 조정하고 보충하여 백성을 다스려서 잘 살도록 한다. 이런 뜻을 담은 글이다.

괘의 상을 본받는 주체를 여기서는 '后'라 하였다. '君子', '先王', '大人', '上', 그리고 '后'가 등장하는데, 이들의 차이를 명확히 구분할 수는 없다. 군자는 일반적인 훌륭한 한 개인을 지칭한 것 같고, 선왕은 건국이나 제도 및 예악을 처음 정비한 사람인 듯싶고, 대인은 단순히 지위보다는 덕을 더 강조할 때 사용하는 것 같다. 그리고 上과 后는 백성을 직접 다스린다는 의미가 포함될 때 사용한 것 같은데, '后'는 '後'의 뜻과 통해서 선왕의 일을 튼튼히 다진 왕을 말하면서 천자와 제후를 통칭하는 것 같다. '上'은 앞으로 나올 것인데 上과 下의 구별이 특히 분명한 경우에 사용한 것 같다. 「대상전」의 이들은 모두 정치지도자이다.

'財成'과 '輔相'은 천지가 만드는 자연현상을 인류사회에 맞게 다듬고 보충하여 적용시킨다는 뜻이다. '財'는 '마름질하다'의 뜻이 있으니 인간에게 맞도록 다듬는다는 뜻이고, '輔'는 '보좌하다'는 뜻이니 이것도 서로 어울리도록 맞춘다는 뜻이다. '天地之道'도 '天地之宜'도 모두 천지가 만물을 생육하는 자연법칙을 이름이니, 이런 현상을 인사에 그대로 적용하면 무리한 면이 있게 되므로 알맞게 조정한다는 뜻이다. 결국은 '財', '輔'와, '道', '宜'로 약간의 어감을 달리했을 뿐 전체적인 의미의 맥락은 같은 것이다.

'財'는 두 가지 뜻으로 푼다. 하나는 '재물'의 뜻이고, 또 하나는 '마름질하다'의 뜻이다. '재물'의 뜻으로는 '천지의 도를 이루는데 재화를 쓴다'라고 번역한다. 자연의 변화에 맞도록 백성을 다스리는데 돈이 필요하다는 뜻으로 본 것이다. 이보다는 后가 알맞게 조정한다는 뜻으로 보는 것이 더 타당해 보여 '마름질하다'로 번역했다. 다음의 구인 '輔相'과 연계하여, 지나친 것은 잘라내고(裁), 모자라는 것은 보충한다(輔)는 의미로 풀었다. '左右'는 '佐佑'로 '돕다'는 뜻이다.

2. 효

* 初九, 拔茅茹, 以其彙. 征吉.
象曰, 拔茅征吉, 志在外也.

초구, 띠를 뽑으니 뿌리가 뒤얽혀, 무리를 이룬다. (그렇게)나아가면 길하다.
상전에서 말했다. 띠를 뽑는 것처럼 하여 나아가면 길하다는 것은, 뜻이 밖으로 향하기 때문이다.

[자구의 뜻] 茅: 띠 모, 띠 집 모. 拔茅: 띠를 뽑음, 천거하여 임용함. 茹: 먹을 여, 채소 여, 부드러울 여, 뿌리 뒤얽힐 여. 彙: 무리 휘, 번성할 휘, 모을 휘.

[해설] 통하고 편한 시절에 아래 乾은 위로 오르고자 한다. 그 初九는 아직 어리고 시작의 단계이지만, 위의 六四와 相應하므로 도움을 받아 위로 가려고 한다. 九二, 九三도 乾이므로 위로 가고자 하는 뜻이 같다. 이것이 띠를 뽑으면 뿌리가 얽혀 여러 띠 풀이 함께 무리지어 뽑히는 것과 같으니, 그래서 '拔茅茹以其彙'이다.

'拔(뽑을 발)'은 '등용되다, 발탁되다'의 뜻을 함유하고 있고, '以'는 '爲'로, '征'은 사회에 진출하기 위해 '나아가다'의 뜻으로 본다. 나와 이웃의 굳건한 사나이들이 함께 발탁되어 사회에 진출하는 상황이다. 그러니 '吉'하지 않을 수 없다. 태평의 시절이 아니겠는가. 그런데 '以其彙'를 다음 句 '征吉'과 묶고, '征'을 다른 나라를 '정벌하다'의 뜻을 취해 '무리지어 정벌하러 가면 길하다'로 해석하는 사람도 있다. 이것의 해석은 양과 음이 '泰'를 위해서 서로 싸운다는 뜻인데, 이보다는 음양이 서로 원하여 어울리고자 하는 것이 더 좋아 보여 취하지 않았다. 泰卦의 '泰'는 '通也통야'이니, 이 '통하다'의 의미가 '정벌'과는 어울리지 않는다.

小象傳의 '拔茅征吉'은 효사를 압축하여 줄인 것이다. '志'는 자기 한 몸에 국한된 것이 아니고, 사회와 만민구제의 志이기 때문에 '外'에 있다고 했다. '外'는 外卦의 外이고, 외괘는 상괘이니 위로 오르고자 하는 뜻이고, 음과 만나고자 하는 뜻이면서 지도자의 위치로 진출하려는 뜻이기도 하다.

* 九二, 包荒, 用馮河, 不遐遺, 朋亡. 得尙于中行也.
象曰, 包荒, 得尙于中行, 以光大也.

구이, 거친 것도 감싸고, 걸어서 강을 건너며, 멀리 있는 것도 잊지 않으나, 벗을 잃기도 한다. 중도를 행하는 것에서 숭상함을 받는다.
상전에서 말했다. 거친 것도 감싸면서, 중도를 행하는 것에서 숭상함을 받는다는 것

은, 크게 빛나는 것이다.

[자구의 뜻] 荒: 거칠 황, 흉년 황, 망하게 할 황. 馮: 업신여길 빙, 의지할 빙, 걸어서 물을 건널 빙. 遐: 멀(리 할) 하, 구원할 하. 遺: 잃을 유, 잊을 유, 줄 유.

[해설] 九二는 비록 下卦에 있으나 가장 으뜸을 상징하는 乾의 中을 차지했고, 위의 六五와 正應이니, 왕의 적극적인 지원을 받는다. 그러므로 '泰'가 크게 실행되도록 힘쓰는 위치이다. 그러니 못나고 거친 사람도 포용해야 하고, 걸어서 강을 건너는 용기와 노력도 있어야 하며, 멀리 떨어져 있는 사람도 살펴야 한다. 이런 뜻이 '包荒, 用馮河, 不遐遺'까지의 3句다. 그러다가 보면 가까이 있는 친구가 삐뚤어져 가기도 하니 '朋亡'이 되기도 하지만, 그래도 앞의 3구처럼 중도를 행하는 것이 모든 이에게 숭상 받는 일이 된다고 '得尙于中行也'라 했다. 구이가 中位에 있음이 돋보이나 正位가 아니고 親比가 없으니, 벗을 잃기도 하는 뜻이 나오는 것이다.

'朋亡'의 '亡'은 우리말의 '잃다'가 최적이다. 이 '朋亡'을 '붕당을 짓지 않는다'로 많이 번역하면서, 불편부당한 일을 행하지 않는 것이라는 뜻으로 보고, 앞의 3구와 더불어 구이의 4덕으로도 본다. 이렇게 보면 양이 음위에 있으면서 친비도 없는데, 너무 완벽한 효로 보아야 하는 것이 지나치게 보여서 위와 같이 번역했다.

'得尙于中行'에서 '尙'을 우리말 '도움'으로, '中行'을 육오가 행하는 것으로 보아 '중도를 행하는 육오의 도움을 받는 것'으로 풀이한 사례도 많다. 그렇게 되면 소상전의 풀이는 육오의 도움을 받아서 크게 빛나는 것이 되니, 육오의 역할이 너무 크게 부각된다. 즉 육오와의 상응으로 도움을 받아 '크게 빛나다'는 것보다 구이 자신이 중덕을 행하였기 때문에 '크게 빛나는 것'으로 보는 게 더 합리적이다.

*** 九三, 无平不陂, 无往不復, 艱貞无咎, 勿恤其孚, 于食有福.**
象曰, 无往不復, 天地際也.

구삼, 평평하기만 하고 기울지 않는 것이 없고, 가기만 하고 돌아오지 않는 것이 없으니, 어려워도 바름을 지키면 허물이 없다. 근심하지 말고 믿음 있게 하면, 먹는 것에 복이 있다.

상전에서 말했다. 가기만 하고 돌아오지 않는 것이 없다는 것은, 하늘과 땅이 서로 사귀기 때문이다.

[자구의 뜻] 陂: 둑 피, 못 피. 지세가 울퉁불퉁할 파. 기울 피. 恤: 근심할 휼, 불쌍히 여길 휼, 두려워할 휼. 際: 이음새 제, 만날 제, 때 제, 사귈 제, 가(끝) 제.

[해설] 九三 효사와 소상전이다. 구삼은 乾卦의 끝으로 위의 坤과 맞닥뜨리는 곳이다. 비록

比爻인 六四가 자기를 타고 있기는 하나, 剛이 正位했고, 응함이 있으니 비교적 좋은 조건으로 泰를 맞이하고 넓혀갈 수 있을 것이다. 그런데 乾卦와 坤卦가 마주대하고 있으나 변화가 일어날 지, 또 어떤 변화일 지에 대한 근심은 있는 것이다. 그러므로 변화에 대한 마음가짐과 결과의 문장이 있을 것임이 예측된다.

'无平'에서 '不復'까지는 『주역』에서 강조하는 자연의 이치이면서 음양의 존재로 말미암아 일어나는 사물의 변화가 이루어질 것임을 말하고 있다. 구삼은 이런 변화의 경계에 위치해 있으니, 자연 어려운 때이므로 '艱'을 썼고, 그래도 陽이 양자리에 정위했으니 바르게 할 수 있으므로 '貞'이 나왔다. 바르게만 하면 '无咎'이다.

정위하고 正應도 있으므로 어려운 시기에 처했어도 바르게 할 수 있으니 근심하지 말고 믿음을 가지라고 '勿恤其孚'. 그러면 일상의 일에 복이 오니 '于食有福'이라 했고, 이는 바라는 바대로 된다는 뜻이다. '食'은 많은 사람들이 '녹봉'으로 보나, 먹는 것은 누구나 매일 행하는 일이므로 '구삼이 행하는 일'의 뜻이 있다.

먼저 음양 對待의 이치를 말하고 항상 이렇게 해서 변화는 있는 것이니, 바르고 믿음 있게 일상의 일을 하면 복이 온다는 뜻을 나타냈다.

소상전에서는 효사를 '无往不復'의 한 구절로 줄이고, 이런 자연의 법칙은 하늘과 땅이 맞붙어서 서로 교통하기 때문이라는 말이다. '際' 한자의 의미가 넓고 크다.

* **六四, 翩翩, 不富以其鄰, 不戒以孚.**
象曰, 翩翩不富, 皆失實也, 不戒以孚, 中心願也.

육사, 잇달아 사뿐히 내려앉는데, 부유하지 않아도 이웃들이 함께하니, 경계하지 않고 믿는다.

상전에서 말했다. 부유하지 않아도 잇달아 사뿐히 내려앉는 것은, 모두 실질을 잃은 것이고, 경계하지 않고 믿는다는 것은, 마음속에서부터 원하기 때문이다.

[자구의 뜻] 翩: 빨리 날 편, 사뿐할 편, 나부낄 편. 翩翩: 새가 경쾌하게 나는 모양. 戒: 경계할 계, 재계할 계, 일러줄 계. 皆: 다 개, 함께 개, 견줄 개.

[해설] 六四 효사와 소상전. 이 효는 상괘 坤의 첫 시작이며 하괘 乾과 가장 가깝게 있다. 그리고 아래 初九가 도움을 청하고 있는 상태다. 泰의 시기에 대신의 자리에 있으면서 민초들의 도움을 외면하면 그야말로 이상한 일일 것이다. 그런데 六四 혼자만이 아니다. 六五와 上六이 줄줄이 달려 나온다. 이런 상황을 '翩翩'으로 나타냈다. 마치 초구의 효사 '拔茅茹'와 같은 현상이다. '翩翩'은 새가 경쾌하게 나는 모습이라 했으니, 양효이고 正應들이 모두 아래에 있으니 새들이 날아 아래로 내려앉는 모양을 형용한 것으로 보고 번역은 위와 같이 했다.

양은 實이고 음은 虛이며, 양은 富이고 음은 不富로 본다. 육사는 陰爻이면서 正位하였으니 겸손하고 자만하지 않는다. 그렇기 때문에 '不富'라고 했다. '부자가 아니다'는 말 속에는 꼭 재물을 말한다고 보기 보다는, 이해타산을 하지 않고 마음을 비운 상태에서 즉각 행동한다는 뜻이 담겨 있다.

육오, 상육도 정응들이 아래에 있고, 음기는 모두 아래로 내려가니 육사와 함께 이웃하여 아래로 내려가므로 이를 '以其鄰'이라 했다. '以'는 '與'의 뜻이다. 같은 동류들이고 상태가 비슷하니 믿고 경계하지 않는다. '不戒以孚'이다.

그리고 '以其鄰'을 後句 '不戒以孚'와 연결시켜 '以其鄰不戒以孚'로 보아 해석한 책 「周易譯注」가 있는데,[136] 이때 앞의 '以'는 '與'로, 뒤의 '以'는 '而'와 같이 본다. 해석은 '이웃과 함께 믿고 경계하지 않는다'가 된다. 물론 '鄰'은 육오, 상육의 두 음효를 뜻한다. 전체의 뜻은 차이가 없다.

소상전에서는 상하가 모두 마음속에서부터 허심탄회하게 돕고 통함을 한 번 더 강조했다. '翩翩不富'는 '翩翩, 不富以其鄰'을 줄인 것이고, 음들이 모두 자기의 이익을 챙기지 않으니 '失實', 양의 진출을 저지하지 않고 마음으로부터 도움에 나서니 '中心願'이다.

* 六五, 帝乙歸妹, 以祉元吉.
象曰, 以祉元吉, 中以行願也.

육오, 제을이 누이동생을 시집보내니, 복 받고 크게 길하다.
상전에서 말했다. 복 받고 크게 길하다는 것은, 중심에 있으면서 원하는 것을 행하기 때문이다.

[자구의 뜻] 帝乙: 殷나라의 왕. 妹: 여동생 매, 소녀 매. 祉: 복 지.

[해설] 六五의 효사와 그 소상전이다. 육오는 음으로서 존위에 있으면서 上卦의 中位를 차지하고 있다. 한편 음이면서 正位가 아니니 유순하고 소심한 편이다. 그런데 역시 중덕을 지닌 강건한 아래 九二와는 正應이니, 이 현자의 도움을 받아 자기의 직분을 잘 처리하는 상태로 볼 수 있다. 이렇게 上과 下가 긴밀히 통하는 상태를 천자가 누이동생을 현자에게 시집보내는 상황으로 묘사하고 있다. 이것이 '帝乙歸妹'이다. 옛날이나 지금이나 인척관계가 친밀도를 나타내는 데는 최적인가 보다. 이렇게 필요하면 누이동생을 시집보내어 인연을 두텁게 만들면서 '泰'를 유지하기 위한 정치를 하니 하늘이 내리는 복을 받고, 크게 길하다는 뜻이다.

'祉'는 하늘이 내려준 복을 말한다. '帝乙'은 殷의 紂王의 아버지라고 하는데, 은의 왕이었

136) 황수기, 장선문 찬, 「周易譯注」, 110쪽 참조.

음은 분명한 것 같다. '妹'는 '帝女'라고도 하니, '천자의 딸'로 번역한 곳도 있다. 친족을 시집보낸다는 의미가 달라지지는 않지만 더 절실한 관계로 느껴지므로 현실적으로 보인다. 그렇지만 '妹'는 '누이동생'으로 너무 잘 알려져 있기 때문에 의미가 달라지지 않는 한 그대로 두었다. '以'는 '爲'로 보는 것이 좋을 것 같다.

소상전에서는 모든 사람의 중심에 자리 잡고서도 자기가 원하는 바를 행하는 만큼 더 복되고 길한 일이 없음을 표현한 글이다.

*** 上六, 城復于隍. 勿用師, 自邑告命, 貞吝.**
象曰, 城復于隍, 其命亂也.

상육, 성이 해자로 뒤집혀 무너졌다. 군대를 사용치 않고, 스스로 덜어 축소하여 명을 내린다. 바르게 해도 인색하다.
상전에서 말했다. 성이 해자로 뒤집힘은, 천명의 어지러움이다.

[자구의 뜻] 城: 성 성, 도읍 성, 쌓을 성. 隍: 해자 황.

[해설] 上六은 泰卦의 끝. 태괘가 극하면 否卦가 된다. 이를 성이 무너져 해자로 뒤집히는 것과 같이 보았다. '城復于隍'이다. '復'은 '뒤집히다(覆)'와 '돌아오다'의 두 뜻으로 번역된다. 허물어진 상태를 표현하니 '覆'으로 보는 것이 좋다. '隍'은 『周易集解』의 虞翻의 注와 『說文解字』에서 모두 '성 아래 구덩이에 물이 있으면 못(池)이고 물이 없으면 隍'이라 했다. 물도 말라버린 해자에 성까지 무너진 것은 泰의 시대도 오래하여 마지막에 이르면 否의 상태로 감을 말한다고 보아야 한다.

성이 무너졌으면 이를 다시 쌓기 위해서도 무리의 동원이 필요하고, 만약 이것이 국가가 위험에 처해 있음을 상징한다면 군대의 동원이 필요하다. 그런데 옛날은 師農일체로 생계에 매달려 있는 농민을 동원하기가 쉽지 않고, 나라가 안정되지 못하여 명령도 먹혀들지 않을 것이니, 군을 동원하기가 힘들다. 그래서 '勿用師'이다. '師'는 '스승'의 뜻이 아닌 '군대'의 뜻이다. 군대를 사용하지 못하는 대신 가벼운 명령을 내리니 이것이 '自邑告命'이다. '自邑告命'의 '邑'을 대부분 '고을'의 뜻으로 보고, 우리의 번역서에는 모두 이 뜻으로 번역을 했으나, 淸末의 吳汝綸은 '挹(물을 뜰 읍)의 줄인 문자'로 보고 '덜어 축소하다(挹損)'의 뜻으로 보았다. 이를 尙秉和 학파에서 지지했고 나도 이를 따른다. 어려운 때 일수록 백성에게 무리한 요구를 하지 않는다는 의미가 자연스럽고 합리적이며, 이렇게 해야 음이 음의 자리에 있으니 유약한 면도 살리면서 정위하여 九三의 응함을 받고 있는 긍정적 면도 살아나는 것이다.

이렇게 순리대로 바르게 해나가도 사태의 변화는 어쩔 수 없다. 이미 泰의 시대는 끝나가고 다음의 시대가 오는 것이다. 바르게 해도 점점 나쁘게 되니 '貞吝'이다.

소상전 '其命亂也'의 '命'은 효사의 '命'과 뜻이 다른 '天命'의 뜻이고, 천명이란 어길 수 없는 자연적인 변화를 의미한다. 변화의 때임을 말한 것이다.

봄이면 만물은 생장한다. 꽃도 피고 열매도 맺을 것이다. 그러니 '吉'하고 '亨'하다. 그런데 가을에 수확할 때는 크고 작은 열매가 있고 아예 열매가 없는 것도 있다. 그러므로 '小往大來'한다고 내가 할 수 있는 노력을 태만히 할 수는 없다. 더 큰 '大來'를 위한 각자의 할 일에 매진해야 할 것이다.

이렇게 大來하는 泰의 시절을 만들고 넓혀가기 위해서는 상하가 협조하고 각자의 위치에서 노력해야 함을 각 효사는 나타내고 있다. 그렇게 해서 泰를 이루어도 영원한 것은 없다는 사실을 上六에서 읽을 수 있으니, '城復于隍'이다. 그래도 종국에는 '吝'으로 마쳤으니, 이런 노력을 게을리하면 아마 '凶'이 될 것이다.

䷋ 否 (天地否)

槪說: '否'의 뜻은 '아닐 부, 막힐 비'이다. 괘의 형태도 하늘이 위에 있고 땅이 아래에 있어 泰卦와는 반대이고, 그 지향하는 의미도 반대이다. 그래서 괘의 뜻도 '通'과는 반대인 '閉(닫을 폐)'이다. 그러므로 읽기도 '비'라고 읽는다.

「서괘전」에는 "물이 끝까지 통할 수만 없으므로, 비로써 받았다(物不可以終通, 故守之以否)"라고 했다. 통하면 막히게 됨이 자연의 이치다. 그래서 「잡괘전」에는 "비와 태는 그 종류가 반대다(否泰反其類也)"라고 했다. 이렇게 통하지 못하고 닫힌 시절은 어떤 세상인지 보자.

1. 괘

* 否之匪人, 不利君子貞. 大往小來.

막힘(의 시절)은 인간답지 못하니, 군자의 바름도 불리하다. 큰 것이 가고 작은 것이 온다.

[해설] 卦辭이다. '否之匪人' 앞에 '否'가 하나 더 있어야 한다고 履卦에서 설명했다. 대체로 괘사의 형식은 卦名이 있고, 그 괘의 풀이가 시작되는데, 여기의 '否'는 풀이에 필요한 글자로 보기 때문이다. 그래서 현대에는 '否'를 하나 더 보태는 사람이 더러 있고, 이에 의견을 같이하지만 번역은 그대로 했다.

'否之匪人'에 대해서 여러 사람이 注를 달았다. 그 내용은 否의 시대에는 소인이 득세하므로 人道가 통하지 않는다는 뜻에서는 벗어나지 않는다. 여기서는 '否'를 '막힘'으로 했으나, 괘는 한 시절을 말하니 비색한 시절의 뜻이 되기도 한다. '之'는 주격조사, '人'은 '인품'으로 보고 번역했다.

사람은 서로 통해야 일이 이루어지고 발전해 나가는데, 막혀서 일이 성사되지 못하는 상태, 상대를 수용하지 못하고 자기의 이익만 좇는 인품은 군자가 취할 바가 아니다. 그러므로 항상 바름을 고수하는 군자에게도 이롭지 못하다. 부정과 불선이 판을 치는 세상에서 바름을 지킨다고 돌아오는 것은 없다. 그래서 '不利君子貞'이란 句가 붙었다. 이를 '不利'와 '君子貞'의 두 구로 나누고, '천하에 이로움은 없어도, 군자는 바름을 지킨다'로 풀이하기도 한다. 참고할 만하다.

'大'는 양·군자, '小'는 음·소인이다. 양은 밖에 있고 음은 안에 있어, 음이 점차 자라고 양은 소멸해가는 象이다. 그러므로 큰 것이 가고 작은 것이 와서 점점 자라게 된다. '大往小來'이다. 태괘와는 반대가 되는 세상이 비괘이다.

＊ 彖曰, 否之匪人, 不利君子貞, 大往小來, 則是天地不交而萬物不通也, 上下不交而天下无邦也. 內陰而外陽, 內柔而外剛, 內小人而外君子, 小人道長, 君子道消也.

단전에서 말했다. 막힘은 인간답지 못하니, 군자의 바름도 불리하고, 큰 것이 가고 작은 것이 온다는 것, 곧 이것은 천지가 교통하지 못하니 만물이 불통하고, 윗사람과 아랫사람이 사귀지 못하니 천하에 나라일도 없다는 것이다. 안은 음이고 밖은 양이니, 안은 부드럽고 밖은 강건하며, 안은 소인이고 밖은 군자이니, 소인의 도는 자라고, 군자의 도는 소멸한다.

[해설] 단전이다. 괘사를 처음은 자연현상으로, 다음은 인사로 설명하고, 이것은 모두 '소인의 도는 자라고 군자의 도는 소멸함'으로 결론을 짓고 있다. 그러면서 '天地不交'와 '上下不交'로 만들어지는 결과가 '否之匪人, 不利君子貞'과 직접 연결되는 풀이이고, 그 다음 구절들은 '大往小來'와 연결되는 풀이들이다.

문장의 형식이 泰卦와 같고 그 의미가 모두 對가 된다. 그런 중에서도 태괘는 '上下交'하면 '志同也'인데 여기서는 '上下不交'가 '天下无邦也'라 했다. 이것은 '不交'가 미치는 영향의 결과를 말한 것으로, 그것의 심각성을 강조하여 나타낸 것이다. 이를 직역하면 '천하에 나라가 없다'가 되는데 너무 지나친 느낌이 들어 國事 같은 큰일은 잘 이루어지지 않는다는 뜻으로 하여 좀 간접적인 느낌이 들도록 했다. 그리고 태괘는 '內健而外順'인데 여기서는 '內柔而外

剛'이다. 기운이 막혀 불통하는 비괘에서는 '健, 順'이라는 기의 움직임을 나타내는 의미의 글자로는 표현할 수 없기 때문에 단순히 그 성질만을 나타낸 것이다. 자구 선택의 치밀함을 본다. 그 밖의 것은 태괘의 단전과 반대되니 해설을 약한다.

＊ 象曰, 天地不交, 否. 君子以儉德辟難, 不可榮以祿.

상전에서 말했다. 하늘과 땅이 교통하지 못하는 것이 비괘이다. 군자가 이를 보고서 덕을 검소하게 하여 어려움을 피하고, 녹을 받아 영예를 누리지 않는다.

[자구의 뜻] 儉: 검소할 검, 흉년들 검, 절제할 검. 辟: 법 벽, 임금 벽. 열 벽. 피할 피. 榮: 꽃 영, 번성할 영, 영광 영. 祿: 복 록, 녹 록, 음식 록.

[해설] 대상전이다. 上乾 '天', 下坤 '地'이다. 외형적으로는 각각 제 위치에 있으나, 운기는 서로 통하지 않는다. 그러므로 만물이 양육되지 않는다. 泰卦와는 반대다. 이런 상황에서의 군자들은 활동을 자제하면서 어려움을 피하고, 나서서 국록을 먹고 영화를 누리지 말아야 한다는 뜻을 담은 문장이다. 소인이 진출하는 때는 소인의 무리에 의해 위난을 당하기 때문이다.

2. 효

＊ 初六, 拔茅茹, 以其彙. 貞吉, 亨.
象曰, 拔茅貞吉, 志在君也.

초육, 띠를 뽑으니 뿌리가 뒤얽혀, 무리를 이룬다. (그러나)바름을 지키면 길하니, 형통하다.

상전에서 말했다. 띠를 뽑아도 바름을 지키면 길하다는 것은, 뜻이 임금에게 있는 것이다.

[해설] 初六의 효사와 소상전이다. '拔茅茹, 以其彙'는 이미 泰卦에서 설명했다. 여기서도 六二, 六三이 같은 음이요 하층부에 속하기 때문에 무리를 이루는 것이다. 그런데 泰卦에서는 무리를 이루어 위로 진출하지만, 여기서는 그와는 반대다.

否卦에서는 상하의 爻位가 모두 正應이나, 운기가 통하지 않기 때문에 无應과 같다. 또 초육은 아직 어리고 음이니 유순하고, 아래 坤에 있으니 기운이 아래로 내린다. 그러므로 否卦의 세상을 더 넓히고 발전시키기 위한 적극적인 노력을 할 수가 없다. 어쩔 수 없이 가만있게 된다. 이런 때는 바름만 지키면 군자와 버금가는 행위가 된다. 그래서 不正位했으니 '貞'의 조건만 지키면 '吉'하고, 길하니 '亨'이다. 같은 음의 무리로 얽혀있지만 초육의 처한 상황만은 다른 음과는 다른 면이 있다. 泰卦에서는 '征吉', 곧 나아가기만 하면 길한데, 여기서는 바름을 지키고 있으면 길하고 형통하다. 소인이 소인의 천하인 비괘의 때에는 하천하게 아래에 엎드려서 가만있는 것도 쉬운 일이 아니므로 끝에 '亨'이 더 붙었다.

우리의 번역서에는 '以其彙로 貞이니'로 하여 번역을 많이 한다. 뜻은 '무리로써 바르게 하니'가 된다. 이것은 아마도 程頤의 풀이를 따른 『周易傳義大全』과 『備旨具解原本周易』의 吐가 이렇게 되어 있기 때문일 것이다. 그러나 현대의 중국학자들은 '以其彙'에서 句를 많이 끊고 있으며, 무리가 아닌 초육 만의 역할이 살아나야 하므로 이를 따랐다.

소상전의 '拔茅貞吉'은 효사를 축약한 것이다. 否의 때에 같은 음들과 함께 있지만 행동은 바름을 지키고 가만있으니, 이것은 否를 억제하고자 하는 임금의 뜻과도 같다. 그래서 '志在君也'라 했다. '君'을 '군자'로 볼 수도 있으나 대상전에 군자가 '辟難'했기 때문에 어울리는 것 같지 않아 임금의 직위를 강조한 번역을 했다.

* 六二, 包承, 小人吉, 大人否亨.
象曰, 大人否亨, 不亂群也.

육이, 감싸서 (비색함을)이어가게 되니, 소인은 길하다. 대인은 통하지 않는다.
상전에서 말했다. 대인은 통하지 않는다 함은, 어지러운 무리가 아니기 때문이다.

[해설] 六二 효사와 소상전. '包承'은 무엇을 '包'하고 무엇을 '承'하느냐? 결론은 '음 소인들'을 包하고, 그 결과로 '否'를 承하다이다. 육이는 중정하고, 下卦 坤의 중심에 있으니 땅은 모두를 감싸 안으므로 '包'는 어렵지 않게 이해가 된다. '承'은 正應인 九五를 받들어 잇는 것으로 볼 수 있다. 그런데 시기가 서로 통하지 않는 비색한 때이고, 2, 3, 4의 互卦는 艮 '止'이므로 艮의 위에 있는 구오와는 承을 못한다고 보아야 한다. 그러면 승하는 것은 그 시절의 뜻인 '否'로 볼 수 있고, 이렇게 보면 다음의 '小人吉'과도 자연스럽게 연결된다. 결론은 아첨하며 알랑거리는 음의 비색한 행위를 감싸 덮었더니, 소인들의 비행이 밝혀지지 않으면서, 반성을 모르는 이들은 이런 행위를 이어가니 비색함을 잇는 것이 된다. '包承'의 의미이다. 그러므로 소인에게는 길하니 '小人吉'. 否의 중심을 차지한 육이의 행동이 낳은 결과다.

그런데 만약 대인이라면 감싸주지도 않았을 것이고 나쁜 행동도 하지 않았을 것이다. 그러므로 '大人否亨'인 것이다. '大人否亨'의 '否'는 『주역집해』에서 荀爽과 虞翻이 모두 '아니다'의 뜻으로 풀었다. '亨'은 '通也'이므로, '包承'하는 행위가 大人에게는 통하지 않는다는 뜻이다. 이 외에도 '대인이 몸은 막혀 있지만, 道는 형통한 것이다', 혹은 '대인은 시세를 따르지 않으니 형통하다'의 뜻으로도 풀고 있다. '否'와 '亨'을 연결하기가 쉽지 않기 때문에 여러 각도에서 引伸하여 뜻을 통하게 하려는 것이다. 그러나 소인과는 달리 대인은 그런 행위를 하지 않는다는 뜻으로 보고 '否'는 '亨'을 부정하는 것으로 풀었다. 否卦의 같은 '否'를 써서 이를 부정의 뜻을 나타냈다고 본다. 육이는 비록 중정의 덕이 있고 구오의 정응이 있으나, 운기가 막힌 비괘의 시기에는 음 소인이므로 대인의 행동은 하지 못했다는 뜻이 된다.

高亨은 初六 말미의 '亨'이 二爻의 앞에 놓여야 하고, 이 효의 '亨'은 다음의 六三 앞에 놓여야 한다고 보면서, '亨'을 '享(제사 드리다)'로 보고 제사 드리는 정경으로 묘사하였다. 이를 황정원(한국 해양대학 교수)도 취하여 제사의 형태로 설명을 했으나,[137] 高亨 외에는 아무도 이를 취한 사람을 발견치 못해 따르지는 않았다.

소상전의 '不亂群'은 '무리를 어지럽히지 않다'의 뜻으로도 풀 수 있으나 그렇게 되면 뜻이 모호해진다. '어지러운 무리가 아니다'로 하여 '亂群'을 소인의 무리를 지칭하는 것으로 보아야 뜻이 확실해진다. 소인과 대인은 같지 않다는 뜻이다.

*** 六三, 包羞.**
象曰, 包羞, 位不當也.

육삼, 치욕을 덮고 있다.
상전에서 말했다. 치욕을 덮고 있다는 것은, 자리가 마땅치 않기 때문이다.

[자구의 뜻] 羞: 치욕 수, 음식 수, 부끄러울 수.

[해설] 六三은 下卦의 끝으로 否의 절정이다. 그런데 바로 上卦 乾과 맞붙어 있다. 건은 자기와는 정반대다. 특히 가까운 比爻 구사와는 직접적으로 비교가 된다. 그러니 모든 것이 치욕스럽다. 그래도 이를 버티면서 모르는 척한다. 때가 否인 것이다. 그래서 '包羞'이다. 기가 통하지 않기 때문에 다음을 예단하지 않았다. 그래서 점사를 말하지 않았지만, 좋은 점사가 이어지지는 않을 것이다.

소상전에서는 '包羞'가 된 까닭을 '不當位' 때문이라 했다. 만약 마땅한 자리였다면 '羞'가 아닌 다른 자로 나타났을 것이다. 정위가 아닌 것도 마땅찮지만, 구사와 맞닿아 있는 것이 더욱 마땅찮은 자리이다.

*** 九四, 有命无咎, 疇離祉.**
象曰, 有命无咎, 志行也.

137) 「고형의 주역」, 165쪽과 「주역의 근본 원리」, 150쪽 참조.

구사, 명이 있으니 허물이 없다. 무리가 복에 매달려있다.
상전에서 말했다. 명이 있으니 허물이 없는 것은, 뜻이 행하여지기 때문이다.

[자구의 뜻] 疇: 밭(두둑) 주, 무리 주, 짝(할) 주.

[해설] 九四는 上乾의 시작이다. 아래의 여러 음들을 가로막고 있다. 剛이니 꿋꿋이 막고 있는데, 음위에 처했기 때문에 힘이 모자란다. 그런데 다행히 건괘이니 天命이 굳건하고, 九五의 인군이 또한 천명을 수행하도록 명을 주면 이를 수행하는 위치이니, 천명이면서 동시에 君命이 있다. 이 명령이란 바로 否의 방향을 돌리는 것이니, '无咎'이고, 그렇게 하면 다른 사람들도 복을 받으므로 '疇離祉'가 된다.

'有命'의 '命'은 상괘가 乾이니 '하늘'의 象에서 天命이 나오고, 그가 처한 자리가 대신의 지위이니 君命도 받는 지위인 것이다. '疇離祉'의 '離'는 '麗'의 뜻이다. 구사의 행동여하에 따라 무리들이 복을 받을 것인지 아닌지가 걸려있다는 뜻이다. '疇'를 '짝'으로 번역하여 應인 初六을 가리키는 것으로 보는 이도 있다. 그러나 '否'의 성함을 저지할 처지에 있는 사람은 上乾의 양들이니, 否를 저지할 수 있으면 이들이 함께 모두 복을 받게 될 것이므로, 초육만 지칭하는 것으로 볼 수 없다.

소상전의 풀이는, 구사는 否를 저지해야 하는데 '有命'이 있으므로 그 뜻을 행한다는 것이다. 결국 '命'과 '志'는 같은 것이 된다.

＊ 九五, 休否, 大人吉. 其亡其亡, 繫于苞桑.
象曰, 大人之吉, 位正當也.

구오, 막힘을 멈추게 하는 것은, 대인의 길함이다. 망할까 망할까하여, 무성한 뽕나무에 맨다.
상전에서 말했다. 대인의 길함은, 자리가 바르고 마땅하기 때문이다.

[자구의 뜻] 繫: 맬 계, 구속할 계, 끈 계. 苞: 그령(식물 이름) 포, 나무밑동 포, 쌀 포, 더부룩하게 날 포. 桑: 뽕나무 상, 뽕잎(딸) 상, 누에칠 상.

[해설] 九五는 剛健中德을 갖춘 군왕이다. 그러므로 否의 세상을 泰의 세상으로 돌려놓고 싶다. 그렇게 할 수 있다면 더 좋겠지만, 지금은 비의 세계! 泰로 완전 바꿀 수는 없어도 멈추게는 한다. 이것이 '休否'다. 직역하면 '멈춘 막힘'이 되나 구오가 한 것이므로 '막힘을 멈추게 하는 것'으로 번역했다. 이렇게 할 수 있다면 이는 단순한 군왕이 아닌, 능력과 덕을 갖춘 자라야 가능해서 '大人'이라고 한 것 같고, 또한 대인이라도 군왕의 권력을 가진 자라야 '休否'가 가능할 것이다. 이런 자질과 직위에 있으니 '吉'로 연결이 된다. 그래서 번역을 '대인의 길

함이다'라고 했고, 바로 소상전에서는 '之'를 첨가하면서 이런 뜻으로 풀이를 했다.

'其亡其亡'의 '其'는 추측을 나타내는 조사의 기능을 한다. 句의 뜻은 망하게 되는 것을 염려하는 것이다. 그래서 그렇게 망하지 않게 단단한 것에 묶는다는 뜻으로 '繫于苞桑'이다. '苞'는 대체로 '叢(총)生'이라 하니, 우리말로는 '무성하다'가 알맞다. 간혹 '苞桑' 숙어의 뜻 '뽕나무 뿌리'로 번역한 곳도 있다. 뽕나무는 뿌리가 단단하고 우리의 생활에 이로움을 많이 주는 나무이다. 이런 것에 묶는다는 것은 망하지 않기 위해 온 노력을 기울인다는 뜻이다. 그러나 나무의 뿌리는 땅에 묻혀 있는데 이에 묶는다는 것이 이상하여 취하지는 않았다. 두 의미가 모두 단단한 것에 묶인다는 뜻에는 차이가 없다.

이 구절에 대한 「계사전 하」의 설명이 있다. 많이들 인용하면서 교훈으로 삼는다. 요지는 미리 대비하는 자가 군자라는 것이다.

> 공자가 말했다. 위태로울까 (염려)하는 자는 그 자리를 편하게 하려는 자이고, 망할까 하는 자는 그 생존을 보전하려는 자이며, 어지러울까 하는 자는 그 다스림을 유지하려는 자이다. 이런 까닭에 군자는 편하면 위태함을 잊지 않고, 존재하면 망함을 잊지 않으며, 다스려지면 어지러울 것을 잊지 않는다. 이로써 몸을 편안케 하고 국가를 보전할 수 있다. 역에서 말하기를 망할까 망할까하여 무성한 뽕나무에 맨다고 했다.
>
> 子曰, 危者安其位者也, 亡者保其存者也, 亂者有其治者也, 是故. 君子安而不忘危, 存而不忘亡, 治而不忘亂. 是以身安而國家可保也. 易曰, 其亡其亡, 繫于苞桑.

그런데 帛書에서는 이 '繫'가 '擊(격)'으로 돼있다. 그렇게 되면 '뽕나무를 쳐서 없애다'의 뜻이 되니, 이는 대인이 '休否'를 하기 위해 장애가 되는 것들을 없앤다는 뜻이 아닐까 한다. 그러면 뽕나무가 이롭지 않는 식물이어야 하는데, 그것이 의문스럽고, 필사를 하면서 백서가 잘못인지도 모르는 일이므로 본문 그대로 풀었다.

소상전에서는 앞에서 지적한 대로 대인이 정당하게 일을 처리하고 막강한 권력의 자리에 있었기 때문에 '休否'할 수 있어서 '吉'을 얻게 되었다는 뜻이다.

＊ 上九, 傾否, 先否後喜.
象曰, 否終則傾, 何可長也.

상구, 막힌 국면이 기울어진다. 먼저는 막혔어도 다음에는 기쁘다.
상전에서 말했다. 막힘이 종말에는 기울어지니, 어찌 오래갈 수 있으리오.

[자구의 뜻] 傾: 기울 경, 사특할 경, 잠깐 경. 喜: 기쁠 희, 빛날 희.

[해설] 마지막 上의 효사와 소상전이다. 上九는 否卦의 끝에 처했다. 그러니 否의 상황도

자연 기울어진다. 이것이 '傾否'다. 이때까지는 비색했지만 이제는 변하게 되므로 기쁨이 있게 된다. 이런 뜻이 '先否後喜'다.

여기서 '傾否'와 '否傾'을 구별하여 의미를 부여하는 사람도 있다. '傾否'는 '否를 기울어지게 한다'이고, '否傾'은 '否가 기울진다'이다. 전자는 사람의 노력을 강조하고, 후자는 자연의 이치를 강조한 것으로 보는 것이다. 일리가 있어 보인다. 그러나 꼭 이렇게 구분하여 해석하게 되면 모든 괘효사의 풀이가 복잡하고 어려워지므로, 때가 되었기 때문에 기울어지기도 하고 상구의 노력도 있는 것으로 보면 된다.

소상전은 대세의 순리가 변화하는 시기이니, 否가 기울게 됨은 자연의 순리이므로 아무것도 영원한 것은 없다는 논리를 편 것이다. '終'은 끝나갈 즈음의 뜻으로 보고 '종말'로 번역했다.

하늘과 땅이 서로 기를 통하지 못하면 만물이 자라지 못하고, 위정자와 백성의 뜻이 서로 다르면 나라가 어지럽고 혼란해 진다. 자연과 자연, 인간과 인간, 자연과 인간이 모두 어울려야 삶이 영위되고 변화가 계속된다. 바로 交通하는 泰의 시절과 閉塞하는 否의 시절이 보여주는 바다. 교통하지 못하면 '匪人'이라 했으니 인간답게 살기위해서도 서로서로가 통해야 할 것이다. 현대는 통해도 넓고 넓게 통해서 전 인류가 통하도록 해야 할 것이다. 지구가 오염이 심해 否卦의 극성기가 되면 전 인류의 멸망이 올지도 모르기 때문이다. 否卦로 떨어지지 않기 위해 '不富以其鄰'하고, 비괘를 막기 위해 '繫于苞桑'하는 노력을 끊임없이 계속해야 할 것인데…… 오늘의 현실이 가슴 아프다.

䷌ 同人 (天火同人)

概說: 위는 乾卦☰고, 아래는 離卦☲다. 건의 상징은 이미 논했고, 離의 상징물은 다음과 같이 「설괘전」에 나와 있다. "리는 불이 되고, 해가 되고, 번개가 되고, 가운데 여식이 되고, 갑옷과 투구가 되고, 창 같은 병기가 되고, 사람에게는 배불뚝이가 되고, 건조한 괘가 되고, 자라가 되고, 게가 되고, 소라가 되고, 조개가 되고, 거북이 되고, 나무에는 속이비고 위는 마른 것(고목)이 된다(離爲火, 爲日, 爲電, 爲中女, 爲甲胄, 爲戈兵, 其於人也爲大腹, 爲乾卦, 爲鱉별, 爲蟹해, 爲蠃라, 爲蚌방, 爲龜, 其於木也爲科上槁)" 또 "걸리고(麗也), 꿩이 되고(爲雉), 눈이 된다(爲目)", "리라는 것은 밝음이니, 만물이 다 서로 보니, 남방의 괘다(離也者明也, 萬物皆相見, 南方之卦也)"라고 했다. 이 중 '火'을 취해 건의 '天'과 합쳐 '天火同人'이다. 이를 연결하면, 아래 '불'은 위로 오르니 위의 '하늘'과 같이 한다. 그리고 리 '태양'은 건 '하늘'에 늘 붙어 있다. 또 괘의 형체로 살펴보면 뭇 남자의 세계(陽爻)에 한 여자가 중정한 덕을 갖추고 다소곳이 있으니(六二), 뭇 남자들은 이 여인과 함께 하고자 한다. 이런 현상에서 '함께하다'는 뜻과 연결되어 괘명이 '同人'이 되었다.

「서괘전」에는 "사물은 끝까지 막힐 수만 없으니, 동인으로서 이를 받았다(物不可以終否, 故受之以同人)"라고 했으며, 「잡괘전」에는 "동인은 '친함'이다(同人親也)"라고 했다. 막힐 수만 없으니 통하여 함께하고, 친하여 함께한다는 뜻이다. 이런 뜻의 괘효사는 어떻게 되어 있는지 살펴보자.

1. 괘

＊ 同人于野, 亨, 利涉大川, 利君子貞.

벌판에서 동인하면, 형통하고, 대천을 건너는 것에 이로움이 있으며, 군자의 바름이 이롭다.

[해설] 먼저 '同人'을 '동인', 혹은 '동인하다'로 번역한다. 직역이 너무 길어서이다. 이 괘도 履卦와 否卦처럼 괘명이 빠졌으므로, 同人이 하나 더 있어야 한다고 생각한다. 그러나 번역은 없는 체로 했다.

'野'란 광활하고, 누구나 갈 수도 있고 볼 수도 있으며 특정한 개인이 소유하는 것이 아니다. 여기서 '넓게 누구나 同人한다'는 의미와, '사사롭지 않는 同人을 한다'라는 의미가 동시에 함축되어 있다. 전 국민, 혹은 전 인류와 함께 하려는 원대한 의미가 있다. 이렇게 원대하게 사람들과 함께하려면 형통해야 하고, 함께 한 후에도 형통할 것이다. 그래서 '亨'이다. 또한 이렇게 천하의 사람과 동인하기 위해서는 어려움도 극복해야 하고, 동인이 이루어졌으면 무엇이든 할 수 있으니, '利涉大川'이다. 동인의 해결점과 효과이다. 그런데 아래 효사를 음미하면 '同人于野'가 현실적으로 어렵다. 그래서 이를 이루기 위해 노력하는 것으로 뜻을 삼아야 한다. 그리고 '同人于野'가 되는 하나의 기본적인 조건이 있다. 그것이 '利君子貞'이다. 무엇을 하든 '바름'으로 해야 하고 이렇게 하는 사람이 군자이다. 모두와 함께 하고자하는 큰일에 군자의 바름으로 하지 않으면 이루어지겠는가. 결국 同人이란 삿되지 않게 군자의 바름으로 해야 많은 무리와 동인할 수 있고, 이런 동인을 하려면 어떤 어려움도 극복해야 한다는 말이다.

＊ 彖曰, 同人, 柔得位得中而應乎乾, 曰同人. 同人曰, 同人于野, 亨, 利涉大川, 乾行也. 文明以健, 中正而應, 君子正也. 唯君子爲能通天下之志.

단전에서 말했다. 동인은, 부드러운 것이 자리를 얻어 중심에 자리 잡고 하늘에 응하

니, 동인이라 이른다. 동인괘에서 이르기를, 벌판에서 동인하면, 형통하고, 큰 내를 건너는 것에 이로움이 있다는 것은, 하늘처럼 행하는 것이다. 문명하면서 굳세고, 중심을 잡고 바르게 하면서 서로 응하니, 군자의 바름이다. 오직 군자만이 천하의 뜻을 통할 수 있게 한다.

[해설] 단전이다. 卦名 同人과 卦辭를 풀이하는데, 주로 괘에서의 六二와 九五가 中正으로 서로 正應함을 가지고 설명을 하면서 아래위 經卦의 象을 더 가미했다.

'柔得位得中'의 '柔'는 陰, '得位得中'은 음이 음 자리에서 중앙을 차지하고 있음을 이르니 六二이다. 이어진 '應乎乾'의 '乾'은 위의 乾卦를 말하는데, 이를 컨트롤 하는 것은 중심에 위치한 九五이다. 육이와 구오는 정응이다. 부드러움과 여인으로 상징되는 음효 육이가 아래에서 중심을 차지하여 바르게 행하고(中正), 굳센 남자이면서 역시 위의 중심에서 바르게 행하는 구오와 서로 통하여 잘 따르니, 아래위가 모두 함께 하므로 동인이 된다는 말이다. 이 괘의 主爻는 육이이다. 주효가 음인 경우 양과의 응함이 있어야 능력을 크게 발휘하는 것으로 보니, 여기서도 육이와 구오가 정응이기 때문에 동인이 이루어진다고 보아야 한다. 괘명 동인의 의미이다.

다음은 괘사를 먼저 '同人于野, 亨, 利涉大川'까지를 묶어서 설명했는데, '乾行也'라 했다. '乾行'은 위의 지배계층인 上卦가 乾卦이니, 이의 행함이 '乾行'이다. '乾'은 '하늘'이고 하늘의 행함은 굳세면서 변함없이 행함을 말한다. 이 건괘의 중심인 구오 천자가 행하면, 아래 피지배층의 중심인 육이가 응해준다. 상하에서 중심을 잡고 바르게 행하니, 모두 함께 차질 없이 행해지므로 하늘의 행함과 같다. '乾行也'이다. 결국 괘명 동인의 풀이와 같아진다. 이 구절의 '同人曰'을 필요 없는 문장으로 보나, 풀이하는 데는 크게 지장이 없어 그대로 번역했다.

다음은 '利君子貞'을 풀이한 것이다. '文明以健'의 '文明'은 하괘 離, '健'은 상괘 乾의 성질을 나타내는 象이고, '以'는 '與'와 같다. 다음 구 '中正而應'은 육이와 구오가 각각 상하괘에서 음이 음위에, 양이 양위의 자리에서 중앙을 차지하고 서로 응하고 있음을 말한다. 이렇게 문명하면서 굳세고, 중덕과 바름으로 삿되지 않게 처리하면서 서로 돕는 것이 군자의 바른 도이니, '君子正也'라 했다. 상하괘의 상에서 나온 덕을 더했을 뿐, 육이와 구오의 응함으로서 풀이한 것은 역시 같다. 결국 단전의 풀이는 육이와 구오가 중정하면서 서로 상응하는 것을 중점으로 하고, 두 小成卦가 상징하는 것을 보태서 모두 해석했다.

끝으로 이런 일은 군자만이 할 수 있는 것이라고 괘사의 '利君子之貞'을 다시 한 번 강조한 문장으로 끝맺음 한 것이 '唯君子爲能通天下之志'의 句이다. 그래서 唐代 공영달의 『周易正義』에 "오직 군자의 바름만이 동인의 시기에, 바른 도로써 천하의 뜻에 통달할 수 있기 때문에 利君子之貞이라 한다(唯君子之貞, 於同人之時, 能以正道通達天下之志, 故利君子之貞)"라고 했다.

* 象曰, 天與火, 同人. 君子以類族辨物.

상전에서 말했다. 하늘이 불과 친근하니 동인괘이다. 군자가 이를 보고서 족을 비교하고 사물을 변별한다.

[해설] 대상전의 풀이. 하늘은 위에 있고, 불은 타면서 기운이 위로 올라가니 하늘과 불은 성질이 같다. 이를 친근한 것으로 볼 수 있으므로 同人과 같은 것으로 보았다. 이런 현상을 보고 군자라면 성질은 같으나 하늘과 불이 하는 일은 각각 다르듯이, 사람도 사물도 각각은 다르지만 끼리끼리 잘 어울리도록 민족과 사물들의 차이를 잘 구별하여 대처한다는 뜻이 '類族辨物'이다. 그래서 朱熹는 "'유족변물'은 다른 것을 심사하여 같은 것에 이르도록 한다(類族辨物, 所以審異而致同也)"라고 했다.

'天與火'의 '與'는 '親也'이고, '類族'의 '類'는 뒤의 자 '辨'과 같은 뜻으로 우리말 '비교하다'가 가장 알맞은 것 같다. '類族辨物'을 '族'은 사람을, '物'은 일반 사물을 이르는 것으로 보고 번역을 상기와 같이 했으나, '類(부류)와 族(민족)으로 사물을 변별하다'로 역하기도 한다.

2. 효

* 初九, 同人于門, 无咎.
象曰, 出門同人, 又誰咎也.

초구, 문밖에서 동인한다. 허물이 없다.
상전에서 말했다. 문을 나와 동인하니, 또 누가 허물하리오.

[자구의 뜻] 誰: 누구 수, 무엇 수, 어찌 수.

[해설] 初九의 효사와 소상전이다. 초구는 同人卦의 처음 시작이다. 離의 '밝음'에 속해 있으면서 양이 양위에 앉았으니, 동인하려는 의지를 밝히려 한다. 正應도 없다. 걸리는 것이 있다면 오직 比爻인 六二 뿐인데, 육이는 九五와 정응이라 구오와 동인하려 한다. 그러니 초구 역시 자기를 올라타고서 아래로 내려보고 있는 육이에 끝까지 미련을 가지지 않고 문밖에 나와서 동인을 하는 것이다.

'同人于門'를 그대로 번역하면 '문에서 동인 한다'가 된다. 이는 집안과 집밖이 분명치 않다. 만약 집안이면 극히 가까운 친족과의 동인이 되고, 집밖이면 친족을 뛰어 넘는 동인이 된다는 말이다. 또 그 만큼 집안이면 쉽게 가까운 사이가 되고 집밖은 동인하기가 쉽지 않다는 뜻이다. 초구가 처한 처지가 얽매임이 육이를 제하고는 없기 때문에 괘사의 野보다는 축소된 의미의 '문밖'으로 보는 것이 더 합리적이다. 물론 소상전에서 이를 분명히 하기 위해 '出'자가 첨가 된 것을 보면 알 수 있다. 일반적으로 正應과 親比가 그 효가 행하고자하는 바에 도움을 주지만 이 괘에서는 사사롭게 얽히는 바가 되어 '同人于野'하는 것에는 방해가 된다. 그래서 친비가 있으므로 吉에서 한걸음 물러선 '无咎'를 점사로 했는가 보다.

소상전에서는 사사로운 정으로 동인하는 것이 아니고, 문밖에 나와서 동인하니 누구도 탓할 수 없음을 이야기했다.

＊ 六二, 同人于宗, 吝.
象曰, 同人于宗, 吝道也.

육이, 일족과 동인한다. 인색하다.
상전에서 말했다. 일족과 동인함은, 인색한 길이다.

[해설] 六二 효사와 소상전. 육이는 음이 음자리에 있으면서 중위에 있고, 위로는 九五와 正應이며, 初九, 九三과는 比의 관계이니 최적의 자리를 차지하고 있다. 그런데 점사는 '吝'이다. 왜 그럴까? 대동단결이 되지 못해서다. 다섯 양 중 上九와 九四는 應·比가 아니니 소외당하고 있다. 또 응과 비 중에서도 친밀도가 다르다. 응이 먼저요 비가 다음이다. 그러니 대동단결이 되지 않는다. 결국 제일 정이 가는 것은 구오이고, 친비인 陽爻들은 구오의 힘에 눌린다. 그래서 '吝'이 된다. 여자가 제일 마음에 드는 한 남자와 함께 하는 象이니 대동단결은 안 된다.

소상전은 친족과만 동인하는 것은 인색한 일이라고 했다. 동인을 하여 좋지만 대동단결은 못했기 때문이다.

단전에서는 六二가 得位得中하고 乾이 應하고 있으므로 동인이 되고, 이는 괘사 '同人于野'의 동인이었다. 그런데 爻辭의 의미는 편협한 동인이다. 이것은 괘에서는 모든 사람이 지향해야 하는 것으로 뜻을 삼았고, 효에서는 그 효의 처지에서 각각의 효와의 관계에서 자연스럽게 이루지는 과정으로 보기 때문에 차이가 있는 것이다. 중정의 덕이 있는 육이도 음이기 때문인지 대동단결이 못되고 어느 한 단체 한 개인과 동인하는 것으로 되었다. 이어지는 효들도 육이를 두고 쟁탈하는 것으로 묘사되니, 인간에게는 사적인 욕심이 있어서 대동단결은 현실적으로 어렵다는 것을 나타내고 있는 것으로 보아야 한다.

＊ 九三, 伏戎于莽, 升其高陵, 三歲不興.
象曰, 伏戎于莽, 敵剛也, 三歲不興, 安行也.

구삼, 군대를 풀숲에 잠복시키고, 높은 언덕에 올라서 살펴보아도, 삼년을 일어나지 못한다.

상전에서 말했다. 군대를 풀숲에 잠복시킴은, 적이 강하기 때문이고, 삼년을 일어나지 못하니, 어찌 행동하리오.

[자구의 뜻] 伏: 엎드릴 복, 복(절기) 복, 포복(기다) 복. 戎: 병장기 융, 군대 융, 오랑캐 융. 莽: 풀 망, 풀 우거질 망, 거칠 망. 升: 되 승, 오를 승, 천거할 승.

[해설] 九三의 효사와 소상전. 離卦의 끝이고 하늘 乾과 맞닿고 있으니 불기운이 하늘에 다 올랐다. 양이 양자리에 있기 때문에 자기가 하고 싶은 것을 하는 자리다. 同人의 때 동인을 하고 싶은데, 正應은 없고 六二 親比 뿐이다. 그런데 육이의 태도가 여의치 않다. 이럴 때 국가는 무력으로, 개인은 힘으로 동인하려 한다. 그래서 군대를 숨겨두고 일전을 불사하려고 높은 언덕에서 적진을 살펴보는 것이다. 이런 뜻으로 '伏戎于莽, 升其高陵'이다. '升'은 '오르다'의 뜻인데, 군대를 숨겨두고 높은 언덕에 올랐다는 것은 적진을 살피기 위한 것이므로 '올라서 살피다'로 번역을 했다. 그런데 육이와 동인하고 있는 상대는 九五다. 자기보다 훨씬 강력하다. 그러니 삼년동안이나 기다려도 기회가 오지 않으니, '三歲不興'이다. 대체적으로 三이라는 수는 '많다'는 의미이다. 이렇게 삼년을 일어나지 못한 것은 영원히 일어나지 못한다는 뜻이 되겠다. 그래도 전쟁을 하지 않았기 때문인지 점사도 유보했다. 그러나 '三歲不興'에서 좋은 점사는 아닐 것임은 짐작이 된다.

소상전 '安行也'의 '安'은 의문을 나타내는 어기사로 우리말의 '어찌'이다. 행동할 수가 없다는 뜻이다.

* 九四, 乘其墉, 不克攻, 吉.
象曰, 乘其墉, 義不克也, 其吉, 則困而反則也.

구사, 성벽에 올라도, 공격하지 않으니, 길하다.

상전에서 말했다. 성벽에 올라도, 뜻은 (공격을)하지 않는 것이고, 그 길함은, 곧 곤경에서 원칙으로 돌아왔기 때문이다.

[자구의 뜻] 墉: 성 용, 담 용.

[해설] 九四의 효사와 그 소상전이다. 구사는 위 乾卦의 시작이면서 왕인 九五의 측근이다. 正應도 親比도 없으니 '同人于野'할 좋은 기회다. 그런데 주위의 낌새가 혼란하고, 특히 군왕을 모셔야하는 자리이니 주위를 살피기 위해 '乘其墉'했다. 성벽에 올라 관찰해보니, 九三은 병력을 이끌고 싸우려하고, 六二는 윗사람인 九五와 동인을 하고, 初九와는 갈등의 관계이나

초구는 문밖에 있으니 마음을 비우고 있음을 알게 된다. 위아래를 보살펴야 하는 대신의 입장에서 누구도 공격할 수 없고 싸움에 끼어들 수도 없다. 그러니 '不克攻'이다. 字句로 나타나 있지는 않지만 아랫사람에게는 위엄을 보이면서 윗사람에게는 진정시키는 외교적 노력을 했다고 보아야 한다. 이런 올바른 판단이 결과적으로 '吉'을 얻었다.

'乘其墉'의 '墉'을 구사와 구오 사이에 육이를 두고 일어난 갈등의 담으로 보기도 한다. 만약 한 여인을 두고 뭇 남자들의 갈등관계로 본다면, 구삼과 구사 사이의 담이라고 보는 것이 괘의 형태상 알맞다. 구삼을 타고 있기 때문에 성벽에 올랐다고 볼 수 있고, 구오는 절대 권력자이고 乾에 속한 같은 동류이기 때문이다. 이렇게 갈등의 담으로 보기보다는 應·比가 없는 상태는 '同人于野'할 수 있는 가능성이 있으므로 다른 효의 싸움에 끼어들지 않는 것으로 보는 것이 더 좋아 보인다. 이렇게 보면 괘의 유일한 '吉'인 이유도 분명하게 설명이 된다. '克'은 모두 '能'으로 본다.

소상전의 첫 구절은 구사가 취한 행동을 말했고, 그 다음은 '吉'한 이유를 말했다. '義不克也'는 구사의 뜻은 누구도 공격하지 않는다는 것이다. 다음 구는 안정되지 못한 곤란한 지경이었지만 사태를 살펴 위아래를 돌보는 원칙으로 돌아와 '吉'을 얻었다고 했다. '則困而反則也'의 '則'은 앞의 것은 '곧 즉'이고, 뒤의 것은 '법칙 칙'이다.

＊ 九五, 同人, 先號咷而後笑, 大師克相遇.
象曰, 同人之先, 以中直也, 大師相遇, 言相克也.

구오, 동인하는데, 먼저는 울부짖고 후에는 웃는다. 대군을 잘 운용하여 서로 만난다.
상전에서 말했다. 동인하는데 먼저 것(울부짖음)은, 중심에서 곧게 하기 때문이고, 대군이 서로 만나게 함은, 서로 이기려고 했기 때문이다.

[자구의 뜻] 號: 부르짖을 호, 통곡할 호, 명령(할) 호. 咷: 울 도, 노래할 조.

[해설] 九五 효사와 소상전. 구오는 양이 정위이면서 존위에 있다. 이 괘의 상황은 한 여인을 주위의 남자들이 서로 차지하려는 형국이다. 그런데 내 여자로 알고 있던 六二에게 나보다 못한 사내들이 덤벼드니 귀가 찰 노릇이다. 그래서 '先號咷'이다. 그러나 결국 그들을 물리치고 웃을 수 있는 상황으로 전개되니 '後笑'가 된다. 그렇게 후에 웃게 되는 것은 大軍을 일으킨 덕분이고 개인으로 말하면 권세로 제압하는 형국이다. 이를 '大師克相遇'라 했다. 거의 모두가 이런 뜻으로 푼다.

'大師克相遇'의 '克'을 우리말 '이기다'와 '잘하다'의 두 뜻으로 번역을 하는데 '이기다'는 전쟁을 한 결과의 뜻이 있고, '잘하다'로 번역하면 전쟁까지는 가지 않고 무력시위만으로도 가능했음을 나타낼 수 있다고 보아 '能也'로 보고 '잘 운용하다'로 번역했다. 만약 '이기다'로 번역한다면 九三의 '三歲不興'을 전쟁에서 패하여 완전히 무너졌음을 나타내는 뜻으로 보아야 할 것이다. 그렇다면 점사 '凶'이 있어야 했다.

그런데 '同人先號咷而後笑'를 "남과 화합하고 같이 한다는 것은 (남의 슬픔을)먼저 슬퍼하여 통곡하고 울부짖는 것이며, (자기의 기쁨을)나중에 기뻐하며 웃는 것이다"[138]라고 한 곳이 있는데, 동인의 의미는 전달이 잘되나 다음구절 '大師克相遇'와는 연결하기가 어려워 취하지 않았다.

'同人先號咷而後笑'의 구절에 대해 「계사전 상」에서 공자가 한 말이 있다. "군자의 도는 혹 나가기도 하고 혹 머물기도 하며, 혹 침묵하기도 하고 혹 말하기도 하는데, 두 사람이 같은 마음이면, 그 예리함이 쇠를 끊고, 마음을 같이하여 말을 하면, 그 향기가 난초와 같다(君子之道, 或出或處, 或黙或言, 二人同心, 其利斷金, 同心之言, 其臭如蘭)" 동인하여 '後笑'하면 어떤 상태가 되는가를 말한 것이다.

소상전의 '同人之先'의 '先'은 '先號咷'를 줄인 것이고, '直'은 '克'과 韻(운)이 같기 때문에 등장한 말인데 '굽힘없이 똑바로 함'을 이른다. 바른 길로만 갈 수 없어서 운다는 뜻이다. 마지막의 '言相克'의 '克'은 '이기다'는 뜻이고, 서로 이기려고 했기 때문에 큰 군사가 필요했다는 의미이다. 직역하면 '서로 이기려는 것을 말한다'가 된다.

*** 上九, 同人于郊, 无悔.**
象曰, 同人于郊, 志未得也.

상구, 교외에서 동인한다. 후회도 없다.
상전에서 말했다. 교외에서 동인해도, 뜻을 아직 얻지 못한다.

[해설] 上九의 효사와 소상전이다. 同人卦의 끝이고 上乾의 끝이다. 끝이란 성과가 보이거나 다음의 변화에 대한 조짐이 나타난다. 여기서는 우여곡절 끝에 初九의 '門'보다는 좀 나아갔고 괘사의 '野'보다는 못한 '郊'에서 동인을 한다고 했다. 양이 음의 자리에서 正應도 親比도 없는 홀로이다. 그래서 아무른 얽매임이 없으니 '성안'이 아닌 '성밖'이다. 인적이 드문 '郊'가 등장한 이유인 것 같다.

'同人于郊'에는 두 개의 의미가 있다. 하나는 '성밖'의 바깥 야외에는 사람이 없으니 동인할 사람이 없다는 의미이고, 다른 하나는 괘사의 '于野'와 비교되는 것으로, '野'보다는 못하지만 사사로움이 없기 때문에 크게 동인한다는 의미이다. 그런데 王弼과 程頤, 朱熹, 현대의 黃壽祺까지도 전자의 의미에 뜻을 둔다. 이는 무엇보다 소상전에서 '志未得也'라고 했기 때문

138) 李學勤 著, 林亨錫 譯, 「잃어버린 고리」(原名: 「新出簡帛佚籍與學術史」)(도서출판 학연문화사, 1996), 435쪽.

이 아닌가 한다. 지금의 상태는 그렇지만, 변화의 시점에 있으므로 앞으로는 알 수가 없다. 그러므로 얽매임이 없으니 누구와도 동인할 수 있으나, 홀로이니 동인할 사람은 없는 것으로 파악하여 두 의미가 함께 있은 것으로 보고 싶다. 그래야 '无悔'의 뜻이 더 살아난다. 그래서 괘를 끝내면서 전쟁을 불사하는 혼란도 없으므로 후회도 없는 것이다.

그런데 이를 전혀 다른 시각으로 보는 데도 있다. 高亨이 '郊'를 '교외에서 지내는 제사'로 언급했고, 고형의 설을 그대로 좇는 황정원139)도 그렇게 언급을 했다. 이렇게 되면 뜻이 완전히 달라진다. 이렇게 여러 가지로 풀고 있다는 것만 참고로 알아두자.

소상전의 '志未得也'는 괘사의 '于野'에는 미치지 못했으나 대동단결은 가능하지만 아직 누구와도 동인하지 못했으므로 뜻을 얻지 못했음을 말한 것으로 보았다.

同人卦에서는 한 여인을 두고 뭇 남자들이 다투는 상황이고, 한 여인은 正應과 동인을 한다. 應·比는 인간의 사사로운 인척관계가 되므로 여기서는 자연히 이에 얽혀 마음을 비우지 못한다. 그러니 아무런 얽매임 없이 그 누구와도 동인할 수 있는 괘사의 '同人于野'를 아무도 하지 못한다. 특히 존위에 있으면서 중정의 덕을 갖춘 구오까지도 군대를 동원하여 자기의 정응을 취하고 있다. 그래서 程頤는 "구오가 이미 군왕의 도에서 취할 것이 없다. 그렇기 때문에 다시 君道를 말하지 않았고, 두 사람이 마음을 함께해 사이를 막지 못한다는 뜻만 밝혔다(五旣於君道, 无取, 故更不言君道, 而明二人同心, 不可間隔之義)"라고 했다. 인간은 사적인 관계로 인하여 대동단결이 힘들다는 것을 보여주고 있다. 국가 간이면 더욱 그럴 것이다.

결국 '同人于野'는 이상이고 현실세계에서는 이루기 힘든 상황이다. 그러니 인류의 미래를 위한 대동단결도 이루어지지 않을 공산이 크다. 그래도 初九, 九四, 上九로서 이상을 실현할 수 있는 가능성은 보여주고 있다. 그리고 현실적으로는 사방에서 힘을 과시하며 경쟁하고 있지만, 실제 싸움은 일으키지 않았다는 것을 우리는 교훈으로 삼는 것이 좋을 것 같다. 경쟁 속에서 살지만 항상 선의의 경쟁이지 이전투구하지 않고 있는 것을 보여주기 때문이다. 그리고 어리고 은퇴하여 현실문제와는 떨어진 초구와 상구가 그래도 괘사에 가깝게 접근해 있다는 것은 마음을 비우면 가능성이 있다는 것이다. 지금 미국에서도 녹색 바람이 부니, 이는 인류미래를 위한 가느다란 희망일 수 있다. 초구·상구와 같은 경우로 보고 희망의 끈을 놓지 말자.

䷍ 大有 (火天大有)

概說: 하괘는 '天' 상괘는 '火'가 象이다. 그래서 '火天大有'. 하늘에 태양이 빛나고 있고,

139) 한국해양대학교 법학부 교수로, 한국주역학회 편, 「주역의 근본 원리」, 147쪽에 보인다.

五爻에 하나의 음이 있으니 임금의 자리에 중덕을 지닌 여왕이 뭇 남자 신하들을 거느리고 있는 현상이다. 그러니 넓고 찬란히 빛나고, 많은 남자 신하를 거느렸으니 성대하고 많으므로 '大有'이다. 음은 小이고 양은 大이다. 음 하나가 양 大를 많이도 거느렸으니 大有가 됐다. 이렇게 괘명에 '大'가 있는 것이 大畜, 大過, 大壯이 있는데, 모두 양이 많이 있으면서 그 양으로 연유한 행위의 뜻이 담겨있기 때문에 大가 사용되었다. 그런데 小畜卦(☴)도 양이 다섯이고 음이 하나인데도 '小'가 붙여진 이유는 무엇일까? 이는 양을 컨트롤하는 음의 위치 때문이라고 宋代의 胡炳文이 말했다. "巽(☴)의 한 음은 四爻에 있으면서, 위아래의 다섯 양을 쌓고자 하니, 그 기세가 역하여 어렵고, 離(☲)의 한 음은 五爻에 있으면서, 위아래의 다섯 양을 있게만 하니, 그 기세가 순하여 쉽다. 괘명이 四와 五의 두 효로 말미암아 大小가 구분되니, 군신의 큰 구분이 명확하다(巽之一陰在四, 欲畜上下五陽, 其勢逆而難, 離之一陰在五, 而有上下五陽, 其勢順而易. 卦名, 因四五二爻而大小之分, 君人者之大分明矣)"라고 했다. 小畜은 쌓는 힘든 일을 신하의 자리에서 하니 어렵고, 大有는 머물게만 하는 쉬운 일을 임금의 자리에서 하니 쉽기 때문에 '小'와 '大'로 나뉜다는 말이다.

「서괘전」에는 "함께 동인하고자 하는 자는 사물이 반드시 모여드니, 때문에 대유로서 이를 받았다(與同人者, 物必歸焉, 故受之以大有)"라고 했고, 「잡괘전」에는 "대유는 무리다(大有衆也)"라고 했다. 모두 많다는 뜻을 내포하고 있다. 高亨은 '大有'를 '豊年'으로 풀었으나, 여기서는 글자 그대로 '많은 소유'의 뜻으로 본다.

同人은 불이 하늘 아래에 있는데, 대유는 불이 하늘 위에 있다. 동인은 음이 하괘의 중위에 있는데 대유는 상괘의 중위에 있다. 이런 차이가 "동인은 내가 타인과 함께하는 것이고, 대유는 物이 내가 있는 곳으로 모여들게 되는 것(同人是我與人同, 大有是物歸我有)"[140]이라 했다. 괘효사에서 이런 차이를 느끼게 될지 살펴보자.

1. 괘

* 大有, 元亨.

대유는, 크게 형통하다.

[해설] 이 괘사는 다른 덧붙이는 말이 없이 '元亨'으로 끝나는데, 이는 大有卦 하나뿐이다. '元亨'의 '元'은 '大'의 뜻이고, '亨'은 '형통하다'와 '享'의 두 뜻이 모두 통한다. '크게 형통하다', '큰 것이 형통한 것이다'는 '亨'의 뜻으로 번역한 것이 되고, '크게 향유하다'와 高亨의

140) 金景芳, 呂紹綱 著, 「周易全解」 수정본(上海古籍出版社, 2006), 139쪽. 여소강은 길림대학 교수이며, 김경방의 제자임.

'큰 제사를 올리다'는 '享'의 뜻이다. 이 중에서 '큰 것이 형통한 것이다'와 '크게 향유하다'는 大有의 글자 뜻만을 푼 것으로 보일 것 같고, '큰 제사를 올리다'는 大有한 것에 대한 감사의 표현이 될 것이다. 이에 비해 '크게 형통하다'는 대유의 영향력을 말하면서 동시에 괘명 大有의 뜻도 함께 연결되는 맛이 있어서 '크게 형통하다'가 자장 자연스러워 이를 취했다. 그리고 많은 사람들이 '크게 형통하다'로 번역했다.

현대는 돈의 힘이 더 없이 크다. 고대에도 많이 소유하면 많이 통할 수 있었을 것이니 간단히 '元亨'이라고만 했는가 보다.

＊ 彖曰, 大有, 柔得尊位大中而上下應之, 曰大有. 其德剛健而文明, 應乎天而時行, 是以元亨.

단전에서 말했다. 대유는, 부드러운 자가 임금의 자리와 지극한 중정의 도를 얻어서 위아래가 응하니, 대유라고 이른다. 그 덕이 강건하고 문명하여, 하늘에 응하면서 때에 맞게 행하니, 이로써 크게 형통하다.

[해설] 단전. 먼저 이 괘의 주효인 六五로써 괘명 '大有'를 해석했다. '柔'는 음효, '尊位'는 임금의 자리, '大中'은 가운데를 말하니 육오이다. 이 육오를 지적한 말이 '得尊位大中'이다. 왕이 중덕으로 행하면, 아래의 중심에 정응이 있고 가까이는 친비들이 있어 그를 돕기 때문에 모두 그를 따른다. 이것이 '上下應之'이고, 上下의 양효들을 말한다. 음인 육오를 따르는 것이 모두 陽爻들이다. 양은 大인데 또 그 수도 많다. 그러니 하나의 음이 많이도 소유하였으니, '大有'의 의미가 되는 것이다. 그냥 '中'이라고 해도 될 것을 특별히 大를 붙여 '大中'이라 한 것은 양도 아닌 음이 중을 차지하면서 그 자신이 크게 되었음을 강조한 것으로 보인다. '지극한 중정의 도'를 말할 때 '大中'이라 한다. 그런데 '柔得尊位大中'의 句를 '柔得尊位, 大中而上下應之'로 나누고, '柔인 육오가 존위를 얻고, 大를 의미하는 양 九二가 하괘의 중심을 차지하여, 상하가 응하니'의 뜻으로도 풀이한다. 이것도 뜻이 통한다. 그런데 현대의 중국학자들이 대체로 함께 붙여 해석하므로 이를 따랐다.

다음 구절. '剛健'은 下乾, '文明'은 上離의 象이다. 이런 성질을 가진 하늘과 해는 때에 맞게 만물을 육성하는 덕을 가졌다. 곧 햇볕이 쪼이기도 하고 비를 내리기도 하면서 계절이 변해가며(應乎天而時行) 만물을 양육하는 것이다. 그러니 '元亨'하다. 이를 인사로 말하면 '天'은 '天位'를 말하니, 천자인 六五도 문명한 덕을 갖추고 행하면 신하들이 강건하게 움직여주니 천명에 응하는 것이므로 역시 '元亨'한 것이다. 결국 하늘의 덕과 육오의 덕은 동일한 것이 된다.

＊ 象曰, 火在天上, 大有. 君子以遏惡揚善, 順天休命.

상전에서 말했다. 밝음이 하늘위에 있는 것이 대유괘이다. 군자가 이를 보고서 악을 막고 선을 드러내도록, 하늘의 대명을 좇는다.

[자구의 뜻] 遏: 억제할 알, 가릴 알, 끊을 알. 揚: 날 양, 들 양, 드날릴 양, 드러낼 양, 우러를 양. 休命: 大命, 천자 혹은 천지신명의 뜻을 이름.

[해설] 대상전의 풀이. '火'는 上離, '天'은 下乾의 象이다. 마치 태양이 하늘 높이 온갖 만물을 비추고 있는 모습이다. 그러니 '大有'의 상. 이렇게 만물을 환히 비추고 있을 때는 모든 것이 훤히 드러난다. 하늘이 이렇게 드러내 보이면 누구나 아름답고 선한 것에 눈이 쏠리고 식물도 더 자라게 되며, 어둡고 더러운 곳은 가려진다. 이것이 하늘이 내리는 명령으로 알고, 군자는 밝은 것, 즉 선한 것은 더 나타내도록 힘쓰고, 어두운 것, 즉 악한 것은 막아서 없애도록 하는 것이다. 이런 하늘의 명령을 받아서 수행하는 것이 군자의 할 일이고, 또 천자는 당연히 이렇게 백성을 다스리는 것이다. 이런 뜻이 '遏惡揚善, 順天休命'이다.

'順天休明'의 해석을 '順天, 休命(하늘을 좇아 만물의 성명을 아름답게 한다)'로 번역하는 이도 있고, '順, 天休命(하늘의 큰 명령을 좇는다)'로 번역하는 사람도 있는데, 뜻은 큰 차이 없이 다 통한다.

2. 효

＊ 初九, 无交害, 匪咎, 艱則无咎.
象曰, 大有初九, 无交害也.

초구, 사귐이 없으니 해로움도 없어, 허물이 없다. 어렵더라도 허물이 없어야 한다.
상전에서 말했다. 대유의 초구는, 사귐이 없으니 해로움도 없는 것이다.

[해설] 初爻의 효사와 소상전이다. 初九는 大有의 시기에 제일 아랫자리이지만 正位했다. 시작하는데 굳세게(乾) 바르게(正位) 시작한다. 그런데 이제 시작이고 正應도 親比도 없으니 사귈 시간도 사람도 없다.

'无交害'의 '无'는 '交'와 '害'에 모두 관계되는 '无交无害'의 뜻이다. 보통 '사귐의 해로움도 없다'로 번역 된다. 그러나 정응도 친비도 없으니 사귐이 없으므로 해로움도 없고 이로움도 없다는 뜻으로 해야 초효의 상태가 분명히 드러난다. 두 뜻이 비슷하나 '无交无害'가 더 확실하게 전달된다. 이런 종류의 해석은 无妄卦 六二에서 다시 설명이 되니 참조하기 바란다.

无害하니 허물이 있을 수가 없어 '匪咎'이다. 항상 많이 가지면 나쁜 데로 빠질 가능성이 있고, 태만해지기 쉬우니, 시초인 초구는 이런 상황을 조심할 필요가 있다. 이런 뜻을 나타내면서 无咎를 한 번 더 강조했으니 그것이 '艱則无咎'이다.

그런데 朴一峰과 서정기는 "无交, 害(사귐이 없어 해롭다)"로 역했다. '해롭다'와 다음의 '허물이 없다'를 연결하는 이유가 어쩐지 명확한 맛이 없어 취하지 않았다.

소상전은 초구가 대유의 시작이므로 아직 사귐이 생기기 전이며, 그러니 역시 해로움도 생기기 전이다. 이를 다시 강조하였다.

*** 九二, 大車以載, 有攸往, 无咎.**
象曰, 大車以載, 積中不敗也.

구이, 큰 수레에 실었으니, 갈 곳을 가도, 허물이 없다.
상전에서 말했다. 큰 수레에 실었다는 것은, 중심에 쌓인 것이니 무너지지 않는다.

[해설] 九二 효사와 소상전. 구이는 비록 正位하지는 않았으나 中德을 지닌 강건한 자로서 최고의 권력자가 밀어주고 있다. 한 마디로 재력가의 촉망받는 아들이다. 九二 剛中과 六五의 응이 이런 象이 된다. 乾 '하늘'의 중심에 자리하고 있으니 할일도 많고 가진 것도 많다. 그러므로 담을 그릇도 커야하고 할 일은 해야 한다. 이런 것을 표현한 말이 '大車以載, 有攸往'이다. 人事로 말하면 '大有'의 시대에 왕으로부터 신임을 한 몸에 받는 중덕을 가진 신하이다. 그러니 할 일도 많을 것이고, 분주할 것이다. 그리고 구이와 육오는 멀리 떨어져 있으니 육오에게로 가는 길도 멀다. 그러니 수레도 커야 할 것이고 싣는 것도 많을 것이다. 능력이 갖추어져 있으니 일을 원대하고 크게 할 수 있다는 뜻을 상징적으로 표현했다. 그러니 '无咎'이다.

소상전에서는 수레에 짐을 실어 나르는 일에 구이의 상황을 비유해 푼 효사의 뜻을 한층 더 심도를 높여 해석한 것이 '積中不敗'이다. '積中'은 구이와 육오의 두 효가 모두 '中'이니 여기서 '中'과 '積'이 동시에 나온다. 위아래가 모두 이 중덕을 가졌으니 신뢰가 쌓이는 것이다. 이런 믿음이 있으면 '不敗'가 될 것이고, 이는 중심을 잡고 쌓는 물건은 무너지지 않는 것과 같다. '敗'는 '망가지다, 무너지다'이다.

*** 九三, 公用亨于天子, 小人弗克.**
象曰, 公用亨于天子, 小人害也.

구삼, 공이 천자에게 공물을 드린다. 소인은 잘하지 못한다.
상전에서 말했다. 공이 천자에게 공물을 드리는 것은, 소인은 어려운 일이다.

[해설] 九三 효사와 소상전이다. 구삼은 下卦의 제일 윗자리이고 正位했다. 바야흐로 대유의 시기이니 풍성함을 천자와 나누어야 할 것이다. 下乾은 위로 오르는 성질이고 구삼 자신도 양이니 위로 오르는데 정위했으니 직분을 다하려 할 것이다. 그러니 천자에게 공물도 받친다. '公用亨于天子'이다. 제3효는 지방장관의 자리이니 옛 제후의 하나인 公의 자리다. 여기서의 '亨'은 '享'이다. 옛날은 '亨'자가 없었고, '享'자로서 '드리다(享獻)', '통하다(亨通)', '삶다(烹飪)'에 모두 썼고 후에 '亨'과 '享'이 통용됐다. 여기서는 '享獻'으로 보고, 우리말로는 '공물을 올리다'로 했다.

그런데 이 句가 크게 둘로 번역이 된다. '공이 왕에게 향연을 받는다'와, '공이 왕에게 공물을 올린다(혹은 향연을 베푼다)'이다. 전자는 『좌씨전』 희공 25년에 점술가 복언(卜偃)의 '大有之睽(대유괘가 규괘로 변하였으니 九三효를 지칭한 것임)'의 점 풀이말에서 "전쟁에 이겨서 왕이 잔치를 베푸니, 이보다 더 길한 것은 없습니다(戰克而王饗之 吉孰大焉)"라고 한 것에서 비롯된다. 그러나 이 후로 대부분 후자의 뜻으로 풀이했다. 다음에 오는 '小人'을 천자와 연결지어 '천자가 소인이면 잘 하지 못한다'고 하는 것 보다는 公과 연결지어 '공이 소인이면 향연을 베푸는 일을 하지 못한다'고 하는 것이 좀 더 합리적일 것 같고, 대유의 시기에는 공후들이 천자를 알현하는 것이 상례일 것 같으며, 이 괘의 양효들이 정응이 없어도 乾卦에서 보는 것처럼 바른 길을 모두 가고 있어서 후자의 해석을 따랐다.

'小人'은 나누는데 인색하고, 소위 주고 뺨맞는 경우를 당할 자들이니 마땅한 예물을 갖추어 조례에 참여하는 일에 능할 수가 없다. 그러니 '小人弗克'이다. 여기의 '克'은 '能也'이다.

소상전은 '弗克'을 '害'로 달리 표현했는데, '害'의 우리말은 '어렵다'가 가장 적당해 보인다.

*** 九四, 匪其彭, 无咎.**
象曰, 匪其彭无咎, 明辯晳也.

구사, 성대하게 하지 않으니, 허물이 없다.
상전에서 말했다. 성대하게 하지 않아 허물이 없음은, 분별함이 밝아서 빤짝이기 때문이다.

[자구의 뜻] 彭: 나라이름 팽, 팽배할 팽. 많은(성대한) 모양 방, 곁 방. 晳: 밝을 절, 똑똑할 절. 별이 빤짝이는 모양 제.

[해설] 九四 효사와 소상전. 구사는 大有의 시기에 상괘 離의 시작이다. 군왕의 측근이니 권력을 쥐고 있으나 조심해서 위를 섬겨야 하는 자리다. 양이 음의 자리에 있으니 안정감은 없고, 음의 지시를 받는 양의 마음이 편치만은 않을 것인데, 다행히 밝음을 나타내고 매달림을 상징하는 離卦에 있다.

'匪其彭'의 해석이 구구하다. '彭'을 '尫(절름발이 왕)', 혹은 '旁(곁 방)' 등으로 풀었다. 于省吾는 '尫'은 다시 '往'과 통용되고, '匪'를 '彼'와 통하는 것으로 보아 '彼其往(저 가는 것)'이라 하였다. 高亨은 '尫'이 다리가 절름거리는 것이니 올바로 걷지 못하는 것은 '바르지 못하는 것'으로 移譯하였고, '匪를' '排(배척하다)'로 보아 '바르지 못한 것을 배제하다'로 풀었다. 王弼은 '彭'을 '旁(곁 방)'으로 보았으니, 곁은 九三을 말하므로, '구삼 같지 않으면'으로 풀어야 할 것이다. 여기서는 구사가 임금의 측근으로 권력을 잡고 있으니 긁어모으면 성대(彭)할 수 있지만, 그렇게 하지 않는(匪) 상황으로 보아 위와 같이 번역했다. 많은 사람이 이렇게 풀었고, 이것이 자연스럽기 때문이다. 구사는 대유의 시기에 너무 많이만 갖지 않으면 허물이 없을 것이다. 가장 조심해야 할 사항이 너무 많이 차지하여 육오와 백성의 눈에서 벗어나지 않아야 하는데, 離의 '밝음'에 처했으니 이런 분별은 할 수 있는 자로 보는 것이다. 특히 소상전에서 리괘의 상태를 지키는 것으로 보고 '明辯晳'로 푼 것이 효사 '匪其彭'를 이해하는데 합리성을 준다. 물론 '辯'은 '辨'이다.

*** 六五, 厥孚交如, 威如, 吉.**
象曰, 厥孚交如, 信以發志也. 威如之吉, 易而无備也.

육오, 그 믿음으로 사귀고, 위엄도 있으면, 길하다.
상전에서 말했다. 그 믿음으로 사귄다는 것은, 신의로써 뜻을 드러냄이요, 위엄이 있어야 길함은, 가볍게 하면 대비하지 않기 때문이다.

[자구의 뜻] 厥: 그 궐, 돌 궐, 돌궐(종족) 궐. 備: 갖출 비, 대비할 비.

[해설] 君位인 五爻의 효사와 소상전이다. 六五는 음이 양자리의 중심을 차지해 있으면서 왕의 자리에 있다. 그리고 九二와는 正應이고, 九四, 上九와는 親比이며, 大有의 때에 최고의 자리이고, 밝음을 상징하는 離卦의 중심이다.

'厥孚'는, 육오가 음이므로 虛이고 中位의 中이 사람의 心과 통하니, 마음을 비우고 사귀므로 자연 믿음이 생기니 '厥孚'이다. 대유의 시기에 중덕을 가지고 밝음으로 행하니 믿음이 있을 수밖에 없다. 왕의 자리에 있는 음이 믿음까지 있으니 양들과 사귐이 이루어지지 않을 수 없다. '厥孚交如'다. '如'는 語氣助詞. 그리고 자리가 양의 자리이면서 왕의 자리이니 자연히 위엄이 따라야 하는데 음이므로 이것이 부족할지 모른다. 그래서 위엄이 있으라고 '威如'를 붙였다. 믿음도 있고, 위엄도 있으면 무엇인들 못하겠는가. 그러니 '吉'하다.

소상전. '厥孚交如'는 믿음으로 뜻을 펼치기 때문이고, '威如之吉'은 위엄이 있으니 쉽게 보고 나태해지는 사태가 발생되지 않기 때문에 길하게 된다는 설명이다.

* 上九, 自天祐之, 吉无不利.
象曰, 大有上吉, 自天祐也.

하늘로부터 도움이 있으니, 길하고 불리함이 없다.
상전에서 말했다. 대유괘의 상구가 길한 것은, 하늘(천자)로부터 도움이 있기 때문이다.

[해설] 상효의 효사와 소상전이다. 上九는 대유의 끝이고 上離의 끝이다. 정위는 아니나 아래 六五와 親比이다. 하늘 위의 밝음은 하늘과 같이하니, 大有의 시기에 은퇴할 사람인 상구는 하늘처럼 유유자적할 것이다. 이미 대유했으니 소유에 대한 욕심도, 최고의 권력자와 친밀하니 지위에 대한 불만도 없다. 이런 상태는 그야말로 하늘이 내리는 은덕이다. 그러니 '吉无不利'이다. 소상전은 상구가 하늘로부터 도움을 받으므로 '吉'이라는 뜻이다. 단지 상구가 길한 이유를 다시 강조했을 뿐이다.

「계사 상」에 이 효에 대한 풀이가 있다.

> 공자가 말하기를 祐는 돕는 것이다. 하늘이 돕는 것은 순종이고, 사람이 돕는 것은 신의이니, 신의를 이행하고 순종을 사모하며, 또 현인을 숭상하는 것이다. 이로써 하늘로부터 도움이 있으니 길하고 불리함이 없는 것이다.
>
> 子曰祐者助也. 天之所助者順也, 人之所助者信也, 履信思乎順, 又以尙賢也. 是以自天祐之吉无不利也.

이 구절에 대한 해석이 두 갈래다. 하나는 상구가 '履信思乎順, 又以尙賢也' 하는 것으로 보고, 상구 자신이 현인을 숭상하는 것으로 본다. 王弼, 程頤, 朱熹가 이렇게 보고 풀이했다. 이를 현대의 黃壽祺도 따랐다. 그리고 다른 하나는 '履信思乎順'하는 것은 六五이고, 육오가 현인을 숭상하는데, 上九가 현인으로서 숭상을 받는다고 보는 견해다. 이를 李光地와 현대의 呂紹綱이 따랐다.

아무래도 '自天祐之'의 '天'을 천자인 육오와 관련이 있는 것으로 보면 상구가 현인을 숭상하는 것으로 보는 것이 타당할 것이다.

'大有'하기 위한 최선의 조건이 '中의 道'이다. '中'이란 치우치지 않는 것을 말한다. 치우침이 없어야 남과의 사귐이 이루어지고, 사귐이 있어야 일이 원만이 해결되는 것으로 말하고 있다. 그래서 이 괘는 사귐이 강조되고 있다. 크게 소유하는 것은 사귐이 없이는 이루어지기 힘들 것이다. 내 개인의 대유를 위해서도 많은 사람과의 사귐은 필수요건인가 보다. 물론 국가도 많은 다른 나라와 좋은 관계를 유지해야 이로울 것이다. 그런데 이 사귐이 세일즈의 일환이 아니고 베푸는 것에 초점이 맞추어져 있다. 九二 '有攸往', 九三 '亨于天子' 九四 '匪其

彭' 등이다. 아마도 내가 먼저 베풀어야 더 많이 가지게 된다는 뜻을 함축하고 있는 것 같다. 우리는 대유의 시대가 있었는지, 아니면 지금인지, 앞으로 올 것이지 모르지만, 넓게 베푸는 뜻만은 새겨 둘 필요가 있는 것 같다.

䷎ 謙 (地山謙)

概說: 謙은 '겸손할 겸'이다. 上卦는 坤☷으로 '땅'이요, 下卦는 艮☶으로 '산'이다. 그래서 謙卦는 '地山謙'이라고도 부른다. 땅 위에 있어야할 산이 땅속에 있다. 땅은 낮고 아래에 있는 것인데 그보다 더 낮추어 땅속에 있으니 파보지 않고는 보이지 않는다. 원래 산이란 평지보다 단단히 뭉치고 쌓인 것이다. 이런 충실함을 갖추고도 속에 있으므로 밖으로 드러내지 않을 뿐, 결코 높지 않아서 낮게 있는 것이 아니라는 의미도 담겨있다. 이것이 겸양의 의미이고 괘 이름이다.

겸양(謙讓), 겸손(謙巽), 겸허(謙虛)라는 말은 나를 낮추고 순하게 처신하는 것을 말한다. 이것이 두드러지게 나타나면 아첨이고 비굴함이며 위선이다. 그러므로 땅속에 산이 있듯이 속은 꽉 차 있지만 겉으로는 보이지 않아야 진정한 謙이 된다. 그러려면 스스로 의식하지 않은 채 자연스럽게 나타나는 언행이다. 이렇게 습관적인 것이 되려면 거듭된 수양이 아니면 이룰 수 없다. 쉬운 일이 아니다. 그래서 이를 아주 높고 귀한 덕으로 성현들은 여겼다. 공자가 周의 文王과 周公 旦단의 덕을 칭송한 것도 그렇고, 겸괘의 단전·대상전의 내용도 그러하다.

「서괘전」에서는 "크게 소유한 자는 넘치게 할 수 없기 때문에 겸괘로서 받았다(有大者不可以盈, 故受之以謙)"라고 했다. 많고 클수록 겸허해야지, 이를 자랑한다면 도적을 불러들이거나 질투의 온상이 될 것이다. 그래서 大有卦 다음의 순서로 정했다는 말이다. 「잡괘전」은 "겸은 너그럽고 예는 게으름이다(謙輕而豫怠也)"라고 했다. 여기의 '輕경'은 '가볍다'의 뜻보다는 드물게 쓰이지만 '너그럽다'로 이해해야 할 것이다. 그리고 「계사전 하」에서는 "겸은 덕의 자루이다(謙德之柄也)", "겸은 존귀하고 빛나다(謙尊而光)", "겸으로써 예를 만든다(謙以制禮)"라고 했다. 이렇게 儒學에서는 겸손을 높은 덕으로 간주하는데 괘효사는 어떻게 말하고 있는지 보자.

1. 괘

* 謙, 亨, 君子有終.

겸괘, 형통하고, 군자의 마침이다.

[해설] 謙卦는 겸손 하라는 괘이다. 겸손은 통하지 않는 데가 없다. 그러니 '亨'이다. '君子有終'이란 군자가 겸양으로 일을 수행하니 그 일이 잘 이루어져 마치게 되었다는 뜻도 되고, 군자는 겸을 끝까지 수행한다는 뜻도 되며, 군자의 덕이 최후에는 결국 겸손이라는 뜻도 된다. 대체로 소인은 일시적으로 겸양하지 끝까지 겸양하기 어렵고, 군자는 항상 평생토록 겸양의 덕을 이행하는 사람이라는 의미로 '君子有終'을 많이 해석한다. 직역하면 '군자는 마침이 있다'가 되는데 이보다는 '군자의 마침이다'로 번역하면 뜻이 더 자연스럽게 전달되는 것 같고, 아래 단전에서도 '君子之終也'라는 말이 나오니 이렇게 했다.

『伊川易傳』에 있는 程頤의 '君子有終'에 대한 말을 음미해 보자.

> 스스로 낮추어도 사람들이 더욱 존중하고, 스스로 감추어도 덕이 더욱 빛나게 드러나니, 이것이 이른바 군자는 마침이 있는 것이다. 소인에게서는 욕심이 있으니 반드시 다투고, 덕이 있으면 반드시 자랑하니, 비록 겸을 힘써 사모해도 역시 편안히 행하고 굳게 지킬 수 없으니, 마침이 있을 수가 없다.
>
> 自卑而人益尊之, 自晦而德益光顯, 此所謂君子有終也. 在小人則有欲必竞, 有德必伐, 雖使勉慕於謙, 亦不能安行而固守, 不能有終也.

이런 程頤의 말에 의하면 현대는 스스로 자랑하기에 여념이 없으니 소인의 세상인가 보다.

＊ 彖曰, 謙, 亨. 天道下濟而光明, 地道卑而上行. 天道虧盈而益謙, 地道變盈而流謙, 鬼神害盈而福謙, 人道惡盈而好謙. 謙尊而光, 卑而不可踰, 君子之終也.

단전에서 말했다. 겸괘는, 통한다. 하늘의 도는 아래로 통하여 밝게 빛나고, 땅의 도는 낮은데 위에서 행한다. 하늘의 도는 가득 찬데서 덜어내어 겸손한데에 더하고, 땅의 도는 가득 차면 변하여 겸손한데로 흘러들어간다. 귀신은 가득 찬 것에 해를 끼치고 겸손한 것에 복을 주며, 사람의 도는 가득 찬 것을 미워하고 겸손한 것을 좋아한다. 겸손은 높은 지위에 있으면 빛나고, 낮은 지위에 있어도 넘을 수 없으니, 군자의 마침이다.

[자구의 뜻] 濟: 건널 제, 구제할 제, 나루 제, 통할 제. 虧: 이지러질 휴, 해칠 휴, 손실 휴. 虧盈: 가득 찬 것을 덜어 냄, 이지러짐과 가득 참. 踰: 넘을 유, 나을 유. 멀 요.

[해설] 단전이다. 謙卦는, 높은 하늘의 기는 아래로 내려오고 낮은 땅의 기는 위로 올라가 서로 어울려 만물을 생육하는 것처럼 형통한 것이다. 그러므로 천지·귀신·사람이 모두 겸손을 좋아하니 겸손은 어디에 있어도 숭상 받는다. 그러므로 군자의 마침이다. 이런 뜻이다.

'謙亨'을 다음 문장과 연결시키지 않고 끊었다. 이유는 다음에 이어지는 문장의 두 단락(天

道부터 人道까지)이 너무 길기 때문이고, 그 설명의 내용이 '謙의 亨함'과 동시에 '謙'의 설명도 겸했기 때문이다. 곧 '謙'과 '亨'을 해설한 것이다. 물론 '겸이 형통함은'이라고 하여도 되지만, 그러면 '亨'에 한정되는 느낌이 있어 끊었다.

먼저 괘의 형태를 기본으로 하여 氣의 개념을 적용하면서 설명을 했다. 天道는 하괘 艮☶의 상황을 비유했다. 하늘의 기 양(⚊) 하나가 아래로 내려와 산을 만들고 그 산에서 생물이 생겨 자라니 밝게 빛나는 것이다. '天道下濟而光明'이다. 그리고 地道는 상괘의 坤☷이다. 땅은 낮은 데 있는 것인데, 상괘에 자리하고 있다. 이런 괘의 형체는 기의 작용을 나타낸 것으로 본 것이다. 땅은 비록 낮지만 기의 작용은 위로 올라가니 상괘에 위치하고, 그래서 하늘과 어울려 만물을 생육하는 고귀한 일을 한다. 그래서 '地道卑而上行'이다. 이 문장에서 천도로서 '謙'을, 지도로서 '亨'을 설명한 것이며, 동시에 각각의 문장 字句에서는 '下濟'와 '卑'로서 '謙'을, '光明'과 '上行'으로 '亨'을 연관지어 설명할 수 있는 글자들이다. '天道下濟而光明'의 '濟'를 '기르다'로 하여, '천도는 내려와 <u>만물을 기르며</u> 밝게 빛나고'로 번역하고, '地道卑而上行'의 '上行'을 '위로 행하다'라고 하여 '지도는 낮으나 위로 행한다'고 하면서 기의 개념이 더 살아나도록 번역한 데도 있다. 참고할 일이나 괘의 형태에서 坤 '地'가 위에 있는 것이 드러나도록 위와 같이 번역했다.

다음은 天·地·鬼神·人의 '道'가 謙을 숭상하고 盈을 싫어함을 말했다. 이는 '謙亨'을 한 차원 높여서 다르게 설명을 한 것이다. 하늘의 해는 중천에서 서산으로 기울어지고, 달은 가득 차서 보름이 되면 점점 기울어져 초승이 되므로, '가득 차면 이지러져 겸허한 데에 더하고'가 된다. 땅에서는 높고 낮음이 있어 기울기가 생기므로 낮은 데로 모이는 경향이 있다. 물도 높은 곳에서 낮은 곳으로 흘러드니 '가득 차면 변하여 겸손한 데로 흘러들어간다'고 했다. 귀신은 자연적인 조화로서 논했고, 사람은 정감으로 논하여 '盈'에는 '害와 惡'를 '謙'에는 '福과 好'를 각각 준다고 했다. '盈'을 '謙'과는 반대의 의미로서 썼다. 여기까지가 겸손을 미화하면서 그것의 형통함을 함께 설명한 것이다.

마지막으로 존귀한 곳에 있으면서 겸손하면 더 빛나고, 낮은 곳에 있어도 겸손하면 함부로 무시하지 못한다는 뜻으로 '不可踰(뛰어넘지 못한다)'라 하면서 겸손을 결론지었다. 여기의 '尊' '卑'는 사람의 신분을 말하는 것으로 보고 번역했다. 이렇게 신분의 지위와 상관없이 군자라면 항상 어디서나 겸손을 행한다는 뜻으로 '君子有終'을 설명하고 단전을 마쳤다. 그런데 이 구절 '尊而光, 卑而不可踰'을 呂紹綱의 「周易全解」에서는 해석이 좀 다르다. '尊而光'의 '尊'은 '撙(절약할 준)'의 빌린 자이니, 小의 의미가 있고, '光'은 '廣大'의 뜻이 있으므로 결국 '小而大'가 되고, '卑而不可踰'는 '卑而高'로 보아서, "겸은 <u>작으면서 크고</u>, <u>낮으면서 높으니</u>"로 역하고 있다.[141] 여기서는 일반적인 해석을 따랐다.

---

141) 김경방, 여소강 저, 「주역전해」 수정본(상해고적출판사, 2006), 147쪽.

* 象曰, 地中有山, 謙. 君子以裒多益寡, 稱物平施.

상전에서 말했다. 땅속에 산이 있음이 겸괘이다. 군자가 이를 보고서 많은 것은 덜어내고 적은 것은 보태서, 사물을 저울질하여 공평하게 베푼다.

[자구의 뜻] 裒: 모일 부, 줄일 부, 포로 부. 稱: 저울(질할) 칭, 일컬을 칭.

[해설] 대상전의 풀이. '地'는 위에, '山'은 아래에 있다. 이렇게 상하괘의 卦體가 상징하는 것에서 겸손의 뜻이 있는 겸괘가 되었다. 군자 같은 지도급의 인사는 높은 것이 오히려 아래에 있는 겸괘의 현상을 보고, 이를 사람의 일에 적용시킬 때는 많은 것에서는 덜어내고, 적은 것에는 보충해서 공평하게 되도록 해야 한다는 것을 인지했다는 뜻이다.

'裒多益寡'의 '裒'는 옛날에는 '捊(줄일 부)'로 썼다고도 하고, '抙(모을 부)'로 썼다고도 했다는데 모두 '取(취할 취)'의 뜻이 있다. 번역은 위와 같이 하면 된다.

2. 효

* 初六, 謙謙君子, 用涉大川, 吉.
象曰, 謙謙君子, 卑以自牧也.

초육, 겸손하고 겸손한 군자다. 그로써 대천을 건너면, 길하다.
상전에서 말했다. 겸손하고 겸손한 군자는, 낮춤으로써 스스로를 기른다.

[자구의 뜻] 牧: 기를 목, 목장(자) 목, 다스릴 목.

[해설] 初六의 효사와 소상전. 초육은 謙卦의 제일아래에 있고 '그침'을 뜻하는 艮의 제일 밑이다. 겸손해야 할 때, 시작부터 부드러운 것이(陰) 가만히 그쳐있으니(艮) 벌써 여기서 '謙謙'의 象이 나온다. 그리고 제자리도 아니고 正應·親比도 없으니 허약한 유가 부지할 곳이 없다. 그러니 받아드리고 순종하는 것뿐이다. 이것이 비굴하게 보일 수 있지만 겸괘이고 단단한 산의 밑바닥이므로 비굴함이 아니고 謙을 더 보탠 것이 된다. 이렇게 아무 의지할 곳이 없어도 겸손하고 겸손하면 귀신도 복을 주고 사람들도 좋아하니, 어떤 어려움도 해쳐나갈 수 있다고 보는 것이다. 그래서 '用涉大川, 吉'이다. 이때 '用'은 '以'이고 '涉大川'은 옛날에는 큰 강을 건너는 것이 위험하고 어려운 일이므로 어떤 어려움도 극복할 수 있다는 것을 상징한다.

'用涉大川'이 있고, '利涉大川'이 있는데 이것의 차이를 呂紹綱은 '用涉大川은 어떤 어려움도 해쳐나감을 이르고, 利涉大川은 어려움을 해쳐나갈 실력이 있음을 말한다'[142]고 했다. 참고할 만하다.

소상전은 낮춤으로서 스스로를 지켜 나감을 뜻하는 의미로 '卑以自牧也'라 했다. '牧'을 '養'의 뜻으로도 보고, '治'의 뜻으로도 보는데, '治'로 보면 '자신을 다스리다'로 번역해야 한다.

*** 六二, 鳴謙, 貞吉.**
象曰, 鳴謙貞吉, 中心得也.

육이, 겉으로 드러나는 겸손이니, 바르고 길하다.
상전에서 말했다. 겉으로 드러나는 겸손이니 바르고 길하다 함은, 마음 가운데서 (겸손을)얻었기 때문이다.

[자구의 뜻] 鳴謙: 겸허한 덕이 겉에 드러남, 태도가 공손하고 겸허함을 이름.

[해설] 六二 효사와 소상전. 육이는 제자리를 차지하였고, 主爻인 九三과 親比이고, 특히 중덕을 지녔다. 겸손해야 하는 때에 중덕까지 지녔으니, 마음속에 겸손함이 꽉 차서 얼굴이나 목소리에 겸손함이 절로 나타난다. 그래서 '鳴謙'이라 했다. '울리다'의 '鳴'과 '겸손하다'의 謙이 합쳐 숙어가 되어 '겉으로 드러나는 겸손'을 말하게 되었다. 그런데 저절로 들어나는 겸손이지 결코 자기자랑을 해서 겉으로 들어내는 겸손이 아니다. 그리고 高懷民은 재미있는 지적을 했는데, '鳴'자가 등장하는 것은 괘의 형태가 小過卦(䷽)와 비슷이 닮았고(특히 하괘가 같은 艮임) 小過에서 '새'로서 상을 삼고 있으므로, 鳥의 울음소리 '鳴'이 등장했다[143]고 보고 있다. 참고하자.

'貞吉'에서 '貞'을 吉을 수식하는 것으로 볼 것이냐 아니면 단독으로 쓰인 형용사로 볼 것이냐에 따라서 번역이 '바르게 하면 길하다'와 '바르고 길하다'로 나뉜다. 겸손이 스스로 내세우는 것일 수는 없으나, 여기서는 속이 차서 저절로 나타나는 것으로 보았으니, 조건으로 보지 않고 '바르고 길하다'로 역했다. 또 다른 효사들도 모두 겸을 칭찬하고 당연히 행해야 하는 것으로 보니, 바른 것이고 길한 것이다.

소상전에서는, '鳴謙貞吉'한 것은 중덕이 있는데 겸손을 더한 것이니, 이런 것은 마음속 깊이 터득하지 않으면 불가능하므로 '中心得也'라 했다.

*** 九三, 勞謙, 君子有終, 吉.**
象曰, 勞謙君子, 萬民服也.

구삼, 공로가 있으면서 겸손하니, 군자의 마침이므로, 길하다.

---

142) 김경방, 여소강 저, 「周易全解」, 148쪽.
143) 고회민 저, 鄭炳碩 譯, 「周易哲學의 理解」(文藝出版社, 1996), 315쪽.

상전에서 말했다. 공로가 있으면서 겸손한 군자는, 만민이 승복한다.

[해설] 九三 효사와 소상전이다. 구삼은 유일한 양이니 모든 음이 그를 바라보면서 따른다. 곧 이 괘의 主爻이다. 下卦에 있으니 아래에 있고 艮의 끝이니 '그쳐 있음'이 지극하다. 그러니 겸손해야 하는 때에 지극히 겸손한 象이다. 그리고 정위하였으니 바르고, 上下가 親比, 上六이 正應이니 모두가 그를 따르고 있다. 이 괘의 主役역으로써 잘 이끌어 주위사람이 그를 따르니, 그의 겸손도 본받을 것이다. 그러니 공의 결과가 있었고, 이런 겸손이 행해짐을 '勞謙'이라 했다.

'勞謙'의 '勞'를 우리말 '수고롭다'와 '공로'의 두 뜻으로 번역하는데, 이 두 뜻이 약간은 차이가 있다. 하나는 노력한다는 의미이고, 하나는 노력의 결과물이 있음을 의미한다. 사람은 공로가 있으면서 자랑하지 않고 겸손하기가 더 어렵고, 또 이를 행할 수 있는 사람이 군자이니, 다음 句의 '君子'와 바로 연결됨으로 여기서는 '공로'로 번역했다. 그래서 혹자는 '勞謙君子'로 붙여 번역하기도 한다. 그러나 이 괘의 주효이므로 주효는 괘사의 자구가 자주 등장하기도 하니 '君子'는 괘사의 '君子有終'과 같이 하여 해석함이 더 타당하다. 그리고 '공로'로 번역하는데 더 보탬을 주는 글이 있다. 「계사전 상」에 "공자가 말했다. 공(勞)을 자랑하지 않고, 공이 있어도 덕으로 여기지 않으니, 두터움의 지극함이다. 이렇게 공이 있으면서도 다른 사람 아래에 있는 자를 말한다(子曰, 勞而不伐, 有功而不德, 厚之至也, 語以其功下人者也)"라고 했다. 또 高亨은 옛 책에서 '勞'를 '功'으로 푼 많은 예를 보여주고 있으니 이 모두가 '공로'의 뜻을 취하게 한다.

이런 군자라면 누가 따르고 복종하지 않겠는가? 소상전의 풀이 '萬民服也'이다.

* 六四, 无不利, 撝謙.
象曰, 无不利撝謙, 不違則也.

육사, 이롭지 않음이 없다. 겸손을 널리 편다.
상전에서 말했다. 겸손을 펼쳐 이롭지 않음이 없음은, 법칙을 어기고자 하지 않음이다.

[자구의 뜻] 撝: 찢을 휘, 지휘할 휘, 휘두를 휘.

[해설] 六四의 효사와 소상전이다. 육사는 대신의 자리고 坤 '순종'의 시작이다. 군왕과 가까우니 두렵고 삼가야 하는 자리이고, 아래로는 공로가 있는 신하를 올라타고 있으니 더욱 조심해야 한다. 주위의 상황도 이러니 유의 부드러운 성질과 곤의 순종하는 태도로 임할 수밖에 없다. 그리고 정위하였으니 바르게 처신하므로 위아래로 모두 겸손을 발휘하는 것이다. 이를 '撝謙'이라 했다.

옛 학자들은 '撝'를 여러 가지로 번역했다. 옛 학자들의 의론을 참고하여 현대의 呂紹綱은 '發揮(발휘하다)'로, 黃壽祺는 '發揮擴散(발휘하여 넓게 펼친다)'로, 高亨은 '施(베풀다)'로 역했다. 모두 '겸손을 널리 펴다'는 뜻이니 여기서도 이를 따랐다. 이런 뜻은 우리의 漢韓사전에도 나오지 않는다.

육사에서는 점사가 먼저 나와 있다. 아마도 九三 剛을 타고 있는 육사가 나쁜 점사로 인식하기가 쉬운데, 그렇지 않다는 것을 강조하기 위해서가 아닌가 한다.

소상전에서는 자기가 처한 위치가 널리 펴야 하는 겸손의 법을 어기지 않고 '撝謙'을 행하여 '无不利'하다는 것이다.

*** 六五, 不富以其鄰, 利用侵伐, 无不利.**
象曰, 利用侵伐, 征不服也.

육오, 부유하지 않으면서 이웃한다. (불복하면)토벌하는 것은 이롭고, 불리하지 않다. 상전에서 말했다. 토벌하는 것이 이롭다고 하는 것은, 불복하는 자는 정벌해야 하기 때문이다.

[자구의 뜻] 侵伐: 군대를 이끌고 국경을 넘어가 토벌함.

[해설] 六五 효사와 소상전이다. '不富以其鄰'은 泰卦 六四에 이미 나왔다. 육오가 음이니, 음은 虛요, 不富이다. 그리고 이 '不富'는 마음을 비운 겸손한 상태를 말하는 것이다. '其鄰'은 이웃하는 陰爻를 말하니 六四와 上六의 坤體이다.

육오는 겸괘의 상황에서 음으로 중덕을 갖추었고, 군위에 있으니 유순하고 겸손하게 다스린다. 그러니 모두가 이웃처럼 따른다. 그런데 겸손과 坤의 유순으로는 따르지 않는 자가 있을 수 있으니, 이를 다스리려면 무력을 쓸 때가 있다. 거의 모두가 이웃하지만, 혹 불복하는 자를 다스리기 위해 군을 동원하는 것이다. 육오는 군왕이니 불복자를 토벌하기는 어렵지 않다. 그래서 '利用侵伐, 无不利'라 했다. 물론 불복하는 자가 없으면 침벌할 이유도 없다. 침벌이라고 해서 무력을 남용하는 것은 아니다. 이를 강조하여 소상전에서 밝힌 바가 '利用侵伐, 征不服也'이다. 공자의 유가들도 마지막의 방법으로 무력을 사용하는 경우는 어쩔 수 없는 것으로 보았다.

*** 上六, 鳴謙, 利用行師, 征邑國.**
象曰, 鳴謙, 志未得也, 可用行師, 征邑國也.

상육, 겉으로 드러난 겸손이다. 군사를 일으켜 쓰면 이로우나, (자기)읍국을 치는 정

도이다.

상전에서 말했다. 겉으로 드러난 겸손은, 뜻을 아직 얻지 못했기 때문이고, 군사를 일으켜 쓸 수 있음은, 읍국을 치는 것이기 때문이다.

[해설] 上爻의 효사와 소상전. 上六은 謙卦의 끝이니 겸손도 기울어지고, 上坤의 끝이니 유순도 다해 가는 처지이다. 그래도 正位하였고 아래 九三이 正應이라 도움을 주니 애써 겸손을 유지할 수는 있다. 모든 것이 기울어지는 때이니, 의식적으로 드러내지 않고는 겸손이 나타나지 않을 뿐만 아니라, 알아주지도 않는다. 그래서 '鳴謙'이다. 六二의 저절로 드러나는 '鳴謙'과는 달리 남에게 보이기 위한 것이다.

끝이면 완성을 하고 변화를 이루어야 하는 때이다. 완성이나 새로운 변화에는 힘이 있어야 하니 겸손을 드러내놓고(鳴謙) 해도 따르지 않는 자가 있으면 무력으로 치는 것이다. 그래서 '利用行師, 征邑國'이다. 이것도 유순한 원로인 그는 주효인 구삼의 도움이 있기 때문에 가능한 것으로 보아야 할 것이다. 그런데 힘으로 제압하는 수준을 자기의 邑國을 다스리는 정도에서만 가능하다. 강력한 힘을 행사할 수 있는 지위가 아니고, 그럴 힘이 있다고 해도 과하면 육오를 넘보는 것으로 오해를 살 것이다. 여기의 '邑國'은 자기의 영역을 말한다. 만약 상육에게 겸괘를 잘 갈무리하고 새로운 변화로 나아가는 추진력이 있었다면, '敦謙'이나 '喜謙'이 됐을지도 모른다. 소상전은 이런 뜻을 의미하면서 '鳴謙'과 '行師'하는 이유를 간략히 나타낸 문장이다. '利'를 '可'로 바꾼 것이 절묘하다.

이 謙卦의 효사에는 아래 3효에는 모두 '吉'이고, 위의 3효에는 모두 '利'가 점사이다. 이 때문에 겸을 가장 중요한 덕목으로 보고 '君子有終'이라는 말이 등장하는가 보다. 그렇다고 해도 겸으로 통하지 않는 것도 있다. 그래서 위로 갈수록 겸을 드러내고 드디어는 힘으로 밀고 나가니, '撝謙', '侵伐', '行師'가 등장한다. 그렇기는 하나 그 힘도 남발하지 않아야 하니 '不服'과 '邑國'으로 한계를 두었다.

현대는 겸손보다도 자기의 PR이 더 중요한 시대이다. 모두가 찬란한 조명을 받는 것에 열광한다. 이런 때 겸손을 강조하는 것이 우습게 보일지 모른다. 그러나 제 잘난 체 하는 것도 누구나 좋아하지 않는다. 자신의 PR과 겸손한 자세 사이에서 조화로운 접합 점을 찾아야 할 것이다. 이 접합 점은 먼저 겸손한 태도에서 시작되어 저절로 '鳴謙'이 되도록 하고, '不服'과 '邑國'의 한계를 설정하여 이를 넘지 않는 범위에서 PR하면 마땅하지 않을까 한다.

겸손이 가장 중요한 덕목의 하나였던 우리나라가 지금은 나만을 내세우며 뽐냄을 당연하게 생각하니, 서구사회보다 오히려 더 겸손이 부재한 것 같아 아이러니하다.

䷏ 豫 (雷地豫)

概說: '豫'는 '미리 예'이나 그 뜻이 미묘하고 복잡한 면이 있다. 呂紹綱은 '逸豫(편안히 즐김)' '和豫(화평하고 기쁨)' '備豫(미리 준비함)'의 뜻이 있는데 '逸豫'와 '和豫'는 '樂'과 가깝고 서로 통하며, '備豫'는 그것의 결과가 좋게 되기 때문에 결국은 '樂'과 연결된다고 했다. 그래서 '豫'를 우리말 '즐거움'으로 하여 괘의 의미를 풀어보자.

위 震☳은 '動'과 '長男'이 象이며, 아래 坤☷은 '順'과 '地'가 상이다. 上卦는 밖이고 下卦는 안이니, 안은 사람의 마음에 비유된다. 외부의 움직임(動)에 따라 마음이 순순히 좇는(順) 것은 즐겁기 때문이다. 또 괘의 모양으로 보아도 九四 하나의 양이 뭇 음에 둘러싸여 있다. 곧 震의 장남이 가정을 이끌고 있는데 온 가족이 순순히 따르는 모양새이니, '즐겁다'고 하겠다. 그리고 「계사 하」에 "문을 거듭하고 목탁을 쳐서, 사나운 침입자를 대비하게 하는 것은 대개 저 예괘에서 취했다(重門擊柝, 以待暴客, 蓋取諸豫)"라는 문장이 보이는데, 이는 앞서의 '備豫'를 말한 것으로 미리 준비하여서 결과를 즐기자는 뜻일 것이다.

「서괘전」에서는 "크게 있어도 겸양할 수 있으면 반드시 즐겁다. 때문에 예괘로써 이를 받았다(有大而能謙, 必豫, 故受之以豫也)"라 했는데, 많이 가지고도 남에게 겸손의 미덕을 발휘하면 결과적으로 즐거움을 맛보게 된다는 의미이다. 「잡괘전」에서는 "예는 게으르다(豫怠也)"라 했음은 이미 謙卦에서 말했다. 즐겁게 노닐다 보면 자연 게으르게 되는 것을 예괘로 보았는데, '豫'의 뜻에도 '게으르다'가 있으니 「잡괘전」은 이를 경계한 것 같다.

'豫'의 뜻에는 이렇게 미묘한 면이 있으나 '즐거움'으로 대표시켜 해석하면서 괘효사를 풀어보자. 어떻게 해야 즐거움을 누릴 수 있을까.

1. 괘

* 豫, 利建侯行師.

예괘, 제후를 세우고 군대를 씀이 이롭다.

[해설] 괘사이다. 천하가 태평을 누리기 위해서는 공신과 친족으로 제후를 세워서 맡은 지역을 다스리게 하고, 군대를 양성하여 반항하는 자를 토벌하는 것이 이롭다. 태평세월을 누리며 즐기는 데는 제후와 군대가 있음으로써 가능하다는 뜻을 나타낸 문장이다. 즐기기 위해 미리 대비하는 것이다. 곧 '備豫'이다.

上震은 '장남'이니 제후의 象이 있고, 下坤은 '무리'이니 군대의 상이 있다. 괘가 갖고 있는 성질로 풀면, 진은 움직이고 곤은 순순히 좇는 것이니, 위에서 움직이면 아래가 순순히 좇는 것은 제후와 군대이니 '建侯行師'의 상이 된다.

『周易折中』[144]에 "屯卦에는 震은 있고 坤은 없으므로, 建侯라고만 하고 行師는 말하지 않았고, 師卦는 곤은 있고 진은 없으므로 行師라고만 하고 建侯는 말하지 않았다. 豫卦는 진과 곤이 함께 있으므로 建侯와 行師를 겸했다"고 했다. 학자들이 震 '장남'에서 '侯', 坤 '무리'에서 '師'로 통함을 많이 인용하고 있으니 참고하자.

*** 彖曰, 豫, 剛應而志行, 順以動, 豫. 豫, 順以動, 故天地如之, 而況建侯行師乎. 天地以順動, 故日月不過, 而四時不忒, 聖人以順動, 則刑罰淸而民服. 豫之時義大矣哉.**

단전에서 말했다. 예는, 강이 응함이 있어 뜻을 행하면, 순순히 따라서 움직이므로, 즐거운 것이다. 예괘가 순순히 따라서 움직이는 것은, 천지도 이와 같이 하기 때문이니, 하물며 제후를 세우고 군대를 쓰지 않으랴! 천지가 순순히 따라서 움직이기 때문에, 해와 달의 도수가 지나친 것이 없고, 사계절이 어긋나지 않는다. 성인도 순순히 따라서 움직이도록 하니, 곧 형벌을 맑게 해서 백성을 복종시킨다. (이렇게)예괘는 때의 의미가 크도다.

[자구의 뜻] 忒: 어그러질 특, 변할 특. 刑罰: 刑은 몸에, 벌은 재물에 과함.

[해설] 괘사를 해설한 「단전」. '豫, 剛應而志行, 順以動, 豫'는 괘명을 설명하면서 豫卦의 의미를 밝혔다. 主爻인 九四와 상하괘의 성질(이를 卦德이라 한다)로서 푼 것이다. '剛'은 유일한 양효인 구사를 말하고, 이 陽剛이 여러 음효의 응함을 받아서 뜻을 행하면, 하괘의 곤은 '順'이니, 순순히 따르고, 상괘의 진은 '動'이니, 움직이는 것이다. 강에 응하여 모두 순순히 따라 움직이니 '즐거움'이 된다는 뜻이다.

즐거움(豫)을 누리기 위한 '順以動'의 원리는 하늘과 땅도 이런 원리로 움직이므로 인사에서의 제후를 세우고 군대를 부리는 일도 이런 원리가 아니겠는가? 이런 의미의 문장으로 '利建侯行師'를 설명했는데, 그것이 '豫, 順以動, 故天地如之, 而況建侯行師乎'이다. '以'와 '而'의 차이를 학자들은 전후의 자구의 무게가 같을 때는 '而'를, 전자구가 후자구보다 중시될 때는 '以'를 쓴다 했다. 그리고 '以順動'과 '順以動'은 원래는 '以順動'의 순서인데, 더 중요한 '順'을 앞세워서 '順以動'이 된다고 했다. 참고는 하되 해석은 앞뒤의 문장 흐름에 맞도록 하면 된다.

다음은 천지가 '以順動'하는 구체적인 사실을 명시하면 해와 달의 뜨고 지면서 사계절의

144) 청대의 李光地 등이 여러 역학가의 설을 두루 채집하여 만든 역학서.

변화가 순차적으로 어긋나지 않게 일어나는 것이다. 곧 '故日月不過, 而四時不忒'이다. 인사로서는 성인도 이런 '以順動'의 원리에 맞추어 治國平天下하는데, 그렇게 하기 위해서는 '刑罰'이 간단명료하고 깨끗해야 '民'이 승복한다고 했다. 이렇게 통치하기 위해 '建侯行師'하는 것이고, 이것이 '豫'의 시절을 누리게 한다는 뜻이다. '日月不過'는 직역하면 '해와 달이 지나치지 않다'인데 이의 뜻은 시간이 일정한 도수에 따라 움직인다는 뜻이니, 이런 뜻이 살도록 '도수'를 삽입했다.

그리고는 마지막에 예괘의 '時義'를 찬탄하면서 강조했다. 주역의 64괘가 모두 때와 그것의 뜻, 그리고 쓰임이 중요하지 않을까만, 특별히 '時大矣哉'라 하여 때를 강조한 괘는 頤, 解, 大過, 革의 4괘가 있고, '時義大矣哉'라 하여 때의 의미를 강조한 괘는 豫, 隨, 遯, 姤, 旅의 5괘가 있으며, '時用大矣哉'라 하여 때의 활용을 강조한 괘는 坎, 睽, 蹇 3괘가 있다. 이것들의 차이는 呂紹綱의 「周易全解」에서 다음과 같이 말했다.145) 참고하여 강조점이 드러나도록 번역하자.

> 이, 대과, 해, 혁 4괘의 예와 같이, 모두 큰 사건이 크게 변하는 것인데, 관건은 時자에 있어서, 반드시 결정적 시기를 파악하기 좋다. '時義大矣哉'라고 말한 것은 중점이 義자에 있는데, 예, 수, 돈, 구, 여 5괘와 같이, 모두 마치 미세하고 하찮은 일 같아도 깊은 의미를 포함하고 있다. 예괘에서 利建侯라고 말하고, 준괘에서도 利建侯라고 말했는데, 두 괘의 강조점이 같지 않다. 준괘는 중점이 때에 있고, 예괘는 중점이 뜻에 있다. '時用大矣哉'라고 말한 것은 중점이 用자에 있는데, 감, 규, 건 3괘와 같은 것은 본래 온전히 좋은 일이 아닌데, 만약 마땅함을 얻어 장악할 수 있으면, 이 때를 활용함으로 인해서 좋은 효과가 완전 발생할 수 있다.
>
> 例如頤, 大過, 解, 革四卦, 都是大事大變, 關鍵在時字, 務必火候把握好. 講'時義大矣哉'的, 重在義字, 如豫, 隨, 遯, 姤, 旅五卦, 都好像是細微淺事, 但是含有深意. 豫卦講利建侯, 屯卦也講利建侯, 二卦强調的重点却不同, 屯卦重在時, 豫卦重在義. 講'時用大矣哉'的, 重在用字, 如坎, 睽, 蹇三卦本來全不是美事, 若能掌握得當, 因時而用之, 則完全可能産生好的效用.

＊ 象曰, 雷出地奮, 豫. 先王以作樂崇德, 殷薦之上帝, 以配祖考.

상전에서 말했다. 우레가 땅에서 나와 진동하는 것이 예괘다. 선왕이 이를 보고서 음악을 만들어 덕을 높이고, 상제에게 성대히 제사지내며, 조상에게도 배향한다.

[자구의 뜻] 殷: 성할 은, 많을 은, 나라이름 은. 薦: 천거할 천, 바칠 천, 베풀 천, 제사이름 천. 殷薦: 성대한 음악을 연주하며 제사지냄. 上帝: 하느님, 天帝. 配: 배필 배, 혼인할 배, 합할 배, 배향할 배. 祖考: 죽은 할아버지, 조상.

---

145) 김경방, 여소강 저, 「周易全解」, 155쪽.

[해설] 대상전이다. 옛사람들은 땅속에 잠겨있던 양기가 봄을 맞아 땅에서 나오는 것을 우레가 치면 천지가 진동하는 것에서 영향을 받는 것으로 본 모양인지, 미물이 땅속에서 나오는 봄에는 우레가 천지를 깨우는 것으로 많이 형용한다. 그래서 만물이 탄생하는 그 소리는 즐거운 것으로 느꼈다. 그리고 이것은 새로운 시절을 맞는 환영의 소리다. 물론 上震에서 '雷' 下坤에서 '땅'의 象이 나오는 것에 연유한 풀이다.

선대의 왕들은 이런 현상을 보고, 덕을 숭상하는 음악을 만들어 만민이 함께 즐기면서 한마음 한뜻으로 나아가게 하고, 또 하늘과 조상에게 제사 올리며 경건한 마음을 함께 갖도록 했다. 모두 새 시대를 환영하면서 전진을 위한 다짐을 갖게 한 것이다. 왕들의 정치하는 행태이면서, 다른 한편으로는 그 방법을 알려주고 있다.

그런데 氣가 '奮'한다는 것은 상상이지 직접 볼 수 있는 것은 아니다. 그런 때문인지 이 '奮'을 다음 '豫'와 연결하여 또 다른 한 句로 본 사람이 唐代의 崔憬인데 조선의 丁若鏞도 이 설을 따랐다. 그들에 의하면 '雷出地, 奮豫'가 되어, '우레가 땅속에서 나오는 것이, 떨쳐 일어난 예괘이다' 혹은 '우레가 땅에서 나오면, 예괘가 분출 된다'로 번역이 된다. 이것은 象의 작용과 괘명만 가지고 괘를 설명한 다른 괘와는 다르게 괘명에 '奮'이 더 첨가됨으로 취하지 않았으나 참고하자.

'殷'은 모두가 '盛也(성대하다)'라 했고, '薦'은 '獻也(바치다)'로 본다. '之'는 介詞로 '之于(……에게)'이다. '殷'의 뜻은 '성대하다'에서 제사를 지낼 때는 음식을 가장 성대하게 차리므로 그 뜻이 넓혀져서 '제사를 드리다'의 뜻이 있게 되고, '殷薦'이 『周易』의 이 구절 때문에 '성대한 음악을 연주하며 제사지내다'는 뜻도 생긴 것 같은데, 줄여 위와 같이 번역했다. '以配祖考'의 '以'는 '而'와 같으니 우리말 '그리고'의 뜻이고, '配'는 제사를 지낼 때 함께 지낸다는 뜻의 '配享하다'이다. 할아버지를 '祖'라 하고, 죽은 아버지를 '考'라 하니 '祖考'는 '조상'으로 보면 된다.

2. 효

* 初六, 鳴豫, 凶.
象曰, 初六鳴豫, 志窮凶也.

초육, 겉으로 드러나는 즐거움이니, 흉하다.
상전에서 말했다. 초육의 겉으로 드러나는 즐거움은, 뜻이 곤궁해지므로 흉하다.

[해설] 初六 효사와 소상전이다. 초육은 제일 아래에 있으니 보잘 것 없고, 정위하지 않았으니 바르지도 못하며, 음이니 소인이다. 그런데 권력가인 九四와 正應이므로 그의 지원을 받

아 즐기고 있다. 자기 분수를 모르는 이 소인은 그 기쁨이 겉으로 드러나니, '鳴豫'이다. 가장 아래지위에 있는 사람이 권력가를 믿고 까불면 그것은 곧 망조이다. 누가 그를 좋아하겠는가? 그러니 흉할 것은 정한 이치이다. '鳴'은 '외치다, 부르짖다'는 뜻이니 감추지 못하고 드러낸다는 뜻이고 '鳴謙'의 '鳴'과 글자의 뜻은 같으나 의미하는 결과는 정반대다.

謙卦와 豫卦는 綜卦로, 겸괘의 上六이 예괘 초육이 됐다. 그래서 모두 '鳴'이 붙었다. 그런데 겸의 상육은 '利'인데 예의 초육은 '凶'이다. 이것은 같은 음이라도 겸의 상육은 정위하였으니 자기의 직분을 아는 사람이고, 應인 九三이 자기의 아랫사람이라 도움을 받아도 겸괘라서 즐거움을 나타내지 않는다. 예의 초육은 부정위이니 제 직분을 망각한 사람이고, 응인 九四가 윗사람이니 응함을 받으면 예괘이므로 저절로 즐거워진다. 이 차이가 나뉜 것이다.

실력도 없으면서 권력가의 지원이 있다고 자랑하고 까불면, 당장은 좋을지 모르나 모두 그를 싫어하게 되고, 또 모함도 받게 될 것이다. 결국 뜻한 바는 곤궁해 질 수밖에 없다. 이것이 소상전의 '志窮'이고 그 결과는 '凶'인 것이다.

*** 六二, 介于石, 不終日, 貞吉.**
象曰, 不終日貞吉, 以中正也.

육이, 돌같이 단단하니, (일을)하루를 보내지 않는다. 바르고 길하다.
상전에서 말했다. 하루를 보내지 않으니 바르고 길하다함은, 중정하기 때문이다.

[자구의 뜻] 介: 낄 개, 변두리 개, 격할(사이를 가르다) 개, 굳을 개, 절개 개.

[해설] 음이 음의 자리에 있으니 제 자리에 있고, 下卦 坤의 '땅'속에 있으니 흔들림이 없다. 그리고 하괘에서 중심적인 위치이므로 중덕을 가지고 매사를 처리한다. 곧 '正'하고 '中'하다. 그리고 어느 효와도 正應・親比가 되지 않으니, 도움을 받을 자도 없는 대신에 도움을 줄 사람도 없는 혼자다. 豫卦에서의 正應과 親比는 즐기자고 유혹하는 것이 된다. 이렇게 아무도 즐기자고 유혹하지 않고, 제 분수를 아는 중덕이 있는 자이며, 坤 '땅'의 중심에 위치했으니 그의 의지는 땅속 같이 굳건하다. 그러니 마음을 단단히 하여 일의 조짐이 있으면 신속히 처리한다. 이런 뜻을 담은 문장이 '介于石, 不終日'이다. 이렇게 하니 바르고 길하다(貞吉).

우리의 번역서에는 '介'를 대체로 '절개'와 '단단함', 이 두 가지 뜻으로 해석했으나, 丁若鏞은 '끼이다'로 하여 '돌 사이에 끼였으니, 종일토록 기다리지 않는다'로 번역하여, 위태로운 상황에서 신속하게 일을 처리하는 뜻으로 풀었다. 六二의 상황이 위험에 처했다는 것이 일반적인 설명으로는 이해하기가 어려워 취하지 않았다. 그리고 '于'는 '如也(같다)'로 보았고, '貞吉'은 소상전에서 中正하기 때문이라 했으니, 의미의 흐름 상 '貞하고 또 吉' 하다로 보는 것이 좋아 보인다.

제 효에서 吉한 것은 이 효뿐으로, 그것은 정위를 차지하고 中에 있기 때문인데, 역시 정위인 上爻가 无咎이고 다른 효들은 전부 나쁘다. 그 만큼 중정이 가치가 있음을 알 수 있다. 그래서 소상전에서는 '不終日貞吉'을 '中正' 때문이라 했다. 「계사 하」에 이 효사에 대한 글이 있다.

> 공자가 말했다. 기미를 아는 것은 신인가? 군자는 위와 사귀어도 아첨하지 않고, 아래와 사귀어도 깔보지 않으니, 기미를 아는구나! 기미라는 것은 움직임의 미미함이요, 길한 것이 먼저 나타나는 것이다. 군자가 기미를 알고 일하면 하루를 기다리지 않는다. 역에 말하기를 '돌같이 단단하니, 하루를 보내지 않는다. 바르고 길하다'라고 하였다. 돌같이 단단하거늘 어찌 종일을 쓰리오? 판단하면 알 수 있는 것을! 군자는 미세한 것을 알면 드러날 것을 알고, 부드러운 것을 알면 강한 것을 아니, 뭇 남자들의 바람이다.
>
> 子曰, 知幾其神乎. 君子上交不諂, 下交不瀆, 其知幾乎. 幾者動之微, 吉之先見者也. 君子見幾而作, 不俟終日. 易曰, '介于石, 不終日, 貞吉', 介如石焉, 寧用終日, 斷可識矣. 君子知微知彰, 知柔知剛, 萬夫之望.

일의 진행할 방향을 아는 것이 기미를 안다고 할 수 있고, 이를 아는 것이 누구나의 바람이라고 했다. 즐거움에 빠지면 게을러져서 제 할 일을 잃게 되어 망하게 된다. 이런 이치를 아는 것이 기미를 아는 것이다. 이를 아는 것을 신이요 군자라고 찬탄했지만, 이는 기미를 극찬한 표현일 뿐이다. 보통 사람이라도 계속 즐거움만 찾을 수 없다는 것은 알 수 있다. 이런 이치를 알고 행하면 중덕을 지닌 사람이고, 그런 사람이 군자라면 지금 누구라도 군자가 못 되라는 법은 없는 것 같다. 이 시간부터 일의 '幾'를 살펴서 대처하는 노력을 기우려보자.

*** 六三, 盱豫悔, 遲有悔.**
象曰, 盱豫有悔, 位不當也.

육삼, 쳐다보고 즐거워해도 후회하고, 지연시켜도 후회한다.
상전에서 말했다. 쳐다보고 즐거워해도 후회함은, 자리가 적당치 않기 때문이다.

[자구의 뜻] 盱: 눈 부릅뜰 우, 쳐다볼 우, 기뻐하는 모양 우.

[해설] 六三 효사와 소상전. 육삼은 下坤의 끝이니 땅의 표면이다. 바로 위에는 유일한 양인 九四와 親比하고 있다. 때는 豫의 즐기는 때. 구사는 上震 '움직임'의 象이니 움직이며 즐기고 있다. 이를 쳐다보고 즐거워하면 '盱豫'이다. 이렇게 구사를 따라 움직이면서 즐거워하면 종국에는 구사의 正應인 初六에게 밀려날 것이다. 그리고 하체 坤의 가장 윗자리에 있으니 주체성과 체면이 없어 보이는 행동이다. 그러니 '悔'가 있다. 곧 '盱豫悔'이다. 이를 걱정하

여 이럴까 저럴까 망설이다가는 유일한 양인 구사는 여러 음들에 둘러싸여 있으니 그들이 몰려들 것이므로 자기 위치마저 잃게 될 것이다. 이를 '遲有悔'라고 했다.

'盱'를 여러 가지 우리말로 번역이 돼있으나 대체로 '張目', '睢(부릅떠볼 휴)目'으로 보고, '눈을 크게 뜨고 쳐다보다'의 뜻으로 푼다. 물론 보는 것은 위에 있는 九四이다. 구사는 이 괘의 主爻이면서 윗자리 이므로 그와 함께하고자 하는 것이다. 이런 뜻의 '盱'를 여기서는 간단히 '쳐다보다'로 번역했다.

'盱豫悔, 遲有悔'를 '盱豫, 悔遲有悔'로 보는 곳도 있는데, 이는 '즐기다가 늦게 후회하여 후회가 있게 된다'는 뜻이다. 너무 오래 즐기다가 후회하게 되었다는 뜻이 된다. 구사는 여러 음들을 모두 즐겁도록 해야 하는 위치이므로 특별히 相比 관계라고 해서 육삼과 오래도록 즐긴다는 것이 꼭 맞는 것 같지가 않아 취하지 않았다. '遲有悔'의 '有'를 옛날에는 '又'와 통했기 때문에 '又'라고 번역하는 분도 있으니 참고 할만하다.

바로 아래의 六二와는 비교가 된다. '盱豫'와 '介于石', '遲'와 '不終日', '悔'와 '貞吉'. 처한 상황과 자리가 이렇게 다르게 한다.

소상전에는 자리의 마땅치 못함을 다시 한 번 강조했다.

*** 九四, 由豫, 大有得. 勿疑, 朋盍簪.**
象曰, 由豫大有得, 志大行也.

구사, (구사로)말미암은 즐거움으로, 크게 얻을 것이다. 의심치 말라, 벗들은 모인다.
상전에서 말했다. 말미암은 즐거움으로 크게 얻는다는 것은, 뜻을 크게 행하는 것이다.

[자구의 뜻] 盍: 덮을 합, 합할 합, 어찌 합. 簪: 비녀 잠, 꽂을 잠, 잇댈 잠.

[해설] 九四 효사와 소상전. 구사는 이 괘의 유일한 陽爻이면서 움직임을 뜻하는 상괘 震의 처음이다. 즐거운 때에 구사의 움직임으로 모든 음이 즐거움에 동참하니, 그것으로 인해 구사의 뜻하는 바는 크게 얻음이 있다. '由豫, 大有得'은 이런 뜻이다. 그런데 구사는 양이 음의 자리에 있어 제 자리가 아니니, 불안하여 의심을 하게 된다. 乾卦 구사의 '或躍在淵'의 '或'을 「문언전」에서는 "或之者 疑之也"라 했으니, 여기서도 '疑'가 등장했다. 그러나 벗들이 뜻을 함께하여 모이는 상이니, 의심치 말라는 경고성 말을 붙여 '勿疑, 朋盍簪'이다. 물론 '朋'은 여러 음들을, '盍'은 '合(합하다)'로, '簪'은 '비녀'가 머리카락 모두를 한곳으로 모아 장식하는 것에서 의역된 '회합'의 뜻으로 쓰였다. 그런데 淸初의 惠棟[146]은 '簪'이 '戠(모일 직, 찰흙 치)'의 잘못이라 했다. 簪도 '모이다'의 의미로 쓰고 있으니 뜻은 같아진다.

146) 누대에 걸친 역학을 연구한 집안의 사람으로 독특한 역학의 한 일파를 이룸. 저서에 『周易述』이 있음.

그런데 金景芳派의 해석은 다르다. '由'를 馬融[147)]이 '猶'라고 했고, 帛書本과 楚簡초간本에서 '猷(꾀할 유. 猶와 同)'로 쓰였으니 '猶豫'가 되는데, 이의 뜻은 '주저하다'이다. 그리고 '盍'은 '嗑(말 많을 합)'을 빌려온 자이고, '簪'을 先賢들은 '速(빠를 속)', '疾(빠를 질)'이라고 했는데, 이에는 '嫉妬질투'라는 뜻이 있다 했다. 그리하여 전체의 뜻은 "주저하지 말라, 크게 얻는다, 의심하지 말라, 친구들은 질투의 말을 많이 한다"가 된다. 참고할 만한 해석이지만, '豫'가 괘명과는 관계가 없는 것이 되고, 頤卦 上九에 '由頤'가 있는데, 여기의 '由'도 '말미암다'의 뜻이므로 같은 형식으로 보고 취하지 않았다.

소상전에서는 구사가 즐기자는 뜻을 크게 행할 수 있다는 것을 밝혔는데, 이는 단전의 '剛應而志行'의 뜻이다.

* **六五, 貞疾, 恒不死.**
象曰, 六五貞疾, 乘剛也, 恒不死, 中未亡也.

육오, 고질병이다. 항상 있으나 죽지 않는다.
상전에서 말했다. 육오의 고질병은, 강을 타고 있기 때문이고, 항상 있으나 죽지 않음은, 중앙에 있으므로 망하지는 않기 때문이다.

[해설] 즐거운 때의 최고의 지위에 있는 임금이다. 아래의 유일한 양인 가까운 신하에게 모든 것을 맡긴 체 무사안일하게 보내기가 십상이다. 그러면 결국 나라도 망하고 그도 밀려날 위험이 상존한다. 강을 타고 있는 음이 쉽게 처하게 되는 상황이다. 이렇게 향락에 빠지는 고질병은 항상 있을 수 있는 일이므로 '貞疾'이고, '恒'이 붙는다. 그러나 六五는 중심에 자리한 중덕의 소유자이므로 그도 죽고, 나라도 망하는 그런 위험까지는 가지 않는다. 이것이 '不死'이다. 여기서의 '貞'은 '단단하다'는 뜻이고 '貞疾' '단단한 병'에서 뜻이 넓혀져 '고질병'이 됐다.

그런데 이 '貞疾'의 해석이 분분하다. '正而有疾(바르나 병이 있다)', '守持正固防備疾病(바르고 곧음을 지키면 질병을 방비한다)', '痼고疾(오래된 병)', 그리고 '貞 疾恒(오래된 병을 점친다)' 등이다. 조금씩은 차이가 있으나 육오가 처한 상황과 위치, 그리고 소상전의 풀이와 연관 지어서 가장 자연스럽다고 생각되는 '痼疾'을 취했다.

소상전의 풀이는 '貞疾'의 이유는 '乘剛' 때문이고, '不死'의 이유는 '中'이기 때문임을 卦體에서 육오가 처한 상태로서 푼 것이다.

---

147) 동한의 이름난 경학가이고 정현의 스승으로 알려져 있다. 고문경학을 일으킨 費氏 易을 注한 것으로 알려짐. 그의 책들은 모두 없고 그 일문이 남아 있을 정도임.

* 上六, 冥豫, 成有渝, 无咎.
象曰, 冥豫在上, 何可長也.

상육, 어두워진 즐거움이니, 완성하면 변화가 있으므로, 허물은 없다.
상전에서 말했다. 어두워진 즐거움이 위에 있으니, 어찌 오래 가겠는가?

[해설] 上六 효사와 소상전. 상육은 豫卦의 종극이고, 상괘 震의 끝이니, 계속되던 즐거움도 끝나가고 변화의 시점에 왔다. 음이 음위에 있어 정위하였으니 바르게 제 역할은 한다. 『주역』에서 하나의 완성이 있으면 변화가 필연적으로 일어난다. 즐거움은 이미 어두워지니 '冥豫'라 했고, 다 이루어 졌으면 변화가 있을 시기이니, 이에 '成有渝'라 했다. 그 변화로 인하여 쾌락의 함정과 나태함에서 벗어날 수도 있으니 '无咎'라 했다. '成'을 앞 구 '冥豫'에 붙여 푸는 곳도 많은데, 이때의 뜻은 '冥豫'가 이루어졌다는 것이 되고, 뒤에 오는 구에 붙이면 사물의 발전단계가 마무리되었음을 뜻하는 '成'이 된다. 전체의 뜻에는 차이가 나지 않지만 『주역』의 철학적 이론상 뒤에 붙였다. '渝'의 우리말 소리는 '유'이나 옛날은 '투'라고 했다.

소상전의 '何可長也'에는 쾌락에 빠져 벗어날 줄 모르면 반드시 흉으로 가게 된다는 경고의 의미와, 이미 극점에 도달했으니 어찌 변하지 않겠는가 하는 뜻이 있다. 둘 다 영원한 것은 없다는 것이다.

'즐거움'이라 해서 어떻게 즐기면서 노느냐에 대한 말은 없다. 즐기는 결과를 얻기 위한 노력을 강조하면서 주로 통치의 개념에 중점을 두었다. 즐기다 보면 게으르게 되고, 그러면 국가도 개인도 망하게 된다. 三國 중 제일 먼저 망한 백제. 옛 재화의 상징이었던 쌀과 소금의 생산지를 가장 넓고 많이 가졌던 백제가 먼저 망하고 만 것은 낙화암의 三千宮女로 상징되는 열락의 '豫' 때문이 아닐까? 부유하면 즐기는 것을 찾고, 즐기기만 하면 망하게 된다는 것을 역사가 보여주는 단면이다. 그래서 豫卦는 '備豫'로 뜻을 삼아 많이 풀고, 아예 豫를 '예비'로 번역을 한 분도 있다.[148] 그러나 下卦에서는 바른 즐거움을 찾고, 上卦에서는 즐거움을 이루고 그 후에 있을 병폐를 경계한 것으로 보는 것이 바람직하다고 본다.

그런데 이런 즐거움도 모두 함께하고, 나로 인하여 다른 사람들이 즐거워하는 것을 최대의 목표로 삼는 것을 즐거움의 완성의 의미로 보고 있다. 이 괘 主爻인 九四에서 '大有得'이라고 하고, 이를 小象傳에서 '志大行'이라 했으니까. 이는 마치 오늘의 인기 가수가 그의 노래와 춤에 모두가 모여들어 열광하면 '大有得'이고 '朋盍簪'이 될 것이니 이와 같은 현상이다. 현대는 모두 이런 사람이 되고 싶어 하니, 그렇다면 현대는 豫卦의 시절에 해당한다고 볼 수 있다.

148) 김인환 역해, 「주역」(고려대학출판부, 2010), 151쪽부터의 豫卦는 豫를 '예비'로서 뜻을 삼았음.

예괘의 마지막은 '冥豫'로 귀결되니, '명예'가 '无咎'로 변화를 맞이하기 위한 방편이 무엇인지 깊이 반성해 볼 일이다. 백제의 꼴이 되지 않기 위해서.

䷐ 隨 (澤雷隨)

概說: '隨'는 '따를 수, 좇을 수, 내맡길 수'의 뜻인데, 모두 '從'으로 뜻을 삼았다. '從'은 '남의 뜻이나 의사를 따르다'라는 우리말 '좇다'에, '뒤를 바짝 쫓아가다'는 뜻도 함께 있다. 다행히 우리말 '좇다'에는 이 두 뜻이 공존하니, '좇다, 좇음'으로 뜻을 삼으면 된다. 물론 좇을 것인가 말 것인가의 결정은 본인 자신이 하는 것이다.

上卦 兌☱는 陰卦로 '연못' '기쁨' '소녀', 下卦 震☳은 陽卦고 '우레' '움직임' '장남'이 象이다. 못 속에서 우레가 울리면 자연 못도 흔들려 물결이 일 것이니, 이에 '隨'의 뜻이 있다. 아래의 움직임은 내적인 감동이고, 위에서의 기쁨은 밖으로 감동이 표현된 것이다. 마음에 감동이 일어나 기쁨이 밖으로 나타나니 마음과 몸이 서로가 따랐기 때문이니, 이도 '隨'이다. 또 오빠 장남이 여동생 소녀 아래에 있고, 양괘가 음괘의 아래에 있다. 상하괘의 효를 살펴보아도 陽爻가 모두 陰爻의 아래에 있는데 이는 64괘 중에서 오직 이 한 괘이다. 이는 오빠가 아래 하여 여동생을 위해주고, 듬직한 남성이 아래 하여 여린 여성을 위해 주며, 귀한 사람(陽)이 몸을 낮추어 유약한 사람(陰)을 떠받쳐주니 따르지 않을 수 없으므로 이도 '隨'의 상이다. 이렇게 강한 양이 아래에서 떠받쳐주면 좋게 되는 것이 무엇이 있을까? 항상 이런 것을 연구하여 이용하는 성인들은 隨卦의 상에서 소와 말을 이용하기 시작했다는 글이 「계사 하」에 있다. "소를 복종시키고 말을 타서, 무거운 것을 끌고 먼 곳에 도달하게 함으로써 천하를 이롭게 하니, 대개 저 수괘에서 취했다(服牛乘馬, 引重致遠以利天下, 蓋取諸)"

「서괘전」에서는 "즐거움에는 반드시 따르는 것이 있으니, 그래서 이를 수괘로 받았다(豫必有隨, 故受之以隨)"라고 했다. 즐거움은 누구도 따르게 마련이다. 그리고 「잡괘전」에는 "수는 까닭이 없다(隨无故也)"라고 했다. 따르기 전에는 고뇌가 필요할지도 모르지만, 일단 따르기로 결정했으면 이유가 있을 수 없다. 이를 나타낸 것으로 보면 될 것이다. 이런 隨卦의 卦爻辭는 어떻게 되어 있는지 알아보자.

1. 괘

* 隨, 元亨, 利貞, 无咎.

수괘는, 크게 형통하려면, 바름을 지켜야 이롭고, 허물이 없다.

[해설] 앞에서 이끌면 따라가면 되니 형통하다 할 것이다. 인간이 공동으로 반듯이 좇아야 할 대상은 자연이다. 자연의 변화에 잘 맞추어 가면 그 형통함이 크다. 그래서 '元亨'이다. 좇는 것도 무턱대고 좇을 수는 없다. 바른 것을 좇아야 유익할 것이니, '利貞'이다. 형통하고 이로우면 허물이 있을 수 없어 '无咎'다.

'좇음'은 피동적인데, 그 辭는 '元亨利貞'이 다 들어있다. 특히 '元亨'이니 지나치게 위대한 인상을 준다. 그런데 '좇음'은 때가 중요하다. 이 점은 아래 彖傳에서도 강조하는 말이다. 같은 일을 해도 때에 맞으면 이루어지고, 맞지 않으면 실패한다. 변화에는 순리라는 것이 있고, 이 순리라는 것이 그때그때의 때에 맞게 행하는 것이다. 때에 맞게 한다는 것은 자연의 변화 법칙에 인간사를 맞추어 가는 것이다. 이것이 순리이고 바로 '貞'한 것이다. 이는 중요하면서도 쉽지 않다. 隨卦의 '좇음'이란 이런 것이니 '때맞추어 바르게 좇다'가 핵심이고 이것이 바로 '貞'이다. 그래서 '貞'이 '元亨', '利', '无咎'의 조건이 된다. 바르지 않으면 순리에 맞추지 못하는 것이므로, 크게 형통할 수도, 이로울 수도, 무구할 수도 없다는 뜻이 된다. 그러므로 '元亨'의 번역도 乾卦와는 조금 차이 나게 '크게 형통하려면'로 했다.

이 괘에서도 乾卦에서 논한 바와 같이 인간이 갖추는 네 덕으로 보고 한자 한자씩 해석하기도 하는데, 이는 건괘에서 언급한 바와 같이 『좌전』 양공 9년의 노나라 穆姜이 東宮에서 쫓겨나기 직전에 친 점에서 비롯된다. 이 점에서 수괘를 얻었는데, 곁에서 돕는 이가 도망가기를 권했으나, 괘사의 '元亨利貞'의 덕이 자기에게는 하나도 없으니 무사할 수가 없다고 하여 도망치지 않고 잡혀 죽었다는 기록에 의해서다. 해석은 어떻게 해도 서로 통하는 바가 있으나, 으뜸의 괘로 보는 건괘에서도 '元亨, 利貞'으로 풀었다. 단전에서도 '利'를 제외하고 풀었으니 4덕으로는 보지 않았다고 할 수 있다. 그리고 같은 '亨'을 上六 효사에서는 '제사를 드리다'는 뜻으로 해야 자연스럽기 때문에 이 괘사도 '享'이란 뜻으로 풀이할 수도 있다. 그렇지만 隨의 '좇음'이란 특별히 난제에 부닥쳐 기원할 상황은 아닌 것 같으므로 '형통하다'가 오히려 더 자연스럽고, 많은 사람이 '형통하다'로 번역하였으므로 이를 따랐다.

*** 彖曰, 隨, 剛來而下柔, 動而說, 隨. 大亨貞无咎, 而天下隨時. 隨時之義大矣哉.**

단전에서 말했다. 수괘는, 굳센 것이 내려와서 부드러운 것에 아래 하여, (굳센 것이) 움직이면 (부드러운 것이)기뻐하니, 수괘이다. 크게 형통하려면 바름을 지켜야 허물이 없다는 것은, 천하가 때를 따르기 때문이다. 때를 좇는 의미가 크도다!

[해설] 단전이다. '剛來而下柔, 動而說'은 괘의 형태와 성질로 괘의 뜻을 푼 말이다. '剛'과 '動'은 아래 震에서, '柔'와 '說'은 위의 兌에서 나온 것이다. '來'를 위에서 아래로 이동한 것

으로 많이 일컫기 때문에, 卦變으로 해석하기도 한다. 즉 否卦(䷋)의 上九가 아래로 내려와 隨卦의 初九가 되어 下震☳이 되었고, 否卦의 初六이 맨 위로 올라가 上兌☱의 上이 되어 수괘의 上六이 되었다고 보는 식인데, 구태여 이렇게 보지 않아도 剛卦에 속하는 진이 아래에 있고 柔卦인 태가 위에 있기 때문이라고 보아도 되고, 상하괘에서 모두 강이 유의 아래에 위치했기 때문이라고 보아도 된다. 어떻든 개설에서 설명한대로 강이 몸을 낮추어 유의 아래에서 움직이며 이끄니 기뻐하며 따르는 것이 '隨卦'라는 뜻이다. 두 번째 나오는 '隨'를 前句 '動而說'과 연결하기도 하고, 後句 '大亨貞无咎'와 연결하여 '수괘가 크게 형통하려면 바름을 지켜야 허물이 없다는 것은'으로 번역하기도 한다.

이어서 괘사 '元亨利貞无咎'를 줄여 '大亨貞无咎'로 하여 이의 뜻을 해석했다. '大亨貞无咎' 한 것은 천하가 때를 좇기 때문이라 했다. 쉽게 이해할 수 없지만 괘사의 설명을 참조하면 통할 것이다. 간단히 말하면 천하는 때에 맞추어 변화를 이루니, 이런 자연의 원리를 따르는 수괘도 '大亨貞无咎'하다는 뜻으로 받아들이면 된다. '貞'하면 이로운 것은 당연하기 때문인지 여기서도 '利'가 빠졌다.

끝구는 때를 따라야 하는 중요성을 감탄사로 나타내면서 한 번 더 강조한 것인데, 王肅[149] 本에는 '隨時之義'가 '隨之時義'로 되어있고, 朱熹도 이를 따랐다. 이렇게 함으로서 '時'의 중요성이 더 강조된다고 보기 때문인 듯하다. '時'와 '義'로서 나타낸 다른 괘, 곧 豫, 遯, 姤, 旅가 모두 '隨之時義'의 형태로 되어 있으니 그럴 것 같다. 그러나 번역하는 데는 크게 지장이 없어 그대로 두고 번역했다.

* 象曰, 澤中有雷, 隨. 君子以嚮晦入宴息.

상전에서 말했다. 못 속에 우레가 있는 것이 수괘이다. 군자가 이를 보고서 어둠이 가까우면 들어가 편히 쉰다.

[자구의 뜻] 嚮: 향할 향, 향방 향, 가까울 향. 晦: 그믐 회, 밤 회, 어두울 회.

[해설] 못 속의 우레가 울리면 못도 따라 흔들리는 현상이 隨卦이다. 兌와 震의 象으로 괘를 설명하고 있다. 못을 흔들어 깨우기 위해 미리 못 속에 있는 우레를 보고, 군자는 활동하기 위해서는 미리 휴식이 필요한 생활패턴을 자각하여, 내일의 활동을 위해 밤이 되면 편히 쉰다는 뜻이다. 이렇게 군자는 움직이면 흔들리는 현상, 곧 나타나는 것만을 보지 않고, 그 이전의 상태, 그 반대의 현상까지도 고려하여 자기의 행동지침을 삼는 것이다. '終日乾乾'하기 위해서는 '潛龍'의 상태도 필요한 것임을 깨닫는 것이 군자이다. '嚮'은 '向', '晦'는 '昏',

149) 삼국시대 魏나라의 경학대사이다. 그의 학문은 王學이라고 불려 졌으며 司馬氏 세력의 지지로 창성하였다.

'宴'은 '安'의 뜻이다.

2. 효

* 初九, 官有渝, 貞吉, 出門交有功.
象曰, 官有渝, 從正吉也, 出門交有功, 不失也.

초구, 벼슬이 바뀌어도, 바름을 지키면 길하고, 문을 나와 교제하면 공적이 있다.
상전에서 말했다. 벼슬이 바뀌는 것은, 바름을 좇은 것이니 길하고, 문을 나와 교제하면 공적이 있다는 것은, 잃는 것이 없기 때문이다.

[해설] 初九는 좇음의 시작이고 下卦 震의 主爻이니 움직임의 결단이 요구되는 처지이다. 양이 정위했으니 바르게 움직일 것이고, 위로 중덕이 있는 六二와 親比이니 통하는 바가 있다. 그래서 바름을 좇아 움직이니 자리를 옮겨도 길하다. '官有渝, 貞吉'이다. 변화가 필요한 시기에는 사사롭게 교제하는 것보다 광대하게 사귀는 것이 좋고, 좇음도 사사로이 하지 않아야 공이 있으니 '出門交'하면 '有功'이라 했다. 바야흐로 바름(貞)을 향해서 좇음을 시작하고자 하는 사람에게 필요한 사항이다.

'官'의 해석이 분분하다. 程頤는 '主守(주장하고 지킨다)', 孔穎達은 '執掌之職(관리하고 있는 직무)', 현대의 黃壽祺는 先人들의 이런 논리에서 이끌어내어 '思想觀念', 于省吾는 '觀(관찰하다)', 高亨은 '館(집 관)'으로 각각 해석했다. 이 모두가 옛 글자의 쓰임을 조리 있게 편 결과이나, 오늘날 누구에게나 쉽게 통용되는 '벼슬'로도 해석이 가능하여 모두 취하지 않았다. 보통 첫 효는 '潛龍'이기 때문에 벼슬은 없는 것이 상례이지만, 여기서는 이 괘를 이루게 된 주효이고, 震은 '장남'으로 가정을 이끄는 역할을 하니, 사회에서는 관리로 백성을 돕는 자리에 있는 것으로 볼 수 있다. 이런 위치에서 正位하고 움직이는 震體에 있으니 바르게 움직여 벼슬의 변화가 있으니 '官有渝'인 것이다. '渝'를 '變'으로 보는 데는 이의가 없다.

그리고 '出門交'는 친비하고 있는 육이를 넘어 상괘의 양들, 즉 권력의 실세들과의 사귐을 말하는 것으로 보면 좋을 것이다. 특히 '出門'이란 집안을 떠난 것을 말하니, 같은 體인 하괘를 떠나 상괘와의 친교를 의미하는 것으로 봄이 마땅하다. 그리고 위로 두 음이니 길을 터주고 있고, 진은 '큰길'의 象도 있으므로 활발히 진출함을 느끼게 한다. 다른 괘의 初爻와는 달리 隨 '좇음'의 때에 震 '움직임'의 주효이므로 적극적인 활동을 개시한 것으로 보면 된다.

소상전에서는 변화에 적응하는 것은 '正'을 좇는 것이니 '吉'이요, 가정의 사사로운 情을 물리고, 正을 좇아 사귀는 데, 잃는 것이 있을 수 없다는 뜻이 된다.

＊ 六二, 係小子, 失丈夫.
象曰, 係小子, 弗兼與也.

육이, 소자에게 매이면, 장부를 잃는다.
상전에서 말했다. 소자에게 매임은, 함께 아우르지 못한다.

[해설] 六二 효사와 소상전. 육이는 正位하였고, 中正을 얻고 있다. 그리고 九五와는 正應이요, 初九와는 親比다. 조건이 최상에 속한다. 문제는 이런 좋은 조건에서 柔는 소극적이니 나태해지거나 작은 것에 얽매일 가능성이 있기 때문에 이를 경계해야 한다. 특히 자기와 가까운 곳에 능력 있어 보이는 젊은이가 있으니 그에게 매혹되고, 멀리 산처럼 높은 곳에 있는 사람에게는 경외하여 소홀히 할 가능성이 있는 것이다. 이를 경계한 말이 '係小子, 失丈夫'이다. 이때의 '小子'는 초구이고 '丈夫'는 구오이다. 여기서의 '小子'는 '丈夫'에 對가 되는 말로서 단순히 '젊은이'를 말하고 있는 것이 아니라 상대적으로 못한 사람을 칭하므로 그대로 '소자'라고 했다.

그런데 소자를 六三, 장부를 초구로 보는 사람도 있다. 음은 小이고, 양은 大이니, 이에 근거한 것이다. 그리고 이런 사람은 '좇음'은 아래가 위를 좇는 것이고, 이 수괘에서는 初는 二를, 二는 三을, 三은 四를, 이렇게 차례로 따른다고 본다. 일리가 있는 논리지만, 그렇게 되면 특별히 이 괘에만 正位, 中正, 應比를 따지지 않는다는 것이 되고, '좇음'이란 보다 큰 것을 향하는 것이 자연스러워 취하지 않았다. 괘사에서도 '元亨'이었으니 정응인 임금을 좇지 누구를 좇겠는가.

소상전에서는 작은 것에 얽매이면 모두를, 특히 큰 것을 아우를 수 없음을 강조한 것이다.

＊ 六三, 係丈夫, 失小子, 隨有求得, 利居貞.
象曰, 係丈夫, 志舍下也.

육삼, 장부에 매이니, 소자를 잃는다. 좇음에 구하는 것을 얻기는 하나, 바른 도를 지킴이 이롭다.
상전에서 말했다. 장부에 매임은, 뜻이 아래를 버린 것이다.

[해설] 三爻의 효사와 소상전이다. 六三은 하체의 제일 윗자리다. 아래 사람들을 이끌어야 할 처지이나 음이라 유약하고, 움직임을 뜻하는 震의 끝이니 마음은 심히 조급하다. 가까운 곳에 대신의 지위에 있는 九四가 있다. 이럴 때는 구사를 좇게 마련인데, 구사 또한 正應도 없으니 서로 죽이 맞아 좇게 되는 것이다. 이때 初九와 구사는 같은 양으로 상응하지 못하고

있다. 그러니 같은 體의 가족과 같은 초구의 상대를 육삼이 차지해 버리니 자연 초구를 버리는 격이다. 이를 '係丈夫, 失小子'라 했다. 실세의 권력자를 좇음에 자연 구하는 바를 얻게 된다. 그러나 이 때 사욕을 채우면 안 되니, 바르게 거처하는 것이 좋다. 이것이 '隨有求得, 利居貞'이다. '居貞'을 意譯하여 '바른 도를 지키다'로 했다.

六二, 六三, 그리고 上六에까지 음효에서는 '係'를 모두 썼다. 양은 자립심이 있는 자이니 스스로 결정할 수 있으므로 '隨'를 쓰고, 음은 우유부단하여 망설임이 많아 얽매이므로 係를 썼다. 係도 결국은 隨의 뜻과 통하나 음과 양을 구별하여 다른 글자를 썼다. 이렇게 경문의 작자는 한자 한자를 신중히 고려하여 사용했다.

소상전에서는 자기의 뜻으로 아랫사람을 버렸음을 강조한 것이다. 육이는 초구와 함께 아우르고 싶지만 어쩔 수 없는 경우이고, 여기서는 스스로의 의사이다. 중덕이 있는 자와 그렇지 못한 자와의 차이이다.

＊ 九四, 隨有獲, 貞凶. 有孚在道, 以明, 何咎.
象曰, 隨有獲, 其義凶也, 有孚在道, 明功也.

구사, 좇음을 포획하면, 바른 것도 흉하다. 믿고 道에 있으면서, 밝게 처리하면, 무슨 허물이리오.

상전에서 말했다. 좇음을 포획한다는 것은, 그 명분이 흉하기 때문이며, 믿고 도에 있으면, 공적이 밝혀지는 것이다.

[자구의 뜻] 獲: 얻을 획, 포로 획, 계집종 획.

[해설] 九四는 군왕과는 가까운 자리에 있는 대신의 자리이며, 기쁨을 누리는 兌卦에 있다. 군왕과 가깝고 권력이 있는 자리이기 때문에 조심하고 삼가야 하는 자리이면서 정위가 아니다. 지금 좇음의 시기에서 대신의 자리에 앉아 있는 剛이니 힘으로 下卦 震을 사로잡을 수 있다. 이렇게 힘으로 자기를 따라오게 하는 것이 '隨有獲'이다. 그런데 이런 상태로서 兌의 '기쁨'을 누리면 바르다고 할 수 없다. 군왕으로부터 질투와 의심을 받을 수 있고, 좇음도 자발적인 것이어야 오래가고 탈이 없다. 특히 군왕인 九五도 같은 양으로 親比가 아니니 굳건한 믿음은 없다. 설사 그가 반역의 뜻이 없는 바른 마음을 가졌어도 위험한 일이니 흉이다. 그래서 '貞凶'이라 했다. 그러나 자신의 지위를 이용한 기쁨을 획득하지 말고, 자연스럽고 투명하게 밝히면서 일을 바르게 처리하여 여러 사람이 따른다면 이런 위험은 없다. 이런 뜻이 '有孚在道, 以明'이다. 특히 親比 六三이 자기를 따르는 것도 삿된 마음으로 혼자만 기쁘기 위해 한 것이 아니라는 것을 성심과 믿음을 다해 도리를 지키면서 투명하게 밝히면 어떤 허물도 없게 된다. 그러니 무슨 허물이 있으리오. '何咎'이다. 구사가 警句로 삼아야 할 도리다.

소상전의 '其義'는 구사가 지켜야 할 분수를 말한다고 보아서 '명분'으로 해석했고, '明功'은 그가 신의를 지키고 바른 행적을 하면 결국은 功이 밝혀진다는 뜻이다.

程頤는 "구사 효와 같은 행위를 하는 자는 伊尹, 周公, 孔明이라 했고, 이런 성인이나 큰 현인이 아니면 하기 힘든 일이라고 했다(有行之者, 伊尹周公功明是也…… 非聖人大賢則不能也)" '隨有獲'하지 않고 '有孚在道'한 행위를 말한다. 군주의 의심을 사지 않으면서 독단으로 일을 처리하기가 쉽지 않음을 지적한 것이다.

*** 九五, 孚于嘉, 吉.**
象曰, 孚于嘉吉, 位正中也.

구오, 아름다운 것을 믿으니, 길하다.
상전에서 말했다. 아름다운 것을 믿어 길하다 함은, 자리가 정위치고 중심에 있기 때문이다.

[해설] 九五 효사와 소상전이다. 구오는 이 괘의 중심에 자리했으니 모두를 통솔해야 하는 자리다. 그 자신이 바르고 중덕을 가졌으며, 또 아래에서 正中의 자리에 있는 六二와 正應이고, 위로는 上六이 親比이니 서로 통하는 바가 있다. 그러니 상하가 잘 따라준다. 좇음을 요하는 시기에 걸리는 것이 없으니 보통사람에게도 '吉'이 보인다. '嘉'의 대상을 어떤 이는 육이로, 어떤 이는 상육으로 보기도 하나, 이미 자신이 중화를 지키는 굳건한 군주이니, 둘을 모두 아우를 수 있을 뿐만 아니라 좋은 것을 믿는 안목이 있는 사람이다. 그러니 '孚于嘉, 吉'이라 했다. 특별히 누구를 지칭한다고 보는 것이 오히려 구오의 능력과 인품을 제한하는 것 같아 좋아 보이지 않는다. 이렇게 中과 正을 중요하게 여기는 것이 『주역』이다.

丁若鏞은 '嘉'를 '嘉禮'로 보고 "가례에 믿음을 두니 길하다"라고 했다. 왕가의 가례에는 성혼, 탄생, 책봉에 관련한 의식들이 있는데, 그는 여기서는 육이와 정응이므로 혼례와 관련된 것으로 보고 있다. 참고는 하지만 辭의 의미가 이렇게 한정되는 것보다 광범위하게 적용할 수 있는 것이 유리하므로 '아름다움'을 취하여 번역했다.

소상전의 풀이도 이 정중의 자리가 이렇게 만든다고 했다.

*** 上六, 拘係之, 乃從, 維之. 王用亨于西山.**
象曰, 拘係之, 上窮也.

상육, 잡아매니, 이에 좇아서, 유지했다. 왕이 서산에서 제사를 드리게 한다.
상전에서 말했다. 잡아 매인 것은, 위에서 궁하기 때문이다.

[해설] 마지막 효사와 소상전이다. '拘係之, 乃從, 維之'는 더 나아가지 못하게 했다는 뜻이다. 上六은 隨卦의 극에 처해 있다. 극하면 더 나아갈 곳이 없으니 은퇴이고, 변화를 시도하면 어떻게 될지 모른다. 다행히 도움을 주는 사람이 있으니 九五이다. 정위했고 아래의 군왕과 相比의 관계이며, 兌 '기쁨'의 主爻이니, 구오를 좇아 기쁨을 유지한 것이다. 이런 상태가 '拘係之, 乃從, 維之'이다. '拘'는 '잡을 구'이니, '拘係'는 '붙잡아 매다'는 뜻이다. 구오가 극에 처한 상육을 붙잡아 매어 자기와 함께하여 현재의 상태를 유지하도록 했다는 말이다. 이렇게 구오는 상육과 돈독한 관계를 유지하면서 현인으로 존경하여 상육에게 국가적인 행사인 서산에서의 제사도 드리도록 하니, '王用亨于西山'이라 했다. '用'은 '부리다, 운용하다'의 뜻이 된다. 그런데 이것도 왕이 역적을 토벌하기 위해 군대를 일으킬 때는 제사를 드리므로, 구오가 힘으로써 상육이 좇아오도록 하고, 육오가 제사를 지낸다는 뜻으로 해석하기도 한다. 전체의 뜻은 '강력히 명령을 하여 매이도록 하니, 이에 좇아서 매인다. 왕이 서산에서 제사를 지냈다'는 뜻이다. 이때는 '用'이 '以'와 통용된 것으로 본다. 이 두 뜻 중에서는 '기쁨'의 상이 있는 兌卦에서 정위한 상육이 왕을 좇았고, 중정의 덕이 있는 군왕은 상비관계의 상육을 존중했다고 보는 것이 더 타당해 보여, 친밀하고 서로 존중하는 관계의 禮를 나타낸 것으로 보았다.

이런 것과는 다른 해석이 있다. '乃從維之'의 '從'과 '縱(느슨할 종)', '維'와 '遺(잃어버릴 유)'가 통용됐음으로 '풀어준다'로 번역을 하여, 후구 '王用亨于西山'과 연결지어면서 殷의 紂와 周의 文王과의 고사를 말한 것으로 설명을 했다.[150] 곧 周 文王이 殷의 紂에게서부터 풀려난 후에 '서산에서 제사를 드리다'의 뜻으로 보는 것이다. 이런 효사의 뜻으로는 '잡아두었다가 놓아 보내주니, 왕이 서산에서 제사를 지낸다'로 번역된다.

『周易』에서 '西'의 방향에 대해서는 항상 연관시키는 것이 周나라이다. 여기서의 西山도 周의 岐기山을 말하고, 이 岐山은 殷의 수도에서 보면 서쪽 방향이라 한다. 이 때문에 殷과 周의 역사적 일면으로 많이 본다. 呂紹綱도 九五와 上六이 돈독히 묶여 서로 좇는 상태로 보면서도 '王用亨于西山'의 '西山'을 周의 岐山으로 보았다. 이런 것에 비해 王弼은 '西'는 「설계전」에서 兌卦가 서쪽 방향이기 때문에 西가 등장했고, '山'은 상육의 상태가 위험함으로 山이 등장한다고 했다. '西山'에 대해서는 확신할 수가 없으나, 왕인 구오가 상육에게 자기를 대신해서 제사를 지내게 한 장소가 西山이고, 왜 하필 '西'가 등장했을까는 兌의 방향 西에서 비롯한 것이라고 편히 생각하고 상기와 같이 번역했다. 그리고 '王用亨于西山'의 '亨'을 '享'으로 보지 않고, '형통하다'로 보면 억지스럽게 다른 이유를 끌어와야만 겨우 이해가 될 것이다. 그러나 '제사를 드리다'로 보면 자연스럽게 통한다. '維'는 '유지하다'의 뜻이다.

소상전에서는 上爻의 자리는 극에 달해 어찌할 수 없도록 궁했기 때문에 잡아 매였다는 뜻이다.

---

150) 高亨 주해, 김상섭 옮김, 「고형의 주역」(예원서원, 1996), 202쪽. 이의 풀이를 황정원도 그대로 따랐다. 한국주역학회 편, 「주역의 근본 원리」 황정원의 '역경에 나타난 禮', 146쪽.

남의 행위를 좇든, 일의 흐름을 따라가든 隨는 '貞'을 좇아야 하고 貞은 때에 맞게 해야 貞이 될 수 있다고 했다. 이렇게 되려면 벌어진 사태에 관찰과 분석을 해야 할 것이다. 이것도 보통 사람은 하기도 어렵고 판단하기가 쉽지 않다. 그런데 하물며 남이 나를 좇게 하는 것은 더욱 어려울 것이니, 군자나 성인이 아니면 쉽지 않을 것이다. 그래도 우리는 때때로 이러한 처지에 처하게 된다. 특히 내 집안사람, 가까운 주위의 사람을 위해서 결단을 내려야 하고 모범이 되어야 한다. 이때 판단의 기본은 私를 버리고 公을 위하는 것이며, 하나를 택해야지 여럿을 택하면 일을 그르치기 쉽다는 교훈을 '係丈夫, 失小子' 등에서 알 수 있다. 참고하자.

䷑ 蠱 (山風蠱)

概說: 「서괘전」에 "기쁘게 사람을 따르다 보면 반드시 일이 있게 되니, 그래서 이를 蠱고卦로 받았다. 蠱는 일이다(以喜隨人者必有事, 故受之以蠱, 蠱者事也)"라고 했다. 豫는 '즐거움'이고 隨는 '좇음'이니, 즐거움에 젖다보면 일이 벌어지기 마련이니, 예괘와 수괘 다음에 고괘가 있는 이유라는 말이다. '蠱'는 그릇(皿명)에 벌레(虫)가 3마리나 있는 것을 본 딴 글자이니, 「서괘전」과 연결해보면 일도 벌레로서 생긴 일인 듯싶다. 좋은 일이 아닌 고쳐야할 일을 卦名으로 삼았음을 느끼게 한다.

이 蠱의 뜻을 程頤는 "고는 일이나, 고가 일을 말하는 것이 아니고, 벌레로 일이 있게 된 것이다(蠱事也, 蠱非訓事, 蠱乃有事也)"라 했다. 벌레로 사건이 벌어졌으니 이를 다시 정비해야 할 것이다. 王弼은 좀 더 나아가서 "고는 일이 있어서 해결할 때를 기다리는 것이다(蠱者有事而待能之時也)"라 했다. 사건을 해결할 때를 기다리고 있을 정도면 일도 오래 묵혀온 일이다.

괘의 형상이 위에는 '산'과 '그침'을 상징하는 艮☶이고, 아래는 '바람'과 '겸손'을 상징하는 巽☴이다. 바람이 불면 만물이 이에 나부끼며 자신의 자태를 자랑하는데, 산이 막고 있는 뒤편은 기가 통하지 않아 썩고 있을 것이다. 그리고 아래의 손 음괘는 겸손하여 위만 바라보는데, 위의 간 양괘는 그쳐있어 묵묵부답이니, 서로 통하지 않고 있다. 이렇게 통하지 못하고 막혀 있으면 종래 일이 발생하게 마련이다. 그래서 이를 고쳐 통하게 해야 하는 고난의 일이 있게 되는 것이다.

「잡괘전」에는 "고는 곧 정리하는 것이다(蠱則飭칙也)"라 했다. 어지럽혀지고 더럽힌 일을 고치고 정돈해야 한다는 말이다. 간단히 한 단어로 잘 표현된 것 같다. 그러면 어떤 일을 어떻게 해결하는지를 보자.

1. 괘

*** 蠱, 元亨, 利涉大川, 先甲三日, 後甲三日.**

고괘, 크게 형통하려면, 대천을 건너는 것이 이롭고, 갑의 삼일 전과 갑의 삼일 후(를 살펴야한)다.

[해설] 벌레가 먹고 있는 일을 고치면 크게 형통할 것이고, 이렇게 되려면 대천을 건너야 할 것이며, 시작할 날 전후를 면밀히 살펴보아야 한다. 이런 뜻이다.

해상 교통수단이 원활하지 못했던 옛날에는 대천을 건너는 일이 매우 어렵고 험한 일이었기 때문에, '涉大川'이 대단히 어렵고 중요한 일을 비유하는 것이라는 것은 알 수 있다. 그 다음 구 '先甲三日, 後甲三日'에 대해서는 여러 설이 있지만 참고할 만한 것을 몇 가지만 든다.

天干은 甲, 乙, 丙, 丁, 戊, 己, 庚, 辛, 壬, 癸이다. 이 중 갑의 先3일은 癸, 壬, 辛, 後3일은 乙, 丙, 丁을 이른다고 본다. 곧 3일 간을 말한다. 다른 하나는 선3일은 辛, 후삼일은 丁으로 지정된 날을 가리키는 것으로 본다. '甲'은 천간의 시작이므로 '처음시작'의 뜻이 있으니 이런 것에서 출발점을 삼아 생각을 넓혀보자.

이 중 하나는 甲을 새로운 일을 시작하는 첫날로 보고, 개선코자 하는 문제가 확실히 문제가 있는지의 여부를 개시일 삼일 전부터 다시 한 번 면밀히 검토 분석하여 확인하고 시행하며, 시행한 후 삼일까지는 잘 되고 있는지 여부를 살펴본다는 뜻으로 해석하는 것이다. 이는 程頤의 풀이다. 또 하나는 새로운 명령을 갑의 삼일 전부터 알리고, 시행한 후에도 삼일동안 익히도록 유도한 후에 벌을 가한다는 해석이다. 이는 王弼의 풀이다. 하나는 올바른 문제점을 발견하는데 초점이 맞추어져 있고, 하나는 명령의 이행여부를 살피는데 있으나 비슷한 뜻이고 모두 3일 간의 기간을 말하고 있음은 같다. 이런 일련의 해석은 일을 면밀하고 신중히 다루어야 한다는 교훈으로 삼기는 좋은 해석이다. 우리는 이 둘을 모두 받아드리면서 일의 종류에 따라 활용하는 것이 좋을 것이다. 다른 하나는 高亨의 주장으로 甲日 3일전의 辛日과 갑일 3일 후의 丁日을 말한다고 보는 견해이다. 옛날뿐만 아니라 지금도 중요한 일에는 택일을 한다. 그러므로 택일을 말했다고 보는 견해이다. 그리고 그는 古事에 辛日과 丁日, 그리고 癸日에 많이 제사를 지냈다는 기록을 들고 있다. 계일은 巽卦 九五에 나오는 '先庚三日, 後庚三日'에서 丁과 癸가 나오는데, 이에 해당하는 계일이다. 왜 기준점을 갑으로 하느냐? 그것은 천간의 시작이니, 새로운 것의 처음 시작하는 의미가 '甲'에 있기 때문일 것이다. 그래서 고형은 번역을 "큰 제사를 올린다. 큰 내를 건너면 이로우니, 갑일의 3일 전과 갑일의 3일 후에 건넌다"[151]라고 했다. 그는 '亨'을 모두 '享'의 '제사 드리다'로 뜻을 삼는다. 그러나 아래 효사는 부모와 자식 간의 일을 말하고 있어서 해결될 것이 예상되므로 여기서도 '형통하다'를 취하고 대신 조건으로 보았다. 그리고 지정된 날보다는 일정기간으로 보았다.

＊ 彖曰, 蠱, 剛上而柔下, 巽而止, 蠱. 蠱元亨而天下治也. 利涉大川, 往有事也. 先甲三日, 後甲三日, 終則有始, 天行也.

단전에서 말했다. 고는, 굳센 것이 위에 있고 부드러운 것이 아래에 있어서, 공손하면서도 그쳐만 있으므로 '蠱(병폐)'이다. 고괘가 크게 형통하게 되는 것은 천하는 다스려지기 때문이다. 대천을 건너는 것이 이롭다함은, 가면 일이 있기 때문이다. 갑의 3일전과 갑의 3일후란, 마치면 시작이 있음이니, (이는)하늘의 운행이기 때문이다.

[해설] 단전이다. 卦名이 '蠱'가 된 이유를 괘의 형태와 성질로서 설명한 것이 '剛上而柔下, 巽而止'이다. 艮과 巽의 象, 八卦의 剛柔분류, 내외괘의 의미를 알면 이해가 되는 문장이다. 간은 '剛卦'이고 '그침'이며, 손은 '柔卦'이고 '공손'이다. 강괘인 艮은 위에, 유괘인 巽은 아래에 있다. 그래서 '剛上而柔下'이고, 손괘와 간괘의 상에서 '巽而止'가 나오니 공손히 그쳐만 있는 것이다. 또 두 小成卦에서 강효는 위에, 유효는 아래에 있다. 위로 오르는 陽剛이 위에 있고, 아래로 내리는 陰柔가 아래에 있어서 서로 왕래가 없다. 이렇게 그쳐만 있고 왕래가 없으니 벌레가 생겨 부패하므로 '蠱'가 된다는 풀이이다.

이어서 '元亨'의 풀이다. 천하의 만사는 거의가 다스려진다. 하물며 부모 자식 간의 가정사가 다스려지지 않을 수 있겠느냐. 이런 뜻으로 '天下治也'가 붙어있다. 그런데 '元亨'과 '利涉大川'을 분리하여 풀이하고 있으므로 '蠱元亨'을 '고가 크게 형통하려면'으로 번역하면 '天下治也'와 연결이 이상하다. 그래서 '蠱元亨'을 '고괘가 크게 형통하게 되는 것은'으로 하여 결과를 과정한 것으로 보고 번역했다. 고난을 해결하면 크게 형통한 것이고, 하늘아래의 '天下'는 '天'이 다스리는 것이므로 天은 모든 것을 해결하니, 다스려지는 것이다. 그러므로 결과적으로 크게 형통하게 되니 '蠱元亨而天下治也'라 한 것으로 보았다.

다음은 '利涉大川'. 어려운 일이 생겼으니 이를 해결해야 이롭다. 대천을 무릅쓰고 가야만 하는 이유는 일을 처리하기 위해서이다. 썩고 있는 일을 가만두고 보면 망하고 말기 때문이다. 그래서 '利涉大川, 往有事也'라 했다.

끝으로 '先甲三日, 後甲三日'. 程頤와 王弼의 해석에 의하면 '先甲三日'은 일의 끝나 감을 관찰한다는 뜻이니, '甲'의 이전인 '癸壬辛'은 천간의 끝부분이니 '終'이 등장하고, '後甲三日'은 일의 시작되어가고 있는 추이를 살핀다는 뜻으로 보면 '始'가 등장하니, '終則有始'가 된

151) 김상섭 옮김, 「고형의 주역」(도서출판 예문서원, 1996), 203쪽.

다. 이렇게 순서적으로 마치고 순서에 따라 시작하는 것은 자연계가 모두 이렇게 진행되니 '天行'이다. 이런 뜻이다.

*** 象曰, 山下有風, 蠱. 君子以振民育德.**

상전에서 말했다. 산 아래 바람이 있는 것이 고괘이다. 군자가 이를 보고서 백성을 떨쳐 일어나게 하고 덕을 육성시킨다.

[자구의 뜻] 振: 떨칠 진, 흔들 진, 구제할 진.

[해설] 대상전이다. 먼저 상하괘의 상으로 괘를 푼 것이 '山下有風, 蠱'다. '山'은 上艮, '風'은 下巽의 象이다. 이런 蠱卦의 현상을 보고 군자는 '振民育德'한다고 했다. 산 아래의 바람이 초목을 휘몰아치는 현상을 보고 백성들을 진작시키고, 위에는 두텁게 쌓인 산이 있는 것처럼 덕을 육성시키는 것이다. 고려 말의 陽村 權近은 이를 "산 밑에 바람이 부니 초목을 진동시켜 양육함이 마치 맹자의 振德의 振과 같이 백성을 고무시켜 일어나게 함과 같다고 하고, 덕 있는 자가 백성을 양육하여 성취시킴이 마치 산이 物을 키움과 같아서……"[152]라고 했다 한다. 바람이 초목을 흔드는 것을 백성을 진작시키는 것에, 산이 생물을 울창하게 키우는 것을 백성들의 덕을 육성시키는 것에 비유했다. 물론 산이 막고 있는 뒤편에도 '振民育德'하면 蠱가 발생하지 않을 것이다. 군자는 이렇게 인사에 적용하여 그 근본을 바르게 함으로써 蠱에 이르지 않도록 조치한다는 말이다. 군자다운 행위이다.

2. 효

*** 初六, 幹父之蠱, 有子, 考无咎, 厲終吉.**
象曰, 幹父之蠱, 意承考也.

초육, 아버지가 저지른 일을 바로잡는다. 아들이 있으면, 죽은 아비도 허물은 없게 되나, 조심해야 끝은 길하다.
상전에서 말했다. 아버지가 저지른 일을 바로잡는다 함은, 뜻은 죽은 아비를 잇는 것이다.

[해설] 初爻의 효사와 소상전이다. '蠱'는 갑자기 일어난 일도 있겠지만 蠱卦의 각 효사에

152) 韓國周易學會 編, 『周易과 韓國易學』(주 범양사출판부, 1996), 279쪽.

서는 시간이 거듭되면서 일어난 사건을 말하고 있다. 그래서 呂紹綱은 "고의 생겨남은 일조일석의 일이 아니고, 왕왕 한 세대의 시간이 소요되어서 겨우 나타나니, 고괘의 모든 효에 모두 父子로서 비유되는 것이다(蠱之產生, 不是一朝一夕的事, 往往需要一箇世代的時間, 才能表現出來, 所以蠱卦諸爻都以父子比喩)"[153]라고 했다. 곧 가정의 蠱는 내 이전의 父代로부터 만들어진 것이라는 말이다.

'幹'은 漢韓사전에는 '주관하다'의 뜻이 나와 있다. 그런데 중국의 고문자를 연구한 사람들은 『廣雅광아·釋詁석고』[154]의 '正也'라는 풀이를 많이 인용하면서 '匡광正(바로잡다)'로 번역한다. 어떻든 아들이 아버지가 저질러 놓은 일을 처리한다는 뜻이다.

初六은 제일 아래에 있으니 어리고, 음이니 제자리가 아니며, 正應도 없다. 오로지 九二와 親比를 이룰 뿐이다. 이런 조건으로 과연 아버지의 일을 주관하거나 바로잡을 수 있을까? 일견하여 그럴 능력이 없을 것 같다. 그런데 고괘의 처음이니 고가 깊지 않아 다스리기가 쉽고, 내괘 巽을 이루는 주효이니 손은 '바람'이고 '장녀'이므로 안에서 일을 주관하는 능력이 있으며, 中에 자리 잡은 구이의 도움이 있어, 아버지가 저지른 일을 바로잡을 수 있다고 본다. 그래서 '有子, 考无咎'이다. 그러나 유약하면서 정위하지 않았고, 일을 바로잡는다는 것이 어렵고 위태로운 일이므로 조심해야 하므로 '厲'가 붙었다. 이렇게 조심하면서 다스려 가면 마침내 길하게 된다고 '終吉'이라했다.

여기서의 '考'를 보통 '죽은 아버지'로 보는데, 어떤 이들은 옛적에는 父와 통용되었다고 하여 '아버지'로 같이 보기도 한다. 아들이 아버지의 일을 주관하거나 바로잡는 것은 父子의 질서가 엄격한 옛날을 생각하면, 이미 아버지가 세상을 달리한 것으로 보는 것이 편하니 '죽은 아버지'가 좀 더 자연스럽다. 그리고 尙秉和 학파에서는 '考'를 '成也'로 보고, 앞 구 '有子'에 붙여 '有子考, 无咎'로 하여 "자식이 있으면 (조상의 업을)성취할 수 있으니, 허물이 없고, 설사 위태해도 마침내 길하다"[155]로 해석했다. 참고하자.

소상전에서는 자식이 아버지의 저지른 일을 바로잡는 것은 아버지의 허물을 바로잡아 덮고, 아버지의 유지를 계승하는데 그 뜻이 있지, 자기를 돋보이게 하거나, 家의 전통을 혁신하기 위한 작업이 아니라는 것을 나타내고 있다.

*** 九二, 幹母之蠱, 不可貞.**
象曰, 幹母之蠱, 得中道也.

구이, 어머니가 저지른 일을 바로잡는데, 바르고 곧게만 할 수 없다.

153) 김경방, 여소강 저, 「주역전해」 수정본(상해고적출판사, 2006), 170쪽.
154) 중국 魏나라의 字典. 古書의 字句를 해석한 책.
155) 黃壽祺, 張善文 撰, 「周易易注」(上海古籍出版社, 2002), 161쪽.

상전에서 말했다. 어머니가 저지른 일을 바로잡는 것은, 중도를 얻기 위해서다.

[해설] 九二 효사와 소상전. 하괘의 구이는 양이니 남자이고, 중심에 있으니 가족관계로 살펴보면 아들의 상이 있다. 한편 하괘는 '안(內)'를 의미하니 곧 집안이 되고, 집안의 중심인물은 어머니이니, 여기서 '母'도 이끌어낼 수 있다. 그래서 아들이 어머니의 蠱를 바로잡는 일이 등장하여, '幹母之蠱'가 되었다. 그런데 아들과 어머니는 남성과 여성의 차이가 있다. 그래서 남자의 경우처럼 강력하고 직선적으로 바르게 고칠 수만 없는 일이 있을 수 있다. 이런 의미가 '不可貞'이라고 본다.

『주역』에는 모든 것에 '貞'을 강조하는데 여기서는 좀 다르다. 그리고 '貞'에 부정사가 있게 되면 해석이 어딘가 부자연스럽다. 어머니의 '蠱'를 바로잡는데 왜 '不可貞'인가? 이해가 잘 되지 않는다. 이에 대해 궁색한 이유 같지만 이런 설명을 한다. '蠱'는 '유혹'이라는 뜻이 있으니, 이것은 어머니의 규방의 일, 곧 섹스와 관련된 일도 포함된다. 이런 일은 아들이 처리하기가 어렵기 때문에 '바르게만 할 수 없다'고 말한다. 그러나 표현된 자구만으로는 남자와 여자, 집안과 집밖의 일이 달라서 蠱가 고가 아닐 수도 있다는 것을 말한다고 생각할 수밖에 없다. 곧 소상전에서 말하는 '中道'를 찾기가 힘들다는 뜻이 아닌가 한다.

소상전은 剛柔가 다르고, 남녀가 다르지만, 안팎의 일을 중화시키는 중도를 얻기 위해서 한다는 뜻으로 보았다. 효사의 '不可貞'과도 통하는 면이 있다.

*** 九三, 幹父之蠱, 小有悔, 无大咎.**
象曰, 幹父之蠱, 終无咎也.

구삼, 아버지가 저지른 일을 바로잡는다. 작은 뉘우침은 있으나, 큰 허물은 없다.
상전에서 말했다. 아버지가 저지른 일을 바로잡음은, 종국에는 허물이 없다.

[해설] 九三은 양이 양자리에 있어 제자리를 차지했으니, 자리 값은 하는 자이다. 이 자리는 열심히 노력하는 자리이다. 그러므로 아버지가 저질은 일도 능히 처리할 수 있으니 '幹父之蠱'의 象이 있다. 그런데 양이 양의 자리에 있어 양이 겹쳤고, 中을 지나쳤음으로 지나치게 강한 면이 있을 수 있는데다가 正應도 없으니, 반성할 일이 생긴다. 이것이 '小有悔'다. 그러나 이미 저질러진 병폐는 바로잡아야 하는 것이고, 하괘가 巽이라 근본은 공손함이 있어 지나친 강함을 순화시킬 수 있는 자이니, 큰 허물은 없는 것이다. 하여 '无大咎'다. 이를 朱熹는 아주 간단하게 이렇게 말했다. "지나치게 강하고 중이 아니기 때문에 小有悔이고, 손의 몸체에서 정위를 얻었기 때문에 无大咎다(過剛不中, 故小有悔, 巽體得正, 故无大咎)"

소상전에서는 결국은 아버지의 폐해를 고쳐 허물이 없게 된다는 뜻을 말했다.

* 六四, 裕父之蠱, 往見吝.
象曰, 裕父之蠱, 往未得也.

육사, 아버지가 저지른 일을 너그러이 용납하니, (이렇게)가면 인색함을 만난다.
상전에서 말했다. 아버지가 저지른 일을 너그러이 용납하니, 가면 얻는 것이 없다.

[해설] 六四의 효사와 소상전이다. 육사는 음이 음자리에 있으니, 음이 겹쳤기 때문에 유약하여 주저함이 많다. 그리고 원래 이 자리는 조심스러운 자리이고, 거기다 艮體에 있으니 그쳐있고, 윗사람도 역시 柔이다. 만약 艮 '止'가 아니고 윗사람이 유가 아니었다면 그를 열심히 받들 위치에 있으니 '裕'할 수만은 없었을 것이다. 처해 있는 상태가 지나치게 소극적이다. 그러니 자연히 아버지가 저지른 일에도 그냥 두고 고치려 하지 않는다. 결과적으로 너그럽게 대하는 것이 되니 '裕父之蠱'이다. 고쳐야할 蠱를 계속두면 결국 고치는 결단이 인색한 것이니, 그래서 '往見吝'이다. 여기서의 '往'은 '계속 이런 상태를 유지하면'의 뜻이다. 소상전에서는 말을 바꾸어서 '未得'이라는 다른 표현을 했을 뿐이다. 대체로 이렇게 해석한다.

'裕'를 '관대하고 여유롭게 대하다', 혹은 '수용하다'의 뜻으로 본다. 그런데 「주역의 근본 원리」에서 황정원은 '裕'를 '간언하다'로 번역했다.[156] '裕'에는 '이끌다(導也)'라는 뜻이 있으니, 이를 취하면 이런 번역도 가능할 것 같다. 이런 뜻으로 번역하면 고를 고치려는 노력을 하는 것이므로 전체 효사의 흐름과 일치하는 면이 있다. 참고할 일이나 자구의 쓰임에 대한 연구가 좀 더 필요할 것 같아서 취하지는 않았다. 그리고 '往'을 '死也'의 뜻으로 보고 '돌아가시면 안타까움을 본다'로 번역하는 이도 있다. 이것도 '蠱'를 살아있는 아버지의 蠱로 보아야 함으로 보다 더 연구할 필요가 있다고 보고 취하지 않았다.

* 六五, 幹父之蠱, 用譽.
象曰, 幹父用譽, 承以德也.

육오, 아버지가 저지른 일을 바로잡는데, 명예롭게 한다.
상전에서 말했다. 아버지의 일을 바로잡는데 명예롭게 한다는 것은, 덕으로써 이어받드는 것이다.

[해설] 六五 효사와 소상전. 육오는 괘에서 가장 존귀한 자리에 있으면서 中을 차지하고 있고, 아래 九二의 현인과 正應이니, 그가 돕고 있다. 비록 스스로는 유약하고, 정위가 아니라

156) 한국주역학회 편, 「주역의 근본 원리」(철학과 현실사, 2004), 125쪽.

서 불안한 면도 있으나, 중덕이 있고 아래의 강력한 현인이 도와주므로 '幹父之蠱'가 가능하다. 先王의 일을 바로잡는 것은 왕가의 일이니, 왕실을 명예롭게 하는 것에 초점이 맞추어지고, 그리고 五位는 정치적인 자리이니, 포장하고 감싸면서 덕으로써 처리해야 하므로 '譽'가 등장했다. 육오가 군왕이면서 중덕이 있으므로 이렇게 처리하는 것이다. 정치가 명예를 중시해야 함을 나타내 보인 것이다. '用'은 '以'와 같이 보아도 되고, '爲也'로 보아도 된다.

소상전의 '幹父用譽'는 효사의 '幹父之蠱, 用譽'를 줄인 말이다. 육오가 자신의 강력한 권력의 힘으로써 아버지의 일을 바로잡은 것이 아니고, 중덕으로써 선왕의 고를 승화시켜 명예롭게 한다는 뜻이다.

* **上九, 不事王侯, 高尚其事. (凶.)**
象曰, 不事王侯, 志可則也.

상구, 왕과 제후의 일에 종사하지 않으면서, 그 일을 고상하게 여긴다.
상전에서 말했다. 왕과 제후의 일에 종사하지 않는 것은, 뜻은 본보기로 삼을 만하다.

[자구의 뜻] 不事: 섬기지 않음, 勞役에 服役하지 않음.

[해설] 상효 효사와 소상전이다. 上九는 蠱의 끝이고, 艮의 끝이다. 병폐도 해결되고 머물 필요성도 없는데, 제 자리도 아니고 正應도 없다. 그래서 걸림돌 없이 물러나 은퇴하여 여생을 보내려고 생각한다. 그래서 왕가의 미묘하고 복잡한 일에도 관여하지 않고 유유히 지내려고 한다. '不事王侯'는 이런 뜻이다. '事'를 '섬기다'로 번역해도 통하고 '從事'로 보아 동사로 쓰였다고 보아도 된다. 이렇게 관여하지 않는 그런 행위를 고상하게 여긴다고 했다. '高尚其事'이다.

상구에는 다른 효와 다른 점이 있다. 다른 효에서는 모두 자식이 부모의 일을 처리하는 것으로 말했는데 여기서는 王侯를 등장시켰다. 이는 '蠱'는 자신보다 앞 세대의 일을 처리하는 것인데, 은퇴할 사람이 先代의 병폐를 왈가왈부하지 않고 조용히 살아간다는 뜻을 나타내면서, 동시에 자기 자신이 저지른 잘못은 蠱라고 할 수 없기 때문에 幹蠱가 등장하지 않고 '不事王侯'가 됐다.

그런데 帛書에는 뒤에 凶이 첨가되어 있다. 그렇다면 '왕후의 일에 종사하지 않으니, 그 일을 고상하게 여기나, 흉하다'로 번역해야 할 것이다. 이는 상효의 역할은 蠱를 바로잡는데 마지막 힘을 쏟거나, 고가 마무리 되고 새로움이 태동되는데 힘을 쏟아야 될 것인데. 그렇게 하지 않고 골치 아픈 일에서 비켜나서 혼자만 고상한 척하는 자이니 흉하다는 뜻으로 보아야 할 것이다. 艮의 주효이고 剛이므로, 고를 바로잡아야 할 의무가 있는데, 제 역할을 하지 못하고 있으니 흉으로 본 이 해석도 가능해 보인다. 참고할 만하다. 그러나 소상전의 풀이와 연결하면 '凶'과 '可則'이 통하지 않기 때문에 좀 더 연구할 필요가 있어 취하지는 않았다. 소상전은 은퇴할 시기를 알아서 정치적인 일에 관여하지 않고 유유자적하는 태도를 본받을 만하다고 했다.

이 괘에서는 병폐의 일이 있으면 이를 피하지 말고 용감히 맞서 헤쳐 나갈 것을 말하고, 부패와 고난이 시작되지 않기 위해서는 지도자들이 백성들을 잘 이끌어 주어야한다고 했다. 그리고 누적돼 온 병폐는 고치고 다스려야 함이 마땅하다. 그런데 이런 蠱를 '바로잡는 일'을 어버이와 자식 간의 일로 묘사한 것에 주의할 필요가 있다. 조그마한 일도 나의 고집과 힘만으로 밀고 나가면 그것이 아무리 옳은 일이라 할지라도 상처를 받는 상대가 있다. 상처를 받지 않거나 적게 받으면서 일을 처리하려면, 자식이 어버이를 섬기는 마음으로 상대를 아끼고 사랑하면서 처리해야 '幹蠱'가 된다는 것을 알게 한 것이 아닐까 한다. 노년기에 들어 은퇴해야 할 시점의 上九만 제외하면 모두 '幹蠱'하고 있다. 六四도 '裕蠱'하는 것을 '吝'이라 했으니 마땅히 幹蠱를 말한 것이다. 이 모두 부자간의 일로 다루었음을 명심해야 할 것이다.

䷒ 臨 (地澤臨)

槪說: '臨'은 '임할 임'인데, '어떤 지점에 다다르다' '마주 대하다' '높은 곳에서 낮은 곳을 대하다' 등의 의미이다. 上卦 坤☷은 '땅' '순함'이 象이고, 下卦 兌☱는 '못' '기쁨'이 상이다. 물이 고여 있는 못 위의 땅은 언덕이요 둑이니, 둑이 물과 서로 마주보고 있다. 그래서 臨이다. 제방은 못의 물을 감싸니 물은 기꺼이 따르고(悅), 가둔 물을 내보내야 할 때는 순순히 보낸다(順). 순순히 좇은 결과로 목적지에 도착하여서니 임이다. 위로 오르는 기운의 양 두개가 아래에 있고, 아래로 내리는 기운의 음들은 위에 있으니 두 기운이 마주대하고 있다. 이것도 임이다. 그리고 귀하고 높은 사람을 상징하는 양이 아래로 내려와 낮고 아래에 있어야 할 음보다 더 아래로 와서 웃고 있으니(兌), 음들이 순순히 따르지 않을 수 없다. 이는 높은 사람이 아래로 임한 것이다. 이런 것들이 괘 이름이 '臨'이 된 것으로 이해하면 된다.

「서괘전」에는 "고는 일이다. 일이 있은 후에 클 수 있으니, 때문에 이를 임으로서 받았고, 임하는 것은 큰 것이다(蠱者事也, 有事而後可大, 故 受之以臨, 臨者大也)"라 했다. 사실 이 뜻은 좀 엉뚱하게 느껴진다. 위에서 괘 이름이 임이 된 사유 중, 선 듯 통하는 것이 없기 때문이다. 그러나 剛이 음 아래에 임하였으니 강은 '大'이므로 '臨者大也'가 되고, 또 임하는 것은 일을 해결하기 위해서이고, 그 일이 해결되었으면 발전이 있을 것이니 '크다'라는 뜻이 있게 된다. 그래서 '臨者大也'라 한 것으로 이해하고 넘기자. 「잡괘전」에는 "임괘와 관괘의 뜻은 혹 주고 혹 구한다(臨觀之義, 或與或求)"라 했다. 臨卦와 觀卦는 서로 綜卦이다. 위에서 아래를 보면(臨) 혜택을 베풀어야 하는 경우도 있으니, '或與'이고, 아래에서 위를 바라보는 것은(觀) 내가 구하는 바가 그곳에 있을 수 있으니, '或求'가 된다. 괘의 생김이 바로하고 거꾸로 함에 따라 괘명이 달라지니 함께 묶어 풀었다. 그러면 어떤 경우 어떻게 임하는지 보자.

1. 괘

* 臨, 元亨, 利貞, 至于八月有凶.

임괘, 크게 형통하고, 바르게 하면 이롭다. 8월이 되면 흉하게 된다.

[해설] 蠱를 해결한 후 새로운 발전이 시작되고 있다. 그래서 '元亨'이다. 또 위에서 아래를 살피기 위해 임했으니 크게 형통할 것이다. 특히 개인을 초월한 사회적인 일이나 국가적인 일이면, 단순히 '亨'을 넘어서 '元亨'이 되어야 할 것이다. '元亨'하려면, 임하는 사람도 임함을 받는 사람도 항상 조심하면서 바른 길로 가야할 것이다. 그래서 '利貞'이다. 여기서도 句를 '元亨'과 '利貞'으로 하여 번역한다.

어떠한 발전도 영원히 계속될 수는 없다. 그래서 흉할 때를 대비해야 한다. 이런 뜻이 '至于八月有凶'이다. 발전할 때 퇴보할 것을 대비하라는 경계의 뜻을 내포한 말인데, 왜 하필 8월인가? 음력으로 8월이면 봄과 여름이 지나고 가을과 겨울이 찾아오는 계절이다. 생장이 끝나고 낙엽 지는 단계로 들어간다. 즉 양에서 음으로 변화하는 계절이다. 생장이 발전을 의미했다면 낙엽은 생장의 멈춤을 의미한다. 그래서 8월이다. 생장의 의미로만 따지면 그 생장이 멈추니 '凶'이다.

그리고 또 괘의 6효에 양과 음의 불어나고 줄어드는 현상과 12달을 배합시킨 12辟卦(실마리 40쪽 참조)로서도 설명을 하고 있다. 한 양이 처음 있게 되는 復卦(䷗)는 음력 11월이요, 양이 2개로 불어난 臨卦(䷒)는 음 12월이며, 이렇게 양이 불어나다가 양이 꽉 찬 乾卦(䷀)는 음 4월이 된다. 음이 처음 생겨난 姤卦(䷫)는 음력 5월, 음이 불어나서 양이 2개만 남는 觀卦(䷓)가 음 8월이다. 관괘는 임괘와 綜卦로서 꼭 반대이므로 앞으로 관괘가 되면 정반대의 상황이 전개 된다. 이런 이치를 알고 대비하라는 뜻이다. 어떻든 계절을 따져도 8월이 되고, 정반대의 형태인 관괘에 해당하는 月도 8月이 되니, '至于八月有凶'이다. 그런데 관괘가 음력 8월이 되는 것은 泰卦를 正月로 한 夏曆으로 본 것이고, 周曆에서는 復卦(䷗)를 정월로 했으므로 復, 臨, 泰, 大壯, 夬, 乾, 姤, 遯으로 遯卦(䷠)를 말한다고 丁若鏞이 말했다. 어떤 것이 확실한지는 고대의 역법과 이 괘사가 쓰였던 시기에 대한 연구가 더 필요하나, 관괘는 양이 모두 살아질 날이 멀지 않다는 것이고, 둔괘는 음과 양이 완전히 반대의 현상으로 음이 자라나면서 양을 소멸시키는 괘이다. 이 모두가 왜 8월인가를 설명하기 위해 이끌어낸 것이므로 8월이 흉이 되는 것은 변하지 않는다.

＊ 彖曰, 臨, 剛浸而長, 說而順, 剛中而應, 大亨以正, 天之道也. 至于八月有凶, 消不久也.

단전에서 말했다. 임괘는, 강이 점점 커가니, 기뻐하면서 순하게 따르고, 강이 중심에 있으면서 응함이 있으니, 크게 형통하고 바르므로, 하늘의 도이다. 8월이 되면 흉하게 되는 것은, 소멸함이 멀지 않기 때문이다.

[자구의 뜻] 浸: 담글 침, 잠길 침, 스밀 침, 점점 더 침. 不久: 오래되지 않음.

[해설] 단전이다. 괘명 '臨'과 괘사 '元亨, 利貞'을 연결하여 설명했다. '剛浸而長'은 괘의 형상이 아래에서부터 강이 점점 불어나 쌓일 것임으로 이를 나타낸 말이다. 새벽에 태양이 솟으면 점점 대낮으로 가고 봄이면 점점 여름으로 가는 것과 같이 양강이 자라는 현상을 나타낸 것이다. 이런 자연의 현상을 사람은 순순히 좇아야 하고, 순순히 좇을 것이면 기쁘게 좇는 것이 좋다. 이 괘도 이런 자연현상처럼 기뻐하면서 순순히 따르니 '說而順'이라 했다. 하괘 兌는 '悅'이고 상괘 坤은 '順'이니 두 소성괘의 덕으로써 대성괘의 성질을 말했다. 이렇게 행하면 '大亨'할 것이다. 그리고 '剛中而應'은 九二의 강효가 아래의 중심에서 위의 중심인 六五와 相應하고 있음을 나타냈다. 위아래에서 중심에 있으니 치우침 없는 중덕으로 서로 협조하며 일을 행하니 '正'할 것이다. 이런 것이 '大亨以貞'한 이유이고, 동시에 임한 결과를 말하니 '臨'의 설명도 되는 것이다. 이렇게 점점 성장・발전하게 하는 것이 하늘의 道이므로 '天之道也'라고 했다. 자연현상과 같다는 말이다. '大亨以正, 天之道也'는 괘사 '元亨, 利貞'을 결론짓는 말이다. 괘의 형상과 그 성질로서 괘의 뜻을 구술하면서 동시에 괘사의 구절들을 간단하면서도 어울리게 설명을 했다.

'至于八月有凶'은 양이 자라고 음이 소멸됨이 언제나 계속되는 것이 아니고, 음력 8월이면 이런 일도 마무리 되고 반대의 현상이 일어나니 '消不久也'라 하여, 오래가지 않아서 자라던 양도 소멸됨이 있다고 했다. 언제나 계속되는 것은 없으니 항상 경계하라는 말을 이렇게 간단히 더 붙이고 끝냈다.

＊ 象曰, 澤上有地, 臨. 君子以敎思无窮, 容保民无疆.

상전에서 말했다. 못 위에 땅이 있는 것이 임괘이다. 군자가 이를 보고서 가르치려는 생각이 끝이 없고, 백성을 포용하고 보호함이 지경이 없다.

[해설] 대상전. 못의 물과 그 위의 둑인 땅이 서로 어울려 있는 모양은 경계가 없고 친밀하다. 그리고 못이 물을 받아들이고 흘러 보내면서 만물을 보호하고 키운다. 이런 현상을 보고 군자는 못의 물처럼 백성을 가르치려는 생각과 보호 육성하려는 행위를 끝이 없이 한다는 뜻이다. '敎思无窮'의 '敎思'를 백성을 '가르치고 그들을 생각하는 마음'이 끝이 없다는 뜻으로 보아도 된다.

'地'는 백성이고 '澤'은 군자이며 정치하는 사람이다. 명령과 힘으로 백성들을 이끌기 보다는 이렇게 아래 하여 이끌어 간다는 생각이 이상적이고 儒家적인 생각이다. 오늘날 공무에 종사하는 사람이 명심했으면 한다.

2. 효

*** 初九, 咸臨, 貞吉.**
象曰, 咸臨貞吉, 志行正也.

초구, 감동시키며 임하니, 바르게 하면 길하다.
상전에서 말했다. 감동시키며 임하니 바르게 하면 길하다는 것은, 뜻을 바르게 행하기 때문이다.

[해설] 初九 효사와 소상전. 초구는 양이 양자리에 있고, 위로는 재상의 자리에 있는 六四와 상응하고 있다. 臨의 시작이고 兌卦 '기뻐함'의 動因이다. 씩씩한 소년이 기쁘게 몸을 낮추어 아래에 임했다. 上卦 六四를 감동시킬 만하니, '吉'이다.

'咸'과 '感'이 통용됐음을 많은 사람이 증명한다. 그런데 朱熹가 '徧(두루 편)'으로, 來知德[157]이 '皆也同也(모두 함께)'라 했기 때문에 우리말 '다' 혹은 '함께'로 번역한 곳도 있다. '감동하다'와 '다, 함께'의 뜻이 감동하여 함께 하는 것이므로, 문장을 풀이하는 데는 다 통한다. 다만 각각의 효가 하는 역할이 다른 만큼 '다, 함께'라는 말보다는 아직 어린 초구가 음들 특히 육사를 감동시키는 것으로 보는 것이 더 나을 것 같고, 현대의 중국학자 모두가 '感'으로 풀고 있기에 이를 취했다.

'貞'은 '正'이니, 초구와 육사가 正位이니 여기서 '貞'이 나왔다. 다만 이를 조건으로 보는 데는 모든 것이 완전할 수 없기 때문인데, 특히 초구는 어리고 처음이라는 의미가 있으므로 '바르게 해야', 혹은 '바르게 하면'의 조건으로 해석했다.

소상전에서도 어린 초구가 바름을 행하기 때문에 감동시킨다는 뜻이다. 그가 처한 상황이

157) 명 중엽의 상수파 역학자. 저서에 『周易集注』가 있다.

바른 길로 나아가게 한다.

* 九二, 威[咸]臨, 吉无不利.
象曰, 威臨吉无不利, 未順命也.

구이, 위엄으로 임하니, 길하고 불리함이 없다.
상전에서 말했다. 위엄으로 임하니 길하고 불리함이 없다는 것은, 명령을 순순히 따르지 않기 때문이다.

[해설] 二爻의 효사와 소상전이다. 九二는 양이 中에 있고, 六五 왕과 상응하고 있다. 비록 양이 음의 자리에 있으나 中에 있기 때문에 初六보다 못한 것이 없다.

이 효의 원문에는 초구와 같은 '咸臨'이다. 그런데 소상전의 '未順命也'로 인해 해석상의 문제가 발생한다. 이 뜻은 '명령에 순종하지 않다'인데, '咸臨'으로는 해석이 되지를 않는다. 곧 소상전 '咸臨吉无不利, 未順命也'의 번역은 '감동하여 임하니 길하고 불리함이 없다, 이는 명령에 순종하지 않기 때문이다'가 된다. '감동하여 임하면서 (혹은 함께 임하면서) 명령에 순종하지 않는다'는 것은 말이 통하지가 않는다. 그래서 朱熹는 "未詳(자세하지 않다)"이라 했고, 현대의 呂紹綱도 "不好理解(이해하기가 힘들다)"라 했다. 그래서 결론은 '咸'이 '威'가 와전된 것으로 본 高亨의 의견을 좇았다. 양은 전진하고 음은 물러나는 의미가 있다. 그러나 첩첩이 쌓인 많은 음들이 모두 순순히 따르기만 하겠는가? 위엄 있게 임해야 할 것이다. 특히 육오 군왕과 正應이니 구이를 밀어줄 것이므로 위엄 있게 일을 처리하는 것이다.

그렇지만 이도 역시 추정일 뿐이므로 그대로 '咸臨'으로 보고 해석할 때는 '未順命也'의 의미를 옛 학자들은 다음과 같이 보았다.

"지성으로 서로 감응하기 때문이지, 위의 명령에 순순히 따르는 이유는 아니다(至誠相感, 非由順上之命也)" - 程頤.

"육오의 명령에 다 순종하지 않고, 모름지기 일의 마땅함을 짐작하여, 좇기도 하고 거부하기도 한다(未可盡順五命, 須斟酌事宜, 有從有否)" - 孔穎達.

이런 뜻으로서 우리말로 번역하면, 소상전의 '未順命也'는 '명령에만 순종하는 것은 아니다'로 되겠으나 그래도 자연스럽지가 못하다.

초구에는 '貞吉'인데 구이에는 '吉无不利'라 했으니, 초구보다는 구이가 좀 더 좋은 결론이고, 그것은 中을 그 만큼 중요시 여기기 때문일 것이다. 그런데 이런 뜻을 살리기 위해서인지 이 '未順命也'의 '未'를 초구는 아니었으나, 구이는 '順命'을 하게 했다는 뜻으로 하여 "그때까지 분부에 순종하지 않았으나 그의 행동에 감동되어 분부를 따랐기 때문이다"라고 번역한 곳도 있다.158) 아무래도 무리하게 끼워 맞춘 번역이다. 이런 식의 번역보다는 자구의 잘못으로 보는 것이 더 자연스럽게 보였다.

＊ 六三, 甘臨, 无攸利. 旣憂之, 无咎.
象曰, 甘臨, 位不當也. 旣憂之, 咎不長也.

육삼, 달콤한 말로 임하니, 이로울 바가 없다. 이윽고 걱정하니, 허물은 없다.
상전에서 말했다. 달콤한 말로 임함은, 자리가 마땅치 않기 때문이다. 이윽고 걱정하니, 허물은 오래가지 않는 것이다.

[해설] 六三은 下兌의 제일 윗자리이면서 하괘의 주효이다. 태는 '기쁨'이고 '입'의 象이다. 입으로만 기쁨을 나타내니, '甘臨'의 상이 있다. 한편으로 六三은 자리도 제자리가 아니고 正應도 없으면서 剛을 타고 있다. 편치 못한 자리에 있는데, 힘 있게 밀고 올라오는 두 강이 있다. 그는 자기의 지위를 잃지 않으려고 甘言以說로 이들을 대한다. 그래서 '甘臨'이다. '甘'을 '감언이설'의 뜻으로 보고 '달콤한 말'로 번역을 했다. 육삼의 놓인 처지가 밀고 올라오는 두 양을 억누를 수도, 그렇다고 허용할 수도 없는 처지가 감언이설을 하게 만든 것이다. 이런 감언이설은 언젠가는 진실이 밝혀지는 것이니 이로울 것이 없다. '无攸利'이다. 그런데 이것의 잘못을 알고 걱정하여 고치면 허물이 없게 된다. '旣憂之, 无咎'이다. 하괘의 윗자리에 있으므로 아래의 두 강을 마음대로 할 수 있을 것 같으나, 初九는 六四, 九二는 六五와 正應이니 모두 자기보다 윗사람과 통하고 있는데, 자기를 도와줄 정응은 없으니 역부족이다. 자연 '憂'가 있게 되고, 임시방편의 감언이설도 통하지 않을 것은 정한 이치이니 '旣憂之'의 상이 있는 것이다. 여기 '旣'는 우리말 '이윽고'가 어울리고, '憂'는 '걱정하다'이나, 걱정하는 것은 결국 잘못을 고치기 위한 것이므로 '고치다'의 뜻이 내포된 것으로 보아야 한다. 결국 양들을 받아드려도 양들의 시대로 전개되는 시대상황이니 허물할 수 없어 '无咎'인 것이다.

'甘臨'을 '어질게 다스리다'로 번역하기도 한다. 그러면 '어질게 다스리면 이로울 것은 없으나, 이미 걱정한 것이니 허물은 아니다'가 될 것이다. 이미 예견한 사태이니 허물할 것은 없으나, 시대상황은 육삼에게는 이롭지 않다는 뜻이다. 그러나 육삼의 상황은 위에서 설명한 甘言以說이 더 자연스럽다고 보았다.

소상전에서는 육삼이 처한 자리가 '甘臨'할 수밖에 없고, 이윽고 걱정하여 고치면 허물은 오래가지 않는다는 뜻이다.

158) 김인환 역해, 「주역」(고려대학교출판부, 2010), 176쪽.

* 六四, 至臨, 无咎.
象曰, 至臨无咎, 位當也.

육사, 지극하게 임하니, 허물이 없다.
상전에서 말했다. 지극하게 임해 허물이 없다 함은, 당면한 자리 때문이다.

[해설] 六四는 坤體에 있으니 '順'이 나오고, 正位했으니 '正'이 나오고, 상괘의 시작이니 하괘와 가장 가깝게 있고, 최고의 권력자와도 가까이에서 보좌하니 여기서 '近'이 나온다. 그 자신이 음이니 '柔'가 나온다. 그리고 아래 初九와 正應이니 그와 '通'이다. 이들을 합치면 순하고 부드러우면서 가까이 있는 윗분을 바르게 모셔야하고, 아래에서 밀고 올라오는 양과는 잘 통하는 사이가 된다. 이런 상태는 바로 '至臨'이다. 또 '至'를 '이르다'로 보고 정응인 초구에 '다가가서 임하다'로 해석하기도 한다. 육사가 정위해 있으면서 절대 권력자인 육오를 두고 정응에게만 특별히 다가가는 것이 편파적인 인상이 있고, 다음의 점사 '无咎'와는 '지극히 임하는 것'이 어떤 허물도 없다는 것과 더 잘 통한다. 그래서 '지극하다'로 '无咎'와 연결 지었다.

비슷한 조건의 초구는 하급지위이나 점사가 '吉'인데, 육사는 상급지위라도 '无咎'이다. 그것은 양은 점점 불어나고 음은 점점 사라지는 때이므로, 초구는 자신과 시대상황에 맞지만, 육사는 결국은 물러나야 할 것이니 '吉'일 수는 없는 것이다.

이렇게 '至臨无咎'가 된 이유는 육사가 차지하고 있는 지위가 마땅히 그렇게 해야 하기 때문이니, 이를 소상전에서 밝힌 것이다. 당면한 자리라 함은 위에서 논한 정위하고 상하괘의 경계에 있음을 말한다.

* 六五, 知臨, 大君之宜, 吉.
象曰, 大君之宜, 行中之謂也.

육오, 지혜롭게 임하니, 대군의 마땅함이며, 길하다.
상전에서 말했다. 대군의 마땅함이란, 중도를 행하는 것을 이른다.

[해설] 六五 효사와 소상전이다. 육오는 임금의 자리이고, 九二의 강명한 현자와 正應이다. 유순한 中德의 육오가 천하를 다스리는데, 아래로 강건한 중덕의 구이가 양의 세상으로 변화시키려고 한다. 어떻게 대해야 할까? 비록 서로의 처한 위치는 다르지만 둘 다 중덕을 갖추었으므로 전체를 위해 지혜롭게 임하는 것이다. 그래서 '知臨'이다. 이렇게 지혜로울 수 있는 것은 육오가 중덕을 갖추었기 때문에 능히 가능한 일이다. 그래서 知臨이고, 이는 천하를 다스

리는 대군이 취하는 행동이다. 그래서 '大君之宜'이며, 이렇게 행하니 '吉'한 것이다. 中의 가치를 이렇게 높이 친다. 구체적인 육오의 행동은 말하지 않았으나, 아마도 대세를 거스르지 않게 '陰柔'들이 순하게 좇도록 유도하며 '至于八月有凶'이 되지 않도록 대비할 것이다.

소상전에서도 대군이 취해야 하는 행동은 '行中'이란 한마디로 잘라 말했다. 물론 '中'이란 치우치거나 모자람이 없이 조화롭게 모두 함께 함을 이르는 '中道, 中庸'의 '中'을 말한다.

*** 上六, 敦臨, 吉, 无咎.**
象曰, 敦臨之吉, 志在內也.

상육, 도탑게 임하니, 길하고, 허물이 없다.
상전에서 말했다. 도탑게 임하여 길하다는 것은, 뜻이 내부에 있기 때문이다.

[해설] 上六은 정위했을 뿐인데, 그것으로 어떻게 '敦'이 될까? 이는 그가 속한 상괘가 坤으로 흙이다. 흙은 만물을 수용하고 대지는 넓으니 '敦'의 상이 있다. 그리고 괘의 형상으로 보아도 음이 첩첩이 쌓여 그것의 맨 윗자리에 있으니 두텁다는 뜻의 敦이다. 또한 상육은 은퇴를 위해 마음을 비운 상태이니 만사를 너그럽게 수용한다. 그러므로 初九, 九二가 밀고 올라오는 시대상황을 수용하는 것이다. 이런 뜻에서 '敦臨'이 됐다. 응이 아니라도 그들의 뜻을 물리치려고 애쓰지 않는 것이다.

소상전은 바로 양들이 이끌어가는 사태를 수용하는 것을 지적한 말이다. 즉 上六은 초연하여 아래에서 하는 대로 따라가니 그의 뜻은 '志在內'인 것이다.

『주역』은 흉할 것을 대비하여 후일의 경계를 많이 한다. '至于八月有凶'도 이러한 예이다. 사람에게든 어떤 사건에 관한 것이든 그것에 임하는 태도는 상황과 때에 따라 다르다. 그런데도 괘사에 있는 경계의 말 '至于八月有凶'을 제하고는 점사에 흉이 없다. 그것은 효가 자기의 상황에 따라 임하는 태도는 달라도, 자기의 책무를 결코 회피하지 않고 때에 맞게, 곧 '至于八月'이 되기 전에 다하기 때문이다. 모두가 지금 이 시간, 내 주위에 해결해야 할 일이 무엇인지 따져보고, 8월이 오기 전에 해치우도록 하자. 咸, 威, 甘, 至, 知, 敦 중 어떤 것이 좋은지 생각하면서……

䷓ 觀 (風地觀)

概說: '觀'은 '볼 관'인데, 내가 보는 것과 남에게 보이는 것의 두 뜻이 있다. 특히 남에게 보이기 위해 하는 행위는 남이 나를 따르도록 이끄는 데 있다. 이를 중국에서 平聲과 去聲으로 나누어 설명한다.

이 괘의 생김이 위의 두 양이 아래의 네 음을 보고 있고, 아래의 네 음은 위의 두 양을 우러러보는 형상이다. 왜 보는가? 위의 양은 통치자요 아래의 음은 백성이다. 통치자는 백성들 삶의 모습을 관찰하는 것이요, 백성은 통치자의 지시나 행위를 좇기 위해 바라보는 것이다. 그래서 觀과 연결된다.

상괘는 巽☴이니 '바람'이고 '공손'하며, 하괘는 坤☷이니 '땅'이고 '순하다'. 위에서 바람이 스쳐지나가니 땅에 있는 만물이 바람 따라 움직인다. 이는 바람이 두루 만물을 관찰하는 상이면서 한 방향으로 이끄는 것이 된다. 觀하는 이유는 위에서는 살펴서 좋은 쪽으로 이끌기 위해서이고, 또 아래에서는 순순히 따르면 편안하기 때문이다. 이런 것이 괘명이 '觀'이 된 연유다.

「서괘전」에서는 "임이란 큰 것이다. 사물이 큰 후에는 볼 수 있기 때문에 이에 관으로 받았다(臨者大也. 物大然後可觀, 故受之以觀)"라고 했다. 무엇이든 크면 눈길이 쏠리고, 자라서 완성되면(大) 관찰하게 되니 '觀'이다. 「잡괘전」에서는 임괘와 관괘를 묶어서 "혹 주고 혹 구한다(或與或求)"라고 했음은 이미 임괘에서 말했다. 위아래에서 마땅한 것을 구하기 위해 觀하는 것으로 생각하면 '觀'의 의미와 통한다. 참고하면서 괘효사를 살펴보자.

1. 괘

* 觀, 盥而不薦, 有孚顒若.

관괘, 신을 부르면서 음식은 올리지 않은 상태이니, 믿음이 있고 엄정하다.

[자구의 뜻] 盥: 손 씻을 관, 대야 관, 降神祭 관. 顒: 엄정한 모양 옹.

[해설] 괘사. '盥而不薦'에서 '盥'은 술을 땅에 뿌리며 降神하는 의식이고, '薦'은 '盥'한 다음 제물을 올리는 것으로, 이 둘은 제사를 지내는 절차에 속한다. 사당이 따로 없는 지금의 일반가정에서의 제사절차는 보통 음식을 차려놓고 술을 땅에 붓는 강신의 절차를 행하면서 절하고 술을 드리며 계속 진행되는데, 전통적 제사는 강신을 먼저하고 進饌찬이라 하여 제물을 올린 것으로 보인다. 降神할 때는 목욕재계하고 술을 땅에 뿌리면서 신을 부르는데, 이런 의식을 '盥'이라하고 이때가 가장 엄숙한 순간이었던 모양이다. 다음의 '薦'은 부산하기 때문인지 이 엄숙함이 흩어진다고 본 듯하다. 제사의 전 과정을 엄숙히 지내야 하는데, 괘사가 만

들어진 당시 '薦'의 때는 엄숙함이 흩어지는 경향이 있었는지 '不薦'을 붙였다. 이렇게 '薦'의 때는 엄숙함이 흩어진다고 보는 이유를 증명하기위해 『論語・八佾일』편의 "禘체제사에 이미 술을 뿌린 다음에는 나는 보고 싶지 않다(禘自旣灌而往者, 吾不欲觀之矣)"라는 공자의 말을 인용한다. 엄숙함이 흩어지는 '盥'이후의 행동은 보기가 민망하다는 뜻이다. 이런 이유로 '薦'하기 전의 강신의식은 믿음과 엄숙함이 높음을 말한 것으로 보고 뜻을 풀이한다. 어떻든 '觀'은 '有孚顒若'해야 함을 말한 것이다. 그리고 '盥'을 '손을 씻다'로 보고 손을 씻고 음식을 올리기 전의 상태, 곧 제사를 드리기 위해 齋戒재계하는 것을 표현한 것으로 보고 '손을 씻고 제물은 올리지 않았으니 (혹은 않았으나)'로 번역한 곳도 있다. 어쩐지 미약한 생각이 들어 취하지 않았다.

그런데 '薦'에는 희생이 없이 지내는 제사의 이름으로도 쓰였다. 그렇다면 '盥'과 '薦'을 제사의 절차가 아닌, 각각 다른 형태의 제사일지도 모른다. 곧 '盥'은 많은 희생물이 있으면서, 군주나 제후가 지내는 큰제사이고, '薦'은 희생물 없이 소박하게 지내는 서민의 제사일 수도 있을 것이다. 그렇다면 번역이 '성대한 제사이고 박한 제사가 아니니, 믿음이 가고 엄정하다'가 된다. 이렇게 번역하는 학자도 있다. 중국 고대의 의례를 더 연구할 필요가 있지만, 성대한 제사와 소박한 제사는 빈부의 차이이지 그 정성의 차이는 아닐 것 같아 취하지 않았다.

이 觀卦에는 음양의 소장에 관한 뜻은 없다. 곧 임괘는 양이 다 자란 후 소멸하는 때를 경계한 '至于八月有凶'이라는 것이 있었다. 그런데 곧 양이 사라질 지경인데도 이런 警句는 없다. 이를 가지고 양을 높이고 음을 억제하려는 성인의 의도라고 말하기도 한다. 어떻든 관괘는 위의 두 양이 음에게 모범을 보이면서 이끌어 가는 것에 의미를 두고 있음은 다음의 단전을 보면 더욱 분명해 진다. 다만 괘사는 觀의 신중함과 결과의 중요성을 함축한 뜻이 엿보이니, 이로써 미래를 대비한 것으로 보아야 할 것이다.

＊ 彖曰, 大觀在上, 順而巽, 中正以觀天下. 觀, 盥而不薦, 有孚顒若, 下觀而化也. 觀天之神道, 而四時不忒, 聖人以神道設教, 而天下服矣.

단전에서 말했다. (관괘,) 위에서 광대하게 살피는 것은, 순하면서 공손하고, 중덕과 바름으로써 천하를 관찰하는 것이다. 관괘는, 신을 부르면서 음식은 올리지 않은 상태이니, 믿음이 있고 엄정하므로, 아래에서 보고 감화되는 것이다. 하늘의 신비한 도를 살피면, 사계절이 어긋나지 않으니, 성인도 이런 신비한 도로써 가르침을 베풀면, 천하가 복종한다.

[해설] '大觀'의 '大'는 양은 大이고 음은 小이니, 위에 있는 두 陽爻가 해당된다. 특히 최고의 지위에 있는 九五가 大이니 여기서 '大'가 나왔다. 최고의 위치에서 아래를 살필 때는

넓게 살필 것이다. 大가 '廣'의 뜻이 된다. 구오의 행위로 보고 '광대하게 살피는 것'이라고 했다. 그리고 下坤은 '順'이고, 上巽은 '巽'이다. 또 구오가 中이면서 正을 얻었다. 구오와 상하괘의 상으로 '觀'의 뜻을 더 붙였다. 대체로 「단전」의 형식이 제일 앞에 괘명이 먼저 나오는 형식에 비추어 보면 '觀' 한 자가 빠진 것 같다. '大觀'에서 觀의 의미를 알 수 있게 함으로 이를 생략한 것으로 보인다. 그런데 이 단락의 문장을 다음 단락의 '觀'과 연결하여 '광대하게 살피는 것이 위에 있으면서, 순하면서 공손하고, 중덕과 바름으로써 천하를 관찰하는 것이 관괘이다'로 해석하기도 한다. 문장연결은 오히려 더 좋은 것 같기도 하다. 여기서는 시작하면서 '觀'이 생략된 것으로 보고, 뒤의 '觀'은 괘사와 연결된 괘 이름으로 보고 풀었다. 관괘 괘사의 상태가 되면 바로 아랫사람이 본받아 감화를 받아서 변하게 된다는 것이 '觀, 盥而不薦, 有孚顒若, 下觀而化也'이다. 앞 문장은 윗사람이 아래를 觀하고, 이 문장은 아랫사람이 위를 관하는 것을 설명한 것으로 보았다.

이어서 이런 행위는 바로 하늘의 신비로운 움직임, 곧 사계절이 어긋나지 않는 자연의 이치를 체득한 성인의 행위로써, 성인이 백성들을 가르치기 위해 취하는 행위이라는 뜻으로 설명을 이었다. 이렇게 자연법칙을 본받는 성인이 백성에게 가르침을 베풀면 누가 따르지 않으리오. '觀天之神道, 而四時不忒, 聖人以神道設教, 而天下服矣'는 이러한 의미이다. 천도를 행하는 성인의 다스림이 관괘라는 뜻이 된다.

*** 象曰, 風行地上, 觀. 先王以省方觀民設教.**

상전에서 말했다. 바람이 땅위로 지나가는 것이 관괘다. 선왕이 이를 보고서 사방을 순찰하면서 백성을 살피고 가르침을 베푼다.

[해설] 대상전이다. 이미 개설에서 설명한 바와 같이 上巽에서 '바람'이, 下坤에서 '땅'이 나온다. 선왕이 바람이 불면 만물이 영향을 받아 움직이는 관괘의 상을 보고, 바람이 땅위의 만물을 어루만지며 일깨우듯이, 사방을 순찰하면서 민심과 풍속을 살펴 그에 마땅한 가르침을 베풀어 국정을 이끈다는 의미다.

'方'은 대체로 '萬方. 四方'이나, '나라'로 본다. '省方觀民設教'는 천자가 제후국을 세울 때나 세운 후, 나라의 기틀을 단단히 하기 위해서 반드시 해야 할 일이다. 그러므로 '옛날의 聖王'이 이러했다는 의미를 나타낸 것이 '先王'이다.

2. 효

*** 初六, 童觀, 小人无咎, 君子吝.**

象曰, 初六童觀, 小人道也.

초육, 어린애 같은 살핌이니, 소인은 허물이 없으나, 군자는 인색하다.
상전에서 말했다. 초육의 동관은, 소인의 도이다.

[해설] 初六은 괘의 시작이니 어리며, 坤體이니 순박하다. 또 괘의 주인이요 임금인 九五와는 멀리 떨어져 있고, 正應과 親比가 없으니 누구도 도와주지 않으며, 正位도 아니다. 이렇기 때문에 보는 것이 유치하고 어릴 수밖에 없으므로 '童觀'이다. 소인은 보이는 것만 순순히 좇으면 허물될 것은 없지만, 남의 모범이 되는 군자는 한 번 더 생각하고 사려 깊게 행동해야 한다. 그러니 '童觀'으로는 인색하다.

王弼의 풀이가 쉽게 와 닿는다. "살피는 때에 처해서, 조정의 아름다움과 제일 멀고, 몸은 음유하여 스스로 나아갈 수 없는데, 비추어보는 것도 없다. 그렇기 때문에 동관이라 이른다. 순순히 좇을 뿐, 할 수 있는 것도 없으니 소인의 도이다(處於觀時, 而最遠朝美, 體於陰柔, 不能自進, 无所鑒見, 故曰童觀. 趣順而已, 无所能爲, 小人道也)" 이것은 바로 小象傳의 풀이이기도 하다.

*** 六二, 闚觀, 利女貞.**
象曰, 闚觀女貞, 亦可醜也.

육이, 엿보는 살핌이니, 여자가 바름을 지키는 것에는 이롭다.
상전에서 말했다. 엿보는 살핌으로 여자의 바름이라는 것은, 역시 추할 수 있다.

[자구의 뜻] 闚: 엿볼 규, 슬쩍 볼 규, 탐색할 규. 醜: 추할 추, 부끄러워할 추.

[해설] 六二는 中에 있고, 正을 얻었으며 九五와 서로 응한다. 조건은 최상에 속한다. 그런데 왜 '闚觀'일까? 육이는 음이고, 內卦에 있으니 안이고, 坤의 순한 성질을 가졌으니 여기서 '女'가 나온다. 옛 여자들은 요즘처럼 마음대로 외출하면서 보고 싶은 것을 다 볼 수 있는 상황이 아니었다. 문밖출입이 제한됐으며, 나가면 얼굴을 가리는 면사포를 쓰고 다녔다. 이 괘에서도 이런 풍습에 매여 있다고 보아야 한다. 黃壽祺도 "여자 시야의 불합리한 구속에 대해 고대의 예법을 간파할 수 있다(可看出古代禮制對女子視野的不合理約束)"[159]고 했다. 이런 상황에서 正應인 九五는 밖에 있으니, 문안에서 밖을 보는데, 六三과 六四의 벌어진 틈새로 보는 형태이니, 틈새로 엿보는 것이 되어 '闚觀'이다. 옛 풍습 아래에서는 여자가 바름을 지키는

159) 黃壽祺, 張善文 撰, 「周易譯注」, 175쪽.

행위이고 중정의 행위이니 '利女貞'이다. 그러나 장부라면 이런 '闚觀'은 바람직하지 못하다. 더 많은 곳을 돌아다니면서 넓고 멀리 보아야 현명한 판단과 풍부한 경험을 하게 된다. 그렇기 때문에 여자라면 이로울 수 있다는 뜻을 밝힌 句가 '利女貞'이다.

소상전은 남자라면 물론 상황과 때에 따라서는 여자라도 역시 추할 수 있다는 뜻을 표현한 것이다.

*** 六三, 觀我生, 進退.**
象曰, 觀我生進退, 未失道也.

육삼, 나의 삶을 살펴보고, 나아가고 물러난다.
상전에서 말했다. 나의 삶을 살펴보고 나아가고 물러나고 하니, 길을 잃지는 않는다.

[해설] 六三은 上九와 正應이고 하괘의 제일 윗자리이면서 아래의 두 음보다는 九五와 가깝다. 효는 下에서 上으로 진행되니, 觀卦에서는 구오와의 거리로서 '觀'의 성숙도가 차이가 난다. 그러므로 아래의 두 음보다는 사물을 보는 관점이 한 단계 성숙하여, 사물이 자기에게 주는 영향을 생각하면서 살핀다. 그것이 '觀我生'이다. 처한 자리가 상하의 접경지역에 놓여 있으니 전진할 수도 있고 물러날 수도 있다. 陽位이나 음이 자리하였으니 정위도 아니므로, 앞으로 전진만 하지 않고 자기에게 주는 영향을 생각하는 이기적인 면이 있다. 그러니 '進退'이다. 결국 때를 잘 살펴 행동하는 것이 되는데, 이는 정응인 상구의 도움이 보탬이 되었을 것이다.

'我生'의 우리말 번역이 다양하다. '나의 생김새', '나의 움직임', '나의 행위', '나의 생활', '나의 생각' 등이다. 번역이 이렇게 다양한 것은 그것의 숨겨진 의미가 깊어서 딱 맞는 문자로 들어낼 수 없는 것에도 이유가 있다. 대체로 이것의 의미는 나에게 미치는 영향까지를 생각하여 스스로 판단한다는 '自觀'의 뜻에, 자신이 앞으로 살아가는 방향을 정한다는 뜻을 가미하고 있어서 '삶'이란 자를 택했다.

소상전의 풀이는 '進退'를 잘하면 자기의 도리를 잃지 않고 흉함을 피할 수 있다는 뜻이다.

*** 六四, 觀國之光, 利用賓于王.**
象曰, 觀國之光, 尚賓也.

육사, 나라의 광채를 살피니. 왕으로부터 빈객으로 쓰임이 이롭다.
상전에서 말했다. 나라의 광채를 살피면(그런 능력이면), 빈객으로 숭상 받는다.

[자구의 뜻] 賓: 손(賓客) 빈, 손님으로 대접할 빈, 객지살이 빈.

[해설] 六四 효사와 소상전. 六四는 정위하였고, 九五와는 親比이며, 무엇보다 구오와 가장 가깝다. 옛날은 왕과 나라가 일체이다. 그러므로 구오는 '大觀'의 자세로 국민을 널리 살피며 국정을 이끈다. 왕과 가깝다는 것은 그도 이와 같은 사고를 할 수 있는 경지에까지 간 것을 말한다. 그러니 '觀國之光'이다. 육사의 '觀'하는 자세가 자신을 떠나 나라의 일을 살피는 경지에까지 성숙한 것을 말한다.

왕은 나라를 융성시키기 위해 국정을 살피면서 많은 인재를 가까이에 두어 도움말을 구하므로, 왕의 측근에는 좋은 도움말을 주는 빈객이 많았다. 그러므로 육사와 같은 경지의 사고를 하는 사람들은 '利用賓于王'인 것이다. 육사의 '觀'은 자신의 범위를 뛰어넘어 객관적인 국가의 일로 확대되었으니, 아래의 여러 음효 보다는 발전한 모양이다. 여기서의 '賓'은 현대의 '손'의 개념을 뛰어넘는다. 옛날은 손님 대접이 극진하였고, 또 하루 이틀 묵는 것이 아니고 상존하다시피 하며 의견을 주고받았다. 이런 뜻의 賓으로 보았다. 이 '賓'을 춘추전국시대는 외국의 사신을 일컫는 말로도 썼다. 또 '賓'을 벼슬길에 진출하는 것으로 보기도 한다. 그러나 '使(사신)'이나 '仕(벼슬)'과는 달리 '賓'을 쓴 것은 '빈객'의 뜻이라고 보았다.

소상전은 육사와 같이 나라의 발전방향을 사고할 수 있는 사람은 빈객으로 숭상 받을 수 있다는 뜻을 말한 것이다.

*** 九五, 觀我生, 君子无咎.**
象曰, 觀我生, 觀民也.

구오, 나의 행위를 살펴본다. 군자는 허물이 없다.
상전에서 말했다. 나의 행위를 살펴보는 것은, 백성을 보는 것이다.

[해설] 九五 효사와 소상전이다. 구오는 剛健中正하고 正應과 親比가 있으면서 이 괘의 주효가 되므로 '大觀'하는 자이다. 그런데 '觀我生'이다. 六三과 '自觀'하는 것은 같으나, 그것의 목적하는 바는 다르다. 육삼은 자기에게 이로운 방향을 찾기 위해서이고, 구오는 자기를 되돌아보고 반성하기 위해서다. 최고의 통치자는 백성의 삶이 자기로부터 비롯했다고 여긴다. 왕은 국가와 일체이다. 좋고 나쁜 상태를 백성들의 삶으로 판단한다. 그러므로 스스로를 생각하는 것은 내가 한 행위가 백성들에게 좋은 영향을 미쳤는지, 나쁜 영향을 미쳤는지를 보는 것이다. 그래서 자기의 태도와 행위를 본다는 뜻으로 우리말 '행위'로 번역했다. '生'에 있는 '기를 생(養也)'의 뜻을 意譯한 것이다. 이러한 태도는 군자가 하는 행위이고, 구오는 중정하니 군자의 덕을 갖추었다. 그러므로 허물이 없다. 물론 소인은 이렇게 할 수 없다.

이상의 풀이는 소상전에서 '觀我生'을 '觀民也'라고 했으니, 이에 직접 근거한 것이고, 그

외에 단전의 '大觀'하는 위치에 있음과 옛사람들의 사고가 國君일체이기 때문이다.

* **上九, 觀其生, 君子无咎.**
象曰, 觀其生, 志未平也.

상구, 그 행위를 살핀다. 군자는 허물이 없다.
상전에서 말했다. 그 행위를 살피는 것은, 뜻이 편치 못하기 때문이다.

[해설] 上爻의 효사와 소상전이다. 上九는 괘의 마지막 자리로서 가장 원로의 지위에 있다. 은퇴의 시점이므로 실권은 없으나 아래의 많은 사람으로부터 주목을 받고 있다. 그리고 무리 지은 음들을 다스리기 위해 그도 힘을 보태야 한다. 그러므로 자기의 행적을 살펴도 보고 태도를 반성해 보아야 한다. '觀其生'이 등장하는 이유다. 九五의 '觀我生'하는 이유와 대동소이하다.

'其生'을 '상구의 행위'로 보는 외에 '구오의 행위', 正應인 '六三의 행위'로 보는 견해가 있다. '其'를 다른 사람을 가리키는 지시대명사로 보면 이렇게 생각할 수도 있다. 그러나 王弼·程頤·朱熹가 모두 상구의 '自觀'하는 것으로 본 견해를 따른다. 성현들의 견해가 아니더라도 남의 행위나 생활을 따르는 것은 소인이라도 할 수 있고, 군자라면 스스로의 행위를 살펴 판단한다고 보아야 한다. 그래서 다음에 '君子'가 등장하는 것이다. 단지 서술의 형식에서 남의 입장에서 말한 것이다. 이런 차이를 두는 것은 지위와 책임의 대소를 구오와는 구별하기 위한 것일 것이다. 朱熹의 말이다. "단지 我가 其로된 것은 주인과 객이 다른 작은 차이가 있을 뿐이다(但以我爲其, 小有主賓之異耳)"

주도적 역할과 보조적 역할의 차이 때문에 서술형식에 차이를 두었다고 보아야 한다.

소상전의 '志未平也'는 아무리 군자의 본보기로 이끌려고 해도 앞으로의 시대상황이 음인 소인들이 점점 더 자라나는 시기임을 피할 수는 없다. 그러니 '觀'하지 않고는 마음이 편할 수가 없을 것이다. '未平'의 '平'은 '다스리다'의 뜻과 '편안하다'의 두 뜻이 모두 통한다. 단지 '편안하다'가 직접적이고 쉬운 표현이라 취했을 뿐이다.

단순히 '보다'의 見과 결론을 얻어내는 '관찰하다'의 觀은 字句의 의미상에는 약간의 차이만 느낄 뿐이다. 그런데 彖傳의 풀이에는 '觀天下', '觀天之神道'가 등장하니 연구하고 노력하지 않으면 얻기가 어려워 보인다. 이런 '觀'에도 내가 보는 것과 남에게 나를 보이게 하는 것의 두 뜻이 모두 포함되니, 남에게 본을 보여주기 위해서는 觀을 넓고 깊게 거듭할 필요성이 있다. 여기서 사물을 관찰해도 어떤 관점으로 보느냐에 따라 사람의 지혜와 학식이 달라 보이기도 한다. 그래서 九五의 '觀我生'을 하는 것이다. 이것이 바로 군자의 '進德修業'하는 한 방편이 된다.

요즘 국회의 청문회를 보면 현대 우리의 정치하는 사람들은 이런 모습의 觀我生이 필요함을 세삼 느끼게 한다. 옛 성현들이 觀我生하면서 민중을 이끈 모습을 흉내라도 내는 현대의 정치인을 많이 볼 수 있어야 세계의 일등 국민이 될 것이다.

䷔ 噬嗑 (火雷噬嗑)

概說: 우선 괘의 모양이 제일 위와 아래가 陽이고 그 가운데는 陰과 음의 사이에 다른 하나의 양이 끼어 있다. 양은 實이고 음은 虛이니, 양 初九는 아래턱, 上九는 위턱, 九四는 물려 있는 음식물로 보면, 사람의 입안에 음식이 하나 있는 형태다. 또 상하의 두 양이 안에 있는 효들의 활동을 막고 있으니 감옥과도 연결할 수 있다.

'噬'는 '씹을 서' '嗑'은 '다물 합, 합할 합'이니 '噬嗑'은 '씹어 합치다'는 뜻이다. 입안에 음식이 있으면 씹어 합쳐야 먹을 수 있고, 공동체 생활에 걸림돌이 있으면 이를 제거하거나 합치시키기 위해 형벌을 가해야 한다. 이것이 '噬嗑'이다. 그리고 서합의 上離☲는 '電'이고 下震☳은 '雷'이므로 電雷는 만나면 합쳐 번쩍이고 소리가 난다. 여기서도 합한다는 뜻이 나온다. 또 번개가 번쩍이고 우레가 내려치는 것은 형벌을 가하면서 심문하는 상이 있다. 噬嗑卦에 감옥과 형벌이 등장하는 이유이다.

이와 비슷한 형태의 괘가 있는데 그것은 賁비卦(䷕)이다. 賁卦는 왜 噬嗑이 아닌가? 그것은 사람이 씹을 때는 아래턱이 움직여 씹는데, 이 움직임을 나타내는 것은 震卦이다. 서합은 아래가 '震'이나 비괘는 아래가 '離'로 '밝음'의 상이니 움직임이 없다. 그러므로 賁는 아래턱의 움직임을 찾아내지 못하기 때문에 서합이 아니다.

「서괘전」. "볼 수 있으면 다음은 합하는 바가 있다. 그렇기 때문에 서합으로서 이를 받았으니, 嗑은 합하는 것이다(可觀而後有所合, 故受之以噬嗑, 嗑者合也)" 위에서 관찰한 후 이끌었기 때문에 모두가 합치게 됐다는 뜻을 끌어와 괘의 차례가 된 이유로 설명을 한 것 같다. 「잡괘전」에서는 "서합은 먹는 것이다(噬嗑食也)"라 했다. 음식물을 먹으려면 씹어 합해야 한다. 두 傳이 모두 '合'에 의미를 두었다.

이렇게 가려내고 합치시켜 이익을 보는 것에서 神農氏라는 성인은 시장을 만들어 물건을 사고팔게 했다는 말이 「계사 하」에 나온다. "한낮에 시장을 만들어, 천하의 백성들을 이르게 하고, 천하의 재화를 모아서, 교역하고 물러나, 각각 그 마땅한 바를 얻게 하니, 대개 서합괘에서 취했다(日中爲市, 致天下之民, 聚天下之貨, 交易而退, 各得其所, 蓋取諸噬嗑)"이다. 씹어 합하는 것, 형벌, 시장이 등장하니 괘를 활용하여 쓰는 방편이 여러 갈래임을 보여주고 있다.

1. 괘

* 噬嗑, 亨, 利用獄.

서합괘, 형통하고, 감옥을 활용함이 이롭다.

[해설] 괘사이다. 음식을 씹어 합하여 먹든, 사람을 모아 합치시키든 모두 형통하다. 그래서 먼저 '亨'이다. 음식을 씹을 때는 뼈나 가시 같은 것을 가려내고 씹어야 한다. 이를 人事에 적용시키면 장애가가 되는 사람을 벌주거나 교도하여 통하게 하면 '亨'이다. 그러므로 감옥을 활용하여 장애가 되는 사람을 교도하는 것이 이로우니 '利用獄'이다. 이렇게 噬嗑卦는 강제적인 힘이 동원된다.

* 彖曰, 頤中有物曰噬嗑. 噬嗑而亨, 剛柔分, 動而明, 雷電合而章. 柔得中而上行, 雖不當位, 利用獄也.

단전에서 말했다. 턱 안에 음식물이 있는 것을 일러 서합괘라 이른다. 서합괘가 형통한 것은, 강유가 나뉘어 있으면서, 움직이면 밝아지고, 우레와 번개가 합치면 빛나기 때문이다. 부드러운 것이 중을 얻어 위에서 행하니, 비록 자리는 마땅하지 않지만, 감옥을 활용함으로써 이롭게 된다.

[자구의 뜻] 頤: 턱 이(턱의 총칭), 기를 이, 괘 이름 이.

[해설] 彖傳. 처음은 괘의 생김새에서 괘명이 '噬嗑'이 된 것을 말했다. 개설에서 설명한대로 初九와 上九는 턱이고 九四의 한 陽은 음식물로 보면, 씹어 합치게 될 것이므로 '噬嗑'이라 이른다는 뜻이다. 그리고 噬嗑卦가 형통함을 괘의 형태와 상하 소성괘의 象으로써 설명했다. '剛柔分'은 강과 유가 각각 3효씩 나뉘어 있음을 말하기도 하고, 아래의 震은 剛卦요, 위의 離는 柔卦임을 말한다고도 본다. 이 강과 유가 나뉘어 있으나 활동하면 양기는 오르고 음기는 내리니 서로 어울려 새로운 변화를 만들므로 밝다. '動而明'이다. 또 아래의 雷와 위의 電이 합치면 번쩍거릴 것이니 '雷電合而章'이다. 곧 괘의 상이 震은 '움직임'이요, '우레'이며, 離는 '빛남'이요, '번개'이다. 이런 것으로 이루어진 괘이니 이것이 어울리면 '亨'하게 된다는 말이다. 또한 활동성과 위엄이 있으면서(震) 밝은 지혜가 있으면(離) 어떤 일이든 '亨'하게 만든다. 여기서 한걸음 더 나아가면 雷電이 합하면 형벌을 주는 것과 통함이 있으니 '用獄'이 되고, 또 雷電이 합하면 빛을 내므로 '利'가 됨을 암시하고 있다.

다음은 '利用獄'을 六五의 역할로써 확실하게 설명했다. 곧 유순한 성질이(柔) 강력해야 하는 자리(剛位)에 있으니, 서로 합치되지 않은 점이 있으나(雖不當位), 이것이 오히려 음양이 조화되어 신중하면서도 강력하게 할 수 있고, 더구나 中을 차지하여 제일 높은 임금의 자리에서 행사하기(上行) 때문에 '用獄'을 적절하게 운용할 수 있다고 보는 것이다. 바로 '柔得中而上行, 雖不當位, 利用獄也'이다.

'噬嗑而亨'을 앞 구와 연결하여, '턱 중에 물이 있는 것이 서합이니, 씹어 합치면 통한다'로 번역하여 마침표를 찍고, 그 이하는 모두 '利用獄'을 설명한 것으로 보는 곳도 있다. 여기서는 괘사의 '噬嗑, 亨'을 '而'를 첨가하여 한 구절로 하였을 뿐, 이 '噬嗑, 亨'의 뜻과 이치를 다음 구절이 설명하고 있다고 보고 풀이했다.

'柔得中而上行'의 '上行'을 보통 柔가 '위로 가다'로 번역한다. 곧 아래에 있던 유효 하나가 위로 가서 존위에 처하게 됨을 이른다고 보는 것이다. 이때는 또 卦變說이 등장하니, 곧 否卦(䷋)의 初六이 五位로 올라오고 九五가 初位로 내려간 괘의 변화로 서합괘가 이루어졌다고 보는 것이다. 여기서도 이런 괘변설을 끌어오지 않아도 번역을 '음이 중을 얻고 윗자리에서 일을 처리한다'는 뜻으로 하면 걸림 없이 통하므로 괘변을 끌어올 이유는 없다. 그러므로 否卦 외의 다른 괘변은 생략한다.

＊ 象曰, 雷電, 噬嗑. 先王以明罰勑法.

상전에서 말했다. 우레와 번개가 서합이다. 선왕이 이를 보고서 벌을 밝혀서 법을 바로 세운다.

[자구의 뜻] 勑: 위로할 래. 바를 칙, 신칙(申飭: 타일러 경계하다)할 칙.

[해설] 우레와 번개가 서합임은 이미 설명했다. 법을 만들어 공포하는 일은 이미 선대 임금들의 일이었으므로 군자가 아닌 '先王'이 등장했다. 우레의 위엄과 번개의 밝음으로 벌의 무겁고 가벼움을 밝혀서 법을 정하니, '明罰勑法'이라 했다.

「大象傳」에서 卦象을 예시하여 밝힐 때는 항상 상괘를 먼저 들고 하괘를 들었기 때문에 '雷電'을 '電雷'로 해야 한다는 것을 많이 말한다. 해석하는 데는 특별히 구별하지 않아도 상관이 없으므로 그대로 두었다. '勑'을 '勅칙'이라 한 판본도 많고 이 둘은 통용되었다. 뜻은 대체로 '바르게 하다(正)', '정돈하다(整)', '타일러 경계하다(申飭)'의 셋 중에서 쓰는데, 서합의 요체가 '電'의 '밝음'이므로 '正'을 택했다.

2. 효

＊ 初九, 屨校滅趾, 无咎.

象曰, 屨校滅趾, 不行也.

초구, 차꼬를 신겨서 발을 멸했으니, 허물은 없다.
상전에서 말했다. 차꼬를 신겨 발을 멸했으니, (잘)다니지 못하는 것이다.

[자구의 뜻] 屨: 신(을) 구, 밟을 구. 趾: 발(가락) 지, 기초 지, 끝 지.

[해설] 初九는 제일 아래이고 震의 主爻이며 剛이 剛位에 있으니, 어린이나 하천한 사람이 움직임을 주동하는데, 위의 九四와는 不應이다. 이는 어린이이면 위험하므로 어른에게, 하천하면 날뛰지 못하도록 권력자에게 제재를 받는 것과 통한다. 만약 사람의 턱이면 단단한 음식인 구사가 부드러워지도록 기다리는 것이다. 이를 형벌의 형태로 나타낸 것이 '屨校滅趾'이다.

'屨'는 동사로 쓰였고, '校'는 나무로 만든 형구의 총칭인데, 다음에 '趾'가 있으므로 발에 씌운 '차꼬'이다. '滅'은 발을 '잘랐다', '상처를 입었다'고도 번역을 하나, '屨'와 연관시키면 움직임에 상처를 준 것이라고 본다. 마치 드라마에서 보는 옛 죄인들의 장면이다. 번역은 그대로 '멸하다'를 취했다. 이렇게 형벌을 받고도 '无咎'인 것은 이런 가벼운 형벌로 과실을 고쳐 善하게 되고, 씹는 턱이면 시간을 갖고 조심스럽게 씹던지 뱉던지 할 것이기 때문이다.

「계사 하」에 이 효사에 대해 다음과 같은 말이 있다.

"공자가 말했다. 소인은 어질지 않음을 부끄럽게 여기지 않고, 의롭지 않음을 두려워하지 않으며, 이익을 보지 않으면 힘쓰지 않고, 위엄이 아니면 징계하지 못하니, 작은 징계로 크게 경계하게 되면, 이것이 소인의 복이다. 역에서 말한 차꼬를 신겨서 발을 멸했으나 허물이 없다 함은 이를 이른 것이다(子曰, 小人, 不恥不仁, 不畏不義, 不見利不勸, 不威不懲, 小懲而大誡, 此小人福也. 易曰, 屨校滅趾无咎, 此之謂也)"

소상전에서는 '屨校滅趾' 했으므로 잘 다니지 못한다는 뜻이고, 감옥과 연관시키면 죄 되는 행동은 하지 못한다는 뜻이다.

* 六二, 噬膚, 滅鼻, 无咎.
象曰, 噬膚滅鼻, 乘剛也.

육이, 살갗을 물어뜯다가, 코를 멸해도, 허물은 없다.
상전에서 말했다. 살갗을 물어뜯다가 코를 멸하는 것은, 강을 탔기 때문이다.

[자구의 뜻] 膚: 살갗 부, 나무껍질 부, 고기 부. 鼻: 코 비, 처음 비.

[해설] 六二는 음이니 유순하면서, 가운데에 위치하고 제자리에 있으니 中正의 덕이 있다. 하층부의 중심이므로 이 괘의 감옥을 다스리는 사람쯤 되니 죄를 다스리고 벌을 주는 것으

로, 또 턱 안의 이빨로서 음식을 씹는 상황으로 설명해 본다.

유순하고 中正으로 죄를 다스리니 연하고 가볍게 다스린다. 그래서 연하고 부드러운 살갗을 씹는 것처럼 한다는 뜻으로 '噬膚'라고 했다. 또 初九가 가장 밖에 있고 이것은 사물의 겉이고 피부에 해당함으로 초구를 벌한다는 의미가 있기 때문에 이 '膚'가 등장했다고도 본다. 그런데 이렇게 가벼운 벌을 가하다가도 반성하지 않으면 강한 벌을 가해야 하는 경우도 있다. 이런 경우가 '滅鼻'이다. '屨校滅趾'해도 반성치 않으면 笞태刑과 같은 가벼운 형벌을 가하는 것이 '噬膚'이고, 이 태형도 마구 치면 코도 상처를 입으니 '滅鼻'이다. 이런 벌로서 죄인의 반성을 유도하면 결과는 '无咎'한 것으로 본다. 그리고 맛있다고 한입 가득 넣어 이빨로 씹는 상황이 '噬膚'이고 그러다가 너무 많이 넣어 코가 막히는 일을 당하는 것이 '滅鼻'이다.

그런데 君位인 육오와는 正應이 아니므로 벌을 받는 상황으로도 볼 수 있다. 그러면 중정하므로 벌도 가볍게 모두가 인정하는 벌을 받을 것이다. 이 때 '噬膚'는 '피부를 씹히다'의 피동으로 번역이 될 것이고, 이런 가벼운 형벌도 받고, 좀 무거운 형벌에 해당되면 '滅鼻'가 되는 형벌도 받는다는 의미가 될 것이다.

이 두 가지 풀이에서 두 번째 벌을 받는 풀이는 중정의 육이가 '滅鼻'가 되면 초구보다 무거운 형벌을 받는 것이 되고, 그러면 끝 구 '无咎'의 연결이 부자연스럽다. 그래서 육이는 벌을 집행하는 위치로 보게 되는 것이 일반적이다. 6개의 효 중에서 初九와 上九를 제외한 가운데 4효는 모두 죄지은 사람을 다스리는 위치이고, 초구와 상구만 죄를 지은 사람의 위치이다. 왜 그런지는 감옥의 울타리를 상징하는 초구와 상구를 벌하면 감옥이 없게 되고, 그러면 모두 교화되어 합하는 상태가 되기 때문이라고 설명을 한다.[160] 그런데 감옥을 상징하는 초구와 상구 사이에 있는 제 효들이나, 음식물인 구사를 죄인으로 볼 수도 있다. 이렇게 이해가 확연하지 않는 문제는 이미 점친 점사들을 편집하면서 初와 上은 벌을 받고, 중간의 효들은 벌을 주는 것으로 배분할 수밖에 없었다고 생각하는 것이 편하다. 그리고 아래위의 턱이 음식을 씹는 역할을 못하면 이들을 벌을 주어 씹게 해야 합칠 수 있기 때문인 것으로 받아들여야 할 것이다. 어떻든 육이는 벌을 가하는 것으로 보고 번역했다.

육이는 유순하고 초구는 강건하다. 유순한 것이 강건한 것을 벌주기 위해서는 강함을 꺾기 위해 코를 멸하게 되는 심한 경우도 있다. 乘剛한 음이 좋지 않다는 것이 이런 괴로움 때문이다. 이를 소상전에서 '滅鼻'가 되는 이유로서 말했다.

＊ 六三, 噬腊肉, 遇毒. 小吝, 无咎.
象曰, 遇毒, 位不當也.

육삼, 말린 고기를 씹다가, 독을 만난다. 조금 인색하나, 허물없다.

---

160) 이에 대해서 구체적으로 밝힌 설명이 김석진, 『周易講解』 上經(도서출판 大有, 1993), 265쪽에 있다.

상전에서 말했다. 독을 만남은, 자리가 적당치 않기 때문이다.

[자구의 뜻] 腊: 포 석, 말릴 석, 매우 석. 납향 랍. 腊肉: 말린 고기, 포.

[해설] 六三 효사와 소상전. 육삼은 움직이는 震體의 극단이고 剛位이니, 움직임이 심하다. 그리고 六二가 이빨이고 九四가 음식물이면 이와 맞닿는 이빨의 표면쯤 된다. 이런 위치에서 심하게 움직이는 것은 맛있다고 마구 씹는 것이고, 그러다가 뼈나 곰팡이가 썬 부분이 있어서 얼굴을 찡그리게 하는 경우도 있다. 이를 '噬腊肉, 遇毒'이라 했다. 이런 상황은 정해진 법규를 적용함이 조급하고 몰아붙여서, 중간의 입장에서 적용치를 못하고, 범법자의 변명이나 사정을 들어보는 아량도 없이 집행하여 범법자가 불복하는 것과 같은 경우이다. 요즘 같으면 항소를 하는 경우이다.

'腊肉'은 그늘에서 말린 고기류이니, 곧 포를 이른다. 이것에는 뼈나 곰팡이가 썬 부분도 있다. 그래서 법집행에 작은 장애가 있다는 것을 표현한 말이 '遇毒'이다.

이런 상태이나 그래도 음식은 씹어야하고 죄지은 자에게는 벌을 가해야 하니 벌의 당위성도 있는 것이다. 그래서 '小吝'하지만 '无咎'라 했다. 효의 처한 상태로는 不正位 했지만 구사와 親比고 상구와는 正應이니 그의 행함이 심하지는 않아 '无咎'로 맺음이 되는 것이다.

소상전에서는 '位不當'을 내세워 법의 집행은 엄중하나 바르게 해야 함을 강조하고 있다. 바름의 '正'은 '正位'에서 나온다. 정위가 아니라서 독을 만났다는 뜻이다.

* 九四, 噬乾胏, 得金矢, 利艱貞, 吉.
象曰, 利艱貞吉, 未光也.

구사, 뼈에 붙은 마른고기를 씹는데, 화살촉을 얻는다. 어려운 가운데 바르게 해야 이롭고, 길하다.

상전에서 말했다. 어려운 가운데 바르게 해야 이롭고 길하다는 것은, (사건이)빛나지 않기 때문이다.

[자구의 뜻] 胏: 먹다 남은 음식물 자, 뼈에 붙어있는 마른고기 자. 허파 폐.

[해설] 九四는 剛이니 '단단하고', 上卦 離는 '붙다', 陰位의 음은 '부드러움'이니, 단단한 것에 붙어있는 고기의 象이 있다. 그래서 음식물 중에서도 '乾胏'가 나왔다. 왕의 측근이니 감옥을 다스리고 刑을 집행해야 하는 위치이다. '噬乾胏'는 뼈 같이 단단한 것에 붙어서 씹기가 불편한 고기를 씹는다는 뜻이니, 조심해서 씹어야 하는 것이며, 다루기가 어렵고 중한 죄를 다스린다는 의미다.

'胏'는 뼈와 함께 말린 포를 말하고, '乾'은 여기서는 '말릴 건'의 뜻이다. 元代의 胡炳文은

'腊肉'을 '고기에 뼈가 감추어진 것(肉藏骨)'이라 했고, '乾胏'를 '뼈에 연결된 고기(骨連肉)'라고 했다. 먹고 먹지 못할 것이 확실히 나타나는 것이 乾胏이니 씹어 먹어야할 음식물로서는 잘 묘사됐다. 그런데 갈비뼈나 등뼈의 살에서는 사냥 때 썼던 화살촉이 남아 있는 경우가 있으니, 이를 얻을 수 있다는 뜻으로 '得金矢'라 했다. 음식을 먹다가 이외의 결과를 얻을 수 있음을 말하고 있다. 그러니 이렇게 조심해서 씹어 먹어야 이롭고 길하다고 '利艱貞, 吉'이라 했다. 한편으로는 '金'은 단단하니 '剛', '矢'는 곧게 나가니 '直'이 되는데, 어렵고 힘든 형벌을 집행하려면 강직함이 있어야 한다는 뜻으로도 설명을 한다. 다행히 구사는 양으로 강직한 성질이 있으므로 '得金矢'한 것으로 보고 전체를 번역하면 '뼈에 붙은 마른 고기를 씹는다. 강직함을 가졌으니, 어렵지만 바르게 하면 이롭고, 길하다'가 될 것이다. 그러나 구사가 음위에 있으므로 강직하게 행한다고만 볼 수 없으므로 취하지 않았다.

그런데 『주례』에, 시비를 판단할 때는 화살 100개를, 죄의 유무와 경중을 판단할 때는 쇠 30근을 가져와, 화살처럼 곧고 쇠처럼 굳다는 것을 물품으로 표시하게 한 후에 판단했다는 기록이 있다. 여기에서 '金矢'가 나온 것으로 보는 이도 있으므로, 이 뜻으로는 '쇠 화살'이라 하지 않고 '쇠'와 '화살'로 분리하고, 번역은 '뼈에 붙은 마른 고기를 씹듯이, 쇠와 화살을 얻어야 하니 (혹은 얻으니)'가 될 것이다. 이는 어렵고 어렵다는 뜻이다. 참고하자. 여기서는 '金矢'를 일반적으로 많이 해석하는 것을 택했는데, 화살에서 반드시 쇠로 된 부분인 '화살촉'으로 보고 번역했다.

소상전의 '未光也'는 어려운 일을 '貞'이라는 조건을 또 지켜야 하니 어렵고 또 어려운 일이므로 사건이 밝게 드러난 일은 아니라는 뜻이다. 상괘 離가 '빛'을 상징하지만, 이제 시작이라 찬란한 빛이라 할 수 없기 때문일 것이다.

*** 六五, 噬乾肉, 得黃金, 貞厲, 无咎.**
象曰, 貞厲无咎, 得當也.

육오, 말린 고기를 씹는데, 황금을 얻으니, 바름을 지키면서 위태롭게 여기면, 허물은 없다.
상전에서 말했다. 바름을 지키면서 위태롭게 여기면 허물이 없다는 것은, 합당함을 얻었기 때문이다.

[자구의 뜻] 乾肉: 말린 고기, 脯(포).

[해설] 九四 효사와 비슷하다. '乾胏'대신 '乾肉'이고, '金矢' 대신 '黃金'이다. 그런데 '膚', '腊肉', '乾胏'로 점점 조심해 씹다가 六五는 보다 씹기 편한 '乾肉'으로 됐다. 그것은 그의 자리가 존위요 중을 차지하고 있기 때문에 모두 쉽게 굽혀듦을 위미한다. 그리고 이미 임금에

게까지 올라오기 전에 복잡한 문제는 가려졌고, 임금은 단지 처분을 내리면 되기 때문이기도 하다. 그리고 육오는 위턱의 이빨에 해당하니 받쳐만 주면 되기 때문이다.

'黃'은 중앙의 색이요, 왕의 색이기 때문에 등장했으며, '金'은 5효가 양의 자리이니, 강직하게 직무를 수행해야 하고, 아래의 구사 剛爻가 강력히 대행하므로 등장한 것으로 본다. 구사에서의 '金'에서 존위인 육오에서는 '黃'이 더 첨가됐다고 보고 해석하면 된다. 『주례』에 나오는 '金矢'로 해석하면, 왕에게까지 끌려왔을 때는 시비를 가리는 것(矢)이 아니고, 죄의 유무와 경중을 가리는 일(金)이기 때문에 '黃金'이 등장한 것으로 보면 된다.

'貞厲'를 대체로 '貞(바르게)하고', '厲(위태롭게 여겨야)'로 번역하여 육오가 경계해야 할 말로 본다. 물론 '바르게 하면 위태하나 (허물없다)'로 번역하여, 어렵게 '无咎'하게 된다는 뜻으로 보는 데도 있고, 이미 설명한 바와 같이 '바름을 지키고 위험을 막으면(屯卦 九五 참조)'이라고 풀기도 한다. 여기서는 '바름을 지키면서 위태하게 여기면'을 취해, 벌을 가할 때는 죄 없는 사람이 당하지 않도록 조심해야함을 나타낸 것으로 보았다. 이런 경계의 말이나 조건이 붙는 또 하나의 이유는 육오가 제자리가 아니고(不當位) 응함도 없기(无應) 때문이라고 생각했다.

小象傳의 '當'은 육오의 행위가 합당하다는 뜻이다. 象傳의 '不當位'는 음이 양의 자리에 있기 때문이고, 여기서는 중덕을 가져 일처리를 적절히 잘한다는 뜻이다.

* **上九, 何校滅耳, 凶.**
象曰, 何校滅耳, 聰不明也.

상구, 형틀을 메어서 귀를 멸하니, 흉하다.
상전에서 말했다. 형틀을 메어서 귀를 멸하는 것은, 귀 밝음이 밝지 못했기 때문이다.

[해설] 初九와 비슷한 형식이나 상대적이다. 초구는 '校'를 신겼고, 上九는 메었다. 初는 '趾'를 멸했고, 上은 '耳'를 멸했다. 초는 '无咎'인데, 상은 '凶'이다. 초구는 죄를 주어 깨닫게 하고, 아래턱이 움직이지 못하면 자극을 주는데 있고, 상구는 위턱으로 받쳐만 주는 편한 자리인데도 죄가 있으면 즉 잘못하면 씹지를 못한다. 초구는 어리나 상구는 모범이 돼야할 어른이다. 상구는 괘의 마지막이니 제일 웃어른에 속하고, 긴 세월을 지냈다고 보므로 죄질을 논하면 초구와는 대가 될 것이다. 그래서 잘못이 있다면 '凶'은 마땅해 보인다.

'何'는 '荷(멜 하)'와 통용됐다고 한다. 형구를 어깨위에 짊어졌으니, 죄가 발에서부터 점점 쌓여 신체에서 조심해야 할 목에까지 올라와 칼을 걸치게 되었고, 이에 귀도 멸해졌다. 이와 같이 여기서의 '何校滅耳'는 죄질이 무겁고 중형을 상징하고 있다. 목을 조심해야 하고 듣지도 못하니 흉할 수밖에 없다.

듣는 것이 곧 배우고 느끼는 통로다. 그런데 상구는 귀 밝음이 '不明'하여 도적질 할 수 있는 것만 들렸다. 그래서 형틀을 메어 귀를 멸하는 것이다. 이것이 소상전이 의미하는 바이다.

「계사 하」에 작은 것이 쌓여 어떻게 되는지에 대한 공자의 말이 있으니 이를 교훈으로 삼자.

> 선이 쌓이지 않으면 이름을 이루기가 부족하고, 악이 쌓이지 않으면 몸을 망치는 데까지는 부족하다. 소인은 작은 선에는 이익이 없다고 행하지 않고, 작은 악에는 상하는 것이 없다고 버리지 않는다. 때문에 악이 쌓여 가릴 수 없고, 죄가 커져 해결할 수 없다. 역에서 말한 형구를 메고 귀를 멸하니 흉하다 이다.
>
> 善不積, 不足以成名, 惡不積, 不足以滅身. 小人以小善, 爲无益而弗爲也, 以小惡, 爲无傷而弗去也. 故惡積而不可掩, 罪大而不可解. 易曰何校滅耳凶.

이 괘에서는 특히 '貞', '艱', '小吝' 등의 제한하는 조건이 많다. 그 만큼 형벌을 주는 일에 신중해야 한다는 뜻이다. 그리고 책임이 중하면 중할수록 더욱더 그렇다. 이 괘의 뜻을 잘 이해하고 실행했다면 현대사에서 과거의 판결을 뒤집는 불행한 일이 있지 않았을 것이다. 이를 거울삼아 법집행의 당사자, 그리고 이른바 '士'가 붙은 현대의 직업군들도 자신의 행위에 반성의 기회가 되었으면 한다.

䷕ 賁 (山火賁)

概說: '賁'는 '클 분'으로도 쓰이나 괘명에는 '꾸밀 비, 아름다울 비'이다. 上卦 艮☶은 '그침' '山', 下卦 離☲는 '빛남' '火'가 상이다. 그래서 '山火賁'이다. 산 아래에 빛이 빛나고 있다. 빛이 아래에서 비추어 주니 산에 있던 만물이 자태를 뽐낸다. 또 '밝음' 속에 '멈추어' 있다. 이것은 자신을 화려하게 단장을 하고 멈추어 있는 것이니, 마치 무대 위에 서 있는 모델처럼 아름다움을 뽐내고 있는 것과 같다. 그리고 '賁'는 '풀 훼(卉)'와 '조개 패(貝)'의 合字다. '貝'는 조개이면서 화폐로 사용되어 '돈'이라는 뜻도 되니, 초목에서의 돈은 열매이다. 산에 있는 초목에 열매가 맺혀있으면, 이것은 생장의 결실이고 아름다움이다. 이런 것에서 卦名이 '賁'가 되었다.

「序卦傳」에서는 "사물은 구차하게 합하기만 할 수 없으므로, 이에 비로 받아서니, 비는 꾸밈이다(物不可以苟合而已, 故受之以賁, 賁者飾也)"라 했다. 사물은 씹히어 합하는 것만 아니고 이것과 저것의 꾸밈도 있게 되므로 비괘로서 받았다는 뜻이다. 그리고 「雜卦傳」에는 "비는 색이 없는 것이다(賁无色也)"라 했다. 꾸미기 위해 지정된 색이 있는 것이 아니라는 뜻이면서, 꾸민다고 해도 본질은 바뀌지 않음을 말하는 것 같다. 남에게 보이기 위해, 나를 더욱 돋보이기 위해, 우리는 누구나 나름대로 '꾸밈'을 한다. 이런 행위에 대해 어떤 말들이 있는지 보자.

1. 괘

＊ 賁, 亨, 小利有攸往.

비괘, 형통하고, 가는 바가 있으면 조금 이롭다.

[해설] 賁卦는 꾸미는 괘이다. 물건들을 판매할 때 멋지게 진열하는 것도 꾸미는 것이고, 내가 상대를 대할 때 禮로서 대하는 것도 하나의 꾸밈이다. 이렇게 꾸미면 뜻이 잘 통하니, 그래서 먼저 '亨'이 나왔다. '有攸往'이란 그가 목표한 바를 행한다는 의미로써 人事이다. 사람은 그가 목표한 바에 도달하기 위해서는 꾸밈이 작은 보탬이 된다는 뜻이 '小利有攸往'이다. 왜 '小'인가? 무엇보다 본바탕이 좋아야 큰 이로움이지, 꾸미는 것은 본래의 재질에 조금 보탬을 주는 정도이기 때문이다. 그리고 너무 꾸미면 허위가 되고, 목표하는 바가 왜곡되니, 마땅히 '小利'함을 알고 진실에 더 치중해야 한다. 또 괘의 象으로 의미를 끌어내면, 빛을 받는 산에만 밝고 뒤편에 가려있는 곳은 어두울 것이니, 전체가 아니므로 조금 이로울 뿐이다.

이 '小'를 尙秉和는 陰柔가 小이니 이는 六五를 말하고, 육오가 중심을 얻었으나 양(上九)을 받들어야 하니 '小利'라고 했다. 또 金景芳 학파에서는 上艮은 외괘로 '밖'이고, 下離는 내괘로 '안'이니, 밖으로 행동하는 것이 아니라 그쳐있고, 안으로 밝음을 품고 있다. 이는 안으로 지혜는 있으나, 밖으로 행동하지는 않으니 '조금 이롭다'는 뜻이 된다고 푼다. 두 해석은 괘의 형체에서 풀이한 것이니 참고할 만하다.

＊ 彖曰, 賁亨, 柔來而文剛, 故亨, 分剛上而文柔, 故小利有攸往. [剛柔交錯] 天文也, 文明以止, 人文也. 觀乎天文, 以察時變, 觀乎人文, 以化成天下.

단전에서 말했다. 비괘가 형통함은, 부드러움(작은 것)이 와서 굳셈(큰 것)을 무늬 나게 하니, 형통하고, 굳센(큰) 것이 위에서 꾸미는데 부드러운(작은) 것을 무늬 나게 하니, 가는 바가 있으면 조금 이롭다. [강유가 뒤섞임은] 하늘의 문명이고, (이런)문명한데 그쳐있으면, 인류사회의 문화이다. 천문을 관찰함은 때의 변화를 살피는 것이고, 인문을 관찰함은 천하를 교화해서 이루게 하는 것이다.

[해설] 彖傳이다. 먼저 賁卦의 괘사 '亨'과 '小利有攸往'을 나누어 해석했는데, '형통함'은

작고 부드러운 것도 크고 굳센 것을 꾸밀 수 있기 때문이라 했고, '갈 바가 있으면 조금 이로운 것'은 위에 있는 큰 것이 작은 것을 꾸며 작은 것을 빛나게 해주니 조금은 이롭다고 했다. 모두 상하 小成卦의 體로서 풀었다.

'柔來而文剛'에서 '柔'는 하괘 離의 六二를 말하며, 육이 유가 두 剛인 初九와 九三을 꾸민다는 말이다. '來'는 건곤의 부모괘에서 자녀괘가 탄생하는 논리에 의거한 卦變說로 풀이하면, 태괘(䷊)의 上坤에서 上六이 내려와 二位에 자리하여 '離☲'가 되었고, 下乾의 九二가 올라가 上位에 자리하여 '艮☶'이 되었다. 이렇게 괘변하여 柔가 아래로 와서 두 강을 꾸며 리 '밝음'이 되었으니 '형통한' 것이다. 대신 올라간 剛 하나가 위의 두 음인 유를 꾸며 艮 '산'이 되었으니, 坤 '흙'을 단단히 뭉치게 하여 산이 되었으므로 坤의 부드러움이 조금 이롭게 되었다. 원래 坤은 '迷(미혹될 미)'이고 '吝嗇색'이니 이것을 꾸몄으므로 '小利'하다는 말이다. 卦變으로 푼 것이다.

또 아래의 음괘 離가 위의 양괘 艮을 빛나게 하니, 음은 유이고 양은 강이므로 '柔來而文剛'이고, 柔 작은 것이 剛 큰 것을 꾸밀 수 있으니 형통한 것이다. 그리고 上에서 剛卦 艮(剛)이 下의 柔卦 離(柔)를 꾸며 무늬 나게 했으므로 '分剛上而文柔'이고, 이렇게 하면 작은 유가 무늬 나므로 조금은 이로운 것이다(小利有攸往). 또 아래 離 柔는 내괘이니 안으로는 '明'이나, 위의 艮 剛은 외괘이니 밖은 '止'이라서 크게 나타나지 않으니 '小利'한 것이다. 괘변설을 취하지 않고 푼 해설이다.

그런데 '剛上'앞의 '分'은 무슨 뜻일까? 대체로 乾坤의 섞임 중 건의 강효 중에서 하나가 나뉘어졌다고 分이라고 본다. 만약 그렇다면 앞의 문장 '柔來而文剛'의 '柔來'에도 '分'이 있을 만한데 없다. 그래서 '分'을 다른 뜻으로 본다. 于省吾는 고문에 '分'과 '賁'이 통용되었음을 증명하고, '分剛'을 '賁剛'으로 풀었다. 지금 이를 따르는 것이 가장 합리적으로 보인다. '柔來而文剛'과는 문장을 약간 달리하기 위한, 그야말로 한 자를 더하여 꾸민 것으로 보고 싶다. 그래서 위의 번역이 됐다.

그다음의 '天文也, 文明以止, 人文也'의 풀이인데, 이에는 王弼로부터 해온 '天文也'의 앞에 '剛柔交錯'이 빠졌을 것으로 보고 이를 삽입하여 해석하는 것이다. 문장을 살펴보면 '天文'과 '人文'이 짝이 되는데, '文明以止'에 대한 對句가 있어야 할 것 같으니, 이 이론이 정당한 것 같다. '剛柔交錯'이 없이 번역하면 '하늘의 문명이라, 이를 문명으로 그쳐 있게 하면 인류의 문화이다'로 될 것이다. 위의 번역은 [ ] 속에 '剛柔交錯'의 뜻을 삽입하여 번역한 것이다.

이어서 이런 꾸밈을 관찰하여 자연현상에서 인간사로 접목시키는 것을 말하면서 마무리를 지었다. 계절의 변화로 상징되는 천문을 관찰하여 이에 맞도록 인문을 관찰하면서 풍속이나 예악 등의 생활패턴이 정비되도록 천하를 교화시켜 이룩되도록 한다는 뜻이 '觀乎天文, 以察時變, 觀乎人文, 以化成天下'이다.

＊ 象曰, 山下有火, 賁. 君子以明庶政, 无敢折獄.

상전에서 말했다. 산 아래 불이 있음이 비괘이다. 군자가 이를 보고서 뭇 정사를 밝히되, 감히 송사를 결단하지는 않는다.

[자구의 뜻] 折: 꺾(끊)을 절, 결단할 절, 훼손할 절. 折獄: 소송사건을 판결함.

[해설] 大象傳이다. 이미 설명한 바와 같이 '山'은 上艮에서, '火'는 下離에서 나온 象이다. 리 '불'의 밝음으로는 일상의 정사를 밝게 처리하고, 간 '산'의 묵묵히 그쳐있는 것을 보고는 형벌 주는 일을 쉽게 처리하지는 않는다는 말이다. 송사의 문제는 신중해야 하고, 이런 일은 꾸밈으로는 그 본질을 판단할 수 없기 때문이다.

'獄'과 관련된 괘가 噬嗑(䷔)과 豊(䷶), 旅(䷷)와 賁(䷕)의 4괘가 있다. 상하괘가 '火'와 '雷'로 짝을 이룬 서합과 풍은 '밝음'과 '위엄'을 강조하였고, 상하괘가 '火'와 '山'으로 짝을 이룬 여와 비는 '밝음'과 '신중'을 강조하였다. 이들 괘의 「대상전」을 참고하기 바란다.

2. 효

＊ 初九, 賁其趾, 舍車而徒.
象曰, 舍車而徒, 義不乘也.

초구, 발을 꾸며서, 수레를 버리고 걸어간다.
상전에서 말했다. 수레를 버리고 걸어감은, 명분이 타지 못하기 때문이다.

[자구의 뜻] 徒: 걸어 다닐 도, 무리 도, 제자 도, 종 도, 죄수 도.

[해설] 初九는 가장 아래이고, 양이 正位하고 正應과 親比가 있다. 제일 아래는 인체에서는 '발'이다. 낮은 신분에 남을 만나러 가는데 남자가 바르게 행하려면(陽이 正位함) 꿋꿋이 걷는 것이다. 그러므로 꾸미는 것은 발이 편하고 벗겨지지 않는 신발을 고르는 정도일 것이다. 이것이 '賁其趾'이다. 위의 六二에는 수레의 象이 있다. 六二, 九三, 六四의 괘가 坎이니, 「說卦傳」에 "(坎은) 끄는 것이 되고, 그 수레에는 재앙이 많음이 된다(爲曳, 其於輿也, 爲多眚)"라고 했으니 '수레의 상'이 있다. 단전에 '柔來而文剛'이라 했고, 서로 친비하니 육이가 수레를 내주며 유혹하지만, 분수와 사리에 맞지 않는 것은 사양하고 걷기로 했으니, '舍車而徒'이다. 수레를 버리고 걸어간다는 것은 편함을 버리고, 멀고 불편해도 정도로써 감을 상징하고, 이는 가까운 比爻인 육이를 지나 정응인 六四에게로 간다는 의미이다. 가까운 유혹에 빠지지 않고 목표를 향해서 나아감을 상징한다. '舍'는 '버리다', '徒'는 '걷다'이다.

자기의 처지가 수레를 탈수 없다는 것을 안다는 것은 곧 수레를 탈 명분도 동시에 없는 것이다. 정도를 행한다는 뜻인 동시에 '比'보다는 '應'에 명분이 있다는 말이 된다. 이것이 小象傳의 풀이이다.

이 효사를 혼례식에서 신랑이 신부를 맞이할 때 수레에서 내려 발로 걸어가서 친히 영접한 예로 보기도 한다. 혼례에 이런 예가 있었다는 것만 참고로 알아 두자.

＊ 六二, 賁其須.
象曰, 賁其須, 與上興也.

육이, 수염을 꾸민다.
상전에서 말했다. 수염을 꾸미는 것은, 위에 붙어서 함께 움직이기 때문이다.

[해설] 六二는 바로 '柔來而文剛'의 '柔'이다. '밝음'의 象이 있는 離의 중앙이니 밝음으로 인해 눈에 환히 드러나 보일 것이다. 사람은 누구나 상대의 얼굴을 먼저 보니, 곧 환히 보이는 곳은 얼굴이 된다. 그러므로 얼굴의 핵심부분을 꾸밀 것임을 느낄 수 있다. 옛날 사람은 얼굴의 핵심적인 부위는 수염이었다. 현대인은 수염보다는 머리이고 눈이므로, 헤어스타일과 모자, 그리고 선글라스 등으로 더 모양을 내지만, 옛사람들은 남자이면 모두 수염을 길렀으므로 이것을 다듬는 것 이상의 꾸밈은 없었을 것이다. 그래서 '賁其須'다. 그리고 이 수염은 턱과 입술이 움직여야 따라 움직일 수 있을 뿐 스스로는 움직이지 못한다. 이것은 꾸며도 본질은 달라지지 않는 것을 상징한다. 그렇기 때문에 신체의 어느 부위보다 이 '須'가 등장한 이유이다. 그리고 좋고 나쁨은 오직 그 본질에 달렸기 때문에 길흉의 점사도 없다고 했다.

혼례의 예로 말하면 신랑의 친영 때 수염을 단장한 예가 있었다고 한다.

小象傳의 '上'은 九三이다. '下'인 初九는 六二보다는 六四의 응이 있고, 구삼은 육이와 마찬가지로 无應이면서 서로 相比하니, 육이로서는 그의 상관이 자연 구삼이 된다. 수염은 붙어 있는 바탕에 의해서 움직이니, 육이가 붙은 것은 구삼의 '上'이므로 '與上興也'이다. 여기의 '興'은 '움직이다'의 뜻이다.

＊ 九三, 賁如濡如, 永貞吉.
象曰, 永貞之吉, 終莫之陵也.

구삼, 꾸며서 윤이 난다. 오래도록 바르면 길하다.
상전에서 말했다. 오래도록 바르게 해서 길함은, 마침내 능멸 받지 않는다.

[자구의 뜻] 濡: 젖을 유, 은혜 베풀 유, 윤날 유. 莫: 없을 막, 저물 모.

[해설] 九三은 양이 양자리에 있으면서 中을 지나쳤고, 離의 밝음이 극에 달하였으며, 아래위로 음효가 相比하니, 화려하게 꾸미는 象이 있다. 그래서 꾸미는 것이 기름지게 윤택이 난다고 '賁如濡如'이다. 현대의 연예인쯤 되는 상황이다. 이때의 '如'는 어기를 고르는 조사이다. 이런 윤나는 꾸밈도 너무 열중하여 본분을 망각한다든지, 두 여인(六二와 六四의 陰)에 빠져 헤어나지 못하면 안 되니, 이를 경계하여 오래도록 바름을 지켜야 길하다고 했다. 그래서 '永貞吉'이다. 시선이 집중되는 인기인도 오래도록 바른 행동을 해야 칭찬을 받고 인기도 오래도록 유지할 것이다.

바름을 오래 유지해서 길하게 되면, 비록 상류층에 있지는 않지만 누구도 그를 능멸하지 못하게 될 것이므로 이를 小象傳에서 말했다. '陵'은 '업신여기다'의 뜻.

*** 六四, 賁如皤如, 白馬翰如, 匪寇婚媾.**
象曰, 六四, 當位疑也, 匪寇婚媾, 終无尤也.

육사, 꾸며도 희고, 백마도 희나, 도적이 아닌 혼인(을)이다 (택한다).

상전에서 말했다. 육사는, 맡은 자리가 망설이게 하나, 도적이 아닌 혼인이라는 것은, 마침내 허물이 없다.

[자구의 뜻] 皤: 노인의 머리 흰 모양 파, 휠 파. 翰: 붓 한, 새 깃 한, 흰말 한.

[해설] 六四는 크게 보면 꾸미는 비괘에 속해 있으므로 꾸며야 하니, '賁如'이다. 그런데 離 '明'의 밖이고, 艮 '止'의 시작이다. 그래서 꾸밈의 극을 지났으니, 다시 소박한 마음을 가지게 된다. 그래서 '皤如'이다. '皤'는 모두가 '희다'는 뜻으로 푼다. 이는 노인의 흰머리에서 비롯한 글자이므로 본바탕이 완전히 흰 '白'과는 약간의 차이는 있으나, 지나친 꾸밈을 삼간다는 뜻이 있다. 그래서 꾸며도 희다고 했다.

六四와 九三은 상비관계다. 육사가 구삼을 탔으니 '白馬'는 역시 구삼을 말한다고 보아야 한다. 九三, 六四, 六五가 震(☳)이니 진은 '馬'이므로, 말의 상이 구삼에게 있다. 그 말이 '백마'라는 것은 육사와 같은 색으로 통하는 면이 있다는 뜻이다.

그런데 다음의 '翰'을 해석하는데 몇 가지가 있다. 먼저 '빠르다'의 뜻으로 보아 '백마가 빨리 달리는 듯하니'로 풀어 正應인 初九에게로 달려가는 것으로 본다. 이때의 白馬는 구삼이 아니고 육사 자신이다. 육사로 보면, 꾸며도 '皤'고 자기의 본바탕도 '白馬'이니, 마음이 바뀌지 않아 '寇'인 구삼이 아니고 '婚媾'인 초구에게로 달려간다는 뜻이다. 뜻은 통하나, 음이 망설임 없이 결정하는 것으로 보이니 음적인 성질이 살아나지 않는 것 같다. 다음 '긴 털'의 뜻으로 보아 '백마가 긴 털을 가졌다'라고 푼다. 이는 직접 백마를 형용한 것이라 '翰'의 뜻이 앞뒤 구와 연결되는 맛이 없다. 끝으로 '희다'는 뜻으로 보아 '백말도 역시 흰색이다'라는 뜻이고, 皤, 白, 翰이 모두 같은 색이니, 육사와 白馬인 구삼이 서로 통한다는 뜻이다. 구삼이 자기와 같은 '皤'의 동색 '翰'으로 순수한 마음이나, 구삼을 택하면 정도가 아니므로 '寇'가 된다. 육사는 음이니 주저함은 있어도 정위하였으므로 충분히 바른 길을 가기 때문에 정응과의 婚媾를 택하여 '匪寇婚媾'인 것이다. 이런 뜻으로 풀었다.

소상전에서는 '疑'로써 맡은 자리를 단적으로 말했다. 곧 구삼를 택할 것인가, 초구를 택할 것인가를 저울질 하는 자리이기 때문에 '六四, 當位疑也'라 했다. 결국은 수레를 버리고 소박하게 자기 직분을 지키면서 자기를 향해 오는 정응인 초구와 뜻이 합치되어 婚媾를 하였다. 그 결과 마침내 허물이 없게 되었다는 뜻이다.

*** 六五, 賁于丘園, 束帛戔戔, 吝, 終吉.**
象曰, 六五之吉, 有喜也.

육오, 동산의 언덕에서 꾸민다. 비단 묶음이 적어서, 인색하나, 마침은 길하다.
상전에서 말했다. 육오의 길함에는, 기쁨이 있다.

[자구의 뜻] 束: 묶을 속, 삼갈 속, 좁을 속. 戔: 나머지 잔. 적을 전, 쌓을 전.

[해설] 六五는 君位이고 중심을 차지했으나, 음이니 정위가 아니고, 正應도 없다. 오직 上九와 親比하고 있을 뿐이니, 상구와 서로 꾸밀 수밖에 없는 처지이다.

丘 '언덕'이나 園 '동산'은 자주 찾는 곳이지만 집밖에 있다. 이는 이미 은퇴한 상구의 象이다. 은퇴한 현인과 의논하여 나랏일을 꾸민다는 뜻이다. 동시에 '丘園'은 자연이니 본질을 다듬다는 것과, 누구나 볼 수 있는 언덕에서 행하므로 비밀이 없다는 뜻을 함께 내포하고 있다. 나랏일을 하는 사람의 정도이다. 한편 '丘園'은 산의 반쯤 되는 지점을 이르므로, 山을 지칭하는 艮卦의 중앙에 있는 육오를 상징한다고도 본다. 어떻든 육오와 상구가 연관된 관계에서 '丘園'이 나왔다고 보면 된다.

'束帛'은 사람을 방문할 때의 예물이다. 나라의 왕이 현인을 방문하는데 비단 한 묶음은 작게 보이므로 인색해 보인다. '束帛戔戔, 吝'이다. 그러나 禮는 지나친 것보다 소박하고 검소한 것이 좋은 것이므로 결국은 '吉'로 끝을 맺는 것이다. 이미 간 '止'에 속한 상괘의 3효는 지나친 꾸밈은 삼가고 소박한 것을 택하고 있다.

小象傳은 육오가 나라의 왕이므로 육오에게 좋은 일은 곧 국가의 기쁨이 된다는 뜻이 내포되어 있다. 누구나 알 수 있는 일을 그대로 '有喜'라고만 한 것은 '國'이라는 자는 없어도 이를 의미한다고 넓혀 생각해야 한다.

* 上九, 白賁, 无咎.
象曰, 白賁无咎, 上得志也.

상구, 소박한 꾸밈이니, 허물이 없다.
상전에서 말했다. 소박한 꾸밈으로도 허물이 없음은, 위에서 뜻을 얻은 것이다.

[**자구의 뜻**] 白賁: 소박한 장식, 모든 화려함을 버리고 자연으로 돌아가는 일.

[**해설**] 上九는 '賁'의 종극이다. 꾸미는 일이 극에 달하면 다시 본질로 돌아간다. 또한 上艮 '止'의 끝이니 꾸밈은 다했다.

옛사람은 기본색을 五彩채라 하여, 靑, 赤, 黃, 白, 黑이라 하였다. '白'은 이 기본 색이고 이는 본바탕인 '素'를 말한다. 본질로 돌아간다는 뜻이다. 「잡괘전」에서 말한 '賁无色'이 바로 '白賁'이다. 이렇게 꾸미는 허식에 잠기지 않고 은퇴한 소박한 생활에 무슨 허물이 있겠는가. '无咎'이다.

단전에서 말한 '分剛上而文柔'이다. 은퇴한 군자가 왕인 육오를 소박하게 꾸밀 수 있으면, 곧 도울 수 있으면, 이것은 바람직한 모습이 된다. 이만하면 그가 바라는 뜻은 이루어졌다고 보아야한다. 이런 뜻이 소상전의 '上得志也'다. 이미 육오 임금은 '束帛戔戔'으로 그를 찾고 있었다.

옛날이나 지금이나 나를 남에게 나타내 보일 때는 모두 꾸민다. 몸단장을 하고 의관을 정비한 후에 사람을 만나서 인사도 하고 일을 처리한다. 이것이 거의 생활화된 일이며, 禮였다. 그런데 옛사람은 이것으로 끝났는데, 현대는 지나치도록 이런 것에 얽매인다. 대체로 안이 허한 사람은 밖을 지나치게 꾸민다. 나의 못남을 감추기 위해서이다. 그래서 몸단장에는 성형이 유행이요, 의관정비에는 오로지 명품이다. 그것의 부작용으로 스스로를 망치고 만다. 그래서 공자 같은 성인은 賁을 좋아하지 않았다. 그의 말을 한번은 새겨보는 계기로 삼자.

> "내가 듣기에, 붉은 칠에는 무늬를 하지 않고, 백옥에는 새기지를 않는다. 어째서 인가? 바탕이 풍족하면 수식을 받지 않는 것이다(吾聞, 丹漆不文, 白玉不雕, 何謂也, 質有餘不受飾也)"
> \- 孔子家語
> "무릇 희면 희고, 검으면 검은 것이지, 비괘가 어찌 길할꼬?(夫白而白, 黑而黑, 賁亦安吉乎)"
> \- 呂氏春秋

䷖ 剝 (山地剝)

概說: '剝'은 '벗길(겨질) 박, 깎을 박'의 뜻이다. 괘의 형태가 아래로부터 음이 하나 둘 쌓여서 제일 위의 양 하나만 남아 있으니, 음이 하나만 더 쌓이면 양은 떨어져 나갈 판이다. 음은 소인이고 양은 군자다. 소인들의 세력이 군자를 압박하고 있다. 군자가 떨어져 나가면 소인의 천하가 된다. 또 맨 위에 實인 하나의 양만 있으니, 늦가을 나뭇잎도 말랐는데 열매만 남아있는 象이다. 이 열매가 떨어지면 씨앗이 되어 새로운 시작이 열릴 것이다. 이와 같은 의미를 剝卦에서 읽을 수 있다.

「서괘전」은 "비괘는 꾸미는 것이니, 꾸민 후에는 형통한즉 다하니, 이 때문에 이를 박으로 받았다. 박이란 벗겨나가는 것이다(賁者飾也, 致飾然後, 亨則盡矣, 故受之以剝, 剝者剝也)"라 했다. 꾸며서 잘 통하면 다하여 극하게 되니 떨어져나간다는 뜻이다. 또 「잡괘전」에서는 "박은 문드러지는 것(剝爛也)"이라 했다. 과일이 너무 익으면 문드러지니 '爛'이다. 이런 박괘에는 어떤 괘효사가 있는지 보자.

1. 괘

* 剝, 不利有攸往.

박괘(떨어져 나갈 때는), 갈 바가 있음이 이롭지 않다.

[해설] 괘사. 괘명 '剝'의 뜻이 '벗겨지다, 떨어져 나가다'이니, 벗겨지고 떨어져나가는 때에 어디로 갈 것인가, 갈 바가 있을 수 없다. 음들인 소인이 판을 치고 있는데 군자가 어디에서 무엇을 할까. 갈 바가 없는 것이다. 유일한 양인 군자 上九는 더 나아가면 떨어질 것이니 '不利有攸往'이다. 바로 上九의 상황이고, 상구가 이 괘의 주효이니 괘사에 그대로 반영됐다. '往'은 艮 '止'의 반대되는 행위다. 단순히 '가다'는 뜻보다는 '활동하다', '일을 시행하다'는 의미가 내포된 뜻이다.

* 彖曰, 剝, 剝也, 柔變剛也. 不利有攸往, 小人長也. 順而止之, 觀象也, 君子尙消息盈虛, 天行也.

단전에서 말했다. 박은, 벗겨지는 것이니, 부드러운 것이 강한 것을 변화시키기 때문이다. 갈 바가 있는 것이 불리한 것은, 소인이 성하기 때문이다. 순하게 그쳐 있는 것은, 상을 관찰한 것이니, 군자가 줄고 불어나며 가득 차고 비는 것을 숭상하는 것은, 하

늘의 운행이기 때문이다.

[해설] 괘명 '剝'은 剝이고, 박이 되는 이유는 아래의 음들이 점점 차고 올라와서 강을 변화시키기 때문이라는 말이 '柔變剛也'이다. 이와 같은 상태로, 강이 자라서 유 하나가 얹혀 있는 夬卦(䷪)의 단전에는 "강이 유를 결단한다(剛決柔也)"라고 했다. '變'과 '決'에서 받는 힘의 강도가 다르니, 이를 尊陽의 표시로도 본다.

다음은 괘사의 '不利有攸往'을 해석했다. 음은 소인이니, 이 소인들이 5효까지 차지한 소인의 세상이기 때문이라는 뜻으로 '小人長也'라 했다. 소인의 도가 커가고 소인이 득세하고 있으니 군자가 갈 바가 없는 것이다. 여기서의 '長'은 '자라다' '불어나다'로 번역해도 되지만, '성하다'의 뜻도 있으므로 이 뜻이 더 적합하다.

'小人長也'의 이유로 군자가 순하게 그쳐있는 것(順而止之)이기도 하지만, 象을 관찰하고 자연의 이치를 생각하면 그럴 수밖에 없음을 알기 때문이라는 설명이 이어진다. 아래 坤은 '順' 위의 艮은 '止'이니, 괘의 상에서 '順而止之'가 나온다. 그래서 '順而止之, 觀象也'이다. 이런 괘의 상을 관찰한 결과이기도 하지만, 자연의 변화를 인간도 그대로 따를 수밖에 없는데, 이를 '天行'이라 했다. 곧 해와 달이 차면 저물고, 이에 따라 4계절도 성쇠하는 '消息盈虛'의 자연현상이 인사에서도 그대로 적용됨을 군자는 알고 이를 숭상한다고, '君子尙消息盈虛, 天行也'라 했다. 소인이 성하니 소인의 천하는 오게 돼있고, 소인천하에서 다시 군자의 세상도 오게 돼 있으므로 군자는 '觀象也'하면서 그쳐 있다는 것으로 '不利有攸往'을 설명하고 있다. 『周易』이 자연규율을 숭상하는 기본 철학임을 보여주면서 결론 맺은 것이다.

＊ 象曰, 山附於地, 剝. 上以厚下安宅.

상전에서 말했다. 산이 땅에 붙어있는 것이 박괘이다. 윗사람은 이를 보고서 아랫사람을 후하게 하여 삶을 편안하게 한다.

[해설] 대상전이다. '산'은 艮, '땅'은 坤의 象임은 이미 기술한 바다. 순한 땅위에 산이 붙어 있다. 땅이 허약하면 땅도 산도 무너질 것이다. '附'는 땅의 상태에 따라서는 무너질 수도 있다는 의미가 담겨 있다. 붙어있는 것은 경우에 따라 떨어질 수도 있기 때문이다. 이런 경우를 생각하여 정치하는 사람들은 아래의 음들을 후하게 대하면서 잘 이끌어서 거처를 평온하게 하면 무너져 내리지 않을 것이니, 그러면 국가는 잘 다스려진다는 의미로 '上以厚下安宅'이라 했다. 무너지지 않도록 하는 방책을 말한 것이다. '安宅'은 '편안한 거처'인데, 뜻이 살아나도록 번역은 위와 같이 했다. 특별히 '上'을 쓴 것은 유일한 맨 위의 양 '上九'의 역할이 살아나도록 하면서 국가뿐만 아니라 집단의 윗사람을 지칭하는 것도 되기 때문이다.

2. 효

* 初六, 剝牀以足, 蔑貞凶.
象曰, 剝牀以足, 以滅下也.

초육, 침상을 깎아냄이 발에 미친다. 바름을 없애서 흉하다.
상전에서 말했다. 침상을 깎아냄이 발에 미친다는 것은, 아래를 없애는 것이다.

[해설] 初六은 剝卦의 시작이다. 제자리도 아니고 正應도 親比도 없다. 떨어져 나가는 괘이니 제일 아래에서부터 깎여나간다. 박괘(䷖)의 象은 밑받침을 한 다리위에 널찍한 판을 올려놓은 평상의 모양이다. 그래서 '牀'이 등장했고, 제일 아래는 평상의 발이 되니 '足'이 등장했다. '以'는 대체로 '及(미칠 급)'으로 본다.

上九 양강은 침상의 평평한 곳이니, 발을 없애면 기울기가 바르지 못할 것이니 쓰기 불편할 것이다. 그러니 흉하다. '蔑貞凶'이다. '蔑'은 '滅'과 통용되었다. 양은 단단하고 '貞'에도 '단단하다'의 뜻이 있으므로 '貞'은 上九와 통한다. 이런 것에서도 '蔑貞'의 의미를 찾기도 한다.

현대의 廖名春은 '牀'과 '壯'이 통용되었으므로, '壯(씩씩함)'은 '陽剛'을 말하고, '足'은 초효를 이르니, 양강의 초효가 깎여 음효가 됐다고 보면서, '蔑貞凶'은 양강이 없어져 흉하다는 뜻으로 보았다. 그리고 尙秉和 학파에서는 '蔑'을 홀로 한 자로 독립시켜 앞 문장을 완결 짓는 것으로 본다. 곧 "剝牀以足, 蔑(침상을 깎아내림이 발에 이르니, 발은 반드시 깎여나간다)"로 하여, '蔑'을 '剝'에 이른 것을 말한다고 보았다. 둘 다 참고로 알아두자. 모두 '足'이 '剝'이 된다는 뜻은 위의 번역과 같다.

소상전에서는 '足'이 침상의 '下'이고, '蔑'과 '滅'이 통용됐음을 알면 번역이 어렵지 않게 풀린다.

* 六二, 剝牀以辨, 蔑貞凶.
象曰, 剝牀以辨, 未有與也.

육이, 침상을 깎아냄이 이음새에 미치니, 바름을 없애서 흉하다.
상전에서 말했다. 침상을 깎아냄이 이음새에 미침은, 아직 함께하는 자가 없는 것이다.

[해설] 六二 효사와 소상전이다. 이 효사에서는 '辨'이 무엇이냐 하는 것이다. 옛 선인들은 대체로 '膝슬下(무릎 아래)', 혹은 '足上(발 위)'이라 했다. 현대의 尙秉和 학파에서는 '牀頭'로, 金景芳 학파에서는 '半'으로 보았다.

음이 점점 양을 몰아내고 있는 중이다. 발에서 몰아내었으면, 다음은 牀의 판보다는 아래에 있고, 발보다는 위에 있는 어떤 지점이 될 것이다. 이곳이 '상머리'인지, 중간을 말하는 '半'인지, 또 '足上膝下'는 牀에서는 어떤 곳인지 아리송하다. 그런데『教學大漢韓辭典』에 '이음새'라는 뜻이 있어 이를 취하여, 상판과 다리를 연결하는 이음새로 보았다. 六二가 중덕을 가졌으나, 음이면서 正應·親比가 없는데, 때가 '剝'의 시기라, 결국은 대세에 휩쓸려 바름을 지키지 못하고 '蔑貞凶'이 됐다.

그런데 丁若鏞은 해석이 다르다. 우선 句도 '剝牀, 以蔑足(初六)', '剝牀, 以蔑辨'으로 보면서 '剝牀'은 '침상의 이불을 벗겨내다'로, '足'과 '辨'을 모두 사람 신체의 일부를 가리키는 것으로 보고, 침상에서의 남녀의 접촉관계로 뜻을 이어갔다. 그리고는 침상을 깎아내는 뜻으로 보고 있는 것을 비판했다. 이 효의 그의 풀이는 "침상(의 이불)을 벗겨내니, (이처럼 임금의 총애를 잃는 것은 왕비 혹은 빈 등의) 사타구니(辨)가 헐었기 때문이다. 일을 맡아 처리함에 흉하다"161)이다. 그러나 중국의 학자들은 아무도 이와 같은 번역을 보지 못하여 참고만 하고, 취하지는 않았다.

소상전에는 아무도 도와주는 무리, 즉 정응·친비가 없다는 뜻으로 '與'를 등장시켜 설명을 했다. 다음의 六三 효에는 정응이 있기 때문에 辭가 달라진다.

*** 六三, 剝之无咎.**
象曰, 剝之无咎, 失上下也.

육삼, 박괘의 허물없음이다.
상전에서 말했다. 박괘의 허물없음은, 위아래를 잃는 것이다.

[해설] 六三은 양위이므로 양의 성질도 있어서 양과 통함도 있는데, 上九와 正應이기 때문에 그를 돕고 따른다. 그러니 적어도 현상유지에 일조를 하므로 '无咎'이다. 육삼이 현상유지하려는 마음은 침상을 반듯하게 하므로 '无咎'인 것이다.

보통 '剝之'를 상황을 설명하는 말로 보고 '깎아내는데 허물이 없다'고 번역한다. 그런데 六五와 육삼만 다른 효와 달리 흉이 아니므로 '剝'의 뜻도 다르게 '卦名'으로 풀어야 한다. 이렇게 하면 박괘의 다른 음효, 특히 아래 두 효와는 달리 육삼 효는 '无咎'함이 강조되면서 뜻이 확실해진다.

현대의 金景芳과 尙秉和 학파에서 모두 '剝, 无咎'로 하여, '之'가 없고 '剝'을 따로 한 句로 본다. 이들의 번역은 "剝落의 시기에, 허물이 없다"로, 박락하는 시기이지만 실제로 동조하지

---

161) 茶山 丁若鏞 지음, 方仁, 張正郁 옮김, 『譯註 周易四箋』 3(소명출판, 2007), 281쪽에 번역문이 있고, 설명이 이어져 있음.

아니한 것은 허물이 없다는 뜻으로 보고 있으니, 위의 번역과 뜻은 다르지 않다. 이 '之'를 尙秉和는 다음의 소상전에서 비롯한 연문으로 보나, 金景芳은 다른 설명이 없이 생략했다. 그러나 '之'를 생략해야 하는 이유를 특별히 마련하지 않고도 '剝'을 卦名으로 보고 '之'를 '~의'로 보면 설명이 된다.

소상전에서는 육삼이 다른 음효와는 달리 양을 몰아내지 않으므로, 그의 아래와 위에 있는 음과는 등을 돌렸으니 '失'이 된다는 뜻이다.

* 六四, 剝牀以膚, 凶.
象曰, 剝牀以膚, 切近災也.

육사, 침상을 깎아냄이 피부에 미치니, 흉하다.
상전에서 말했다. 침상을 깎아냄이 피부에 미침은, 아주 가까운 재앙이다.

[해설] 四爻의 효사와 소상전이다. 벗겨내고 깎아내는 일이 점점 위로 올라와 인체의 피부에까지 이르렀음을 나타내고 있다. 六四의 바로 위인 六五는 여러 음의 주인이고, 그 위의 上九는 양이니, 깎아내는 음이 점점 높이 올라왔다. 그래서 침상을 이용하는 물체의 몸에 근접했기 때문에 '剝牀以膚'이고, 이는 바로 '凶'이다. '蔑貞'이라는 설명이 필요 없는 절박한 상태다.

'膚'를 '牀'의 형상으로만 보면 '辨'보다는 위를 지칭하는 것으로 추정되니, 인체의 피부를 말하기 보다는 '牀面(평상의 표면)'으로도 본다. 초육은 足, 육이는 辨, 육삼은 생략됐고, 육사가 牀面이라면, 생략된 육삼은 무엇일까를 생각하니, 牀의 주요부분이 마땅치 않다. 육삼은 내괘의 제일 위이니, 이를 面으로 보고, 육사는 외괘의 제일 아래이니, 이를 面위에 놓여 있는 사물의 외피를 말하는 것으로 보았다. 어떻든 뜻은 모두 군자인 상구가 물러나는 것이 절박해 간다는 것이다.

소상전에서는 재앙이 가깝다는 것을 강조하여 표현했다. '切'은 '절박하다'는 뜻.

* 六五, 貫魚, 以宮人寵, 无不利.
象曰, 以宮人寵, 終无尤也.

육오, 물고기를 꿰듯이 하여, 궁인들을 거느리고 총애를 받으면, 불리함이 없다.
상전에서 말했다. 궁인들을 거느리고 총애를 받으면, 마침내 허물이 없다.

[자구의 뜻] 貫: 돈꿰미 관, 꿸 관, 본적 관. 貫魚: 꿰미에 꿴 물고기.

[해설] '魚'는 陰物이고, '宮人'은 왕실의 여러 여인들을 말하니 이들도 음이다. 왕실에서는 마치 물고기의 머리를 꿰미에 꿴 것 같이 서열을 지키면서 왕비와 여러 후궁들이 왕의 총애를 받는다. 이런 모양을 괘의 형상에서 따와 표현했다. 이것이 '貫魚, 以宮人寵'이다. '以'는 '率領(거느리다)'이고, '寵'은 '사랑을 받다'는 뜻이다.

5位가 군왕의 자리이므로 六五가 왕으로서 아래의 여러 음인 비빈들의 사랑을 받는 뜻으로 해석할 수도 있다. 그러나 여기서의 육오는 아래의 여려 음과 같은 여인이고 그녀가 가장 높은 지위를 차지했으니 왕비로 보는 것이 좋겠다. 그것은 괘의 전체 형태를 '牀'으로 보고 음들은 牀을 떠받치거나 의지하는 역할로 보아왔고, 上九의 효사에 상구를 '不食'이라 했으니 중덕이 있는 육오가 親比인 상구를 먹어 없애지 못하고 받드는 것으로 보아야 한다. 그래서 육오도 상구의 총애를 받는 여인이고, 육오가 아래의 여러 비빈을 거느리는 것으로 보았다. 六三에서도 깎아내지 않았기 때문에 '无咎'라는 점사를 얻은 바가 있고, 여기서도 상구의 뜻을 이해하고 아래의 여러 음들을 통솔하여 이끄니, '无不利'이다. 이를 소상전은 상구와의 관계유지가 쉽지 않다는 것을 강조하여 '終'을 넣어서 표현을 달리했다.

＊ 上九, 碩果不食, 君子得輿, 小人剝廬.
象曰, 君子得輿, 民所載也, 小人剝廬, 終不可用也.

상구, 큰 과일은 먹지 않는다. 군자는 수레를 얻고, 소인은 집을 깎인다.
상전에서 말했다. 군자가 수레를 얻음은, 백성을 싣는 것이고, 소인은 집을 깎이게 됨은, 마침내 쓸 수 없다는 것이다.

[자구의 뜻] 碩: 클 석, 멀 석, 굳을 석, 선비 석. 廬: 집 려, 살 려.

[해설] 上九는 높이 매달려있는 과일의 象이다. 음이 쌓인 것은 나무둥치 같고, 그 위에 걸려있는 양은 '實'이므로 과일이다. 上艮은 '果蓏라'의 상이 있으니 여기서 '과일'이 등장한다. 선조들은 과일 중 가장 큰 것은 씨를 하기 위해 먹지 않았다. '碩果不食'이다. 이 과일을 군자가 얻으면 잘 보관키 위해 노력할 것이니, 이는 수레에 백성을 싣고 위험을 피해 다니는 상황과 같고, 만약 소인이 얻으면 먹어 없앨 것이니 다음을 이어갈 수 없으므로, 이는 자기가 사는 오막살이마저 헐어버리는 결과와 같다. 이 뜻이 '君子得輿, 小人剝廬'이다. 剝의 시기는 혼란과 불안이 심할 것이나, 군자는 민중과 함께 하며 내일을 위해 노력하지만, 소인은 사적인 욕심을 채우고 만다는 뜻이다. 같은 조건에서 사람의 품성에 따라 결과가 달라짐을 본다. '輿'나 '廬'는 상구가 수레 덮개나 집의 지붕과 같은 象이니, 여기서 나온 글자이다.

소상전의 '載'는 '싣다'의 뜻으로, '用'은 碩果의 활용을 말한 것이니, 소인은 결국은 씨로도 쓰지 못한다는 뜻이다.

이 괘는 양이 음으로 변해간 것을 침상에 비유하여 부위별로 변해갔음을 말하고 있다. 음이 판을 치는 소인의 세상은 국가가 망하는 것으로 볼 수도 있을 것이다. 망하지 않으려면 돕는 이가 있어야 하고(六三), 꿰미에 꿴 고기 같이 일치단결하여 지도자의 지휘를 따라야 할 것이며(六五), 上九의 군자 같은 지도자가 있어야 할 것이다. 우리에게는 上九의 군자 같은 지도자는 없고, 국론을 분열시키는 소인들만 있었기 때문인지 망하고 만 역사가 몇 번이나 있었다. 오늘의 좌우 이념갈등, 심한 빈부의 격차, 이런 것 때문에 서로 등을 돌리고 있고, 겨우 소수의 지지만 받는 대통령은 상구의 '小人剝廬'에 해당할 것이니, 만약 '剝'의 시대라면 다시 한 번 망할지도 모른다. 항상 剝의 시대를 생각하면서 대비해야 함을 느끼게 한다. 그런데 고물가와 전세난으로 서민들이 살기가 어려운 지금, '下厚安宅'이라 할 수 없을 것이니, 바로 剝卦의 시절이 아닌가 하여 걱정스럽다.

䷗ 復 (地雷復)

概說: 괘의 형태가 음이 쌓여있는데 맨 아래에 양이 하나 있다. 上坤☷은 '땅' '順', 下震☳은 '우레' '움직임'이 象이다. 아래에서 움직이면 위에서는 순순히 받아들이고, 괘의 형태도 아래의 양이 움직이면 음(--)들이라 모두 가운데가 터져있으니 가는데 막힘이 없는 모양을 하고 있다. 그러니 양이 순순히 커갈 수 있을 것이다. 剝卦에서 음이 양을 다 몰아내면, 다시 양이 맨 아래에 생긴다. 이것이 復복卦이고, '復'은 '원상태로 회복하다'는 의미다. 양이 다시 생겼으니 쌓여 커갈 것이다.

「서괘전」에는 "사물은 끝냄으로서 마칠 수는 없으니, 벗겨냄이 위에서 다하면 아래에서는 되살아나니, 때문에 이를 복으로 받았다(物不可以終盡, 剝窮上反下, 故受之以復)"라고 했다. 그리고 「잡괘전」에는 "복은 되돌아옴이다(復反也)"라고 했다. 모두 본래의 상태로 돌아가게 된다는 뜻이다. 「계사전 하」에서는 "복은 덕의 근본이다(復德之本也)", "복은 작으나 사물에 두루 미친다(復小而辨於物)", "복은 스스로 알아 하는 것이다(復以自知)"라 했다. 양 하나의 회복이 별것 아닌 것 같지만, 맨바닥에서 자라나니 근본이 되고, 미세하여 작아도 변별력이 있으며, 스스로 알아서 처리하는 능력이 있다는 뜻이다. 이런 복괘의 괘효사는 어떻게 말하는지 보자.

1. 괘

* 復, 亨. 出入无疾, 朋來无咎. 反復其道, 七日來復. 利有攸往.

복괘, 형통하다. 출입에 병고가 없으니, 친구가 와도 허물이 없다. 그 도가 되풀이하여, 7일이면 다시 돌아온다. 갈 바가 있으면 이롭다.

[해설] 괘사이다. '復'은 '회복하다'는 뜻이니, '剝'으로 벗겨나가고 깎이면 종말을 고하는 것이 아니고, 다시 살아나 회복하니 '형통하다'고 아니 할 수가 없다. 하괘는 震이니 움직이고, 상괘는 坤이니 순순히 받아들인다. 아래에 한 양이 생겨, 움직이면서 자라나면 위에서는 순순히 받아드리는 象이다. 그러니 '出入无疾'이고, 날고 듦이 자유로우면 친구들이 허물없이 드나들 것이니 '朋來无咎'이다.

'入'은 안에서 생겨나는 것이고, '出'은 밖으로 자라나가는 것이다. 내괘에 한 양이 생기니, 이것은 '入'이고, 이 양이 외괘로 향하여 자라니, 이것은 '出'이다. 그런데 '入出'이 아니고 '出入'이 된 것은 단순히 통용되는 어순일 뿐이다. '疾'은 방해를 받지 않는다는 의미로 쓰였으니, 양이 생기는 것도, 이 양이 자라는 것도 모두 자연현상이다. 그래서 '出入无疾'이다. '朋'은 初九와 같은 陽剛을 말한다. 곧 음기의 덩어리인 땅속에서 양기가 뭉쳐 씨앗이 발아하면, 양기가 점점 불어나서 여기저기서 싹이 터고 땅 밖으로 나온다. 이런 현상을 '朋來'라 했다. 이렇게 양기가 쌓여 사물이 자라나는 현상도 특별히 조건이 나쁘지 않는 한 이루어지게 되어 있으니, '朋來无咎'라 했다. 음양은 충돌하면서 서로 화합하여 생물을 양육시키는 것이다. 이런 자연현상을 復卦에서도 말하고 있다. '反復其道'의 '其道'란 음양이 消息盈虛하는 도를 말한다. 음이 자라면 양이 쇠퇴하고 양이 자라면 음이 줄어드는 원리는 반복해서 일어나는데, 7일이면 이렇게 회복된다는 뜻이 '反復其道, 七日來復'이다.

그런데 數 '7일'의 등장은 여러 가지로 설명을 한다. 周나라 초에 한 달을 4주기로 나누었는데, 이때 한 주기가 月의 대소에 따라 7·8일이었음으로 거기서 유래했다고 보는 설. 12消息卦의 姤卦(䷫)에서 복괘(䷗)까지는 7달이 걸리는데, 이를 셈하여 日로나타내면 7일이 되니 이를 말한다는 설. 12소식괘에서 剝卦(䷖), 坤卦(䷁), 복괘(䷗)의 순인데, 박괘에서 복괘로 변하면 곤괘의 6효와 복괘의 초효를 합쳐 7효가 되니 여기에서 7일이 됐다는 설. 같은 이치로 괘는 6효이니 이 6효를 두루 그친 후 7번째에 다른 괘로 변하므로 여기서 7이 등장했다고 보는 설. 이것 중에서 어느 것을 말하는지는 명확히 알 수 없다. 단지 이런 것과 현대도 고대도 한 주간은 7일이니, 여기서 7이 '변화의 단위'가 되었을 것으로 추측하면 된다. 그런데 비교적 짧은 기간을 말하는지, 긴 기간인지도 분명하지 않다. 아마도 한 시절의 구분이니 짧지는 않다고 보아야 할 것이다. 물론 '日'은 순번을 예시하는 단위이지 꼭 오늘의 24시간이라는 시간을 나타내는 것은 아닐 것이다.

양이 자라면 군자가 많아지면서 그 道가 커나가고, 소인은 사라지면서 그 도는 준다. 그래서 양이 많아지면 군자의 도가 확대되므로 이롭기 때문에 이를 '利有攸往'이라 했다. '往'이란 양의 자람이면서 사람이 일을 행하는 것을 이른다.

＊ 彖曰, 復, 亨, 剛反, 動而以順行, 是以出入无疾, 朋來无咎. 反復其道, 七日來復, 天行也. 利有攸往, 剛長也. 復其見天地之心乎.

단전에서 말했다. 복괘가, 형통한 것은, 강이 되돌아와서, 움직이면 순하게 행할 수 있기 때문이니, 이로써 출입에 병고가 없고, 친구가 와도 허물이 없다. 그 도가 반복되어, 7일이면 다시 돌아온다는 것은, 하늘의 운행이다. 가는 바가 있으면 이롭다는 것은, 강이 자라나기 때문이다. 복괘에서 하늘과 땅의 마음을 보는구나!

[해설] 단전이다. '剛反, 動而以順行'은 復이 형통함을 설명한 것이면서, 그렇기 때문에 다음 구인 '出入无疾, 朋來无咎'가 되는 이유이다. '剛反'은 初九가 처음 아래에 생긴 것을 말한다. '動'은 下震, '順'은 上坤에서 나온 象. 움직이면 순순히 받아들이니 '出入无疾, 朋來无咎'이다. '反'은 '返(돌아올 반)'이며, 바로 「잡괘전」의 '反'이다. 괘사에서 설명한 바와 같이 괘의 형체와 성질로서 설명했다.

음양의 줄고 불어남과 차고 비는 것은 어김없이 일어나는 현상이니, 이는 하늘의 움직임이고 자연규율이다, 그리고 괘사에서 설명한 것처럼 7일이면 이루어지는 현상이니, '反復其道, 七日來復, 天行也'라 한 것이다.

양이 다시 생겨서 이것이 점점 불어나고 자라면 음은 점점 줄어들고 허약해지니 그래서 '利有攸往'이다. 곧 양강은 군자이니, 이것이 점차 자라면 군자의 도가 자꾸 크게 자라게 되니 '剛長也'이고, 그러니 갈 바가 있으면 이로운 것이다. 물론 7일 후에는 다시 소인의 도가 자라겠지만. 복괘의 이런 경이롭고 어김없는 일은 자연의 규율과 같으니, 꼭 하늘과 땅에 이렇게 하고 싶은 마음이 있어서 행해지는 것 같다고 감탄하면서 끝을 맺었다. '復其見天地之心乎'이다.

＊ 象曰, 雷在地中, 復. 先王以至日閉關, 商旅不行, 后不省方.

상전에서 말했다. 우레가 땅속에 있는 것이 복괘이다. 선왕은 이를 보고서 동짓날에는 관문을 닫아, 상인과 나그네를 다니지 못하게 하고, 제후도 지방을 순시치 못하게 했다.

[자구의 뜻] 至日: 동짓날이나 하짓날의 범칭. 關: 빗장 관, 잠글 관, (관)문 관.

[해설] 대상전이다. 땅 밑에 우레가 생겼다. 물론 '우레'는 下震, '땅'은 上坤에서 나온 象이다. 陽卦 진의 우레가 허공이 아닌 땅속에 잠겨있고. 陰卦 곤은 양 하나를 감싸 안고 있다. 이렇게 땅속에 양기가 미세하게 움직일 때에는 이 미약한 양을 보호하고 기르기 위해 땅이 감싸 안는 것처럼 주위를 맑고 안정되게 해야 한다. 지금도 아이를 낳으면 저항력이 미약한 아

이를 보호하기 위해, 친척이라도 창밖에서 보게 하면서 왕래를 제한하고 있다. 그래서 전대의 왕은 관문을 닫고, 이때만은 모두가 안정되게 쉬면서 양기를 기루게 했다. 물론 자신도, 지방의 제후들도 순시를 하지 않았다. 이런 뜻이 '至日閉關, 商旅不行, 后不省方'이다.

'至日'은 동지와 하지를 말하는데, 이 괘에서는 동지이다. 옛사람은 음력 11월 동지에 양이 처음으로 생긴다고 생각했는데, 12소식괘에서 복괘가 11월이니 이것과도 통한다. 음이 처음 생기는 姤卦는 음력 5월이고 하지이며, 姤卦의 대상전에는 '施命誥四方'이라 하여 왕이 '명령을 내리고 사방에 고한다'고 했으니, 활발하게 움직이면서 백성들에게 알려 단속한다는 의미이다. 복괘와는 반대다.

'后'는 왕 자신을 말한다고 보기도 하고, 그를 보좌하는 지방의 제후들을 말한다고 보기도 한다. 여기서는 제후로 보았다.

2. 효

* 初九, 不遠復, 无祇[祗]悔, 元吉.
象曰, 不遠之復, 以脩身也.

초구, 오래지 않아 회복하여, 재앙과 후회가 없으니, 크게 길하다.
상전에서 말했다. 오래지 않아 회복함은, 심신을 수양했기 때문이다.

[자구의 뜻] 祗: 공경할 지, 다만 지, 지신 지. 祇: 지신 기. 다만 지, 병 지.

[해설] 初九 효사와 소상전. 초구는 무엇보다 이 괘의 주효이니 기다리던 '復'에 대한 기대가 반영될 것은 뻔하다. 괘사가 자연의 원리를 인용하여 설명했다면 효사는 인간의 일에 관계된 말로 꾸며져 있다. 剝에서 復이 된 기간이 '7일'간인데, 초구는 가장 빠른 시간에 돌아왔으니 '不遠'이다. 이렇게 양이 하나 생겼으면 자라나는 것도 천행이므로 復을 기다리던 시간의 불안과 후회도 자연 없어진다. '无[祗]悔'이다. 이렇게 양의 회복은 크게 길할 수밖에 없다(元吉). 이런 뜻의 문장이다.

이 효사에서 가장 문제가 되는 자는 '祗'이다. 이 자는 '공경하다'라는 뜻을 갖고 있지만, 학자들 마다 여기에서 쓰인 의미를 '禔(편안할 지)', '安', '平', '大', '病', '丘(언덕 구)', '至(이르다)' 등 여러 가지로 풀고 있어서, 선택하기가 쉽지 않다. 우리나라에서는 대체로 程頤와 朱熹가 해석한 '至'의 뜻으로 해석했다. 그런데 尙秉和 학파에서는 '祇지'의 잘못으로 보았다. 그리고 '祇'는 '病'의 뜻이고, '病'은 '菑(묵정밭 치, 재앙 치)'이니 곧 災를 의미한다고 했다. '글자의 형태(아래에 '-'이 있고 없다)'와 '소리'가 구별이 힘들고, 문장에서 뜻이 통하는 것도 '재앙'이니 '祇'의 誤記라고 여겨져 이를 취했다.

이 효사의 뜻을 공자가 말한 것이 「계사 하」에 있다. 요지는 빨리 알아서 고치고 거듭 잘못을 저지르지 않아야 한다는 뜻이다.

> 공자가 말하기를, 안씨의 자식이 이에(이 효사에) 거의 가까울까? 선하지 않는 것이 있으면 일찍 알지 않으면 안 되고, 그것을 알았으면 다시 행하지 않았다. 역에서 말한 '不遠復, 无祇悔, 元吉'이다.
> 子曰, 顔氏之子, 其殆庶幾乎. 有不善, 未嘗不知, 知之未嘗復行也, 易曰, 不遠復, 无祇悔, 元吉.

소상전의 풀이도 안씨의 자식처럼 심신의 닦음을 통하여 이렇게 빨리 회복하고 발전하게 된다는 뜻이다.

*** 六二, 休復, 吉.**
象曰, 休復之吉, 以下仁也.

육이, 아름답게 회복할 것이니, 길하다.
상전에서 말했다. 아름다운 회복의 길함은, 아래하여 어질기 때문이다.

[해설] 六二 효사와 소상전이다. 육이는 중정하면서 아래의 初九와 親比이다. 그러므로 회복하는 시기에 초구를 따라 함께 회복할 것이다. 초구도 비록 자기를 음이 올라타고 있으나, 온통 음들의 세상에 중정한 덕을 가지고 있는 이웃 육이와는 친하게 지낼 수밖에 없다. 그러니 육이의 회복하는 길도 순탄하고 아름다울 것이므로 '吉'하다고 했다. '休復, 吉'인 것이다. '休'는 '아름답다'라는 뜻이다.

소상전의 '下仁'을 '아래(初九)가 어질기 때문이다' 혹은 '어진이(초구)에게 굽혀 아래 하다'로 하여 초구가 '仁'하는 것으로 본 학자도 있다. 그러나 초구는 下震 '움직임'의 주효이므로 그가 어질다고 보는 것보다, 六二가 하괘에 있고 부드러우면서 중정하기 때문에 어질어서 초구와 함께 한다는 뜻으로 보는 것이 더 자연스럽다. 그래서 위의 번역은 육이가 '仁'한 것으로 보고 풀이한 것이다.

*** 六三, 頻復, 厲无咎.**
象曰, 頻復之厲, 義无咎也.

육삼, 얼굴을 찡그리며 회복하려 한다. 위태하나 허물은 없다.
상전에서 말했다. 찡그리며 회복하니 위태로우나, 뜻은 허물이 없다.

[자구의 뜻] 頻: 자주 빈, 위급할 빈, 물가 빈, 찡그릴 빈.

[해설] '頻'은 '자주'와 '찡그리다'의 두 뜻으로 푼다. 이 두 뜻이 달라 보이지만 여기서는 통하는 바가 있다. 六三의 처한 위치가 음이 양위에 있어 안정되지 못하고, 震의 극으로 움직임이 극에 달했다. 그리고 「설괘전」에 진은 "爲決躁(조급하게 결단한다)"라 했다. 그러므로 침착하지 못한 모습이다. 회복하는 일을 몇 번을 시도하는 모양의 뜻은 '자주'가 되고, 조급한 모습으로 풀면 얼굴이 찡그려지는 것이다. 결국은 둘 다 육삼의 처한 상황을 말하지만, '자주'는 이미 행동을 하고 있는 것이고, 앞으로의 의지를 나타내는 뜻에는 '찡그리다'가 더 좋게 보여 이를 택했다.

'頻數삭(매우 자주)'로 푸는 쪽은 程頤의 풀이를 좇고, '頻蹙축(상을 찡그리다)'로 푸는 쪽은 王弼과 虞翻의 풀이를 좇은 것인데, 尙秉和는 옛 문장에는 '顰(찡그릴 빈)'으로 썼다고 했다. 그리고 高亨도 '찡그리다'는 뜻으로 풀었다. 이들을 좇았다.

이렇게 안절부절 못하여 위태롭지만, 회복의 시절이므로 회복하겠다는 뜻이 있어 이러한 모양이니 허물이 없는 것이다. 이를 소상전에서 거듭 밝힌 것이다.

* 六四, 中行獨復.
　象曰, 中行獨復, 以從道也.

육사, 중간에서 움직여 혼자라도 회복한다.
상전에서 말했다. 중간에서 움직여 혼자라도 회복함은, 도를 좇기 때문이다.

[해설] 六四 효사와 소상전. 육사는 정위하고 아래 初九와 正應이다. 회복하는 때에 순한 坤體에 있으면서 아래의 초구와 서로 응하니 그와 함께 행하는 것이다.

'中行'은 순서의 차례와는 상관없이 중간에서 행한다는 뜻이다. 그래서 번역을 '중간에서 움직이다'로 했다. 그런데 이 '中'이 쓰인 이유는 주로 두 가지 관점으로 푼다. 하나는 육사가 여러 음의 가운데 있기 때문이라고 본다. 그런데 이 설은 같은 형태의 剝卦 六三, 姤卦 九四, 夬卦 九三에는 '中'이라는 자가 쓰이지 않았기 때문에 의심스러운 면이 있다. 또 하나는 互體[162]로서 푸는데, 2, 3, 4효의 內互卦와 3, 4, 5의 外互卦를 내괘와 외괘로 하면 坤卦가 되는데, 이때 4효가 상의 중위로서도 쓰였기 때문이라고 본다. '中'이 주로 괘의 2효와 5효를 말하기 때문이다. 이것은 호체가 괘효사를 지을 당시에도 있었느냐의 의문과 함께, 현재의 爻位가 중요하지 이렇게 호체의 효위까지 끌어와야 하는지가 의문이다. 둘 중에서는 그래도 전자가 좀 나을 것 같다. 육사는 초구와 정응이기 때문에 다른 음들이 회복할 의사가 있든 없든, 차

162) 실마리의 41쪽 참조.

례와 상관없이 혼자라도 회복의 길로 나아가겠다는 뜻으로 보고 '中行獨復'을 풀었다. 소상전에서는 이것이 육사의 도라는 의미다.

* 六五, 敦復, 无悔.
  象曰, 敦復无悔, 中以自考也.

육오, 회복에 돈독하니, 후회가 없을 것이다.
상전에서 말했다. 회복에 돈독하니 후회가 없다는 것은, 중덕으로 스스로 살피기 때문이다.

[해설] 六五는 전체를 살피는 효이면서 中에 위치하여 중덕을 지녔다. 正應·親比는 없지만 중덕이 있고, 순한 坤體에 있다. 음들이라 가운데가 터져 있으니 땅 아래의 움직임을 알 수 있다. 모두 초구와 함께 회복하고자 하니 치우침 없이 중덕으로 아래의 여러 무리를 살펴서 함께 회복하고자 한다. 또 上坤 '땅'의 중심이니 땅속은 온기가 있어 양의 생장에 도움을 줄 것이다. 이런 것을 돈독한 것으로 보고 '敦復'이라 했고, 모두가 같은 마음이니 후회가 있을 수 없으므로 '无悔'한 것이다.

소상전의 '中'은 '中德'을 대표하여 설명을 하였고, '考'는 '이루다'와 '살피다'의 두 뜻이 주로 쓰이는데, 문맥상 '살피다'가 더 자연스럽다. '敦復'하게 되는 과정을 설명하는 것으로 보는 것이다.

* 上六, 迷復, 凶, 有災眚. 用行師, 終有大敗, 以其國, 君凶. 至于十年不克征.
  象曰, 迷復之凶, 反君道也.

상육, 회복함을 헤매면, 흉하고, 재앙이 있다. 군대를 행사하는 것으로는, 종국에는 대패할 것이고, 국가로서는 임금이 흉하다. 십년에 이르도록 행할 수가 없다.
상전에서 말했다. 회복을 헤매면 흉하다는 것은, 임금의 도리와는 반대이다.

[해설] 상육의 처함이 회복을 말하는 때의 극이라 막힌 바이고, 正應도 親比도 없으니 돕는 자도 없고, 初九와는 너무도 멀다. 그러니 회복하는 것을 헤맬 가능성이 높다. 정상적으로 회복하지 못하고 헤매면 흉하고 재앙이 있을 것이고, 군사를 쓰는 일에는 결국 대패할 것이며, 국가의 통치에 관해서는 임금이 흉한 일을 당할 것이다. 이렇게 수의 끝인 십년이란 세월이 흘러도 아무것도 이루어지는 것이 없다. 이런 뜻이다. 왜 이렇게 되는가? 만물이 생장하는 때에 헤매면 때를 놓치고, 때를 놓치면 生의 때에 생을 하지 못하니 아무것도 이루어지는 일

이 없는 것이다. 그러나 어디까지나 가능성을 말한 것이지, 正位 하였으므로 꼭 그렇다는 것은 아니다.

上六은 헤맬 가능성이 높기 때문에 '迷復'을 '헤매면서 회복하다'보다는 '회복하는 것을 헤매다'는 뜻이 다음 구의 '凶'과 '有災眚'에 더 어울리는 것 같아 이를 취했다. 어떤 흉함과 재생이 있느냐? 그 구체적인 예를 그 다음 구에서 말하고 있다. '用行師'의 '用'과 '以其國'의 '以'는 서로 상대되는, 같은 용법 같은 뜻이다. '不克征'의 '克'은 '能'이고, '征'은 '行師'와 연결되는 맛이 있어 '정복하다'로 많이 번역하나, 여기서는 行師에 대한 설명은 '終有大敗, 以其國, 君凶'으로 마무리 된 것으로 보고, 定度를 '행하다'는 의미로 보았다.

임금을 지칭하는 효는 五爻다. 그런데 이 상육에서 '君'이 등장했다. 가끔은 上爻가 '君'이 되기도 하며, 여기서는 상황을 설명하기 위해서는 '君'이 등장해야 했다.

소상전은 전체를 위한 '君'의 '道'는 회복하는 것이니, 상육이 헤매게 되면 이런 뜻에 어긋난다는 의미다.

새 시대의 희망도 하층부로부터 시작했다. 기존 질서에 물든 상층부에서 시작하기란 쉽지 않다. 그리고 어떤 것이라도 대다수가 이를 받아드려야 성공을 한다. 이 復卦와 같이. 그래도 上六처럼 어떤 집단에서는 헤매는 계층이 있게 마련이다. 정치하는 사람은 이를 알아야 할 것이다. 개혁에는 기존 질서에 반드시 이익을 보고 있는 기득권층이 존재하고, 자기에게 직접적인 이익이 없으면 변화를 싫어하는 층이 있다. 그러니 이를 어떻게 억누르고 조화시켜 나가야 할 지가 관건이다. 上六으로 인하여 물거품이 되지 않도록 미리 예방책을 세워야 하고, 그들에게도 害를 최소한으로 줄일 수 있는 방안이 있어야 새로운 발전이 담보되는 새봄을 맞이할 것이다.

전환의 시기는 사회적으로나 개인적으로나 오게 돼 있다. 天行이기 때문이다. 그런데 그것을 어떻게 맞이하여 헤쳐 가느냐에 따라 그 성과는 달라질 것이다. 새 정부가 출범한 2008년의 동짓날을 전후해서부터 양기를 얼마나 기루어 5년간 이룬 성과는 무엇인지 생각해 볼 시간이다. 마찬가지로 대통령이 바뀌는 이런 국가의 주기에 맞추어 개인 자신들의 발전성과도 함께 평가해 보는 것도 재미있을 것 같다.

䷘ 无妄 (天雷无妄)

概說: '妄'은 '망령될 망, 속일 망'이니 '无妄'은 '거짓 없는 진실함'을 뜻한다. 위는 乾☰이니 '天'이고 '굳건하며', 아래는 震☳이니 '雷'이고 '움직임'이다. 하늘아래 우레가 치니 모두가 두려워하며 조심하는 象이 되고, 하늘은 굳건하여 항상 일정하게 변화를 계속하니 만물은 이를 따라 움직일 수밖에 없으므로, 삿된 욕심을 부릴 수 없게 한다. '妄'의 글자 됨도 '도망갈 亡+여자 女'이니, 여자를 멀리한다는 뜻이다. 남녀관계는 소유욕 때문에 망령될 수밖에 없으니 여자를 멀리해야 한다는 뜻이 된다. 이렇게 무망은 삼가고 조심하면서 변함없이 진실되게 행한다는 의미이다.

「서괘전」에서 말했다. "회복하는 것은 망령되지 않기 때문에 무망으로 받았다(復則不妄矣, 故受之以无妄)"라고 했다. 근본으로 돌아가는 '復'도 하늘의 일처럼 어길 수 없는 일이니 망령될 수가 없다. 그래서 무망으로 이어받았다는 말이다. 程頤는 이렇게 표현했다. "復이란 道로 돌아감을 말하니, 이미 도에 회복한 즉 바른 이치에 합하니 무망이다(復者反於道也, 旣復於道則合正理而无妄)"

「잡괘전」에는 "无妄은 재앙이다(无妄災也)"라 했다. 이 말은 이해하기가 쉽지 않다. 아마도 사람의 일상은 사사로운 욕심 때문에 '无妄'할 수 없으므로 无妄을 지켜나가는 것은 재앙과 같다는 말인 모양이다. 인간사회에서는 항상 하늘처럼 변함없이 공평하게 행해지지 않기 때문에 이를 말한 것이 아닌가 한다.

유학의 철리는 인간은 天命을 따라 삶을 영위하라고 가르친다. 그런데 인간들은 천명을 생각하기 보다는 대체로 자기의 바람과 욕심대로 살아간다. 이 결과로 남보다 더 화려한 삶을 영위하는 사람들도 있다. 그래도 무망하게 살아야만 할까? 과연 无妄卦에서는 어떤 말을 하고 있는지 살펴보자.

1. 괘

* 无妄, 元亨利貞. 其匪正有眚, 不利有攸往.

무망괘는, 크게 형통하고 바르게 하면 이롭다. 그 바름이 아니면 재앙이 있으므로, (이때는)갈 바가 있으면 이롭지 않다.

[해설] '无妄'은 卦名이고, 이 괘는 上乾 '하늘'과 下震 '움직임'이 象이니, 하늘의 움직임, 즉 천도를 말하므로 乾卦와 같이 '元亨利貞'이 먼저 나온다. 천도는 공평하고 어김없이 진행된다. 이런 하늘의 행함을 사람이 본받고 따라야 할 것이고, 그렇게 하면 하늘처럼 크게 형통하고 바를 것이며, 바르게 하면 이로울 것은 당연하다. 그러므로 '元亨, 利貞'이다. 물론 乾卦에서 살핀 바와 같이 '元, 亨, 利, 貞'으로 분리해서 번역할 수도 있다. 그러나 건괘에서도 '元亨, 利貞'으로 했는데, 하늘의 움직임을 본받는 사람의 일이면 더욱 이렇게 두 句로 묶는 것이 옳다고 본다.

하늘은 공평하고 일정하니 바르다. 사람도 하늘처럼 바름을 지키며 일을 해야지 모두 자기 욕심대로만 행하면 야단날 것이다. 그러면 자연 재앙이 올 것이므로 '其匪正有眚'이다. 이런 일은 하지 말아야 하고, 이런 재앙이 있을 때는 일을 벌리기 보다는 때를 기다려야 하니, '不利有攸往'이다. 괘사가 正할 때와 정하지 않을 때의 양면을 말하면서 '无妄'이 어떤 것인지를 강조하고 있다.

＊ 彖曰, 无妄, 剛自外來而爲主於內, 動而健, 剛中而應, 大亨以正, 天之命也. 其匪正有眚, 不利有攸往, 无妄之往, 何之矣. 天命不祐, 行矣哉.

단전에서 말했다. 무망괘는, 강(初九)이 밖에서부터 와서 안에서 주인이 되니, 움직이면 굳세고, 또 강(九五)이 가운데하면서 응함이 있으니, 크게 형통하고 바르므로, 하늘의 명령이다. 그 바름이 아니면 재앙이 있으므로, 갈 바가 있으면 이롭지 않다는 것은, 망령되지 않게 가야하는데, 어디로 가야 하는가? 천명이 돕지 않는데 갈 수 있겠는가?

[해설] 먼저 无妄卦의 의미와 卦辭 '元亨利貞'을 묶어 풀었는데, 이 괘 主爻의 역할과 상하괘의 성질, 그리고 최고의 지위인 五爻의 능력으로써 나타냈다. '剛自外來而爲主於內'는 下卦 震의 주효인 初九를 두고 한 말이다. 진은 乾坤의 부모 괘에서부터 생겼다. 곧 「설괘전」에 "진은 한번 구하여 남자를 얻었으므로 이를 장남이라 이른다(震一索而得男, 故謂之長男)"라고 했으므로, 건곤의 사귐으로 곤(☷)에 한 강효가 와서 진(☳)이 되었다. 그래서 '剛自外來'이고, 이 양강인 초구가 內卦에서 주인 노릇을 하게 되므로 '而爲主於內'가 되었다. '內'란 內卦를 말한다. 이렇게 해서 무망괘가 이루어졌는데 상하의 상을 살피면, 아래 진은 '動'이고 위의 건은 '健'이 되니, '動而健'이다. 거기에 더하여 상하괘의 중심이 되는 九五와 六二가 中正하면서 서로 응하고 있으니, 君位 구오를 중심으로 말하면 '剛中而應'이다. 움직임이 굳건하고, 굳센 강이 중정의 덕이 있어 아래의 중정한 육이가 도우니, 전체가 차질 없이 진행된다. 이는 바로 어김없이 진행되는 하늘의 행함과 같으니 천명이고, 괘사의 '元亨利貞'이다. 그래서 '大亨以正'이라 했고, 이를 '天之命'이라 한 것이다. '大亨'하고 '正'하면 자연 이롭게 되기 때문에 '利'는 여기서도 생략했다.

이런 것이 '无妄'이고 '天命'이며 자연의 규율이다. 이런 '天命'과 같은 바른 행동을 해야지, 바르지 못하면 재앙이 있으므로 어디로 가겠느냐는 뜻으로 다음의 '其匪正有眚, 不利有攸往'을 이어서 설명했다. 망령되지 않게 가야 재앙이 없지, 재앙이 있으면 어디로 갈 것인가. 천명이 돕지 않는데 갈 수 있겠는가. 이런 반문형식의 설명이 '无妄之往, 何之矣, 天命不祐, 行矣哉'이다.

'无妄之往'에서 '无'가 마치 '妄之往'을 부정하는 부정사로 보는 풀이도 있는데 丁若鏞의 『譯註 周易四箋전』이다. 거기에는 "'其匪正有眚, 不利有攸往'이라고 한 것은 경망스럽게 가지 말라는 것이니, (설령 간다고 한들) 어디를 가겠는가?(何之矣)"163)라고 번역했다. 뜻은 잘 전달되나 '无妄'이라는 卦名과는 전혀 관련이 없는 것이 되므로 망설이게 되어 위와 같이했다. '何之'의 '之'는 '가다'로, 끝의 '哉'는 의문을 나타내는 어조사로 보았다.

*** 象曰, 天下雷行, 物與无妄. 先王以茂對時育萬物.**

상전에서 말했다. 하늘 아래 우레가 치니, 만물이 모두 무망하다. 선왕이 이를 보고서 무성한 때를 택하여 만물을 육성한다.

[자구의 뜻] 茂: 우거질 무, 넉넉할 무, 힘쓸 무.

[해설] '天'은 上乾, '雷'는 下震의 象. 건 밑에 진이 있으니, '天下雷行'이다. 우레의 진동과 소리에 놀라 만물이 깨어난다고 본다. '驚蟄경칩'이 잠자던 벌레들이 놀라 깨어난다는 계절이니, 바로 이 '天下雷行'의 시기일 것이다. 초목이 싹트고 곤충이 땅 밖으로 나오는 때가 바로 무망의 때다. 이를 '物與无妄'이라 했다. '與'는 '더불어, 주다, 모두'의 뜻이 다 통한다. 단지 王弼의 '皆也'가 더 자연스러워 이를 취했다. 이 대상전은 象에 바로 괘명을 붙이지 않고 '物與'가 삽입된 것이 특이하다. 아마도 이해를 돕기 위한 처사인 듯해 '无妄'의 풀이도 '무망하다'라고 했다.

이렇게 때에 따라 활동을 개시하는 현상을 보고, 전대에 제도를 만들어 시행하던 왕은 봄에는 씨를 뿌리고 겨울이 되면 거두어들이도록 백성에게 가르쳐 시행토록 했다. 이것이 '先王以茂對時育萬物'이다. '茂對時'란 때를 택하되 좋은 때 중에서도 가장 좋은 때를 택했다는 뜻이니, '茂'는 '盛也(성하다)'로, '對'는 '配也(해당하다)'로 본다. 고대의 馬融과 현대의 尙秉和는 '茂'를 '勉면' 혹은 '懋(힘쓸 무)'라고 하여 '힘쓰다'로 번역, '힘써서 때에 맞추어……'라고 하기도 한다.

2. 효

*** 初九, 无妄, 往吉.**
象曰, 无妄之往, 得志也.

초구, 무망이니, 가면 길하다.
상전에서 말했다. 무망의 감은, 뜻을 얻는다.

163) 다산 정약용 지음, 방인, 장정욱 옮김, 『역주 주역사전』 권3(소명출판, 2007), 330쪽.

[해설] 初九는 下震 '動'의 시작이면서 无妄卦가 된 主爻이다. 곧 단전의 '剛自外來而爲主於內'이다. 양이 陽位에 있으니 정위하여 꿋꿋이 바르게 행하고, 무망의 시작이고 주효이며 움직이는 震의 주효이기도 하니, 망령되지 않으면서 動이 시작된다. '움직임'은 곧 '往'이다. '无妄'은 '天命'이므로 하늘의 하는 일에 맞추어 나아가면 吉이 아닐 수 없다. 괘사에는 "바르지 않으면 재앙이 있으므로, 갈 바가 있으면 이롭지 않다(其匪正有眚, 不利有攸往)"고 했다. 초구는 이와 반대의 상황이다.

'가면 길하다'는 것은 하고자 하는 바의 뜻을 이루게 된다는 뜻이다. 하늘의 변화에 맞게 행하는데 무엇이 안 될 것이 있을까? '得志也'이고, 소상전의 풀이다.

＊ 六二, 不耕穫, 不菑畬, 則利有攸往.
象曰, 不耕穫, 未富也.

육이, 경작하지 않으니 수확이 없고, 밭을 일굴지 않으니 3년 된 밭이 되지 않는다. 그런즉(인위적으로 하지 않으니) 갈 바가 있음이 이롭다.

상전에서 말했다. 경작하지 않으니 수확이 없다는 것은, 부유하고자 하지 않는 것이다.

[자구의 뜻] 耕: 밭갈 경, 농사에 힘쓸 경. 穫: 곡식 벨 확, 거둘 확. 菑: 일굴 치, 처음으로 일군 밭 치. 재앙 재. 畬: 개간한지 3년 된 밭 여. 화전 일굴 사.

[해설] 무망의 때에 六二는 中正의 덕이 있으면서 중정한 九五와도 正應이며, 안에서 주된 일을 하는 初九와도 親比하니, 무망할 수밖에 없다. 그런즉 천명을 따라 행하니 이롭다. 그러므로 '利有攸往'은 쉽게 이해가 된다. 문제는 앞의 문장이다.

'不耕穫, 不菑畬'는 3가지로 해석된다. 첫째, '不耕而穫, 不菑而畬'로 보는 해석이다. '경작하지 않아도 수확하고, 일구지 않아도 3년 묵은 밭이 된다'고 번역한다. 이 번역은 아무것도 하지 않아도 자연적으로 됨을 말하는데, 이것은 천명이 자연적으로 이루어지는 것이기는 하나, '耕, 穫, 菑, 畬' 이런 말은 인간이 하는 일이므로 人事에서는 이런 일은 있을 수 없고, 있다고 해도 교훈으로 취할 바가 못 된다. 둘째는 '不'이 '耕穫'과 '菑畬'를 부정하는 것으로 보는 해석이다. 이 번역은 '경작해도 수확하지 못하고, 밭을 일구어도 3년 된 밭이 안 된다'로 번역한다. 이것은 육이는 무엇을 해도 되는 것이 없다는 뜻이 되니, 그가 처한 상태와는 맞지 않는다. 셋째는 '不耕不穫', '不菑不畬'로 해석하는 것이다. 이 번역은 상기의 번역이다. 이는 우리에게는 이상해 보이지만 생략하는 식의 구법형식으로 중국에서는 가끔 쓰이는 것이다. 그리고 呂紹綱과 黃壽祺가 의심 없이 이렇게 번역했다. 여기서도 이를 따랐다. 결국 '不耕穫, 不菑畬'는 육이가 자연에 거슬리는 인위적인 일은 하지 않는다는 뜻이다. 이렇게 천도를 따르면 이로움이 있으니 이렇게 행하라고 '利有攸往'이 붙었다.

소상전에서는 육이가 하는 행위는 결코 부귀영화를 구하기 위해서 하는 것이 아님을 강조했다. '富'에는 무망할 수만은 없다는 의미가 있다는 뜻이다.

＊ 六三, 无妄之災. 或繫之牛, 行人之得, 邑人之災.
象曰, 行人之牛, 邑人災也.

육삼, 무망의 재앙이다. 혹 매어둔 소, 행인이 얻게 되니, 마을 사람은 재앙이다.
상전에서 말했다. 행인의 소가됨은, 마을 사람의 재앙이다.

[해설] 六三은 不正位이니 제 자리가 아니라 바르지 못하고, 中을 지나서 움직이는 괘의 끝에 있으니 부산하게 움직인다. 무망의 때에 부산하게 움직이면서 바르지도 못하니 재앙이 있는 것이다. '无妄之災'이다. 그러나 正應 上九, 親比 九四는 모두 乾에 속하여 '天行'을 하는 사람이므로 그들과 통하여 도움을 받으니 큰 재앙은 없을 것으로 짐작이 된다. 다음 句는 어떤 '災'를 당하는가를 말하고 있다.

소는 지금도 시골에서는 가장 큰 재산이요 농경생활에서 중요한 것이다. 봄과 여름이면 시원한 나무그늘에 소를 매어두고 바쁜 농사일을 한다. 이런 일은 흔히 있는 일이었다. 그런데 이를 지나는 행인이 몰고가버리거나, 매어둔 것이 풀려 소가 어디론가 가버렸다. 이 소는 소유자의 소일뿐만 아니라, 마을 사람들도 이 소를 빌리거나 세를 내고 쓰는데 없어졌으니 마을의 손실이 된다. 뿐만 아니고 마을 사람 중의 어떤 이가 이 소를 팔아 없애지는 않았을까 하는 의심도 받게 될 것이다. 이로써 마을의 재앙이 되는 것이다. 이런 표현을 나타낸 것이 '或繫之牛, 行人之得, 邑人之災'이다. 이 재앙은 일상을 벗어난 재앙이다. 이런 재앙이 육삼에게는 온다는 뜻이다. 「잡괘전」의 '災'도 이런 것이다. '无妄'이 쉬운 일은 아님을 느끼게 한다.

소상전에서는 소가 행인의 소가 된 것, 즉 소를 도둑맞은 것은 온 마을의 재앙이라고 강조해서 다시 말했다.

＊ 九四, 可貞, 无咎.
象曰, 可貞无咎, 固有之也.

구사, 바르게 할 수 있으니, 허물이 없다.
상전에서 말했다. 바르게 할 수 있으니 허물이 없게 됨은, 꿋꿋함이 있기 때문이다.

[해설] 九四는 제자리가 아니니 안정되지 못하고, 군왕의 측근이니 늘 조심해야 하는 자리다. 그런데 무망의 때에 굳건한 乾體의 시작이니 꿋꿋함이 있고, 아래로 六三 음과 親比하고

가까우니 그가 당한 바도 보고, 또 위의 九五 왕은 중정하여 중덕으로 바르게 일을 처리하는 것도 본다. 그래서 바른 처신을 할 수 있으니, '可貞'이라 했고, 바르게 하면 '无咎'할 것이다. 이런 뜻의 효사이다.

初九는 곧바로 '吉'이 되나 이 구사는 '貞'이라는 조건 아래 '无咎'이다. 아무래도 처한 상황이 이제 乾의 시작이고, 정위가 아니기 때문이다. '可貞'을 '가히 바르다'로 번역을 하기도 하나, 최적은 아니다.

소상전의 '固'를 '本'의 뜻을 취하여 '본디 (그런 능력이)있었기 때문이다'라고 번역도 한다. 이것도 구사가 양강이고 乾體이기 때문에 취한 것이다. 이보다는 '꿋꿋하다'는 뜻을 적용하여 하늘의 성질을 나타낸 번역으로 하는 것이 더 자연스럽다.

* **九五, 无妄之疾, 勿藥有喜.**
象曰, 无妄之藥, 不可試也.

구오, 무망의 병이다. 약은 없어도 기쁨이 있다.
상전에서 말했다. 무망에 대한 약은, 시험할 수가 없다.

[해설] 九五는 최고의 자리를 지키고 있으면서 중덕을 지녔고, 무엇보다 하늘 乾의 중심에 있다. 아래로는 중정인 六二가 正應이다. 단지 親比가 없을 뿐이지만, 아래에 강도 있고 유도 있어 도움을 주니, 이만하면 구오 자신은 충분히 무망할 수 있다. 그런데 왜 '疾'이라는 부정적 맛이 있는 자가 등장했을까? 대체로 2가지 경우를 생각할 수 있을 것 같다. 하나는 구오 자신은 무망하지만 외부의 사람은 구오의 무망을 다른 시각으로 볼 수도 있는 경우이다. 곧 모두가 구오를 칭송하고 따르는 것이 아니고 일부는 反하는 생각을 하는 경우이다. 程頤는 이런 경우를 舜순임금 때 苗묘族만은 복종치 않았고, 周公 때는 동생 管叔관숙과 蔡채叔이 반기를 들었으며, 叔孫武叔은 공자를 그의 제자인 子貢보다 못하다고 폄하한 사실을 예로 들고 있다. 이런 '疾'이 있는 것은 人事에서는 어쩔 수 없다는 뜻이다. 그리고 다른 하나는, 구오는 자신뿐만 아니라 전체를 무망의 도를 깨우치고 따르도록 해야 하는 자리다. 곧 단전에서 말한 '剛中而應'하니, '大亨以貞'해야 하는 것이다. 그러므로 자신도 무망에 들어갈 수 있어야 하고, 전체의 무망을 위해 거듭 매인 상태가 되니, 무망에서 헤어나지 못해 무망에만 매이는 병을 얻었다고 보는 것이다. 두 경우가 다 모든 것이 완전할 수만은 없는, 어쩔 수 없는 경우로 계속 노력할 뿐 따로 약이 없다. 그래서 '勿藥'이다. 이 두 가지 경우 중 어느 것이 해당되는지, 아니면 두 가지가 모두 해당하는지, 단정 짓기가 어렵지만 구오의 역할에 중점을 둔 후자가 아닌가 한다.

'有喜'는 무망에는 약도 없는 괴로움이 있으나, 결국은 기쁜 일이라는 의미이다.

무망에 약을 쓰면 오히려 망령될 수 있다. 그러므로 무망에는 노력만 할 뿐 따로 약을 쓰지 않는다. 이것이 소상전의 뜻이다. '試'는 '시험하다'라는 뜻이니, 약을 써본다는 뜻이다. 간단히 말하면 무망에는 따로 약이 없다는 뜻이다.

* **上九, 无妄, 行有眚, 无攸利.**
  象曰, 无妄之行, 窮之災也.

상구, 무망인데, (더)나아가면 재앙이 있으니, 이로울 바가 없다.
상전에서 말했다. (상구)무망의 나아감은, 극에 달하면 재앙이다.

[해설] 마지막 上爻의 爻辭와 小象傳이다. 上九는 无妄의 극이고 위의 굳센 乾의 끝에 있다. 건은 하늘이니 하늘의 행함은 무망이다. 正應인 六三은 무망의 때였지만 재앙이 있었음을 보았으므로 양의 꿋꿋함을 유지하여 정위가 아니라도 간신히 무망을 유지하고 있는 것이다. 그래서 먼저 '无妄'이 나왔다. 그런데 이미 무망의 때가 다해가고 乾의 끝에 있으므로 천행도 기울어지는데, 그 자신은 강이니 적극성이 있으므로 더 나아가면 정위가 아니니 바르지 못하여 '有妄'이 될 것이다. 그러므로 현상유지가 최선이지 더 나아가면 무망을 벗어나게 되어 자연 재앙이 있을 것이다. 그래서 '行有眚, 无攸利'라 했다. 극에 처한 사람이 항상 조심해야할 사항인 것이다.

소상전에서는 상구가 처한 위치가 무망의 상태라도 극이므로, 더 이상 나아가면 재앙이 된다는 뜻이다. '眚'은 자연적인 재앙을, '災'는 인위적인 재앙을 말한다. 효사에서는 '眚'이고 소상전에서는 '災'이다. 효사에서는 자연적인 경우를 말했지만, 소상전의 '行'은 상구가 이미 결정하여 행하면 그의 잘 못이 되니 '災'라 했다.

无妄은 천도요 천명이라 했다. 천명을 아는 것은 바로 때를 아는 것이다. 그런데 人事에서 이 때에 맞게 일을 처리하기가 쉽지 않다. 그래서 『論語』에 "50에 천명을 안다(五十而知天命)"라고 했다. 때에 맞게 일을 처리하는 능력이 50에라도 가능하면 이는 현인이다. 그래서 천명을 운명처럼 느끼기도 했다. "사람의 할 일을 다 하고 천명을 기다린다(盡人事而待天命)"는 말이 이를 느끼게 한다. 중요한 것은 때의 적합여부를 알 수 없어도, 할 수 있는 일을 다 한다는 것에 초점을 맞추어야 할 것이다. 그리고 마음을 비우면 무망으로 가지만 욕심을 앞세우면 무망하기가 어렵다. 上卦와 下卦의 제일 윗자리인 上九와 六三에서는 움직임을 경계했다. 이 두 효에서는 자신이 不正位한 상태임을 모르고 욕심이 있어서 움직일 때 초래되는 결과를 경계하고 있다. 둘 다 正位하지 않아서 바른 일 처리를 못할 가능성이 높기 때문이다. 물론 九四도 '可貞'이라는 조건 아래 '无咎'였다. 이 괘의 각 효사가 처한 위치의 상황을 생각하면서 무망한 것이 무엇이며 어떻게 해야 무망이요 천행인지를 생각하는 계기로 삼자.

䷙ 大畜 (山天大畜)

槪說: 위의 艮☶은 '山' '그침', 아래 乾☰은 '天' '剛健'이 象이다. 괘의 형체가 산은 위에 있고 하늘은 아래에 있다. 실제로 하늘 위에 산이 있거나 하늘보다 높은 산이 있을 수가 없다. 이는 그림에서 구름위에 우뚝 솟은 산을 보는 정도의 높은 산을 비유하는 것으로 여겨야 한다. 쌓고 쌓여 높게 되었으니 '大畜'이고, 높고 깊은 산에는 초목이 울창하고 금수가 많으니 '大畜'이다. '畜'은 '쌓다', '기르다'의 뜻이다.

剛은 '大'요 '뻗어나가는 것'이다. 이런 강효를 차곡차곡 쌓을 수 있는 것은 위에 艮이 있어서 그치게 하기 때문이다. 물건을 쌓아올릴 때 정지된 상태라야 쌓을 수 있지 흔들리면 무너지니 쌓을 수 없다. 그래서 '畜'에는 '止(그치다)'라는 뜻도 있다. 그러므로 上艮의 '그침'이 '畜'의 뜻이 되고, 下乾의 剛들을 축하니 '大畜'인 것이다. 小畜은 위에서 바람이 불어 흔들려서 크게 쌓지를 못하였으므로 風天小畜卦였다.

'大畜'을 사람의 일에 적용하여 말하면, 덕성과 학문을 크게 기르고 쌓는다는 뜻이 된다. 덕성과 학문을 크게 쌓은 사람은 경망스러운 행동도 하지 않고, 특별히 자기 자랑을 하지 않는다. 조용히 그쳐있어도 저절로 밖으로 나타나게 되니 이로써 자연스럽게 군자가 되는 것이다. 이런 것이 대축이 함유한 의미다.

「서괘전」에서는 "무망이 있은 다음에 쌓을 수 있으니, 때문에 대축으로써 받았다(有无妄然後可畜, 故受之以大畜)"라고 했다. 망령됨이 없이 천도를 따라야 크게 쌓을 수 있다는 의미다. 「잡괘전」에서는 "때다(時也)"라고 했다. 『주역』의 전 괘가 다 때를 중시하는데, 하필 대축에서 '時'라고 한 이유를 모르겠으나, 수양하여 학문과 덕을 쌓는 것도 총기가 돌아갈 때 해야지 노망기가 있는 때는 어렵다는 뜻쯤으로 받아들이자. 특히 크게 쌓으려면 때를 놓쳐서야 되겠는가?

1. 괘

* 大畜, 利貞, 不家食吉, 利涉大川.

대축괘는, 바른 것이어야 이롭고, 놀면서 지내지 않는 것이 길하며, 대천을 건너는 것이 이롭다.

[자구의 뜻] 家食: 벼슬을 하지 않고 놀면서 지냄.

[해설] '大畜'은 卦名. 괘명의 뜻인 '크게 축적하는 것'도 바른 것이어야 한다. 학문도 올바른 학문이어야지 혹세무민하는 학문은 안 된다. 財도 마찬가지다. 현대는 재를 불리기 위해 수단과 방법을 가리지 않는 경우가 흔하지만, 고위직 공무원의 임명 때 이 재가 바른 것인지가 문제가 되어 구설수에 오르는 것을 보면 재도 바름이 중요함을 알 수 있다. '利貞'의 뜻이 이것이다.

크게 덕과 학문을 축적하려면 놀고먹으면서 이루어지지는 않는다. 국가적인 일로 넓히면 인재를 양성하는 일도 놀고 먹으면서 되는 일이 아니다. 그리고 인재가 양성되었다면 놀게 해서는 국가의 불이익이다. 녹봉을 주고 국가가 등용하여 그의 재능을 활용해야 한다. 그러면 그는 자연 자기 집의 밥을 먹는 것이 아니고 국가나 사회의 밥을 먹는 것이다. 인재를 적재적소에 쓰니 본인도 국가도 길한 것이다. 이런 뜻이 '不家食吉'이다. 동시에 이런 사람은 큰일을 행하여야 한다. 국가나 사회를 위한 일은 큰일이고, 이를 거부하지 않고 처리해야 한다. '大川'은 복잡하고 험난한 일을 비유한 것이다. 또한 대축을 하는 과정에서도 이런 험난한 일을 해내야 크게 쌓을 수 있을 것이다. '利涉大川'은 이를 의미한다.

＊ 彖曰, 大畜, 剛健篤實, 輝光日新其德. 剛上而尚賢, 能止健, 大正也. 不家食吉, 養賢也. 利涉大川, 應乎天也.

단전에서 말했다. 대축괘는, 강건하고 독실하니, 그 덕을 날로 새롭게 하여 빛나게 한다. 강이 위에서 현인으로 존중받으면서, 굳센 것을 축척하니, 크게 바른 것이다. 놀면서 지내지 않아야 길하다는 것은, 현인을 양성하기 때문이다. 대천을 건넘이 이롭다는 것은, 하늘에 응하는 것이다.

[자구의 뜻] 篤: 도타울 독, 위독할 독, 매우 독. 輝: 빛(날) 휘, 비칠 휘.

[해설] 단전이다. 먼저 '剛健篤實輝光日新其德剛上而尚賢'의 구두점을 상기의 것 외에도 '剛健篤實輝光, 日新其德, 剛上而尚賢'으로 보기도 하고, '剛健篤實, 輝光日新, 其德剛上而尚賢'으로 보는데도 있다. 앞의 것은 번역이 '剛健篤實하여 빛을 발하니, 그 덕을 날로 새롭게 하며, 강이 위에서 현인으로 존중받다'로 되고, 뒤의 것은 '강건하고 독실하여, 날로 새롭게 빛나며, 그 덕은 강이 위에서 현인으로 존중받다'가 된다. 뜻이 비슷비슷해 보이나 약간의 차이가 있다.

이들 중 '輝光'의 '광채가 빛남'은 '덕이 쌓이고 쌓이면서 매일 새롭게 됨으로써 빛이 나는 것'으로 보는 것이, '강건하고 독실한 성품 때문에 빛이 나는 것'보다 더 자연스럽다고 보았다. 剛健篤實한 성품이 덕을 매일 쌓아 새롭게 함으로써 빛이 난다는 뜻을 나타낸 문장으로 보고 '剛健篤實, 輝光日新其德'으로 구를 구별 지었다. 문장의 의미가 확연히 구분지울 수 없지만 여기까지는 大畜의 과정을 나타냄으로써 대축을 풀이하고, 다음은 괘사 '利貞'을 풀이한 구절이 이어진 것으로 보고 구별 지었다. 그리고 '其德'을 '剛上'과 직접 연결시키면 剛上은 上九를 가리키니, 대축의 덕을 상구에게만 한정시키는 꼴이므로 다른 효들의 역할이 무시되니, '其德剛上而尙賢'으로는 묶고 싶지 않았다. 그래서 상기와 같이 구두점을 찍고 번역을 하였다.

'剛健'은 아래 乾에서, '篤實'은 위 艮에서 나왔다. 乾은 강효로 구성됐고, 「설괘전」에 "乾健也"라 했으니, 剛健은 건이다. 艮은 "止也, 爲山"이라 했으니, 산이 묵묵히 그 자리에 있음을 의미하므로 여기서 '篤實'한 상을 끌어냈다. 결국 '剛健篤實'은 하괘와 상괘의 상으로 '大畜卦'의 성품을 말하면서 이런 '剛健篤實'한 성품이 학문이나 덕을 향상시킬 수 있으므로 '輝光日新其德'인 것이다. 그래서 대축이 이루진다는 뜻이므로, 괘명 '大畜'의 의미와 괘의 덕을 동시에 밝힌 것으로 보았다.

'剛上而尙賢'의 '剛'은 위에 있는 上九이고, 상구는 六五 임금의 자리보다 위에 있으면서 끝에 있다. 크게 쌓아올린 맨 위에서(大畜의 上) 묵묵히 그쳐있으면서도(艮의 상) 굳건하게 있으니(剛爻), 현인으로 존중 받는다는 뜻이다. 현인으로 존중받으면 능히 아래의 강 '健'들이 모여드니 쌓는 것이 되므로 '能止健'이다. 상하괘의 상에서 '止'와 '健'이 나왔고, 이 艮 '止'의 주효가 상구이니, 상구가 건의 剛爻들을 쌓는 주된 역할을 한다. 그러므로 '止'의 '그치다'를 뜻이 분명히 살아나도록 '축적하다'로 번역했다. 이렇게 하여 대축을 하므로 '大正也'이다. 괘사 '利貞'을 상구의 역할로서 설명한 것이다. '正'에 大畜의 '大'를 한 자 더 붙여 '貞'을 강조했다.

이어서 괘사 '不家食吉'를 설명했다. 현인을 양성하기 위해서는 열심히 해야지 놀고먹어서는 양성되지 않으므로 '不家食吉, 養賢也'라 했다. '養'은 현인을 '양성하다'는 뜻이며, 동시에 양성하여 적절히 부리기 위해서일 것이다. 끝으로 '利涉大川'을 풀었다. '應乎天也'란 '涉大川' 하는 일을 하늘처럼 그침 없으면서도 묵묵히 처리해야 함을 말한다. 어려운 일을 기피하면서 대축을 할 수 없기 때문이다. 대체로 뒤에 이어지는 괘사의 풀이는 이미 괘의 의미를 밝힌 뜻과 연관을 지으면 상상할 수 있는 일이므로, 설명이 이외로 이렇게 간단하다.

* 象曰, 天在山中, 大畜. 君子以多識前言往行, 以畜其德.

상전에서 말했다. 하늘이 산중에 있는 것이 대축괘다. 군자가 이를 보고서 옛 성현의 언행을 많이 알아서, 그것으로써 덕을 쌓는다.

[자구의 뜻] 前言往行: 옛 성현의 언행.

[해설] 대상전이다. '天在山中'은 下乾과 上艮의 象으로 괘명 '大畜'을 설명했으나, 실제는 하늘 중에 산이 있지 산중에 하늘이 있는 것은 아니다. 단지 우뚝 솟은 높은 산허리에 하늘이 걸려 있는 것처럼 보이기도 하니 이렇게 말했을 것이다. 이를 보다 잘 이해시키기 위해서, 높은 산은 하늘의 氣를 많이 받아, 온 산에 동식물이 성한 것으로 보기 때문에 이렇게 말할 수 있다고 했다. 어떻든 거대한 산은 쌓고 또 쌓은 象이다. 이런 산에는 많은 동식물이 생육하는 것을 보고, 군자도 이렇게 하기 위해 하늘같은 성현의 언행을 찾아 공부하고 수양하여 자기의 덕을 산처럼 높이 쌓는다는 말이 '君子以多識前言往行, 以畜其德'이다.

'多識'은 '많이 배워 알다'는 의미고, '前言'은 '이전의 말씀'이며, '往行'은 '이미 있은 행동'을 말하는데, 이것 중에서 선하고 바른 언행만을 배우는 것이니, 옛 성현의 언행이 되고, 또한 이는 천도를 따른 언행일 것이다. 그런데 '識'을 '기록하다'의 뜻을 취해 '前言과 往行을 많이 기록함으로써 덕을 쌓는다'고 번역하기도 한다.

2. 효

* **初九, 有厲, 利已.**
象曰, 有厲利已, 不犯災也.

초구, (가면)위태로움이 있으니, 그치는 것이 이롭다.
상전에서 말했다. 위태로움이 있으니 그치는 것이 이롭다 함은, 재앙을 범하지 않기 때문이다.

[해설] 初九는 축적해야할 시기의 시작이다. 그 성질이 강건하고 아래 乾은 '馬'이니 앞으로 나가려고 하지만 아직 어리고 미숙하다. 乾卦 초구의 '潛龍勿用'인 것이다. 그러므로 가면 위태로움이 있고, 아직은 덕을 더 쌓아야 하니 가지 말고 그쳐야 한다. 다행히 그치게 하는 艮의 六四와는 正應이고, 정위했으니 육사의 도움을 받아 바른 처신을 하게 된다. 단전에서 '能止健'이라 했으니 下乾은 上艮으로 인해 멈추게 된다. '有厲, 利已'는 이런 뜻이다. '厲'는 '危', '已'는 '停정止'의 뜻이다.

그런데, 高亨과 丁若鏞은 '已'를 '己'로 보고, "위태함이 있으나, (잘 처신하면) 자신에게 이롭다"로 풀었다. 괘가 '畜止'하는 괘이고 초구의 처지가 앞에 양들이 가로막고 있으며, 육사의 응도 쌓는 것을 도와주는 것으로 보아야 하니, 아무래도 '그침'의 뜻이 더 합당해 보인다. 무엇보다 글자를 있는 그대로 두고 해석해도 통하기 때문이기도 하다.

소상전은 시기를 보아서 나서야지 그렇지 않으면 재앙이 있게 된다는 뜻을 담은 句로써 '利已'한 이유를 말했다.

* 九二, 輿說輹.
象曰, 輿說輹, 中无尤也.

구이, 수레는 복토를 벗겼다.
상전에서 말했다. 수레는 복토를 벗겼다는 것은, 중덕은 허물이 없기 때문이다.

[자구의 뜻] 輹: 伏兔복토 복(수레상자와 바퀴의 굴대를 연결하여 고정하는 나무)

[해설] 九二는 乾의 중심이다. 위아래의 강들을 이끌고 앞으로 나아가는 象이 있다. 그런데 때가 크게 쌓는 때이고, 위의 艮 '그침'을 주도하는 六五와 相應하며, 두 효가 다 중덕이 있으므로 자제할 줄 알아 덕을 더 축적하는 것이다. 이런 상태는 마치 수레가 움직여 갈 수 있는 상태가 아니고 수레의 양쪽 바퀴를 연결하는 굴대와 수레상자를 연결하는 '輹'이 빠져있는 상태와 같다. 이것이 '輿說輹'이다.

小畜卦의 구삼 효에서 '說輻'이 있었다. 소축괘에서는 이 '輻(바퀴살)'이 없어도 수레는 움직일 수는 있으나 가다가 고장이 나게 돼있고, 여기서는 스스로 가지 않는 경우이니 아예 움직일 수 없도록 '輹'을 벗겼다는 뜻이다. '輻'과 '輹'을 같은 뜻으로 보는 학자도 있으나, 구별하는 학자들의 이유이다. 이렇게 스스로 가지 않을 수 있는 이유는 오직 중덕을 가졌기 때문이라 했다. 그래서 소상전에 '中'이 들어있고, 이 '中'으로 인해서 '无尤'가 된다. '尤'는 '허물'이라는 뜻이다.

* 九三, 良馬逐, 利艱貞, 曰閑輿衛, 利有攸往.
象曰, 利有攸往, 上合志也.

구삼, 좋은 말로 달리려고 하면, 어려워도 바름을 지키도록 해야 이롭고, 兵車의 호위가 느슨하면, 갈 바가 있게 해야 이롭다.
상전에서 말했다. 갈 바가 있게 해야 이로운 것은, 상(上九)과 뜻을 같이 하는 것이다.

[자구의 뜻] 逐: 뒤쫓을 축, 쫓아낼 축, 달릴 축. 돼지 돈. 閑: 막을 한, 마구간 한, 겨를(시간적인 여가) 한. 衛: 지킬 위, 호위할 위, 도모할 위, 변방 위.

[해설] 九三은 乾의 극이고, 양이 양위에 있으니 그침 없이 전진하는 象이다. 그런데 大畜의 때에 정위요 六四와는 親比이고, 上艮 '止'와 붙어 있다. 上九와는 不應이나 상구는 이 괘의 主爻이니 쌓는데 힘을 행사할 것이다. 어떻게 해석해야 할까?

乾은 '馬'이고 양강의 전진하는 성질과 앞의 음들이 길을 터주고 있으니, 준마가 달려 나가는 상이 있으므로, '良馬逐'이다. 이럴 때는 艮의 '그침'이 '畜'하기가 힘들 것이다. 그래서

'艱'이 나왔고, 그래도 대축하려면 그쳐야 하고 이것이 바른 일이므로 '貞'이 나온다. 어렵지만 바른 처신을 하도록 해야 이로운 것이니 '利艱貞'이다. '良馬逐'을 할 가능성이 있으므로 경계를 잊지 않아야 한다는 말이다.

帛書에는 '艱'이 '根'으로 되어 있다. 그리고 '貞'과 '正', '定'은 訓이 서로 통하므로 여기서의 貞을 '定'으로 보면 '근본을 정하는 것이 이롭다'가 된다. 대축의 근본은 움직이지 않아야 쌓이는 것이므로, 이것은 '利艱貞'과 뜻이 서로 통하므로 번역은 그대로 위와 같이 했다.

한편 '艮'의 주효인 상구를 구삼이 보기에는 이미 대축의 극에 처했고 은퇴의 시점이니 힘이 없게 보여, 자기 뜻대로 할 수 있을 것 같다. 또 앞에서는 두 음이 길을 터주고 있으니 여유만만하다. 그러니 자신감이 지나쳐 마음이 느슨해지고 안일할 수도 있다. 이는 城廓곽이 단단하지 못하고 이를 지키는 병사들이 느슨한 象과 같다. '曰閑輿衛'는 이런 표현이다. 이렇게 구삼이 여유를 부리며 느슨해져 게으름을 피울 때는 '有攸往'하도록 해야 한다. 다시 말해 구삼이 너무 느슨하여 가만있어도 안 되니 쌓기 위한 노력을 해야 한다는 뜻이 '利有攸往'이다. '良馬逐'과 반대로 '曰閑輿衛'하면 쌓도록 해야 함을 말했다. '往'은 '畜'하기 위해 행하는 것을 뜻한다. 결국 두 종류의 태도에 대한 쌓도록 하는 대응을 말한 것이다.

'曰閑輿衛'의 풀이는 다양하다. 먼저 '曰'을 '日'의 誤字로 보는데, 鄭玄과 虞翻이 이렇게 본 후 程頤와 朱熹에 이르는 학자들이 '日'로 보았고, '閑'은 鄭玄과 馬融이 '習'으로 보았기 때문에 대체로 '매일 수레를 호위하는 것을 익히다'나, 王弼과 孔穎達이 '閑'을 '閡(막힐 핵)'이라 하였으므로 '매일 수레를 막아 지키다'로 번역을 해왔다. 그런데 帛書의 「昭力」에 '閑'을 '闌란'[164]이라 썼고, 楚簡에는 '闌'을 '班(나눌 반)'이라 썼다 한다. 이들은 음이 비슷하여 뜻이 통하므로 '閑置(한가하게 놓아두다)'의 뜻이라 했다. 또 「소력」의 선생은 '輿'를 '城郭, 五兵(다섯 가지의 무기)'로 생각했다. '曰'은 어조사이다. 이것에 따른 풀이는 '성곽을 수리하지 않다'가 되거나, '오병이 부실하다'의 뜻이 된다고 했다. 이것은 성곽(혹은 오병)이 정비가 되지 않고 허점이 많다는 말이므로, 이를 위와 같이 번역했다. 그래서 '良馬逐'할 때는 힘으로, '曰閑輿衛'할 때는 덕으로 복종시켜 따르도록 하는 것을 비유한 것으로 넓혀본다.[165] 이 풀이가 가장 最古 판인 帛書周易을 근거로 한 합리적 풀이라 이를 취했다.

소상전에는 '有攸往' 하는 것은 쌓기 위한 것이니 상구의 뜻과도 같다는 말이다.

*** 六四, 童牛之牿, 元吉.**
象曰, 元吉, 有喜也.

육사, 소 우리의 문을 떼어냈다. 크게 길하다.

164) '가로막다, 쇠하다'의 '란'이고, 闌의 譌字이다.
165) 呂紹綱 修訂, 「周易全解」, 230쪽 참조.

상전에서 말했다. 크게 길함은, 기쁨이 있다는 것이다.

[자구의 뜻] 牿: 외양간 곡, 쇠뿔에 댄 나무 곡, 속박할 곡.

[해설] 六四 효사와 소상전. 육사는 정위에 있으면서 아래로는 九三과 親比하고 初九와는 正應이다. 그리고 艮의 시작이다. 이런 상태를 효사와 어떻게 연결시킬까?

우선 '童牛'는 '어린 소'를 말하고 '牿'은 '양쪽 소뿔에 가로지른 나무'를 말하는 것으로 보고 풀이를 한다. 어린소가 뿔이 나면 자꾸 들이박아서 사람도 물건도 그리고 자신의 뿔도 상하니 이를 저지하기 위해 나무로 가로질러 놓는다고 하는데, 이를 '牿'이라 한다. 이의 번역은 '송아지의 뿔에 가로지른 나무다. 크게 길하다'로 된다. 이 때 '童牛'는 초구를 가리키고, 초구의 행위를 저지시켜 '畜'하게 했으니, 크게 길하다는 뜻이 된다. 이런 해석은 上艮 '그침'이 제 효들을 그치게 하여 쌓는 것으로 해석해 왔는데, 정응인 육사는 간의 시작이니, 남을 그치게 해서 쌓도록 하는 역할을 해냈으므로 길하다는 뜻이다.

그런데 최근 廖名春은 여러 고증을 통하여 '童'과 '(牛之)牿'을 동사와 목적어가 결합한 단어로 보면서, "脫去牛的籠口(소 우리 문을 때내다)"166)라고 한 것을 呂紹綱이 인용했다. '牿'에는 '외양간'의 뜻이 있고, '童'에는 '나무를 베다'라는 뜻이 있으니, '소의 외양간을 베어내다'라고 번역할 수 있다. 이것은 '脫去牛的籠口'와도 통한다. 이의 풀이는 소가 자유롭게 되었다는 뜻이고, 이는 초구에 관한 일이 아니고 육사 자신에 관한 일이다. 육사는 강제적 수단을 동원하지 않아도 艮의 '그침'에 있으니 자유롭게 학문과 도덕을 쌓는다는 것을 말한다. 또 '자유롭게 된 소'는 오로지 쌓는 것에만 매달리지 않고, 보필하고 이끄는 일도 한다는 뜻도 된다. 이는 육사의 지위와 정응과 친비가 있는 조건으로 보면 더 자연스런 풀이가 된다. 그리고 이미 구삼도 비교적 자유로운 상태였다. 그래서 이를 취해서 번역했다.

소상전에서는 육사는 이제 덕과 학문을 쌓고 또 펼치게도 되니 기쁨이 있게 된다는 뜻이다.

*** 六五, 豶豕之牙, 吉.**
象曰, 六五之吉, 有慶也.

육오, 돼지의 어금니를 불깐 다스리니, 길하다.
상전에서 말했다. 육오의 길함은, 경사가 있는 것이다.

[자구의 뜻] 豶: 불깐(거세한) 돼지 분. 豕: 돼지 시. 豶豕: 불깐 돼지.

[해설] 六五 효사와 소상전이다. 육오는 중덕을 갖춘 임금이고, 正應(九二)과 親比(上九)가

166) 여소강의 「周易全解」, 231쪽.

있으며, 바른 신하(六四)가 아래에서 돕는 상황이니, 처한 상황은 나무랄 데가 없다. 오직 柔이므로 전체를 다스리는데 강력함이 모자라는 정도이다.

'豶豕之牙'에서 '豶豕'의 '豶'은 동사이고 '豕'이하는 목적어이다. 육사와 같은 형식이다. '돼지의 어금니를 불까다'가 된다. '牙'는 대체로 두 뜻으로 푼다. '어금니'와 고문의 쓰임을 추적해서 '묶다, 가두다' 등의 움직임을 제약하는 뜻으로 푼다. '어금니'로서 번역하면 위와 같고, '묶다'로 번역하면 '불깐 돼지를 묶어놓는다'가 된다. '猪(돼지 저)'를 '豶'하는 이유는 돼지가 힘이 있고 조급한 성질이므로 그 날카로운 '어금니'로 사람과 사물에 상처를 자주 낸다. 그래서 돼지의 어금니를 빼기 보다는, 핵심사항인 사나운 성질을 없애기 위해 불을 깐다. 사람도 거세한 남자는 여자처럼 되는 것과 같다. 그러면 이빨이 있어도 순하여 함부로 쓰지 않는다. 이것은 힘이 있어도 쓰지 않고, 병기가 있어도 쓰지 않으면서 자연스럽게 다스려짐을 의미한다. 이미 대축의 중심이요 上艮의 중심에 있는 육오가 제 효들을 이렇게 다스린다는 뜻이다. 동시에 학문과 수양을 쌓는 일에 방해가 되는 핵심사항을 제거하면 되고, 정치를 하는 것에 비유하면 덕으로 다스리면서 핵심을 제거해 장애를 없앤다는 것이다. '豶'을 동사로 보고, 제 효들로 비유된 돼지를 다스리는 것에 초점을 맞춘 번역을 하였다. 帛書 「소력」에도 군대와 무기를 쓰지 않는다는 뜻으로 말하고 있다. 그래서 '牙'를 '어금니'로 보는 것이, 육오의 지위와 조건으로 볼 때 더 타당해 보인다. '묶다, 구속하다'의 뜻으로 푸는 사람들은 九二를 이렇게 하는 것으로 본다. 효를 어떻게 다스리느냐의 방법상의 차이이다.

소상전은 육오의 吉은 육오 혼자만의 것이 아니라, 국가 전체의 경사라는 뜻으로 '慶'을 썼다.

대체로 下乾의 강건함을 上艮이 '止'하는 것으로 괘 전체를 풀어서, 하괘 건은 제지를 당하는 모양으로, 상괘 간은 제지를 하는 모양으로 설명을 해 왔으나, 帛書 「昭力」을 근거로 한 풀이가 이를 좀 더 넓혀 스스로의 노력도 보여 주고 있다.

*** 上九, 何天之衢, 亨.**
象曰, 何天之衢, 道大行也.

상구, 하늘의 네거리로다! 형통하다.
상전에서 말했다. 하늘의 네거리로다! 란, 도를 크게 행함이다.

[자구의 뜻] 衢: 네거리 구, 길 구, 갈림길 구.

[해설] 上爻의 효사와 소상전이다. 上九는 정위는 아니나 大畜의 극이요 艮의 극이다. 대체로 극은 변하여 나락으로 떨어지든지 화려한 완성을 이루든지 한다. 이 효는 주효이니 완성을 했다. 그러니 대상전에서 말한 '多識前言往行'을 완성하고 우뚝 선 위치다. 그리고 이제 은퇴를 하니 매임이 없으므로 무엇을 해도 사통팔방 막힘이 없다. 이를 찬양하고 감탄하여 비

유적으로 말한 것이 '天之衢'다. 신선처럼 하늘을 활보하면 누가 형통치 않겠는가! '亨'이다.
'何'에 대해서는 여러 의견이 있다. 語氣辭로 보고, '어찌'로 해석하여 어떻게 쌓아온 것인가의 의미로 본 것, '荷'와 통용됨으로 '짊어지다', 혹은 '담당하다'는 뜻으로 상구가 맡는 일로 보거나, '누리다'의 뜻을 취해 하늘을 거니는 것으로 본 것, 잘못 들어간 衍文으로 본 것 등이 있다. 여기서는 감탄사로 보았다.

축적하고 양성하는 것도 바른 것이어야 한다. 무엇이 正한 것인가. 하늘처럼 하는 것이다. 天은 어떻게 하는가? 사심 없이 공변되고, 부단하게 변하면서도 항상 하는 일을 계속하는 규율이 있으며, 지상의 만물을 生하도록 베푼다. 초점은 바르게 쌓아서 남에게 베풀고 양성하는 것에 귀착이 된다. 각각의 효가 처한 위치가 다르기 때문에 쌓기도 하고 남에게 쌓도록 도움을 주기도 한다. 대체로 하층은 자신이 쌓는 일에, 상층은 쌓으면서 남도 쌓도록 도움을 주고 있다. 그래서 종국에는 사통팔방의 막힘이 없이 활보하니 우리들도 전 인생길이 이렇게 되도록 노력해야겠다.

䷚ 頤 (山雷頤)

概說: 괘의 형태가 위는 艮☶이고 아래는 震☳이다. 간은 '산' '멈춤', 진은 '우레' '움직임' '푸른 대나무' '갈대'의 象이다. 그리고 '단단함'을 상징하는 양이 上下에 있고, 그 중간에 '비다'의 뜻이 있는 음들이 있다.
'頤'는 '턱 이'이고, 턱은 음식을 씹는 역할을 하니, 씹어 먹음으로서 몸을 기르므로, '기르다'는 뜻이 또 있게 된다. 턱은 씹을 때 아래턱이 움직이고 위턱은 가만있다. 그래서 아래에는 진의 '움직임'이고, 위에는 간의 '멈춤'이다. 그리고 괘의 형상이 상하의 단단한 陽剛은 위아래의 턱 같고, 중간의 陰虛는 입안 같이 텅 빈 형태니 턱과 닮았다. 그리고 씹기 위해서 턱이 움직이는 주된 역할은 初九이고, 이를 받혀 음식물이 부서지게 하는 역할은 上九이다. 그러므로 양인 이 두 효는 스스로 씹을 수 있으니 길러지나, 나머지 음효들은 이들의 도움을 받아야 할 것이다.
이렇게 턱의 움직임에서 '기르다'라는 뜻이 생기고, 간의 산 아래에 진의 대나무와 갈대가 무성한 상이니, 산이 초목을 '기르다'는 의미도 나온다. 「서괘전」에는 "사물이 쌓인 후에는 기르는 것이 좋으니, 그렇기 때문에 이괘로서 받았다. 頤란 기르는 것이다(物畜然後, 可養, 故受之以頤, 頤者養也)"라 했다. 그리고 「잡괘전」에도 "이는 바르게 기르는 것이다(頤養正也)"라 했다. 이렇게 '養'으로 뜻을 삼았다.
하늘이 만물을 기르는 것도 養이며, 성인이 현인을 기르는 것도 양이다. 나를 기르는 것도 양이며, 자식을 기르는 것도 양이다. 길러도 바르게 길러야 할 것이니 과연 괘효사는 어떻게 말하고 있는지 살펴보자.

1. 괘

*** 頤, 貞吉. 觀頤, 自求口實.**

이괘(기름 은), 바름을 지키면 길하다. 길러짐을 관찰하여, 스스로 (적당한)음식물을 구한다.

[해설] 頤卦는 기르는 괘이다. 기르는 것은 몸이든 덕이든 선하고 바르게 길러야 하니, '貞吉'이다. 무엇을 어떻게 기를 것이냐? 동식물의 종류에 따라 먹이도 다르고, 사람도 몸을 기르는 것과 덕을 기르는 것이 다르다. 이렇게 대상에 맞게 필요한 것을 구할 수 있는 방법은 그 대상물의 길러짐을 살펴보아 스스로 길러보면 된다. 이런 뜻이 '觀頤, 自求口實'이다. 간단히 말하면 길러지는 피조물을 관찰하여 자신이 할 수 있는 알맞은 바른 도를 찾아서 기른다는 뜻이다. '口實'은 '음식물'이다.

*** 彖曰, 頤, 貞吉, 養正則吉也. 觀頤, 觀其所養也. 自求口實, 觀其自養也. 天地養萬物, 聖人養賢以及萬民. 頤之時大矣哉.**

단전에서 말했다. 이괘가, 바름을 지키면 길하다는 것은, 바르게 양육해야 길하다는 것이다. 길러짐을 관찰한다는 것은, 길러지는 바를 관찰하는 것이다. 스스로 (적당한)음식물을 구한다는 것은, 스스로 기르는 것을 관찰하는 것이다. 하늘과 땅이 만물을 양육하고, 성인이 현인을 양육하여 만민에게 미치게 한다. 기르는 때가 크구나!

[해설] 단전의 풀이. '頤, 貞吉'과 '觀頤', '自求口實'를 구분하여 설명하였다. 첫 구 '頤, 貞吉'은 '頤'가 '養'으로, '貞'이 '正'으로 바뀌면서 '則'이란 글자를 첨가해 풀었다. 그래서 괘명의 '頤'는 '養'의 뜻이고 '養'이 '正'하면 '吉'이 된다는 뜻으로 괘명과 괘사 '貞吉'을 동시에 말했다. 이어 '觀頤'는 만물이 길러지는 것을 관찰한다는 뜻이니, '觀其所養也'라 했다. 물론 옳게 기르는 방법을 알기위해 '觀頤'하는 것이다. 곧 '天地'나 '聖人'의 기르는 바를 관찰하는 것이고 객관적 조건을 살핀다는 뜻이다. '自求口實'은 자신이 직접 길러보는 것이니, 곧 주관적인 방법을 관찰한다는 뜻이다. 이를 '觀其自養也'라 했다. 이렇게 관찰하여 본받는 道는 '天地養萬物, 聖人養賢'의 도를 본받는 것이다. 천지는 만물을 어떻게 양육하는가? 비와 햇빛과

사시의 변화로 이를 갈마들게 하면서 공공으로 삿됨이 없이 만물을 기른다. 성인도 이 천지와 같이 현인을 길러 보임으로써 만백성이 따르도록 하고, 또 이 현인들이 백성들을 기르게 한다. 이런 뜻이 '天地養萬物, 聖人養賢以及萬民'이다. 천지가 만물을 기르는 것을 관찰하면 때에 맞추어 기른다. 성인도 천지와 같이 때에 맞추면서 기른다. 그러니 이 '時'가 중요하므로 이를 강조하면서 끝맺음을 했다. '頤之時大矣哉'이다.

＊ 象曰, 山下有雷, 頤. 君子以愼言語, 節飮食.

상전에서 말했다. 산 아래 우레가 치는 것이 이괘다. 군자가 이를 보고서 말을 삼가고, 음식을 절제한다.

[해설] 上艮 '산'과, 下震 '우레'가 頤卦이다. 아래에서는 소리가 진동하고 움직이고 흔들어도 산은 그쳐 묵묵히 절제하고 있다. 군자는 이런 괘의 형태와 성질에서 '입'의 상을 이끌어 내었다. 입은 아래턱이 우레처럼 음식물을 열심히 씹는데 위턱은 산처럼 그쳐 절제하고 있다. 그 결과 입은 '움직임'과 '그침'의 조화를 이루고 있음을 보았다. 이를 보고 군자는 '입'으로 들어가는 음식의 조절로 육체를 기르고, 입에서 나오는 말의 조절로 덕을 기르는 것이다. 입으로 들어가고 나오는 것을 신중히 하고 삼가서 몸과 마음을 기른다는 뜻이다.

이 '言'에 대해는 「계사전 상」에 "말이 몸에서 나와 백성에게 가해지면, 행동이 가까운데서 시작되어 먼데에 나타나는 것이니, 말과 행동은 군자의 중요한 관건이고, 중요한 관건이 발하면 영욕의 주체가 되는 것이다. (그러므로) 언행은 군자가 천지를 감동시키는 소이이니, 삼가지 않을 수가 있겠는가(言出乎身, 加乎民, 行發乎邇, 見乎遠, 言行君子之樞機, 樞機之發, 榮辱之主也. 言行, 君子之所以動天地也, 可不愼乎)"라 하여 언행은 천지에까지 영향을 미치니 삼가지 않을 수 없음을 말했다.

2. 효

＊ 初九, 舍爾靈龜, 觀我朶頤. 凶.
象曰, 觀我朶頤, 亦不足貴也.

초구, 너의 신령스러운 거북을 버리고, 내가 음식을 씹는 것을 보시오. (이렇게 잘난 체하니)흉하다.

상전에서 말했다. 내가 음식을 씹는 것을 보라 함은, 역시 귀함이 부족한 말이다.

[자구의 뜻] 爾: 너 이, 이같이 이, 뿐 이. 靈龜: 점치는데 사용하는 큰 거북. 영험한 거북 점의 조짐. 朶: 늘어질 타, 꽃 타, 움직일 타. 朵의 속자임. 朶頤: 음식을 씹는 모양.

[해설] 우선 이 효는 '爾'와 '我'를 어떤 효로 볼 것이냐, 또 '靈龜'는 어떤 거북이냐의 문제가 있다. 우선 '靈龜'를 그대로 번역하면 '영험스런 거북'이다. 이런 거북으로 점을 쳤기 때문에 '점치는 거북'이란 의미도 생기고 '점의 조짐'으로 확대되기도 한다. 그런데 옛사람들은 靈龜를 숨을 삼키며 조용히 있으면서 먹지 않아도 자라나는 영험함이 있는 것으로 보았다. 여기서는 이를 염두에 두고 살펴보자.

가. '爾'를 初九로, '我'를 正應인 六四로 보고 한 풀이는 '靈龜'는 陽의 좋은 본질을 말하고, '朶頤'는 음식이 씹히는 상태를 말한다고 보면서, 응인 육사의 입을 빌려 초구를 꾸짖는 것으로 푼다. **'네가 신령스런 거북을 버리고, 내 입의 움직임을 살피니, 흉하다'** 이는 씹는 일은 初九와 上九가 하는데 '靈龜'는 가만히 있어도 자라나는 거북이므로 震 '움직임'의 주효를 상징하는 초구와는 어울리지 않는다. 그리고 '觀'하는 것이 바로 '凶'이 되는 것이 잘 이해가 안 된다.

나. '爾'를 초구로, '我'를 상구로 보는 풀이는 상구가 초구에게 훈계하는 것으로 본다. 초구와 상구는 같은 양으로서 양육하는 능력이 스스로 있는데 자기보다 더 힘이 센 상구를 바라보고 있으니, 이를 상구가 훈계한다는 뜻으로 푼다. 상구는 頤卦의 주효이기 때문이다. **'너의 신령스런 거북을 버려두고, 내가 음식을 씹는 것을 살피니, 흉하다'** 여기서도 움직이는 초구를 靈龜와 비교하는 것이 맞지를 않고, 씹는 역할은 초구가 움직여야 하는데 마치 상구가 움직이는 것 같다. 역시 '觀'이 바로 '凶'이 되는 이유도 이해하기 힘들다.

다. '爾'를 六四로, '我'를 초구로 보는 풀이는 초구가 육사를 나무라는 투로 말하고 있으므로 흉하다고 푼다. 이때는 '靈龜'를 上艮의 '止'와 연결을 시켜 비유한 것으로 본다. 육사는 艮體에서 靈龜처럼 조용히 있을 것이지, 이렇게 하지 않고 열심히 음식을 씹고 있는 초구를 호시탐탐 노려보고 있다(四爻 참조). 이럴 때 초구가 잘 난 체하면서 뽐내니 육사로부터 응징이 있을 것이므로 흉하다는 뜻이다. 번역은 이 다항을 취해 초구가 육사에게 말하는 투로 여겨 위와 같이 했다.

초구는 움직이는 震體에 있고, 양으로 제 위치에 있다. 특히 진의 주효이니, 열심히 움직여 음식을 씹을 것이다. '朶頤'를 거의가 '음식을 씹는 모양'으로 보니, 턱의 구조상 아래턱이 움직여야 음식이 씹히고, 아래턱은 초구에 해당하니 열심히 씹는 것이다. 이런 자신을 親比인 六二와 正應인 육사에게 뽐내며 자랑하고 싶을 것이다. 이것이 '我'를 초구로 보는 이유이다. 그리고 무엇보다 점사인 '凶'은 초구의 것이어야 하고, 확실하게 흉할 수 있는 것은 육사가 호시탐탐 노려보는데도 윗사람 앞에서 잘 난 체하면 당연히 응징이 있어서 흉할 것이므로 이를 취한 것이다.

소상전에서도 초구의 이런 행동은 귀한 것이 아니라 했다.

* 六二, 顚頤. 拂經于丘頤, 征凶.
象曰, 六二征凶, 行失類也.

육이, 기르는 일이 거꾸로 되었다. (그렇다고)언덕에서 기름을 구하면 일상적인 법도에 어긋나니, 가면 흉하다.
상전에서 말했다. 육이가 가면 흉하게 됨은, 행함이 동류를 잃기 때문이다.

[자구의 뜻] 顚: 정수리 전, 이마 전, 넘어질 전, 거꾸로 할 전. 拂: (먼지를)털 불, 멀리할 불, 칠 불, 거스를 불. 拂經: 상도에 어그러짐.

[해설] 二爻의 효사와 소상전이다. 六二는 正位를 얻고 中을 차지했으나, 頤의 위치에서는 입안에 해당된다. 頤卦에서 양육하는 일은 初九와 上九의 陽만 가능하고 陰들은 스스로 기르는 능력이 없고 도움을 받아야 길러진다.

움직이는 震에 속한 육이는 위의 六五에게로 가서 도움을 받으려고 할 것이나, 正應이 아니고 육오도 음이다. 그러니 부득이 親比인 아래의 初九에게 의지하여 양육되게 된다. 윗자리에 있는 사람이 아랫사람을 기르고 이끌어야 하는데, 거꾸로 윗사람이 아랫사람에게 기름을 받게 되니 이것이 '顚頤'의 象이 된다. 이 '顚頤'가 불편하다고 육이가 위로 가거나 변하면 下震이 변하므로 '움직임'이 없어지니 씹지 못하게 된다. 이런 상태가 '拂經于丘頤'이다. 더욱 같은 體의 동류인 초구마저 잃게 됨으로 흉하게 된다. 효사의 뜻을 이렇게 파악했다.

'丘'는 상괘가 艮이므로 간은 산이 되고 언덕이 된다. 그러므로 상괘의 효는 丘가 되므로 혹자는 六五를, 또 혹자는 上九를 뜻한다고 보기도 한다. 이괘의 특수 상황으로 말하면 초구와 상구가 기르는 능력이 있으므로 상구를 丘로 볼 것이고, 일반적인 괘의 應·比관계로 풀면 육오가 해당될 것이다. 어떻던 震體를 떠나 위의 艮으로 가서 기름을 받는다는 뜻이다. '于'는 '구하다'의 뜻. 가만있지를 못하고 위의 艮體로 가서 양육 받고자 해도 받을 수 없고, 동류도 잃기 때문에 '凶'이 되는 것으로 보면 된다. '拂經'을 앞 구 '顚頤'와 연결하여 번역하기도 한다. 여기서는 '丘頤'를 수식하는 설명문으로 보았다. 그래야 다음의 '征凶'과도 자연스럽게 연결된다.

소상전의 '類'는 같은 음인 3, 4, 5효나, 같은 體의 초구와 육삼을 이른다고 보기도 하고, 于省吾와 尙秉和는 음은 양을 만나 무리를 이루므로 양인 초구로 보았다. 움직임을 주동하는 역할은 초구가 하니 초구는 물론, 下震이 변하여 씹지 못하는 상태가 되는 육삼까지도 포함되는 것으로 보는 것이 나을 것 같다.

* 六三, 拂頤, 貞凶, 十年勿用, 无攸利.
象曰, 十年勿用, 道大悖也.

육삼, 기름을 거스르면, 바른 일이라도 흉하여, 십년동안 시행되지 못하니, 이로울 바가 없다.

상전에서 말했다. 십년동안 시행되지 못함은, 도가 크게 어그러진다는 것이다.

[자구의 뜻] 悖: 어그러질 패, 어지러울 패, 원망할 패. 성한모양 발.

[해설] 六三은 음으로 정위도 아니며 움직임의 극에 처하여 안달하는 象인데, 上九와는 正應이다. 상구에게로 달려가 도움을 청할 것이 뻔하다. 이것은 같은 體에 있는 初九와 六二를 버리고 자기의 살길을 도모하는 격이 된다. 여기서도 육삼이 없거나 변하면 震이 변하는 격이니, 움직임이 계속되지 않는다. 그렇게 되면 씹는 일은 일어날 수가 없다. 그러니 정응인 상구에게로 갈 수밖에 없는 처지가 비록 '貞'이라 해도 흉하니, 그렇게 해서는 안 된다. 이런 뜻이 '拂頤, 貞凶'이다. 다음 句는 얼마나 '凶'한지를 말했다. '十'은 수의 끝이니 영원히 쓰지 못한다는 뜻이다.

'貞凶'의 뜻에는 항상 좀 찜찜함이 있다. 그래서 인지 '貞'을 앞 구 '拂頤'에 붙여 '拂頤貞, 凶(바른 기름을 어기니 흉하다)'로 많이 해석한다. 그러나 다른 괘에서처럼 '貞凶'을 한 구로 보고 해석했다.

소상전에서 '道'란 결국 '頤卦'의 도이고, 십년을 시행하지 못한다는 것은 괘를 허물어 없애는 일이니 '大悖'가 된다.

*** 六四, 顚頤, 吉. 虎視耽耽, 其欲逐逐, 无咎.**
象曰, 顚頤之吉, 上施光也.

육사, 기르는 일이 거꾸로 되었으나, 길하다. 호시탐탐 노려보고, 하고자하는 바를 끊임없이 추구해도, 허물이 없다.

상전에서 말했다. 기르는 일이 거꾸로 되어도 길함은, 위에서 베풂이 빛나기 때문이다.

[자구의 뜻] 耽: 먼데 뜻을 둘 탐, 즐길 탐, 범이 노려볼 탐. 虎視耽耽: 범이 먹이를 노려 눈을 부릅뜨고 지켜보는 모양. 逐逐: 끊임없이 추구하는 모양.

[해설] 六四 효사와 소상전. 육사는 씹어서 기르는 때에 상괘에 있으니 대신의 지위이고 정위했다. 씹는 일은 初九와 上九가 하니 正應인 초구에게 도움을 구한다. 윗사람이 아랫사람에게 도움을 청하니, 거꾸로 된 기름이므로 '顚頤'이고, 그래도 그것이 여러 층의 사람을 기르게 된다면 吉하니 '顚頤, 吉'이다. 대신의 자리는 아래의 지방장관들과 백성들을 살피고 이끌어야 한다. 그러므로 움직임을 주도하는 震의 주효인 초구에 의지하면서도 초구가 태만하지 않고 이런 바른 처신을 계속하도록 감시도 해야 한다. 이렇게 초구가 한눈팔지 못하도록 위

엄을 보이면서 계속 밀고 나가니, 이를 '虎視耽耽, 其欲逐逐'이라 했다. 사적이지 않고 공적인 일이며, 괘사의 '貞吉'로 가기 위한 것이니 욕심을 부려도 '无咎'다. '逐逐'은 '좇고 좇다'에서 '끊임없이 추구하는 모양'을 이른다.

소상전에서도 육사가 호시탐탐 감시하면서 열심히 씹도록 하는 것은 윗사람으로써 아래의 모든 사람에게 베푸는 것이 빛난다고 찬양했다.

같은 '顚頤'이지만 六二보다는 육사가 보다 윗자리니 많은 사람을 이끌고, 초구와의 관계가 응과 비의 차이가 있다. 그런데다가 육사는 씹는 일을 하는 震의 주효에 의지하고, 육이는 그쳐만 있는 艮에 의지하려고 했으며, 정응이 없다. 이것의 결과는 귀결된 점사가 '凶'과 '吉'로 나타났다.

* 六五, 拂經, 居貞吉, 不可涉大川.
象曰, 居貞之吉, 順以從上也.

육오, 일상적인 법도에는 어긋나나, 바르고 굳건히 거처하니 길하다. 큰 내는 건널 수 없다.
상전에서 말했다. 바르고 굳건히 거처하여 길하다 함은, 순하게 위를 좇기 때문이다.

[해설] 六五는 人君의 지위에 있으면서 중덕을 지녔다. 그리고 上九와는 親比이다. 그렇지만 다른 음들과 마찬가지로 기르는 능력은 없다. 그러므로 도움이 필요하다. 천하를 다스리고 길러야 할 임금이 그렇게 하지 못하는 상태만 해도 일상적인 것은 아니다. 그런데 그 도움을 六二와는 无應이니 친비 관계의 상구에게 받을 수밖에 없다. 이런 상태가 또 일상적인 법칙과는 어긋난다. 그래서 '拂經'이다. 그런데 다행히 멈춤의 艮體에 있고 중덕을 가졌음으로, 바르고 굳건히 거처하면서 사태를 따르니 이를 '居貞吉'이라 했다. 그러나 이런 '吉'도 상구의 도움과 그쳐있기 때문에 얻은 것이고, 탁월한 능력이 있는 것은 아니니, 대천을 건너기는 어렵다. 그래서 '不可涉大川'이다.

소상전에서는 바르게 거처해서 '吉'이 된 연유가 '上九'의 가르침을 순순히 따르기 때문이라고 했다. '上'은 '上九'이다.

* 上九, 由頤, 厲吉, 利涉大川.
象曰, 由頤厲吉, 大有慶也.

상구, 말미암아 기르게 되니, 위태하나 길하고, 큰 시내를 건넘이 이롭다.
상전에서 말했다. 말미암아 기르게 되니 위태하나 길하다는 것은, 크게 경사가 있는 것이다.

[해설] 艮의 主爻이면서 이 괘의 주효이다. 음식을 씹는데 중요한 위치에 있다. 初九와 上九에 의해서 음식이 씹혀지는데, 상구가 艮의 '止'에 있으면서 윗자리에 있기 때문에 음식의 많고 적음, 움직임의 빠르고 느림 등을 알맞게 조절을 한다고 보아도 된다. 그러므로 '由頤'이다. 豫卦 九四 효의 '由豫'와 같은 형식이다.

씹어 먹는 많은 일이 그에게 달렸다. 잘못하면 이빨이 상하거나 목이 막히기도 할 것이니 '厲'인 것이다. 기르는 일이 확대되면 천하의 일이다. 천하의 일은 많고 크니, 이것이 바로 험난하고 조심스러운 것이니 '厲'이다. 이런 위험이 따라도 이를 극복해야 하니 '涉大川'해야 하고, 그러면 '吉'이고 '利'인 것이다. 앞 구의 '厲吉'이 함축한 뜻을 다시 새긴 것이 '利涉大川'이다. 실질적인 임금의 역할을 은퇴를 앞둔 아버지가 하고 있는 경우이다.

소상전에서는 상구의 '頤'는 단순히 상구 자신만의 것이 아니고 전체의 것이니 '大'로서 그것을 강조하여 나타냈고, 역시 '慶'은 국가의 일이며 전체의 일이기 때문에 등장했다.

이 괘는 아래 震의 움직임을 위의 艮이 조절하면서 씹어 먹는 상태로 '기름'이 이루어짐을 나타내고 있다. 만물을 잘 기르려면 각각의 品性을 잘 알고 자연의 규율에 맞추어 길러야 할 것이다. 이 품성을 하늘이 부여한다면 이를 받아 양육하는 것은 땅이다. 천지가 만물을 盛하게 양육하는 것처럼 사람도 성하게 양육하기위해 각각의 품성을 알아야 하고, 이에 맞게 때로는 부추기고 때로는 절제시키는 것이다. 각 효사가 안고 있는 상황을 잘 파악하면 부추기고 절제하는 문제와 나를 기르고 전체가 길러지기 위한 길이 열릴 것이다. 기르는 일이 단순하지 않음을 본다.

䷛ 大過 (澤風大過)

概說: '過'에는 '지나가다' '지나치다' '과오를 저지르다'의 여러 뜻이 있는데, 淸代의 馬其昶167)은 '넘는다' '차이' '잘못을 저지르다'의 뜻이 함께 있다고 했다.

大過卦는 上兌☱ '澤' '기쁨'과, 下巽☴ '風' '공손함' '나무'가 象이다. 나무 위에 못이 있으니 못에 나무가 잠겼다. 그러니 크게 지나친 것이다. 그리고 괘의 형태가 중앙에 양이 몰려있고 양쪽 끝에 음이 하나씩 있다. 양은 大이고 음은 小이다. 중앙에 큰 양이 지나치게 많고 本(처음)과 末은 허약하니 무너질 형국이다. 이것도 잘못되고 지나친 것이다. 그래서 '大過'이다. 크게 지나치지만 하괘는 內이고 상괘는 外이니, 안으로 공손하면서 밖으로는 기뻐하는 상이니 지나침을 해결할 수 있음이 엿보인다.

167) 청말의 의리파 역학가. 400여가의 설을 참고한 『易費氏學』을 지었고 그 외에 『易例擧要』의 두 책이 있다.

「서괘전」에는 "頤는 기르는 것이니, 기르지 않으면 움직일 수 없다. 그러므로 대과로써 받았다(頤者養也, 不養則不可動, 故受之以大過)"라고 했다. 過를 '動'으로 보았으니, 기르면 자라고 자라면 움직이며, 움직임은 '지나가다'를 말하니 이런 뜻으로 말한 것 같다. 「잡괘전」에는 "대과는 넘어지는 것(大過顚也)"이라 했으니 지나치면 무너져 내리게 되니 '顚'이라 했는가 보다. 「서괘전」의 '動'이 지나치면 일어나는 결과를 말한 것 같다. 그럼 괘효사는 어떻게 말하는지 보자.

1. 괘

* 大過, 棟橈, 利有攸往, 亨.

대과괘, 마룻대가 굽었으니, 갈 바가 있음이 이롭고, 형통하다.

[자구의 뜻] 棟: 마룻대 동, 용마루 동. 橈: 굽을(휠) 요, 억울하게 만들 요.

[해설] 괘사이다. '棟'은 서까래와 기와를 얹어놓도록 받쳐주는 마룻대이다. 이것이 약해 구부러진 형국이라고 '橈'를 붙였다. 괘의 형태가 가운데 陽剛이 몰려있고 양 끝으로 陰柔가 있는 것을, 지붕의 마룻대가 위의 무게를 감당하지 못하고 굽어 있는 현상에 비유하여 '棟橈'라 했다. 마룻대가 굽었으니 곧 지붕이 무너질 형편이다. 이것이 '大過'이다. 바로 「잡괘전」에서 말한 '顚'의 형국이다. 이런 형편이니 가만있을 수 없다. 피하든지 지붕을 고치든지 해야 한다. 그러니 '利有攸往'이고, 그러면 난을 피하게 될 것이니, 끝에 '亨'이 붙었다. 물론 피해 도망가는 대응은 근본적인 문제해결이 아닐 것이니 적극적으로 고치는 것으로 보아야 할 것이다. 이유는 九二와 九五가 중덕을 얻었고, 上下卦의 象에서 내괘 巽은 안으로 순순히 좇으면서, 외괘 兌로는 밖으로 기쁘게 행하기 때문에 해결하는 모습이다.

그런데 이 大過卦를 전혀 다른 방면으로 적용한 사례가 있다. 대과(䷛)를 크게 묶어보면 坎이 되는데, 坎☵은 흙인 坤☷에서 단단한 양(⚊)이 하나 와서 만들어진 것이다. 가운데 剛의 단단한 물건을, 아래위 柔의 부드러운 흙이 덮은 것을 연상할 수 있다. 또 象의 의미가 공손하면서도(下巽) 기뻐하니(上兌) 기꺼이 하는 행위가 된다. 그리고 巽은 '나무', 兌는 '꺾임(毁折)'의 상도 있으니 나무를 꺾어 이용한 것도 연상이 된다. 이를 종합하면 나무를 베어 관을 만들고 이를 흙으로 덮는 일을 공손하면서도 기꺼이 하니, 이는 장례절차이다. 이런 뜻의 문장이 「괘사 하」에 보인다. "옛날에 장사지내는 것은, 섶나무로써 두껍게 옷을 입혀 들 가운데서 매장하고, 봉분도 없고 나무도 심지 않았으며, 喪의 기일도 數가 없었다. 후세의 성인이, 이를 관곽으로 바꾸었으니, 대개 저 대장괘에서 취했다(古之葬者, 厚衣之以薪, 葬之中野, 不封不樹, 喪期无數, 後世聖人, 易之以棺槨, 蓋取諸大過)" 이것은 괘사 '棟橈'와는 전혀 다른 생각에서 출발한 인간 삶에서의 활용 예이다.

＊ 彖曰, 大過, 大者過也, 棟橈, 本末弱也. 剛過而中, 巽而說行, 利有攸往, 乃亨. 大過之時大矣哉.

단전에서 말했다. 대과는, 큰 것이 지나친 것이요, 마룻대가 굽은 것은, 근본과 말단이 약하기 때문이다. 강이 지나치게 많으나 중심에 있고, 공손하면서 기쁘게 행하니, 갈 바가 있는 것이 이롭고, 이에 형통하다. 대과의 때가 크도다!

[해설] '大'란 양강이고, '本末'은 양쪽 끝의 음유이니, 初六이 본 上六이 말이다. '大'인 강이 많이 있으므로 '大者過'이고, 본말이 약하니 튼튼해야 할 마룻대가 굽은 것과 같으므로 '棟橈'이다. 괘명 '大過'와 괘사 '棟橈'의 뜻을 함께 풀이 했다.

다음은 '利有攸往, 亨'을 풀었다. '利有攸往, 亨' 할 수 있는 것은 '剛過而中, 巽而說行' 하기 때문이라 했다. '剛過'란 양효가 지나치게 많다는 것이고, 그 중에서도 九二와 九五는 상하에서 中에 자리하고 있으니 '中'인데, 강효가 중심에 있다는 것은 꿋꿋하면서도 조화롭게 일할 수 있는 능력이 있는 것이다. 그러한데, 또 상하 小成卦의 象이 순조롭고 기쁘게 일을 하는 상이니 대과를 잘 처리할 수 있는 것이다. '巽'은 下巽, '說'은 '悅'의 뜻이고 上兌의 象이다. 그러므로 강이 많으나 중심을 잡고 있고 공손하면서 기쁘게 행하니 '利有攸往, 亨'이 되는 것이다.

마지막으로 大過란 지붕이 붕괴되는 크고 중요한 일이므로, 때를 어기면 큰 사고가 날 것이다. 그러므로 대과의 때를 특별히 강조하기 위해 '時大矣哉'라고 놀람과 감탄을 표하고 끝냈다.

＊ 象曰, 澤滅木, 大過. 君子以獨立不懼, 遯世无悶.

상전에서 말했다. 못이 나무를 가라앉히는 것이 대과괘이다. 군자가 이를 보고서 홀로 서도 두려워하지 않고, 세상을 피해 살아도 번민하지 않는다.

[자구의 뜻] 懼: 겁낼 구, 경계할 구, 위협할 구.

[해설] 上兌의 '못'이 위에 있으므로 下巽의 '나무'를 기르는 것이 아니라 침몰시켜 죽게 하는 상태가 大過卦이다. 이를 관찰하면 물에 잠겼어도 꿋꿋이 서있는 나무를 볼 수 있고, 이 나무가 후에 다시 살아나는 것도 보게 된다. 그리고 또 쓰러지거나 죽는 경우도 본다. 군자는 이런 것을 관찰하여 '大過'를 홀로 맞서 꿋꿋이 버텨나가거나, 아니면 번민하지 않고 세상을 등지고 피해서 숨어버리는 것이다. 이를 '君子以獨立不懼, 遯世无悶'이라 했다. 이렇게 군자는 항상 현상을 보고 그것에서 세상을 살아가는 바람직한 방향을 모색하여 행하는 것이다.

2. 효

＊ 初六, 藉用白茅, 无咎.
象曰, 藉用白茅, 柔在下也.

초육, 깔개를 띠로 만들었으니, 허물은 없다.
상전에서 말했다. 깔개를 띠로 만든 것은, 유약한 것은 아래에 있게 한 것이다.

[자구의 뜻] 藉: 깔(개) 자, 의지할 자. 짓밟을 적. 白茅: 띠(볏과의 식물).

[해설] 初六은 大過의 시작이고, 下巽의 主爻이다. 괘사에서 말하는 굽은 마룻대의 本에 해당하고 위에 올려놓는 것을 받쳐주어야 하는 역할을 해야 한다. 튼튼해야 하는 강이 있을 자리에 부드러운 유가 있으니 본이 허약함은 알 수 있다. 그런데 다행히 위의 九二와 親比이고 九四와 正應이며 巽의 주효이니, 굳센 강들을 지극히 공손하게 받드는 역할은 한다. 허약하지만 아래에서 떠받치려고 하는 것이다.

'白茅'라고 말하는 풀은 가늘고 어디나 무리를 지어 자라는 하찮은 것이다. 곧 제일 아래에 있는 초육의 지위와 유사하다. 그런 띠로 깔개를 만들어 흔히 제사를 모실 때 사용한다. 지금도 제사를 올릴 때 사용하는 이 깔개는 흙이 묻지 않도록 물건을 받들어 모시기 위해 사용하는데, 하찮은 물건이 그 쓰임은 지극히 삼가고 공손해야 하는 상황에 쓰인 것이다. 이것은 초육이 제일 아래에 있으므로 '白茅'처럼 하찮고 부드러운 풀이지만, 손괘의 공손함에 속하니 그 쓰임은 제사에 쓰이는 '藉'와 같다고 '藉用白茅'라 했다. 이렇게 비천하면서도 쓰임이 훌륭하니 '无咎'이다. 아직은 대과하지 않고 위의 강들과 의지하여 허물없이 쓰이고 있음을 말하고 있다.

'棟'의 本이 虛하여 凶할 것 같은데 그와는 반대다. 전체를 보는 괘와 한 시점의 역할을 보는 효가 이렇게 다르다.

소상전에서도 巽卦의 초육이 아래에 있으면서 삼가고 공손하기 때문에 '白茅'가 제사를 모실 때 사용하는 '藉'와 같은 쓰임이라는 말이다.

이렇게 백모가 깔개로 쓰이는 것에 대해서 「계사 상」에서 언급한 것이 있다. "공자가 말했다. 진실로 저 땅에 두어도 좋을 것인데, 자리를 띠로 만들었으니, 무슨 허물이 있으리오. 삼감의 지극함이다. 모든 띠의 물건 됨이 얄팍하나, 쓰임은 중요할 수 있다. 이런 방법으로 삼가면서 가면, 그 잃는 바가 없을 것이다(子曰, 苟錯諸地, 而可矣, 藉之用茅, 何咎之有. 愼之至也. 夫茅之爲物薄, 而用可重也, 愼斯術也, 以往, 其无所失矣)"

* 九二, 枯楊生稊, 老夫得其女妻, 无不利.
象曰, 老夫女妻, 過以相與也.

구이, 시든 버드나무에 새순이 돋고, 늙은 사내가 젊은 아내를 얻으니, 불리함이 없다.
상전에서 말했다. 늙은 사내와 젊은 아내는, 지나친 것을 서로 보완하는 것이다.

[자구의 뜻] 枯: 시들 고, 마를 고, 야윌 고. 楊: 버들 양. 稊: 돌피 제, 싹 제.

[해설] 二爻의 효사와 소상전이다. 九二는 陽爻이고 양은 大이다. 大過는 이 양효가 많기 때문인데, 대과의 시작이 구이부터다. 그리고 巽卦에 있으니, 손은 '나무'이고, 또 '맏딸'로 음괘이며 2효는 陰位이다. 흔히 음은 물이고 양은 불로 대비되니 음위인 二位에서 물가에 잘 자라는 버드나무를 象으로 삼았다. 그런데 陽이 지나쳐 과하면 양기가 많은 것이 되고, 양기가 많으면 물기가 부족하니 나무가 말라 시든다. 때문에 버드나무도 시든 나무이고, 또 사람에 비기면 늙은 사내가 된다. 그래서 '枯楊'과 '老夫'가 나온다. 그런데 가운데 있으니 中和하는 덕이 있고, 양이 지나친 때에 음의 자리에 있으니, 오히려 음과 양이 중화되어 過陽을 무디게 한다. 거기에 正應은 없지만 初六과는 親比이니, 초육과 서로 어울리는 것이 '生稊'하는 것이며, '得妻'하는 것이다. 정상적인 과정은 아니나 생육이 이어지므로 '无不利'이다. '梯'는 대체로 '荑(싹 제)'이고, '女妻'의 '女'는 '처녀'라는 뜻이 있으므로 '젊은 처'로 번역했는데 초육을 말한다. 이것은 구이보다는 아래에 있는 음효이니 합당한 풀이다.

소상전의 '過以相與也'는 지나친 것은 모자라는데서 채우고 모자라는 것은 지나친데서 가져와서, 서로 도와 좋은 결과가 있게 된다는 것을 말하는 것으로 보고 번역을 '보완하다'로 意譯했다.

* 九三, 棟橈, 凶.
象曰, 棟橈之凶, 不可以有輔也.

구삼, 마룻대가 굽었으니, 흉하다.
상전에서 말했다. 마룻대가 굽어 흉하다 함은, 보조가 있을 수 없기 때문이다.

[해설] 九三은 강이 剛位에 있으니 정위했고 巽卦의 끝에 있다. 위로 上六이 正應이나, 상육은 유가 柔位를 차지하고 괘의 終이니 극히 허약하여 큰 도움은 되지 못한다. 이런 구삼은 어떤 상황에 처해 있는가? 괘의 형태로는 가장 중앙에 있는 九三과 九四는 마룻대의 중심이 되는데, 물건을 받치는 것이 휘이면 중심인 이들이다. 거기에 응인 상육이 虛하여 무게를 나누어주지 못하기 때문에 '橈'가 된다. 하괘의 象으로 보면 구삼은 巽 '나무'의 끝이고 '바람'

의 극이니 나무가 많이 흔들린다. 상하괘의 상으로 살피면 나무의 머리끝까지 못의 물이 잠긴 상이다. 어느 것 하나 안전한 것이 없다. 그래서 '棟橈'이고 집이 무너질 형국이니 '凶'할 것은 뻔하다.

괘사에는 '棟橈, 利有攸往'이라 했는데, 여기서는 '凶'이다. 전체를 총괄적으로 본 괘사는 구이와 구오의 역할로 '利'가 가능한 것으로 보았고, 여기서는 당면한 시기의 당면한 직책인 구삼이 당면하게 된 상황이므로 차이가 있게 된다. 그리고 단전에서는 '大者', 즉 강효 모두 '過'였으나, 각각의 효에서는 구삼과 구사에서 직접 '棟'이라 지목하고, '過'해서 '橈'하는 것은 구삼 만이다. 괘 전체를 놓고 볼 때와 하나하나의 효를 볼 때가 이렇게 다르다.

소상전에서는 마룻대의 중심은 근본적으로 보조하기가 곤란한 점을 말하고 있다. 마룻대의 중심을 보조하기 위해서 보조 받침대를 세우면 방안에 보조기둥이 세워지고, 서까래를 들어내면 지붕에 구멍이 뚫리는 꼴이니, 이런 가옥은 특별한 경우 외는 없는 것이다. '无輔'나 '不輔'가 아닌 '不可以有輔'가 그런 점을 나타내고 있다.

*** 九四, 棟隆, 吉. 有它, 吝.**
象曰, 棟隆之吉, 不橈乎下也.

구사, 마룻대가 높이 솟아서, 길하다. 다른 일이 있으면, 인색해진다.
상전에서 말했다. 마룻대가 높이 솟아 길함은, 아래에서 휘지 않았음이다.

[해설] 九四 효사와 소상전. 구사는 過剛한 때에 음위에 있어 그 과강이 조금 중화되어 무디어 졌는데, 上兌의 시작이니 '爲毁折'의 시작에 불과하다. 아래 初六과 正應이니 서로 의지하는 사이다. 초육은 음이나 그 자리가 양위이므로 조금은 버티어 주고 있으면서 '无咎'하니, 의지가 된다. 이에 過剛이 해소되어 마룻대가 유지하고 있는 상황이니 마룻대는 집에서 가장 높은 곳에 위치하므로 높이 솟은 象이 된다. 또 上兌 '못'의 시작이니 못의 아래 바닥에 해당하므로, 下巽의 '나무'를 물에 잠기게 할 수가 없고 오히려 잘 양육할 것이다. 그러니 '棟隆'의 상이 있다 하겠다.

그러나 강이 항상 과한 처지이므로 다른 일이 생기면 '棟橈'가 될 것이니 경계해야 하므로 '有它, 吝'이라 했다. 그런데 '有它'를 구사가 중화되어 스스로 구제할 수 있는데도 아래 초육에게 의지하면 오히려 의타심이 생겨 '吝'하는 것으로 보기도 한다. 이 해석은 過剛의 때에 강이 유의 자리에 있다고 過剛이 완전 해소될까하는 의문이 들뿐만 아니라, 초육과 서로 의지하는 것이 나쁘다면, 정응을 좋지 않은 것으로 해석해야 하는 문제가 남는다. 그 보다는 극히 조심해야 할 상황이므로 경계의 말로 이해하는 것이 더 좋지 않을까 한다.

소상전도 역시 초육의 '下'가 힘을 보태 받쳐주기 때문에 '吉'이라고 했다. 초육과의 정응

관계를 높이 친 풀이다.

같은 마룻대의 중앙이고 효사에서는 '棟'이라 직접 거론된 효이면서, 구삼과 구사의 점사는 이렇게 완전 반대이다.

＊ 九五, 枯楊生華, 老婦得其士夫, 无咎无譽.
象曰, 枯楊生華, 何可久也. 老婦士夫, 亦可醜也.

구오, 시든 버드나무에 꽃이 피고, 늙은 여자가 젊은 사내를 얻으니, 허물도 없고 영예로움도 없다.

상전에서 말했다. 시든 버드나무에 꽃이 피니, 어찌 오래갈 것인가? 늙은 여자와 젊은 남자도, 역시 추하다.

[자구의 뜻] 華: 빛날 화, 꽃 화, 번영할 화. 士夫: 젊은 남자. 사대부.

[해설] 九五는 大過, 즉 剛過의 시기에 剛이 강자리에 있어서 더욱 過剛이 된다. 오직 기댈 곳은 親比하는 上六이다. 그런데 상육은 柔가 유위에 있고, 대과의 종말이므로 몹시 허약하다. 다행히 구오가 득중하였으므로, 그의 過剛과 상육 過柔를 중화시켜 서로 의지하게 하여 겨우 견디는 상황이다. 강유의 어울림이다. 이렇게 서로 의지가 되니, 이것이 말라 죽어가는 버드나무에 꽃이 피는 것 같고, 이를 인사에 비기면 아이를 낳을 수 없는 늙은 여자가 젊은 남자를 얻어 사는 것과 같다. 그래서 '枯楊生華, 老婦得其士夫'인데, 비록 나름대로 아름답고 행복할지 모르나, 이미 시간은 흘러 늙었음은 어쩔 수 없는 것이다. '老婦'는 상육이고, '士夫'는 구오이다. 사부가 노부를 얻는 것이 아니고, 노부를 주어로 한 것은 사부인 구오가 상육에게 의지해야 할 것인데, 오히려 상육이 구오에게 의지하여 무너지지 않고 있다는 의미이다.

이런 결합이라도 처한 어려움은 피할 수 있으니 허물될 것은 없으나, 결코 명예로운 일도 아니다. 그래서 '无咎无譽'라 했다. 구이와 本인 초육의 의지와 구오와 末인 상육의 의지가 약간의 차이가 있다. 이렇게 효사가 처한 상황이 다른 것이다.

소상전에서는 '枯楊生華'는 이미 좋지 못한 환경에 있는 나무에 꽃이 피어도 그 꽃은 오래가지 못함을 의문문으로 나타냈고, 늙은 여자가 젊은 남자를 얻어 살아가는 것, 역시 일상적인 禮가 아니니 추하다고 했다.

＊ 上六, 過涉滅頂, 凶, 无咎.
象曰, 過涉之凶, 不可咎也.

상육, 지나치게 (물을)건너다가 정수리가 잠겼으니, 흉하나, 허물은 없다.

상전에서 말했다. 지나치게 건너다가 당한 흉함은, 허물할 수가 없다.

[해설] 上六은 虛한 유가 柔位에 처했으니 허약한데, 또 괘의 극이니 지극히 허약하다. 집은 바야흐로 무너지고 나라는 결딴날 판이다. 이때 사람이 할 바가 두 가지이니, 하나는 달아나 피하는 것이요, 하나는 목숨을 걸고 바로잡으려는 것이다. 過剛한 九三이 正應이요, 또 過剛한 九五가 親比이니, 이들의 도움을 믿었든 어떻든 정위한 상육은 자신의 역할을 다하여 잘못된 것을 구하려고 한다. 그러나 대과의 때가 다함을 어쩔 수 없어 물에 빠져 죽는 꼴이 됐다. 흉하다. 그러나 일신을 버리고 의를 행하였으니 허물할 수는 없다. 이런 뜻으로 효사를 풀었다.

上兌가 '못'이니 물을 건너는 '涉'이 나왔고, 상육은 꼭대기 효이니 '頂(정수리 정)'이 나왔다. 또 태는 '기쁨'이기도 하니, 구오와 구삼의 구원에 용기를 내어 기쁘게 험을 구하려 했으나, 지극히 허약하고 때를 이길 수 없어 '滅頂'이 되고 말았다.

'无咎'는 학자들 간 의견이 구구하다. '잘못 들어간 자구'로 보는 견해, '뜻하지 않게 당한 일이므로 나무랄 수 없다'는 견해, '개인은 흉하나 전체를 구하려는 동기는 허물이 아니다'라는 견해 등이 있다. 상기의 번역은 마지막의 것을 취한 것이다.

소상전에서 '凶'과 '无咎'의 관계에서 '흉'만을 설명한 것으로 보아야 하겠지만, 어쩐지 명백한 맛은 없다. 그러므로 잘못 들어간 것이라는 견해도 일리가 있다. 여기 외에도 困卦 九二, 艮卦 괘사, 節卦 六三의 '无咎'와 上六의 '悔亡'은 今文經[168]에는 없음으로 잘못 들어간 것으로 보는 견해를 高亨이 피력했다.[169] 참고하자.

大過卦의 전체 형태를 坎으로도 본다. 가운데 넷 剛爻를 묶어 하나로 보면 坎卦가 된다. 감은 물이니 여기서 '涉'도 나오고 물가에 잘 사는 '楊'도 등장하는 것이요, 坎은 나무 중에서 '堅多心(심이 많아 단단함)'을 말한다고 하니 '棟'도 나오는 것이다. 이 棟과 괘의 형태에서, 大過의 괘사는 집이 무너지는 위험으로 뜻을 삼았다. 이것은 기초는 허약한데 나타내 보이는 것은 우람하고 찬란한 것에 비유할 수 있다. 이를 정치에 옮기면 기초가 되는 백성들은 헐벗고 있는데 상층부의 사람들은 화려한 생활을 하는 것으로도 볼 수 있다. 대체로 독제체제에서의 다스림은 이런 형태이고, 지금의 북한도 대과의 시기에 비유된다. '枯楊生華'격인 김정일도 죽었으니, '過涉滅頂'에 이르기 전에 개방의 문을 열고 경제를 살려 기초를 튼튼히 할 수 있을지 앞으로의 진행이 무척 궁금하다.

---

168) 서한 때부터 古文經과 今文經學派가 있었는데 고문경학파가 득세를 하여 지금 쓰이는 역경은 費直의 고문경에 의한 것이다. 그런데 금문경에는 빠져있으니 고문경의 역경이 꼭 옳다고 볼 수 없다는 설이다.

169) 김상섭 옮김, 「고형의 주역」, 262쪽 참조.

䷜ 坎 (重水坎, 坎爲水)

槪說: '坎'은 '구덩이 감'이다. 于省吾는 '坎'이 '欽흠', '歁감'과 통함을 증명하고 있다. '欽'은 '삼갈 흠'으로, '歁'은 '만족하지 않을 감'으로 많이 쓰이나, 모두 '근심하는 모양'의 뜻으로도 쓰인다. 그래서 "憂心欽欽, 則憂心歁歁也(근심하는 마음은 흠흠이고, 곧 근심하는 마음은 감감이다)"라고 하였으니, '근심하는 마음'이다.170) '坎' 글자의 형태가 土와 欠이 결합되어 있으니 欠흠은 '하품'의 뜻 외에 '구덩이'의 뜻으로도 쓰였으므로 '땅에 파진 구덩이'를 말한 것이다. 「서괘전」에서도 '陷也(빠지다)'라 했으니, 역시 '구덩이'와 통한다. 사람은 '구덩이'에 '빠지면' 모두 '근심하는 마음'이 있게 마련이므로 서로가 연결되어 통하는 것이다. 「설괘전」에는 坎의 상이 '水也' '陷也' '爲溝瀆(도랑)', 그리고 '爲加憂(근심을 더하다) 등으로 나왔다. 물이 흐르다가 구덩이(도랑)를 만나면 이에 빠지고, 그래서 물이 제대로 흐르지 못하면 '爲加憂(근심을 더하다)'가 되니 역시 근심하는 마음과도 연결된다.

坎卦☵는 坤의 땅 중앙에 乾의 一陽이 자리 잡은 형태이니, 중심은 든든하나 구덩이에 빠져 있다. 그래서 「서괘전」에는 "사물은 끝까지 지나칠 수 없으므로 구덩이로 받았으니, 감이란 빠지는 것이다(物不可以終過, 故受之以坎, 坎者陷也)"라 했고, 「잡괘전」에는 "감은 내리는 것이다(坎下也)"라 했다. 모두 물이 구덩이로 흘러 들어가듯이 구덩이로 빠짐을 말하고 있다. 이런 '坎'이 중첩되어 있는 괘이니, 구덩이에서 또 구덩이로 빠지고 그러면 근심도 더해 갈 것이다. 과연 괘효사는 어떻게 말하고 있는지 보자.

1. 괘

*** 習坎, 有孚, 維心亨, 行有尙.**

습감(거듭한 구덩이)은, 믿음을 두면, 마음이 형통하고, 행함을 숭상 받게 된다.

[자구의 뜻] 習坎: 험난함이 중첩된다는 뜻으로, 地勢가 매우 험함의 비유.

[해설] 괘사이다. '習坎'은 卦名에 '習'자가 붙은 것이다. 그 뜻은 '거듭 험하다, 거듭된 구덩이'라는 뜻으로, 坎이 상하로 거듭해 괘가 만들어졌기 때문이다. 대체로 坎卦는 옛적에 '坎'과 '習坎' 두 개로 불렀다고 하니, 여기서 비롯하여 '習坎'을 괘명으로 쓴 것 같다. 그런데 하필 이 감괘에만 '習'을 첨가했을까? 乾, 坤, 震, 艮 등의 다른 7괘는 그 卦德이 健, 順, 動, 止 등으로 모두 나쁘지 않은데 비해, 이 감괘만은 '거듭된 구덩이'이기 때문에 사람들에게 특별

170) 于省吾, 「雙劍誃群經新證·雙劍誃諸子新證」(上海書店出版社, 1999), 31쪽.

히 주의를 주기 위해 들어간 것으로 呂紹綱은 추측했다.

습감, 곧 거듭된 구덩이에 빠져 험한 가운데 있거나 그런 위험이 앞에 있어도, 믿고 마음을 굳건히 하면 행동할 방도가 있다는 뜻이 '有孚, 維心亨, 行有尙'이다. 이렇게 될 수 있는 것은 陽剛의 九二와 九五가 坎 '험'의 중심에 있기 때문이다. 중심은 사람에게는 마음이고 가슴이므로 '心'이 등장하고, 이 마음이 '剛'이니 단단하고 '中'이니 중심을 잡으면, 믿음을 가지고 주위를 자세히 살펴볼 것이다. 그러면 앞으로의 방향을 잡을 수 있을 것이니 통하는 바가 있을 것이고, 그리고서 행동을 하면 최선의 것일 것이니 숭상 받게 될 것이다. '有孚, 維心亨, 行有尙'이다.

'維'를 번역하는데 우리말 '묶다', '오직', 그리고 '어조사'로 보는 등, 의견이 조금 차이가 있다. '묶다'로 보면 '마음을 묶어두니 형통하다'가 되어 '亨'의 조건이 되고, 그러면 앞 구 '有孚'를 다시 강조하는 것이 되는데 그럴 필요가 없다고 보았다. '오직'을 넣는 것도 이상해 보여 단순 어조사가 더 자연스러워 어조사로 보았다.

＊ 彖曰, 習坎, 重險也. 水流而不盈, 行險而不失其信. 維心亨, 乃以剛中也, 行有尙, 往有功也. 天險不可升也, 地險山川丘陵也, 王公設險以守其國, 險之時用大矣哉.

단전에서 말했다. 습감은, 거듭 험한 것이다. 물이 흐르면서 넘치지 않아야 하듯, 험한 것을 행하여도 믿음을 잃지 않아야 한다. 마음이 형통함은, 이는 강이 가운데 있기 때문이고, (그래서)행함을 숭상하게 됨은, 가면 공이 있기 때문이다. 하늘의 험함은 오를 수 없는 것이요, 땅의 험함은 산천과 구릉이니, 왕과 공후는 험을 설치함으로써 그 나라를 지키니, 험은 때의 활용이 크도다!

[해설] 彖傳이다. 먼저 괘명 '習坎'을 '重險'이라 했다. 坎의 象 '구덩이'와 '빠지다'에서 '險'을 끌어와 간단명료하게 풀었다. 이어진 '水流而不盈'의 '不盈'은 물이 가득차면 범란 한다. 그러므로 물이 넘치지 않고 계속 산골짜기를 흐르는 힘든 일을 하는 것처럼, 위험한 일도 믿음을 갖고 계속 행해야 한다고 '行險而不失其信'이라 하여, 사람도 이런 자연을 닮아야 함을 말했다. 이를 '重險'을 설명하는 것으로 보고 '습감은 거듭 험한 것이니, 물이 흘러도 차지 않고, 험을 행해도……'라고 하여 연결한 풀이도 있다. 여기서는 '重險'은 괘명을, 뒤 문장은 '重險'을 형용하면서도 사람의 행위로써 했고, 또 '行險而不失其信'으로 '有孚'와 '不失其信'이 통하도록 하여, 따로 '有孚'를 쓰지 않고도 괘사 '有孚'를 풀이한 것으로 보고 두 구절로 나누었다.

이어서 '維心亨'과 '行有尙'을 풀이했다. 剛인 九二와 九五가 상하의 중심에 자리하여 치우치지 않게 중덕으로 굳세게 처리하면 '心亨'해지니 '乃以剛中也'라 했다. 그리고 가만있으면 險을 벗어날 수 없지만, 굳세게 중심을 잡고(剛中) 행하면 성과가 있어 험을 벗어날 수 있으니 '往有功也'라 했다. '剛中'이 '心亨'은 물론 '往有功也'의 '有功'이 되는 이유도 되니, 함께 연결하면 이해가 편하다.

다음은 험에 대한 총체적인 현상을 들어 이를 세상사에 가장 중요하게 쓰이는 경우를 말하고, 감괘도 그 쓰임에 따라 다른 결과를 가져옴을 말했다. 비행기가 없었을 시절은 하늘을 오르는 것 자체가 불가능이었다. 이제는 우주를 넘나드니 인식은 많이 변화되었으나 지금도 쉬운 일은 아니다. '天險不可升也'의 뜻이다. 그리고 땅의 험함은 산을 오르고 물을 건너는 것이니 '地險山川丘陵也'라고 했다. 이런 천지의 험한 것을 보고 활용한 것이 인공으로 城을 쌓고 해자를 파서 나라를 지키고 백성을 보호한 것이다. '王公設險以守其國'이다. 대체로 지형의 험을 이용한 전쟁은 전국시대에 들어와서 활발했다고 보는데, 공자의 시대에 이런 句가 있는 것은 상당히 새로운 것이라고 본다. 이어 험도 이렇게 그 활용하는 마땅한 때가 있음을 찬탄하며 끝을 맺었다. '險之時用大矣哉'이다. '時用'을 '때와 활용'이라고도 번역을 한다.

＊ 象曰, 水洊至, 習坎. 君子以常德行, 習敎事.

상전에서 말했다. 물이 계속 밀려오는 것이, 거듭된 감괘이다. 군자가 이를 보고서 덕행을 항상 하고, 가르치는 일을 거듭한다.

[자구의 뜻] 洊: 물 들어올 천, 거듭 천. 洊至: 거듭 이름, 계속하여 밀려옴.

[해설] 大象傳이다. 여기서는 坎의 象을 '물'로 했다. 아래의 물이 흐르면 위의 물이 또 흘러오니 '水洊至'라, 끊임없이 흐르는 물을 보고 군자는 덕행을 끊임없이 행하고, 물이 위에서 아래로 흐르니 또 끊임없이 아랫사람을 가르치는 것이다. '常'도, '習'도 모두 동사의 작용을 하면서 '계속하다'의 의미이다.

2. 효

＊ 初六, 習坎, 入于坎窞, 凶.
象曰, 習坎入坎, 失道凶也.

초육, 거듭된 구덩이에서, 구덩이의 속구덩이로 들어갔으니, 흉하다.
상전에서 말했다. 거듭된 구덩이에서 구덩이로 들어감은, 도를 잃었으니 흉하다.

[자구의 뜻] 窞: 구덩이 담, 동굴 담.

[해설] 初爻의 爻辭와 小象傳이다. 初六은 상하 괘가 모두 坎이니, 이중으로 된 구덩이의 맨 아래이다. 음이 양자리에 있어 正位가 아니니 바름도 잃고 正應도 없다. 오직 親比 九二가 있으나 그도 구덩이 가운데에 갇혀있으니 구제받지를 못한다. 그러니 구덩이 아래 또 파진 구덩이에 빠져 있는 象이다. 이것이 '入于坎窞'이다. 구덩이에 깊이 빠져 탈출이 불가능하니 '凶'이다.

거듭된 구덩이는 위험천만이다. 이런 구덩이에 들어간다는 것은 정상적인 행동을 한 사람이 아니다. 그러니 '失道'이고 '凶'인 것이다. 이것이 소상전의 문구이다.

*** 九二, 坎有險, 求小得.**
象曰, 求小得, 未出中也.

구이, 구덩이에는 위험이 있으니, 작은 것을 구해야 얻는다.
상전에서 말했다. 작은 것을 구해야 얻음은, 아직 위험의 중심에서 벗어나지 못했기 때문이다.

[해설] 九二는 이중으로 된 구덩이 중의 속구덩이에 있는 처지이다. 正應도 없고 正位도 아니지만, 다행히 中을 얻고 위아래 初六, 六三의 음과 親比하고 있다. 그래서 험의 중심에서 탈출할 수는 없지만, 中이니 무리하지 않고 음 小와 협조하면 얻는 바가 있다. 그러면 초육처럼 더 험한 곳으로 빠지지는 않는다. 위험한 상태임을 알아서 작은 것을 구하여 몸은 유지하는 상태쯤 된다고 보면 된다.

'求小得'은 '有險'한데 구이의 가까운 곳에는 음 '작은 것'만 있으니, 중덕이 있어 지나친 것은 하지 않고, 할 수 있는 상황도 아니므로 작은 것을 구한다는 뜻이다.

소상전에서는 큰 것을 구하지 못하고 작은 것을 구하는 것은 아직 위험의 중심에서 벗어나지 못했기 때문이라는 뜻이다.

*** 六三, 來之坎坎, 險且枕, 入于坎窞, 勿用.**
象曰, 來之坎坎, 終无功也.

육삼, 오나가나 구덩이고 구덩이니, 험하고 또 깊으므로, 구덩이 속으로 들어가면, 쓰지 못한다.
상전에서 말했다. 오나가나 구덩이고 구덩이이므로, 끝내 공은 없다.

[자구의 뜻] 枕: 베게 침, 임할 침, 沈(깊을 침)과 통용.

[해설] 六三은 아래 구덩이와 위 구덩이의 사이에 있다. 아래 구덩이를 거의 나왔으나 위 구덩이가 또 있다. 그리고 육삼은 겨우 九二와 親比할 뿐 正應도 없고 中도 지나쳤으며 제자리도 아니다. 그러니 이러지도 저러지도 못하는 상태다. '來之坎坎, 險且枕'이다. 특히 불안하여 움직이다가 '入于坎窞'이 되면 안 되므로 '勿用'이다. 前句 '來之坎坎, 險且枕'은 육삼의 상태를 말했고, 後句는 경계의 말이다.

'枕'은 여러 가지 뜻으로 해석하는데, 高亨과 金景芳 학파는 '沈'으로 보았다. 옛날에는 같은 소리 계열로 통용됐다고 한다. 앞뒤의 구를 살펴보면 제일 자연스러운 풀이라서 이를 따랐다. 그런데 '枕'에 대한 뜻은 너무 많고 달라 다 소개하지 못한다. 그 중 '베게'로 번역하면서 험한데 처했으므로 쉬게 된다는 뜻으로 보고, 번역은 '험하고 또 베게 하여, 험한 구덩이로 들어가면……'이 되는데, 문장의 뜻이 모호하여 해설을 보아야 이해가 된다. 어떻든 '枕'을 각각 번역한 용어는 다르나 이런 류의 번역은 대체로 '험이 걱정되고 안전하지 못하여 잠시 쉰다'는 뜻으로 많이 푼다. 이 중 元의 王申子의 풀이는 "험에 임하여 그치고 잠시 쉬는 것(臨險止而暫息)"으로 풀이했다. 이때의 '且'는 '잠시 동안이라는 말(聊爾료이之辭)'이고, '枕'은 '쉬면서 편치는 못한 뜻(息而未安之義)'이라 했다. 참고만 하자.

위로 올라가도 坎이고 물러나도 감이니 어떻게 해볼 수가 없다. 그러니 '功'이 있을 수가 없다. 이것이 소상전의 풀이다.

*** 六四, 樽酒, 簋貳, 用缶, 納約自牖, 終无咎.**
象曰, 樽酒簋貳, 剛柔際也.

육사, 한통의 술과, 그릇 두 개를, 질그릇을 써서, 창문으로 간략하게 드린다. 종래 허물이 없다.

상전에서 말했다. 한 통의 술과 그릇 두 개는, 강유가 사귀는 것이다.

[자구의 뜻] 樽: 술통 준, 억제할 준. 樽酒: 통(잔)에 담긴 술, 또는 酒食. 簋: 그릇 궤(제사 때 黍稷서직을 담던 둥그런 제기). 簋貳: 두 그릇의 밥. 牖: 창 유.

[해설] 六四는 극심하게 어렵고 위험한 시기에 이를 구제해야하는 대신의 지위에 있다. 正位했고 위로는 임금과 親比하니 국난극복을 위한 의논은 한다. 나라가 거듭 어려운 때이니 임금과의 대좌도 실질적이고 간략해야 하고, 은밀할 필요도 있다. 이런 뜻을 묘사한 것이 '樽酒, 簋貳, 用缶, 納約自牖'이다. 이 문장이 결국 간소와 은밀함을 말하고 있다는 데는 대체로 의견이 같다. 그러나 한자 한자의 뜻은 가지각색이다. 먼저 '貳'는 '2개', '副(보조, 도움 부)', '益(더하다)' 등으로, '缶'를 '瓦器(질그릇)', '罇(술통 준)' 등으로, '約'을 '간략하다', '信約(믿

음의 약속)', '勺(술을 푸는 기구 작)' 등의 뜻으로 번역한다. 이들 뜻으로 여러 번역이 만들어지는데 그중에 예를 들면 '술 한통과 (안주, 밥)그릇을 더하여[(혹은) 보조로 하여], 질그릇을 쓰도, 창문에 밝음이 통과하듯(自牖를 意譯함) 믿음의 약속을 맺게 된다' 또 '술통과 그릇을 보조로 하고, 술통을 쓰는데, 창문으로부터 술 푸는 국자를 드린다' 등이 된다. 그리고 구의 끊음도 『釋文』[171]을 근거로 '樽酒簋, 貳用缶'로도 한다. 이의 번역은 '술통과 그릇에, 보조로 [(혹은) 더하여, 둘을] 질그릇[(혹은) 술 장군]을 쓰며……',로 될 것이다. 이렇게 각양각색의 번역이 있음을 참고로 알아두자. 상기의 번역은 다만 '樽'과 '缶'의 뜻이 중복되는 것을 피하여 '缶'를 '瓦器'로 번역하고, 그릇들이 소박한 그릇이라는 뜻을 나타낸 것으로 보았다. 요점은 제사를 올릴 때나 윗사람을 접대할 때의 예절에 비유하여 육사의 행위가 극히 간소함을 말하고 있다.

소상전의 '剛柔際'는 강은 九五를, 유는 六四를 가리키는 것으로, 임금인 구오와 대신인 육사가 사귀어 잘 통하면 힘을 합쳐 구제의 길이 열릴 수 있으니 결국은 허물이 없게 됨을 줄여 말한 것이다.

*** 九五, 坎不盈, 祗[祇]旣平, 无咎.**
象曰, 坎不盈, 中未大也.

구오, 구덩이가 차지 않았으나, 병폐는 이미 평온해졌으니, 허물이 없다.
상전에서 말했다. 구덩이가 차지 않았다는 것은, 가운데가 아직은 크지 않았다는 것이다.

[해설] 九五 爻辭와 小象傳이다. 구오는 이 괘의 主爻이고, 中과 正을 얻었으며, 최고통치자로서 본인뿐만 아니라 모두를 험에서 구해야하는 위치이다. 비록 자신도 험한 구덩이에 빠져있으나 중정한 행동과 六四 신하의 도움으로 작은 위험들은 평정되어 가니 허물이 없다는 것이 이 효사의 뜻이라고 보았다.

여기에서 가장 분분한 의견이 있는 것이 '祗'자이다. 復卦 初六에서와 마찬가지로 '祗'라고 보고 '病'으로 해석한 사람이 呂紹綱이다. 이의 번역은 상기의 것이 된다. 그리고 尙秉和학파와 高亨은 '坻(모래섬 지)'로 보고 '小丘'라고 번역했다. 이것은 옛 학자 鄭玄이 이미 이렇게 보았다. 이의 번역은 '이미 작은 언덕도 평평해지다'가 되어 주위의 사소한 어려움은 해결되었다는 뜻이다. '祗'를 보는 관점은 달라도 뜻은 통한다. 기타 王弼은 뜻 없는 '어기사'로, 虞翻은 '安'으로, 程頤는 '柢저達(도착하다)'로 풀었다. 아무래도 '祗'의 잘못으로 보는

---

171) 『釋文』은 원래 唐나라 陸德明의 『經典釋文』을 줄인 말이다. 이 책은 讀音, 訓詁, 문자의 異同에 관한 여러 학자의 설을 실었다. 이를 근거로 한 高亨의 句 나눔이다.

것이 편하다.

물이 구덩이에 차지 않았다는 것은 위의 구덩이 중간 지점에 있는 구오의 위치를 말하고, 탈출은 못했으나 동시에 위험에 깊이 빠져 있지는 않다는 것을 말한다. 그리고 '祇既平'은 주변 환경은 평평해져 해결되어 감을 말했다. 이는 구오가 중정하고 六四·上六과 친비하고 있는 환경을 반영한 것이다. 그러니 곧 원상의 복원이 가능하므로 '无咎'인 것이다.

소상전에서는 그러나 아직은 완전한 탈출은 아니니, 가운데가 크지 않다고 했다. 구덩이로 보면 가운데가 가득 차지 않았기 때문이고, 구오가 이룬 성과로 보면 비록 중앙에서 지휘했으나 공과가 아직 완성되지 않아 크지는 않다는 뜻이 된다.

＊ 上六, 係用徽纆, 寘于叢棘, 三歲不得, 凶.
象曰, 上六失道, 凶三歲也.

상육, 포승으로 묶어서, 가시덤불이 있는 감옥에 놓이면, 삼년을 어쩌지 못한다. 흉하다. 상전에서 말했다. 상육이 도를 잃으면, 흉함이 삼년은 간다.

[자구의 뜻] 徽: 아름다울 휘, 표기 휘, 묶을 휘, 줄 휘. 纆: 노끈 묵. 徽纆: 노끈, 포승(捕繩)을 이름. 寘: 둘 치, 다할 치. 메울 전. 叢: 숲 총, 떨기 총, 모일 총. 棘: 멧대추나무 극, 가시나무 극, 찌를 극. 叢棘: 빽빽하게 우거진 가시나무.

[해설] 上六은 거듭된 구덩이의 맨 윗자리이다. 柔가 正位했고 九五와 相比이다.

아래로는 험한 구덩이가 중첩되어 있다. 마치 산중의 절벽에 간신히 몸을 유지하고 있는 상황이다. 극에는 예견할 수 없는 변화가 기다리고 있다. 더 나아가서 모든 문제가 해결될지 그 결과를 예견하기가 어려운데, 柔이니 망설임도 많고 坎의 물이란 아래로만 흐르니 아래는 낭떠러지다. 그러니 움직이는 것보다 제자리에 가만있는 것이 상책이다. 결론은 가만있어도 단단히 묶어서 꼼짝하지 못하게 해야 한다. '係用徽纆, 寘于叢棘'이다. '徽'는 세 가닥의 노끈이고, '纆'은 두 가닥의 노끈으로 죄인을 묶을 때 썼으며, '寘'는 '置'이고, '叢棘'은 옛날에는 감옥 밖에 도망가는 것을 방지하기 위해 가시나무를 둘러 쳤다고 한다. 이런 것은 입증된 학자들의 일치된 견해다. 그리고 조금도 소홀히 할 수 없는 이런 上六의 상황을 오래도록 지속해야 한다. 이런 상태를 '三歲不得'이라 했다. '不得'은 '불가능'의 뜻이니, 할 수 있는 일이 없다는 뜻으로 보아서 '어쩌지 못한다'로 번역했다. 이런 답답한 상황은 '凶'이다.

그런데 彖傳에서 '剛中'이어야 '維心亨'할 수 있다고 했으므로, 剛中이 아니니 凶은 예상할 수 있지만, 반전에 대한 기대도 할 수 없도록 했고, 오히려 初六보다 더 흉한 것 같다. 小象傳에서도 같은 '失道'이지만 상육은 '三歲'를 더 붙였다. '三世'는 긴 감옥생활을 비유한 것이다. 이를 어떻게 이해해야 하는가? 이렇게 어려움이 산적한 시기인 習坎의 시기에는 이를 반전하려면 무모한 시도이면서 오히려 더 위험에 빠지게 되고, 또 비록 실권은 없지만 이런 시기의 윗사람은 결코 失道를 하면 안 된다는 경고의 말로 받아들일 수밖에 없다.

험하고 어려운 일도 마음먹기에 따라 '亨'이 될 수 있음을 괘사는 말했다. 그런데 어느 효에서도 吉은 없다. 이렇게 시대상황이 어렵고 험하면 각자가 임하는 길 또한 어려울 것이기 때문이다. 그래도 노력한 결과로 구오에 이르면 거의가 해결되는 것이 사람의 지향하는 방향임을 말해준다.

2013년인 지금은 미국도 유럽도 모두 경제난이다. 따라서 우리도 낭떠러지에 떨어질지 모른다. 이런 어려운 때는 비록 자기의 이익에 반하더라도 상육처럼 아래로 떨어지지 않도록 처신해야 할 것이다. 괘사에서 말한 것처럼 믿음을 가지면 마음이 통할 것이니 믿고 자기 위치에서 바른 일을 할 수밖에 없을 것이다.

䷝ 離 (重火離, 離爲火)

槪說: 「서괘전」에는 "감은 빠지는 것이다. 빠지면 반드시 붙어 의지할 바가 있으니, 이 때문에 리괘로서 받았으니, 리는 붙는 것이다(坎者陷也, 陷必有所麗, 故受之以離, 離者麗也)"라고 했다. '離'는 '떠날 리, 헤어질 리'의 뜻으로 주로 쓰인다. 그런데 여기서는 '麗려'라 했고, 이 뜻은 '곱다, 빛나다', '걸려들다', '(의지하여)붙다' 등의 많은 뜻 중에 '헤어질 離'와는 반대되는 '붙다'의 뜻이 됨을 알 수 있다. 이렇게 漢字에는 한 자에 전혀 반대되는 뜻을 심심찮게 본다. '붙어있다'는 것은 자연계의 사물들은 온통 서로 연결되고 붙어 있다. 사람은 가족 · 직장 · 국가 · 사업과 붙어서 생활해 나가고, 자연은 산과 초목이 땅에 붙어있고, 해와 달과 별이 하늘에 붙어 있으며, 미세한 원소나 유전자도 서로 붙어있다. 이렇게 붙어있는 것에 착안하여 옛 성인이 줄을 붙여서 그물을 만들어 고기도 잡고 사냥도 했다는 말이 「계사전 하」에 있다. "노끈을 매어 그물을 만들어서, 사냥하고 물고기를 잡으니 대개 리괘에서 취했다(作結繩而爲網罟, 以佃以漁, 蓋取諸離)"

離(☲)의 형태가 양과 양 사이에 음이 붙어있는 형상이다. 양은 강하고 밝으며 음은 부드럽고 어둡다. 밖은 밝은데 속은 어두운 촛불과 닮았으니 '火'가 象이다. 火는 '밝고', 밝음은 '日月'로 대표되니 이 모두가 리의 상이다. 괘가 리가 두개 겹쳐있으니, 불이 붙고 또 붙어 살아나는 것이고, 밝음이 계속해서 밝혀지고 있는 현상을 나타내고 있다. 이런 것에서 離卦에서는 '불'이나 '붙어있는 것'으로 괘효사를 말하고 있을 것임을 짐작할 수 있다. 과연 어떤 말들이 있는지 보자.

1. 괘

* 離, 利貞, 亨. 畜牝牛, 吉.

리괘, 바르게 하면 이로워서, 형통하다. 암소를 기르면 길하다.

[해설] 괘사이다. '離'는 '붙는 것'이니, 내가 그에게 붙으려면 바르지 않고는 붙여주지 않는다. 바름이 믿음을 주게 되고 그 결과 붙여주니 의지할 수 있다. '貞'이 이롭게 하므로 그 결과 통하게 되어 '利貞, 亨'이다. '利貞, 亨'을 인간사회에서 '麗'가 이루어지는 과정으로써 설명해 본 것이다.

'貞'해야 함은 이렇게도 설명을 한다. 離(☲)의 주효는 二位의 음이니, 음이 중간에서 위를 받들면서 아래를 순하게 이끌려면 바른 처신을 해야 할 것이므로 '正', 곧 '貞'해야 한다. 또 불과 연관시키면 더 확실해진다. 불이란 바르게 다루어야지 잘못하면 모두를 태워 망친다. 그러니 바르게 다루면 이롭고 형통하게 쓰이는 것이다.

그다음 문장은 불처럼 인간에게 유용한 것이 '牝牛'인데, 이 암소도 길러 쓰는 것이 길할 것이라는 말이다. 농경사회에서 가장 중요한 역할을 하는 동물인 '牝牛'는 힘은 강하나 지극히 순박한 동물이고, 특히 암소는 새끼를 낳아 그의 일을 계속 잇게 한다. 이 암소가 밖은 강한 陽처럼 튼실하고, 안은 유한 陰처럼 온순하니 '離'의 상과 일치하는 바가 있다. 그리고 이리가 겹쳐 계속 잇는 뜻이 있으므로, '畜牝牛吉'이라 했다. 계속 이어간다는 뜻을 '畜'으로 표현한 것이다. 마치 붙어 있는 것에서 '그물'을 만들어 사용했듯이(개설 참조) 불의 성질과 필요성에 초점을 맞추어 '牝牛'를 이끌어내어 활용해야 함을 말하고 있다.

이상의 풀이를 다시 살펴보면 핵심은 '貞'이다. 이것이 '利, 亨, 吉'로 이어진다.

그런데 朱伯崑은 '利貞'은 리괘가 길한 괘라는 것을 말한 것이고, '亨'은 제사지내는 것을 뜻하는 것이며, '畜牝牛吉'은 이 괘를 얻은 후에 암소를 길러서 좋은 결과를 얻었다는 것을 나타낸다[172]고 했다. 또 '貞'을 '점치다'로, '亨'을 '享'으로 '畜牝牛吉'을 제수용으로 쓸 가축은 반드시 그 길흉을 점쳐 좋은 품종을 골라서 따로 길렀던 것으로 본 高亨의 설을 그대로 인용한 한국해양대학교 黃鉦源도 있다. 이렇게 다른 해석이 있다는 것만 알아두자. 여기서의 해석은 離의 '火'나 '明'이 의미하는 뜻이 '享'보다는 '亨'이 더 자연스러워 취하지 않았다.

* 彖曰, 離, 麗也. 日月麗乎天, 百穀草木麗乎土. 重明以麗乎正, 乃化成天下, 柔麗乎中正, 故亨, 是以畜牝牛吉也.

172) 朱伯崑 외 지음, 김학권 옮김, 『주역산책』(예문서원, 1999), 19쪽.

단전에서 말했다. 리는, 붙어 의지하는 것이다. 해와 달은 하늘에 붙어있고, 온갖 곡식과 초목은 땅에 붙어있다. 거듭되는 밝음으로써 바른 것에 붙어있으니, 이에 천하를 변화시키며 이루어가고, (이렇게)유가 중정에 붙어있으니, 고로 형통하고, 그렇기 때문에 암소를 기르면 길하다.

[자구의 뜻] 穀: 닥나무 곡, 미곡 곡. 百穀: 온갖 곡식.

[해설] 단전이다. 먼저 괘명의 뜻은 '麗'라 했다. 이어지는 다음 구들은 자연현상에서 붙어있는 것의 예를 들어 보였다. 곧 일월은 하늘에, 곡식과 초목은 땅에 붙어 있다. '日月麗乎天, 百穀草木麗乎土'이다. 이것이 하늘과 땅이 하는 일 중 가장 뚜렷하게 나타나는 것으로써 '밝음'이라 할 수 있으므로 '重明'이고, 또 소성괘 離의 象 '明'이 중첩된 것이 대성괘 離卦이니, 이도 역시 밝음이 거듭된 것이므로 '重明'이다. 이런 重明이 변함없이 이어져 만물이 생을 영위하도록 하니, 바른 것이므로 바름에 붙어있다고 '重明以麗乎正'이라 했다. 이렇게 해서 사계절이 변화하고 이에 맞추어 만물은 자라서 결실을 맺고 하니 '化成天下'이다. 이런 일을 바로 離卦가 하고, 이 리괘의 일을 주동하는 主爻가 六二이니, 이 육이를 대표시켜 설명을 이었다. 즉 육이가 柔로써 中正하니 '柔麗乎中正'이고, 이렇게 바른 자리에서 중덕으로 밝히면 천하가 변하면서 이루어지니(化成天下) 형통하므로 '故亨'을 붙였다.

여기까지의 문장으로 괘사 '利貞'의 '貞'을 '柔麗乎中正'의 '正'으로 표출시키며 연관시키고, '化成天下'하니 '이롭다(利)'는 결론이 나오며, 바르고 이롭게 되니 자연 형통하기도한 것이다. 이렇게 괘의 의미와 동시에 '正' '利' '亨'을 알 수 있게 했으니, 괘명과 괘사 '利貞, 亨'을 설명한 것이 된다. 동시에 이렇게 아래에 있으면서도 부드러움으로 중심을 잡고 바르게 처리하는 六二와 같이, 온순한 성질을 가지고 굳세면서도 바르게 일하는 암소를 기르면 농경생활에는 말할 수 없이 길하다는 것을 알아서 암소를 기른다고 '是以畜牝牛吉也'를 마지막으로 붙였다. 육이처럼 부드러우면서도 바르게 행하고, 또 리괘의 상징인 '불'처럼 인간사에 유용한 동물은 암소만한 것이 없으니, '牝牛'를 기르면 좋겠다는 것을 깨닫고 기르게 됐다는 뜻이다.

＊ 象曰, 明兩作, 離. 大人以繼明照于四方.

상전에서 말했다. 밝음이 이어지니, 리괘이다. 대인이 이를 보고서 계속 밝히면서 사방을 비춘다.

[해설] 離는 '해'고 '밝음'이 象이다. 위아래가 다 리이니 '明兩作'이라 했다. '兩'은 아래위가 다 '明'이니 兩이고, '作'은 '만들다, 일으키다'이니, '두 번 일어나다'는 '이어지다'의 뜻이므로 이렇게 번역했다. 이것이 '離卦'다. 대인은 이를 관찰하여 밝음을 계속해서 이어가면서

사방을 밝게 비춘다고 '大人以繼明照于四方'이라 했다.

'明兩'과 '兩明'을 많이 구분하여 설명을 한다. '明兩'은 '밝음이 이어져 두 번 밝히다'는 뜻이고. '兩明'은 '두개의 밝음'이라는 뜻으로 해석한다. 곧 오늘도 태양이 빛나고 내일도 빛나는 것을 설명한 것이지, 태양 두개가 밝히는 것이 아니라고 보는 것이다. 그런데 낮에는 태양의 밝음이고, 밤에는 달의 밝음을 말한다면 '明兩'인가, '兩明'인가. 아리송해지지만 그래도 낮과 낮을 잇는다는 것에 무게 중심을 두고, 연이어 밝힌다는데 의미를 더 부여하는 것으로 이해하자. 그래서 '兩作'으로 보고, 意譯하여 '이어지다'로 번역했다. '繼明'은 先代의 밝음을 계속 이어간다는 뜻이며, '四方'은 '온 나라의 백성'을 말한다. 그러니 '大人'은 좋고 밝은 것을 계속 이어가면서 그것이 온 백성에게 미치도록 정치를 해나가는 사람이니, 성인의 자질이 있으면서 천자의 지위를 가진 사람일 것이다.

2. 효

* *初九, 履錯然, 敬之, 无咎.*
象曰, 履錯之敬, 以辟咎也.

초구, 어지럽게 타오르니, 삼가고 공경해야, 허물이 없다.
상전에서 말했다. 어지럽게 타오름을 공경해야 함은, 허물을 피하기 위해서다.

[자구의 뜻] 錯: 어그러질 착, 섞일 착, 숫돌 착. 둘 조. 세류 석. 然: 불탈 연, 명백할 연, 그러나 연. 辟: 임금 벽, 초청할 벽, 법 벽, 죄 벽. 피할 피.

[해설] 初爻의 효사와 소상전이다. 初九는 불이 타고, 밝음이 시작되는 시기이다. 그리고 剛으로 정위했으니, 불의 성질과 같이 위로 오르려고 한다.

'履'는 '행하다'의 뜻이 있고, '錯'은 '뒤섞여 어지럽다'의 뜻이며, '然'은 '불타다'의 뜻이니, 이를 합쳐보면 불이 처음 타기 시작하면 이것저것이 엉킨 재료에서 연기와 튀는 소리가 나며 타기 시작하는 象과 일치한다. 태양을 상으로 삼아 생각하면 새벽에 어둠을 뚫고 해가 솟아나면, 만물이 모두 깨어 활동하는 어지러운 현상과도 일치하는 바가 있다. 이것이 '履錯然'이다. 그런데 '履'를 '신발, 밟다'로, '然'을 '접미사'로 보고, '신발이 뒤섞이다', '밟는 것이 어지럽다', '신발을 뒤집어 신다' 등으로 번역을 하여 처음 시작하는 혼란의 뜻을 나타내고 있다고 보기도 한다. 그러나 불타는 현상을 직접적으로 표현한 위의 번역이 더 자연스럽고 이해하기도 쉽다.

그리고 불이 타기 시작하는 처음과, 새벽에 일을 시작하기 직전에는 함부로 하지 않아야 한다. 그래야 火災가 일어나지 않고, 신체에도 장애가 일어나지 않으니 허물이 없게 된다. 바로 '敬之, 无咎'이다. 특히 불은 삼가고 조심해야 음식도 익히고 쇠도 녹여 기물을 만드는 등 좋은 일에 쓰지, 잘못하면 큰 재앙이 수반되는 물질이니, '敬之'는 꼭 필요한 단어이다.

소상전의 '辟'는 '避'와 통용이며 음도 '피'이다.

*** 六二, 黃離, 元吉.**
象曰, 黃離元吉, 得中道也.

육이, 황금빛이 걸려있다. 크게 길하다.

상전에서 말했다. 황금빛이 걸려있어 크게 길하다는 것은, 중용의 도를 얻었기 때문이다.

[해설] 六二는 유순한 것이 하괘의 중심을 차지하고 정위에 있으며, 이 괘의 주효이다. 단전의 '柔麗乎中正'의 효이고, 이 효로서 '亨'하고, '畜牝牛吉'하는 것이다.

'黃'은 水·火·木·金·土의 五行을 방위와 색으로 배당한 것에 의하면 중앙의 토에 黃이 배당 되었다. 중앙의 '中'은 '中德' '中庸'과 바로 통하여 최고의 덕을 상징하고, 동시에 노란색이 금과 연결되어 더없이 고귀한 것을 상징하게 되었다. 坤卦 六五의 '黃裳'이나, 噬嗑卦 六五의 '黃金'에 나오는 '黃'도 모두 中에서 연유한 색이다.

'黃離'의 '離'는 '麗'이니, 黃離는 '明'으로 말하면 극히 밝게 비치는 것이요, '日'로 말하면 中天에 걸린 상태를 말한다. 그리고 불로 말하면 활활 타고 있는 것을 말한다. '明'과 '日', '火'를 상징하는 리괘에서 중정을 얻었으니 이렇게 표현되는 것이다. 그래서 '황금빛'으로 번역했다. 황금빛이 찬란하니 '元吉'할 것은 의심의 여지가 없고, 이렇게 황금빛이 찬란한 이유는 柔가 중정하기 때문이니 중정하다는 것은 '中道'를 행할 수 있음을 말한다. 이를 소상전에서 말한 것이다.

*** 九三, 日昃之離, 不鼓缶而歌, 則大耋之嗟, 凶.**
象曰, 日昃之離, 何可久也.

구삼, 해가 서쪽에 걸리고, 장구를 치지 않고 노래를 부르니, 늙은이가 탄식하는 것이므로, 흉하다.

상전에서 말했다. 해가 서쪽에 걸렸으니, 어찌 오래 가겠는가!

[자구의 뜻] 昃: 기울 측, 오후 측. 日昃: 해가 서쪽으로 기울기 시작하는 시각. 鼓: 북(소리) 고, 두드릴 고. 鼓缶: 질장구를 침. 耋: 늙은이 질. 大耋: 노인. 嗟: 아(마음 아픔, 응답

의) 차. 탄식할 차, 감탄할 차.

[해설] 三爻 효사와 소상전. 九三은 下離의 끝으로 일회의 진행이 끝날 즈음이고 다음으로 이어지는 위치다. 하루로는 해가 지는 시각이요, 인생으로는 죽음을 맞는 시기다. 그렇기 때문에 '日昃'과 '大耋'이 등장하는 것이다. 대체로 하괘의 끝은 힘이 넘치는 절정기를 말하는 것이 보통인데, 여기서는 저물어가는 것으로 보았다. 아마도 불은 조심해서 다루어야 하기 때문에 육이에서 절정을 이루었으면 다음은 여력으로 뜸 들이는 정도이면 족하므로 '日昃'과 '大耋'을 등장시킨 것으로 보인다.

'缶'는 물을 담는 질그릇인데, 사람들은 흔히 그릇이나 동이 類로 장단을 맞추며 노래를 불렀기 때문에 '질장구'라는 의미가 생겼다. 지금도 흔히 그릇 류를 치면서 노래를 부르기도 한다. 그런데 '不鼓缶而歌'의 '不'이 '鼓缶'만 부정하는 것과 '鼓缶而歌'를 부정하는 것에 따라 뜻이 미세하게 달라진다. 곧 '장구를 치지 않고 노래 부르다'와 '장구를 치며 노래를 부르지 않는다'가 된다. 장구를 치지 않아 장단도 없이 노래를 부르면 혼자 처량히 슬픔을 달래는 노래일 것이고, 이것은 '大耋'과 연관시켜보면, 노인이 스스로 한탄의 노래를 하는 것이 된다. 장구를 치면서 장단 맞추어 노래를 부르는 것은 즐기기 위해 즐겁게 노래 부르는 것인데, 그렇게 하지 않는 것은 '大耋'이 즐거운 노래는 부르지 않는다는 것을 나타내기도 하지만, 아예 노래를 부르지 않는다는 뜻으로도 볼 수 있다. 해가 서쪽에 걸렸다는 것은 사람에게는 인생의 종말이 다가왔다는 것을 상징한다. 이런 상황은 즐거운 노래가 아닌 비탄의 노래를 스스로 흥얼거리는 것으로 보고 '장구를 치지 않고 노래 부르다'로 하여 번역했다. 늙은이가 인생의 종막에서 한탄하는데 좋은 일이 무엇이 있을까. '凶'이다.

소상전은 '日昃之離'이니, 해도 인생도 오래갈 수 없다는 뜻이다.

*** 九四, 突如其來如, 焚如, 死如, 棄如.**
象曰, 突如其來如, 无所容也.

구사, 오는 것이 갑작스러워, 활활 타고, 사라지고, 버려진다.
상전에서 말했다. 오는 것이 갑작스러운 것은, 용납 받지 못한다.

[자구의 뜻] 突: 갑자기 돌, 부딪칠 돌, 습격할 돌. 突如其來: 갑자기 닥쳐오다, 뜻밖에 나타나다. 焚: 불사를 분, 넘어뜨릴 분. 棄: 버릴 기, 폐할 기, 잊을 기.

[해설] 九四는 上離의 처음이니, 불이 다시 붙기 시작하는 때이고, 해가 다시 돋아나는 즈음이다. 그의 지위는 임금의 최측근으로 조심하고 삼가야 될 것이나 中도 아니고 正을 잃었는데 正應도 없는 剛이다. 그러니 자기 마음대로 타오른다.

처음 불의 끝인 九三도 강이요 옮겨 붙은 불의 처음인 구사도 강이니, 불이 조화롭고 은근히 타지 않고 확 붙는 경우이다. 그리고 늦잠을 자서 아침햇살이 찬란한 경우이다. 이런 상태를 '突如其來如'라 했다. 불이 활활 타고, 불쑥 햇빛이 찬란하니 '焚如'이고, 미리 계획하지 않은 불이고 늦게 일어난 아침이니, 불도 쓰지 못하고 아침일도 하지 못했다. 그러니 '死如'이고, '棄如'이다. 여기서의 '如'는 어조를 고르는 접미사이다. '死'는 '사라져 없어지다'의 뜻이다. 물론 占辭를 말하지 않았지만 '死如, 棄如'이니 흉할 것은 자명하다. 三 四 五효의 互卦가 '兌'고 태는 '毁折'이라 했으니 불을 이용하지 못한 상이 나오기도 한다.

그런데 高亨의 풀이는 다르다. '突如'를 '효도하지 않는 자식을 쫓아내는 것', '其來如'는 '다시 돌아오는 것', '焚, 死, 棄'는 효도하지 않는 자식에게 가하는 형벌로 보고 "효도하지 않는 자를 내쫓아서나, 다시 돌아왔으니, 불에 태우기도 하고, 죽이기도 하며 또 버리기도 한다"[173]라고 번역했다. 이에 근거하여 黃鉦源이 '禮'를 말하면서 그대로 다루었기 때문에 언급하니 참고만 하기 바란다.[174] 그러나 돌아온 자식을 죽이는 제재가 지나치게 가혹해 이해하기 힘들어 취할 수가 없었다.

소상전의 설명은 불의 성질을 가진 것은 갑자기 일어나면 용납되지 않는 것임을 강조한 것이다.

*** 六五, 出涕沱若, 戚嗟若, 吉.**
象曰, 六五之吉, 離王公也.

육오, 눈물을 줄줄 흘리면서, 두려워 탄식하였더니, 길하다.
상전에서 말했다. 육오가 길함은, 왕공의 자리에 붙어있기 때문이다.

[자구의 뜻] 涕: 눈물 체, 울 체. 沱: 물갈래 타, 눈물 흐르는 모양 타. 沱若: 눈물이 비 오듯이 흐르는 모양. 戚: 슬퍼할 척, 일가 척, 도끼 척, 두려워할 척.

[해설] 五爻 효사와 소상전이다. 六五는 上離의 중심이니 불이 다시 붙어서 활활 타야하는 때이고, 새로운 날이 시작되어 해가 중천에서 빛나야 할 시간이다. 그런데 九四의 강을 올라탄 상태다. 구사가 돌연 타오르니 함께 타면 화재가 일어날 것이다. 불길을 잡아야 하는데, 활활 타는 불의 세력이 뜨겁고 매우니 눈물이 나고 마음이 급하고 두려운 것이다. 군왕으로 말하면 강력한 신하로부터 압력을 받는 처지니 두렵고 슬프다. 이를 처리하기 위해 노력하는 모습이 '出涕沱若, 戚嗟若'이다. 그런데 중위에 있으니 중덕이 있으며, 막강한 힘이 있는 임금의 자리에 처하였고, 특히 위의 上九가 도와주니 불을 다스려 빛남을 유지할 수 있어서 '吉'이 된다.

173) 고형의 번역과 설명은 「고형의 주역」, 277~278쪽.
174) 황정원의 설은 「주역의 근본 원리」, 125쪽에 인용하고 있다.

'出涕沱若, 戚嗟若'을 '눈물이 비 오듯이 흐르고 슬퍼서 한탄하다'로도 번역한다. 이렇게 슬프고 어려운데도 '吉'로 되는 것은 일상적인 것이 아니다. 그래서 '吉'을 잘못 들어간 것으로도 본다. 그러나 중덕이 있고 상구가 도우므로 화재가 나지 않도록 열심히 노력한 것을 묘사한 것으로 보았고, 그 결과 '吉'인 것으로 번역했다.

六二에서는 '元吉'이었다. 육이는 같은 중을 얻었고 더하여 정도 얻었다. 그런데 육오는 不正位이므로 '正'을 얻지 못하였다. 그러므로 위태로움도 있고, 이를 해결해도 '吉'만 될 뿐이라고 呂紹綱은 풀었다.

初九와 九四, 六二와 六五를 각각 비교하면 제법 차이가 있다. 이것은 정위이냐 아니냐의 차이이다. 그 만큼 제자리에서 바른 처신을 하고 있음이 중요함을 알 수 있다. 특히 불은 바르게 써져야 할 것이다. 또한 인사에서는 권력이 강하면 힘도 세나 또 그 만큼 위험도가 높다는 것도 느낄 수 있게 한다.

*** 上九, 王用出征, 有嘉折首, 獲匪其醜, 无咎.**
象曰, 王用出征, 以正邦也.

상구, 왕이 (그를)써서 정벌하러 가면, 우두머리만 베는데 아름다움이 있고, 포획은 그 무리에게는 아니 하니, 허물이 없다.
상전에서 말했다. 왕이 써서 정벌하러 가게 함은, 나라를 바로하기 위해서다.

[해설] 上爻 효사와 소상전. 上九는 離卦의 끝이다. 거듭된 밝음이 다하면 어둑해지게 되니, 내일의 밝음을 위해 다시 한 번 정비를 해야 할 것이냐 아니면 조용히 어둠을 맞이할 것이냐이다. 상괘는 대비하지 못한 돌연한 밝음으로 인해 구석진 곳이 있고, 상구는 剛이니 꿋꿋이 전진하려 하며, 유일한 관계를 맺고 있는 比爻 六五가 울며 탄식하고 있다. 이를 나라의 일로 보면 따르지 않는 소수의 무리들이 있고, 육오 임금은 탄식하고 있으니, 비록 은퇴할 시기라도 윗사람으로서 이들을 정벌하기 위해서는 힘을 나누는 것이다. 그래서 육오의 명을 받고 따르지 않는 무리를 정벌하러 나가니, 이것이 '王用出征'이다. 강이니 마지막으로 불타오르는 것이다.

정벌하러 나가면 반항하는 무리의 우두머리는 베고, 그들 무리는 용서해 준다. 상구의 불길은 그 힘이 다해가니 모든 것을 다 태우기에는 미약하니 엄벌과 용서를 병행한 것이다. 아마도 우두머리는 九四이고, 무리는 다른 剛爻들일 것이다. 이것이 '有嘉折首, 獲匪其醜'이다. 그 결과는 비록 싸움이 있었지만 성과를 이루어 '无咎'가 된다. 어떻든 상구의 효사는 출정하여 공을 세우는 것에 비유하여 말했다.

'王'을 상구 자신으로 보기도 하고, 육오로 보기도 하는데, 특별한 경우를 제하고 임금의 자리는 육오에 한정시키고 싶어 육오로 보았다. '首'를 '首級'으로 보는 사람도 많으나, 수급으로 보면 다음 구 '獲匪其醜'와 연결이 잘 되지 않는다. 于省吾는 '匪'는 '彼'와 통하고(大有괘 九四에서도 '彼'로 보았다), '有嘉'는 '折首'와 '獲醜'를 모두 아우르는 것으로 보았다. 이를 따르면 "우두머리는 베고, 저 그 무리도 포획하니, 아름다움이 있어. 허물이 없다"가 된다. 참고할 만하다. 그러나 불의 성질은 지나치지 않아야 유용하고, 상구의 불은 다해가는 불이므로 전체를 태울 힘은 없는 것으로 보아야 하므로, 이와 통하는 번역은 괴수는 베고 무리들은 용서하는 것으로 보았다. '醜'는 '무리'의 뜻이다.

이 괘는 '火', '明'의 자연현상과 이것이 人事에서는 무엇에 비유되며, 어떻게 활용해야 하는지를 말하고 있다. 불의 성질은 지나치면 곤란하다. 중정해야 한다. 그래야 계속 밝음을 유지할 수 있다고 말하고 있다. 그런데 明의 뒤편에는 그늘진 곳이 있게 마련이다. 그래서 '繼明照于四方'을 이루기 위해서는 그늘을 어떻게 하면 줄이고 또 살펴서 밝음을 함께 누리도록 하느냐에 초점이 맞추어져야 할 것이다. 우리나라의 정치현실은 어떻게 하면 더 빛나고 더 많은 밝음이 오직 나에게만 오도록 하느냐에 아귀다툼을 하니, 아직도 성숙한 목표가 아니고 이 괘의 이치와는 거리가 있다. 이런 현실에서는 어둠을 상징하는 거리의 노숙자도 강도짓도 없어지지 않을 뿐만 아니라 빈곤층도 줄어들지 않을 것이다.

정치의 현실은 그렇다고 해도 개인들은 어떻게 해야 할까? 효사에서 살피면 대체로 下卦는 불의 성질을 말하고, 上卦는 이런 불에 대한 대비를 말하고 있다. 그 중에서 九四에서는 불이란 붙고 또 붙으면 화재가 나니 이런 현상을 염두에 두고 폭넓게 살펴야지 잘못하여 돌연히 맞게 되는 불로 인해서 망치게 되는 일을 경계하고 있다. 이는 인생여정에서도 마찬가지이므로 주목해야 할 일이다. 六爻 중에서는 六二처럼 몸을 낮추고 겸손하게 中正의 德으로 살아야 최선임을 말하고 있다.

이렇게 우리는 밝음에는 반드시 어둠이 있고, 꼭 필요한 불에 대해서 잘 알고 대비해야 하듯이, 우리 앞에 전개되는 인생도 이렇게 맞이하자는 뜻을 함축하기 위해 離卦로서 上經을 끝낸 것이 아닌가한다. 그러면 下經에서는 어떤 인생철학을 찾을 수 있는지 다음 하경을 보도록 하자.

下經

䷞ 咸 (澤山咸)

槪說: 咸은 '다 함, 느낄 함, 같을 함' 등의 뜻이 있는데, '咸'은 옛날에 '感'과 통용됐다. 곧 感은 咸의 '느끼다' '감응하다'의 뜻을 빌려 썼으므로 '感'의 뜻이 卦名이 됐다. 괘의 형태가 위에는 兌☱, 아래는 艮☶이다. 兌의 象은 '못' '소녀' '기쁨' '입과 혀'이고, 艮의 상은 '산' '소년' '멈춤' '손'이다. 이런 것은 「說卦傳」을 인용해 上經에서 이미 설명을 했다. 上下卦의 상을 연결해 풀면, 위에 있는 못물이 아래의 산으로 흘러가서 금수와 초목의 생육에 일조할 것이다. 그래서 「설괘전」에서 "山澤通氣(산과 못이 기를 통한다)"라 했다. 또 소년이 소녀보다 아래 하여 자기를 낮추고 소녀를 높여주면서 '기다리고' 있는데, 소녀가 '기쁨'으로 반응하는 모양이니, 소년이 소녀에게 구애하는 모습이다. 보다 적극적으로 풀면, 남자가 몸을 낮추어 '손'으로 여자를 어루만지면 여자는 '입과 혀'로 '기쁨'을 나타내니 애무하는 모습과도 통한다. 모두 서로 느껴 통하는 바이고, 그 결과는 변화가 예상된다. 이런 것들이 '咸卦'라는 이름이 붙여진 이유이다.

「序卦傳」 하편에 다음의 말이 첫머리에 실려 있다. "有天地然後, 有萬物, 有萬物然後, 有男女, 有男女然後, 有夫婦, 有夫婦然後, 有父子, 有父子然後, 有君臣, 有君臣然後, 有上下, 有上下然後, 禮義有所錯(천지가 있은 다음에 만물이 있고, 만물이 있은 다음에 남녀가 있고, 남녀가 있은 다음에 부부가 있고, 부부가 있은 다음에 부자가 있고, 부자가 있은 다음에 군신이 있고, 군신이 있은 다음에 상하가 있고, 상하가 있은 다음에 禮義를 둔다)" 天은 '乾' 地는 '坤'이다. 하늘과 땅이 만물을 만드니, 乾坤卦에서 64괘가 만들어졌다. 이 64괘는 만물의 상황을 나타내고, 만물 중에 사람도 만들어져 남녀가 있게 되고, 남녀의 어울림으로 모든 세간의 일이 벌어진다. 그러므로 소녀소년의 괘인 咸卦로부터 인간사가 시작되고, 그래서 下經의 첫머리에 함괘가 있는 까닭이라고 이 「서괘전」을 근거로 하여 의미를 부여한다. 함괘와 다음의 恒卦가 하경의 첫머리에 나오는 그럴듯한 이유이다. 그런데 이를 확대 해석하여 상경은 천도를, 하경은 인도를 말했다고 보는 논리가 있었으나, 상경의 訟卦·師卦들은 사람의 일이므로 이미 唐代 孔穎達에 의해 비판 받은 바 있다.

「雜卦傳」에는 "咸速也(함은 빠르다)"라 했다. 감응은 순간적이고 민감하게 전달된다. 그러니 '速也'라 했는데, 이는 접촉에 의한 신경계의 전달을 말하는 모양이다. 아래 효사에서는 신체부위로 느낌의 전달을 비유하고 있으니 상통하는 바가 있다. 그럼 卦爻辭는 어떻게 말하는지를 살펴보도록 하자.

1. 괘

*** 咸, 亨, 利貞. 取女吉.**

함괘, 형통하고, 바름을 지켜야 이롭다. 여자에게 장가드는데 길하다.

[해설] 卦辭이다. '咸'은 '感'이니, 느끼고 이에 응하는 것은 서로 통하는 것이다. 그러니 '亨'. 그러나 항상 바른 것이어야 한다. 남녀의 교감도 발라야 결혼을 하게 되고, 지나치면 음란해진다. 산과 못도 지나치면 허물어지고, 모자라 메마르면 생물이 자랄 수 없다. 오직 '貞'의 조건이어야 이로운 것이다. 그리고 개설에서 '艮'과 '兌'의 象으로 풀이한 바와 같이 남자가 여자에게 구애하는 상이고, 여자를 취하는 상이었다. 그래서 장가드는 데는 길하다. '取'는 '娶(장가들 취)'의 뜻이 있다.

*** 彖曰, 咸, 感也. 柔上而剛下, 二氣感應以相與. 止而說, 男下女, 是以亨, 利貞, 取女吉也. 天地感而萬物化生, 聖人感人心而天下和平. 觀其所感, 而天地萬物之情可見矣.**

단전에서 말했다. 함은, 감응이다. 유가 위에 있고 강이 아래에 있으니, 두 기운이 감응하므로 서로 함께한다. 기다리면 기뻐하고, 남자가 여자보다 아래에 있으니, 이로써 형통하고, 바르게 하면 이로우며, 여자에게 장가들면 길한 것이다. 천지가 감동하니 만물이 감화되어 생기고, 성인이 인심을 감동시키니 천하가 화평하다. 그 감응하는 바를 관찰하면, 천지만물의 본성을 알 수 있으리라.

[해설] 「彖傳」의 풀이로서 공자학파들의 괘를 보는 견해이다. 「단전」을 지은 시기에는 이미 '感'자를 쓰고 있었는지, '咸'이 '感'이라는 뜻으로 쓰였다고 했다. 卦名을 풀이하고 이어서 왜 '感'이 되는지를 다음 句가 말하고 있다.

'柔'는 음이면서 여자를 말한다. 반대로 '剛'은 양이면서 남자이다. 위의 兌卦는 '소녀'이니 陰卦이고, 아래의 艮卦는 '소년'이니 陽卦이다. 그래서 '柔上而剛下'라 했다. 또 「繫辭傳」으로도 설명이 가능하다. 「계사전 하」의 "陽卦多陰, 陰卦多陽(양괘는 음이 많고, 음괘는 양이 많다)"에 의한 괘의 강유 분류에 의하면 兌(☱)는 양이 많으니 음괘(柔)이고, 艮(☶)은 음이 많으니 양괘(剛)이므로 '柔上而剛下'이다. 그리고 卦變으로도 설명을 한다. 咸卦(䷞)는 否卦(䷋)로부터 왔다고 보는데, 비괘의 六三이 올라가 咸卦의 上六이 됐고, 비괘의 上九가 내려와 함괘의 九三이 됐다고 보는 것이다. 또 旅卦(䷷→䷞)로부터 괘변이 됐다고 보기도 한다. 이 괘변을 취한 번역은 '유가 위로 오르고 강이 내려오니'라고 하는 것이 더 자연스럽다. 괘변설은 「단전」에 보이는 이런 것과 실마리에서 언급한 『좌전』의 기록[175] 등으로 공자 이전부터 있었다고 보는 학자들도 많아 종종 괘변설로 풀기도 한다. 그러나 괘변이 일어나는 연유를 보는 시각이 다양하고 복잡하기 때문에 반드시 괘변으로 해석할 필요는 없다. 그리고 괘변은 乾坤의 사귐으로 만들어진다는 「설괘전」과 「서괘전」에 의거해서 언제나 일어나는 것으로 가볍게 생각하는 것이 편하다.

음기는 아래로 내리고, 양기는 위로 오르는 성질이 있으므로, 음괘가 위에 있고, 양괘가 아래에 있는 이 함괘는 泰卦처럼 음양이 서로 통하고자 하는 것이다. 또 '山澤通氣'라 하였으니 두 기가 감응하여 서로 함께하여 만물을 양육한다. 그러니 '二氣感應以相與'이다. 이것으로 卦名 '咸'과 괘의 의미를 함께 나타낸 것이다.

이어 괘사를 설명했다. '止而說, 男下女'는 艮에서 '止' '男'이, 兌에서 '說' '女'의 상이 나왔다. 內卦는 안이니 사람의 마음에, 外卦는 밖이니 나타나는 표정에 견주어 진다. 내괘 '止'는 한결같은 마음으로 '기다리고 있다'는 뜻이고, 외괘 '說'은 '悅(기쁠 열)'이니 표정에 기쁨이 감돈다는 뜻이다. 그러면서 남자가 여자보다 아래 하고 있으니, 이는 동서고금을 막론하고 남자가 여자에게 구애할 때 있는 일반적인 행위이다. 또한 나를 낮추고 상대를 높이는 것이 '禮'이니, 이 두 구절은 예로서 상대를 대하는 군자의 풍모라고 넓혀 해석하기도 한다. 이상의 의미들이 괘사 '亨, 利貞, 取女吉'이 된다는 풀이다. 물론 앞 괘명의 풀이가 괘사를 이해하는 데도 도움을 주고 있다.

마지막의('天地感'이하) 구절들은 '감응'이 이루어지는 자연현상과 세간사로 넓혀 말하면서, 사람이 '感'의 현상을 관찰하여 얻을 수 있는 철학관과 정치사상을 말했다. 항상 자연현상에 어울리는 인간의 일을 유추해내고, 이를 행하는 것이 군자이며, 이렇게 하면서 인민을 다스리면 성인이다. '天地感而萬物化生'은 자연현상에서 만물이 생겨나고 사라지며 다시 생겨나는 현상을, '聖人感人心而天下和平'은 자연현상을 관찰하여 이에 맞게 적절히 운용하여 백성을 화평하게 다스리는 성인의 공을 말했다. 그러므로 비록 성인이 아니라도 '觀其所感' 하면 '天地萬物之情可見矣' 할 수 있고, 이를 알아서 성인처럼 할 수 있도록 노력해야 함을 말하고 있는 것이다.

* 象曰, 山上有澤, 咸. 君子以虛受人.

175) 실마리 41쪽 互體 설명 중에 있는데 호체도 괘변의 일종이다.

상전에서 말했다. 산위에 못이 있는 것이 함괘다. 군자가 이를 보고서 마음을 비워서 사람을 받아들인다.

[해설] 「象傳」 중 괘를 재해석한 「大象傳」이다. '山'은 아래 艮, '澤'은 위의 兌에서 나온 象이다. 「대상전」에서는 이런 상에서 유추하여 인사에 적용시킬 바람직한 것을 찾아서 행하도록 가르치고 있다. 이것이 군자가 하는 일이고, 백성을 다스리는 정치가가 행하는 도리로 보는 것이다.

산위의 못은 물을 채우고 있다가 아래 산으로 보내고, 산의 동식물들은 수분의 양을 조절하면서 생을 이어간다. 이렇게 허심탄회하게 서로 통하는 것을 보고, 이를 본받아서 내 마음의 욕심을 비우고 물같이 맑게 하여, 물이 동식물에게 조건 없이 나누듯이 다른 사람의 뜻을 수용한다는 뜻이다. 순수한 마음을 가지면 서로 감응하게 되고, 이렇게 하면 서로 좋은 결실이 있게 되는 것이다. 이런 뜻이 '虛受人'이다. '虛受'는 '마음을 비우고 받아들임'의 뜻이다.

이상의 해석은 '山中有澤'이라도 가능한데, '山上有澤'인 것은 무엇보다 괘의 형태 때문일 것이고, 이런 괘의 형태가 음기는 내려오니 위에 있어야 하고 양기는 올라가니 아래에 있어야 하는 기의 개념으로 해석하면 '山澤通氣'가 더 잘 이해할 수 있기 때문일 것이다. 그리고 또 상하 經卦의 효가 모두 正應이니 통함이 있다.

2. 효

* **初六, 咸其拇.**
象曰, 咸其拇, 志在外也.

초육, 엄지발가락에서 감응한다.
상전에서 말했다. 엄지발가락에서 감응함은, 뜻이 밖에 있는 것이다.

[자구의 뜻] 拇: 엄지(大指) 무, 엄지손가락과 엄지발가락.

[해설] 初爻의 爻辭와 小象傳이다. 初六은 서로 감응하는 때의 시작이요, 下卦 艮 '그침(止)'의 처음이니, 감응의 정도가 아직은 미미한 상태이다. 단지 九四와 正應이므로 그에게 마음이 가는 정도이다. 이렇게 맨 아래에서 시작하는 단계를 신체부위를 택하여 나타낸 것이 '拇'이다. '拇'란 '엄지발가락과 엄지손가락'을 통칭하는 말인데, '엄지발가락'으로 한 것은 아래에서부터 위로 그 부위가 차츰 올라가는 것으로 六爻를 대비시켜 나타냈기 때문이다. 발가락 다음은 '종아리' 그 다음은 '허벅지'로 二・三爻를 대비시키고 있다. 탁상을 중심으로 여럿

이 둘러앉아 있을 때 발로서 살짝 은밀한 신호를 보내는 것을 드라마에서 보기도 하니 '拇'의 등장이 시작의 단계에 있는 남녀 사이에서는 그럴듯해 보인다. 그리고 애무의 시작도 밑에서 점점 올라올 것이니 '拇'로 시작한 것으로 보면 된다. 이런 시작의 단계에는 앞으로의 전개가 어떻게 될지 알 수가 없다. 그래서 길흉의 점사를 붙이지 않았다.

이어서 「象傳」 중에서 효사를 간략히 푼 「소상전」이 붙어있다. 소상전에 있는 '志在外'의 '外'는 正應 九四가 外卦이기 때문에 이를 지칭하고, 발가락의 감응은 외부에서 접촉이 있어야 하니, 발가락 자신이 '內'라면 상대는 '外'가 되기 때문에 상대방을 뜻하는 '外'가 등장한 것이다. 직설적으로 말하면 구사의 뜻에 달려 있고, 애무의 손길에 달려 있다는 말이다.

*** 六二, 咸其腓, 凶, 居吉.**
象曰, 雖凶居吉, 順不害也.

육이, 종아리에 감응이 오면, 흉하나, 가만있으니 길하다.
상전에서 말했다. 비록 흉하나 가만있으니 길하다는 것은, 순리는 해가 없다는 것이다.

[자구의 뜻] 腓: 종아리 비, 피할 비, 병들 비.

[해설] 二爻의 爻辭와 小象傳. 六二는 初六보다 시간이 흘렀다. 감응도 발가락에서 종아리로 올라온 것이다. 종아리는 움직일 때는 항상 따라 움직이면서 발은 물론, 무릎, 허벅지, 허리 등에서 힘을 받게 된다. 육이는 下卦의 中正을 차지했으니 中德이 있고 반듯하며 음은 여자이니, 빼어난 여자로 생각할 수 있다. 下艮은 '소년'이나, 하나하나의 효는 음과 양으로 구별되므로 남녀로 구별할 수 있다. 그러니 위의 九三은 남자이고 구삼이 추파를 보내어 마음이 움직이면, 위의 움직임에 따라 움직이는 '腓'의 象과 닮았다. 잘못하면 正應이면서 군왕인 九五보다 親比관계의 구삼이 가까이에 있으므로 이와 정분이 날 가능성이 크다. 다리가 움직이면 종아리도 따라 움직이기 때문이다. 그렇게 되면 흉하고, 기다려서 정응인 구오와 서로 감응해야 한다. 바로 이런 상태, 곧 구삼을 따라 움직이면 '咸其腓'가 되니 '凶'이고, 움직이지 않고 기다리면, 곧 '居'하면 '吉'이 된다. 애무의 과정에서는 종아리를 만진다고 감응하면 너무 천해보일 것이다. 효사는 이를 말하고 있는 것이다. 무엇이든 이렇게 순리를 따르는 것이 좋은 것이다. 소상전에서 말한 '順'의 의미이다.

'吉'보다 '凶'을 앞세워 강조한 것은 나이는 어린데 조건은 너무 좋아 주위에서 유혹이 많으면 이에 넘어갈 가능성이 많고, 다리가 움직이면 종아리는 따라 움직이는 것을 피할 수 없기 때문일 것이다. 그러나 다행히 하괘의 艮은 '멈춤'이기 때문에 다리가 움직이지 않는데, 중앙에 正位하고 있는 육이는 바르고 중덕이 있음으로 스스로가 움직이지 않을 것이다. 그러니 '居'하고 있으니 '吉'인 것이다.

* 九三, 咸其股, 執其隨, 往吝.
象曰, 咸其股, 亦不處也. 志在隨人, 所執下也.

구삼, 허벅지에 감응이 오면, 따르는 것에 붙잡히고, (그래서)가면 인색하다.
상전에서 말했다. 허벅지에 감응이 온다는 것은, 역시 그쳐있지 못하는 것이다. 뜻이 따르게 하는 사람에게 있게 되면, 아래에 붙잡히는 것이다.

[자구의 뜻] 股: 넓적다리 고, 갈래 고. 執: 잡을 집, 고집할 집. 隨: 따를 수.

[해설] 三爻의 爻辭와 小象傳. 감응의 부위가 좀 더 올라와 넓적다리 곧 허벅지까지 왔다. 허벅지는 움직여 걸을 때는 아랫다리를 따라 움직이고, 스킨십의 느낌으로는 아주 은밀한 곳이다. 九三이 이런 허벅지에 비유됐다.

九三은 아래 艮의 극이면서 간의 主爻이다. 굳게 그쳐 있어야 하는 중요한 역할을 해야 한다. 그리고 陽爻로서 正位이고 上六과 正應이요 六二와 親比하고 있다. 조건이 좋은 남자이다. 이런 좋은 조건의 남자에게 부하직원인 두 어여쁜 아가씨(初六과 六二)가 가까이 있고, 자기의 짝이 될 사람은 멀리 있으면 이 남자는 어디로 감응할까. 산처럼 그쳐있어야 할 사람이 그렇지가 못하고 초육과 육이, 특히 친비한 육이에게로 마음이 간다. 마치 허벅지가 발을 따라 움직이게 되는 것과 같다. 그러므로 아래 陰爻인 이들에게 감응을 받으면 따라가야 하니, '執其隨'이다. 그러면 정응을 버리는 꼴이 됨으로 후회하니 '往吝'이다. 효사는 이를 가능성이 충분히 있음을 나타내고 있다. 그리고 허벅지의 느낌에 섹스의 욕구를 이기지 못하고 바로 따라 가버리면 이것도 역시 천해보이니 인색한 것이다. 그러나 자구로는 나타나 있지 않지만 艮 '止'의 주효이고 정위했으며 육이도 '居'하고 있으므로 반드시 아래에 감응을 받는 상태는 아니다. 그리고 몸을 허락할 가능성을 말한 것이지 허락하는 것은 아니므로 번역을 '~하면'으로 했다.

소상전의 '亦'은 강조하는 의미이면서 六二와 마찬가지로 그치지 못하면 같은 경우가 되므로 '역시'가 들어갔고, '隨人'은 허벅지가 따라야 하는 아래 발(六二)을 의미하며, '所執下也'의 '下'는 親比하는 육이를 말하는 것이면서, 九三의 행위가 고상한 것이 못되고 '하천한 것'이라는 의미로도 넓혀진다.

* 九四, 貞吉, 悔亡. 憧憧往來, 朋從爾思.
象曰, 貞吉悔亡, 未感害也, 憧憧往來, 未光大也.

구사, 바르게 하면 길하고, 후회가 없어진다. 동동거리고 갔다 왔다 해도, (역시)짝은 너의 생각을 따른다.

상전에서 말했다. 바르게 하면 길하고 후회가 없어진다는 것은, 감응의 해로움이 없다는 것이고, 동동거리고 갔다 왔다 하는 것은, 크게 빛나지는 않는다는 것이다.

[자구의 뜻] 憧: 마음이 정해지지 않을 동, 동경할 동. 憧憧: 마음이 정해지지 않는 모양. 끊임없이 왕래하는 모양. 爾: 너 이, 어조사 이.

[해설] 九四는 不正位이고 初六하고만 正應이다. 구사의 지위는 재상의 지위이니 九五의 명을 받아 전체를 보살펴야 한다. 乾卦 九四에서 '或躍在淵' 한다고 했으니 아래위를 오가고 할 것이고, 아래 艮과 위의 兌를 연결하는 위치이니 위아래를 살펴야 한다. 그러니 바르게 해야지 사심이 들어가면 안 될 것은 상식이다. 그런데 감응의 시기에 초육과는 정응이고, 그는 不正位 했으므로 바른 처리를 못하여 초육에게 특별히 사심이 갈 소지가 있다. 이를 경계한 말이 '貞吉悔亡'이다.

'憧憧往來'는 마음을 정하지 못하고 갔다 왔다 하는 모양이다. 부정위이기 때문에 자리가 안정되지 못하고, 正應인 初六이 같은 體에 속한 九三에게 마음을 줄까 불안하기 때문이다. 이렇게 불안하여 동동거리고 왔다 갔다 해도 짝인 초육은 너를 따르게 되어 있다. 이런 뜻이 '憧憧往來, 朋從爾思'이다. '憧憧往來'는 믿지 못하고 치우친 삿된 마음을 뜻한다. 「계사 하」에 이 효사에 대한 풀이가 있다.

> 易曰, 憧憧往來, 朋從爾思. 子曰, 天下何思何慮, 天下同歸而殊塗, 一致而百慮, 天下何思下慮. 日往則月來, 月往則日來, 日月相推而明生焉. 寒往則暑來, 暑往則寒來, 寒暑相推而歲成焉. 往者屈也, 來者信也, 屈信相感而利生焉. 尺蠖척확之屈, 以求信也, 龍蛇之蟄칩, 以存身也. 精義入神, 以致用也, 利用安身, 以崇德也. 過此以往, 未之或知也, 窮神知化, 德之盛也.
>
> 역에서 동동거리고 갔다 왔다 해도 벗은 너의 생각을 따른다 했다. 공자가 말했다. 천하가 무엇을 생각하고 무었을 근심하겠는가? 천하에는 돌아오는 곳은 같으나 길은 다르고, 도달하는 곳은 하나이나 염려하는 것은 백가지이지만, 천하가 무엇을 생각하고 무엇을 근심하겠는가? 해가 가면 달이 오고 달이 가면 해가 오니, 해와 달이 서로 변천하면서 밝음이 생긴다. 추움이 가면 더움이 오고 더움이 가면 추움이 오니, 추움과 더움이 서로 변천하면서 세월이 이루어진다. 가는 것은 굽히는 것이고 오는 것은 펼치는 것이니, 굽히고 펼침이 서로 느껴 이로움이 생긴다. 자벌레의 굽힘은 펼침을 구하는 것이고, 용과 뱀의 겨울잠은 몸을 보존키 위해서다. 옳은 것을 정제하여 신묘한 경지에 들어감은 쓰기를 다하고자 하는 것이요, 씀을 이롭게 하여 몸을 편히 하는 것은 덕을 숭상하는 것이다. 이를 지나서 가는 것은 알 수는 없으나, 신묘함을 궁구하여 변화를 알아서 덕을 성하게 하고자 하는 것이다.

요약하면 천지자연은 일정한 변화의 규칙이 있을 뿐 '동동왕래' 하지 않는다. 천지의 일정한 변화를 궁구하면 인간사에 쓰임을 이롭게 하고 덕을 풍성하게 하여 사람들에게 베풀어지는데, 이런 변화의 요체를 터득하면 천하처럼 '동동왕래'하지 않고 넓은 사랑과 믿음으로 대한다는 뜻이다.

九四가 다른 효사와 다른 것은, 감응하는 곳, 즉 신체의 부위를 말하지 않았고, 점사가 먼저 나온 것이다. 대체로 신체부위를 말하지 않은 것은 괘의 효를 묶어서(아래의 두 음과 중간의 양들을 하나로 묶고, 위의 음으로 엮음)보면 큰 坎卦(☵)가 되는데 구사는 이것의 중심인 양에 해당하고, 또 세 양효의 중간이니, 中은 心을 뜻한다. 또 아래의 九三은 '股'이고 위의 九五는 '脢'이니 이의 사이에 '心'이 있다. 이 '마음'은 감응의 주체이니 특별히 부위를 지적하지 않았다고 본다. '憧憧往來'를 성교와 연결하면 바로 성행위의 동작이 될 것이니 부위를 말하지 않아도 알 것이기 때문이라고도 한다. 점사가 먼저 있는 것은 다른 괘에도 있는 것인데, 여기서는 不正位이므로 바르지 못할 것을 염려하였기 때문일 것 같다.

이어 효사를 간략히 푼 小象傳이다. 소상전은 감응에도 '貞'이 중요함을 먼저 말하고, '憧憧往來'하는 것은 부족한 것이 있기 때문이라는 뜻으로 풀었다. 여기의 '光'을 '廣'으로 보는 학자도 있다. 통용되기도 했으니, 뜻은 더 자연스럽다.

*** 九五, 咸其脢, 无悔.**
象曰, 咸其脢, 志末也.

구오, 등심을 감동시키면, 후회는 없다.
상전에서 말했다. 등심을 감동시키는 것은, (임금의)의지의 끝인 것이다.

[자구의 뜻] 脢: 등심(등골뼈에 붙은 고기) 매, 짧을 매.

[해설] 五爻의 爻辭와 小象傳이다. 九五는 왕의 자리에 있으면서 六二와 正應이니 중정의 덕을 갖춘 선비가 호응하고, 上六과 親比이니 원로들이 돕는 좋은 조건에, 스스로도 중정의 덕을 갖추었다.

'脢'는 심장의 뒤에 있고 신경계가 아닌 肉이므로, 감동에 관해서는 직접적이지 않으면서 지엽말단까지 전해지는 것을 말한다. 천하의 인심을 얻어 천하를 화평하게 해야 하는 임금은 이 매에까지 감동시킬 수 있어야한다. 다행히 상하에서 돕고 중정의 덕을 갖춘 임금이므로 이렇게 할 수가 있어 '咸其脢'하여 천하에 근심이 없으니 '无悔'이다.

이와는 다른 해석이 있다. 임금은 사사로운데 매이면 안 되므로 六二와 上六에 매이는 것은 사사로운 것이니, 등심을 감동시키는 것에 그치고 겨우 후회를 없애는 정도이다. 또 正應인 육이가 '居吉'이므로 움직이지 않기 때문에 가까운 상육과 감응하나 후회는 없다. 이런 견해도 있다. 그러나 이보다는 中正한 구오가 좋은 조건에서 행할 수 있는 능력을 말한 것으로 본 위의 풀이가 훨씬 자연스럽다. 만약 성행위이면 만족한 성교가 이루어졌음을 말한다고 보면 된다.

소상전의 '末'도 뜻이 고상하지 못하고 비천하다는 뜻으로 보기도 하고, 丁若鏞은 '末'의 오기로 보아 '昧'와 통용되므로 '어둡다'는 뜻으로 보았다. 그러나 하천한 말단의 백성들에게까지 미치게 하려는 임금의 의지가, 끝까지 행하려고 노력하는 것으로 보고 '의지의 끝인 것이다'로 번역했다.

* **上六, 咸其輔頰舌.**
象曰, 咸其輔頰舌, 滕口說也.

상육, 뺨과 입에 감동이 온다.
상전에서 말했다. 뺨과 입에 감동이 온다는 것은, 구설에 오른다.

[자구의 뜻] 輔: 도울 보, 광대뼈 보. 頰: 뺨 협, 쾌할 협, 곁 협. 舌: 혀 설. 頰舌: 볼과 혀, 구변의 비유. 滕: 물 솟아오를 등, 오를 등. 말을 떠벌릴 등.

[해설] 上爻의 爻辭와 小象傳. 上六은 正位이고 아래로 正應과 親比가 있다. 그리고 '兌'의 主爻이면서 끝이니 기쁨의 완성이므로 마무리해야 하고, 咸卦의 극이니 감응도 마무리해야 한다. 기쁜 마음으로 인사도하고 다음을 기약해야 하는 때이다.

'輔'는 '광대뼈, 혹은 잇몸'이요 '頰'은 '뺨'이며 '舌'은 '혀'이다. 이 '輔頰舌'은 모두 말하는 부위이고, 인사를 할 때 서로 접촉되는 부위이다. 동양에서도 감동적인 만남과 작별은 포옹을 하고 입맞춤을 하니 자연 볼과 입이 접촉되고, 또 입으로는 혀를 굴려 말을 하면서 인사를 했다. 또 남녀 간의 동침 후에 나누는 後戱에도 속하는 행위이다. 그래서 '輔頰舌'을 '뺨과 입'으로 표현했다. 이런 극적인 감동은 좋은 말이든 비난의 말이든 남의 입에 오르내리게 된다. 소상전의 '滕口說'이다. '滕'은 '騰(오를 등)'과 통용되었다.

이 효사를 부정적으로도 본다. 곧 '咸其輔頰舌'은 말로서 감응하는 것이고, 이는 진심이 어린 진정한 감응과는 다르다고 보는 견해이다. 그래서 소상전에서도 사람들의 입방아에 오르게 된다고 푼다. 감응이 끝나 반전하는 시기로 보면 일면 타당한 점도 있다. 그러나 上六의 여러 정황이 정위했고 應比가 갖추어진 좋은 조건인데 나쁘게 보아야할 이유를 발견치 못해 취하지 않았다.

이 효에도 점사가 없다. 감동의 작별도 만남도, 뒷일은 누구나 알 수 없다. 반전이 좋은 방향일 수도 있고 나쁜 방향일 수도 있으니, 이 효에서는 앞으로 하기에 따라 길과 흉으로 나뉜다는 것으로 받아들려야 할 것이다.

卦辭에서 말하는 '取女吉'은 남자가 자기를 낮추면서 여자에게 청혼해 결혼하거나 결합하는 뜻으로 받아들이게 했다. 그래서 爻辭는 스킨십의 과정과도 통한다. 어떻든 감응하는 것을 신체의 부위를 들어서 비유하면서 설명을 했다. 그러면서 처음은 이끌려 따르다가 九三부터 직접 감응을 받는 것으로 이어졌다.

여기서 감응에 대한 교훈은 대체로 감동보다는 자기의 위치를 알고 이성적으로 대할 것을 모든 효사에서 말하고 있음을 알아야 한다. 감동이란 마음이 먼저 움직이기 때문에 판단이 그릇될 수 있기 때문일 것이다. 그래서 강조된 것이 '貞'이고 '虛受人'이다. 아무리 감동을 받아도 바르지 않으면 안 되고, 마음을 비우지 않으면 바를 수 없다는 것을 가르치고 있다.

그리고 효사에서는 기뻐서 마음껏 웃고 만족해하는 뜻을 새긴 효사가 없다. 이는 옛사람들의 점잖은 생활태도가 얼마나 일상적이었는지를 알게 해 준다. 그래도 각 효의 位에 따라 어떻게 감응해야 하는지는 알려주니, 나는 지금 어떤 효의 위치와 같은지를 생각해 볼 일이다.

䷟ 恒 (雷風恒)

槪說: '恒항'은 변함없이 항상 계속되는 것을 말한다. 이는 자연계에서는 흔히 관찰되는 법칙이다. 그래서 그 뜻이 '항상'에서 '보통', '법칙'으로까지 넓혀진다.

괘를 전체를 묶어 크게 보면 咸卦와 같이 大坎(下 1陰과 中 3陽, 上 2陰을 묶어 하나로 봄)이니, 감은 「說卦傳」에 "爲堅多心(굳고 심이 많음이 된다)"라고 했으니 견고한 象이고, 견고하면 오래갈 것이니 '항상'과도 통한다. 그리고 아래는 巽☴이고 위에는 震☳이다. 손은 '바람', '장녀', '공손'의 象이며 陰卦가 되고, 진은 '우뢰', '장남', '움직임'의 상이며 陽卦가 된다. 음은 하천하고, 양은 존귀하다. 아래는 하천한 것이 있고 위에는 존귀한 것이 있으니 제대로 된 위치이다. 이런 정상적인 위치에 있어야 오래간다. 바람과 우레가 함께 있으니 어울리는 현상이다. 이는 바람이 불고 뇌성벽력이 치는 자연현상으로, "同聲相應, 同氣相求(같은 소리는 서로 응하며, 같은 기운은 서로 구한다: 乾卦 文言傳)"이다. 그러니 때만 되면 항상 볼 수 있는 현상이다. 그리고 장녀는 다 자란 여성이고 장남은 다 자란 남성이니, 여자와 남자가 어울린 것은 부부를 연상할 수 있다. 그것도 여자는 아래에 있고 남자는 위에 있으니 여자가 남자를 높이는 상이고, 안에서 여자는 공손히 따르고(巽) 밖에서 남자는 움직이고 있으니(震), 부인은 집안일을 하고 남편은 바깥일을 하는 부부의 도를 말하고 있다고 볼 수 있다. 그래서 「序卦傳」에는 "夫婦之道, 不可以不久也, 故受之以恒(부부의 도는 오래하지 않을 수 없으니, 때문에 恒卦로써 받았다)"라고 했다. 咸卦의 소녀와 소남이 감응한 후 혼인하여 부부가 되었으니 함괘 다음에 항괘로 받았고, 부부란 항상 항구해야 한다는 말이다. 「雜卦傳」에는 간단히 "恒久也(항은 오래하는 것이다)"라 했다. 이런 것에서 괘명이 '恒'임을 이해하면 된다.

「繫辭傳 下」에 항의 덕을 말했는데, "恒德之固也(항은 덕의 단단함이다)", "恒雜[176]而不厭(항은 종시가 서로 돌아가도 싫증나지 않다)", "恒以一德(항은 전일한 덕이다)"고 했다. 굳세고 변함없음이 '恒'이란 말이다.

이런 뜻이 있는 항괘를 卦爻辭에서는 어떻게 말하는지 보자.

1. 괘

* 恒, 亨, 无咎, 利貞, 利有攸往.

항괘, 형통하니, 허물이 없으며, 바름을 지키면 이롭고, 갈 바가 있으면 이롭다.

[해설] 卦辭이다. 恒卦가 '형통하다'는 것은 통하지 않으면 오래갈 수 없기 때문이다. 이는 괘의 象과 형태로서 설명이 된다. 온순하게(巽) 움직이는 것(震)은 모두가 수용하는 태도이고, 강한 것(震의 陽)은 밖에 있고 부드러운 것(巽의 陰)은 안에 있으니, 장애를 막고 평온하게 유지할 수 있는 것을 말하니 항구할 수 있는 상이다. 이미 개설에서 말한 「서괘전」의 부부의 道도 항구했다. 이렇게 '恒久'하니 형통하다. 그러니 또한 허물이 있을 수 없다. '无咎'이다.

『周易』에서는 바르게 하면 이롭다는 말은 흔히 있는 구절이다. 여기서도 바르지 않고는 오래 유지할 수 없을 것이니, '利貞'이다. 그리고 이렇게 오래도록 바르게 유지하기 위해서는 '有攸往'해야 한다. 일상의 생활에는 하는 일이 있고, 이것을 해결해야 계속 유지가 되는 것이니 '利有攸往'이다. '有攸往'은 '일을 계속하다'는 의미다. 괘에서 직접적으로 지적하여 말하면, 하괘 巽 '공손함'은 집안일을 부인이 조용히 바르게 처리하는 것이니 '利貞'을 말하고, 상괘 震은 '움직임'이니, 바깥일을 남편이 능동적으로 움직여 얻는 것이니 '利有攸往'을 말한다. 집안이 바르지 않으면 밖에서 일을 할 수 없을 것이고, 일이 있으면 갈 바가 있는 것이고 갈 바가 있으면 집안이 발라야 할 것이다. 그래야 얻는 바도 있으니 '利'가 두 구절에 모두 있다. 이것들은 모두 '恒'이 '亨'하므로 얻는 것이다. 통해야 오래갈 수 있고, 오래가려면 형통해야 한다. 이렇게 오래도록 형통하려면, 바로 안에서는 '貞'하고, 밖에서는 '有攸往'해야 하니, '利'가 되는 것이다.

*** 彖曰, 恒, 久也. 剛上而柔下, 雷風相與, 巽而動, 剛柔皆應, 恒. 恒, 亨, 无咎, 利貞, 久於其道也. 天地之道, 恒久而不已也. 利有攸往, 終則有始也. 日月得天而能久照, 四時變化而能久成, 聖人久於其道而天下化成. 觀其所恒, 而天地萬物之情可見矣.**

단전에서 말했다. 항은, 오래가는 것이다. 강은 위에 유는 아래에 있고, 우레와 바람

---

176) 이 '雜'의 해석은 '마무리'의 「계사전 하」를 참고하기 바람.

이 서로 함께하며, 공손하면서도 움직이면서, 강유가 모두 응하니, 항이다. 항괘가, 형통하니, 허물이 없고, 바름을 지키면 이롭다는 것은, 이런 도에 오래하기 때문이다. 천지의 도는, 오래가고 그침이 없다. (그러므로)갈 바가 있음이 이롭다는 것은, 끝나면 곧 시작이 있기 때문이다. 해와 달이 하늘을 얻어 오래도록 빛나고, 사계절이 변하면서 (세월을)오래도록 이루어 가니, 성인이 이런 도에 오래하여 천하를 교화시켜 공을 이룬다. 이런 항구함을 관찰하면, 천지 만물의 본성을 볼 수 있다.

[해설] 卦名과 卦辭의 의미를 푼 「彖傳」이다. 먼저 괘명 '恒'을 '久也'라 했으니, '항은 오래가는 것이다'가 된다. 왜 오래가는가? 그 이유를 설명한 말이 이어지는데, 마땅한 자리에 있으면서 서로 응하여 함께하면 오래간다는 뜻을 상하 經卦의 위치와 象으로 설명했다. 바로 '剛上而柔下, 雷風相與, 巽而動, 剛柔皆應'이다.

'剛上而柔下'는 강한 양괘의 '震'이 위에 있고, 유한 음괘인 '巽'이 아래에 있는 것을 말한다. '上'은 上卦의 上이고 상괘는 外卦라고 하니 밖이 되고, '下'는 下卦요 內卦를 말하니 안이 된다. 밖은 꿋꿋하면서 안은 유연하여 부드러우니 어떤 일도 잘 처리할 것이므로 오래도록 계속할 수 있다. 또 진 '장남'의 남자(剛)가 위에 있고 손 '장녀'의 여자(柔)가 아래에 있다. 남자는 밖에서 일하고, 여자는 안에서 집안 살림을 하는 상태로써 각각 제 위치에 자리하니 오래갈 수 있다. '雷風相與'의 '雷'는 震, '風'은 巽의 상인데, 바람이 불면서 우레가 치는 현상은 일상적인 것으로 이는 氣의 통함을 말하고 있다. 서로의 기가 통하니 때가 되면 항상 볼 수 있으므로 '恒'이다. '巽而動'의 '巽'은 손에서 '動'은 진에서 나왔으니, 공손하게 움직이는 것은 누구나 수용하는 행동이다. 수용하면 걸리는 것이 없으니 이것도 오래가지 않을 수 없다. 여기에 剛爻와 陰爻가 모두 相應하고 있으니 '剛柔皆應'이고, 이렇게 相應하니 서로 도우므로 오래 갈 수 있다. 이 모두가 '恒'이 되는 이유를 설명한 것이다.

이런 이유로써 괘사 '亨, 无咎, 利貞'이 된다. 道는 항상 계속되는 것이지 일시적 현상을 도라 하지 않는다. 앞에서 설명한 바와 같이 항괘는 오래하니 '道'이고, 이런 도를 오래도록 행하면 '亨, 无咎, 利貞'하지 않을 수 없다. '久於其道也'를 붙여 이런 뜻을 확실하게 했다. 또 이런 것은 자연의 변화법칙과 같은 것이다. 곧 '天地之道'도 오래가면서 그치지 않으니 '恒久而不已也'이고, 바로 항괘의 의미이다. 사계절의 변화에 맞추어 생육을 언제나 이어가는 天地之道처럼 항괘도 형통하게 허물없이 바름을 지키며 항상 계속하면, 같은 '道'가 된다는 말이다. 이렇게 항상 계속되는 것, 곧 끝나면 다시 시작되는 것에 맞추어 가려면 인간은 움직여야 하니 '有攸往'해야 한다. '利有攸往, 終則有始也'이다. '天地之道, 恒久而不已也'의 문장으로 앞 구절의 '久於其道也'를 보충설명하면서, 이어지는 '利有攸往'을 풀이한 '終則有始'를 동시에 이해하도록 한다. 마치면 다시 새로운 시작이 있으니 사람은 항상 갈 바가 있는 것이다. '往'은 '行'의 뜻이다.

그 다음은 이런 것을 구체적 예를 들어 설명했다. 해와 달의 빛남, 사계절의 변화, 이를 잘 재단하여 구사하는 성인의 천하를 이끄는 일, 이것이 모두 같은 도이다. 그래서 이와 같은 항구한 도를 관찰하면 자연계와 세상사의 실정을 볼 수 있는 것이다. 이런 뜻으로 마무리했다. 사계절이 변하면서 이루는 것은 세월일 것이고 성인이 천하를 교화하는 공은 아마도 풍속일 것으로 짐작이 된다.

*** 象曰, 雷風, 恒. 君子以立不易方.**

상전에서 말했다. 우레와 바람이 恒卦이다. 군자가 이를 보고서 굳건히 일어서며 방향을 바꾸지 않는다.

[해설] 大象傳이다. 위의 震에서 '雷', 아래 巽에서 '風'의 象이 나왔다. 바람이 몰아치면 우레가 더욱 매섭게 울리니 뇌풍이 상응하면 세력이 더욱 왕성하다. 그러나 우레와 바람의 본질은 바뀌지 않는다. 이러한 현상을 관찰하고, 군자는 목표를 세우면 뇌풍처럼 일어나 행하되, 그 본질은 바뀌지 않는 것처럼 쉽게 방향을 바꾸지 않고 매진하는 것이다. 이런 뜻을 나타낸 것으로 보고 번역은 위와 같이 했다.

'立不易方'의 번역이 다양하다. '立'은 '수립하다', '方'은 '도 혹은 법규'로 보고 '바뀌지 않는 법을 수립한다' 또 '立'을 군자의 입지나 뜻으로 보고, '方'을 위치로 보아서 '입신한 뜻은 그 방향을 바꾸지 않는다'로 역하기도 한다. 위의 번역은 뒤의 뜻과 같은 의미이다.

2. 효

*** 初六, 浚恒, 貞凶, 无攸利.**
象曰, 浚恒之凶, 始求深也.

초육, 항구함을 깊이 파니, 발라도 흉하고, 이로울 바가 없다.
상전에서 말했다. 항구함을 깊이 파서 흉함은, 처음부터 깊은 것을 구하기 때문이다.

[자구의 뜻] 浚: 깊을 준, 빼앗을 준, (우물, 하천을)칠 준.

[해설] 初六의 爻辭와 小象傳. 초육은 恒의 시작이고 巽의 主爻이다. 손은 '入'의 象이니, 처음부터 항구할 것을 파고드는 상이 있다. 그리고 柔이면서 不正位로 바름을 잃었다. '恒'의 도리는 꾸준히 쌓여가는 것인데 이와는 달리 처음부터 파고든다. 그리고 응인 九四는 剛으로 움직이는 震에 있으니 그의 영향을 받아 움직이면서 파고드는 것이다. 그래서 '浚恒'이다. 항

구함을 구하는 것은 바른 일이다. 그러나 스스로는 낮고 얕은 곳에 있으면서 시초부터 깊이 파서 안주하기를 원한다면 이루어질 수 없다. 그래서 '貞'이라도 '凶'이 되고, 이로울 바가 없는 것이다(无攸利). 부부사이도 처음부터 이상적인 것만 요구하면 다툼만 생길 뿐이다. 시간을 갖고 서로 양보하면서 항상 할 수 있는 길을 모색해야 한다. 이런 뜻으로 효사를 푼다.

'浚'은 대체로 '深(깊을 심)'으로 보는데, '濬(칠 준)'과 통용했음으로 '파다'의 뜻도 되므로 이 두 뜻이 모두 통하도록 번역하여 의미가 확실하게 나타나도록 했다.

소상전에서는 항의 도는 서서히 점차적으로 진행되는 것이지 시작부터 깊이 구하면 흉하게 됨을 간략히 말한 것이다.

＊ 九二, 悔亡.
象曰, 九二悔亡, 能久中也.

구이, 후회가 없어진다.
상전에서 말했다. 구이의 후회가 없어짐은, 중덕으로 오래할 수 있기 때문이다.

[해설] 九二는 부정위이니 正을 잃었다. 괘사에 '利貞'이라 했는데, 正이 아니니 이롭지 못하여 '悔'가 있다. 그러나 中에 있으니 치우침이 없는 중덕을 지녔고, 최고의 지위에 있는 六五와는 正應이고, 육오도 中에 있으니 서로 협조하여 계속 중덕으로 행할 수 있으므로 후회는 사라진다. 부정위이면서 중에 있는 효는 대체로 '悔'가 있다가 '亡'한다. 正도 중요하지만 中을 더 중요시함을 보여주고 있다. 유학에서는 이 중을 매우 중요시 여기는데, 『中庸』에서도 '중은 천하의 큰 근본'이라 했다.

小象傳에서도 '悔亡'의 이유가 '能久中'이라 했다. 바로 위의 풀이다.

＊ 九三, 不恒其德, 或承之羞, 貞吝.
象曰, 不恒其德, 无所容也.

구삼, 그 덕에 항구하지 못하면, 혹 부끄러움을 당하니, 바르게 해도 인색하다.
상전에서 말했다. 그 덕에 항구하지 못한다는 것은, 용납되는 바가 없는 것이다.

[해설] 九三은 剛이면서 剛位에 있으니 활동적이고 움직이는 震과 붙어있다. 이런 상태는 공손해야 할 손(其德)과는 반대로 이것도 저것도 하고 싶은 마음이 팽배하여 움직이려 한다. 이렇게 되면 '不恒其德'이다. 그러나 한편으로는 공손한 巽의 극이면서 正位를 했고, 위에서 역시 정위를 차지한 상육과 正應이니, 이런 조건은 바름을 지키려는 마음도 있게 한다. 그래

서 '不恒其德'을 조건으로 보아 '~하면'으로 역했다. 만약 '不恒其德'하면 가끔 부끄러움을 당할 수도 있고, 이를 고집하면 바르더라도 인색하게 된다고 다음의 '或承之羞, 貞吝'이 붙었다. 임금인 六五에게는 정응인 九二와 親比인 九四가 있으므로 구삼이 바른 건의를 해도 물리침을 받을 수 있다. 곧 공손함을 항상 지키며 분부를 따르는 것이 좋지, 그러지 못하고 이런저런 건의를 하다가 물리침을 당하면 부끄럽고 인색하게 되는 것이다. '承'을 '받들다'는 뜻으로 보고, '상육을 받들어 오르려고 하면 수치스럽다'의 의미로 풀 수도 있으나, 일반적으로는 '羞(부끄러움)'을 '承(받다)'하는 것으로 본다.

소상전에서는 덕은 항구해야지 그렇지 못하면 용납 받지를 못한다고 했다.

이 효사에 관해서 『논어』「자로」편에 다음의 말이 있다. "子曰, 南人有言曰, 人而无恒, 不可以作巫醫, 善夫. 不恒其德, 或承之羞, 子曰, 不占而已矣(공자가 말했다. 남인들이 말한 것이 있으니 이르기를, 사람이 항상함이 없으면, 무당이나 의사도 할 수 없다고 했으니, 옳은 말이다. '그 덕에 항구하지 못하면 혹 부끄러움을 받는다'는 것은 공자께서 점을 치지 않고도 안다고 했다)" 모두 '恒久'의 중요성과 필요성을 강조한 것이다.

*** 九四, 田无禽.**
象曰, 久非其位, 安得禽也.

구사, 사냥하는데 짐승이 없다.
상전에서 말했다. 오래해도 그 자리가 아니니, 어찌 짐승을 얻겠는가?

[해설] 九四 爻辭와 小象傳. 구사는 中도 아니고 정위도 아니다. 움직이는 震의 主爻이니 많이 움직인다. 사냥은 많이 움직이니 '田'이 등장했고, 부정위이니 사냥할 장소를 잘못 택하여 짐승이 없으므로 '田无禽'인 것이다. 初六의 正應도 있고, 比爻 六五도 있어 항구할 수 있도록 도움을 줄 것 같으나, 초육은 아직 어려 힘이 미약하고 九三과 九二가 가로막고 있는 실정이어서 영향력이 단절되고 있다. 육오는 윗사람으로 잘 모셔야 하는데, 자기를 올라타고 있어서 내심 언짢은 마음이 있다. 더욱 육오는 정응인 구이에게 항구하여 구사에게는 큰 관심이 없다. 그리고 震은 공손히 따르는 뜻이 있는 巽에서 한 단계 변화를 구하여 上卦로 올라왔으므로 계속하던 '恒'에서 벗어나는 '움직임'을 뜻하게 되어 '恒'과는 배치된다. 그래서 결과는 성과가 없어 '田无禽'이 된 것이다. '禽'은 날짐승과 길짐승의 총칭으로 쓰였다.

소상전은 사냥터가 아닌데 오래있어 보아야 짐승이 잡히지 않는다는 뜻이다.

*** 六五, 恒其德, 貞. 婦人吉, 夫子凶.**
象曰, 婦人貞吉, 從一而終也, 夫子制義, 從婦凶也.

육오, 그 덕(順德)에 오래하니, 바르다. (그러나)부인은 길하나, 남편은 흉하다.

상전에서 말했다. 부인은 바르게 하면 길하다는 것은, 한 사람을 좇아서 마치기 때문이고, 남편은 의리를 만들어 나감으로, 부인만 좇으면 흉이 된다.

[해설] 五爻의 효사와 소상전이다. 六五는 중심에 자리했으니 중덕이 있고, 아래로 陽剛한 九二와 正應이고, 九四와 親比하니 좋은 조건이므로 덕을 오래할 수는 있다. 덕을 오래도록 유지한다는 것은 바른 일이다. 그러므로 '恒其德, 貞'이다.

그런데 六五는 음이다. 음은 유순하니, 여기서의 '其德'은 '順'의 덕이 중심이 된다. 곧 정응 九二와 친비 九四의 의견을 순순히 좇고 따르는 것이다. 이런 것은 만약 부인이라면 유순함을 평생토록 지녀야 하니 '吉'이다. 그러나 남자라면 유순함만을 좇을 수 없다. 강력해야 하고 사태를 변경도 시켜야 하며, 거부도 해야 하는 것이다. 그러므로 順에만 오래하면 '凶'이 된다. 그러니 '婦人吉, 夫子凶'이다. 전체의 중심적 위치에는 '順德'만으로는 안 된다는 뜻이고, 이는 正位하지 않았기 때문이다.

「序卦傳」에 항괘가 부부의 도를 말한다고 했기 때문에 특별히 왕을 등장시키지 않았지만, 나라를 다스리는 임금이라면 더 말할 것도 없다. 어찌 유순함 만으로 정치를 할 수 있겠는가?

소상전의 '從一而終'의 '하나를 좇아서 끝내다'는 부인이 결혼하면 남편 한사람을 좇아 살고 그가 죽어도 재혼하지 않던 옛 풍속을 말한 것이다. '制義'란 옳고 그름을 재단하여 만들어 간다는 뜻이니, 남자가 하는 일은 복잡하게 얽혀 한 가지 것만 고수할 수 없다는 것을 말한다. 부부간의 일에 한정하면, 부인의 말만 좇다보면 친족 간의 이익에 상반되는 경우도 있으므로 흉이라 했다. 이런 남존여비의 사상이 있어서 옛사람은 남자가 여자의 말만 좇는 사람을 푼수로 여겼는지 모른다.

* **上六, 振恒, 凶.**
象曰, 振恒在上, 大无功也.

상육, 항구함이 흔들리면, 흉하다.
상전에서 말했다. 위에 있으면서 항구함이 흔들리면, 크게 공이 없는 것이다.

[해설] 上六은 '恒'의 극이니 반전하는 시기이고, 상괘 震에 속해 있으니 '움직임'이 있다. 그러므로 振恒이다. 항구해야 할 때 '恒'이 흔들리면 '凶'이다. 그러나 이미 진의 끝에 처해 움직임도 다해 가는데 正位이고, 九三의 正應도 있으므로 이런 조건이 때와 상황을 극복할 힘을 갖출 수도 있다. 그래서 조건으로 보고 '흔들리면'으로 번역했다. 그런데 대체로 占은 미래의 일이므로, 지금 당장은 꼭 흉이라 할 수 없을지라도 상황이 결국은 흉으로 가게 됨을 뜻

하는 것으로 보아야 한다. 항의 극이라는 상육의 시대상황을 피할 수 없을 것이기 때문이다.

소상전은 '在上'을 덧붙여 강조했다. 위에 있을수록 귀하고 높은 사람이니, 남의 모범이 되어 공이 있어야 하는데, 그렇지 못하면 보통사람보다 두드러지게 나타나므로 이를 첨부한 것이다.

下卦 巽은 공손하고 上卦 震은 움직임이니 공손하게 움직이는 것은 모두에게 수용됨으로 항구할 것이다. 그래서 각 효사들이 서로 應하여 도우면(彖傳의 '剛柔皆應, 恒') 좋아야 할 것이다. 그런데 正應했다고 길한 곳이 없고, 생각보다는 '亨'하여 좋은 효사가 없다. 이것은 서로 돕고 협조한다고 만사 OK는 아님을 말하면서 한 편으로는 괘사·효사가 따로따로였음을 보여주는 예이다. 또 항구함은 힘들기 때문에 항구하지 못해 좋은 결론의 점사가 없고, 人事에서는 '亨'이면 점을 칠 필요가 원천적으로 없기 때문이 아닌가 한다. 반전하면 그 만큼 恒과 亨이 인사에서 중요한 것임을 말하고 있는 것은 아닐까?

변화와 항구함은 상반되는 개념이다. 그러니 변화에 적응하면서 항구함을 지키는 일이 상황과 개인의 위치, 남녀의 차이에서 각각 다름을 효사는 말하고 있다. 그러면서도 善을 행하고 眞을 찾는 노력은 항구해야 할 것이니, 이를 수행하는 것이 '利有攸往'이고 우리 모두가 '亨'할 수 있게 할 것이다. 목표이면서 이상향이다.

䷠ 遯 (天山遯)

槪說: '遯'은 '달아날 둔, 물러날 둔, 숨을 둔'이다. 괘의 형태가 아래에 柔가 2개, 위에 剛이 4개가 있다. 괘는 아래에서 시작하여 위로 점점 올라가니, 아래의 유가 점점 위로 쌓여 3개, 4개로 자랄 것이고 강은 물러날 것이다. 유는 소인이고 강은 군자이니 소인이 안을 차지하고서 점점 커나갈 것이고 군자는 물러나 사라질 것이다. 또 효를 2개씩 겹쳐 보면 經卦 巽☴이 된다. 손은 「繫辭傳 下」에 "稱而隱(저울질하여 숨는다)"라 했고, 「說卦傳」에는 "入也(들어가다)"라 했으니 '숨고 들어가는 것'의 뜻이 있다. 위 乾☰은 陽으로만 이루어졌으니 그 氣가 위로 오르는데, 아래 艮☶은 '산'이 象이니 묵묵히 멈춰 있다. 위의 것은 오르고 아랫것은 멈춰 있으니 점점 벌어지고 멀어진다. 곧 물러나는 것이다. 이런 것이 괘명 '遯'과 통한다.

「序卦傳」에 "恒者久也, 物不可以久居其所, 故受之以遯, 遯者退也(항이란 오래하는 것이다. 사물은 그 처소에 거처함을 오래할 수 없으니, 때문에 둔괘로 받았다. 둔은 물러남이다)"라고 했고, 「雜卦傳」에는 "遯則退也(둔은 물러남이다)"라 했다. 모두 '물러나다'의 뜻을 취했다. 그런데 '遯'을 괘 이름으로 할 때, 예전에는 주로 우리말 '돈'이라고 했지만 요즘은 '둔'이라고 많이 발음한다. 그리고 上經 '屯卦'의 '屯'을 옛날은 '둔괘'라 했는데 요즘은 '준괘'라 한다. 서로 혼동하지 않도록 하자.

1. 괘

*** 遯, 亨, 小利貞.**

둔괘(물러남이), 통하고, 작은 것이라도 바르게 하면 이롭다.

[해설] 자연현상에는 항상 사라지고 다시 생기고 하는 것이 법칙이다. 새벽이면 어둠은 물러나는 것이고 황혼이면 밝음이 물러나는 것이다. 마찬가지로 인사에서도 진퇴는 항상 있는 일이고, 물러나는 것이 더 좋을 때도 있다. 양보하여 남을 배려하는 것이고 내일을 기다린다는 뜻도 된다. 그래서 '亨'이다. 음유한 소인이 점점 세력을 확장해서 소인들의 천하로 돌아갈 때는 陽剛한 군자도 물러나야 하는 상황이 있다. 이런 때는 물러나는 것이 이롭지, 맞서봐야 군자의 스타일만 구기는 꼴이 된다. 이런 때도 역시 '亨'이다. 군자가 물러나면서도 작은 것에까지 신경을 쓰면서 물러나야 한다. 그래야 조금이라도 이로운 세상이 된다. 또 아래의 두 음을 '小'로 지칭할 수 있고, 이들도 바르게 해야 이롭다. 특히 아직 다스리는 사람은 양인 군자이므로 소인이라도 함부로 날뛰면 안 되고 바르게 처신해야 이로움이 있다. '小利貞'이다. 그래서 '小'를 '소인'으로 바로 번역하기도 한다. 그러나 사람과 동시에 사람의 일을 함께 아울러 나타낸 것으로 보는 것이 의미를 넓힐 수 있다.

*** 彖曰, 遯亨, 遯而亨也, 剛當位而應, 與時行也. 小利貞, 浸而長也. 遯之時義大矣哉.**

단전에서 말했다. 둔괘의 형은, 물러남이 형통하다는 것이니, 강이 당위이면서 응이 있어, 때와 함께 행하기 때문이다. 작은 것이라도 바르게 하면 이롭다는 것은, 점점 자라나기 때문이다. 둔괘는 때의 의의가 크도다!

[해설] 괘사를 풀이한 「彖傳」. 먼저 괘사 '遯亨'을 풀었다. 둔괘가 형통함을 '遯而亨'이라 했고, 이렇게 되는 이유는 '剛當位而應'함으로서, '與時行'할 수 있기 때문이라 했다. 둔괘의 형통함을 '遯'과 '亨'자를 그대로 쓰면서 '而'라는 자를 더하여 강조하는 수준으로 나타내며 그 이유를 이어갔다. '剛當位而應'의 '剛'은 九五이고 '應'은 아래 六二와 서로 응함을 말한다. 모두 중심에서 正位하여 서로 應하니 '當位'와 '應'이 나왔다. 중정한 덕으로 위와 아래의 중심에서 서로 응하니, 때가 행해야 할 때에는 함께 행하게 된다. '與時行也'이다. 그러므로 '亨'

한 것이다. 구오는 양이면서 위에 있으니 남자고 아버지이며, 육이는 음이면서 아래에 있으니 여자이고 딸의 象이 있다. 사랑하는 남녀, 혹은 아버지와 딸이 서로 돕고 힘이 되어주는 사이이니 무엇인들 못하겠는가? 그러니 서로 '亨'하는 것이고, 필요한 때에 필요한 도움을 주니, '與時行'이 된다. 대체로 「단전」은 卦名을 먼저 풀이하는데 이 괘에서는 '遯亨'을 묶어 풀면서 괘명만을 따로 해석하지 않았다.

그 다음은 '小利貞'을 설명했다. 지금의 때가 소인들이 세력을 확대하는 시기이지, 아직은 소인들만의 세상은 아니다. 지금의 시기는 물에 담그면 점점 물에 젖어 물기가 번져가듯이 소인들이 점점 자리를 많이 차지하여 그 세력이 확장되는 시기이다. 그리고 작은 것이라도 바르게 하면 앞으로 점점 자라면서 좀 더 좋은 결과를 보게 될 것이다. 이런 뜻이 '小利貞, 浸而長也'이다. 그렇기 때문에 군자가 물러나는 것도, 소인이 자라나는 것도 '時'의 '義'가 중요하니, 이를 강조하는 말이 '遯之時義大矣哉'인 것이다. 과연 언제 어떻게 물러나는지는 효사에서 말하고 있을 것이다.

* 象曰, 天下有山, 遯. 君子以遠小人, 不惡而嚴.

상전에서 말했다. 하늘아래 산이 있는 것이 둔괘이다. 군자는 이를 보고서 소인을 멀리하되, 미워하지 않고 엄하게 한다.

[해설] 괘의 象을 보고 풀이한 「大象傳」이다. '天'은 위의 乾, '山'은 아래 艮의 象. 아래에 있는 산이 높으면 높을수록 위에 있는 하늘은 더 높아 보이니, 피하고 물러나는 상이 있으나, 여전히 하늘은 의연하다. 이것이 遯卦이니, 이런 현상을 관찰하고 군자라면 소인과는 거리를 두면서도 미워하지는 않고 위엄을 가지고 의연하게 상대한다. 인간을 미워하는 태도는 군자가 취할 바가 아니다. 그렇다고 가깝게 하면 소인들의 행위를 용납하는 것이 되거나, 스스로 소인들의 행위에 물들게 된다. 그러므로 엄하게 하면서 의연한 태도를 취하는 것이다.

2. 효

* 初六, 遯尾, 厲, 勿用有攸往.
象曰, 遯尾之厲, 不往何災也.

초육, 물러남을 마지막에 한다. 위태해도, 갈 바를 두지 말라.
상전에서 말했다. 물러남을 마지막에 하므로 위태로움이 있으나, 가지 않으면 무슨 재앙이 있을까?

[해설] 初六의 효사와 소상전이다. 아래 艮은 '그침'과 '산'의 상이니, 산의 가장 밑에 위치해서니 꼼작하지 않는다. 거기에 물러나고 숨어야 하는 것은 위에 있는 양이지 음이 아니다. 그러므로 만약 물러나 숨는다면 가장 마지막이 될 것이니 '遯尾'가 된다. '尾'는 '끝'이니 물러날 때의 마지막 단계를 의미하는 것으로 보았다.

그런데 아직은 柔의 세상도 아닌데, 거기에 특별한 관계의 正應 九四도 물러나게 해야 한다. 이렇게 위의 剛들을 물러나게 하는 일은 위태로울 것이니 '厲'이다. 그러나 이미 柔의 소인이 세력을 확장하여 위에 하나의 유가 더 있으므로 물러날 필요는 없다. '勿用有攸往'인 것이다. '有攸往'은 '遯'하기 위해 움직이는 것을 말한다. 아직 강이 지배하니 위태로움은 있지만 물러나지 말고 버텨야 한다는 뜻이다.

소상전 '遯尾之厲'는 '遯尾, 厲'를 한 구로 만든 것이다. 전체적으로는 물러나고 숨는 뜻으로 보고 있으나, 여기의 '不往何灾'나 효사의 '勿用有攸往'은 下卦 艮 '그침'의 상태만 유지하고 있으면 음의 세력이 확장하게 됨을 은근히 나타내고 있다. '灾'는 '재앙 재'로 災와 같다.

* 六二, 執之用黃牛之革, 莫之勝說.
象曰, 執用黃牛, 固志也.

육이, 매인 것이 황소의 가죽이다. 이를 벗기지 못한다.
상전에서 말했다. 매인 것이 황소가죽이라 함은, 꿋꿋한 의지를 말한다.

[해설] 六二 효사와 소상전이다. 육이는 하괘 艮 '山'의 중심이니, 初六과 같이 꿈적하지 않는다. 거기에 상괘의 中正한 九五와 正應이며 九三과는 親比이다. 마치 위에 있는 아버지 구오도 오빠 구삼도 그녀의 바람을 물리칠 수 없는 상황과 같다. 이로써 육이의 지위는 튼튼하기가 이를 데 없다. '執之用黃牛之革'이다. '執'은 高亨과 于省吾가 '縶(맬 집)'으로 보았고, 모두 '매다, 묶다'로 푼다. '黃'은 중앙의 색이니 하괘의 중앙인 육이의 색이고, '牛'는 순한 짐승이니, 이것도 음으로 유순한 육이를 상징한다. 그런데 '가죽'이니, 이것은 '끈질김'의 상이고 艮體에 있기 때문에 가능한 것이다. 육이가 이렇게 소의 가죽으로 매인 것처럼 결심이 단단하다는 뜻이다. 그러니 결코 물러나지 않는다. '莫之勝說'이다. '莫'은 '~하지 못하다', '勝'은 '行' '說'은 '脫'이니, 전체를 직역하면 '매임을 황소의 가죽을 썼으니, 벗어남을 행하지 못한다'인데 위와 같이 번역했다. 이렇게 단단한 의지가 소상전의 '固志也'이다.

* 九三, 係遯, 有疾厲. 畜臣妾, 吉.
象曰, 係遯之厲, 有疾憊也, 畜臣妾吉, 不可大事也.

구삼, 물러날 때에 매인 데가 있으니, 병이 있어 위태롭다. 노비를 기르는 데는 길하다.
상전에서 말했다. 물러날 때 매인 데가 있어 위태롭다는 것은, 병이 있어 지친 것이고, 노비를 기르는 데 길하다는 것은, 큰일은 할 수 없다는 것이다.

[자구의 뜻] 臣妾: 노비(사내종 신, 계집종 첩). 여자가 임금에게 자신을 일컫는 말. 憊: 지칠 비, 쇠약해질 비.

[해설] 三爻의 효사와 소상전. 九三은 下艮 '그침'의 上位에서 正位하고 있다. 관계가 있는 것은 오직 比爻 六二. 육이는 중정의 덕으로 위아래를 설득하면서 세력을 확충한다. 시대상황은 물러나야 하는 때이지만, 음 육이와 양 구삼은 성질과 뜻이 다르다. 구삼은 밀고 올라오는 육이를 막아야 하는 위치에 놓였다. 친족이면서 유일한 관계 육이와 이렇게 매이게 되니, 이것이 '係遯'이다. 이 육이를 매몰차게 막지도 못하고 물러날 수도 없어, 매이게 되니 마음의 병이 들게 된다. 그래서 '有疾'이고, 이런 상태는 '厲'이다. 이럴 때 구삼의 입장에서는 노비를 기르는 것처럼 하면 좋다. 노비란 가까이에서 부리는 사람이다. 이런 사람에게는 엄하면서도 자상하게 마음을 써주면 충복이 되기 때문이다. '畜臣妾, 吉'은 이런 뜻이다. 음들의 세력을 자기 집에 묶어두어 더 확대되지 못하도록 현상유지를 하는 것이다.

'係遯'을 '繫遯'으로 쓴 판본도 있다. '畜'은 모두 '기를 휵'으로 보는데, '臣妾'을 '신하와 첩'으로 보는 데도 많다. 그러나 왕의 지위도 아니면서 아직 하괘에 있는데 자기보다 아래에 있다고 '신하'라는 말은 어울리지 않아 취할 수 없었다.

소상전에서는, 구삼이 매여 위태하다는 것은 마음에 병이 있어 고달픈 상태를 말한다고 했고, 노비를 기르는 데 길하다는 것은 사소한 家庭事는 할 수 있으나 국가를 다스리는 것과 같은 큰일은 할 수 없다는 뜻이고, 겨우 현상유지는 하나 대세를 바꾸지는 못한다는 뜻이다.

*** 九四, 好遯, 君子吉, 小人否.**
象曰, 君子好遯, 小人否也.

구사, 좋게 물러나니, 군자는 길하고, 소인은 그렇게 못한다.
상전에서 말했다. 군자는 좋게 물러나지만, 소인은 못한다.

[해설] 四爻의 효사와 소상전. 九四는 굳건한 乾의 시작이다. 그리고 初六과 正應으로 각별한 사이이다. 때는 물러나는 시기이고 乾의 氣는 올라가니, 사랑하는 자식을 위해 건 '아버지'는 물러남에 호의적이다. '好遯'이다. 그런데 군자는 이렇게 할 수 있어 吉을 얻게 되는데, 소인은 현재 대신의 지위에 연연해 물러나지 못한다. 때를 읽고 이에 대처한다는 일이 누구나 하는 일이 아니라는 뜻이다. 그래서 '君子吉, 小人否'이다. 이 구절의 '君子'는 비단 구사만을

지칭한 것이 아니고, 占하는 사람이 군자의 덕이 있어야 吉하다는 말이 된다. '否'는 '막히다'라고도 많이 번역하는데, 부정사 '아니다'로 보고 번역했다. 소상전은 이런 뜻을 축약해 다시 나타냈다.

* **九五, 嘉遯, 貞吉.**
象曰, 嘉遯貞吉, 以正志也.

구오, 아름답게 물러난다. 바름을 지키니 길하다.
상전에서 말했다. 아름답게 물러나 바름을 지키니 길하다는 것은, 뜻을 바르게 하기 때문이다.

[해설] 九五는 剛으로 中正하면서 최고의 지위에 있고, 아래로는 중정한 六二와 正應이니, 마치 아버지와 아들 같은 관계다. 중정한 구오는 그 때를 알아서 움직이고, 때를 알아서 그치며, 때가 물러날 때면 물러날 수 있다. 그러므로 '嘉遯'할 수 있는 자질이 구오에게는 충분히 갖추어진 것으로 본다. 시절의 흐름도 '遯'이고 아들인 육이가 원하는 바이니 물러날 때가 되었다. 그래서 '嘉遯'하는 것이다. 물러나도 아름답게 물러나니 바른 일이요, 물러난 후에도 바르게 하면 '吉'할 것이다. 물러난다고 다 흉한 것은 아니다. '貞吉'이다.

물러날 때를 모르고 흉으로 끝마침을 한 최고의 권력자를 우리의 현대사에서 보아온 반면, 고대 중국의 역사에 舜에게 양위한 堯, 유방의 아래에서 참모 노릇을 하다가 통일이 된 후에 물러난 漢의 張良 등은 가히 '嘉遯'이라 할 수 있다. 이들처럼 물러날 때를 알고 바르게 처신하니 '吉'할 것은 뻔하다.

'貞吉'의 '貞'은 때를 아는 것이요, 바른 행위를 할 줄 알기 때문에 '貞'인 것이다. 이렇게 '嘉遯貞吉'한 근원은 '正志'하기 때문이니, '뜻을 바르게 하는 것'이 중요함을 소상전은 강조했다.

* **上九, 肥遯, 无不利.**
象曰, 肥遯无不利, 无所疑也.

상구, 넉넉한 마음으로 물러나니, 불리함이 없다.
상전에서 말했다. 넉넉한 마음으로 물러나니 불리함이 없다는 것은, (遯時임을)의심할 것이 없다는 것이다.

[자구의 뜻] 肥: 살찔 비, 넉넉해질 비, 기름 비, 얇게 할 비, 날 비.

[해설] 마지막 효의 효사와 소상전. '肥遯'의 '肥'를 3가지 뜻으로 푼다. '살찌다' '여유 있다' '날다'이다. '肥'와 '蜚(바퀴벌레 비, 날 비)', '飛'는 서로 통용됐다.

上九는 괘의 마지막이니 剛이 柔의 세력을 막기 위해 애써도 소인의 세력이 번창하게 되는 변화는 이루어지는 것이고, 상괘 乾은 오르는 성질이니 여기서 오르는 것은 물러난다는 뜻이다. 정위가 아니니 안정된 자리도 아니다. 아래에 正應·親比도 없으니 미련 없이 물러나는 것이다. 이런 풀이에 맞는 '肥'의 뜻은 '넉넉하다, 여유 있다'의 뜻으로 번역했다. 이를 좀 더 확장하고 강조해서 미련 없이 훌훌 털며 날아갈 듯이 물러난다는 의미로 '飛'의 뜻으로 번역할 수도 있다. 의미는 서로 통한다. 이렇게 강이 유를 저지하는 행동을 하지 않고 물러나도 결국은 '遯時'가 될 것은 자명하므로 공연히 애쓸 필요가 없기 때문에 '无不利'가 된다.

소상전에서는 물러나는 때라는 것은 의심할 것이 없으므로 여유롭게 물러난다는 뜻이다. 곧 물러남이 '无不利'하게 됨으로 '无所疑也'라 했다.

이 괘의 효 하나하나는 모두 물러나는 것으로 풀었다. 하괘는 艮 '止'이므로 물러나는데 매인 것이 있어 물러나지 않고, 상괘는 乾 '天'이므로 때를 이미 알고 있어 물러나는 것으로 풀었다. 군자인 강이 소인인 유를 억제하는 말은 없다. 단지 九三에서 미세한 느낌을 주는 정도이다. 乾의 강들처럼 때를 안다는 것이 소인들에게는 쉽지 않다. '小人否'이다. 그런데 현재 이 나라에서 물러나는 때를 알지 못해 사회적 물의를 빚는 사람들은 정치하는 사람들이 대다수다. 『周易』에서처럼 군자가 정치를 하면 이런 문제는 일어나지 않을 것이다. 언제 군자가 정치를 하는 세상이 될까? 『주역』은 변화가 기본원리이니, 우리의 정치도 언젠가는 변화가 올 것이다. 모두가 어떻게 하면 '遯之時義大矣哉'를 알 수 있을지를 생각하며 다시 읽어보자.

䷡ 大壯 (雷天大壯)

槪說: '壯'은 '씩씩할 장, 장대할 장'이다. 괘의 형태가 아래에서 陽剛이 반을 넘어서 올라와 있다. 陽剛은 大요, 陰柔는 小이다. 굳센 양강이 반을 넘게 자랐으니 '大壯'이다. 위는 震☳으로 그 象이 '우레'와 '움직임'이며, 아래는 乾☰으로 '하늘'이고 '굳셈'이다. 하늘위에서 움직이니 장대하다 할 것이며, '굳센 움직임'이니 씩씩하다 할 것이므로 역시 '大壯'이다. 2효씩 묶어 經卦로 만들면 大兌(☱)가 되니 태는 '羊'의 象이 있다. 큰 羊이 뿔로써 들이받는 모습도 연상할 수 있으니, 이도 '壯'이라 할 것이며, 羊이 성장한 것(大)을 '牂(암양 장)'이라 했으니 壯과 牂은 서로 소리가 통하므로 이를 '大壯'과도 연결시킨다.

성인들은 이런 튼튼하고 굳셈을 이용하여 집을 만들었다고 한다. 「계사전 하」의 글귀다. "上古穴居而野處, 後世聖人, 易之以宮室, 上棟下宇, 以待風雨, 蓋取諸大壯(오랜 옛날에 동굴

속에 있으면서 들에서 살았는데, 후세의 성인이 이를 가옥으로 바꾸어, 기둥을 올리고 지붕을 덮어서 비바람에 대비하였으니, 대개 저 대장괘에서 취했다)" 튼튼한 剛이 벽처럼 쌓이고 부드러운 柔가 지붕처럼 위에 얹혀 있는 괘의 형태에서 가옥을 이끌어내는 사고가 놀랍다. 卦를 공부하는 방법을 알려주고 있다.

「서괘전」에 "遯者退也, 物不可以終遯, 故受之以大壯(둔이란 물러나는 것이니, 사물은 끝까지 물러날 수만은 없으니, 때문에 대장으로써 받았다)"라고 했다. 전진을 위해서 힘을 쓴다는 뜻일 것이다. 「잡괘전」에는 "大壯則止(大壯은 곧 그침이다)"라고 했으니, 글자 '壯'의 뜻과는 연결이 안 되나, 앞 괘 遯의 '물러남'을 그친다는 뜻과는 연결이 된다. 이를 宋代 郭雍옹은 "장이 그칠 줄을 모르는 것은 소인의 장이요, 군자의 장은 그친다(壯不知止, 小人之壯也, 君子之壯, 則有止)"라고 했다 한다.[177] 군자는 씩씩하게 나아갈 때와 그칠 때를 알아서 행하는 것으로 말했다. 참고할 만하다. 이렇게 큰 양들이 세력을 확대하는 시기의 괘효사를 살펴보자.

1. 괘

*** 大壯, 利貞.**

대장(큰 것이 씩씩한)괘, 바름을 지키면 이롭다.

[해설] 괘사이다. 陽剛이 大이니, 이 양강이 강성한 때이다. 이때는 바르게만 하면 이롭다. 양은 크고 굳세며 앞으로 나아가는 성질이 있는데, 만약 바르지 않으면 어떻게 되겠는가? 망설이고 주저하는 음유한 소인보다 더 좋지 않을 것이다. 역사상에는 강한 힘만 믿고 무력으로 정권을 잡았던 사람들은 결국 백성과 나라를 어지럽힌 결과만 낳고 만 사실도 있다. 이런 것을 보면 '貞'이란 警戒辭를 두는 것이 결코 이상하지 않다. 大壯은 바로 군자의 道를 말하니 '貞'은 필수요소이다.

*** 彖曰, 大壯, 大者壯也. 剛以動, 壯也. 大壯利貞, 大者正也. 正大而天地之情可見矣.**

단전에서 말했다. 대장은, 큰 것이 씩씩함이다. 굳세게 움직이니 씩씩한 것이다. 대장괘가 바름을 지키면 이로운 것은, 큰 것은 발라야하기 때문이다. 바르고 크면 천지의 실정을 볼 수 있다.

---

177) 黃壽祺·張善文 撰, 「周易譯注」(上海古籍出版社, 2002), 660쪽.

[해설] 단전이다. '大壯, 大者壯也. 剛以動, 壯也.'까지는 괘명인 '大壯'을 설명한 말이다. '大'란 剛을 말하고 이 강들이 4효까지 올라왔으니 '壯'이다. 이것은 괘의 형태로서 설명했다. 이어서 卦象으로 설명을 이었으니, 下乾은 '剛'이고 上震은 '動'이므로, 剛하게 움직이니 '壯'인 것이다.

다음은 괘사 '大壯利貞'을 설명했다. 큰 것은 형태가 반듯하고 성질이 삿됨이 없어야 한다고 '大者正也'라고 간략히 표현했다. 가장 큰 것은 천지이고 이 천지는 일정한 변화의 틀이 계속되면서 공평하게 사물에 영향을 끼치니 바르다고 할 수 있다. 그래서 '大者正也'이니, 큰 것이 씩씩하게 올라가는 대장괘도 '貞'해야 이로운 것이다. 이렇게 천지는 '正大'하고 사람은 이 정대한 천지에 맞추어 살아가야 한다. 그러려면 天地의 실정을 알아야 하고, 그러면 자연인간도 '正大'하게 된다. 그래서 '正大而天地之情可見矣'라 했다. '正大'를 천지자체의 정대보다는 인간도 천지와 같이 정대해야 함을 말하는 뜻으로 받아들여야 한다. 바로 '貞'해야 하는 이유다.

'天地之情'은 드러난 형태에 초점이 맞추어져 있고, '天地之心'이라 한 괘도 있는데 이는 미세하여 드러나지 아니한 것을 말한다. 또 '天地萬物之情'이라 한 괘도 있는데, 여기서는 바르고 큰 '형태'에 중점을 두었기 때문에 '萬物'은 빠졌다.

*** 象曰, 雷在天上, 大壯. 君子以非禮弗履.**

상전에서 말했다. 우레가 하늘 위에 있는 것이 대장괘이다. 군자가 이를 보고서 예가 아니면 행하지 않는다.

[해설] 대상전. '雷'는 上震에서, '天'은 下乾에서 나온 象이니. 상으로써 대장괘를 풀고, 이것의 뜻하는 바를 본받아서 군자가 행할 바를 말했는데, 그것이 '非禮弗履'이다. 하늘 위에 우레가 있다. 이 우레는 때가 되면 지상의 만물을 진동시키며 깨워서 生長시킨다. 이런 일은 때가 되면 계속되는 하늘의 기본적인 질서이다. 이를 인간 세상에 적용하면, 사람과 사람 사이에서 변함없이 지켜야하는 것은 '禮'이고, 이것이 기본질서이다. 그러므로 예를 지키며 해야 하는 일을 하늘처럼 꿋꿋이 행하고, 우레처럼 남을 일깨우고 가르치기도 하며, 예가 아니면 행하지 않아야 한다는 이치를 깨닫는다. 이를 이행하는 자가 군자이다. 이런 뜻이 '君子以非禮弗履'이다.

乾卦 「文言傳」에서 이미 "嘉會足以合禮(아름다운 모임은 족히 예에 합치한다)"라고 했으니, 사람들의 모임에는 禮가 기본질서임을 말했다. 그래서 "예가 아니면 보지도, 듣지도, 말하지도, 행하지도 말라"는 공자의 말도 있다.

2. 효

* 初九, 壯于趾, 征凶. 有孚.
象曰, 壯于趾, 其孚窮也.

초구, 발에서 씩씩함이니, (그렇게)가면 흉하다. 믿음이 있어라.
상전에서 말했다. 발에서 씩씩함이 있다는 것은, 믿음이 궁해서이다.

[자구의 뜻] 趾: 발(가락) 지, 기초 지, 자취 지.

[해설] 初九 효사와 소상전이다. 때는 陽이 이미 장성하여 군자의 세상이 이룩될 직전이다. 초구는 그 양들의 가장 아랫자리에 있고, 正應·親比가 없다. 그러니 어리고 미천한 계급이면서 혼자이다. 그런데 剛이 剛位에 있고, 굳센 乾에 속해 있다. 굳셈이 지나치게 거듭됐으니 자신의 미천함을 잊고 날뛸 가능성이 있다. 가장 아래에 있는 것을 사람의 몸에 비유하면 '趾'가 되고, 그것이 날뛰게 되면 이것이 '壯'이 되니, '壯于趾'이다. 발이 움직이면 모든 신경이 쏠려야 사고 없이 나아갈 텐데, 아직 어린 것이 날뛰면서 가면 사고가 날 것이다. 그러니 '征凶'이라 했다. 그 다음의 '有孚'는 그렇게 날뛰지 말고 때는 이미 양의 세계가 오도록 되어 있어서 앞으로 전진하게 될 것이니 믿음을 가지라는 뜻을 덧붙였다고 보았다. 위의 번역은 이런 뜻으로 한 것이다. 그러나 어리고 미천하면서 정응·친비가 없다고 해서, 씩씩하게 나아가는 大壯의 시기에, 소속된 乾도 굳세게 나아가고자 하는데, 정위한 초구가 이런 뜻과 부합하는 행동을 한 것이 꼭 흉이어야 하는지가 의문스럽다.

그런데 高亨은 '壯'을 '傷'으로, '孚'를 '浮(벌할 부)'의 뜻이라 했다. 그의 번역은 "발을 다쳤으니, 출정하면 흉하여, 벌을 받는다"이다. 于省吾도 '壯'과 '戕(해칠 장)'이 소리가 같아서 통용되었고, 그 뜻은 '傷'이라 보았다. '壯'은 대장괘 初九와 九四, 夬卦 初九와 九三, 姤卦의 괘사에 쓰였고, '戕'은 小過卦 구삼에 쓰였다. 이 괘들이 크게 묶어서 보면 大兌가 되고(姤卦䷫는 거꾸로 보면 兌가 됨), 소과괘䷽는 九三 九四 六五의 互卦가 兌이니 兌는 「설괘전」에 '毁折'이라 했으므로 이에 근거하면 '傷'이 된다고 그는 말했다.[178] 이 효 초구는 下賤하면서 정응도 친비도 없기 때문에 '傷'과도 통하는 면이 있다. 그리고 '有孚'를 '征凶'과 연결하여 '征凶有孚'로 합치고, '발을 다쳤으니 가면 흉함에 믿음이 있다(가면 흉함이 틀림없다)'라고도 번역을 한다.

옛사람도 현대의 학자도 대개 이런 것에서 뜻을 취해 여러 형태의 번역을 하는데, 모두 그럴듯하기도 하고 석연찮기도 하다. '傷'으로 보는 것은 뜻의 흐름은 자연스럽다. 그러나 구사

178) 于省吾, 「雙劍誃群經新證 雙劍誃諸子新證」(上海書店出版社, 1999), 34쪽.

효에서는 '傷'으로는 뜻이 잘 통하지 않으니 석연찮다(九四 번역 참조). '征凶有孚'로 묶은 풀이는 시대상황이 강의 세상이 되어감과 그리고 정위하였으니 양강의 바름이 덜 고려된 것 같다. 그리고 '趾'를 '城趾(성터)'의 준말로 보는 이도 있는데 '城'을 생략한 이유를 알기 어렵다. 번역들이 모두 확실한 맛이 없지만 상기의 번역은 이어진 소상전과도 뜻이 잘 통하고, 많은 사람이 이런 의미로 번역하여 결국 이를 따랐다.

소상전은 초구가 강의 전성기가 오는 것을 믿지 못하고 조급증을 내고 있으니 '믿음이 궁하다'는 뜻으로 '孚窮'이라 했다. 효사 자구의 풀이도 이런 뜻이었다.

*** 九二, 貞吉.**
象曰, 九二貞吉, 以中也.

구이, 바르게 하면 길하다.
상전에서 말했다. 구이의 바르게 하면 길하다는 것은, 중심에 있기 때문이다.

[해설] 九二 효사와 소상전이다. 구이는 중에 있고, 위로는 六五의 최고 권력자와 正應이다. 구이가 강이면서 陽剛이 성한 시기이므로 지나치게 강할 것이 염려스러우나, 그 자신 중덕이 있고 음위에 있으므로 강을 어느 정도 중화시킬 것이며, 최고 권력자도 중덕이 있으면서 음이니, 구이의 지나친 행동을 저지할 것이다. 그러면 바르게 할 것이고 바르게 하면 '吉'할 것은 당연하니 '貞吉'이다.

소상전에서도 '貞吉'이 되는 것은 '中'이기 때문이라 했다.

*** 九三, 小人用壯, 君子用罔, 貞厲, 羝羊觸藩, 羸其角.**
象曰, 小人用壯, 君子罔也.

구삼, 소인은 씩씩함을 쓰고, 군자는 쓰지 않는다. (씩씩함을 쓰면)발라도 위태로우니, 숫양이 울타리를 떠받아서, 그 뿔이 걸린다.
상전에서 말했다. 소인은 씩씩함을 쓰고, 군자는 아니한다.

[자구의 뜻] 罔: 그물 망, 법규 망, 아닐 망. 羝: 숫양 저. 觸: 뿔로 떠받을 촉, 부딪칠 촉. 藩: 울타리 번, 경계 번, 속국 번. 羸: 야윌 리, 병 리, 얽힐 리.

[해설] 九三은 剛으로 강위에 있고 剛健한 乾의 최정상이며, 때는 강이 장성한 때이므로 지나치게 强한 면이 있다. 건은 內卦이니 속이 매우 자신감에 차있는 현상이다. 이럴 때 소인들은 자랑하고 싶어진다. 그래서 그 장성함을 자랑하며 나타내 보인다. '小人用壯'이다. 한편

구삼은 정위했고 上六과 正應이다. 이런 상태는 잘 가꾸면 군자의 성품도 갖출 수 있는 여지가 있다. 군자들은 자기 자랑은 하지 않는다. 이런 뜻으로 '君子用罔'이라 했다. '罔'은 '없다, 아니다'의 뜻이므로, 직역하면 '군자는 아니함을 쓰다'인데, 이는 '壯'을 쓰지 않는다는 말이다. 前句 '用壯'의 형식을 빌려 구색을 맞춘 것이다. 그런데 王弼은 '罔'을 '그물'로 보고 '자기를 얽어매는 그물'이라 했다. 뜻은 서로 통한다.

이어서 소인처럼 장성함을 자랑하면 그것이 그럴만한 바른 것이라도 군왕으로부터 제재를 받는 위태로움이 있다. 마치 羊이 앞을 막고 있는 울타리를 받아서 뿔이 그 울타리에 걸려 물러서지도 나아가지도 못하는 지경에 빠지는 위태한 상태다. 이것이 '貞厲, 羝羊觸藩, 羸其角'이다. '羸'를 뿔이 울타리에 걸려 상하게 되므로 '병들다, 파리하다'로 번역한 데도 있으나, 어쩌지 못하고 있는 상태를 나타내고 있는 것으로 보고 '걸리다'로 역했다. '羊'은 2효씩 묶은 兌의 상에서, '羝'는 剛은 남자, 건도 아버지이므로 여기에서 나왔다. 개설에서 인용한 곽옹의 말이, 이 효와 통한다.

소상전은 다시 강조하는 의미로 앞 절을 거듭했는데, 뒤 구에 '用'을 뺌으로 해서 자연스럽게 뜻이 전해지도록 했다.

*** 九四, 貞吉悔亡. 藩決不羸, 壯于大輿之輹.**
象曰, 藩決不羸, 尙往也.

구사, 바르게 하면 길하고 후회도 없다. 울타리가 터져 (뿔이)얽히지 않고, 큰 수레의 복토가 단단하다.
상전에서 말했다. 울타리가 터져 얽히지 않다는 것은, 감을 숭상하는 것이다.

[해설] 四爻의 효사와 소상전이다. 九四는 쌓여 오르는 양의 제일 앞이고, 움직임의 뜻이 있는 震의 주효이다. 무리를 이끌고 위로 올라가야 하는 상황에서 주동적인 역할을 수행해야 한다. 그런데 六五와는 親比이니 그와 등을 돌릴 수도 없고, 정위가 아니면서 음위에 있으니, 양의 강성만을 발휘할 수가 없다. 그러므로 '悔'가 있지만, 적당히 바름을 지키면 해결될 길이 열린다. 시대상황과 처한 위치가 앞으로 나아갈 수밖에 없고, 다행히도 앞에는 두 효가 음이므로 길을 터주고 있으니, 바르게만 하면 얼마든지 위로 오를 수 있다. 그래서 '貞吉悔亡'이다.

이렇게 九四의 앞길에는 울타리가 열려있는 격이므로 '藩決不羸'라 했고, 또 강들이 쌓이고 쌓였으니 튼튼하기가 이럴 데 없다는 뜻으로 '壯于大輿之輹'이라 했다. 九三은 앞의 九四 양이 막고 있기 때문에 뿔이 걸렸고, 여기서는 열려있으므로 표현이 반대이다. '壯'은 이 구절에서는 우리말 '튼튼하다'가 더 어울린다. 만약 '壯'을 '傷'으로 본다면 '不羸'와 '貞吉悔亡'과의 연결이 잘 안 된다.

소상전에서는 '藩決不羸'로서 효사를 줄여 대표시켰고, '尙'은 '숭상하다, 높이다'의 뜻이다. '돕다'의 뜻도 있어 이를 택한 번역도 있다.

* **六五, 喪羊于易, 无悔.**
象曰, 喪羊于易, 位不當也.

육오, 유역(의 지역)에서 양을 잃었으나, 후회는 없다.
상전에서 말했다. 유역에서 양을 잃었다는 것은, 자리가 부당하기 때문이다.

[해설] 六五는 왕위의 권력자이면서 중덕이 있고, 아래 九二가 응하고 九四와는 親比이다. 또 不當位인데, 때는 구사를 선두로 해서 뭇 강들이 올라온다.

'羊'이란 兌에서 나온 象이다. 육오는 괘를 2획씩 묶은 大兌에서도 양이 나오고, 六五가 변해도 상괘는 兌가 되니, 여기서도 양이 나온다. '喪羊'이란 육오가 돌진해오는 양을 잃었다는 말이니, 곧 양들을 정지시키지 못했다는 말이다. 양은 들이받으면서 앞으로만 전진하는 성질이다. 아래는 4양이 있고, 위로는 2음이 있는데, 그 경계지역 '易'에 있는 육오는 아들 같은 구이와 동생 같은 구사의 바람과 굳센 힘으로 돌진하는 시대상황에, 그 스스로가 순종하는 '柔'이기 때문에 결국 '喪羊'이 됐다. 곧 '喪羊于易'이다. 그러나 어쩔 수 없는 시대상황이고, 또 자신은 물러나지만 그 결과는 군자들의 좋은 세상이 될 것이기 때문에 '无悔'다. 이런 뜻의 번역이 된다.

'易'에 대한 풀이다. 경계지역이나 가장자리를 말할 때의 '埸역'과 통용되는데, 양들이 노는 밭의 경계 '밭두렁'을 말하는 것으로 보고 번역하기도 한다. 王弼은 '쉬울 이'로 풀어서 '쉽게 양을 잃었으나'로 번역했기 때문에 이를 따른 사람도 많지만 최고의 권력자가 물러나는 일을 '쉽다'고 표현할 수는 없다. 그런데 이 구절을 殷의 선조 亥해의 일이라고 말했다. 亥는 '有易'이라는 땅에서 소와 양을 길렀고, 처음으로 소에 멍에를 씌우는 법을 만들어 수레를 끌도록 했는데, 有易의 왕에게 피살되고 이를 빼앗겼다고 한다. 旅卦 上九에 '喪牛于易, 凶'이 나오는데 이 상구와 여기 육오를 바로 이 역사적인 사실을 말한다고 본다. 그렇다면 '喪羊'하고도 '无悔'하다고 했으니, '无悔'는 그가 죽기 전의 일이기 때문인지, 아니면 결과적으로 이 일로 殷이 有易을 합병하였기 때문인지 분명치는 않지만, 顧頡剛고힐강과 高亨이 이런 '亥'의 古史로 보았다. 殷代의 역사적 사실의 기록이라, 여기서도 이를 취했다.

소상전에서는 柔가 陽位에 있으니 '不當位'이므로 이 점을 강조하여 '喪羊'의 이유로 보았다. 또한 왕자 해가 안전지대를 떠나 유역에 있었던 '位'가 '不當'하다는 뜻이 될 것이다. 결국 소상전에서 '不當位'를 강조한 것은 인사에서는 어떤 자리 어떤 위치가 어떤 일로 가게 하는가를 알아야 한다는 뜻일 것이다.

*** 上六, 羝羊觸藩, 不能退, 不能遂. 艱則吉.**
象曰, 不能退, 不能遂, 不詳也, 艱則吉, 咎不長也.

상육, 숫양이 울타리를 받으니, 물러날 수도 없고, 갈 수도 없다. (그러나)어려움이 곧 바로(오래지 않아) 길할 것이다.

상전에서 말했다. 물러날 수도 없고, 갈 수도 없다는 것은, 자세히 살피지 못한 것이고, 어려움이 곧 길하다는 것은, 허물이 오래가지 않기 때문이다.

[해설] 上六 효사와 소상전이다. 상육은 정위했고, 아래의 九三과 正應이다. 이 상태는 현재의 자리에서 자기 역할을 할 수 있음을 말한다. 그런데 시대상황인 '壯'의 終이고, 上震의 극이니 '움직임'도 다해간다. 이런 상태는 올라오는 양들을 막기 위해서도, 아니면 변화를 구하기 위해서도 움직이지 않을 수 없는데, 힘이 다해가니 이러지도 저러지도 못하는 상황인 것이다. 이를 표현한 말이 '羝羊觸藩, 不能退, 不能遂'이다. '羝羊觸藩'은 아래 강들의 돌진함이 심한 것을 표현하면서, 또 구삼과 정응이므로 구삼의 효사와 같은 표현인 '羝羊觸藩'을 쓴 것으로 보인다.

'艱則吉'은 대체로 '艱貞則吉' 혹은 '艱貞吉'로 해석을 한다. '艱貞'이란 '곤란에 굴하지 않고 절조를 지키다'의 뜻이다. 丁若鏞은 '則'과 '貞'이 고문에는 서로 통한다고 했다. 그러나 '則'의 뜻에는 시간이 얼마 걸리지 않는다는 뜻의 '바로'라는 뜻도 있으니, 어렵게 생각할 필요가 없을 것 같다. 어렵지만 바로 吉이 온다는 뜻으로 보고 해석해도 무리가 없다. 즉 곧 해결점을 찾는데, 그것은 물러나는 것이고, 이것은 어려움이 해결되어 군자의 세상이 이루어지니 '吉'이 되는 것이다. 그는 물러나야 하는 자리에 처해 있기 때문이다.

소상전의 풀이는 미리 대비하지 않았기 때문에 이러지도 저러지도 못하나, 오래지 않아 길로 변한다는 뜻이다. '不詳也'의 '詳'을 '두루 살피다'의 뜻으로 보고 있으나, 漢末의 經學家 鄭玄과 王肅은 '祥'으로 썼기 때문에, 이를 따라 '상서롭지 못하다, 좋지 못하다'로 번역도 한다. 참고하기 바란다.

'壯'이란 씩씩해야 하는 것이고, '大壯'이란 양강한 것이 치고 올라오는 괘이다. 그런데도 양이 양자리에 있으므로 씩씩함이 돋보여야 하는 初九와 九三 효의 점사는 그렇게 좋은 것이 아니다. 이것은 때도 씩씩한 때인데, 사람도 씩씩하여 활동성이 있는 남자이면 망동할 우려가 있으므로 이를 경계시킨 것으로 본다. 아직 최고의 권력자는 음이기 때문에 너무 날뛰면 배척당하거나 꺾일 것이고, 상대방에게 미리 대비하도록 할 것이기 때문이다. 아무리 양의 수가 우세해도 권력의 핵심에는 미치지 못하고 있다. 이럴 때는 九二와 九四처럼 음의 자리에 있으므로 해서 강과 유를 병행하여 적당히 유연하게 대처할 수 있어야 올바른 대처라는 의미가 된다. 그리고 상괘는 권력의 핵심에 속하는 사람들로서 오늘날의 정치인에 비유할 수 있다. 시대상황에 따르는 정치인으로서의 九四, 六五, 上六의 처신이 훌륭해 보인다.

䷢ 晉 (火地晉)

概說: '晉'은 '나아갈 진' '오를 진'이다. 괘가 下坤☷, 上離☲로, 곤은 '어머니' '땅' '순함(順)' '무리'가 象이고, 리는 뜻이 '걸리다'이고, '불', '밝음', '日'이 상이다. 땅위에 해가 솟아 올라 있다. 그래서 '晉卦'라는 이름이 붙여졌다. 땅위에 해가 있는 것은, 어둠이 가시고 하루가 시작되는 활기찬 것을 상징하고, 햇빛에 의해서 땅의 만물이 무럭무럭 자라나는 것을 상징한다. '日' '밝음'에서 임금의 덕을, '무리' '順'에서 백성을 이끌어내면, 임금의 밝은 덕으로 만백성이 편안함을 상징하기도 한다.

「서괘전」에서는 "物不可以終壯, 故受之以晉, 晉者進也(만물은 씩씩함으로 끝날 수 없으니, 때문에 진으로써 이를 받았다. 진이란 나아감이다)"라 했다. 사물은 장성하여 씩씩하면 전진하게 된다는 의미이다. 그리고 「잡괘전」에서는 "晉晝也(진은 낮이다)"라 했다. 괘의 상으로 보면 낮이 되니 이를 말한 것 같다. '나아가다'와 '낮'의 뜻인 이 괘의 괘효사는 어떤 말이 있을지 보도록 하자.

1. 괘

* 晉, 康侯用錫馬蕃庶, 晝日三接.

진괘, 제후 강숙에게 많은 말을 하사하고, 낮에 세 번이나 접견한다.

[자구의 뜻] 康: 편안할 강, 풍성할 강, 다스릴 강. 康侯: 나라를 편안히 하는 제후, 곧 왕이 신하를 찬미하는 말. 康叔. 錫: 주석 석, 줄 석. 蕃庶: 매우 많음.

[해설] 괘사이다. '康侯'는 '나라를 편안히 다스리는 제후'라고 옛 학자들은 많이 해석했다. 현대의 顧頡剛이 『주역』에 있는 史實을 밝힌 것[179]에 '康侯'는 西周 武王의 동생 '封'이 '康'과 '衛'를 다스리면서, '衛康叔'이라 했는데, 이를 이른다고 했다. 그리고 현대 중국의 학자 高亨, 于省吾, 朱伯崑 등이 이와 같이 보았다. '用'은 '以'로 보아야겠고, '錫'은 '賜사'와 뜻이 같

---

179) 이 괘 외에도 大壯卦의 '喪羊于易'과 旅卦의 '喪牛于易'은 商의 선조 王亥의 일이고, 旣濟·未濟卦의 '伐鬼方'은 殷의 고종의 일이며, 明夷卦의 箕子는 殷末의 箕子를 말한다고 한 것 등이 있는데, 더 자세한 것은 그의 「周易卦爻辭中的故事」 논문을 참고 바라며 『古史辨』 第三冊에 수록되어 있다.

은데, 우리말 '주다'이다. 그런데 어떤 이는 康侯가 天子에게 헌납하는 것으로, 또 어떤 이는 천자가 강후에게 하사하는 것으로 해석하므로, 뜻이 두 갈래로 나뉜다. 이 괘는 위에 있는 밝음(離)이 主이므로 위에서 아래로 베푸는 것으로 보아 천자가 강후에게 주는 것으로 보았고, 문상의 형태는 '用', 곧 '以'의 목적어가 강후로서, 도치된 형태로 보았다. '晝日'은 낮 동안을 말하며, '接'은 '접견하다'이니 천자를 세 번이나 알현하는 제후는 그 만큼 서로 친밀하고, 천자의 믿음이 깊어서 은혜의 베풂이 크다는 것을 의미한다.

천자의 신하이면서 변방을 다스리는 제후가 천자와 이렇게 가깝게 되면 천자의 측근에서 보좌하는 공작의 지위와 맞먹거나 뛰어넘는 것이므로 '晉'의 뜻이 있다.

*** 彖曰, 晉, 進也. 明出地上, 順而離乎大明, 柔進而上行. 是以康侯用錫馬蕃庶, 晝日三接也.**

단전에서 말했다. 진은, 나아감이다. 밝음이 땅위로 나와서, 온순하게 큰 밝음으로 걸려있으므로, 부드러운 것이 나아가고 위에서는 행하는 것이다. 이것이 제후 강숙이 많은 말을 하사받고, 하루 낮 동안 세 번 접견하는 것이다.

[해설] 단전이다. 먼저 괘명 '晉'의 뜻이 '進'임을 밝혔다. 그리고 '進'이 됨을 小成卦의 象으로 풀이를 이었다. '明' '麗' '大明'은 上離, '地' '順'은 下坤의 상이니, 땅위에 밝음이 나타난 것이고, 順하면서 大明하게 걸려있는 현상이다. 이렇게 순하고 대명하니 '柔'가 위로 올라갈 수 있고 '上'인 '천자'는 베풀어주는 일을 하는 것이다. '明出地上'하고, '順而離乎大明'한 상태는 '柔進而上行'할 수 있게 하는 것으로 하여, 앞 두 구가 마지막의 '柔進而上行'으로 연결되어 결론짓게 되는 것으로 번역했다. 곧 康叔이 천자의 지극한 신임과 은혜를 받아서 최고의 지위와 직통하니, 신하인 '柔'가 '進'하고, 천자인 '上'이 하사하는 일을 '行'하는 것이다. 이것이 괘사가 의미하는 것이니 다음 '是以'이하의 괘사 구절이 이어진 것으로 보았다.

이 '柔進而上行'의 풀이는 '康侯'를 '康叔'으로 보는 것에 맞춘 것이다. 그런데 '柔進~'의 '柔'를 上離 柔卦나 六五 柔爻의 '柔'로 보고, 괘의 형태나 육오의 역할로 해석하여 '~ 온순하게 큰 밝음에 걸려있고, <u>유가 나아가서 위에서 행한다</u>'로 많이 해석한다. 그러면 '柔'는 바로 康侯가 되니, 康叔이 천자로부터 말을 하사 받는 것과는 다르게 되어 '강후'를 '강숙'으로 볼 수가 없다. 睽卦와 鼎卦의 「단전」에도 '柔進而上行'이 나오는데 모두 음이 君位에 있으면서 밝은 덕을 행사함을 말한다. 그래서 인지 '강숙'으로 해석하지 않는 학자도 많다. 그러나 「단전」의 작자가 古史를 몰랐다고 보고, '柔'를 신하를 비유한 것으로 보면 '柔進'은 '신하가 천자를 알현키 위해 올라간 것'으로, '上行'은 '천자가 하사하는 행위'로 보고, '강후'를 '강숙'에 맞추어 풀었다.

* 象曰, 明出地上, 晉. 君子以自昭明德.

상전에서 말했다. 밝음이 땅위로 나온 것이 진괘이다. 군자가 이를 보고서 스스로 밝고 아름다운 덕성을 드러낸다.

[자구의 뜻] 昭: 밝게 빛날 소, 나타날 소, 부지런히 힘쓸 소.

[해설] 대상전이다. '明出地上'이 晉이 됨은 이미 설명한 바이다. 이런 진괘는 밝은 태양이 지상을 비추어 만물을 생장시키고, 또 생장하는 모습을 드러내 보이고 있다. 이런 현상을 보고 군자는 스스로 '明德'을 갖추어 백성들에게 본보기를 보여줌으로써 이끌어 간다는 뜻이다. '昭明德'의 번역을 조금 꾸며서 표현했을 뿐이다.

'昭明德'과 『대학』의 "明明德"은 같은 말이다. 『대학』에는 삼강령이 있는데 '明明德', '親民(백성과 친함)', '止於至善(지극한 선에 머묾)'이며, 이중에도 明明德을 제일 으뜸으로 여겼다.

2. 효

* 初六, 晉如摧如, 貞吉, 罔孚, 裕无咎.
象曰, 晉如摧如, 獨行正也, 裕无咎, 未受命也.

초육, 나아가기도 하고 꺾이기도 하나, 바름을 지키면 길하고, 믿음이 없어도, 넉넉하게 받아들이면 허물이 없다.

상전에서 말했다. 나아가기도 하고 꺾이기도 함은, 홀로 반듯이 있기 때문이고, 넉넉하게 받아들이면 허물이 없다는 것은, 아직 천명을 받지 못했기 때문이다.

[자구의 뜻] 摧: 꺾을(일) 최, 나무랄 최, 물러날 최. 罔: 그물 망, 아닐 망.

[해설] 初六은 晉卦의 시작이고 下坤 '땅'의 가장 낮은 곳에 해당한다. 그리고 위의 태양인 九四와 正應이다. 땅에는 지평선도 있고 산도 있으며 파진 구덩이도 있으므로, 솟은 해의 위치에 따라 땅의 낮은 곳에 해당하는 초육은 햇빛이 들기도 하고 꺾이기도 하는 것이다. 이런 상태를 나타낸 것이 '晉如摧如'이다. 구사와 상응하기 때문에 때로는 '晉'이고, 낮은데 있고 부정위이니 때로는 '摧'이다. 이런 곳도 햇빛을 받기 위해서는 계속 바르게 있어야 받을 수 있다. 그래서 '貞吉'이다. '晉'의 뜻은 태양이 솟아오르는 것이면서 동시에 내가 태양으로 나아가는 뜻이기도 하다.

초육은 구사와 정응이기는 하나, 구사에게는 위아래로 親比하는 상대가 가까이에 있고 자기와는 멀다. 구사를 햇빛이 땅위로 솟은 직전으로 보면, 파진 구덩이나 계곡인 초육은 햇빛이 비칠 것으로 믿기가 어려운 면도 있다. 그래서 '罔孚'의 소지가 있는 것이다. 그러나 때가 태양이 솟아나는 시기이니 조급해 하지 말고 때를 기다리면 된다. 해는 중천에 솟고 움직이면서 파인 곳도 비추게 되므로 여유롭게 기다려라. 이런 뜻이 '罔孚, 裕无咎'이다. 대체로 이렇게 풀이를 한다.

그런데 高亨은 전쟁 상황으로 보고 '晉如摧如'를 '나아가서 적을 꺾는 것'으로, '罔孚, 裕无咎'의 '孚'를 '俘(포로 부)'로 보고, '포로는 없으나 넉넉하니 허물은 없다'고 했다. 고형과 같이 晉卦를 전쟁에서 적을 치기위해 나아가는 상황으로 보는 학자도 여럿 있다. 그리고 于省吾는 '罔孚, 裕无咎'를 괘효사 중에 '孚'로 끝나는 句가 없기 때문에 구를 '罔孚裕, 无咎'로 보았고, '裕'와 '欲'은 통용되었으므로 '罔孚欲, 无咎'로 하여, "(나아가기도하고 꺾이기도 하나, 바르게 하면 길하고) <u>하고자 하는 바에 믿음이 없으나 허물은 없다</u>"로 풀었다.[180] 함께 참고하자.

소상전에서는 진출하면서 꺾이기도 하는 것은 땅인 초육이 홀로 반듯하게 있기 때문이라는 말이다. '行'은 '가만있는 행위'를 말하는 것으로 보았다. '未受命也'는 '日'에 속한 九四의 正應이 '中天'에 걸려있는 상태가 아니므로, 천명을 아직 얻지 못하여 지상이 모두 드러나지 않고 있음을 나타낸 것으로 보았다.

*** 六二, 晉如愁如, 貞吉. 受茲介福, 于其王母.**
象曰, 受茲介福, 以中正也.

육이, 나아가는데 근심이 있으나, 바름을 지키니 길하다. 이 큰 복을 받는데, 왕모로부터이다.
상전에서 말했다. 이 큰 복을 받는 것은, 중정하기 때문이다.

[자구의 뜻] 愁: 시름겨울 수, 근심할 수, 모을 추. 玆: 이 자, 검을 현.

[해설] 二爻의 효사와 소상전이다. 六二는 中을 차지하고 正을 얻었다. 곧 중정의 덕이 있다. 그런데 正應도 없고 親比도 없다. 그리고 陰은 허약한 여자에 해당되니 근심이 없을 수 없다. 그래서 '愁如'가 있다. 물론 '如'는 어조사이다. 처한 위치도 앞뒤로 음에 빠져있고, 태양이 솟는 자기의 앞길에 음도 있고 九四 양도 있으니 굴곡이 있으므로, 자연 근심이 있다. 그러나 중정의 덕을 갖추고 있으므로 '貞'할 수 있으니, 初六처럼 '吉'을 얻을 수 있는 것이다. 그런데 적을 침략하는 것으로 해석할 때는 '愁'가 '遒(가까이 닥칠 추)'와 통용됐음을 들어 '핍박하다'의 뜻으로 해석하여 '쳐들어가 위협하여 굴복시키다'로 번역을 했다. 상당히 意譯이 되는 셈이다.

---

180) 于省吾, 「雙劍誃群經新證 雙劍誃諸子新證」(上海書店出版社, 1999), 35쪽.

‘介’는 ‘大’이다. ‘王母’는 六五를 지칭하는데, 육이가 며느리라면 육오는 할머니가 된다. 육오가 정응이 아니라도 중덕이 있는 윗사람이므로, 결국은 육이가 중정의 덕이 있는 좋은 사람임을 알아보고, 복록을 주게 되는데, 이를 육이와 육오가 같은 음이고 中을 차지했기 때문에, 가족관계에서 孫婦(손자며느리)와 조모의 동질과 동성의 관계로 파악하여 ‘王母’라고 한 것이다. 그리고 고대의 위패를 모시는 昭穆制度[181]에도 손부와 祖姑고(시할머니)는 같은 쪽에 모시고, 姑(시어머니)는 같은 쪽에 모시지 않는다고 했는데, 이런 것에서도 육이와 육오가 같은 편이고 윗사람이므로 ‘王母’라고 할 수 있다. 결국 왕모 육오가 中正한 육이를 밝게 비춘다는 뜻이다.

소상전에서도 ‘中正’이기 때문이라고 같은 풀이를 했다.

＊ 六三, 衆允, 悔亡.
象曰, 衆允之志, 上行也.

육삼, 무리들이 믿으니, 후회가 사라진다.
상전에서 말했다. 무리들 믿음의 뜻은, 위로 오르는 것이다.

[해설] 六三 효사와 소상전이다. 육삼은 下坤의 제일 윗자리이니, 아래의 두 음을 컨트롤해야 하는 자리다. 때는 晉時, 마침 아래의 두 음도 태양에 나아가려 하므로 뜻이 같게 되니, ‘衆允’인 것이다. ‘衆’은 初六과 六二를 지칭하고, 坤의 象에서도 ‘衆’이 있다. 그리고 ‘允’은 모두가 ‘信’이라 했다. 유약한 음이 정위가 아니니, ‘후회(悔)’가 있다. 그리고 九四가 길을 막고 있는 것처럼 보이기도 하나, 上離 ‘日’에 속하고 親比하여 인접해 있으며, 이 ‘日’의 上九와는 正應이다. 그러니 무리들과 비교적 순조롭게 밝음에 나아가게 되므로 ‘悔’가 ‘사라지는(亡)’ 것이다.

소상전에서도 하괘 곤의 모든 효(무리)의 의지가 햇빛을 받고자 하니, 이를 태양이 있는 곳으로 오르고자 하는 것으로 나타내어 ‘上’을 써서 ‘上行’이라 했다.

＊ 九四, 晉如鼫鼠, 貞厲.
象曰, 鼫鼠貞厲, 位不當也.

구사, 나아감이 큰 쥐 같으면, 바르게 해도 위태하다.
상전에서 말했다. 큰 쥐처럼 하여 바르게 해도 위태함은, 자리가 적당치 않기 때문이다.

---

181) 신주를 모시는 차례인데, 왼쪽은 ‘昭’이고 오른쪽은 ‘穆’이다. 시조를 중앙으로 하여 짝수 세대는 왼쪽에 홀수 세대는 오른쪽에 모셨다. 손자며느리와 시할머니는 같은 쪽이고, 시어머니는 다른 쪽에 배치된다.

[자구의 뜻] 鼫: 석서(농작물을 해치는 쥐의 일종) 석. 鼠: 쥐 서, 근심할 서.

[해설] 四爻 효사와 소상전. 九四는 임금의 최측근이다. 이 자리는 원래 조심스럽고 위험한 자리이다. 그런데다가 정위가 아니니 더욱 위태하다. 그래서 占辭가 '貞厲'라 했다. 그런데 그 위태함을 鼫鼠의 행동으로 비유했다. '鼫鼠'를 '날다람쥐', 혹은 '鼫'과 '碩'이 소리가 같으므로 '碩鼠'라고도 썬 기록이 있기 때문에, '큰 쥐'라고도 번역을 한다. 다람쥐든 큰 쥐든 이것들은 행동은 빨라도 항상 겁이 많다. 구사는 陽剛인데도 이렇게 당당하지 못한 동물에 비유한 이유는 아래 三陰의 순한 坤을 가리고 있으며 정위가 아니기 때문이다. 上離의 첫 효로서 아래 땅과 접하니, 지평선에서 밝음이 돋아나고 있는 시점의 상태다. 쥐는 조금은 가려진 상태에서 활동을 하면서 백성들의 농작물이나 음식물에 피해를 주니 구사는 이런 '鼫鼠'의 상이 있다. 이런 행동은 항상 위태하니, 비록 바른 행동, 곧 버릴 음식이나 농작물에 해를 주는 풀이나 벌레를 먹었다 해도 사람들은 쥐를 잡으려 하니 '貞厲'가 되는 것이다. 그런데 구사는 아래로 初六과 정응이고 위아래에 친비도 있다. 그리고 전진하는 晉의 시절이고, 밝은 離의 시작이다. 이런 조건은 결코 나쁘게만 볼 수 없다. 그래서 석서 같은 행동을 하지 말라는 경고의 말로 이해해야 할 것이다. 곧 해처럼 지평선에서 묵묵하고 거침없이 돋아나는 상황과 같이 의젓한 행동을 해야 한다는 말이다.

高亨은 여기 '晉如鼫鼠'의 '如'를 '似(같다)'의 뜻으로 보아야 한다고 했다. 그의 풀이는 '쳐들어가는 것이 다람쥐 같이 빠르다'가 된다.

소상전의 뜻은 '位不當', 곧 정위가 아니기 때문에 석서처럼 행동할 가능성이 있고, 그렇게 되면 '貞厲'가 된다는 말이다.

*** 六五, 悔亡, 失得勿恤, 往吉, 无不利.**
象曰, 失得勿恤, 往有慶也.

육오, 후회가 사라진다. 잃고 얻음을 근심하지 말고, 나아가면 길하여서, 불리함이 없다.
상전에서 말했다. 잃고 얻음을 근심하지 말라고 하는 것은, 가면 경사가 있기 때문이다.

[해설] 六五는 柔로서 부정위이고, 아래 九四의 양을 탔기 때문에 '悔'가 있다. 그러나 中에 있으니 중덕이 있고, 밝음을 뜻하는 離의 주효이다. 그리고 위의 上九가 도와주고 있으며, 아래 坤이 '순하게 따르니' 자연 '悔'가 '亡'하게 된다. 그러므로 일일이 이해득실을 따지지 말고 일을 행하면 길하여 불리함이 없게 된다. '失得勿恤, 往吉, 无不利'이다. 항상 중덕으로 밝게 비추면 '吉, 无不利'가 된다는 뜻이다.

上離는 '태양'이다. 이는 자연현상에 속하니, 자연현상은 일일이 따지지 않고 밝혀만 줄 따름이다. 이와 같이 육오의 최고 권력자도 이해타산을 따지지 않고 사심 없이 밝혀주는 것이 좋은 결과를 낳는다는 뜻으로 현대인은 풀어야 교훈이 된다.

그런데『釋文』과 帛書周易에 '失'이 '矢'로 되어있다. 그래서 '화살을 얻다'로 尙秉和는 푼다. 진괘를 전쟁의 괘로 보는 것에 합리성을 부여한다. 참고하자.

소상전에서는 길하고 无不利함을 다른 말 '慶'으로 나타냈다.

＊ 上九, 晉其角, 維用伐邑, 厲吉, 无咎. 貞吝.
象曰, 維用伐邑, 道未光也.

상구, 뿔에 나아갔으니, 오직 읍을 평정하는데 쓰면, 위태하나 길하여, 허물이 없다. (그러나)바르다 해도 인색하다.

상전에서 말했다. 오직 읍을 평정하는데 쓴다 함은, 도가 빛나지는 않는 것이다.

[해설] 上爻의 효사와 소상전이다. 上九는 나아가는 '晉'과 밝은 '離'의 끝이다. 그리고 剛은 '단단하다'는 뜻에서 흔히 뼈에 비유된다. 이를 동물에 비유하면 끝이 되는 뿔에까지 나아간 것이다. 그래서 '晉其角'이다.

끝까지 나아갔으면 떨어지거나 돌아서야 한다. 밝음이 다 했으면 어두워지듯이 변화가 일어나기 마련이다. 다행히도 六三의 正應도 있고 六五의 親比도 아래에 있다. 이들과 힘을 합하면 밖의 오랑캐를 칠 힘은 없어도 내부의 반란은 진압할 수 있는 힘은 있다. 그래서 오직 쓸 수 있는 것은 '伐邑'이다. '邑'은 자기가 직접 다스리는 지역을 말한다. 정위도 아니고 中도 지나 끝까지 진출하였기 때문에 '위태하나(厲)', 아래에서 도움을 바라니 돌아서서 이들과 함께 내부를 다스리는데 힘을 쓰면 밝음을 좀 더 유지할 수 있고 현상유지는 가능하니 '厲吉, 无咎'인 것이다. 이를 자기 자신의 마음을 다스리고 행동을 절제하는 것으로 넓혀 생각하기도 한다.

그러나 이러한 행위가 결국 자기나라의 내부 문제이고 자신의 내부 사정이다. 정치를 잘 했으면 내부 반란이 일어나지 않았을 것이고, 수양이 잘 되었으면 이런 일에 신경 쓰지 않아도 되었을 것이다. 그래서 비록 바르게 자기의 힘을 썼지만 인색한 것이다. 그리고 결국은 시대상황의 변화는 어쩔 수 없는 것이다. 그래서 '貞吝'이라는 句가 더 붙었다. 또 양강과 진괘의 시기가 모두 '進'에 유리하다고 나아가기만 하면 '吝'이 될 수 있으니 조심하라는 경계의 뜻이기도 하다.

그런데 전쟁 상황으로 보는 풀이에서는 '角'을 '단단함'으로 보고 '단단함으로 쳐들어가다'나, '쳐들어가 각축하다'의 뜻으로도 번역을 한다.

소상전에서는 자기 읍만을 칠 수 있다는 것은 道가 완성되어 크게 빛나지 않은 행동이라는 뜻이다.

晉卦를 대체로 두 가지 의미로 푼다. 하나는 앞으로 나아가는 과정이고, 하나는 전쟁하는 때에 적을 향해 진격하는 뜻으로 보는 것이다. 모두가 '進'의 뜻이다. 괘사에서는 윗사람이 아랫사람에게 베푸는 것으로 뜻을 삼고, 효사는 각각의 처한 위치에서 어떻게 나아가는지를 말하고 있다. 내가 나아갈 때, 특히 위로 나아갈 때는 겸손하고 삼가함이 있어야 한다. 그러므로 각 효를 살펴보면 모두 '柔'에 더 좋은 점사가 있다. 그런데 전쟁에서 진격하는 것으로 보면 오히려 '剛'이 좋아야 할 것 같은데 그렇지가 않다. 그리고 『周易』에서 의미를 찾을 때는 하나의 의미로 고정하면 확실함은 있으나 넓게 적용하는데 장애가 된다. 여기서도 '進'의 의미를 전쟁에만 한정하면 그 의미가 좁게 됨으로 이를 취하지 않았지만 참고는 하도록 했다.

태양이 솟으면 만물은 그 빛을 받고자 한다. 사람도 누구나 나를 밝게 비추고자 한다. 여기 晉卦에서는 어떤 상황에서 앞으로 나서고자 할 때는 뽐내고 강력히 행하는 것 보다는 눈치를 살피고 유연하게 하는 것을 옛사람들은 더 바람직하다고 본 것 같다. 강효들은 '厲'이고, 유효들은 '悔亡'과 '吉'인 것을 보면. 그런데 현대사회에서는 PR을 중시하여 남과 상관없이 더욱 돋보이게 하기위해 애를 쓰니, 이와는 차이가 있다. 그렇다고 절충하고 양보하는 미덕을 버릴 수는 없는 것이니, 각 효의 시기와 상황을 음미하여 辭의 뜻을 참고해야 할 것이다.

䷣ 明夷 (地火明夷)

槪說: '夷'는 '오랑캐 이, 평평할 이, 상할 이'이다. '夷'는 '大+弓(활 궁)'이니, 큰 활은 상처를 입히므로, 여기서 뜻이 넓혀져서 '傷'이라는 뜻으로 쓰였다. 그래서 '明夷'를 대체로 '밝음이 상하다'로 번역한다. 卦가 下離☲는 '明' '日', 上坤☷은 '地' '順'의 象이니, 아래의 日과 위의 地에서 해가 땅속에 있는 현상이 된다. 밝음이 땅속에 있으니 어두운 밤을 의미하므로 밝음이 상한 것과 연결이 된다. 「서괘전」에서도 "晉者進也, 進必有所傷, 故受之以明夷, 夷者傷也(진이란 나아가는 것이다. 나아가면 반드시 상하는 바가 있으니, 때문에 이를 명이로써 받았다. 夷란 상하다 이다)"라 하여 '傷也'라 했다. 그리고 「잡괘전」에서는 "明夷誅주也(명이는 베는 것이다)"라 했는데, '베다'는 '상처를 입는다'는 뜻과 통한다. '밝음이 상했다'는 것을 국가의 정치에 적용하면, 인군은 사라지고 암울한 폭군이 다스리는 암흑시대로 본다. 그런데 丁若鏞은 '夷'를 '오랑캐'로 보고, 중국에서는 밝음이 가고 오랑캐 나라에 밝음이 온 것으로 보았는데, 뜻이 移易이역된 느낌이다. 과연 괘효사는 어떨까?

1. 괘

* **明夷, 利艱貞.**

명이괘, 어려워도 바름을 지키면 이롭다.

[해설] 괘사이다. 明夷卦가 '밝음이 상하다'는 뜻의 괘이든 자기의 나라는 암울한데 변방의 오랑캐 나라가 흥하는 괘이든 간에 어려울 것은 예상이 되니, '艱'이 등장했다. 이런 어려움이 있어도 군자는 바름을 지켜야하고, 이런 행위가 어려움을 해결할 수 있을 것이다. 불의와 삿된 것에 빠져 자신의 욕심만 취한다면 더욱 혼란해질 뿐이다. 그래서 '어렵지만 바름을 꿋꿋이 지킨다'는 뜻의 '艱貞'이 나왔고, 이것이 이롭다고 했다. 군자가 사회를 이끌어가는 도리이며 개인의 행동지침이다.

그런데 呂紹綱의 「周易全解」에서는 '艱'을 '限止'로, '貞'을 '定' 곧 '不動'의 뜻으로 많이 썼기 때문에, '제한하여 움직이지 않는 것이 이롭다'는 풀이를 했다. 보다 현실적인 해석이 되니 참고하자.

*** 彖曰, 明入地中, 明夷. 內文明而外柔順, 以蒙大難, 文王以之. 利艱貞, 晦其明也. 內難而能正其志, 箕子以之.**

단전에서 말했다. 밝음이 땅속으로 들어간 것이 명이이다. 안으로는 문명하나 밖으로는 유순하여, 큰 어려움을 당하니, 문왕이 이랬다. 어려워도 바름을 지켜 이롭게 되려면, 그 밝음을 숨겨야 한다. (이렇게)안으로 어려웠지만 그 뜻을 바르게 하였으니, 기자가 이랬다.

[자구의 뜻] 箕子: 殷末 紂주王의 숙부로 箕기땅의 제후였기 때문에 箕子라 불림.

[해설] 공자학파의 괘사 설명인 「단전」. 먼저 괘명 '明夷'를 상하괘의 象으로 풀었다. 여기서는 괘명이 앞에 있지 않고 풀이말 뒤에 있는 것이 다르다. 下離가 '明'이고 上坤이 '地'이다. '밝음'이 '땅' 아래에 있는 것을 땅속에 '들어가 있는 것(入)'이라 했다. 이어서 離 '文明'과 坤 '柔順'의 象으로써 명이가 된 역사적인 사실을 들어 괘의 뜻을 밝히면서 묵시적인 교훈을 주고 있다. 周나라의 제후였던 문왕이 殷의 폭군 紂를 섬기면서 유순하게 따랐으나, 그의 문명함이 두려워 주가 羑里유리에 감금시켰는데, 그의 문명함을 존중한 주의 부하 散宜生산의생이 뇌물로 문왕을 탈출시킨 古事가 있다. 주의 다스림이 明夷하여, 유순 문명한 문왕이 큰 어려움을 당한 사건과 같은 것이 明夷卦라는 말이다. '以蒙大難'의 '蒙'은 '당하다'의 뜻이다.

이어 괘사 '利艱貞'을 설명했다. 利艱貞 할 수 있는 방법의 하나로 자신의 '明'을 숨기는 것(晦), 즉 '晦其明'하는 방법을 쓴 箕子의 예를 들었다. 그는 紂의 숙부인데, 주가 그를 미워하는 줄 알고, 미친 척하면서 노예의 일을 하다가 감옥에 갇히기도 했다. 이런 생활을 하면서까지 자신의 밝음을 감추고 바른 뜻을 유지하며 견뎌오다가 후에 은이 멸하자 무왕에게 나라를 다스리는 「洪範」을 전수했다는 고사가 있다. 이렇게 밝음을 숨긴 기자의 행위가 결국 이롭게 됐다고 '利艱貞'이고, 기자는 이렇게 어렵지만 바른 뜻을 이어갔다고 '內難而能正其志, 箕子以之'라 했다.

'內難而能正其志'의 '內難'은 주와 기자는 집안사람이기 때문에 썼다고 보기도 하고, 주의 때에는 妲달己라는 여인이 나라를 어지럽혔기 때문에 썼다고 보기도 하나, 모두 왕실이라는 내부의 일이므로 이를 말한다고 보면 된다. 또 이를 '마음의 고통'이라고 보아도 된다. '文王以之', '箕子以之'의 '以之'는 '用之(이렇게 했다)'이다.

* **象曰, 明入地中, 明夷. 君子以莅衆, 用晦而明.**

상전에서 말했다. 밝음이 땅속에 들어간 것이 명이괘이다. 군자가 이를 보고서 대중을 다스리는데, 어둠을 이용하면서 밝힌다.

[자구의 뜻] 莅: 임할 리, 다스릴 리, 집행할 리.

[해설] 대상전이다. '明入地中, 明夷'는 괘명인 '明夷'의 뜻을 상하 經卦의 상으로 해석한 것이다. 이런 현상을 보고 군자는 어떻게 하는가? 해가 지고 밤이 되면 모두가 내일의 해를 기다린다. 또 밤중에는 작은 밝음도 눈에 들어온다. 이런 현상을 이용하여 내일의 약속을 기다리게 하고, 어둠 속에서도 빛을 발하는 인재를 등용하는 정치를 한다. 어둠을 이용하여 어둠속에 감추어져 있던 하나를 밝혀냄으로써 모두가 그렇게 될 수 있다는 희망을 갖도록 한다는 의미가 '用晦而明'이다. 정치의 술수이다.

2. 효

* **初九, 明夷于飛, 垂其翼, 君子于行, 三日不食. 有攸往, 主人有言.**
象曰, 君子于行, 義不食也.

초구, 나는 것에 밝음이 상하여, 날개가 아래로 늘어뜨려졌고, 군자가 감에, 삼일을 먹지 못한다. 가는 것을 두고, 주인이 말을 한다.
상전에서 말했다. 군자가 가는 것은, 의리가 먹지 못하기 때문이다.

[해설] 初九는 양으로 정위를 얻었고 離의 '밝음'에 속해 있다. 그러나 시절이 '明夷'이고 아직 어린 몸이니 멀리 '飛'할 수가 없다. 그래서 힘차게 날지 못하여(明夷于飛), 날개를 아래로 늘어뜨린 모양이라고 '垂其翼'이라 했다. 날 짐승의 모습으로 초구의 상태를 나타냈다. 그

래도 날 수 있는 것은 굳센 陽이 밝음에 속하면서 정위하고, 六四와 正應이고 六二와 親比하고 있기 때문인 것으로 보아야 한다. 그런데 이 '垂其翼'을 날개가 상한 모양이냐, 높이 날지 못하고 낮게 나는 모습이냐 로 해석이 갈린다. '明夷'의 때에 군자들이 밝음을 지키기 위해 움직이는 것으로 보아야 하니 낮게라도 나는 모습이 더 좋아 보이고, 다음 句의 '于行'과도 연결이 된다. 군자가 밝음을 지키기 위해 출세 길을 피하고 가버리니 '君子于行'이고, 그러니 녹봉을 받지 못해 '三日不食'이다. 여기까지는 군자들의 어려움을 나타낸 표현들이다. 두 구의 '于'는 전치사, '三'이란 숫자는 '8괘차서도'의 순서에 의하면 離는 3인데,[182] 여기서 비롯됐다고 보나 오랜 기간을 의미한다고 보면 된다. 이렇게 군자가 가버리면, 그를 등용코자했던 주인이 말을 할 것이니 '有攸往, 主人有言'이다. 아마도 주인의 말은 비난의 말일 것이고, '主人'은 정응 六四일 것이다.

그런데 백서주역에는 '垂其左翼'이라고 '左'가 하나 더 붙어 있는데, 마침 丁若鏞의 象으로 따져 해석한 『역주 周易四箋』에 따르면 왼쪽 날개가 쳐진 것으로 보았으니 묘하게 일치된다. 그는 명이괘는 小過卦(䷽)에서 변했는데, 소과괘는 새의 象이고 上이 왼쪽, 下가 오른쪽이므로 소과괘의 九四 효가 내려와 명이괘의 초구가 되었음으로 왼쪽 날개가 쳐졌다는 해설이 있다. 그러나 그는 모든 괘를 모두 卦變에 의거해 푸는데, 괘변이 아니라도 뜻이 통하므로 반드시 그렇게 할 이유가 없어 취하지 않았다.

소상전은 明夷의 때는 군자는 굶어도 의리를 지킨다는 의미이다.

* 六二, 明夷, 夷于左股, 用拯馬壯, 吉.
象曰, 六二之吉, 順以則也.

육이, 명이 때에, 왼쪽 넓적다리를 상했으나, 구제하는 말이 씩씩하니, 길하다.
상전에서 말했다. 육이의 길함은, 법도를 순순히 좇았기 때문이다.

[자구의 뜻] 股: 넓적다리 고, 갈래 고. 拯: 들어 올릴 증, 구원할 증.

[해설] 六二 효사와 소상전이다. 육이는 정위했고 中에 있으니 중정한 덕이 있다. 그리고 아래 밝은 離의 주인이다. 위아래로 親比한 효들도 있으니, 이만하면 훌륭한 사람이다. 그러나 시대는 바로 '明夷'이니 그도 상처를 입게 마련이다. 그것을 사람 몸에 비겨 넓적다리 중에도 왼쪽 넓적다리를 지칭하여 '夷于左股'라 했다. 사람은 왼쪽다리가 불편하면 오른쪽다리에 의지하면 되고, 다리 중에도 넓적다리는 보행에 절대적인 지장을 주지 않는다. 그러니 걷는데 불편하지만 못 걷지는 않는다는 뜻이다. 백서주역에서는 初九에도 '左'가 있었고, 여기

182) 실마리 10쪽의 8괘의 차례 참고 오른쪽에서부터 3번째 임.

와 六四에서도 좌가 나온다. 모두 右보다는 덜 치명적이라는 의미로 쓰인 듯싶다. 다리가 불편하면 말을 타면 된다. 밝은 體에 있으면서 중정하고 또 比爻도 있으니, 그를 돕는 조건이 튼튼하게 갖추어져 있다. 이것이 '用拯馬壯'이다. 이렇게 되면 결국 그는 '吉'이 된다.

明 중엽의 상수파 역학자 來知德은 이 효의 뜻을 殷末 紂와 文王의 일로 비유해서 설명했다. 밝은 덕이 있는 문왕이 주를 순순히 섬겼으나 유리에 감금당하고(夷于左股), 散宜生 등의 도움으로 풀려난 일, 후에 결국은 아들이 은을 쳐 천하를 통일한 사실과 합치된다고 했다(用拯馬壯, 吉). 이해하기가 편한 설명이다. 그래서 여기와 九三의 '明夷'는 주가 다스리던 시절로 보고 번역했다.

소상전의 '順以則'은 밖으로는 坤의 '순함'으로, 안으로는 離의 '밝음'과 중정의 덕으로 법도를 지켜 '吉'이 되었다는 뜻이다. 이는 천자의 명령을 따르면서 안으로 밝음을 유지한 문왕도 결국 그 문명의 덕으로 풀려났으니 이와도 통한다.

* 九三, 明夷, 于南狩, 得其大首, 不可疾, 貞.
象曰, 南狩之志, 乃大得也.

구삼, 명이 때에, 남쪽에서(일어나) 정벌하면, 우두머리를 얻는데, 빨리는 할 수 없으니, 바름을 지켜야 한다.

상전에서 말했다. 남쪽에서 정벌할 의지를 가지면, 곧 크게 얻는다.

[자구의 뜻] 狩: 사냥 수, 정벌할 수, 짐승 수. 疾: 병 질, 빠를 질.

[해설] 三爻의 효사와 소상전이다. 九三은 하괘의 上이고 밝은 離의 제일 위이니, 지극히 밝다. 그리고 양으로 정위했고 응과 비가 모두 음들이니 자신의 능력이 발휘될 것이다. 그러니 剛爻가 굳세게 밀고 나가면 얻는 것이 있을 만하다.

'于南狩'의 '南'은 離卦에서 나온다. 「설괘전」에 "離也者, 明也, 萬物皆相見, 南方之卦也(리라는 것은 밝음이니, 만물이 모두 서로 보인다. 남방의 괘이다)"라 했다. '狩'는 '겨울철의 사냥'을 뜻하나, 여기서는 모두 '정벌'하는 것으로 본다. '于'는 전치사로 '~에서'의 뜻이다. 그런데 대체로 이 句의 뜻을 '정벌을 남쪽으로 하는 것'으로 번역하는데 이것은 적당치 못하다. 그것은 '離'가 남방인데 자기 방향으로 정벌하는 것이 된다. 리에서 위에 있는 坤의 방향[183]으로 정벌하는 것으로 보아야 하므로, '일어나'를 괄호 속에 넣어서 남쪽에서 일어나 정벌을 해 나가는 뜻을 나타냈다. 정벌은 내 영역 밖으로 나아가는 것이고, 周가 殷을 정벌한 사건을 말한다면 주는 은의 제후국이니 아래에서 위를 친 것이다. 그러므로 上坤의 방향이 된다. 정

183) 「설괘전」에서는 坤의 방향은 명시되지 않았으나 전후의 문장을 살펴보면 서남방이다. 후대에 이를 근거로 만들었다는 '문왕팔괘도'에서도 서남방이다.

벌하면 '大首'를 잡는다는 뜻으로 '得其大首'라 했다. '大首'는 정벌하고자 하는 나라의 '우두머리'이고, 괘에서는 서로 對應하는 효 上六이 될 것이다. 여기서는 正應이 쳐야하는 상대가 되면서 변화가 이루지게 되는 결과로 결론이 난다.

다음 구 '不可疾, 貞'을 '不可疾貞' 한 구로 많이 본다. '不可疾, 貞'은 빨리 해결되지 않는 일이니 계속 바름을 지켜가야 한다는 뜻이 되고, '不可疾貞'은 빨리 바르게 되지 않다는 뜻이다. 크게 차이가 나는 것은 아니나, 괘사의 '利艱貞'의 뜻과 같은 해석은 '不可疾, 貞'이라고 보았다. 그리고 무왕은 은을 치기위해 군사를 동원하고서도 아직 때가 아니라고 하면서 뒤로 미룬 고사도 있으니, 계속 바름을 지키면서 때를 살펴야 했을 것이다. '不可疾'이라는 것도 한 나라를 '정벌하는 일'과 정벌한 후 '다스리는 일'로 보는 두 견해가 있어나, 전자의 견해가 더 타당한 것 같다.

소상전에서는 이 효는 남방지역의 제일 윗사람이므로 그의 의지는 큰 것을 얻고자 한다는 뜻을 간략히 나타낸 것이다.

＊ 六四, 入于左腹, 獲明夷之心, 于出門庭.
象曰, 入于左腹, 獲心意也.

육사, 왼쪽 배에 들어가서, 명이의 마음을 터득하고, 문안 뜰을 나온다.
상전에서 말했다. 왼쪽 배에 들어감은, 마음속의 뜻을 얻기 위해서다.

[자구의 뜻] 腹: 배(오장육부) 복, 중앙 복. 獲: 얻을 획. 門庭: 문안 마당.

[해설] 六四는 柔로서 정위했고 아래로 初九의 응함이 있으며, 坤의 시작이다. 그리고 최고 권력자의 측근이다. '腹'은 「설괘전」에 "坤爲腹(곤은 배가된다)", 또 離에도 "其於人也, 爲大腹(사람에는 큰 배가 된다)"라고 하였으니 상하괘 모두에서 나온다. 두 經卦의 象이 '腹'이고, 육사가 괘에서 처한 위치가 신체에 비유하면 '배'의 위치와 근접하여 취한 상일 것이다. '左'는 '右'를 좇아가는 것이면서 보다 덜 쓰이는 뜻이 있다. 그러므로 '左腹'은 권력의 측근이면서 적극적이지 않고 따르는 시늉을 하는 것에 비유한 것으로 보인다. 육사의 상황은 이런 '左腹'에 해당한다는 뜻으로 '入于左腹'이라 한 것 같고, 그런 위치에 있었으므로 권력자의 속마음을 알게 되므로 '獲明夷之心'이라 했다. 권력자가 '明夷'하는 자임을 알자, 이를 피해 도망간다는 뜻으로 '于出門庭'이라 했다. '于'는 뜻 없는 어조사이다.

이 효를 殷末 紂의 實兄인 微미子의 일에 비유하여 많이 설명한다. 그는 주를 따르는 척 하다가 신주를 빼돌려 도망쳤다고 한다. 그래서 '明夷之心'은 주의 마음으로 보면 된다.

소상전은 그가 가까이 접근한 것은 최고 권력자의 속마음의 뜻을 알기 위한 것이라는 말이다.

* 六五, 箕子之明夷, 利貞.
象曰, 箕子之貞, 明不可息也.

육오, 기자의 명이이니, 바름을 고수하여 이롭게 됐다.
상전에서 말했다. 기자의 바름은, 밝음을 쉬게 하지 않는 것이다.

[해설] 六五 효사와 소상전이다. 육오는 유이니 순하고, 가운데 있으니 중덕을 지녔다. 그러나 正應 · 親比가 없으니 홀홀 단신이다. 무엇보다 坤卦의 중심에 위치했으니 '明夷'를 잘 컨트롤해야 하는 처진데 원활하게 추진하지 못할 것이 예상된다.

이 괘에서 가장 어두운 곳은 아래 離 '明'과의 거리가 가장 먼 上六이다. 그렇기 때문에 明夷卦에서는 가장 어둡게 하는 위치에 있는 이 상육을 최고의 권력자, 곧 임금에 적용한다. 드물게 上爻가 임금인 경우도 있다. 復卦도 상육이었다.

殷末, 천자 紂의 숙부가 箕子였다. 그러므로 상육은 紂로, 육오는 기자로 본다. 아무리 중덕을 가진 기자라도 포악한 주를 감당치 못하여 단전에서 설명한 바와 같이 그의 명덕을 숨겼다. 이렇게 해서 기자의 밝음이 상했으니 '箕子之明夷'이다. 번역은 '기자의 명이'로 했다. 노예생활을 하면서도 바름을 고수하여 지켰기 때문에 은이 망한 후 무왕이 찾아와 가르침을 청하여 「홍범」을 전했다. 그래서 '利貞'을 붙였다. 이 효를 얻은 점자에게도 교훈을 삼도록 경계한 말이다. 단전의 "內難而能正其志, 箕子以之"가 이 효사다.

그런데 이 '箕子'가 '荄(풀뿌리 해)滋(번성할 자)'로 되어 있는 판본도 있어[184] '만물이 울창하게 자라나는 것'이라 푼 것도 있다. 촉나라 사람 趙賓과 唐代의 顔안師古, 그리고 西漢 말기의 劉向이 모두 '해자'로 보고 있다고 清代의 孫志祖와 唐代의 陸德明이 인용하고 있다. 또 尙秉和는 '箕'와 '孩(어린아이 해)'가 통용되었음으로 '孩子'이고 이는 紂의 이름이므로, 곧 주라고 보았다. 이에 따르면 상육이 아닌 육오가 임금이다. 그러면 이 五爻가 임금이 되므로, 이 괘에서 上이 임금이 되는 미심쩍음도(비록 復卦에서도 있었지만) 풀린다. 그래도 다음 구 '利貞'과는 '箕子'가 더 어울리고, 상육의 효사 내용은 주에 더 어울려 여기는 '기자'로 보고 번역했다.

소상전의 뜻은 땅이 밝음을 감추었어도 다시 밝아오는 자연의 이치와 같이 箕子가 '貞'을 고수한 것은 다음의 밝은 세상을 위해서 그 밝음을 멈추게 할 수 없다는 뜻이다. 현자이고 성인이다.

---

184) 丁若鏞의 『역주 주역사전』 권4의 364~366쪽과 「儒教經典과 經學」(원제: 「經與經學」), 蔣伯潛, 蔣祖怡 著, 崔錫起, 姜貞和 譯註(경인문화사, 2002), 181쪽을 참조하기 바람.

＊ 上六, 不明晦. 初登于天, 後入于地.
象曰, 初登于天, 照四國也, 後入于地, 失則也.

상육, 밝지 못하고 어둡다. 처음은 하늘에 올랐으나, 뒤에는 땅에 들어갔다.
상전에서 말했다. 처음은 하늘에 올랐다 함은, 사방의 나라를 비추었다는 것이고, 뒤에는 땅에 들었다 함은, 법도를 잃었다는 것이다.

[해설] 上六은 유가 정위했고, 九三의 응함도 있다. 그리고 '明夷'의 극이다. 그러므로 '明夷'가 '明'으로 반전할 수도 있는 때다. 그런데 '不明晦'이다. 이것은 밝음이 이루어지지 못했음을 먼저 나타내면서, 다음 구와 연결하면 처음은 밝았다가도 금방 어두워졌음을 강조한 것으로 보인다. 殷末의 紂가 총명했기 때문에 천자가 되었고, 처음에는 밝은 정치를 한 것과 같다. 우리나라 역사에도 백제의 의자왕은 처음은 정치를 잘 했다고 한다. 그런데 둘 다 나라를 망치고 말았다. 그래서 '不明晦'를 먼저 말하고 이어서 '初登于天, 後入于地'라고 설명하는 말을 붙였다. 다른 효는 다 '明夷'라 했는데, 이 상육에 만은 '不明晦'라 했다. 이를 胡炳文은 "所以五爻之明皆爲其所夷也(五爻까지가 밝음을 모두 상했기 때문이다)"라고 했다. 참고하자.

소상전의 뜻도 처음은 천자가 되어 사방의 나라에 빛을 비추었으나, 후에는 나라를 다스리는 법도를 잃고 말았다는 설명이다. 여기의 '失則'과 六二의 '順則'은 서로 상대되는 뜻이다. 주는 법도를 잃었기 때문에 나라를 망쳤고, 문왕은 법도를 좇았기 때문에 천하를 통일하는 기반을 만들었다는 뜻과도 통한다.

이 괘는 대체로 殷末의 상황으로 설명을 많이 한다. 明末의 來知德은 初九는 백이와 숙제, 六二는 문왕, 九三은 무왕을 지칭하면서 離卦의 '밝음'에서 느끼는 賢臣들의 일이고, 六四는 미자, 六五는 기자, 上六은 주를 가리키면서 통치자 집안사람들의 일로 보았다. 모두가 이해를 돕기 위한 것으로 보면 좋지만 단순히 史實만을 의미한다고 생각해서는 안 된다. 사회가 밝지 못한 때에 일어날 수 있는 여러 경우에 대처하는 교훈을 이 史實에서 찾아내야 하기 때문이다. 대체로 어둠도 활용하기에 따라 그 가치가 다르다. 어둠이 있기 때문에 밝음을 유지하기 위해 전기를 발명했고, 어둠을 그대로 이용하여 잠자는 휴식 시간으로 삼기도 한다. 이렇게 '明夷'를 우리 생활에 활용하는 방안과 연결해야 할 것이다.

개인이 '明夷'를 직접적으로 느끼며 영향을 받는 것은 가정과 직장이다. 스스로의 위치가 어디에 속하는지를 생각하면서 '明夷'의 때라도 이를 어떻게 이용할지를 생각하며 노력해야 할 것이다. 이를 새기며 이 괘를 다시 읽어보자.

䷤ 家人 (風火家人)

概說: 卦體에서 上巽☴은 '바람' '공손함' '맏딸', 下離☲는 '불' '밝음' '둘째딸'이 象이다. 아래에서 불이 일면 불은 위의 바람 따라 번져갈 것이다. 마치 집안의 가풍이 집밖에서 바람처럼 소문을 타고 전해지는 것을 상상할 수 있다. 그래서 '家人' 곧 '집안사람'의 하는 일과 연결이 된다.

각 효를 살펴보면 음인 여자와 양인 남자가 五位까지 제 자리에 있으면서(正位) 제일 윗사람 上九는 양이니 근엄하다. 그리고 正應·親比로 서로 돕고 있다. 제자리에서 자기 일을 하면서 서로 돕고, 제일 윗사람인 할아버지는 근엄하니 이것도 가족구성원의 상이다. 內卦의 중심인 六二는 음이니 여자이므로 집안의 중심인물인 주부에 해당되고, 外卦의 중심인 九五는 양이니 남자이므로 집밖에서 중심적 역할을 하는 가장에 해당된다. 어머니는 안에서 집안을 '밝게' 다스리고, 아버지는 밖에서 '공손히' 일하는 것이 되고, 두 효가 정응이니, 가정의 두 중심인물이 서로 도우면서 집안을 잘 꾸려가는 상이다. 그리고 「설괘전」에 "齊乎巽(손에서 가지런히 한다)"라고 했으니, 안의 밝음을 밖으로 가지런하게 보이게 하니, 가풍이 들어나는 象을 연상할 수 있다. 또 위의 큰딸이 아래의 밝은 동생을 공손하게 수용하니, 이도 평화스런 가정의 상이다. 이런 것 모두가 괘명 '家人'과 연관이 된다.

「서괘전」에 "夷者傷也, 傷於外者, 必反其家, 故受之以家人(夷는 상하는 것이니, 밖에서 상한 자는, 반드시 집으로 돌아오니, 때문에 이를 가인으로 받았다)"라고 했고, 「잡괘전」에는 "內也"라 했는데 '안'은 '집안'일 것이다.

이런 家人卦의 괘효사는 어떻게 꾸려졌는지 보자.

1. 괘

* 家人, 利女貞.

가인괘, 여자가 바르게 해야 이롭다.

[해설] 괘사이다. 집안사람들 중에서 유독 女는 언급을 했는데 男은 언급이 없다. 이것은 두 가지로 생각할 수 있다. 하나는 가정 살림의 중심은 어머니이기 때문이고, 다른 하나는 남자는 '하늘'이고 '貴'이니, 언급할 필요가 없고, 여자는 소인이고 '卑'이니, 여자만 바르면 집안은 평화롭게 된다는 의미일 것이다. 아마도 고인들은 후자의 이유로 '利女貞'이라 했을지 모르나, 현대는 남존여비란 있을 수 없다. 그러니 집안 살림살이는 아무래도 여자가 중심이 되고, 집안이 잘되려면 그 중심인물이 바르게 해야 함을 말한 것으로 보면 현대에도 통할 것

이다.

＊ 彖曰, 家人, 女正位乎內, 男正位乎外. 男女正, 天地之大義也. 家人有嚴君焉, 父母之謂也. 父父, 子子, 兄兄, 弟弟, 夫夫, 婦婦, 而家道正. 正家而天下定矣.

단전에서 말했다. 가인은, 여자는 안에서 자리를 바로하고, 남자는 밖에서 자리를 바로 해야 한다. 남녀가 올발라야 하는 것이, 천지의 큰 뜻이다. 가족은 엄하게 다스리는 사람이 있으니, 이를 부모라 이른다. 아버지가 아버지답고, 자식이 자식답고, 형이 형답고, 동생이 동생답고, 지아비가 지아비답고, 지어미가 지어미다워야, 가정의 법도가 바로 하는 것이다. 집안이 바르면 천하가 안정된다.

[해설] 단전이다. '家人'은 괘명. 그 다음에 이어지는 句들이 이 '家人'을 해석한 것이다. 곧 가족의 구성원 중 여자는 안에서, 남자는 밖에서 일하는 것이 각각 바른 자리이고, 이것이 바른 것이라 했다. '女正位乎內, 男正位乎外'이다.

'女正位乎內'는 六二에서 나온 풀이다. 음은 '女'이고, 음이 음 자리에 있으니 '正位'이며, 內卦이니 '內'가 나온 것이다. '男正位乎外'는 九五에서 나온 것이다. 양이 外卦에서 정위를 차지하고 있는 것을 나타냈다. 이렇게 남녀가 각각 제자리를 지키는 것이 천지의 '大義'라고 했다. 『역전』에서는 곧잘 인사와 자연현상을 대비시켜 말한다. 남녀란 음양이고 음양이 서로 待對함은 자연의 이치이며, 하늘은 높고 위에 있으며, 땅은 낮고 아래에 있다. 남녀도 이렇게 天尊地卑한 것과 같이 육이는 아래에, 구오는 위에 있다. '男女正, 天地之大義也'가 이런 뜻이다.

가족 구성원을 다스리는 사람은 부모이다. 그래서 '嚴君'이 '父母'라 했다. '君'이란 주로 '임금, 군주'를 뜻하나, 여기서는 '다스리는 사람'으로 보면 된다. 부모가 중심이 되어 가족구성원들을 엄하게 다스리면 모두 자기 역할을 다하는 이상 없는 행복한 가정이 된다는 뜻을 말한 것이 '父父, 子子' 이하의 구절이다.

'父'에는 '아버지'를 지칭하면서 또 '아버지답게 행동하다'라는 의미도 있다. 여기 '父父, 子子'이하 모든 가족구성원의 명사를 이은 같은 字인 뒤의 것은 '~답게 행동하다'로 해석하면 된다. 모두가 자기역할을 다하니 '家道正'이다. 이렇게 가정 법도가 잘 서 있으면 나라도 잘 다스려져 안정된다. 곧 『대학』에서 말하는 "修身齊家, 治國平天下(몸을 닦고 집안을 다스리면, 나라가 다스려지고 천하가 화평하다)"이다. 이런 뜻이 마지막의 '正家而天下定矣'이다. 집단의 최소 단위인 가정이 천하에까지 영향을 미친다는 사상이고, 이것은 오늘까지도 바꿀 수 없는 사실이다.

＊ 象曰, 風自火出, 家人. 君子以言有物而行有恒.

상전에서 말했다. 바람이 불에서부터 나오는 것이 가인괘다. 군자가 이를 보고서 말에는 실질이 있고 행동에는 일관성이 있다.

[해설] '風'은 上巽, '火'는 下離에서 나온 象이다. 괘는 아래에서 위로 진행되니 불에서 바람이 생겼다. 불이 붙어 뜨거움을 발산하면서 위로 뻗으면 온도의 차이가 있게 되어 바람이 일어나니, '風自火出'이고 이것이 家人卦이다.

군자가 이런 것을 보고 그 연유하는 바의 근본을 가정으로 돌려 생각을 해보면, 한 집안의 일이 이웃에 미치고, 가풍에서 풍속으로 연결되는 것과 같음을 발견했다. 집안의 가풍은 구성원 하나하나의 말과 행동으로부터 연유하니, 이에 말은 실천하지 못하는 허황된 말은 하지 않고, 행동은 일정한 법칙을 가지고 일관성 있게 한다. 이런 뜻이 '言有物而行有恒'이다. 군자는 항상 이렇게 사물을 보되 그 근본과 그것이 미치는 파장을 보고 깨달아서 행동지침으로 삼는 것이다. '物'은 보이는 구체적인 실물을 말하니 '실질'이라 번역하면 된다.

『禮記』「緇치衣」편에 "子曰, 言有物而行有格也(공자가 이르길, 말에는 실질이 있고 행동에는 격식이 있다)"고 했다. 이 말과 한 자가 다르니, 유자들은 오래전부터 말과 행동이 인간성의 기본 요소로 본 것 같다. 오늘날에도 다를 것이 없다.

2. 효

＊ 初九, 閑有家, 悔亡.
象曰, 閑有家, 志未變也.

초구, 막고 제재하여 집에 있게 하면, 후회는 사라진다.
상전에서 말했다. 막고 제재하여 집에 있게 하는 것은, 뜻이 아직 변화하지 않았음이다.

[해설] '閑有家'는 대체로 두 가지로 번역을 한다. 하나는 집안의 사람을 외부로 내보내지 않는다는 뜻으로, '막아서 집에 있게 하다'이고, 둘은 외부로부터 집안으로 들이지 않는다는 뜻의 '집을 막다'인데, 물론 이때의 '有'는 '於'의 뜻이다.

初九는 가인괘의 처음이고 離의 시작이다. 어린이이고, 가도를 세우는 첫걸음이다. 아직은 사회에 진출할 단계가 아니라, 집안에서 교육을 받아서 인성을 기르는 때이다. 그리고 양으로서 정위했고, 위로는 훌륭한 六四와 六二가 正應·親比이니 지도를 잘 받고 있는 모양이다. 초구의 이런 상태는 아무래도 '막아서 집에 있게 하다'로 번역해야 할 것이다. '막아서 집에 있게 하다'나 '집을 막다'나 모두 가풍을 익히고 인성을 기르기 위한 것임은 같다. 수양이 덜 된 모습이 노출되지 않고, 교양을 쌓은 후 사회에 진출하면 후회가 없을 것이니 '悔亡'이라 했다.

소상전의 '志未變也'는 초구가 앞으로 무엇을 하겠다는 뜻을 세우고 어떤 변화를 모색하지는 않은 상태, 즉 아직 어린이의 철모르는 뜻만 있다는 의미이다.

*** 六二, 无攸遂, 在中饋, 貞吉.**
象曰, 六二之吉, 順以巽也.

육이, 성취하는 바는 없이, 부엌일만 해도, 바르게 하면 길하다.
상전에서 말했다. 육이의 길함은, 순하고 공손하기 때문이다.

[자구의 뜻] 饋: (물품을)보낼 궤, 요리 궤. 中饋: 부녀자가 취사 등의 일을 함.

[해설] 六二의 효사와 소상전이다. 육이는 음이니 여자이고, 內卦의 중심에 있으니 안에서 중심을 잡고 있는 부인에 해당된다. 단전의 '女正位乎內'이다. 집안일의 제일 중요한 일은 역시 음식을 만들어 식사하고, 손님대접하고, 제사지내는 일이었다. 그래서 '饋'가 등장했다. '中饋'라는 뜻이 여기서부터 비롯되어 '부엌일'로 현재는 쓰인다. 이렇게 음식 등의 중요한 일을 하나, 직접 일을 성사시키는 사람은 그 집의 가장이나 남자였다. 대접하는 음식은 직접 만들어도 대접을 받는 사람과의 면담은 가장의 몫이고, 남자가 바깥일을 했기 때문에 밖에서 결정한 일을 따라만 갈 뿐 안주인이 직접 결정하는 것은 없었다. 그래서 '无攸遂'이다. 물론 이것도 옛 풍속의 하나이나, 현재에도 부인이 집안 살림만 하는 가정에서는 볼 수 있는 현상이다.

그래도 집안에서는 중요한 일을 하는 그녀가 중정하고 應比의 도움이 있으니, '貞'하고 '吉'하겠지만, 貞은 항상 명심해야하고, 특히 '无攸遂'일 때는 불만이 있을 수도 있으니 더 경계할 필요가 있어서 써야만 했을 것이다. 손님 대접을 어떻게 했느냐에 따라 평판이 달라지고, 더 구체적으로 그 집의 음식 맛이 좋으면 칭찬하고 부러워할 것이니, 바르게 하면 吉이 되는 것이다.

소상전은 柔에서 '順', 中正에서 '巽'을 이끌어내어 '吉'한 이유로써 말했다.

*** 九三, 家人嗃嗃, 悔厲吉, 婦子嘻嘻, 終吝.**
象曰, 家人嗃嗃, 未失也, 婦子嘻嘻, 失家節也.

구삼, 가족들이 걱정하고 원망하는 소리는, 후회와 위태함은 있으나 길하게 되고, 부인과 아이들이 희희낙락하면, 결국 인색하게 된다.

상전에서 말했다. 가족들이 걱정하고 원망하는 소리는, 아직 잃은 것은 없고, 부인과 아이들이 희희낙락하는 소리는, 집안의 절도를 잃은 것이다.

[자구의 뜻] 嗃: 엄혹한 모양 학. 크게 부르짖는 소리 효. 嗃嗃: 엄격한 모양. 嗷嗷오오(여럿이 지껄여 시끄러운 모양. 근심하여 원망하는 소리 등)와 통용. 嘻: 아 희(감탄, 슬픔, 놀라움 등), 웃을 희. 嘻嘻: 즐겁게 웃는 모양.

[해설] '嗃嗃'은 여러 설이 있으나, 대체로 '嗷嗷'의 '근심·걱정·원망하는 소리'와 같은 뜻으로 받아들인다. '嘻嘻'는 '떠들고 웃는 소리'인데, '嗃嗃'과는 對가 된다.

九三은 양이 양 자리에 있다. 양은 굳세고 나아가는 성질이니 거듭된 양이므로 '강력하게 추진'하는 象이다. 離는 '火'이고, 구삼은 제일 윗자리이며 바로 위에서는 上巽 '바람'이 불고 있으니 세찬 불길이다. 그러므로 지나치게 강력하고 엄하게 집안을 다스린다고 보아야 한다. 그래서 그 구성원들이 '嗃嗃'거리는 것이다. 그런데 이와는 반대로 너무 관용하여 자기들 마음대로 하게 놓아두면 어떻게 될까? 조신해야 할 여자와 멋모르는 아이들은 깔깔거리고 야단날 것이다. 이런 상태가 '嘻嘻'이다. 두 가지를 대비시킴으로서 중도가 역시 좋은 것임을 암시하고 있다. 집안을 엄격히 다스리면 당시에는 괴롭고 원망이 되지만, 시간이 지나면 그것으로 어려움이 극복되었고, 또 극복하는 힘이 생기니 결국은 '吉'하게 된다. 그러나 관용으로만 대하면 당장은 자유롭고 즐겁지만 결국 나태해지고 질서와 참을성이 없어져 '吝'으로 되는 것이다. 두 갈래의 가정을 이끄는 태도에 대한 결과로 효사가 이루어졌다. 대비시켰지만, 물론 구삼은 활동성이 있는 사람이니 이로 인해 근심 걱정이 많을 것이고, 사람을 대할 때도 몰아부칠 것이니, '嗃嗃(엄혹한 모양)'일 것이다.

소상전에서는 간략히 아직 가도를 잃지 않은 상태와 절제하지 않아서 가도를 잃은 상태로 뜻을 풀었다.

*** 六四, 富家, 大吉.**
象曰, 富家大吉, 順在位也.

육사, 집안을 부유하게 하니, 크게 길하다.
상전에서 말했다. 집안을 부유하게 하여 크게 길함은, 공손하면서 제자리에 있기 때문이다.

[해설] 六四의 효사와 소상전이다. 육사는 음으로서는 모든 조건이 다 구비된 상태이다. 정위했고, 應比의 도움이 있으며, 공손한 巽卦의 주효다.

음은 여자이고 상괘에 있으니 윗사람에 해당하므로 가인괘에서는 시어머니 쯤 된다. 그녀는 집안의 열쇠를 관리할 만한 위치에 있다. '富'를 얻기 위해서는 절약하고 아껴 써야한다. 이것은 가족 구성원들에게 고통을 줄 수 있다. 그러나 그녀는 모든 구성원의 지지를 받아낼 수 있는 조건이 갖추어져 있다. 바로 정응도 있고 특히 비효인 가장(九五)이 지지하고, 무엇보다 巽卦의 주효니 공손하고, 정위에 있으니 바르게 처신하기 때문이다. 양은 '實'이니 곧 '富'이며, '大'이므로 陽剛들의 지지를 받는다는 것은 '富家'가 가능하고 '大吉'한 것이 된다. 또 손은 「설괘전」에서 "爲近利市三倍(이익에 가까워 시장에서 3배가 되다)"라고 했고, 또 "入也(들어온다)"라고 했으니 巽과 富는 통하는 바가 있다.

두 음효 六二와 육사는 가정의 며느리와 시어머니로 보면 될 것 같다. 육이는 아래에 있으니 '中饋'로 부엌일을 주로 맡고, 육사는 위에 있기 때문에 '富家'로 가정을 이끄니, 곳간의 열쇠를 가진 시어머니의 역할이다.

소상전의 '順在位'에서 '順'은 巽卦에서부터, '位'는 正位한데서 나온 것이다. 그러므로 '공손'과 '정위'의 조건이 중요하다고 대표시킨 것이다.

＊ 九五, 王假有家, 勿恤, 吉.
象曰, 王假有家, 交相愛也.

구오, 왕이 집을 지극히 하니, 걱정이 없고, 길하다.
상전에서 말했다. 왕이 집을 지극히 한다는 것은, 사귀어 서로 사랑하게 하는 것이다.

[자구의 뜻] 假: 거짓 가, 빌릴 가, 클 가. 멀 하. 이를 격, 지극할 격.

[해설] '假'을 대체로 '格', '至', '大'로 푼다. '格'은 '이르다'와 '감동시키다'의 두 뜻이 있고, '至'는 '이르다'와 '지극하다'의 뜻이 있으며, '大'는 '크다'에서 '지극하다'로 뜻이 넓혀진다. 그래서 우리의 번역서에는 주로 '왕이 집에 이르렀으니', '왕이 집을 지극히 하니', '왕이 집을 크게 하니' 등으로 역했다. 무엇이 가장 적절할까?

九五는 양으로 존위에 있으면서 중정하고, 또 공손한 巽體에 있다. 아래로 중정의 정응 六二가 있고 정위한 六四 친비도 있어 모두 그에게 호응한다. 이런 상태는 집안을 지극하게 다스리는 것으로 보아야 한다. 그리고 假과 格이 통용됐고, 格의 뜻을 '至'로써 訓했다. 그래서 우리말 '지극하다'가 알맞은 것 같아 '지극히'로 번역했다. 자리가 가장이면서 왕이니 '王'이 등장했고, '有'는 어조사 '於'로 본다.

구오는 단전의 '男正位乎外'이고, '父父子子兄兄弟弟夫夫婦婦' 하게 하는 중심인물이며, 정응과 친비가 감동하여 따르니 근심이 있을 수 없고 길하지 않을 수 없다.

소상전에서도 천하의 모범인 왕이 가정에서도 서로 사귀면서 사랑하도록 이끈다는 말이다.

* 上九, 有孚, 威如, 終吉.
象曰, 威如之吉, 反身之謂也.

상구, 믿음을 두고, 위엄을 지키면, 마침내 길하게 된다.
상전에서 말했다. 위엄을 지켜 길하게 된다 함은, 자신을 반성하는 것을 이른다.

[해설] 마지막 효사와 소상전이다. 上九는 가인괘의 맨 윗자리이니 할아버지 쯤 되는 위치이다. 그리고 終極이니 시대의 변화가 예고된다. 九五에서 이미 가도는 완성되었고 아래의 여러 가족들이 모두 잘 하고 있다. 그러니 오로지 혼자서 집안어른으로 처신을 잘하면 된다. 극에 처하였으니 모든 것이 허약하여 허물어질 가능성이 있다. 가도에 벗어나는 변화를 스스로 행하지 않도록 해야 한다. 다행히 '巽'은 「설괘전」에 "爲長, 爲高"라고 했으니, 오래도록 높게 있을 수 있고, 강이니 꿋꿋함을 유지할 수 있다. '有孚, 威如'의 가능성은 있는 것이다. '孚'와 '威'가 집안을 다스리는 기본적인 조건이기도 하니, 만약 이렇게만 할 수 있다면 마침내 吉을 얻을 수 있다. 효사는 이런 뜻으로 푼다. 그러나 그가 처한 위치는 이렇게 되기가 쉽지는 않다. 정위가 아니고 정응과 친비도 없기 때문이다. 그래서 효사의 해석을 조건이 충족되어야 가능한 것으로 풀어야 한다. 점하여 이 효를 얻었다면 吉을 얻기 위해 스스로 반성하면서 노력을 아끼지 않아야 할 것이다.

소상전에서도 스스로의 반성을 촉구해야 위엄을 지키게 되어 '吉'을 얻는다고 했다. '反身'의 '反'은 '반성할 반'이다.

'利女貞'이라 했지만, 현대는 남녀동등이다. 오히려 여권이 남권을 추월하는 현상도 많이 본다. 부인이 자기의 친정 가족은 좋아하고 시집의 가족은 부담스러워 하니, 자연 처가의 가족은 흔하게 드나들어도 친가의 가족은 뜸하다. 이혼도 여자가 먼저 요구하는 경우가 흔하다. 자기중심적인 사고와 행동만 하는 것에서 비롯된 것이다. 이런 행위는 권리를 남용하거나 치우쳐서 공평하게 하지 못한 것과 같으니, 바른 길이 아니다. 현대는 또 다른 의미의 '利女貞'이 필요한 것이 아닌가 한다. 小家族의 형태라도 남녀 양가의 조화가 이루어져야 '正家而天下定矣'가 될 것이다.

家人卦는 강효들은 집안의 남자로, 유효들은 여자로 보아 뜻을 푼다. 그래서 남자는 주로 엄함으로 가도를 지켜나가고, 여자들은 공손함으로 가도를 따르는 것으로 효사들이 되어 있다. 이는 남녀의 차이를 크게 보면 강하고 부드러운 차이가 있는데, 여기에서 비롯된 특성을 살리는 것으로 보면 무리가 없다. 자식을 교육할 때도 남자는 대범하지만 엄하게, 여자는 세밀하게 마음을 살피는 사랑으로 해나가면 좋을 것이다. 무엇이든 이렇게 조화를 이루면서 바르게 하는 것이 좋은데, 이는 이 효들이 정위에 있으면서 서로 應比로 화합하고 있는 것에서도 나타나고 있다.

현대는 남녀가 같이 밖에서 일하는 경우가 많다. 그러나 여자가 밖에서 일하고 남자는 집안 살림만을 하는 경우는 극히 드물고, 아직도 남자가 밖에서 일을 하고 여자가 집안 살림을 맡아하는 경우가 훨씬 많다. 이런 이유는 사회적 환경에서 비롯된 것도 있지만 과거의 남녀의 특성을 살린 역할분담에서 비롯된 합리적인 면도 있다는 생각을 하게 한다. 이런 것에서 과거의 것에도 반드시 취할 것은 있으니, 지금의 시점에서도 좋은 것은 참고하여 반영하는 것은 좋다. 그래서 가정을 가진 현대의 젊은이들도 이 괘에서 나타난 각 효사들이 시사하는 바를 참고하여 행동지침과 연결해 보는 것이 修身齊家治國平天下에 도움이 될 것이다.

䷥ 睽 (火澤睽)

槪說: '睽'는 '반목할 규, 어그러질 규, 눈 부릅뜨는 모양 규'이다. 上離☲는 '불' '둘째 딸', 下兌☱는 '못' '막내딸'이 象이다. 위에 있는 불은 그 기운이 위로 뻗고, 아래에 있는 못의 물은 아래로 흐르니, 서로 어긋나므로 '어그러진 것'이니 '睽'가 된다. 막내딸은 內卦에 있으니, 아직 어려 집 안채에 기거하고, 가운데 딸은 外卦에 있으니, 다 커 집 바깥채에 거주하는 경우이니 서로 격이 달라 떨어져 있는데, 이들은 크면 각각 다른 데로 시집가니, 이것도 '睽'이다. 초구를 제외한 효들이 모두 不正位로 제자리가 아니다. 이 또한 어긋난 것이므로 '睽'이다.

「서괘전」에서는 "家道窮必乖괴, 故受之以睽, 睽者乖也(가도가 궁하면 반드시 어그러지니, 때문에 이를 규괘로 받았고, 규란 어긋나는 것이다)"라고 했다. 그리고 「잡괘전」에서는 '外也'라 했는데, 이때의 '外'는 '외면하다'의 뜻이다. '어긋나고, 등을 돌리다'는 뜻이 睽이니, 어긋나 있으면 어떻게 해야 할까? 괘효사를 살펴보자.

1. 괘

* 睽, 小事吉.

규괘, 일을 조심하면 길하다.

[해설] 괘사이다. '小事吉'은 대체로 3가지의 번역이 가능하다. '작은 일은 길하다', '일을 조심하면 길하다', '작은 것을 잘 다스리면 길하다'이다.

睽卦가 생물에게 꼭 필요한 上離의 '불'과 下兌의 '못'으로 구성되어 있다. 그런데 개설에서 설명한 대로 서로 어긋나므로 합쳐 새로운 것을 탄생시키는 큰 변화는 없다. 그래서 '小'

를 '작다'와 '삼가다'의 뜻으로 보고 번역한 것과 '事'를 '일'이 아닌 '다스리다'로 보고 풀이한 것들이다.

이 괘는 소성괘가 음이면서 괘의 대표는 君位에 있는 음 '小'인 六五이다. 음은 부드럽고 삼가는 뜻이 있으므로 강력하게 일을 다루는 것이 아니라 소심하고 세밀하여 작은 일은 잘 다룬다. 그래서 '小事'를 대체로 '작은 일'로도 번역을 많이 한다. 孔穎達은 음식의 익힘, 의복의 빨래 등 '작은 일'로 보았다. 서로 어긋나 있어도 각각의 쓰임을 잘 이용하면 작은 일에는 필요한 것이라는 뜻이다. 그리고 또 明末의 학자 何楷해는 어그러진 것을 합하기 위해서는 서서히 옮겨서 바뀌게 해야 하므로, '小'에는 '삼가다, 경계하다'의 뜻이 있으니 일을 조심하면서 이용하는 것으로 보았다. 그래서 黃壽祺는 '조심하다'는 뜻을 취하여 '일을 조심하여 처리하면 길하다'로 번역했다. 불도 못의 물도 모두 조심할 필요가 있는데, 어긋나 있으니 더욱 조심할 필요가 있을 것이다. 위의 번역은 이를 취한 것이다. 그리고 '事'에는 '다스리다'의 뜻이 있으므로 어긋나 있는 것이 '吉'하려면 각각의 작은 것도 잘 다스려야 하기에 '다스리다'를 취하여 번역도 한다. 모두 참고할 만하나, 그래도 위의 번역이 가장 적합하다고 보았다.

＊ 彖曰, 睽, 火動而上, 澤動而下, 二女同居, 其志不同行. 說而離乎明, 柔進而上行, 得中而應乎剛, 是以小事吉. 天地睽而其事同, 男女睽而其志通, 萬物睽而其事類也. 睽之時用大矣哉.

단전에서 말했다. 어긋남(睽)은, 불의 움직임은 위에 있고, 못의 움직임은 아래에 있으며, 두 여자가 함께 있으나, 그 의지는 같이 가지 않는 것을 말한다. 기쁘게 밝음에 붙어 있으면서, 부드러운 것이 나아가 위에서 행하는데, 중심을 얻고 강으로부터 응함이 있으니, 이로써 일을 조심하면 길할 것이다. 하늘과 땅이 달라도 하는 일은 같고, 남녀가 달라도 그 뜻은 통하며, 만물이 달라도 그 하는 일은 닮았다. 규괘는 때의 활용이 크도다!

[해설] 이미 개설에서 설명한 것처럼 上離의 '불'과 '中女', 下兌의 '못'과 '小女'의 위치가 다름을 가지고 먼저 괘명 '睽'의 뜻을 푼 것이 '火動而上, 澤動而下, 二女同居, 其志不同行'이다. 여기서도 괘명을 바로 우리말 뜻을 새겨 풀면 이해가 쉬운 것 같아 '어긋남'으로 하고 괘명은 ( ) 속에 넣어 보았다.

그 다음은 괘사 '小事吉'을 풀었는데, 이것도 상하 經卦의 象과 최고의 지위에 있는 六五의 역할로 나타냈다. '說'은 '悅'로서 下兌, '離'와 '明'은 上離에서 나온 象이니 '說而離乎明'이 나온다. 그리고 괘의 중심적 역할을 하는 효를 살피면 六五이다. 육오 음이 상괘의 중심에까지 진출하여 위에서 지휘하는데 하괘의 중심인 九二 강과 상응하니, '柔進而上行, 得中而應乎

剛'이다. 곧 '밝음'에는 '기쁘게' 따르면서, 부드럽고 유순한 음이 윗자리에서 행하는데, 다행히 중심을 잡았고 강인 구이가 응해주니, 일을 조심하면서 처리하면 잘할 수 있을 것이므로 '小事吉'인 것이다.

그리고는 睽卦를 이루는 경괘가 서로 어긋나 있지만 그들의 성질을 어울리게 하면 잘 활용이 되듯이, 자연현상과 세상사에서도 각각 성질은 달라도 어울리면서 일을 행하는 것을 나열하였다. '天地睽而其事同, 男女睽而其志通, 萬物睽而其事類也'이다. 천지의 위치, 모양, 크기 등이 달라 어긋나 보여도 만물을 생육하는 일은 같고, 남녀가 달라도 서로 합하여 가정을 꾸리며 인류문화를 번창시키는 뜻은 같으며, 만물의 모양새는 달라 각각이라도 그들의 번식과 생사는 모두 비슷하게 전개된다. 불과 물의 성질이 각각 달라도 음식을 삶고 익히는 일을 같이 행하는 것과 마찬가지라는 말이다. '其事類'의 '類'는 '닮다'라는 뜻으로 번역하면 좋다.

이어서 이처럼 睽卦에서는 각각이 다르지만 조심하면서 장점을 잘 활용할 수 있으면 이로우므로, 이렇게 되도록 하는 일이 중요한 것이다. 그러므로 규괘는 활용하는 때가 중요하다는 것을 찬탄의 말로써 끝맺음했다. 바로 '睽之時用大矣哉'이다.

「계사전 하」에 "弦현木爲弧호, 剡염木爲矢, 弧矢之利, 以威天下, 蓋取諸睽(나무에 활줄을 매어 활을 만들고, 나무를 깎아 화살을 만들어서, 활과 화살의 이로움으로써 천하에 위엄을 보이니, 대개 저 규괘에서 취했다)"라는 말이 나온다. 활은 앞으로 밀고 화살은 뒤로 당겨져야 하니 이는 서로 어긋나지만 결국 화살이 날아가는 이로움이 생기니, 서로 어긋나도 이를 합하여 이로움을 만드는 것이 이렇게 중요하다는 의미가 내포되어 있다. 규괘는 활용하는 때가 이렇게 큰 것이다.

* 象曰, 上火下澤, 睽. 君子以同而異.

상전에서 말했다. 위는 불이고 아래는 못이 규괘다. 군자는 이를 보고서 같음을 향해도 다르게 이끈다.

[해설] 대상전이다. 먼저 괘명인 '睽'를 상하괘의 상으로 설명했다. 이렇게 어긋난 것이 하나하나의 개성이 다를 뿐이지 이들을 잘 활용해야 하는 이치는 같다. 곧 위에 있는 불은 빛과 열을 이용하고, 아래에 있는 못은 물로 이용하니, 이렇게 서로는 다르지만 그 본질을 이용하여 이로움을 얻는 것은 같다. 군자가 이런 현상을 깨닫고 일반인을 이끌고 가르칠 때 이것을 적용하여, 道를 향하는 목표는 같지만 각자의 개성을 살려 임무는 그것에 맞도록 부여한다는 뜻이다.

'同而異'를 직역하면 '같으면서도 다르다'인데 세상만사의 이치가 이러하다는 것을 깨닫는 것만으로는 군자라고 내 세우기가 부족하다. 「대상전」은 군자의 행위에 초점이 맞추어져 있으므로 군자가 '同而異'하게 실제로 적용한다는 말이 위의 번역이다. 국가를 다스리는 것으로 말하면, 부강의 목적은 같지만 각자의 직분은 그들에게 맞도록 다르게 맡겨 수행토록 한다는 것으로 이해하면 될 것이다. 淸末 역학자 馬其昶은 '同而異'의 이치를 모르면 남을 강제하여 나와 같도록 하기 때문에 분노・원망・兵禍까지 있게 된다고 했다. 이를 대비한 행위를 말하는 것으로 보았다.

2. 효

*** 初九, 悔亡. 喪馬, 勿逐自復, 見惡人, 无咎.**
象曰, 見惡人, 以辟咎也.

초구, 후회가 사라진다. 말을 잃으면, 뒤쫓지 않아도 스스로 돌아오고, 미운 사람도 만나보니, 허물이 없다.
상전에서 말했다. 미운 사람도 만나 본다는 것은, 허물을 피하기 위해서다.

[해설] 어긋난 '睽'의 시절에 正應도 親比도 없으니, '悔'가 있다. 그러나 睽卦의 시작이니 어긋남이 깊지 않고, 下兌 '기쁨'도 시작되며, 剛으로 정위했으니 꿋꿋이 자기 역할은 하므로 '悔'가 '亡'한다. 그렇다고 응원하는 이도 없고 아직 경험도 일천한데 어떻게 어긋남을 해소할 수 있을까? '悔亡'이 되는 과정을 다음에 이었다.

때가 되면 잃었다고 생각했던 말이 스스로 우리로 돌아오는 경우가 있듯이 자연스럽게 해결이 된다고 '喪馬, 勿逐自復'이라 했다. 이렇게 되는 것은 九四가 늦게라도 도움을 주게 되므로 해결이 난다고 보면 된다. 처음 구사는 初九와 정응이 아니니 관심이 없고 위아래의 比爻들에게만 관심이 있다. 그런데 아래의 비효 六三은 上九와 정응이고, 위의 六五는 九二와 정응이니 모두 그 쪽에 더 관심이 있다. 자기의 뜻과는 다르게 친밀의 정도가 다름을 알게 된다. 그러다 보니, 같은 처지의 초구를 돌아보게 되는 것이다. 이것이 '喪馬, 勿逐自復'의 뜻이다. 초구가 어긋남을 돌려 바르게 활용하려는 행위가 즉시 이루어지는 것은 아니므로 사람이 멀리 갈 때 필요한 '馬'에 비유가 됐고, 이 '말'의 역할을 구사가 할 수 있는 것으로 보는 것이다.

그리고 어긋난 것을 고쳐 조화시키기 위해 사람의 도움을 청하려면 여럿을 만나야 할 것이다. 그 때 좋아하는 사람만이 아니라 미운 사람도 만날 필요성이 있다. 어긋난 것을 합치시키기 위한 노력의 일환으로 '惡人'도 만나야 하는 것이다. 곧 정응이 아니어서 '惡人'이라 여겼던 구사를 만나보니 그가 바로 '馬'이고 '自復'하는 사람이었다. 이런 뜻이 '見惡人, 无咎'이다. 아무것도 의지할 데가 없다고 포기하지 말고, 만나 볼 사람은 만나보라는 뜻이다. '見'은

'만나다', '惡'는 '미워할 오'이다.

소상전에서는 간단히 '惡人'을 만나는 것은 '咎'을 피하기 위해서라 했다. 곧 만나지도 않았기 때문에 있게 되는 잘못을 피하기 위해서 만나보는 것이라는 뜻이다.

*** 九二, 遇主于巷, 无咎.**
象曰, 遇主于巷, 未失道也.

구이, 골목에서 주인을 만나니, 허물이 없다.
상전에서 말했다. 골목에서 주인을 만나게 됨은, 길을 잃지 않았다는 것이다.

[자구의 뜻] 巷: 골목 항, 마을 항.

[해설] 九二 효사와 소상전. 구이는 어긋나 어그러진 시절에 정위를 얻지 못했으니 아직 안정된 자리를 얻지 못했으나, 중심적인 위치이니 중덕이 있으므로 시골에서 때를 기다리는 선비의 象이 있다. 그리고 應比가 있어 그를 돕고자 하는 사람이 있다는 것은 인품도 훌륭함을 알 수 있다. 마침 어긋난 때를 바로잡고자 하는 주군을 누추한 골목에서 우연히 만나게 되니, '遇主于巷'이고, 서로 마음을 터놓고 이야기하다가보면 중덕이 있는 사람들이니 뜻이 합하게 될 것이니 '无咎'이다. 여기서 '主'는 六五이고 임금에 해당하는 사람이다. 임금인 육오의 입장에서는 가까운 위아래의 비효에 둘러싸여 있었지만 멀리 있는 應爻 구이도 얻게 된다는 것이다.

군신의 관계이든, 주빈의 관계이든 '巷'에서 만나는 것은 정식의 예정된 만남은 아니다. 그만큼 睽가 합하려면 한 차원을 뛰어넘어야 이루어진다. 그러므로 과거에 의한 등용 같은 공식적인 것 보다 우연한 만남의 뜻이 있다고 보아야 한다. 물론 괘사의 '小事吉'처럼 '无咎'가 되려면, 이런 만남은 조심할 필요가 있을 것이다.

主를 巷에서 만나게 되듯이 어긋난 것을 바로잡는 일이 방도가 없는 것은 아니라고 소상전은 '未失道也'라 했다. 그러니 어떤 일도 희망을 잃을 것이 아니다.

*** 六三, 見[其]輿曳, 其牛掣, 其人天且劓. 无初有終.**
象曰, 見輿曳, 位不當也, 无初有終, 遇剛也.

육삼, 수레가 질질 끌리고, 소도 끌리며, 사람은 머리를 깎이고 코를 베일 수 있다. 처음은 없으나 끝은 있다.
상전에서 말했다. 수레가 질질 끌리는 것은, 자리가 적당치 않기 때문이고, 처음은 없으나 끝은 있음은, 강을 만나기 때문이다.

[자구의 뜻] 曳: 끌 예, 옷 입을 예. 掣: 당길 체(혹은 철), 끌릴 체. 天: 이마 천, 墨刑 천. 劓: 코 벨 의(고대의 형벌).

[해설] 六三 효사와 소상전이다. '見輿曳'의 '見'을 高亨은 '其'의 잘못된 글자로 보았다. 뒷구절의 '其'들과 연결되는 문장으로 보는 것이 좋을 것 같다. '其輿曳, 其牛掣'는 수레를 끄는 소가 몹시 힘에 겨움을 나타내는 문장으로 보인다. 마치 사람이 앞에서 쇠고삐를 잡고 끌어당기면서 힘겹게 소가 수레를 끌고 가는 장면이다. '曳'나 '掣'나 모두 '질질 끌다'는 뜻이다. '見'으로 번역하면 '수레가 질질 끌리고, 소도 끌리는 것을 보며'가 될 것이다. 위의 번역은 '其'로 보고 번역한 것이다.

육삼은 가까운 비효에 둘러싸여 있다. 그리고 유약하면서 정위가 아니니 바름을 잃었다. 때는 어긋난 때이다. 그러므로 위의 離 '밝음'의 도움이 필요하다. 그런데 앞에서는 九四가 막고, 뒤에서는 九二가 끌어당기며 함께하자고 하는데, 정응 上九는 멀리 있다. 이를 소가 수레를 끄는데 몹시 힘들어하는 상황과 같은 것으로 표현했다. 시절이 '睽'이니 가까운 남자로부터의 구애가 육삼에게는 오히려 힘든 상황에 처하게 하는 것이다. 이런 고난을 다시 사람이 벌을 받는 것에 견주어 표현했다. 곧 머리를 깎이고 코를 베이는 형벌을 받는 것으로 비유했다. 比爻들에게 등을 돌리고 정응을 만나서 힘을 합치려하면 上位에서 권력을 잡고 있는 구사와 아래의 중심역할을 하는 구이가 기분이 상할 것이고, 이들로부터 내침을 받을 수도 있다. 가까이 있으면 그만큼 기대도 큰 대신, 그가 등을 돌리게 되면 더 심통이 나고 미워지는 것이 인정이다. 「계사전 하」에서도 "凡易之情, 近而不相得, 則凶或害之(무릇 역의 실정은, 가까우면서도 서로 얻지를 못하면, 곧 흉하고 혹 해롭다)"라는 말이 있다. 가깝게 있던 육삼이 응인 상구와 힘을 합치려고 등을 돌리면, 구이와 구사로부터는 해를 입을 수 있는 것이다. 이것이 '天'과 '劓'이고, 어디까지나 가정이다.

'天'과 '劓'는 옛 형벌의 종류이다. 그런데 '天'의 형벌은 대체로 3가지로 말을 한다. 하나는 이마에 먹물을 들이는 형벌이고, 다른 하나는 발을 베는 형벌이고, 또 하나는 머리를 깎는 형벌이다. 이 중 어떤 것인지는 확실치 않다. 떳떳이 얼굴을 내세울 수 없는 형벌의 상황에 처해지는 것으로 보면, 가장 가벼운 형벌은 '머리를 깎는 형벌'이 될 것이고, 가장 무거운 형벌은 '코를 베이는 형벌'인 '劓'가 될 것 같다. 그래서 대비가 됨으로 '머리를 깎는 형벌'을 택했다. 이렇게 처음은 힘들어 몹시 고달프지만 정응인 상구는 어긋남의 끝에서 절박하게 되어 자기의 짝인 육삼를 찾게 되고, 구이도 중덕이 있으면서 정응이 따로 있으며, 구사도 가장 어른인 상구를 끝까지 막지는 못하고, 전체를 다스리는 육오도 중덕이 있으니 도울 것이므로, 결국 육삼은 상구를 만나서 합치게 된다. 그래서 '无初有終'이라 했다. 정응이라고 쉽게 만날 수 있는 사정은 아니고 어렵사리 만난다는 뜻이다. 때가 '睽'이기 때문이다.

소상전에서는 이토록 힘든 이유는 정위가 아닌 것을 대표시켰고, 결국 해결이 되는 것은 上九를 만날 수 있기 때문이라고 했다. '遇剛'의 '剛'은 상구이다.

＊ 九四, 睽孤, 遇元夫, 交孚, 厲无咎.
象曰, 交孚无咎, 志行也.

구사, 어긋나 외로우나, 착한 장부도 만나니, 믿고 사귀면, 위태함은 있으나 허물없다.
상전에서 말했다. 믿고 사귀면 허물이 없다는 것은, 뜻이 행해지는 것을 말한다.

[해설] 九四 효사와 소상전이다. 구사의 상황은 때가 어긋난 '睽'이고, 정응도 없는데 친비한 아래 六三과 위의 六五가 각각 정응이 따로 있으므로 구사보다 이들을 더 지켜줄 것이다. 그러니 '睽孤'의 象이다. 양인 九四의 위아래가 음이니, 이들을 합쳐 경괘를 만들어 보면 坎卦가 된다. 감은 '爲溝瀆(도랑이다)', '爲陷(빠짐이다)'이라 '厲'의 象이 있다. 그리고 대신인 구사는 육오 임금을 배반할 수도 없는데, 육오는 아래의 구이를 더 신뢰하니, 여기서도 '厲'의 의미가 나온다. 이런 상황에서 확실하게 믿을 수 있는 사람이 없으니 '孤'인 것이다.

그런데 '元夫'를 만나게 된다. '元'은 건괘 「문언전」에서 "善之長也(선의 어른이다)"라 했으니 '착함'을 말하고, '夫'는 '남자'를 말하니, 착한 남자는 初九이다. 초구는 아래에서 싫은 사람도 만나면서 바르게 일을 처리하는 사람이니 元夫라할 만하다. 초구와는 각자 소속한 소성괘의 제일 아래에 처한 것이 같고, 정응이 없는 것도 같으며, 성질이 굳센 강인 것도 같으니, 같은 처지와 같은 성질이고, 마침 九四는 離 '밝음'이 시작되니, 서로 통할 수도 있는 것이다. 이렇게 서로 경쟁해야 하는 양과 양도 통하게 되면 확실한 믿음이 생기는 것이다. 신뢰와 믿음을 서로서로 나누면서 함께하면 위태한 처지이기는 해도 허물없게 될 것이다. '遇元夫, 交孚, 厲无咎'이다.

중대한 문제에서 九二와 의견이 달라 육오에게 버림을 받을 수 있을 가능성은 있으니 항상 '厲'하기는 해도, 이런 극단적인 상황을 두려워하여 포기하지 말고 믿음을 가지고 초구와 사귀면서 일을 처리하면 '无咎'하게 된다. 이것이 바로 소상전에서 말한 '志行'의 뜻이다. 그러니 미리 포기하지 않는 굳셈이 필요하다.

＊ 六五, 悔亡, 厥宗噬膚, 往何咎.
象曰, 厥宗噬膚, 往有慶也.

육오, 후회가 사라지니, 그 친족은 고기를 씹는 것 같으므로, 간들 무슨 허물이리오.
상전에서 말했다. 그 친족은 고기를 씹는 것 같다고 함은, 간 것이 경사가 있다는 것이다.

[해설] 六五는 어긋난 때에 전체를 이끌 지위에 있는데, 유약한 것이 정위가 아닌 데 처했

고, 강을 타고 있으니 '悔'가 있다. 다행히 밝은 離體에서 중덕을 가졌고, 같은 중덕의 정응 九二와 比爻들의 도움을 받게 되므로 悔가 '亡'하는 것이다.

'厥宗噬膚'의 '宗'은 '친족'을 말하니, 같은 상괘에 속한 上九, 九四이거나 정응인 구이일 것이다. 後句에 '往'이 나오므로 '가서 만난 사람'은 구이이다. 구이의 효사에서 '遇主于巷'이라 하여 골목길에서 구이를 만난다고 했다. '噬膚'란 '고기를 씹다'인데 매우 부드럽고 맛이 있다는 느낌을 나타낸 것으로, 구이와의 관계가 좋다는 말이다. 그러니 가면 허물될 것이 없다. 결국 '厥宗噬膚, 往何咎'는 '悔亡'이 되는 이유를 설명한 것이다. 도움을 받는 것 중 제일 크고 중요한 것은 역시 정응이다.

소상전에서는 구이를 만나러 간 것이 어긋남을 해결하는 일이 되고. 六五의 일은 국가적인 일이므로 '有慶'이라 했다.

＊ 上九, 睽孤, 見豕負塗, 載鬼一車, 先張之弧, 後說之弧. 匪寇婚媾. 往遇雨則吉.

象曰, 遇雨之吉, 群疑亡也.

상구, 어긋나 외로우니, 돼지가 진창을 기고, 귀신을 실은 수레가 보여서, 먼저 활시위를 당기다가, 후에 활을 내려놓았다. 도적이 아니고 혼인이다. 가면 단비를 만난즉 길하다.

상전에서 말했다. 단비를 만나 길하게 됨은, 뭇 의심이 사라졌기 때문이다.

[자구의 뜻] 負: (등에)질 부, 짐 부. 塗: 진흙 도, 길 도. 豕負塗: 돼지가 진창을 기어감, 몹시 더러움의 비유. 張: 활 메울 장, 베풀 장, 클 장. 弧: 활 호.

[해설] 上爻 효사와 소상전이다. 上九는 어긋난 때의 극에 처했다. 그리고 제자리가 아니라(不正位) 불안한데, 아래의 응인 六三은 비효에 둘러싸여 있고 멀리 떨어져 있으니, 보기에 세상은 나 혼자인 것 같다. 그러니 외로운 것이다. 여기에 離 '火'의 끝이라서 힘이 다해가니 불길이 가물가물하여, '孤'가 심한 象이 있다.

'見豕負塗, 載鬼一車'는 上九의 弧가 심해 현대의학으로 말하면 우울증이 심하여 헛것이 보이는 상태이다. '見'은 이어진 두 구에 모두 적용되는 동사이다. 그래서 이것들을 쫓고자 먼저 활을 들어 쏘려고 했다. '先張之弧'이다. 그런데 정신을 차리고 자세히 보니 응인 六三이 자기에게 오기 위해 '輿曳, 牛掣'하면서 발버둥치고 있는 것이다. 그래서 활을 내려놓았다. '後說之弧'이다. 그리고 그녀에게로 가면 혼인할 수 있다. 도적이 아니고 혼인하자는 것이니 '匪寇婚媾'인 것이다. 가서 혼인하면 음양이 화합하는 것이요, 이것을 자연 현상에 비기면 단비가 오는 현상이다. 그러니 '往遇雨則吉'이다.

象으로 해석하는 상수학자들은 이 괘의 外互卦(3, 4, 5효)가 坎이니, 감에서 '豕, 負塗, 車, 弧, 雨, 心病, 寇' 등의 상[185]과 연관 지어 해석을 한다. 참고하여 살펴보자.

소상전에서는 응과의 만남이 음양의 화합이고 이것은 비가 오는 것과 같다. 이러한 만남이 이루어진 것은 모든 의심이 해소됐기 때문이라는 설명이다.

개인과 개인이 모여 사회를 이루고 국가가 형성된다. 개인은 작다. 이 작은 개인들은 각각의 특성이 있고 이 특성이 충돌하면 어긋나는 睽가 된다. 괘사에서는 이 작은 개인의 특성을 조심해서 다루면 이롭다고 했다. 정치하는 사람들이 해야 하는 일이다. 어떻게 해야 이 특성들을 살려 이용할 수 있는가? 효사를 살펴보지 않을 수 없다. 효에서는 서로 應인 효들이 처음은 응하지 못하다가 후에 힘을 합쳐 어긋난 것을 해결하는 것으로 설명이 된다. 初九는 미운 사람도 만나면서 노력하였고, 九二는 훌륭한 인품을 갖추었기 때문에 우연이라도 만남이 이루졌고, 六三은 목표를 향하여 노력에 노력을 했고, 九四는 경쟁의 상대를 믿음으로 사귀었고, 六五는 중정의 덕으로 이끌어 힘을 모았고, 上九는 정신을 집중하여 자기 몫을 찾아서 '睽'를 해결하고 있다. 특히 正應이 아닌 초구와 구사도 함께하여 힘을 합하고 있다. 모두 서로서로 힘을 합쳐 해결하고 있다. 어느 한 효도 어긋났기 때문에 돌아서 버리는 효는 없다. 미천한 하괘의 효들은 때를 기다리면서 '기쁘게' 노력하고, 존귀한 상괘는 결국 자기의 짝들과 합치는 '밝음'을 지니고 있다. 언제 어느 때라도 희망을 잃지 않고 자기 역할을 찾기 위해 노력하고, 어떤 좋은 처지에 있다고 해도 자신의 본연의 의무를 저버리지 말아야, 세상사의 어려움이 해결된다는 교훈이다. 정치하는 사람들은 이를 알고 스스로 솔선수범할 것이며, 서로 통하는 개인과 집단을 찾아 함께하면서 그들 스스로 최선의 노력을 하도록 이끌어야 할 것이다.

䷦ 蹇 (水山蹇)

概說: '蹇'은 '절뚝발이 건, 형편이 어려울 건'이다. 위는 坎☵이니 '물' '구덩이' '위험', 아래는 艮☶이니 '산' '그침'이 象이다. 맨 아래에서 보면 산 너머 물이 있으니 가기가 어렵고, 중간에서 보면 앞에는 물이고 뒤에는 산이니 진퇴양난의 어려움이 있다. 그래서 괘명 '蹇'은 '어렵다'는 뜻과 통한다. 그리고 앞의 '위험'을 보고 전진하지 않고 '그쳐'있으니, 상황탈피를 궁리하는 모습이므로 지혜가 있어 보인다. 또 왕의 자리에 양강한 九五가 위험한 구덩이에 빠져 있는데 應比의 도움을 받고 있으니, 모두가 합심하고 있는 상태이므로 '어려움'이 해결

185) 「설괘전」에 나오는 坎의 상을 참조하기 바람. 上經 屯卦의 개설에 나와 있다.

될 것임을 암시하고 있다.

「서괘전」은 "睽者乖也, 乖必有難, 故受之以蹇, 蹇者難也(규는 어그러짐이니, 어그러지면 반드시 어려움이 있다. 그래서 이를 건으로 받았으니, 건은 어려움이다)"라 했고, 「잡괘전」도 "蹇難也(건은 어려움이다)"라 했으며, 이 괘의 단전에서도 "蹇難也"라고 했다. 그러니 '蹇'의 뜻은 '어렵다'이다. 어려운 시대는 어떤 상황에서 어떤 일이 벌어지는지 괘효사를 살펴보자.

1. 괘

* 蹇, 利西南, 不利東北. 利見大人, 貞吉.

건괘는, 서남에서는 이롭고, 동북에서는 불리하다. 대인을 만나보면 이롭고, 바르게 하면 길하다.

[해설] 괘사이다. 먼저 '西南'과 '東北'의 방향 문제. 과거 중국에서는 周의 文王이 있던 岐山이 서남이고, 殷의 紂王이 있던 殷墟허가 동북이었다는 것에서 나온 것으로 보고, 어려움을 해결하는 데는 망해가는 殷보다는 흥하는 周에 가면 이롭다는 뜻으로 본다. 그리고 '文王後天八卦方位圖'에 의하면 서남은 坤이고 동북은 艮인데 이를 말한다고 보는 견해와 「설괘전」에 방향과 연관지운 장이 있는데,[186] 이에 의하면 역시 서남은 곤이고 동북은 간인데 여기서 나온 것으로 보는 견해이다. 곤은 '땅'이니 평평하고 간은 '산'이니 험하므로, 곤이 더 평이하여 이롭다는 뜻이 된다. 현대의 학자들은 대체로 「설괘전」을 근거로 하여 뜻을 푼다. 이미 上經 坤卦에서 논한 바가 있으니 곤괘 괘사의 해설을 참조하기 바란다. 어떻든 어려움을 해결하는 데는 여건이나 마음이 평이한 땅과 같아야 함을 비유적으로 표현한 것으로 보자.

'蹇'을 해결하는 데는 혼자보다는 여럿이 힘을 합쳐야 유리한데, 특히 성현이 도우면 해결할 수 있을 것이다. 이 괘에는 九五라는 대인이 중심을 잡고 전체를 이끌고 있다. 어려움을 해결키 위해서는 이 대인을 만나봄이 이로울 것이니, '利見大人'. 이 말은 乾卦에서 나오고 이 괘에서 다시 나왔다. 여기의 '見'은 '나타나다'보다는 '만나보다'가 더 알맞다. 어려움은 만나 의견을 나누어야 해결될 것이기 때문이다.

또 어려울수록 제 위치에서 바르게 행동해야 신뢰가 생기고 뜻이 한 곳으로 모인다. 그래야 '吉'을 얻는다. 다행히 初六 외의 모든 효들이 정위하고 있으니 바르게 처신한다. 초육은 정위는 아니나, 하천한 것이 제일 낮은 자리에 처해 몸을 낮추고 있으므로 영향력이 적어 문제가 되지 않는다. 그러니 '貞'하지만 그래도 항상 貞을 강조해야 하고, 가끔 실수라는 것도

---

186) 현재 통용되는 「설괘전」 5장인데, 여기에 震부터 艮까지 차례로 논한 설명 중에 방향을 말한 것도 있고 말하지 않은 것도 있다. 그러나 그 차례를 따라 방향을 매기면 坤은 서남이고 艮은 동북이다.

있으니 반드시 갖추어야 할 조건이다. 그러므로 '貞吉'이고, 번역은 '바르게 하면 길하다'라고 하여 조건으로 번역했다.

＊ 彖曰, 蹇, 難也, 險在前也. 見險而能止, 知矣哉. 蹇, 利西南, 往得中也, 不利東北, 其道窮也. 利見大人, 往有功也, 當位貞吉, 以正邦也. 蹇之時用大矣哉.

단전에서 말했다. 건은, 어려움이니, 위험이 앞에 있기 때문이다. 위험함을 알고 그칠 수 있으니, 지혜롭도다! 건괘가, 서남이 이롭다는 것은, 가면 합당함을 얻기 때문이고, 동북이 불리하다는 것은, 그 길이 막히기 때문이다. 대인을 만나보면 이롭다는 것은, 가면 공이 있는 것이고, 마땅한 자리에서 바르게 하면 길하게 되니, 이로써 나라를 바로 하는 것이다. 건괘는 때의 활용이 크도다!

[해설] 단전이다. 상하괘의 象으로써 괘명 '蹇'을 해석했다. 그리고 험할 것을 알고 멈추는 지혜를 찬탄했다. '險'은 艮의 '산'과 坎의 '물'에서 나온 것이니, 이런 험이 앞에 잇달아 있으니 '難'이고 '險在前'이다. 산과 물이 있으니 험할 것임을 아는 것도 지혜롭고, 험함을 알았으면 잠시 그쳐서 상황을 점검하는 것도 지혜로운 일이다. 그래서 '見險而能止, 知矣哉'라고 감탄했다. '止'도 艮에서 나온 象이다.

이어서 괘사를 풀이했다. '利西南, 往得中也'의 '往得中也'는 가면 평평한 땅을 얻어 적당하고 알맞은 일을 할 수 있다는 뜻을 나타내고 있다. '中'을 '均也(고르다)'로 보기도 하고, 黃壽祺는 '敵中(알맞다)', '合宜(적당하다)'로 보니, 모두 서남 坤의 평지를 얻었음을 나타낸 것이다. 황수기의 뜻을 취해 번역했다.

이 '往'을 卦變으로 해석하면, 양효 하나가 올라가서 존위인 五爻를 차지했음으로 '得中'이라 했고, 이는 바로 九五를 지칭한 것이다. 이 구오는 綜卦인 解卦(䷧)의 九二가 올라간 것으로 보기도 하고, 小過卦(䷽)의 九四가 올라간 것으로 보기도 하며, 원래는 謙卦(䷎)로 상괘가 坤이었는데 육오에 爻變이 일러났다고 보기도 한다. 이렇게 괘변은 母卦를 보는 시각이 복잡하다. 구오가 '蹇'을 해결하는 주체이니 그가 '中'에 있음으로 구오를 지칭하는 것은 맞는다고 해도 올라간 것(往)과 '西南'과의 연결이 또 난해하다. 그러니 반드시 괘변으로 해석할 이유는 없다. '中'은 지적된 방향 '西南'에서 득이 되는 '합당함'을 찾아서 행한다는 뜻이니, 그 방향이 坤方이므로 곤방의 좋은 점 '평이함'을 얻어 일을 해결한다는 뜻이다.

不利東北, 其道窮也. 동북은 艮方이니 간은 '山'이므로 길이 막히는 것은 당연하다. 이는 어려운데 더욱 어려움을 가중하는 것이니 이로울 리가 없다.

利見大人, 往有功也. 나라가 어려울 때는 대인이 있어야 한다. 대인은 구오를 말한다. 그는

剛으로 정위하여 중덕을 가졌으며, 아래로 정응이 있고, 또 위아래로 친비가 있으니 모두 그를 따르므로 대인이라 할 수 있다. 대인이 있으니 그와 의논을 하면 어려움을 해결하는 '功'을 이루는 것이다.

當位貞吉, 以正邦也. 이렇게 대인과 의논하면서 각자 제자리에서 맡은 임무를 바르게 처리하면 나라도 바로 서는 것이다. 初六을 제외하고는 모두 정위하고 있으니 '當位'이고, 각 효가 당면하고 있는 시기에 따라 바르게 대처하면 吉할 것이므로 '貞吉'이다. '往有功也'에 '當位貞吉'도하면 '以正邦也'의 결론에 이르는 것이다.

이렇게 나라의 어려움도 해결할 수 있는 훌륭한 일을 다 해내니, 얼마나 찬탄할 일인가. 끝에 蹇卦의 '時'를 잘 '用'해야 함을 찬탄하였다. '蹇之時用大矣哉'이다.

＊ 象曰, 山上有水, 蹇. 君子以反身修德.

상전에서 말했다. 산을 오르면 물이 있는 것이 건괘이다. 군자가 이를 보고서 자신을 돌아보고 덕을 닦는다.

[해설] 대상전이다. '산'과 '물'은 艮과 坎의 象이다. 산도 오르고 물도 건너야 하는, 가기가 어려운 상황을 보고 군자는 어떻게 하여야 하는가? 자신을 돌아보고 어려움을 타개하기 위해 필요한 것이 무엇인지를 알아서 이를 기르도록 수양을 한다. 이것이 '反身修德'의 의미이다. 무턱대고 도전하지 않고 사태해결에 필요한 덕을 쌓는다는 의미이다. '反身'은 단전의 '見險而能止'하는 능력, 즉 어려움의 깊고 얕음을 알아서 그칠 것인지, 아니면 나아갈 것인지를 아는 지혜를 假託가탁한 표현이다.

흔히 『孟子』 '離婁'장 上에서 나오는 "行有不得者, 皆反求諸己, 其身正而天下歸之(행하고도 얻지 못하는 것이 있으면, 모두 자신에게 돌이켜 구해야 하니, 자신이 바르면 천하가 돌아온다)"를 많이 인용하면서 '反身修德'의 의미를 강조한다. 먼저 나를 돌이켜 반성하라는 말이다.

2. 효

＊ 初六, 往蹇, 來譽.
象曰, 往蹇來譽, 宜待也.

초육, 가면 어렵고, 돌아서면 명예를 지킨다.

상전에서 말했다. 가면 어렵고 돌아서면 명예를 지킨다는 것은, 마땅히 기다려야 한다는 것이다.

[해설] 初六 효사와 소상전이다. 초육은 유약한 것이 부정위이고, 정응·친비가 없다. 그러니 어려움을 해결할 능력이 없다. 마땅히 도움이 있을 때까지 가만있는 것이 상책이다. 마침 艮의 '그침'에 속해 있지 않은가. 그러므로 '往'하면 '蹇'하게 되니, '來'해야 하는 것이다. '往'은 '가다'이고, '來'는 '오다'로써 서로 반대가 되는데, 대체로 '止'의 뜻과 동일하게 본다. 여기서는 '來'의 우리말 '돌아오다'의 뜻을 스스로가 가지 않는다는 뜻을 나타내도록 '돌아서다'로 했다. 그리고 '譽'는 자기의 명예를 유지하는 것으로 보고 '명예를 지키다'로 번역했다.

초육은 '蹇'의 시작이고 艮 '止'의 시작이기도 하다. 그러므로 움직이면 당장 어려움을 알게 되므로 멈추고 본 위치로 돌아서는 것이다. 어리고 아래 하여 능력도 없는 것이 어려움을 해결하려 한다면 무능력함을 보여줄 뿐이니 명예를 실추하게 된다. '反身修德'하면서 기다리는 것이 명예를 지키는 길이다. 소상전의 뜻이다.

* 六二, 王臣蹇蹇, 匪躬之故.
象曰, 王臣蹇蹇, 終无尤也.

육이, 왕의 신하가 애를 쓰는 것은, 자신의 일 때문이 아니다.
상전에서 말했다. 왕의 신하가 애쓰는 것은, 끝까지 허물이 아니다.

[해설] 二爻 효사와 소상전이다. '王'은 당연히 九五를 지칭하고, 구오의 응인 六二는 그의 신하이다. '蹇蹇'은 어렵고 힘든 상황에서도 충성을 받치는 모양을 표현한 말인데, '애쓰다'란 말로 대신했다. 구오도 上坎의 험한 데 빠져 있고, 자신도 下艮의 산중에 있다. 그러니 '蹇'에 또 蹇이니, '蹇蹇'인 것이다.

중정하니 중정의 덕이 있는 육이는 대의와 바른 일을 위해 노력한다. 그러니 정응인 구오의 어려움이자 나라의 어려움을 해결하는 일로 蹇蹇하는 것이지 자신의 일 때문이 아니다. '匪躬之故'이다. '躬'은 '자신'의 뜻이고, '일'을 '事'라고 하지 않고 '故'라고 한 것은 初六의 '譽'와 韻을 맞추기 위해서라 했다. 그리고 백서주역에는 '臣'이 '僕복'으로 씌여져 있다 한다. 모두 참고로 알아두자.

소상전의 말은 신하가 주인인 왕을 위해서 노력하는 것은 허물이 아니라고 강조한 것이다. 득실성패를 가리지 않고 힘쓸 뿐이다. 그래서 朱熹는 "不言吉凶者, 占者但當鞠국躬盡力而已(길흉을 말하지 않은 것은 점자가 단지 몸을 굽혀 힘을 다하는 것이 합당할 뿐이기 때문이다)"라고 했다.

* 九三, 往蹇, 來反.
象曰, 往蹇來反, 內喜之也.

구삼, 가면 어려우니, 돌아서서 되돌린다.

상전에서 말했다. 가면 어려워, 돌아서서 되돌리는 것은, 안에서 이를 기뻐하기 때문이다.

[해설] 三爻 효사와 소상전이다. 九三은 강으로 정위했고, 上六과 정응, 六二 六四와 친비다. 그러므로 '蹇'을 해결키 위한 조건은 좋다. 그러나 응인 상육은 지위가 없고 은퇴의 시기니 큰 도움이 되지 못하고, 앞에는 험한 坎이 버티고 있으며, 때는 어려운 시기이고 아래 艮의 '止'에 속해 있다. 또 간의 주효이고 어른이니, 아래에서는 자신을 의지하므로 붙잡힌 상태다. 그러니 가기가 어렵다. 이런 상황이 '往蹇, 來反'이다. '反'은 다시 자기의 지위, 곧 下艮의 어른노릇을 한다는 뜻이다.

이런 상황은 중앙이 어려운 지경에 빠졌다고 함부로 진출하지 말고, 자기가 맡은 지방이라도 단단히 뭉치면서 힘을 모으고 있어야 한다는 경계의 말이다. 그러면 자기를 의지하는 지역민들이 기뻐한다. 이것이 소상전의 말이다. '內'는 內卦에서 온 內이니, 初六과 六二로, 자기가 담당하는 식구들이고, '之'는 우리말 '이를'의 뜻으로 목적격을 뜻하는 대명사이니, '來反'한 일을 말한다.

* **六四, 往蹇, 來連.**
象曰, 往蹇來連, 當位實也.

육사, 가기도 어렵고, 돌아서기도 어렵다.

상전에서 말했다. 가기도 어렵고 돌아서기도 어렵다함은, 맡은 자리의 실정이다.

[해설] '連'의 해석이 학자마다 다르다. '연결되다'의 뜻으로 많이 푼다. 이것도 九五와 연결되는 것으로 보는 것과 하괘와 연결되는 것으로 보는 견해가 있다. 이의 뜻은 '가기는 어려운데, 돌아서는 것은 연류 되어 있다'가 될 것이다. 그리고 뜻을 달리하여 '어렵다'로 보는 것이다. 곧 '蹇'을 다른 자로 표현한 것으로 본다.

六四는 정위했고, 九五와 친비이다. 대신의 자리에서 구오와 국사를 의논하려면 往이 가능해야 하는데 일견 장애가 없어 보이나 그렇지가 않다. 험을 뜻하는 坎의 시작이고, 정응도 없으며 九三를 올라타고 있고, 때는 어려운 '蹇'이니 가기가 어렵다. 坎의 '물'은 아래로 흐르는데 아래에 艮의 '산'이 막고 있으니 돌아서기도 어려운 상태이다. 그래서 '連'도 '어렵다'의 뜻을 취했다. 이는 馬融[187]과 王弼 등의 견해이다. 여기서 비롯해서인지 사전에도 '連'은 '어

187) 동한의 역학자. 사실상 '어렵다'의 뜻으로 푼 것은 그가 제일 먼저 인 것 같다.

렵다'의 뜻이 있다. '연루되다'로 뜻을 새겨서 무엇에 연류 되는지에 대한 문제, 곧 위에 연류 되는지, 아래에 연류 되는지 하는 문제도 없어진다. 어떻든 이래도 저래도 어려우니 신중히 구오의 명령을 기다려서 행하고, 독단으로 움직이지는 않는다는 뜻으로 보고 번역했다.

소상전에서는 맡은 자리가 실제로 어려운 자리라는 뜻이니, 그가 처한 처지도 어렵지만 군왕을 보필하면서 전체를 이끌어가는 자리가 어렵다는 뜻도 포함된 것으로 받아들였다. '當位'는 '맡은 자리'로 번역하는 것이 자연스러운 풀이가 된다.

*** 九五, 大蹇, 朋來.**
象曰, 大蹇朋來, 以中節也.

구오, 크게 어려우나, 친구가 온다.

상전에서 말했다. 크게 어려우나 친구가 온다는 것은, 중정하여 절도가 있었기 때문이다.

[해설] 五爻 효사와 소상전이다. 九五는 전체를 이끄는 지도자이다. 그러므로 그의 어려움은 국가의 어려움을 말한다. 그래서 '大蹇'이다. 그리고 坎의 한 가운데 효이니, 험의 중앙에 빠져있다. 이것도 大蹇이라 할 수 있다.

크게 곤란한 지경에 빠진 그를 도우려고 친구가 온다. 구오는 꿋꿋하게 정위에 있으면서 중덕을 지키니 應과 比가 그를 돕기 위해 오는 것이다. 국가적인 재난을 해결하기 위해 君臣이 합심하는 상태다. 이렇게 될 수 있는 것은 구오가 중정의 덕이 있고 응인 六二가 또 중정하고, 이 두 효의 比爻들도 도울 것이니 모든 신하와 백성들이 다 따르는 현상이다. 그러나 결과에 대한 말은 없다. 아마도 완결은 다음의 上六에서 결정 나기 때문일 것이다. 吉이나 无咎가 추측될 뿐이다.

소상전에서는 '中節'하기 때문에 '朋來'가 된다고 했다. '中節'은 중용의 법도로 일을 처리함을 말하니, 이것이 가장 중요한 덕목이기 때문에 대표시켰다.

*** 上六, 往蹇, 來碩, 吉, 利見大人.**
象曰, 往蹇來碩, 志在內也, 利見大人, 以從貴也.

상육, 가면 어렵고, 돌아서면 (성과가)크므로, 길하니, 대인을 만나 봄이 이롭다.

상전에서 말했다. 가면 어렵고 돌아서면 크다고 함은, 뜻이 안에 있기 때문이고, 대인을 만나 봄이 이롭다는 것은, 존귀한 것을 좇아야 하기 때문이다.

[해설] 上六은 어려운 '蹇'의 끝이다. 더 나아가면 다른 시절에 대한 변화를 맞게 되고 이는 길흉을 예측할 수 없다. 정위를 했으나, 음으로 소극적이고 유약하며 '蹇'의 시절에 속해 있으니, 앞으로 나아가 새로운 변화에 대응하기가 어렵다. '往蹇'이다. 대신 돌아서면 가까이 九五가 국가적 어려움을 해결하기 위해 애를 쓰고, 정응인 九三이 어려움 속에서도 꿋꿋이 버티고 있다. 이들과 힘을 합치면 일치단결이 되어 국가적인 어려움을 해결할 길이 보인다. 이는 큰 것이고, 성과도 물론 클 것이다. 그래서 '來碩'이고 '吉'이다. 이런 큰 어려움을 해결하기 위해서는 '大人'을 만나봄이 좋으므로 '대인을 만나보면 이롭다'고 했다. 대인은 구오이다.

소상전의 '志在內也'의 '內'는 구오이냐, 구삼이냐, 혹은 이 양자를 모두 일컫느냐의 문제로 의견이 분분하다. 모두 상육의 아래에 있으니 '內'라고 볼 수 있기 때문이다. 이럴 때는 누구를 말하느냐 보다는 상육의 밖은 국가 외적인 문제이고, 안은 국내 문제이므로, 그런 뜻으로 '內'를 썼다고 보는 것이 편하다. 그래도 굳이 따진다면 '內'는 內卦의 '內'와 관련지울 수 있고, 상육과 구오는 같은 못의 물에 속하므로 안팎을 따지는 것이 우습고, 구오에 관한 글은 다음 '利見大人'에서 언급이 있으니 구삼으로 보는 것이 더 타당해 보인다.

'利見大人, 以從貴也'는 구오는 군왕이면서 대인이므로 그런 사람은 '貴'하니 당연히 좇아야 하는 것이다.

인생여정에서는 수시로 고난이 따르게 마련이다. 이런 고난을 蹇卦에 비추어 살펴보면, 그때그때의 난관 극복에는 무엇보다 바르게 행해야 한다고 되어있다(正位). 어렵다고 不正하고 삿되게 해결하는 효는 하나도 없다. 그리고 가족이나 선생, 친구의 도움(應比)을 기다리며 냉정히 사태 분석을 시도해야 한다(來). 어느 한 효도 무턱대고 전진하는 효는 없다. 모두 '反身修德'하며 때를 기다리면서 서로가 힘을 모은다. 특히 국가적인 어려움을 해결하기 위해서는 은퇴를 앞둔 上六까지도 힘을 합치는 일치단결을 보여주고 있다. 이렇게 蹇이 해결된 다음의 세상은 상육에서처럼 '吉'이 된다는 것을 알려주고 있다.

우리의 현대사에도 '蹇'을 잘 이용하여 더욱 발전하는 기회로 삼은 경우도 있다. 리먼 사태로 이어진 세계적인 금융위기에서도 힘을 잃지 않고 도전하여 경쟁자들 보다 우위에 서서 더욱 기반을 다진 삼성전자와 현대차가 바로 그 본보기이다. 蹇卦에서도 무엇이 어려운가를 가늠하고 이렇게 가늠하여 일어서면 더욱 이롭게 된다고 했다. 그러므로 내 앞에 놓여있는 고난의 일이 있다면 결코 좌절하지 말고, 노력하고 힘을 모아 일어서서 한걸음 더 나아가도록 해야 할 것이다.

䷧ 解 (雷水解)

概說: '解'는 '풀 해'이다. 앞의 蹇卦는 어려운 상황에서 어떻게 해야 하고 각 효의 위치에서 어떤 어려움이 오는지를 말했다면, 解卦는 이 어려움을 해결한다는 의미로 괘 이름이 '풀다'는 뜻인 '解'가 된 것 같다. 上震☳은 '움직임' '우레'의 象이고, 下坎☵은 '험' '물'의 상이다. 또 방위로는 진은 '東'이고, 감은 '北'이다. 험한 것의 밖에서 움직이니 험함을 탈출한 것이고, 우레가 치면서 아래로 비가 쏟아지니 봄에 변화가 이루어지고 있으며, 찬 북방을 지나 따뜻한 동쪽에서 움직이고 있으니 해동이 되고 있는 상태다. 이런 것이 모두 '어려움'이 해결되는 것을 말하고 있다.

「서괘전」에서는 "蹇者難也, 物不可以終難, 故受之以解, 解者緩也(건이란 어려운 것인데, 사물은 끝까지 어려울 수 없으니, 때문에 이를 해로써 받았다. 해란 느슨한 것이다)"라 했고, 「잡괘전」에서도 "解緩也(해는 느슨한 것이다)"라 했다. 어려움이 풀려 가면 그 어려움도 마음가짐도 느슨해질 것이니 이를 의미하는 것 같다. 그리고 程頤와 朱熹는 어려움의 '散(흩어짐)'으로, 『주역정의』에서는 "解者, 險難解釋, 物情舒서緩(해란 험하고 어려운 것이 풀리면서, 물정이 조용하고 느긋해진 것이다)"라 했다. '散' '舒緩'이 어려움을 해결해 가는 含意로써 '느슨하다'와 연결이 된다. 그러면 괘효사는 과연 어떤 말을 하고 있을까? 살펴보도록 하자.

1. 괘

* 解, 利西南, 无所往, 其來復吉, 有攸往, 夙吉.

해괘는, 서남이 이롭고, 갈 바가 없으면, 본디로 돌아오면 길하고, 갈 바가 있으면, 빨리하면 길하다.

[자구의 뜻] 來復: 본디로 돌아옴. 양기가 생김. 夙: 일찍 숙, 옛 숙, 삼갈 숙.

[해설] 괘사이다. '西南'에 대해서는 이미 蹇卦에서 논했으니 참고하기 바란다. 서남의 방향인 땅은 모든 것을 수용하니 平易하다. 그러니 어려움을 해결하기 위해서는 처리가 한결 쉽고 간단한 坤方인 서남이 이로울 것이다. 그리고 어려움을 해결하기위한 정책도 땅이 만물을 수용하고 양육하듯이 모든 사람이 받아들이고 실행할 수 있는 것이어야 할 것이다. 땅인 坤은 「설괘전」에서 "衆也(무리다)"라 했고, 坤卦의 괘사에서 "西南得朋(서남에서 친구를 얻는다)"라고 한 것을, 그 단전에서 "乃與類行(무리와 더불어 행한다)"라고 했으므로, 坤方은 무리들이 따른다는 의미도 있다. 그래서 어려움의 해결은 대중이 따라주는 서남이 이로운 것이다. 그리고 周나라가 서남이니, 발전하고 있는 주나라에서 하면 잘 될 것이므로 이롭다는 뜻으로

보기도 한다.

일이 해결되면 다시 원위치로 복귀해야 한다. 전쟁이 끝난 후에는 모두 고향으로 돌아가고, 하루의 일이 끝났으면 집안으로 돌아간다. 이렇게 일이 해결되었으면 더 할 일이 없으니 '无所往'이고, 그러면 본래 있던 곳으로 돌아오는 것이 좋으니 '其來復吉'이다. 그러나 일이 있다면 커지기 전에 빨리 가서 막는 것이 좋다. '有攸往, 夙吉'이다. 전쟁이라면 남아있는 잔당의 세력이나 혼란스러움이 커지기 전에 빨리 해결해야 하는 것이다. 비단 전쟁 상황이 아니라도 해결할 일이 있으면 커지기 전에 해결하고, 해결했으면 초심으로 돌아가야 한다는 뜻이다.

＊ 彖曰, 解, 險以動, 動而免乎險, 解. 解, 利西南, 往得衆也. 其來復吉, 乃得中也. 有攸往夙吉, 往有功也. 天地解而雷雨作, 雷雨作而百果草木皆甲坼. 解之時大矣哉.

단전에서 말했다. 해는, 험에서 움직이고, 움직여서 험을 벗어나니 해결되는 것이다. 해괘가 서남이 이롭다는 것은, 가면 무리를 얻기 때문이다. 본디대로 돌아오면 길하다는 것은, (다시)중심을 잡기 위해서다. 갈 바가 있으면 빨리 하면 길하다는 것은, 가면 공이 있기 때문이다. 천지가 풀리면 우레와 비가 일어나고, 우레와 비가 일어나면 백가지 과일과 초목들이 다 싹이 튼다. 해괘의 때가 크도다!

[자구의 뜻] 免: 벗을 면. 坼: 터질 탁, 싹틀 탁. 甲坼: 겉껍질이 터짐.

[해설] 단전이다. 괘명 '解'의 뜻을 위의 震 '動'과 아래의 坎 '險'의 象으로써 해석했다. 험한데서 움직여 그 험을 벗어나니 '解'라고 했다. 진은 外卦이니 그 '움직임'이 험의 밖에서 움직이므로, 험이 해결난 것이다.

이어서 괘사를 해석했다. 먼저 '利西南'. '西南'이 '衆'의 뜻이 되므로 '往得衆也'다. 이미 괘사에서 설명한 것이다. 이어 '其來復吉'. 해결된 후에는 제자리로 돌아오는 것이 좋다. 제자리로 돌아온다는 것은 다시 본디의 중심적 일을 한다는 것이니 '乃得中也'이다. '中'은 원래의 중심적인 일로 돌아간다는 뜻이면서, 그러면 자연 마음의 중심도 잡는 것이니 이 두 뜻이 서로 연결된다. 그리고 '有攸往夙吉'. 해결해야 할 것이 있다면 조속히 해야 하는데, 이렇게 빨리만 하면 일을 처리하기가 쉬워 功課가 있으므로 '往有功也'라 했다. 이를 괘변으로 해석하는 사람은 升卦(䷭)의 九三이 올라가고 六四가 내려와 해괘가 된 것으로 보는데, '往得衆'은 解卦의 九四이고, '乃得中'과 '往有功'은 九二의 역할로써 이룬 성과로 해석한다. 참고만 하자.

이어서 공자학파의 자연과 인사를 연결해서 보는 시각을 덧붙이면서 말미에 찬탄의 말이 나온다. 곧 엄동설한이 지나 봄이 오면, 천지는 해동되면서 우레가 쳐 잠자던 만물을 깨우고, 비가 내려 사물이 껍질을 벗고 모두 자라게 되니, 얼마나 좋은 일인가! 인간도 이로써 활기찬 날이 전개되니 解의 때를 찬양하면서 끝냈다.

끝 문구에 '解之時'라고만 말하고 '用'이나 '義'가 붙어있지 않다. 이를 王弼은 "无坼而不釋也, 難解之時, 非治難時, 故不言用, 體盡於解之名, 无有幽隱, 故不曰義(싹트면 풀리지 않는 것이 없다. 어려움이 풀린 때는, 어려움을 다스리는 때가 아니므로, 用을 쓰지 않았다. 解의 이름에는 다 나타나 있고, 은근히 숨겨진 것이 없으니, 義를 말하지 않았다)"라고 했다. 그리고 坎의 '險'이 문제가 되는 蹇卦, 屯卦를 解卦와 비교해보면, 蹇卦는 '험'아래에서 그쳐있고, 屯卦는 '험'중에서 움직이며, 解卦는 '험'밖에서 움직이는 차이가 있다. 또 같은 '西南'의 상을 취한 坤卦, 蹇卦와 解卦가 주장하는 바는 조금씩 다르다고 黃壽祺는 다음과 같이 말했다. "坤卦主於陰柔者當順行, 居後, 蹇卦主於濟蹇利在從平易入手, 解卦主於舒解險難應當施於衆庶(곤괘는 유순하고 부드러운 자는 당연히 순순히 좇아 행하고서, 후에 거처함을 주장하고, 건괘는 어려움의 구제가 평이함을 좇아 손에 넣는데 이로움이 있음을 주장하고, 해괘는 험하고 어려운 것을 해결해 풀어서 응당 대중에게 베푸는 것을 주장한다)"[188] '險'과 '西南'의 쓰임새에 이런 미묘한 차이가 있다 했으니 참고하여 살피자.

* 象曰, 雷雨作, 解. 君子以赦過宥罪.

상전에서 말했다. 우레와 비가 일어나는 것이 해괘이다. 군자가 이를 보고서 과실을 용서하고 죄를 관대하게 한다.

[자구의 뜻] 赦: 용서할 사, 탕감할 사. 宥: 너그러울 유, 용서할 유, 권할 유.

[해설] 대상전. '雷'와 '雨'는 震과 坎의 象. 우레가 치고 비가 와서 만물이 깨어나 생육하는 관경은 자연이 베푸는 은혜이다. 이를 관찰한 군자는 사람들도 우레처럼 罪過로써 두려움을 주며 일깨우고, 비처럼 은혜를 베푸는 정치를 하는데, 일을 하면서 일어난 과실은 용서를 하고 죄는 너그럽게 한다는 뜻이다. 곧 仁으로 다스린다는 말이다. 「설괘전」에 震은 "爲旉(꽃이 된다)", 坎은 "爲多眚(많은 잘못이 된다)"라고 했으니, 잘못을 오히려 꽃이 되게 함은 잘못을 관대하게 다스려서 좋은 결과를 얻는 것과 연결이 된다.

여기서 '過'와 '罪'를 나누고, '赦'와 '宥'를 나누어 썼다. 과는 '過失'이고, 죄는 '犯罪'이다. 이 둘은 가볍고 무거운 차이를 말하는 것이다. 赦와 宥는 모두 '용서하다'는 뜻이나, 여기서의 '赦'는 완전히 용서를 하고, '宥'는 지은 죄를 가볍게 한다는 의미인 것 같다. 이렇게 보는 데는 『周禮』의 '司刺자'에 赦宥의 법을 관장한 기록이 있는데, 여기에 보이는 사와 유에는 이런 차이가 보인다고 呂紹綱이 말했다.

---

188) 황수기, 장선문 찬, 「周易譯注」 수정본(상해고적출판사, 2002), 328쪽.

2. 효

* 初六, 无咎.
象曰, 剛柔之際, 義无咎也.

초육, 허물이 없다.
상전에서 말했다. 강유의 사귐은 의리가 허물이 없다.

[해설] 初六은 '解'와 坎 '험'의 시작이다. 柔로써 제일 아래에 있으니, 이는 유순하게 자신을 낮추는 象이므로, 험의 해결을 시도하려는 때 별다른 허물이 있을 수 없다. 단지 정위가 아니고 아래 坎에 처한 것은 나쁜 조건에 해당하나, 이런 것은 九四와 정응이고 九二와는 친비이니, 이들과의 교제로 해결이 될 것이다. 구사와 구이는 상하 괘의 주효로 실세들인데, 정응과 친비이니 잘 이끌 것은 당연한 이치이기 때문이다. 그래서 그의 상태는 무난한 조건에 해당하니 '无咎'인 것이다.

이 初六의 '无咎'는 恒卦 九二의 '悔亡', 大壯卦 九二의 '貞吉'과 함께 단 두 자로 간단하다. 이렇게 간단한 이유는 "象在爻中, 不復言也(상징함이 효중에 있어, 거듭 말하지 않았다)"라고 胡炳文이 말했다. 효가 상징하는 것을 말하지 않아도 쉽게 알 수 있기 때문이라는 뜻이다.

소상전에서는 '无咎'함을 강유의 사귐으로 대표시켜 나타냈다. '際'는 '사귀다'이고, '義'의 뜻은 여기서는 '理'와 같다. 남녀의 사귐은 너무 자연스러운 것이니 '无咎'가 당연하다. 물론 지나치면 퇴폐가 되겠지만.

* 九二, 田獲三狐, 得黃矢. 貞吉.
象曰, 九二貞吉, 得中也.

구이, 사냥하여 뭇 여우를 잡게 되는데, 황금 화살이 있기 때문이다. 바르게 하면 길하다.
상전에서 말했다. 구이의 바르게 하면 길하다는 것은, 중심을 얻었기 때문이다.

[해설] 九二 효사와 소상전이다. '解'時가 진척되었는데 정위가 아니면서 坎 '험'의 중심에 있다. 이는, 특히 아직 험 속에 있다는 것은 전쟁 후에 잔당의 위험이 남아 있거나, 새로운 정책을 시행하는 경우이면 반대하는 사람들이 있는 상황이다. 그런데 위의 존귀한 자리에 있는 六五와 정응이다. 이는 강인 그에게 육오가 이들을 소탕하거나 설득하는 권한을 주게 된다. 강이니 굳세고, 중심에 있으니 중덕이 있기 때문에 소탕하거나 설득한다. 그래야 '解'가 되는

것이다. 이를 비유하여 나타낸 말이 '田獲三狐'이다. 여기 '狐'는 '여우'이니 소인을 비유했다고 본다. 소인은 음효를 말하므로, 중덕을 지닌 육오 왕을 제외한 初六 六三 上六을 말하는 것으로 보면, '三狐'가 된다. 그런데 상육을 호로 보는 것에는 지나친 면이 있다. 유일하게 정위했고, 상육의 점사가 '无不利'이기 때문이다(상육 해설 참조). 그래서 三이라는 숫자는 예부터 天地人을 아우르는 수로서 온갖 것을 지칭하는 뜻이 있기 때문에, 꼭 셋을 가리키는 것이 아니라 '여러 형태의 여우'라는 뜻으로 보고 '뭇 여우'라 했다.

이렇게 성공할 수 있는 것은 구이가 剛으로 中에 있고, 육오와 정응이며, 초육과 육삼이 친비로써 서로 돕고 따르니 가능하다. 특히 구이가 곧고 중덕이 있기 때문인데, 이를 비유하여 나타낸 것이 '黃矢'이다. '黃'은 중앙의 색이고, '矢'는 곧게 뻗어나가니 '곧음'을 상징하는 말이고 강의 성질이다. 이는 강으로 중심에 있는 구이의 품성을 말하고 있다. 이런 품성으로 인해서 '獲三狐'했다는 뜻으로 받아들여야 한다. '得黃矢'는 직역하면 '황금화살을 얻었기 때문이다'가 되는데, 구이가 가지고 있는 품성을 나타내기에는 '있다'가 더 마땅해 보여 '있다'로 번역했다. 이렇게 정위가 아니고 위험에 처했어도, 중덕으로 꿋꿋하게 바르게만 하면 吉하므로 '貞吉'이라 덧붙였다. 그러므로 소상전에서는 '貞吉'의 이유를 '得中也'라 했다.

＊ 六三, 負且乘, 致寇至, 貞吝.
象曰, 負且乘, 亦可醜也, 自我致戎, 又誰咎也.

육삼, (짐을)진체로 (수레를)탔으니, 도적을 불러온다. 바르게 해도 인색하다.
상전에서 말했다. 진체로 탔으니, 역시 추하고, 자기 자신이 오랑캐를 불렀으니, 또 누구를 허물하리오.

[해설] 六三은 解時에 있을 수 있는 어두운 면으로 묘사됐다. 아래 坎의 윗자리이니 위험한 자리이고, 위로는 九四의 실력자를 받들고, 아래는 九二의 중덕이 있는 자를 누르고 있다. 음 소인이 구이 강을 타고(乘剛), 강이 있어야 할 자리에 자기가 차지하여(不正位) 아래를 억누르며, 위의 친비인 구사에게는 알랑거리는(承剛) 象이다. '負'는 구사, '乘'은 구이에 대한 행동의 비유가 '負且乘'이다. 坎 '險'의 극에 있고, 乘剛에 无應의 처지가 이렇게 묘사됐다. 수레나 차를 탈 때는 짐을 내려놓는데 짊어지고 타고 있으니 한껏 뽐내는 모습이다. 실력도 없는 소인이 지방장관의 자리에 오른 것을, 무거운 짐을 진체로 화려한 수레를 타고 다니는 행동으로 비유했다. 군자처럼 수레를 타고 고관에게 받치는 뇌물 같은 짐을 등에 맨 채로 뽐내며 가니, 자연 미움을 사고 도적을 부르는 행위이다. 그러니 '致寇至'가 되는 것이다. '致'는 '부르다'로, '至'는 '오다'로 번역했다. 이런 행위는 소인의 경망된 행동이니, 만약 공공의 목적으로 쓰이는 것이고, 정당하게 받치는 세금 같은 재물의 '짐(負)'이라도, 사람들은 좋게 보

지 않음으로 '貞'해도 '吝'이 되는 것이다.

소상전에서는 '負且乘'이 보기도 추할 뿐만 아니라, 이런 행동은 오랑캐가 침범해 나라까지 혼란하게 만드는 사태로 이어져도, 스스로가 저지른 짓이니 하소연 할 데도 없다고 했다. 국가적 차원의 단계로 높여 경계한 말이다.

「계사전 상」에 이 효에 대한 공자의 말이 있다.

> 子曰, 作易者, 其知盜乎. 易曰, 負且乘, 致寇至. 負也者, 小人之事也, 乘也者, 君子之器也. 小人而乘君子之器, 盜思奪之矣, 上慢下暴, 盜思伐之矣. 慢藏誨盜, 冶容誨淫, 易曰負且乘致寇至, 盜之招也.
>
> 공자가 말했다. 역을 지은 자는 도적을 알고 있는가? 역에 이르기를, 짐을 진체로 수레를 타는 것은 도적을 불러온다고 했다. 짐을 지는 것은 소인의 일이요, 타는 것은 군자의 기구이다. 소인이 군자의 기구를 타니, 도적이 이를 빼앗으려 생각하고, 위에 있으면서 거만하고 아래로는 포악하니, 도적이 치려고 생각한다. 감추는 것을 게을리 하니 도적을 유인하고, 얼굴을 치장하니 음탕함을 불러일으킨다. 역에서 말한 '負且乘致寇至'는 도적을 부르는 것이다.

재주도 없으면서 위에서 거만하고 포악하며, 예쁘지도 않으면서 단장만 하는 것이 '負且乘'이고 바로 '도적'이라는 뜻이니, 한탄하고 경계한 말이다.

＊ 九四, 解而拇, 朋至斯孚.
象曰, 解而拇, 未當位也.

구사, 네 엄지발가락을 해결해야, 친구들이 믿음에 이른다.
상전에서 말했다. 네 엄지발가락을 해결해야 함은, 자리가 마땅치 않기 때문이다.

[해설] 九四는 上震 '움직임'의 주효이다. 그러므로 下坎 '험'에서 나와 움직이는 주된 역할을 하므로 바로 이 괘의 주효이기도 하다. 정응·친비도 있는데 오직 정위하지 않는 약점이 있다. 이런 상황은 解時 대신의 자리에서 어떻게 해야 할까?

'解而拇'의 '而'는 '汝' 혹은 '爾'로 본다. 우리말 '너'이고, '而'에는 그런 뜻이 있다. '拇'는 '엄지발가락' 혹은 '엄지손가락'인데, 구체적인 지칭은 應인 初六과 比인 六三으로 나뉜다. 초육과 육삼이 모두 구사의 아래에 있으니 구별하기가 애매하다. 어떤 것일까? 구사는 上震에 속하고, 「설괘전」에서 "震爲足(진은 발이 된다)"라고 했다. 발과 관련 있는 것은 '손가락'보다는 '발가락'이다. 발가락은 발과 붙어 있어야 하니 상괘 진과 붙어있는 바로 아래의 육삼을 지칭한 것이 아닌가 한다. 그리고 초육과 육삼의 효사를 살펴보면, 초육은 '无咎'이니 잘 처신하고 있고, 육삼은 '致寇至'라 했으니 이 효에 문제가 있다. 결론은 육삼이고, 가까이에서 붙어 알랑거리는 육삼과의 관계를 해결해야 다른 친구들이 믿고 따르게 된다는 뜻으로 보았다. 그래서 '네 엄지발가락'으로 하여 위와 같은 번역이 됐다. '朋至斯孚'의 '斯'는 '孚'를 강조하는 어조사이다. 결국 아래를 잘 살피려면 공정해야 함을 말한 것이다.

구사가 정위가 아니므로 가까운 육삼에게 매여 있을 가능성은 충분하다. 그래서 소상전에서는 이를 강조하여 '未當位也'라 했다.

＊ 六五, 君子維有解, 吉, 有孚于小人.
象曰, 君子有解, 小人退也.

육오, 군자들이 해결하니, 길하고, 소인들에게 믿게 한다.
상전에서 말했다. 군자들이 해결하니, 소인들도 뉘우친다.

[해설] 六五 효사와 소상전. 육오는 음이 양위에 있으므로 부정위이나, 九二의 강이 응하고 九四의 강이 가까이에서 돕는다. 그리고 존위이며 중덕이 있다.

'君子維有解'의 '維'를 '묶다'의 뜻으로 보면, '군자가 묶인 것을 푼다', '군자가 함께 묶여 해결한다'로 번역한다. 전자는 '군자가 소인들의 일을 해결하다'는 뜻도 되지만, '군자 자신이 묶였다가 풀려나다'의 의미도 된다. 후자는 구이와 구사의 군자가 함께 해결한다는 뜻이다. 위의 번역은 이와는 달리 '維'를 어조사로, 해결이 되는 것은 구이와 구사의 도움이 있기 때문인 것으로 보고 번역했다.

때는 어려움이 완전히 해결되어 그 혜택이 만민에게 베풀어져야 할 시기이다. 정위를 하지 않았고 소극적인 柔이기 때문에 그냥 해결되는 것이 아니고, 아래 군자들의 도움이 있어서 순조롭게 이루어진다는 뜻이 '君子維有解'라고 보았다. 군자를 육오 자신으로 보는 곳도 있으나, 구이와 구사의 양강으로 보고, '維'는 '有解'를 강조하는 어조사로 보는 것이 더 합당하다. 중덕이 있으나 음이기 때문에 국가적인 어려움을 해결하려면 군자들의 도움이 필요한 것으로 보았다. 이렇게 중덕과 應比의 도움이 있으니 해결할 수 있으므로 '吉'이다. 약간의 있을 수 있는 문제가 군자들에 의해 해결되면 자연 소인들도 받아들일 것이니, 이런 뜻이 '有孚于小人'이다. 이를 또 '(六五가) 소인들을 믿는다'로 번역하기도 하나, 육오가 소인들에게 믿게 하는 것으로 봄이 자연스럽다. 그래서 소상전에 소인들이 뉘우친다고 '小人退也'라 했다. '退'는 '뉘우치다'의 뜻이다. 소인이 뉘우치니 소인에게 믿게 한 것이다.

＊ 上六, 公用射隼于高墉之上, 獲之, 无不利.
象曰, 公用射隼, 以解悖也.

상육, 공이 높은 담 위에 있는 매를 활을 쏘아, 이를 잡으니, 불리함이 없다.
상전에서 말했다. 공이 매를 화살로 쏜다 함은, 어긋난 것을 해결하는 것이다.

[자구의 뜻] 隼: 새매 준, 사나운 새 준. 悖: 어그러질 패, 어지러울 패.

[해설] 上六은 解卦의 끝이니 완결을 보거나 다른 변화가 있을 시기이고, '動'의 象인 震의 끝이니 움직임의 완결을 볼 처지이며, 유일하게 정위했다. 이런 상황은 비록 은퇴를 앞둔 몸이나, 나라를 위해 公과 같은 활동을 하는 상태로 볼 수 있다.

이 '公'을 六五로, '隼'을 상육으로 보기도 한다. 상육이 음이니 소인이 되고, 특히 九二의 辭 '三狐'에 들어가는 것으로 보기 때문이다. 그런데 상육이 제거되면 그 점사는 응당 '不利'가 되어야 하는데 '无不利'이니, 이 '无不利'는 상육의 점사가 아니고 험이 해결되어 좋다는 뜻이 된다. 그러면 상육의 점사가 없어진다. 그래서 '公'은 상육으로 '隼'은 六三과 같은 음으로 보고, 상육의 능력을 나타낸 것으로 보았다. '高墉'은 '높은 담'이니 상육보다 확실한 맛은 없으나, 육삼도 하괘의 윗자리이니 높은 담이고, 매는 이런 높은 담에서 먹이를 노린다. 시간도 행동도 극한 위치에서(解極, 震極) 이런 '隼'을 잡는 능력이 있으면 '无不利'이다.

이 효사의 뜻을 『예기』에서, 하늘에 제사를 지낼 때 활쏘기를 하여 뽑힌 자를 천자와 함께 제관으로 참여시키고, 그들에게 상으로 땅을 주는 사례가 있는데, 이를 형용한 것으로 보기도 한다. 참고로 알아두자.

소상전에서는 '公用射隼'이 어긋난 것을 해결하는 것이라 했으니, 효 중에 不善한 효는 육삼으로 대표되니, '隼'을 육삼 같은 소인을 상징한 풀이에 타당성을 준다.

「계사전 하」에 이 효에 대한 공자의 말이 있다.

> 子曰, 隼者禽也, 弓矢者器也, 射之者人也. 君子藏器於身, 待時而動, 何不利之有. 動而不括, 是以出而有獲, 語成器而動者也.
>
> 공자가 말했다. 준은 새이고, 활과 살은 무기이며, 쏘는 것은 사람이다. 군자가 몸에 무기(재간)를 지니고, 때를 기다려 움직이니, 무엇이 불리함이 있겠는가. 움직여도 막힘이 없으니, 이로써 나가면 획득하므로, 무기를 완성해서 움직이라는 말이다.

시간과 무기, 곧 재능이 갖추어진 상태에서 움직이면 모든 것을 얻을 수 있어 이롭다는 뜻으로 효사를 해석했다. 그렇게 하라는 경계의 말이다.

괘사에서는 '无所往, 其來復吉, 有攸往, 夙吉'이라 했는데, 효사에서는 '有攸往'이 初六을 제외한 모두에게 있다. 그것은 소인이란 어느 곳 어떤 때라도 항상 있고, 이들로 인해 害가 일어나기 때문이며, 이것이 새로운 규율과 시혜를 베푸는데 장애가 되기 때문일 것이다. 각 효사들은 이를 제거해야 공평하고 많은 베풂을 할 수 있다고 말한다. 解卦는 서로 협력하여 이런 문제를 해결하는 것으로 풀고 있다.

우리의 현대정치사를 보아도 권력을 쥔 집단에 항상 대항하는 집단이 있다. 이들을 설득하지 못하고 타협을 못해 항상 문제가 된다. 음양의 충돌만 부각되고 새로운 변화는 보잘 것 없이 보이는 것이다. 이 보다 더 큰 문제는 권력집단 내에 이런 소인들이 있어 공평한 시행이 이루어지지 않는 것이다. 곧 '負且乘'하는 자들이다. 그러니 정권이 바뀌면 권력의 실세들이 줄줄이 감옥살이를 한다. 이는 군자가 있어야 할 자리에 소인이 있어서 이고, 이를 바로잡지 못한 것은 최고의 권력자 역시 소인이었기 때문일 것이다. 적어도 정권의 이양 후에 감옥에 가는 대통령의 친족이나 청와대 근무자와 고급관리가 없어야 선진국의 정치를 한 것이 될 것이니, 언제나 그 날이 올 것인지…… 지도자들은 이 괘효사가 시사하는 바를 알았으면 한다. 그렇게만 되면 한 걸음은 발전한 국가가 될 것이다.

䷨ 損 (山澤損)

概說: 大成卦 부호를 나누어 보면 위에는 艮으로 '산' '그침', 아래는 兌로 '못' '기쁨'이 象이다. 못의 물은 산의 동식물에게 도움을 주지만 물은 줄어드니, 괘명이 '덜 손'의 '損'이 되었다.

乾坤卦가 사귀어 子女卦를 낳는 괘변으로 해석하면, 泰卦(䷊)에서 손괘(䷨)로 되었다. 아래 乾에서 양 하나가 올라가고(上爻) 위의 坤에서 음 하나가 내려 왔다(三爻). 위에서는 큰 양이 보태진 대신 작은 음은 줄고, 아래에서는 큰 양이 준 대신 작은 음이 보태졌다. 결국 아래가 위를 보태고, 剛이 柔를 도왔다. 이런 것에서 損卦는 아래를 들어 위를 보태주는 의미가 생기고, 사람의 일에는 아래 사람들이 윗사람을 받들어 돕는 것이며, 국가로 치면 국민들이 세금을 내거나 부역을 하고 위정자는 이를 이용하는 원리이다. 그런데 아래에서 이를 억지로 하는 것이 아니고 '기쁘게(兌)' 하고, 위에서는 당연하다는 듯 묵묵히 '그쳐(艮)'있다. 아래에서 보태는 행위가 자연히 되돌아가게 됨을 서로가 믿고 있는 것 같은 현상이다.

「서괘전」에서는 "解者緩也, 緩必有所失, 故受之以損(해는 누그러지니, 누그러지면 반드시 잃는 것이 있다. 그래서 이를 손으로 받았다)"라고 했다. 무엇이든 해결되면 긴장이 풀리고 느슨해지는데, 느슨해지면 잃는 것이 있어 손해를 보게 되므로 損卦로 받았다는 뜻이다. 「잡괘전」에는 "損益盛衰之始也(손익은 성하고 쇠함의 시작이다)"라 했다. 損卦와 다음의 益(더할 익)卦를 합쳐 나타낸 것으로, 損은 '衰之始'이고, 益은 '盛之始'일 것이지만, 손도 익도 성하면 쇠할 때가 있고 쇠하면 성할 때가 있는 이치를 동시에 말하고 있다. 始가 終되고 終이 始되는 『주역』의 원리로써 손과 익을 분리하지 않고 함께 의미를 풀었다.

이런 손괘의 의미를 괘효사에서는 어떻게 나타내고 있는지 보자.

1. 괘

*** 損, 有孚, 元吉, 无咎, 可貞, 利有攸往. 曷之用, 二簋可用享.**

손괘는, 믿음이 있음으로, 크게 길하고, 허물이 없으며, 바르게 할 수 있고, 갈 바가 있으면 이롭다. (損道가)언제 쓰이는가, 두 개의 그릇으로 제사지내는데 쓰일 수 있다.

[자구의 뜻] 曷: 어찌 갈, 언제 갈. 막을 알. 簋: 제기 그릇 궤.

[해설] 괘사이다. 아래에서 덜어 위에 보태는 損卦의 첫 句가 '有孚'이다. 믿음이 있어서 행하는 일이라는 뜻이면서, 동시에 내 것을 들어주어야 할 경우는 믿음을 가지라는 뜻도 포함될 것이다. 이어진 구들은 이런 믿음으로 '元吉, 无咎, 可貞, 利有攸往'이 되는 것으로 풀어야 자연스럽다. 즉 내가 손해를 보고 덜어주었으니, '吉'이 되고, '咎'가 없으며, 그런 마음이면 '貞'하게 할 수 있고, 그렇게 하면 자신이 하는 일에도 '利'가 되어 돌아온다는 뜻이다. 불우이웃돕기 성금모금을 할 때, 누구나 자기 것을 들어내지만, 사회가 잘 될 것이라는 믿음이 있기 때문에 하는 것이고, 그래서 사회가 안정이 되면 결과적으로 모두가 길하고 이익이 되는 것과 같다. 그렇다고 내가 굶으면서까지 내 것을 다 주는 것이 損道는 아닐 것이다. 이렇게 되면 우선 '믿음'을 갖기가 힘들 것이고, 그러니 '元吉'도 '可貞'도 할 수 있겠는가?

그러므로 항상 내 것을 들어낼 수는 없는 것이니 어떤 때에 쓰이는가? 제사를 지낼 때를 비유하여 설명을 하면, '二簋可用享'의 경우라 했다. 곧 엄숙과 공손으로 간절하게 갈구할 때의 제사에는 두 개의 祭器도 필요하듯이 그런 때는 損이 쓰인다는 말이다. 제일 크고 화려한 제사는 제기가 八개이고, 제일 간소한 제사는 제기가 二개이다.[189] 祭禮의 근본은 정성과 공경이다. 아직 곡식을 수확하기 전의 봄철제사는 정성과 공경으로 간소한 제사를 올린다. 믿음을 바탕으로 한 손괘의 道도 '二簋可用享'하듯이 간소하나 정성과 공경이 필요한 때에는 행해야 한다는 뜻이다.

이 損에 대해서 「계사 하」에 있는 글을 옮기니, 손이 인생길에 무엇을 주는지 그 의미를 깊이 새기도록 하자. "損, 德之修也(손은 덕을 닦는 것이다)", "損, 先難而後易(손은 먼저는 어렵지만 뒤에는 쉽다)", "損以遠害(손은 해를 멀리하는 것이다)"

*** 彖曰, 損, 損下益上, 其道上行. 損而有孚, 元吉无咎可貞利有攸往. 曷之用, 二簋可用享, 二簋應有時, 損剛益柔有時, 損益盈虛, 與時偕行.**

189) 『禮記』에 시대와 때에 따라서 제사를 지내는 사례들이 나와 있다.

단전에서 말했다. 손괘는, 아래를 들어 위를 보태니, 그 도가 위로 행한다. 덜어도 믿음이 있으면, 크게 길하고 허물이 없으며 바르게 할 수 있고 가는바가 있음이 이롭다는 것이다. 언제 쓰이는가? 두 개의 그릇으로 제사지내는데 쓰일 수 있다고 함은, 두 개의 그릇도 응당 (쓰이는)때가 있고, 굳셈을 덜어서 연약한 데 보탬도 때가 있으니, 덜고 보탬과 차고 빔도 때와 함께 행하는 것이다.

[자구의 뜻] 盈虛: 가득함과 빔. 偕: 함께 해, 굳셀 해, 두루 해.

[해설] 단전이다. 上艮은 '그침' '산'이 象이고 양괘이며, 下兌는 '기쁨' '못'이 상이고 음괘다. 아래의 못물을 들어내어야 위의 산이 윤택해 진다. 음은 양을 따르는 바, 아래의 못이 위의 산을 기쁘게 따르고, 개설에서 설명한 바와 같이 아래에서 위로 보태니 '損下益上, 其道上行'이다. 손괘는 이렇게 위로 행하는 도이다. 괘가 가진 象이 서로 상생하려면 위를 도와야 하는 것이다.

이어 괘사를 풀었다. '損有孚'에서 간단히 '而'를 더함으로써 손이 믿음이 있는 행위임을 말하면서, 이 '有孚'가 조건이 되어 다음의 句 '元吉无咎可貞利有攸往'이 이루어진다고 이어 붙였다. 내 것을 들어낼 때는 믿음을 갖고 행하면 모든 것이 좋다는 말이다. 괘사에서 설명한 것을 참조하면 이해가 될 것이다.

이어 다음의 괘사 '曷之用, 二簋可用享'에서는 그것이 내포하고 있는 '時'를 끌어내고, 동시에 '損剛益柔'하여 중화를 이루는 것도 때가 되면 이루어져야 함을 말했다. 곧 양식은 떨어져 가는데 아직 곡식은 익지 않은 봄철과 같은 때의 제사에는 두 개의 제기로도 간소하게 제사를 지내듯이, 변화의 시기에는 여유가 있고 힘이 있는 강에서 들어 부족하고 여린 유에게 보태서, 중화시켜 조화를 이루는 것이 철리이니, 이런 이치로 때가 되면 행해야 하는 것이 바로 손괘라는 것이다. 그래서 '損剛益柔有時'라 했고, 이렇게 때가 되면 '損益盈虛'하는 철리처럼 損卦도 같은 이치이므로 '損益盈虛, 與時偕行'을 더 붙여서 마무리했다. '盈虛'는 자연계, '損益'은 이에 따른 인사의 현상이다. 자연과 인사를 아우르는 공자학파의 학설을 이런 식으로 나타내면서, 때가 되면 행해야 하는 損道의 쓰임을 말하면서 끝맺음 한 것이다.

*** 象曰, 山下有澤, 損. 君子以懲忿窒欲.**

상전에서 말했다. 산 아래 못이 있는 것이 손괘이다. 군자가 이를 보고서 분노를 누르고 욕망을 억제한다.

[자구의 뜻] 懲: 징벌할 징, 억누를 징. 忿: 분할 분. 窒欲: 욕망을 억제함.

[해설] 대상전이다. 못이 산 아래에 있는 것이 손괘다. 못의 물이 줄면 못은 얕아지나 산은

더 높아 보이고, 못의 물을 퍼내면 산의 초목을 울창하게 번창시킨다. 이 모든 것이 못에서 덜어내어 이루어지는 것이니, 군자가 이런 현상을 관찰하여 자신에게서 들어내어서 좋은 것은 덜어내는데, 이것이 분노와 사사로운 욕망이다. '懲忿窒欲'의 의미이다. 懲忿窒欲은 수양의 기본이고 첫걸음이다.

사람은 항상 분을 억누르고 욕망을 억제할 수는 없을 것이다. 국가나 사회를 위해서 분노해야 할 때는 분노하고 욕심을 낼 때는 내어야 한다면, 懲忿窒欲도 '때'가 있고, 이때를 알고 행하는 것이 군자가 아닌가 한다. 그러면 군자는 항상 때를 알고 행하는가? 北宋의 歐陽脩가 말한 것이 있다. "湯孔子聖人也, 皆有過矣, 君子與衆人同者, 不免乎有過也. 其異乎衆人者, 過而能改也(탕왕과 공자 같은 성인도, 다 과실은 있었으니, 군자와 뭇사람이 같이 과실이 있음을 면할 수 없다. 중인보다 다른 것은 과실을 고칠 수 있는 것이다)" '忿'과 '欲'은 누구나 있는 것이지만, 그것이 때에 맞지 않으면 '過'로써 나타날 것이다. 이런 과실을 반복하지 않는 사람이 군자라고 했으니, 소인들도 수양을 쌓으면 못할 일은 아닌 것 같다.

2. 효

* 初九, 已[巳]事遄往, 无咎, 酌損之.
象曰, 巳事遄往, 尙合志也.

초구, 제사지내는 일을 빨리 가서하면, 허물이 없고, 술은 던다.
상전에서 말했다. 제사지내는 일을 빨리 가서 한다는 것은, 숭고하게 뜻을 합하는 것이다.

[자구의 뜻] 巳: 여섯째지지 사. 祀와통용. 遄: 빠를 천. 酌: 술(따를) 작.

[해설] 初九 효사와 소상전. 우선 첫 자를 '已' '己' '巳'로 보는 3견해가 있다. 글자의 형태가 비슷해 헷갈리는 모양이다. 판본이 '已'로 많이 되어있기 때문에 '已事'로보고 '竟경事(일을 마치다)'로 해석한 것이 일반적이다. '己事(나의 일)'로써 해석한 책도 보인다. 또 '巳事'로 보고 '巳'는 '祀'와 통용됐으므로 '祀事(제사지내는 일)'로 보는 견해가 있다. 漢末 三國時代의 虞翻이 이렇게 보았고, 현대의 高亨과 于省吾도 이를 따랐다. 위의 번역도 이를 따르면서 '已'는 '巳'의 오기로 보았다.

초구의 처한 상황을 살펴보자. 강으로 정위에 있고, 위의 六四와 정응이면서 下兌 '기쁨'의 시작이다. 損은 아래에서 덜어 위에 보태야 하고, 강에서 들어 유에 보태야 한다. 그러면 손괘의 시작이고, 강이며 아래에 있는 비천한 초구가 어떻게 해야 할까. 망설일 것 없이 정응인 육사에게로 빨리 가서 보탬을 주어야한다. '往遄'이다. 그런데 어떤 일인가? 뒤에 '酌'이 있고,

괘사에 '曷之用, 二簋可用享'이 나오니 '제사지내는 일'인 것이다. 또 단전에서 '二簋應有時, 損剛益柔有時' '與時偕行'이라 하여 '때'를 강조하고 있으니 '遄'이 등장할 수밖에 없으므로 '已事遄往'이다. 제사에 빈손으로 갈 수 없어 술 한 통은 들고 가니 '酌損之'이고, 이런 정도의 損으로 괘사에서 말한 '二簋可用享'에 참여하였으니 '无咎'가 된다. 이런 뜻으로 보았다.

소상전에서는 '已事遄往'이 위의 육사와 뜻을 합하는 일이며, 그렇게 합하는 것이 '숭고하다'라고 했다. 보탬을 주어야 할 아래의 강이 빨리 그의 정응인 육사에게 보탬을 준 것은 숭고하다 할 만한 것이다.

*** 九二, 利貞, 征凶, 弗損益之.**
象曰, 九二利貞, 中以爲志也.

구이, 바름을 지키면 이로우나, 정벌은 흉하므로, (이런 것은)덜지 않는 것이 보태는 것이다.
상전에서 말했다. 구이가 바름을 지키면 이롭다는 것은, 중도로써 뜻을 삼기 때문이다.

[해설] 九二는 강으로 中을 차지했고, 六五와 정응이며 六三과 친비이다. 그러나 정위가 아니므로 이에 대한 경계만 하면 좋은 조건이니, 하는 일이 이로울 것이다. 그러므로 부정위에 대한 경계로 '貞'만 지키면 '利'라고 했다. 그런데 때가 損時, 곧 '二簋可用享'의 시기이니, 이런 때 많은 부담을 짊어져야 하는 전쟁을 하는 것은 무리다. 그러므로 '征凶'이다. 중덕이 있으므로 지나친 행위는 하지 않겠지만, 강이고 '기쁨'을 뜻하는 兌에 속해 있어, 혹시 정벌까지도 강행할까 하여 경계했다. 이 '征凶'을 '구이가 육오에게 가는 것'으로 해석한 곳도 많다. 육오에게 가면 '凶'하다고 보는 이유는, 강이 柔位에 있으므로 이미 중화되어 덜어줄 것이 없다는 입장을 취하기 때문이다. 그래도 강이 중심을 차지했고, 하괘이니 아래이므로, 아래에서 위를 보태야 하는 때에 위에 있는 정응을 돕기 위해 가는 것이 흉이 될까하는 의문이 있어서 취하지 않았다. 다음의 '弗損益之'도 정벌과 같은 것은 지나친 비용이 들므로, 이런 덞은 하지 않은 것이 차라리 보탬이 된다는 뜻으로 보고 번역했다. '中'이니 중도를 지켜야지 '정벌'은 중도가 아니다. 그래서 '征'을 '정벌'로 보는 것이다.

소상전에서도 모자라지도 지나치지도 않는 '中'에 뜻을 두었기 때문에 '利貞'이 된다고 했다. 이렇게 중의 중요성에 대한 강조는 수시로 등장한다.

*** 六三, 三人行, 則損一人, 一人行, 則得其友.**
象曰, 一人行, 三則疑也.

육삼, 세 사람이 행하면, 한 사람을 잃고, 한 사람이 행하면 벗을 얻는다.
상전에서 말했다. 한 사람이 행하는 것은, 세 사람이면 의심하기 때문이다.

[해설] 六三 효사와 소상전. 이 효사를 이해하기 위해서 먼저 공자의 말부터 보자. 「계사하」에 있는 말이다. "天地絪縕, 萬物化醇, 男女構精, 萬物化生, 易曰, 三人行, 則損一人, 一人行, 則得其友, 言致一也(천지의 기운이 자욱하면, 만물이 진하게 변하고, 남녀의 정기가 얽히면, 만물이 태어나니, 역에서 말하는 '三人行, 則損一人, 一人行, 則得其友'는 하나를 이루는 것을 말한다)"라 했다. '天地', '男女'는 양과 음의 대표적인 것이다. 음과 양이 1:1로 합쳐서 만물이 태어나고 커간다는 말이다.

대체로 길을 갈 때나 일을 행할 때 1:1로 두 사람이면 서로 의지하고 조화를 이루는데, 세 사람이면 경쟁심이 유발되어 흔히 한 사람은 삐지는 것이 일반적인 상황이다. 반대로 한 사람이 행하면 혼자서는 외로워 친구를 구하는 상황으로 된다. 이런 것은 음양이 1:1로 對待하여 새로움을 창조하는 논리와 서로 통한다. 육삼은 이런 일반적 원리를 말하였다. 곧 '三人行, 則損一人, 一人行, 則得其友'이다.

六三은 음으로 하괘에 있고, 아래로 九二를 타고 위의 上九와 정응이다. 때가 아래를 덜어 위를 보탠다면 하괘이니 덜어내야 하고, 양이 음을 보탠다면 음이니 덜지 않아도 된다. 이런 의문이 있는 상황인데 음 소인이면서 정위하지도 않아 일 처리가 깔끔하지 못할 가능성이 있다. 곧 아래에서 기쁘게(下兌) 덜어야 하는 손의 때에 그러지 못하고 아래의 양을 대동하여 위의 상구에게로 가서 보태려고 할 수도 있다. 이를 경계하기 위해 일반적 원리를 빌려 말한 것이 '三人行, 則損一人'이다.

王弼은 구체적으로 六三, 六四, 六五의 三陰이 모두 上九의 아래에 있으므로 '三人'을 이 셋 효로 보았다. 이렇게 보면 '損一人'이라 했으니, 이 중 한 사람이 탈락하고 두 개의 음과 상구 하나의 양이 남게 되는데, 이는 음양이 1:1로 서로 對待하는 의미와는 맞지 않는다. 여기 '三人行'과 '一人行'의 '行'은 상구에게로 '가다'의 의미보다는 일을 '행하다'의 뜻으로 보아야 한다. 그래야 1:1 대대의 원리와 맞는다. 그러므로 '三人行'의 '三'과 '一人行'의 '一'은 위에서 논한 일반적 의미를 나타내기 위한 것으로 보면 편하다. 그래도 연결해야 한다면 '三人'은 상구와 정응인 육삼, 그리고 아래의 두 강효 중 하나이어야 하는데, 아무래도 육삼의 친비인 구이일 것이다. 육삼은 아래의 친비인 구이가 강이므로 은근히 보탬에 도움을 줄 것으로 기대하지 말고, 아래에 있으니 혼자서 위의 상구에게 보태야 한다는 뜻이 될 것이다. 어떻든 결론적으로 말하면 육삼은 누구와 의논하거나 의지하여 함께 가지 말고, 혼자 가서 보태면 음양 1: 1이 되어 좋다는 뜻을 일반적인 원칙을 빌려 나타낸 것이다.

소상전도 세 사람이면 서로 의심하니 한 사람이 가는 것이 더 좋다는 뜻이다. 혼자가면 쓸쓸하니 자연히 친구를 찾게 되고, 찾게 되면 친구와 뜻을 합하는 것이다.

* 六四, 損其疾, 使遄有喜, 无咎.
象曰, 損其疾, 亦可喜也.

육사, 그 병을 덜고, 빠르게 하면 기쁨이 있으므로, 허물이 없다.
상전에서 말했다. 그 병을 덜게 됨은, 역시 기쁠 것이다.

[해설] 六四 효사와 소상전. 육사는 정위했고 初九의 정응도 있다. 단지 음으로 음위에 있는데, 거기에 위아래가 모두 음이니 지나치게 유약하여 주저함이 많을 것이다. 아마도 이것이 병일 가능성이 있으니 이를 덜어내야 한다. '損其疾'이다.

장관의 자리에 있으면서 머뭇거리기만 하면 안 될 것이다. 빨리 결정을 내려야 한다. 곧 '使遄'해야 '有喜'가 된다. 효사에 나타나 있지는 않지만 육사의 머뭇거리는 일은 어려운 때에 위에 있으니 어떻게 거두어들여 제사를 지내느냐의 문제일 것이다. 初九는 '遄往'하고, 九二는 정벌 같은 일이 아니면 보탬을 줄 것이며, 六三은 '一人行'이라도 할 것이니, 제사는 지낼 수 있다. 그러니 결론은 '无咎'가 될 것이다.

소상전 '亦可喜也'의 '亦'은 결과적으로는 기쁨이 있게 됨을 강조한 것이지만, 초구와 아랫것들도 역시 기뻐한다는 뜻이 담긴 표현이다.

* 六五, 或益之, 十朋之龜弗克違, 元吉.
象曰, 六五元吉, 自上祐也.

육오, 혹 보탬을 받는데, 값비싼 거북점도 어긋나지 않으니, 크게 길하다.
상전에서 말했다. 육오의 크게 길함은, 하늘로부터 도움이 있기 때문이다.

[해설] 六五 효사와 소상전이다. '十朋之龜'의 해석이 확실치가 않다. '많은 재화'가 들어오는 것(益之)으로 보는 쪽과 '점치는 것'으로 보는 양쪽이 있다.

班固의 『漢書』「食貨志」에는 元龜, 公龜, 侯龜, 幺요龜를 구별하여 거북의 크기를 말하고 그것의 값을 말하였는데, 이는 군왕과 귀족들이 점할 때 쓰는 거북의 종류고, 상위 계층일수록 값비싼 거북을 썼다는 것이다. 그리고 『書經』「周書·大誥」에서 "大寶龜로 하늘의 명을 받는다"고 하는 말이 나오는데 이를 '十朋之龜'로 보기도 한다. 그리고 『教學 大漢韓辭典』에는 점을 칠 때 쓰던 거북 종류를 열 가지 나열하였다. 이런 것에서 위의 번역은 '점치다'의 뜻을 취하여, '아주 값비싼 점을 치는 것'으로 보았다. 그러나 '朋'은 고대의 화폐단위로도 썼기 때문에 '十朋'은 '많은 돈'의 뜻이 되어, '값비싼 거북(재화)도 보탠다'는 뜻으로도 본다.

육오는 柔이나 중심에 있어 중덕이 있으며, 아래로 九二가 응하며 위로 上九와 친비다. 그가 처한 상태는 양호하니, '元吉'이라는 점사는 이상치 않다. 이런 처지에 '損下益上'의 때를 당하여 자기의 사익을 취할 리가 없고, 국가의 중심적 자리에 있으므로 그에게 '보탬'을 주는 사람이 많을 것이다. 그러나 정위가 아니니 '或'이 붙은 '益之'이다. 나라가 어려워 국민으로부터 특별 세금을 걷고자 하니 '或'이 붙은 것이라고 보면 되고, 손의 때에 상괘에 있고 음이니 '益'은 도움을 받는 것으로 보았다. 이 '益之'가 크고 많다는 뜻과 연결시키려면 '十朋之龜'가 '값비싼 재화'가 되고, '弗克違'의 '違'는 '회피하다'의 뜻이 될 것이니, '값비싼 재화도 회피하지 않다'로 번역될 것이다. '益之'가 되는 것이 점을 쳐도 같은 결과라는 뜻과 연결시키려면 '十朋之龜'는 '十朋의 거북으로 점치다'가 되며, 이때는 '違'가 '어긋나다'의 뜻이 되어 상기와 같이 번역이 된다. 육오는 소극적인 유가 국가의 중심적 위치에서 나라의 어려움을 당해 걱정을 점에 의지하는 것이 자연스럽게 보여 '점치다'의 뜻을 취했다. 옛날은 국가의 중대사는 흔히 점에 물었다고 한다.

소상전의 '自上祐也'의 '上'도 '上九'를 말한다고 보는 의견과 '하늘'을 말한다고 보는 의견이 있다. 이 괘의 천자를 상구로 보면 '上'을 상구로 볼 수 있고, 점을 친다는 것은 하늘의 뜻을 묻는 것과 통하니 '하늘'로 볼 수도 있으니 둘 다 적용된다.

＊ **上九, 弗損益之, 无咎, 貞吉, 利有攸往, 得臣无家.**
象曰, 弗損益之, 大得志也.

상구, 덜지 않고 보탬을 주니, 허물이 없다. 바르게 하면 길하고, 갈 바가 있으면 이롭다. 신하를 얻음이 집집이 없었다.
상전에서 말했다. 덜지 않고 보탬을 준다는 것은, 큰 뜻을 얻는 것이다.

[해설] 上九는 上艮 '멈춤'과 損의 극이니 변화의 때이고, 上艮과 이 괘의 주효이니 천자의 지위로 볼 수 있다.

변화의 시기이니, 損이 극하여 변하면 益이 되고, 손이 멈추면 '不損'이 될 것이니, 당면한 때는 덜지는 않는다. 그래서 '弗損'이다. '益之'는 무엇인가? 아래 백성으로부터 받은 것은 개인용이 아닌 세금 등이다. 보탬을 받는 것이 극에 달해서니 이제는 나누어 주어야 한다. 거둔 세금은 백성을 위해 도로 써야 하는 것이다. 내 것은 덜지 않아도 국가를 위해 받아둔 세금 등은 돌려주어야 한다. 이것이 '益之'이고, 강으로써 아래에 보탬을 주는 '益之'에 해당한다. 백성과 국가를 위해 세금을 쓰는데 허물될 것이 없다. '无咎'이다. 그렇지만 공공의 돈은 바르게 써야 한다. 개인적으로 친분이 있는 사람에게만 이익이 돌아가게 해서는 안 되니 '貞吉'이고, 써야할 곳에는 써야하니 '利有攸往'이다. 곧 개발할 곳, 발전할 곳이 있어야 하고, 그런 곳에 써야 이롭다는 뜻이다. '有攸往'이란 그런 일을 수행하기 위해 가는 것이다. 이 괘의 주효이니 괘사의 자구가 많이 쓰였다.

'得臣无家'의 '无家'에 대한 해석이 분분하다. 하나는 신하들이 집이 없는 것 같이 열심히 봉사한다는 뜻으로 보는데, 너무 의역이 되고, 또 신하를 얻는데 가족에 한정하지 않는다고 보는데, 보탬을 주는 것과는 연결이 잘 되지 않고, 다른 하나는 위의 번역이 의미하는 바와 같이, 한 집이 아니고 여러 사람들이라는 뜻으로 보는 것이다. 손의 의미가 '損下益上'이므로 제일 위에 있는 상구는 결과적으로 아래의 여럿에게 보탬을 받은 것이 되고, 그러므로 그도 여럿에게 나누어야 할 것이다. 직접적인 관계에서도 應·比가 있으니 복수이다. 그래서 여러 집의 뜻으로 '집집'으로 번역했다. 특별한 곳이 아니라 모든 신하 모든 지역에 나눈다는 뜻으로 보았다.

이 상구의 효사는 국고를 국민을 위해 적절히 운용하는 것을 비유하고 있으니 군왕이 취하는 행위이므로 상구를 군왕으로 보았다. 가끔 상효가 왕이 되기도 한다.

소상전에서는 상구의 뜻이 넓고 광활하다는 말이니, 국가의 부강에 대한 의지를 말한다고 보면 될 것이다.

'損'이란 문자의 의미로는 손해를 보는 것인데도, 이 괘의 괘효사는 나쁜 점사가 없다. 손이 가져다주는 좋은 결과만을 말하고 있다. 그렇게 좋은 결과를 가져다주는 조건이 '時'에 맞게 하는 것이고, '有孚'이다. 그리고 결코 과한 손익을 말하지 않는다. '때에 맞게' '마음으로 믿고' '적절하게 덜어서' 보태는데 나쁜 점사가 있을 수가 없다. 이런 이치는 단체와 개인 간에도 적용되어야 한다. 그러면 자기가 믿는 종교단체에 재산 모두를 기부하고 가정이 파탄 나는 일도 없을 것이고, 올바른 가치를 가진 종교단체라면 이런 일이 있을 수도 없을 것이다. 국가와 개인 간의 문제에서도 세금이나 재산에 관련한 민원이 적으면 적을수록 좋은 것이다. 그래야 건전한 국가가 되고 파탄 나는 가정이 없게 된다. 이래야 선진국으로 발돋움 할 수 있다. 그렇게 하기 위해 모든 것이 투명해야 할 것이고, 공무원들은 민원인의 의견을 자기 일로 여기며 처리해 주어야 할 것이다.

䷩ 益 (風雷益)

概說: 상괘 巽은 '나무' '바람', 하괘 震은 '우레' '움직임'이 象이다. 위에서 바람이 불어 아래의 움직임에 도움을 주면, 위에서 아래를 이익 되게 하는 것이다. 또 바람이 불고 우레가 치면, 바람과 우레가 서로 화답한 것이니 이를 "雷風不相悖(우레와 바람이 어긋나지 않는다)"라고 「설괘전」에서 말했다. 그리고 "萬物出乎震(만물이 진에서 나온다)", "齊乎巽(손에서 가지런히 한다)"이라고도 했으니, 아래에서 움직여 일을 만들면 위에서는 이를 받아서 정리한다는 의미가 된다. 모두 위아래가 뜻이 어긋나지 않는다는 의미이다. 乾坤의 부모가 자식을 낳는 변화과정에서는 否卦(䷋)가 변하여 益卦(䷩)로 卦變했는데, 卦劃의 변화를 살펴보면 양이 하나 내려왔고(初九), 음이 하나 올라갔다(六四). 損卦와는 반대로 큰 양이 내려오고 작은 음은 올라갔으니 아래를 보탰다. 損卦의 '損下益上'과는 반대로 '損上益下'이다.

「서괘전」에서는 "損而不已, 必益, 故受之以益(들어내는 것으로 그치지 않고, 반드시 더함이 있으니, 이에 익으로써 받았다)"라고 했다. 계속해서 '損'만 있는 것은 아니고, 손 다음은 '益'이 있게 된다는 뜻이다. 음은 양을 만나고 양은 음을 만나게 된다는 음양이론의 일면이다. 「잡괘전」의 "損益盛衰之始也"도 같은 의미이다.

그리고 「계사전 하」에 이런 문장도 있다. "益德之裕也(익괘는 덕의 넉넉함이다)", "益長裕而不設(익괘는 오래도록 여유로워도 유명무실하지 않는다)", "益之興利(익괘는 이익을 일으킨다)"라고 했다. '益'을 생각하는 사람이 알아야 할 익의 덕들이다. 이런 益卦를 괘효사는 어떻게 말하고 있는지 보자.

1. 괘

*** 益, 利有攸往, 利涉大川.**

익괘는, 갈 바가 있음이 이롭고, 큰 내를 건넘이 이롭다.

[해설] 괘사이다. 개설에서 살펴본 바와 같이 益卦는 상하의 뜻이 통하니 전체가 단합된 象이다. 이런 때 일을 하지 않으면 언제 하겠는가. 아래에서는 일을 행하고 위에서는 이를 정리하니, 갈 바가 있는 것이 이로운 것은 당연하다. 뿐만 아니라 대천을 건너는 어려운 일도 해낼 수 있다. '利有攸往'이 일반적인 일이라면 '利涉大川'은 특별히 위험하거나 중요한 일이니, 이런 일도 상하가 합동하면 해낼 수 있다는 말이다. 卦象도 '巽'은 '나무'이니, 나무로 배를 만들고, '震'은 '대나무'이니 대나무로 노를 만들 수 있다. 이렇게 象에서도 '大川'을 건너는 어려움을 해결하는데 필요한 기물들이 나오니 이롭다는 뜻을 유추해낼 수 있다.

*** 彖曰, 益, 損上益下, 民說无疆, 自上下下, 其道大光. 利有攸往, 中正有慶, 利涉大川, 木道乃行. 益動而巽, 日進无疆. 天施地生, 其益无方. 凡益之道, 與時偕行.**

단전에서 말했다. 익괘는, 위를 덜어서 아래를 보태니, 백성이 끝없이 기뻐하고, 위로부터 아래로 내려가니, 그 도가 크게 빛난다. 갈 바가 있어 이롭다 함은, 중심에서 바르

게 처리하여 경사가 있다는 것이고, 대천을 건너는 것이 이롭다 함은, 나무의 도를 행함이다. 익괘는 움직이면 공손히 처리되니, 날로 끝없이 진보한다. 하늘이 베풀면 땅이 생육함도, 그 이로움이 견줄 수 없다. 무릇 익괘의 도는 때를 따라서 함께 행한다.

[해설] 단전이다. 먼저 益卦의 뜻을 풀이했다. '損上益下'는 잘사는 사람이나 상충부에 해당하는 사람의 것을 덜어서 일반백성에게 더해주는 것을 말한다. 현대사회의 예로는 국가가 사업을 일으켜 백성을 취업시키면 백성들이 혜택을 받으니 '損上益下'이다. 그러므로 백성이 기뻐하지 않을 수 없으니 '民說无疆'인 것이다. 이렇게 위에서부터 아래를 베푸는 것은 크게 빛날 것이다. 특히 모범이 된 국가적 사업은 대대로 칭송받을 것이니, '自上下下, 其道大光'이다. 이것이 익괘라는 말이다.

이어서 괘사 '利有攸往'과 '利涉大川'을 풀이했다. '利有攸往'은 九五와 六二가 각각 상하의 중심적인 위치에서(中) 바르게 처리하면서(正位) 서로 협조하니(正應) 일이 잘 성사되어 慶事가 있을 것이다. 이를 '中正有慶'이라 했다. '利涉大川'은 나무를 활용하여 생활에 이용하는 것이 '木道'인데, 상하괘의 상이 '木'이므로 이 나무를 활용하면 대천도 건널 수 있다는 뜻이 '木道乃行'이다. 木道를 이용하는 것처럼 상하괘가 상징하는 의미를 잘 활용하면 얼마든지 큰일도 할 수 있다는 뜻이다.

「계사 하」에 '木道'에 대한 글이 있다. "神農氏作, 斲착木爲耜사, 揉유木爲耒뢰, 耒耨누之利, 以敎天下, 蓋取諸益(신농씨가 일어나, 나무를 쪼개어 쟁기의 날을 만들고, 나무를 구부려 쟁기를 만들어, 쟁기로 김을 매는 이로움을, 천하에 가르치는 것은, 대개 저 익괘에서 취한다)"라고 했다. 이처럼 나무를 이용하여 필요한 물건을 만들어 그것을 활용하니, 나무로 배도 만들 수 있는 일이고, 이를 이용하면 대천도 건널 수 있다. 이렇게 나무의 성질을 알아서 이용할 줄 아는 것이 모두 목도이다.

다음은 인사와 자연계의 현상을 일치시키면서 익괘의 상황을 덧붙였다. 下震의 '動'은 일을 해내는 것이고, 上巽의 '巽'은 그 일을 정리해내는 것이니, 이렇게 일이 잘 처리되면 날로 전진할 것이다. '益動而巽, 日進无疆'이다. 이렇게 매일 새롭게 발전하는 것은 하늘이 베풀어서 땅이 만물을 생육하는 현상과 다를 바 없다. '天施地生, 其益无方'이다. 여기 '方'을 대체로 '所(방소)'라고 많이 번역하나, 丁若鏞은 '比(견주다)'로 해석했다. '견주다'가 더 자연스럽다. 하늘이 때에 맞게 지상의 생물을 양육하듯이 익괘의 도도 필요한 때에는 펼쳐야 하니, 그 '時'를 잊지 않아야 한다고 강조한 구를 붙였으니 '與時偕行'이다. 자연과 인사를 연결하는 공자의 사상이다.

* 象曰, 風雷益. 君子以見善則遷, 有過則改.

상전에서 말했다. 바람과 우레가 익괘이다. 군자가 이를 보고서 선을 보면 옮기고, 과실이 있으면 고친다.

[자구의 뜻] 遷: 옮길 천, 바꿀 천, 오를 천. 改: 고칠 개, 새삼스럽게 개.

[해설] 대상전이다. '바람'과 '우레'라는 상하의 卦象으로 이루어진 것이 益卦이다. 군자는 이런 괘의 이치를 관찰하고서, 善을 보면 바람이 만물에 영향을 미치듯이 옮겨 영향을 미치게 하고, 과실을 범하면 우레처럼 일깨워 고친다. 이런 뜻이다. 군자라면 좋은 것은 넓게 전하고 나쁜 것은 고치려 할 것이다.

損卦의 '懲忿窒欲'은 자신을 억제하는 소극적인 면이 엿보이고, 익괘는 행동으로 옮기는 적극적인 면이 강조되고 있다.

2. 효

*** 初九, 利用爲大作, 元吉, 无咎.**
象曰, 元吉无咎, 下不厚事也.

초구, 큰일을 함으로써 이롭고, 크게 길해야, 허물이 없다.

상전에서 말했다. 크게 길해야 허물이 없다 함은, 아래에서는 중대한 일을 못하기 때문이다.

[해설] 初九는 이제 시작이고 어린 상태이니 원래는 큰일을 할 수 없다. 그러나 양이고 정위에 있으며 위로는 六四가 正應이고 六二도 親比이니, 위에서 아래를 위해 보탬이 되어준다. 그리고 움직이는 震의 주효이다. 그렇기 때문에 큰일도 할 수 있다. 그래야 위에서 도운 것에 대한 보답이 되니 이로움이 되는 것이다. '利用爲大作'은 이런 뜻이다. 이렇게 큰일을 하여 '元吉'해야 허물이 없게 되는 것이다. 만약 '大作'을 하지 못한다면 자신도, 도운 윗사람도 모두 보람 없이 되므로 큰일을 해내어 '元吉'해야 '无咎'라고 했다. 그래서 조건으로 보고 '元吉, 无咎'를 '크게 길해야 허물이 없다'로 번역했다. 좋은 환경이나 아직 어리므로 대작이 쉬운 일은 아니다.

'利用爲大作'의 '用'은 '以'와 같다. '大作'은 孔穎達은 "謂興作大事也(큰일을 일으키는 것을 말한다)"라 했고, 虞翻은 "謂耕경播파耒耨누之利(쟁기로 밭 갈고 씨 뿌리며 김매는 이로움을 말한다)"라고 했으니 '농사짓는 일'이다. 특히 「설괘전」에 震을 "其於稼也, 爲反生(그 심는 것에는, 다시 살아나는 것이 된다)"라고 했으니, 초구는 진의 주효이므로 '농사일'이 더 알맞아 보인다. 단지 현대에서는 꼭 농사일에 한정시킬 필요가 없어 '큰일'로 번역했다.

소상전의 뜻, '下不厚事也'는 下卑한 자리인 初의 자리에서는 '厚事'는 하기 힘 드는데, 이를 해내어야 '元吉无咎'가 된다는 뜻이다. '厚事'는 '중대한 일'의 뜻이다.

*** 六二, 或益之, 十朋之龜, 弗克違, 永貞吉. 王用享于帝, 吉.**
象曰, 或益之, 自外來也.

육이, 혹 보탬을 받는다. 값비싼 거북점도, 어긋나지 않으니, 오래도록 바르게 하면 길하다. 왕이 (육이에게)하늘에 제사를 올리게 하니, 길하다.
상전에서 말했다. 혹 보탬을 받는 것은, 밖으로부터 오는 것이다.

[해설] 二爻 효사와 소상전이다. '或益之, 十朋之龜, 弗克違'는 損卦의 六五에 있었다. 아래를 들어 위를 보태는 손괘 육오와, 위를 덜어 아래를 보태는 益卦 六二가 처한 상태가 같다. 각각 보탬을 받는 위치에 있으면서 중심에 자리했고, 그리고 보탬을 주는 곳에 모두 응함이 있기 때문이다. 그런데 손괘 육오는 '元吉'이고, 익괘 육이는 '永貞吉'이다. 그것은 군위와 신위의 자리가 다르기 때문이다. 신하의 바른 처신은 신분보장과 직결된다. 육이는 신하인데, 더하여 아래는 훌륭한 소년가장이 있고, 위에는 비효 六四가 군왕을 잘 보좌하니, 경쟁 상대가 많으므로 여차하면 물러나야 하는 경우도 있는 상태다. 그러나 정위에 있고, 중덕이 있어 훌륭히 바름을 지킬 수 있고, 군왕과 정응이니 '或益之, 十朋之龜, 弗克違'가 되는 것이다.

이런 육이와 같은 상황에는 엄숙히 진행해야 하는 天祭를 왕이 지내도록 하면 이것은 절대적인 왕의 신임을 받는 것이므로 길하다. 이런 뜻이 '王用享于帝, 吉'이다. '帝'는 바로 '하늘'이고, 제사는 왕의 명을 받아 육이가 올리는 것이다(升卦 육사 참조). 손괘 육오 소상전 '自上祐'와 상통하는 바다.

소상전에서는 외부로부터 자연적으로 보탬이 육이에게로 온다는 뜻이다. 특히 九五가 外卦에 있으므로 동일한 '外'가 등장했다.

*** 六三, 益之用凶事, 无咎. 有孚中行, 告公用圭.**
象曰, 益用凶事, 固有之也.

육삼, 보탬 받음을 흉사에 쓰니, 허물이 없다. 믿음 있게 중도로 행하고, 홀을 사용하여 공에게 알린다.
상전에서 말했다. 보탬 받음을 흉사에 씀은, 본디부터 있던 일이다.

[자구의 뜻] 圭: 홀 규(천자가 제후에게 준 玉으로 된 신표), 모서리 규.

[해설] '益之用凶事'의 '之'는 '강조하는 어조사'이고, '凶事'는 긴급하거나 부득이 도움을 받을 수밖에 없는 큰일인 듯 보인다. 비록 하괘에 있으나 상괘와 인접했고, 지방장관의 위치에 있으므로 남의 보탬을 받는 것은 문제가 있을 수 있지만, 어쩔 수 없는 '凶事'에 도움을 받는 것은 '无咎'할 것이다. 그러므로 그 '益'을 받는 것은 믿음을 주면서 적절하게 해야 할 것이니, '有孚中行'이다. 六三은 中을 지났기 때문에 '中'이 등장하는 것이 이상해 보인다. 그러나 '凶事'이고, 이를 해결하기 위해 다음에 이어지는 천자의 '圭'를 사용하는 사태에는 '中行'해야 함을 강조한 것으로 보고 넘겨야 한다(六四 참조). 이런 凶事의 해결을 위한 도움을 받기 위해서는 천자가 내려준 신표를 쓰면서 '公'에게 알려야 한다. 효사의 뜻은 이런 의미로 풀었다. 그런데 '中行'을 春秋時代 晋나라에 있었던 '中行氏'를 가리킨다고 보는 학자도 있다. 丁若鏞도 이렇게 보았으나 金景芳 학파에서는 이를 부정했다. 참고하자.

여기서 公이 누구이냐가 문제가 된다. 六四, 九五, 上九 중에서 말하고 있다. 그런데 육사효에도 '告公'이란 같은 자가 있으니, 육사로 보는 것도 이상해지고, 구오는 君王인데 공이라고 격하시키는 것도 이상하다. 이미 은퇴한 지위이지만 정응인 상구에게는 가능할 것 같지만, 아무런 관계가 없는 육사에서도 告公이라 했으니, 육사가 군왕을 넘어서서 상구에게 고한다는 것은 이해하기 힘들다. 그래서 육삼과 육사의 '公'은 이웃 제후국의 지도자로 보고, 그에게 도움을 요청하기 위해 천자의 '圭'를 쓰는 것이고, '凶事'는 홍수 등으로 인한 遷都 등 피난의 일이 아닌가 한다. 홍수와 같은 위급한 일에는 제후국들 끼리 협조가 필요할 것이니 천자의 圭를 보이면서 협조를 요청하는 것으로 보면 된다. 殷도 周도 천도한 기록은 있다. 육사의 효사와 함께 참고하여 이해하는 것이 좋을 것이다.

소상전의 '固有'는 '원래 있었음'의 뜻이니, 옛적에는 홍수와 전쟁 등으로 천도하는 일이 가끔 있었기 때문에 이를 이야기 하는 것으로 받아들이면 될 것이다.

*** 六四, 中行, 告公從, 利用爲依遷國.**
象曰, 告公從, 以益志也.

육사, 중도를 행하며, 공에게 알려 좇게 하면, 은이 나라를 옮기기 위한 것에 이롭다.
상전에서 말했다. 공에게 알려 좇게 함은, 뜻을 보태라는 것이다.

[해설] 六四는 상괘에서 정위했고, 九五와 친비이며, 初九와 정응이다. 충분히 자기역할을 완수할 수 있는 조건이다. 대신의 자리에서 국가적인 이익이 되도록 하는 것 중 '遷國'만큼 큰일도 드물다. 이런 큰일도 중행만 하면 충분히 해낼 수 있다는 뜻으로 '中行'이다. 이 '中行'을 육사가 중을 지났기 때문에 경계하여 중행을 말하고 있는 것으로 보는 측과, 괘 전체의 형태로서 보면 三・四爻가 中에 위치했음으로 中行을 말하고 있다고 보는 설이 있으나, 육삼

과 마찬가지로 어려운 때일수록 중행해야 함을 강조하기 위해서 썼다고 보면 편하다. '遷國'과 '遷都'는 같은 뜻이다.

나라를 옮기는 일은 제후국이나 이웃나라에 알리고 양해를 구하는 것이 오해를 사지 않을 것이고, 또 도움 받을 일이 많을 것이므로 '告公'하고, 대체로 천자의 수도를 옮기는 일이니 '從'하도록 부탁할 것이다. '告公從'은 이런 뜻으로 보았다.

'利用爲依遷國'의 '依'를 高亨과 于省吾가 모두 '殷'과 통용된 것을 증명한 바 있으니, 나라 이름 殷으로 보면 '利用爲依遷國'의 뜻이 분명하게 살아난다. '기대다'의 뜻으로 보면 '의지하여 나라를 옮기는 것이 이롭다'나, '수도를 옮기는데 의지하니 이롭다'의 뜻으로 보아야 하는데, 문장 내에 의지하는 대상이 생략된 것으로 보아야 하고, 또 그 대상이 무엇인지도 확실치 않아 버렸다. 帛書周易에서는 '依'가 '家'로 되어있으니, '家를 위해서도 遷國하는 것이 이롭다'가 될 것이다. 참고만 하자.

소상전은 공에게 알려 따르도록 하는 것은 힘을 보태라는 뜻이라 했다.

＊ 九五, 有孚惠心, 勿問元吉. 有孚惠我德.
象曰, 有孚惠心, 勿問之矣, 惠我德, 大得志也.

구오, (백성을)믿고 은혜를 베풀 마음이니, 물을 것 없이 크게 길하다. (백성도)믿고 내 덕을 은혜롭게 여긴다.

상전에서 말했다. 믿고 은혜를 베풀 마음이라는 것은, 물을 것도 없으며, 내 덕을 은혜롭게 여김은, 크게 뜻을 얻은 것이다.

[해설] 五爻 효사와 소상전. 九五는 정위, 중덕, 정응・친비를 갖추었다. '損上益下'할 시기에 군왕의 지위에서 백성을 이익 되게 함은 어쩌면 당연지사일지 모르는데, 이런 좋은 상황과 조건을 구비했으니 더 부언할 것이 없다. 그렇기 때문에 천하에 베풀고자하는 마음에는 의심의 여지가 없다. 그러므로 크게 길한 것이다. '有孚惠心, 勿問元吉'은 이런 뜻이다. '心'을 '천하의 인심'으로 보고 해석도 하나 구오의 마음으로 보는 것이 더 자연스럽다. '有'는 어조를 고르는 어조사로 보았다.

다음은 다시 부언하여 군왕과 백성이 서로 믿고 의지함을 강조하였다. 곧 군왕의 마음을 백성들도 믿고 은혜롭게 여긴다는 뜻이다. 아래로 육이의 정응이 있으니 당연하다. 여기서의 '惠'는 '은혜롭게 여기다'로 번역했다.

소상전에서는 먼저 구오의 성실과 중덕으로 '有孚惠心'은 물을 것도 없다는 뜻을 강조하였다. '勿問之矣'의 '之矣'는 단정의 어투이다. 이어서 백성들이 군왕을 은혜롭게 여김은 군왕의 뜻이 크게 이루어졌음을 말한다고 했다.

* 上九, 莫益之, 或擊之, 立心勿恒, 凶.
象曰, 莫益之, 偏辭也. 或擊之, 自外來也.

상구, 보태주지 못하고, 혹 공격할 것이다. 마음가짐이 평상이 아니면, 흉하다.
상전에서 말했다. 보태주지 못한다는 것은, 치우쳐 있다는 말이고, 혹 공격한다는 것은, 밖(위)에서부터 내려오는 것이다.

[자구의 뜻] 立心: 마음을 정함. 뜻을 세움. 偏: 치우칠 편, 가 편, 두루 편.

[해결] 上九는 益卦와 上巽의 끝이다. '損上益下'가 극하여 변하면 '損下益上'이 될 것이고, '정리하고 공손하던 마음'도 변화를 맞으면 不巽하게 될 것이다. 거기에 또 정위도 아니니 좋은 방향으로 변화할 것으로 기대하기 힘들다. 물러나려니 옛 영광이 그립고 부족한 것이 많을 것이다. 그래서 아래를 보태주지 않고 도리어 자신에게 이익이 되는 것을 찾게 되는 경우로 변한다. 아래에 이익을 주지 못하면서 도리어 착취하면, '莫益之, 或擊之'이다. 損卦의 상구 '弗損益之'와는 반대이다.

마음을 항상 바르게 쓰지 못하고 계속 자신의 이익을 찾으면 '凶'이 될 것은 자명하다. 마음을 다잡아서 평상의 마음을 가져야지 그렇지 않으면 이 흉을 피할 수 없다는 경계의 뜻을 내포한 문장이 다음을 이었다. '立心勿恒, 凶'이다.

소상전의 '偏辭也'의 '偏'은 '辭'를 수식하는 말로, 상구가 평상심을 잃고 자신의 욕심에 치우쳐 있다는 뜻이고, '自外來'의 '外'는 上九가 外卦의 가장 끝에 처했기 때문에 보다 아래에 있는 효들에게는 '外'가 되니, '自外來'라 했다.

「계사 하」에 군자는 먼저 나를 바로하고 '益'을 구한다는 공자의 말이 있다.

> 子曰, 君子, 安其身而後動, 易其心而後語, 定其交而後求, 君子修此三者, 故全也. 危以動, 則民不與也, 懼以語, 則民不應也, 无交而求, 則民不與也, 莫之與, 則傷之者至矣. 易曰, 莫益之, 或擊之, 立心勿恒, 凶.
>
> 공자가 말했다. 군자는 몸을 편안히 한 후에 움직이고, 마음을 평이하게 한 후 말하며, 사귐이 완전해진 후에 구한다. 군자가 이 셋을 닦기 때문에 온전하다. 위험한데 움직이면 백성이 함께하지 않고, 두려워하면서 말을 하면 백성이 응하지 않으며, 사귀지 않고 구하면 백성이 함께하지 않으니, 함께하지 않으면 상하게 되는 것에 이른다. 역에서 '보태지 못하고, 혹 공격할 것이니, 마음가짐이 평상이 아니면 흉하다'고 한 말이다.

益卦는 국가가 추구해야 할 목표를 향해 바람을 일으키면 국민이 이를 따라 움직이고, 국민이 바라는 바를 향해 움직이면 국가가 이를 정리한다고 했다. 괘의 형태로서 살피면, 굳세고 귀한 양이 몸을 낮추어 연약하고 천한 무리들인 음을 위해 주고(下震 上巽), 최고의 지도

자가 백성들의 마음을 꿰뚫고(九五 六二의 中正), 상하층이 각각 뭉치고 있으니(각 효의 相應), '利有攸往'이요, '利涉大川' 할 수 있다. 그리고 각 효사를 관통하는 것은 자기의 본분을 지키려고 노력하고, 恒心을 갖도록 일깨우고 있다. 과히 이상사회의 모델이라 할 만하니, 누구나 지향해야 할 목표이고, 특히 정치하는 사람은 어느 한 가지라도 본받아야 할 것이다.

䷪ 夬 (澤天夬)

概說: '夬'는 '결단할 쾌'다. 괘의 형태가 아래에 양이 다섯 개있고 위에 음이 하나 있다. 아래에서부터 위로 진행되는 것이 괘가 만들어지는 순서이니, 이런 이치로 보면 앞으로 양이 하나 더 자라면 최후의 한 음은 물러나 결단난다. 그래서 '夬'가 괘명이 되었다. 상하괘의 상으로 해석하면, 上兌 '澤', 下乾 '天'이니, 위의 못물이 지상에는 미치지 못하므로 틔워 아래로 내리도록 해야 하니 '夬'이다.

「서괘전」에는 "益而不已必決, 故受之以夬, 夬者決也(보탬이 끝이 없으면 반드시 끝장나니, 때문에 이를 쾌로서 받았다. 쾌라는 것은 끝장나는 것이다)"라고 했다. '夬者決也'의 '決'이란 '터지다, 끝나다'의 뜻이다. 이익만 추구하다보면 결국 무너져 끝난다는 뜻이다. 「잡괘전」에는 "夬決也, 剛決柔也, 君子道長, 小人道憂也(쾌는 끝내는 것이니, 강이 유를 끝낸다. 군자의 도가 자라나고, 소인의 도는 근심이 된다)"라 했다. 여기서도 '決也'라 했다. 陽剛은 군자이니 앞으로 이것이 자라서 전체가 모두 양강의 乾卦로 될 것이다. 그러므로 소인인 陰柔는 끝장나게 되니 근심이 될 수밖에 없을 것이다. 그러면 어떻게 하나의 柔를 끝장내는가? 괘효사를 보자.

1. 괘

*** 夬, 揚于王庭, 孚號有厲. 告自邑, 不利卽戎. 利有攸往.**

쾌괘, 조정에서 드러내어, 위태함이 있다고 믿음을 가지고 외친다. 자신의 읍에도 알리지만, 군사를 부림은 이롭지 않다. 갈 바가 있음이 이롭다.

[자구의 뜻] 揚: 드러낼 양. 卽戎: 전쟁에 나감. 군사를 부림.

[해설] 괘사이다. 군자들이 한 사람의 소인을 끝장내어 물리쳐야 하는 일이 夬卦다. 이 일을 공개적으로 조정에서 한다. 왜 그런가? 마지막 남은 소인 上六은 九五 임금과 親比이니 왕과 관련이 있는 사람이기 때문이다. 마치 왕의 친족이 왕이 성장한 후에도 권한대행을 계속

하는 현상과도 같다. 그리고 군자들의 행동은 공명정대하다. 소인 한사람이라도 비밀리에 제거하지 않기 때문이기도 하다. 이렇게 정정당당히 공론에 부치니 한 음의 위태로움이 백일하에 드러난다. 바로 이런 뜻이 '揚于王庭, 孚號有厲'이다. '王庭'은 '왕의 뜰'이니 바로 '조정'을 뜻하고, '孚號有厲'는 '상육이 위태한 사람이니 이를 믿음을 갖고 외친다'는 뜻으로 볼 수도 있고, '믿고 왕정에서 외쳤지만 물러나지 않으려는 상육으로부터 위험이 있을 수 있다'는 뜻으로 볼 수도 있다. 아래 단전의 '其危乃光也'는 상육의 위험이 드러난다는 것이니, 전자의 뜻으로 풀었다. 온 나라에 알리지만, 그렇다고 군대까지 동원해서 내전을 벌리는 일은 하지 않는 것이 좋다. 이런 뜻이 다음의 '告自邑, 不利卽戎'이다. 마지막 효인 상육은 물러나면 종말을 고하니 선 듯 물러나지는 않을 것이고, 또 왕의 비호가 있기 때문에 물러나게 하는 일이 간단치 않다. 그러나 물러나게 해야 하는 일을 군자라면 해야 한다. 마지막으로 이런 뜻을 덧붙여 '利有攸往'이라 했다. 언젠가는 양이 한 단계 더 자라 순전히 양만으로 이루지는 乾卦가 되어야 이롭다는 뜻이다.

이렇게 드러내 놓고 알리고 고하는 일을 공고히 하기 위해 성인은 書契계(문자, 문서)를 만들었다는 글이 「계사 하」에 있다. "上古, 結繩而治, 後世聖人, 易之以書契, 百官以治, 萬民以察, 蓋取諸夬(오랜 옛날에, 줄을 매어 (寡多大小輕重을)다스리더니, 후세성인이, 이를 문자로 바꾸어서, 백관에게 다스리게 하고, 만민이 살펴보게 한 것은, 대개 저 쾌괘에서 취했다)" 문서의 효과를 정치에 이용한 것이 쾌괘에서 비롯된다는 뜻이다.

＊ 彖曰, 夬, 決也, 剛決柔也, 健而說, 決而和. 揚于王庭, 柔乘五剛也. 孚號有厲, 其危乃光也. 告自邑, 不利卽戎, 所尙乃窮也. 利有攸往, 剛長乃終也.

단전에서 말했다. 쾌는, 끝내는 것이니, 강이 유를 끝내는 것이고, 굳세게 해서 기쁨이 오니, 끝이 나서 화평하다. 조정에서 들어냄은, 유가 다섯 강을 올라탔기 때문이다. 위태함이 있다고 믿음을 가지고 외치는 것은, 그 위태함이 이에 드러나기 때문이다. 자신의 읍에 알리되, 군사를 부림은 불리하다 함은, 숭상 받는 바가 막히기 때문이다. 갈 바가 있음이 이롭다 함은, 강이 자람으로써 이에 마치기 때문이다.

[해설] 단전이다. 먼저 괘명 '夬'가 '끝내다'의 뜻이라고 했다. 이런 뜻의 夬卦를 괘의 형상과 상하 經卦의 象으로 풀면서 이어갔다. 곧 강이 쌓여 마지막의 유를 끝장내는 형상이므로 '剛決柔也'라 했다. 「잡괘전」의 말 그대로이다. 그리고 아래에서 굳세게 올라오는 것이 결국 기쁘게 되어 끝장나서 화평하게 되므로 '健而說, 決而和'라고 했다. '健'은 乾에서, '說'은 兌에서 나온 상이다. 상하괘의 상이 유를 끝장낸 결과를 보여주는 것으로 뜻을 삼았다. 이런 결과로 귀결되니, 「계사 하」에 "小懲而大誡, 此小人之福也(작은 징계로 큰 교훈이 되니, 이것이

소인의 복이다)"라는 말이 있다. 전쟁을 일으키지 않고 부르짖음으로 물러나면 이것이 소인을 크게 상하지 않게 할 것이므로 소인의 복이라는 말이고, 소인은 제일 위의 上六이다.

이어서 괘사들을 해석했다. 조정에 공론으로 부치는 것은, 한 음이 방자하게 다섯 양을 타고 있기 때문이라고 '柔乘五剛也'라 했고, 이것이 병폐를 저지르고 있기 때문에, 위태함이 있다고 믿음을 가지고 외침으로 해서, 그 위험이 백일하에 드러나니 '其危乃光也'이다. '其危乃光也'의 '光'의 해석이 분분하다. 위험하나 결국은 군자의 도가 행하게 됨으로 그 도가 '빛나다'로 보는 것, 소인을 단죄하는 어렵고 위태함이 결국은 해결되어 '빛나다'로 보는 것 등이다. 그런데 光을 '드러내다'의 뜻을 취하면 전체의 흐름이 쉽고 자연스럽다. 다음은 읍에 알리되 군대를 사용치 않는 것은, 집안일을 무력으로 할 수 없고, 무력으로 하면 화합하는 것이 아니니 숭상 받는 일이 없어진다고 '所尙乃窮也'라 했다. 끝으로 결국 양이 자라서 순 양으로 이루어진 乾卦로 변하게 되어, 양의 자람으로 끝나게 되니 '剛長乃終也'이고, 그래서 갈 바가 있는 것이 이롭다는 말이다. '有攸往'이란 '강이 자라는 일'을 말하는 것이다.

＊ 象曰, 澤上於天, 夬. 君子以施祿及下, 居德則忌.

상전에서 말했다. 못이 하늘보다 위에 있는 것이, 쾌괘이다. 군자가 이를 보고서 녹을 베풀어 아래에 미치게 하고, 덕을 머물게만 하는 것을 미워한다.

[해설] 대상전. 괘의 형태가 못을 상징하는 兌가 하늘을 상징하는 乾 위에 있다. 이것은 못의 물이 하늘에만 머물고 있으니 땅에 있는 만물에게 혜택을 베풀지 못하고 있다. 이런 상을 보고 군자라면 아랫사람들에게 혜택을 베풀어 미치게 하고, 덕만 쌓으면서 베풀지는 않는 것을 미워한다. '施祿及下, 居德則忌'는 이런 뜻이다.

그런데 '居德則忌'의 해석이 분분하다. 王弼과 程頤의 풀이는 '則'을 '법칙'으로 보고 "덕에 거하면서 금하는 법칙을 만든다"로 본다. 또 '則'을 '본받다'로 보고 '덕에 거하면서 싫어하는 것을 본받다'로 하여, 싫어하는 것은 하지 않는 것으로 넓혀 해석하는 분도 있다. 그리고 '忌'를 '기피하다'의 뜻으로 하여 '덕에 거하면서 본받아서 기피한다'로 보면서, 기피할 것은 기피하는 것으로 풀기도 한다. 그러나 대체로 중국의 현대 학자들은 '則'을 '곧'으로, '居'을 '쌓다'의 뜻으로 보아서 덕을 쌓기만 하고 베풀지 않음을 미워한다는 뜻으로 본다. 위의 것은 이런 뜻의 번역이다.

2. 효

＊ 初九, 壯于前趾, 往不勝爲咎.

象曰, 不勝而往, 咎也.

초구, 나아가는 발에 씩씩함이 있으나, 가면 이기지 못하니 허물이 된다.
상전에서 말했다. 이기지 못하면서 가는 것은, 허물이다.

[해설] 初九 효사와 소상전. 끝장을 내야하는 '夬'의 시작이다. 굳셈을 뜻하는 '乾'이 시작되고, 강으로 정위했으니, 씩씩하게 앞으로 전진하는 상이 있다. 그래서 소인을 척결하기 위해 가니, 이것이 '壯于前趾'이다. '前'은 '나아가다'의 뜻. 그런데 용기는 가상하나 어리고 낮은 지위에, 위에는 도울 正應, 親比도 없다. 그러니 가면 이기지 못하고, 이기지 못하면 허물이 될 것이다. '往不勝爲咎'이다.

大壯卦의 初九 효사도 상황이 비슷했다. 단지 夬는 위에 한 음이고, 大壯은 두 음인 것이 다른데, 大壯은 '壯于趾'이고 여기는 '壯于前趾'이다. '前'으로 음을 몰아내는 시기가 더욱 가까워 앞으로 나가는 의지가 강함을 나타냈다. '爲咎'와 '有咎'는 뜻이 같다. 다만 爲咎는 스스로 '咎'를 만들고 있다는 뜻으로 보면 된다.

소상전에서도 이기지도 못할 것을 가는 것은 허물이라고 했다.

*** 九二, 惕號, 莫夜有戎, 勿恤.**
象曰, 有戎勿恤, 得中道也.

구이, 근심스러워 외치니, 저문 저녁에 전쟁이 있어도, 근심 없다.
상전에서 말했다. 전쟁이 있어도 근심 없다는 것은, 중도를 얻었기 때문이다.

[해설] 九二 효사와 소상전. 때는 上六의 소인을 척결해야하는 때. 下乾 '굳셈'의 중앙을 차지하고 있고 강이니, 행동에 옮겨야 한다. 그러나 정응과 친비가 없으니, 혼자서 싸움에 뛰어들기 보다는 주위를 일깨우면서 만반의 준비를 한다. '惕號'란 주위 사람들에게 조심하고 경계하라고 소리치며 알리는 것을 말한다. 이렇게 '惕號'하면서 모두를 일깨우고 있으니, '莫夜有戎'해도 '勿恤'하는 것이다. '莫(모)'는 '暮(저물 모)'이고, '戎'은 '전쟁'을 말한다. 대비하는 태도가 이렇게 완벽하면 勿恤이다.

소상전에서는 구이가 중앙에 있음을 강조했다. 비록 정위가 아니고 함께 응하거나 친한 사람이 없어도, '有戎勿恤'하는 것은 중앙에 거처함으로써 아래위를 철저히 살피기 때문이라는 뜻이다. 中이면 正이 아니라도 바른 행동을 하게 된다.

淸代 李光地의 『周易折中』에는 句가 '惕號莫夜, 有戎勿恤'이다. '소홀히 하기 쉬운 저녁에도 주위를 환기시키니, 전쟁이 일어나도 근심하지 않는다'는 뜻이 된다. 소상전에서도 '有戎

勿恤'이 한 구로 되어있으니 더 잘 어울려 보인다. 참고하자.

＊ 九三, 壯于頄, 有凶. 君子夬夬, 獨行遇雨, 若濡有慍, 无咎.
象曰, 君子夬夬, 終无咎也.

구삼, 얼굴에 씩씩함이 나타나면, 흉이 된다. 군자가 과감하게 결단하되, 홀로 가서 비를 만나, 만약 젖으면 원망이 있지만, (이를 경계만 하면)허물은 없다.
상전에서 말했다. 군자가 과감하게 결단한 것은, 결국 허물은 없다.

[자구의 뜻] 頄: 광대뼈 규(구, 귀), 얼굴 규. 夬夬: 과감하게 결단하고 의심하지 않는 모양. 慍: 성낼 온, 원망할 온, 마음에 맺힐 온.

[해설] 九三은 군자의 결단을 요하는 시기에 굳센 하괘 乾의 윗자리고, 군자로서 정위했으니, 결단의 기운이 심하여 얼굴에까지 나타난다. 이런 경우는 상대방으로부터 해를 받을 우려가 있다. 괘사에 '不利卽戎'이라 하였으니, 개인은 얼굴에 분노가 드러나면 싸울 태세이므로 흉일 수 있다. 이런 뜻이 '壯于頄, 有凶'이다. '頄'는 '광대뼈'를 말하는데, 그 뜻이 '얼굴'에까지 넓혀졌다. 실제로 그렇게 얼굴에 나타나야 흉이 됨으로 '凶也'가 아니라 '有凶'이라 했다. 그런데 척결해야하는 上六과 九三은 정응이다. 만약 구삼이 혼자서 상육에게 가면 음양이 어울려 단비가 되고, 만약 이에 젖게 되면 서로 어울린 것이 되므로 다른 양들로부터 원망을 들을 것이다. 이를 '獨行遇雨, 若濡有慍'이라 했다. 그러나 구삼은 '壯于頄'할 만큼 결심이 '夬夬'하다. 그러므로 이럴 가능성을 경계만 하면 '无咎'가 된다. 효사는 이런 뜻이다.

이 문장에서 程頤는 句를 '獨行遇雨, 君子夬夬, 若濡有慍'으로 하여, '홀로 행하여 비를 만나도, 군자가 과감히 결단을 하여, (遇雨로)젖어도 성을 낸다'는 뜻이라 했다. 단비에 젖어도 화를 내면서 척결한다는 뜻이고, '有慍'을 구삼 자신이 스스로에게 성을 내는 것으로 보았다. 이를 따라 『備旨具解 原本周易』에도 이렇게 보았다. 그러나 현대는 바꾸지 않고 상기의 번역과 같은 뜻으로 본다. 黃壽祺는 이 문장의 순서를 '비를 만나는 것'과 '젖는 것'은 동시적인 같은 일이므로 '若濡'를 앞의 '遇雨'에 붙이고, '獨行'은 앞 구에 붙여 '君子夬夬獨行, 遇雨若濡, 有慍'으로 했다. 이 때 '若'은 어기를 고르는 조사로 본다. 이것의 뜻을 "군자는 과감하게 결단하여 홀로 나아가다가, (비록 음과 화합하여)비를 만남과 더불어 신체를 젖고, (심지어 사람들에게 혐의를 받아 다른 사람의) 성냄을 받더라도, (결국은 허물이 없다)"로 보았다.[190] 구의 분류만 다를 뿐 뜻은 상기의 번역과 같다.

소상전에서는 중요한 것은 '君子夬夬'이므로, 이를 대표하여 밝히면서 이렇게 함으로써 결

190) 黃壽祺, 張善文, 「周易釋注」, 357쪽.

국은 허물이 없게 된다는 뜻을 강조한 것이다.

* 九四, 臀无膚, 其行次且. 牽羊悔亡, 聞言不信.
象曰, 其行次且, 位不當也, 聞言不信, 聰不明也.

구사, 엉덩이에 살갗이 없으니, 그 행동이 머뭇머뭇한다. 양들을 끌고 가면 후회는 사라질 것이나, 말을 들어도 믿음은 없다.

상전에서 말했다. 행동이 머뭇머뭇함은, 자리가 마땅치 않음이요, 말을 들어도 믿음이 없음은, 귀 밝음이 밝지 못한 것이다.

[자구의 뜻] 臀: 볼기(엉덩이) 둔. 次且: 머뭇거리면서 나아가지 못 하는 모양.

[해설] 九四 효사와 소상전. 上六을 척결하는 때에, 四爻는 대신의 자리이므로 九五를 받들고 아래를 이끌어 상육을 척결해야하는 위치다. 그런데 정위가 아니고, 정응도 친비도 없다. 그래서 엉덩이가 상한 사람처럼 행동이 주저주저 하는 것이다. '臀无膚, 其行次且'는 이런 뜻이다. '次且'는 '趑자趄저'와 같은 말로 音도 '자저'이다.

羊이란 무리지어 다니는 동물이다. 이런 양들처럼 여러 강효와 함께 무리지어 상육을 척결하러 가면 후회는 없을 것이나, 역시 정응과 친비가 없으니 누구 한사람도 믿지를 못하는 것이다. 특히 받들어야 할 구오는 상육과 친비이므로 상육을 옹호하고 있다. 그러니 그는 아랫사람들이 상육을 척결해야 한다는 말에 믿음을 갖지 못하는 것이다. 이런 의미의 문장이 '牽羊悔亡, 聞言不信'이다.

'牽羊'의 주체를 혹자는 구오를 지칭한다고 보기도 하고, 혹자는 구사 자신이라고 보기도 한다. '羊'의 상은 兌卦에서 나온 것이니, 상괘 태로부터 유추할 수도 있고, 괘 전체의 형태도 大兌의 상이 되므로 여기에서 유추하여 추정할 수도 있다. 夬卦는 모든 강이 상육을 결단내야 하므로 괘 전체의 상에서 양을 이끌어내면 구사는 뭇 양속에 섞인 한 마리의 양이다. 전체 양들을 이끄는 주체는 제일 앞장서있고 우두머리의 지위에 있는 구오일 것이다. 그러나 구오는 상육과 친비하여 그를 옹호하고 있고, 구사의 효사는 구사에 관한 것으로 보는 것이 자연스럽기 때문에 여기서 '牽羊'의 주체는 구사로 보고, 자기보다는 아래에 있는 강들을 이끌고 가는 형상으로 보아야 할 것이다. 그런데 구사가 강효인 여러 양들이 말을 해도 군왕의 친척에 관한 일이므로 믿음을 갖고 행하지 못하는 것이다. 곧 '聞言不信'이다. 왕의 친족을 척결하기가 쉽지 않다는 뜻이다.

소상전의 풀이. '次且'는 정위를 하지 못했기 때문이라 했고, '不信'은 귀가 밝지 못하기 때문이라 했으니, 결국은 정위하지를 못하여 믿지를 않는다는 뜻이다.

* 九五, 莧陸夬夬, 中行无咎.
象曰, 中行无咎, 中未光也.

구오, 자리공을 과감하게 결단하고, 중도를 행해야 허물이 없다.
상전에서 말했다. 중도를 행해야 허물이 없다는 것은, 중덕이 광대하지는 못했다는 것이다.

[자구의 뜻] 莧: 비름 한. 자리공 현. 莧陸: 자리공(다년초 식물).

[해설] 九五는 上六을 척결해야 하는 때에 최고의 통치자이고 결단하는 주효이다. 척결의 대상인 상육에게도 좋은 점은 있을 수 있고, 자기와는 친비의 관계이니 보호해주고 싶은 마음도 있을 것이다. 이런 사정을 단호히 단절하고 결단을 내야한다. 그러니 夬하고 또 夬해야 함으로 '莧陸夬夬'라 했다. '莧陸'은 '자리공'이라는 식물인데, 독초이지만 어린잎은 데쳐 먹기도 하고, 뿌리는 이뇨제로 쓰인다. 꼭 상육의 처한 입지가 자리공과 닮았기 때문에 莧陸이 등장한 것이다. 이렇게 현육처럼 쓰이기도 하는 가까운 친족이지만, 다 자라 독으로 변하면 과감하게 잘라내야 하므로 '中行'해야 이를 해낼 수 있다. 하여 '中行, 无咎'가 등장한 것이다.

九三에서는 상육과 정응이기 때문에 '夬夬'이고, 구오는 친비이니 또 '夬夬'이다. 자기와 친밀한 관계의 사람을 척결해야 하니, 그만큼 결심을 단단히 해야 한다는 뜻이다. 어떻든 구오는 정위했고 중덕이 있는 지도자이니, 사적인 관계보다 공적인 것을 중시여기는 자질이 있으므로 '中行'하여 '无咎'하게 된다.

소상전의 '中未光也'는 상육이 구오의 덕에 저절로 감화되어 따르지 못했고, 이미 사적으로 친비의 관계를 유지해 왔으므로 중정의 덕이 아직 넓게 펴지지는 못했기 때문에 중덕을 넓혀야 된다는 뜻이다. '光'은 '廣'과 통용된다.

* 上六, 无號, 終有凶.
象曰, 无號之凶, 終不可長也.

상육, 어쩌지도 못하고, 마침내 흉이 온다.
상전에서 말했다. 어쩌지도 못하고 흉하게 됨은, 결국 오래할 수 없기 때문이다.

[해설] 上爻 효사와 소성전이다. 上六은 척결되어야 하는 대상이고, 괘의 극이니, 결국은 그의 시대는 마감된다. 정위하였고, 군왕인 九五와 지방장관인 九三의 지지로 호령하며 잘 지냈지만, 결국은 괘의 끝에 위치했으니 물러날 때가 온 것이다. 모든 것은 이 '때'를 이길 수 없는 것이다. 그래서 어떻게 해볼 도리도 없이 종내 흉하게 된다는 의미가 '无號, 終有凶'이

다. '无'의 풀이는 '~하지 못하고'로 번역했고, '號'는 '부르짖다'로 많이 쓰이나, 여기서는 '어찌 호(何也)'의 뜻이 더 잘 어울리는 같아 이를 택했다. '부르짖다'로 보면 '부르짖지도 못하고'가 될 것이다.

소상전의 '无號之凶'은 효사 '无號, 終有凶'을 줄인 것으로 보아야 할 것이나, 써진 그대로 번역해도 뜻은 통한다.

모두 의견의 일치를 보았는데, 딱 한 사람이 반대하고, 그 한 사람이 무시 못 할 사람이다. 그를 비난하면서 배제해 버리기가 쉽지 않다. 이럴 때는 어떻게 하는가? 공개적으로 모두의 의견을 나타내 보이면서 공론화 한다. 그러면 대선배인 그도 시대상황을 초월하지 못하듯이 전체의 분위기를 어쩌지 못한다. 곧 정당하게 자리를 지켜왔고 오너와 인연이 있어도 물러설 때는 소리를 질러 보아야 별수 없다는 것이다.

그런가 하면 주위의 공론과 대세에도 주저하는 사람이 있음을 여러 효가 나타내 보인다. 이렇게 일치단결이 어렵다. 각각의 위치에서는 이해관계가 같지 않기 때문일 것이다. 그러나 결국은 물러나고 문제는 해결로 결론이 나고 있다. 이것은 인간사에서 일사불란하기란 어렵지만 쉼 없는 설득과 노력으로 문제를 해결할 수밖에 없음을 시사하고 있다. 고금을 통해 항상 있을 수 있는 일이다. 특히 정권말기에 형벌을 받는 고급관료가 흔한 지금 우리의 정치상황에 많은 시사점을 준다.

䷫ 姤 (天風姤)

概說: 姤는 '만날 구, 어여쁠 구'이다. 「서괘전」에 "夬者決也, 決必有所遇, 故受之以姤, 姤者遇也(쾌라는 것은 끝내는 것이다. 끝내면 반드시 만나는 바가 있으니, 이 때문에 이를 구로써 받았고, 구란 만나는 것이다)"라고 했다. 「잡괘전」에서도 "姤遇也, 柔遇剛也(구는 만남이다. 유가 강을 만나는 것이다)"라고 했다. 그러니 '姤'는 '遇'이고 '만나다'의 뜻으로 괘명을 삼았다. 백서주역과 唐代 陸德明의 『經典釋文』에는 '姤'가 '遘구'로 되어있으니, 遘의 뜻도 역시 遇이다.

小成卦의 象으로 뜻을 풀이해 보면, 상괘는 乾으로 '하늘'이고 하괘는 巽으로 '바람'이다. 하늘 아래에서 바람이 불면 바람은 만물을 접촉하면서 만나게 되고, 또 그 바람에 의해서 암술과 수술이 만난다. 그래서 '遇'의 의미가 있다. 괘의 형태로 보면, 모두가 양인데 음 하나가 아래로 파고들어 붙었으니 음이 양을 만나는 것이 된다. 그러면 이런 만남은 어떻게 보아야 할까? 괘효사를 살펴보자.

1. 괘

* 姤, 女壯, 勿用取女.

구괘, 여자가 드세니, 여자에게 장가들지 말라.

[해설] 괘사이다. 여자는 수줍어하고 부드러워야 한다고 옛사람은 생각을 했다. 지금도 대체로 이런 여자에게 매력을 느낀다. 그런데 姤卦의 형태로 보면 양인 남자들이 여럿 있는 곳에 음인 여자가 버젓이 파고들었으니, 그 자체가 수줍음과는 거리가 멀고, 괘는 아래에서부터 위로 자라가니 뭇 남성들을 헤치고 나아갈 것이므로, 오히려 씩씩하고 대담하게 보인다. 물론 남자들만 있는 곳에 한 여자가 나타났으니 이 여자에게 관심이 집중되겠지만, 그러나 괘사는 이런 여자에게 장가들지 말라고 했다. 뭇 남성을 상대하는 여자는 씩씩할 것이니, '女壯'이라 했고, 이런 여자는 감당하기가 어려우니 장가가지 말라고 '勿用取女'라 했다. '勿用'은 인위적인 행동을 금한다는 뜻이고, '取'는 '娶(장가들 취)'와 통용됐다. '壯'은 '씩씩하다'이나, 현대인의 정서에 좀 더 맞도록 번역을 '드세다'로 했을 뿐이다.

* 彖曰, 姤, 遇也, 柔遇剛也. 勿用取女, 不可與長也. 天地相遇, 品物咸章也, 剛遇中正, 天下大行也. 姤之時義大矣哉.

단전에서 말했다. 구는 만남이니, 유가 강을 만나는 것이다. (드센)여자에게 장가들지 말라고 함은, 더불어 오래할 수 없기 때문이다. 천지가 서로 만나면, 온갖 사물이 다 빛나고, 강이 중심에서 바름을 만나면, 하늘 아래에서 크게 행하는 것이다. 구괘는 때의 의미가 크도다!

[해설] 단전이다. 먼저 괘명 '姤'의 뜻을 '만남'이라 했다. 누가 누구를 만나는가? 괘는 아래에서부터 위로 진행된다. 맨 아래에 유가 있으므로 강들이 있는 곳에 유가 나타난 것이다. '柔遇剛也'이다. 「잡괘전」에서도 같은 말을 했다.

이어 괘사 '勿用取女'를 설명했다. 맨 밑의 한 여자는 남자들을 헤치고 위로 드세게 올라갈 것이다. 그러니 이런 여자와는 오래할 수가 없다. '不可與長也'이다. 결혼하면 오래 함께해야 하는데 오래할 수 없으니 장가들지 말아야 하는 것이다.

그런데 '만남'이란 결코 나쁜 것만 있는 것이 아니고, 오히려 일반적인 만남은 좋은 것이고 있어야 하는 당연한 것이다. 만남을 괘사의 뜻으로만 알면 오해의 소지가 있다. 그래서 일반적인 만남에 대한 공자학파의 사상이 이어진다. 천지는 음양을 대표하는 것이다. 『주역』은 음양이 對待하여 변화를 이루고 새로운 것이 탄생하는 것을 철리로 한다. 천지가 만나면 만물이 탄생하고 자라면서 그 형체가 드러난다. '天地相遇, 品物咸章也'이다. 이어 姤卦에도 이와 통하는 현상이 있음을 말했다. 九五가 강으로 군위에서 중정을 얻고 있다. 전체를 다스리는 최고의 권력자가 굳세고 중덕으로 바르게 처리하니, 그 다스림이 천하에 크게 미치게 될 것이다. 이를 '剛遇中正, 天下大行也'라고 했다. 구괘의 좋은 점을 괘의 형태에서 밝히고 인간사에도 이런 좋은 만남이 있음을 말한 것이다.

'剛遇中正'의 '剛'을 구오라고 보는 사람, 구오와 九二가 모두 포함된다고 보는 사람, 그리고 구오가 미래에 중정의 유를 만나는 것으로 보는 사람이 있다. 구이가 하괘의 中이기는 하나 정위가 아니면서 구오와 正應이 아니고, 또 미래를 추단하여 유를 만난다고 보는 것도 어색하므로 구오만을 지칭하는 것으로 보는 것이 자연스럽다.

마지막으로 '만남'도 이렇게 좋고 나쁜 것이 있으니, 결국 그 해당되는 때의 의미가 가장 중요하므로 姤卦의 時義의 중요함을 찬탄하면서 이 단전을 끝냈다.

* 象曰, 天下有風, 姤. 后以施命誥四方.

상전에서 말했다. 하늘아래 바람이 부는 것이 구괘이다. 왕이 이를 보고서 명령을 시행하면서 사방에 고한다.

[자구의 뜻] 施命: 政令(정책과 법령)이나 敎令을 시행함. 誥: 고할 고(告也).

[해설] 대상전이다. '天'은 上乾에서, '風'은 下巽에서 나온 象이다. 이들을 관찰하면 하늘아래 바람이 불어 만물에 두루 접촉함을 알게 되는 것이 姤卦이다. 하늘아래 부는 바람이 온 사물을 흔들거리게 하는 것처럼, 왕은 명령을 시행할 때는 만백성에게 미칠 수 있도록 사방에 고한다. 이런 뜻이다.

觀卦의 대상전에는 바람이 땅위에 분다고 '風行地上'이었다. '하늘아래에서 부는 바람'과 '땅위에서 부는 바람'은 어떤 차이가 있을까? 하늘 아래는 그침이 없고, 땅위는 간혹 막힘이 있음이 다르다. 곧 땅위에는 굴절되고 흩어지는 때가 있다. 그래서 관괘에는 나라를 건국하는 심한 어려움이 있을 때의 왕인 '先王'이 등장하고, 여기서는 선왕이 이룩한 나라를 튼튼히 다지는 일을 하는 后가 등장했다. '后'는 '後'와 통하니, 나라를 창건한 후 이를 다지는 역할의 왕을 상징하는 것 같고, 또 괘명의 글자 '姤(女+后)'에도 '后'가 있으니 이를 쓴 것 같다.

2. 효

* 初六, 繫于金柅, 貞吉. 有攸往, 見凶, 羸豕孚蹢躅.

象曰, 繫于金柅, 柔道牽也.

초육, 쇠 굄목에 매여 있으면서, 바름을 지키면 길하다. 갈 바가 있으면, 흉함을 보게 되는데, 암퇘지가 방정맞게 왔다 갔다 하는 모양일 것이다.

상전에서 말했다. 쇠 굄목에 매인다는 것은, 유도를 끌어당기는 것이다.

[자구의 뜻] 柅: 나무 이름 니, 굄목 니. 羸豕: 약한 돼지. 강한 수퇘지에 대하여 암퇘지를 이르는 말. 蹢: 배회할 척, 던질 척. 짐승의 발굽 적. 躅: 밟을 촉, 가볍게 뛸 촉, 서성거릴 촉. 자취 탁. 蹢躅: 배회하며 나아가지 못하는 모양.

[해설] 初六은 이 괘의 주효이면서 巽 '바람'의 주효다. 柔 여자가 剛 남자들만 있는 곳에 대담하게 나타났고, 바람이니 돌아다닐 것이다. 괘사에서는 이런 '壯'한 여자는 '勿用取女'라 했다. 그러니 돌아다니므로 해서 모든 남자가 그녀에게 빠지지 못하도록 단단히 묶어놓아야 한다. '繫于金柅'는 이런 뜻이다. '金柅'는 아주 단단한 굄목임을 말한다. 이렇게 되어 이 남자 저 남자를 유혹하지 않고 바름을 지켜나가면 그녀는 뭇 남자의 관심과 비호를 받아 길할 것이니, '貞吉'이라 했다. 여기서 '貞'을 '正'이 아닌 '靜'으로 보고 '靜止(조용히 그치다)'의 뜻으로 해석하기도 하나 '守正'의 뜻으로 보아도 뜻은 통한다. 그런데 '繫于金柅'가 백서주역에서는 '擊于金梯제'로 되어 있다. 이의 번역은 "금사다리를 격파해야 한다"가 될 것이니, 이는 초육을 올라가지 못하도록 하는데 그만큼 힘이 든다는 뜻이다. 참고로 알아두자.

초육을 묶지 못하면, 위의 九四가 정응·九二가 친비이고 그녀는 정위하지 못했으므로, 바르게 행동하지 않고 여기저기에 추파를 보내면서 뭇 남자를 유혹하고 다닐 것이다. 그러면 전체의 질서가 문란해질 것은 뻔하다. 이런 뜻이 다음의 '有攸往, 見凶'이다. 이런 현상은 마치 암퇘지가 왔다 갔다 하면서 곧 우리를 벗어나고 싶어 하는 행동과 같다. 이런 뜻을 덧붙인 것이 '羸豕孚蹢躅'이다.

'羸豕'는 초육이 유이니 암컷에 해당하므로 '암퇘지'로 번역했다. '허약한 돼지'로 번역하면 '女壯'의 뜻과 배치되기 때문이다. '孚'는 '浮부'와 통용됐으므로 '浮'의 뜻 중에 '경박하다, 들뜨다'가 있다. '蹢躅'은 '배회하면서 멈칫멈칫하다'는 뜻이므로 '왔다 갔다 하는 모양'으로 보았다. 그래서 '孚蹢躅'을 '방정맞게 왔다 갔다 하는 모양'으로 번역했다. 참고로 현대의 중국 학자들은 '浮'를 '輕浮躁動(방정맞고 조급하게 움직이다)' 혹은 '跳躍蠢준動(뛰어오르고 꿈틀거린다)' 등의 뜻으로 보고 있다.

소상전에서는 쇠 굄목에 맨다(繫于金柅)의 뜻을 부드럽고 소극적인 유의 도를 유지하기 위해서 끌어당기는 것이라고 '柔道牽也'라 했다.

* 九二, 包有魚, 无咎, 不利賓.
象曰, 包有魚, 義不及賓也.

구이, 바구니에 물고기를 두었으니, 허물은 없으나, 손님에게는 이롭지 않다.
상전에서 말했다. 바구니에 물고기를 두었어도, 의리상 손님에게는 미치지 않아야 하는 것이다.

[해설] 九二 효사와 소상전. 구이는 만남의 시기에 중덕을 가진 사람으로 初六과 친비이다. 초육의 입장에서 보면 가장 먼저 만나는 사람이면서 가장 가까이 있는 사람이고, 중덕을 가진 훌륭한 남자이다. 그러니 자연 구이에게 유혹의 눈길을 보낸다. 공손한 巽體에 있으면서 중덕이 있는 구이는 이를 매몰차게 물리치지 못하고 자기의 바구니에 담아두니 용납을 하는 것과 같다. '包有魚'는 이런 뜻이다.

'包'를 '苞苴포저(어육을 담는 그릇)'로 보기도 하고, '包'와 '庖포'가 통용되었으므로 '廚주房'으로 보기도 한다. 주방에 있다는 것은 요리를 하기 위한 것과 직통하는데, 소상전에 '義不及賓也'라 했으므로 손님의 접대용이 아니어야 한다. 그래서 '부엌'보다는 '바구니'를 썼다. 바구니에 담긴 물건은 반드시 요리해야 하는 것은 아니기 때문이다. '魚'는 음물이니 초육이다.

이 초육의 짝은 정응인 九四이다. 그러나 구사는 멀리 떨어져 있고, 上乾에 있으므로 귀족에 속하면서 하늘처럼 도도함이 있을 것이다. 만약 구이가 용납하지 않고 내치면, 구사는 너무 멀고 도도하니 아무남자나 유혹하고 다닐 가능성이 크므로, 구이가 먼저 포용하여 덮어 가려주고 달래면서 외부와는 차단시킨 것이다. 구이의 이런 행위는 전체를 위한 길이기도 하므로 '无咎'인 것이다. 그러므로 이 '魚'는 다른 남자들을 초청하여 잔치하는데 쓰지 못하는 물고기이니, 손님에게는 이롭지 않다고 '不利賓'이라 했다.

소상전에서도 의리상 초육의 유혹이 다른 남성에게 미치지 않도록 해야 한다는 뜻으로 '義不及賓也'라고 했다.

* 九三, 臀无膚, 其行次且, 厲, 无大咎.
象曰, 其行次且, 行未牽也.

구삼, 엉덩이에 살갗이 없어, 그 행동이 머뭇머뭇한다. 위태하나, 큰 허물없다.
상전에서 말했다. 그 행동이 머뭇머뭇함은, 행동을 끌어주지 못한 것이다.

[해설] '臀无膚, 其行次且'는 夬卦 九四에서 나온 말이다. 쾌괘(䷪)를 위에서 아래를 보면 姤卦가 되고(綜卦), 쾌괘의 구사가 구괘의 九三이 되니 같은 말이 나온다.

'姤'는 '만남'인데 아래의 初六을 만나고 싶으나 이미 구이가 차지하고 있으니, 아래로 갈 수가 없다. 그렇다고 위에도 정응이나 친비가 없으니 오를 수도 없다. 물러날 수도 앞으로 갈 수도 없는 상태가, 앉을 수도 일어나 갈 수도 없는 것과 같아서, 엉덩이의 피부가 상해 어기적거리는 모습이다. 이것이 '臀无膚, 其行次且'이다. 오로지 여인은 초육 뿐이니 그녀를 차지하려면 구이와 싸워야 하고 다른 강들과도 경쟁해야 한다. 특히 하괘의 제일 위에 있으므로 구이를 내치고 초육을 차지하고 싶은 욕심이 일어날 만하니 이런 상태는 '厲'하다. 그러나 구삼은 정위했으니 바르고, 겸손한 下巽의 윗자리에 있으니 겸손의 덕이 있으므로 이런 위태함을 잘 견뎌내어 큰 허물은 없게 된다. '无大咎'다. 만약 정위와 巽體가 아니면 '大咎'이었을 것이다.

소상전의 뜻은 아래로도 위로도 갈 수 있도록 끌어주는 것이 없다는 뜻인데, 결국 만남을 이룰 아무런 조건이 형성되어 있지 않기 때문에 '牽'이 없는 것이다.

*** 九四, 包无魚, 起凶.**
象曰, 无魚之凶, 遠民也.

구사, 바구니에 물고기가 없으니, 흉함이 일어날 것이다.
상전에서 말했다. 물고기가 없는 흉함은, 백성을 멀리했기 때문이다.

[해설] 九二 효사에서는 '包有魚'이었다. 그런데 이미 하나뿐인 初六 魚가 구이에게 있으니 九四에게는 '无魚'인 것은 당연하다. 왜 그렇게 되었는가? 구사는 상괘이니 귀족의 신분이고, 상괘 乾은 꿋꿋함이 강조되는 하늘같은 존재이다. 정위하지 않았으니 바른 처신을 하지 못하고 더욱 잘난 체했다. 또 초육과는 거리도 멀고 九三과 九二가 가로막고 있다. 때문에 초육이 구사의 정응임에도 불구하고 '包无魚'가 된 것이다. 그런데 높은 자리에 있는 권력가가 홀로 있다가 보니 자연 주위를 돌아보게 되고 자기의 짝이면서 유일한 여자가 다른 사람이 차지하여 숨기고 있는 것을 알게 될 것이다. 그렇게 되면 분해서 흉하고, 구이와 분쟁이 일어나면 그것도 凶이다. 이럴 가능성이 있으므로 '起凶'이라 했다. 분쟁이 일어나지 않는다면 흉하지 않을 수도 있다. 그래서 '凶也'와는 약간의 차이가 있는 起凶이다.

이렇게 '无魚之凶'이 된 이유는 아래 백성을 멀리했기 때문이라고 소상전에서 말했다. 초육은 '魚'이면서 동시에 제일 밑이므로 '民'이다. 윗사람이 아랫사람에게 관심을 두지 않으면 어떻게 되는지를 '遠民'을 써서 무언중에 교훈을 주고 있다.

*** 九五, 以杞包瓜, 含章, 有隕自天.**
象曰, 九五含章, 中正也, 有隕自天, 志不舍命也.

구오, 구기자가 오이를 감싸듯, 밝음을 품고 있으면, 하늘로부터 떨어짐이 있다.

상전에서 말했다. 구오가 밝음을 품고 있음은, 중정하기 때문이고, 하늘로부터 떨어짐이 있음은, 의지가 천명을 버리지 않았기 때문이다.

[자구의 뜻] 杞: 나무이름 기(구기자, 고리버들). 瓜: 오이 과. 隕: 떨어질 운.

[해설] 九五 효사와 소상전이다. '以杞包瓜'의 '杞'는 나무이고, '瓜'는 덩굴식물인 오이, 참외, 수박 등의 총칭이다. 우리가 밭에서 덩굴식물이 나무나 벽을 타고 오르는 현상을 볼 수 있는데 이를 표현한 말이다. 곧 높은 자리에 있는 九五 는 천한 백성이기도 하고 유일한 여자로 비유되는 初六의 '瓜'에게 나무의 역할을 하는 것이다. '瓜'는 초육이다. 이렇게 초육이 필요하면 의지하는 나무처럼 묵묵히 감싸주면서 지켜보고 있는 상태를 '含章'이라고 했다. '章'은 '彰(밝을 창)'과 통용했다. 초육이 九二와 어울려도 전체를 다스리는 구오는 이렇게 '含章' 해야 하는데, 그럴 수 있는 것은 바로 정위하고 중앙을 차지하고 있기 때문이다. 이와 같이 밝음을 품고 있다는 것은 초육과 구이의 행위를 은근히 지원한다는 뜻이다. 이렇게 지내면 오이가 익어 자연 떨어지는 때가 오듯이, 한 여인이 뭇 남자들을 유혹하여 질서가 문란해질 가능성이 잘 해결되어 만사가 순리대로 풀리는 것이다. '有隕自天'이다. '有隕自天'은 하늘이 만들어내는 자연스러운 생사의 변화와 같이 된다는 말이다.

소상전의 '志不舍命也'에서 '志'는 '구오의 의지'이고, '命'이란 '天命'이고 '자연의 질서'이니, 구오가 자연의 질서를 따랐기 때문에 '有隕自天'이 됐다는 말이다. 그리고 이의 앞 구절에는 구오가 중정의 덕이 있기 때문에 '含章'할 수 있었다고 했다.

＊ 上九, 姤其角, 吝, 无咎.
象曰, 姤其角, 上窮吝也.

상구, 그 뿔에서 만나면, 인색하나, 허물은 없다.
상전에서 말했다. 그 뿔에서 만나는 것은, 위에서 궁색하니 인색한 것이다.

[해설] 상효 효사와 소상전이다. 上九는 姤卦의 끝이다. 괘의 끝은 변화가 있거나 마무리되는 때이다. 상구가 변하여 음이 되면 상괘가 兌가 되므로, 태의 象은 '羊'이고 양은 뿔이 있는 짐승이다. 뿔난 짐승은 뿔이 끝이 된다. 그래서 '角'이 등장하여 '姤其角'이라 했다. '끝'은 중심부에서 멀리 떨어져 있으니 한 구석을 의미한다. 그래서 '角'의 뜻에는 '모서리'라는 의미도 있다. 어떻든 그는 뿔 같은 구석진 자리에서 사람을 만난다는 뜻이다. 만약 초육을 만난다고 해도 '其角'일 것이고, 이미 나이나 친밀도에서 격차가 나니 이런 것도 역시 '角'에 해당할 것이다. 그러므로 이 각의 만남은 이미 청춘남녀의 만남이 아니라는 의미도 있게 된다. 이것은

'吝'한 것이다. 그러나 정위하지 않았고 정응도 친비도 없는 늙은 뒷방신세의 몸이라도 만남이 이루어진다면 인색하기는 하나 '无咎'이다. 저물어가는 시기의 처량함이 나타나지만 이것도 가능성일 뿐 보장된 만남은 아니다. 이런 뜻을 나타낸 것이다.

'其角'에 붙는 우리말 토가 다양하다. '其角에, 其角을, 其角으로' 등으로 번역하는데, 상구 자신이 사람을 만나는 장소를 말하는 것으로 보고 '其角에'로 하였다.

소상전도 상구가 더 어떻게 해볼 수도 없는 궁한 상태이므로 인색하다고 했다.

만남이란 언제나 있는 일이다. 피하고 싶어도 피할 수 없는 것도 있고, 만나고 싶다고 해서 다 만나지는 것도 아니다. 남녀의 만남도 마찬가지다. 우연한 만남으로 좋은 인연이 되어 오래도록 서로 사랑하는 사람도 있고, 처음부터 이용의 목적으로 접근하여 평생을 갈등하는 만남도 있다. 그러니 '姤之時義大矣哉'인가 보다.

괘사에 말하는 장가들지 못할 여자와의 만남이라도 각각의 효에서는 외면하지 않고 자기의 위치에서 만남을 포용하고 있다. 제일 가까운 九二의 감추면서 자기가 차지하는 것, 九三의 단념하지 못하고 주저하는 모습, 九四의 자기 짝을 잃지 않도록 경계한 것, 九五의 덩굴식물을 받쳐주는 나무의 포용력, 上九의 '角'에서 만나는 인색함, 이 모두가 '女壯'이라도 배척하고 있지를 않다. 그래서 만남이란 자연의 이치처럼 이루어지는 것이니 외면할 수 없다는 교훈인 것 같다. 그러면서도 한편으로는 뭇 남자의 관심을 끌기 위해서 여인은 조신해야 함을 初六의 '繫于金柅'로써 말하는 동시에, 여자에 대한 남자들의 관심을 여러 형태로 나타내고 있다.

어떤 만남이라도 남녀의 만남처럼 好·不好가 있으니 이 姤卦가 주는 의미를 새기며 참고하면 만남의 좋은 결과를 이룰 방향이 보일 것이다.

䷬ 萃 (澤地萃)

概說: '萃'는 '모일 췌, 무리 췌'이다. 「서괘전」에 "物相遇而後萃, 故受之以萃, 萃者聚也(물이 서로 만난 후에는 모이니, 때문에 이를 췌로서 받았다. 췌란 모이는 것이다)"라 했고, 「잡괘전」에서도 '萃聚'라 했다. 그러니 '모이다'의 뜻으로 괘명을 삼았다. 글자도 풀(艹)과 무리(卒)의 합자이니 풀이 모여 있다는 뜻이다.

上兌는 '못' '기쁨', 下坤은 '땅' '순함'이 象이다. 땅위의 못은 물이 모여 있고, 아래에서는 순히 따르고 위에서는 기뻐하니 서로 모여 어울린 모습이다. 괘 이름 '萃'와 통한다. 그러면 어떻게 모으고, 모아서 무엇을 하는지 괘효사를 보자.

1. 괘

* 萃, 亨, 王假有廟. 利見大人, 亨, 利貞. 用大牲吉, 利有攸往.

췌괘는, 제사를 드리며, 왕이 종묘에서 지극하다. 대인이 나타나니 이롭고, 형통하며, 바름을 지키면 이롭다. 큰 희생물을 쓰면 길하고, 갈 바가 있음이 이롭다.

[자구의 뜻] 廟: 사당 묘, 조정 묘, 제사 묘. 牲: 희생으로 쓰는 소, 가축 소.

[해설] 괘사다. 대체로 모임은 개인이나 집단의 이해관계가 다를 수 있으므로 이를 통일시켜야 힘이 커지고 모임의 뜻한 바가 성사된다. 이렇게 하기 위해 옛날의 왕은 사당에서 제사를 드렸다. 조상과 신령의 힘을 빌려 일체를 도모하는 일이다. 바로 이런 뜻이 '王假有廟'이다. 요즘도 국기에 대한 예를 표하고, 國歌를 부르며, 나라를 위해 목숨을 바친 선열들에게 묵념을 하면서 나라사랑을 고취시키는 것은 이런 풍습의 하나이다. '王假有廟'는 家人卦 九五의 '王假有家'와 같은 종류이다.

괘명 '萃' 다음의 '亨'은 魏나라의 王肅 本에는 있으나, 漢末 이후의 역학자들인 馬融, 鄭玄, 陸績, 虞飜 本에는 없고, 帛書周易에도 없다. 그래서 '衍文'으로 보는 경향이 우세하나, '王假有廟'와 연결하면 있는 것이 더 자연스러워 보인다. 물론 '廟'가 나오니 '亨'을 '제사 드리다'의 '享'으로 보는 것이 더 어울린다. '王假有廟'의 '假격'은 '至(지극하다)'로, '有'는 '어조사 於'로 본다. 다음 句 '利見大人, 亨, 利貞'의 '亨'은 '형통하다'와 '제사 드리다'가 다 통한다. 앞은 '廟', 뒤는 '大牲'이 있으므로 '제사 드리다'가 더 어울려 보이나, 그러면 제사지내는 일이 반복되어 오히려 부자연스럽다. 대인의 출현으로 인해 형통하게 되는 것으로 보고 '형통하다'로 번역했다.

사람의 마음을 합치시키는 데는 제사를 지내는 외에, 또 천자가 직접 나타나서 돌아보며 격려하고 이끄는 방법이 있을 것이다. 지금도 직접 대통령이 TV 등의 매체를 통해 호소하고, 현장을 방문하는 방법이 이것이다. '利見大人'은 바로 이런 의미이고, '大人'은 九五를 지칭한다. 국가를 다스리는 강건 중정한 대인이 종묘에서는 기도를 하면서 엄숙히 제사를 지내고, 여기저기의 현장에는 직접 나타나서 어루만지고 격려를 하니, 백성들은 형통하고 바름을 지키면 이로울 것이다. 그래서 '亨, 利貞'이라 했다. 여기의 '見'은 '나타나다'가 더 자연스럽다.

국가적인 큰 행사는 많은 사람이 참여하면서 공개적으로 진행될 것이다. 그러므로 제사를 약소하게 지낼 수는 없으니, 자연 祭物은 많고 클 것이므로 '用大牲'이다. 이것이 그 때에 맞춘 天命을 따른 일이니 '吉'하게 된다. 이런 때는 힘이 크게 생겨 어떤 일이든 하면 성취할 것이니 '利有攸往'이다. '牲'은 큰 제사에는 통째로 소를 썼기 때문에 '牛+生'이란 자가 생겼는데, 제사에 드리는 희생물을 통칭하게 되었다.

＊ 彖曰, 萃, 聚也. 順以說, 剛中而應, 故聚也. 王假有廟, 致孝享也. 利見大人亨, 聚以正也. 用大牲吉, 利有攸往, 順天命也. 觀其所聚, 而天地萬物之情可見矣.

단전에서 말했다. 췌는, 모이는 것이다. 순순히 따름으로써 기뻐하고, 강이 중심에 있으므로 응하여 오니, 때문에 모이는 것이다. 왕이 종묘에서 지극하다 함은, 극진한 효성으로 제사를 지내는 것이다. 대인이 나타나서 이롭고 형통하다는 것은, 모임을 정도로써 하기 때문이다. 큰 희생을 쓰면 길하고, 갈 바가 있음이 이롭다는 것은, 천명을 좇는 것이다. 그 모이는 바를 관찰하면 천지만물의 본성을 볼 수 있다.

[해설] 단전이다. 여기서도 먼저 괘명의 뜻을 말한다. 괘명 '萃'는 '모이다(聚)'라 했다. 그리고 괘의 象과 형태로서 더 설명을 했다. '順'은 下坤, '說'은 上兌의 상이다. 아래에서 순종하고 위에서는 기뻐하니 모이고 합하는 의미가 있다. 그리고 剛中은 九五이고, 應은 六二와의 正應임을 말한다. 구오가 최고지위에서 중심을 잡고 중덕으로 행하고, 아래에서 중심적인 역할을 하는 정응인 육이가 도우니, 상하 모두가 모이는 상이 있기 때문에 '聚'가 된다는 뜻이 '順以說, 剛中而應, 故聚也'이다.

다음 괘사를 풀었다. '王假有廟'는 효성을 다하여 제사 올리는 모습이니 '致孝享也'라 했다. 이로써 '亨'의 '제사 드리다'의 의미가 드러나니 '亨'字를 따로 쓰지 않았다. '致'는 '盡也(다하다)'로 '효도를 다하다'인데 '지극한 효성'으로 역했다.

이어서 '大人'이 직접 나타나서 중정의 덕으로 이끄니, 모임이 바를 것이므로 '聚以正也'라 했다. 대인은 천자인 구오이고, 하늘이 내리는 지위 천자가 조상을 지극하게 받들면서 모임을 정도로써 하면 모두가 합심할 것이니 '利見大人亨'인 것이다.

'用大牲吉 利有攸往'. 풍성한 때에는 크게, 아껴야할 때는 적게 해야 때에 맞게 행동하는 것이다. 이것이 자연의 이치이며 하늘의 법칙을 따르는 것이다. 모이는 것은 많게 하는 것이고, 모였으면 나눔이 풍성해야 할 것이니 '大牲'을 써야 할 것이다. 이렇게 때에 맞게 하니, '吉'이고, 이런 때는 일을 행하면 좋은 결과가 있게 됨으로 '利有攸往'이다. 이런 것들이 모두 천명을 좇은 것이니, '順天命也'라 했다.

끝으로 때와 상황에 따라 끼리끼리 모이는 현상을 관찰하면 천지의 만물들이 갖고 있는 본성을 알 수 있으니 잘 관찰하여 대처하고 교훈을 삼으라고 '天地萬物之情可見矣'라 했다. 「단전」에 '天地萬物之情'이 3괘에서 나온다. 咸卦에는 '觀其所感'이니, 느껴서 통하여 변화를 이루는 본성, 恒卦에는 '觀其所恒'이니, 변함없이 항상 하고자 하는 본성, 여기 萃卦에는 '觀其所聚'이니 서로 모이고자 하는 본성이다.

* 象曰, 澤上於地, 萃. 君子以除戎器, 戒不虞.

상전에서 말했다. 못이 땅보다 위에 있는 것이 췌괘이다. 군자가 이를 보고서 무기를 손질하여, 헤아리지 못할 것을 경계한다.

[자구의 뜻] 除: 계단 제, 뜰 제, 손질할 제. 戎器: 싸움에 쓰는 도구. 무기.

[해설] 대상전. 못이 땅위에 있으므로, 비가 내리면 못으로 모이니 췌괘이다. '못'은 上兌, '땅'은 下坤의 象, 상으로 卦의 뜻을 풀었다. 군자는 이 못에 고인 물이 지상의 만물을 양육하는 훌륭한 일을 하지만, 못이 땅 위에 있으므로, 만약 못의 제방이 무너지면 지상의 만물을 휩쓸어 버릴 것을 알게 된다. 그래서 항상 못의 주위를 둘러보고 모인 물의 양과 제방을 살피듯이, 평상시에 무기를 잘 손질하여 예측하지 못한 폭동이나 외부의 침입 등에 대비하는 것이다. 이것이 대상전의 뜻이다.

2. 효

* 初六, 有孚不終, 乃亂乃萃. 若號, 一握爲笑, 勿恤, 往无咎.
象曰, 乃亂乃萃, 其志亂也.

초육, 믿음은 있으나 끝까지 가지를 못하고, 어지럽게 모일까 말까 한다. 만약 외쳐 부르면, 잠깐 사이에 미소 짓게 될 것이니, 근심하지 말고, 가면 허물은 없다.
상전에서 말했다. 어지럽게 모일까 말까 한다는 것은, 뜻이 어지럽기 때문이다.

[자구의 뜻] 握: 잡을 악, 줌(한 움큼) 악, 악수 악. 一握: 한 줌. 작은 분량.

[해설] 初爻 효사와 소상전이다. 萃卦의 형태를 보면, 九四와 九五의 두 강이 소극적인 음들에 둘러싸여 있다. 그들은 상괘에 있으면서 권력의 핵심부에 있으니 모임을 주도할 것이다. 이런 때 初六은 가장 낮은 곳에 있으면서 정위가 아니고, 우유부단한 음으로 순한 坤에 속해 있다. 마땅히 정응인 구사에게로 가야하나, 보다 윗자리에 있는 구오의 눈치를 살피게 되어 망설이게 된다. 또 구사에게는 육삼이 가까이에서 받들고 있으니 더욱 불안한 마음도 있다. 이런 상태를 나타낸 것이 '有孚不終'이다. 곧 믿음이 끝까지 가지를 못하고 흔들리는 것이다. 이렇게 믿음이 확실하지 못하여 마음이 어지러운 상태의 뜻을 이어붙인 것이 '乃亂乃萃'라는 표현이다. '乃'는 어조사 인데, 두 번 거듭 등장하면서 이럴까 저럴까하는 갈등을 내포하는 뜻으로 보고, '乃萃'를 '모일까 말까'라고 번역했다. 이렇게 의심스러워 외쳐 불러보니, 구사가 응답하므로, 금세 웃음으로 변하게 된다. '若號, 一握爲笑'이다.

그런데 '一握爲笑'를 '한줌의 웃음거리가 되다'로 번역하고, 같은 음들로부터 비웃음을 산다는 뜻으로 보기도 하고, 혹은 '한번 손을 잡고 웃다'로 하여 구사와 악수하는 것으로 해석하기도 한다. 그 중에서도 괜한 갈등을 하고 있었던 것이 정응과 의논하자 말자, 짧은 시간에 해소됐다고 보는 것이 더 자연스럽다고 생각했다. 위의 '一握'은 손 한번 잡는 '짧은 시간'의 의미로 현대의 중국학자들은 푼다.

혼란스럽던 마음이 미소를 짓게 됨은 초육의 근심이 괜한 것이었음을 말한다. 그래서 근심치 말고 구사에게 가면 허물이 없다고 '勿恤, 往无咎'가 마지막에 있다.

소상전에서도 초육의 의지가 어지러워 갈팡질팡한다는 뜻이라 했다.

*** 六二, 引吉, 无咎. 孚乃利用禴.**
象曰, 引吉无咎, 中未變也.

육이, 끌어당겨 주니 길하고, 허물도 없다. (이런)믿음으로 이에 간소한 제사도 올리게 하니 이롭다.

상전에서 말했다. 끌어당겨 주니 길하고 허물이 없다 함은, 중심을 지키면서 아직 변하지 않았기 때문이다.

[자구의 뜻] 禴: 종묘의 제사이름 약.

[해설] 모여 합하는 萃의 때에 六二는 아래의 중정이고 위의 중정 九五와 정응이다. 응당 구오에게로 가서 합해야 한다. 그런데 坤의 같은 '무리'인 初六은 물론, 六三도 九四와 친비이니, 구사와 합쳐 상부의 이끌음에 따르는데, 중심에 있는 육이는 구오와 합치게 된다. 이럴 때는 구오가 직접 끌어당겨주면 그의 행위가 마땅함이 돋보일 것이다. 이렇게 해서 합하면 길하고 허물이 없게 되니, '引吉, 无咎'이다.

'孚乃利用禴'은 이렇게 구오가 육이를 믿는 마음이 확실하고 깊음을 외부에 알리는 행위의 하나가 된다. '禴'은 제사의 종류로써 가을처럼 풍성한 때가 아닌, 봄이나 여름에 지내는 종묘의 제사라고 한다. 왕이 비록 간략한 제사이기는 하나 제사 같은 중요한 일을 육이에게 맡기니 얼마나 신뢰가 두터운가. 그러니 어떻게 구오의 명에 응하지 않을 수 있겠는가. 이런 뜻을 나타낸 것이다.

괘사에서는 '大牲'을 쓰는 큰 제사였으나 여기서는 간소한 '禴'이다. 왕이 직접 나서서 지내는 제사와 신하가 지내는 제사와의 차이이고, 전체의 의미가 있는 괘와 그 속의 하나하나의 의미를 말하는 효와의 차이이기도 하다.

高亨은 '引'을 모양이 비슷한 '弘'으로 잘못 써진 것으로 보았고 '弘'은 '大'의 뜻이니 '引吉'을 '크게 길하다'라고 번역했다. 육이와 구오는 위아래에서 중덕을 갖춘 정응이니, '弘吉'

하다는 것도 뜻이 통하니 참고하자.

소상전에서는 육이가 하괘의 중심에서 중덕을 가지고 있으므로 뜻이 다른 동류들을 잘라내고 홀로 변하지 못하기 때문에 끌어당겨야 한다고 했다.

*** 六三, 萃如嗟如, 无攸利. 往无咎, 小吝.**
象曰, 往无咎, 上巽也.

육삼, 모이는데 한탄스러우니, 이로울 바가 없다. 가면 허물없으나, 좀 인색하다.
상전에서 말했다. 가면 허물없다 함은, 위에서 겸양하기 때문이다.

[해설] 三爻 효사와 소상전. 六三은 하괘의 제일 위에 있는데 자기보다 아래의 두 음효는 각각 정응을 찾아서 모이는데 불행히도 자기는 정응이 없다. 그렇다고 음으로 不正位이고 하괘에 처해 있으니, 스스로가 주동하여 모울 힘도 없다. 그래서 '萃如嗟如'이고, 한탄스러운 일이니 '无攸利'이다. '如'는 어조를 고르는 조사이다.

'往无咎'의 '往'은 어디로 가는 것이냐에 대해서 대체로 두 가지 견해가 있다. 하나는 응의 자리 上六에게로, 다른 하나는 친비인 九四에게 간다고 본다. 상육과는 정응이 아니나 갈 데가 마땅찮고, 상육 역시 은퇴할 몸이면서 지위는 제일 높아 절박한 상태에 있으므로, 육삼과는 동병상련의 처지가 이해되어 서로 모인다고 본다. 그리고 정응이 아니기 때문에 완전한 화합이 못돼 '小吝'을 문말에 붙였다고 본다. 특히 소상전의 '上巽也'의 '上'은 상육을 말한다고 보는 것이 적절해 보이기 때문이기도 하다. 그리고 구사에게로 간다는 것은 정응이 없으니, 친비에게로 간다고 보는 견해이다. 이 두 견해가 백중하여 무엇을 취해야 할지 헷갈리게 하므로 呂紹綱도 헷갈렸는지 효사에서는 구사에게 간다고 해놓고, 소상전에서는 '上'을 상육으로 해석하는 혼란을 빚고 있다.[191] 그러나 역시 사람을 모이게 하는 힘은 상층부에서 권력을 쥐고 있는 굳센 강이 한다고 보는 것이 더 타당해 보이고, 소상전의 '上巽也'도 '上'은 육삼보다는 구사가 윗사람이니 上을 썼고, 육삼, 구사, 구오의 互卦가 巽이므로 여기서 '巽'이 나왔다고 보는 것이 더 적절해 보여 이를 취한다. 즉 자기 자신이 모을 힘이 없으면 친비인 구사에게 가면 허물은 없으나, 정응이 아니므로 조금 인색하다는 것이 이 효사의 뜻이라고 보았다.

소상전은 구사가 겸양하기 때문에 정응이 아니라도 받아드린다는 뜻이다.

191) 金景芳, 呂紹綱 著, 여소강 修訂, 『周易全解』(상해고적출판사, 2006), 358쪽.

* 九四, 大吉, 无咎.
象曰, 大吉无咎, 位不當也.

구사, 크게 길해야, 허물이 없다.
상전에서 말했다. 크게 길해야 허물이 없다 함은, 자리가 적당치 않기 때문이다.

[해설] 四爻 효사와 소상전이다. '大吉, 无咎'를 두 개의 점사로만 본다면 '크게 길하고, 허물도 없다'로 해야 하는데, 이렇게 하면 소상전의 해석과 맞지를 안는다. '大吉'도 '无咎'도 '位正當也'가 되어야지, '不當'으로 되어서는 안 되기 때문이다. 그래서 대체로 '大吉'을 점사임과 동시에 상황을 설명하는 것으로 보고, '크게 길해야', 혹은 '크게 길하니'로 번역을 한다. 그런데 후자의 '크게 길하니, 허물이 없다'라고 번역을 하면 大吉이 无咎를 수식하는 것이 되고, 문장의 중심은 무구에 있는 것으로도 보일 수가 있다. 그러면 소상전의 '位不當'이 무구와 연결되므로 역시 확실한 맛이 적다. 그래서 확실히 大吉한 조건이 되어야 하고, 이런 조건이 충족되지 못하면 '有咎'가 되는 것으로 번역한 것이 '크게 길해야'이다.

九四는 아래의 음을 모았다. 그런데 그의 자리는 정위가 아니면서 최고 권력자의 측근이므로 조심해야할 자리이다. 왕으로부터 사심 없는 충성심으로 인정을 받아야 하고, 그렇게 되어야 모인 음들도 좋고 자신도 좋다. 그래서 모두가 길해야 한다는 뜻으로 '大吉'이라 했고, 이렇게 되어야 '无咎'가 된다는 의미로 보아야 한다. 그래서 소상전에서도 正位가 아닌 것을 강조하여 경계했다.

* 九五, 萃有位, 无咎, 匪孚. 元永貞, 悔亡.
象曰, 萃有位, 志未光也.

구오, 모으는데 지위로만 하면, 허물은 없으나, 신뢰를 주지는 않는다. 원대하고 오래도록 바르게 해야, 후회가 사라진다.
상전에서 말했다. 모으는데 지위로만 함은, 뜻이 밝지 못한 것이다.

[해설] 九五는 모여 합하게 하는 것을 주관하는 위치다. 중정하면서 아래의 六二와 정응이니 조건도 좋다. 구오의 지위는 누구와도 견줄 수없는 절대적인 것이다. 이런 권력을 이용하여 모으는 것은 허물할 일은 아니나, 믿음까지 주는 것은 아니다. 실제로 九四에게 더 따르는 사람도 있는데 절대 권력의 지위를 이용한 강제력으로 자신을 따르게 하면 믿음을 주지는 못할 것이다. 이렇게 지위를 이용하여 모이게 할까 경계한 것이 '萃有位, 无咎, 匪孚'이다. 이때의 '有'는 '爲'의 뜻으로 본다. '有位'를 강조하기 위해서 '지위로만 하면'이라고 '~만'을 더

넣었다.

믿음까지 주면서 모이게 하려면 '元永貞'한 덕을 갖추어야 한다. '원대하고 영원하며 바르게 한다'는 것은 국가를 다스리는 사람의 중요한 덕목이다. 그렇게 하면 구사도, 구사에게 갔던 다른 사람도 모두가 구오를 믿고 합칠 것이므로 후회할 일이 없게 될 것이니 '悔亡'이다.

'匪孚'를 뒤 문장에 붙여 번역도 한다. 그러면 '(허물은 없으나) 믿지 못하니 元永貞해야 후회가 사라진다'가 되니 뜻은 통한다. 그러나 현대의 중국학자들은 대체로 앞 문장과 연결하여 번역을 많이 하고 뜻도 분명해지는 맛이 있어 이를 취했다.

소상전에서는 지위로만 모으면 모으고자 하는 뜻이 밝지 못한 것이라 했다.

*** 上六, 齎咨涕洟, 无咎.**
象曰, 齎咨涕洟, 未安上也.

상육, 탄식하며 눈물 콧물을 흘리며 우니, 허물은 없다.
상전에서 말했다. 탄식하며 눈물콧물을 흘리며 우는 것은, 위에서 편치가 못한 것이다.

[자구의 뜻] 齎: 아(탄식하는 소리) 재, 재물 재. 咨: 물을 자, 아 자, 탄식할 자. 齎咨: 탄식함. 涕: 눈물 체, 울 체. 콧물 체. 洟: 콧물(흘릴) 이.

[해설] 上爻 효사와 소상전. '齎咨涕洟'는 신세를 한탄하면서 슬피 우는 모습이다. 上六의 상태가 그러한가? 모아 합치는 때의 극에 처했으니 모이지 않으면 흩어져야 하는 절박한 상태인데, 아래에서는 와서 모일 정응이 없다. 비록 정위했으나 음이므로 소극적이고 그의 지위도 조용히 지내야 하는 자리이니, 자기가 모임을 주도할 수 있는 상황이 아니다. 그러니 후배가 주도하는 모임을 찾아야 한다. 원로의 처지가 한심하고 처량하게 된 상태이므로 이를 '齎咨涕洟'로 나타냈다. 물론 스스로에 대한 반성도 포함 된 표현이다. 상육이 정위했기 때문에 항상 바른 생각을 하므로, 萃時에는 모여야 한다는 것은 알고 있다. 결국 아래 친비인 九五에게로 가서 모일 것이고, 중덕을 가진 구오는 비록 자기를 올라타고 있으나 받아드리게 된다. 이렇게 스스로 탄식하면서 반성하여 구오와 모여 합하니 '无咎'하게 되는 것이다.

소상전에도 상육의 처한 지위가 편치 못해 '齎咨涕洟'하게 된 것으로 보고 있다.

이 괘에서 가장 좋지 못한 점사가 육삼의 '小吝'이다. 대체로 상황은 조건이 붙어 있어도 나쁜 점사는 없다. 왜 이럴까? 사물은 무리지어 모이는 것이 자연현상이기 때문이다. 이런 자연현상에 따라 모이게 되어 있기 때문에 나쁜 것으로 해석할 수 없었을 것이다. 그리고 굳센 강은 이끌고 약한 유는 따르는 것이 동물의 세계에서는 자연스러운 질서이다. 그래서 여기서도 약한 유는 강한 강을 좇았고, 강과 강은 권력과 책임을 분담하여 모았다. 정치도 이렇게 하면 막힘이 없이 인심을 모울 수 있을 것이다. 이렇게 萃卦는 모이게 하고, 모인 것을 한 마음으로 만들기 위한 노력이면서 동시에 이런 한 마음으로 다른 무리들의 침략에 대한 대비책을 말하고 있다. 특히 대상전에서는 군자들의 생각과 행동이 얼마나 치밀하고 다양한지를 알게 하면서, 정치를 하는 사람들의 행위를 말해 주고 있다. 우리도 이렇게 했다면 연평도와 천안함 사태도 없었을 것이다. 비록 보통의 서민이라도 효사의 위치와 자기 처지를 견주어서, 누구와 합심하고 모일 것인지를 생각해 볼 일이다.

䷭ 升 (地風升)

概說: '升'은 '되 승, 오를 승'이다. 「서괘전」에 "聚而上者謂之升, 故受之以升(모이면 위에 있는 것을 올랐다고 하니, 때문에 승으로써 이를 받았다)"라고 했고, 「잡괘전」에 "升不來也(승은 내려오지 않는다)"라고 했다. 「서괘전」은 물건은 모이면 쌓여 올라가고, 사람은 모이면 승진하는 사람이 있으니 이를 '升'이라 한다는 뜻이고, 「잡괘전」의 升은 오르는 것만을 말하지, 올랐다 내렸다 하는 것은 아니라고 '不來'라고 한 것 같다. 그러니 괘명의 '升'은 '되'가 아닌 '오르다'의 뜻이다.

下巽은 '공손' '나무', 上坤은 '땅' '순함'이 象이다. 땅 밑의 나무는 싹이 땅속에서 자라나는 것을 말하니 오르는 것이 되고, 사람이 공손하고 순하게 좇으면 윗사람이 불러올려 승진하게 되므로 이도 '升'과 통한다. 丁若鏞의 의견을 더 첨가하면, "升上之卦非一, 而獨以名升者, 地中生木, 其勢必升也(위로 오르는 괘가 하나가 아닌데, 특별히 이름을 승이라 한 것은, 땅속에 나무가 생하면, 그 기세가 반드시 오르기 때문이다)"192)라고 했다. 그러면 升卦의 괘효사는 어떤 말을 하는지 살펴보자.

1. 괘

* 升, 元亨, 用見大人, 勿恤, 南征吉.

오르는 것(升)은, 크게 형통하니, 대인이 나타나기에 적당하므로, 걱정이 없고, 밝은 남쪽으로 가면 길하다.

[해설] 괘사. 나무 싹이 땅을 뚫고 올라오는 것도, 사람이 승진하는 것도 크게 형통한 일이

192) 前記한『譯註 周易四箋』5권, 301쪽.

니 '元亨'이라 했다. 이렇게 크게 형통한 때에는 대인은 모셔가서 우대할 것이므로 대인이 나타나기에 좋은 때이다. 이를 '用見大人'이라 했다.

'用見大人'의 '用'의 풀이 세 가지를 든다. 먼저 '利見大人'이라고 해야 할 것을 잘못 기록한 것으로 보는 견해다. 『釋文』과 帛書周易에 '利'로 되어있기 때문이다. 다음, 그 뜻을 '宜'로 보는 견해로 用에는 '適合'의 뜻이 있다. 위의 번역은 이 뜻을 취한 것이다. 그리고 '以'로 보고, "元亨하니, 이로써 대인이 출현하다"의 뜻으로 본다. 모두 무시할 수 없는 견해이다. 단지 대인을 九二로 보고 괘를 해석하면, 최고의 자리를 향해서 가는 상태가 될 것이므로 '宜'가 좀 더 자연스러워 취했을 뿐이다. 대인이 나타나면 정치가 잘 이루질 것이니 근심이 없는 것이다. '勿恤'이다.

땅속의 싹은 땅을 뚫고 올라오기 마련이지만, 햇살이 좋은 남쪽이면 더욱 좋다. 그리고 대인이 나타나면 정치가 잘 이루어져 따뜻한 남쪽, 곧 밝은 세상이 될 것이니 그곳으로 가면 길할 것이다. 곧 '南征吉'이다. '南'은 항상 햇빛이 많다는 관념이 있어 지금도 집을 지을 때나 구할 때는 남향집을 택하고, 왕이 앉는 방향도 항상 남향이다. 이 괘에서 內卦의 사람들이 오르기 위해 外卦로 가는 것도 남쪽으로 가는 것이 된다. 「설괘전」에 의거하면 下巽은 東南方이고, 上坤은 서남방이니, 동남에서 '南'을 지나서 서남으로 가는 것이다. 이는 밝음을 향해 가는 뜻이 되므로 '밝은 남쪽'이라 번역했다. 이렇게 升卦의 시절은 남방이 이롭다는 뜻이다.

*** 彖曰, 柔以時升, 巽而順, 剛中而應, 是以大亨. 用見大人, 勿恤, 有慶也. 南征吉, 志行也.**

단전에서 말했다. 유한 것이 때에 맞게 올라서, 공손하며 순하고, 강이 중심에서 응하니, 이로써 크게 형통하다. 대인이 나타나기에 적당하므로, 걱정 없다 함은, 경사가 있다는 것이다. 밝은 남쪽으로 가면 길하다는 것은, 뜻이 행해지기 때문이다.

[해설] 단전이다. '柔以時升'의 뜻은 剛은 꿋꿋하니 대체로 쉽게 오를 수 있으나, 반대로 연약한 柔는 환경이 갖추진 때에 올라야 한다. 아래 '巽'은 음괘이다. 그 象 '나무'도 음이고, 특히 어린 싹은 부드러우니 음이다. 음인 싹은 때에 맞게 봄에 올라야하고 가을에는 오르기가 힘들다. 이것이 '以時'의 뜻이다. 이렇게 때에 맞게 올라 왕위를 차지한 六五가 유이니 공손하고 순하며, 대인인 九二가 아래의 중심에서 육오 왕에게 응하니, 이것이 크게 형통한 것이다. 물론 '巽'은 하괘 巽, '順'은 상괘 坤에서 나온 상이고, '剛中而應'은 구이의 강이 하괘의 중심에 있으니 '剛中'이고 상괘의 중심인 육오와 정응하고 있으니 '應'이다. 중덕이 있는 두 사람이 아래위에서 서로 협조하면 정치가 잘될 것이므로 크게 형통할 것이니 '大亨'이다. 升卦의 뜻과 괘사 '元亨'을 동시에 설명했다. '大亨'과 '元亨'의 뜻은 같다.

이런 상황은 대인이 나타나서 진출하는 마땅한 때이므로 근심은 하지 않아도 되니 '用見大人, 勿恤'인데, 이와 같이 대인이 출현하면 일은 이루어지고 발전하므로 모든 사람에게 복을 주는 경사이니 '有慶也'다. 이런 때는 남쪽이 밝음이 풍성하여 오르기 좋은 방향이므로 '南征吉'인데, 이것은 각자가 의도한 뜻이 이루지는 곳이므로 '志行也'라 했다. 비교적 간단하게 풀이하고 끝냈다.

＊ 象曰, 地中生木, 升. 君子以順德, 積小以高大.

상전에서 말했다. 땅속에서 나무가 살아나오는 것이 승괘이다. 군자가 이를 보고서 덕을 순순히 좇아서, 작은 것을 쌓아 높고 크게 한다.

[해설] 대상전이다. '땅'은 上坤, '나무'는 下巽에서 나온 象이다. 升卦의 상은 나무의 싹이 땅속에서 점점 자라 가지와 잎이 무성하게 될 것을 연상하게 된다. 이는 때를 따라 하나하나 쌓아가며 크게 이루는 현상인데, 이를 보고 군자는 개인적으로는 덕을 쌓아서 크게 이름을 떨치고, 정치적으로는 사소한 것도 잘 다스려 백성 모두가 잘 살도록 한다는 뜻이 '順德, 積小以高大'이다. 「계사 하」의 "善不積, 不足以成名(선을 쌓지 못하면 충분히 이름을 이루지 못한다)"도 이와 통하는 말이다.

王肅 本에는 '順德'이 '愼德'으로 되어있다고 하는데 우리말의 풀이는 '順德'이 자연스럽다. 단지 참고만 하자.

2. 효

＊ 初六, 允升, 大吉.
象曰, 允升大吉, 上合志也.

초육, 믿고 오르면, 크게 길하다.
상전에서 말했다. 믿고 오르면 크게 길하다는 것은, 위와 뜻을 합하는 것이다.

[해설] 下巽은 '나무'고, 初六은 가장 아래이니 새싹의 뿌리에 해당한다. 巽의 주효이니, 땅속의 뿌리는 당연히 싹을 틔워 땅위로 뻗어나야 한다. 이럴 때는 신념이 있어야 한다. 그런데 정위가 아니고 正應도 없으나, 다행히 九二의 親比가 있다. 이때는 구이를 믿고 따라야 하는 믿음이 필요하다. 이렇게 처한 상황이 믿음이 필요하여 '允'이 쓰였다. 구이를 믿고 오르면 자라서 꽃을 피울 것이니 '大吉'이 된다.

'允'의 번역은 대체로 '信也(믿다)'에서 나온 뜻들이다. 이 외에도 '當也(마땅하다)'나, '進也(나아가다)'로 번역하는 곳도 있다. '當也'는 '올라감이 마땅하니'가 되는데, 이는 초육의 의지를 나타내는데, 정위도 아니고 정응도 없이 공손한 손의 제일 밑에 있는 조건에는 적당치 않는 것 같다. '進也'는 '나아가 오르니'로 될 것이나, 于省吾가 「雙劍誃群經新證」에서 말한 대로 '升'과 뜻이 중복되는 약점이 있다.

소상전의 '上合志也'의 '上'을 上坤의 뭇 음들이라고 보는 견해도 있으나, 구이와 음양 합이므로 구이라고 보는 견해가 우세하다. 구이는 六五 임금과 정응이라 힘이 있는 군자이니, 그의 도움이면 충분히 뜻이 이루질 것이다.

*** 九二, 孚乃利用禴, 无咎.**
象曰, 九二之孚, 有喜也.

구이, 믿음이 이에 간소한 제사를 올리게 되어 이롭고, 허물이 없다.
상전에서 말했다. 구이를 믿는 것은, 기쁨이 있다.

[해설] '孚乃利用禴'은 萃卦 六二에서도 나왔다. 이 九二와 췌괘의 육이는 하괘의 중심에서 상괘의 중심을 돕는 입장은 서로 같다. 그러나 췌괘 육이는 중정하면서 중정한 九五와 正應이고, 여기서는 中으로서만 서로 정응이면서 不正位이고, 특히 六五가 음이니 소극적인 면이 있다. 그래서 '孚乃利用禴'이 췌괘에서는 뒤에 나오나, 여기서는 '孚'를 강조하기 위해 앞세웠다. 물론 '믿음'은 왕인 육오가 구이를 믿는 것이고, 그러므로 종묘의 제사도 올리게 하는 것이다. 구이가 괘사의 대인에 해당하니, 왕위를 물려 받을 아들 쯤 되는 것으로 볼 수 있다. 어떻든 구이는 巽의 중심이니 공손하면서도 중덕이 있고, 강이니 꿋꿋하다. 그러므로 육오가 믿고 제사도 올리게 하니 '无咎'인 것이다. '禴'은 검소한 제사이니 꾸밈 없이 성심으로 육오를 섬겨야 한다는 뜻도 함축하고 있다. 성장하는 과정의 성스러움을 나타내고 있다.

소상전에서는 구이에 대한 믿음은 기쁨을 가져다준다고 했다. 그러므로 믿고 '用禴'하게 하는 것이다. '之'는 목적격으로 문장이 도치된 것으로 보았다.

*** 九三, 升虛邑.**
象曰, 升虛邑, 无所疑也.

구삼, 빈 마을에 오른다.
상전에서 말했다. 빈 마을에 오른다는 것은, 의심할 바가 없다는 것이다.

[해설] 九三 효사와 소상전. 구삼은 오르는 시기에 아래의 윗자리에 있으면서 정위했고, 위로는 上六이 정응이다. 구삼 앞에는 모두 음으로 트여있어 막힘이 없다. 坤은 '땅'이므로 '마을'은 여기서 나왔다. 그래서 막힘없이 올라갈 수 있는 마을이므로, 빈 마을에 들어가는 것과 같다고 '升虛邑'이다.

'升虛邑'의 '虛'에는 '언덕(丘)'이라는 뜻이 있으므로 '언덕'으로 보는 학자도 있다. 하괘에서 상괘로 오르는 것이니, 언덕으로 볼 수도 있다. 그러나 음으로만 이루어진 상괘의 형태와 구삼이 강으로 강위에 있어 지나치게 강하기 때문에, 아무런 장애를 받지 않는다는 뜻을 취하여 '비다'는 뜻을 택했다.

이 효에는 점사가 없다. 그것은 빈 마을을 어떻게 만드느냐에 따라 길흉이 결정 나기 때문일 것이다. 그래서 呂紹綱도 "結果將取決于九三自身的主觀努力(결과는 장차 구삼 자신의 주관적인 노력으로 결정된다)"[193]라는 말을 말미에 붙이고 있다.

소상전은 막힘없이 오르는 것에 대해서는 의심의 여지가 없다는 말이다.

*** 六四, 王用亨于岐山, 吉, 无咎.**
象曰, 王用亨于岐山, 順事也.

육사, 왕이 기산에서 제사를 올리게 하니, 길하여, 허물이 없다.
상전에서 말했다. 왕이 기산에서 제사를 올리게 함은, 일을 순히 좇게 하는 것이다.

[자구의 뜻] 岐: 산 이름(陝섬西省 岐山縣현에 있는 산) 기, 갈라질 기.

[해설] 이 효의 '王用亨于岐山'과 隨卦 上六의 '王用亨于西山', 그리고 益卦 六二의 '王用享于帝'는 문장의 형식은 같은데 '亨'이라 쓰기도 하고 '享'이라 쓰기도 하였다. 이런 데서 이 두 글자가 통용됐음을 알 수 있고, 현대의 학자들은 이런 형식의 글에 쓰인 '亨'은 모두 '享'으로 본다. 그런데 여기의 왕을 누구로 볼 것이냐에 대해서 혹자는 六四로, 혹자는 六五로 보며, 또 제사를 누가 지내느냐에 대해서도 왕이 직접 지내는 것으로 보는 것과 왕이 시켜 육사가 지내는 것으로 보는 것이 있다.

육사는 왕의 지위가 아니다. 그런데 '岐山'은 고대 周나라의 도읍지이고, 殷이 천하를 통일하고 있을 때는 육사가 제후의 지위에 해당하므로 주나라의 문왕과 비슷한 처지이다. 그래서 문왕인 육사가 직접 제사를 올리는 것으로도 본다. 물론 이 때의 번역은 '제사를 올리니'가 될 것이다. 唐代의 孔穎達은 주의 무왕이 은을 정복한 후 문왕을 追號하여 지내는 제사로 보았다. 그런데 이를 淸代의 孫志祖는 은나라의 왕이지 주나라의 왕은 아니라고 했다. 이런 설

193) 金景芳, 呂紹綱 著,「周易全解」修訂本, 364쪽.

은 어떤 것이 맞는지 확실치 않다. 그런데 육사의 효사는 육사의 행위를 말한다고 보는 것이 자연스럽기 때문에, 4位는 최고의 자리는 아니니 천자인 무왕이나 은의 천자는 아닌 것 같고, 제후인 문왕을 직접 지칭한 것인지는 알 수 없다. 어떻던 대신인 육사와의 친밀도를 과시하기 위해 왕이 명하여 육사가 제사를 올리는 것으로 보고 번역을 했다. 왕인 육오가 음으로 유약해 아래 구이와 육사에게 정사를 맡기는 것으로 이해하고 넘기자.

육사는 오르는 때에 군왕의 측근이면서 정위했고 순하다. 아래에서 올라오는 새싹을 보호하고 감싸는 역할을 왕과 같이 해야 한다. 그러므로 왕을 대신하여 제사를 지내는 신복이여야만 한다. 그래서 길하여 허물이 없는 것이다.

소상전에서도 일을 순한 도리로 처리하기 위해서 제사를 올리도록 한다고 했다. '順事'의 '事'를 '섬기다'의 뜻으로 보고 '순종하며 섬기다'로 번역한 곳도 있다. 물론 이 때도 제사는 육사가 직접 지내는 뜻으로 왕이 기산에서 '제사를 올리게 하니'가 될 것이다.

*** 六五, 貞吉, 升階.**
象曰, 貞吉升階, 大得志也.

육오, 바르게 하면 길하여, 계단을 오르게 된다.

상전에서 말했다. 바르게 하면 길하여 계단을 오르게 됨은, 크게 뜻을 얻는다는 것이다.

[자구의 뜻] 階: 계단 계, 벼슬 등급 계, 오를 계.

[해설] 六五 효사와 소상전이다. 육오는 중덕을 가지고 왕의 자리에 있으면서 아래 정응도 있다. 그러나 너무 순하고 정위하지 못했기 때문에 '貞'이란 경계의 말을 두었을 뿐 당연히 길하다. 바르게만 하면 길하여 모든 일이 차례차례로 진행되니, 마치 사람이 계단을 오르듯 한다는 뜻으로 '升階'라 했다.

'升堂' 혹은 '升階'가 천자의 자리를 상징하므로, 왕의 지위에 오르는 것으로 보기도 한다. 그러나 五位는 이미 군왕의 자리이니, 왕이 되는 과정으로 보는 것보다 일의 처리가 착착 진행되어가는 것으로 보는 것이 더 자연스럽다. 이렇게 일이 착착 진행되면 가진 뜻을 다 이루게 될 것이니, 소상전에서 '大得志也'라 했다.

*** 上六, 冥升, 利于不息之貞.**
象曰, 冥升在上, 消不富也.

상육, 오름이 어두워졌으니, 쉬지 않고 바름을 지키는 것에 이로움이 있다.

상전에서 말했다. 오름이 어두워진 채로 위에 있는 것은, 사그라져 부유하지 못하게 된다.

[해설] 上爻 효사와 소상전이다. 上六은 오르는 때의 극으로 변화의 때이며, 상괘 땅의 끝이다. 땅이 지닌 영양분과 온기를 벗어나 자연의 상태에 맡겨지면, 風雨寒暑에 맡겨야 하므로 앞길이 그야말로 예측을 불허한다. 그래서 '冥升'을 앞일을 예측하지 못하도록 어두운 곳으로 보고 뜻을 풀었다. 이렇게 예측할 수 없을 때는 계속해서 바름을 지키지 않을 수 없다. 그리고 상육은 정위했고, 九三의 정응도 있으니, 바름을 꿋꿋이 지켜나갈 수 있다. 그러니 '利于不息之貞'이라 했다. 豫卦의 상육에도 '冥豫'라는 것이 있었다.

소상전의 풀이는 땅 밖으로 나왔으니, 자기가 가지고 있던 영양분은 소진한 상태다. 이제부터는 외부에서 영양분을 공급받아야 한다. 그러니 가지고 있던 '富'를 남에게 의지해야 하니 '消不富也'가 된 것이다.

봄이면 만물이 성장하고 사람도 활기차다. 그래서 대체로 음력으로 설이면 봄을 맞아 선조에게 제사를 올리며 새로운 다짐과 복을 빈다. 새로운 해의 시작과 더불어 '升'을 기대하기 때문이다. 그런데 인사에서의 '升'은 '以時升'을 강조하면서, 그 알맞은 '때'는 믿음이 이루어진 때를 말하고 있다. 효사에서 '允, 孚, 享'의 말이 여기저기에 보이기 때문이다. 믿음은 자기 자신에 대한 믿음이고 상호간에 대한 믿음이다. 만약 직위의 승진이라면 자신에 대한 자신감과 윗사람과의 신뢰를 말하는 것일 것이다. 『주역』에서도 이렇게 일상의 일에서 흔히 적용되는 일로 귀결된다. 지금 자신의 위치가 어디에 처해 있는지를 가늠해보면 스스로의 '升'을 위한 길이 보일 것이니, 내가 해야 할 일을 찾아보도록 하자.

䷮ 困 (澤水困)

槪說: '困곤'의 字形을 보면 囗+木이다. 나무가 사방으로 에워싸여 있으니 가지가 뻗지도 못하고 자라지도 못하는 상태다. 바로 困의 뜻 '곤궁'한 모습이다. 괘의 象으로 풀면 上兌는 '못', 下坎은 '물'이 象이다. 물이 못에서 흘러나와 아래에 있으니 못에는 물이 없다. 곤궁한 상이다. 괘의 형태에서는 양괘 坎이 음괘 兌에 덮여 가려져 있고, 효를 살피면 하괘는 양인 九二가 음속에 묻혀 있고, 상괘는 양인 九四·九五가 음 上六에 가려 있다. 양강이 활동을 제약받고 있으니 이것도 곤궁한 상이다.

「서괘전」에 "升而不已必困, 故受之以困(오르면서 그치지 않으면 반드시 곤궁하니, 그러므로 이를 곤으로 받았다)"라고 했다. 계속 오르면 힘이 들어 곤궁해지므로 升卦 다음에 困卦로써 받았다는 설명이다. 「잡괘전」에는 "困相遇(곤은 서로 막힌다)"라 했다. 여기의 '遇'는 '저지당하다'의 뜻이니, 행하면 막힘을 당한다는 뜻이다. 대체로 곤괘를 이렇게 이해하고 그 괘효사를 살펴보자.

1. 괘

* 困, 亨貞. 大人吉, 无咎. 有言不信.

곤괘, 형통하려면 바름을 지켜야한다. 대인이면 길하고, 허물이 없다. 말이 있어도 믿음이 없다.

[해설] '亨'이 여기서도 '형통하다'이다. 困은 벗어나야 하고 벗어나면 형통하다. 상하괘의 중심에 강인 九二와 九五가 있고, 坎 '험' 위에 兌 '기쁨'이 있으니 벗어나는 것이다. 단지 벗어나기 위한 조건이 있으니 바름을 지키는 것이다. 그래서 '貞'이 붙은 '亨貞'이다. 이런 행위는 군자이면 가능하니, 뒤에 '大人吉'의 句가 이어졌다. 만약 '亨'을 '享'으로 보면 '곤괘는, 제사를 올리고 바르게 해야 한다'로 번역될 것이다. 어렵고 곤란한 지경에 이르면 사람은 누구나 기도하는 마음이 생기므로 이렇게 번역할 수도 있다. 그러나 굳센 강들이 아래위에 중심을 차지하여 중덕이 있으므로 正應이 아니라도 서로 돕고, 상괘가 기쁨의 兌이므로 여기서도 '형통하다'를 취했다.

'大人吉'은 이런 곤의 때에는 대인의 덕이 있어야 곤을 쉽게 해결할 수 있으므로 대인이면 길하다는 뜻이다. 그런데 '貞大人吉'로 붙여서 '바른 대인은 길하다'로 번역한 곳도 많다. 아래 단전에서 '貞大人吉'이라고 했기 때문에 그것을 따른 것으로 보여진다. 그러나 대인은 바른 행동을 하는 사람을 일컫기 때문에 '貞'을 '大人'에 붙일 필요는 없고, 困이 그냥 '亨'할 수 없기 때문에 亨의 조건으로 보았다.

이런 困의 때는 여러 사람이 이말 저말을 하지만 실제로 해결되는 것은 없고, 말만 무성할 뿐이다. 그리고 그 말을 따르다 보면 허탕만 칠 뿐이다. 이런 상황이 '有言不信'이다. 믿을 것은 오직 직접 보고 판단해서 행동해야 한다. 이것이 바로 대인의 행동이다. 괘사는 三段의 문장으로 이루어진 것이 된다.

* 彖曰, 困, 剛揜也. 險以說, 困而不失其所亨, 其唯君子乎. 貞大人吉, 以剛中也. 有言不信, 尚口乃窮也.

단전에서 말했다. 곤괘는, 강이 가려진 것이다. 험해도 기쁘게 되므로, 곤궁해도 그

형통한 바를 잃지 않으니, 오직 군자뿐이구나! 바름을 지키고 대인이면 길하다는 것은, 강이 중심에 있기 때문이다. 말이 있어도 믿음이 없다는 것은, 입을 숭상하면 이에 궁하게 되기 때문이다.

[자구의 뜻] 揜: 가릴 엄(掩과 통용), 붙잡을 엄, 이어받을 엄.

[해설] 단전이다. '剛揜'은 이미 개설에서 설명한 바와 같이 剛이 柔에 덮여 가려져 있음을 말한다. 괘의 형태로서 '困'이 됨을 말하고, 困卦임을 설명한 것이다.

이어 '亨'을 설명했다. 험해도 기쁨의 결과를 얻는 군자의 성품에 비유하여 설명한 말이 '險以說, 困而不失其所亨, 其唯君子乎'이다. 군자는 험해도 기쁨으로 마무리하여, 困도 형통하게 되도록 한다는 뜻이다. '險'은 下坎, '說'은 上兌의 象이다.

그리고 '貞大人吉'. 바름을 지키는 사람과 덕 있고 능력을 갖춘 '大人'이면 곤을 해결할 수 있는 사람이니 길할 것이므로 '貞大人吉'이고, 이런 사람은 굳세면서 중심적 역할을 하므로 '剛中也'이다. 이 풀이는 '貞'이 독자적 뜻을 가지면서 '貞, 大人吉'을 합친 것으로 보고 푼 것이다. 그런데 이 괘에서의 대인은 중심에서 중덕을 갖추고 힘이 있는 剛爻 九二와 九五를 말한다. 乾卦에서도 구이와 구오에 모두 '利見大人'이라 하여 대인을 언급했다. 이들은 강으로 중심에 있으니 '剛中也'이다. 이렇게 괘의 두 효를 지칭한 것이면 '貞'은 대인을 수식하는 字로 보고 '바르게 하는 대인이 길하다는 것은'이 더 자연스럽지만, 독자적인 뜻을 가진 '貞'으로 보고 풀었다.

끝으로 '有言不信'을 설명했다. 困의 때에는 여러 말들이 난무하고 인심도 흉흉해진다. 이 말들을 믿고 행동하면 더 곤궁해진다. 오직 사태를 깊이 관찰하여 행동해야 한다. 그러므로 남의 말을 숭상하면 궁할 수밖에 없으니 '尙口乃窮也'라 했다.

* **象曰, 澤无水, 困. 君子以致命遂志.**

상전에서 말했다. 못에 물이 없는 것이 곤괘다. 군자는 이를 보고서 목숨을 다해 뜻을 이룬다.

[해설] 대상전이다. '澤'은 上兌, '水'는 下坎의 象. 못에 있어야 할 물이 못 아래에 있다는 것은 물이 그 쓰임새를 다했음을 상징한다. 군자는 항상 덕을 쌓는 수양을 하고, 무리를 인도하기위해 노력하는 사람이다. 물이 말라버리도록 자기 역할을 다한 못의 물처럼 군자는 자신이 세운 뜻을 이루기 위해 전력을 다할 것이며, 또 困을 당하고 있는 무리를 위해 목숨을 걸고 도울 것이라는 각오를 한다. 이런 의미가 '致命遂志'이다. 자기의 포부를 위해 모든 노력을 기우려야 한다는 교훈이다.

이 곤괘에 대한 덕을 「계사 하」에는 이렇게도 말한다. "困德之辨也(곤은 덕을 분별하는 것이다)", "困窮而通(곤은 막혀도 통한다)", "困以寡怨(곤은 원망을 적게 하는 것이다)" 모두 곤궁한 때에 군자들이 취하는 생각이고 행동이다.

2. 효

*** 初六, 臀困于株木, 入于幽谷, 三歲不覿.**
象曰, 入于幽谷, 幽不明也.

초육, 엉덩이가 나무 그루터기에서도 곤하여, 깊은 계곡으로 들어가면, 삼년이나 보지 못한다.
상전에서 말했다. 깊은 계곡에 들어가는 것은, 밝게 하지 못하고 어두운 것이다.

[자구의 뜻] 臀: 엉덩이 둔. 株: 그루 주, 근본 주, 주식 주. 覿: 볼 적.

[해설] 初六은 곤궁한 때에 그 곤함이 시작되고, 또 험한 坎의 제일 아래에 처한 상태에 있으면서 정위도 아니다. 곤함을 면하기 위해 정응인 九四에게 당연히 도움을 청할 것이다. 그러나 구사도 不正位 不正中하고 아래 九二가 막고 있는 상태라 힘을 뻗기 어렵다. 친비인 구이도 坎의 험 중에 빠져 있다. 이러한 상태가 편히 쉬기 위해 나무그루터기에 앉았는데도 편치를 못하고 엉덩이가 불편한 것과 흡사하여 '臀困于株木'이라는 표현을 썼다. 앉아있을 때는 가장 아래가 엉덩이가 되니 제일 아래에 위치한 초육을 '臀'이라 했고, '株木'은 나무를 베어낸 그루터기이니, 도움을 요청한 구사와 구이가 의자처럼 편치가 못함을 비유한 말이다.

이 음유한 소인은 이런 상태를 참지 못하고, 곤을 해결하기 위해 이리저리 다니다가 숲속으로 들어가게 되고, 그렇게 되면 삼년이란 세월동안 보지 못하게 된다. 이런 뜻이 '入于幽谷, 三歲不覿'이다. '三世'는 오랜 기간을 말한다.

唐代 郭京의 『周易擧正』에는 말미에 점사 '凶'이 붙어있다고 하고, 백서주역에도 역시 '凶'이 있다. 소인들은 '入于幽谷'할 가능성이 충분히 있으니 점으로 이용할 때는 참고하는 것이 좋을 것이다.

소상전에서는 '入于幽谷'하는 것은 사태를 밝게 처리하지 못하고, 어둡게 처리한다는 뜻이다.

*** 九二, 困于酒食, 朱紱方來, 利用亨祀, 征凶, [无咎.]**
象曰, 困于酒食, 中有慶也.

구이, 술과 밥에 곤궁하나, 주불이 바야흐로 와서, 제사를 드리게 되므로 이롭다. 애

써 가면 흉하다. [그러나 허물은 없다]

상전에서 말했다. 술과 밥에 곤궁해도, 중덕으로 경사가 있다는 것이다.

[자구의 뜻] 朱: 붉을 주. 紱: 官印의 인끈 불, 제복 불. 朱紱: 예복과 함께 착용하던 붉은 색의 무릎 가리개. 亨祀: 享와 통용, 제사.

[해설] 九二 효사와 소상전. 구이는 곤궁한 때에 아래 坎 '구덩이'의 중심이고 위로 정응도 없다. 그런데 구이는 중덕이 있고 강으로 꿋꿋하며 아래에서 중심적인 역할은 하는 사람이다. 이런 상태를 '困于酒食'이라 하여, 험한 웅덩이에 빠졌어도 酒食에 곤궁하다고 했다. 주식에 곤궁함은 등용되지 못함의 상징적 표현이기도 하다. 그러면 때를 기다려야 하고, 그랬더니 '朱紱方來'하는 좋은 일이 있게 되었다.

'朱紱'이란 예복을 입을 때 무릎을 가리는 가리개를 말하는데, 예복을 통칭하기도 한다. '朱色'은 천자의 색이라고도 하고 제후의 색이라고도 한다. '來'는 위에서 아래로 올 때 주로 쓰는 글자이니, '朱紱方來'는 넓게는 상층부에서, 직접적으로는 군왕이 찾아왔다는 뜻이 되기도 하고, 예복을 하사했다는 뜻도 된다. 어떻든 중용됐음을 나타내는 것이다. 이렇게 '朱紱方來' 하여 왕과 함께 제사를 드리는 처지가 되니 이로운 것이다. 바로 '利用亨祀'이다. 이렇게 주식에 곤해도 바름을 잃지 않고 주위와 협조하면서 때를 기다리면 좋은 일이 있게 된다는 뜻으로 보았다.

'征凶'은 소인처럼 갈팡질팡하여 가면 안 된다는 뜻이다. 그리고 유학에서 대인군자는 위에서 모셔가지 자기가 구차하게 찾아가지 않는 것을 강조하기 때문에 '征'하면 '凶'하다는 뜻으로도 본다. 그리고 '无咎'는 흉이 되어서는 안 되고 '无咎'가 되어야 한다는 뜻으로 보거나(이런 뜻의 번역은 '흉하니, 허물이 없어야 한다'가 된다), 아니면 가게 된 것은 흉하지만 의리상 허물이 없다는 뜻으로 보아야 한다. 조금은 억지스러운 해석이다. 그런데 今文經에는 이 '无咎'가 생략됐다고 하니 이것이 더 자연스러워 [ ]로 묶었다. 그러나 오늘의 本에는 있다.

소상전의 '困于酒食'은 '朱紱方來' 이하를 생략한 것으로 보고, '주식에 곤궁해도'의 번역이 됐고, '中'은 중덕을 말하는 것으로 보았다.

＊ 六三, 困于石, 據于蒺蔾. 入于其宮, 不見其妻, 凶.
象曰, 據于蒺蔾, 乘剛也, 入于其宮, 不見其妻, 不祥也.

육삼, 바위에 곤궁하여, 질려에 의지한다. 집으로 들어가도, 아내를 만나지 못하니, 흉하다.

상전에서 말했다. 질려에 의지한다는 것은, 강을 올라탔기 때문이고, 집으로 들어가도 아내를 만나지 못함은, 상서롭지 못한 것이다.

[자구의 뜻] 據: 의지할 거, 증거 거, 살 거. 蒺: 납가새 질. 蔾: 납가새 려(리).

[해설] 六三 효사와 소상전. 육삼은 곤궁한 때에 험함을 상징하는 坎에 속해 있다. 그리고 정위하지도 않았고 정응도 없다. 그리고 육삼은 위의 九四와 아래 九二가 합친 互卦도 역시 坎이고 그 중심이 되니, 곤궁함이 심하다는 것을 알 수 있다.

이런 상태를 표현한 것이 '困于石, 據于蒺蔾'이다. 모두가 '石'을 구사로, '蒺蔾'를 구이로 보고 있다. 단단한 바위처럼 구사가 막고 있으니 앞으로 나아갈 수도 없고, 구이에게 의지하려니 단단하고 가시가 많은 蒺蔾처럼 불편하기가 이를 데 없다. 육삼은 정응이 없으니 가까운 친비에게 의지해야 하는데, 구사는 초육의 정응이 있고, 구이는 그가 올라타고 있으니 구이가 좋아할 리도 없지만, 자신도 아래 사람에게 의지하기가 불편한 것이다. 그러니 가시밭길인 셈이 된다. '蒺蔾'는 일반에 통용되기는 '蒺藜려'이다. 판본도 '蔾'로 된 것도 있고, '藜(명아주 려)'로 된 것도 있다. 이것은 '납가새'라는 이름으로 바닷가 모래땅에서 자라는 가시와 털이 있는 식물이름이다. 만약 육삼이 마음이 곱고 아름다운 여인이었다면 두 남자가 어떤 도움을 주려고 했을 지도 모르나, 困의 때에 坎에 빠진 육삼의 처한 상태가 그렇지가 못한 사람이 된다. 그래서 육삼은 집으로 돌아가 편히 쉬려고 하는데, 집에 들어가면 그를 도와줄 아내도 없는 것으로 비유적으로 표현했다. 이렇게 어느 곳에서나 편할 수가 없으므로, '凶'할 것은 자명하다. '妻'는 上六이어야 하는데 정응이 아니니 처가 못된다. 家는 집, 室은 집의 방안, '宮'은 방중에서도 깊고 큰방을 의미한다. 참고하자.

「계사 하」에 이 효에 대한 공자의 언급이 있다. "子曰, 非所困而困焉, 名必辱, 非所據而據焉, 身必危, 旣辱且危, 死期將至, 妻其可得見耶(공자가 말했다. 곤란할 것이 아닌데도 곤란하면, 이름이 반드시 욕될 것이고, 의지할 것이 아닌데 의지하면, 몸이 반드시 위태롭게 되니, 이미 욕되고 또 위태로우면, 죽을 날이 장차 올 것인데, 처를 만날 수가 있겠는가)" 곤란해도 꿋꿋해야 함을 말했다.

소상전에서도 강을 올라탔기 때문에 '蒺蔾'에 의지하는 격이라 했고, '入于其宮, 不見其妻'까지 된 것은 복이 없기 때문이라 했다.

이 효에 해당되는 점 풀이가 『좌전』에 있어서 소개하니, 효사의 각 구를 어떻게 해석하는지 참고하기 바란다.

> 齊棠公死, 崔武子弔焉, 見棠姜美之, 筮之遇困之大過, 史皆曰, 吉. 示陳文子, 文子曰, 夫從風, 風隕妻, 不可娶也. 且其繇曰, 困于石 據于蒺藜 入于其宮 不見其妻 凶, 困于石, 往不濟也, 據于蒺藜, 所恃시傷也, 入于其宮 不見其妻 凶, 無所歸也. 崔子曰, 嫠리也, 何害, 先夫當之矣, 遂取之.
>
> 제나라 당읍의 공이 죽자, 최무자가 조문했는데, 당공의 강을 보니 아름다웠다. (재취로 맞기 위해) 점을 치니 困의 大過를 얻었다. 사관들이 모두 길하다고 말했다. 진 문자에게 보이니, 문자가 말하기를, 사내는 바람기를 좇으나, 바람기는 부녀자를 떨어뜨리니 장가들 수 없습니다. 또 그 주사에서 이르기를, 바위에 곤궁하고 질려에 의지하며, 집에 들어가도 처를 만날 수 없으

니 흉하다고 했습니다. 바위에 곤궁하다는 것은 가면 건너지 못하는 것이고, 질려에 의지한다는 것은 믿는 바에 상처를 입는 것이요, 집에 들어가도 그 처를 만날 수 없어 흉하다는 것은 돌아갈 바가 없는 것입니다. 최무자가 말하기를, 과부인데 무엇이 해롭겠느냐, 먼저의 지아비가 당한 것이다. 마침내 취했다.

[해설] 棠은 읍의 이름, 崔武子(혹은 崔子)는 齊의 대부, 姜은 당공의 처. 史는 점치는 사관, 陳文子는 역시 제의 대부. 困(䷮)之大過(䷛)는 困卦의 六三爻를 말하는 것임. 사관들은 대부에게 아첨을 떨기 위해 '吉'로 해석한 것 같아 보이는데, 그 이유를 말하지 않았으니 길로 해석한 이유는 알 수 없다. 文子의 풀이는 困의 六三 효사와 일반적인 풍속으로 해석하여 이해하기는 쉽다. 재취한 후 姜씨는 바람기가 있었는지 후에 齊의 莊公과 사통을 하여 崔子가 임금인 장공을 죽였고, 자기의 후계자를 강씨의 소생인 明을 세우려다가 본처 소생들과 갈등을 일으켜 자살했다고 하니 文子의 점 풀이가 맞았다고 보아야 한다.

*** 九四, 來徐徐, 困于金車, 吝, 有終.**
象曰, 來徐徐, 志在下也. 雖不當位, 有與也.

구사, 느릿느릿 내려가는데, 쇠수레가 곤궁하기 때문이니, 인색하나, 끝은 있다.
상전에서 말했다. 느릿느릿 내려감은, 뜻은 아래에 있는 것이다. 비록 마땅한 자리가 아니나, 모두 함께하는 것이다.

[해설] 九四는 困의 시절에 대신의 자리에 있다. 아래로 初六과 정응, 六三과는 친비다. 그런데 四爻의 자리는 乾卦에서 말했듯이 '或'하는 의심이 많은 자리인데, 거기에 정위도 아니다. 그리고 곤이란 금방 해결되는 것이 드물 것이고, 응인 초육은 가까운 九二와 친비하고 있으니, 구이의 대인을 믿는 마음도 있고 하여 '來徐徐'하는 것이다. 여기의 '來'는 구사가 곤을 구제하기 위해 아래로 간다는 뜻이다.

그런데 下坎은 '爲輪'이 象인데 중심의 구이는 剛이니 강의 단단함에서 쇠가 나와 '金車'가 된다. 이 쇠수레가 坎의 '구덩이'에 놓여 있고, 단전에서 '剛揜也'가 '困'이라 했으니, 수레의 중심인 구이가 위아래로 음에 가려져 있으므로 곤하게 된 상태다. 이를 '困于金車'라 했고, 구사의 아래에 쇠수레가 있으니 마치 쇠수레를 탄 형태가 된다. 그래서 '金車'를 탄 구사는 '來徐徐'하게 되는 것이다. 이렇게 '來徐徐'가 되는 것은 전체의 곤을 구제해야 할 구사의 행위로서는 '吝'인 것이다. 그러나 서서히 가지만, 九二・九五의 노력이 합해져 해결되니 '有終'이 되는 것이다.

소상전에서는 천천히 가지만은 뜻은 아래의 困을 구제하는데 있다는 뜻이고, 아무리 정위가 아니라도 함께 돕고자 한다는 뜻이다.

'有與'를 구사가 초육과 함께하는 것인지 권력의 최정상인 구오와 함께하는 것인지 의견이 분분하다. 그러나 구사가 곤을 구제하려는 다른 강들과 함께하는 것으로 보는 것이 편하고 마땅하다. 물론 이때의 '有'는 '爲也'의 뜻이다.

*** 九五, 劓刖, 困于赤紱, 乃徐有說, 利用祭祀.**
象曰, 劓刖, 志未得也. 乃徐有說, 以中直也, 利用祭祀, 受福也.

구오, 불안하고, 적불에 곤궁하나, 이에 천천히 벗어나니, 제사를 드림이 이롭다.
상전에서 말했다. 불안함은, 뜻을 아직 얻지 못했기 때문이다. 이에 천천히 벗어남은, 중심에서 곧기 때문이고, 제사를 드림이 이롭다는 것은, 복을 받기 때문이다.

[자구의 뜻] 刖: 벨 월, 발 자를 월. 劓의刖: 코와 발을 벰. 불안한 모양.

[해설] '劓刖'을 글자 그대로 '코와 발을 베는 형벌'로 보는 쪽과 '臲臬얼올 (불안한 모양)'으로 보는 쪽이 있다. '불안한 모양'으로 보는 쪽은 唐의 陸德明이 편찬한 『經典釋文』에 荀爽순상과 王肅이 '臲臬'로 썼다는 것에서 연유한다. 형벌로 번역하는 것도 九五의 형편이 그러한 지경처럼 되어있다고 보는 쪽과, 강력한 힘의 구오가 이런 형벌을 쓰서 곤란의 지경에 이른다고 보는 쪽이 있는데, 강으로 군왕의 지위에 있는 구오이니 이 둘 중에는 뒤의 것이 합리적인 해석이다. 그런데 형벌로 해석하는 것은 중정의 덕을 갖춘 구오라고 보기엔 어딘지 부자연스러운 면이 있다.

구오가 강력한 군왕이고 중덕을 갖춘 사람이기는 하나, 困을 해결하는 중심적인 위치에 있으면서 정응도 친비도 없으니 편안할 수만 없는 것이다. 아래 應과 比의 효가 모두 강이다. 이런 것을 고려할 때 '불안한 모양'으로 해석하는 것이 자연스럽고, 현대의 중국학자 高亨, 呂紹綱, 于省吾도 이렇게 보고 있으므로 이를 따랐다.

'赤紱'은 '朱紱'과 같은 예복을 말하는 것인데, 등급에는 차이가 있는 것 같다. 아마도 믿음으로 서로 힘을 합쳐야 하는 신하가 필요한 상황을 나타낸 표현이 '困于赤紱'이고, 그래서 적불은 대신이나 제후의 예복인 것으로 보인다. 천자와 함께 힘을 합쳐주는 신하가 곤궁하다는 뜻이다. 이럴 때는 정응·친비가 아니지만 만나서 설득해야 한다. 그래서 九二에 '朱紱方來'가 있었다. 이렇게 힘을 합치면 서서히 곤에서 탈출하니 '乃徐有說'이다. '說'을 '悅'로 보아도 뜻은 통하나 현대의 중국학자들은 '脫'로 많이 본다. 곤도 벗어날 시점이 되었으니 '脫'이 직접적이다.

곤에서 탈출하기 위해서 군왕은 이렇게 신하와 백성들의 마음을 단결시켜야 하고, 곤을 탈출한 후에도 감사의 제사를 드리게 될 것이니, 정성과 믿음, 그리고 단합의 뜻을 갖는 '祭祀'가 이로운 것은 당연하다. '利用祭祀'이다.

소상전은 '劓刖'의 이유를, '乃徐有說'은 벗어난 조건을, '利用祭祀'는 그 결과로써 각각 풀이했다. 중심은 역시 구오가 '中直'이 있음으로 늦게나마 모두 뜻을 함께했기 때문에 곤을 벗어나는 것일 것이다. '中直'은 강으로써 中正하기 때문인데, '直'으로 한 것은 뒤의 '福'과 叶韻이 되기 때문이라 했다.

＊ 上六, 困于葛藟, 于臲卼. 曰動悔有悔, 征吉.
象曰, 困于葛藟, 未當也, 動悔有悔, 吉行也.

상육, 뒤얽혀 곤궁하고, 위태해서 곤궁하다. 움직이면 후회한다고 했으니 뉘우쳐 고치면, 가서 길하다.
상전에서 말했다. 뒤얽혀 곤궁하다는 것은, 마땅치 않다는 것이요, 움직이면 후회한다고 했으나 뉘우쳐 고치는 것은, 길을 행하는 것이다.

[자구의 뜻] 葛: 칡 갈, 칡으로 짠 베 갈. 藟: 덩굴 풀 류, 얽힐 류. 葛藟: 칡덩굴. 복잡하게 뒤얽혀 곤란함의 비유. 臲: 불안할 얼. 卼: 위태할 올.

[해설] 上爻 효사와 소상전. 上六은 困의 극에 처해 있으면서 정응도 없다. 곤의 극에 처했으니 마지막으로 변화를 꾀해야 하니 이리저리 얽혀 복잡할 것이다. 이런 사정이 '困于葛藟, 于臲卼'이다. 먼저 상육의 마음상태를 나타내었다. 王弼도 "行則纏繞전요, 居不獲安(행한즉 얽히고, 있어도 편함을 얻지 못하니)"라고 하여, 뒤얽히고 위태하다고 했다. '于臲卼' 앞에 '困'이 생략됐는데, 앞 구와 이어지기 때문이다.

모두가 움직이면 후회한다는 말을 해도 정위했기 때문에 이를 알고 대비하고서 가면 길을 얻는다는 뜻이 '曰動悔有悔, 征吉'이다. 음이 모두 강을 가리므로 곤이다. 하괘의 두 음은 不正位이니 바름을 잃고 있지만, 상육만은 정위했으므로 바르게 행하려고 하는 것이다. 그러므로 뉘우치고 고치려고 하니 '動悔有悔'이다. 앞의 '悔'는 우리말 '후회하다', 뒤의 것은 '뉘우쳐 고치다'의 뜻이다. 그러므로 '움직이면 후회한다고 말하니(曰), 뉘우쳐 고침이 있으면, 가서 길하다' 이런 뜻이다.

高亨은 '有'가 '又'와 통용됐으므로 '움직이면 후회하고 또 후회하나……'로 번역한다. 于省吾는 '悔'와 '謀'가 같이 쓰이고, '動'과 '重'이 같이 쓰이기 때문에 '重謀有悔'라고 했으니, '거듭 모의하여 뉘우침이 있으면……'으로 번역이 된다. 옛 문자들의 쓰임을 찾아서 풀이한 것이니 함께 참고하자. 그렇게 해서 가면 吉하다고 했다.

왜 '征吉'이 되는가? 사물이 극에 이르면 반드시 변함이 있고, 상육은 정위했고 구오와 친비이니 가서 도우면 極則反으로 곤에서 탈출하게 되니 '吉'이 되는 것이다. 곤의 때이라 뒤숭숭하지만 '征'하는 결심을 한 것은 순전히 정위했고 九五가 친비이기 때문이라고 보아야한다.

그래서 구오에서 곤이 해결되고 있었던 것이다.

소상전은 상육의 처한 상태가 마땅치 않음을, 그러나 뉘우쳐 고쳐서 노력하면 길이 됨을 표현한 것이다.

陰柔가 陽剛을 가려 덮기 때문에 困이었다. 곤을 만든 음은 당연히 좋지 않다. 그런데 양강들은 보통 때는 서로 경쟁하고 갈등하는 사이이지만 곤의 때에는 서로 협력을 하면서 해결을 모색하고 있다. 상하 중심에 있는 九二와 九五는 제사를 드리는 정성과 믿음으로 곤을 해결하려고 한다. 세계의 경재가 흔들리고 있는 지금, 국가와 백성들을 위해 정치하는 사람들은 이 剛爻들처럼 행동해야 할 것이다.

䷯ 井 (水風井)

槪說: '井'은 '우물 정'이다. 요즘은 우물을 보기 힘들다. 수돗물이 없던 시절에는 필요한 물을 이 우물에 의지했다. 우물은 땅을 깊이 파서 좋은 물길을 찾는다. 그리고 물이 솟는 그 샘 주위가 막히지 않고 더럽혀지지 않도록 나무로 짠 기구를 배치하고, 물이 고이도록 둘레를 돌로 쌓아 올리고 땅의 표면부터는 오물이 밖에서 그 속으로 빠지지 않도록 단단하게 벽을 만들어 어른의 허리쯤으로 올렸다. 그리고 위로는 뚜껑이나 지붕으로 가렸고, '두레박'이라는 물을 길을 수 있는 용기를 줄에 매달아 두었다. 동네에 있는 이 우물은 누구나 마실 수 있는 공용이었다.

井字는 이 우물 바닥의 모양을 본 뜬 것이다. 글자의 형태가 중앙을 제외하면 8개, 중앙을 합하면 9개로 나누어진다. 周나라 때 논밭을 공동으로 경작하는데 밖의 8곳은 각자가, 중앙의 곳은 공동으로 경작하여 세금으로 바친 제도에서 '井田'이란 뜻이 되고, 밖의 여덟 집을 1井이라 하여 '마을'이란 뜻으로도 쓰였다. 그래서 한 마을에는 공동으로 쓰는 우물도 있었던 것이다.

이 井卦는 위가 坎으로 '水'이요 '險'이며, 아래가 巽으로 '木'이고 '入'이 象이다. 바닥에 나무를 깔아서 샘 주위를 보호하고, 샘에서 나온 물을 받아 모았으니, 위는 '물'이고 아래는 '나무'이다. 그리고 수면 아래로 두레박을 내려 물을 길렀는데, 그 두레박을 옛날은 나무로 만들었다. 이 나무로 된 두레박(木)을 넣어서(入) 물(水)을 떠올렸다. 또 물길을 따라 그 근원을 뚫어 파서 우물을 만들었기 때문에 아래는 '入'의 손, 위는 '水'의 감이다. 이런 것들이 모두 상으로써 우물과 통하는 풀이다.

「서괘전」에는 "困乎上者, 必反下, 故受之以井(위에서 곤한 것은 반드시 아래로 돌아가니, 때문에 정괘로서 이를 받았다)"라고 했다. 困이 쌓이면 다시 근본으로 돌아가 아래에서 다시 시작한다는 뜻이다. 변화에 대한 상징적인 의미다. 「잡괘전」은 '井通'이라 했다. 우물은 누구나 길러 먹을 수 있으니 통하고, 우물가에는 동네사람이 모여 온갖 이야기를 하니 통한다고 말할 수 있을 것 같다. 이런 뜻으로 보는 정괘의 괘효사는 과연 어떻게 되어 있는지 알아보자.

1. 괘

*** 井, 改邑不改井, 无喪无得, 往來井井. 汔至亦未繘井, 羸其甁, 凶.**

우물은(井卦는), 동네는 바꾸어도 우물은 바꾸지 못하고, 잃는 것도 없고 얻는 것도 없으니, 오고가도 항상 변하지 않는다. 거의 이르러도 역시 우물에 두레박질하지 못하거나, 동이를 망가뜨리면, 흉하다.

[자구의 뜻] 井井: 구획이 바른 모양. 깨끗하여 변하지 않는 모양. 汔: 거의 흘, 물이 마를 흘. 繘: 두레박줄 귤(율), 두레박질할 귤. 甁: 병 병, 동이 병, 시루 병.

[해설] 괘사이다. 사람이 이사를 하면 동네는 바뀔 수 있다. 그러나 우물은 그 자리에 있으니 '改邑不改井'이다. 항상 그대로 있음을 말했다. 우물은 이 사람이 퍼마시고 저 사람이 길어가도 항상 물은 고여 있고, 아무도 쓰지 않아도, 비가와도 넘치는 법이 없으니 '无喪无得'이다. 항상 일정한 수준을 유지함을 말했다. 가뭄이 계속되어도 좀처럼 마르지 않고 장마가 져도 넘치지 않았다. 그 만큼 물길이 좋은 곳에 우물을 만들었고, 옛날은 숲이 울창하고 자연이 풍성했기 때문에 가능한 일이었다. 그리고 오고가는 사람이 써도 언제나 물은 깨끗하니 '往來井井'이다. 변함없이 누구에게나 베풂을 말했다. 이상은 우물의 특징을 설명한 말이나, 사람도 이런 점을 닮으면 좋다는 교훈을 이끌어 내야할 것이다. 언제나 변함없이 만물을 양육하는 우물처럼 사람도 덕을 쌓아 남을 위해 널리 도움을 베풀면 좋지 않겠는가.

우물은 깊이가 있으니 물을 긷는 두레박의 줄이 닿지를 않거나, 길러도 담을 동이를 망가뜨리면, 물을 운용할 수 없으므로 아무 소용도 없다. 그러니 '凶'하다. '汔至亦未繘井, 羸其甁, 凶'이다. 우물을 팠어도 그것이 널리 소용되어야 가치를 발한다는 뜻이다. 이것 역시 사람도 수양을 하다가 중단을 하거나, 수양한 덕을 베풀고 나누어야지 그렇게 하지 않으면 아무 소용이 없다는 뜻으로 받아들여도 될 것이다.

'汔'을 '마르다'의 뜻으로 보고, '마르게 되도록 이르렀거나'로 번역을 한 곳도 있다. 또 '繘'과 '矞율'이 통용됐고, '矞'이 '出'로도 쓰인 곳이 있다는 것을 내세워 '未出井'으로 하여 '우물 입구까지 나오지 못하다'로 번역도 한다. 참고는 하되, 전자는 우물이 마르는 것은 우물의 역할을 하지 않는 것이니 특수한 경우에만 해당하는 것이고, '繘'은 동사로 쓰면 뜻이 통하니, 구태여 다른 자의 뜻을 빌려오지 않아도 됨으로 취하지 않았다. 만약 '두레박줄'로 번역하면

'우물에 두레박줄이 없으면'이 될 것이다. 그리고 '甁'은 물을 퍼서 담는 '동이'를 말하는 것 같은데, 바로 '두레박'으로 번역한 곳도 보인다. 여기서는 동이로 보았다.

*** 彖曰, 巽乎水而上水, 井. 井養而不窮也, 改邑不改井, 乃以剛中也. 汔至亦未繘井, 未有功也, 羸其甁, 是以凶也.**

단전에서 말했다. 물길을 순순히 좇으면서 물을 솟아나게 하는 것이 정괘이다. 우물이 기르는 것은 다함이 없으므로, 동네는 바꾸어도 우물은 바꾸지 못하는데, 이는 강이 중심을 잡고 있기 때문이다. 거의 이르러도 역시 우물에 두레박질하지 못한다는 것은, 아직 공이 없다는 것이며, 동이를 망가뜨리면, 이로써 흉한 것이다.

[해설] 단전이다. 비교적 풀이가 간단하다. '巽乎水'의 '巽'에는 세 가지의 풀이가 있다. '入(들어가다)', '卑(낮추다)', '順(공손하게 따르다)'의 세 뜻이다. 우리의 해설서들은 대체로 '入'을 취하여 '물에 들어가서'로 많이 번역을 한다. '入'은 「설괘전」에 나오는 '巽'의 象. 그런데 묘하게 『주역』 외의 다른 곳에서는 入의 뜻으로 써진 곳을 찾기가 어렵다. 그리고 '卑'의 의미는 '겸양'이나 '유순'의 의미에서 파생한 뜻인데 '물보다 낮추어서'로 번역된다. 이것은 무엇을 어떻게 해서 물을 올리는지는 추리해서 생각해야 한다. 그러나 물의 흐름을 막지 않고 이를 순하게 좇는다는 의미인 '順'의 뜻을 쓰고 '水'를 '물길'로 보면 간단히 뜻이 통하므로 이를 취했다. 물론 상하 소성괘의 象으로 괘의 뜻을 풀이한 것이다.

물은 만물을 기르는데 변함이 없고 다함이 없다. 언제나 그 자리에 있으면서 끊임없이 공급해 주기 때문이다. 먼저 이런 뜻을 나타낸 것이 '井養而不窮也'이다. 괘사에는 이렇게 변함없이 베푸는 것을 강조한 것이 연속해 세 구나 있는데 대표로 첫 구인 '改邑不改井'을 취하여 그 이유를 '乃以剛中也'하기 때문이라 했다. '剛中'은 굳센 강이 중심에 있다는 것이니 상하의 중심에 있는 九二와 九五 효인데, 그 중 최고의 지위에서 전체를 이끌고 있는 구오로 보아야 한다. 이 구오가 중심에 있다는 것은 중덕으로 꿋꿋이 행하는 것을 말한다. 때문에 항상 변함없이 계속할 것이다. 그래서 '井養而不窮也'이고, 이런 우물은 그대로 있어야 하니 '改邑不改井'이다.

우물을 팠어도 길어 올리지 못하면 물을 공급할 수 없으니, 공을 이루지 못한 것이므로 '汔至亦未繘井, 未有功也'이다. 또한 동이가 망가지면 물의 쓰임을 다하지 못한다. 물을 퍼 담고 물을 옮기기 위해서 동이가 필요한데 이것이 망가지면 최후의 쓰임을 다하지 못하므로 '凶'이다. '羸其甁, 是以凶也'이다. 괘사의 이 句 풀이들은 모두 '井養而不窮也'하지 못하는 조건에 해당한다. '井養而不窮也'가 우물의 덕이면서 사람이 행하여야 할 덕이기 때문에 이 구절과 연결시켜 이해하면 풀이가 간단해도 뜻이 잘 어울릴 것이다.

*** 象曰, 木上有水, 井. 君子以勞民勸相.**

상전에서 말했다. 나무 위에 물이 있는 것이 정괘다. 군자는 이를 보고서 백성을 위로하면서 서로 돕도록 힘쓴다.

[자구의 뜻] 勞民: 백성을 위로하고 격려함. 백성을 부림. 勸: 권할 권, 힘쓸 권.

[해설] 대상전. 下巽에서 '木', 上坎에서 '水'가 나왔다. 이런 象이 井卦임은 이미 설명했다. 나무와 물이 서로 도우면서 맑은 물을 공급하듯이 사람들도 서로 돕게 하고, 두레박을 내려 물을 긷듯이 백성들에게 몸을 낮추어 다가가서 그들의 노고를 위로하는 것이 군자의 도리이며, 정치하는 사람의 도리이다. 이런 뜻의 문장이다.

'勞'에는 '위로하다'의 뜻이 있다. '相'에는 '도우다'의 뜻이 있으므로 '勸相'을 '서로 돕도록 힘쓰다'는 뜻으로 번역했다.

2. 효

*** 初六, 井泥不食, 舊井无禽.**
象曰, 井泥不食, 下也, 舊井无禽, 時舍也.

초육, 우물이 진창이라 먹지 못하니, (이런)우물을 오래두어도 짐승조차 없다.
상전에서 말했다. 우물이 진창이라 먹지 못함은, 바닥이기 때문이고, 우물을 오래두어도 짐승조차 없음은, 때가 버려진 때이기 때문이다.

[해설] 우물은 땅을 파서 샘을 찾으면 그 주변을 정리하고, 나무로 된 기구를 밑바닥에 깔아 안정시켜야 물을 먹을 수 있다. 初六은 井의 시작이니 우물의 바닥에 해당하고, 정위하지 않았으니 샘이 자리를 아직 잡지 못해 '泥'이다. 위에 정응이 없어 위로 오르지 못하니 '不食'이다. 그러니 '井泥不食'이라 했다. 이런 상태는 오래두어 보아야 사람뿐만 아니라 짐승들도 오지 않을 것이니 '舊井无禽'이다.

'舊井'을 '옛 우물'이라는 뜻으로 번역하면 '옛 우물은 짐승도 없다'가 된다. 이것은 앞 문장과의 연결이 이상하다. 이 보다는 '舊'를 '오랠 구'로 보고, '井'은 '井泥'의 井이니 이를 연결하면 '먹지 못하는 우물을 오래도록 두다'라는 뜻이 되므로, 번역을 위와 같이 했다. 초육의 효사 풀이이므로, 초육이 우물의 어떤 위치에 해당하는지를 알면, 효사의 뜻을 어렵지 않게 이해할 수 있다. '禽'은 옛글자로는 '擒(사로잡을 금)'이니, '獲(획득할 획)'으로 뜻을 삼아서 '옛 우물은 얻는 것이 없다'라고도 번역을 한다. 참고로 할 뿐, 이미 나온 바 있는 '田有禽',

'田无禽', '失田禽'의 '獸(짐승 수)'와 같은 뜻을 취하는 것이 더 자연스러울 것이다.

소상전에서의 '下'는 우물의 '바닥', '時舍'는 초육의 시기에는 우물을 먹을 수 없는 시기라는 뜻인데, 의미가 확실하게 전달되도록 번역한 것이 위의 번역이다.

* **九二, 井谷射鮒, 甕敝漏.**
  象曰, 井谷射鮒, 无與也.

구이, 우물 구덩이에 있는 붕어를 활로 쏘다가, 항아리를 깨어 물이 샌다.

상전에서 말했다. 우물 구덩이에 있는 붕어를 활로 쏜다는 것은, 더불어 함께하지 못하는 것이다.

[자구의 뜻] 鮒: 붕어 부(魚+付= 붙어 다니는 물고기), 두꺼비 부. 甕: 독 옹, 코 막힐 옹. 敝: 해질(닳아 떨어질)폐, 깨질 폐. 漏: 샐 루, 마를 루, 구멍 루.

[해설] 九二는 우물 바닥에서 조금 떠 있는 위치다. '井谷'은 샘에서 분출된 물이 고여 있는 모습을 나타낸 것으로 보고 '우물 구덩이'로 번역했다. 그런데 위에 정응이 없으니 위로 길러지지 않는다. 사람으로 말하면 중덕이 있어도 등용되지 못하고 겨우 아래의 初六에게 혜택을 주는 정도이다. 대체로 剛中이면 상당한 역할을 하지만, 많은 사람에게 혜택을 주어야 하는 井卦에서는 하괘에 있고 정위하지 않은데다가 정응이 없는 것이 부각되어 좋은 면이 나타나지 못하고 있다. 아직 물을 먹지는 못하고 놀이 감으로 사용됨을 효사가 나타내고 있다.

'井谷射鮒'의 해석은 '射'를 어떻게 보느냐에 따라 번역이 달라진다. '활을 쏘다'의 뜻으로 보면 '붕어를 보고 활을 쏘다'는 뜻이 되고, '물이 흐르다(注)'의 뜻으로 보면 '붕어에게로 물이 흐르다'의 뜻이 된다. 결국 우물에 놀고 있는 붕어를 활로쏘아 맞추는 것이냐, 아니면 우물물이 흘러 붕어에게로 가는 것이냐의 차이다. '井谷'의 '谷'을 '산골짜기'로 보면 우물이 산골짜기에 있는데, 화살이 날라 가는 것처럼 물이 흐르는 모양을 취해 '射'를 '注'의 뜻 '흐르다'로 번역을 하는 것 같다. 곧 전체의 뜻은 '산골짜기에 있는 샘물처럼 붕어에게로 물이 흐르고, 물 긷는 동이가 깨져 물이 새는 상태와 같다'는 뜻으로 풀이한다. 산골짜기는 '鮒'의 노는 장소로도 적당하고, '射'를 '注'로 보는데도 알맞다. 그런데 이는 '射'를 이렇게 뜻을 넓혀야 하느냐의 의문이 있고, 다른 자구들도 뜻을 넓히고 의역해야 가능한 번역이다.

그런데 하괘 구이가 우물의 어떤 '위치'에 해당하는가에 주목해야 한다. 초육이 우물의 바닥이면 구이는 그 위가 되고, 이는 구덩이에 고여 있는 물이다. '谷'의 뜻을 '구덩이, 물이 괴는 곳'으로 보면 아직 완성되지 않는 '우물 구덩이'이고, 이런 곳에는 '鮒'가 노닐 수 있으므로 '射'를 '화살을 쏘다'로 하여 번역하면 위와 같이 된다. 이런 우물 구덩이에서 노니는 붕어를 활로 쏘면 옆에 있던 물을 푸는 동이가 깨질 수도 있다. 그래서 '甕敝漏'이다. 이것이 전체의 뜻이 쉽게 이해가 되고, 쓰인 글자만으로도 자연스럽게 번역이 된다. 물에 있는 물고기를 활로 쏘는 문장은 옛글에 제법 보이는 모양이다.194) 결국 구이는 아직 자기의 역할을 제대로 하지 못하고 활을 쏘아 붕어를 잡는 놀이에 비유됐다. 여기의 '甕'은 '독'인데 물을 뜨는 바가지로 보면 된다. 먹지는 못해도 물건을 씻거나 손발을 씻기 위해 필요했을 것이다.

결국 우물은 완성되어야 그 공을 이루지 샘물이 고이는 정도로는 미물인 붕어를 잡는 활쏘기의 놀이터가 될 뿐 아무런 공도 없다는 뜻이 구이 효사의 풀이다.

소상전의 '與'는 정응이 없으므로 물이 길러지지 않아 여러 사람에게 혜택을 주지 못하므로 여러 사람과 함께하지 못한다는 말이다.

＊ 九三, 井渫不食, 爲我心惻. 可用汲, 王明竝受其福.
象曰, 井渫不食, 行惻也, 求王明, 受福也.

구삼, 우물을 쳐내어 먹지 못하니, 내 마음이 아프다. (물을)길러 쓸 수 있으려면, 왕이 밝아야 함께 복을 받는다.

상전에서 말했다. 우물을 쳐내어 먹지 못함은, 행함을 간절하게 하고, 왕의 밝음을 구하는 것은, 복을 받기 위해서다.

[자구의 뜻] 渫: 쳐낼 설, 그칠 설. 惻: 슬퍼할 측, 간절할 측. 汲: 물길을 급, 당길 급, 인도할 급. 竝: 나란히 할 병, 아우를 병, 함께 병.

[해설] 九三 효사와 소상전이다. 구삼은 양으로 정위했고 위로 정응과 친비가 있다. 그러니 충분히 길러서 먹을 수 있는 상태이다. 단지 하괘에 있고, 권력의 핵심인 九五와는 특별한 관련이 없는 효이다.

진창이고 붕어가 놀던 우물이 파던 작업은 마치고 파진 웅덩이를 깨끗이 쳐내어 정비를 하는 상태다. 우물은 씻고 쳐낸 후에는 얼마동안 먹지를 못한다. 떠올랐던 것이 가라앉으면서 물이 깨끗해져야 하기 때문이다. 구삼의 위치가 아직 하괘에 있으므로, 이제 우물을 깨끗이 치는 상태와 같이 비유되어 井渫不食이다. 이런 상황은 물을 마시고 싶어도 더 기다려야 하고, 남을 돕고 기르고 싶어도 아직 때가 되지 않은 것과 같다. 그러니 마음이 아프다. 곧 '爲我心惻'이다. 우물과 사람의 마음을 함께 견주며 설명을 했다.

우물은 쓸 수 있으나, 쓰고 쓰지 않고는 사람의 마음에 딸려있는 것과 같이, 현인군자를 기용하고 안하고는 군왕의 밝음에 달려 있다. 이를 표현한 말이 '可用汲, 王明'이고, 만약 밝은 왕이어서 구삼을 쓰면 모두가 복을 받는 것이므로 '竝受其福'이다. 여기서도 우물과 인간사를

194) 황수기, 장선문의 「周易譯註」, 400쪽, 고형 주해, 김상섭 옮김, 「고형의 周易」, 391쪽, 정약용의 『周易四箋』 권5의 380쪽에 이런 예문들이 있다.

섞어 혼용하여, 앞으로 있게 될 우물의 쓰임을 나타낸 표현이다. 왕은 구오이고, 전적으로 왕인 구오의 인품에 따라서 정치의 흐름이 결정됨을 은근히 비유하고 있다. '竝'은 등용하는 왕도, 등용되는 구삼도, 그리고 현인이 등용되어 좋은 정치를 받게 되는 백성들도 모두 복을 받는다는 의미로 본다.

소상전의 '行'을 '길을 가는 행인'이라 역하기도 하지만, '井渫不食'하게 된 상태가 먹고 싶은 마음이 간절하여 행동을 하고 싶은 뜻으로 보았다. 그래서 이 구의 '惻'은 '간절하다, 절실하다'의 뜻을 취했다.

*** 六四, 井甃, 无咎.**
象曰, 井甃无咎, 修井也.

육사, 우물에 벽돌을 쌓으니, 허물은 없다.
상전에서 말했다. 우물에 벽돌을 쌓아 허물이 없다 함은, 우물을 꾸미는 것이다.

[자구의 뜻] 甃: 우물 쌓는 벽돌 추, 벽돌 추.

[해설] 六四 효사와 소상전. 육사는 상괘의 시작이다. 우물은 고인 물이 딴 곳으로 흐르지 못하게 하면서, 잡된 것이 물속으로 빠지지 않게 하기 위해 주변을 돌로 쌓아 벽을 만든다. 육사의 위치는 이에 해당하니, '井甃'라 했다. 우물을 보호하기 위한 것이니 허물될 것이 없다. 점사는 당연히 '无咎'다. 九三까지는 우물의 샘을 찾아 물이 고이는 과정을 표현하고, 육사는 우물을 꾸며 완성된 것을 말한다. 九五와 친비하는 육사의 하는 일이 구오에게 공이 돌아가도록 보좌하는 것이니, 우물을 잘 마무리하여 모든 사람에게 혜택이 돌아갈 수 있도록 꾸미는 것이다.

소상전의 '修'는 '꾸미다'는 뜻이다.

*** 九五, 井冽, 寒泉食.**
象曰, 寒泉之食, 中正也.

구오, 우물이 맑으니, 찬 샘물을 마신다.
상전에서 말했다. 찬 샘물을 마신다는 것은, 중정하기 때문이다.

[자구의 뜻] 冽: 맑을 렬, 차가울 렬. 寒泉: 맑고 차가운 샘물. 황천.

[해설] 九五는 강으로 중정하며 정응은 없어도 친비는 있다. 六四에 이르면 우물은 완전히 완성되었으니, 구오의 위치는 그 우물을 마실 차례이다. 구오의 조건이 좋으니 좋은 물을 마

실 것이다. 좋은 물은 맑고 차다. 그러니 '井洌, 寒泉食'이다.

그러면서도 '吉'이라는 점사는 없다. 이것은 좋은 물이라도 만인에게 먹도록 해야 하는데, 그 일은 또 다른 일이므로 점사를 말하지 않았다고 볼 수 있다. 구체적인 예를 들면 하괘의 중심인 구이와는 서로 상응하지 않으니, 구이를 등용치 않은 것을 말한다고 본다. 그러나 강건 중정의 덕을 가진 구오가 구이를 방치했다면 어떻게 우물이 완성되었겠는가. 또 吉을 말하지 않아도 효사를 미루어보아 길임을 알 수 있기 때문에 생략됐다고 볼 수도 있다. 무엇이 정답인지는 단언하기 어렵지만, 길이 없음으로 해서 계속 노력과 관심을 가져야 한다는 의미가 생긴다.

소상전에서도 중정을 강조했다. 중정은 우물에서는 샘의 원천이 좋다는 말이고, 사람에게는 좋은 덕을 갖추었다는 말이 된다. 구오의 효사와 소상전의 풀이다.

*** 上六, 井收, 勿幕. 有孚, 元吉.**
象曰, 元吉在上, 大成也.

상육, 우물을 긷고, 덮지 않는다. 믿음이 있으니, 크게 길하다.
상전에서 말했다. 크게 길함이 위에 있다는 것은, 크게 이루었다는 것이다.

[자구의 뜻] 收: 거둘 수, 물길을 수. 幕: 막(가리개) 막, 덮을 막, 단락 막.

[해설] 上六 효사와 소상전이다. 상육은 井卦의 끝에 있으면서 정위했고, 아래로는 九三과 정응이고 九五와 친비이다. 우물은 九五에서 이미 먹는 단계에 이르렀고, 그 다음 단계인 상육은 물을 긷고 난 후의 정리하는 시기에 해당한다. 우물을 마신 사람은 다음 사람을 위해 덮개를 덮지 않는다고 했다. '井收勿幕'이다. '收'는 곡식 등을 '수확하다'는 뜻이니, '물을 긷고 난 다음'이라는 뜻이고, '幕'은 '덮다'의 뜻이니 '勿幕'이란 '덮개를 덮지 않다'는 뜻이다. 괘사의 '往來井井'하기 위해서이다.

우물에는 빗물이나 오물이 들어가지 않도록 하기 위해 가리개가 있는 것이 보통이다. 그 가리개는 지붕처럼 된 것도 있고, 우물의 입구를 직접 가리는 덮개로 된 것이 있다. 오물이 들어가지 않도록 하기 위해 만든 덮개도 여러 사람이 끊임없이 쓰므로 깊은 밤이나 비가 오는 경우가 아니면 다음 사람을 위해 덮지 않는다. 아마도 이런 경우를 의미하는 것 같다. 이것은 곧 사람에 비기면 쌓은 덕을 베풀고 또 베풀어야 한다는 뜻이 된다. 이렇게 우물에 대한 믿음이 있으니 널리 사용될 것이므로 크게 길할 것은 분명하다. 고로 '有孚元吉'이다. '有孚'는 물의 샘이 마르지 않고 물맛도 좋아 널리 사용되는 井에 대한 '믿음'이다.

우물은 길러 올려서 여러 사람에게 이용되는 것으로 공을 삼는다. 그러므로 상괘의 끝에 처한 상육이 좋은 조건이므로 잘 마무리하여 공을 이루었기 때문에 '元吉'이고, 그렇기 때문에 우물의 용도와 가치가 크게 성공했다. 소상전의 뜻이다.

우물은 누구나 쓸 수 있게 만들어 놓았다. 그것을 쓰기위해서는 '繘'과 '瓶'이 필요하다. 이것은 인간이면 기본적으로 갖추어야 하는 덕목에 해당한다. 베풀어주면(繘) 이를 받을 수 있는 자질이(瓶) 있어야 함을 의미한다. 이런 자질이 있는 사람은 받으면 그 만큼 나눌 줄도 아는 사람이다. 井卦는 이 우물을 만드는 과정을 차례로 잇고, 이를 완성하여 이용하는 것으로 효사를 정리했다. 이런 과정과 사람의 수양과정이 묘하게도 일치한다. 처음 시작이 중요하고, 어렵다고 중단하지 말아야 하며, 조금 진척이 있는 것으로는 미물에게나 혜택을 줄 뿐이니 자만하지 말아야 하고, 수양을 끝내도 남에게 베풀어야 그 공이 돌아오며, 그것도 좋은 것을 널리 누구에게나 베풀어야 한다고 했다. 이렇게 덕은 우물처럼 무한한 것이라는 교훈이다. 그래서 덕과 관련이 있는 괘에 대한 언급을 한 「계사 하」에 "井德之地也(우물은 덕의 땅이다)"라 했고, "井居其所而遷(우물은 한곳에서 있어도 베풂은 옮기고)", "井以辨義(우물로써 의리를 두루 미치게 한다)"라고 했다. 서로 베풀고 나누는 것이 인간의 기본적인 덕임을 말하고 있다. 정괘에서는 이렇게 많은 의의를 찾을 수 있으니, 스스로의 교훈으로 삼는 것이 『주역』을 공부하는 목적일 것이다.

䷰ 革 (澤火革)

槪說: '革'은 '가죽 혁, 고칠 혁'이다. 위의 '兌'는 '못' '기쁨', 아래 '離'는 '불' '밝음'이 象이다. 아래에서 불이 위로 오르고 위의 못물이 아래로 흐르니, 불과 물이 만나 펄펄 끓어서 김이 나고 수증기가 생기며 서로의 힘은 소멸되나, 물건을 삶고 익히는 새로운 변화가 일어난다. 이렇게 서로 충돌하여 새로운 변화가 일어나 기존의 것을 고치니 이를 '革'이라 한다. 마치 짐승의 껍질에서 털을 뽑으면 가죽으로 변하듯이 그런 변화가 일어나는 현상이다. 혁이 성공하면 새로운 질서를 모두가 받아드릴 것이니 형통하게 될 것이다. 밝음이 일어나고(下離) 기쁨이 번져가니(上兌) 이는 혁이 성공하는 과정이다. 이런 것들이 괘명 '革'의 뜻하는 바다. 「서괘전」에 "井道不可不革, 故受之以革(우물의 도리는 고치지 않을 수 없기 때문에 혁괘로서 이를 받았다)"라고 했다. 우물은 일정기간 사용하면 한번씩 보수하고 쌓인 오물을 청소해야 하니, 그래서 革卦가 다음 순서에 있게 됐다는 말이다. 또 「잡괘전」에는 "革去故也(혁은 옛것을 버리는 것이다)"라 했다. 한마디로서 뜻을 잘 나타냈다.

이상의 말로서 기존의 것을 고치는 과정과 고친 결과의 영향을 말할 것이라는 것을 상상할 수 있다. 과연 괘효사는 그런 말을 할까?

1. 괘

＊ 革, 己日乃孚, 元亨, 利貞, 悔亡.

혁은, 기일이면 믿으니, 크게 형통하므로, 바르게 하면 이롭게 되어, 후회가 사라진다.

[해설] '己', '已', '巳'가 글자의 형태가 비슷하여 해석이 각각의 뜻으로 번역이 된다. '己'는 天干, '巳'는 地支의 순서에 나오는 것으로 달력의 年月日에 항상 붙어 다니면서 날을 지정할 때 주로 쓰인다. 이 둘 중에는 蠱卦에 '甲', 巽卦에 '庚'의 天干이 쓰였으므로 여기서도 地支인 巳보다는 天干 己를 쓴 것으로 보는 것이 더 합당해 보인다. 그런데 '已'는 우리말 '마치다'의 뜻이 있으므로 '혁의 날을 마치니, 이에 믿고서 따르다'의 의미로도 해석한다. 곧 개혁이나 혁명은 이를 진행하는 과정에서 신구 세력의 혼란만 있다가 마친 후에는 비로소 믿음을 갖게 된다는 뜻이다.

'己'는 10으로 나눠는 天干의 여섯 번째이다. 천간의 중간은 '戊己'인데 무기는 사건의 절정기를 상징한다. 개혁의 시기는 불만이 일정기간 쌓여 절정기에 해야 성공할 확률이 가장 높다. 그래서 '己'가 등장했고, 이렇게 己를 개혁성공의 날을 의미한다고 보면 의미가 통하므로, 원래 판본에 있는 그대로의 '己'로써 해석했다.

그 다음 구들은 개혁을 하면 막혔던 것들이 통하게 되니 '元亨'이라 했고, 개혁이 성공하려면 바른 도를 좇아야 할 것이니 '利貞'이라 했다. 그러면 자연 걱정거리는 사라질 것이므로 '悔亡'을 더 붙인 것이다. 괘사는 성공하는 개혁을 말하고 있다.

＊ 彖曰, 革, 水火相息, 二女同居, 其志不相得, 曰革. 己日乃孚, 革而信之. 文明以說, 大亨以正, 革而當, 其悔乃亡. 天地革而四時成, 湯武革命, 順乎天而應乎人, 革之時大矣哉.

단전에서 말했다. 개혁은, 물과 불이 서로 소멸시키고, 두 여인이 같이 기거해도, 그 뜻을 서로 얻지 못하니, 개혁해야 한다고 이른다. 기일이면 믿는다는 것은, 바뀌어야 한다는 것에 신뢰가 생긴다는 것이다. 문명함으로써 기뻐하니, 크게 형통하고 바르므로, 개혁이 마땅하여서, 후회가 이에 사라진다. 천지의 바뀜이 사계절을 이루듯, 湯武는 혁명을 하여, 하늘에 순순히 따르고 사람에게 응답하였으니, 혁괘의 때가 크도다.

[자구의 뜻] 湯: 끓인 물 탕, 商왕조의 시조 탕. 湯武: 商의 湯王과 周의 武王.

[해설] 단전이다. 먼저 괘명인 '革'의 뜻을 상하 經卦의 卦象으로서 풀었다. '물'은 上兌의 '澤'에서, '불'은 下離에서 나왔다. 물과 불은 서로 소멸시키면서(相息) 변화가 일어난다. '二女'는 上兌의 '少女'와 下離의 '中女'를 말한다. 막내가 위에 있고 차녀가 아래에 있으니 상하의 위치가 바뀌었다. 이를 뜻을 같이 하지 못해(其志不相得) 서로 등진 상태로 보면 이것도 고쳐야 한다. 그래서 괘명이 '革'이 된 것이다.

다음은 괘사를 풀었다. '己日乃孚'는 개혁은 신뢰가 있어야 하는데, 天干으로 셈을 하면 甲日부터 참고 참아왔던 불만이 '己日'에 이르면 더 참을 수 없도록 되니, 이때는 개혁에 대한 신뢰가 생긴다고 본다. 이를 '革而信之'라 했다. 그리고 이어 '元亨, 利貞'의 설명이 이어졌다. 이렇게 믿음이 생겨 개혁이 성공하면 문명사회가 이루어져 기쁨을 누리게 된다. 文明以說이다. 이런 문명사회의 기쁨은 크게 형통하여 바르게 된 것이니 자연 이롭다. 그래서 '大亨以正'이라 했다. '大亨以正'하면 이로운 것은 자명하니 '利'는 생략된 것으로 보면 된다. '元亨'과 '利貞'을 '大亨以正' 한 구로 묶어서 괘사를 나타내면서 '文明以說'하니 '元亨, 利貞'이 된다는 말이다. '文明'은 下離에서, '說'은 上兌에서 나온 상이고, '大'는 '元'의 뜻이다. 이렇게 해서 개혁은 마땅한 것이 되고, 모든 근심걱정은 사라지므로 이에 '革而當, 其悔乃亡'이라 하여, '悔亡'을 이어 붙여 설명한 것이다.

다음은 공자의 철학관으로 마무리 되었다. 자연의 규율은 사계절이고, 계절의 바뀜은 시기가 있듯이 시기에 맞게 개혁해야 성공하니, 이것의 역사적 증명은 夏를 무너뜨리고 商을 세운 湯과, 商을 무너뜨리고 周를 세운 武王에게서 볼 수 있다. 이들은 '天' 곧 자연의 규율인 절기가 바뀌듯이 민심이 개혁을 바랄 때 혁명을 하여 성공했다. 그러니 혁명의 때가 크다고 찬탄했다. '天地革~'이하 구절의 의미이다.

* 象曰, 澤中有火, 革. 君子以治歷明時.

상전에서 말했다. 못 속에 불이 있음이 혁괘이다. 군자가 이를 보고서 역법을 제정하여 때를 밝힌다.

[자구의 뜻] 歷: 지날 력, 달력 력(曆과 통용). 治歷: 역법을 제정함.

[해설] 上兌에서 '澤'이, 下離에서 '火'가 나왔다. 그런데 '澤下'가 아니고 '澤中'이다. 이렇게 함으로써 못이 변하는 것이 아니고 못 속의 물과 불이 새로운 변화를 일으킨다는 뜻이고, 이것이 '革卦'라는 말이다. 이는 인간의 기본 생활은 유지하되 잘못된 것만 바꾼다는 의미가 된다. 군자가 이를 관찰하니 물의 양과 불의 강도로 변화에 차이가 있고 이용에도 차질이 있음을 알게 된다. 이런 것이 寒暑의 차이에 의한 계절의 변화가 인간생활에 영향을 미치는 것과 같음을 알고, 백성들의 생활에 중요한 때의 변화를 기록하는 역법을 수정하여 고치고 바

로잡는 것이다.

'治歷明時'란 역법을 수정 보완하여 一년의 절기를 다시 잡는다는 의미이다. 농경생활에서는 절기에 따라서 오곡을 심고 수확했으니 만민의 기본 생활패턴이 이 歷이었다. 또한 왕조가 바뀌면 새 세상의 규범으로 이 역법을 바꾸어 공포했다. 새 세상에 새 질서로서 그들의 타당성을 홍보한 것이다. 여기 '君子'는 정치지도자이다.

2. 효

*** 初九, 鞏用黃牛之革.**
象曰, 鞏用黃牛, 不可以有爲也.

초구, 황소의 가죽으로써 묶였다.
상전에서 말했다. 황소의 가죽으로써 묶였다는 것은, 공을 이룰 행위가 있을 수 없는 것이다.

[가구의 뜻] 鞏: 묶을 공, 단단할 공. 有爲: 함이 있음, 공을 이룰 행위가 있음.

[해설] 初九 효사와 소상전이다. 초구는 가장 아래에 있으면서 위로 정응이 없다. 지위도 낮고 위에서 밀어주는 사람도 없는데 개혁하겠다고 하면 실패하기 십상이다. 이럴 때는 마음을 굳게 먹고 때를 기다리는 것이 최상이다. 그는 굳센 剛으로 정위했고, 유순 중정한 六二가 곁에 있다. 이는 육이가 '己日'에 거행하자고 적극 말리는 상황과 통한다. 이런 상태의 표현이 '鞏用黃牛之革'이다.

'鞏用黃牛之革'의 '革'은 괘명을 그대로 따왔으나 의미는 '가죽'이다. '黃牛'의 '黃'은 황색인데 황색은 흙색이고 중앙을 의미하며, '牛'는 유순한 동물이다. 黃字가 들어갈 수 있는 효는 상하괘의 중앙인 二와 五에 있다. 여기 초효에 이 황 자가 있는 것은 육이를 말하고 있기 때문이라고 본다. 육이는 중앙에 있으면서 음으로 유하니, 유순한 동물인 소에 비겨 '黃牛'라고 했다. 그리고 가죽은 몸을 둘러싼 껍질에서 나오는 것이니 '黃牛之革'은 육이의 바깥에서 육이를 둘러싸고 있는 초구와 구삼에 비유할 수 있다. 그래서 '黃牛之革'이 등장했는데, 초구가 육이에게 묶였다는 뜻이다. 黃牛之革'은 遯卦 육이에서도 쓰였는데, 하고자 해도 할 수 없는 상황이 같다.

소상전의 '黃牛之革'은 '鞏用黃牛之革'의 생략형이고, 뜻은 초구가 상황인식을 잘 하여 행동하지 않는다는 것이다.

＊ 六二, 已日乃革之, 征吉, 无咎.
象曰, 已日乃革之, 行有嘉也.

육이, 기일이면 이에 개혁하니, 가면 길하고, 허물이 없다.
상전에서 말했다. 기일이면 이에 개혁한다는 것은, 행하면 아름다움이 있기 때문이다.

[해설] 六二 효사와 소상전이다. 육이는 離 '文明'의 주효이고 중정의 덕을 갖추었으며, 위로 중정한 九五 임금과 정응이고, 아래위에 친비가 있다. 이런 최상의 조건은 기다리던 '已日'에 해당하고, 이런 때 개혁하고 혁명하는 것이니 '已日乃革之'이다. 그러므로 이런 때 개혁을 추진하면 성공할 것이므로 '征吉无咎'인 것이다. 離는 '文明'과 '日'이 象이다. 육이는 이 괘의 주효이면서 중앙에 자리 잡고 있으니 바로 '日中'이고 이를 지나면 날이 기울어지니, 개혁은 이때 시작하는 것이라고 尙秉和는 말했다.

소상전에서는 '已日'에 혁명을 하면 아름다운 결실이 있다는 뜻으로 '行有嘉也'라 했다. '嘉'에는 '경사스럽다'는 뜻도 있다.

＊ 九三, 征凶, 貞厲. 革言三就, 有孚.
象曰, 革言三就, 又何之矣.

구삼, 밀고 나가면 흉하고, 바른 것도 위태하다. 개혁의 말이 여러 번 따라 다녀야, 믿음이 있게 된다.
상전에서 말했다. 개혁의 말이 여러 번 따라다니니, 또 어디로 가겠는가.

[해설] 九三 효사와 소상전이다. 이 효사를 개혁이 진행되는 단계로 보는가? 아니면 개혁의 시기를 탐색하는 단계인가? 대체로 개혁의 시기를 저울질하는 단계로 보고 있으나 이렇게 되면 六二의 최상의 조건에서 개혁을 시작한 것과 충돌이 생기니 옳지 않다. 이미 개혁이 진행되는 단계로 보아야 한다.

구삼은 剛이 강위에 있으니 정위했고, 위로 上六과 정응, 아래 육이와 친비이니 역시 조건이 좋은 상태이나, 지나치게 자신감에 차 있을 우려가 있다. 離卦 '불'의 끝이니, 불길의 끝은 움직임이 심하고, 강이 강위에 있으니 밀고 나가는 상이다. 이 때문에 혁명의 진행이 망쳐질 우려가 있다. 이를 경계하여 '征凶, 貞厲'라 했다.

원래 혁명은 신구 세력의 갈등 속에 일어난다. 그렇기 때문에 혁명 후에도 서민들에게는 문물제도를 답습하게 하면서 서서히 바꾸었다. 백성들의 생활을 불편 없이 살게 해야 덜 혼란스럽기 때문이다. 이렇게 혁명한 후의 처음은 항상 혼란하고 위태함이 있다. 하나하나 개혁이 진행 중인 상황에서는 '征凶, 貞厲'가 되는 것이다.

개혁은 개혁에 관한 말이 여러 번 돌거나 돌도록 이끌면서 고쳐나간다. 그러면 개혁의 타당성에 대한 믿음이 생기는 것이다. 이를 '革言三就, 有孚'라 했다. '三'은 '많다'는 뜻. 5・16 때 새벽종을 울린 이유가 이런 것에 연유한다. '革言'을 '혁명을 의논하는 말'이나, '백성들이 혁명을 바라는 말'로 보고 혁명의 준비단계로 전체를 해석하기도 한다. 여기서는 하나하나의 개혁이 진행 중에 생기는 '革言'으로 보았다.

소상전에서는 결국 개혁이 잘 진행될 수밖에 없음을 나타낸 말이다. 곧 사람들의 입에 혁명의 타당성에 관한 말이 자주 오르내리니 개혁이 잘 진행되어가지 어디로 가겠는가라는 뜻이 '又何之矣'이다.

*** 九四, 悔亡, 有孚改命, 吉.**
象曰, 改命之吉, 信志也.

구사, 후회가 사라지면서, 믿고 옛 명령을 바꾸니, 길하다.
상전에서 말했다. 옛 명령을 바꾸니 길하다 함은, 뜻을 펼친 것이다.

[해설] 九四는 하괘에서 상괘로 바뀌었으니, 개혁이 진행되면서 이제는 완전히 자리 잡을 시기에 도달했다. 효사의 뜻은 그런 시기에 적합한 문장이다.

구사는 양이 음자리에 있으니 不正位이고, 정응・친비도 없다. 이런 조건에도 혁명의 완성을 이루는 것은 그 때에 있다. 구사가 위치한 곳이 불과 물이 맞붙어 있는 지점이므로 변화가 가장 먼저 이루지는 곳이고, 그 변화는 '기쁨'을 뜻하는 上兌의 변화이니 일의 완성을 기뻐하는 위치인 것이다. 그러므로 不正位이기 때문에 있었던 '悔'가 사라지고, 이제는 모두가 믿고 옛 것을 고쳐주니(有孚改命) '吉'한 것이다. '改命'의 '命'은 전 왕조의 명령이며 아직 남아있는 구시대의 율법을 말한다.

이렇게 명령이 개혁되고 혁명의 완성을 보았으니, 혁명한 뜻이 완전히 펼쳐진 것이다. 이런 뜻을 소상전에서 밝힌 것이 '信志也'이다. '信'은 '伸'과 통용되었다.

*** 九五, 大人虎變, 未占有孚.**
象曰, 大人虎變, 其文炳也.

구오, 대인이 새롭고 아름답게 변화시키니, 점을 치지 않아도 믿음이 있다.
상전에서 말했다. 대인이 새롭고 아름답게 변화시킨다는 것은, 문명이 빛남을 말한다.

[자구의 뜻] 虎變: 호피무늬처럼 여러 빛깔이 어울려 아름답게 빛남. 시의에 맞게 새롭게 고쳐 환히 빛남의 비유. 炳: 밝을 병, 뚜렷할 병, 불 밝힐 병.

[해설] 九五 효사와 소상전. 구오의 시점은 혁명이 완성된 후 천하에 문명의 세계가 빛을 발하는 시기이다. 효사는 이에 맞는 표현이다. 구오는 강으로 중정한 덕을 가진 임금이니 대인의 상이고, 아래로 정응 六二가 호응하고 있다. 이미 九四에서 혁명의 완성을 보았으니, 구오의 인품과 조건이라면 혁명 후의 문명이 찬란히 빛나게 할 수 있을 것이다. 이를 호랑이에 비겨 나타낸 표현이 '大人虎變'이다. 호랑이는 강하고 빠르며 계절에 따라 털갈이를 하여 아름다움을 유지하는 외형을 갖고 있다. 이런 것에서 시의 적절하게 변화시켜 빛나게 한다는 뜻으로 '虎變'을 썼다.

이렇게 되는 중요한 원인은 구오의 인품과 지위가 믿음을 주기 때문이니 점을 칠 필요가 없다. 그래서 '未占有孚'라고 한 구를 더 붙였다.

소상전 '其文炳也'의 '文'은 호랑이에게는 '무늬', 인간에게는 '文明'의 文이다. 결국 문명세계를 말하는 것이니 단전의 '文明以說'이다.

* **上六, 君子豹變, 小人革面. 征凶, 居貞吉.**
象曰, 君子豹變, 其文蔚也, 小人革面, 順以從君也.

상육, 군자는 표범처럼 변했고, 소인은 안색만을 바꾸었다. 밀고 나가면 흉하고, 바르게 살도록 하면 길하다.

상전에서 말했다. 군자가 표범처럼 변했다 함은, 문명을 성하게 한 것이고, 소인은 안색만을 바꾸었다는 것은, 임금을 좇는 것에는 순하게 했다는 것이다.

[자구의 뜻] 豹: 표범 표. 蔚: 모호(제비 쑥) 위, 성한 모양 위. 답답할 울.

[해설] 上六 효사와 소상전이다. 상육은 革卦의 끝에 이르렀고, 兌 '悅'이 극한 상태다. 개혁성공의 '기쁨'이 다한 상태에서는 개혁으로 이끌어낸 성과에 차별이 있게 된다. 이 때 크게 두 부류로 나누어지니 만족하는 부류와 이에 미치지 못하는 부류이다. 곧 군자는 표범이 털갈이하여 무늬가 확 바뀌어 윤이 나듯이 완전히 문명세계에 적응하고 이바지하지만, 소인들은 얼굴빛만 바꾸고 속마음은 숨긴다. 상육의 시기에는 이 두 부류의 집단에 본색이 드러나게 된다. 이런 뜻을 나타낸 것이 '君子豹變, 小人革面'이다. 이런 때는 그냥 밀고 나가면 안 된다. '征凶'이다. 모두가 바르게 살아가도록 이끌어야 한다. '居貞吉'이다. 다행히 상육은 음이니 안정을 바랄 것이고, 정위했으니 바르게 처신할 것이다. 아래로 九三과 정응이므로 개혁한 현재의 제도를 지키고 유지하려 할 것이다. 곧 '居貞吉' 할 것이다.

혁괘라는 시대상황 아래에서 상육의 '때'가 되면 군자와 소인의 행위가 구별된다는 뜻이고,

'征凶, 居貞吉'은 占辭임과 동시에 상육의 상황에 처한 사람들의 일반적인 형태가 두 부류로 나누어지니 잘 이끌어야 한다는 것이다.

소상전의 풀이는 군자는 문명세계가 더욱 성해지도록 노력해 왔다는 뜻이고, 소인들은 겉으로는 임금의 명령에 순순히 좇았다는 뜻이다.

대체로 효사의 진행상황이 井卦와 닮았다. 개혁 혹은 혁명은 일정한 시간이 경과돼야 그 효과를 누릴 수 있음을 말하고 있다. 그러므로 그 때에 처한 위치에 따라 사람들의 행위도 달라진다. 初九는 참고 있어야 하고, 六二는 개혁의 적기를 맞았고, 九三에서는 개혁의 성과는 시간이 필요함을 경계시켰고, 九四에서야 개혁의 완결을 보게 되고, 九五에서는 개혁을 토대로 문명세계를 만들며, 上六에서는 재점검의 필요성을 은근히 보여 주고 있다. 그리고 革이란 결코 혼자 이루어지는 것이 아니다. 正應과 親比가 있는 六二에서 적기인 '己日'이 됨이 그것이다.

현대의 민주주의제도 아래에서는 한 사람이 길게는 8년만 권력의 정상에 있도록 하는 규정을 따른다. 이런 제도는 묘하게도 일반인들이 싫증을 내는 기간과 아주 근접한 것 같다. 우리의 현대사는 이런 기간을 넘긴 대통령은 모두 혁명에 의한 단죄를 받았다. 국민 대부분은 그들의 통치에 싫증을 내고 새로운 사람을 원했기 때문이다. 그리고 그 혁명의 시기는 '己日'에 해당했음인지 모두 첫 단계는 성공했다. 그런데 구오와 같은 대인이 없었기 때문인지 문명세계를 만들지는 못했다. 그 만큼 대인의 덕을 갖추기가 쉽지 않는가 보다.

반드시 혁명이 아니라도 새로운 정권이 들어서면 '治歷明時' 하려는 잔재가 남아 있다. 역법을 고치는 것은 아니지만 새로운 법과 규정을 만들어 이에 맞도록 패턴을 바꾼다. 어떤 때는 헌법을 고치기도 한다. 금융실명제도와 군의 개혁, 남북정상회담, 과거사정리, 그리고 대북태도의 변화 등도 모두 이런 범주에 속한다고 보아야 한다. 현대의 정치가는 무엇이 문명사회로 가는 규범인지를 심각히 고려하여 옛 治歷明時를 오늘에 맞게 되살려야 할 것이다. 김대중과 노무현 정권의 진보세력이 단행한 개혁들 중의 남북관계에 대한 조치도 시간이 더 흘러야 그 성과와 평가가 이루어질 것이지만, 금강산과 개성 관광이 중단되는 것을 보면 때를 잘 택했다고 하기가 힘들 것 같다. 더 유의해 보는 것도 흥미로운 일이다.

䷱ 鼎 (火風鼎)

概說: '鼎'은 '솥 정'이다. 솥은 삶고 쪄서 음식물을 만드는 기구이다. 재료를 배합하고 각종 맛을 내는 고추·마늘·파 등을 넣으면 전혀 새로운 맛의 음식물이 만들어진다. 여기서 새로운 것을 만드는 기구로 인식된다. 괘의 象으로써 뜻을 새겨 보면, 下巽은 '木' '入'이고

上離는 '火'이다. 밑에 나무를 넣으니 불이 붙어 오른다. 이것은 솥에 불을 때어서 物을 삶고 끓이는 현상과 같다. '鼎'의 상이다. 그리고 '鼎'은 중국 고대의 夏나라 禹임금이 九州의 쇠를 모아 솥을 만들어 왕권을 잇는 보물로 삼은 것에서 왕권의 상징으로도 여겼다.

鼎卦(䷱)의 형태가 솥과 닮았다고 한다. 아래 初六은 솥의 다리(足), 가운데 二 三 四의 陽爻는 솥 안에 物이 채워진 배(腹), 六五는 솥의 귀(耳), 上九는 솥귀에 꿰어서 들어 올리는 기구(鉉현)로 보면 솥의 상이 된다. 괘의 형상으로 이런 설명을 한 사람은 程頤와 朱熹, 淸初의 毛奇齡 등 다수가 있다. 그런데 이 중에서 '鉉'의 뜻을 솥귀에 달린 '고리', 옮기기 위해 붙어 있는 '줄', 혹은 양쪽 귀에 꿰어서 옮기는 '막대'라고 번역을 한다. 어떤 것인지 확실치 않지만 육오가 '귀'라면 이 귀에 걸어서 솥을 옮기는 기구인 '막대'라고 보고 싶다. 丁若鏞과 중국의 于省吾가 이렇게 말했고, 양으로 가로질러 있으니 '막대'가 어울려 보인다. 그런데 왜 솥뚜껑으로 보지는 않았는지 궁금하다. 옛날의 솥은 뚜껑을 따로 만들지 않고 필요할 때 적당한 것을 덮었는지 모르겠다.

「서괘전」에는 "革物者莫若鼎, 故受之以鼎(물건을 개혁하는 것은 솥만 한 것이 없다. 그러므로 이를 정괘로 받았다)"라고 했고, 「잡괘전」에는 "鼎取新也(정괘는 새것을 취하는 것이다)"라 했다. 모두 솥의 쓰임을 강조한 말이다. 그럼 과연 괘효사는 어떻게 꾸며져 있는지 보자.

1. 괘

* 鼎, 元吉, 亨.

정괘, 크게 길하고, 형통하다.

[해설] 괘사이다. 솥을 쓰는 때를 생각하면 이해하기 어렵지 않다. 솥은 재료들이 서로 합치고 통해서 음식이나 물건이 만들어지니 목적한 바가 이루진다. 그러니 크게 길하고 형통하다. 좀 더 직접적으로 표현하면 솥은 음식을 만들어 먹고 마시니 吉하고, 배부르니 만사가 서로 통한다. 그래서 '元吉'하고 '亨'한 것이다.

그런데 솥이 바로 '吉'로 연결되는 것은 좀 자연스럽지 못하다. 솥의 하는 일이 끓이고 삶는 일이다. 이 일은 원하는 물건을 새로 만들기 위한 일이니 대체로 吉이 되겠지만, 반드시 길일 수는 없다. 음식도 만들다가 실패할 수도 있고, 음식을 먹었다고 모두 길로 귀착된다고 볼 수도 없다. 여기서 이 吉이 문제를 일으킨다. 특히 단전에서도 吉을 뺀 '元亨'이라고 했으므로, 程頤와 朱熹는 '吉'을 衍文으로 보았다. 그러나 넓게 보면 대체로 길하고 형통하므로, 있는 글자를 잘 못 들어간 것으로 볼 수 없다는 생각에 그대로 해석했다.

64괘 중에 실물로 괘 이름이 된 것은 井卦와 이 鼎卦이고 괘사가 大有卦의 '元亨'과 거의 같으면서 간단한 것이 닮았다.

＊ 彖曰, 鼎, 象也, 以木巽火, 亨飪也. 聖人亨以享上帝, 而大亨以養聖賢. 巽而耳目聰明, 柔進而上行, 得中而應乎剛, 是以元亨.

단전에서 말했다. 정은, 상징적인 것이니, 나무가 불을 순하게 좇아서, 삶고 익히는 것이다. 성인이 삶아서 그것으로 상제에게 제사를 올리고, 많이 삶아서 그것으로 성인과 현인을 기른다. 공손하면서 이목이 총명하고, 부드러운 것이 나아가 위에서 행하는데, 중심을 얻고 굳센 것으로부터 응함을 받으니, 이로써 크게 형통하다.

[자구의 뜻] 飪: 익힐 임. 聰明: 귀와 눈이 밝음. 재주가 있고 영리함.

[해설] 괘사를 푼 단전이다. 먼저 괘명 '鼎'을 해석했다. 鼎이란 나무가 불을 일으켜 삶고 익히는 것을 상징하는 것이라 했다. '以木巽火'는 나무가 불타고 있는 것을 표현한 말이다. '巽'의 뜻을 '좇다'로 하면 된다. 이것이 괘명 '鼎'이라는 말이다.

삶고 익혀서 무엇에 쓰느냐? 먹고 기르는 것이다. 이 중 가장 중요하고 으뜸인 것이 상제에게 제사지내고 성현을 양성하는 것이다. 그래서 이어 '聖人亨以享上帝, 而大亨以養聖賢'이라고 했다. 솥의 용도 중 최고의 가치로서 鼎卦의 뜻을 펼쳤다. 이 구절에서의 '亨'은 둘 다 '烹(삶을 팽)'의 뜻이다. 그리고 상제에게 제사를 드릴 때는 정성을 기본 바탕으로 하므로 '特牲생(제사에 쓰는 한 마리의 희생)'으로 송아지 한 마리면 되고, 성현을 양성하는 데는 많은 사람에게 여러 번 좋은 음식을 대접해야 하니 '太牢뢰(연회나 제사에 소, 양, 돼지의 세 희생을 모두 갖추는 일)'로 소, 양, 돼지의 三牲이 요구된다고 한다. '亨'과 '大亨'의 차이를 둔 이유다.

그리고 괘사의 '元亨'을 해석했다. '巽'은 하괘, '耳目聰明'은 상괘 離의 '明'에서 나온 象이다. 離는 '불'이고 '태양'이니 여기서 '밝음'을 이끌어낼 수 있고, '耳目聰明'은 '지혜로운 사람'을 말하니 '밝음'과 통한다. 상으로 밝히기를 좋아하는 사람은 離는 '目'이고, 初爻에서 주효인 五爻까지가 '坎'이 되므로 감에서 '耳'를 찾아내기도 한다. 이어 六五인 유효가 임금의 자리에서 중덕을 얻고 있으면서 아래 九二의 강효와 상응하므로 이를 '柔進而上行, 得中而應乎剛'이라 했다. '柔進'이란 아래의 낮은 자리에 있어야 할 유가 위로 진출해 있다는 뜻이다. 이를 卦變으로 풀이하는 사람은 革卦(䷰)의 육이가 올랐다고 보기도 하고, 巽卦(䷸)의 六四가 올랐다고 보기도 하는데, 꼭 이렇게 괘변으로 보지 않아도 된다. 그리고 괘변으로 풀이할 때는 '上行'을 '위로 가다'로 번역한다. 어떻든 부드럽고 중덕을 가진 총명한 임금이 강력하면서 중덕을 갖춘 겸손한 신하와 힘을 합치니 '元亨'하다는 말이다. 元亨하면 자연 '吉'이 되기 때문인지 吉은 빠졌다. '元吉, 亨'을 결합해서 '元亨'으로 줄였겠지만 좀 이상한 면도 있으니, 程

頤와 朱熹가 괘사에서의 '吉'을 衍文으로 본 것 같다.

* **象曰, 木上有火, 鼎. 君子以正位凝命.**

상전에서 말했다. 나무 위에 불이 타고 있는 것이 정괘다. 군자가 이를 보고서 자리를 바로하고 명령을 공고히 한다.

[해설] 대상전이다. 나무가 타서 불이 붙고 있는 모습이 鼎卦라 했다. 물론 '木'은 下巽, '火'는 上離의 象이다. 이 솥의 모양과 하는 일을 관찰하니, 안정감이 있게 서 있으면서, 음식재료를 요리로 만들어내는 것을 보게 된다. 여기서 군자는 솥처럼 자리를 반듯하게 바로잡고, 부여된 명령을 실행에 옮겨 음식처럼 완성해내는 것이다. '君子以正位凝命'은 이런 뜻이다. '凝'의 '엉기다'를 '이루다' '실행하다'로 번역하기도 한다. 여기서는 거듭 챙겨 보아 '단단히 하다'는 뜻을 취해 '공고히 하다'로 번역했다. '命'은 윗사람의 명령이기도 하고, 하늘이 부여한 '天命'이기도 하다.

2. 효

* **初六, 鼎顚趾, 利出否, 得妾以其子, 无咎.**
象曰, 鼎顚趾, 未悖也, 利出否, 以從貴也.

초육, 솥이 발이 뒤집혀져, 오물을 쏟아내니 이롭고, 첩으로써 그 자식을 얻으면, 허물이 없다.
상전에서 말했다. 솥이 발이 뒤집혀졌어도, 잘못된 것은 아니고, 오물을 쏟아내니 이롭다는 것은, 귀함을 좇는 것이다.

[자구의 뜻] 悖: 어그러질 패, 잘못할 패. 성한 모양 발.

[해설] 일의 진행은 간혹 잘못된 것이 오히려 도움이 되는 경우도 있다. 효사가 그런 경우를 나타내고 있다. 솥은 바르게 서야 하는데 뒤집혀지고, 원만한 가정에는 정처만 있는데 여기는 첩이 있다. 그런데 뒤집힌 솥에서 옛 음식의 찌꺼기가 나오고, 첩에서 아들을 얻어 가계를 잇는다면 이것은 새로운 미래를 여는 것이니 나쁜 것만은 아니다. 효사는 이런 뜻을 새겼다. '利出否'의 '否'는 '惡也'이니 찌꺼기 등의 오물의 뜻으로 보면 된다. '得妾以其子'의 '以'를 '與也'로 보고 '첩과 그 자식을 얻다'로 번역을 하기도 하나, 이것은 마치 初六이 첩과 자식을 얻는 것으로 볼 수도 있으므로, '~로써'로 하여 첩이 되어 자식을 얻은 것으로 보아야

한다.

초육은 솥의 제일 아래이니 솥의 발에 해당되고, 정위가 아니니 제대로 서 있는 것이 못된다. 더욱 위로 九四와 正應이고, 九二와 親比이므로 발이 위로 향하고 있는 모습을 연상하여 '顚趾'라 했다. 그리고 정응과 친비의 좋은 조건을 솥이 뒤집어져도 좋은 상태인 것으로 나타냈는데, 이것이 오물을 쏟아낸 것으로 설명을 했다. 이런 경우와 비슷한 것을 人事에 비긴 것이 '得妾以其子'이다. 음으로 가장 아래에 있으므로 下賤하여 정실이 아닌 '妾'에 해당시켰다. 상대인 남자를 혹자는 구이로, 혹자는 구사라고 한다. 확실하지는 않지만 함께 살면서 자식을 생산하는 단계는 정응인 구사가 더 가까울 것 같다. 구이 효사에서는 같은 하괘의 초육을 '有疾'이라 하여 만나지 않는 것으로 되어 있고, 구사에는 '鼎折足'이 나오니 서로 통한다. 초육 효사가 의외로 재미있게 표현됐다.

소상전 '未悖也'의 '悖'는 '어그러지다'의 뜻이니 '완전히 망친 것이 아니다'는 의미이고, '以從貴也'는 찌꺼기를 쏟아내고 새로운 음식을 만드는 귀한 일을 하게 된다는 뜻이면서, 위의 귀한 분인 구사를 좇는다는 뜻이기도 하다.

* 九二, 鼎有實. 我仇有疾, 不我能卽, 吉.
象曰, 鼎有實, 愼所之也. 我仇有疾, 終无尤也.

구이, 솥에 실물이 있다. 내 짝은 병이 있으므로, 내게 다가서지 못하니, 길하다.

상전에서 말했다. 솥에 실물이 있음은, 갈 바를 신중히 해야 한다. 내 짝이 병이 있다는 것은, 끝내 허물이 없다는 것이다.

[자구의 뜻] 仇: 짝 구, 원수 구. 술을 떠낼 구. 尤: 더욱 우, 허물 우.

[해설] 九二부터는 솥의 속에 해당한다. 음은 '虛'고 양은 '實'이 된다. 구이는 양이니 實이고, 이것은 안에 실물 즉 음식이 있다는 뜻이다. 그래서 '鼎有實'이다.

다음 句의 '仇'는 '원수'로 보는 것 보다 '짝'으로 보는 것이 더 타당하다. 그것은 정응인 六五나, 친비인 初六 중의 하나인데 이들을 '원수'라고 하기엔 적당치 않기 때문이다. 그리고 '卽'은 '나아가다'의 뜻이니 병이 있는 사람은 움직일 수 없으므로, 병이 있는 상대가 나에게로 오지 못한다는 뜻이다. 육오는 九四 剛을 타고 있으므로 그것이 병이라고 보고, 초육은 솥이 뒤집혀졌기 때문에 그것이 병이라고 본다. 초육과 육오 중에서 초육으로 보았다. 구이는 음식(實)을 정응인 육오와 더 나누고 싶을 것이다. 그런데 중덕이 있으므로 친비인 초육이 마음에 걸린다. 이럴 때 마침 초육이 넘어진 상태가 정상이 아니니 병이고, 넘어져 있으니 다가올 수 없는 것이다. 그리고 구이와 육오가 서로 도우고 협력해야 괘사의 '元吉亨'이 될 것이니, 결과적으로 정응인 육오에게로 가는데 장애가 없게 된 것이다.

소상전의 '愼所之也'는 안에 음식이 있는 솥은 음식물이 쏟아지지 않도록 신중을 기해 옮겨야 한다는 뜻이면서, 동시에 음식물은 성현을 기를 수 있도록 정성을 다해 신중히 쓰도록 해야 한다는 뜻도 된다. 그리고 짝이 병이 있는 것이 오히려 허물없게 됐다는 말이 이어지니, 성현을 기룰 수 있게 된 것이다.

* **九三, 鼎耳革, 其行塞, 雉膏不食. 方雨虧悔, 終吉.**
象曰, 鼎耳革, 失其義也.

구삼, 솥귀가 변하여, 그 옮김이 막혔으니, 기름진 꿩고기를 먹지 못한다. 바야흐로 비가 와서 후회가 줄어들 것이니, 마침내 길하다.
상전에서 말했다. 솥귀가 변했음은, 그 도리를 잃은 것이다.

[자구의 뜻] 塞: 변방 새. 요새 새. 막을 색. 雉: 꿩 치, 담 치.

[해설] 九三 효사와 소상전이다. '鼎耳革, 其行塞'은 음식을 삶은 후에 솥을 먹을 장소로 옮겨서 차려 먹어야 할 것인데, 솥의 귀에 변화가 있어서 옮길 수가 없는 것을 말한다. 왜 그렇게 됐는가? 구삼은 솥의 배에 해당하는 위치이면서 양으로 實이니 솥에 음식이 있는 상태다. 동시에 下巽의 꼭대기이니 세찬 '바람'이고, '나무'의 끝이며 바로 위에는 離의 '火'가 있다. 바람이 불어 나무가 끝까지 다 탔다. 이렇게 불이 너무 성해 솥의 귀인 육오도 뜨거울 것이다. 그러니 막대인 上九를 솥의 귀에 끼울 수 없는 상태인 것이다. 이상은 明代 중엽 來知德의 "應與木火之極, 烹飪太過, 故有耳革行塞(나무와 불이 함께 응해 극이 되어, 삶고 익히기를 지나치게 하였으므로, 귀가 변해서 옮김이 막혔다)"라고 한 것에 연유한 설명이다. 이런 來知德의 설명은 다음에 이어지는 '雨'와 연결하면 이해하기가 더 편하고 자연스럽다. 대체로 강이 강위에 자리하여 너무 강하므로 '鼎耳革'이 됐고, 정응도 친비도 없으므로 '其行塞'이 됐다고 설명을 한다. 또 '鼎耳'는 六五인데, 육오 임금이 구삼을 알아주고 등용해야 할 것인데, 아무런 관계도 아니므로 등용하지 않으니, 육오 '鼎耳'의 생각이 변해져 있고(革), 그로인해 행동이 막혔다(其行塞)고 설명을 하기도 한다.

구삼이 巽體의 윗자리이니 맛있는 음식이 되어야 하므로 '雉膏'로 나타냈다. 구삼이 변하면 二 三 四의 互卦가 '離'가 되고 離는 '雉'의 象이 있으므로 음식 중에서도 꿩이 등장했다. 솥 속의 맛있는 꿩고기도 옮기지 못하니 먹지 못하는 것이다.

이어진 다음 구는 뜨거운 것을 식혀 줄 비가 오면 후회가 줄어들게 되고, 끝내는 먹을 수 있게 되어 길하다는 뜻이 '方雨虧悔, 終吉'이다. 인사로서 풀이하면, 구삼은 정위하고 공손한 巽體의 윗자리에 있으므로 제자리를 지켜 기다리고 있을 수 있고, 그러면 후에 육오 임금이 알아주고 등용한다. 이는 음양이 화합한 것이므로 비가 오게 되어 마침내 길하게 된다는 풀이가 된다.

'雉膏'의 '膏'는 '기름지다, 살찌다', '虧悔'의 '虧'는 '줄어들다'의 뜻이다.

소상전 '失其義也'의 '義'는 '마땅한 도리'의 뜻으로 풀면 된다.

＊ 九四, 鼎折足, 覆公餗, 其形渥, 凶.
象曰, 覆公餗, 信如何也.

구사, 솥이 다리가 꺾여, 공의 음식이 엎질러져, 그 몸이 젖었으니, 흉하다.
상전에서 말했다. 공의 음식이 엎질러졌으니, 믿음이 어떻겠는가?

[자구의 뜻] 覆: 뒤집힐 복, 덮을 부. 餗: 국 속, 솥 안의 음식 속. 形: 형상 형, 몸 형, 형벌 형(刑也). 渥: 젖을 악, 두터울 악. 담글 우. 무겁게 벌할 옥(剭也).

[해설] 九四 효사와 소상전. 구사는 솥에 든 음식인 二 三 四爻 중 제일 위에 있으니 가득 찬 상태고, 이미 다리가 뒤집힌 初六과 정응이니 솥 다리가 꺾여 음식이 엎질러졌다. 이를 '鼎折足, 覆公餗'이라 했다. 대신의 자리에서 모두에게 고르게 베풀어야 할 처지가 中을 지나고 정위하지 않았기 때문에 오로지 정응인 初六에게만 신경을 쓰다가 '鼎折足, 覆公餗'이 되고만 것이다. '覆公餗'의 '公'은 鼎의 세 다리를 三公에 비유하므로 '公'이 등장했는데, 바로 구사의 지위를 지칭한 것으로 보는 것이 좋을 것 같다. 혹자는 六五 왕이라고 보기도 한다.

문제는 '其形渥'에 대한 해석이다. '形渥'을 솥이 엎질러져 사람의 형상이 흠뻑 젖게 된 것으로 보는 것과 '刑剭옥'과 통용됐음을 들어 '형벌'로 보는 것의 둘로 나누어진다. 솥이 엎질러진 것으로 보면 구사의 효사이니 젖게 된 사람은 구사 자신일 것이다. 만약 형벌로 본다면 '公'은 王公으로 보고 육오의 음식을 구사가 쏟아서 벌을 받는 것이 될 것이다. 곧 구사 자신이 음식을 쏟아서 자기 몸이 젖었느냐, 구사가 왕의 음식을 쏟아 왕으로부터 벌을 받는 것이냐의 문제이다. 고대와 현대의 쟁쟁한 사람들이 이 둘 중의 하나를 택하니 어느 것이 더 옳다고 하기 어렵다. 백서주역에서도 '刑屋옥(屋과 剭은 역시 통용됐다)'이라 썼다. 여기서는 '剭'의 형벌이 '집에서 죽이는 형벌'이므로 너무 지나치다는 생각과, 구사의 지위가 公의 지위에 더 맞는다고 생각했고, 만약 왕의 음식이면 육오 효사에서는 먹지 못하는 상태로 표현이 될 법한데 그렇지가 않아서 전자를 취했을 뿐이다. 그런데 이 두 경우가 모두 '凶'이 되는 것은 틀림없다.

소상전에서는 '信'이 상실됐기 때문에 모든 것이 일어났다는 것을 반문의 형태로 나타낸 것이다.

「계사 하」에 이 효사에 대해 공자가 한 말이 있다. "子曰, 德薄而位尊, 知小而謀大, 力小而任重, 鮮不及矣. 易曰, 鼎折足, 覆公餗, 其形渥, 凶, 言不勝其任也(공자가 말했다. 덕은 박한데

지위는 귀하고, 지식은 적은데 꾀하는 것은 크고, 힘은 적은데 임무는 중하면, (악에)미치지 않는 것이 드물다. 역에서 말한, 솥이 발이 꺾여 공의 음식이 엎질러져, 그 몸이 젖어 흉하다는 것은 그 임무를 이기지 못한 것을 말한다)"

정위하지 않은 강이 높은 지위에서 욕심만 부리면 '凶'이 된다는 것을 이 효로서 설명을 한 것이다.

* 六五, 鼎黃耳, 金鉉, 利貞.
  象曰, 鼎黃耳, 中以爲實也.

육오, 솥의 누른 귀에, 쇠막대도 있으니, 바르게 하면 이롭다.
상전에서 말했다. 솥의 누른 귀는, 중심에서 실질을 이룬다는 것이다.

[해설] '鉉'은 솥을 들어 올리는 막대기를 말하는 것으로 이미 말했다. 六五는 상괘 中을 차지하고 있으니, 중앙의 색이요 상서로운 색인 '黃'이 등장했고, 솥에서 육오의 위치는 귀에 해당하니 '耳'가 나왔다. 그리고 위에 있는 上九는 가로질러져 있으니 솥의 '鉉'이 되고, 剛爻이니 강한 것에서 '金'이 나와 '金鉉'이 등장했다. 이 '金鉉'을 정응인 九二로 보는 사람도 있으나 위치로 볼 때 상구라고 보아야 한다.

육오는 鼎卦의 주효이고 中에 있으니 중덕을 갖춘 사람이다. 그러므로 정응인 구이와 친비인 상구를 모두 잘 아우르는 사람이다. 그러므로 솥 속의 좋은 음식들을 들어 옮겨서 제사도 지내고 현인을 먹여 기를 수 있다. 단지 정위가 아니므로 혹시나 하는 경계를 두었으니 바로 '貞'이다. 바름을 꿋꿋하게 지키기만 하면 만사가 이롭게 진행됨을 말하고 있다.

소상전에서는 바로 중심의 자리에 있는 것을 특별히 강조했다. '實'은 육오의 실질적인 덕이요, 만사를 형통하게 하는 실체라는 의미이다. 그러므로 鼎에서 黃耳에 이르면 좋은 음식을 나누어 먹을 수 있는 상태가 바로 실질이고, 이는 군왕이 중심에 있기 때문에 이루어진다는 것이다. 육오 효사와 소상전은 드디어 솥의 음식을 먹을 수 있는 상태임을 말한다.

* 上九, 鼎玉鉉, 大吉, 无不利.
  象曰, 玉鉉在上, 剛柔節也.

상구, 솥의 옥 막대이니, 크게 길하고, 이롭지 않음이 없다.
상전에서 말했다. 옥 막대가 위에 있음은, 강함과 부드러움이 절제된 것이다.

[해설] 上九는 정위하지 않고 정응도 없다. 그러나 솥의 음식은 솥을 옮겨서 음식을 꺼내야

그 공을 이루므로 솥을 옮길 수 있는 막대가 있음은 삶고 익힌 음식을 널리 베풀 수 있음을 말한다. 그러니 좋지 않을 수 없다. 이것은 정위가 아니고 정응이 없어도, 上離의 '밝음'의 體에 처해 있고 六五와는 친비인데, 이미 六五에서 음식은 다 만들어져 먹을 준비가 된 상태이니, 상구의 처한 시점이 이를 나누어야 할 시기이기 때문에 '玉鉉'만 있으면 만사형통인 것이다.

상구가 양강이니 단단한데, 음위에 있고 아래로 음인 육오와 친비이니 부드러움도 지녔다. 그래서 단단하면서도 따뜻한 '玉'으로서 나타내어 '玉鉉'이 됐다. 솥을 드는 막대가 육오에서는 '金鉉'이었는데 상구에서는 '玉鉉'이다. 육오와 상구가 처한 입장의 차이이다. 육오는 최고의 권력자이니 오직 옮기는 것을 돕는데 필요한 단단한 것이면 되고, 상구는 강력하기 보다는 부드럽고 빛이 나는 자리이어야 좋고, 또 육오보다는 더 진행된 자리면 잔치판일 것이니, 윤이 나는 것이 필요하기 때문이다. 같은 '鉉'을 각각의 입장에서 표현한 것이다.

그래서 소상전에서는 '玉鉉'을 강유가 절제된 것이라 했다. 剛爻의 강과 柔位의 유, 그리고 왕인 육오와의 조화를 말한 것이다.

솥에서 재료를 넣어 삶고 익혀서 요리를 만드는 과정을 鼎卦는 표현했다. 初六은 옛것을 들어내어 청소하고 九二는 실제로 음식을 만들었고, 九三은 잠시 뜸 드리는 시간이 필요했고 九四는 잘못하여 음식을 쏟았지만, 六五와 上九에서는 옮겨서 나누어 먹었다. 만드는 과정이 순탄치 않았으나 그럼에도 마지막의 육오와 상구는 좋은 것으로 귀결되고 있다. 이것은 우여곡절을 겪어도 사계절이 변화를 이루듯이 노력하면 계획한 것이 이루어지게 됨을 알려주고 있다.

음식은 맛이 좋아야 한다. 새로 만들은 제도와 법규도 음식처럼 누구에게나 환영받는 것이라야 좋다. 그리고 음식은 분배가 잘 되어야 한다. 그러므로 새로운 규정도 그 혜택이 골고루 나누어져야 한다. 그리고 음식은 자리를 옮겨도 먹어야 하고 내일도 먹어야 한다. 그래서 새로운 제도도 누대를 이어가며 계속되는 것이어야 생명이 길다. 새 정권이 들어서면 새로운 정책이 쏟아져 나온다. 그러나 시간이 흐르면 자연 불필요한 것도 있고 유야무야가 되기도 한다. 鼎卦의 음식도 여러 단계를 거쳐서 여러 사람에게 나누듯이 집권층에서 만들어내는 정책도 이와 같아야 할 것이다. 그런 중에도 두고두고 먹어도 상하지 않고 맛있게 먹을 수 있는 음식이나, 만들어 먹을 수 있는 음식재료를 만든 사람이 대인으로 존경받을 것이다.

䷲ 震 (重雷震, 震爲雷)

概說: '震'의 뜻은 '천둥, 벼락 치다'에서 연유된 것이 많다. 「說卦傳」에 나오는 '震'의 象에는 "動也, 爲龍, 爲足, 爲雷, 爲長子" 등이다. 이들 중에서도 '雷'의 상으로 괘명을 이해하도록 하고 있으니 '하늘에서 천둥번개 치는 현상'이 핵심적인 뜻이 되는 것을 알 수 있다. 이것이 아래에도 위에도 있으니 천둥번개가 연거푸 일어나고, 이에 지상의 동물들은 놀라고 두려할 것임을 짐작할 수 있다.

「序卦傳」에서는 "主器者, 莫若長子, 故受之以震(기물을 주관하는 자는 장자만한 자가 없으니, 그러므로 진으로써 받았다)"라고 했다. 「서괘전」은 장자의 상을 취해 설명을 했다. 장자가 가정의 어른이니 가정의 중요한 행사에 쓰는 鼎을 비롯한 용기들, 특히 제사에 쓰는 기구들은 장자의 책임 하에 있기 때문에 震으로써 받았다는 뜻이다. 그래서 卦辭와 象傳에 '震'의 상 '장자'와 연관시킨 풀이도 있다. 「雜卦傳」에서는 "震起也(진은 일어나는 것이다)"라 했다. 우레는 만물을 흔들어 일깨우므로 이것을 말하는 것 같다. 이런 의미들을 염두에 두고 괘효사를 보도록 하자.

1. 괘

* 震, 亨. [震來虩虩, 笑言啞啞], 震驚百里, 不喪匕鬯.

진괘, 형통하다. [천둥이 치면 두려워하다가, 깔깔대며 웃으면서 말하고] 우레가 백리를 놀라게 해도, 종묘제사(제물을 떠 올리는 숟가락과 울창주)를 잊지 않는다.

[자구의 뜻] 虩: 두려워할 혁, 깡충거미 혁. 啞: 벙어리 아, (깜짝 놀라서 지르는 소리)아아. 웃을(또는 웃는 소리) 액. 啞啞: 아아- 새가 우는 소리. 애가 말을 배울 때 더듬거리는 소리. 액액- 웃음소리, 웃으며 말하는 소리. 驚: 놀랄 경, 의아해할 경. 匕: 숟가락 비, 화살 촉비, 비수 비. 鬯: 울창주 창(鬱金香으로 빚은 술), 활 집 창. 匕鬯: (모두 宗廟祭祀에 쓰던 물건이므로) 종묘제사를 일컬음.

[해설] 괘사이다. 먼저 '[震來虩虩, 笑言啞啞]'이다. '震來虩虩'은 두려워하는 모습이고, '笑言啞啞'은 여유롭게 즐기는 모습인데 다음의 初九 효사처럼 '震來虩虩' 뒤에 '後'가 없으니 두 의미가 相剋이 되고, 초구 효사와 같은 문장이(後를 제외하고) 중복되는 것도 이상하다. 괘사와 主爻가 동일한 글자가 보이기는 하나, 문장이 같은 것은 아무래도 이상하다. 또 '笑言啞啞'하여 여유를 찾았다면 다음은 일상의 일로 돌아가는 말이 나올 법한데, 다시 '震驚'이 나오니 이것도 부자연스럽다. 그래서 元의 吳澄은 이를 잘못된 것으로 보았고, 현대의 高亨도 잘못 들어간 문장이다[195]라는 설명을 자세히 했다. 여기도 이를 따르고 싶어 [ ]로 묶었다.

'亨'이다. '형통하다'와 '제사 드리다'의 두 뜻을 생각할 수 있다. 천둥소리에 놀라서 모두

195) 前記한 『고형의 주역』, 410~411쪽에 상세히 나열되어 있음.

경건한 마음으로 자기를 반성하며 자세를 바로잡기 때문에 '형통하다'라고 본다. 우레가 만물을 일깨운다는 생각과 통하는 면이 있다. 그리고 이런 두려움 속에서도 종묘의 제사처럼 해야 할 일은 하니 '亨'한 것이다. 그런데 만약 [ ] 속의 구절이 없다면, 마지막 구 '不喪匕鬯'은 제사를 드리는 문장이니 이와 연관지어 '제사 드리다'로 풀 수 있을 것 같다. 두려움을 제사에 의지하는 현상으로 보는 것이다. 즉 '진괘, 제사를 드린다. 우레가 백리를 놀라게 해도, 종묘제사를 잊지 않는다'가 된다. 그래도 천둥번개가 치면 논의 물길을 틔워주고 배를 단단히 묶어 놓으며 동분서주하여 피해를 예방하고, 무심하게 방치한 일들을 해치우는 것을 쉽게 연상할 수 있으니 '형통하다'가 더 자연스러워 이를 취했다.

다음 [ ] 속의 문장 풀이다. '震來虩虩'을 王弼은 "震之爲義, 威至而後乃懼也, 故曰震來, 虩虩, 恐懼之貌也(진의 뜻됨은 위험이 이른 후에 두려운 것이니, 때문에 震來라 했고, 虩虩은 두려워하는 모양이다)"라고 하면서 마음속의 공포감으로 인한 두려워하는 모양이라 했다. 우리는 쉽게 생각하여 어릴 때 하늘에서 천둥번개가 치면 놀라고 두려워하는 마음이 생겼으니 이를 '震來虩虩'이라 표현했다고 보면 된다. 그리고 우레가 사라지고 난 다음에는 두려움이 사라져 평소와 같이 웃으면서 말을 하니, 이것이 '笑言啞啞'이다. '笑言'은 '웃으면서 말한다'는 뜻이고, '啞啞'은 '웃음소리'이니 합쳐 '깔깔대며 웃으면서 말하다'로 번역했다.

이어서 우레 소리는 넓게 퍼져나가므로 백리를 놀라게 한다고 '震驚百里'라 했고, 그래도 제사를 모시는 중요한 일은 잊지 않고 한다는 의미로 제사용 숟가락과 술을 잊지 않는다고 '不喪匕鬯'이라 했다. '匕'와 '鬯'이 합쳐 '종묘제사'를 일컫고, '喪'은 '잊다'의 뜻이다. 그리고 '百里'는 옛 제후의 나라가 백리를 넘지 않았기 때문에 '百里'가 나왔다. 이 '백리'와 震 '장남'의 상에서 '제후'를 이끌어내어 '제후의 명령이 넓게 퍼져 제사를 잊지 않게 한다'는 뜻으로 풀이하는 사람도 있다.

전체 뜻은 천둥이 백리를 놀라게 해도 제사를 지내는 중요한 일은 하니 형통하다는 말이다.

＊ 彖曰, 震亨. 震來虩虩, 恐致福也, 笑言啞啞, 後有則也. 震驚百里, 驚遠而懼邇也. [不喪匕鬯], 出, 可以守宗廟社稷, 以爲祭主也.

단전에서 말했다. 진괘는 형통하다. 천둥이 치면 두려운데, 그 두려움이 복을 줄 것이고, 깔깔대며 웃으면서 말하는 것은, 후에 질서가 잡힌 것이다. 천둥이 백리를 놀라게 함은, 멀리까지 놀라게 하면서 가깝게는 두렵게 한다. [종묘제사를 잊지 않음은] 나가서, 종묘사직을 지킬 수 있어야 하니, 제주가 되어야 하기 때문이다.

[자구의 뜻] 邇: 가까울 이. 社: 토지 신 사, 행정단위 사, 모임 사. 稷: 메기장 직, 오곡 신 직. 社稷: 나라에서 제사지내는 토지신과 五穀신. 국가나 조정을 이름.

[해설] 「단전」은 먼저 卦名의 의미를 해석하는 것이 보통이다. 여기서는 震卦가 가져다주는 결과를 말하는 '亨' 한 字를 내세워 그 뜻을 대신하고 괘사 '亨'의 설명은 따로 하지 않았다. 대체로 다음의 문장과 人事로서 유추해보면, 진은 두렵지만 사람을 일깨우고 반성하게 하니, 그로 인해 복을 받게 됨으로 亨이 된다고 생각할 수 있고, 이것이 '震亨'의 뜻일 것이다. 그리고 '震'은 乾坤이 사귀어 처음으로 양을 얻었기 때문에 '장남'의 象이 있다. 고통과 어려움의 산통 가운데도 장남 震을 얻었으니 亨이라는 뜻이 되기도 한다. 「서괘전」에는 '장남'의 상을 취했었다. 그래서 '亨'의 풀이를 생략한 것 같다.

그래서 이어지는 풀이가 다음의 괘사들을 설명하면서 그것으로 인해 '亨'이 됨을 알게 한다. 천둥이 쳐서 두려워하게(震來虩虩) 되지만은 그 '두려움(恐)'이 '복에 이르게 한다(致福)'고 했으니, 두려움으로 인해 재정비와 반성이 있게 되므로 이것이 복이 된다는 뜻이다. 이렇게 복을 받으니 '笑言啞啞'하고, 이로써 새로운 질서가 생기니 '後有則也'라 했다. 이를 위에서 말한 것처럼 장남을 얻은 것에 비유할 수도 있다. 곧 두려움 속에서도 장남을 얻고 그에 따른 새로운 출발을 웃으면서 말한다는 뜻이 된다. 이런 것들이 모두 형통한 것과 통한다. 그런데 이 구절이 初九의 小象傳에서도 그대로 등장한다. 그래서 잘못 들어간 것으로 보는 중요한 이유이다.

다음은 '震驚百里'. '而'의 전후에 '驚과 懼', '遠과 邇'로 대비했을 뿐, 뜻은 멀고 가까움을 가리지 않고 광범위하게 두려움을 준다는 것이 '驚遠而懼邇也'이다.

그리고 이어지는 句에 '出'이 나오는데 앞에 '不喪匕鬯'의 구가 빠졌다고 보는 사람이 많다. 빠졌다고 보면 '出'하는 사람은 祭를 지내는 사람이 되고, 나가는 곳은 종묘일 것이다. 없다고 보면 '出'은 제후가 순행 등을 행하기 위해 나간 것이고, 남아 있는 장남이 뒤를 이어 종묘에 제사를 드리는 것, 즉 업무를 대신 관장하는 것으로도 볼 수가 있다. 그래서 震 '장남'이 대신 제사를 지내는 것으로 보고 풀이하는 학자도 있다. 이의 번역은 '(제후가)나가면, 종묘사직은 지킬 수 있어야 하니, (장남이)제주가 되어야 하기 때문이다'가 된다. 이렇게 괘사와 단전에서는 진을 장남의 뜻을 취하여 풀이도 한다. 위의 풀이는 천둥이 백리를 놀라게 해도 종묘의 제사 같은 중대사는 잊지 않는다는 뜻으로 번역한 것인데, '不喪匕鬯'을 삽입하면 종묘로 나가는 '出'의 뜻이 더 확실해지고, 괘사의 다른 구절은 있는데 '不喪匕鬯'은 빠져있으니 이를 바로잡는 것이 되므로 [ ] 속에 넣어 번역했다.

* *象曰, 洊雷, 震. 君子以恐懼脩省.*

상전에서 말했다. 연이은 우레가 진괘다. 군자는 이를 보고서 두려워하면서 몸을 닦고 반성한다.

[해설] 大象傳이다. 상하가 모두 '震'으로 '雷'의 상이니, '거듭하다'는 뜻의 '洊'을 써서 '洊雷'라고 震卦를 말했다. 군자는 우레가 거듭치는 현상을 보고 하늘의 위엄을 느껴, 두려워하면서 스스로를 성찰하며 수양을 한다. 이런 뜻이 '君子以恐懼脩省'이다. 여기의 '脩'는 '닦을 수(修)'이고 '省'은 '살피다'의 뜻이다.

천둥과 번개가 거듭하면 비가 쏟아져 수재가 일어나는 것을 경험한다. 그러니 거듭하여 천둥이 울리고 벼락이 치니 군자가 아니어도 누구나 두려워하면서 여기저기를 살펴보게 된다. 그리고 잘못된 부분을 고치면서 평소의 일상 생활태도를 반성하는 것이다. 이렇게 반성하고 잘못을 거듭하지 않기 위해 수양하는 것이 군자의 행위이다.

2. 효

* 初九, 震來虩虩, 後笑言啞啞, 吉.
象曰, 震來虩虩, 恐致福也, 笑言啞啞, 後有則也.

초구, 천둥이 치면 두려워하다가, 후에 깔깔되며 웃으면서 말하니, 길하다.
상전에서 말했다. 천둥이 치면 두려운데, 두려움이 복을 줄 것이고, 깔깔대며 웃으면서 말하는 것은, 후에 질서가 잡힌 것이다.

[해설] 이 初九의 爻辭와 小象傳은 이미 괘사와 그 단전에서 뜻풀이는 해서니 그것을 참고하면 된다. 이미 말한 바와 같이 초구 효사는 '後'와 '吉' 두자가 더 첨가되어 문장의 흐름이 자연스럽고 吉이 되는 이유도 자연스럽게 이해가 된다. 이 초구 소상전은 단전의 구절과 꼭 같은데 꼭 같은 구절의 등장은 오직 여기서만 유일하다. 괘사와 효사가 같은 이유를 초구가 主爻이기 때문이라고 본다. 震卦의 주효는 초구와 九四 중의 하나가 되는데, 그 중에도 초구가 정위했고 震의 시작인데 비하여, 구사는 부정위이고 위아래로 음에 빠져있기 때문에 이 초구가 주효가 된다. 주효의 의미와 괘사의 의미가 서로 상통하는 바가 많기 때문에 같은 구절이 등장하나, 다른 곳에서는 이렇게까지 꼭 같은 문장의 등장은 없다. 그래서 이 효사가 괘사에 잘못 삽입됐거나 후에 억지로 끼워 넣었다고 보는 편이 자연스러워 보인다. 특히 초구의 소상전과 단전의 문장이 꼭 같음은 주효와 괘사를 연관시키고자 하는 의도적 억지스러움이 보여 부자연스럽다.

* 六二, 震來厲. 億喪貝, 躋于九陵, 勿逐, 七日得.
象曰, 震來厲, 乘剛也.

육이, 천둥이 쳐 위태롭다. 많은 재물을 잃고, 높은 언덕에 오른다. (재물을)쫓지 않아도, 7일이면 얻을 것이다.

상전에서 말했다. 천둥이 쳐 위태롭다는 것은, 강을 탔기 때문이다.

[자구의 뜻] 億: 억 억, 헤아릴 억, 發語辭 억. 躋: 오를 제, 떨어질 제.

[해설] 二爻 효사와 소상전이다. 이 효는 수재가 나서 집도 가구도 버리고 높은 곳으로 피한 상태의 시기에 해당한다. 갑자기 수재가 났을 때는 재물에 연연치 말고 피해야 하고, 일정기간이 지나 수해가 지나가면 잃었던 재물은 회복이 된다는 뜻을 효사는 말하고 있다. 마치 현대의 수재민의 상황과도 비슷하다. 물론 잃었던 재물이 모두 찾아지는 것은 아니다. 나라로부터의 구제품과 이웃마을의 도움으로 일상의 생활로 돌아가니, 몸만은 상해를 입지 않아야 한다는 뜻을 나타낸 것이다.

六二는 천동이 치고 또 치는 때에 천지를 진동하는 震의 주효인 초구를 타고 있고, 시간도 흘렀다. 그러니 수재가 나 위험천만한 상태이다. 이를 '震來厲'라 했다.

다음의 '億喪貝'의 '億'을 보통 '많다', '헤아리다', '語助辭(噫희: 한탄 어조사, 혹은 惟: 말머리에 놓이는 발어사의 뜻)'의 세 가지 중에서 택하여 번역한다. 數에서 '億'은 '많다'는 뜻이니 '많은 재물을 잃고'가 되고, '헤아리다'라는 뜻으로는 '생각해보면 재물을 잃을 것이나'이고, 어조사로 보면 '아(혹은 이에), 재물을 잃고'로 번역이 되는데 뜻은 모두 통한다. 이곳과 六五 효사에서도 이 '億'이 나오는데 특히 육오에서는 '헤아리다'로 보는 것이 제일 자연스럽게 보여 여기서도 이를 많이 택한다. 그러나 다음의 '九陵'의 '九', '七日'의 '七' 등의 수와 연결하여 수가 나타내는 의미에서 '많다'는 뜻으로 번역했다. 물론 '貝'는 옛 화폐이니 '재물'로 번역한다.

이 효사에서는 數가 많이 등장한다. 여기에 등장하는 수는 상징적 의미로 넓혀 생각해야 한다. '九'는 홀수의 마지막이니 '높다'는 의미로 썼다. 그리고 '七日'의 '七'은 변화의 단위로 등장하는데(上經 復卦에서 설명을 했음) 여기서는 진괘를 이루는 6효를 거치고 지난 다음인 七이 되면 다른 괘로 변하므로 여기서 七日이 등장하여 진괘의 소동이 끝나는 시점을 상징하는 것으로 보면 좋을 것이다. 이런 뜻으로 풀어 번역했다. 육이가 中正하기 때문에 中德으로 바름을 지키므로 '七日'이 되면 자연히 '得'이 있다고 보는 것이다.

소상전에서는 육이의 모든 사태는 진의 주효인 初九의 강을 올라탔기 때문이라는 말이다.

* 六三, 震蘇蘇, 震行无眚.
象曰, 震蘇蘇, 位不當也.

육삼, 천둥이 사라졌다가 되살아나곤 한다. 두려우면서도 행하면 재앙은 없다.

상전에서 말했다. 천둥이 사라졌다가 되살아나곤 함은, 자리가 마땅치 않기 때문이다.

[자구의 뜻] 蘇: 차조기(꿀 풀과의 일년초) 소, 풀 벨 소, 되살아날 소.

[해설] 三爻 효사와 소상전이다. '震蘇蘇'에 대한 해석이 분분하다. 程頤와 朱熹는 六三이 '천둥소리에 정신이 흐려지는 것'으로, 鄭玄과 王弼은 '천둥으로 불안해하는 것'으로 보았다. 이것은 '蘇蘇'를 어떤 뜻으로 푸느냐에 달려 있다. 대체로 '두렵고 불안한 모습'이라고 본다. '蘇'에는 '되살아나다'는 뜻이 있으므로 정신을 놓았다가 되살아나는 것으로 본 程頤의 풀이도 그럴듯해 보인다. 그런데 사람이 정신을 잃었다 되살아나는 것이 아니고, 천둥소리가 사라졌다가 다시 되살아나는 것으로 보는 것이 문장의 흐름으로 보면 자연스러운 해석이 된다. 丁若鏞도 이렇게 풀이 했다. 과연 육삼의 조건은 이렇게 보아도 되는가?

육삼은 震의 주효인 초구와는 거리가 있고 강을 타지도 않았으니, 천둥의 본원과는 떨어져 있다. 不正位이고 无應이니 진의 힘에 보탬을 주지 못한다. 그러니 스스로 되울림(反響)이 되거나, 여진 쯤 되는 것으로 보면 어울려 이렇게 본 것이다. 이런 때에는 두렵지만 조심하여 행동하면 재앙은 없을 것이다. 언제까지나 아무것도 못할 수는 없으니까. 그래서 '震行无眚'이다. 여기의 '震'은 '두려워하다'의 뜻이다.

소상전에서는 완전 정상을 되찾지 못한 것은 不中, 不正에 자리했으니 그 자리가 마땅치 않기 때문이라 했다.

*** 九四, 震遂泥.**
象曰, 震遂泥, 未光也.

구사, 벼락이 진창에 떨어졌다.
상전에서 말했다. 벼락이 진창에 떨어짐은, 커지는 못한 것이다.

[해설] '遂'는 '떨어지다'의 뜻이다. 중국에서는 신구학자 모두 '遂' '隊대' '墜추'가 서로 통용됐음을 증명하면서 '墜'의 뜻을 취한다. 그러므로 여기의 '震'은 '천둥'보다는 '벼락'의 뜻을 취하는 것이 좋다. 천둥이 거듭 치면 벼락도 떨어지는 것이다.

九四는 천둥이 거듭나는 주된 효이다. 그런데 양이 아래위로 음속에 묻혀 있으니 진흙탕에 빠져버린 象이다. 三 四 五의 互卦가 '坎'이고, 감은 '구덩이' '빠짐'이 상이니 그래서 '震遂泥'라 했다. 한편으로는 음속에 묻힌 것이 다행한 일이다.

처한 상태가 좋지 않아 진창으로 떨어졌으니 오히려 큰 재앙은 없는 것이다. 그렇다면 이 효를 얻은 사람은 어떤 점사가 마땅할까? 점사가 없으니 이 효의 점은 점친 사람의 상황을 면밀히 분석하여 결론을 내려야 할 것이나, 오로지 자기 자리에서 움직이지 말아야 할 것으로 보인다.

소상전의 '未光也'는 거듭되는 천둥이 제 역할을 못하여 빛을 발하지 못함을 표현한 말이다. 人事로는 역으로 다행한 일이 됐다. '光'의 번역은 '크다'의 뜻을 취했다.

＊ 六五, 震往來厲, 億无喪有事.
象曰, 震往來厲, 危行也, 其事在中, 大无喪也.

육오, 천둥벼락이 오가니 위태하나, 잊지 않고 헤아리는 것은 제사 일이다.
상전에서 말했다. 천둥벼락이 오가니 위태하다는 것은, 행함이 위험스러운 것이고, 제사의 일은 중심적인 것이니, 큰 것은 잊지 않는 것이다.

[해설] 원래 천둥이란 한 번 울리면 다시 울린다. 그리고 九四에서 비록 진흙탕에 빠졌어도 벼락이 친 상태니 천둥이 치고 또 쳤다. 그래서 震卦는 거듭된 천둥(洊雷)이라 했다. 그러니 '往來'이고, 천둥 벼락은 두려움을 주니 '위태하다(厲)'고 했다.

이러한 때에 六五는 임금의 자리에 있으면서 중덕을 지녔다. 그리고 아래 구사는 이미 진흙탕에 빠져 있으니, 親比의 협조를 받은 것이나 같다. 그러니 조심하면서 일을 행할 수 있는 상태다. 특히 국가를 다스리는 임금이 천둥벼락이 친다고 가만있을 수만은 없다. 중요한 일은 행해야 하니, 그런 일 중에는 권력을 상징하는 종묘사직에 제사지내는 일이다. 이런 큰일은 잊을 수 없고, 특히 큰 재앙은 피하게 해 달라고 빌어야 한다. 이런 뜻이 '億无喪有事'이고, 소상전에서는 바로 이런 뜻으로 풀이하고 있다. 여기의 '億'은 '헤아리다'이고 '喪'은 '잊어버리다'의 뜻이고, '有事'를 고금의 대학자들은 거의가 '祭祀'로 보고 있으며, '事'에는 '祭也'의 뜻이 있다. 그래야 괘사의 '不喪匕鬯'의 뜻도 살아난다. 육오 효사는 재난의 시기에 모두가 힘을 합쳐 이재민을 도와야 한다는 뜻을 '有事'로서 상징적으로 나타내고 있다.

소상전 '其事在中'의 '其事'는 바로 '有事'를 말하니, '제사지내는 것'이고, '危行也'는 '行危也'를 '危'를 강조하기 위해 앞세운 것으로 보이며, '中'이란 六五의 가장 '중심적인 일'이라는 뜻이다. 그리고 '大无喪也'의 '大'는 '큰 것, 중대한 것'을 뜻하는 명사로 보았다.

＊ 上六, 震索索, 視矍矍. 征凶, 震不于其躬, 于其鄰, 无咎. 婚媾有言.
象曰, 震索索, 中未得也. 雖凶无咎, 畏鄰戒也.

상육, 벼락이 치니 우르르 흔들려, 눈을 두리번두리번한다. 가면 흉하나, 벼락이 내 몸이 아니고, 이웃에 치니, 허물이 없다. 혼인에 말이 있다.
상전에서 말했다. 벼락이 쳐 우르르 흔들리는 것은, 中德을 얻지 않았기 때문이다.

비록 흉하나 허물이 없다는 것은, 이웃이 경계함을 (함께)두려워했기 때문이다.

[자구의 뜻] 索索삭: 두려워하는 모양, 또는 떠는 모양. (나무 등이) 사르르 흔들리는 소리. 矍: 놀라 두리번거리는 모양 확, 다급한 모양 확. 畏: 두려워할 외.

[해설] 上爻 효사와 소상전이다. '索'은 본래 '노 삭', '찾을 색'의 뜻이다. 그런데 '索索'을 중첩한 이 효에서 비롯한 뜻이 좀 약간씩 차이가 있다. '두려워하는 모양', '(초목이)사르르 흔들리는 소리, 흩어지는 모양', '걸음걸이가 놀라 떨리는 모양(縮縮축)' 등이다. 아무래도 이 효는 같은 震에 속한 九四와 연관해서 풀어야 할 것이다. 물론 六五도 우레와 벼락이 거듭한 상태로 보았다.

구사는 '震遂泥'였다. 벼락이 진창이기는 하지만, 떨어졌다는 것은 흔들림을 느껴야 할 것이다. 그러니 이를 '索索'이라 하였고, 놀랍고 두려워 눈을 이리저리 굴리며 살펴보게 될 것이니 이를 '視矍矍'이라 한 것으로 보았다.

이럴 때는 가만히 있는 것이 좋다. 정위했으니 스스로 지키려 할 것이고, 극에 처했으니 더 갈 곳도 없다. 그러니 '征'이면 '凶'이다. 그러나 벼락이 직접 자신이 있는 곳에 떨어진 것이 아니고, 이웃 진창에 떨어졌다. 이를 '震不于其躬, 于其鄰'이라 했다. '躬'은 상육 자신을 말한다. 이웃에 벼락이 떨어지니 이웃사람들이 무서워하고 조심하는 것을 보게 될 것이고, 그래서 상육은 震에 대해 대비할 수 있다. 더욱 직접적인 피해는 없으니 '无咎'이다. 이렇게 벼락이 이웃 구사에 떨어지니 상육도 놀라고 조심하는 상황이 마치 혼사에 이러저런 걱정의 말이 있는 것과 같으므로 '婚媾有言'을 첨가해 인사의 중대사에 비겼다. 특히 정응도 친비도 없으니 '婚媾'의 마땅한 상대가 없는 상태이니 '婚媾有言'이 있을 수 있는 것이다. 뇌성벼락의 후유증을 혼사에 비유한 것이 절묘하면서도 한편으로는 엉뚱하기도 하다.

소상전의 '中未得也'는 이미 中을 지나 중덕을 얻지 못한 까닭에 차분하게 대처하지 못하고 놀라 당황했다는 뜻이다. 그리고 '凶'이 될 것인데 '无咎'가 된 것은, 벼락이 떨어진 이웃이 두려워하면서 경계하는 것을 보았기 때문에 상육도 경계했다는 뜻이 '雖凶无咎, 畏鄰戒也'이다.

震卦는 '천둥'이라는 것을 빌려 자연재난을 만났을 때의 인간행위를 비유했다. 그 천둥과 얼마나 가깝고 머냐에 따른 차이는 있지만 모두가 재난을 어떻게 대처하느냐에 대한 말들이다. 결론은 두렵고 혼란한 가운데도 '不喪匕鬯'이다. 천둥번개 속에서도 논의 물길을 터놓기 위해 애쓰는 농부처럼, 生을 영위하는 중요한 일은 해야 하고, 이런 혼란이 지나면 반성하고 경계하는 '脩省'이 필요함을 말하고 있다.

현대에도 일 년에 한 두 번은 수재를 경험한다. 이럴 때 언론매체가 알려주는 것은 수재현장과 수재민에 관한 것이고, 그들을 구호하는 정도이다. 군자처럼 스스로의 행동을 반성하고 수양을 권고하지는 않는다. 군자의 행동은 요즘 민중을 이끄는 언론 매체와도 차원이 다르다. 아마도 군자들이 방송이라는 현대의 매체에서 종사한다면 災害의 원인과 가능성을 알리면서 亨의 의미가 부각되는 종류의 프로그램을 일이 벌어지기 전에 여러 편 보게 되지 않을까 한다. 이렇게 누가 이끌어 주지 않더라도 누구나 내일을 위해 주위를 거듭 살피면서 조심해야 할 것이다. 반복되는 재해 지역의 사람들은 협력하여 방지책을 마련하고 고쳐야 할 것이며, 그래도 도무지 가망이 없다면 이사로도 해야 하는 것이 修省하는 태도일 것이다.

䷳ 艮 (重山艮, 艮爲山)

概說: '艮'은 '어긋날 간, 그칠 간'이다. 「序卦傳」에는 "物不可以終動, 止之, 故受之以艮, 艮者止也(사물은 끝까지 움직일 수 없어서 그치니, 이 때문에 간으로써 이를 받았으니, 간이란 그치는 것이다)"라고 했고, 「雜卦傳」도 "艮止也(간은 그침이다)"라고 했으니, 두 곳에서 모두 '止'로 艮을 해석했다. 그리고 「說卦傳」의 象에도 '止也' '爲山'이 나온다. 그러니 '止'의 '그치다'가 괘명의 뜻임을 알 수 있다. 괘의 형태로 보아도 아래위가 모두 산이니 묵묵히 그쳐 있고, 전진하는 양은 다 올라가서 위에 놓여 있고, 조용한 음들은 밑에 있으니 그쳐있는 모습이다. 그러면 이 '그침'이 주는 의미는 무엇이고, 어떤 경우에 그쳐야 하는지 卦爻辭를 살펴보자.

1. 괘

* [艮], 艮其背, 不獲其身, 行其庭, 不見其人, 无咎.

[간괘], 등에 그치게 하여, 자신을 빼앗기지 않고, 그 뜰에 가도, 그 사람을 보지 못한다. 허물이 없다.

[해설] 괘사에는 일반적으로 제일 먼저 괘명이 있고, 辭가 이어진다. 여기 '艮其背'의 '艮'은 괘명이 아니고 '其背'를 설명하는 字로 보아야 한다. 그러므로 괘명이 빠졌다고 보는 학자들의 견해를 따라 시작하면서 [ ] 속에 艮을 하나 더 넣었다.

그런데 무슨 뜻인지 아리송하다. 대상을 보지 못하는 것을 뜻하고 있다는 정도의 짐작은 간다. '不獲其身' '不見其人'과 艮의 '止'를 어떻게 연결한 뜻일까?

'背'는 '등'을 말하는데, 등은 고개를 돌려도 자신의 등을 볼 수 없다. 눈으로 볼 수 없는 곳에 그쳤으니 스스로도 모른다. 그러니 어떤 반응이 있을 수 없다. 이는 자신이 스스로를 지킨 것이나 같다. 이런 뜻이 '艮其背, 不獲其身'이다. 상대방의 입장에서 보면 나에게 얻을 것을 얻지 못했다는 것이요, 자신의 입장에서 보면 내 마음을 빼앗기지 않았다는 뜻이 곧 '不獲其身'이다. 이 구절은 스스로의 의지이고 주관적 입장을 나타낸 것으로 보았다. 그래서 '獲'을 '빼앗다'의 피동형으로, '其身'을 '自身'으로 번역했다. 그리고 상대방에 관한 것이면서 객관적인 상태를 나타내는 문장이, 이어진 '行其庭, 不見其人'으로써 서로 對가 되는 것으로 보았다. 그를 보기 위해 그의 뜰에 가도 그 사람을 발견하지 못한다. 그러니 역시 아무른 감정도 행동도 일어날 수가 없다. 나를 보지 못하게 하고 나도 볼 수 없는 상태의 표현이다.

이를 또 '艮其背'했기 때문에 '獲其身'도 '見其人'도 하지 못했다는 뜻으로도 본다. '등에 그치니, 그 몸도 빼앗지 못하고, 그 뜰에 가도 그 사람을 보지도 못 한다'라고 번역한다. 문장의 형태를 어떻게 보느냐의 차이이나, '艮其背'의 '艮'의 뜻 '止'와 '行其背'의 '行'이 충돌하여 뜻이 부자연스럽다. 그런데 이 두 번역이 감정이 일어나는 근원을 차단시켜 사람의 욕심을 막는 근본 처방으로서의 '止'를 말하고 있음은 같다. 이렇게 원천적 감정을 제지하니 일이 일어나지 않는다. 특히 사악한 욕심이 일어나지 않으므로 '无咎'가 되는 것이다. 마치 높은 산이 조용하고 무겁게 그쳐있는 것에서, 사람이 꼼작 않고 무심의 세계를 찾고 있는 모습을 상상할 수 있으니 허물이 없다고 보는 것이다.

그러나 만나고 싶은 사람도 있을 것이고, 만난다고 모두 善하지 않는 감정이 일어나는 것도 아니니, 이런 경우에는 '无咎'가 어딘지 부자연스럽다. 하여 '无咎'를 잘못 들어간 것으로도 본다. 이렇게 의혹이 있는 '无咎'에 관해서 大過卦 上六에서 논한 바 있으니 참고하자. 조금은 이상하나 있는 그대로 두고 풀이했다.

＊彖曰, 艮, 止也. 時止則止, 時行則行, 動靜不失其時, 其道光明也. 艮其止, 止其所也. 上下敵應, 不相與也, 是以不獲其身, 行其庭不見其人, 无咎也.

단전에서 말했다. 간은, 그침이다. 그칠 때면 그치고, 행할 때면 행하여, 움직이고 그침이 때를 잃지 않으면, 그 도가 밝게 빛난다. 그칠 것(등)에 그치니, 그칠 곳에 그친 것이다. 위아래가 적응[196]하여, 서로 함께하지 않기 때문이니, 이로써 자신을 빼앗기지 않고, 그 뜰에 가도 그 사람을 보지 못하니, 허물이 없다.

[해설] 단전이다. 먼저 괘명 '艮'의 뜻을 말하고, 이어서 止道를 말했다. 그치는 것도 때에 맞게 그쳐야 할 것이고, 움직이는 것도 때에 맞게 움직여야 할 것이다. 낮에는 일하기 위해 움직이고 밤에는 잠자기 위해 그치며, 봄에는 씨를 뿌려 자라게 하고 가을에는 거두어들이는 것이 모두 때를 따르는 것이다. 이렇게 자연법칙과 함께 생활하는 것이 때에 맞게 하는 것이

196) 敵應에 관해서는 실마리의 7장 중 다) '정응과 친비'에 대한 설명을 참고하기 바람. (38쪽)

고, 『周易』도 孔子도 모두 때를 가장 중요하게 여겼다. 이를 강조한 문장이 '時止則止, 時行則行, 動靜不失其時, 其道光明也'이다. 그치는 艮卦도 '時止則止'가 되어야 함을 말하고 있다.

이어진 '艮其止'에서 '其'가 뜻하는 바는 이미 설명한 그런 것을 가리킨다고 보면, '그칠 때(時止)'나 괘사의 '등에 그침(艮背)'를 의미한다고 보아야 한다. 그런데 北宋의 經學家 晁說之는 괘명을 설명했으면 다음은 괘사의 구절들을 설명할 차례이니, 이에 의거하여 '艮其背'로 써야한다고 했다. 상당히 설득력이 있다. 그래서 상기 번역은 이를 염두에 두고 글자는 바꾸지 않으면서 '背'의 뜻과 통하도록 ( )에 '등'을 삽입했으나, 그칠 장소에서 그쳤다는 뜻으로 보고 '止其所也'와 연결하여 풀이하면 뜻은 통한다. 그리고 이 괘가 '그침'이 되는 것은 각 효가 敵應이니, 서로 통하지 못하기 때문이고, 그래서 괘사의 '不獲其身, 行其庭不見其人'이라 할 수 있다는 것이다. 나를 빼앗기지도 않았고 내가 그를 보지도 못했으니, 아무른 일도 일어나지 않을 것이므로 '无咎'도 함께 붙어있는 것이다. 적응이라 서로 통하지 못하면 제자리에 있게 되니, 그칠 곳에 그친 것이므로 괘사가 의미하는 뜻이 된다는 말이다.

같은 經卦가 중첩된 괘는 모두 각 효가 적응이다. 그런데 하필 이 괘에서만 이런 이유를 들어 말했을까? 『周易正義』에서 孔穎達은 "謂此卦旣止而不交, 爻又峙而不應, 與止義相協, 故兼此以明之也(말하자면 이 괘는 이미 그쳐서 사귀지 않고, 효가 또 우뚝 솟아 응하지 않으니, 그침의 뜻과 서로 맞다. 때문에 이것을 아울러 밝힌 것이다)"라 했다. 괘의 상과 형태에서 이미 '그침'의 뜻이 뚜렷이 나타나니 '敵應'이 명백하기 때문이라는 말이다. 어떻든 '上下敵應'의 구절은 『주역』의 이해를 위해 각각의 효가 '正應'이냐 '敵應'이냐를 주시할 필요가 있음을 말해준다.

* 象曰, 兼山, 艮. 君子以思不出其位.

상전에서 말했다. 산이 중첩된 것이 간괘다. 군자는 이를 보고서 그 본분을 떠나지 않을 것을 생각한다.

[해설] 대상전. 상하에 산이 겹쳐있는 것이 艮卦이다. 물론 '山'은 간의 象이다. 높은 산도 낮은 산도 꿈적 않고 그쳐있는 것을 관찰하고, 군자는 어떤 어려움에 처해도 자기가 지키고 행해야할 일은 지키고 행할 것이라 결심을 한다. 곧 군자의 위치를 벗어나지 않을 것을 결심하는 것이다. 이런 뜻이 '思不出其位'이다. '位'는 군자가 처한 위치이고, 군자가 처한 위치란 지위가 높든 낮든 상관없이 군자가 시대상황에 대처하는 행위이니, 이것은 군자의 본분이므로 '본분'으로 번역했다.

간괘의 '그침'에 대한 참고할만한 글이 있어 옮긴다.

"楊萬里[197]曰, 大哉止乎. 有止而絶之者, 有止而居之者, 有止而約之者. 艮其背, 所以絶人欲而全天理, 此止而絶之也. 時止時行, 必止乎道, 此止而居之也. 思不出其位, 而各止其分, 此止而約之也(『誠齊易傳』). 此說指出, 艮爲止的含義有三, 一是抑止邪惡, 二是止於正道, 三是止於本分, 三者條理頗爲分明"[198]

"양만리가 말했다. 크도다 그침이여! 그치면서 끊는 것이 있고, 그치면서 거처하는 것이 있고, 그치면서 묶이는 것이 있다. 등에서 그친다는 것은 사람의 욕심을 끊고 하늘의 이치에 온전히 하니, 이는 그치면서 끊는 것이다. 때에 따라 그치고 때에 따라 행함은 틀림없이 도에 그치는 것이니, 이는 그치면서 거처하는 것이다. 본분을 떠나지 않을 것을 생각하는 것은 각기 그 분수에 그치는 것이니, 이는 그치면서 묶이는 것이다(『성제역전』). 이 말은 艮이 그침이 되는 함의가 세 가지 있는데, 하나는 사악함을 억제하는 것이고, 둘은 바른 도에 그치는 것이고, 셋은 본분에 그치는 것을 지적해냈는데, 이 셋은 조리가 자못 분명하다."

천리, 도, 본분에 그치는 것이 艮卦가 가지고 있는 의미라는 말이다.

2. 효

* 初六, 艮其趾, 无咎, 利永貞.
象曰, 艮其趾, 未失正也.

초육, 그침이 그 발이니, 허물은 없으나, 길이길이 바르게 해야 이롭다.
상전에서 말했다. 그침이 그 발이라는 것은, 아직 바름을 잃지는 않았다.

[해설] 初爻 효사와 소상전이다. 그쳐야 하는 艮卦의 때에 맨 처음 시작이다. 艮 '멈춤'의 처음 시작은 인체에서는 발이 된다. 발이 가장 아래에 있으니, 움직일 때도 그칠 때도 발이 먼저 움직이고 그치니, 초효를 '趾'에 비겨 나타낸 것이다.

처음부터 움직이지 않고 거쳐있으니 외부와의 접촉이 없는 것이고, 특히 사악함에 물들지 않는다. 그러니 '无咎'라 했다. 그러나 강건하지 못한 유가 正位도 하지 않았으니 꾸준히 시행하지 못할 우려가 충분히 있다. 그래서 경계의 말을 덧붙이지 않을 수가 없었을 것이니, 바로 '利永貞'이다. 정위하지 않은 것은 시간이 흐르면 움직여서 사악함에 물들 가능성이 높다는 뜻이다.

초육은 不正位이니 바르지 못하다. 그런데도 소상전에서 '未失正'이라 한 것은, 시간적으로 시작이고 어린데 움직이지 않고 그쳐있으니 아직 나쁜 싹이 생기기 이전을 가리킨다고 보면 된다. 그래서 '아직'이라는 단어가 필요하다.

---

197) 남송의 시인이며 의리파 역학자. 호가 誠齊이다. 『성제역전』을 지었다.
198) 황수기, 장선문 찬, 「周易譯注」(상해고적출판사, 2002), 432쪽.

* 六二, 艮其腓, 不拯其隨, 其心不快也.
象曰, 不拯其隨, 未退聽也.

육이, 그침이 그 종아리이니, 구제하지 못하면 그대로 따라야 하므로, 마음이 불쾌할 것이다.

상전에서 말했다. 구제하지 못하면 그대로 따라야 하는 것은, (九三의 뜻이)물러나지 않기 때문이다.

[해설] 六二 효사와 소성전. '腓(장딴지 비)', '拯(구원할 증)'은 이미 나왔던 자들이다. '不拯其隨'는 누가 누구를 구원하고 누가 누구를 따르는가? 결론은 육이가 九三을 구원하지 못하면 구삼을 따라가야 한다는 뜻이다.

육이는 중앙에서 正을 얻었다. 위로 正應은 없어도 구삼과는 親比다. 그쳐야 하는 때에 충분히 자기의 할 바를 알 수 있는 위치에 있다. 그런데 자기보다 상관인 구삼이 下艮의 主爻이면서 또 正을 얻고 있다. 양을 따라야 하는 음인 육이는 정응이 따로 없으니, 구삼을 거역할 수 없다. 그를 따라야 하는 위치에 놓인 것이다. 이는 마치 다리가 움직이면 함께 움직이고 멈추면 함께 멈추는 장딴지와 같은 상이니, '艮其腓'라 했다. 구삼은 강이 강위에 있으니 바르게 처리하지만, 강이 넘치는 약점이 있으므로 움직이려 한다. 이럴 때는 그의 움직임을 중덕이 있는 육이가 말려도 듣지를 않는 경우가 있을 수 있다. '不拯其隨'이다. 이런 경우 그 고집이 내심 불쾌하다. '其心不快也'이다.

소상전은 육이와 구삼의 관계에서 유가 유위에 있고 강이 강위에 있는 차이가 이렇게 엇박자를 낳게 될 수 있음을 말하고 있다. 구삼이 육이의 말을 들으려고 하지 않음을 말한 것이 '未退聽也'이다. '退聽'을 '물러나다'로 번역했다.

* 九三, 艮其限, 列其夤, 厲薰心.
象曰, 艮其限, 危薰心也.

구삼, 그침이 그 허리이니, 등골 살이 찢어질 듯하고, 위태하여 마음이 애탄다.
상전에서 말했다. 그침이 그 허리이면, 위험하여 마음을 태운다.

[자구의 뜻] 夤: 공경할 인, 등골 살 인. 薰: 향초이름 훈, 향내 훈, 태울 훈.

[해설] 九三은 上下卦의 중간이다. 그래서 경계를 말하는 '限'을 썼는데, 인체를 비유하여 풀어가고 있으니, 이것은 인체의 중간인 '허리'에 해당한다. 限에는 '허리'라는 뜻도 있다. '艮其限'은 '그침'이 발에서 시작하여 종아리를 지나 허리에까지 올라왔다는 뜻이다. 허리는 가

끔 움직여주어야 한다. 때로는 굽히고 펴야하며 때로는 제치고 뒤틀어야 할 때도 있다. 이런 허리가 고정되어 멈추어 있으면 어떻게 될 것인지 뻔하다. 구삼은 아래 간 '멈춤'의 주효이니 움직이지 않아야 한다. 그런데 처한 위치가 허리이니 허리가 그쳐만 있으면 등골 살이 찢어지거나 찢어질듯 할 것이다. 이를 '列其夤'이라 했고, 그러면 움직여야 하는데, 그럴 수 없으니 위태하고 마음이 애탈 것이므로 '厲薰心'이라 했다. 대체로 '夤'은 '등골 뼈'나 '등골 살'로, '薰'은 '태우다'의 뜻으로 풀고, '列'은 '裂'과 통용되었으므로 '裂'의 뜻인 '찢어지다'로 본다.

구삼은 강이 강위에 처해 강함이 지나쳐 움직이고 싶고, 下卦이나 집단의 윗사람은 움직일 수밖에 없는 경우도 있는데 그침을 고수해야 하니 애가 타는 것이다.

互卦로서도 설명이 된다. 구삼으로부터 시작되는 구삼, 육사, 육오의 三爻는 震이 되니 진은 '動'의 象이다. 육이, 구삼, 육사는 坎이니 '구덩이'의 상이다. 용기 있게 움직이면 구덩이에 빠지게 되니 움직일 수가 없다. 이런 상태는 움직이고 싶어도 움직일 수가 없으므로 '列其夤, 厲薰心'인 것이다. 단전에서 말한 '時止則止, 時行則行'을 하기가 쉽지 않음을 보여준다. 그래도 때는 '止'이니 참아야 할 것이다.

소상전에서는 '厲'가 '危'로 바뀌었을 뿐, 허리의 고정됨은 바로 위험한 것이라는 의미를 爻辭에 쓰인 문자를 골라서 재차 표현한 것이다.

*** 六四, 艮其身, 无咎.**
象曰, 艮其身, 止諸躬也.

육사, 그침이 그 몸이니, 허물이 없다.
상전에서 말했다. 그침이 그 몸이라는 것은, 이에 몸을 멈추게 하는 것이다.

[해설] 六四는 하체를 지나 상체에 이르렀다. 九三이 限이었으니 육사는 그 보다는 윗부분인데, 이를 '身'으로 나타냈다. 身은 몸체 전부를 지칭하기도 하지만, 구분 지을 때는 목 아래부터 넓적다리 이상의 부위를 말하기도 한다. 육오에 '輔(뺨 보)'가 있는 것을 보면 얼굴과 허리 사이를 지칭한 것으로 보아야 할 것이다.

육사는 정위했고 유순하니 때를 따르는 것은 쉽다. 때는 그치는 때이니 몸을 편히 그치게 할 수 있어 '艮其身'이라 했다. 때를 따랐으니 '无咎'이다. 육사의 지위는 대신이니 임금을 도와 백성들도 때를 따르게 해야 한다. 위로 임금도 유순하고 그 대신도 유순하니 백성을 이끌 능력은 충분치 못하나, 그래도 자신의 몸만은 그칠 수 있는 능력의 소유자로 보아야 '无咎'가 될 것이다.

소상전에서는 '艮其身'의 '艮'을 '止'로, '其'를 '諸'로, '身'을 '躬'으로 바꾸어 설명을 했다. '艮'과 '止', '身'과 '躬'은 뜻이 같다. 그러므로 '其'와 '諸'만 차이가 있다. '其'는 지시대명사이니 '그 몸' 즉 육사의 몸을 지칭했고, '諸'는 어조사 '之於'이니, 지시된 몸이 아닌 일반적인 몸에 그친다는 차이 정도이다. 몸을 그친다고 하는 것은 몸을 편히 쉬게 하는 뜻이라고 보아야겠다. 六四 효사와 소상전의 풀이다.

* **六五, 艮其輔, 言有序, 悔亡.**
象曰, 艮其輔, 以中正也.

육오, 그침이 그 빰이니, 말에 차례가 있어서, 후회가 사라진다.
상전에서 말했다. 그침이 그 빰임은, 중덕으로 바르게 하는 것이다.

[해설] 그침이 얼굴부위로 올라왔다. 六五의 위치가 '輔'에 배당됐다. 사람은 얼굴표정과 말이 상대에게 영향을 미치는 핵심요소이다. 육오는 괘의 가장 중요한 위치이니 신체의 핵심요소인 얼굴의 '輔'로 대비됐다. 輔는 얼굴의 '광대뼈' 혹은 '빰'이니, 이것의 움직임은 입과 직결되고, 입의 움직임은 말과 직결된다. 그래서 '言'이 나온다. 곧 빰이 그침을 당한다고 '艮其輔'이고, 이것은 함부로 말하지 않는다는 뜻이 되고 말에 조리가 있다는 뜻으로 넓혀 생각할 수 있으니, '言有序'라 했다. 나타난 구절의 含意가 어렵지 않다. 원래 권력자는 많이 듣고 적게 말하는 것이 좋다. 그러면서 그 말에 조리가 있으니 후회할 일이 없을 것이므로, '悔亡'이라 했다.

육오는 정위하지는 않았으나 중심적인 위치에 있고, 위로 上九와 친비이다. 임금으로써 '言'을 삼가면서 조리 있게 할 수 있다면 통치능력 중의 하나는 제대로 갖춘 것이다. 이것은 비록 음으로 不正位라도 중덕을 갖추었기 때문에 가능하다. 이것으로 후회가 있을 것을 사라지게 했고, '正'할 수 있는 것이다. 소상전의 뜻을 이렇게 보았다. 그런데 정위가 아니기 때문에 '正'이 있는 것이 이상하고, 六四와 上九 효의 소상전에서 韻을 따져도 없어야 하므로 '正'은 衍文199)이라 하는데, 번역에는 '中'으로써 '正'하게 하는 것으로 보면 큰 무리가 없으므로 그대로 두고 번역을 했다.

* **上九, 敦艮, 吉.**
象曰, 敦艮之吉, 以厚終也.

상구, 두텁게 그쳐있으니, 길하다.
상전에서 말했다. 두텁게 그쳐서 길하다는 것은, 끝까지 두텁게 했기 때문이다.

---

199) 朱熹는 六四 小象傳의 '躬', 上九 소상전의 '終'과 이 효 소상전의 '中'은 운이 같기 때문에 '正'은 잘못 들어간 것으로 본다. 이후 이것을 취하는 학자가 많다.

[해설] 上九 효사와 소상전. 상구는 그침의 때에 上艮 '그침'의 主爻이니 마지막까지 그쳐 있는 象이다. 두 산이 겹쳐있는 정상에 그쳐 있으니, 산이 겹겹이 쌓여 과히 두텁다 할 만하다. 그러니 이를 '敦艮'이라 했다. 그침의 때에 마지막까지 유혹에 흔들림 없이 그쳐있으니 장하고 길하여 '吉'이라고 했다. 상구는 그침의 마지막이니, 마지막은 계속 그칠 것인지 아니면 움직일 것인지의 기로에 있다. 비록 정위는 아니나 아래의 친비인 六五를 도와야 하고, 上艮의 주효로서의 임무가 있으니, 굳센 강으로써 굳게 그칠 것을 택하게 되니 '敦艮'할 수 있는 것이다. 上卦가 艮으로 된 괘의 상구는 모두 '吉'이고, 물론 이 艮卦에서도 吉하다고 했다.

소상전에서는 길한 이유를 흔들림 없이 끝까지 그칠 수 있었기 때문이라 했다.

艮卦는 咸卦와 함께 인체에 비유하여 설명을 했다. 인체 부위의 역할과 그 괘와 효의 의미를 결부시켰다. 初六은 발에 비유되어 발은 오래도록 그쳐 있기가 어렵고, 六二는 종아리로 비유되어 종아리는 그침을 자기 의지로 하지 못하며, 九三은 허리로 허리는 그쳐만 있기가 고통스럽고, 六四는 上體로 상체의 몸은 그치는 휴식이 필요하며, 六五는 뺨으로 입주변의 그침은 말로서 밖으로 표현되는 것이라고 했다. 이렇게 天理와 道 本分에 그쳐왔으면 끝은 '吉'하다고 했으니 바로 上九의 '吉'이 그것이다. 그러면서 그침도 때가 있으니 '時止則止, 時行則行'해야 함을 말하고 있으니 지금 자신의 처한 상태가 그침과 행함의 어떤 처지인지를 생각하여 처신할 것이다.

䷴ 漸 (風山漸)

概說: '漸'은 '차츰 나아갈 점'이다. 「서괘전」에는 "物不可以終止, 故受之以漸, 漸者進也(사물은 그침으로 끝날 수 없으므로, 점으로서 받았으니, 점이란 나아감이다)"라고 했다. 動靜과 終始가 『주역』의 원리이면서 자연의 규칙이다. 그래서 '그침'이 있으면 '나아감'도 있으니, '漸'으로 이어진다는 뜻이다. 「계사 하」에서도 "屈信相感而利生焉(굽히고 폄이 서로 느껴서 이로움이 생긴다)"라고 했으니 같은 이치다. '漸'이란 그냥 '나아가다'보다는 '점차 나아가고 발전 한다'는 뜻이다. 순서와 차례가 있다는 뜻이고, 이것은 사물이 생겨서 점점 자라 완성이 된다는 의미이다. 卦象으로 살피면 下艮의 '山'위에 上巽의 '木'이 있는데, 이 나무도 산에서 싹터 점점 자라 산위에 우뚝 솟아 있게 되었기 때문에 漸의 상이라고 본다.

「잡괘전」에서는 "漸女歸待男行也(점괘는 여자가 시집갈 때, 남자 쪽에서 행하는 것을 기다리는 것이다)"라고 했다. 옛 혼인풍속은 女家에서 남자의 이력을 받고 서약을 받으며, 남자가 여자를 맞이하는 절차 등을 거치며 진행됐다. 이렇게 점점 진행되는 절차가 '漸'과 같다는 말이다. 이런 것을 참고하면서 괘사와 효사를 보자.

1. 괘

＊ 漸, 女歸吉, 利貞.

점괘, 여자가 시집가는데 길하고, 바름을 지키면 이롭다.

[해설] 괘사. 옛날 여자가 시집갈 때는 六禮[200]에 의한 절차를 거치면서 점차적으로 진행하니, 바로 '漸'의 뜻이다. 옛 여자는 거의 집안에서 생활하고 외출은 자제했다. 때문에 소문에만 의존하던 남자 쪽의 형편을 이 육례를 행하면서 보내온 서신과 예물 그리고 오가는 사람의 말을 통해서 다시 살피고 짐작하면서 가족 간의 의견을 모아서 혼인을 성사시켰다. 「잡괘전」의 '待男行也'이다. 그러니 여자가 시집가는 데는 吉하다. 이런 육례의 과정에도 속이고 헛된 것이 있을 수 있으니 '貞'해야 이롭다는 단서를 붙였다. 인생에 있어서 중대사인 결혼에 '바름'이 없다면 안 되니, '利貞'이다. 괘사는 여자가 시집가는 것으로 뜻을 삼았는데, 옛사람들의 결혼 풍습은 자유롭게 연애하는 요즘과는 차이가 있다는 것을 알고 이해해야 한다.

＊ 彖曰, 漸之進也, 女歸吉也. 進得位, 往有功也, 進以正, 可以正邦也, 其位, 剛得中也. 止而巽, 動不窮也.

단전에서 말했다. 점은 점차 나아감이니, 여자가 시집가는 것에는 길하다. 나아가면 자리를 얻으니, 가면 공이 있는 것이고, (이렇게)나아가면서 바르게 하면, 나라도 바르게 할 수 있는데, 그 자리를, 강이 중심을 얻었기 때문이다. 그쳐있으면서 온순하니, 움직이면 궁하지 않다.

[해설] 단전이다. 漸의 뜻은 進이고, 이렇게 점차 나아가는 것은 여자가 시집가는 절차이니 시집가는 것에는 길하다고 했다. 이어서 괘의 형태와 그 象이 나타내는 것에서 괘가 지닌 함의를 말하면서 괘사 '女歸吉, 利貞'을 알도록 유도했다.

'漸之進也'의 '之'를 보는 견해이다. '가다'로 보아 '進'을 강조하는 것으로도 보고, 잘못 들어간 衍文으로도 보며, 주격조사 '은, 가'로도 본다. 이 중에서 뜻이 통하면서 이해하기 쉬운 것이 주격조사이다. '漸은 進이다'라고 하면 괘명 '漸'의 字意가 '進'임이 자연스럽게 번역되기 때문이다. 그러나 보통 이런 경우 주격조사는 쓰지 않는다. 그러니 확연하지 않지만 주격조사로 하여 뜻이 통하도록 했다.

---

200) 육례는 納采, 問名, 納吉, 納徵(納幣), 請期, 親迎을 말하는데 이에 대한 자세한 내용은 관혼상제에 대한 서적에서는 모두 나오는 것이니 이들 서적을 참고하기 바람.

'進'의 뜻이 '앞으로 나가다'이니 漸의 뜻과 통하고 괘사에서 말한 육례의 절차와도 통하므로, '女歸吉'이 된다. 괘명 '漸'의 뜻을 말하면서 동시에 '女歸吉'과도 연결하여 두 의미가 서로 통하도록 한 것이다.

다음은 괘의 형태를 보고 도출해낼 수 있는 것을 엮어서 괘의 능력을 말했는데, 그것으로써 '女歸吉'과 '利貞'이 됨을 말했다. 下艮과 上巽이 모두 위에 있어야할 강은 윗자리에, 아래에 있어야할 유는 아랫자리에 있으니 있어야 할 곳에 있다. 그리고 初와 上을 제외한 각각의 효가 모두 정위이다. 初爻와 上爻도 아래에 있어야 할 柔가 아래인 初에, 위에 있어야 할 剛이 上에 있으니 각각 있어야 할 곳에 있는 것과 마찬가지다. 그리고 특히 九五와 六二가 상하의 중정이다. 이를 '得位'와 '以正'으로 분리하여 '進得位', '進以正'으로 나누어 나타냈다. 모두 나아가서 자신이 마땅하게 처할 자리를 얻었으니 공과가 있는 것이므로 '進得位, 往有功也'이고, 모두 나아가 바르게 처리하면 나라도 바르게 할 수 있을 것이므로 '進以正, '可以正邦也'라 했다. 특히 '進得位'하고 '進以正'하는 '그 자리(其位)' 중에는 천하를 호령하는 임금의 자리(九五)에 강이 中을 얻고 있다. 곧 '其位, 剛得中也'이다. 강력한 임금이 중정의 덕으로 일을 하니 이 때문에 공로가 있고(有功) 나라를 바르게(正邦) 할 수 있다는 뜻이다. 이것이 제일 큰 역할이므로 끝에 강조한 것이다.

마지막으로 괘의 象으로 살펴도 漸의 뜻이 나온다. 下艮은 '止'이고 上巽은 '巽'이니, 조용히 그쳐있으면서 온순하게 따르는 상이다. 이렇게 '止而巽' 하니 만약 움직이면 막힐 것이 없으므로 '動不窮也'이다. 이런 것이 점괘라는 말이다.

괘명과 괘사의 각 구절을 뭉뚱그려 함께 그 의미들을 알게 한 것이 색다르다.

＊ 象曰, 山上有木, 漸. 君子以居賢德善俗.

상전에서 말했다. 산위에 나무가 있는 것이 점괘이다. 군자가 이를 보고서 어진 덕을 행하고 풍속을 좋게 한다.

[자구의 뜻] 俗: 풍속 속, 범속할 속, 물들 속, 속세 속.

[해설] '산'은 下艮에서, '나무'는 上巽에서 나온 象이다. 이를 관찰하면 산은 흙이 쌓이고 뭉쳐서 이루어졌고, 그 속에서 나무가 생겨 자라고, 자라나서 더 높이 솟아 있다. 또 이들 나무 중에도 더 우아하고 더 높은 것도 있다. 이런 것을 본 군자는 자기의 덕을 쌓고 쌓아서 산처럼 높게 하고, 산이 나무를 키우듯이 어진 덕으로 풍속을 좋게 한다는 뜻이다. 또 巽에는 '바람'의 상도 있으니, 바람처럼 사람들 속에 스며서 나무들처럼 세상의 풍속을 좋고 우아하게 만들려고 하는 것이다.

'居賢德'의 '賢'은 어질지 않는 덕이 있을 리 없는데 賢자가 있는 이유가 아리송하다. 그래서 朱熹는 衍文이 아닌가하고 의심을 했지만, 德을 강조하는 의미로 보고 그대로 번역했다. '居'는 원래 '거처하다. 머물다'의 뜻이지만 덕에 거처하는 것은 덕을 행하는 것이라 생각하고 '행하다'로 번역을 했다. '善'은 동사로 쓰였다.

2. 효

＊ 初六, 鴻漸于干. 小子厲, 有言, 无咎.
象曰, 小子之厲, 義无咎也.

초육, 기러기가 물가로 나아간다. 어린이는 위태하여, 말이 있으나, 허물은 없다.
상전에서 말했다. 어린이의 위태함은, 이치에는 허물이 없다.

[자구의 뜻] 鴻: 큰기러기 홍, 고니 홍(江+鳥: 강에 사는 새). 干: 물가 간.

[해설] 괘에서는 '女歸'라 하여 여자가 시집가는 절차와 연관시켜 뜻을 새겼는데, 효에서는 '鴻'으로써 象을 삼아 효사를 이어간다. 괘사에서 말한 육례에는 기러기가 등장하니, 곧 親迎의 禮 중에는 '奠雁전안禮'[201]가 있어서 결혼과 기러기와는 밀접한 관계가 있으니, 이를 끌어와 상을 삼았다. 기러기는 때가 되면 왔다가 때가 되면 가버리니 때를 따르는 새이고, 무리를 지어 날아갈 때는 질서 있고 차례가 있다. 그리고 암수가 짝을 지으면 평생토록 변치 않는다는 속설도 있다. 이것은 인간의 혼인과 밀접한 관계가 있다. 절차에 따라 결혼하고 결혼을 하면 살던 집을 떠나 媤시家로 가며, 변치 않도록 사랑하며 가정을 이끄는 것과 상통하는 면이 있다고 본다. 그래서 오늘날에도 신혼가정에 목각 기러기 한 쌍을 기념으로 선물하기도 한다.

강에서 놀던 기러기가 떠날 때가 되어 강변으로 나갔다. 이것이 '鴻漸于干'이다. 初六은 漸卦의 처음이고 부정위이면서 위로 정응도 없다. 그러니 아직 어리고 멀리 날지를 못한다. 그래서 '干(물가)'로 나가는 것이다. 다음에 나오는 '小子'는 바로 이런 상태의 초육이다. 어린새끼는 멀리 날지 못하니 위태하고, 그 때문에 질책의 말을 들을 것이다. '小子厲, 有言'이다. 사람이면 어린애이거나 집안 살림을 배우는 소녀이니, 역시 위태하다는 말이 따라 다닐 것이다. 그러나 떠날 때가 되어서 자기의 무리와 함께 하고자 '干'에까지 좇아온 기러기 새끼나, 집안 살림살이를 배우려는 소녀의 행위는 나무랄 일이 아니므로 '无咎'라고 했다. 바로 이런 의미를 다시 나타낸 것이 소상전의 풀이 '小子之厲, 義无咎也'이다. 초육의 효사는 물에 놀던 기러기가 장소이동을 시작했고, 여자가 살림살이를 배우려고 함을 나타내고 있다.

---

201) 신랑이 신부 집에 가서 신부의 主婚者에게 기러기(雁)을 드리면서 신랑 신부가 인사하는 예식이다.

* 六二, 鴻漸于磐. 飮食衎衎, 吉.
象曰, 飮食衎衎, 不素飽也.

육이, 기러기가 너럭바위에 나아갔다. 마시고 먹는 것이 화기애애하고, 길하다.
상전에서 말했다. 마시고 먹는 것이 화기애애하다는 것은, 헛되이 배만 불리는 것은 아니다.

[자구의 뜻] 磐: 너럭바위 반, 머뭇거릴 반. 衎: 즐길 간. 평안하여 흡족히 여길 간. 衎衎: 화기애애한 모양. 素: 흴 소, 헛될 소. 飽: 배부르게 먹을 포.

[해설] 六二는 정중하고 위의 九五와 정응, 九三과 친비다. 이러 조건은 점차나아가야 하는 점괘의 상황을 잘 대처할 수 있다. 그러니 初六보다 훨씬 편하고 안전한 곳(磐)까지 나아가서 즐겁게 음식을 먹는다(飮食衎衎). 그러니 '吉'이다. 곧 성숙한 처녀가 집안 살림을 완전히 익힌 상태의 표현이다. 이런 뜻이 육이 효사이다.

이렇게 즐겁게 음식을 먹는 것은 단순히 놀면서 배불리 먹기만 하는 것이 아니다. 기러기는 먼 여행을 떠나기 위한 체력보강이고, 다 큰 처녀가 자기가 해야 할 바를 다한 후에 먹는 것이다. 육이는 중정의 덕과 應·比의 도움이 있기 때문에 제반 일을 잘 처리하고서 음식도 화기애애하게 먹는 것이다. 소상전은 이런 뜻임을 강조하였다. '素'에는 '空也'의 뜻이 있고, 우리말로는 '헛되다'이다.

* 九三, 鴻漸于陸, 夫征不復, 婦孕不育, 凶. 利禦寇.
象曰, 夫征不復, 離群醜也, 婦孕不育, 失其道也. 利用禦寇, 順相保也.

구삼, 기러기가 고원(高原)으로 날아가면, (이것은)사내가 나가서 돌아오지 않고, 여자가 아이를 배어 기르지 못하는 것이니, 흉하다. 도적을 막는 것이 이롭다.
상전에서 말했다. 사내가 나가서 돌아오지 않는다는 것은, 무리를 떠나는 것이고, 여자가 아이를 배어 기르지 못한다는 것은, 도를 잃은 것이다. 도적을 막는데 쓰면 이롭다는 것은, 순하게 서로 돕는 것이다.

[자구의 뜻] 陸: 뭍 육, 큰 언덕 육, 화목할 육. 孕: 아이 밸 잉, 머금을 잉.

[해설] 九三 효사와 소상전이다. 九三은 강이 강위에 있으니, 너무 강하여 조급한 면이 있다. 정위는 했으나 정응이 없고, 아래 친비인 六二는 九五와 정응이다. 그러니 위의 친비 六四에게 의지할 수밖에 없는 실정이다. 육사는 상괘에 속하여 한 계단 높은 위치이고, 자신은 하괘에 있으니 육사에게로 나아가는 것은 한 단계 높은 장소로 가는 것이므로 높은 언덕으로

날아가는 상이 된다. 호수나 강에서 높게 비상하는 상황을 그리고 있으니, 여기의 '漸'은 '나아가다'보다 '날아가다'로 했다. 옛 학자들이 '陸'을 '高平', '高之頂', '山上高平' 등으로 보았다. 그래서 고원으로 날아간다고 '鴻漸于陸'이다. 그런데 구오에서는 '陵'이 나온다. 이 陵인 '언덕'과 중복을 피하기 위해 '高原'이라 했으나, 이 陸이 上九에서 또 나온다. 왜 상구에서 같은 '陸'이 나오는가? 이 이유는 두 무리의 기러기 떼로 보아야 할 것 같다. 하괘의 기러기 떼와 상괘의 기러기 떼가 모두 먼 따뜻한 곳으로 이동을 하는 것은 같다. 그러나 하괘에 속한 무리는 아직 부족한 것이 많아 상괘에 속한 무리처럼 멀리 날지를 말아야 함을 효사가 나타내 보이고 있다. 곧 下의 시작인 初爻는 강변인데 上의 시작인 四爻는 나무 위에까지 날아가는 것을 보면, 때가 되어 떠나야 하는 시기이지만 성장에 차이가 있어서 힘과 능력이 같지 않음을 보여주고 있다.

그런데 구삼과 육사의 어울림은 정응이 아니면서 상하의 차이가 있다. 그런데도 下艮의 '少男'과 上巽의 '長女'가 가까워 서로 정을 통하면, 불륜의 관계가 된다. 대체로 이런 관계의 사람들은 이런 사실을 숨기려고, 자기들을 알아보지 못하는 곳으로 도망가 숨는다. 육사에게로 간다는 것은 下에서 上으로 가는 것이니 다른 곳으로 떠나는 것과 상통한다. 구삼은 이끌어야 할 아래의 사람들을 버리고 다른 곳으로 가서 돌아오지 않고, 육사는 아이를 배어서 자랑하며 떳떳하게 낳아 기를 수가 없는 형편이 된다. 구삼의 漸進을 사람에 비유하면 이렇게 되는 경우이니, 이를 '夫征不復, 婦孕不育'이라 했다. 그러니 '凶'이다. '夫'는 구삼, '婦'는 육사를 지칭한다.

그러면 구삼의 위치에서는 어떻게 해야 하는가? 좀 더 때를 기다리고 나아가지 말아야 한다. 특히 陸을 향해서 멀리 날지는 말아야 한다. 艮 '止'의 주효이고, 같은 무리의 初六이 아직 어려 멀리 날지 못하고 있는 상태가 아닌가. 그러므로 때를 기다리면서 그가 가진 강한 힘을 도적을 막는데 쓰면 이롭게 된다. 곧 무리의 우두머리로서 자기들을 해치려하는 것들을 막아야 하는 의무가 있고, 육사에 대한 유혹도 뿌리쳐야 한다. 이렇게 하는 것이 이롭다고 '利禦寇'이다. '寇'는 육사의 유혹이고, 구삼 자신이 邪에 물들려는 마음을 함축하고 있으며, 넓히면 자기집단에 해를 끼치는 모든 것을 말한다. 결국 앞 구절들은 구삼과 소인들을 위한 警戒辭이다. 물론 이 시기의 여인은 남자와 어울리면 육례를 갖추지 못한 불륜이 된다. 이 시기에는 맏이로서 한눈팔지 말고 집안을 잘 돌보며 자신을 더 다듬어야 할 것이다.

소상전 '離群醜也'의 '醜'는 옛 학자나 현대의 학자들이 '추하다'가 아닌 '類'로 보았으니 '群'과 같은 뜻이다. '失其道也'는 결혼과정은 물론 아이를 양육하지 못하는 것이 모두 '道'를 잃은 것이다. '順相保也'는 육사에게로 갈 것이 아니고 아래의 두 효 初六, 六二와 서로 돕고 지키면서 있어야 한다는 의미이다. '利用禦寇'에는 '用'이 하나 더 들어있는데, 옛 판본에는 이 자가 없이 효사와 동일한 것도 있다. 그러나 뜻을 푸는데 별 지장이 없어 그대로 두었다.

＊ 六四, 鴻漸于木. 或得其桷, 无咎.
象曰, 或得其桷, 順以巽也.

육사, 기러기가 나무로 날아간다. 혹 평평한 나무를 얻으면, 허물이 없다.
상전에서 말했다. 혹 평평한 나무를 얻음은, 순하고 공손하기 때문이다.

[자구의 뜻] 桷: 서까래 각(木+角=모난 나무), 가지 각.

[해설] 육사는 上巽의 주효이고 정위했으며 군왕인 구오를 받드는 대신의 지위에 있다. 정응도 없이 九三 강을 타고 있다. 의구심이 많고 조심해야 하는 자리다.

'巽'은 '木'의 象이 되니, '漸于木'이다. 하괘의 初六과 비교가 된다. 멀리 다른 나라로 가기 위한 시작의 단계를, 하괘 초육은 강변으로 나아갔고, 상괘의 육사는 바로 나무로 날아갔다. 상하 두 집단의 기러기 떼가 이동을 위한 준비단계인데, 그에 대한 차이와 전체 괘 속에서의 차례와를 묘하게 연결하여 이어가고 있다.

원래 기러기는 발가락이 연이어져 있으므로 나무에 앉기가 불편하고, 대신이라는 자리도 항상 불안한 자리다. 그러므로 '或'이라는 의구심을 갖는 말이 등장한다. 혹 이런 불편함이 있지만 '桷'을 만나면 편안하다. '桷'이란 '서까래'이니 서까래라고 직역하면 서까래는 지붕을 받치고 있으므로 지붕 위를 생각하게 될 것이다. 기러기의 이동은 이 보다는 육지의 나무 위가 더 적당하므로 잘 다듬어진 나무의 의미로 받아들였다. 그래서 '평평한 나무'로 번역을 했다. 无應에 강을 탔고, 대신의 자리라서 편치 못하지만, 다른 한편으로는 정위했고, 중정의 덕이 있는 구오 군왕이 곁에 있으니 '桷'을 얻을 수 있으므로 '无咎'한 것이다. 처녀가 집안 살림에 능숙하여 부모의 신임을 얻으면 아무런 허물이 없다는 뜻으로 보면 될 것이다.

소상전에서는 巽體의 주효이니 '巽'하고, 柔가 유위에서 정위하였으니 육사의 성질이 '順'이다. 이렇게 '順以巽也'하기 때문에 '桷'을 얻게 되었다는 뜻이다.

＊ 九五, 鴻漸于陵. 婦三歲不孕, 終莫之勝, 吉.
象曰, 終莫之勝吉, 得所願也.

구오, 기러기가 언덕으로 날아갔다. 부인이 삼년을 잉태하지 못하나, 결국에는 이기지 못하니, 길하다.
상전에서 말했다. 결국에는 이기지 못하니 길하다는 것은, 원하던 것을 얻은 것이다.

[해설] 九五 효사와 소상전. 구오는 제일 높은 지위이니 '陵'의 상이 있다. '漸于陵'이다. 성숙하여 능력이 있는 기러기 떼들이니 하괘의 집단보다 일찍 더 높은 곳을 간다고 보아야 한

다. 이제 계속 날아가면 영원히 먼 곳으로 날아가는 것이 될 것이다. 처녀이면 이제 시집가는 것이다.

구오가 괘 전체를 이끈다고 보면 六二와 정응이니 괘사의 '女歸'와 통한다. 그런데 그 둘 사이에 九三과 六四가 막고 있다. 그러니 오랜 기간 서로 합하지 못한다. 이를 '婦三歲不孕'이라 표현했다. 이런 상황의 '婦'는 육이이다. 그리고 여기서도 '三歲'란 꼭 3년을 뜻하는 것이 아니라, 오랜 기간이라는 뜻이다. 구삼 육사가 유혹하고 막는다고 중정의 덕을 갖춘 두 사람이 이를 헤쳐 나가지 못하지는 않는다. 점차 설득하고 이해를 시켜 필경에는 이들이 승리할 것이다. '終莫之勝'이고, 그래서 '吉'이 되는 것이다. 오랜 시간이 걸렸지만, 정응인 두 사람은 결혼에 골인한다는 말이다. 그리고 상괘의 집단을 이끄는 기러기로만 보면, 이제 멀리 따뜻한 곳으로 가면 오랜 기간 날아야 하니 '婦三歲不孕'이고, 결국 구오는 무사히 따뜻한 나라에 도착할 것이니 '終莫之勝'이 될 것이다. 이를 시집가는 것으로 보면 시집생활의 적응으로 인해 오랜 기간 잉태하지 못하다가 결국 잉태를 한다는 뜻이다. 물론 이때의 '婦'는 단순히 상황설명을 위해 등장한 것이지 특정 효를 지칭하고 있지는 않다.

효사는 어느 듯 처녀가 시집가는 것이며, 잉태의 어려움도 있었지만 안방의 주인역할을 한다는 뜻이다.

소상전에서는 결국은 원하는 바를 이루었다는 말이다.

*** 上九, 鴻漸于陸, 其羽可用爲儀, 吉.**
象曰, 其羽可用爲儀, 吉, 不可亂也.

상구, 기러기가 먼 고원으로 날아갔다. 그 깃을 의식을 위해 사용할 수 있으면, 길하다.
상전에서 말했다. 그 깃을 의식을 위해 사용할 수 있으면, 길하다고 하는 것은, 어지럽힐 수만 없기 때문이다.

[자구의 뜻] 羽: 깃 우, 날개 우, 깃 장식 우. 儀: 거동 의, 법도 의, 의식 의.

[해설] 上爻의 효사와 소상전이다. 이 上九의 효사는 우선 '陸'에 대한 견해다. 九三에서도 같은 陸을 써서 기러기의 점점 나아간 것으로는 구삼과 차이가 나지 않기 때문이다. 宋代의 학자는 '逵(사통팔방의 길, 규)'가 되어야 할 것이 잘못됐다고 보았다. 다음의 '儀'와 '逵'는 叶韻인 것을 그 이유로 들었다. 그런데 明淸교체기의 사상가이자 『주역』을 연구한 顧炎武는 『역경』이 탄생한 殷·周시대에는 叶韻이 아니었으니 잘못 본 것으로 비판했다. 그래서 현대 중국의 학자들은 대부분 '逵'라고 보지 않는다. 그러면 어떻게 보아야 할까? 구삼이 하괘의 제일 윗자리이고, 상구는 상괘의 제일 윗자리이니 같은 '陸'이 등장했고, 이 상황은 두 집단으로 분리해 보면 멀리 날아가야 하는 위치임은 같기 때문이라고 보는 것이 편하다. 그래도 상하

의 차이는 있고, 구삼은 날지 말아야 할 조건이지만 상구는 날아갈 수 있는 상태이므로, 임의로 '먼' 한 자를 삽입해 차별의 맛이 나도록 했다.

상구는 漸卦의 제일 윗자리이고 끝이니 변화의 때이므로, '鴻'이 멀리 날아서 따뜻한 나라로 가는 것이다. 그래서 '鴻漸于陸'이다. 정위도 아니며 정응・친비도 없다. 이는 아무른 얽매인 것이 없는 초연한 상태와 같다. 마치 기러기가 멀리 날아서 가버리면 기러기가 있던 자리에 남은 것이란 깃털 외는 아무것도 없는 것과 같은 상태다. 이 때 여기저기 흩어져 있는 기러기 털이 의식에 사용하는 기구의 장식용으로 쓰이면 그나마 좋은 일이다. 이를 뜻하는 말이 '其羽可用爲儀, 吉'이다. 사람이라면 시집으로 가버렸으니 그녀가 남긴 흔적은 따뜻한 추억으로 정리될 것이고, 이런 그녀의 성품과 행위는 시집가서 잘 살 것이므로 길한 일이 되는 것이다.

소상전에서는 여자가 시집가는 것은 여인의 삶이므로 얽매임이 없이 정리되듯이, 기러기도 그 깃털이 어지럽게 널려 있지 않도록 장식용으로 사용할 수 있으면 좋다는 말이다.

艮卦에서는 인체의 부위로, 이 漸卦에서는 기러기가 강에서 날라 멀리 떠나는 것으로 효를 풀어갔다. 이것이 바로 「계사 하」에서 말한 "觀鳥獸之文, 與地之宜, 近取諸身, 遠取諸物 於是始作八卦(새와 짐승의 무늬와 땅의 마땅함을 관찰하여, 가까이는 저 몸에서 취하고, 멀리는 저 물건에서 취하여, 이에 비로소 팔괘를 지었다)"이다. 이렇게 몸과 사물에서 효의 위치와 연관 짓고, 진행해 갈수록 상황 전개가 말하고자 하는 요지로 나아가면서 매듭짓고 있다. 어떻든 점괘는 기러기가 날아서 이동하는 상태를 묘사하면서 그때그때 효의 상황에 따른 점사를 붙였는데, 대체로 모두 좋다. 그것은 모두 정위하고, 정위하지 않은 初六과 上九도 강은 위에 유는 아래에 있어야 하는 원칙에 벗어나지 않았기 때문이 아닌가 한다. 특히 중정의 덕을 갖추고 서로 정응인 六二와 九五가 吉한 것은 당연 지사이며, 남녀가 서로 응하여 맺어지는 결혼축복의 의미가 살아나니 '女歸吉'인 것이다.

이렇게 기러기가 점점 따뜻한 나라로 날아가듯이 인생여정도 점점 나아가 어느 듯 장성하여 시집가고 어느 듯 노년기에 이른다. 이런 이치는 보잘 것 없는 작은 것도 점점 발전하여 큰 성과를 이루는 것을 말해주고 있다. 그러니 턱없는 욕심으로 한꺼번에 이루려고 하지 말고, 지금부터라도 하나하나 살피며 나아가자. 그러면 누구라도 인생말년에 미소 짓는 일이 많을 것이다.

䷵ 歸妹 (雷澤歸妹)

概說: '歸'는 '돌아갈 귀, 시집갈 귀'이고 '妹'는 '누이 매'이니, '歸妹'는 글자대로 번역하면

'누이가 시집가다'이다. 앞 漸卦도 '혼인'에 대한 괘였는데, 또 혼인에 관한 괘가 나오니 의아하다. 그런데 귀매괘의 결혼은 제후들의 결혼 풍습이다. 제후의 결혼은 正妃를 맞아들일 때 媵잉妾이라 하여 정비의 동생과 친족이 함께 따라왔다. 한번 장가들면 정부인과 더불어 모두 9명의 여자를 취했다고 한다. 그리고 최고 권력자들끼리의 혼인은 주로 정략결혼이었을 것이다. 그래서 비록 권력층의 결혼풍습이지만 해당 여자에게는 이롭지 못한 것으로 상징되었다.

「서괘전」에는 "漸者進也, 進必有所歸, 故受之以歸妹(점은 나아감이니, 나아가면 반드시 귀착되는 바가 있으므로, 때문에 이를 귀매로서 받았다)"라고 했다. 여자가 자라면 시집가서 가정을 이루고 거기에서 생을 보내니, 시집가는 것으로 귀착되므로 귀매로서 받았다는 뜻이다. 「잡괘전」에는 "歸妹女之終也(귀매는 여자의 마침이다)"라 했으니, 이것도 여자가 최후로 머무는 곳이라는 뜻이 된다. 이 두 '傳'은 옛 여자들은 결혼이 어떤 경우이든 반드시 해야 하는 것에 초점이 맞추어져 있는 것 같다. 곧 잉첩이라도 결혼은 해야 하는 것으로 말하고 있다.

괘의 형태는 점괘와는 정반대다. 2효에서 5효까지가 모두 不正位이고, 양들이 상하괘에서 모두 음의 아래에 있고 그 음들은 乘剛의 상태다. 양이 음에 가려 있으면서 남녀가 모두 바르게 정상적인 행동을 못하고 있는 상황이 된다. 이것은 여자들에 둘러싸여 국가의 이익을 챙기지 못하는 정략결혼의 한 단면이다. 반면에 상하괘의 象으로 해석하면 上震☳은 '장남', '움직임'의 상이고, 下兌☱는 '소녀', '기쁨'의 상이니, 아래 소녀가 기뻐하니 위의 장남이 움직인다. 여자의 기쁨과 남자의 움직임은 결혼이 상상되나, 여자들에 의해 놀아나고 있는 꼴이기도 하다. 그러면 과연 歸妹卦의 괘효사는 어떤 경우를 말하고 있는지 이런 것을 염두에 두고 살펴보도록 하자.

1. 괘

*** 歸妹, 征凶, 无攸利.**

귀매괘, 적극적으로 가면 흉하고, 이로울 바가 없다.

[해설] 괘사이다. 정략결혼이나 첩으로 시집가는데 해당 여자로서는 적극적으로 추진할 일이 아니다. 기록에 의하면 여자의 나이가 8세면 약혼이 이루어져 부모 집에서 15세까지 기다리는 경우도 있다고 하니, 자신의 생각과는 무관하게 결정된 일이다. 그리고 여자란 정숙해야 한다는 관념의 시대에 안달을 부려 결혼을 하겠다고 하고, 그것도 잉첩으로 가겠다고 하면 정상적인 생각이 아니니 '凶'하다 할 것이다. 더욱 정략적인 결혼이면 양가의 문제로 골치 아픈 일이 수시로 일어날 것이니 당사자로서는 반갑지 않는 일이다. 이런 뜻으로 '征凶, 无攸利'를 풀지 않을 수 없다. 그러니 괘사는 잉첩제도로 결혼하는 여자를 말하는 것으로 보아야 할

것이다.

'征'은 '가다, 정벌하다'의 뜻인데, 여기서는 이를 합하여 '적극적으로 행하다'의 의미로 넓혔다. '흉'이 되는 이유가 확실해지기 때문이다. '征'은 단순히 '가다'의 의미와 함께 '힘써 가다' 혹은 '애써간다'는 뜻이 함유되어 있는 것이 보통이다.

점을 쳐 이괘를 얻은 사람은 조심하고 삼가는 것이 좋을 것이다. 괘의 형태를 보아도 음은 강을 탔고, 중심적인 위치의 2~5효까지가 位 不正하니 좋은 일이 있을 수 없다. 64괘 중에서 괘사에 '凶'이 있는 것은 오직 이 괘뿐이고, '不利'를 말한 것은 否卦와 이 괘이니, 괘사만으로는 제일 흉한 괘라고 보아야 한다.

＊ 彖曰, 歸妹, 天地之大義也. 天地不交而萬物不興, 歸妹, 人之終始也. 說以動, 所歸妹也, 征凶, 位不當也, 无攸利, 柔乘剛也.

단전에서 말했다. 귀매는, 천지의 큰 뜻이다. 천지가 사귀지 않으면 만물이 흥하지 못하니, 귀매는, 사람의 마침이고 (새로운)시작이다. 기뻐하면 움직이니, 누이가 시집가는 것이고, 적극적으로 가면 흉한 것은, 자리가 마땅치 않기 때문이며, 이로울 바가 없는 것은, 유가 강을 탔기 때문이다.

[해설] 우선 괘사는 좋지 않게 나왔는데 단전은 '天地之大義'라 했으니 좋지 않는 것과는 반대다. 아마도 공자학파는 남녀가 결혼하여 가정을 이루는 당연한 일을, 좋지 않는 것으로만 인식할 가능성을 없애고 싶었던 것 같다. 남녀의 결혼은 비록 잉첩제도에 의한 것이라도 당연히 해야 함을 말하고 있다. 그래서 '天地之大義'이며 '人之終始'임을 먼저 말하며, 결혼이란 자연법칙과 같은 것임을 인식시키고 있다.

歸妹도 결혼의 일종이니, 이는 남녀의 결합이고 천지의 사귐이라는 것이다. 바로 천지음양이 조화하여 만물을 탄생시키고 육성하는 것과 같으니 '天地之大義也'이고, 시집가서 가정을 꾸리면 이때까지의 생활은 마치고 자식을 낳고 기루는 새로운 삶이 시작되니 '人之終始也'다. 이런 큰 이치를 잊지 말아야 함을 먼저 강조했다.

이어서 괘의 象과 괘의 형태로서 괘명과 괘사들을 풀었다. '說'은 '悅'로서 下兌에서, '動'은 上震에서 나온 상이다. 下兌 소녀가 기뻐하면 上震 장남이 움직이니, 소녀인 누이가 시집가는 형국과 통하므로 '歸妹'라 할 수 있다. 괘명 '歸妹'의 풀이다. 이어 괘사 '征凶'이 되는 것은 2효에서 5효까지가 모두 정위가 아니기 때문이라 했으니(位不當也), 정처의 자리가 아니고 잉첩으로 시집가니 마땅한 자리가 아니라는 뜻으로 받아들일 수 있다. 그러니 가면 흉이다. '无攸利'인 것은 양을 섬기고 따라야 할 음인 六三과 六五가 모두 양들을 올라타고 있기 때문이라 했다(柔乘剛也). 음인 유가 양인 강을 순순히 따르지 않고 반대로 강을 조절해야 하니, 이것의 어려움은 정략결혼으로 가는 여인들의 어려움과 통하니 이로울 바가 없다는 의미이다. 이것이 단전의 풀이다.

* 象曰, 澤上有雷, 歸妹. 君子以永終知敝.

상전에서 말했다. 못 위에 우레가 치는 것이 귀매괘다. 군자가 이를 보고서 피폐할 것을 대비하여 끝(결혼)을 오래도록 지속시킨다.

[해설] 대상전. '못'은 下兌, '우레'는 上震의 象. 천둥이 치고 비가 쏟아져도 못은 그대로인 것이 歸妹卦다. 군자는 이런 현상을 보고, 우레가 칠 때 피폐하여 무너질 것을 대비하면 못은 오래도록 유지가 되니, 이처럼 부부의 인연은 물론 만사를 오래 유지하려고 한다. 이런 뜻이다.

'永終知敝'의 뜻을 이해하기가 쉽지 않다. 많은 번역서에서도 무엇을 이야기하는지 아리송하다. 高懷民은 '永終'을 '오래된 후의 뜻이다'라고 했고, 그 번역은 "오래된 후의 잘못을 안다(知敝)"[202]로 했다. 너무 모호하다. 그래서 처음을 신중히 해야 한다는 뜻으로 연결하여 풀이했다. 여기서는 '永終'은 '끝을 오래하다'인데 끝이 되지 않도록 오래도록 지속시키려는 노력을 의미하는 것으로 보았고, '知敝'는 '폐단을 알다'인데 오래 지속하려면 폐단을 미리 방비할 줄 알아야 한다는 뜻으로 보았다. 곧 '終'은 결혼하면 여자 삶의 종착역이라는 의미와 통하고, '敝'는 그런 혼인관계를 유지하는데 발생하는 폐단과 연관되니, 비록 잉첩제도의 결혼이지만 家를 잇는 것은 천지의 대의인 만큼 오래도록 지속해야 한다는 의미와도 통하는 것이다. 군자는 이렇게 만사가 오래지속 되도록 미리 폐단을 대비한다는 뜻으로 보고 번역했다.

2. 효

* 初九, 歸妹以娣, 跛能履, 征吉.
  象曰, 歸妹以娣, 以恒也. 跛能履, 相承也.

초구, 귀매에 첩이다. 절름발이도 걸을 수 있으니, 가면 길하다.
상전에서 말했다. 귀매에 첩은, 항상 있는 것이고, 절름발이도 걸을 수 있다는 것은, 서로 받든다는 말이다.

[자구의 뜻] 娣: 아우 제, 손아래 동서 제, 첩 제.

202) 고회민 저, 정병석 역, 「周易哲學의 理解」(문예출판사, 1996), 412쪽.

[해설] 初九 효사와 소상전이다. 媵妾제도를 알고 있으면 효사를 이해하기가 어렵지 않다. '娣'는 정부인 아니고 언니를 따라 함께 가는 동생이다.

'跛能履'는 이미 履卦 六三에서 나온 말이다. 초효는 가장 아래이니 발의 움직임으로 나타냈을 것이다. '娣'가 정실이 아니고 첩이니 온전하지는 못하나, 그렇다고 걷지도 못하는 병신은 아니라는 뜻으로 비유됐다. 그래도 제후와 같은 권력자에게 시집가니 언니와 함께 후사를 잇는 등 좋은 일이 많을 것이므로 열심히 살아가면 '吉'하다고 했다. 여기의 '征'도 절름발이가 가는 것이니 애쓰면서 간다는 뜻이 보인다. 초구는 강으로 정위했으니, 현명한 사람이나, 歸妹의 때에 제일 아래에 있고, 위로는 정응이 없으니, 정부인이 아니고 '娣'가 되었다고 이해하면 될 것이다.

소상전의 풀이는 동생이 '娣'가 되는 것은 늘 있던 일이기 때문에 '恒'이라 했고, 正室이 아니어도 정실인 언니와 함께 부군을 받들어 모시니 '相承'이라 했다.

＊ **九二, 眇能視, 利幽人之貞.**
象曰, 利幽人之貞, 未變常也.

구이, 애꾸눈도 (아름다움을)볼 수 있으니, 유인의 바름을 지키는 것이 이롭다.
상전에서 말했다. 유인의 바름을 지키는 것이 이롭다는 것은, 일상을 변치 않는 것이다.

[해설] '眇能視'는 履卦 六三에서, '幽人'은 履卦 九二에서 등장한 자구이다.

九二가 剛으로 가운데 있으니, 여인이 시집가는 이 괘에서 강은 남녀로 구별하는 것이 아니고 '현명'의 뜻이 된다. 그리고 중심에 있으니, 중덕을 갖춘 여인이다. 이것은 구이의 인격이 훌륭함을 말하고 있다. 여기에 六五와 정응이니 정해진 배우자가 있는 경우이다. 만약 귀매의 때가 아니라면 정실로 시집갈 수 있는 조건이다.

'眇能視'는 '애꾸눈도 보다'인데, 누가 애꾸눈으로 보느냐의 문제다. 구이와 정응인 六五가 음으로 정위하지 않았기 때문에 훌륭하지 못해 구이가 육오를 한 쪽 눈을 감고 바라본다는 뜻으로 많이 해석한다. 그러나 육오도 정위는 아니나 중심을 차지하고 있으니 중덕이 있고, 中은 正보다 더 좋게 보며, 육오 효사에도 '帝乙'이라는 훌륭한 임금의 누이가 등장하니 훌륭한 인격의 소유자이다. 그래서 주변 모든 사람들이 한 쪽 눈을 감고 보아도 아름답고 현명한 이 여인(九二)을 알아보게 된다는 뜻으로 보아야 한다. 이렇게 보고 해석한 사람이 성균관대학의 李基東이다.

모든 사람이 한 쪽 눈을 가리고 보아도 알아주는 훌륭한 이 여인은 '幽人'같이 정숙하게 가만있어도 이로움이 있다는 뜻이 '利幽人之貞'이다. 옛 여인은 잘난 사람일수록 집안에서 교양을 쌓으며 바깥출입을 삼갔으니 속세를 떠나 청정하게 사는 유인의 삶에 비긴 것이다. 바로 괘사에서 '征'이면 '凶'이 되는 이유가 이런 데서도 알게 한다. 효사의 표현은 여기까지이다. '幽人之貞'이 이롭다고 했지, 그렇다고 반드시 정실로 시집간다고는 볼 수 없다. 귀매의 때에 하괘에서 정위하지 않았으므로 앞으로의 일은 알 수 없다는 의미로 보아야 할 것이다.

소상전은 이런 幽人의 정숙함은 여인의 상도이므로, 변함이 없어야 한다는 뜻이다. '常'은 '항상 있는 도'라는 의미이다.

*** 六三, 歸妹以須, 反歸以娣.**
象曰, 歸妹以須, 未當也.

육삼, 귀매에 기다렸으나, 다시 (생각을)돌이켜 첩으로 시집간다.
상전에서 말했다. 귀매에 가다렸음은, 마땅치 않았기 때문이다.

[해설] 六三 효사의 해석이 어지럽다. '須'를 '嬃(언니 수)'로 보고 해석하는 例. '언니가 잉첩으로 갔다가 동생과 함께 친정으로 돌아오다' '귀매에 언니를 보내려고 했으나 대신 동생을 보내다' '언니 곧 정부인이고 싶었으나 첩으로 시집가다' 등 다양하다. 그리고 '須'를 '嬬(첩 유. 백서주역에도 嬬로 됨)'로 보고 해석하여, '귀매에 첩으로 갔으나 다시 돌아와서 첩으로 가다'로 푸는데 '嬬'와 '娣'가 신분에서 차이가 있어 보이는 풀이이다. 또 '面毛'로 보고 '얼굴에 수염이 있어 흉해 보여 첩으로 시집가다'의 뜻으로 보는 경우도 있다. 물론 이런 풀이들의 괘명 '歸妹'는 잉첩제도 아래의 결혼을 말하는 것이다. 그리고 또 '須'를 '하녀'로 하여 '귀매에 하녀를 함께 보냈는데, 하녀는 남고 누이와 동생은 쫓겨났다'고 본 풀이도 있다.

六三은 하괘의 제일 윗자리이고 주효이다. 그래서 정부인으로 시집가고 싶어서 때를 기다려 보았으나(須), 정위도 아니고 정응도 없으니 정부인으로 시집갈 수가 없기 때문에 첩으로 갔다는 뜻으로 보고 상기의 번역을 했다. '須'를 '기다리다'의 뜻으로 본 해석이면서 가장 일반적인 뜻을 살렸다.

소상전은 기다려 본 것은 조건이 마땅치 않았기 때문이라는 뜻이다.

*** 九四, 歸妹愆期, 遲歸有時.**
象曰, 愆期之志, 有待而行也.

구사, 시기를 지난 귀매이나, 늦게 시집감도 때가 있었기 때문이다.
상전에서 말했다. 시기를 지났다는 뜻은, 기다렸다가 행하였기 때문이다.

[자구의 뜻] 愆: 허물 건, 어길 건, 지나칠 건. 期: 때 기, 모일 기, 바랄 기.

[해설] 九四 효사와 소상전이다. 구사는 상괘에 있고 剛이니, 높은 집안의 현명한 여자이다. 그러나 정위가 아니고 정응이 없으니 결혼의 조건이 마땅치 않다. 그래서 결혼시기를 지나치고 말았으니 '愆期'이다. 결혼이란 다 인연이 있어야 하는 것이니, 이를 보통 때가 있어야 이루진다고 한다. '有時'는 이런 뜻이다. 구사가 정실로 시집을 가려면 정응이 없는 상태에서는 불가능하다. 그런데 바로 친비 六五가 시집갈 때 따라가는 것은 가능하다. 정실로 시집가기 위해 기다려도 갈 수가 없으므로 '愆期'가 되고, 육오 따라 시집가니 '歸妹'이다. 이렇게 늦게 시집감도 시집갈 수 있는 때가 있었기 때문이니 '遲歸, 有時'이다. 어떻든 이렇게라도 시집은 가야하는 것으로 보면, 단전의 '天地之大義也'가 이해가 간다.

소상전은 정실로 가기위해 기다렸다가 행하였기 때문에 '愆期'가 됐다는 뜻이다.

* **六五, 帝乙歸妹, 其君之袂, 不如其娣之袂良. 月幾望, 吉.**
  象曰, 帝乙歸妹, 不如其娣之袂良也, 其位在中, 以貴行也.

육오, 제을이 누이를 시집보내는데, 그 주인의 소매가, 첩의 소매의 좋음만 같지 못하다. 달(처럼 德)이 거의 보름이면, 길하다.

상전에서 말했다. 제을의 누이가 시집가는데, 첩의 소매의 좋음만 같지 못함은, 그 지위가 중심에 있어서, 귀하게 행동하기 위해서이다.

[자구의 뜻] 袂: (옷의)소매 몌. 幾望: 보름에 가까움. 음력 열나흘 날.

[해설] '帝乙歸妹'는 泰卦 六五에서 그대로 쓰였다. 帝乙은 商의 왕으로 이 때 황족이 일반인과 혼인하는 풍습이 시작됐다는 설도 있다. 어떻든 귀매의 때에 가장 존귀한 五位에 천자의 딸이나 누이가 등장하고 이들이 결혼을 하는 경우이다.

'君'은 아내를 존칭으로 부를 때 쓰고, '袂'는 옷의 치장을 비유하여 쓴 용어다. 주로 옷소매에서 화려한 색으로 치장을 하는 것은 오늘도 마찬가지인데, 여기서 기인하여 여자의 치장한 모습을 대표시켰다. 帝乙의 누이가 시집을 가는데 그 누이보다 따라가는 잉첩들의 치장이 더 화려했다는 말이 '其君之袂, 不如其娣之袂良'이다. 황족이 시집가는데 치장을 화려하게 하면 그 만큼 과시하는 것이 될 터이니, 상대방을 배려하는 차원에서라도 이를 삼가야 될 것이다. 따라가는 시녀들의 소매와 비교시킴으로서 적실부인의 인품이 훌륭했다는 반증을 한 것이다.

'月幾望'은 보름달 전의 달이다. 보름달이 가득한 것이면, '幾望'은 바로 직전의 조금은 미치지 못한 밝음이다. 이것도 스스로 겸양하여 잘난 체를 하지 않는 것을 말한다. 이러한 인품을 지니고 시집가는데 '吉'하지 않을 수 없을 것이다.

육오가 정위는 하지 않았어도 중덕을 갖추고 정응·친비가 있으니 훌륭한 인품을 지닌 사람으로 본 것이고, 정실부인으로 가는 조건에 충족되는 것이다. 잉첩제도 아래에서 유일한 정실부인이다. 그래서 이 효사의 '歸妹'는 잉첩이 아닌 뜻이 살아나도록 '누이가 시집가다'로, '妹'는 '딸'보다는 흔히 쓰는 '누이'의 뜻을 취했다.

소상전의 뜻은 이러한 인품은 그의 자리가 중심에 있으므로 중덕을 갖추었기 때문이라고 보았다. 중덕이 있으면 이처럼 귀하게 행동할 수 있다는 뜻이다.

*** 上六, 女承筐, 无實, 士刲羊, 无血. 无攸利.**
象曰, 上六无實, 承虛筐也.

상육, 여인이 광주리를 받았는데, 실물이 없고, 선비가 양을 찔렀는데 피가 없다. 이로울 바가 없다.
상전에서 말했다. 상육의 실물 없음은, 빈광주리를 받았다는 것이다.

[자구의 뜻] 筐: 광주리 광, 방정할 광, 비녀 광. 刲: 찌를 규, 취할 규.

[해설] 上六의 효사는 남녀가 모두 형식은 갖추어서나 실질은 없다는 것을 말하고 있음을 짐작케 한다. 대체로 혼인에는 남녀가 사당에 제사를 지내는 풍속이 있었다고 한다.[203] 이 때 여자는 각종음식을 만들 재료를 받게 되는데, 그 재료가 담겨 있어야할 광주리에 아무른 재료가 없다는 것이 '承筐, 无實'이다. 그리고 남자는 직접 희생양을 잡아 그 피를 뿌리는데, 그 양이 이미 죽었는지 찔러도 피가 나오지 않았다. 이런 뜻이 '刲羊, 无血'이다. 대체로 上震(☳)은 밑바닥이 막혀있고 위와 중앙은 비어있는 모습이 광주리의 상이 있다고 하고, 상육의 應爻인 六三이 속한 下兌(☱)는 羊의 상이다. 그래서 '광주리'와 '양'이 등장했다. 그런데 이 두 효의 관계는 정응이 아니니 합당한 결과가 없는 것이다. 그러니 '无實' '无血'이다. 嫡孫들이 주도하는 제사에는 지휘할 능력이 없음을 뜻한다. 정위했기 때문에 시늉의 형식은 나타낼 수 있어도 실재 실행할 수 없는 경우를 비유한 말이다. 그리고 상육의 처한 경우처럼 신분은 높은데 나이가 찼다면 정말로 시집가기가 어렵다. '娣'라도 갈 수 있으면 다행으로 여겨야 한다는 뜻이 내포된 말이다. 이는 '无攸利'이다.

소상전에서는 '无實'의 뜻을 명확히 다시 풀었는데, 그것은 빈광주리를 받았다는 뜻을 말하고 있다는 것이다.

이 괘는 잉첩제도 아래에서 각자가 처한 위치에 따라 시집을 가는데 六五를 제외하고 모두 첩으로 간다. 九二만 정실로 갈 가능성을 비추고 있을 뿐이다. 잉첩으로 가는 것을 순응하는

203) 『禮記』의 '祭義'에 이런 구절이 보이니 참조하기 바람.

사람도 있고, 정실로 갈려고 기다리는 사람도 있다.

요즘 세대에도 부모끼리 혼담이 오가다가 정혼이 되는 수가 있다. 반대로 자신들끼리 좋아하다가도 부모의 반대로 결혼을 못하고, 심지어 자살로 마감하는 경우도 있었다. 그러나 이러한 예는 특수층의 경우이고 일반인에게는 없다. 대체로 자식들이 좋아하면 결혼이 성립된다. 그러므로 귀매의 혼인 풍조는 오늘날은 잘 맞지 않는다. 그렇다고 해도 여자가 자식을 낳고 家를 잇는 일의 중요성과 여자의 정숙을 강조하고 있는 것까지도 버릴 수는 없다. 아무리 오늘날이라도 이혼을 너무 쉽게 생각하는 사람들은 단전에서 강조한 '天地之大義'를 다시 한 번 생각할 필요가 있을 것 같고, 구이의 '幽人之貞'과, 육오의 '月幾望'이 주는 교훈은 누구나 새길 필요가 있을 것이다.

䷶ 豐 (雷火豐)

概說: '豐'은 '넉넉할 풍'인데 속자인 '豊'과 함께 쓰이고 있다. 下離가 '불' '밝음', 上震이 '우레' '움직임'의 象이다. 번갯불이 번쩍이고 우레가 치니 거듭 두려워 '크다'는 의미가 생기고, 밝음이 움직이니 '풍성한 밝음'의 뜻도 생겨난다. 글자의 형태에서도 '豆두'는 나무로 만든 제기이고, 그 위의 '𧯛'은 풍성하게 담겨있는 제물을 상징한다고 하니, 제사를 지낼 때의 풍성함을 연상할 수 있다.

「서괘전」에서는 "得其所歸者, 必大, 故受之以豐, 豐者大也(그 귀속시킬 바를 얻으면 반드시 크게 되니, 이 때문에 풍으로 받았다. 풍이란 큰 것이다)"라고 했다. 歸妹卦에서 결혼하여 가정에 귀속되면 가족도 불어나고 일도 불어나니 그래서 '豐'은 '커다(大)'가 될 것이다. 그리고 「잡괘전」에는 "豐多故(풍은 연고가 많다)"라고 했다. 무슨 연고가 많은지 아리송하나, '많다'와 '豐'은 통하는 면이 있다.

그런데 呂紹綱은 '豐'을 단순히 '많다, 가득하다'의 뜻이 아니라 특별한 의미가 있는데, 그것은 태양을 가리는 음영이 풍성하다는 뜻이라 했다. 소위 日蝕식으로 괘효사를 풀었다. 이것은 淸 初의 惠棟이 이렇게 본 것인데, 어떤 효에서는 이렇게 해석하는 것이 더 설득력이 있기도 하다. 고려대 김인환도 일식현상으로 번역하고 있으나 그 번역은 여소강과는 많이 다르다. 여소강의 견해는 그때그때 첨가한다.

1. 괘

＊豐, 亨, 王假之. 勿憂, 宜日中.

풍괘, 형통하고, 왕이 지극하다. 걱정하지 않아도, 마땅히 해가 중천에 있다.

[해설] 괘사이다. 여기서의 '亨'도 역시 '형통하다'로 보았다. 萃卦나 뒤에 나오는 渙卦처럼 '王假'을 말해도 여기서는 '廟'가 없으니 반드시 제사지내는 것은 아니다. 대신 풍성하면 모두가 형통할 것이니 '형통하다'로 뜻을 삼았다. 그리고 풍년을 이루기 위해서, 또 풍을 지속시키기 위해서 왕이 지극히 애쓴다고 '王假之'가 이어졌다고 보았다. 여기서는 '假'을 '지극하다'로 보았으나 '이르다'로 뜻을 삼고 문장을 '豐亨, 王假之, 勿憂, 宜日中'으로 하여 '풍은 형통하니, 왕이라야 이에 이르니 근심하지 말라, 마땅히 해는 중천에 있다'라고 번역하면서 왕이 풍년을 이루게 한다는 뜻으로도 본다. '이르다'로 하여 번역한 것도 여러 가지인데 전남대 백은기 교수는 "물자가 풍부하여 형통한 때이니, 왕이 여기에 이르러 근심하지 말아야 하고 해가 정오에 이른 것같이 하는 것이 마땅하리라"204)가 있다. 그러나 '假'는 '지극하다'로 통일시키고 싶었고 이렇게 번역해도 자연스럽게 된다. '之'는 위에 올린 번역문에서는 어조사로 보았다.

'勿憂'는 풍을 이루지 못할까 걱정하는 것이다. '日中'이니 '해가 하늘 중심에 있다'는 뜻은 햇빛이 '풍성함(豊)'을 말하므로 햇빛이 풍성하면 곡식이 잘 여물므로 풍년이 됨을 상징한다. 그러니 걱정하지 않아도 풍년이 된다는 뜻이다. 그래서 '勿憂, 宜日中'이다. 결과적으로 괘사는 '亨' '王假之' '日中' 등에서 풍년을 확신하는 뜻으로 보면 될 것이다.

清末의 학자 吳汝綸은, '王假之 勿憂 宜日中'을 '왕은 이 豊亨의 기운을 밟으면 쉽게 쇠할 우려가 있으므로 오직 지극히 밝은 곳으로 가는 것이 마땅하다'는 뜻으로 풀었다. 의역이 되는 셈이다. 이런 여러 가지 풀이가 있다는 것만 알고 넘기자.

그리고 呂紹綱은 '日中'을 '日中見斗(六二와 九四의 효사에 나온다)'나, '日中見沫(九三 효사에 나옴)'의 생략형으로, '假'를 '大度(도량이 넓다)'로 보고, 전체의 뜻은 '일식의 출현은 형통하다. 왕이 (일식의 출현에 대해서)매우 너그러운 태도이다. 걱정하지 말라, 대낮에 (일식의 출현은)정상적인 것이다'의 뜻으로 해석했다.

＊ 彖曰, 豐, 大也, 明以動, 故豐也. 王假之, 尚大也, 勿憂宜日中, 宜照天下也. 日中則昃, 月盈則食. 天地盈虛, 與時消息, 而況於人乎, 況於鬼神乎.

단전에서 말했다. 풍은, 큰 것이니, 밝음으로써 움직이므로, 그 때문에 풍성한 것이다. 왕이 지극하다는 것은, 큰 것을 바라기 때문이고, 걱정하지 않아도 마땅히 해가 중천에 있다는 것은, 마땅히 천하를 비추기 때문이다. 해가 중천에 있는 즉 기울어질 것

204) 한국주역학회 편, 『주역의 근본 원리』, 162쪽.

이고, 달이 차면 먹힐 것이다. 천지가 가득 차고 비게 됨은, 때와 더불어 사라지고 자라나는 것이니, 하물며 사람에게서야, 하물며 귀신에게서야.

[해설] 먼저 괘명 '豐'을 '大'라 했다. 여기 '大'란 크고, 많고, 넓다는 뜻을 모두 아우르는 것으로 보아야 한다. 이어 괘상으로 풍이라 불리게 되는 이유를 더 붙였다. 下離의 '밝음'이 '밖으로 움직이며 활동하니(上震)', 밝음이 풍성해진다는 뜻이다. 이로써 은근히 '亨(형통하다)'임을 알게 했다. 이어 다음을 설명했다. 왕이 지극한 것은 '큰 것', 곧 풍성함을 바라기 때문이고, 해가 중천에 뜨면 온 천하를 비추게 되니, 이로써 만물이 잘 자라 풍성하게 되므로, 걱정하지 않아도 된다는 말이다.

이어서 이런 풍성한 때에 다음을 대비해야 한다는 경계의 말을 잊지 않고 붙였다. 곧 해가 중천이면 저물어 저녁을 맞게 되고, 달도 보름이 되면 다시 기울어져 그믐으로 가듯이, 천지의 가득 차고 줄어드는 것은 다 때에 따른 것이다. 진퇴와 성쇠가 다 이렇게 자연의 원리에 의한 것이니, 사람에게도 귀신에게도 이와 같은 것이 일어난다. 그러므로 한창일 때 다음에 오게 되는 쇠퇴를 대비하여 오래도록 지속할 수 있도록 노력하라는 말이다. 공자학파의 인생관이요 자연관이다.

呂紹綱은 일식도 자연현상의 일부라는 것으로 해석하고 있다. '일식의 그림자는 크다. 밝음으로써 움직이니 일식이 일어나는 것이고, 왕이 관대하고 아량이 있는 것은 넓게 받아들이기 때문이며, 걱정하지 말라, 일식의 현상은 정상적인 천체의 현상이라는 것은, 마땅히 천하는 다시 빛나기 때문이다. 해가 중천이면 기울고 달도 차면 먹히듯이 일식도 이런 것이다. 이와 같이 천지가 때와 더불어 차고 비게 되는 것이니 항차 사람과 귀신에게 있어서야!' 이런 뜻으로 보고 해석했다.

* 象曰, 雷電皆至, 豐. 君子以折獄致刑.

상전에서 말했다. 우레와 번개가 함께 오는 것이 풍괘다. 군자가 이를 보고서 소송을 판결하여 형벌을 가한다.

[해설] 대상전. '우레(雷)'는 上震, '번개(電)'는 下離의 象이다. 우레와 번개가 한꺼번에 몰아쳐 더욱 두렵고, 번쩍임과 진동으로 만물을 일깨우고 또 일깨우니, 모두 풍성함을 상징하므로 豐卦가 됐다는 뜻이다. 이런 현상을 군자는 관찰하고 우레와 번개의 두려움으로 만물을 일깨우듯이 사람에게도 소송을 판결하여 형벌을 가함으로써 잘못을 일깨운다는 말이다. 이것이 '折獄致刑'이다. 또 離의 밝음으로 살펴서 震의 위엄으로 송사를 해결하고 刑을 집행하여 질서를 유지하면, 풍성함으로 오는 안락과 허욕을 자제하게 될 것이니 계속 '豐'을 유지할 것

이다. 이런 풀이도 된다. '折獄'은 '소송을 판결함', '致刑'은 '형벌을 가함'의 뜻이다.

呂紹綱은 대상전에서는 직접적인 日蝕의 언급 없이, 자연현상과 人事上 사법의 실천사항으로 비유하여 말한 것으로 보고, 위와 비슷한 풀이를 붙였다.

2. 효

* 初九, 遇其配主, 雖旬无咎, 往有尙.
象曰, 雖旬无咎, 過旬災也.

초구, 그 짝되는 주인을 만나면, 비록 균등하나(균등한 역할이나) 허물이 없으므로, 가면 숭상함을 받는다.

상전에서 말했다. 비록 균등하나 허물이 없다는 것은, 균등이 깨지면 재앙이 된다는 것이다.

[자구의 뜻] 旬: 열흘(번) 순(旬日: 10일, 비교적 짧은 시일), 찰 순. 고를 균.

[해설] 初九는 下離의 처음이니 그 象 '밝음'의 시작이고, 應爻인 九四는 上震의 처음이니 그 상 '움직임'의 시작이다. 이 豐卦는 '밝음'과 '움직임'이 함께 해서 豐을 이루니, 비록 정응은 아니라도 서로 필적하는 역할을 맡고 있으므로 초구에게는 구사가 '配主'가 된다. 그래서 강과 강으로 상하에서 풍을 이루는 역할이 균등하게 나누어져 있는데, 가서 합치면 풍성하게 될 것이다. 언제나 상하에는 차이가 있고, 음양이 달라야 합치는 뜻이 살아나지만 풍괘는 '明以動'이므로 서로 균등해도 되므로 '雖'를 붙여 '雖旬无咎'라고 했다. 그러므로 가서 구사를 만나면 대접을 받는다는 의미로 '往有尙'이다. 대체로 이런 뜻으로 푸는데, '配主'를 陰陽合의 이치를 취하여 六二로 보는 사람도 있고, '旬'을 '10일'의 일정기간으로 보는 사람도 있다.

그런데 呂紹綱의 풀이는 '配主'를 下離의 '日'을 가리는 구사로 보고, 구사는 일식의 음영에 해당한다고 본다. 그래서 그 뜻을 '일식의 그림자를 만나서(遇其配主), 비록 균등해지나(雖旬), (자연현상으로 걱정할 필요가 없으므로) 허물은 없다(无咎). 음영이 가버리면(往) 해가 더 높아진다(尙)'는 뜻으로 풀었다. 같은 일식의 풀이라도 고려대 김인환은 '遇其配主'는 日官이 임금을 만나 일식 때의 행사를 하는 것으로, '旬无咎'는 열흘간 일식행사를 함께 하는 것은 허물 없는 것으로, '往有尙'은 일식이 끝나고 각각 원상 복귀하는 것으로 풀었다.

小象傳은 초구와 구사의 兩剛의 균일한(旬) 역할이 어느 한쪽이 지나쳐서 다른 한쪽이 손상을 입으면 그 역할을 못하니 재앙이 된다는 뜻이다. 呂紹剛의 풀이는 '음영이 태양의 반을 덮으면 허물이 없고, 만약 반을 초과하면 바로 상해를 입는 것이다'의 뜻으로 설명했다. 일식의 시작이 반을 초과할 수 없음을 뜻하는 풀이다.

* 六二, 豐其蔀, 日中見斗, 往得疑疾. 有孚發若, 吉.
象曰, 有孚發若, 信以發志也.

육이, 차양이 커서, 대낮에도 북두칠성을 보니, 계속가면 의심받는 병을 얻을 것이다. 믿음을 갖고 (뜻을)펼치면, 길하다.
상전에서 말했다. 믿음을 갖고 펼친다 함은, 신의로써 의지를 발휘함을 말한다.

[자구의 뜻] 蔀: 차양 부, 덮을 부, 어두울 부. 斗: 말 두, 별이름 두, 클 두.

[해설] 六二 효사와 소상전이다. 육이는 下離 '밝음'의 主爻이고 중정하니 '밝음'을 가득 품고 있다. 그런데 괘의 형태가 위로 九三과 九四가 六五를 두 겹으로 가리고 있는 형상이다. 육이의 應爻 육오도 비록 중심에 있으나 음으로 정위가 아니니 上震의 주효인 구사를 밀치고 육이와 만나지 못한다. '明'은 '動'과 만나야 '豊'이 될 것인데, 육이의 '밝음'을 가린 차양이 너무도 넓고 두꺼워 한낮인데도 별을 보는 것 같이 어둡다고 '豊其蔀, 日中見斗'라 했다. 이런 상태에서 육이가 계속 위로 오르고자 하면 의심하는 병, 특히 구사로부터의 시기를 받을 것이니, 이를 '往得疑疾'이라 했다. 이런 때는 때를 기다리며 믿음을 가지고 설득하면서 뜻을 밝히면 서로 통하게 되어 吉하게 된다고 '有孚發若, 吉'이라 했다. 이런 뜻으로 번역한다.

'蔀'의 풀이가 다양하다. 王弼은 '覆, 曖(가릴 애)'로, 淸代의 焦循초순은 '薆(숨길 애)'로 보았다. '曖'와 '薆'는 통한다. 현대의 黃壽祺는 "蔀爲蔽之借也(蔀는 蔽를 빌린 것이 된다)"[205]라 했다. '蔽(가릴 폐)'와 '차양'은 통하므로 일반적으로 번역에 많이 쓰인 '차양'을 그대로 썼다. '若'은 어조사이다.

풍괘를 일식현상으로 보는 呂紹綱의 풀이는, '육이, (해를 가리는)음영이 커서, 대낮에도 북두칠성을 보니, 차츰 먹혀 가면 의심의 병을 얻을 것이나, (해가)<u>다시</u> 나타날 것이니, 길하다'의 뜻으로 본다. 여기서 '다시'는 '孚'가 백서주역에 '復'으로 되어있기 때문에 이를 취한 것이다. 이 효는 이 풀이가 더 자연스러운 면도 있다.

소상전은 육이가 중덕을 가지고 있으므로 삿됨이 없이, 신의를 가지고 있으면 뜻을 펼칠 수 있다는 뜻이 된다. 물론 呂紹綱은 '다시 일식이 회복되어 해가 나타날 것이니, 믿음을 가지고 있으면 걱정은 사라지고 뜻을 얻을 수 있다'로 풀이한다.

* 九三, 豐其沛, 日中見沬. 折其右肱, 无咎.
象曰, 豐其沛, 不可大事也, 折其右肱, 終不可用也.

---

205) 黃壽祺, 張善文 撰, 「周易譯注」(上海古籍出版社, 2002), 456쪽.

구삼, 장막이 풍성하여, 대낮에도 작은 별을 본다. 오른 팔뚝을 꺾어야, 허물이 없다.

상전에서 말했다. 장막이 풍성함은, 큰일은 할 수 없다는 것이고, 오른 팔뚝을 꺾어야 한다는 것은, 결국 쓸 수 없게 한다는 것이다.

[자구의 뜻] 沛: 늪 패, 깃발 패. 沬: 어둑어둑할 매, 작은 별 매. 肱: 팔뚝 굉.

[해설] '沛'를 '늪'으로 번역하기도 하고, '장막'으로 번역하기도 한다. '沬'는 '어둑어둑하다'로 번역하기도 하고. '작은 별'로 번역하기도 한다. '늪'으로 번역을 하는 이유는 三爻로 시작하는 外互卦 三 四 五爻가 '兌'가 되니 兌는 '못'의 상이므로 여기서 수풀이 우거진 '늪'을 취하여 어둠과 연관시킨 장소를 삼은 것이다. '장막'은 古本에 '旆패'로 쓴 책이 있는데, 이를 王弼은 '幡幔번만(장막)'이라 푼 것에서 기인한다. '沬'는 '昧'와 통용됐기 때문에 '어두컴컴하다'는 뜻이 됐고, 또 '북두칠성의 맨 끝 별'이라는 뜻도 있는데 여기서 '작은 별'로 뜻이 넓혀진 것 같다. 지금의 해설서들은 대개 여기서 어느 하나를 택하여 사용하고 있다. 과연 무엇을 택하여야 할까?

六二와 九三의 효사 전반부의 형식이 비슷하다. '蔀'가 '沛'로, '斗'가 '沬'로 바뀌었을 뿐이다. 두 효의 처한 상태 역시 비슷하다. 육이도 구삼도 모두 정위했고 離體이다. 하나는 중심에 있고 하나는 그 중심의 위에 놓여있다. 양은 밝음으로, 음은 어둠으로 보는데, 구삼은 양이고 육이는 음이다. 그들과 應이 되는 효는 모두 음인데 六五는 중정하나 육이와는 敵應이고, 上六은 正하기만 하고 中은 아니나 구삼과는 正應이다. 이렇게 따져보아도 이것이 좋으면 저것은 나쁘니 상황은 엇비슷하여 효사도 '차양'과 비슷한 것인 '장막', '북두성'과 같은 별인 '작은 별'을 택했다고 보는 것이다. 구삼은 밝은 離體의 上이고 양으로 정위했으니 밝지만, 상육은 움직임의 극에 처하여 움직임이 다해가고 음이 음위에 있으니 움직임이 거의 없을 것이므로 밝음의 움직임이 신통치 못하니 '豊'을 이룰 수 없다. 바로 장막이 가려진 것처럼 어두워, 대낮인데도 잔별이 보이는 상태와 같다. 이것이 '豊其沛, 日中見沬'이다.

물론 呂紹綱은 일식으로 어두운 상태를 나타내는데, 육이 보다는 더 진전된 완전한 일식으로 보았다. 일식의 진행단계는 제일 접촉, 제이, 제삼, 제사의 접촉단계로 나누는 모양인데, 중국에서는 初虧, 食旣, 食甚, 生光, 復圓으로 나누었다. 육이는 '식기'의 상태로, 구삼은 '식심'의 상태로, 완전히 해가 먹힌 것으로 보았다. '沛'는 '蔀'보다 더 가리는 것이고, '沬'는 '斗'보다는 미세한 작은 별이라고 본다.

이렇게 가려져 어두운 상태에서는 가만있어야지 큰일을 벌리면 안 된다. 또 豊이 되려면 때를 기다려야 오곡이 익는다. 그런데 강으로 강위에 있으니 자꾸 일을 도모하려 할 것이다. 이런 때는 일을 하는데 가장 많이 쓰는 오른 팔뚝을 꺾으면 일을 할 수 없다. 이렇게 해서라도 기다리도록 해야 허물이 없는 것이다. '折其右肱, 无咎'는 이런 뜻이다. 구삼의 '明'과 상육의 '動'의 균형이 많이 차이가 나서 '折其右肱'하는 것이다. 이 구절에 대한 呂紹綱의 풀이도

'하고자 하면 반드시 허물이 있게 됨으로 오른 팔뚝을 꺾는다'는 뜻의 대동소이한 풀이를 하고 있다.

소상전도 바로 이런 뜻을 나타내어 어둠 때문에 큰일은 할 수 없고, 큰일을 할 수 없게 하려면 오른 팔이 꺾이면 사용하지 못하니 큰일은 할 수 없다는 뜻이다.

여소강은 어둠이 심하여 큰일을 할 수 없고, 자기가 이런 상황에 처했음을 아니, 마치 잘린 오른 팔뚝처럼 생각을 펼치고 싶어도 결코 펼칠 수 없다는 뜻이라 했다.

* 九四, 豊其蔀, 日中見斗, 遇其夷主, 吉.
  象曰, 豊其蔀, 位不當也, 日中見斗, 幽不明也, 遇其夷主, 吉行也.

구사, 차양이 커서, 대낮에도 북두칠성을 보니, 평탄한 주인을 만나면, 길하다.

상전에서 말했다. 차양이 큼은, 자리가 부당한 때문이고, 대낮에도 북두칠성을 본다는 것은, 어두워 밝지를 못하다는 것이요, 평탄한 주인을 만난다함은, 길한 행위를 한다는 것이다.

[해설] 앞 두 句는 六二 효사의 앞 구와 같고, 뒤 한 구는 初九 효사 앞 구와 '夷'한자가 틀린다. 육이와 초구의 효사를 교묘하게 섞어서 나타낸 문장이다.

우선 육이는 위의 應爻인 六五가 음이고, 三 四가 가로 막고 있어서 어둠이 됐다. 九四는 자리가 陰位이니 음은 어둠을 의미하는데, 위의 육오가 역시 음으로 음위에 있어 昏君에 속하고 上六도 역시 음이므로 구사는 양이지만 어둠에 가려진 것이다. 그래서 육이와 같은 두 구를 사용하여 '豊其蔀, 日中見斗'가 됐다고 본다. 어쩐지 이유가 궁색하다. 가령 下離는 '밝음'이고 上震은 '움직임'인데, 구사는 움직임의 주효이며 양이고 아래의 '밝음'과 밀접해 있으니 오히려 밝고 빛나야 한다. 그래야 '明以動'이 '豊'이라는 단전의 설명과도 부합한다. 이렇게 설명할 수도 있기 때문이다. 그래도 억지스럽지만 離 '밝음'을 벗어나 있는데 震의 주효이니 '움직임'은 심하여 빛을 받지 못한 것으로 보고 넘겨야 한다. 그런데 이것을 일식의 진행과정으로 설명을 하면 이렇게 된다. 구삼에서 절정을 이룬 일식이 구사에서 다시 원상을 되찾아가고 있는 과정이라고 보면 육이와 같은 상태가 될 것이므로, 그래서 같은 구를 사용했다고 설명하는 것이다. 분명하고 자연스러운 해석이다.

다음 구는 이렇게 어둡지만 아래의 같은 덕이 있는 초구를 만나면 상호 협력하게 됨으로 길하다고 '遇其夷主, 吉'이라 했다. '夷'는 '평이하다'는 뜻으로 보았으니 '夷主'는 곧 초구를 말한다. 이 설명도 어색하다. 음위에 있는 구사가 음위이기 때문에 북두칠성이 보이도록 어두운데, 제일 아래에 어린 초구를 만났다고 그가 안고 있던 문제가 해결되어 길하게 된다는 것이 지나친 면이 있다. 그래도 초구가 밝음의 離體에 있기 때문에 '動'과 '明'이 합하여 豊이 되어서 吉이 된다고 이해할 수밖에 없다. 그런데 이것도 일식현상으로 해석하면 '夷'를 '멸하다'의 뜻으로 보고, 사라져 가던 태양이 점점 그 빛을 되찾고 있으니 길하게 된다고 보는 것이다. 여기도 일식현상으로 보는 것이 더 자연스럽다. 이런 입장에서 설명하는 呂紹綱의 해설은 '구사, (해를 가리는)음영이 커서, 대낮에도 북두칠성을 보나, 사라져 가던 주인을 만나므로, 길하다'가 될 것이다. 아마도 이런 이유 때문에 일식현상으로 이 괘를 해석하는 것이 아닌가 한다.

소상전의 설명은 아직도 어둠이 걷히지 않은 것은, 자리가 부당하기 때문이고 (그래서 일식이 완전히 그치지 않았고), 대낮에 북두칠성을 보게 되는 것은, 어둠이 사라지지 않았기 때문이며(일식이 회복 중이며), 초구와 만나 협력하면 (멸망해 가던 주인인 태양을 만나게 됨은),[206] 길한 행위이다. 이런 뜻으로 보면 된다.

* 六五, 來章, 有慶譽, 吉.
象曰, 六五之吉, 有慶也.

육오, 밝은 것(사람들)이 오면, 경사와 명예가 있게 되어, 길하다.
상전에서 말했다. 육오의 길함은, 경사가 있음이다.

[해설] 六五 효사와 소상전이다. 육오는 존위에 있는 중덕의 소유자다. 柔이고 不正位이기 때문에 昏君이 될 소지가 있으니, 이런 왕은 곁에 밝은 지혜를 갖춘 현인들이 있으면 좋을 것이다. 그래서 먼저 '來章'이라 했고, 이렇게 되면 왕 개인은 물론 국가의 경사이고 명예가 빛날 것이니, '有慶譽, 吉'이라고 했다. 대체로 이렇게 푼다. 아래의 九四가 親比이니 구사가 돕고, 하괘 離가 '밝음'이니 이들이 따른다면 충분히 '來章'이 된다. 그러나 육오가 구사 강을 올라타고 있고, 육오가 정위하지 않았음으로 반드시 그렇게 된다는 보장은 없으므로 조건으로 보아야 할 것이다.

이를 일식현상으로 풀면, 일식의 마지막 단계로 이제 정상으로 돌아왔다. 곧 '復圓'의 단계에 들어섰다. 일식을 하면 옛적은 아무래도 걱정스러움이 있었을 것이니, 이것이 사라져 축하도 하고, 또 그간의 기이하고 경탄한 모양새를 여럿이 모여서 이야기하면서 안도할 것이다. 이것이 '慶譽'이며, '吉'이 된다. 이를 呂紹綱은 '밝음이 와서, 기리며 경사로울 것이니, 길하다'의 뜻으로 번역한다.

소상전은 개인을 넘어 국가적인 경사이므로 '慶'을 강조했다.

206) 여기 소상전의 ( ) 속의 뜻은 모두 일식현상으로 해석하는 여소강의 풀이이다.

＊ 上六, 豊其屋, 蔀其家, 闚其戶, 闃其无人, 三歲不覿, 凶.
象曰, 豊其屋, 天際翔也, 闚其戶, 闃其无人, 自藏也.

상육, 지붕이 크고 풍성하여, 그 집에 차양이 쳐졌다. 지게문으로 엿보니, 고요하면서 사람이 없다. 삼 년 동안이나 볼 수 없으니, 흉하다.

상전에서 말했다. 지붕이 크고 풍성하다는 것은, 하늘가를 바라보게 하고, 지게문으로 엿보니, 고요하면서 사람이 없음은, 스스로 숨은 것이다.

[자구의 뜻] 屋: 집 옥, 지붕 옥. 闃: 고요할 격, 끊길 격. 覿: 볼 적. 翔: 빙빙 돌며 날 상, 자세할 상, 바라볼 상. 藏: 갈무리할 장, 숨길(을) 장, 곳집 장.

[해설] 上六은 豊卦의 제일 높은 곳이다. 그러므로 풍성함이 외형적으로는 크나, 이미 실질은 없이 저물어가는 상태이다. 큰 집이 실질적이지 못함을 그 집의 지붕이 넓고 커서 집을 덮고 있는 것 같다는 것에 비유하여 '豊其屋, 蔀其家'라 했다. 상육은 음이니 음침한 사람이다. 그래서 그 많은 재산을 숨긴다. 이를 지붕이 지나치게 크면 집을 가리는 것에 비유하여 나타낸 표현이다. 사람들이 궁금하여 지게문으로 안을 엿보는 것을 '闚其戶'라 했고, 엿보니 그 집 안에는 아무도 없이 적막하기만 하여 이를 '闃其无人'이라 했다. 여기의 '其'는 '无人'을 강조하는 어조사일 것이다. 그리고 삼 년이라는 많은 세월을 두고 보아도 아무도 왕래하는 사람을 볼 수 없으니 흉하다고 '三歲不覿, 凶'이라 했다. 풍성함이 극하여 소멸되어 가는 현상이고, 홀로 외롭게 늙어가는 현상이다. 욕심만 부리고 豊을 이웃과 나누지 못한 결과이다.

상육은 풍성함의 때에 지나치게 높은 곳에 있다. 괘의 끝은 변화가 이루어지는데 불행히도 上震 '움직임'의 끝이므로 움직임이 다했고, 비록 정위했고 아래로 九三의 정응도 있으나, 구삼의 밝음과는 거리가 멀어 어두워짐을 변화시키지 못하는 것이다. 그 때와 상황이 좋지를 못하여 효 중에서 유일한 '凶'이 되고 말았다.

소상전의 '豊其屋'은 지붕이 너무 커서 하늘도 가장자리만 보인다는 말이고, '闚其戶, 闃其无人'은 누구도 아닌 바로 스스로가 만든 행위라는 뜻이다.

呂紹綱은 '豊其屋, 蔀其家'를 일식 '食甚' 단계가 만들어낸 어둠의 현상으로, '闚其戶, 闃其无人'을 食甚 때의 정지된 어둠이 움직이면서 다시 변화하는 현상으로 보았다. 일식의 전 과정을 다시 묘사하면서 계기일식 때에 인간이 갖는 공포감으로 비유하여 묘사한 것으로 본다. 이런 뜻으로 번역을 해보면, '그 지붕의 음영이, 집을 가렸고, 지게문으로 엿보아도 고요하게 사람이 없는 것처럼 잠식하다가 회복됐다. 삼 년 동안이나 다시 볼 수 없고, 흉하다'의 뜻이 된다.

그리고 소상전은 '天際翔也'의 '際'는 '降'의 誤字로, '翔'은 '祥'을 빌린 자로 보고 '하늘에서 내리는 재앙이다'고 해석했다. '其屋'을 '계기일식의 象'으로 보았으니, 이런 일식은 하늘이 내린 흉조이고, '闚其戶, 闃其无人'과 같은 일식현상이 된 것은 상육 스스로가 조성한 것으로, 상육이 스스로 높고 커서 스스로 가리고 숨겨져 스스로 흉을 부른 것으로 보면서 일식현상을 상육의 행위와 연계시켰다.

점대로 점을 치지 않고 상황을 주역의 괘효사에 견주어 사태를 풀이하는 경우도 종종 있는데, 이 효사를 인용한 例가 『좌전』에 있으니 소개한다.

> "鄭公子曼滿, 與王子伯廖료語, 欲爲卿. 伯廖告人曰, 無德而貪, 其在周易, 豐之離, 不過之矣. 間一歲, 鄭人殺之(정나라 공자 만만이 왕자 백료와 더불어 말하면서, 경대부를 하고 싶다고 했다. 백료가 다른 사람에 알리면서 이르기를, 덕도 없으면서 탐욕을 부리니, 그것은 주역에 있는 豊(䷶)이 離(䷝)가 된 것에 불과하다. 일 년 사이에 정인이 죽였다)"
>
> **[해설]** 백료는 초나라 왕자, 豐之離는 豐卦의 上六을 지칭한 것이고, 이 爻辭는 위의 '豐其屋, 蔀其家, 闚其戶, 闃其无人, 三歲不覿, 凶'이다. 이 효사를 지나친 욕심만 부리는 것으로 해석했다. 결국 정인들이 그를 죽였으니 백료의 말이 맞았다.

이렇게 점을 치지 않고도 옛 지식인들은 『주역』의 괘효사로서 길흉 판단을 하며 생활에 응용하였으니, 『주역』을 일상적으로 익혀 왔음을 알게 하는 사례이다.

豐을 일식 현상으로 해석하기도 하나 대체로 '풍성하다'의 의미로 푼다. 이 豐이 좋은 것일 것 같은데, 효의 여기저기서 덮어 가려지니 나쁜 것이므로 취하지 않아야 할 것처럼 보인다. 이것은 풍에는 경쟁심이 있어 타인의 협조를 받기 어렵고, 풍요를 이루기가 쉽지 않기 때문일 것이다. 그러므로 풍을 일구기 위해서는 서로 협조하는 것이 좋다는 것을 은근히 일깨워 주고 있다. 그래서 初九에서는 配主를 만나야 하고, 六二는 믿음을 가져야 하고, 九三은 오른 팔을 절단해야 하고, 九四는 夷主를 만나야 하고, 六五는 '來章'해야 하는 등의 조건들이 만족돼야 풍에 다가갈 수 있고, 지나치게 풍성하기만 하고 나누지 못한 上六은 흉했다. 이렇게 누구나 풍요로움은 원하는 것이니 좋을 것 같지만 반드시 그렇지만은 않음을 괘효사는 말하고 있으니, 富든 명예든 지식이든 많이 가진 사람은 과연 어떻게 해야 할까. 비록 많이 가지지 않았다고 생각해도 주위를 돌아보면 나도 풍일 수 있으니, 괘효사를 다시 살펴보며 내가 할 바를 생각해 보자. 상육처럼은 되지 말아야 할 것이 아닌가.

䷷ 旅 (火山旅)

概說: '旅'는 '나그네 여, 여행 여'이다. 우리말의 '나그네'는 피곤하여 지친 이미지가 있고, '여행'은 마음의 평정을 찾아주는 이미지가 있어 서로 상반되는 느낌이 있다. 그런데 살던 곳을 떠나 먼 길을 간다는 뜻은 동일하다. 그래서 때로는 '나그네'가 더 잘 어울리는가 하면 때로는 '여행'이 더 잘 어울리는 것 같은 괘가 旅卦이다.

下艮은 '산', '그침', 上離는 '불', '밝음', '떠나다'가 象이다. 산위에 불이 붙으면 그 불은 이리저리 옮겨 다니니 이것이 '旅'의 象이 있고, 산등성이에 불빛이 보이면 주막을 연상할 수 있으니 이것은 나그네가 잠시 쉬는 곳이므로 역시 旅의 상이 있다. 內卦는 안이고 外卦는 밖이니, 안에서 그쳐있어야(止) 할 사람이 밖으로 떠나므로(離), 나그네의 상은 이런 것에서도 찾을 수 있다.

「서괘전」에는 "豐者大也, 窮大者, 必失其居, 故受之以旅(풍이란 큰 것이니, 크는 것이 막히면, 반드시 그 거처를 잃으니, 그러므로 여로써 이를 받았다)"라 했다. 너무 커지면 마땅히 있을 곳이 없게 되므로 旅卦로 받았다는 말이다. 「잡괘전」에는 "親寡旅也(친한 것이 적은 것이 旅卦이다)"라 했다. 하룻밤 지나면 또 떠나는 사람이 친한 사람이 많다면 이상하다고 할 것이다. 이런 여괘의 괘효사는 무엇을 어떻게 엮고 있는지 보자.

1. 괘

* 旅, 小亨, 旅貞吉.

여괘, 조금 형통하고, 나그네는 바르게 해야 길하다.

[해설] 여행은 바뀌는 환경에서 새로움을 느끼며 일상에서 벗어나는 즐거움은 있다. 그러나 지친 마음을 달래는 효과는 있어도 근본문제가 해결되는 것은 아니다. 그러니 조금 형통하다. 또 나그네는 떠돌아다니면서 여기저기서 자고 먹고 해야 하니, 삼가고 조심하면 조금은 통하는 바가 있을 것이다. 그래서 '小亨'이다.

여괘(䷷)는 六五가 卦主다. 육오는 위의 中으로 존귀한 자리에 있으나, 柔로서 위아래의 剛들에게 둘러싸여 그들에 의지하는 象이다. 피곤한 여행의 때에는 아래에 정응이 있어서 강중한 사람이 도움을 주면 한 없이 좋을 것이나 불행히도 정응은 없고 친비가 있을 뿐이다. 그래서 조금 형통하다. '小亨'을 이렇게도 푼다.

고향을 떠나 타향을 돌아다니는 나그네가 바르지 않으면 누명을 쓰기 십상일 것이다. 그러니 바름을 지켜야 먹고 자는 문제로부터 다른 일까지도 해결될 것이다. 그래야 '吉'할 수 있으니 '旅貞吉'이다.

'小亨'의 '小'를 卦主 육오가 음이고 음은 적은 것이니, '小人'이나 '작은 것'으로 번역하기도 하고, 나그네는 조심하고 겸손해야 함으로 '조심하다'의 뜻으로도 본다. 黃壽祺는 여기서도 睽卦의 괘사에서 설명한 바와 같이 '조심하다'로 해석했다.

＊ 彖曰, 旅小亨, 柔得中乎外而順乎剛, 止而麗乎明, 是以小亨旅貞吉也. 旅之時義大矣哉.

단전에서 말했다. 여괘는 조금 형통하니, 유가 밖에서 중을 얻어서 강에 순하고, 그쳐있으면서 밝음에 붙어있기 때문에, 이로써 조금 형통하고 나그네가 바름을 지키면 길하다는 것이다. 여괘는 때의 의미가 크구나!

[해설] 단전이다. 괘명에 대한 풀이는 없이 바로 괘사의 풀이를 했다. 괘사에서 설명한 바와 같이 旅卦는 '小亨'하다. 이를 강조하기 위해 '旅小亨'을 먼저 내세웠다. 이것이 괘의 핵심 요소이기 때문이다. 이어 '小亨'하면서 '旅貞吉'해야 함을 함께 설명한 것이 '柔得中乎外而順乎剛, 止而麗乎明'이다.

'柔'는 六五를 말하고, 육오가 外卦의 中을 얻었기 때문에 '中'과 '外'가 등장하여 '柔得中乎外'라 했다. 그리고 그 육오가 九四와 上九의 사이에 있으니, 유는 부드럽고 소극적이므로 굳세고 적극적인 강의 의견을 따를 것이다. 이렇게 두 陽剛에 순하니 '順乎剛'이라 했다. 그리고 下艮은 '止'이고, 上離는 '明'이고 '麗'이니, '止而麗乎明'이 또 첨가됐다. 모두 괘의 형태와 상에서 끌어낸 괘의 성질이고 역할이다. '柔得中乎外而順乎剛'은 음인 육오가 밖인 타향에서(外) 부드럽게(柔) 중도로써 행하며, 역시 타향사람인(外卦) 적극적인 위아래의 두 강과는 親比로 친하니, 순순히 따르는 象이 있다. 그리고 '止而麗乎明'은 마음은(內卦) 다소곳이 그쳐있고, 타향(外卦)의 밝음에 붙어 있으니, 이는 타향의 풍속과 인심을 좇는다는 뜻이 된다. 이런 것들은 타향에서의 나그네가 취해야 하는 마음가짐이고 행동이다. 그래서 '小亨'하고, 나그네가 이렇게 '貞'하면 '吉'하게 된다고 '是以小亨旅貞吉也'라 했다. 괘의 형태와 상에서 괘사의 의미를 표출시킨 것이다.

이런 것은 여행하는 어려운 때에 잘 처신하는 행위가 된다. 그러므로 여행을 한다는 그 '때의 의미'를 잘 알아야한다고, 감탄과 함께 경계의 뜻을 나타내는 말을 더 붙였으니 그것이 '旅之時義大矣哉'이다. 여행하는 때는 '小亨旅貞吉'의 의미를 마땅히 알아야 할 것이므로, 여행하는 때의 의미가 큰 것이다.

＊ 象曰, 山上有火, 旅. 君子以明愼用刑而不留獄.

상전에서 말했다. 산위에 불이 있는 것이 여괘이다. 군자는 이를 보고서 형벌 적용을 밝게 살피고 삼가면서 감옥에 (오래)머무르게 하지 않는다.

[해설] 대상전이다. '山'은 下艮, '火'는 上離의 象이다. 산위에 불이 있으면 그 불빛을 거울

삼아 나그네가 길을 잡아 가면, 그 곳에는 주막이 있어 하룻밤을 묵었으니 나그네의 상이므로 旅卦가 되었다. 이런 상을 관찰하여 보니, 나그네가 고달프게 산길을 가는데 불이 길을 안내하여 희망을 갖게 하는 것처럼, 죄인에게는 형벌을 밝게 살피고 삼가며(明愼), 하룻밤 자고 곧 떠나는 나그네를 보고는, 옥에 가두어 오래도록 유폐시키지 않고 바로바로 판결하여 시행하는 것이다(不留獄). 정치하는 군자가 이런 점을 법집행의 지침으로 삼는다는 말이다. 상경 賁卦의 산 아래 불은 조심해서 다루어야 하는 산불로 보고 죄를 신중하게 다루었다.

2. 효

* 初六, 旅瑣瑣, 斯其所取災.
  象曰, 旅瑣瑣, 志窮災也.

초육, 나그네가 지치고 쇠약하니, 이것이 재앙을 취하는 것이다.
상전에서 말했다. 나그네가 지치고 쇠약하다는 것은, 뜻이 막혀 재앙인 것이다.

[자구의 뜻] 瑣: 瑣의 속자. 옥 소리(玉이 부딪쳐 부서지는 소리) 쇄, 자잘할 쇄, 瑣瑣: 인품이 천하고 하찮은 모양. 지치고 쇠약한 모양. 斯: 이 사, 떨어질 사.

[해설] 初爻 효사와 소상전이다. 初六은 여괘의 제일 아래에 있다. 그러니 아직 어리고 艮 '山'의 밑바닥이니 그쳐 있어야지 여행길을 나설 처지가 아니다. 의지할 것은 정응인 九四 밖에 없다. 그런데 구사는 離의 '불'에 속해 있으므로 불은 위로 타오르면서 이리저리 옮겨 다닌다. 초육은 제자리도 아니고 어리니, 구사를 좇아 이리저리 옮기다가 지치고 쇠약해질 것이므로 '旅瑣瑣'라 했다. 정위가 아니므로 마음을 편안히 하고 그쳐 있지를 못하였으니 이것이 화근일 수밖에 없다. '斯其所取災'인 것이다. 정위하지 않았는데 정응이 있다는 사실이 오히려 좋지 않게 되었다.

'斯其所取災'의 '斯'를 '떠나다(離也)'의 뜻을 취하고, 句도 '斯其所, 取災'로 하여 '그 장소를 떠나니, 재앙을 취하는 것이다'로 번역을 하기도 한다. 이렇게 번역을 하는 학자는 淸初의 毛寄齡과 淸末의 兪樾유월이 이렇게 본 후, 현대의 高亨과 尙秉和가 이를 취하고 있고, 于省吾도 소개를 하고 있으며, 丁若鏞도 이를 취하고 있는 무시하지 못할 학설이다. 그런데 백서주역에서 '斯'를 '此'로 썼고, 이 둘은 같은 뜻이므로 尙秉和의 제자인 黃壽祺도 지시대명사인 '이것'으로 해석했다. 이를 따랐다.

소상전은 지치고 쇠약하면 뜻을 펼치기 힘드니 이것이 재앙을 부른다는 뜻이다.

* 六二, 旅卽次, 懷其資, 得童僕, 貞.
象曰, 得童僕貞, 終无尤也.

육이, 나그네가 객사에 나아가고, 재화를 품었으며, 사내아이 종을 얻었으니, 올바르다.
상전에서 말했다. 사내아이 종을 얻어 올바르다는 것은, 결국 허물이 없다는 것이다.

[자구의 뜻] 次: 버금 차, 숙소 차. 僕: 시중꾼 복. 童僕: 사내아이 종.

[해설] 六二 효사와 소상전. 육이는 음으로 중정하니, 유순하고 중덕이 있어 바르게 처신한다. 위로 九三의 친비가 있으니 그를 받들며 의지하는데, 양의 든든함이 마치 재화를 품은 象이다. 下艮의 '止'에 있으니 숙소에서 편히 쉬는 상이 있고, 또 艮은 '小男'인데, 그의 아래에는 초육이 있으니 '사내아이 종'과 함께 있는 상이다. 육이가 중정하기 때문에 이런 상을 모두 얻는다고 보는 것이다. 나그네가 쉴 여관, 돈, 그리고 도와주는 종도 있으니 여행의 여건이 최적이다. '貞'인 것이다.

'次'는 '숙소', '貞'은 상태를 형용하는 말이면서 동시에 점사이다. '童僕, 貞'을 '童僕貞' 한 句로 보고 '종의 바름'으로 번역하기도 한다. 이 보다는 효의 총괄적 상태를 나타내면서 점사를 말하는 것으로 보고 '貞'을 띄우고 두 구로 번역했다.

소상전은 이런 조건으로 여행하면 여행에서 생기는 걸림돌이 없다는 것을 말하고 있다. '卽次, 懷其資'는 생략된 것으로 보아야 한다.

* 九三, 旅焚其次, 喪其童僕, 貞厲.
象曰, 旅焚其次, 亦以傷矣, 以旅與下, 其義喪也.

구삼, 여행에서 숙소가 불타고, 사내아이 종도 잃으니, 바르게 해도 위태롭다.
상전에서 말했다. 여행에서 숙소가 불탐은, 역시 상처를 입은 것이고, 여행에서 더불어 아래 해야 함은, 그 의리가 상한 것이다.

[해설] 九三 효사와 소상전이다. 구삼은 하괘의 주효요 제일 어른이고 剛으로 강위에 있다. 그러니 자존심이 강해 뽐내며 전진한다. 艮 '止'는 '그침'이고 자리가 바르니(正位) 숙소가 있는 상인데, 위로 오르면 상괘 離 '火'와 인접해 있으니 그 숙소가 불타게 된다. 그래서 '旅焚其次'이다. 나그네는 자기를 낮추고 겸손해야 한다. 그런데 자존심이 강해 사람들을 공손히 대하지 않고 아랫사람에게는 엄하기만 할 터이니 종의 마음도 사지 못할 것이다. 이에 '喪其童僕'이 된 것이다. 이래서는 아무리 정위를 했어도 여행하는 나그네는 위태할 것이니, '貞厲'이다. 정위하고 아래에 六二의 친비도 있지만, 旅의 때가 지나친 강을 수용하지 않아 이렇게

위태하게 되는 것이다. 여기서도 '貞'을 앞 구에 붙여서 '喪其童僕貞'으로 해석하기도 한다.

소상전은 숙소가 불타니 상처를 입고, '童僕'을 잃었으니 자신을 낮추어 아래 해야 함으로 '與下'라 했고, 이것은 자존심이 상하니, 의리를 상한 것으로 풀었다.

*** 九四, 旅于處, 得其資斧, 我心不快.**
象曰, 旅于處, 未得位也. 得其資斧, 心未快也.

구사, 나그네가 거처를 취하는데, 날카로운 도끼를 얻었으나, 내 마음은 유쾌하지가 않다.

상전에서 말했다. 나그네가 거처를 취함은, 아직 자리를 얻지 못했기 때문이다. 날카로운 도끼를 얻었어도, 마음이 유쾌하지 못하다.

[자구의 뜻] 斧: 도끼 부. 資斧: 날카로운 도끼. 여비. 자재와 기물. 정벌함.

[해설] 九四는 艮의 '山'위에 위치해 있고 離 '火'의 시작이다. 艮 '止'를 벗어나 있고, 부정위하니 나그네가 쉴 자리가 마땅치 않는 象이 있다. 그런데 위로 六五의 친비가 있고 아래로는 初六의 정응이 있다. 육오는 위로 오르는 불의 중심이며 자기가 모셔야 하니 함께 불타야 하고, 초육은 너무 어리고 지위가 낮은데 자기는 위로 오르는 불이니 만나기가 어렵다. 그러니 모두 큰 도움은 안 된다. 이런 상태는 편안한 거처를 얻지 못하고 겨우 산위에서 노숙하는데, 도끼가 있는 정도의 도움에 해당한다. 이를 '旅于處, 得其資斧'로 나타냈다. 구사는 상괘 대신의 자리에 있는 강한 사람이니 이런 상황에 만족할 수가 없을 것이다. 그래서 불쾌하여 '我心不快'라고 했다.

'得其資斧'의 '資斧'는 위 '자구의 뜻'에 네 가지가 나와 있으나, 이 중에서 '재화와 도끼', '날카로운 도끼', '재화'의 세 가지로 뜻을 새겨 번역을 하고 있다. 이 중 '날카로운 도끼'는 옛 易家들이 '齊斧'로 썼고 『子夏傳』[207]과 『漢書』「王莽망傳」에도 이렇게 쓰였다고 한다. '齊'와 '資'는 통용됐고 그 뜻은 '利'의 '날카롭다'는 뜻이다. 丁若鏞은 '날카로운 도끼'로 보는 것은 잘못이라 하였으나 尙秉和와 그의 제자들은 이를 택하고 있다. 구사의 놓인 처지와 잘 어울리므로 '날카로운 도끼'로 보았다. '于'는 여기서는 '取也'이고, '我心'의 '我'는 구사를 말한다.

소상전은 거처가 정해져 있지 않고 직접 만들어야 하는 처지는 구사가 부정위하기 때문이고, 도끼를 얻었지만은 이렇게 거처를 만들어야하는 일은 유쾌하지 않다는 말이다.

207) 『자하전』이 공자의 제자인 자하의 작인지 아니면 韓嬰영의 작인지는 분명치 않다.

＊ 六五, 射雉, 一矢亡. 終以譽命.
象曰, 終以譽命, 上逮也.

육오, 꿩을 쏘고, 화실을 하나 잃는다. 마침내 명예와 爵祿의 명이 있다.
상전에서 말했다. 마침내 명예와 작록의 명이 있다는 것은, 위로 (영향을)미친 것이다.

[자구의 뜻] 命: 목숨 명, 운명 명, 작위 내릴 명. 逮: 미칠 체, 잡을 체.

[해설] 六五 효사와 소상전이다. 육오는 음이니 순하고 中에 있으니 중덕을 가지고 있다. 그리고 상괘 離 '밝음'의 주인이다. 그러니 여행을 할 때 갖추어야 할 겸손과 주위의 상황에 잘 적응할 수 있는 자질을 갖춘 사람이다.

'射雉, 一矢亡'은 단순히 꿩 사냥을 하는 것을 말하고 있는 것이 아니다. 겸양과 중덕을 갖춘 육오와 같은 사람은 여행하는 때에는 화살 하나쯤은 잃더라도 남을 위해서 꿩을 쏘는 일을 베풀어 준다는 의미이다. 여기서 '雉'는 離에서 나온 象으로서, 육오의 행위를 상징적으로 나타내기 위해 끌어온 것이다. 이렇게 주위의 사람을 위해 행동하면 그의 행위가 널리 알려져 마침내 명예가 되고 벼슬을 받는 명령이 있게 된다. 이런 뜻이 이어진 '終以譽命'의 句이다. 아마도 명예와 작록을 받게 되면 그의 나그네 행위도 끝날 것이다. '命'은 '작위내릴 명'의 뜻이 알맞다.

소상전에서는 그가 명예와 벼슬을 받은 것은 높은 사람들에게 알려졌기 때문이라는 뜻으로 '逮'를 사용하여 나타냈다. 다른 괘에서는 육오가 임금이 되니 가장 높은 지위인데, 이 괘에서는 임금이 나그네가 될 수 없기 때문인지 직접 임금의 지위는 취하지 않았다. 대신에 천자에게 알려져서 제후나 속국의 왕의 직위를 받는 정도로 이해하면 될 것이다.

＊ 上九, 鳥焚其巢, 旅人先笑後號咷. 喪牛于易, 凶.
象曰, 以旅在上, 其義焚也, 喪牛于易, 終莫之聞也.

상구, 새는 그 둥지가 불타고, 나그네는 먼저 웃고 후에는 울부짖는다. 소를 유역에서 잃으니, 흉하다.
상전에서 말했다. 나그네가 위에 있으니, (겸양의)그 의미가 불탔고, 유역에서 소를 잃은 것은, 결국 깨우치지도 못하는 것이다.

[자구의 뜻] 鳥: 새 조, 날벌레 조. 섬 도. 巢: 새집 소, 거처 소, 소굴 소.

[해설] 上九는 剛이니 본성이 전진하고자 하고, 괘의 제일 윗자리이면서 上離 '불'의 끝이니 불은 뻗어 오른다. 한편 여괘의 끝이니 여행길을 마무리해야할 시점이고, 마무리를 위해

편히 쉴 거처가 있어야 한다. 그런데 불길은 위로 타고 거처를 상징하는 艮 '止'는 아래에 멀리 있으니 쉴 집이 없는 것과 같다. 이런 상태를 '鳥焚其巢'라 했다. 離의 象 '꿩'에서 '鳥', '火'에서 '焚'을 취하였고, 편히 쉴 곳으로 새의 처소 '巢'가 등장했다. 이런 상구의 상태를 나그네에 견주어 말하면, 위에서 불길이 뻗어나가는 것은 제일 높은 자리에 있으면서 잘난 체 뽐내는 象이니 먼저는 웃는다. 그러나 겸양과 순하게 따라야 하는 旅卦의 때에는 그렇게 하면 누구도 좋아하지 않으면서 배척받게 되어 뒤에는 울게 된다. '先笑後號咷'이다. 결국 상구는 순하고 겸양해야 여행의 마무리가 잘될 것인데 그렇지가 못했다. 이는 순한 동물로 상징되는 필요한 소를 유역에서 亥가 잃어버린 고사와 같다. 그래서 '喪牛于易'이요 이는 '凶'한 일이다. 해에 관한 일은 大壯卦 육오의 '喪羊于易'에서 이미 말했으니, 大壯卦를 참고하라. 물론 王弼은 여기서도 '易'을 '쉽다'로 번역했다.

소상전에서는 나그네가 윗자리에 있는 것은 몸을 낮추고 부드럽게 해야 하는 덕을 잃은 것이고(其義焚也), 유역에서 소를 잃은 해의 일(喪羊于易)도 위험지역에 있으면서 겸양의 덕을 잃은 것과 같이 결국은 깨우치지 못한 것(終莫之聞也)이 된다는 뜻이다. 그런데 '聞'을 '듣다'의 뜻으로 보면서 '소의 행방을 듣지 못한다'고 번역한 사람도 있다.[208] 그러나 위험지역에 있었다는 사실을 깨닫지 못한 것으로 보는 것이 자연스럽다.

여행길에는 그 지방의 풍속과 인심에 적응하기 위해서는 나를 낮추고 겸손해야 미움을 사지 않을 것이다. 그러니 이 旅卦에서는 소극적이고 순종의 의미가 있는 柔爻는 좋고, 剛爻는 좋지 않다. 그리고 편한 여행길은 돈과 안내자, 그리고 쉴 숙소가 있어야 한다. 낯선 지방에서 묻고 물어서 일을 하려면 얼마나 힘들 것인가? 그래서 童僕이 있으면 좋고 이 동복은 현대에는 여행 가이드이다. 특히 해외 여행길은 가이드가 있으면 편하기가 그만이다. 그리고 모든 것은 비용이 필요하므로 돈이 없으면서 여행을 떠나는 사람은 현대에는 없다. 육이 효사가 말하고 있는 바이다. 여행이 기분전환의 맛은 있어 좋지만 역시 피곤한 것은 어쩔 수 없다. 그래서 효사에서는 쉴 수 있는 객사를 주로 다루고 있다. 고달픈 옛날의 나그네에게는 하룻밤 쉼터가 더 없이 반갑고 중요한 일이었을 것이다.

괘 전체를 관통하고 있는 것은 역시 겸양의 덕이다. 조금 잘 산다고 다른 아세아 국가를 여행하면서 잘난 체한 덕분에 요즘은 심심치 않게 질시와 반발을 사고 있다. 가끔 들리는 살인의 보도도 이와 무관하지 않을 것 같아 가슴 아프다. 이 여괘를 숙지했다면 좋은 여행을 하고 그 지방에 좋은 인상을 심어주었을 것인데……

비록 여행은 잠시의 여행길이지만 인생도 크게 보면 잠시의 여행길이나 같을 것이다. 그렇다면 인생길을 가는데도 이 여괘에서 주는 교훈은 모두가 새길 필요가 있을 것이니 이를 염

---

208) 김인환 역해, 「주역」(고려대학교출판부, 2010), 447쪽.

두에 두고 다시 한 번 읽어보도록 하자.

䷸ 巽 (重風巽, 巽爲風)

槪說: '巽'은 '겸양할 손'이다. 「설괘전」의 象에는 '바람' '들어가다(入)' 등이 있다. 이를 연결하여 해석하면 바람처럼 스며드는 것은 겸양이요, 겸손함은 누구에게나 스며드는 덕이 된다는 말이 된다. 상하괘의 형태에서도 음 하나가 양의 밑에 엎드려 있다. 그러니 두 양을 뒤에서 좇겠다는 상이고 이는 겸양의 의미이다.

「서괘전」에서는 "旅而无所容, 故受之以巽, 巽者入也(여괘는 오래 용납되지를 않는다. 때문에 손괘로서 받았으니, 손이란 들어가는 것이다)"라고 했다. 항상 떠돌아다닐 수만 없고 들어가서 쉬어야 하니 '巽'으로 다음을 이었다는 말이다. 巽의 '공손하다'와 入의 '들어가다'는 뜻이 달라 보여도, 겸손은 누구나 받아들임으로 '入'과 통한다. 그래서 '巽'의 상에도 '入也'가 있다. 「잡괘전」에서는 "兌見而巽伏也(태괘는 나타내고 손괘는 엎드리는 것이다)"라고 했다. 같은 음이 主爻가 되는 兌卦(☱)와 巽卦(☴)가 비교가 되는데, 태는 음이 위에 있어서 밖으로 들어나니 '說'의 상에, 손은 음이 밑에 있어서 엎드려 숨어있으니 '入'의 상에 그 의미를 맞춘 풀이다.

그런데 上經에서도 겸양을 말한 謙卦가 있었다. 「계사 하」에 있는 卦德을 말한 巽卦의 풀이에 謙卦의 것도 병기하니 비교해 보자. "巽德之制也(손은 덕을 마름질 한다. -겸은 덕의 자루이다)", "巽稱而隱(손은 칭찬해도 은근하다. -겸은 존귀하고 빛나다)", "巽以行權(손으로써 권세를 행사한다. -겸은 예를 만든다)"이다. 두 괘의 우열은 가리기가 쉽지 않지만, 그 쓰임과 나타내는 결과는 다르게 표현되어 있고 '謙'이 근본인 것 같다. 그러면 巽卦의 괘효사는 어떻게 이루어져 있을까?

1. 괘

* 巽, 小亨, 利有攸往, 利見大人.

손괘, 조금 형통하며, 갈 바가 있으면 이롭고, 대인을 만나보면 이롭다.

[해설] 괘사이다. 괘의 형태가 음이 양의 밑에 있으니 음이 양을 받들고 따르는 象이므로 공손함의 의미가 있다. 이런 상태가 겹쳐있으니 공손을 강조하고 있다. 이렇게 공손하고 또 공손하면 통할 것이다. 그런데 '小亨'이다. 이 이유는 일을 결정하는 것은 이해관계와 주어진

상황에서 비롯되고, 공손만으로 결정되는 것은 아니기 때문이라고 말한다. 또 巽의 '바람'은 지나가면서 영향을 미치지만, 장벽이 있으면 비켜가거나 물러서기도 하니, 조금 통하는 것이므로 그래서 '小亨'이라고 본다.

공손은 내가 상대에게 주는 것이다. 그러니 이 사람 저 사람에게 받아들여지고 통한다. 바람이 이곳에서 일어나 저곳으로 옮기듯이 베풀면 여기저기서 받아들여지고, 그러면 하는 일도 잘 풀릴 것이므로 갈 바가 있는 것이 이롭다. '利有攸往'이다.

손☴은 主爻가 음이니 음은 소인이고 연약하다. 갈 바가 있어도 옳고 바른 곳으로 가야 하고, 장벽이 가로놓이면 비켜갈 줄도 알아야 하며 때로는 타고 오르기도 해야 한다. 소인은 바르지 않은 곳으로 갈 가능성이 있고, 장벽에 막혀 포기할 수도 있다. 이런 때 옆에 훌륭한 사람이 있으면 그를 본받게 되고, 그의 가르침을 따르면 소인도 일을 잘 처리할 것이다. 그러니 '利見大人'이다. 여기 '大人'은 九五이고, 이 구오 임금을 잘 따르기 때문에 신하인 주효 六四가 일을 잘 처리하는 것이다.

謙卦와 비교하면 겸괘 괘사는 '亨, 君子有終'이었다. '亨'과 '小亨'의 차이가 있다.

*** 彖曰, 重巽以申命. 剛巽乎中正而志行, 柔皆順乎剛, 是以小亨, 利有攸往, 利見大人.**

단전에서 말했다. 거듭된 공손이니 명령을 거듭한다. 강이 중정에서 공손하게 뜻을 행하니, 유가 모두 강에 순종하므로, 이로써 조금 형통하며, 가는 바가 있으면 이롭고, 대인을 만나보면 이롭다.

[자구의 뜻] 申: 아홉째지지 신, 거듭 신, 말할 신, 훈계할 신.

[해설] 단전. 여기서도 괘명 '巽'에 대한 풀이는 따로 하지 않고 '重巽'으로 그 뜻을 대신하고 있다. 그리고 괘사를 하나하나 나누지 않고 한꺼번에 설명을 했다.

위아래가 다 손이니 '重巽'이다. 손은 '공손' '바람'의 상이다. 그러므로 거듭된 공손이고 거듭 부는 바람이다. 바람이 불어 만물에 영향을 미치듯이 사람에게도 널리 영향을 미치도록 거듭해서 명령을 내리는 것이다. 이런 뜻이 '申命'이다. 그런데 '命'을 손의 부드러움이 살아나도록 '분부하다'의 뜻을 취해 '거듭 분부하다'로 번역도 하고, '申'을 '훈계하다'의 뜻을 취해서 '훈계하는 명령을 내리다'로 번역도 한다. 그러나 '命'을 '명령'으로, '申'은 공손함이 살아나는 '거듭하다'로 번역하여, 아래에 숨어있는 소인인 陰들을 공손하게 이끌기 위해 거듭 명령을 내리는 것으로 보았다.

이어서 괘사를 모두 묶어, 상괘에서 중정을 차지한 九五가 유효들을 이끌어가는 효과로서 풀이했다. 구오의 剛爻가 중정에 자리하였으니 중정의 덕에는 공손한 상이 있다. 그래서 '剛

巽乎中正'이라 했고, 공손의 덕으로도 명령을 내리면 뜻이 행하여지니 '志行'이라고 했다. 그리고 初六과 六四의 柔爻들이 모두 강효 밑에서 강을 받들고 따르는 상이므로 '柔皆順乎剛'이다. 이렇게 부드럽고 작은 柔가 따르니 괘사에서 설명한 것처럼 된다고 '是以'를 붙여 괘사와 연결시켰다. 결국 구오가 중정의 덕으로 이끄니 작은 음들도 공손하게 따르므로 '조금은 형통하고', 이렇게 계속 따르면 통하여 이로움이 있으므로 '利有攸往'이라 했다. 이런 일은 대인이면 충분히 할 수 있고, 구오의 대인이 있으므로 만나보면 이롭다고 '利見大人'이다.

단전의 풀이에 九五 剛이 등장하나 주효가 아니기 때문인지 '剛'에 '巽'이 붙었으므로 강의 강력한 힘은 살아나지 않아 다른 중정한 구오와는 다른 맛이 난다.

* 象曰, 隨風, 巽. 君子以申命行事.

상전에서 말했다. 잇따르는 바람이 손괘다. 군자는 이를 보고서 명령을 거듭하여 일을 실천한다.

[해설] 대상전이다. 상하가 다 '巽'의 '風'이니 아래위의 바람이 불고 부는 象이다. 이렇게 바람이 연이어 따라서 분다고 '隨風'이라 하였다. 괘의 상이 나타내는 의미가 간단하면서 확실하게 전달이 되도록 '隨風'을 '잇따르는 바람'으로 번역했다. 이런 현상을 관찰하니, 만물은 바람 따라 움직이고 또 움직이며, 여기저기에서 움직인다. 이에 군자는 명령을 거듭하여 일이 온 백성에게 실행되도록 한다는 말이 '申命行事'이다. 실행이 따르도록 명령하고 또 한다는 말이다.

이 '申命行事'는 여러 가지를 유추하여 생각할 수 있다. 곧 중앙에서 명령을 발하면 지방에서도 이를 이어 발한다는 뜻도 된다. 그리고 현대 입법의 취지에 맞추면, 입법부에서 법률을 제정하면 행정부에서는 이를 홍보하며 실천하도록 한다는 말도 된다. 법, 규칙, 명령 등이 처음 시행될 때는 항상 그것을 인지하고 익숙하게 되는 기간이 필요하고, 국회에서 법을 제정할 때 논의를 거듭하여 그것의 마땅 여부를 가리는 절차도 필요한 것이니 '申'의 뜻에는 이런 것에도 넓힐 수 있다.

2. 효

* 初六, 進退, 利武人之貞.
象曰, 進退, 志疑也, 利武人之貞, 志治也.

초육, 나아갈까 물러설까(망설이니), 군인의 정고함이 이롭다.

상전에서 말했다. 나아갈까 물러설까 함은, 의지가 의심스럽기 때문이고, 군인의 정고함이 이롭다는 것은, 의지가 다스려짐을 말한다.

[해설] 初六은 巽卦 최 하단이고 不正位이다. 제일 밑은 어리고 부족함이 많고, 부정위는 제 역할을 잘하지 못하니, 확고한 신념 없이 이럴까 저럴까하는 망설임의 象이 있다. 그래서 '進退'다. 원래 '巽'을 「설괘전」에서는 "爲進退, 爲不果(나가고 물러남이 되고, 과단성이 없음이 된다)"라고 했다. 초육은 下巽의 주효이기도 하니 바로 '進退'이고 '不果'에 해당된다. 이럴 때는 군인이 명령에 따라 움직이듯이 곧고 굳은 신념으로 결정을 내려야 한다. 바로 '利武人之貞'이다. 언제까지나 망설일 수만 없는 것이다. 그리고 가까운 친비 九二 는 두서없이 바쁘다(九二 효사 참조). 정응도 없으므로 의지할 곳은 오직 구이뿐이니 그를 본받지 않을 수 없다. 그래서 주저함을 털고 구이가 움직이는 것을 본받기로 단단히 결심을 하니, 바로 '利武人之貞'이다. 결국 초육은 망설이지만 말고 행동하기로 결심을 해야 '利'가 된다는 뜻이다.

소상전에서도 '進退'는 의지가 확고하지 못해 의심해서이고, 군인의 굳셈이 이롭다는 것은 의지가 확고히 정해지면 뜻이 다스려진 것이라고 설명을 했다.

*** 九二, 巽在牀下, 用史巫紛若, 吉无咎.**
象曰, 紛若之吉, 得中也.

구이, 공손하여 상 아래에 있으면서, 史巫들이 어지럽게 (많은 일을)하듯 하면, 길하고 허물이 없다.

상전에서 말했다. 어지럽게 (많은 일을)하듯이 하여 길하다는 것은, 중심을 얻었기 때문이다.

[자구의 뜻] 史: 사관 사, 역사 사. 紛: 어지러울 분, 많을 분, 깃발 분.

[해설] 九二 효사와 소상전이다. 구이는 下巽의 중심에 있다. 하괘에 있으니 '下'가 나오고, 정응도 없고 오직 아래의 初六과 친비하니 또 '下'가 나온다. 이것이 지극히 공손하여 허리를 굽혀 상 아래에 엎드려 있는 象이니 '巽在牀下'이다. 이렇게 공손하나 중심적인 자리에 위치했으니 임무는 무겁고, 강이니 굳세게 전진할 것이므로 분주할 것이다. 이를 '用史巫紛若'이라고 분주한 것을 비유하여 나타냈다.

'用'은 '행하다'의 뜻이고, '史'는 나라의 일인 天文·祭祀·卜筮 등을 기록하며 관장하는 벼슬이고, '巫'는 굿을 하면서 재앙을 물리치는 무당이다. 이런 史巫들이 차례상 아래에서 절도하고 어지럽게 오가면서 중요한 나라 일을 점치는 것처럼 구이도 비슷한 처지이니, '用史巫紛若'이라 했다. 이렇게 지극히 공손하면서 열심히 일하니, 길하고 허물이 없다고 '吉无咎'이다. '紛若'을 다음의 '吉'에 연결시켜 '紛若吉'로 하여 '많고 성대한 吉', 곧 '크게 길하다'는 뜻으로 번역도 한다. 그러나 무당들의 푸닥거리가 어지럽고 성대하다고 표현하는 것이 더 어울려 취하지 않았다.

소상전의 풀이도 강이 중에 있기 때문에 가능한 일이라고 보았다. 비록 위에 정응은 없으나 아래 백성의 민원을 위에 고하고 위에서 내리는 명령을 아래 백성들에게 시행하는 일을 史巫들처럼 많이 하면 길을 얻을 수 있다는 뜻을 나타낸 것이다.

＊ 九三, 頻巽, 吝.
象曰, 頻巽之吝, 志窮也.

구삼, 찡그리며 공손하니, 인색하다.
상전에서 말했다. 찡그리며 공손해서 인색하다는 것은, 뜻이 곤궁하다는 것이다.

[해설] 九三은 하괘의 제일 윗자리에 있고, 강이 강위에 있으니 꿋꿋하기가 그지없다. 그런데 위에는 음이 자기를 올라타고 있다. 또 하나의 '巽'이 위에서 바로 붙어있으면서 거듭 공손을 요구하고 있으니 공손하지 않을 수도 없다. 자존심이 강한 구삼이 육사가 자기를 올라타고 명령을 내리니 자연 얼굴이 찡그려지나 때와 상황이 공손하지 않을 수도 없는 것이다. '頻巽'이고, 마지못해 공손하니, '吝'이다.

'頻'을 '찡그리다'로 보는 것에 대한 설명은 復卦 六三에서 이미 설명한 바이니 참고하기 바란다.

소상전에서는 뜻이 곤궁하니, 찡그리면서도 겸손하지 않을 수 없어 자연 인색하다는 뜻이다.

＊ 六四, 悔亡, 田獲三品.
象曰, 田獲三品, 有功也.

육사, 후회가 없고, 사냥하여 삼품을 얻는다.
상전에서 말했다. 사냥하여 삼품을 얻는다는 것은, 공이 있다는 것이다.

[해설] 六四 효사와 소상전이다. 육사는 상괘에서 정위했고 九五와 친비다. 대신의 자리에서 군왕을 잘 받들고 있는 상태다. 원래 대신의 자리는 군왕에게 공손하고 또 공손해야 하는 자리다. 上巽의 주효이므로 공손한 덕도 충분히 있으니 후회할 일이 없고, 구오의 명을 잘 따르고 이행하니 사냥하여 삼품을 얻는 것과 같은 공을 세운다. 이를 '悔亡, 田獲三品'이라했다. '悔'는 九三 강을 탔고 初六과 정응이 아니라서 적극적인 지원을 받지 못해 '悔'가 있지만, 공

손해야 하는 때에 공손의 주효이고 정위했으며 군왕과 친밀한 관계이니 '亡'이 된다고 설명을 한다.

'三品'에 대해서는 두 가지의 설명이 있다. 하나는『禮記』「王制」편에 나오는 '제사용의 고기'와 '빈객 접대용의 고기', 그리고 '임금의 주방용 고기'의 삼품이라는 설이다. 또『公羊傳』에서도 사냥을 한 사냥감의 맛을 구분하여 '제사용' 등의 세 종류로 구분한 글이 있다. 다른 하나는 3종류의 짐승을 말한다고 于省吾가 설명을 하고 있다.209) 그는 두 사람의 논조를 기술했는데, 虞翻은 하괘 九二의 변화로써 있게 되는 象에서 취해, 구이가 변하면 '艮'이 되니 '狼낭(이리)'이고, 변한 2, 3, 4의 互卦가 '坎'이니 '豕(돼지)'이고, 구이가 아래로 가서 初爻와 자리를 바꾸면 '離'가 되니 '雉(꿩)'이 된다고 했다. 또 翟적玄210)은 하괘의 三爻가 자리바꿈하는 것에서 취하여 巽에서 '鷄(닭)', 兌에서 '羊', 離에서 '雉'라고 했다. 아마도 본래의 '巽☴'과 三爻와 初爻의 자리바꿈에서 '兌'를, 二爻와 初爻의 자리바꿈에서 '離'를 말하는 것 같다. 이 두 사람이 모두 동물의 종류를 말하는 것으로 보고 있다.

이 중에 무엇을 취할 것인지는 판단이 잘 서지 않는다. 다만 꼭 三品의 고기나 짐승만을 이야기하는 것이 아니라 많은 종류의 공을 세우는 것을 비유했다고 이해하면 될 것이다. 소상전에서도 공을 이룬 것을 말한다고 했다.

*** 九五, 貞吉, 悔亡, 无不利. 无初有終, 先庚三日, 後庚三日, 吉.**
象曰, 九五之吉, 位正中也.

구오, 바름을 지키면 길하고, 후회도 사라지며, 불리함이 없다. 처음은 없으나 마침은 있으니, 경일 삼일 전과 경일 삼일 후가, 길하다.
상전에서 말했다. 구오의 길함은, 자리가 바르고 중심에 있기 때문이다.

[해설] 九五 효사와 소상전이다. 구오는 강으로 강위에서 정위했으나 정응은 없다. 때는 겸손해야 하니 지나친 강과는 어울리지 않고, 명령이 잘 통하려면 하층부에 정응이 있어서 백성을 잘 이끄는데 도움을 주어야하는데 그렇지가 못하니 '悔'가 있다. 그러나 정위하여 중심을 차지하고 있으니 중정의 덕이 있어 바름을 지키므로 '吉'할 뿐만 아니라, 아래로 六四의 친비가 있어 명령을 잘 수행하니 있던 悔도 '亡'하고 '无不利'한 것이다. 正에 처하고 中을 얻은 것이 이렇게 좋은 것이다.

巽은 '바람'이다. 바람은 만물을 진작시킨다. 이를 인간사에 적용시키면 나태해지고 부패한

209)「쌍검치군경신증·쌍검치제자신증」, 44쪽.
210) 于省吾가 인용한 翟玄은 李鼎祚의『周易集解』에서 인용한 것인데, 동진의 韓康伯과 비슷한 시기인 것 같으나 불행히도 정확한 연대는 확인을 못했음.

것을 새롭게 개선하는 것이다. 일상에 젖어온 것을 바꾸려는 命은 처음부터 바로 수용되지 않으니, '无初'이다. 그러나 삿되지 않고 바른 중도의 명령이니 결말은 누구나 지키게 되니 '有終'이다. 이렇게 되려면 개혁의 명령도 면밀히 관찰해야 한다. '先庚三日'과 '後庚三日'의 '庚'은 '고치다'의 의미가 있다. '更'과 '庚'은 韻이 비슷하기 때문에 '고치다'의 뜻으로 통하고, 또 열개의 天干 중 '庚'은 일곱 번째이므로, 이미 과반을 지나면 고칠 것이 생기므로 庚에서 '고치다'는 관념이 생겼다고도 한다. 그래서 여기의 '庚'을 '고치는 것', 혹은 '고치는 날을 받는 것'의 기준을 삼는 의미로 보아야 한다. 그러면 蠱卦 괘사의 '先甲三日, 後甲三日'과 같은 맥락의 해석이 된다. 곧 '有終'의 날을 받기 위한 조치이다.

소상전도 구오가 길한 이유를 '正中'하기 때문이라 했다. 正中과 中正은 같다.

＊ 上九, 巽在牀下, 喪其資斧, 貞凶.
象曰, 巽在牀下, 上窮也. 喪其資斧, 正乎凶.

상구, 공손하여 상 아래에 있으니, 그 날카로운 도끼를 잃었으므로, 바르더라도 흉하다.
상전에서 말했다. 공손하여 상 아래에 있음은, 위에서 궁했기 때문이다. 날카로운 도끼를 잃었으니, 발라도 흉하구나.

[해설] 上爻 효사와 소상전이다. 上九는 공손하고 공손해야 하는 때의 극에 처했다. 공손이 극하면 비굴해지거나 반대로 돌아서서 용감해지는 경우를 생각할 수 있다. 더 나아가서 비굴해지든지 아니면 돌아서 공손함을 접든지 해야 할 처지다.

아래로 정응도 친비도 없는 홀 홀 단신이므로 의지할 데도 없고 누가 상대해 주지도 않는다. 강이니 적극적으로 상대할 사람을 찾아서 누구에게나 공손하게 대하는데, 부정위라 바르지 못하므로 공손하다 못해 비굴한 상이 된다. 그래서 '巽在牀下'이고, 윗자리에 있으면서 이렇게 굽실거리고, 강의 꿋꿋함도 잃고 말았으니 예리한 도끼를 잃은 것과 마찬가지이므로, '喪其資斧'라고 덧붙여 비유했다. '巽在牀下'의 뜻은 九二에서, '資斧'는 旅卦 九四에서 나온 말이다. 이렇게 비굴한 공손은 바른(貞) 경우가 있더라도 '凶'이다. 공손이 극하여 비굴해진 것이다.

소상전에서는 상구가 극에 처해서, 고집하며 용감해지는 쪽으로 반전하지 못하고 반대로 지나친 공손으로 나아가 비굴해진 것이다. 이것은 위에서 궁하기 때문이고, 이렇게 판단의 날카로움을 잃었음은 바로 흉으로 연결된다는 뜻이다. '乎'는 영탄의 조사로 보았다.

上經에서 謙卦가 역시 겸손을 말했다. 겸괘와 손괘가 다 겸손을 말하고 있지만 그 내용은 조금 다르다. 우선 겸괘는 '亨'이고 손괘는 '小亨'이다. 이 차이가 전 괘에 통한다. 하나는 집단의 겸손이고 집단을 겸손하게 다스리는 자연적인 도리이며, 하나는 개인의 겸손이고 한 사건에서 당면하는 순간의 도리이다. 그렇기 때문에 겸괘에서는 무력이 동원되고(六五), 손괘에서는 도끼가 동원되는(上九) 정도이다.

여기 손괘에서처럼 갈팡질팡하고, 상아래 엎드리며, 못마땅해 찡그리고, 좋은 날을 받아서 행하기도 하지만, 바람처럼 만물에 스밀 수 있는 것은 공손이니, 우선은 공손해야 함을 말하고 있다. 그렇다고 상육처럼 비굴해지지는 않아야 할 것이다.

공손함은 미덕이다. 상대를 인정하고 수용하는 데서 공손이 발휘된다. 갈등이 있는 일도 상대의 의견을 가납할 수 있는 아량이 있으면 잘 처리된다. 이렇게 일을 행하면서 거듭 공손하면 어찌 통하지 않겠는가. 이런 상식이 우리의 정치판에서도 통했으면 좋으련만.

䷹ 兌 (重澤兌, 兌爲澤)

概說: '兌'는 '기쁠 태'이다. 兌의 象은 '못' '기쁨' '소녀'이다. 兌의 형태(☱)는 남자로 상징되는 두 양효⚌ 위에 여자로 상징되는 한 음효--가 있는데, 열린 음--의 선은 마치 입을 벌린 모양과 통한다. 그러므로 아래에 있는 두 남자가 받들어주니 소녀가 기뻐하고 있는 모양이니 '기쁨'의 상이 된다. 또 위의 음은 물이고 아래의 양은 둑으로 보면, 둑에 물이 갇혀있으므로 '못'과 닮았다. 못의 물은 생명을 양육하니 모두에게 기쁨을 준다. 그래서 「설괘전」에 "說萬物者, 莫說乎澤(만물을 기쁘게 하는 것은, 못보다 기쁘게 하는 것은 없다)"라고도 했다. 그리고 어린 소녀는 천진난만하니 모두에게 기쁨을 안겨준다. 대체로 이런 이유로써 兌卦는 '기쁨'으로 그 뜻을 삼는다.

「서괘전」에는 "巽者入也, 入而後說之, 故受之以兌, 兌者說也(손은 들어가는 것이다. 들어간 후에는 기뻐하는 것이니, 때문에 태로서 받았다. 태는 기뻐하는 것이다)"라 했다. '入', 곧 들어가는 것은 상대에게 받아들여지는 것이고, 그것은 서로 기쁨이 되니 '兌'로 다음 순서가 됐다는 말이다. 「잡괘전」에는 "兌見(태는 나타난다)"이라 했음은 巽卦에서 있었다. 기쁨은 얼굴 표정에서 나타나는 것이니 '見'이라 했을 것이다. 이런 뜻의 兌卦는 과연 어떤 말로 괘효사를 이루고 있을까?

1. 괘

* 兌, 亨, 利貞.

태괘, 형통하고, 바르게 하면 이롭다.

[해설] 괘사이다. 기쁨은 누구에게나 마음을 열게 할 것이니 통하지 않을 수 없다. 그러나 무턱대고 기쁘기만 해서는 안 된다. 바르고 정당한 일을 하고서 기뻐야지, 남에게 고통을 주고 자기 욕심만을 채우는 기쁨이나, 안락만을 찾는 기쁨도 좋지 않다. 그래서 '貞'이라는 조건을 붙여 경계했다.

'巽卦'는 '小亨'인데 兌卦는 '亨'이다. 손괘는 음이 밑에 있으니 감추어진 상태고, 태괘는 음이 위에 있으니 나타난 상태이며, 바람은 스쳐지나가고, 못의 물은 만물을 자라나게 하니 小亨과 亨으로 나누어지는 것이다. 그리고 乾坤卦를 제외한 6자녀 괘에서 세 개의 남자 괘에는 '利'가 없는데, 셋 여자의 괘에는 '利'가 있은 것은 여자들이 利를 잘 챙기기 때문이고, 대신 '貞'의 경계사도 여자들이 바름을 지속하기가 어렵기 때문에 부여된다는 설이 있다.[211] 재미있는 분석이다.

＊ 彖曰, 兌, 說也. 剛中而柔外, 說以利貞. 是以順乎天而應乎人. 說以先民, 民忘其勞, 說以犯難, 民忘其死, 說之大, 民勸矣哉.

단전에서 말했다. 태는 기쁨이다. 강이 중심에 있고 유가 밖에 있으니, 기쁨이 되므로 바르게 하면 이롭다. 이것으로써 하늘을 순순히 좇고 사람에게 응하는 것이다. 기쁨으로써 백성에 앞서면, 백성이 노고를 잊고, 기쁨으로써 위험을 무릅쓰면, 백성이 죽음을 잊으니, 기쁨의 위대함이여, 백성을 노력하게 하는구나!

[자구의 뜻] 先民: 고대의 현인. 백성을 앞서서 이끌다. 犯難: 위험을 무릅씀.

[해설] 단전이다. 먼저 괘명의 뜻을 말했다. '說'은 '悅(기쁠 열)'이니 '兌'는 '기쁨'이라는 말이다. 이어서 괘가 이루어진 형태에서 괘사를 해석했다. '剛中而柔外'는 위아래에 강효(九二, 九五)가 가운데 있고, 유효(六三, 上六)가 밖에 있음을 말한다. 이 '剛中而柔外'는 어떤 작용을 하는가? 구이, 구오의 강이 중심에 자리 잡고 있으니, 꿋꿋하게 중덕으로 행하므로 일을 바르게(貞) 할 것이다. 그리고 상육의 유가 밖에 있다(육삼도 소성괘로는 밖임). 그러니 사물과 접촉할 때는 부드럽고 유연하다. 이렇게 중심을 잡고 바르게 하면서 밖으로는 부드러움으로 상대를 대하면 서로 통하게 된다. 통하면(亨) 기쁘게(說) 되고 기쁘면 자연 이로운 것(利)이다. 괘사 '亨'과 '利貞'의 의미가 도출되는 것이다. 여기서 서로 통하면 기쁘게 되고, 기쁘면 이로운 것이니 기쁨이 중심이 된다. 그러므로 '亨'을 대신하면서 兌卦의 뜻 '기쁨'이 살아나도록 '說'을 쓰서 '說以利貞'이라 하였다. 이렇게 해서 '亨, 利貞'과 통하는 풀이가 되는 것이다.

그리고 이런 기쁨의 도를 더욱 넓혀서 말했다. 이렇게 '說以利貞'하는 것이 하늘의 이치에

---

211) 金碩鎭 著, 『周易講解』 下經(도서출판 大有, 1993), 239쪽.

순응하는 것이고, 사람을 대할 때도 이렇게 응하는 것이 좋다고 '是以順乎天而應乎人'이라 했다. 하늘이 변화를 만들면 사람들은 이를 좇아 열심히 대비하듯이 백성들도 이렇게 이끌어야 한다. 곧 백성들에게 命을 발할 때 하늘처럼 기꺼이 앞장서면, 백성들도 따르면서 수고로움을 잊고, 전쟁 같은 어려운 일에는 목숨도 내놓는다. 이런 뜻이 '說以先民, 民忘其勞, 說以犯難, 民忘其死'이다. '說以先民'과 '說以犯難'은 이끄는 사람의 행동이고, '民忘其勞'와 '民忘其死'는 뒤따르는 백성의 행위이다. 앞에서 이끄는 사람보다 뒤따르는 사람이 더 힘을 쓰며 위험을 감수하고 있다. 이런 행동은 하늘의 변화를 좇아 대비하는 사람의 행동과 통한다.

끝으로 이렇게 기쁘게 함으로써 백성들이 스스로 힘써 따르게 하는 '기쁨의 큼'을 찬탄했다. 바로 '說之大, 民勸矣哉'다.

*** 象曰, 麗澤, 兌. 君子以朋友講習.**

상전에서 말했다. 못이 연이어 붙어있는 것이 태괘이다. 군자가 이를 보고서 벗들과 강의하고 깊이 연구한다.

[해설] '못'은 兌의 象이니, 두 개의 못이 연이어 있는 것이 태괘이다. 나란히 두 개의 못이 붙어 있으면, 위의 못이 넘치면 아래의 못이 이를 받을 것이고, 아래 것의 물이 마르면 위에서 공급할 것이다. 또 위의 못이 마르면, 만물에 물을 공급하는 역할은 아래 못이 맡아주니 서로 협력하고 있다. 이렇게 두 못은 서로를 돕고 더한다. 이런 현상을 군자들은 보고, 같은 뜻을 가진 친구들과 모여서 공부하고 익히며 토론하여 서로의 학문발전에 보탬을 받는 것이다. 이런 뜻이 '君子以朋友講習'이다.

이 대상전에서 흔히 인용하는 것이 『論語』의 '學而'편이다. 바로 "學而時習之, 不亦說乎, 有朋自遠方來, 不亦樂乎(배움을 때맞게 익히니 기쁘지 아니하며, 친구가 있어 멀리서부터 오니 즐겁지 아니하리오)"다. 바로 이런 뜻을 말하고 있다고 본다.

2. 효

*** 初九, 和兌, 吉.**
象曰, 和兌之吉, 行未疑也.

초구, 조화를 이루는 기쁨이니, 길하다.
상전에서 말했다. 조화를 이루는 기쁨이라 길하다는 것은, 행위에 의심이 없다는 것이다.

[해설] 初九 爻辭와 小象傳이다. 초구는 兌의 시작이면서 강으로 정위했고 正應・親比가 없다. 처음이니 시작이고, 강으로 정위하였으니 시작하는 것이 굳건하면서 바르다. 그리고 정응・친비가 없다는 것은 의지할 수도 도움도 받지 못하지만, 동시에 아무것에 매이지 않는다는 의미도 된다. 이런 상태는 누구에게도 수용되는 기쁨이 시작되고 있는 상태다. 마치 천진난만한 어린아이의 하는 짓이 누구에게나 웃음을 주는 것과 같다. 이런 상황을 '和兌'라 했다. 이렇게 때 묻지 않은 기쁨을 나타내면 자연 '吉'할 것이다. '和'는 '조화를 이루다'의 뜻을 취했다.

소상전에서는 이제 막 피어나는 신선한 기쁨이라 마치 어린아이의 천진난만한 행동 같으므로 의심할 것이 없다. 이런 뜻이 '行未疑也'이다.

* 九二, 孚兌, 吉, 悔亡.
象曰, 孚兌之吉, 信志也.

구이, 믿음이 있는 기쁨이니, 길하고, 후회도 사라진다.
상전에서 말했다. 믿음이 있는 기쁨이라 길하다는 것은, 의지를 믿기 때문이다.

[해설] 九二 효사와 소상전. 구이가 강으로 중심에 있으니, 굳세고 중덕이 있는 자이다. 그러니 그에게는 믿음이 간다. 기뻐하는 때에 믿음이 있으니 '吉'하다. 그런데 제자리가 아니고 위에는 음이 올라타고 있다. 그러니 '悔'가 있다. 그러나 이것도 중덕이 있어서 六三 소인을 잘 응대할 뿐 지나침이 없으니, '悔亡'이 된다.

소상전에서도 구이의 의지가 믿음(信)이 있다고 했다. 初九와 비교해 보면 초구는 정응・친비가 없는데 구이는 친비가 있다. 초구는 아무것도 매이는 바가 없었으나, 구이는 육삼에 매인 바가 된다. 그래서 구이에는 '悔'가 더 붙었으나, 중덕이 있으므로 '亡'하니 믿을 만하다는 뜻이다.

* 六三, 來兌, 凶.
象曰, 來兌之凶, 位不當也.

육삼, 불러 모으는 기쁨이니, 흉하다.
상전에서 말했다. 불러 모으는 기쁨이라 흉하다는 것은, 자리가 부당한 것이다.

[해설] 육삼은 음으로 下兌의 主爻이면서 不正位이고, 위와 아래의 양들 틈에 둘러싸여 있다. 이것은 음 여자가 양 남자들에게 둘러싸여 관심을 끌고 있지만 바르게 처신하지 못하는

(不正位) 象이 된다. 기쁨의 도는 내가 주는 것이 먼저인데 정위가 아니면서 주효이니 주위로부터 기쁨을 끌어들이는 상이다. 육삼을 중심으로 상하 효와 합친 互卦가 '坎'이고, 감은 '구덩이'이니, 기쁨을 끌어들이는 상이 된다고 설명을 한다. 이것은 개인의 욕심이고 삿된 기쁨이다. 그래서 '凶'이다.

『주역』에서 '來'는 위에서 아래로 내리는 것이요, '往'은 아래에서 위로 오르는 것을 의미한다고 대체로 말한다. 이에 의거하여 육삼이 위를 받들지 않고 아래의 양들에게 기쁨을 구하는 것으로 보고, '내려가서 기뻐하니, 흉하다'고 많이 번역을 한다. 이는 윗사람이면서 친비인 九四를 외면하는 것이니 둘의 관계가 이상하고, 다음의 九四 효사 '商兌(헤아리는 기쁨)'과도 연관성이 없게 된다(九四 해설 참조). 또 구사의 기쁨이 내려오는 것으로 보면, 자신 때문에 구사가 기뻐하는 것이 육삼이 흉하게 됨은 이해가 안 된다. 그러므로 여기서는 '來'를 '불러 모으다'의 뜻으로 보았다.

소상전에서는 '凶'이 된 가장 큰 이유가 정위가 아니고 부정위임을 말하고 있다. 당면한 자리에서 바르게 처신하지 않고 기쁨을 바라기만 하면 뇌물이나 아첨만 바라는 것이 되지 않겠는가.

*** 九四, 商兌未寧, 介疾有喜.**
象曰, 九四之喜, 有慶也.

구사, 헤아리는 기쁨이라 편치 못하니, 병통을 막으면 기쁨이 있다.
상전에서 말했다. 구사의 기쁨은, 경사가 있게 된다.

[해설] 九四 효사와 소상전이다. 구사는 왕명을 받아 아래를 다스려야 하는 지위에 있다. 아래를 다스리는 데는 공평해야지 사심이 있어서는 안 된다. 그런데 정위가 아니고, 유일한 친비인 六三이 바로 아래에 있으면서 자꾸 관심을 보낸다. 곧 육삼의 '來兌'로 인해 자꾸 그녀에게 관심이 가게 되고, 이것이 또 윗사람 九五의 눈치도 보게 되니 편치를 않는 것이다. 그러니 '商兌未寧'이라 했다. 만약 굳센 마음으로 육삼과의 사이를 가를 수 있으면 기쁜 일이 된다. 그래서 '介疾有喜'이다.

'介'는 이것과 저것 사이에 끼인 것을 말하는데, 여기서 이것과 저것의 '경계'가 되는 것이고 또 이것과 저것을 갈라놓는 것도 되니 '격할 개'라는 뜻도 생긴다. '疾'은 육삼에게 기우러지는 마음인데, 뜻을 확실히 하고자 '병통을 막다'로 번역했다.

소상전에서는 만약 구사가 육삼에게 기울어지는 사심을 다스리는 기쁜 일이 있으면, 그것은 국가에 좋은 일이므로 경사가 있다고 했다.

* 九五, 孚于剝, 有厲.
象曰, 孚于剝, 位正當也.

구오, 믿음이 깎여나가는 것에는, 위태함이 있다.
상전에서 말했다. 믿음이 깎아나가는 것은, 자리가 바로 당면해 있기 때문이다.

[해설] 九五는 전체를 기쁘게 이끌 위치에 있고 중정의 덕이 있으니 충분히 그렇게 할 것이다. 그런데 모든 것에는 경계해야 할 것이 있다. 효사는 그것을 말한다.

'剝'은 이미 剝卦에서 그 의미를 보았듯이 음이 양을 깎아내는 것이다. 구오를 깎아낼 수 있는 것은 바로 위에 있는 음인 上六이다. 은퇴할 몸이지만 구오보다는 어른이고, 또 上兌의 주효이며 밀접하게 가까이 있으니, 그에게 마음을 빼앗기면 전체를 위하는 노력과 시간이 깎여나가는 것이다. 곧 군왕에 대한 믿음이 깎이는 것이다. 만약 강건하고 중정의 덕이 없다면 상육하고만 기쁨을 나눌 것이다. 그렇게 되면 국가의 지도자로서 잘못하는 것이다. 이러한 위험이 있음을 경계하여 말한 것이 이 효사 '孚于剝, 有厲'이다.

소상전의 '位正當也'를 구오가 바른 자리에 있는 것을 말하는 것으로 보면 이해가 잘 되지 않는다. '正當'은 바로 '中正'을 말하는데, 이 때문에 '孚于剝'하는 것은 말이 되지 않기 때문이다. '正'은 '바로'의 뜻이고 '當'은 '직면해 있다'는 뜻으로 해석해야 한다. 같은 뜻의 句가 履卦 구오 소상전에서도 있었다.

* 上六, 引兌.
象曰, 上六引兌, 未光也.

상육, 끌어당기는 기쁨이다.
상전에서 말했다. 상육의 끌어당기는 기쁨은, 빛나지 못한 것이다.

[해설] 上六은 기쁨의 끝에 처해 있으면서 기쁨을 주제하는 주효이다. 그러므로 기쁨을 마무리하지 못하고 더 연장하려 한다. 그의 위에는 아무것도 없으니 어떻든 아래의 양들을 끌어당겨야 하는데, 아래에는 정응이 없고 친비인 九五만 있다. 그에게서 기쁨을 끌어오려고 한다. 바로 '引兌'다. 아래에 있는 구오는 전체를 기쁨으로 이끌어야 할 사람이다. 그러니 그를 자신에게만 끌어당길 수는 없을 것이다. 마치 노인이 된 어머니가 아들에게만 의지하는 것과 같은 현상이다. 바람직하지 못하다는 것을 느끼게 한다. 그런데 비록 음 소인이나 정위하고 있다. 그래서 이런 억지스러운 일을 안 할 수도 있다. 그래서 길흉을 말하지 않았다.

소상전에서는 이렇게 억지스럽게 끌어당겨 기쁨을 찾는 것은 빛나는 기쁨은 되지 못한다고 했다. 기꺼이 즐거움을 나누는 상태가 아니기 때문이다.

괘의 형태로는 두 양의 위에 놓여있는 음은 기쁨의 모양이고, 이로 인해서 '兌'의 의미가 있다고 설명을 했으나, 두 음효에는 좋은 기쁨이 아니다. 기쁨의 가치를 따질 때는 효 하나하나의 처한 입지에 따르기 때문에 상황이 다를 수 있다는 것을 말해준다.

기쁨이란 아무런 이해관계가 없는 기쁨이 진정한 기쁨이고, 남에게 기쁨을 주는 것이 보다 값진 기쁨이다. 그렇기 때문에 상대적으로 베푸는 剛爻에서는 대체로 좋고, 자신의 이익에 밝은 陰爻에서는 좋지 않다. 소인들인 음효는 모두 자기를 위해서 불러오고 끌어들이는 기쁨을 하고 있기 때문이다. 그리고 같은 양효라도 어리고 젊어서 아무런 이해관계가 없거나 적은 初九와 九二의 기쁨은 '吉'인데, 맡은 지위가 있어서 힘을 써야하는 九四와 九五에는 '吉'이 없다. 이것은 '기쁨'이란 천진난만한 것이 진정한 기쁨임을 말해주고 있는 것이다. 上六은 '引兌'였으니 기쁨이 계속 이어지면 금상천화일 것이나 현실은 대체로 그렇게 되기가 어렵다. 그래도 가진 자는 어떻게 하면 이 즐거움을 오래 유지할 수 있을까를 생각하는 모양이다. 북한에서는 기쁨조라는 것이 있었다는 소문이 있었다. 만약 사실이라면 이런 것이 바로 '引兌'의 표본일 것이다.

우리는 반드시 돈과 권력이 사람을 진정으로 기쁘게 하는 요인은 아님을 효사를 새겨보면 알 수 있다. 지금 내가 처한 위치가 어느 효에 가까운지를 비교해보고 내 생활에 기쁨의 활력소를 찾는 길을 모색해 보도록 하자.

䷺ 渙 (風水渙)

槪說: '渙'은 '흩어질 환, 빛날 환'이다. 「서괘전」에 "兌者說也, 說而後散之, 故受之以渙, 渙者離也(태는 기뻐하는 것이니, 기쁜 후에는 흩어지니, 이 때문에 환으로써 받았다. 환이란 흩어지는 것이다)"라 했고, 「잡괘전」에도 "渙離也(환은 흩어지는 것이다)"라고 했다. 여기의 '離'는 우리말 '흩어지다'의 뜻이다.

丁若鏞은 "渙者氷釋也(환이란 얼음이 풀리는 것이다)"로 보았다. 얼음이 녹아 풀리는 것이나 '흩어지는 것(離, 散)'이나 그 뜻이 비슷하다. 그런데 '빛나다'의 뜻을 취해 '文(문채, 무늬)'로 보는 학자도 있다.

上巽은 '바람' '나무', 下坎은 '물'이 象이다. 물위에 바람이 불면 바람 부는 방향으로 물은 쏠리니 바람이 물을 흩날리게 한다. 그런가 하면 물결이 출렁이며 빛을 반사하니 새로운 현상이 일어난다. 물이 흩어진 결과로 물결이 빛나는 것이고, 이것이 무늬를 만드니 '文'과 연결이 되며, '文'은 또 문물이나 문명과 통하는 것이다.

兌卦의 기쁨으로 인해 마음이 느슨해지면 다시 추스르고 모아야 하며, 잘못된 것은 흩뜨리고 새로운 것을 만들어야 한다. 이것이 정착되면 문명이고 문물이다. 渙卦는 이렇게 두루 넓혀 생각해야 하나, 보편적으로 '흩어지다'의 뜻으로 푼다.

1. 괘

＊ 渙, 亨, 王假有廟, 利涉大川, 利貞.

환괘, 제사를 드리면서, 왕이 종묘에서 지극하니, 대천을 건너는 것이 이롭고, 바름을 지켜야 이롭다.

[해설] 괘사다. '亨, 王假有廟'는 萃卦에서 나온 것이니 자세한 설명은 췌괘를 참고하면 된다. 왕이 사당에 있는 것은 말할 것도 없이 조상신에게 제사 드리기 위해서일 것이다. 왜 제사를 드리는가? '渙'을 '흩어지다'로 보면 구질서를 흩어지게 하여 새로운 질서에 동참시키기 위한 다짐이요 과시이다. '渙'을 '빛나다'나 '文'으로 보면 문명사회를 이끌기 위해서나, 대천을 건너기 위해서 '제사를 드리는 것'으로 보아야 할 것이다. 그런데 '빛나다, 문'으로 볼 때는 '亨'을 '형통하다'로 보는 것도 통한다. 이 때 '王假有廟'는 더욱 잘 통할 수 있도록 하기 위해, 혹은 계속 빛을 발하기 위해 하는 것이 되거나, 아니면 '渙, 亨.'으로 마침표를 찍고 다음의 '利涉大川, 利貞'을 위해서 하는 것으로 보면 될 것이다. 그런데 '渙'은 '散'의 뜻으로 보는 것이 대세이고, 이를 따르면 흩어지는 것을 '형통하다'고 할 수는 없으므로 상기와 같이 번역했다. 대상전에서도 '享于帝, 立廟'라 하여 '享'이 나오니 '亨'을 '享'으로 보는데 보탬을 준다. 이렇게 왕이 제사를 올리면서 정성을 모아 일을 처리하면 모든 어려움이 극복되어진다. 그래서 '利涉大川'이다. 그리고 큰일을 처리하는데 바르게 행하지 않을 수 없다. 그러니 '利貞'이 붙은 것이다.

괘의 상에서도 '利涉大川'이 나온다. 下坎은 '물', 上巽은 '나무'가 象이니, 물위에 나무가 있다. 나무로 뗏목이나 배를 만드니 큰 내를 건널 수 있다. '利涉大川'이다. 이와 관련된 문장이 「계사 하」에도 있다. "刳고木爲舟, 剡염木爲楫즙, 舟楫之利, 以濟不通致遠, 以利天下, 蓋取諸渙(나무를 파서 배를 만들고, 나무를 깎아 노를 만들어서, 배와 노의 이로움으로, 통하지 않는 것을 건너 멀리 이르러서, 천하를 이롭게 하니, 대개 저 환괘에서 취했다)" '利涉大川'의 설명이면서 환괘를 문명의 이기로 보는데도 보탬이 되는 문장이다.

＊ 彖曰, 渙亨, 剛來而不窮, 柔得位乎外而上同. 王假有廟, 王乃在中也, 利涉大川, 乘木有功也.

단전에서 말했다. 환괘가 형통한 것은, 강이 와서 궁하지 않고, 유가 외괘에서 자리를 얻어서 위(九五)와 (뜻을)같이 하기 때문이다. 왕이 종묘에서 지극함은, 왕이 중심적인 위치에 있기 때문이고, 큰 내를 건너는 것이 이롭다 함은, 나무배를 타면 공을 이룰 수 있기 때문이다.

[해설] 단전이다. 먼저 渙卦가 형통함을 설명했다. 「단전」에서의 '亨'은 모두 '형통하다'는 뜻으로 보고 해석한다는 것은 이미 말했다.

'剛來'의 '剛'은 九二고, '柔得位'의 '柔'는 六四를 말한다. 이들은 乾坤의 사귐으로 坤(☷)에 양효가 '來'하여 下坎(☵)의 구이가 되었고, 乾(☰)에 한 음효가 '得位'하여 上巽(☴)이 되었다. 구이는 강이 내려와 아래의 중심에서 위아래의 유와 더불어 사귈 수 있으니 궁하지 않다. 그래서 '剛來而不窮'이다. 육사는 四位에서 정위하여 임금인 九五의 측근으로 친비하였으니, 구오를 잘 받드는 상이므로, 구오 '上'과 뜻을 같이하니 '上同'이다. '柔得位乎外而上同'이다. '外'는 바깥의 外卦를 말한다. 이렇게 강이 아래에서 잘 어울리고 유가 위에서 구오를 잘 따르니 '亨'하다. 이렇게 형통하니 '利涉大川'할 수 있고, '利貞'해야 함을 느낄 수 있게 한다.

'剛來'와 '柔得位'를 卦變으로 말하면서 건곤괘의 사귐으로만 설명을 했는데, 이는 否卦(䷋)에 해당된다. 이 외에도 漸卦(䷴)나 節卦(䷻)에서 괘변을 했다고 하기도 한다. 괘변은 이미 말한 바와 같이 아버지 어머니가 자식을 낳는다는 관념에서 비롯하는 건곤의 사귐에 의해 일어난 변화를 말하는 것으로 이해하고, 그리고 음양의 변화는 항상 있을 수 있는 것으로 이해하는 것이 편하다. 그러면 '來'를 위에서만 내려오는 것이 아니라 자유롭게 왕래하는 것으로 해석하면 된다.

이어 왕이 사당에서 지극한 것은 왕은 국가를 다스리는 중심적인 위치에 있기 때문이라 했다. '王乃在中也'이다. 왕은 九五이고 구오는 上卦의 가운데에 위치하여 이 괘의 핵심권력자로써 중심적 위치이니, '中'으로 나타냈다. 이어서 '利涉大川'의 이유를 설명했다. 下坎은 '水', 上巽은 '木'이고 '風'이니 물위에 나무배가 바람을 타고 있는 상이다. 이것은 '大川'을 건너면 성공할 수 있다는 것을 보여주고 있기 때문에 '乘木有功也'라 했다. '木'이 의미하는 바를 확실히 전달하기 위해 '나무배'라고 번역했다. 그리고 '利貞'은 따로 설명을 하지 않았다. 아마도 앞의 설명을 미루어 보면 알 수 있고, 또 너무도 당연한 말이기 때문에 생략한 것으로 보인다.

＊ 象曰, 風行水上, 渙. 先王以享于帝, 立廟.

상전에서 말했다. 바람이 물위에 부는 것이 환괘이다. 선왕이 이를 보고서 하느님께 제사를 드리고, 사당을 세운다.

[해설] 대상전. 바람이 물을 흩뜨려서 물이 출렁이며 들뜨게 된다. 나라를 건국한 선왕은 이런 현상을 보고 백성들이 들떠 우왕좌왕하면 안 되니 그들의 마음을 모으기 위해 하느님께 제사를 드리고 사당을 세우는 것이다. 바람과 물이 합쳐 일으키는 자연현상을 보고, 선왕은 반대로 국가를 다스리는 정신적인 힘을 모으는 데 힘을 쏟는 것이다. 이런 생각을 하는 선왕의 지혜가 놀랍다.

2. 효

* 初六, 用拯馬壯, 吉.
象曰, 初六之吉, 順也.

초육, 구제하는 말이 씩씩하니, 길하다.
상전에서 말했다. 초육의 길함은, 순하게 좇기 때문이다.

[해설] 初六 효사와 소상전이다. 때는 흩어지는 때. 초육은 맨 아래에 있다. 맨 아래에 있다는 것은 밑바탕이요 근본에 해당 한다. 그러니 초육이 흩어지는 것은 물의 바닥에 해당하니 지진이 일어나는 것처럼 혼란스러울 것이다. 그리고 음으로 不正位이고 위에 정응도 없으니 이런 혼란에 대처할 힘이 부족해 보이나, 이제 시작의 단계이고 바람과는 멀리 떨어져 있으며, 바로 위에는 친비인 九二가 바람을 막아주고 있으니 든든한 구원자다. 구이가 강으로 중덕을 갖춘 인물이면서, 그에게는 초육보다 더 힘을 쏟아야 할 정응도 없다. 그러니 초육에게는 씩씩한 말의 구원과 같으니 '用拯馬壯'이라 했다. '馬'는 九二. 왜 하필 '말'로서 비유를 했을까? 그것은 下坎의 중심에 있고, 감은 「설괘전」에 "其於馬也, 爲美脊(말에서는 아름다운 등이 된다)"라고 한 것에서 비롯한다. 明夷卦 六二에도 있었다.

이렇게 흩어지는 때의 혼란을 막을 수 있으니 '吉'하다 했다. 흩어지는 때라도 혼란스럽지 않아야 함으로 吉인 것이다. 개혁이나 혁명이 국민들을 혼란에 빠지게만 한다면 그것은 좋지 못하다. 초육은 바로 국민에 해당되는 위치이다.

소상전은 '吉'한 이유가 柔로서 구이를 순하게 따를 수 있었기 때문이므로 '順'의 한 자로 그 뜻을 나타낸 것이다.

* 九二, 渙奔其机, 悔亡.
象曰, 渙奔其机, 得願也.

구이, 흩어지는 때에 (몸을 의지할)탁자로 달려가니, 후회는 사라진다.

상전에서 말했다. 흩어지는 때 탁자로 달려감은, 원하는 것을 얻기 때문이다.

[자구의 뜻] 奔: 달릴 분, 나아갈 분. 机: 책상(작은 탁자. 几와 통용) 궤.

[해설] 九二는 흩어지는 때에 흩어지게 하는 上巽의 '바람'과는 직접 접촉하지 않고 있으면서 下坎 '물'의 중심이다. 만약 물의 중심이 흩어지면 '위험'에 빠져 나오지 못할 것이다. 위의 六三은 음(--)이니 바람이 통하는 구멍이 있다. 그러므로 가만있으면 크게 흔들려 뒤엉키며 흩어지게 될 것이므로 중심을 잡아야 한다. 그러기 위해서는 흔들림의 영향이 적은 아래의 初六에게로 가서 서로 의지하면 보다 안전할 것이다. 다행히 초육은 친비이다. 그래서 '渙奔其机'라 했다.

무엇이든 중심부까지 흩어지게 되면 혼란이 클 것은 말할 것도 없으니, 흩어짐의 혼란을 막을 수 있음은 다행한 일이 된다. 그래서 후회가 사라진다고 '悔亡'이라 했다. '机'는 몸을 편히 할 수 있는 평상이나 탁자 같은 것이고, 초육이 구이의 눈에는 의지할 수 있는 安席으로 보여 '机'라 했다.

소상전에는 구이가 빨리 초육에게로 달려가는 것은 구이가 원하는 것을 얻는 것이라 했다. 양과 음이 서로 좇는 것은 서로가 원하는 바인 것이다.

*** 六三, 渙其躬, 无悔.**
象曰, 渙其躬, 志在外也.

육삼, 그 몸을 흩어지게 하나, 후회는 없다.
상전에서 말했다. 그 몸을 흩어지게 하는 것은, 뜻이 밖에 있다는 것이다.

[해설] 六三 효사와 소상전이다. 육삼은 下坎의 제일 위에 있으니 '물'의 표면에 해당한다. 바로 위에서는 흩어지게 만드는 上巽 '바람'과 맞닿아 있으니, 바람과 직접 부딪치므로 그 몸이 흩어지게 된다. 그래서 '渙其躬'이다.

때는 흩어지는 때이고 아래의 제일 윗자리인 지방의 장관은 위로 올라서 중앙정부에서 활약하고자 하는 뜻이 있는데, 마침 上九와 정응이므로 그에게 은근히 의지하게 된다. 그리고 부정위하였으니 현재의 자리에 별 미련도 없다. 더욱이 바람을 맞받고 있으니 흩어질 수밖에 없다. 조건과 바라는 바가 일치하니 '无悔'인 것이다.

아래 '물'을 상징하는 三爻는 흩어지게 하는 힘을 받은 위치에 있고, 위의 '바람'을 상징하는 3효는 흩어지게 하는 힘을 쓰는 위치에 있다. 이 중에 初六과 九二는 흩어지는 혼란을 피하면서 흩어지고, 육삼은 처한 위치 때문에 자연스럽게 흩어져 새로운 질서에 동참한다. 그 처한 위치가 다르니 각각의 반응도 다르다.

그런데 대부분의 해설은 육삼의 몸에 흩어짐이 와서(渙其躬), 막지 못해서나 열심히 노력했으므로 후회는 없다(无悔)는 뜻으로 풀면서 하괘가 모두 흩어짐을 방지하는 뜻으로 해석하기도 한다. 그러나 단전에서 본 것처럼 '물'과 '나무'가 어울려 서로 이로움을 택하므로, '渙'을 어떻게 수용하느냐의 문제로 보아야 한다.

소상전에서도 육삼의 뜻이 외괘의 '바람'과 같이 하므로 '志在外也'라 했다.

* 六四, 渙其群, 元吉, 渙有丘, 匪夷所思.
  象曰, 渙其群元吉, 光大也.

육사, 그 무리를 흩어지게 하니, 길함의 시작이고, 흩어짐에도 언덕이 있으니, 생각한 바가 평탄치는 않다.

상전에서 말했다. 그 무리를 흩어지게 하여 길함이 시작됨은, 빛나고 큰 것이다.

[해설] 六四 효사와 소상전. 이 효의 해석은 '붕당을 해산시키니 크게 길하다. 흩어져도 언덕에 (더 많이)모이니, 보통사람의 생각하는 바와 다르다'라고 푸는 것이 일반적이다. 그런데 조금 다른 풀이가 됐다.

육사는 上巽의 주효이고 정위했다. 위로 九五 임금을 받들고 아래는 정응과 친비가 없으니 매이는 바가 없으므로 朋黨을 짓지 않으니, 붕당을 흩어지게 한다고 본다. 때는 흩어지는 때이고 상괘 '바람'의 주효이므로 무리를 흩어지게 하는 뜻은 같다. 단 '朋黨'은 하괘의 효들을 말하는데, 상괘인 자신과는 다른 집단을 붕당이라 함이 이상해, 보편적 뜻인 '무리'로 했다.

'元吉'은 '크게 길하다'는 것이 일반적 해석이나, '크게 길하다'는 것에 매여서 다음 句들이 크게 길한 이유를 설명하는데 얽매이게 되고, 그 연결이 쉽지 않아 억지스럽다. 여기서는 흩어지게 하는 일을 육사가 시작하니, '元'을 '시작'으로 번역했다.

문제는 다음의 '渙有丘'의 해석이다. 여기의 '丘'는 옛사람이 모여 사는 촌락이 주로 언덕이었기 때문에, 붕당의 작은 무리들을 흩어지게 하니 오히려 모이고 모여 촌락이 된다는 뜻으로 본다. 바로 위의 일반적인 풀이다. 지나치게 넓힌 해석이다. 그런 뜻이라면 '모일 聚'나 '돌아올 歸'같은 글자가 쓰였을 것인데 없다. 그래서 '丘'를 단순히 '방해를 받는 언덕'으로 생각하는 것이 자연스럽다. 바람도 언덕을 만나게 되는 것이다. 바로 효 중의 九二이다. 다음 구 '匪夷所思'의 '夷'도 '평범한 사람, 보통 사람'으로 번역하는데, 이보다는 '평탄하다'로 보는 것이 자연스럽다. 육사가 무리를 흩치는데 초육과 구이에서처럼 확 흩어지지는 않았다. 그러므로 흩어지게 하는데도 평탄치 않음을 말하고 있다고 보는 것이 글자대로의 해석이면서 다른 효사와 연관 지워지는 해석이다. 그래서 번역을 상기와 같이 했다.

소상전은 정위한 육사가 친비인 구오를 받들어 무리를 흩어지게 하는 것만은 빛나고 큰일이라는 뜻이다. '光'과 '大'를 각각 번역했다.

*** 九五, 渙汗其大號, 渙王居, 无咎.**
象曰, 王居无咎, 正位也.

구오, 큰 호령으로 명령을 발하며, 왕이 자리 잡고 흩뜨리니, 허물이 없다.
상전에서 말했다. 왕이 자리 잡은 것이 허물이 없다는 것은, 바로 자기위치이기 때문이다.

[자구의 뜻] 汗: 땀 한, 오랑캐 추장 한. 渙汗: 제왕이 명령을 발함.

[해설] 구오는 '바람'의 상인 巽에 속해 있으면서 이 괘의 주효이다. 그리고 강으로 중정의 덕이 있는 사람이다. 나라를 다스리는 위치에 있는 이 효에서의 '渙'은 이미 폐단이 있는 옛것을 '흩트리는 것'이다. 그리고 새 질서를 완성시키기 위해 새로운 명령을 계속 내린다. 강으로 중정하고 六四의 신하가 따라주니 이런 명령을 내릴 수 있는 상태다. 이럴 때는 왕이 제자리에 앉아서 문무백관을 불러모아 놓고 엄숙하게 명령을 하달한다. 이런 모습을 표현한 말이 '渙汗其大號, 渙王居'이다.

'汗'은 '땀'인데, 땀은 신체 밖으로 나오면 다시 들어가지 않는다. 임금의 명령도 한번 발하면 되돌려 거두어들이지 않는다. 이런 것에서 연유하여 왕의 명령을 '汗'이라 하고, 이 효에서 '渙'과 결합하여 '제왕이 명령을 발하다'는 뜻으로 쓰이고 있다. '號'는 '호령'의 뜻이고 '居'는 '자리를 지키다'의 뜻이다. '渙'은 앞 구절의 것은 '汗'과 결합하면서 본뜻을 잃었고, 뒷구절의 것은 '흩어지게 하다'의 뜻이다.

그런데 '居'를 왕이 축적한 재물 등을 말한다고 보고(居에는 '쌓다, 저축' 등의 뜻이 있다) '왕이 축적한 것을 흩치면'으로도 번역을 한다. 그런데 소상전에서는 '王居无咎, 正位也'라 했기 때문에 왕의 집무하는 모양으로 보는 것이 더 적합하다.

왕이 새로운 질서를 구축하기 위해 이렇게 발하는 명령은 '无咎'라고 했다.

소상전에서는 왕이 자기가 있어야 할 자리에서 명령을 발하는 것이므로 허물이 없다는 뜻이다. '王居无咎'는 '渙王居, 无咎'의 줄인 것으로 보아야 할 것이나, 번역은 그대로 했다.

*** 上九, 渙其血, 去逖出, 无咎.**
象曰, 渙其血, 遠害也.

상구, 그 혈육이 흩어지도록, 멀리 가서 벗어나게 하면, 허물이 없다.
상전에서 말했다. 그 혈육이 흩어지게 함은, 해를 멀리하는 것이다.

[자구의 뜻] 血: 피 혈, 혈연관계의 근친 혈. 逖: 멀(리 할) 적, 근심 적.

[해설] 上九의 효사와 소상전이다. 먼저 이 효사를 끊어서 구절 짓는데, 보통 '渙其血去, 逖出'로 한다. 그런데 '血'과 '出'은 叶韻의 관계이니, '渙其血, 去逖出'로 하면 앞 句와 뒤 구가 韻으로 연결 되고, 소상전에 '渙其血'로서 구를 했기 때문에 '渙其血, 去逖出'로 해야 한다고 丁若鏞이 주장한 바 있어 논리적이라 이를 따랐다.

상구는 흩어지고 헤어지는 때의 극이고, 上巽 '바람'과 '공손'의 제일 윗자리이니 공손하게 바람 따라 행할 뿐이다. 때는 옛 잔재를 흩어지게 하는 때인데 옛 잔재의 집단에 속하는 정응 六三이 있다. 상구에게는 아래의 정응인 육삼이 혈육이다. 그래서 '渙其血'이다. 육삼은 坎卦에 속해 있고, 감은 「설괘전」에 "爲血卦"라 했으니, '血'을 등장시켜 육삼을 지칭하게 했다.

비록 떨어져 있어서 멀지만 바람 따라 멀리 가게 되어 '去逖'이고, 그래서 벗어나게 하니 '出'이다. 옛 질서에서 벗어나게 했으니 '无咎'라고 했다. '逖'을 '두려움'의 뜻을 취하여 '두려움에서 벗어나다'로도 많이 번역을 한다. 그러나 상구와 육삼의 거리가 멀고, 핏줄의 정을 끊기가 힘들다는 것이 나타나도록 '멀다'의 뜻을 취하여 번역했다. 이렇게 '渙'의 종말에, 바람의 움직임에 따라 핏줄을 위하여 멀리 가서 돕는데 무슨 허물이 있겠는가. '无咎'의 점사가 당연해 보인다.

소상전에서는 혈육을 흩어지게 하는 것은 '害'를 멀리하는 것이라 했다. 새로운 제도를 끝까지 받아들이지 않으면 위해가 올 것이기 때문이다.

'渙'은 새것을 정착시키기 위해 옛 것을 흩어지게 하는 것과 새 문명을 빛나게 하는 과정으로 보아도 통한다. 일반적으로는 흩어지고 소멸시키는 것으로 푼다.

흩어지는 것도 혼란을 줄여야 좋은 경우도 있다. 흩어지는 때를 거역할 수는 없으나, 흩어지는 것 때문에 삶의 기본 바탕이 혼란스러워서는 안 된다. 初六과 九二의 경우이다. 그런가 하면 자기 몸에 직접 영향을 미치므로 새로운 질서에 자연스럽게 동참되는 경우도 있으니 六三의 경우다. 이들은 모두 위로부터 내려지는 명령을 받는 입장에 있는 下卦들인데도 약간의 입장차이가 있다. 그런가 하면 명령을 내리는 입장에 있는 上卦도 있다. 바른 자리에서 바르게 처리해도 되지 않는 경우도 많다. 六四가 그렇다. 공권력을 향해 새총을 쏘고, 불을 붙인 병을 던지는 데모대는 진압되어야 한다. 그러나 무리하면 생명을 잃게 하는 수도 있다. 바로 육사의 '渙有丘, 匪夷所思'이다. 그리고 최고 권력자는 국가의 새 틀을 만들기 위해서는 항상 직접 살피고 판단해야 한다. 바로 九五의 '王居'가 의미하는 바이다. 그리고 은퇴할 시점에서는 바람 따라 살아가면 허물이 없다. 하물며 자기의 혈육을 위해서라면 거리가 무슨 상관이 있겠는가. 上九의 상황이다. 각 효가 의미하는 바가 의미심장한 바가 있다.

䷻ 節 (水澤節)

槪說: '節절'이란 원래 대나무 '마디'를 뜻한다. 대나무는 한 마디를 바탕으로 하여 자란다. 일정하게 자라면 마디가 생기고 이 마디를 바탕으로 다시 자라고 한다. 그래서 일정한 단계에서 멈추어서 조절하고 제한한다는 '節制, 節度' 등의 뜻을 갖고 있다. 괘가 아래 兌는 '못', 위의 坎은 '물'이 象이다. 못에 물이 있다. 못은 그 물을 수용하는데 한계가 있으니 조절해야 한다. 그래서 괘명 '節'과 관계가 있다.

「서괘전」에는 "渙者離也, 物不可以終離, 故受之以節(환은 흩어지는 것이니, 사물은 마지막까지 흩어질 수만 없다. 때문에 절제로서 받았다)", 「잡괘전」은 "節止也(절은 그침이다)"라 했다. 둘 다 계속하지 못하고 일정한 수준에서 멈추어야 한다는 뜻이니 '절제하다'이다. 이런 節卦를 괘효사는 어떻게 말하고 있는지 알아보자.

1. 괘

*** 節, 亨, 苦節不可貞.**

절괘, 형통하나, 지나친 절제는 바름을 지킬 수 없다.

[해설] 괘사. 세상사 인간사가 내 마음대로만 할 수 없다. 남도 배려를 해야 하고, 일도 전후좌우를 살펴보면서 수정 보완하는 것이다. 이렇게 적당히 조절하면서 지나친 행위를 하지 않는 것이 절도 있는 것이다. 이렇게 나와 너, 환경과 때에 맞추면서 조화를 이룬다면 형통하지 않을 수 없으니 '亨'이다. 그러나 절제하는 것도 적당해야 한다. 지나치게 힘이 드는 것을 절제하도록 요청받으면 이를 지키기가 어렵다. 절약이 좋다고 한 푼도 돈을 쓰지 못하게 하면 생활하기가 얼마나 불편하겠는가. 이렇게 심한 절제를 '苦節'이라 한다. 도덕적인 측면도 법률적인 측면도 이런 고절은 바르게 지킬 수가 없다. 그래서 '苦節不可貞'이다. 句를 '苦節不可, 貞'으로 하여, '지나친 절제는 할 수 없으니, 바르게 해야 한다'라고도 번역을 한다. 참고할 만하나, '節'은 '可貞'이고 '苦節'은 '不可貞'이 더 자연스럽다.

*** 彖曰, 節亨, 剛柔分而剛得中. 苦節不可貞, 其道窮也. 說以行險, 當位以節, 中正以通. 天地節而四時成, 節以制度, 不傷財不害民.**

단전에서 말했다. 절괘가 형통함은, 강과 유가 나누어 있으면서 강이 중심을 얻고 있기 때문이다. 지나친 절제는 바름을 지킬 수가 없다는 것은, 그 도가 궁하기 때문이다.

기쁘게 험한 것도 행하고, 마땅한 자리에 있으면서 절제시키며, 중심에서 바르게 하면 통한다. 천지가 절도가 있어서 사시가 이루어지듯이, 절도로서 법도를 제정하면, 재물을 상하게 하지 않고 백성을 해되게 하지 않는다.

[해설] 단전이다. 먼저 節卦의 괘사 '亨'을 설명했다. 괘의 형태를 보면 剛과 柔가 알맞게 나누어져 있다. 강효가 셋, 유효가 셋이고, 위에 있는 坎은 剛卦이며 '물'이고 아래에 있는 兌는 柔卦이며 '못'이니, 음양이 알맞게 나누어지고, 괘의 자리한 위치도 알맞다. '剛柔分'이다. 그러면서 상괘의 중심에는 강인 九五가 있다. '剛得中'이다. 이렇게 음양이 알맞게 나누어지고 상하의 괘가 제 위치에 있으면서 굳세면서도 中庸으로 행하면 절제가 이루어지니 형통하다는 뜻이다.

이어서 괘사의 다음 句 '苦節不可貞'의 설명이다. 지나친 절제는 지키기 어려우니 절제하는 道가 자연 궁해진다. '其道窮也'이다. 괘의 형태가 '剛柔分而剛得中'했으나, 유독 종결지으면서 아래에 있어야할 음이 제일 윗자리에 있고, 그것도 강을 타고 있으면서 坎의 '험'에 속해 있으니(上六), '苦節'을 이겨낼 수 없는 象이 있다.

그리고는 괘의 상과 중심 역할을 하는 효로서 더 붙여 설명을 이었다. '說'은 下兌에서, '險'은 上坎에서 나온 상이다. '當位'는 음 六四와 양 九五이고, '中正'은 구오만을 지칭한 것이다. 절제라는 것은 험한 일이라도 기쁘게 받아들일 수 있는 것이어야 하고(說以行險), 절도를 요구하는 최고의 권력자는 굳세면서도 전체의 중심에서 바르게 일을 처리하는 사람이어야(九五) 하며, 이를 받들어 시행하는 사람도 순순히 좇으면서 바르게 행해야(六四) 아래의 백성들이 편하게 수용할 것이니, 모두 마땅한 자리에 있어야 한다(當位以節). 특히 국가의 법과 명령을 만드는 사람은 구오처럼 중정의 덕을 갖춘 사람이 만들어야 편향되지 않으므로 잘 통한다(中正以通). 이런 뜻을 합한 구가 '說以行險, 當位以節, 中正以通'이다.

끝으로 「단전」에서 가끔 등장하는 공자학파의 자연관을 인사에 결합시키는 철학으로 절제의 당연함을 설파했다. 천지가 절도를 지켜 사계절을 이루듯이, 모든 법제도 이렇게 절도 있게 만들면 백성들에게 폐해가 없게 된다는 것이 '天地節' 이하이다. 특히 국가를 다스려나가는 데는 '財'의 징수와 쓰임이고, 이것은 백성들에게 요구되는 것이므로 '財'와 '民'을 써서 이것이 수용되는 것이어야 함을 강조한 것이다.

* 象曰, 澤上有水, 節. 君子以制數度, 議德行.

상전에서 말했다. 못 위에 물이 있는 것이 절괘이다. 군자는 이를 보고서 법칙을 만들고, 덕행을 따진다.

[자구의 뜻] 數度: 법칙이나 제도. 議: 말할 의, 평론할 의, 법칙 의.

[해설] 대상전이다. 下兌 '못'위에 上坎 '물'이 있는 것이 節卦이다. 못은 항상 물을 수용하나 그 양을 조절한다. 이렇게 조절하는 절도를 보고, 군자는 대소다과의 분수나, 행할 수 있고 행할 수 없는 범위 안에서 법칙을 만들어서 인사에 적용하고, 덕을 어떻게 행하는 것이 좋은지 의논하고 따지는 것이다. '君子以制數度, 議德行'의 뜻이다. 생활 속의 필요한 규칙과 예의범절을 알맞게 정한다는 뜻이다.

'澤上有水'의 '上'을 '위에'로 번역했으나 '못의 바닥 위'라는 뜻이고, 못 위에 따로 물이 있다는 뜻은 아니다. '議'는 '평론하다'의 뜻을 취하여 '따지다'로 번역했다.

2. 효

* **初九, 不出戶庭, 无咎.**
象曰, 不出戶庭, 知通塞也.

초구, 방문 밖 뜰을 나가지 않으면, 허물이 없다.

상전에서 말했다. 방문 밖 뜰을 나가지 않아야 함은, 통하고 막힘을 알아야 하기 때문이다.

[해설] 初九는 剛이니 나아가고 싶고 밖에는 六四 정응이 있으니, 밖에 대한 관심이 많다. 그러나 아직 어리고 바로 위에는 九二가 가로 막고 있으며, 때는 절제를 요하는 시기인데 정위하였으니 바르게 처신하여 절제하고 방문 밖 뜰을 나가지 않는다. 마치 호기심이 많은 아이가 집밖에도 관심이 많으나 혼자 나가면 어떤 일이 일어날지 모르니 집안에 있어야 하는 경우이고, 또 군자가 출세의 장벽을 뚫기 위해 두문불출하면서 학문에 전념해야 하는 시기이다. '不出戶庭'이다. 어린이가 집안에 있고, 군자가 학문에 전념하는데 허물될 게 없다. 그러니 '无咎'이다.

'戶'란 외짝 문이고, '門'은 두 짝으로 된 문이다. 대체로 방문은 외짝으로, 대문은 두 짝으로 한다. 안채와 바깥체로 구별된 옛집을 생각하여 '戶庭'을 中門 안의 뜰로 보고 '방밖 뜰'로 번역했다. 그래야 구이의 '門庭'과도 구별되는 맛이 있다.

소상전에서는 통하고 막힘을 아는 것은 절도를 안다는 뜻이고, 이렇게 절도를 알고 난 후에야 마음대로 출입을 할 수 있다는 뜻이다. 이상 초구 효사와 소성전의 풀이인데, '不出戶庭'에 대한 「계사 상」의 말이 있어 첨가한다.

"不出戶庭, 无咎, 子曰, 亂之所生也, 則言語以爲階. 君不密則失臣, 臣不密則失身, 幾事不密則害成, 是以君子愼密而不出也(不出戶庭无咎라, 공자가 말했다. 어지러움이 생기는 것은, 언어로

써 단계가 만들어지기 때문이다. 임금이 치밀하지 못하면 신하를 잃고, 신하가 치밀하지 못하면 몸을 잃으며, 조짐이 있는 일을 치밀하게 하지 못하면 해로움이 이루어진다. 이로써 군자는 삼가고 치밀해서 나가지 않는 것이다)"

'不出戶庭'이란, 말도 자기가 처한 위치에 따라 치밀하게 해야 하듯이, 모든 일이 치밀해야 함으로, 이런 절도를 지킬 수 있을 때까지 나가지 않는다는 말이다.

* 九二, 不出門庭, 凶.
象曰, 不出門庭凶, 失時極也.

구이, 대문안 뜰을 나가지 않으면, 흉하다.
상전에서 말했다. 대문안 뜰을 나가지 않아 흉하게 됨은, 때의 정점을 잃었기 때문이다.

[해설] 九二는 강으로 중심적인 자리에 있고 성장한 청소년이다. 그리고 앞은 두 음이 있으니, 길은 열려 있다. 그런데도 나가지 않으면 이것은 잘못이 된다. 그런데 정위가 아니니 바르지 못하고, 위로 九五와는 상응하지 않고, 하괘 兌의 '기쁨'에 속해 있으니 안주할 가능성도 있다. 만약 이렇게 되면 '凶'이다. 이미 절도를 익혀왔으면, 밖으로 나가 절도를 실천하고 본을 보여야 하며, 남과 비교도 하면서 발전을 꾀해야 한다. 그래야 더 커서 또 마디를 맺게 되는 것이다. 강으로 중덕이 있으면서 청년기에 속하면 마땅히 그렇게 할 수 있어야 함을 나타낸 것이 이 효사이다.

소상전에서는 대문안 뜰을 나가서 활동하지 못하면 흉하게 되는 것은 적절한 때를 잃는 것이라고 '失時極也'라고 했다. 곧 때가 문 밖으로 나서야 할 때라는 말이다.

'失時極也'의 '極'은 '용마루'의 뜻이고, 용마루는 집의 가장 중심에 자리하므로 '정점' '中正'의 뜻이 있다. 그러므로 가장 적당한 때를 놓친다는 뜻이다.

* 六三, 不節若, 則嗟若, 无咎.
象曰, 不節之嗟, 又誰咎也.

육삼, 절제하지 않아서, 곧 한탄하니, 허물은 없다.
상전에서 말했다. 절제하지 않아서 한탄하는데, 또 누가 허물하리오.

[해설] 六三 효사와 소상전. 육삼은 下兌 '기쁨'의 제일 윗자리이니, 기쁨에 젖어있다. 거기에 정위도 아니고 정응도 없다. 그래서 절제하지 않아 '不節'이다. 그런데 그는 바로 뉘우친다. 그의 위치는 절제를 해야 하는 자리인 것이다. 上과 下의 경계에 위치했으니 '마디'의 의

미가 있고, 양들의 윗자리에 있으니 이 양들을 조절하고 절제시켜야 하며, 여차하면 위의 坎 '험한 구덩이'에 빠지게 되어 있다. 그래서 곧바로 한탄하니 '則嗟'이다. 이렇게 열락에 젖었으나 바로 정신을 차리고 한탄한다는 뜻이 '不節若, 則嗟若'이다. '若'은 뜻 없는 어조사이다. 이렇게 바로 뉘우치고 한탄하니 '无咎'인 것이다. 여기서도 大過卦 上六에서 논한 것처럼 한탄하는데 허물이 없다는 것은 어딘지 이상하나, 즉시 뉘우쳐 좋게 된 것으로 받아들일 수밖에 없다.

소상전에서는 자기가 곧 후회하고 탄식하며 뉘우치는데, 누가 허물할 수 있겠느냐? 이런 뜻이 '又誰咎也'이다.

*** 六四, 安節, 亨.**
象曰, 安節之亨, 承上道也.

육사, 편안한 절제이니, 형통하다.
상전에서 말했다. 편안한 절제의 형통함은, 위의 도를 받든 것이다.

[해설] 六四는 대신으로 임금을 받들어 모시는 자리다. 음이니 순하고, 정위했으니 바르게 행한다. 위의 九五는 강건 중정한 덕을 갖춘 임금이다. 훌륭한 사람을 바르게 받드니 아무른 문제될 것이 없다. 더욱 아래 初九와 상응하여 절도가 잘 전해지니, 잘 시행되므로 '安節, 亨'이다. 단전에서 말한 '當位以節, 中正以通'이다.

괘의 象과 처한 위치로 풀어보면, 육사는 坎의 '水'이니 아래로 흐른다. 아래의 초구와 정응이니, 兌 '澤'의 바닥인 초구에게로 가면 넘쳐흐르지 않고 물이 고이는 형태가 된다. 문제될 것이 없으니 마음도 편하고 저절로 절도가 있는 것이다. 그러니 '安節'이고 '亨'이다. 이에 비해 같은 음이라도 六三은 못의 위에 자리 잡고 있는 음이다. 음은 물에 비유하니 못물이 위에서 넘치는 象이 된다. 그래서 '不節'이었다.

육사부터는 상괘이니 지배층이다. 지배층은 아래를 이끌고 지도해야 한다. 그러므로 이 효사는 육사 스스로가 '安節'할 뿐만 아니라 아래의 제 효에도 편안히 절제하도록 한다는 뜻이 함께 있다. 곧 '편안히 절제시키니, 형통하다'의 뜻도 있다. 九五와 上六도 마찬가지이다.

소상전에서는 육사가 安節로 형통하게 되는 것은 여러 가지의 조건 중에도 구오 剛健中正한 임금을 받드는 것을 제일 중요한 조건으로 보고 말한 것이다. '上'은 구오를 말한다.

*** 九五, 甘節, 吉. 往有尚.**
象曰, 甘節之吉, 居位中也.

구오, 달콤한 절제이니, 길하고, 실행하면 숭상함을 받는다.

상전에서 말했다. 달콤한 절제이므로 길하다는 것은, 거처한 자리가 중에 있기 때문이다.

[해설] 九五는 강으로 상괘의 중심에 위치했으니, 굳세면서 중정의 덕을 갖춘 책임자이므로 節卦의 주효이다. 아래위에 친비가 있고 특히 六四의 보필을 받고 있으니 절제할 수 있다. 무엇보다 전체의 책임자로서 中庸과 바름을 행하고 그런 법도를 만들어 행하면 그것이 절도가 있는 것이므로 모두에게 받아들여지는 것이다. 上坎은 '물'이니 아래로 흐르고, 下兌는 '못'이고 '기쁨'이니 모두가 받아들이는 상이다. 곧 단전에서 말한 '當位以節, 中正以通'하면, '節以制度, 不傷財不害民'인 것이다.

'甘'은 '甘受和'라는 말이 있다. 곧 단맛은 다른 어떤 맛과도 조화가 된다는 뜻이다. 그래서 어떤 사람, 어떤 경우에도 조화로운 절제임을 나타내는 뜻으로 '甘節'이라 했다. 이 감절을 번역한 우리말의 뜻이 '기꺼이 절제하다', '상쾌한 절도'로 되어 있는 곳도 있다. 꼭 이렇게 엉뚱한 우리말을 끌어와야 하는지 이해가 되지 않는다.

이렇게 무엇에든 조화롭게 되는 甘節이니, '吉'이 되고, 이런 규정을 만들어 스스로 지키면서 행하도록 하면 모두 존경할 것이다. 그러므로 '往有尙'이라 했다.

소상전에서는 구오가 중심적인 위치에 있으면서 중도로 행하기 때문에 '吉'을 얻는다는 뜻이다.

* **上六, 苦節, 貞凶, 悔亡.**
象曰, 苦節貞凶, 其道窮也.

상육, 지나친 절제이니, 바른 것이라도 흉하나, 뉘우치면 사라진다.

상전에서 말했다. 지나친 절제이니 발라도 흉함은, 그 도가 막히기 때문이다.

[해설] 上六은 괘의 끝이면서 上坎 '험'의 극이다. 그러니 절제를 하고 또 하여 극에까지 달하여 '苦節'이다. 이런 지나친 절제는 본받을 수 없다. 그러니 그것이 아무리 바른 것이라도 흉하다고, '貞凶'을 더 붙였다. 괘사에서 말한 '苦節, 不可貞'이요, 이를 단전에서는 '其道窮也'라고 풀었으니, 도가 막혀 궁하면 결국 '凶'이 된다. 그래도 상육은 정위하였고 바로 아래의 九五와는 친비이니, 모두를 '甘節'로 대하는 그를 본받게 된다. 그리하여 지나친 절제를 뉘우치고 고친다. 그러면 그 흉함도 사라지니 '悔亡'이다. 대체로 '悔亡'은 '후회가 사라지다'라고 번역을 하는데 여기서는 '뉘우치면 사라지다'로 번역하였다. 그러면 조건으로도 되지만, 사라지는 것은 '후회'가 아니라 '凶'이 된다는 의미도 됨으로 해석에 미묘한 차이가 있다. 조금이

라도 전체의 뜻을 원활히 하기 위한 것으로 보면 된다. 곧 '貞凶'과 '悔亡'의 연결이 쉽지 않아서이다. 大過卦의 상육에서 말한바와 같이 今文經에는 '悔亡'이 없다.

소상전에서는 상육의 처한 상태가 극이므로, 그 도가 곤궁하게 되어서 '貞凶'이 된다는 뜻이다.

대나무의 마디처럼 인생도 때를 맞추어 마디를 충실히 맺고 더 전진하고 커나가야 한다. 만약 마디가 없다면 비바람에 꺾여 푸르게 뻗어 나갈 수가 없는 대나무처럼 인간도 때에 맞추어 절도를 익히고 실행해야 함을 말했다. 아직 마디를 맺지 않은 어릴 때는 부러질까 두려우므로 初九는 '不出戶庭', 그러나 마디를 맺은 후는 위로 자라야 하므로 九二는 '不出門庭'하면 '凶'이고, 다시 자라 또 마디를 반드시 맺어야 하니 '不節'이면 '則嗟'라 했다. 자라서 어떤 수준에 이르면 편안히 마디를 맺고 맺게 해야 하니 '安節', 최정상의 높이까지 자랐으면 '甘節'이 된다. 다자란 후에는 모든 폭풍우를 감내하며 부러지지 않도록 해야 하니 '苦節'이다. 이것이 節卦다.

䷼ 中孚 (風澤中孚)

槪說: '中'은 '가운데'이고 가운데는 사물의 '속'이며, 사람의 속에는 '마음'이 있으니 '마음'이라는 뜻이 있다. '孚'는 '믿음'이니 中孚의 말뜻은 '마음의 믿음'이 된다.

괘의 형태를 전체로 묶어서 살피면, 밖으로는 단단한 강이 위아래로 있는 중에 가운데는 허한 음(六三, 六四)이 있다. 사람의 몸이 앞뒤로 단단한 뼈와 근육이 싸고 있는 가운데, 그 속에는 텅 빈 마음이 자리하고 있는 것에 견줄 수 있다. 이것은 어떤 결심이나 행동을 하기 전의 '마음의 바탕'이고, 이 바탕을 자극하는 요인이 있으면 행위의 싹이 발생할 것이다. 상하괘로 나누어 살피면 剛인 九二, 九五가 中에 자리하고 있다. 강은 '實'이고 '中'은 마음에 비유하니, '마음의 실질'이다. 마음의 바탕에서 어떤 믿음이 생겨서 결심을 하고 그것을 실행에 옮기려할 때를 연상할 수 있다. 괘의 象으로 살피면, 下兌는 '못'이고 '기쁨'이며, 上巽은 '바람'이요 '공손'이다. 아래에 물이 있는데 위에서 바람이 불면 바람 따라 쏠리는 현상을 '渙'의 '흩어짐'으로 보았다. 그런데 이 물이 못 안에 갇혀있다. 갇혀 있는 못물은 바람이 불면 영향을 받아 출렁이며 흔들림이 있을 것이다. 못의 물은 사람 몸속에 있는 마음에 견줄 수 있으니, 그래서 못물이 바람에 의한 흔들림은 사람 몸속에 있는 마음이 바람 같은 외부의 요인에서부터 감동을 받아 흔들이는 것에 견주어진다. 마음이 감동을 받아 흔들린다는 것은 감동을 주는 것에 믿음이 일기 때문일 것이다. 그러니 '마음의 믿음'이 된다. 그리고 위에서는 공손하고 아래에서는 기뻐하니 자연 서로 믿고 따르는 상이 된다. 이상의 것들에서 '中孚' 괘명의 뜻을 이해하면 된다.

「서괘전」에는 "節而信之, 故受之以中孚(절도가 있으면 믿으니, 때문에 중부로서 받는다)", 「잡괘전」은 "中孚信也(중부는 믿음이다)"라고 했다. 모두 '믿음'이 '中孚'의 뜻이라는 말이다. 그러면 어떤 것을 믿고 어떻게 움직이는지 살펴보자.

1. 괘

* 中孚, 豚魚吉, 利涉大川, 利貞.

마음속 깊은 믿음은, 돼지와 물고기도 길하고, 큰 내를 건넘에 이롭고, 바른 것이어야 이롭다.

[자구의 뜻] 豚: 돼지 돈, 흙 부대 돈. 豚魚: 돼지와 물고기. 복어의 딴 이름.

[해설] 괘사이다. '豚魚吉'은 대체로 다음의 풀이가 있다. 하나는 돼지와 물고기처럼 어리석고 보잘것없는 미물을 지칭하는 것으로 보고, 中孚가 이런 미물에까지 영향을 미쳐서 吉하게 한다는 뜻으로 보는 것. 다른 하나는 돼지와 물고기의 간단한 차림으로 제사를 드리는 제물로 보고, 이런 제사도 정성만 있으면 길하다는 뜻으로 보는 것이다. 특히 丁若鏞은 일반적인 미물의 돼지와 물고기로 풀이하는 것은 틀린 것이라고 지적하였지만, 아래 彖傳에서의 풀이는 제물로의 뜻으로 보기가 어려워 취하기가 망설이게 했다. 그리고 豚魚를 '복어'라고 풀이한 사람도 있으니, '복어'는 물고기 중의 영물의 대표 격으로 보는 경향이 있었으므로, 중부가 이런 복어도 길하게 한다는 뜻으로도 본다. 이것은 복어에 대한 연구가 좀 더 필요한 것 같아 쉽게 취할 수가 없었다. 그래서 동물들이 무리지어 같은 행동을 하는 것은 이런 믿음 때문이고, 이런 믿음이 길하게 만든다는 뜻을 취해 상기처럼 번역했다. 단지 괘명 '中孚'의 뜻을 풀어서 번역하여 '豚魚吉'과 자연스럽게 연결시켰다.

마음속에 믿음이 있으면 돼지와 물고기 같은 동물들도 길하니, 만물의 으뜸인 사람은 길하지 않을 수 없다. 그러니 어떤 험한 일이라도 해결할 수 있으므로 큰 내를 건너는 것에 비유하여 '利涉大川'이라 했다. 물론 上巽은 '木'이니 배의 상과 연결된다(단전 참조). 그리고 믿음은 바른 믿음이라야 하고, 그릇되고 사악한 믿음은 결코 이로움이 되지 않으니 '利貞'이라 했다. 마음속 믿음이 바르지 않다면 어떻게 되겠는가? 완전히 삿된 것에 빠져 헤어나지 못할 것이다.

* 彖曰, 柔在內而剛得中, 說而巽, 孚乃化邦也. 豚魚吉, 信及豚魚也, 利涉大川, 乘木舟虛也, 中孚以利貞, 乃應乎天也.

단전에서 말했다. 부드러운 것이 안에 있으면서도 굳센 것이 중심을 잡고 있으니, 기뻐하면서도 겸손하므로, 믿음이 생기고 이에 나라를 교화시킨다. 돼지와 물고기도 길함은, 믿음이 돼지와 물고기에도 미침이요, 큰 내를 건넘이 이롭다는 것은, 빈 목선을 타기 때문이고, 마음속 믿음이 바른 것이어야 이롭다는 것은, 하늘에 응하는 것이기 때문이다.

[해설] 단전이다. 괘의 형태와 괘의 상으로써 괘명을 해석하면서, 괘명의 뜻인 '믿음'이 나라를 교화시키는 데까지 이른다고 뜻을 넓혔다.

'柔'는 六三, 六四 효를 이르니 이 두 효가 대성괘의 가장 안쪽에 자리했기 때문에 '在內'이고, '剛'은 九二, 九五 효가 상하 소성괘의 가운데 있기 때문에 '得中'이며, '說'은 下兌, '巽'은 上巽의 象이다. 이런 것에서 '中孚'를 이끌어내는 것은 개설에서 이미 설명한 바이다. 여기서 비롯된 믿음, 특히 위에서 이끄는 자는 겸손하고 밑에서 따르는 자는 기뻐하며 좇는 것은 '믿음'이 있기 때문이니, 이런 믿음이면 충분히 나라도 교화시킬 수 있을 것이니, '化邦'이라 했다.

그리고 괘사를 풀이했다. 돼지와 물고기 같은 미물들도 무리지어 행동하여 '吉'을 얻는 것은 '믿음'이 서로 미치기 때문이니, 이를 '信及豚魚'라고 했다. 그리고 '利涉大川'은 괘의 모양과 상에서 나타나고 있다. 下兌의 '못'위에 上巽의 '나무'가 있으니, 옛날 배는 나무로 만들었으므로 배가 있는 것과 같다. 더불어 전체 괘의 형태가 밖은 剛爻가 둘러싸고 안에는 柔爻가 있다. 단단한 강은 배의 외부를 말하고, 빈 것을 뜻하는 음은 배의 안이 되니, 배안이 비어 있는 것을 나타낸다. 마치 빈 배의 모습이니 '舟虛'의 상이고, '木舟虛'는 배의 모습을 말한 것이다. 빈 배를 타면 대천도 건널 수 있으니 '利涉大川'이다.

이어서 마음의 믿음은 바른 것이어야 하고, 바르게 하면 이로움을 주니 '中孚以利貞'이라 하여, 특별히 괘명 '中孚'를 붙여 믿음의 뿌리인 '마음의 믿음'이 '貞'해야 함을 강조했다. 이해관계에 얽히지 않은 이런 순수한 마음의 믿음은 하늘에 응하는 것과 같다고 '應乎天也'라 했다. 곧 항상 일정한 변화를 주는 대자연의 규율을 믿고 따르면 이것이 바른 행위이고, 이렇게 하늘의 변화에 따라 바르게 생활하면 이롭게 될 것이다. 바로 '中孚以利貞, 乃應乎天也'의 뜻이다.

* 象曰, 澤上有風, 中孚. 君子以議獄緩死.

상전에서 말했다. 못 위에 바람이 부는 것이 중부괘이다. 군자가 이를 보고서 옥사를 의논하고 사형을 늦춘다.

[해설] 못 속에는 물이 있다. 이 물위를 바람이 불면 물은 잔물결이 일어난다. 이것은 허하

고 고요한 상태의 물이 바람의 영향을 아무른 조건 없이 받아들였기 때문이다. 이것은 마음 속의 믿음이 미물도 행하게 하는 중부괘의 믿음과 같은 것이다. 군자가 이를 보고, 믿고 받아들이는 문제와 결부지어 생각을 해보니, 사람에게서는 가장 중요한 인권의 문제이며 형벌적용의 문제이다. 이를 나라를 다스리는데 이용하는 것이다. 그래서 죄형의 판단을 의논하여 죄를 줄여주고 사형을 늦추어서 그를 사면할 요인은 없는지를 생각하는 것이 '議獄緩死'이다.

'議獄'은 감옥에 넣을 것인지 용서할 것인지를 논의한다는 것이니, 재판의 과정을 말하고, '緩死'는 사형집행을 늦춘다는 뜻이니, 오늘날의 사형폐지론과 일맥상통하는 면이 있다. 이렇게 하는 이유는 억울함이 없도록 믿는 마음으로 살피고 또 살핀다는 뜻이다. '緩死'의 '緩'을 '늦추다'와 '너그럽게 하여 줄이다'의 뜻으로 푸는 두 번역이 있는데, 늦추는 이유는 모두 사형을 줄이기 위해서 하는 노력이므로 결국은 같은 의미이다. 대체로 많은 사람이 '늦추다'로 번역하여 이를 따랐다.

象으로 해석하기를 좋아하는 사람은 二爻씩 묶으면 '大離'가 되니, 전체의 뜻은 밝음을 향한다고 본다. 그리고 중앙의 음들은 벌린 입을 마주하고 있는 상이니(兌는 '爲口舌'이고, 上巽도 兌를 돌려놓은 것이 되니 두 입이 마주한 것이 된다.) '議'가 등장하며, 大離에서 '離麗也(리는 걸림이다)'라고 하니, 걸려있다는 것은 자유롭지 못한 것이다. 여기서 감옥의 상을 이끌어내서 '獄'이 등장한다. 그러니 마주보고 獄에 관한 의논을 하는 것이 된다. 그리고 外互卦 三, 四, 五爻가 艮으로 간은 '終萬物'이라 했으니 '死'가 등장하고, 內互卦 二, 三, 四爻는 震이니 진은 '反生'이므로 '緩死'가 되는 것이다. 모두 「설괘전」에 등장하는 상을 취하여 뜻을 이끌어낸 풀이이다. 참고만 하기 바란다.

2. 효

*** 初九, 虞吉, 有它不燕.**
象曰, 初九虞吉, 志未變也.

초구, 편안하면 길하나, 다른 것이 있으면 편히 쉬지 못한다.
상전에서 말했다. 초구의 편안하면 길하다는 것은, 뜻이 변화를 일으키지 않아야함을 말한다.

[자구의 뜻] 虞: 헤아릴 우, 우인 우, 편안할 우. 燕: 제비 연, 편히 쉴 연.

[해설] 初九 효사와 소상전. 우선 '虞'의 해석이 분분하다. 程頤와 朱熹는 '헤아리다'의 뜻으로, 王弼은 '전일하다(專)'로, 丁若鏞은 '우제'로 풀었다. 그러나 '安'으로 뜻을 새기는 것이 일반적이고 현대의 중국학자들은 거의 '安'으로 뜻을 새긴다.[212] 그리고 '燕'도 '편히 쉬다'의

뜻이니, 결국 같은 뜻을 다른 글자로 나타낸 것이다.

초구는 마음속에서 울어나는 믿음을 뜻하는 중부괘의 맨 아래이니 마음의 밑바탕이다. 마음의 바탕은 무상 무념해야 하는데 정위했으니 그런 상태를 유지할 수 있는 조건은 된다. 그런데 六四와 정응이니 그에 매이면 이미 정해진 믿음이 있게 되니, 무념의 마음이 되지 못한다. 그러므로 정위한 초구는 바름을 지켜 편히 있으면 '吉'할 것이고, 육사에 매여 다른 것이 있게 되면(有它) '不燕'이 되는 것이다. 대체로 '有它不燕'의 '它'를 정응인 육사와의 관계를 말하는 것으로 본다. 應에 기대어 구하면 마음의 본바탕에 이미 사사로움이 있다는 것으로 보는 것이다.

소상전에서는 吉하게 되는 이유가 초구의 뜻이 자기의 처한 상태를 지키고 다른 변화가 없어야 한다는 뜻으로 말한 것이다.

*** 九二, 鳴鶴在陰, 其子和之. 我有好爵, 吾與爾靡之.**
象曰, 其子和之, 中心願也.

구이, 그늘에서 학이 우니, 그 새끼가 화답한다. 나에게 좋은 술이 있으니, 나는 너와 함께 마시고자 한다.

상전에서 말했다. 그 새끼가 화답한다는 것은, 마음속에서 원하는 것이다.

[자구의 뜻] 爵: 술(잔) 작, 벼슬(줄) 작. 靡: 쓰러질 미, 써 없앨 미. 공유할 미.

[해설] 九二는 下兌 '못'의 중심이다. 못 중심이 위에는 음(--)이므로 열려 있으니 上巽 '바람'의 힘을 느끼는 경우이고, 괘 전체로 보면 마음속 믿음(中孚)이 발하는 상태다. 그리고 구이는 중덕이 있으면서 강이니 군자이고 동물에 비기면 고고한 '鶴'의 象인데, 위의 음은 '그늘'을 뜻하니 그늘에 가려져 있다. 마음속에 믿음이 가득한 중덕이 있는 군자의 말과 행동은 뭇 사람에게 영향을 주는 것과 같이, 그늘에 가려져 보이지 않아도 어미 학의 울음소리는 새끼에게 들리는 것이다. '鳴鶴在陰, 其子和之'이다. 이런 상태를 사람 일로 달리 표현하면, 나에게 있는 달콤하고 좋은 술을 너와 나누어 마시며 즐기려는 상황과 통한다. '我有好爵, 吾與爾靡之'이다.

'其子'를 初九로 보는 이도 있고 九五로 보는 이도 있다. 구이와 구오는 서로 정응은 아니나 상하괘에서 같은 중심에 자리하여 서로 교감해야하는 위치이고, 구이의 위에 있는 음은 길을 터주는 형상이니 서로 통하는 것으로 본다. 그러나 일반적으로 구이보다는 구오가 어른이므로 어미와 새끼가 바뀐 것이 된다. 그래서 같은 하괘이면서 구이보다 어린 초구로 보는데, 친비가

212) '虞'를 '安'으로 주석한 근거를 高亨이 모아놓은 것이 있으니 참고하기 바람. 前記한 「高亨의 周易」, 479쪽.

아니라서 가려진 것으로 보는 것이다. 서로 소통하는 관계로는 구오이고, 효의 일반적인 시간 흐림으로 보면 초구인 것 같다. '其子'를 꼭 어떤 효를 지칭하고 있다고 보지 말고, 일반적으로 서로 믿고 깊이 의지하는 관계를 말하는 것으로 이해하고 넘기는 것이 좋겠다.

'靡'는 『教學大漢韓辭典』에는 27개의 뜻이 있는데, 각각 그 뜻이 너무나 다르고, 무엇보다 이 문장에 딱 들어맞는 뜻을 찾기 어렵다. 오늘날 중국학자들이 많이 뜻을 삼고 있는 '共(함께 공)'의 뜻 '공유하다'를 취해 '나누어 마시다'로 번역했다. 중국학자들이 뜻을 삼는 '함께'로 직역하면 '나는 너와 더불어 함께 하고자 한다'가 된다. '爵'을 '벼슬'의 뜻을 취하여 '내게 좋은 벼슬이 있으니, 나와 네가 공유하다'는 뜻으로도 본다. '벼슬'보다는 '술'을 공유하는 것이 더 자연스럽다고 보았다.

소상전에서는 화답하는 것은 마음속에서 믿고 의지하여 원하는 것이기 때문에 자연스럽게 화답이 된다는 뜻이다.

마음속 믿음에서 나온 말과 행동의 중요성을 언급한 말이 「계사 상」에 있다.

> 子曰, 君子居其室, 出其言善, 則千里之外, 應之, 況其邇者乎. 居其室, 出其言不善, 則千里之外, 違之, 況其邇者乎. 言出乎身, 加乎民, 行發乎邇, 見乎遠, 言行君子之樞機, 樞機之發, 榮辱之主也. 言行, 君子之所以動天地也, 可不愼乎.
>
> 공자가 말했다. 군자가 집안에 있으면서, 그 말이 선하게 나오면, 천리 밖에서도 응하니, 항차 그 가까운 사람에게 있어서는? 집안에 있으면서, 그 말이 불선하게 나오면, 천리 밖에서 어긋나니, 항차 그 가까운 사람에게 있어서는? 말이 몸에서 나와 백성에게 더해지고, 행동이 가까이에서 시작되어, 먼 곳에서도 나타나니, 말과 행동은 군자의 중요한 관건이고, 중요한 관건이 발하면, 영욕의 주인이 된다. 언행은, 군자가 천지를 감동시키는 것이니, 신중하지 않을 수 있겠는가?

구이 효사와 같이, 부모와 자식 간의 사랑과 같은 것이 진정한 믿음이고, 이런 진정한 믿음이어야 서로가 베풀고 나누는 것이며, 이런 믿음은 말과 행동에서 비롯되니 말과 행동을 善하게 하라고 공자는 말하고 있다.

*** 六三, 得敵, 或鼓或罷, 或泣或歌.**
象曰, 或鼓或罷, 位不當也.

육삼, 맞서는 자를 만났으니, 혹 북을 치고 혹 그만두며, 혹 울고 혹 노래한다.
상전에서 말했다. 혹 북을 치고 혹 그만둠은, 자리가 마땅치 않기 때문이다.

[자구의 뜻] 敵: 원수 적, 맞서는 자 적. 鼓: 북(을 칠) 고. 罷: 그만둘 파.

[해설] 六三과 六四는 상하괘의 경계에 있고, 각각 그가 속한 괘의 주효이면서 동질의 음이다. 괘 전체로 보면 육삼과 육사는 마음이 텅 빈 상태로 같은 처지이나, 효 하나하나의 입장에서 보면 가깝고 비슷하여 서로 경쟁을 유발하게 된다. 육삼은 비록 육사가 자기보다 윗자리이나 위로 정응인 上九가 있어서 그의 도움을 믿으니, 육사를 내치려 하는 것이다. 그래서 '得敵'이라 하였다. 그런데 육사는 임금인 九五를 받들어 신임을 얻고 있다. 이런 상대에게 북을 치면서 대적하기 위해 힘을 모으지만, 임금의 믿음을 받고 있는 중신을 이길 수 없음이 눈에 보인다. 그래서 '或鼓或罷'이다. 이렇게 강력한 힘을 가진 육사와 경쟁하자니 '或泣'이 된다. 그러나 육사는 巽體이므로 공손하고, 정위하여 바르게 행동하니 육삼과 싸울 뜻이 없다. 그래서 해침을 받지 않게 되니, '或歌'이다. 육삼 혼자서 스스로 못난 짓을 하는 과정이다. 이 두 句는 서로 어울려 상대가 되는 의미를 갖고 있다. 북을 울리며 노래를 부르다가 그만두고 울기도 한다는 뜻이 되는데, 하나하나의 의미를 따져보면 대적하려고 독려하다가 사태가 불리함을 알고 울며 그만둔다는 의미이다.

'得敵'의 '敵'을 육사로 보지 않고 정응인 상구로 보는 학자도 있다. 육삼의 마음이 외부의 사물에 매여 움직이면 그것이 곧 '敵'이 된다고 보는 견해이다. 그러나 가깝고 상하의 차이가 있는 경쟁상대는 육사가 더 타당해 보인다.

소상전에서는 정위가 아니므로 자리가 마땅하지 않기 때문에 싸우려고 북을 치다가 그만둔다고 했다.

* **六四, 月幾望, 馬匹亡, 无咎.**
  象曰, 馬匹亡, 絶類上也.

육사, 달이 거의 보름이고, 짝인 말도 잊으면, 허물이 없다.
상전에서 말했다. 짝인 말도 잊는 것은, 동류를 끊고 위를 받드는 것이다.

[자구의 뜻] 匹: 필(포백 4장의 길이) 필, 마리 필, 짝 필. 비유할 비.

[해설] 六四는 공손한 巽體에 있으면서 정위하고, 임금의 측근이면서 친비의 관계이니 받들어 모시는 것이 바르고 공손하여 신임을 받고 있는 象이다. 그러니 부드러운 음기가 성숙하였으나 넘치지는 않는 상태, 곧 육사가 음이므로 달로 견주면, 보름달의 바로 직전과 같은 상태이므로 '月幾望'이라 했다. 小畜卦 上九와 歸妹卦 六五에서 등장한 자구이다. 이렇게 겸손하게 음덕을 밝히고, 자기의 동류인 짝 初九도 잊고 오로지 일심전념으로 九五를 모시게 되면 '허물'을 논할 수 없다. 그래서 '馬匹亡, 无咎'라 했다. 임금을 모시는 측근은 오로지 한 마음이어야 함을 나타내고 있다. '馬匹'을 초구로 보는 사람과 육삼으로 보는 사람이 있다. 육삼으로 보는 이유는 같은 음이면서 같이 괘의 중앙에 함께 있기 때문일 것이다. 그러나 馬와

剛의 '튼튼함'이 서로 어울리고, '짝'이라는 말에는 정응과 더 관련 있게 보이며, 무엇보다 초구의 효사에서 육사에 매이지 않아야 편하다고 했으니, 초구가 더 자연스럽다.

소상전에서는 같은 동류와 절연하고 上인 구오를 따르는 것이 '馬匹亡'이라고 직접적으로 표현했다. '類'라는 字의 느낌이 같은 음이고 전체 괘로써 보면 함께 중심에 있으니 육삼으로 보일 수도 있다. 그러나 '絶類'는 '馬匹亡'이니, '匹'에는 위에서 지적한데로 초구에 가깝고, 정응으로 서로 함께하며, 상하에서 차지한 위치가 같으므로 초구를 類로 지칭한 것으로 보았다. '上也'의 '上'은 구오이다. 직역하면 "동류를 끊고 윗사람이다"가 될 것인데 뜻이 살아나도록 위와 같이 번역했다.

* **九五, 有孚攣如, 无咎.**
  象曰, 有孚攣如, 位正當也.

구오, 믿음이 있어 (백성들이)매이니, 허물이 없다.
상전에서 말했다. 믿음이 있어 매이는 것은, 자리가 바르고 마땅하기 때문이다.

[해설] 九五 효사와 소상전. '有孚攣如'는 小畜卦 구오에서 나온 자구다. 그러나 '孚'가 누구에 대한 '믿음'인지에 대해서는 다르다. 여기의 '有孚'는 구오 자신에 대한 여러 신하와 백성들의 '믿음'이고, 小畜卦에서는 구오의 육사에 대한 '믿음'이었다. 구오가 중덕을 가지고 높은 자리에서 믿음 있게 권리를 행사하니 모두 그를 따르므로 그에게 매여 따르는 모습이다. 그래서 '有孚攣如'라 했다. '如'는 어조사.

中孚는 믿음의 괘인데 오직 구오에서만 '孚'를 쓴 것은 구오가 이 괘의 주효이므로 믿음에 대한 결론적인 맺음을 하기 위한 것으로 보면 될 것이다. 결국 믿음의 가장 큰 것은 단전에서 말한 '孚乃化邦'이 되고, 이는 나라를 다스리는 최고 권력자인 구오에게서 이루어져야 하는 것이다. 모두가 구오의 인격과 지위에서 묻어나는 믿음에 매이면 국가를 교화할 수 있고, 이것은 '허물'이 없지만, 만약 구오가 아니거나 그 일이 사사로운 것이면 허물이 있을 것이다.

그래서 소상전에서는 자기가 처한 지위가 국가를 다스리는 정당한 자리, 바로 군왕이라야 그에 대한 '믿음'으로 나라가 교화된다는 뜻을 밝힌 것으로 보았다.

* **上九, 翰音登于天, 貞凶.**
  象曰, 翰音登于天, 何可長也.

상구, 닭이 하늘로 오르니, 바르더라도 흉하다.
상전에서 말했다. 닭이 하늘로 오르니, 어찌 오래갈 수 있겠는가.

[자구의 뜻] 翰: 붓 한, 글 한, 깃 한, 금계 한. 翰音: 닭의 딴 이름. 높은 하늘을 향해 날아 오르는 소리, 인신하여 명성이 지나치게 높아 실제와는 부합하지 않음.

[해설] 上九는 中孚의 끝이요 外卦의 극에 있다. 그리고 강으로 정위도 아니다. 때는 믿음이 다해 가는데 정위가 아니니 바른 생각을 하지도 못하고, 강이니 자꾸 위로 오르려고 하는 象이 된다. 아래에 六三의 정응이 있으나 이미 或罷, 或歌이니 도울 일도 없다. 그래서 위로 오르고자 하는데, 이것은 하늘 높이 날지도 못하는 닭이 하늘로 날으려 하는 것과 같다. '翰音登于天'이다. 이 닭은 높이 나르면 날을수록 땅에 떨어져 상처를 입을 것이고 목숨까지도 잃게 될 것이니, 그것이 아무리 정당성이 있어도 흉할 것이므로 '貞凶'이라 했다. 이미 은퇴의 시기로 힘이 다해 감을 알지 못한 결과이다. 그가 속한 '巽'은 '爲鷄'이니 '닭'의 상이 나왔다.

九二는 학을 상으로 하여 보이지 않는 곳에서 소리를 내어도 새끼가 화답하는데, 상구는 닭을 상으로 하면서 밖으로 소리를 지르며 날라도 아무 소득도 없이 흉하기만 하니 정반대의 뜻이다.

소상전에서는 의문문으로 하여 불가능함을 더욱 강조해서 나타냈다.

믿음, 신뢰. 이런 것이 인간관계의 밀착정도를 재는 핵심요소이고, 극한 상황에 처했을 때 스스로를 지키게 하는 힘이 되기도 한다. 나도 믿고 너도 믿고 그들도 믿으면 나라도 변화시키는 힘이 되고, 삿된 욕망 없는 바른 믿음, 바로 마음에서 울어나는 믿음이 진정한 믿음임을 中孚卦가 말하고 있다. 마음의 바탕에 해당되는 初九는 매인바가 없어야 한다고 '有它不燕'이라 했다. 마음의 중심이 움직이는 믿음이 진정한 믿음이라고 九二에서는 '鳴鶴在陰, 其子和之'라 했다. 상대와 경쟁을 하여 이기려고 하는 六三은 믿음을 갖기 위해 '或鼓或罷, 或泣或歌'했지만 되지를 않았다. 시기질투를 너그럽게 받아들이면서 오로지 자기할 바를 다하는 六四에서는 '无咎'라는 점사가 돋보인다. 국가를 다스리는 政治家 九五는 믿음을 주는 사람이라야 한다고 '有孚攣如'라 했다. 자기의 처지와 능력을 벗어난 믿음을 가지려하거나 줄려고 하면 위험할 뿐이라고 '翰音登于天'이라 했다. 이 모든 처지를 관통하는 것은 '바름'이니, 바로 괘사의 '利貞'이다. 너무나 상식적인 논리이지만 너무나 중요한 논리다. 그래야 하늘에 응하는 것이고 나라를 교화할 수 있는 것이라 했다. 어떻게 해야 '貞'하고, 닭이 아닌 학이 되는지 다시 한 번 읽고 새겨보자.

䷽ 小過 (雷山小過)

概說: 小過에 대해서는 程頤가 한 말이 있다. "蓋爲小者過, 又爲小事過, 又爲過之小(대개 작은 것이 지나치는 것이 되고, 또 작은 일이 지나침이 되며, 또 지나침이 적은 것이 된다)"라고 했다. 우리말로는 '조금 지나치다', '작은 것이 지나치다'가 잘 어울리는 것 같다. 그런데 '지나치다'에는 어떤 기준을 넘어선 '지나친 행동, 지나친 생각'을 의미하는 것과, 시간이나 움직임이 '지나가는 것'의 뜻이 공존하는데, '過'도 마찬가지로 두 의미가 공존하고 이 괘에서의 쓰임도 그렇다.

괘의 형태가 가운데 두 개의 剛을 柔가 위아래로 두 개씩 나뉘어 둘러싸고 있다. 음은 작은 것이고 양은 큰 것이니, 작은 것이 큰 것보다 많으므로 '작은 것이 지나치다'이고, 양을 따라야 하는 음이 양을 둘러싸고 활동을 억제하니, '작은 것이 지나치다' '조금 지나치다'가 된다. 그리고 항상 象으로서도 의미를 찾는데, 下艮은 '산', 上震은 '우레'이니 산위의 천둥소리는 조금 지나치게 울려 퍼진다고 小過의 의미가 있다고 했다. 우레가 거듭된 진괘에서는 놀라서 '虩虩'했다.

「서괘전」에서는 "有其信者必行之, 故受之以小過(그 믿음이 있는 자는 반드시 행하니, 때문에 소과로써 받았다)"라고 했다. 사람이 믿는 바가 있으면 행동으로 표현하고, 행동하면 지나친 면이 있게 됨으로 이에 소과로서 받았다는 말일 것이다. 「잡괘전」에서는 "小過過也(소과는 지나침이다)"라고 했다. 이렇게 '조금 지나치다, 지나치다'의 뜻을 품고 있는 이 괘의 괘효사는 어떻게 표현하고 있는지 살펴보자.

1. 괘

* 小過, 亨, 利貞. 可小事, 不可大事. 飛鳥遺之音, 不宜上宜下, 大吉.

조금 지나침은, 형통하나, 바른 것이어야 이롭다. 작은 일은 할 수 있고, 큰일은 할 수 없다. 하늘을 날아다니는 새의 머물기 위한 소리도, 위에서는 적합하지 않고 아래에서는 마땅하여, 크게 길하다.

[자구의 뜻] 飛鳥: 하늘을 날아다니는 새. 遺: 잃을 유, 남길(을) 유, 끼칠 유.

[해설] 괘사다. 어떤 행위를 하는데 조금 지나침은 그 목표를 달성하고, 사건의 해결을 위해 힘써 노력하는 것이므로 용납 받을 수 있다. 그래서 '亨'이다. 그러나 이런 것도 바른 것이고, 상황과 때가 용납할 때만 통하니, '利貞'의 조건이 붙는다.

조금 지나쳐도 좋은 일은 어떤 것인가. 평소의 행동, 일상생활의 일 중에는 가능한 것이 있으나, 국가의 일 같은 大事에는 불가능하다. 가령 국법을 조금 어겼다고 용서되는 것은 아니다. 또 국가의 대사는 판단도 옳아야 하고 노력과 시간도 많이 든다. 그러므로 조금 지나침으로는 할 수 없다. '可小事, 不可大事'이다. 지금 괘에서는 陰이 상하괘의 중심에 자리하고 양은 빗겨나 있으면서 음들에 둘러싸여 활동을 제약받고 있다. 그러니 음 '소인'은 작은 일은 가능하나 큰일은 할 수 없다.

또 새도 머물고 생활하는 곳은 땅이지 하늘이 아니다. 주로 땅에서 먹이를 구하고 집도 땅이나 나무에 짓는다. 하늘을 날 수 있다고 하늘을 향해 구한다면 구해지지 않는다. '飛鳥遺之音, 不宜上宜下'이다. 이를 사람의 일로 넓히면 겸손과 절약 같은 낮추는 일에는 길하고 좋으나, 사치와 오만 같이 높이는 일에는 흉하다. 못난 사람일수록 자세를 낮추어야지 거만을 떨면 안 된다. 이렇게 낮추면 '大吉'하다 했다.

'飛鳥遺之音'은 새소리를 말하는데 '遺'를 여기서는 내려와서 먹이를 구하고, 집을 지으면서 내는 소리라 여겨서 '머물다'라는 뜻을 취했다. 보통 '소리의 남김'이라 번역을 하나 다음 문장과의 연결이 자연스럽지 못하다. '하늘을 나는 새의 소리 남김은 위에서는 마땅치 않고 아래에서는 마땅하다'가 되는데 무슨 말인지를 생각하게 한다. 그리고 '飛鳥'는 괘의 모양에서 나온 것이다. 안에 있는 강효는 새의 몸통이고, 밖의 유효들은 새의 양 날개라고 보아 '飛鳥'가 등장했다.

이렇게 하늘을 나는 새라도 땅을 저버리지 못하니, 날지 못하는 동물이야 말할 것도 없고 사람도 마찬가지다. 그래서 聖人은 아래를 살펴 사람들의 생활에 필요한 기구를 소과괘에서 찾아 만들었다는 말이 「계사 하」에 있다. "斷木爲杵저, 掘굴地爲臼구, 臼杵之利, 萬民以濟, 蓋取諸小過(나무를 잘라 절구 공이를 만들고, 땅을 파 절구를 만들어, 절구와 공이의 이로움으로, 만민을 구제하는 것은, 대개 저 소과에서 취했다)"라는 문장이다. 아미도 上震 '木'의 상에서 공이를, 下艮 '山'의 상은 '흙의 뭉침'이니 여기서 절구를 만들어 이용했다는 말인 것 같다. 또 괘의 형태가 밖의 음은 부드러운 땅, 가운데 양은 단단한 공이로 보면 臼杵의 모양이기도 하다.

小過는 이렇게 일상생활에서 필요한 것이지만, 그러나 근본은 마땅히 아래로 낮추어 생활하는 것임을 은연중 말해주고 있다.

*** 彖曰, [小過], 小者過而亨也. 過以利貞, 與時行也. 柔得中, 是以小事吉也, 剛失位而不中, 是以不可大事也. 有飛鳥之象焉, 飛鳥遺之音, 不宜上宜下, 大吉, 上逆而下順也.**

단전에서 말했다. [소과란] 작은 것이 지나치니 형통하다. 지나쳐도 바르게 해야 이롭다는 것은, 때와 함께 행해야 하기 때문이다. 부드러운 것이 중심을 얻었으니, 이로써 작은 일은 길하고, 강건한 것이 자리를 잃고 중심이 아니니, 이로써 큰일은 할 수 없다. 하늘을 날아다니는 새의 상이 있으니, 하늘을 나는 새가 머물기 위한 소리도, 위에서는 마땅하지 않고, 아래에서는 마땅하여, 크게 길하다는 것은, 위에서는 거슬리는 것이고 아래에서는 (찾기가)순하기 때문이다.

[해설] 이 단전은 대체로 괘사의 해설을 참조하면 이해가 되는 문장이다. 괘명과 괘사 '亨'을 '者'와 '而'를 쓰서 함께 풀이했다. 작은 것이 지나치니 형통하다고 했다. '小過'는 작은 것(小)이 지나친 것(過)이고, 이런 작은 것이 열심히 하니 형통한(亨) 것이다. 이는 괘명 '小過'와 '亨'을 말한 것이므로 앞에 괘명이 빠졌다고 본다. 괘명 '小過'를 [ ]로 묶었다. 다른 괘에서도 제일 앞에 괘명이 있었다.

이어서 괘사 '利貞'을 풀이했는데, 지나친 것도 용납되는 때가 있으니 그 때에 맞게 행하여야 바른 행동이므로 이롭다고 '過以利貞, 與時行也'라 했다. 이어 큰일은 불가하고 작은 일은 가한 이유를 괘에서 유와 강이 자리한 爻位로서 풀었다. 상하괘에 모두 유가 중심에 위치했다. '柔得中'이다. 유는 부드럽고 소극적이니 작은 일은 할 수 있으니 길하다. '小事吉也'이다. 큰일은 굳세고 강력한 힘이 있는 강이 중심의 자리에 있어야 하는데, 아래위에서 모두 비켜나 있다. '剛失位而不中'이다. 그러니 큰일은 할 수 없다. '不可大事也'이다. 끝으로 괘의 형체가 새가 날개를 펴고 날고 있는 상이 있으니, 이를 '有飛鳥之象焉'이라고 하면서 '飛鳥'가 등장하는 이유를 알게 하고, 다음의 괘사들을 설명했다. 날아다니는 새라도 머무는 곳은 하늘이 아니라 땅이므로, 위에서는 원하는 것을 얻지 못하고 아래에는 순순히 얻게 된다는 뜻을 '逆'과 '順'으로서 간단히 표현해 나타내고 끝냈다.

* 象曰, 山上有雷, 小過. 君子以行過乎恭, 喪過乎哀, 用過乎儉.

상전에서 말했다. 산위에 우레가 치는 것이 소과괘이다. 군자가 이를 보고서 행실은 공손함을 지나치게 하고, 상례에는 슬픔을 지나치게 하고, 쓰임새에는 검소함을 지나치게 한다.

[해설] 대상전이다. 산위에서 우레가 치면 더 높은 하늘에서 울리는 것 보다는 크고, 더 낮은 지붕위에서 보다는 작다. 이렇게 조금 지나쳐 보이는 것이 소과괘이다. 이를 본 받아서 군자는 조금 지나치게 하는 것이 좋은 일은 조금 지나치게 하니, 곧 행동에는 공손함을, 죽음에 관한 일에는 슬퍼함을, 쓰임새에는 검소함을 지나치게 하는 것이다. 이 일들이 모두 일상의 일이며, 자기를 낮추고 절제하는 일이다. 이런 일은 조금 지나치는 것은 좋으나 이것도 너무 지나치면 비굴하고, 허식으로 보이며, 깍쟁이가 되니 小過로서만 허용되는 것이다.

2. 효

* 初六, 飛鳥以凶.
象曰, 飛鳥以凶, 不可如何也.

초육, (어린)새가 날아오르는 것은 흉한 것이다.
상전에서 말했다. 새가 날아올라 흉한 것은, 어쩔 수 없는 것이다.

[해설] 이 효사는 初六이 새의 날개가 펴진 것에 해당되므로, 새가 나는 것으로 풀었다. '飛鳥'는 괘사와 단전에서 '不宜上'이라 했으니 그래서 '凶'이 따를 것으로 짐작이 된다. 초육은 小過가 시작되려는 곳이다. 그런데 下艮 '山'의 밑에 해당하니, 그쳐도 묵묵히 그쳐야 하는 자리다. 그러나 음이니 소심하고, 정위가 아니니 자리가 불안하다. 또 위로는 九四의 정응이 있으니 도움을 받으려면 위로 올라야 한다. 거기에 구사는 震 '움직임'의 주효이다. 그러니 오르기 위해 움직이게 된다. 아직 어린이가 산을 넘어가려하고, 어린 새가 날아오른다. 누구나 위험함을 알 수 있다. 그래서 '飛鳥以凶'이다. 바로 '不宜上'에 해당하니 흉할 수밖에 없다.

소상전은 초육이 날아오른다면 스스로가 자처하여 飛鳥가 되어 '不宜上'이 된 것이니, 누구도 탓할 수가 없게 된다. 어찌해볼 도리가 없으므로 '不可如何也'라 했다.

*** 六二, 過其祖, 遇其妣. 不及其君, 遇其臣, 无咎.**
象曰, 不及其君, 臣不可過也.

육이, 할아비를 지나 할머니를 만난다. (조정이면)임금에게는 미치지 못해도, 그 신하를 만나므로, 허물은 없다.
상전에서 말했다. 임금에게는 미치지 못한다 함은, 신하는 지나칠 수 없기 때문이다.

[자구의 뜻] 祖: 할아버지 조. 妣: 어머니 비, 죽은 어미 비, 할머니 비.

[해설] 六二 효사의 이해가 쉽지 않다. 위와 같이 번역한 것에 대한 풀이다.

육이는 정위했으니 바르게 처신하고, 中에 있으니 중덕을 가진 신하이면서 집안의 며느리에 해당하며 下艮에 있으니 '멈춤'도 지켜야 하는 상황이다. 아래의 중심인 육이는 위와 소통을 해야 하는데 친비인 九三의 협조를 받아 상층부의 九四를 만나야 할 경우가 있다. 집안에서는 가능하므로, 육이의 며느리가 시할아버지 구삼를 지나 시할머니 구사를 만난다고 '過其祖, 遇其妣'라 했다. 이 때 할머니가 할아버지보다 높은 자리에 있는 것은 周나라 시대에는 여권이 높아서 할머니가 할아버지보다 상위에 있었다고 한다. 집안 관계에서는 쉽게 상위로 진출해 직접 만날 수 있으나 국가의 군신관계에서는 그렇게 할 수 없는다고 '不及其君, 遇其臣'이라 했다. 곧 군신의 관계는 절차를 무시하고, 그것도 구삼과 구사를 지나 임금인 六五를 만날 수가 없으니, 절차를 지켜서 艮 '止'를 고수하는 대신, 왕의 신하인 구삼이나 구사을 통해야 하는 것으로 보고 풀이했다.

현대 象數學者인 尙秉和는 다음과 같이 설명한다. 육이가 위의 두 양을 '承'하고 있기 때문에 가는 데는 이롭다. 下艮에는 '조부'의 象이 있으므로 '祖'를 지나친다. 艮은 陽卦이니 남자이고 위의 陽爻가 어른에 해당하므로 조부가 된다. 2, 3, 4효의 互卦는 '巽'이고 巽은 陰卦이면서 여자인데, 육이는 巽의 初爻로 주효이고, '妣'는 제일 어른인 위의 4효이다. 주효인 육이는 같은 집단인 '妣'를 만난다. 한편 상괘 '震'에는 乾과 같이 君이고 父이며, 하괘 '艮'은 坤과 같이 臣이고 母이다. 그래서 육이는 上震에는 미치지 못하니 '不及其君'이고, 下艮에 속해 있으므로 신하는 만날 수 있으니 '遇其臣'이라 했다. 결국 집안관계에서는 上卦로 진출하여 만날 수 있으나 군신의 관계에서는 下艮의 '止'를 견지한다는 풀이다. 비록 逸象을 찾아내어 설명을 했지만 象과 句와의 연결이 잘 된다. 여기서도 '祖'는 구삼, '妣'는 구사이다.

'祖'와 '妣'를 어떤 효로 볼 것인지도 여러 의견이 있다. 虞翻은 初六이 '祖' 六二가 '妣' 九三이 '臣' 육오가 '君'이라고 보기도 한다. 그리고 구삼은 아버지, 구사는 할아버지, 육오는 할머니이면서 군왕으로 보기도 한다. 또 번역도 '不及其君, 遇其臣'을 '임금에게는 미칠 수 없으나, 임금이 불러서 신하를 만나주다'의 뜻을 취하기도 한다. 많은 의견이 있으나 위의 번역문은 상병화의 의견을 수용하여 번역했으므로 구삼 할아버지, 구사가 할머니, 이를 넘어 육오는 군왕으로 보았다. 어떻든 이렇게라도 소통은 되면 '无咎'이다.

소상전의 뜻은 신하가 감히 임금과의 관계에서는 절차를 무시하는 지나친 행위는 할 수 없으므로, 그렇기 때문에 임금을 만날 수 없다는 말이다.

* 九三, 弗過防之, 從或戕之, 凶.
象曰, 從或戕之, 凶如何也.

구삼, 지나치지 못하게 막아서, 그에 따라 혹 해침을 당하면, 흉하다.
상전에서 말했다. 그에 따라 혹 해침을 당하면, 흉함을 어쩔 것인가?

[자구의 뜻] 防: 둑 방, 막을 방. 戕: 죽일 장, 해칠 장, 사나울 장.

[해설] 九三 효사와 소상전이다. 이 효사도 '凶' 앞 두 구절의 풀이가 다양하다. '지나치게 막지 않으면, 좇아와서 해칠 것이다(힘써 막지 않으면 음이 와서 해친다)', '지나치게 막지 않고 좇으면, 혹 해칠 것이니(음을 막지 않고, 거기에 특히 上六의 음을 따라가면 해침을 받는다)', '지나치지 못하면서 막는데, (그들을) 쫓아가서 죽이면(음의 세력에 미치지 못하면서 막으려 하는데, 더욱이 음을 쫓아가서 죽이면)' 등이 있다. 마지막의 해석을 제외하고는 음에게 해침을 당하는 뜻은 같다.

九三은 강으로 정위하고 아래의 六二가 친비이며 위로는 上六이 정응이다. 좋은 조건 아래에서 강이 강위에 있으니, 지나치게 강하여 자신만만이다. 이것이 오히려 치명적인 약점이 될 수도 있다. 때는 소인들이 위아래로 군자를 둘러싸서 군자를 압박하고 있는 소과의 때인 것이다. 이런 때 음들의 활동을 제어해야 할 下艮 '멈춤'의 주효이니 지나친 자신감과 應·比를 믿는 마음에 사로잡혀 음들을 가지 못하게 막는다. 그러면 小過로 음들의 세력이 과한 때이므로 음들로부터 해침을 받아 혹 흉하게 될 수도 있는 것이다. 이런 뜻으로 번역해야 한다. 앞뒤의 '之'는 어조사, '從'은 '따라서, 그러므로'의 뜻으로 보았다.

소상전은 만약 음에게 해침을 입으면 흉함이 당연하다는 뜻이다. 하괘의 윗자리에 있으면서 자신만만했으니 혹 해침을 당하면 상처가 클 것이다.

*** 九四, 无咎. 弗過遇之, 往厲必戒, 勿用永貞.**
象曰, 弗過遇之, 位不當也. 往厲必戒, 終不可長也.

구사, 허물없다. 지나치지 못하고 (음을)만나는데, 가면 위태하니 반드시 경계해야지, (그렇지 않으면)오래도록 바를 수 없다.
상전에서 말했다. 지나치지 못하고 만난다는 것은, 자리가 적당치 않기 때문이다. 가면 위태하니 반드시 경계해야함은, (그렇게 하지 않으면)끝까지 오래할 수 없기 때문이다.

[해설] 九四는 小過의 때에 剛으로 유위에 있어서 지나친 강함은 없는데, 대신의 자리이므로 아래를 살펴야 한다. 上震 '움직임'의 주효이고 아래의 응인 初六은 艮 '止'로써 '飛'하면 '凶'이 되니, 그대로 있다. 그러니 스스로 아래로 가서 만나야 하고 자신을 만나고자 하는 六二도 아래에 있으니 아래로 가서 만난다. 이런 일은 '宜下'하는 것이니 허물이 아니므로 먼저 '无咎'라 했고, 이어 '不過遇之'라 하여 만나러 간다 했다. 그래도 소과의 때에 양은 모든 것을 조심해야 한다. 그래서 경계하는 말을 둔 것이 '往厲必戒'이다. 왕의 근친일수록 경계를 게을리 해서는 안 되고, 너무 자주 만나면서 친밀하면 다른 음 소인들의 질투가 있을 것이고, 왕의 의심을 살 수도 있을 것이다. 이런 상황에서 정위가 아니므로 오래도록 바르게만 할 수 없을 수도 있으니 '勿用永貞'이라는 말을 더 붙였다. '用'은 '爲也'이다.

'勿用永貞'을 '勿用, 永貞'으로 띄어서 '이를(경계함을) 쓰지 않으면, 오래도록 바름을 지켜야 한다'라고 번역도 한다. 뜻은 같다. 결국 전체의 뜻은 음을 만나는 것은 위태해서 조심해야 하나 그래도 음을 만나는 일은 허물이 없다는 뜻이다.

소상전 '弗過遇之'는 강이 유위에 있어 當位가 아니니 '位不當'이라 했고, '往厲必戒'하는 것은 경계하지 않으면 실수하여 오래 유지할 수 없기 때문이라는 뜻이다.

*** 六五, 密雲不雨, 自我西郊, 公弋取彼在穴.**
象曰, 密雲不雨, 已上也.

육오, 빽빽이 구름만 끼고 비는 오지 않는 것은, 나의 서쪽 교외로부터인데, 왕공이 주살을 쏘아 구멍에 있는 그것(육이)을 잡기도 했다.

상전에서 말했다. 빽빽이 구름만 끼고 비는 오지 않는 것은, (陰氣가)너무 위로 올랐기 때문이다.

[자구의 뜻] 弋: 주살 익(오늬에 줄을 매어 쏘는 화살), 취할 익, 검을 익.

[해설] 六五 효사와 소상전이다. '密雲不雨, 自我西郊'는 이미 小畜卦의 괘사에 나온 자구이다. 육오는 음이니 小者이고, 가장 높은 지위에 있으니 지나친 자리에 있으므로 '宜下'해야 할 것인데 '不宜上'하고 있는 실정이다. 中을 차지하고 있으니 중덕을 가지고 나라를 다스리려고 힘써 노력을 하나, 역시 음의 한계와 소자가 과한 자리에 있는 상황을 벗어날 수는 없으니, 마치 비는 오지 않고 구름만 빽빽이 모인 상황과 같으므로 '密雲不雨, 自我西郊'이다. 곧 육오 음이 자기의 힘만으로 천하경륜이 부족하여 응원을 청하는데 불행히도 응인 六二도 같은 음효이다. 전체로 보아도 음이 많은데 만나야 하는 응도 같은 음이니, 음기만 쌓이는 형국이므로 음기인 구름만 빽빽하다고 '密雲不雨'이다. '自我西郊'란 '密雲不雨'가 되는 자연 상태를 나타낸 것으로 이해하고, 자세한 것은 小畜卦를 참고하라.

그런데 육이는 양인 九四와 九三의 밑에 있으니 구멍 속에 있는 것과 같고, 그가 있는 艮은 '멈춤'이므로 날지 않고 구멍에 숨어있는 象이다. 이런 상태의 육이를 얻기 위해서는 '公' 육오가 주살로 육이인 '彼'를 잡아야 하니 '公弋取彼在穴'이라 했다. 아마도 소과의 때이므로 천자가 아닌 왕공으로 나타낸 것 같고, 이렇게 육이를 잡아도 역시 음이고 구멍에 있는 작은 것이니 천하를 경륜할 도움은 되지 못해 구름만 빽빽할 뿐인 것이다. 그런데 만약 양인 구사를 잘 활용하면 비가 내릴 가능성도 있기 때문에 그 다음은 더 이상 나타내지 않았고, 그래서 점사도 없다.

여기 '西郊'는 왕의 사냥터이고, 왕의 사냥이 많지 않아 풍성하게 나누지 못해 구름만 빽빽한 것으로 본 것도 있다.[213] 西郊 해석에 여러 견해가 있다는 것만 알자.

소상전에서는 비가 오지 않는 이유를 음기는 오르고 양기는 내려 서로 화합하여야 비가 되는데, 이미 구름의 음기가 너무 높이 올라가서 양기를 만날 수 없기 때문이라는 뜻으로 '已上'이라 한 것이다. 여기서의 '已'는 '너무'의 뜻이 좋아 보인다.

*** 上六, 弗遇過之, 飛鳥離之, 凶, 是謂災眚.**
象曰, 弗遇過之, 已亢也.

213) 김인환 역해, 「주역」(고려대학교출판부, 2010), 486쪽부터의 小過 六五 풀이 참조.

상육, 만나지 않고 지나치다가, 나는 새가 거물에 걸려서, 흉하게 되니, 이것을 재앙이라 이른다.

상전에서 말했다. 만나지 않고 지나침은, 이미 너무 높기 때문이다.

[해설] 上爻 효사와 소상전이다. 上六도 初六과 같이 새의 날개가 펴진 상태에 해당하니 '飛鳥'이고, 가장 높은 곳에 있으니 '宜下'와는 상반되므로 '凶'이다.

상육은 음으로 소과괘의 끝이요, 上震 '움직임'의 극이다. 음이 지나친 소과의 때도 저물어가고 움직임도 늙어 힘이 없다. 그래서 멀리 정응인 九三도 만나지 않고 지나치면서 힘없이 날다가 극하여 거물에 걸리고 말았다. '弗遇過之, 飛鳥離之'는 이런 뜻이다. 비록 정위는 했으나 정응인 구삼은 艮體의 주효이니 꼼작 않고 그쳐만 있고, 권력의 정상인 五爻도 친비가 아니니 도움이 안 된다. 그러므로 구삼을 만나려면 자신이 먼 길을 가야하는데 그럴 힘이 없는 것이다. 그래서 '弗遇過之'하는 것이다. 괘의 형태대로 말하면 상육은 나는 새의 날개인데, 上震 '움직임'의 극한 상태는 높이 날지를 못하고 그물에 걸리거나 화살에 맞고 떨어질 것이다. 이를 '飛鳥離之'라 했다. 괘사에서 말한 '不宜上'하였으니, 결국 '離之'가 되고, 그러니 '凶'이고, 이것은 '災眚'이다. '災'는 하늘이 내리는 재앙이고 '眚'은 사람이 만드는 재앙이라 했다. 극하면 변화가 일어나는 것은 자연의 원리이니 천재이고, 스스로 너무 높이 올라서 힘이 다 했기 때문에 일어난 일이니 스스로 만든 眚이기도 한 것이다.

'離之'를 '떠나다'로도 많이 번역을 한다. '만나지 않고 지나가니, 나는 새가 떠나다'로 번역하면 다음에 이어지는 '凶'과의 연결이 확실해지지 않는다. 그래서 '거물에 걸리다'로 역했다.

소상전의 '亢'은 높은 것이 극에 달했음을 말한다. 그러므로 '上'보다는 더 높고 다시 내려오지도 못함을 나타내고 있다. 그 만큼 높기 때문에 아래에 있는 구삼과도 만나지 못한다는 뜻을 나타냈다.

小過卦는 조금 지나치는 것이고, 조금 지나쳐도 좋은 것은 자기를 낮추는 겸손의 덕 같은 것이면서 일상의 일에 적용되는 것이다. 지나쳐도 될 일과 당면해 처리해야 할 일을 '過'와 '遇'로서 말하면서 효사를 이끌고 있다. 그 중 강이면서 上卦에 있으므로 지나침이 클 것 같은 九四가 '遇'함으로서 '无咎'함이 이채롭다.

괘의 모양새가 새와 같아서 '飛鳥'가 등장하고 이렇게 하늘로 나는 새는 '凶'하게 되는 것도 특이하다. 특히 날개의 끝이기 때문에 움직이는 것으로 묘사된 初六과 上六이 모두 흉한 것은 인간의 오만함을 비유하여 질타한 것이다. 중정의 덕이 있는 六二는 '无咎'인데 중덕만 있는 六五는 점사가 없는 것도 특이한데, 중덕이 있으나 국가를 경영하는 데는 조금 지나치는 것으로는 부족하기 때문인 것 같다. 그리고 조금 지나치는 일이 좋은 것도 一般事에서 인정하는 정도이기 때문에 '无咎'는 있어도 '吉'이라는 점사는 없다. 그러니 우리들은 괘사에서 말하는 '大吉'을 얻기 위해서는 어떤 길(道)을 가고 무엇을 해야 하는지를 생각해 볼 일이다.

일에는 지나쳐야 좋은 것, 조금 지나쳐야 좋은 것, 조금이라도 지나쳐서는 안 되는 것이 있다. 이 중에서 조금 지나쳐도 좋은 것을 大象傳에서는 '공손'과 '애도'와 '검소'라 했다. 물론 이 외에도 있을 것이다. 그런데 현대는 거의 모든 것을 지나치게 하려 한다. 폭력이 난무하는 데모, 좌절하면 죽음으로 끝맺고, 위선이 가득한 행위, 화려한 조명만을 좇는 행위 등이다. 이런 것이 병이다. 과연 어떤 경우에 어떻게 처신하는 것이 좋은지 생각하고 또 생각해 볼 일이다.

䷾ 旣濟 (水火旣濟)

槪說: '濟'는 '물을 건널 제' '구원할 제' '이룰 제' 등의 뜻이다. '旣'는 '이미'이니 '이미 물을 건넜다'의 뜻이 된다. 옛적에는 강을 건너는 일이 힘들이었기 때문에 卦爻辭에서 흔히 '涉大川'이 많이 거론됐다. '이미 물을 건넜다'는 것은 '완성'의 의미와 연결이 된다. 『주역』의 64괘 중 63번째 괘다. 변하고 새로 생기면서 여러 형태의 괘들이 이어져 오다가 이제는 단락 짓는 단계에 왔다. 그래서 이런 의미의 뜻으로 '旣濟卦'가 등장한다. 『주역』은 항상 한 단락을 이루면 다시 새로운 시작이 있으니, 기제괘 다음에 새롭게 해결할 일이 있게 되므로 이를 다음의 未濟卦로써 잇고, 64괘로써 마침을 했다. 마무리도 이렇게 『주역』의 이치가 적용됐다고 본다.

위에는 坎 '水'요, 아래는 離 '火'이다. 물은 아래로 흐르고, 불은 위로 타오른다. 물과 불이 서로 만나면 삶고 익히면서 각기 제 역할을 하여 새로운 음식이나 물건을 만드니 '旣濟'의 의미가 생긴다. 각각의 효들을 살펴보면 음은 음위에 양은 양위에 있으니 정위했고, 구오와 육이가 중정하며, 모두 正應의 관계이고 親比의 관계이니, 그야말로 모든 것이 갖추어져 있다. 여기서도 '旣濟'라는 이름이 어울린다.

「서괘전」에는 "有過物者必濟, 故受之以旣濟(사태에 지나침이 있는 사람은 반드시 이루기 때문에, 기제로써 받았다)"라고 했다. 지나친 노력(過)로서 일의 완성을 보게 되니 기제로서 받았다는 말이다. 「잡괘전」에는 "旣濟定也(기제는 정해진 것이다)"라 했다. 역시 이미 결정되어 이루어졌다는 뜻이다. 이렇게 旣濟는 이미 완성됐다는 뜻이니, 그러면 모두가 형통하고 좋기만 할까? 괘효사를 보도록 하자.

1. 괘

＊ 旣濟, 亨小, 利貞. 初吉終亂.

이미 이루어진 것은, 작은 것까지도 형통하고, 바름을 지키면 이롭다. 처음은 길하나 마침은 어지럽다.

[해설] 괘사다. 먼저 '亨小, 利貞'을 3가지로 본다. 1 '小'가 衍文으로 잘못 들어간 것으로 보고 '亨, 利貞(형통하고 바르니 이롭다)'로 풀이하는 것. 2 '小'를 뒤 구와 붙여 '亨, 小利貞(형통하나 바르게 하면 조금 이롭다)'로 풀이하는 것. 3 당연히 '小亨, 利貞(작은 것도 형통하니 바르게 하면 이롭다)'로 되어야 하는 것으로 보고 푸는 것이다. 3가지 번역 중에는 연문으로 보는 것이 자연스러워 보이는 면도 있고, 尙秉和와 呂紹綱도 이를 지지하고 있다. 그리고 '小'를 '利貞'과 연결한 풀이는 완성의 의미가 있는 旣濟와는 딱 맞지 않는다. 그런데 아래 彖傳에서는 '小者亨也'라고 그대로 '小'를 썼다. 그리고 '小'를 '작은 것도'라고 하면 뜻에도 이상함이 없다. 그래서 여기서는 '小亨'과 '亨小'의 뜻은 같은데, 특별히 '亨'를 강조하기 위해 글자를 앞에 내세운 것으로 보고, '작은 것까지도 형통하다'로 번역했다.

'旣濟'는 卦名이면서 '亨'이 되는 이유이다. 그러므로 中孚卦와 마찬가지로 괘명의 뜻을 풀어서 '이미 이루어진 것은'이라고 번역하면 뜻이 저절로 통하므로 이 괘도 이렇게 번역했다. 그리고 이미 이루어졌어도 바르게 해야지 그렇지 않으면 금방 이룬 것이 무너질 것이니 바르게 해야 한다. 괘가 이루어진 형태에서도 모든 효가 정위하였고, 서로 정응이고 친비하니 바르게 할 수 있다. 그러니 '利貞'이다. 그런데 모든 것이 이루어지면 처음은 안정되고 좋을 것이므로 '吉'할 것이나, 이것도 시간이 지날수록 변화가 일어나고, 결국은 어지럽게 될 것이니 '終亂'이라 했다. 이렇게 완성되었다고 만사 OK가 아니다. 항상 시간에 따라 변하는 것이 자연의 원리고 『주역』에서 강조하는 철학의 기반이다. 항상 삼가고 살피면서 노력해야 할 필요가 있다는 것을 말하고 있다.

*** 彖曰, 旣濟亨, 小者亨也. 利貞, 剛柔正而位當也. 初吉, 柔得中也, 終止則亂, 其道窮也.**

단전에서 말했다. 기제의 형통함은, 작은 것도 형통한 것이다. 바름을 지키면 이롭다 함은, 강과 유가 바르면서 자리도 마땅하기 때문이다. 처음이 길함은, 유가 중심을 얻었기 때문이고, 종국에 이르러 어지럽게 됨은, 그 도가 궁해지기 때문이다.

[해설] 단전이다. 따로 괘명을 풀이하지 않고 괘사의 '亨'을 풀이했는데, '小者亨也'라 했다. 아마도 '小者亨'에서 '旣濟'라는 완성의 의미를 느낄 수 있기 때문에 괘명을 생략한 것 같다. 기제는 이미 완성했음을 이르니, 큰 것은 물론 자잘한 것까지도 역시 형통하다는 뜻이 '小者亨也'이다. 우리말의 번역에서 '작은 것이 형통하다'와 '작은 것도 형통하다'가 나타내는 뜻이

조금 차이가 있다. '작은 것이'로 번역할 때는 큰 것은 제외된다고 오해할 수도 있다. 기제는 모든 것이 다 이룩된 것으로 파악해야 자연스럽다. 그래서 王弼은 이를 명확히 밝히는 注를 다음과 같이 달았다. "旣濟者, 以皆濟爲義者也. 小者不遺, 乃爲皆濟, 故擧小者以明旣濟也(기제라는 것은, 모두 이룬 것으로써 뜻을 삼는 것이다. 작은 것도 버리지 않고, 이에 모두 이루었기 때문에, 小者를 들어서 '이미 이룸'을 밝힌 것이다)"

이어서 '利貞'한 이유를 설명했다. 剛爻와 柔爻가 모두 정위를 차지하고, 6효가 모두 정응과 친비를 이루는 유일한 괘이다. 이렇게 바르고 마땅한 자리를 차지하고 있으니(剛柔正而位當也), 삿된 짓을 할 수 없으므로 '利貞'이 된다는 뜻이다.

그리고 '初吉'과 '終亂'을 上下卦가 상징하는 것으로서 설명을 했다. '初吉'은 모두 마땅한 지위에서 바르게 행하는 중에 특히 六二의 '柔'가 하괘 離 '밝음'의 중심적인 위치에 처하여, 중덕으로 문명하게 처리하면서 九五를 성심껏 잘 보좌하고 있다. 이를 대표로 지적하여 말한 것이 '柔得中也'이다. 그러나 시간이 지나 상괘로 가면 坎의 '험함'과 '구덩이'에 빠지게 되니, 어지러움이 있게 된다고 '終亂'이다. 이런 어지러움도 미리 대비하고 경계하면, 어지러움을 지연시킬 수도 있고 덜 어지러울 수도 있다. 그렇지만 언제까지나 계속될 수는 없다. '終'에는 이런 함축된 뜻이 있음을 나타내기 위해 '止'를 첨부한 것으로 보아야 한다. 결국 언제까지나 때를 이겨내기가 힘들므로 '其道窮也'가 된다.

＊ 象曰, 水在火上, 旣濟. 君子以思患而豫防之.

상전에서 말했다. 물이 불 위에 있은 것이 기제괘다. 군자는 이를 보고서 환난을 생각하고 미리 예방한다.

[해설] 大象傳. 下離는 '火', 上坎은 '水'의 象이다. 이렇게 이루진 괘가 旣濟卦이다. 군자는 이런 기제괘의 상을 관찰하고 근심거리를 미리 방지한다고 했다. 불은 위로 타오르고 물은 아래로 흐르니 위에 있는 물과 밑에 있는 불이 어울려 각각의 쓰임이 이루어진다. 가령 밥을 짓고 음식을 삶는 것 등의 일도 반드시 물이 불 위에 있어야 가능하다. 그리고 불의 힘이 모자라거나 물의 양이 모자라도 그 음식과 삶는 물건이 제대로 되지를 않는다. 이렇게 사전에 그 쓰임에 따라 양과 힘도 조절해야 목적한 바가 이루어지는 것이다. 군자는 이런 현상을 관찰하고 사전에 대비를 하고 살펴서 목적한 바가 이루어지도록 하는 것이다. 이것이 '思患而豫防之'이다.

2. 효

* 初九, 曳其輪, 濡其尾, 无咎.
象曰, 曳其輪, 義无咎也.

초구, 수레바퀴를 끌었고, (여우)꼬리도 젖었으니, 허물없다.
상전에서 말했다. 수레바퀴를 끌었다는 것은, 이치가 허물이 없는 것이다.

[자구의 뜻] 輪: 수레(바퀴) 륜, 구를 륜. 濡: 젖을 유, 은혜 베풀 유.

[해설] 初九는 旣濟의 시초이고 '불'이며 剛이다. 陽剛은 굳세게 나아가는 성질인데 불도 위로 오르고, 위에 六四가 정응이니 육사는 물이라 아래로 흐른다. 정위한 불과 물은 바른 길로 나아가니 기제를 위해 움직이었던 것이다. 이런 상태를 표현한 말이 '曳其輪, 濡其尾'이다. 이미 시작한 것으로 보고 과거형으로 했다.

'曳其輪'의 '曳'는 '끌어당기다'인데, 전진하기 위해서 앞으로 가는 것과 전진하지 못하도록 뒤에서 당기는 것은 정반대의 뜻이 된다. 어떤 것인지는 효의 처한 상태로 판단해야 한다. 기제의 때, 위로 오르는 불, 앞으로 나아가는 剛의 성질은 앞으로 가는 뜻이 분명해진다. '尾'는 다음의 未濟 괘사에서 '小狐(작은 여우)'가 등장하는 것으로 보아서 짐승의 꼬리 중에도 여우꼬리를 말하는 것 같다. 여우는 물을 건널 때 꼬리를 치켜들고 건너는데, 꼬리가 물에 젖었으면 위험을 무릅썼다는 것을 암시한다. '輪'은 수레의 가장 아랫부분이니 초구이고, 이를 끌었다는 것은 움직임의 시작이다. '尾'는 짐승의 가장 뒷부분이니 역시 초구이고, 이것이 젖었다는 것은 움직임의 완료를 의미한다. 이것들로써 기제의 과정을 나타내면서 완성의 의미가 엿보인다. 그러니 '无咎'인 것이다.

소상전에서는 초구의 상태가 이치상 나아간 것이 옳은 것이므로 허물이 없다는 뜻이다. 여기서의 '義'는 '理'이고 '道'의 뜻이다.

* 六二, 婦喪其茀, 勿逐, 七日得.
象曰, 七日得, 以中道也.

육이, 부인은 수레 덮개를 잃어도, 뒤쫓지 말라, 7일이면 얻는다.
상전에서 말했다. 7일이면 얻게 됨은, 중도로써 하기 때문이다.

[자구의 뜻] 茀: 풀 우거져 길 막힐 불, 수레 덮개 불, 여자 머리 꾸미게 불.

[해설] 六二 爻辭와 小象傳이다. 이미 初九에서 물을 건넜으니 육이에서는 그 후의 일일

것이다. 柔인 여자 육이는 아래에서 중정한 덕을 갖추었고, 위에서 역시 중정한 덕이 있는 剛인 남자 九五와 정응이다. 음인 여자는 결혼이 生의 한 완성을 의미하므로 이 둘은 이미 혼인을 한 관계로 볼 수 있다. 그러니 '婦'라 했다. 이미 부인이 된 육이는 여자가 외출할 때 상용하는 수레나 가마의 덮개를 잃어도 이런 잔일에 마음을 빼앗기지 말고 계속 집안일을 열심히 처리해야 한다. 그렇게 하면 나갈 일이 있을 때는 나가게도 된다는 뜻을 효사는 은근히 나타내고 있다.

'茀'은 수레를 가리는 가리개이다. 옛 여인은 수레를 가리개로 덮고 안을 볼 수 없게 하여 행차를 했다. 물론 가마도 마찬가지였다. 그 가리개를 잃었으니 행차할 때는 다시 손을 보아야 할 것이다. 그런데 이미 결혼을 했으니 집안에서 중정의 덕을 지키면서 가사를 활발히 행하는 것이 주된 일이다. 그러니 밖에 나가지 못할 것을 미리 걱정할 형편이 아닌 것이다. '婦喪其茀, 勿逐'이다. 만약 밖에 외출할 일이 생기면 어떻게 할 것인가? 그 때는 남편이나 집안 어른들에게 말씀드리면 잃었던 茀을 찾든지 고쳐줄 것이니 나가면 된다. 옛 부인들은 외출이 일상의 변화였다. 그러므로 변화의 기일을 의미하는 7일이 되면 자연 나가게 되니, 茀을 잃은 것을 미리 걱정하지 않아도 된다. 이런 뜻이 '勿逐七日得'이다. 바로 단전의 '小者亨也'의 하나이고, '初吉, 柔得中也'인 것이다.

'茀'을 잃었다는 것은 위로 오르는 불(火)의 주효로서 그 역할을 다하고 있는 상태를 나타낸 것으로도 본다. 육이는 불의 중심이니 물과 합쳐 잘 익혀 좋은 음식을 만들어야 하므로, 그 사이에 가리고 있는 九三(茀)이 없어졌다고 걱정할 일은 아니다. 없어져도 구오와의 만남은 더 쉽게 이루어져 결과를 만들어내기 때문이다. 이런 뜻을 상징적으로 표현한 것으로도 보나, 그러면 이미 완성을 이룬 것과는 배치된다. 그리고 친비들인 初九와 九三에 둘러싸여 九五에게로 가지 못해 '茀'을 잃은 상태이고, 그러나 7일이 되면 자연 결혼을 하게 되니 '勿逐, 七日得'이 된다고 보기도 한다. 이것도 때가 '旣濟'이고, '婦'는 결혼한 여인을 말하므로 이미 결혼한 것으로 본 것과는 배치된다. 다음 구삼에서는 완성 후의 중흥을 말하므로 모두 취하지 않았다.

그리고 '茀'을 '여인의 가발'이라고도 한다. 여인들은 가발로 머리를 아름답게 꾸며서 외출을 했다고 하니, 외출을 하지 않는 것을 표현한 뜻은 같다. 그러나 외출에는 수레나 가마가 더 직접적이고 실질적인 것이므로 수레를 덮는 가리개를 취했다. 또 離(☲)가 밖은 단단한 강, 안은 빈 유로 가마의 象과 더 닮았다고 생각했다.

'勿逐, 七日得'은 震卦 六二 효사에 그대로 나왔고, 또 復卦 괘사에서 '七日'에 대한 자세한 설명은 하였으니, 이 두 곳을 참고하기 바란다.

소상전에서는 中에 있으므로 중의 도를 행하기 때문에 자연히 다시 얻게 된다는 뜻이다. 중도란 '부인의 도'를 말하는 것이다.

＊ 九三, 高宗伐鬼方, 三年克之, 小人勿用.
　象曰, 三年克之, 憊也.

구삼, 고종이 귀방을 치는데, 3년 만에 이겼다. 소인은 쓰지 말라.
상전에서 말했다. 3년 만에 이긴 것은, 고달픔이다.

[자구의 뜻] 鬼方: 殷·周 때 서북지방에 거주한 종족. 憊: 지칠 비, 고달플 비.

[해설] 九三은 강으로 정위하였고, 上六과 정응이요 아래위에 친비가 있다. 때는 이미 기제의 안락을 누리며 지내왔고, 下離 '문명'의 끝에 처해, 문명한 시대가 정점을 이룬 시기이다. 이런 시기는 그냥 이루어지지 않는다. 국가로 말하면 중흥의 시기가 있어야 하는 것이다. 다음을 의미하는 위의 상괘는 坎 '험함'이니, 미리 대비하게 되는 것이다.

'高宗'은 고대 중국 殷의 22대왕 武丁이라는 의견에는 일치하고 있다. 이 武丁은 약해진 국력을 다시 정비한 賢君이며, 많은 전쟁으로 오랑캐를 정벌했다고 한다. 그 중 서북방에 위치한 '鬼方'과의 전쟁도 고서에 기록되어 있다. 고종과 같은 현명한 군주도 삼년이라는 시간을 보내고서 귀방을 물리쳤다고 '高宗伐鬼方, 三年克之'라 했다. 곧 구삼과 같은 좋은 조건에 처한 굳센 사람도 기제를 지키고 이어가기 위해, 힘든 노력을 기울인다는 뜻이다. 바로 국가 중흥의 시기가 있어야 오래도록 국력이 유지되는 시기인 것이다. 그러므로 이런 때에는 조급하고 자기의 욕심에 관심이 많은 소인을 쓰면 어떻게 되겠는가. 聖人이 경계하여 말하였다. '小人勿用'이라고.

소상전에서는 3년이라는 기간 동안 전쟁을 했으니 얼마나 고달픈 일이겠느냐는 뜻을 '憊' 한자로 나타내고 있다.

＊ 六四, 繻有衣袽, 終日戒.
　象曰, 終日戒, 有所疑也.

육사, (배가)물에 젖으면 헌옷이라도 있어야 하고, 종일 경계해야 한다.
상전에서 말했다. 종일 경계해야 함은, 의심되는 바가 있기 때문이다.

[자구의 뜻] 繻: 채색비단 수(유), 젖을 수. 袽: 헌옷(솜) 여, 걸레 여.

[해설] 六四 효사와 소상전이다. 육사는 旣濟가 시간이 흘러 이미 九三에서 중흥의 시기가 있은 후이며, 上坎 '위험'의 시작에 처했으니 기제를 이어가기 위해 더욱 조심조심해야 하는 때이다. 정위하였으니 바르게 처신하고, 아래로 初九와 정응이고 가까이에 있는 九三과 九五가 친비이니 기제를 유지할 수는 있을 것이다.

'繻'를 대체로 두 가지로 해석한다. 하나는 '젖다'는 뜻이고, 다른 하나는 '비단'이라는 뜻이다. '젖다'의 뜻으로 해석한 것이 위의 번역문이고. '채색비단'의 뜻으로 번역하면 '채색비단옷이 헌옷으로 된다'가 될 것이다. 이 두 가지의 해석이 모두 '위험을 경계 한다'는 뜻이다. 이 중에서 뒤의 구인 '終日戒'와 더 잘 어울리는 것이 '배가 물이 새는 것'이고, 아래의 離卦와, 그리고 육사가 속한 3, 4, 5효의 互卦도 離이니 리에는 '배'의 상이 있으므로 배가 물에 '젖다'라는 뜻을 취했다. 배에 물이 새는 일이 있어 젖게 되면, 헌옷으로도 막아야 한다는 뜻이니 비상처방을 말한 것이다. 헌 옷으로 막고 있는 동안은 경계심을 종일 가져야 할 것이니, '終日戒'를 더 첨가했다. 육사는 坎 '위험'의 시작이니 비상사태를 항상 대비해야 할 것이다.

'袽'는 '헌옷 솜 여'인데 뜻이 넓혀져 '헌옷'으로도 쓰이나 '衣'를 첨가함으로써 뜻을 분명히 한 것이다.

소상전은 배는 물이 새는 경우 등 의심스러운 바가 있으니 이를 대비해야 한다는 뜻이다.

* **九五, 東鄰殺牛, 不如西鄰之禴祭, 實受其福.**
象曰, 東鄰殺牛, 不如西鄰之時也. 實受其福, 吉大來也.

구오, 동쪽 이웃의 소를 잡는 것이, 서쪽 이웃의 간소한 제사와 같지 않으니, 실질적인 것이 복을 받는다.

상전에서 말했다. 동쪽 이웃의 소를 잡는 것은, 서쪽이웃이 때에 맞추는 것과 같지 않다. 실질적인 것이 복을 받는다는 것은, 큰 길함이 오기 때문이다.

[해설] 九五 효사와 소상전이다. 구오의 때는 이미 국가 중흥의 시기도 무럭 익었고, 다음의 未濟에 대한 조짐이 보일시기 쯤 된다. 坎 '구덩이'에 빠져 있는 것이다. 다행히 강으로 정위에 있으니 꿋꿋이 바르게 행하고, 중심의 핵심에 자리하여 중덕으로 일을 처리한다. 그리고 아래 六二와 정응이고, 아래위로 친비가 있어 이들의 협조를 받을 수 있는 상태다. 이럴 때 구오가 취해야 할 태도는 어떤 것일까? 효사는 이를 비유한 말을 했을 것으로 짐작할 수 있다.

'東鄰'과 '西鄰'의 두 집단은 구오가 취해야할 두 종류의 태도를 나타내기 위한 상대적인 것이다. 동쪽 집단에서는 소를 잡아서 성대한 제사를 올리고, 서쪽 집단에서는 봄이나 여름에 지내는 간소한 제사(禴祭)를 올린다. 구오는 어떻게 해야 할 것인가. 끝구의 '實受其福'이 그 해답이다. 무엇이 실질적인 것인가? 성대해야 할 때는 성대하게, 간소해야 할 때는 간소하게 하는 것이 실질적인 것이다. 이것은 때에 맞게 하라는 것과 같다. 구오가 처한 때는 일반적인 의미에서는 발전이 절정을 이루는 때이지만, 이미 완성을 이룬 기제의 때에는 다음에 일어날 변화가 가깝고, 坎 '구덩이'의 중앙에 빠져있는 시기인 것이다. 그러니 군자인 구오는 중정의 덕이 있으므로 삼가고 경건할 것이며, 잘못하면 未濟로 떨어진다는 것을 알고 있을 것이니

'西鄰'을 택한다. 그래서 강은 '實'이고 실은 복을 받는다고 했으니 구오가 복을 받는 것이다. 많은 학자가 東鄰은 구오이고 西鄰은 육이이며, 또 동린은 殷의 紂 천자이고, 서린은 周 文王이라고 한다. 그러나 이와 같이 분류하여 비교하는 것은 이미 孔穎達과 淸代의 孫志祖로부터 비판을 받아 온 것이며, 오늘의 중국학자는 대부분 이런 생각을 하지 않고 두 상대적인 것에서 실질적인 것을 취하는 것으로 본다.

그래서 소상전에서는 동쪽 이웃에서 소를 잡아 성대하게 지내는 제사보다 서쪽 이웃이 때에 맞게 간소한 제사를 지내는 것이 낫다는 의미의 표현을 했고, 이런 실질적인 것이 복을 받는 것은 큰 길함이 오기 때문이라 했다. '吉大'의 '大'는 吉을 강조하는 것으로 보고 '큰 길함'으로 번역했다.

*** 上六, 濡其首, 厲.**
象曰, 濡其首, 厲, 何可久也.

상육, 그 머리를 적시니, 위태하다.
상전에서 말했다. 그 머리를 적시어, 위태하니, 어찌 오래 가리오.

[해설] 상육 효사와 소상전이다. 이미 旣濟의 때가 끝에 이르렀고, 上坎 '위험'에 속해 있으니, 상육의 처한 상태를 짐작할 만하다. 때를 벗어날 수는 없지만, 주위의 여건은 얼마나 이 곤경을 줄여줄지가 관건이다.

初九는 '尾'였는데 상육은 '首'이다. 아래와 위의 끝을 동물에 적용시키면 꼬리와 머리로 나눌 수 있다. '머리'가 물에 빠지면 위험천만이다. 강변에서 그 만큼 깊고 멀리 갔음을 말한다. 곧 상육이 처한 상태가 '濡其首'이다. 계속 나아가면 아마도 물에 빠져 죽을 것이고, 그러면 흉이 될 것이다. 그런데 '厲'이다. 지금이라도 당장 반성하고 환락에 젖은 몸을 빠져나오면 곤경을 벗어날 수도 있다. 이럴 가능성은 주위의 여건이 좋기 때문에 있을 수 있다. 특히 정응인 九三의 불이 물을 조금이라도 말려주는 역할이 보탬을 주기 때문일 것이다. 그러나 허약한 노인이므로 편함을 찾을 것이고, 기제가 다한 때를 벗어날 수가 없을 것이니, '厲'가 되고 괘사에서 말한 '終亂'이 되는 것이다.

소상전에서는 오래갈 수 없다고 했다. 오래가지 못한다는 것은 '厲'에서 곧 흉으로 변할 것임을 암시하고 있다.

旣濟卦는 완성의 시기이다. 개인의 사업도 그렇고 국가를 세우는 문제도 목표를 위해 온몸을 던져야 완성이 된다. 그래서 初爻에서 수레바퀴를 끌었다. 이어 완성 후의 二爻에서는 한눈 팔지 않고 열심히 일을 활발히 했다. 그러다 보면 다시 재정비를 할 필요가 있고, 국가라면 중흥의 기운이 필요하다. 그리고 이 일은 고된 일이다. 九三 효가 그랬다. 그리고 시간이 지날수록 거둔 성과에만 안착하고 悅樂에 빠진다. 옛 역사에서도 후반기에 들어가면 이런 경우를 많이 본다. 그래서 결국은 때를 이기지 못하고 망하고 만다. 旣濟의 상괘가 거의 이런 경우를 조심하라는 경계의 말로 이어져 있다. 六四와 九五의 효사가 그랬다. 이룬 성과를 계속하고, 발전시킨다는 것이 쉬운 일이 아니라는 것을 이 효들을 통해서 알 수 있다. 결국 上六에 이르면 위태해져 흉으로 가게 됨은 어쩔 수 없다는 것을 느끼게 한다.

지금 세계를 지배하는 미국이 '리먼'사태 이후로 흔들리고 있다. 어떻게 이 어려움을 극복하면서 여전하게 세계를 이끌 수 있을지 관심거리다. 세계적인 기업으로 성장한 우리의 삼성은 얼마나 더 발전할 것이며 언제 어떤 어려움을 겪고 이를 헤쳐 나가는지도 관심거리일 것이다.

항상 계속 변하는 것이 『주역』의 원리다. 그렇기 때문에 완성됐다고 끝이 아니고 새로운 시작을 준비하는 것이다. 그래서 인생도 죽음을 앞둔 노년기에는 자신이 죽은 후에 있을 일을 살펴서 유언을 남기고 자식들에게 부탁도 하는 것이다. 그래야 나보다 나은 삶을 내 후손들이 살 수 있는 것이다. 이를 인류의 문제로 연결하면 지구온난화의 문제도 발생하는 것이니, 이런 문제가 해결되어야 인류의 발전이 계속될 것이다. 이 괘가 가리키는 것과 이런 사태의 진전을 관찰하면서 역사의 진행과정을 살피는 것도 재미있는 일이다. 우리는 기제로 나아가는가, 아니면 미제로 떨어지는가. 앞으로의 변화를 예의 주시하면서 나를 반성하자.

䷿ 未濟 (火水未濟)

槪說: '濟'의 뜻은 이미 말한 대로 '물을 건너다'이다. '未' '아직 ~하지 못하다'의 뜻이니 '아직 물을 건너지 못하다'가 된다. 이는 문제를 아직 이루지 못했다는 뜻이고, '미완성'을 말하고 있다. 그러니까 바로 앞의 괘 旣濟가 물을 이미 건넜으면 그것으로 끝나는 것이 아니고, 새로운 강이 있어서 이를 또 건너야 하는 일이 다시 일어나니 未濟卦가 등장한다. 이런 필연적인 연속성을 나타내는 것으로써 마지막 괘의 순서를 정하고 『주역』은 이 미제를 끝으로 64개로 완결 지었다.

괘는 上離 '火', 下坎 '水'로 이루어졌다. 위로 타오르는 불이 위에, 아래로 흘러내리는 물은 아래에 있으니, 서로 만나지 못해 변화가 없으므로 미제이다. 효는 陽位에 음이, 陰位에 양이 있어서 位不當이다. 처한 자리가 마땅치 못하면 자기 역할을 제대로 하지 못하여 일이 이루어지지 않을 것이므로 역시 미제의 의미가 있다.

「서괘전」에는 "物不可窮也, 故受之以未濟, 終也(만물은 다할 수만 없으니, 그 때문에 미제괘로써 받고, 종결짓는다)"라 했다. 앞서 설명한대로 만사는 끝이란 없기 때문에 미제로써 받는다는 뜻이다. 그리고 「잡괘전」에서는 "未濟, 男之窮也(미제는 남자의 곤궁함이다)"라 했다. 앞장서서 일을 주도해야 할 남자 양이 모두 제자리를 잃어 곤경에 처해 있으므로 일이 잘 풀리지 않아 '未濟'가 된다는 뜻이다.

미제이니 물을 건너야 할 것이다. 괘효사를 통해 알아보자.

1. 괘

* 未濟, 亨, 小狐汔濟, 濡其尾, 无攸利.

미제, 형통하나, 어린 여우가 거의 건너도, 꼬리를 적시면, 이로울 바가 없다.

[해설] 괘사이다. 먼저 未濟가 '형통하다'는 것이 의아한 면이 있다. 그런데 잘 살펴보면 모든 효가 서로 정응이다. 서로서로 응하여 도우니 형통한 것이요, 서로 돕고 힘을 합치면 미제도 해결될 것이므로 형통하게 되는 것이다. 또 「설괘전」에서 아래 坎은 "其於木也, 爲堅多心(그 나무에는, 굳고 심이 많음이 된다)", 위 離는 "其於木也, 爲科上槁(그 나무에는, 속이비고 위가 마른 것이 된다)"라고 말했다. 모두 '나무'의 象이 있으니 이를 이용하면 물을 건널 수 있다. 그래서 '亨'이다.

그러나 기제의 '亨'과는 좀 다르다. 기제는 이미 일을 해냈기 때문에 형통한 것이고, 큰 것이나 작은 것이나 할 것 없이 모두 형통했다. 이에 비해 미제는 일을 해결할 가능성이 있기 때문에 형통한 것이다. 서로 합심하여 노력해도 일이 성공하지 못할 수도 있다. 이를 아래 단전에서는 부드럽고 소극적인 유가 중심에 있기 때문이라고 '柔得中'이라 했는데, 이것은 '剛得中'과는 다르다는 의미도 있음을 말한다. 이런 경우를 이어서 나타냈으니 '小狐汔濟, 濡其尾, 无攸利'이다. 곧 '柔'는 '小'이니 여우 중에도 '小狐'가 등장하는 것이다. 어린 여우가 판단력 부족으로 겁도 없이 강을 건너다가 완전 도착하지 못한 지점에서 꼬리를 적시는 일 같은 것은 이롭지 않으니, 미제의 시절에는 '亨'해도 경계해야 함을 말했다.

여우는 강을 건널 때 꼬리를 치켜든다고 했다. 꼬리가 젖었는데도 '거의 건넜다'는 것은 아직 건너지 못했다는 뜻이다. 늙은 여우는 강이 얼면 얼음 위를 건너는데, 그 소리를 듣는 치밀함을 보인다고 한다. 어린 여우는 이와 같은 판단력의 부족으로 인해 실패를 할 수도 있다. 그리고 꼬리가 물에 젖은 것은 쉽게 보인 일도 하다가 보면 어려움이 가중되어 실패할 수도 있다는 뜻도 된다. 어떻든 무작정 일을 하다가는 실패할 수도 있으니 노력과 더불어 치밀함이 필요함을 괘사는 말하고 있다.

'汔'은 '幾(거의 기)'의 뜻이다. '涸(물마를 학)'의 뜻을 취한 사람도 있다. '어린 여우가 물이 마르다고 생각해서 건너는데, 꼬리를 적시다'의 뜻. 같은 뜻이 된다.

＊ 彖曰, 未濟亨, 柔得中也. 小狐汔濟, 未出中也, 濡其尾, 无攸利, 不續終也. 雖不當位, 剛柔應也.

단전에서 말했다. 미제의 형통함은, 부드러운 것이 중심을 얻은 것이다. 어린 여우가 거의 건넜다는 것은, 아직 중심을 벗어나지 못했다는 것이고, 꼬리를 적시면 이로울 바가 없다는 것은, 끝까지 계속하지 못한다는 것이다. 비록 자리가 마땅치 않지만, 강과 유가 상응한다.

[자구의 뜻] 續: 이어질 속, 전하여질 속, 후사 속. 續終: 끝까지 계속함.

[해설] 단전이다. 먼저 未濟卦의 형통함을 설명했다. '柔'는 六五이다. 육오가 상괘의 중심에 있고 九二의 정응과 九四의 친비가 있다. 尊位에서 중덕을 행하면서, 음으로 소극적인 면은 강한 양들인 구이·구사의 도움을 받으면 잘 이루어질 것이므로 '亨'하게 된다는 뜻이다. 그런데 유가 '得中'하여 형통하다고 특별히 말하고 있는 것은, 강이 '得中'하여 '亨'함과는 은연중 구별됨을 말하고 있다. 즉 이어지는 다음 句들이 강이 아닌 유가 得中했기 때문에 있게 된 것으로 보면 된다.

이어진 구 '小狐汔濟'는 어린여우가 용감히 강을 건너서 거의 성공할 것 같으나, 강의 중심을 벗어나지 못했다고 '未出中也'라 했다. 그러니 이 '汔' 한 자가 들어감으로 해서 실패할 수도 있다는 뜻이다. 그리고 이 실패의 경우를 더 구체적으로 설명을 한 것이 이어졌다. 다음 구 '濡其尾'의 '尾'는 小狐의 尾이다. 꼬리가 젖으면 중심을 벗어나지 못한 힘 없는 어린 여우는 끝까지 계속하지 못한다. 그러니 '不續終也'이다. 이런 것이 유가 '得中'했기에 있을 수 있는 일이라는 뜻이다.

끝으로 미제는 이렇게 실패하기만 하는가. 그렇지만 않다는 말을 첨가했다. 곧 모두 협력하여 일을 성사시키도록 힘쓰면 '亨'할 수 있고, 이런 바탕이 되어 있다. 곧 '剛柔'가 모두 '應'이니 서로 도우면 된다. 성인이 이를 잊지 말고 힘써 노력은 해야 한다는 권고를 한 것이다.

＊ 象曰, 火在水上, 未濟. 君子以愼辨物居方.

상전에서 말했다. 불이 물위에 있는 것이 미제괘이다. 군자가 이를 보고서 신중히 물건을 구분하여 마땅한 자리에 처하게 한다.

[해설] 대상전. 上離는 '火', 下坎은 '水'의 象이다. 위로 오르는 성질의 불은 위에 있고 아래로 흐르는 성질의 물은 아래에 있으니, 상호작용을 하지 못하고 있는 것이 未濟卦다. 군자가 이를 관찰한 후, 사물의 성질을 파악하여 구별하고, 그것들이 상호작용을 하여 서로 도움

이 되도록 위치를 정해서 거처하도록 한다는 말이 '愼辨物居方'이다. 「계사 상」에 이와 관련된 문장이 있다. "動靜有常, 剛柔斷矣, 方以類聚, 物以群分, 吉凶生矣(움직임과 고요함이 일정한 규율이 있으니, 강유가 나누어진다. 관념은 종류에 따라 모이고, 사물은 무리에 따라 나뉘니, 여기서 길흉이 생긴다)" 군자가 바로 이런 사실을 알아차리고 이를 대비한다는 뜻이다.

2. 효

* 初六, 濡其尾, 吝.
象曰, 濡其尾, 亦不知極也.

초육, 꼬리를 적실 것이니, 인색하다.
상전에서 말했다. 꼬리를 적신다는 것은, 역시 한계를 알지 못하는 것이다.

[해설] 初六 효사와 소상전이다. '濡其尾'는 이미 旣濟의 初九에서 나온 字句고, 旣濟나 未濟나 제일 아래의 효를 '尾'라하고 제일 위의 효를 '首'라 하는 것은 같다.

초육은 괘의 첫 시작이니 아직 어리고, 정위하지 않았다. 미제도 下坎의 '험'도 시작의 단계이다. 모든 상황의 첫 단계이니 江이 얼마나 깊고 험한지 파악하기가 힘들고, 어리니 더욱 가늠하지 못한다. 그리고 위에 있는 정응 九四는 '불'이니 위로 타오르고, 바로 위의 친비 九二는 험의 한 가운데 있으니 둘 다 큰 도움을 줄 상태는 아닌데, 모두 정위도 아니다. 바로 「잡괘전」에서 말한 "男之窮也"이다. 어린 것이 이런 상황에서 건너갈 수 있을 것인가? 건너가면 꼬리를 곧 적시고 말 것이므로 '濡其尾'이다. 험을 탈출하기 어려운 상태이니 '吝'이다. 괘사의 '小狐汔濟, 濡其尾'인 것이다. 기제의 때에는 양으로 정위하였고, 때가 기제였으니 '无咎'이나, 여기서는 때가 미제이고 험의 바닥에 있으니 탈출을 시도하고 싶겠지만, 힘도 없는 어린 것이니 '吝'이 되었다. 吝은 흉으로 되어 감을 말하니, 앞으로 특별한 일이 없는 한 凶이 될 것이니, 행동하지 말아야 한다는 뜻이다.

소상전에서는 그가 할 수 있는 한계를 모르고 행동하면 꼬리가 젖고 만다는 뜻이다. '極'은 우리말 '한계'가 가장 적당해 보인다.

* 九二, 曳其輪, 貞吉.
象曰, 九二貞吉, 中以行正也.

구이, 수레바퀴를 끌어당기면서, 바름을 지키면 길하다.
상전에서 말했다. 구이의 바름을 지키면 길하다는 것은, 중심에서 바르게 행하기 때

문이다.

[해설] '曳其輪'은 旣濟卦의 初九에서 나온 자구이다. 旣濟와 未濟의 때가 다르니, 미제에서는 2효에 와서 해결을 위한 시도를 해보는 것이다.

九二는 미제의 때에 아래 坎의 '험' 중앙에 있다. 정위가 아니므로 바름을 잃게 되면 조급증이 날 만하나, 중심에 자리했기 때문에 중덕이 있어서 지나친 행동을 자제할 수 있다. 굳센 剛이 이렇게 중도를 지키며 수레바퀴를 끌어당기면서, 험에서 탈출하기 위해 고심한다면 바른 행동이니 '貞'이다. 이렇게 바르게 행하면서 정응인 위의 六五가 조금이라도 힘을 합하면 좋은 결과도 기대할 수 있으니 '吉'이 된다. '貞'의 뜻을 무턱대고 강을 건너는 것이 아니라 중도를 지키며 잘 살펴 행한다는 뜻으로 보아야 할 것이다.

소상전에서도 이렇게 '中'을 대단히 중요한 것으로 말한다. 중은 비록 정위가 아니어도 지나치지 않게 일을 처리하는 것을 말하니, 바른 행위에 속한다. 그러므로 '中以行正也'라 했다.

*** 六三, 未濟, 征凶, 利涉大川.**
象曰, 未濟征凶, 位不當也.

육삼, 미제는, 정벌은 흉하나, 큰 강을 건너는 것은 이롭다.
상전에서 말했다. 미제가 정벌은 흉하다고 함은, 자리가 적당치 않기 때문이다.

[해설] 이 六三 효사는 '征凶'이라 해놓고 '利涉大川'이라 했으니, '凶'과 '利'가 배치되어 이해가 쉽지 않다. 특히 '征'을 '나아가다'로 번역을 많이 하는데, '나아감은 흉하다'고 하고서 '큰 내를 건너는 것이 이롭다'고 하니 앞뒤가 서로 통하지 않는다. 그래서 朱熹는 '利涉大川' 앞에 '不'字가 빠지지 않았나 의심했고, 明代의 經學家 季本이 지은 『易學四同』에는 이 구절에 '不'자를 첨가시켰으며, 현대의 高亨도 '不'이 있어야 하는 것으로 보았다. 충분히 참고할 의견이다. 그러나 현대에 와서 함부로 글자를 첨가할 수 없는 일이므로, 그대로 두고 번역을 했다. 그러자니 가장 합리적인 것은 '征'과 '涉大川'의 두 일을 비교의 관점으로 하여, '적을 정벌하는 일'은 큰일이고 '대천을 건너는 일'은 보다 작은 일로 보고, 큰일은 불가능하나 이보다는 작은 일은 가능하다는 뜻으로 이해하고 번역을 했다. 특히 육삼의 시간과 위치에 도달하면 완성을 위한 노력은 이미 시도한 것으로 보아야 하기 때문이다.

육삼은 아직은 미제의 때이면서 아래 坎 '險'에 있다. 거기다 음이고 정위도 아니니 바르게 일을 처리하지 못하는 경우도 있다. 그러니 적을 치는 큰일은 할 수 없다. '征凶'이다. '征'은 '정벌하다'의 뜻을 취해야 한다. 그런데 아래위로 剛들이 친비하고, 특히 九四의 불이 가까이 있는 것이 되니, 불은 물을 마르게 한다. 거기에 上九와는 정응이니 이들의 도움을 잘 이용하고, 때도 상괘 離의 '文明'이 직전에 놓여 있으니 강을 건너서 문명세계로 갈 수 있다. 또 離는 '배'의 象이고, 육삼이 속해 있는 2, 3, 4효의 內互卦도 리이니, 未濟에서 濟로 전환할 수 있다. '利涉大川'은 가능한 상태이다. 이런 뜻으로 효사를 풀었다.

소상전에서는 '征凶'함은 '位不當'한 것을 대표로 지적하여 말했다. 효사에서나 이 소상전에서 '未濟'라는 괘 이름을 빠뜨리지 않고 넣은 것은 육삼이 아직 미제의 시기에 있다는 것을 강조한 것이라 보이며, 모두가 다 '位不當'인데도 유독 여기에서만 대표시킨 것은 나약한 음이면서도 하괘에서는 가장 윗자리를 차지한 효이므로 행동할 수밖에 없는 위치이기 때문이라 여겨진다.

*** 九四, 貞吉悔亡. 震用伐鬼方, 三年有賞于大國.**
象曰, 貞吉悔亡, 志行也.

구사, 바르게 해야 길하고 후회가 사라진다. 진용이 귀방을 치니, 3년 만에 대국에서 상을 준다.

상전에서 말했다. 바르게 해야 길하고 후회가 사라진다 함은, 뜻이 행하여지게 되는 것이다.

[해설] 九四는 下坎의 '험난함'을 벗어나 上離 '문명'이 시작되는 시점이며, 미제의 후반부이니 미제를 해결할 시점쯤 된다. 그런데 정위가 아니니 바르지 못하고, 바로 아래 물이 있어서 불이 활활 살지 못하여 '悔'가 있다. 그래서 이를 경계하여 말하였으니, 바르게 해야 길하고 후회도 사라진다고 '貞吉悔亡'이라 했다.

대체로 '震用'을 '震'은 '떨치다'의 뜻을 취하고 '用'은 '어조사'로 보아서 '떨쳐 일어나 귀방을 치니'로 번역을 한다. 그런데 周의 先人 震用이 鬼方과의 전쟁에 참가하여 殷王으로부터 상을 받았다는 사실이 甲骨卜辭에 의해 역사적 사실로 증명됐다고 정약용의 『역주 周易四箋』 注에 나와 있다. 高亨도 '震'을 사람이름으로 추리하여 번역했으므로 이를 취했다. 六三의 '征凶'이 진전됐음을 말한다.

旣濟와 未濟는 綜卦(反卦라고도 한다)이므로 기제 九三이 미제가 되면 九四로 되니 같은 구절 '伐鬼方'이 나왔다. 기제 구삼에서도 고종이 삼년만에 이겼다는 말이 나오니, 이 전쟁에 제후국의 장수도 참가를 했을 것이다. 이 전쟁의 승리로 인해 상을 받았다는 것으로 해석하면 딱 들어맞는다. 九四가 六五와 친비이므로 그의 신임을 받아서 상하가 협동하여 미제를 벗어나는 책무를 힘들지만 이루어내고 상을 받는다는 의미가 '震用～' 이하의 구절이다.

소상전에서는 '貞吉悔亡'은 '貞'만 하면 구사의 뜻이 이루지게 된다는 뜻이다.

＊ 六五, 貞吉, 无悔. 君子之光, 有孚, 吉.
象曰, 君子之光, 其暉吉也.

육오, 바르니 길하고, 후회도 없다. 군자의 빛남은, 믿음을 주므로, 길하다.
상전에서 말했다. 군자의 빛은, 그 광채가 길한 것이다.

[해설] 六五 효사와 소상전. 육오는 미제를 완전 탈출한 후이다. 上離 '문명'과 '태양'의 주효이면서, 비록 정위는 하지 않았으나 중심에 자리하여 중덕이 있고 아래위에 정응과 친비도 있다. 중덕이 있으니 치우침 없이 바르게 행하므로 '貞'하다고 할 것인데, '밝음'의 주인이 되고 주위의 여건도 좋으니 貞할 것은 당연하고, 정하니 '吉'하고, 길하니 '悔'가 있을 수 없다. 그러므로 '貞吉, 无悔'이다. 구사의 '悔亡'은 원래 있던 '悔'가 사라지지만, 이 효의 '无悔'는 원래부터 '悔'가 없다는 뜻이니, 같은 부정위이지만 중이 그만큼 좋다는 의미가 된다. 비록 유약한 음이나 문명하고 중덕이 있으니 '군자의 빛'이 되고, 이것이 주위의 양강한 신하에게 믿음을 주니, 이것 또한 '吉'한 것이다. 그래서 '君子之光, 有孚, 吉'이라 했다. 이렇게 길하고 또 길하니, 틀림없이 문명의 시대임을 말하지 않아도 짐작할 수 있는 일이다.

소상전의 '暉'는 '빛이 발산하는 것'을 말하니 바로 '광채'이고, 군자의 빛은 발산하여 주위를 밝게 하니, 그것이 바로 '吉'로 이끈다는 뜻이다. 군자란 그가 지닌 덕으로 주위를 밝게 해주니 '光'이 '暉'하는 것이 된다.

＊ 上九, 有孚于飮酒, 无咎. 濡其首, 有孚失是.
象曰, 飮酒濡首, 亦不知節也.

상구, 믿음이 있으니 술을 마셔도, 허물은 없다. (그러나)머리가 젖으면, 믿음이 있어도 옳음을 잃는다.
상전에서 말했다. 음주에 머리를 적시면, 역시 절제를 모르는 것이다.

[해설] 上爻의 효사와 소상전이다. 上九는 미제의 끝으로 아래 六五에서 문명이 완성된 다음이다. 上離 '문명'의 혜택을 한껏 누릴 시기다. 아래에는 정응과 친비들이 있고 하니, 그들을 믿고 편안히 즐기면서 은퇴를 준비하면 된다. 그러니 한잔하면서 세월을 보내는 것이다. '有孚于飮酒'는 이런 의미이다. 때가 즐기고 놀 수 있는 때이니 술 마시는 것이 허물이 될 수 없으니 '无咎'라 했다. 그렇지만 이런 것도 심하면 결코 용납되지 않는다. 그래서 경계하는 말을 두었으니, 그것이 '濡其首, 有孚失是'이다. 初六에서 '尾'로 시작했으니, 마치면서 그와 어울리는 '首'가 등장하는 것이고, 또 旣濟卦에서도 상효에 '首'가 등장했으니, 그것과 비교가

되는 것이다. 기제 上六에서 여우가 물에 머리를 적시어 '終亂'이 되듯이, 여기서는 음주가 심하면 같은 경우가 된다는 뜻을 나타내고 있다. 믿음도, 완성된 것들도 다 허물어지는 것이다. 정위하지 않았으니 더욱 필요한 경계의 말이다.

소상전의 '飮酒濡首'는 술에 직접 머리를 적시었다는 뜻보다는 과음으로 인해 의식이 흐릿한 상태의 표현이라고 이해해야 할 것이다. 누구나 술에 취하면 절제를 잃게 된다. 이런 상태는 결코 있어서는 안 된다는 경계의 의미로 완결을 지었다.

未濟는 누구나 旣濟가 되도록 노력해야 한다. 그러나 이를 성급하게 하면 실패하는 경우가 있다. 그래서 하괘에서는 때를 기다리며 조심조심하는 경우이다. 그래서 初六은 이런 조급함을 경계했고, 구덩이 한 가운데 있어 노력할 수밖에 없는 九二는 '貞'해야 하고, 六三에서야 겨우 '征'만 피하면 기제의 가능성이 있음을 나타내고 있다. 未濟의 해결은 九四에서야 해결난다. 旣濟보다는 진전이 느림을 보여준다. 사람은 누구나 괴로운 처지를 성급히 해결하려하니, 때를 기다리며 잘 살펴보는 일이 필요함을 말하고 있다. 아무리 應과 比가 서로 도움을 주는 관계라도 미제의 해결은 결코 때를 어길 수는 없다는 가르침이다. 이렇게 해서 해결된 후의 上九에서는 지나친 향락에 빠지는 것을 경계했다. 이를 유학자는 '節'한자로 나타냈다. 이것은 바로 '中'의 중요성을 말한 것이다. 중의 강조는 여려 괘에서 볼 수 있었던 것이다. 이 괘에서도 정위가 아닌 九二가 미제의 탈출을 시도한 것만으로도 점사가 '吉'한 것은 中이기 때문이고, 九四에서는 鬼方을 쳐서 승리하는데 '貞'이라는 조건을 지켜야 하는 것도 중이 아니기 때문이며, 六五에서는 음이고 정위하지 않아도 문명세계를 이루는 것은 역시 중이기 때문이며, 괘를 마치면서 상구에서는 소상전의 '節'로써 충분히 중을 지켜야 함을 알 수 있도록 했다. 이렇게 괘를 마치면서 '時'와 '中'을 강조하고 있다.

『周易』의 經文에는 온갖 생활 속에 있을 수 있는 일을 그대로, 때로는 상징적으로 나타내고 있어서 공자가 이를 더욱 이해하기 쉽도록 하고, 편리하게 활용할 수 있도록 하기 위해 오늘로 말하면 책가방이 세 번이 닳도록 공부한 이유가 아닌가 한다. 그렇게 해서 이끌어낸 것 중에서 중요한 것이 '時' '中正'임을 괘를 끝내면서 다시 강조하고 있음도 알아야 할 것이다.

마무리

대체로 上下經 다음은 十翼 중 「繫辭傳」「說卦傳」「序卦傳」「雜卦傳」의 풀이가 이어진다. 이 책에서는 이들 풀이를 실마리와 上下經에 거의 다 인용하여 썼으므로, 대신 흔히 『周易』이라 생각하는 점치는 術數 중 현대에도 자주 의존하는 사주팔자, 택일, 작명의 원리와 『주역』과의 차이를 비교해 보고, 이어서 『주역』의 대의를 설명한 「계사전」으로 『주역』에 대한 인식을 다시 한 번 각인하면서 마무리를 짓도록 한다.

1. 사주팔자(四柱八字)

우리가 쓰는 달력에는 年月日時에 干支가 각각 있다. 사주팔자란 연・월・일・시가 4기둥(四柱)이고, 이에 天干과 地支가 각각 한 字씩 있어 八字이므로 붙여진 이름이다. 이를 '命理'라고도 부른다. 사람이 태어난 때의 사주팔자에는 그의 능력을 결정하는 요인이 있고 이 요인을 알면 그의 삶을 재단하여 예언할 수 있다고 본다.

계절에 따라 자라는 식물의 종류가 다르고, 그 時의 환경에 따라 성장에 차이가 나듯이 동물과 인간도 이에 벗어나지 않는다는 원리다. 그러므로 사람의 태어난 때가 그에게 영향을 주는 환경요인들의 강약 대소를 결정하므로, 이를 밝혀내면 삶의 방향을 알 수 있다는 논리다. 어떻게 밝혀낼 수 있는가? 때에는 天干과 地支가 있고, 이 천간과 지지는 만물생성의 요인으로 인식되어 오던 五行으로 분류가 되니, 이 오행이 결국 하늘과 땅의 기운들이므로, 이것으로써 사람의 능력을 결정하는 요인을 찾을 수 있다는 결론에 이르게 된다. 그래서 다음의 원리가 성립하게 된다.

*** 사람은 태어난 때의 영향 아래에 있다.**
*** 사람은 五行의 氣에 의해서 태어나고 그 영향으로 자란다.**

1) 干支의 五行 배당

우선 天干은 1甲, 2乙, 3丙, 4丁, 5戊, 6己, 7庚, 8辛, 9壬, 10癸이고, 地支는 1子, 2丑, 3寅, 4

卯, 5辰, 6巳, 7午, 8未, 9申, 10酉, 11戌, 12亥이다. 하늘과 땅의 어울림을 甲子, 乙丑, 丙寅, 丁卯, …… 癸酉, 甲戌, 乙亥, 丙子, 丁丑…… 이런 식으로 짝을 이루어, 마지막 干支인 癸와 亥가 짝이 되기까지 60개의 간지가 나온다. 이를 1년의 일수에 차례 지워 헤아리며, 한 해의 변화를 나름대로 정확히 측정하여 절기를 나타내왔고, 이를 수정 보완하여 조선 고종 41년부터 '만세력'이라 부르면서 지금도 사용하고 있다. 이를 이용하면 누구나 사주팔자인 干支를 알 수 있다.

오행은 4계절과 四方에 배정되기를 木은 동방의 봄, 火는 남방의 여름, 土는 중앙의 조절기, 金은 서방의 가을, 水는 북방의 겨울이었다. 오행의 운기도 음양이 있다는 개념으로, 天干을 음양으로 묶어서 2개씩 오행에 배당시켰다. 1의 양수 甲은 양의 성질을 가진 나무이거나 그 氣가되고 2의 음수 乙은 음의 성질을 가진 나무나 기로 생각하여, 甲乙을 묶어서 木에 배정하고, 같은 원리로 丙丁 火, 戊己 土, 庚辛 金, 壬癸 水에 배정했다. 봄여름・조정기(土)・가을겨울이다. 아마도 하늘의 기운은 싹트는 봄이 가장 큰 것으로 보았음인지 봄을 시작의 의미가 있는 數 1로 하여 차례로 둘씩 묶고, 계절의 큰 변화는 성장기인 봄여름과 쇠퇴기인 가을겨울로 나눌 수 있으므로 이를 중간에서 조절한다는 의미로 中인 土에 戊己를 배정했다. 그리고 地는 天과는 對가 되면서 음이고 음은 물러나는 성질이다. 그래서 地支의 오행배당은 이 물러남 때문에 子와 끝의 亥를 음양으로 하여 묶고, 봄 이전의 계절인 겨울에 배당하여 逆順했다. 子亥를 겨울의 水, 겨울과 가을의 중재역할로 戌을 土에, 계속하여 酉申 金, 未 土, 午巳 火, 辰 土, 卯寅 木, 丑 土에 배정했다.

이상 오행의 방위 배당은 河圖(유목은 이를 洛書라 함)에 근거한 것이다. 이 하도에서는 數가 또 사방에 배정이 되는데 다음과 같다. 生數가 五와 합하여 成數로 차례 지워지고,[214] 여기서 생수와 성수의 음양이 합하여 사물을 이룬다고 했다. 즉 1, 6은 합하여 水를 이루고 북쪽에 위치하며, 2, 7은 火로 남, 3, 8은 木으로 동, 4, 9는 金으로 서, 5, 10은 土로 中에 위치한다. 이의 원리를 月과 時의 간지적용에도 그대로 적용하여 천간 1의 甲과 6의 己, 2의 乙과 7의 庚 등이 같은 변화를 한다고 묶고, 甲과 己로 시작하는 해의 月의 간지는 입춘을 기준으로 丙寅부터 시작하여 丁卯, 戊辰, 己巳로 진행되고, 甲己日의 時 간지는 23시와 1시 사이의 子時를 시발점으로 하여 甲子, 乙丑, 丙寅으로 시작했다.

이런 원리에 의거하여 그 사람의 태어난 연월시의 오행으로 그 사람의 운기를 재단하여 그의 미래를 예측하는 것이다. 그런데 다음의 의문이 있다.

地支의 오행배당을 逆順한 것은 『주역』 상수파의 견해와 일치하나, 땅은 2개씩 묶다가 천간과 같이 土를 여름과 가을 사이에 한꺼번에 몰아넣지 않았다. 그리고 지지의 토들인 丑辰未戌이 명리에서는 丑未가 음이고 辰戌이 양이다. 이는 위의 지지 순서에서 丑은 2, 未는 8,

214) 생수는 1, 2, 3, 4, 5이고, 성수는 6, 7, 8, 9, 10이다. 이런 數에 관한 것은 실마리에서 이미 논한 것이니 이를 참조하라.

辰은 5, 戌은 11로, 양수와 음수에 해당하기 때문인 것 같다. 그러나 계절을 따져보면 여름과 가을을 잇는 未가 가을과 겨울을 잇는 戌보다 더 더울 것이므로, 열이 많은 未가 양, 戌이 음이어야 할 것 같다. 반드시 차례 지워진 순서에서 음양이 결정되고 있다. 일률적인 이런 규칙이 계절이 갖는 이치와 직결된다고 믿기가 어렵다. 음양오행의 분류가 여러 가지 복합적인 요인이 있다고 알고 일단 다음을 생각해 보자.

위에서 甲己年의 월의 간지는 丙寅, 시의 간지는 甲子로 시작했다. 지지를 계절에 배당할 때 봄은 卯寅부터 시작하니(地支 오행배당), 월의 지지를 寅부터 시작했다면, 천간도 丙 대신 봄인 甲과 연결하여 甲寅부터 시작하면 안 될까? 또 월을 봄부터 했다면, 시의 간지도 동이 트는 새벽인 3~5시인 寅부터 하여 甲寅으로는 왜 하지 않았을까? 그리고 왜 태어난 때만 영향을 미치는 것으로 보았을까? 남자의 정충과 여자의 난자가 만나서 생명을 탄생시키는데, 이 잉태한 때와 어머니 뱃속에서 지낸 10개월의 연월일시는 왜 무시하는가? 그리고 사람이 태어난 시간인 연월일시의 간지가 그의 운명을 전적으로 결정하는가? 가령 유전인자나 후천적 학습과 노력으로 얻는 것은 없는가? 이것도 이 간지와 오행의 영향아래에 있다는 말인가? 이런 의문들은 사주팔자로 점하는 사람들이 안게 되는 몫이면서 아마도 그들에게는 또 다른 설명이 있을 것이다. 이런 의문은 연구과제로 남겨두고 오행의 상호작용을 더 알아보자.

2) 五行의 生剋과 合冲

오행은 상호 어떤 작용을 하는가? 이에 대한 기본적인 相生・相剋(勝)관계는 실마리[215]에서 말했다. 이것의 불합리성이 비판을 받았다는 것도 말했다. 그래서 이를 보완하기 위해서인지는 알 수 없으나, 合冲의 이론이 더불어 전개된다. 干支의 순서에서, 정해진 차례의 數가 절반을 넘어선 수와의 음과 양은 合이 되고 음음이나 양양은 冲이 된다. '冲'은 沖의 속자이고 '꺼리다'의 뜻인데, 相衝함을 이른다.

천간에 이를 적용시키면 生數 1과 成數 6은 양과 음이니 合이 된다. 곧 1甲과 6己가 합하여 짝을 이루는데 甲己는 합하면 土가 되고, 다음 乙庚은 합하면 金이 되고, 丙辛 水, 丁壬 木, 戊癸 火가 된다고 했다. 왜 나무인 甲과 흙인 己가 합하면 木이 되지 않고 土가 되는지, 특히 불인 丁과 물인 壬이 합하여 나무가 되고, 흙인 戊와 물인 癸가 합하여 불이 되는지는 알 수가 없다. 1과 7은 陽陽으로 冲이니 1甲과 7庚은 충이다. 계속해서 乙辛, 丙壬, 丁癸가 충이다. 冲이 서로 만나면 힘이 약해질 것이다. 지지에도 충은 이렇게 적용시키니 1子 7午가 충하고 丑未, 寅申, 卯酉, 辰戌, 巳亥가 충이다. 그런데 지지의 合은 좀 다르다. 우선 합에는 어떤 기준의 時點이 앞뒤의 다른 시점보다 별나게 왕성한 시절이 될 수도 있다는 관념에서 출

215) 실마리 33쪽부터 참조.

발한 것 같다. 곧 유난히 덥고 유난히 추운 때가 있듯이 강력한 힘을 갖는 오행이 있게 된다는 말이다. 이를 三合이라 한다. 겨울처럼 춥게 되는 시각은 申子辰, 봄은 亥卯未, 여름은 寅午戌, 가을은 巳酉丑이 합하여 만들어진다. 구체적으로 '申子辰'이 합하여 왕성한 '水'가 되는 이유를 더 설명을 하면 이런 논리인 것 같다. 왕성한 겨울의 시절이 되려면 앞에서 조짐이 있는 요인이 있을 것이다. 앞의 시점 중 水를 相生하는 金인 '申'이 있으니 기준이 된 시점 水인 '子'를 상생하여, 金生水로 水가 왕성해지고, 이것의 결과는 땅에 나타날 것이니 땅인 '辰'과 합쳐 水局이 형성된다고 본다. 이런 이치로 亥卯未의 木局, 이어서 寅午戌 火局, 巳酉丑 金局도 이루어지는 것이다. 水局이 이루지는 申子辰을 예로 하여 일어나는 의문들은 이런 것이다. 같은 金生水+土인 酉亥丑은 왜 안 될까? 또 겨울인 水가 生하여 강해 졌다면 이의 결과는 봄과 겨울의 과도기인 土 '丑'과 합하여 申子丑은 왜 안 될까. 局을 이루는 支와 지의 간격이 반드시 4인 것은 4계절과 연관 시킨 것인가? 이런 의문이 든다. 다른 局도 마찬가지다.

지지의 합에는 이외에도 같은 방향끼리 모여 亥子丑은 水, 寅卯辰은 木, 巳午未는 火, 申酉戌은 金으로 합하고, 六合이라 하여 子丑은 土로, 午未는 火, 寅亥 木, 卯戌 火, 辰酉 金, 巳申 水로 변하는 것이 있다. 오행의 작용하는 논리로 보면 卯戌이 어떻게 '火'로 변하는지 이해가 가지 않는다. 이런 것 때문에 결국 오행의 기본원리인 상생·상극로만 푸는데 한계가 있어, 이를 이렇게 저렇게 맞도록 적용해 왔다고 보고 넘겨야 한다. **여기서 논한 합충의 원리는 상생·상극의 원리와 함께 명리에서는 아주 중요하게 적용되어지고 있으므로 반드시 외워두어야 한다.**

여기까지 사주팔자가 운용하는 원리들을 약간만이라도 소개하는 까닭은 合과 冲이되는 오행으로 서로의 生剋을 따져 강약을 구별해야 하기 때문이다. 동시에 그 원리에 대한 의문이 여기저기에서 발견됨을 알리기 위해서이다. 그러므로 『주역』도 마찬가지지만 占에는 운용법인 術이 어쩔 수 없이 따라다니고, 이것에 의해서 반드시 귀착되는 정해진 數가 있게 된다. 그래서 이들을 모두 '術數'라고 한다.

3) 운용의 실제

연월일시의 四柱를 어떻게 운용하는가? 日干을 주체로 하여 다음과 같이 간지를 적어서 오행의 세력을 따져 운용한다.

	時	日	月	年
天干	干	干	干	干
地支	支	支	支	支

누구나 태어난 연월일시를 만세력에서 찾아 그 간지를 五行에 대입하여 일간을 기준으로 그들 간의 세력을 저울질한다. 이 저울질은 간단치가 않다. 중심이 되는 日干과 가까운 거리에 있으면 영향력이 클 것은 당연하다. 그런데 時의 간지보다는 月의 간지가 더 영향력이 크다. 그 중에도 月의 地支가 대단한 영향력을 미친다. 이의 영향력은 바로 日支의 영향력과 거의 같다. 왜 그럴까? 하늘의 영향력이 땅의 변화를 가져오고 이 땅의 변한 地氣가 올라 하늘에 다시 영향을 미칠 것이다. 그러므로 日干은 月의 지기인 月支를 받지 않을 수가 없다. 한 날의 덥고 추움은 그 달의 덥고 추움과 직결된다고 보는 모양이다.

이런 원근관계와 더불어 오행의 生剋관계로써 日干의 힘을 측정한다. 예를 들면 甲木의 경우 같은 목은 동류이니 힘을 보태고(이를 명리에서는 '比劫'이라 한다), 목을 生하는 水도 역시 힘을 보탠다(印星). 그러나 목이 生을 하는 火에는 생해주기 위해 내가 소모되니 힘이 빠지고(食傷), 목이 剋하는 토에도 힘을 쏟게 되니(財星) 내 힘이 소모된다. 물론 목을 剋하는 금에도 힘을 빼앗긴다(官殺). 이런 상호작용을 저울질하여 그 사람에게 가장 필요한 것을 찾고, 또 인간관계의 역할을 재단하여 占하고자 하는 사태에 광범위하게 적용시키고 있다. 이렇게 日干을 기준으로 간지 서로 간의 상호작용을 저울질하여 그 사람에게 가장 필요한 것을 가려내는데, 이것을 '用神'이라 했다. 이 용신이 힘을 방해받지 않고 쓸 수 있으면 좋은 사주이고 힘이 없거나 발견하기도 어려운 상태라면 좋지 않는 사주로 간주하면서 등급도 매기고 '格'을 만들기도 한다. 어떤 것이 더 좋은 사주이고 어떤 사항에 더 힘이 있는가를 구분한다는 뜻이다. 이 용신을 어떻게 찾아내는지 이해를 돕는 차원에서 몇 개의 四柱를 예로 제시하여 설명을 한다. 여기에 나오는 사주와 그 풀이는 모두 명리 연구가 박주현[216]의 책들에서 인용한 것이다.

가) 時	日	月	年	나) 時	日	月	年	다) 時	日	月	年
癸	己	甲	丁	甲	癸	辛	戊	癸	丙	乙	庚
酉	未	辰	酉	寅	丑	酉	戌	巳	申	酉	戌

가)의 사주는 박주현 그 자신의 것이다. 日干 己의 土는 봄과 여름을 잇는 月支 辰의 土에 영향을 받았고, 日支도 未의 土이다. 日干과 같은 土이니 모두 힘을 보태므로 土가 강력하다. 그런데 곁에 있는 月干 甲木은 日干 己土를 剋하고 時干 癸水는 내가 극해야 하니 힘이 소모된다. 時支 酉金은 보살펴 주어야 하니 역시 힘이 소모되는데, 酉金은 時干의 癸水로부터 生함을 받으니 힘이 좋아 더욱 공을 들여야 한다. 멀리 年干에 일간을 生하는 丁火가 있는데 멀 뿐만 아니라, 年支의 酉金을 극하기 위해 거기에 힘을 쏟고 있다. 특히 月支 辰이 年支의 酉

216) 박주현의 저서는 『왕초보 사주학』, 「알기 쉬운 음양오행」, 「천간지지」, 「합충변화」, 「용신분석」, 「적천수 강의」, 『사주문답』 등을 동학사에서 출판했다.

와 합하여 辰酉 金이 되면 土의 힘이 없어진다. 과연 强인가 弱인가? 약하다고 보면 己의 土를 생하는 火나, 함께 힘을 합하는 土가 用神이 될 것이다. 그런데 결론은 强이다. 이유는 가장 영향력이 있다고 보는 日支와 月支를 얻었기 때문이고, 특히 辰月은 여름과 가까워 상당히 강하여 年支와의 合보다는 日干의 己土에 영향을 더 미치는 것으로 보는 모양이다. 그리고 月干의 甲木은 일간 己土와 합하면 土로 변하니 剋의 힘이 없다. 그래서 强이므로 用神을 剋하거나 洩설하는 것 중에서 찾게 되는데, 剋하는 月干의 甲木은 甲己가 합하여 土로 변하므로 쓸 수가 없다. 그래서 土가 힘을 소모하는 時干의 癸水가 용신이 된다. 그러므로 水運과 水를 生하는 金運은 좋고, 水의 힘이 소모되는 木火土運은 나쁘다. 물론 運을 따로 공부해야 하지만 이해를 하기 위해서는 그해 그해의 年月의 干支를 대입한다고 생각하면 된다. 실제로 사주를 보는 사람과의 면담에서도 그의 사주를 强으로 보는 사람도 있고 弱으로 보는 사람도 있었다고 한다. 그러니 무엇을 더 중요하게 보고 더 힘이 있는 것으로 보느냐의 문제가 간단하지 않다. 그래서 상담자, 곧 제시된 사주 본인의 겪어온 생활을 대비하면서 결론을 내려야 한다. 많은 경험과 연구가 필요하다는 말이다. 이를 다른 말로 하면 꼭 그렇게 된다는 보장도 없다는 뜻이 되기도 한다.

나)의 사주는 남자이다. 癸水의 日干을 月의 干支 辛酉 金이 적극 돕지만 日의 地支 丑土가 일간 癸水를 剋하고, 時의 干支 甲寅 木을 生하기 위해 힘을 소모시키며, 멀리 年의 干支도 日干을 剋한다. 弱함이 눈에 보인다. 水를 생하는 金(이를 명리에서는 印星이라 한다)이나 같은 水를 찾게 된다. 月의 干支가 모두 金이다. 그 중에도 月支가 더 영향력이 있으니, 月干의 辛金보다는 月支의 酉金이 더 영향을 미치므로 酉金이 用神이 된다. 이렇게 정해놓고 보면 이 酉金은 月干의 辛金이 힘을 함께하고 日支와 年支의 土가 또 土生金이 되니, 더없이 힘이 있다. 그리고 年의 土들이 癸水를 剋하는 것을 月의 干支가 중간에서 차단하고 있다. 그러면서 年의 戊土가 月의 辛金을 生하고 힘을 받은 이 辛金이 癸水를 生한다. 그리고 癸水는 甲木을 생하니, 氣가 유통이 잘 된다. 곧 받기만 하는 것이 아니라 나누기도 하는 것이다. 상급에 속하는 사주이다. 이런 사람은 運과의 상관관계도 특별히 걸림이 없는 것으로 본다. 28세에 대학 교수가 되었다고 하니 학자의 길로 성공했을 것이다. 이 사주는 용신을 정하기가 비교적 쉬웠다.

다)의 사주도 남자의 것이다. 日干 丙火는 그의 뿌리 日支 申金을 剋하기 위해 힘을 쏟아부어야 한다. 그리고 月支에도 酉金이니 이것도 극해야 한다. 그리고 日月年의 支가 申酉戌로 合이 되어 金이 단단히 뭉쳤다. 時干의 癸水는 日干 丙火를 극하고 있다. 오직 月干의 乙木이 丙火를 生하고 있으나 불행히도 年干의 庚金과 합하여 金이 된다. 그러니 약하다는 것은 눈에 들어온다. 그러므로 주위의 강한 金을 剋해야 내가 편하므로 우선 金을 극하는 火를 먼저 찾고, 다음으로는 火의 힘을 살리는 木을 찾는다. 時支에 巳火가 있고 月干에 乙木이 있다. 이미 乙木은 庚金과 합하니, 時支의 巳火에 의지하게 된다. 그런데 이 巳마저도 日支의 申金

과 巳申 合 水가 된다고 했다. 비록 用神을 巳火로 했으나 지지리도 힘이 없다. 이런 사주는 그 등급이 형편없을 것이다. 나)의 사주와 비교가 된다.

이상의 3사주는 그래도 비교적 쉽게 용신을 찾을 수 있는 경우이다. 그런데 여러 종류의 사주가 있고 이들을 강약으로 저울질하기가 쉽지 않다. 그리고 강약으로 따져도 나타나지 않은 경우도 있다. 그리고 강약으로만 결정하는 것도 아니다. 다음은 색다른 사주의 예를 보자. 1)의 사주는 서적에서 따온 가상의 것이고, 2)의 사주는 실제 인물의 것인 모양이다.

1) 時	日	月	年	2) 時	日	月	年
己	丙	辛	辛	丁	戊	戊	戊
亥	子	丑	亥	巳	戌	午	辰

1)의 사주는 丙과 辛이 합하여 水가 되고, 亥子丑도 水이다. 年干의 辛金도 年支 亥水를 生하고 있는 실정이니 水가 지나치게 강하다. 그래서 時干의 己土로는 물의 힘을 막을 수 없어 그대로 물을 따라가므로 用神이 水가 된다고 했다. 그러므로 土는 오히려 방해가 된다.

2)의 사주는 일견 土가 지나치게 강해 보인다. 주변에 土와 토를 生하는 火로 구성되어 있기 때문이다. 이것도 지나치게 강한 土를 따라가 용신이 土가 될 것이다. 그런데 日支의 戌土 속에는 암장되어 있는 金이 있으므로, 이 금이 용신이 될 수가 있다고 했다. 그래서 이 사람의 걸어온 길과 대입해 보고 결정하라고 했다.

이런 四柱의 여러 형태를 여기서 다 소개할 수 없다. 단지 어떻게 대입하여 필요한 用神을 가려내는가를 이해하는 차원에서 소개했을 뿐이다. 관심이 있는 분은 이를 더 공부해야 한다.

이런 명리를 공부하다가보면 사주팔자를 이용하여 인생살이를 판단하는 방법을 여러 가지로 대입하고 있음을 알게 된다; 日干 주변 干支의 강약을 대입하여(이를 '抑扶'라 함) 결정하고, 또 계절과의 관계를 고려하기도 하고(이를 '調候'라 함), 세력을 따라가는 것(이를 從格이라 함)으로 하는 등 여러 방법을 동원하고 있다. 그래서 사람들 마다 판단하는 기준에 大小多寡가 같지는 않다. 물론 보다 많이 적중하는 사람이 유명인사이고 잘 운용을 하고 있다고 보아야 한다. 이것은 다른 말로 하면 절대적인 것은 아니라는 말도 된다. 그리고 사람의 인생살이에 절대적이라는 것이 있을 수 없다. 단지 가능성을 말하는 것이라고 받아들이면 된다.

이상 명리에서 가장 기본이 되는 적용논리는 五行의 生勝(剋)이다.[217] 이의 논리를 보완하기 위해 合沖의 이론 등장과 각 종 用神 찾는 법 등, 꽤 노력한 흔적이 보인다. 그러나 완전한 것은 있을 수 없기 때문에 각가지의 적용법이 나왔을 것이므로, 사주팔자를 운명으로 받

---

217) 오행의 生勝에 대해서는 실마리 33쪽을 보라.

아들이지 말고 가능성을 말하고 있는 것으로 보고 싶다.

특히 오늘날은 기상이변이 많고, 봄가을은 짧아지고 여름겨울은 길어지면서 계절도 4계절보다는 오히려 건기와 우기로 나뉘는 변화의 조짐이 있다. 그러므로 오행도 火와 水에 힘이 더 있을 것이다. 그리고 일교차가 심한 환절기에 태어난 사람은 시간도 그 미치는 영향을 확대할 필요가 있다고 본다. 그러니 용신 찾을 때 강약의 저울질도 재고해야 할 것 같다. 그리고 이미 남녀의 관계도 평등을 넘어 오히려 여성이 상위에 있는 현상을 가끔 접하고, 사회생활에 미치는 영향도 옛날과는 많이 다르다. 사회도 국제화 되어 그 영역이 매우 다양화해지고 있다. 그러니 내가 生하느냐 내가 剋하느냐, 상대가 나를 生해주느냐 나를 剋하느냐, 아니면 동류이냐 등을 따져 보는 인간관계의 재단도 변화가 필요해 보인다.[218] 끝으로 『주역』에서는 자연의 논리에 맞추어 살면 편하고 이익이 된다는 논리는 읽을 수 있지만, 태어난 때가 삶의 운명을 결정한다고 말하지는 않는다. 이런 것을 결론으로 맺으면서 끝낸다.

2. 作名

태어난 아이의 이름을 짓는 것을 말한다. 어떤 이름이 좋은가? 전문가들의 적용하는 방법이 천차만별이고 같은 원리를 적용해도 그 방법이 또 여러 갈래다. 그래서 원리를 정리하는 것도 쉽지 않으나 몇 가지 원리를 정리하면 이렇다.

*** 성명의 문자 획수를 음양 조화여부와 數의 길흉여부를 따진다.**
*** 성명의 닿소리를 오행으로 나누어 相生 相剋을 따진다.**
*** 사주팔자의 用神을 돕는 문자인지 여부를 따진다.**

1) 문자의 획수에 의한 음양의 조화

대체로 성과 이름의 漢文 획수를 밝히고 이것이 홀수이면 양이고 짝수이면 음이다. 그래서 모두 양이거나 음이면 좋지 않고 음과 양이 나뉘면 좋다.

예) 李 玄 揆규: 李- 7획. 玄- 5획. 揆- 13획 (12획).

끝 '揆'의 획은 12획으로 보지만, 邊변 扌을 手의 획으로 하여 13획으로 보아야 한다는 주장이 강하다. 만약 13획으로 보면 양 양 양이 되므로 좋지 않고 12획으로 보면 양 양 음이 되

218) 아버지는 아들과 아내를 剋하므로 偏財·正財라고 하는 등 인간관계를 재단하고 있으나 여기서는 생략했다.

니, 이것은 대체로 음양이 조화되어 무난한 것으로 본다. 그런데 어떤 사람은 성과 이름이 3자인 경우, 가운데 글자가 음이면 좋지 않다고도 보니, 좋고 나쁨의 판단도 여러 가지로한다. 대체로 모두 양이나 모두 음으로만 되지 않으면 좋은 것으로 본다. 이것의 문제는 ① 男은 양이고 女는 음이니, 음양의 조화를 따진다면 남자는 음이, 여자는 양이 많은 것이 좋지 않을까? 즉 姓名이 3자인 경우 남자는 양이 하나 음이 두 개, 여자는 양이 두 개 음이 하나이면 좋을 것 같다. ② 현대는 주로 한글로 표기한다. 그러면 한글의 획수로 해야 하는데 한글의 획은 어떻게 구분하는가? 그리고 순 우리말로 지은 이름은 어떻게 되는가? ③ 邊의 획수는 왜 원 글자의 획수를 해야 하는가? 이런 의문이 있다.

2) 姓名을 格으로 나누고 이것의 數를 길흉에 대비

(1) 格의 분류

이것은 성명이 하나하나 독립된 것이 아니라 상호 영향을 미친다는 관념 아래 각각의 문자 획수의 합이 좋아야 한다는 이론이다. 姓과 名의 무엇과 무엇이 서로 영향을 미치게 되고, 이를 어떤 식으로 짝을 짓게 하느냐의 방법도 여러 가지다. 곧 格을 만드는 방법이 일정치 않다는 말이다. 대체로 다음과 같이 格을 만든다. 格의 명칭은 天地人과 이를 합한 總格, 혹은 元亨利貞의 4격 등으로 이름을 짓고 있다.

* 一字 姓, 二字 名. 성명 李 玄 揆인 경우 格의 분류 例.

가) 李+玄=12획 (天格, 主格, 亨格). 李+揆=20획 (外格, 人格, 利格).
玄+揆=18획 (地格, 命格, 元格). 李+玄+揆=25획 (總格, 貞格).

나) 天(1)+李=8획 (天格). 李+玄=12획 (主格, 亨格). 玄+揆=18획 (命格, 元格).
天(1)+揆=14획 (外格, 利格). 李+玄+揆=25획 (總格, 貞格).

다) 李=7획 (天格). 外格은 가)와 동일, 기타 元·貞格은 가), 나)와 동일.

라) 나)와 동일하나 단지 外格은 인정하지 않아 없음.

이상과 같이 格의 분류도 여러 형태가 있다. 위의 格 분류를 보면 姓名에도 하늘이 부여하는 힘이 있다고 보는 측과 그런 힘은 무시해도 좋다는 측의 의견이 나뉜다. 이 하늘의 힘은 사람은 누구나 천부적인 능력을 조금은 갖고 태어난다는 관념인 것 같다. 그런데 하늘의 힘을 +1로 제한시킨 것이 알듯 모를듯하다. 하늘은 시작을 의미하고, 數의 시작은 1부터이니 이와 관계를 지은 것으로 보인다. 그런데 하늘의 영향이 姓과 이름의 끝 字에 영향을 미친다고 보는 측과 姓에만 영향을 미친다고 보는 측이 나뉘고 있다. 생각하기에 따라서는 이름의 끝자 뿐 아니라 모두 영향을 미친다고 볼 수도 있을 것 같은데 끝 자에만 더한 이유를 모르겠다. 그런데 대부분의 작명가들은 하늘의 힘을 무시하고 가)의 것을 많이 택한다.

과연 글자 획의 수에도 어떤 의미가 있을까? 만약 한자를 쓰지 않는 나라의 글자는 어떻게 획을 구별 지을까? 과연 수에 凶과 吉이 있는가? 등의 의문이 든다.

위의 성명 李玄揆를 가)의 분류에 대입하여 數에 매겨져 있는 秀優美良可의 등급에 대입해 보았다.[219)]

元格 18획- 優. 亨格 12획- 良. 利格 20획- 良. 貞格 25획- 優.

元格(명격, 지격)은 初年運, 亨格(주격, 천격)은 청년운, 利格(외격)은 중년운, 貞格(총격)은 말년운을 말한다고 했다. 이를 달리 생각하면 姓이란 태어나기 전부터 이미 부여 받은 것이고, 姓과 집안과는 아주 긴밀히 연관이 되니, 대체로 어릴 때는 집안사정의 영향 아래에 있으므로 姓만으로 元格이라 하여 초년운으로 보면 안 될까? 위의 格에 원격은 名의 합이다. 어릴 때는 이름만으로 불리어지니 이에 이름字로 元格이 되었다면, 그가 가장 사회적인 영향을 발휘하는 중년에는 성명을 모두 쓰게 될 것이니 姓名인 總格을 利格으로 해도 될 것 같다. 그리고 은퇴를 하면 도로 집안으로 돌아오니, 姓만으로 貞格을 해도 될 것 같다. 특히 이름자에는 집안에서 공통으로 이어지는 돌림자가 있으니 이를 姓과 엮어서 원격이나 정격으로 해도 될 것 같다. 이런 것 때문에 지금 운용하는 格의 합리성도 만족스럽지만은 않다.

格에 대입하는 數에 관한 해석을 9×9=81까지 하고 있다. 아마도 1부터 9까지가 수와 수의 관계를 나타내니, 9의 9배수까지의 의미를 부여한 것 같다. 그런데 이 수에 대한 길흉을 판단하는 근거가 잘 이해되지 않는 부분들이 있다. 우선 9까지의 수 중에는 1, 3, 5, 6, 7, 8이 吉하다고 한다. 홀수인 양수는 전진하는 성질이 있으니, 뻗어난다는 의미는 좋게 볼 수도 있다. 그래서 짝수인 음수 6은 『주역』에서는 太陰 數로서, 물러남이 다하여 전진한다고 했으니 그래서 6은 포함된 것으로 보고, 9는 太陽 수로 나아감이 다하여 물러난다고 했으니 포함되지 못한 것으로 보면 된다. 그런데 8은 왜 吉이 됐을까? 이 점은 이해가 안 된다. 그리고 7의 수는 여자에게는 不利하다고 했다. 아마도 7은 전진만을 의미하니 강함이 지나친 것으로 보는 것 같다. 이렇게 나름대로 해석하여 맞추어 나가다가 보면 꼭 알 수 없는 것이 있다. 가령 물러남의 의미가 있는 9의 수가 10이상과 합해진 수 29는 成功格, 39는 安樂格으로 길한 수라 했다.[220)] 39는 3+9이니 3은 천지인을 갖춘 상태, 鼎의 형태를 갖춘 상태의 의미가 있어 吉이니, 이와 합을 하여 길로 갈 수도 있다고 보아지나 29는 왜 길한지가 이해되지 않는다. 이런 점이 곳곳에 있다는 것을 먼저 밝히고 위의 수 18과 25가 왜 '優'이며 12, 20이 왜 '良'인지도

219) 맹정훈, 「바른 작명학 강의」(도서출판 고원, 2002)에 나오는 數의 등급에 적용한 것임.

220) 1부터 9까지의 基本數를 중심으로 그 수의 의미들을 말한 책, 白雲鶴, 「이름 짓는 법」(동양서적, 1994), 168쪽 '수리의 길흉'편에 있다. 참고하기 바람.

아리송하다. 그리고 격의 구분을 나)나 다)항으로 대입하면 또 다르게 나올 것이다.

이상으로 格의 數를 어떻게 적용하며 어떤 의문점이 있느냐에 대한 것은 이해가 되었을 것이다. 성이 두자, 이름이 석자, 혹은 한 자인 사람의 적용방법도 별별 가지가 있다. 모두 예시하지 않고 생략하나, 단지 여기에서 지적한 의문점에 모두 귀결되니 성명이 모든 것을 결정한다고 볼 수 없을 것이다.

3) 姓名의 발음과 劃數를 오행으로 분류 生剋관계를 따짐

(1) 발음 오행

우리 글자에는 오행으로 발음을 구별 지을 수 있고, 이에 따라 서로 生하는 관계인지 剋하는 관계인지를 따지는 방법이다. 지금 쓰이는 우리 글자의 초성은 ㄱ, ㄴ, ㅁ, ㅅ, ㅇ, 이 다섯 자가 기본이고, 이에 획을 더했거나 결합하여 만들어져 있다. 이들을 오행으로 구분하는데, 이 구분이 작명가들과 『훈민정음 해례본』이 다르다.

초성·종성의 字	五音	작명가의 五行	해례본 五行
ㄱ ㅋ	牙音(어금니소리)	木	목
ㄴ ㄷ ㅌ ㄹ	舌音(혀 소리)	火	화
ㅇ ㅎ	喉音(목구멍소리)	土	수
ㅅ ㅈ ㅊ	齒音(이 소리)	金	금
ㅁ ㅂ ㅍ	脣音(입술소리)	水	토

위의 도표에서 보면 土와 水의 분류가 다르다. 만약 소리의 오행을 적용한다면 오행분류는 무엇을 기준으로 해야 할까? 당연히 우리는 『해례본』을 기준으로 삼아야 할 것이다. 인체의 五官을 오행에 대입할 때도 혀는 火에, 입은 土에 대입하고 있다. 그런데 이들은 어디에서 이런 분류를 가지고 왔는지 알 수가 없다.

그리고 이 오행을 姓과 名의 소리에서 초성만으로 결정하는 사람이 많고, 초성과 종성(받침)을 함께 적용하여 生剋을 따지는 사람도 있다. 그러니 여기서도 일관성이 없다. 그래도 이들이 이를 적용하는 실례를 초성으로만 대입해보면 이렇다.

이 현 규. ㅇ- 土, ㅎ- 土, ㄱ- 木. 土土木.

土土木은 그들의 등급원리에 의하면 가장 나쁜 이름에 속한다. 소리 오행을 적용하는 사람 누구도 좋은 쪽으로 보는 사람이 없다. 相剋이기 때문이다. 그런데 『훈민정음 해례본』의 기준으로 보면 水水木이 되는데, 이 水水木은 相生이니 모두들 좋은 것으로만 본다. 대체로 앞에서 뒤로, 혹은 뒤에서 앞으로 생하는 관계로 연결되면 좋고 극하는 관계로 연결되면 나쁘다.

이렇게 소리의 오행을 적용하여 풀이하는 것에도 여러 문제가 있다. 가령 글자의 소리가 여러 갈래인 것이 있다. '寧'은 '영, 령, 녕'으로 소리 나는데 무엇으로 해야 할 것이며, 성이 두자(황보, 공손, 남궁 등)인 경우는 어떻게 하느냐의 문제 등이다. 소리는 원음을 밝혀 적용한다고 주장하는 사람과 자신이 쓰는 소리를 적용해야 한다는 사람이 있고(가령 李를 '이'와 '리'의 어느 것을 할 것이냐의 문제), 두 자 姓의 경우는 성의 끝 자만을 적용하는 사람과 두 자 모두를 적용하는 사람이 있다. 이렇게 일정한 룰이 없고 그 타당한 이유를 밝힌 사람도 없다. 더욱 오행의 분류가 「훈민정음 해례본」과는 다르니 이것의 원리도 믿음이 없다.

(2) 數의 오행

다음 수의 오행을 만드는 방법인데 이것도 姓과 名을 위 2항에서 格을 만들 때처럼 어떻게 조합하느냐의 문제가 각각이다. 어떤 식으로든 만들어진 조합의 획수를 오행으로 나누는 방법은 다음과 같다.

1, 2- 木. 3, 4- 火. 5, 6- 土. 7, 8- 金. 9, 10- 水. 10 이상의 획수는 10을 제외한 수로서 배정한다.

여러 가지 결합의 형태 중 姓이 名의 첫 글자에 미치는 영향력이 크다고 보는 방법이 있다. 성의 획수, 성+명의 첫 자의 획수, 이름자 합의 획수로 보는 방법인데 이것의 예를 보자.

李 玄 揆. 李- 7획 金, 李+玄- 12획 木, 玄+揆- 18획 金. 金木金.

金木金은 相剋이니 凶이 될 것이다. 여기서도 2항에서 지적한 것처럼 여러 적용방법이 있고 그에 따른 의문사상도 많다. 특히 오행의 차례와 數를 연계시켜 구분 지은 것은 命理에서 天干을 오행에 구분할 때와 같은 형식이다. 오행의 시작을 대체로 봄인 木부터 출발점을 삼아서 여름 火, 이어 土金水로 진행하고, 數의 시작을 1, 2로 묶어 木에, 3, 4는 火에, 이런 식으로 차례로 10까지를 오행에 배당시켰다. 그런데 『주역』의 數 배정에는 이것과는 다른 논리가 있다. 漢代 鄭玄의 논리로서 많이 사용한 數와 오행의 결합은 이와 전혀 다르다. 거기는 1・6이 水, 2・7이 火, 3・8이 木, 4・9가 金, 5・10이 土이다. 수와 오행의 결합은 이 이론을 적용하여 河圖와 洛書의 이론으로 넓게 오래도록 이용해 왔다. 그러므로 수를 꼭 명리의 적용법으로 배당해야 하는지, 성과 이름 각각의 획수로서 하지 않고 꼭 이것과 저것을 결합시켜 그 획수로서 적용하는지 등의 의문이 든다.

4. 用神을 돕는 字의 여부로 판별한다

아마도 이 문제는 사주팔자의 연장선에 있는 이론인 것 같다. 이미 사주팔자에서 用神을 어떻게 구하는지를 언급했다. 용신에 힘을 보태는 것, 즉 같은 用神이거나 용신을 生하는 것을 말한다. 가령 용신이 水라면 水의 뜻으로 된 水邊의 字나 이를 생하는 金邊의 字로 구성됐거나, 아니면 數와 音에서 水와 金으로 분류되는 자로 이루어져야 좋은 이름이고 이를 剋하면 나쁘다고 보는 것이다.

이 항도 姓名은 성명자체로 기능하지 四柱와는 연관이 없다는 주장도 있으며, 어떤 글자가 용신에 맞는지를 가려내는 것도 여러 가지로 대입할 수 있다. 그러므로 이것도 얼마나 믿어야 할 지 알 수가 없다.

이상의 작명논리를 어떤 사람은 모두를 감안하여 이름을 짓고, 어떤 사람은 이들 중에서 한 두 개로 적용하여 이름을 짓는다. 대체로 소리와 획수를 많이 고려하고 있다. 어떻든 위의 항은 다음으로 종합된다. 음양오행의 원리와 수리의 원리를 응용하고 결합시켜 성명을 짓는다. 그런데 『주역』에서의 음양오행은 사람의 생활에 이를 이용하고자 하는 것이지 음양오행에 기본적인 길흉이 있는 것은 아니다. 그리고 數에서도 마찬가지로 수와 수가 가진 연관성을 밝혀 이를 이용하고자 하는 것이고 수 자체에서는 길흉이 있는 것이 아니다. 물론 잘 이용하면 좋고 잘못 이용하면 나쁘다. 그런데 이런 술수에서는 그것의 본질에 吉凶이 있는 것으로 보아야 이론이 성립되는 것이 있으니 여기에서 모순이 생긴다.

그러면 作名에 좀 합리성이 있는 것은 무엇인지를 살펴보고 끝을 맺도록 한다.

(1) 소리는 오행으로 따지지 말고 어울림을 따지자

부르기가 좋고 부르기가 나쁜 소리가 있다. 가령 '박각박'이란 이름은 부르기도 불편하지 않는가? 그리고 약간만 변경하면 이상한 뜻으로 불리어지는 이름, 가령 '박장수'는 '박을 파는 장사꾼'으로 된다. 이런 것은 피하는 것이 좋을 것 같다.

(2) 획수를 따지지 말고 그 의미를 따지자

의미가 좋으면 나쁠 것이 없다. 좋은 의미로 많이 부르면 그 좋은 뜻을 자연 좇게 되어있다. 물론 순 우리말 이름도 마찬 가지다.

(3) 복잡한 획수와 두 가지 이상으로 소리 나는 漢字는 피하자

한문 이름만을 대했을 때 상대방이 알기 어렵기 때문이다. 그러나 현대는 거의 한글로 표기하니 큰 문제는 아니다.

(4) 이색적이고 개성이 있는 것으로 짓자

누구나 듣고 관심을 나타내게 되고 기억을 쉽게 하게 될 것이다. 그러면 남으로부터 관심을 받는 사람이 되는 것이고, 그래서 더욱 노력하는 사람이 되지 않겠는가.

3. 擇日

대체로 사람은 중대한 일에 봉착하면 그 일이 잘되기를 바라는 마음에서 택일을 한다. 지금도 婚姻, 移徙이사, 建築, 事業 등의 날은 吉日을 택하여 하려고 한다. 그런데 이 택일이 여러 가지 원리를 이용하여 정하고, 하고자 하는 일의 종류에 따라서도 각각 적용하는 원리가 다르다. 그리고 누구에게나 길한 날이 있는가 하면 나이와 상황에 따라 길일이 나뉘기도 한다. 또 吉神과 凶神의 종류도 너무나 많고, 하늘의 별에도 길흉이 연관되고 있어 대단히 복잡하다. 그래서 여기서는 모두 살피지 못하고, 運氣에 따라 길흉을 정하는 것을 중심으로 몇 가지만 살펴보기로 한다.

1) 生氣法

'生氣'는 기가 생긴다는 뜻이니, 생기처럼 사람에게 작용하는 운기가 모두 8종류가 차례로 순서를 지키며 일어나는데, '生氣'로부터 시작하니 이를 대표로 이름 붙여 '生氣法', 혹은 吉한 기운 하나를 더 붙여 '生氣福德法'이라고 한다. 이들 이름과 순서는 生氣, 天宜(醫), 絶體, 遊魂, 禍害, 福德, 絶命, 歸魂이다. 이것이 8方에 八卦와 地支가 배당된 圖가 있는데, 여기에 나이가 배당되고 배당된 나이에서 生氣부터 차례로 卦變을 하며 일어난다. 해당 괘의 地支의 날이 그날 운기다. 먼저 8方에 地支가 배정된 圖를 보자.

離☲ 午 (南)

巽☴ 辰巳 (東南)　　坤☷ 未申 (南西)

震☳ 卯 (東)　　兌☱ 酉 (西)

艮☶ 丑寅 (東北)　　乾☰ 戌亥 (西北)

坎☵ 子 (北)

우선 8방은 小成卦 8卦를 동서남북과 각 間方에 배치했는데 「설괘전」에 그 방위가 나와 있다. 이는 뒷날 소위 '文王 後天 8괘 方位圖'라 해서 널리 알려진 것이다. 아마도 어머니 뱃속에서 태어난 사람은 선천의 세계에서 후천의 세계로 들어와 생을 이어가니 후천에 속한다는 뜻으로 이 방위를 적용하는 것 같다. 이 8괘의 방위에 점술이 널리 활용되면서 절기를 나타내는 干支도 이에 배정되게 되는데 그 중 地支가 배정된 그림이다.

(1) 연령 대입

먼저 남자는 1세를 離宮부터 시작하여 8방으로 순행하여 차례로 붙여 나가는데 2세 만은 坤宮을 건너 다음인 兌宮에 붙여서 차례 지운다. 즉 1세는 離, 2세 兌. 3세 乾, 4세 坎, 5세 艮, 6세 震, 7세 巽, 8세 離, 9세 坤. 10세 兌이다. 다음부터는 건너뛰는 것 없이 차례로 붙여간다. 즉 11세 乾, 12세 坎, 13세 艮, 이런 식으로 붙이면 20세 坎, 30세 震, 40세 離, 50세 兌, 60세 坎, 이런 순서가 된다. 만약 남자 나이 31세면 巽宮이 해당되는 宮이다.

여자는 1세를 坎宮부터 시작하는데 逆行하여 2세는 乾宮이 된다. 이렇게 붙여나가다가 8세 만은 해당되는 艮宮을 건너뛰어 坎宮에 배당된다. 이렇게 하면 9세 乾, 10세 兌이다. 다음부터는 건너뛰는 것이 없이 순서대로 붙여나간다. 그러면 20에 離, 30에 震, 40에 坎, 50에 兌, 60에 離이다.

(2) 8神(氣)의 변화와 차례

다음은 8신이 차례로 소성괘 八卦의 형태로서 卦變을 하는데 일정한 순서가 있다. 먼저 生氣는 上爻가 변하고, 다음 순서 天宜는 中爻가 변하며, 다음의 絶體는 下爻가 변한다. 이어서 遊魂은 위로 오르면서 中爻, 禍害는 上爻, 다시 아래로 내리면서 福德은 중효, 絶命은 하효, 歸魂은 다시 위로 올라 중효가 변한다. 그러니 上中下로 아래로 내려가며 효가 변했으면 다음은 中上으로 위로 올라가고, 다시 中下로 내려가면서 변하니 오르락내리락 하면서 효가 변한다.

(3) 적용 사례

남자 나이 31세라면 30세가 震宮이니 31세는 巽宮이다. 이 巽☴이 本宮이고, 여기서부터 차례로 운기가 일어난다. 1上 生氣이니 巽의 上爻가 변하면 양(−)이 음(--)으로 변하여 坎☵이 되니 坎은 地支가 子이니 자일이 생기가 된다. 다음은 2中 天宜이니 坎☵에서 中爻가 변하면 坤☷이 되고 坤은 未申이니 日支가 미신이면 천의가 된다. 계속해서 3下 絶體이니 下爻가 변하여 震☳이 되고 震은 日支 卯이므로 묘일이 절체이다. 다시 중효가 변하여 兌☱가 되고 태는 酉日이고 이 날이 遊昏, 상효가 변하면 乾☰이 되고 건 戌亥日이 禍害, 다시 중효가 변하면 離☲가 되고 離 午日이 福德, 하효가 변하여 艮☶이 되고 간 丑寅日이 絶命, 이어 중효가 변하면 巽☴이 되고 손 辰巳日이 歸魂이다.

여자는 위에서 밝힌 대로 나이의 본궁을 찾는 법만 다를 뿐 같은 방식으로 적용하여 8神이 들어오는 日支를 찾는다. 해당되는 日支가 吉神(氣)이면 길한 날이고 凶神이면 흉한 날이 된다.

(4) 8神(氣)의 吉凶

이미 명명된 이름에서 대개 길흉이 짐작될 것이다. 生氣는 기가 생하니 大吉이고, 天宜는 하늘의 마땅함이니 역시 대길하고, 특히 질병치료에 길하다고 天醫라고도 한다. 絶體는 몸이 단절된다는 말이니 몸이 피곤한 것은 흉할 것이고, 遊魂은 혼이 떠도는 것이니 정신적 불안을 말하므로 이도 흉할 것이다. 禍害는 大凶일 것이고, 福德은 大吉할 것이다. 絶命은 운수가 끊긴다는 것이니 大凶이요, 歸魂은 넋이 귀착하는 것을 말하니 죽음에 다가감을 뜻하므로 흉할 것이다.

이상으로 8종의 길흉 신이 나이를 기준으로 어떻게 변하며 들어와 그 날의 日支에 해당하는지를 알았으니, 吉日과 凶日을 알 수 있고 이를 대처하며 살아갈 수 있을 것이다. 그러면 이런 적용원리를 『주역』의 논리와 비교해 보자.

(5) 『주역』 원리와의 비교

小成 8괘의 8方 배치는 「설괘전」에 근거한 것이니 재론의 여지는 없다. 그런데 남녀를 구별하여 나이를 소속시킬 때 남자는 離宮부터 했고, 여자는 坎宮부터 했다. 왜 그렇게 했을까? 온전한 양의 계절은 여름이고 火이며 日이고, 음의 계절은 겨울이고 水이다. 아마도 이런 이유 때문인 것 같다. 乾 天을 양의 대표로, 坤 地를 음의 대표로 할 수도 있을 것이나 間方이기 때문에 피한 것 같다. 그런데 남자는 2세에 건너뛰고, 여자는 8세에 건너뛰었다. 왜 건너뛰어야 하며 왜 하필 2세와 8세이어야 할까? 건너뛴 것은 10세 20세를 동서남북의 4정방에 차례로 대입시키기 위한 억지스러움이 엿보인다. 그리고 2세와 8세에 건너뛴 것은 『주역』의 數의 논리와는 맞지 않는다. 양수는 老陽 9에서 물러나고 음수는 老陰 6에서 나아가니, 이 원리를 적용하면 남자는 9세에서 물러나면 巽宮이 되고(위에서는 9세가 곤궁이다), 10세가 離宮이 될 것이며, 여자는 6세에서 나아가면 震宮(위에서는 손궁이다)이 될 것이다. 이렇게 하지 않았으니 수에 대한 개념을 파악하기가 어렵다. 『주역』과는 다른 수의 개념이 있어야 하는데 그것을 잘 모르겠다.

다음으로 '1 上 生氣'이다. 왜 下가 아니고 上일까? 『주역』의 괘는 아래부터 시작하여 위로 진행해 간다. 그렇다면 처음인 1은 아래부터 해야 한다. 이것도 『주역』의 원리와는 맞지 않는다. 그리고 왜 하늘의 마땅함인 天宜가 1이 아니고 生氣가 1이 되어야 하는지도 모르겠다. 변하는 차례의 순서가 어떻게 정해진 것일까? 모두 神이 그렇게 정한 것으로 생각해야 할 것 같다. 그리고 地支를 8방에 배당한 것도 子부터 겨울인 水 坎方에 배당했다면 겨울과 봄을 잇는 艮方에 조절의 의미가 있는 土丑을 배당하고(命理에서는 丑未辰戌이 土였다) 봄인 震에 寅卯를 배당할 수도 있을 것 같은데 왜 丑寅이 艮方이어야 하며, 이렇게 각 間方에 두 지지씩 들어가야 하는지도 명확하게 이해를 할 수가 없다.

이상에서 논한 바와 같이 합리성을 찾기가 어렵고, 『주역』의 원리가 아닌 또 다른 원리를 찾아야만 한다. 그 원리를 설명한 서책을 발견치 못했고 궁리해도 알 수가 없었다. 짧은 지식으로서는 이해가 어렵다.

2) 九宮 方位法

(1) 九宮圖

移徙나 건물을 지을 때 방위의 길흉을 보는 법이다. 이 방법도 연령과 연계하여 보고 그 방법이 生氣法과 비슷하여 살펴보도록 한다.

九宮이란 위의 生氣法 8方에서 中央을 합하면 9宮이 만들어진다. 이 구궁은 단순히 방위만의 문제가 아니고 그 방위에 배정된 數와 직접 연결한다. 이 九宮圖의 근원을 따지면 北宋 象數派 역학자 陳摶진단의 『龍圖易』에 있는 두 개의 그림에서 비롯하는데, 더 거슬러 올라가면 漢代 京房의 五行과 卦氣說을 적용한 것이다. 뒷날 陳摶의 두 그림 중 아래의 圖를 劉牧유목은 '河圖'라 하고 다른 것을 '洛書'라 했고, 蔡채元定은 洛書·河圖라고 바꾸어 부르기도 했다. 圖를 數와 함께 그려 본다.

離☲ 9 (南)

巽☴ 4 (東南)　　坤☷ 2 (南西)

震☳ 3 (東)　　中 5　　兌☱ 7 (西)

艮☶ 8 (東北)　　乾☰ 6 (西北)

坎☵ 1 (北)

그림을 보면 生數와 成數를 잇는 5가 중앙에서 조절을 하고 양수인 1, 3, 7, 9가 4正方에, 음수인 2, 4, 6, 8이 4間方에 배정되어 있다. 양은 앞서며 음은 뒤따르고, 양이 음을 이끈다는 관념이 투영되어 양은 정방에 음은 간방에 배정된 것 같다. 그런데 양과 양, 음과 음의 위치 선정에 의문점이 있다. 양은 겨울에서 봄, 여름, 가을로 변한다면 1, 3, 7, 9의 순서로 배정되어야 할 것인데, 7과 9가 자리바꿈한 것은 7은 전진 9는 극하여 후퇴하는 논리 같고, 음은 여름에서 봄, 겨울, 가을로 逆으로 변한다면 2, 4 다음에 6이 와야 하는데 8이 온 것은 역시 진퇴의 논리 같다.

그런데 上과 下, 左右, 맞은편의 間을 각각 잇는 數의 합이 모두 10이 되도록 되어 있다. 중앙의 5를 더하면 15이다. 수는 10에서 마침을 해야 하니, 모두 이렇게 된 圖가 되었다. 어떻든 이것이 오늘날 대체로 '洛書'로 불리며 내려왔으니 그대로 받아들이면서 각 방위에 어떤 神이 어떻게 배당되는가를 알아보자.

(2) 연령 배정

모든 순서의 차례는 도표에 나온 數를 따라 돌아간다. 1의 坎宮, 2의 坤宮, 3의 震宮, 4의 巽宮, 5의 中宮, 6의 乾宮, 7의 兌宮, 8의 艮宮, 9의 離宮 순으로 돈다.

연령의 배정은 남자 1세를 震宮부터 시작하여 2세 巽, 3세 中, 4세 乾, 5세 兌, 6세 艮, 7세 離, 8세 坎, 9세 坤이다. 이렇게 하면 10세 震, 20세 巽, 30세 中, 40세 乾, 50세 兌, 60세 艮, 70세 離, 80세 坎, 90세 坤宮에 배정된다.

여자 1세는 坤宮부터 시작하여 2세 震, 3세 巽의 순서로 4세 中으로 배정되어 10세가 되면 다시 坤宮이 된다.

(3) 數에 따르는 神

9宮의 數에 따라 일어나는 神이 있으니 1에는 天祿, 2 眼損, 3 食神, 4 徵破, 5 鬼, 6 合食, 7 進鬼, 8 官印, 9 退食이다. 이상 9神의 名에서도 길흉의 느낌이 든다. 天祿은 '하늘에서 녹봉을 내리다'의 뜻이니 길이고, 眼損은 '손해가 보이다'이니 흉, 食神은 '먹는 신'이니 길, 徵破는 '깨뜨려짐을 부르다'이니 흉, 鬼는 귀신이니 흉, 合食은 '모아서 먹다'이니 길, 進鬼는 '귀신에 나아가다'이니 흉, 官印은 '관직에 도장을 박다'이니 길, 退食은 '먹지 못하고 물러나다'는 뜻이니 흉이다.

(4) 연령에 따른 方位의 길흉 실례

남자 31세라면 乾宮이다. 乾은 6이고 6에는 合食이 일어난다. 이 合食이 자신이 갖는 神이니 이를 중심에 놓고 보아야 하므로 이것이 中宮이 된다. 여기서부터 시작하여 차례지어 신들이 돌아가며 일어난다. 위의 도표에서 中宮 다음 순서인 乾宮에는 합식 다음에 일어나는 신 進鬼, 이어 兌에는 官印, 艮에는 退食, 離에는 天祿, 坎에는 眼損, 坤에는 食神, 震에는 徵破, 巽에는 鬼가 일어난다. 그러니 31세의 남자는 吉神이 일어나는 兌 관인의 서방, 離 천록의 남방, 坤 식신의 서남방이 吉하고 다른 방향은 凶하다. 이런 식으로 나이에 따른 길흉의 방향을 본다.

(5) 적용원리의 의문점

먼저 남자는 1세를 震宮부터 시작하고 여자는 坤宮부터 시작했다. 왜 그래야 할까? 괘는 乾坤에서 비롯하여 여러 子卦가 생기니 음인 여자가 坤宮에서 시작했으면 양인 남자는 마땅히 乾宮부터 시작해야 『주역』의 이치에 맞다. 만약 乾은 아버지고 坤은 어머니이므로 건곤이 탄생시킨 子女부터 시작한 것이라면, 남자를 장남인 震宮부터 시작했으면 여자는 장녀인 巽宮부터 시작해야 하는데 그렇지가 않았다. 만약 음인 여자를 陰數의 처음인 2에서 시작했다면 양인 남자는 陽數의 처음인 1에서 시작해야 할 것인데 그렇지도 않았다. '生氣法'처럼 이런 의문이 있다.

그리고 1에 天祿이 들었으면 2에는 천록의 결과로 食神이 일어나거나 合食이나 官印이 잇는 것이 자연스러운데 眼損이다. 만약 吉凶을 번갈아 배정한 결과로 받아들인다면 吉神이어야 할 차례인 中宮이 凶이다. 전체를 조절하는 의미가 있는 中宮의 鬼를 凶으로 해석하고 있으니 이것도 이해하기 쉽지 않다. 신이 일어나는 차례에 합당한 이유를 발견하지 못했다.

결론은 일반적인 상식에도, 『주역』의 논리와도 다르니 의아하다. 이것도 역시 더 공부해야 할 것 같다.

3) 成造 本命 四角法

이것도 건물을 짓고 수리할 때 다음 九宮圖에서 主人의 나이가 正方이 아닌 四角方位에 해당하면 凶하니 이를 피하는 법이다. 다음의 九宮圖에서 建物主 연령의 배치는 2가지 방법이 있는데 남녀 불문 1세를 兌宮과 坤宮에서 시작하는 두 가지다.

(1) 구궁의 연령배치법

하나. 1세를 兌宮부터 순행하는데 4, 5세를 中宮에 넣고 이어간다. 곧 1세 兌, 2세 乾, 3세 坎, 4, 5세 中, 6세 艮, 7세 震, 8세 巽, 9세 離, 10세 坤, 11세 다시 兌로 되어 兌宮에는 1세, 11세 21세의 끝자리가 1인 나이, 乾宮에는 끝자리가 2인 나이, 坎宮에는 끝자리가 3인 나이, 中宮에는 끝자리가 4, 5인 나이들이 각각 배치된다. 그래서 나이가 4정방에 해당되면 길하고 4間方에 해당하면 불길하다.

巽 角 (凶)	離 正 (吉)	坤 角 (凶)
震 正 (吉)	中 (凶)	兌 正 (吉)
艮 角 (凶)	坎 正 (吉)	乾 角 (凶)

둘. 1세를 坤宮부터 시작하여 순행하는데, 5세를 中宮에 배당하고 이어간다. 곧 1세 坤, 2

兌, 3 乾, 4 坎, 5 中, 6 艮, 7 震, 8 巽, 9 離, 10 坤이다. 이어 11세 兌가 배정되어 순행하면 20세는 兌에 30세는 乾, 40세는 坎, 50세는 中, 60세는 艮에 배정되어 간다. 이 방법을 특히 '육친4각'이라 하는데 이는 4각에 자신과 처의 부모를 배치하거나 만약 부모의 사후에는 자녀를 각각 배당하여 집안의 어떤 사람이 凶하게 되느냐를 보기도 한다. 전체적으로 흉한 것은 마찬가지다.

(2) 적용의 예와 의문점

나이가 中宮과 4角宮에 처하면 건물을 짓는데 불길하다. 그러니 다음 해까지 기다려야 하고 특히 중궁에 해당하면 2년을 기다려야 하니 가장 불리한 경우이다. 그래서 만약 부득이한 경우에는 남의 좋은 운을 빌려 그와 임차형식의 계약을 맺고 조성하기도 했다고 한다.

1세의 시작점이 왜 坤宮과 兌宮이어야만 하는가? 그리고 결국 4角이 흉이라는 것은 같은데, 왜 두 가지의 보는 법이 있는가?

그리고 이것은 九宮法처럼 왜 數와 연관 지은 차례가 아니고 순행하면서 꼭 坎宮에서 中宮으로 가는가? 2항의 구궁방위법과는 다르다. 그리고 남녀불문 시계 침이 도는 방향인 右旋하는가? 다른 것에서는 여자는 시계 반대방향인 左旋이었다.

마지막으로 여기서도 왜 中宮이 더 나쁜가? 만사를 조절하고 중심이 되는 중궁은 만사형통으로 보아도 되지 않겠는가? 『주역』의 中은 黃이요 귀함의 상징이었다.

법칙이 일정하지 않고 여기서는 이렇고 저기서는 그러니, 멋대로 하고 있다는 느낌을 받게 된다. 그러니 여기서도 의아하다.

4) 혼인 擇日

혼인은 인생의 전기가 마련되는 중대사이므로 혼인의 절차인 六禮에 따라 擇日을 하게 될 것이나 그 중 혼인의 날을 정하는 것만 살펴보자.

(1) 婚姻 年

혼인하고자 하는 사람의 出生 年의 地支로서 凶年이 되는 地支를 피하는 법인데 아래와 같다.

出生年	子	丑	寅	卯	辰	巳	午	未	申	酉	戌	亥
男 凶年	未	申	酉	戌	亥	子	丑	寅	卯	辰	巳	午
女 凶年	卯	寅	丑	子	亥	戌	酉	申	未	午	巳	辰

만약 남자가 甲申生이면 地支에 卯가 드는 해는 해로우니 이 해에는 혼인하지 말라는 것이다.

그러면 子年 해에 출생한 사람의 경우 왜 남자는 未年 해, 여자는 卯年 해가 해로울까? 이렇게 적용하는 원리를 말한 책을 아직 보지 못했으니 그 이유를 확실하게 알 수 없다. 그러나 추정하기를 漢代 孟喜의 卦氣說에서 기인한 것일 것 같다. 그는 64괘를 365일에 배정할 때 한 괘가 6.7日를 주관한다고 했다. 6일이 넘은 7일이 되면 다른 괘가 배정되듯이 地支도 그렇게 된다고 생각을 넓히면 그 근거를 찾을 수 있을 것 같다. 곧 子의 氣도 未에 이르면 힘이 완전히 소멸되니 흉하게 된다고 생각하고 이를 차례로 순서를 매겨 나가면 도표처럼 된다. 여자는 남자와 반대이고 逆順이다. 끝의 亥부터 7번째 地支에 해당하는 것이 巳이고 이것이 남자의 子와 반대되는 해이니, 여자의 기준이 되는 해가 된다. 이 巳를 기준으로 하여 역순 7번째 지지가 戌이니 이를 다시 역으로 차례 지워 나가면 위 도표의 순서가 된다. 이렇게 음양이 정반대에서 출발점을 삼는 경우가 더러 있다.

무엇인가 근거가 있을 것으로 생각하여 헤아려 보았을 뿐 확실한 것인지는 모른다. 만약 이런 것에 근거를 두었다고 해도 孟喜의 괘기설은 64괘를 계절과 절기에 배당하여 이 卦氣로서 인간사의 길흉을 추단한 것인데, 이미 현대의 과학세계에서는 인정받기 힘들 것이다.

(2) 婚姻 月

혼인에 좋은 달을 가리는 법인데 여자의 生으로만 따진다. 이는 여자에게는 생리라는 것이 있으므로 좋은 달이라도 그 달의 좋은 日이 생리와 겹치면 달을 바꾸어야 하기 때문일 것이다. 출생 地支에 따른 吉凶의 달을 도표로 보면 아래와 같다.

우선 도표에서의 '妨'은 '해칠 방'이다. 여자가 어떤 해에 태어난 사람인가에 따라 어떤 달이 이롭고 어떤 달에 집안의 누가 해로운가를 보여 준다.

	大利月	妨 媒氏	妨男父母	妨女父母	妨 夫主	妨 女身
子午 生	6월, 12월.	7월, 1월.	8월, 2월.	9월, 3월.	10월, 4월.	11월, 5월.
丑未 생	11월, 5월.	10월, 4월.	9월, 3월.	8월, 2월.	7월, 1월.	6월, 12월.
寅申 생	2월, 8월.	3월, 9월.	4월, 10월.	5월, 11월.	6월, 12월.	7월, 1월.
卯酉 생	1월, 7월.	12월, 6월.	11월, 5월.	10월, 4월.	9월, 3월.	8월, 2월.
辰戌 생	4월, 10월.	5월, 11월.	6월, 12월.	7월, 1월.	8월, 2월.	9월, 3월.
巳亥 생	3월, 9월.	2월, 8월.	1월, 7월.	12월, 6월.	11월, 5월.	10월, 4월.
備考	大吉하다	중매자 害 사용 가능	媤父母 害. 無이면 가능	女父母 害. 無이면 가능	신랑 害 사용 불가	신부 害 사용 불가

먼저 옛날부터 地支의 월 배당은 子가 11월, 丑 12월, 寅이 1월로 해서 차례로 배당된다. 立春의 節氣를 正月로하여 이를 '寅'으로 배정하는데 이를 月建法이라 한다. 이에 의해 차례로 배정하면 卯는 2월, 辰 3월, 巳 4월, 午 5월, 未 6월, 申 7월, 酉 8월, 戌 9월 亥 10월, 순으로 된다. 그리고 홀수 月에 배당된 地支는 양이고 짝수 月에 배당된 지지는 음이다. 이를 알고 살펴야 한다. 양의 지지에 태어난 사람은 양의 전진하는 원리를 적용해 하나씩 앞으로 나갔다. 그리고 음의 지지에 태어난 사람은 반대로 하나씩 물러났다. 곧 子年 生은 양년이니 子의 11월보다 앞으로 있게 될 12월에 배정되어 한 달씩 앞으로 갔고, 음의 지지인 丑年에 태어난 사람은 丑이 12월 음년이니 한 달 물러난 11월부터 차례로 물러났다. 음양의 원리이다.

그리고 태어난 해도 두 개씩 묶었다. 陽은 양과 陰은 음으로 묶었는데, 이것도 漢代의 乾坤爻辰圖에 유래한다. 곧 乾의 純陽 괘는 子, 寅, 辰, 午, 申, 戌의 양 지지로 차례 지워 初爻에서 上爻까지 괘를 만든다. 여기서 서로 應하는 효끼리, 즉 하괘와 상괘의 初爻, 中爻, 上爻를 짝을 지어면 子午, 寅申, 辰戌이 된다. 그리고 坤의 純陰 卦는 地支의 음 지지가 반을 지난 未부터 初爻로 하여 차례 지어나가니 酉, 亥, 丑, 卯로 해서 上爻가 巳이다. 이것도 應하는 효끼리 묶으면 未丑, 酉卯, 亥巳가 된다. 이렇게 묶었다는 것은 묶인 두 효가 상하괘의 위치가 같으므로 통하여 성질도 같은 것으로 보는 모양이다. 묘하게 命理에서의 지지의 충이 그대로 적용된다.

다음은 혼인과 밀접한 관련이 있는 것 중에서 가장 이로운 것에서부터 불리한 순으로 나열했는데 6가지로 나눈 것 같다. 아마도 괘의 6爻를 생각하고 여섯 분류로 나눈 것일 듯하다. 크게 이로운 것에서부터 나와는 상관이 적은 중매자가 해롭고, 그 다음은 상대의 부모, 나의 부모, 상대인 남자, 자신의 순이다. 가령 子生이나 午生의 여자는 6월과 12월이 吉하고, 7월과 1월이 平이며 다른 달은 凶이다. 그러나 媤家와 자기의 부모가 사망한 후에는 그 달에 해당되는 月도 가능하다.

이렇게 모두 근거를 가지고 끌어다 붙인 것은 놀랍다. 그런데 왜 꼭 이렇게 한 달씩 차례지워 '大利' 다음에 중매한 사람이 해침을 받고, 그 다음은 시부모이고, 그 다음은 내 부모로 차례 지워지는지 등은 쉽게 이해가 되지 않는다. 그리고 만약 괘 6효의 의미를 도입한다면, 가장 귀한 것은 5효이니 5효가 大利가 되어 위 도표에서 '妨夫主'란에 '大利月'이 들어가야 할 것 같은 생각도 든다. 그리고 괘에서 같은 위치의 효가 통하는 면도 있지만, 상하의 小成卦로 나뉘므로 직위와 역할이 다르다. 그리고 자오, 축미, 인신 등은 사주팔자를 볼 때는 서로 沖이었다. 그런데도 꼭 같은 동격으로 취급해도 될까하는 의문도 든다.

(3) 婚姻 日

혼인식을 올리는데 길한 날이다. 이 날을 정하는 방법이 제일 먼저 소개한 '生氣日'외에도 '陰陽不將吉日', '十全大吉日', '五合日', '黃道' 등등 모두 21종이 나열되어 있다. 한마디로 이렇게도 보고 저렇게도 본다는 뜻이다. 이것은 내가 필요한 날을 택할 수 있다는 뜻도 된다. 그렇기는 하지만 몇 가지를 살펴본다.

* 陰陽不將吉日.

正月- 丙寅, 丁卯, 丙子, 丁丑, 戊寅, 己卯, 戊子, 己丑, 庚寅, 辛卯, 庚子, 辛丑.

二月- 乙丑, 丙寅, 丙子, 丁丑, 戊寅, 丙戌, 戊子, 己丑, 庚寅, 戊戌, 庚子, 庚戌.

이런 식으로 각 달마다 吉한 날이 나열되어 있다. 왜 지정된 날이 길한지를 알아 낼 수가 없다. 우선 '不將'의 '將'을 어떤 뜻으로 풀어야 할지도 막막하다. '돕다'는 뜻이면 음양이 돕지 않는 날이 吉日이라는 뜻이고, '씩씩하다'의 뜻이면 음양이 힘을 빼앗기는 날로 보아야 하겠고, '함께'의 뜻이라면 연이어지지 않는 것이나 相生하지 않는 것으로 보아야겠는데, 도무지 무슨 뜻으로 쓰여 왜 이날이 길한지를 알 수가 없다. 天干만 따져 보더라도 正月에는 甲乙壬癸의 吉日이 왜 없을까?

* 十全大吉日.

乙丑, 丁卯, 丙子, 丁丑, 辛卯, 癸卯, 乙巳, 壬子, 癸丑, 己丑.

이상의 10일이 조금도 위험이 없는 안전한 날이라는 뜻이다. 그런데 왜 이 날만이 길한지는 역시 모르겠다.

* 五合日.

丙寅, 丁卯, 戊寅, 己卯, 庚寅, 辛卯, 壬寅, 癸卯, 甲寅, 乙卯.

이상이 五合日이다. 이 날은 地支가 계절에 배당된 것에 의하면 봄날인 寅卯에 天干이 붙는 날은 吉日이 된다는 뜻인 것 같다. 만물이 생육하고 꽃피우는 봄의 氣가 있는 날에는 만물이 合이되니, 혼인에는 좋다는 뜻이 담긴 것 같다. 그렇다고 완충역할을 하는 丑과 辰에는 하나의 吉日도 없어야 할까?

어떻든 이런 식으로 길에 해당하는 연월일을 택하여 결혼날짜를 받았다.

이 외에도 많은 택일법이 이런 식으로 무슨 吉日 무슨 길일이라 하며 나열되어 있다. 옛사람은 어떤 일이든 모두 택일하여 일을 한 것 같다. 祈禱에 관한 날도 佛供, 山神, 龍王, 竈조王, 7星, 安宅 등의 날이 각각 있고, 심지어는 병원에 가는 날도 약을 먹는 날도 따로 택일해야 하고, 개나 고양이를 들이는 날도 따로 택일해야 했다. 그리고 이런 날의 길흉은 天干과 地支가 어떻게 배합되었는가, 하늘의 별들이 어떤 방위에서 어떤 干支와 어울렸는가, 어떤 날에는 어떤 기운을 일으키는 神이 작용하는가를 음양오행의 원리와 數의 개념을 끌어와 결부시켜 이렇게 저렇게 적용했을 것이다. 그런데 그 운용의 원칙이 일정하지 않고 어지러우며 또 사리에 맞지 않음을 발견할 뿐만 아니라, 전혀 헤아릴 수 없는 것도 많다. 그러니 과학이 발달한 현대에서 그것을 그대로 사용해야 할 지 의문이 든다. 그래서 그 많은 행사의 擇日을 다 분석하지 않고 극히 일부만 살펴보고 끝낸다.

이상에서 술수들의 원리를 고찰해 보았다. 결론은 법칙의 적용이 통일성이 없고 그 법칙에 합리성이 미약함을 발견하게 된다. 그래서 『周易』의 象數派가 행한 일을 비판한 다음의 말을 인용함으로써 교훈을 삼자고 결론의 말을 대신 한다.

> "이러한 술수 예측은 근대 과학과는 전혀 부합하지 않는다. 술수 예측은 추상·추리·논증을 말하지 않고, 이런 저런 감응 상징들을 직관적으로 아우르고자 한다. 즉 술수 예측은 전적으로 심령의 묘오에 의지하여 '변화를 다 알고 미래를 볼 수 있다'고 말한다. 이러한 심령 감응의 예측은 철학상으로 볼 때 순전히 관념론적으로 유신론적 미신을 선전하는 것이어서 이론상 설득력이 없다. 역학사에서 이 술수파는 대대로 계승되어 왔으나, 논설하는 것을 따져 보면 『주역』을 베일로 삼아 신비주의적인 玄虛한 해석으로 사람을 속여 돈을 뜯으려는 것에 불과하다."[221]

4. 繫辭傳

「繫辭傳」은 『주역』의 大義를 총론한 것으로 의리적으로 풀이한 철학적인 傳이다. 상하로 나누어져 있다. 그런데 고금의 학자들 마다 章을 구별하는 시각이 다르다. 그것은 같은 의미의 문장들이 字句만 다를 뿐 여기저기에 흩어져 있고, 어떤 것은 엉뚱하다 싶은 것이 속해있기도 하는 등 전체적인 체계가 깔끔하지 못하기 때문이다. 여기서는 지금 통행본에서 많이 따르는 朱熹의 章句를 취했고, 이것은 상하의 傳이 각각 12장으로 나누어져 있다. 각 장을 띄워 나누고, 원문과 번역, 그리고 간략한 해설을 붙인다. 해설은 '번역문'의 이해를 돕는 차원으로 간단히 붙였고, 字句의 풀이는 특별한 것만 해설에 첨가하고 생략했다. 모르는 것은 漢韓·中韓 사전을 이용하기 바란다.

上傳

天尊地卑, 乾坤定矣. 卑高以陳, 貴賤位矣. 動靜有常, 剛柔斷矣. 方以類聚, 物以群分, 吉凶生矣. 在天成象, 在地成形, 變化見矣. 是故剛柔相摩, 八卦相盪. 鼓之以雷霆, 潤之以風雨. 日月運行, 一寒一暑. 乾道成男, 坤道成女.

乾知大始, 坤作成物. 乾以易知, 坤以簡能. 易則易知, 簡則易從. 易知則有親, 易從則有功. 有

---

221) 廖名春 외 지음, 심경호 옮김, 「주역 철학사」(예문서원, 1998), 320쪽.

親則可久, 有功則可大. 可久則賢人之德, 可大則賢人之業. 易簡而天下之理得矣. 天下之理得, 而成位乎其中矣.

하늘은 높고 땅은 낮으니, 건곤이 정해졌다. 낮고 높음이 진열되니, 귀하고 천함이 자리 잡는다. 움직임과 고요함이 일정한 법칙이 있으니, 강유가 나누어진다. (그러므로) 관념은 종류에 따라 모이고, 사물은 무리에 따라 나뉘니, (이런 변화 중에)길흉이 생겨난다.

하늘에는 형상이 이루어지고, 땅에는 형체가 이루어지니 변화가 드러난다. 그러므로 강유가 서로 비벼, 팔괘가 서로 갈마든다. 고동치는 것은 우레와 번개요, 젖게 하는 것은 비바람이다. 해와 달이 운행하여 한번 춥고 한번 덥다. (이렇게) 건의 도는 남성을 이루고, 곤의 도는 여성을 이룬다.

건이 큰 시작을 하면, 곤은 사물을 완성한다. 건은 쉬움으로써 알려주고, 곤은 간략함으로써 행한다. 쉬운 즉 쉽게 알고, 간략한 즉 쉽게 따른다. 쉽게 알면 친함이 있고, 쉽게 따르면 공이 있다. 친함이 있으니 오래 할 수 있고, 공이 있으니 광대할 수 있다. 오래하니 현인의 덕이고, 광대하니 현인의 업이다. (이렇게)쉬움과 간략함이 천하의 이치를 얻게 한다. 천하의 이치를 얻으니, 그런 가운데서 (六爻의)자리가 이루어지는 것이다.

[해설] 이 章은 乾坤의 大義를 말했다.

먼저 첫 절은 하늘인 乾과 땅인 坤의 정해진 자리가 상징하는 의미를 말하면서, 만물에는 기본적으로 이런 유형의 차별이 있다고 말한다. 天地, 乾坤, 尊卑, 貴賤, 動靜, 剛柔는 서로 상대되는 개념이고, 天·乾의 가치와 성질이 尊, 貴, 動, 剛이고, 地·坤은 卑, 賤, 靜, 柔이다. 이렇게 陽剛과 陰柔가 구별되듯이 하늘 아래에서는 같은 생각을 지닌 무리끼리 모이고, 무리와 무리가 나뉘는 중에 좋고 나쁨도 생긴다는 뜻이다. '動靜有常'에서, 번역된 우리말로는 앞 구절과의 연결이 약간 이상하나 '動靜'은 乾坤의 성질로써 건곤의 다른 표현이니 '건곤이 일정한 법칙이 있다'는 뜻으로 보면 자연스럽게 통한다. '方以類聚'의 '方'의 뜻이 여러 갈래다. 우리의 번역서에는 주로 '방소'의 뜻으로 보고 있으나, 옛 학자들은 '道'로도 많이 풀었다. 이에 근거해 현대의 黃壽祺는 '意識觀念'으로 풀이했는데, 方의 뜻인 '변별'을 정신작용에 적용하면 '관념'으로도 통하므로 이를 따랐다. 이렇게 보면 '方'과 '物'이 상대되는 개념으로 하나는 정신적 작용, 하나는 육체적 생김이다.

이어 다음 절은 건곤의 道는 음양의 변화인데, 이 변화는 八卦로 나타남을 설명했다. 양강과 음유가 어울려서 하늘과 땅에 변화가 일어난다고 했다. '在天成象, 在地成形'의 '象'과 '形'은 같은 개념인데, 나누어 구별한다면 하늘의 것은 볼 수는 있어도 만질 수는 없고, 땅의 사물은 동식물과 같이 만질 수도 있다는 것이 다르다. 이 천지의 변화를 팔괘의 부호가 나타내는데, 대표적 象들이 雷霆, 風雨, 日月의 현상이다. 이런 변화의 현상들은 天地 陰陽 乾坤의 도이고, 乾坤의 男女에서 자녀 괘를 낳는 과정이다. 그래서 '乾道成男, 坤道成女'라 했다. 즉 음과 양으로 구성됐으니, 모든 변화는 건과 곤이 만들어 낸다는 뜻이다.

마지막은 양인 건과 음인 곤의 道의 요체는 易·簡인데, 이의 철리를 설명하였다. '易'는 '쉬울 이', '簡'은 '간략할 간'이니 '易從'을 말한다. '乾知大始, 坤作成物'에서 '知'와 '作'은 같은 역할을 하는 글자로서 '爲'의 뜻이다. '大始'는 乾卦 彖傳의 '萬物資始'를 말하는 것으로, 만물을 만들기 시작할 때의 양기를 말한다. '乾以易知, 坤以簡能'은 건의 '大始'는 쉽고, 곤은 간단히 받아서 '成物'한다는 뜻이다. 이 易簡으로 모든 것이 이루어지고 현인도 이를 따르며, 괘도 이를 나타낸다는 뜻이다. 끝의 '而成位乎其中矣'는 이간을 체득한 결과를 말하는 것으로 '位乎其中'은 괘의 六爻를 말한다. 곧 천지가 변화하는 핵심요인은 이간이고 육효는 이를 나타낸다는 뜻이다.

聖人設卦觀象, 繫辭焉而明吉凶, 剛柔相推而生變化. 是故吉凶者, 失得之象也, 悔吝者, 憂虞之象也, 變化者, 進退之象也, 剛柔者, 晝夜之象也. 六爻之動, 三極之道也.

是故君子所居而安者, 易之序也, 所樂而玩者, 爻之辭也. 是故君子居則觀其象而玩其辭, 動則觀其變而玩其占, 是以自天祐之, 吉无不利.

성인이 괘를 베풀고 상을 관찰하여, 말을 매어 길흉을 밝혔으니, 강유가 서로 옮겨 다니면서 변화가 생긴 것이다. 그러므로 길흉이란 것은, 잃고 얻음의 상징이고, 후회와 인색함은, 근심걱정의 상징이요, 변화라는 것은, 나아가고 물러남의 상징이며, 강유라는 것은, 낮과 밤의 상징이다. (그러므로)6효의 움직임은, 삼재의 지극한 도이다.

그러므로 군자가 거처하면서 편안한 것은, 역의 차례 속에 있고, 즐기면서 거듭 익히는 것은, 효의 말이다. 이 때문에 군자가 집에 있을 때는 상을 살피고 말을 익히며, 움직일 때는 변화를 관찰해서 그 점을 익히니, 이로써 하늘로부터 도움이 있어, 길하고 불리함이 없다.

[해설] 『주역』을 좀 더 구체적으로 논술하면서 그것을 항상 익히고 이용해야 함을 말하고 있다.

먼저 『주역』은 聖人이 剛柔의 변화가 일으키는 象을 관찰하여 卦를 만들고 辭를 붙였는데, 이것이 天地人의 道라는 말이다. 그러면서 이런 이치를 吉凶·悔吝과 變化·剛柔의 두 쌍이 상징하는 의미는 동일선상의 것이므로 짝으로 묶고, 그 의미를 밝히면서 이것이 모두 6효가 나타내고 있다는 것으로 귀결시켰다. 점사를 크게 양분하면 '吉凶'으로, 이는 얻고 잃는 것이며, 세분하면 '悔吝'이 있는데 이는 근심과 걱정이라 했다. 그리고 강유가 일으키는 변화를 크게 말하면 '進退'요, 구체적으로 지적하면 '晝夜'라고 했다. '三極之道也'의 '三極'을 천지인의 三才로 보기도 하고, 小成卦의 下中上으로 나누어 初爻와 4爻, 2爻와 5爻, 3爻와 上爻를 이른다고도 본다. 둘 다 괘의 6爻를 말하고 있음은 같다.

이어서 군자가 『역』을 익히고 활용하면 좋다는 말을 하고 있다. '易之序'는 64개의 괘의 순서를 말하고, '爻之辭'는 384효를 말하니, 결국 편히 거처하는 것도, 그러면서 즐겁게 익히는 것도 『주역』이라는 뜻을 표현한 것이 '是故君子所居而安者～'이후의 구절이다. 그리고 이어진 구에서 '居'와 '動'을 쓰서 일상적인 생활과 특별한 일이 있을 때를 나누어 역을 익히는 것을 말했다. 이렇게 역을 익혀 활용하면 하늘이 도와서 吉하다고 했다.

彖者言乎象者也, 爻者言乎變者也. 吉凶者言乎其失得也, 悔吝者言乎其小疵也, 无咎者善補過也. 是故列貴賤者存乎位, 齊小大者存乎卦. 辯吉凶者存乎辭, 憂悔吝者存乎介, 震无咎者存乎悔. 是故卦有小大, 辭有險易. 辭也者, 各指其所之.

단은 상을 말하는 것이고, 효는 변화를 말하는 것이다. 길흉이라는 것은 잃고 얻는 것을 말하는 것이고, 후회와 인색함은 작은 흠을 말하는 것이고, 허물없음은 과실을 보완하여 좋게 되는 것이다.

그러므로 귀천을 나열한 것은 효위에 있고, 작고 큰 것을 분별하는 것은 괘에 있다. 길흉을 변별하는 것은 말에 있고, 후회와 인색함을 근심하는 것은 경계에 있기 때문이요, 놀랍게도 허물없게 됨은 후회했기 때문이다.

그러므로 괘는 작고 큰 것이 있고, 괘사는 험하고 평이함이 있다. 사라는 것은, 각각 갈 바를 지적하는 것이다.

[해설] 먼저 괘사와 효사의 차이를 논하고, 辭에서 비롯되는 점사들의 뜻을 풀면서 이에 따라 행동하게 됨을 말했다.

'彖'은 '彖辭'를 줄인 말하니 이는 괘사이다. 이에 對가 되는 '爻'는 효사를 말한 것이다. 이들의 차이를 '象'과 '變'으로 나누었는데, 象은 변하기 전의 한 형상을 말하는 것이고, 變은 형상이 변함을 말하는 것이다. '悔'는 凶에서 吉로, '吝'은 길에서 흉으로 진행되는 과정을 이르고, 无咎는 중간선상에서 정지해 있음을 말한다고 본다. 그러므로 悔吝을 논한 '小疵'는 '작은 병폐'를 말한 것으로 보면 된다. 그리고 '无咎者善補過也'의 '善'은 '補'를 수식하는 것으로 보아 '잘 보완하다'로 풀기도 하고, '補過'한 결과로 '좋게 됨'을 이르기도 한다. 『주역』에서는 대체로 중간선상의 '无咎'를 좋은 것으로 보기 때문에 여기서도 결과가 좋게 됨을 말한 것으로 보았다.

이어서 효와 괘의 관계를 논하고 여기서 비롯된 점사들의 관계를 논했다. '齊小大者存乎卦'에서 '小大'는 음유의 小와 양강의 大를 말하니, 괘는 主가 되는 효가 있는데, 그것이 음효나 양효 중의 하나에서 결정되어 괘의 범위가 대체로 결정됨을 뜻한다. '齊'는 '분별하다'의 뜻이다. '憂悔吝者存乎介'의 '介'를 여러 뜻으로 풀고 있다. 晉나라 韓康伯의 注 '纖섬介(아주 작음)'에서 意譯하여 많이 풀고 있으나, 吉과 凶의 경계에 있다는 뜻으로 보는 것이 자연스럽다. 이어 이어지는 '震无咎'의 '震'은 대체로 '놀라다'와 '움직이다'의 두 가지 뜻으로 푼다. 여기서는 悔와 吝의 진행선상을 해결하여 无咎의 정지 상태로 된 것이 놀라운 것이라는 뜻으로 보았다.

끝으로 괘와 괘사의 이루어짐과 그것의 의미하는 바를 말했다.

易與天地準, 故能彌綸天地之道. 仰以觀於天文, 俯以察於地理, 是故知幽明之故. 原始反終, 故知死生之說. 精氣爲物, 遊魂爲變, 是故知鬼神之情狀.

與天地相似, 故不違, 知周乎萬物而道濟天下, 故不過. 旁行而不流, 樂天知命, 故不憂. 安土敦乎仁, 故能愛.

範圍天地之化而不過, 曲成萬物而不遺, 通乎晝夜之道而知, 故神无方而易无體.

역은 천지와 더불어 기준을 삼으니, 때문에 천지의 도를 포괄한다. 우러러 천문을 관찰하고, 꾸부려 지리를 살피니, 이런 까닭에 어둠과 밝음의 까닭을 안다. 시작의 근원을 추구하면 끝남으로 돌아가니, 때문에 죽고 사는 이치를 안다. 정기는 사물을 만들고, 혼은 떠돌아 변화를 만드니, 이 때문에 귀신의 실상을 안다.

(역은)천지와 함께 서로 같으니, 때문에 어김이 없고, (역의)지식은 만물에 두루 미치고 도는 천하를 구제하니, 때문에 잘못이 없다. 넓게 행해도 방탕하게 넘치지 않아, 천도를 즐기면서 천명을 아니, 때문에 근심하지 않는다. 주어진 환경에 편안히 하여 어짊을 두텁게 하니, 때문에 (만물을)사랑할 수 있다.

천지의 조화를 범위로 삼으니 지나침이 없고, 만물을 곡진하게 이루니 버려지는 것이 없으며, 주야의 도리를 통하고 아니, 때문에 귀신이 일정한 방소가 없듯이 역도 정해진 실체가 아니다.

[해설] 이 章은 易이 천지를 기준해서 만들었으므로 이것이 모든 것에 통함을 거듭하여 강조하면서 易을 따라 생활하면 이롭고 좋다는 것을 말하고 있다.

먼저 『주역』의 법칙이 광범위함을 역설했다. 하늘은 양 땅은 음이니, 이 음양의 변화가 生과 死에까지 이어지므로, '天地'의 변화에 통하는 易을 알면 귀신과 같은 상황이 된다는 것을 말했다. '彌綸'은 '널리 미, 다스릴 륜'이니, '포괄하다'로 보면 통하고, '幽明'은 음양을 달리 표현한 것이다. '原始反終'은 변화의 원리를 고찰하면 시작과 끝남이 되풀이 된다는 뜻이다. '精氣'는 '음양이 엉기고 모인 기운'이고 '魂'은 '넋'이니, 생명의 생성과 변이의 현상을 말하는 서로 상대되는 개념이고, 이어지는 '神'과 '鬼'와도 서로 통한다. 표현이 관념적이고 형이상학적이다.

이어 易은 천지와 같으니, 천지는 일정하고 바르므로 이의 이치를 알면 모든 것이 통하여 이롭게 됨을 설명하고 있다. '旁行而不流'의 '旁'은 '溥(넓을 부)'의 뜻이고, '流'는 '방탕하다'이며, '安土'의 '土'는 '땅'이니 '주어진 환경'을 뜻하고 있다.

끝으로 첫 節 '易與天地準'을 다시 다른 말로 한 번 더 강조하면서 변화는 계속되는 것임을 말하고 있다. '晝夜之道'도 음양의 변화로 인한 현상으로써 음양의 道를 말한 것이고, 이런 변화는 항상 계속되는 것이므로 신은 어디에서나 있고 易은 한 가지로 고정되는 것이 아니라는 뜻으로 '神无方而易无體'라 했다.

一陰一陽之謂道. 繼之者善也, 成之者性也. 仁者見之謂之仁, 知者見之謂之知, 百姓日用而不知, 故君子之道鮮矣.

顯諸仁, 藏諸用, 鼓萬物而不與聖人同憂. 盛德大業至矣哉. 富有之謂大業, 日新之謂盛德. 生生之謂易, 成象之謂乾, 效法之謂坤. 極數知來之謂占, 通變之謂事, 陰陽不測之謂神.

음이 되었다가 양이 되었다가 하는 것을 도라 한다. 이를 계속해서 잇는 것이 천명이고, 이를 완성한 것이 품물의 성질이다. 어진 자는 이를 보고 인이라 하고, 지혜로운 자는 이를 보고 지혜라고 하는데, 백성은 매일 사용하면서도 알지 못하니, 때문에 군자의 도가 드물다.

(음양의 도는)어짊에 드러나고, 그 작용에 깃들어 있어서, 만물을 진작시키되 성인이 하는 근심은 함께하지 않는다. 성한 덕과 큰 업이 지극하구나! 풍성함이 있는 것을 대업이라 하고, 매일 새로워지는 것을 성덕이라 한다. (이렇게)낳고 낳는 것을 역이라 하고, 상을 이루는 것은 건이라 이르며, 법칙을 본받는 것은 곤이라 한다. 수를 다하여 미래를 알아내는 것을 점이라 하고, 변화에 통하는 것을 사업이라 하며, 음양을 헤아리기 어려운 것을 신이라 한다.

[해설] 음과 양이 對待하면서 끝없이 변화를 낳는데, 이것이 乾坤의 대의이므로 앞 장을 이어 설명을 더 했다.

먼저 太極에서 음양으로 나뉘고 이런 변화가 거듭하여 8개의 小成卦와 64개의 大成卦를 만드는 변화과정이 '道'라 하면서 건곤의 의미를 달리 표현했다. 그런데 이런 변화는 보는 시각에 따라 다르고, 일반인은 늘 이런 변화 속에 살지만 이를 알지 못한다. 이런 변화를 통찰하는 사람이 군자이고, 군자는 '仁'과 '知'로 나타나는 변화를 모두 알고 갖추어야 하니 군자의 도를 이루기는 쉽지 않다는 말이다. '繼之者善也'는 하늘에서 음양의 변화가 쉼 없이 계속됨을 말하는데, '善'의 의미가 天이 하는 일을 말하는 것으로 보고 '天命'으로 대입하였고, '成之者性也'는 땅이 하늘의 작용을 받아서 만물을 생성하면 각각 품성이 나누어지는 것을 말하는 것으로 보고 풀이했다.

그리고 이런 천지의 작용으로 변화가 일어나서 '盛德'과 '大業'을 이룬다는 말을 이어 했다. '顯諸仁'은 땅, '藏諸用'은 하늘의 작용이다. 땅은 만물을 생육하여 나타내 보이니 이를 仁하기 때문인 것으로 보아 '顯諸仁'이라 했다. 하늘은 땅의 작용(用)속에 깃들어 있지 직접 형태를 볼 수 없다. 그래서 '藏諸用'이다. 이것은 자연의 법칙이니 근심이 있을 수 없다. 이렇게 작용한 결과를 人事에 반영되는 것으로 비유하여 말하면, 땅은 '大業', 하늘은 '盛德'에 해당한다. 이런 것이 계속되는 것이 건곤의 작용이고 역이라는 뜻이다. '成象之謂乾'의 '象'은 '天의 상'이고, 이어진 '效法'은 '天의 법'을 말하니 坤이 '順承天'한다는 말이다. '極數'는 7・8・9・6의 수를 알아내는 것이요, '通變'은 수를 다하여 그 변화에 통하는 것이고, '事'는 점친대로 행하는 일을 말한다. 끝으로 이렇게 음양의 변화는 예측하기 어렵다고 '神'이라 했다. '神'은 '신비롭다'는 뜻이다. 결국 이런 것을 밝혀 알게 하는 것이 역이라는 말이다.

夫易廣矣大矣. 以言乎遠則不禦, 以言乎邇則靜而正, 以言乎天地之間則備矣. 夫乾, 其靜也專, 其動也直, 是以大生焉. 夫坤, 其靜也翕, 其動也闢, 是以廣生焉. 廣大配天地, 變通配四時, 陰陽之義配日月, 易簡之善配至德.

대저 역은 넓고도 크구나! 먼 것으로 말하면 그침이 없고, 가까운 것으로 말하면 고요하면서 바르고, 천지의 사이로서 말하면 모두 갖추었다. 건은 고요하면 전일하고, 움직이면 곧게 행하니, 이로써 크게 생산한다. 곤은 고요하면 합쳐 끌어 모우고, 움직이면 열어 내보내니, 이로써 넓게 생산한다. 넓고 큼은 천지와 짝하고, 변하여 통함은 사계절과 짝하고, 음양의 의미는 일월과 짝하며, 쉽고 간략함의 좋은 점은 지극한 덕과 짝하기 때문이다.

[해설] 이 장은 易이 광대함을 찬미하면서 건곤이 상징하는 바를 말하고, 이것이 인간의 德과 통함을 말했다.

역은 천지를 본받은 것이므로 크고 넓다. 멀리까지 그침 없이, 가깝게는 누구에게나 일정하게 행하니, 역은 천지의 일을 모두 갖추었다. '以言乎遠則不禦, 以言乎邇則靜而正'은 단순히 거리의 멀고 가까움에 대한 역의 영향력을 말하고 있지만, 동시에 앞 구는 하늘을, 뒤 구는 땅을 형용한 글이다.

이어서 乾은 하늘이고 양이며, 坤은 땅이고 음이니, 이것들이 활동하기 전과 후를 구별하여 그 성질을 말하면서 활동한 결과로 '大生'과 '廣生'이 됨을 말했는데, 결국 天地는 廣大, 變通, 陰陽, 易簡과 연결됨을 例示하며 설명했다. 건을 설명한 '專'은 '섞이지 않고 순수함'을, '直'은 '방해받지 않고 계속하다'를 뜻하는데, 두 의미가 삿됨이 없이 바르게 행함을 뜻하고 있다. 곤을 설명한 '翕'은 천기를 받아들인다는 뜻이며, '闢'은 만물을 생산해 낸다는 의미의 글자이다. '大生'의 '大' '易簡'의 '易, 簡'은 第 一章에서 언급된 것이다. 그리고 '易簡之善'의 '善'은 쉽고 간단해서 좋다는 뜻의 '좋다'로 보았다. 그러니 '配'가 있는 마지막 구는 천지 자연현상을 본받으면 인간의 좋은 덕으로 나타난다는 의미가 된다.

子曰, 易其至矣乎. 夫易, 聖人所以崇德而廣業也. 知崇禮卑, 崇效天, 卑法地. 天地設位, 而易行乎其中矣. 成性存存, 道義之門.

공자께서 말했다. 역은 지극하구나! 역은 성인이 덕을 높이고 업을 넓힌 것이다. 지혜는 높이는 것이고 예의는 낮추는 것이니, 높이는 것은 하늘을 본받고, 낮추는 것은 땅을 법 받은 것이다. 하늘과 땅이 위치를 베푸니, 역은 그런 가운데서 행한다. (이렇게 하여)성품을 이루어 존재하고 존재해 가는 것이, 도의의 문이다.

[해설] 이 장은 聖人이 역을 만들면서 높일 것은 높이고 낮출 것은 낮추었음을 말했다. 역은 천지를 본받아 만든 것이니, 높이고 낮추어야하는 것을 人事에 적용되는 사례를 설명하면서 사람이 역의 이치를 수양해야 함을 말하고 있다. 德・知・道는 天에서, 業・禮・義는 地에서 나온 것으로 보면 된다.

聖人有以見天下之賾, 而擬諸其形容, 象其物宜, 是故謂之象. 聖人有以見天下之動, 而觀其會通, 以行其典禮, 繫辭焉以斷其吉凶, 是故謂之爻. 言天下之至賾而不可惡也, 言天下之至動而不可亂也. 擬之而後言, 議之而後動, 擬議以成其變化.

鳴鶴在陰, 其子和之, 我有好爵, 吾與爾靡之. 子曰, 君子居其室, 出其言善, 則千里之外應之, 況其邇者乎. 居其室, 出其言不善, 則千里之外違之, 況其邇者乎. 言出乎身, 加乎民, 行發乎邇, 見乎遠. 言行, 君子之樞機. 樞機之發, 榮辱之主也. 言行, 君子之所以動天地也, 可不愼乎.

同人, 先號咷而後笑. 子曰, 君子之道, 或出或處, 或默或語. 二人同心, 其利斷金, 同心之言, 其臭如蘭.

初六, 藉用白茅, 无咎. 子曰, 苟錯諸地而可矣, 藉之用茅, 何咎之有. 愼之至也. 夫茅之爲物薄, 而用可重也. 愼斯術也以往, 其无所失矣.

勞謙, 君子有終, 吉. 子曰, 勞而不伐, 有功而不德, 厚之至也. 語以其功下人者也. 德言盛, 禮言恭, 謙也者, 致恭以存其位者也.

亢龍有悔. 子曰, 貴而无位, 高而无民, 賢人在下位而无輔, 是以動而有悔也.

不出戶庭, 无咎. 子曰, 亂之所生也, 則言語以爲階. 君不密則失臣, 臣不密則失身, 幾事不密則害成, 是以君子愼密而不出也.

子曰, 作易者其知盜乎. 易曰, 負且乘, 致寇至. 負也者, 小人之事也, 乘也者, 君子之器也. 小人而乘君子之器, 盜思奪之矣, 上慢下暴, 盜思伐之矣. 慢藏誨盜, 冶容誨淫. 易曰, 負且乘, 致寇至, 盜之招也.

성인이 천하의 심오한 이치를 나타냄에 있어서, 그 (물체의)형태와 모양을 헤아려, 그 물체의 마땅함을 본떴으니, 그러므로 이를 상이라 한다. 성인이 천하의 움직임을 나타냄에 있어서는, 그 모이고 통함을 관찰하여, 조리와 법칙을 만들고, 말을 매어서 길흉을 결정했으니, 이 때문에 이를 효라 한다.

천하의 지극한 이치를 말했으니 싫어할 수가 없고, 천하의 지극한 움직임을 말했으니 어지럽힐 수가 없다. 비교한 후에 말했고, 논의한 후의 움직임이니, 비교하고 논의함으로써 그 변화를 완성한 것이다.

그늘에서 학이 우니, 그 새끼가 화답한다. 나에게 좋은 술이 있으니, 나는 너와 함께 마시고자 한다(고 했다). 공자가 말했다. 군자가 집안에 있으면서, 그 말이 선하게 나오면, 천리 밖에서도 응하니, 하물며 그 가까운 사람에게는? 집안에 있으면서, 그 말이 불선하게 나오면, 천리 밖에서 어긋나니, 하물며 그 가까운 사람에게는? 말이 몸에서 나와 백성에게 더해지고, 행동이 가까이서 시작되어, 먼 곳에서도 나타난다. 말과 행동은, 군자의 중요한 관건이고, 중요한 관건이 발하면, 영욕의 주인이 된다. 언행은, 군자가 천지를 감동시키는 것이니, 신중하지 않을 수 있겠는가?

동인은, 먼저는 울부짖고 후에는 웃는다(고 했다). 공자가 말했다. 군자의 도는 혹 나가기도 하고 혹 머물기도 하며, 혹 침묵하기도 하고 혹 말하기도 하는데, 두 사람이 같은 마음이면, 그 예리함이 쇠를 끊고, 마음을 같이하여 말을 하면, 그 향기가 난초와 같다.

초육, 띠로 만든 깔개이니, 허물은 없다(고 했다). 공자가 말했다. 진실로 저 땅에 두어도 좋을 것인데, 자리를 띠로 만들었으니, 무슨 허물이 있으리오. 삼감의 지극함이다. 모든 띠의 물건 됨이 얄팍하나, 쓰임은 중요할 수 있다. 이런 방법으로 삼가면서 가면, 그 잃는 바가 없을 것이다.

공로가 있으면서 겸손하니, 군자가 마침이 있어, 길하다(고 했다). 공자가 말했다. 공(勞)을 자랑하지 않고, 공이 있어도 덕으로 여기지 않으니, 두터움의 지극함이다. 공이 있으면서도 다른 사람보다 아래에 있는 자를 말한다. 덕은 성대해야하고, 예의는 공손해야하니, 겸손하다는 것은 공손함을 이루어서 그 자리를 보존하는 것이다.

다 오른 용이니 뉘우침이 있다(고 했다). 공자가 말했다. 귀해도 지위가 없고, 높아도 신하가 없으며, 현인이 아래지위에 있어도 돕는 자가 없다. 이 때문에 활동하면 뉘우침이 있다.

방문 밖 뜰을 나가지 않으면, 허물이 없다(고 했다). 공자가 말했다. 어지러움이 생기는 것은, 언어로써 단계가 만들어지기 때문이다. 임금이 치밀하지 못하면 신하를 잃고, 신하가 치밀하지 못하면 몸을 잃으며, 조짐이 있는 일을 치밀하게 하지 못하면 해로움이 이루어진다. 이로써 군자는 삼가고 치밀해서 나가지 않는 것이다.

공자가 말했다. 역을 지은 자는 도적을 아는가? 역에서 말하기를, (짐을)진체로 (수레를)탔으니, 도적을 불러온다고 했다. 짐을 지는 것은 소인의 일이요, 타는 것은 군자의 기구이다. 소인이 군자의 기구를 타니, 도적이 이를 빼앗으려 생각하고, 위에서는 거만하고 아래로는 포악하니, 도적이 치려고 생각한다. 감추는 것을 게을리 하여 도적을 유인하고, 얼굴을 치장하여 음탕함을 불러일으킨다. 역에서 '負且乘致寇至'라고 말한 것은 도적을 부르는 것을 말한다.

[해설] 이 장은 크게 두 단으로 구분된다. 처음은 주역의 괘효와 그 말이 만들어진 원리를 말하고, 이어 7개의 예를 들어 공자가 효사를 풀이한 것을 말했으니, 『주역』을 공부하는 사람들의 『주역』 해석법을 알리는 역할을 한다.

먼저 괘효와 辭가 어떻게 만들어졌는지를 말하고, 이어서 그것들의 가치를 말하는 두 절로 되어 있다. 첫 구절 '賾'은 '그윽할 색'인데 이는 '깊고 복잡한 것'을 말하고 있으므로 '심오한 이치'로 번역했다. 그리고 이의 끝 구 '是故謂之象'의 '象'은 이어진 구절의 끝 '是故謂之爻'와 對가 됨으로 괘를 말하는 다른 표현이다. 그러므로 성인이 괘와 효를 만들어 이에 辭를 붙였음으로, 이 사들이 변화를 말하고 있으니, 잘 해석하여 이용해야 함을 말하고 있다. '議之而後動'이란 '動'을 여러 가지로 관찰하고 논의해서 괘효사에 나타냈다는 말인데, '議'라는 한 자로 표현한 것이다.

이어서 7개의 효사를 공자는 어떻게 풀이하는가를 실례로 들어 보이고 있다. 그러므로 독자들도 공자와 같은 사고를 할 수 있어야 할 것이다. 이 7개의 효사들은 이미 상하경의 해당 효사에 인용을 하였으니 참고하기를 바라며, 각 절에 해당되는 괘의 효는 다음과 같다. 1 中孚卦 九二, 2 同人卦 九五, 3 大過卦 初六, 4 謙卦 九二, 5 乾卦 上九, 6 節卦 初九, 7 解卦 六三이다.

보이지도 않는 학의 소리에 화답이 있는 것은 군자의 언행과 같은 것이고, 마음을 같이 하면 울부짖음도 웃음으로 변하고, 띠가 깔개로 쓰임은 삼감의 결과이며, 공로가 있어도 자랑하지 않는 것이 군자의 행위이며, 너무 높이 오르다가 보면 뉘우침이 있게 되고, 군자는 인격을 이룬 후에 활동하며, 또 소인처럼 뻐기면서 잘난 체하지는 않는다는 뜻으로 각 효사를 해석했다. 혹 이해가 가지 않는 것은 해당 효사를 다시 읽어보기 바란다.

天一, 地二, 天三, 地四, 天五, 地六, 天七, 地八, 天九, 地十. 天數五, 地數五, 五位相得而各有合. 天數二十有五, 地數三十, 凡天地之數五十有五. 此所以成變化而行鬼神也.

大衍之數五十(有五), 其用四十有九. 分而爲二以象兩, 掛一以象三. 揲之以四以象四時, 歸奇於扐以象閏. 五歲再閏, 故再扐而後掛.

乾之策二百一十有六, 坤之策百四十有四, 凡三百有六十, 當期之日. 二篇之策, 萬有一天五百二十, 當萬物之數也.

是故四營而成易, 十有八變而成卦, 八卦而小成. 引而伸之, 觸類而長之, 天下之能事畢矣. 顯道神德行, 是故可與酬酌, 可與祐神矣. 子曰, 知變化之道者, 其知神之所爲乎.

천1, 지2, 천3, 지4, 천5, 지6, 천7, 지8, 천9, 지10. 천수 다섯 개, 지수 다섯 개이니, (天地가)다섯 자리를 서로 얻어 각각 합한다. (그러면)천수는 25, 지수는 30이고, 천지의 수는 모두 55이다. 이것이 변화를 이루고 귀신이 행하는 것이다.

대연수 50(55), 그 쓰임은 49이다. 나누어 두 개로 만드는 것은 양의를 상징하고, 하나를 거는 것은 삼재를 상징한다. 네 개씩 세어가는 것은 사계절을 상징하고, 나머지를 손가락 사이에 끼우는 것은 윤달을 상징한다. 5년에 다시 윤달이니, 때문에 다시 손가락에 끼운 후 건다.

건의 점대 수는 216이고, 곤의 점대 수는 144이니, 모두 360으로, 년의 일수에 해당한다. 두 편의 점대 수는, 11,520이니, 만물의 수에 해당한다.

그러므로 네 번 경영해서 역을 이루고, 18번 변화시켜 괘를 이루니, 팔괘가 작게 이루어진다. 이를 끌어당기고 펼치며, 류를 접촉시키고 늘이면, 천하의 가능한 일을 다 한다. 도가 드러나고 덕행이 신묘하니, 이 때문에 (신과)더불어 수작하고, 더불어 신을 돕기도 한다. 공자가 말했다. 변화의 도리를 아는 자는 신이 하는 바를 알지 않겠는가?

[해설] 이 장은 천지의 數理로 괘를 만든 것이 역이므로, 이를 이해하고 활용하면 신과 함께할 수 있다는 것을 말했다. 그러나 절과 절이 뒤엉켜 있어서 학자들 마다 어떤 절은 다른 章으로 옮기기도 하고 같은 장내에서도 차례를 바꾸는 등 어지러운 章 중의 하나이다. 그렇다는 것을 밝히고 일단 있는 그대로 해설을 한다.

처음은 1부터 10까지의 數를 天數와 地數로 나누는데, 천수는 홀수이고 지수는 짝수이다. 천수의 합이 25, 지수의 합이 30으로 이것이 '天地의 數'이고 '大衍의 數'이면서 변화를 주도하는 수임을 말하고 있다.222)

이어서 대연수를 바탕으로 괘를 만드는 방법을 말하고 있다. 댓가지로 作卦하는 법에 관해서는 '실마리(24쪽부터)'의 설명을 참고하기 바란다. '象兩'의 '兩'은 兩儀(음과 양)을 말하니 곧 천지이고, '象三'의 '三'은 天地人의 三才를 말한다. '掛一'은 兩儀로 나눈 地의 것에서 하나를 손가락에 끼우거나 따로 두는 것을 말한다. '歸奇於扐'의 '奇'는 '나머지', '扐'은 '손가락 사이 륵, 손가락에 끼울 륵'이다. '再扐而後掛'는 天地로 나눈 것 중, 이때까지 天의 것을 셈하였으니, 地의 것도 꼭 같이 해서 남는 것을 손가락 사이에 다시 끼우는 것이 '再扐'이고, 이렇게 해서 손에 끼워진 점대들을 모두 합하여 음양의 기호를 만든다는 뜻이 '掛'이다.

그리고 乾坤이 이루어지는 댓가지 수(策數)를 합하면 一年의 날 수와 같다는 말을 했다. 그런데 이 구절을 呂紹綱은 다음으로 돌리고 '是故四營而成易'부터 '可與祐神矣'까지를 연결시켜 붙였다. 참고할 만하다.

'乾之策'의 '策'은 '점대 책'이니 '댓가지 수'를 말한다. 음양의 부호를 만들 때 老陽이 만들어질 때는 남는 댓가지가 36개, 少陰은 32개, 少陽은 28개, 老陰은 24개이다. 乾(陽)을 노양으로 대표시켜 계산하면 한 효마다 36개의 策數가 되므로 괘는 六爻로 이루어지니 36×6=216이고, 坤(陰)은 노양과 상대가 되는 노음으로 대표시켜 계산해야하니, 24×6=144이다. 이 음양의 합이 360이다. 소양과 소음으로 음양을 대표시켜 계산해도 360이 된다. 이것이 一年의 날수와 같다는 뜻이다. '二篇之策'의 '二篇'은 두 書冊이니, 上下經이고, 여기에는 모두 64卦가 있으니, 爻는 64×6=384효이다. 이를 음효와 양효로 나누면 386÷2=192이다. 192개의 陽中 노양을 대표시켜 策數를 계산하면 192×36=6912, 陰中 老陰의 策數는 192×24=4608이다. 이 둘을 합하면 11,520이 된다. 이것이 만물의 수라고 했다.

그리고 마지막으로 다시 '四營 18變'해서 소성괘 팔괘를 만들고 이를 거듭하고 넓혀서 64괘를 만든다는 말이다. 그러므로 64괘 386효에 천하의 일이 모두 있고, 이에 맞추면 도와 덕행이 이루어진다고 했다. 이런 뜻을 공자의 말로서 한 번 더 강조하며 마쳤다.

易有聖人之道四焉. 以言者尙其辭, 以動者尙其變, 以制器者尙其象, 以卜筮者尙其占.

是以君子將有爲也, 將有行也, 問焉而以言, 其受命也如嚮, 无有遠近幽深, 遂知來物. 非天下之至精, 其孰能與於此. 參伍以變, 錯綜其數, 通其變, 遂成天地之文, 極其數, 遂定天下之象. 非天下之至變, 其孰能與於此. 易无思也, 无爲也, 寂然不動, 感而遂通天下之故. 非天下之至神, 其孰能與於此.

夫易, 聖人之所以極深而硏幾也. 唯深也, 故能通天下之志, 唯幾也, 故能成天下之務, 唯神也, 故不疾而速, 不行而至. 子曰, 易有聖人之道四焉者, 此之謂也.

---

222) 數에 관해서는 실마리의 '象數 章'(22쪽부터)을 참조하라. 그 중 大衍數는 26쪽부터이고, 여기에 大衍之數는 원문에 '五十'이라 했는데 (有五)를 붙여야 하는 까닭을 설명했다. 그래서 원문에 없는 (有五)를 붙였다.

역은 성인의 도가 4개 있다. 그것(易)으로 말하는 자는 글을 숭상하고, 그것으로 움직이는 자는 변화를 숭상하고, 그것으로 기구를 만드는 자는 상을 숭상하며, 그것으로 점을 치는 자는 점을 숭상한다.

그러므로 군자가 장차 하고자 하거나, 장차 행하고자 하여, 물으면 말을 하는데, 명을 받는 것이 메아리 같아서, 멀고 가깝거나 그윽하고 깊은 것 없이 드디어 오는 일을 알게 한다. 천하의 지극히 정밀함이 아니면, 무엇이 여기에 미칠 수 있겠는가? 三과 五로서 변화시켜, 그 수를 섞고 모아서, 변화에 통하여, 드디어 천지의 무늬를 이루고, 그 수를 다하여 드디어 천하의 상을 정한다. 천하의 지극한 변화가 아니면, 무엇이 여기에 미칠 수 있겠는가? 역은 생각함도 없고, 하고자 함도 없이, 고요히 움직이지 않다가, 느끼면 드디어 천하의 연고에 통한다. 천하의 지극한 신묘함이 아니면 무엇이 여기에 미칠 수 있겠는가?

무릇 역은 성인이 깊이를 다하고 기밀함을 연구한 것이다. 오직 깊으니, 때문에 천하의 뜻에 통할 수 있고, 오직 기밀하니, 때문에 천하의 일을 이룰 수 있으며, 오직 신비로우니, 때문에 빨리하지 않아도 빠르고, 행하지 않아도 도달한다. 공자가 말했다. 역은 성인의 도가 4개 있다는 것은, 이를 말하는 것이다.

[해설] 이 장은 사람이 역을 辭, 變, 象, 占 4방면에서 이용할 수 있고, 이를 깊이 연구하여 활용하면 성인이 될 수 있다는 말이다.

먼저 역에는 尙辭, 尙變, 尙象, 尙占의 4가지가 있음을 말했다. 이 절의 '以'는 모두 '그것으로써'로 번역하면 되고 '그것'은 역을 말한다.

그리고 역은 미래의 일을 밝혀주는데, 지극히 정밀하여 변화에 통하니 지극히 신비로운 것이라고 찬미했다. '參伍以變'의 '參伍'는 '三과 五'이고, 이것은 변화를 일으키는 대표적 수로 인식되어 왔다. 역에서도 한 효를 결정하기 위해 三變하고, 이 一變의 과정이 5번 이루어진다. 곧 필요한 策數 49개를 가리고, 천책과 지책으로 나누고, 地에서 人策을 뽑고, 천책을 4개씩 들어내고, 지책을 4개씩 들어내는 과정이다. 伍와 五는 통용이다. '其孰能與於此'의 '與'는 '及' '達到'의 뜻이다. '感而遂通天下之故'의 '感'은 해당 괘효를 얻어서 象·變·辭·占에 통함을 말하는 것 같다.

끝으로 성인이 '極深而硏幾'하여 천하의 뜻과 일을 알아냈다는 말이 이어져 있다.

처음은 역에 4가지고 있다고 했는데, 이어지는 설명은 이 4가지를 설명하지 않고 역이 '精, 變, 神'함을 말하고 있다. 여기서도 짜임새가 이상하다. 그래서 呂紹綱은 前章의 끝 구절 '子曰, ~'을 이 장의 앞머리에 붙이고, 이 장의 첫머리 '易有~'의 節을 빼고, 다음 절 '是以君子將有爲也'와 이어서 붙였다. 참고하자.

子曰, 夫易何爲者也. 夫易開物成務, 冒天下之道, 如斯而已者也. 是故聖人以通天下之志, 以定天下之業, 以斷天下之疑.

是故蓍之德圓而神, 卦之德方以知, 六爻之義易以貢. 聖人以此洗心退藏於密, 吉凶與民同憂, 神以知來, 知以藏往. 其孰能與於此哉. 古之聰明叡智, 神武而不殺者夫. 是以明於天之道, 而察於民之故, 是興神物以前民用. 聖人以此齋戒, 以神明其德夫.

是故闔戶謂之坤, 闢戶謂之乾, 一闔一闢謂之變, 往來不窮謂之通. 見乃謂之象, 形乃謂之器, 制而用之謂之法, 利用出入, 民咸用之謂之神.

是故易有太極, 是生兩儀, 兩儀生四象, 四象生八卦, 八卦定吉凶, 吉凶生大業.

是故法象莫大乎天地, 變通莫大乎四時. 懸象著明莫大乎日月. 崇高莫大乎富貴. 備物致用, 立成器以爲天下利, 莫大乎聖人. 探賾索隱, 鉤深致遠, 以定天下之吉凶, 成天下之亹亹者, 莫大乎蓍龜.

是故天生神物, 聖人則之, 天地變化, 聖人效之. 天垂象, 見吉凶, 聖人象之, 河出圖, 洛出書, 聖人則之. 易有四象, 所以示也, 繫辭言, 所以告也, 定之以吉凶, 所以斷也.

공자가 말하기를, 대체 역은 무엇인가? 역은 만물을 열어 보이고 업무를 완성시키므로, 천하의 도리를 포괄하니, 이와 같은 것일 뿐이다. 그러므로 성인이 그것으로써 천하의 뜻에 통하고, 천하의 업을 정하며, 천하의 의심스러운 점을 결단한다.

그러므로 시초의 덕은 둥글고 신비로워서, 괘의 덕을 방정하게 알려주고, 육효의 뜻을 변화로써 고한다. 성인이 이것으로써 마음을 씻고 은밀한 곳에 보관하는데, 길흉에 대해 백성과 같은 근심을 하면, 신비롭게 미래를 알려주고, 지혜롭게 과거를 저장케 한다. 그 누가 여기에 미치겠는가? 고대의 총명하고 슬기로워, 신비롭게 무력으로도 사람을 죽이지 않는 자 뿐이다. 이렇게 하늘의 도를 밝히고, 백성의 연고를 살펴서, 이에 신물을 일으켜서 백성 앞에서 사용한다. 성인이 이것으로써 몸을 씻고, 그 덕을 신묘하게 밝게 하는 것이다.

그러므로 문을 닫는 것을 곤이라 이르고, 문을 여는 것을 건이라 이른다. 닫고 열고 하는 것을 이를 변화라 이르고, 가고 옴이 막히지 않으니 이를 통한다고 한다. 들어내 보이면 상이라 하고, 형태를 만들면 기구라 하며, 만들어 활용하면 법이라 한다. 출입에 이용하여 백성이 모두 쓰는 것은 이를 신이라 한다.

그러므로 역에는 태극이 있고, 이것이 양의(음양)를 낳고, 양의가 사상을 낳고, 사상이 팔괘를 낳으니, 팔괘가 길흉을 정하고, 길흉이 대업을 낳는다.

그러므로 법칙을 삼고 상을 본뜸이 천지보다 큰 것이 없고, 변하고 통함이 사계절보다 큰 것이 없다. 상을 매달아 밝음을 나타내는 것은 해와 달보다 큰 것이 없고, 숭고하고 높은 것은 부귀보다 큰 것이 없다. 물품을 갖추어 사용하는 것에 이르며, 기구를

바로 완성해서 천하를 이롭게 만드는 것은, 성인보다 위대한 것이 없다. 그윽한 이치를 탐색하고 은밀한 것을 찾으며, 깊은 것에서 걸어 당기고 먼 것을 이르게 하여, 천하의 길흉을 정하고, 천하가 열심히 노력하도록 하는 것은 시초와 거북보다 큰 것이 없다.

그러므로 하늘에서 신물을 내니, 성인이 이를 법칙으로 하고, 하늘과 땅이 변화하니 성인이 이를 본받았다. 하늘이 상을 드리워 길흉을 나타내니, 성인이 이를 형상하였다. 하수에 도가 나오고, 낙수에서 서가 나오니, 성인이 이를 법칙 삼았다. 역에 4개의 본받음이 있음은 이를 보여주는 것이고, 말을 건 것은 알리는 것이며, 길흉을 정한 것은 판별하는 것이다.

[해설] 이 장은 천지를 본받아 聖人이 역을 만들고 괘효사를 걸었으니 모든 이치가 여기에 있다는 말과 함께 무엇으로 어떻게 역을 만들었는지를 말했다. 그런데 역시 짜임새가 없고 어지러워 節과 절, 句와 구의 연결이 잘 통하지 않는다.

먼저 공자의 묻는 말에 답하는 형식으로 엮으면서, 역은 모든 것을 포함하고 있다는 말을 했다. '冒'는 '덮다'이니, 모든 것을 포함한다는 뜻으로 번역했고, 여기서의 '以'도 '역으로써'의 뜻이다.

이어서 시초로 괘와 효를 만들었으니 이것이 미래를 알려주고 과거를 간직하게 한다. 이것을 성인이 활용할 수 있으므로 백성의 걱정을 든다. 이러한 성인의 훌륭함을 칭찬하면서 백성을 위해 시초로서 괘효를 만들어 백성을 살핌을 말했다. '圓而神'은 시초로 괘를 만드는 과정을 표현한 것으로써, 策數를 다양하게 변화시켜 음양의 부호를 만들어 가는 것을 말하는 것으로 보면 된다. '貢'은 '告'이고, '退藏於密'은 역을 안다고 자랑하지 않을 뿐만 아니라, 또 언어로는 다 표현하기가 어려우므로 마음 속 깊이 간직한다는 뜻이다. '古之聰明叡智, 神武而不殺者夫'는 결국 聖人을 말하는 것이다. '是興神物以前民用'은 성인이 백성의 연고를 살피기 위해서 백성들 앞에서 사용하니, '退藏於密'한 것을 실제로 보여준다는 뜻으로 이해하면 된다. 그래서 성인이 목욕재계하고 시초로서 괘효를 만들어 괘의 덕을 밝힌다는 뜻이 이어졌다. '以神明其德夫'의 '其德'을 '성인의 덕'으로 많이 보나, '괘효의 덕'으로도 볼 수 있다. 이 절의 표현이 너스레만 많고 깔끔한 맛이 없다.

다음의 3절은 역은 건곤으로 만들어 졌으며, 이를 이용하는 여러 분야를 말했다. 항상 열려 있는 문처럼 내보내는 하늘인 양과 이를 받아서 문을 닫고 저장만 하는 땅인 음이 열렸다 닫혔다하면서 변화를 일으키는데, 여기서 象과 器와 法이 만들어진다. 그런데 일반 백성들도 이를 이용하면 신과 같다. 곧 성인이라는 뜻이다. 闔戶와 入, 闢戶와 出이 서로 통하는 글귀이다. 그런데 이절이 어쩐지 앞 절과 어울리지 않는다.

이어서 음양의 변화가 태극으로부터 나와 팔괘가 만들어지고 이것이 큰 업을 이룬다고 했다. 이 절은 실마리의 생성문제를 논할 때 다룬 것으로 해설은 생략한다.223) 그런데 이 구절도 연결이 부드럽지 못하다.

그리고 다시 천지가 일으키는 큰 변화의 구체적인 현상을 밝히면서 이를 이롭게 활용하는 방법을 성인이 이끌어내었는데, '著龜'를 사용했고, 그 원리가 심오함을 말했다. 자연현상에서 法象·變通 등을 이끌어 내다가 말미에는 富貴에서 崇高를 이끌어낸 것이 엉뚱하고, 둘째 절에서는 著之德이라 말했으면서, 끝에 著에 龜를 첨가하여 말하고 있는 것도 좀 어색하다. '法象'은 법칙을 이끌어내는 모델을 말하고, '立成'은 '당장 완성하다'의 뜻이다. '鉤深'의 '鉤'는 '갈고리'를 말하니 '걸어 당기다'의 뜻이고, '亹亹'는 '열심히 노력하는 모습'이다.

그리고 마지막 절에서는 다시 하늘이 낸 신물 즉 著龜와, 천지의 변화, 하늘의 상, 하도와 낙서가 보여주는 것을 연구하여 역을 만들고, 말을 매어서, 길흉을 판단하게 한다고 했다. '易有四象'의 '象'은 '본받는 것'을 뜻하는 것 같은데 '四'는 무엇을 말하는지 애매하다. 著龜(하늘의 신물)·천지의 변화·天象 그리고 하도·낙서를 묶어 하나로 보고 말하는지, 아니면 = ======의 4상을 특별히 말하는지 애매하다.

易曰, 自天祐之, 吉无不利. 子曰, 祐者助也. 天之所助者, 順也, 人之所助者, 信也. 履信思乎順, 又以尙賢也, 是以自天祐之吉无不利也.

子曰, 書不盡言, 言不盡意, 然則聖人之意其不可見乎. 子曰, 聖人立象以盡意, 設卦以盡情僞, 繫辭焉以盡其言, 變而通之以盡利, 鼓之舞之以盡神.

乾坤其易之縕耶. 乾坤成列, 而易立乎其中矣, 乾坤毁, 則无以見易. 易不可見, 則乾坤或幾乎息矣. 是故形而上者謂之道, 形而下者謂之器. 化而裁之謂之變, 推而行之謂之通, 擧而錯之天下之民謂之事業. 是故夫象, 聖人有以見天下之賾, 而擬諸其形容, 象其物宜, 是故謂之象. 聖人有以見天下之動, 而觀其會通, 以行其典禮, 繫辭焉以斷其吉凶, 是故謂之爻.

極天下之賾者存乎卦, 鼓天下之動者存乎辭. 化而裁之存乎變, 推而行之存乎通. 神而明之存乎其人, 默而成之, 不言而信, 存乎德行.

역에 이르기를, 하늘로부터 도움이 있으니, 길하고 불리함이 없다고 했다. 공자가 말했다. 祐는 돕는 것이다. 하늘이 돕는 것은 유순한 자이고, 사람이 돕는 것은 신의가 있는 자이다. 신의를 이행하고 순종을 생각하며, 또 현인을 숭상하는 자이니, 이로써 하늘로부터 도움이 있으니 길하고 불리함이 없다는 것이다.

공자가 말했다. 글은 말을 다하지 못하고, 말은 뜻을 다하지 못한다. 그런즉 성인의 뜻을 알지 못할 것인가? 공자가 말하기를, 성인이 상을 세워 뜻을 다하고, 괘를 베풀어 참과 거짓을 다하고, 말을 매어 그 말을 다하니, 변하여 통해서 이익을 다하고, 두드리고 춤을 추면서 신명을 다한다고 했다.

223) 실마리 '역의 생성' 중 8쪽부터 참고하면 됨.

건곤은 역(이라는 옷)의 솜인가? 건곤이 열을 지으니 역이 그 가운데 서고, 건곤이 훼손되면 역이 드러나지 않는다. 역이 드러나지 않으면, 건곤도 아마 거의 사라질 것이다. 그러므로 초자연적인 현상은 道라하고, 물질적인 현상은 기물이라 한다. 변하는 것을 마름질하여 이를 변화라고 하고, 옮겨 다니며 행하는 것을 통함이라 하며, 천하의 백성들에게 바로잡아 행하게 하는 것을 사업이라 한다. 그러므로 상이란, 성인이 천하의 심오한 이치를 나타냄에 있어서, 그 형태와 모양을 헤아려, 그 물체의 마땅함을 본떴으니, 이를 상이라 한다. 성인이 천하의 움직임을 나타냄에 있어서는, 그 모이고 통함을 관찰하여, 조리와 법칙을 삼고, 말을 매어 길흉을 결정했으니, 이 때문에 이를 효(본받는다)라고 말한다.

천하의 심오한 이치를 다한 것은 괘에 존재하고, 천하의 움직임을 고무 진작시킨 것은 말에 존재한다. 변하는 것을 마름질한 것은 변화에 있고, 옮겨 다니며 행하는 것은 통함에 있다. (이를)신묘하게 밝히는 것은 사람에 달려있고, 침묵 속에도 이루어지고, 말하지 않아도 믿는 것은 덕행에 달려있다.

[해설] 이 장은 「繫辭 上」의 마지막 장이다. 주역의 내용과 그 작용을 말하고, 이를 알아내어 수양하면 덕행을 쌓는다는 말이다.

먼저 大有卦 上九 효사를 공자의 말로 풀이하면서, 하늘은 순하고 신의가 있으며 현인을 숭상하는 자를 돕는다고 했다. 上經 大有卦의 해당 효 풀이를 참조하기 바란다. 그런데 다음의 문장과는 직접 통하지 않는다. 그래서 주희도 잘못 들어간 것으로 보았다. 억지로라도 연결시켜야 한다면 다음에 말하는 주역을 익히면 이렇게 하늘도 돕는다는 뜻을 말한다고 보면 된다.

이어서 역에는 象과 卦와 辭가 있으니 사람은 이것에 따라 변하고 통하면 이롭고, 신난다는 말을 공자의 자문자답 형식으로 했다. '聖人立象~'부터는 역에 상, 괘, 사가 모든 것을 알려주므로, 다음의 '變而通之~'부터는 사람이 이를 활용하여 이익을 취하면 신명이 난다는 뜻이다. '以盡神'의 '神'은 '신명나다'의 '신명'으로 풀었다.

그리고 乾坤, 즉 음양으로 괘효가 만들어지니, 이것이 역의 핵심내용이고, 이것의 작용들을 말하면서 성인이 이를 헤아려서 역을 만들었다고 했다. 몇 번을 중복하면서도 上傳의 마무리로 또 강조하고 있다. '乾坤以易之緼耶'의 '緼'은 '솜'을 말한다. 옛날에는 옷을 만들 때 '솜'이 꼭 필요한 요소였기 때문에, 이를 비유해서 易의 핵심요소가 건곤임을 말하는 것으로 보았다. 이 건곤의 작용으로 역이 만들어졌고 만들어지지 않았다면 이 건곤작용의 나타남도 거의 인식할 수 없었을 것이다. 이런 뜻이 '或幾乎息矣'로 마침을 한 구절이다. 그리고 太極에서 음양의 兩儀로, 양의에서 4상으로 변하여 8괘가 이루어지니, 乾坤은 음양의 兩儀이므로 여기서 形而上인 '道'와 形而下인 '器'의 범주가 생긴다. 易은 이런 道와 器의 현상에서 '變通'하여 '業'

을 이루게 하는 것이라고 말했다. '化而裁之'는 변화하는 것을 알아냄을, '推而行之'는 통하도록 만듦을, '擧而錯之'는 사업이 펼쳐짐을 나타낸 표현인데, 앞의 道와 器를 이어서 '變, 通, 事業'의 뜻을 표현했다. '推'는 '옮겨 다니다'로, '擧'는 '바로잡다'로, '錯'은 '행할 조'로 풀이했다. 그리고 상과 효를 더 설명하면서 성인이 이를 만들었다고 했다. '象'은 괘에서 생기니 곧 괘를 말하고 있다. 여기의 '聖人有以見天下之賾'부터 '是故謂之爻'까지는 앞 8장의 첫 시작과 꼭 같은 문장이다.

끝으로 괘와 효는 변하여 통함을 알려주니, 사람이 이를 밝혀 활용하면 저절로 덕을 행하게 됨을 말했다. 괘와 辭를 풀이하고 여기에 있는 變과 通을 이어 설명함으로써 괘와 사에 변통이 있음을 알게 하고 있다. 그리고 이를 밝혀 활용하는 사람은 덕이 있게 된다는 말로 설명을 이었다. '存乎卦'와 '存乎辭'의 '卦'와 '辭'로 표현하여 풀이했으나, 辭의 내용에는 효사도 포함되니, '辭'로써 괘효사를 함께 설명한 것으로 본다. 이 장을 끝으로 「계사전 상」를 마침했다.

下傳

八卦成列, 象在其中矣, 因而重之, 爻在其中矣. 剛柔相推, 變在其中矣, 繫辭焉而命之, 動在其中矣. 吉凶悔吝者, 生乎動者也, 剛柔者, 立本者也, 變通者, 趣時者也.

吉凶者, 貞勝者也, 天地之道, 貞觀者也, 日月之道, 貞明者也, 天下之動, 貞夫一者也.

夫乾, 確然示人易矣, 夫坤, 隤然示人簡矣. 爻也者, 效此者也, 象也者, 像此者也. 爻象動乎內, 吉凶見乎外, 功業見乎變, 聖人之情, 見乎辭.

天地之大德曰生, 聖人之大寶曰位. 何以守位, 曰仁, 何以聚人, 曰財. 理財正辭, 禁民爲非曰義.

팔괘가 나열되니, 상이 그 가운데 있고, 인하여 거듭하니 6효가 그 가운데 있다. 강유가 서로 옮아 다니니, 변화가 그 가운데 있고, 말을 매어서 명하니, 움직임이 그 가운데 있다. 길하고 흉하며 후회하고 인색함은 행동을 낳는 것이고, 강유라는 것은 근본을 세우는 것이며, 변하여 통하는 것은 때를 좇는 것이다.

길흉이라는 것은 바름을 이겨내도록 하는 것이고, 천지의 도는 바름을 우러러보도록 하는 것이며, 해와 달의 도는 바름을 밝히는 것이니, 천하의 움직임은 바름 오직 하나인 것이다.

건은 확고하여 사람에게 쉬움을 보이고, 곤은 부드러워 사람에게 간략함을 보인다. 효라는 것은 이를 본받은 것이고, 상이라는 것은 이를 형상한 것이다. 효와 상은 괘의 안에서 움직이고, 길흉은 괘의 밖에서 드러나며, 공로와 일은 변화로 드러나고, 성인의 뜻은 (괘효의)말에 나타난다.

천지의 큰 덕은 (만물의)생육을 말하고, 성인의 큰 보배는 (귀한)자리를 말한다. 무엇

이 자리를 지키게 하는가? 어짊이다. 무엇이 사람을 모이게 하는가? 재물이다. 재물을 다스리고 말을 바로 하여, 백성이 그릇된 것을 하면 금지시키는 것이 의로움이다.

[해설] 「繫辭傳 下」의 첫 章이다. 이 장은 괘효의 변동에 따라 길흉이 생기므로 이에 따라 행동하게 만든다는 요지의 뜻을 말하면서, 마지막에 역을 공부하여 성인의 길로 나아가야 함을 강조했다. 그러나 이 장도 어쩐지 짜임새가 없어 연결이 깔끔하지 못하다.

먼저 小成卦 八卦가 중첩하여 만들어진 괘와 그에 붙여진 辭의 의미를 또 요약하여 말했다. '八卦成列'은 剛柔의 부호가 팔괘를 이룸을 말한 것이다. 이 팔괘가 중첩하여 64괘가 만들어져서 각 괘에 6효가 있게 되니, 이것이 변화를 말하고, 여기에 효사가 붙어져서 각종 점사들이 있으니 이에 따라 행동을 하게 된다는 말이다. '剛柔相推'는 6位의 한 위가 음양이 바뀌면 괘가 달라지는 변화를 말한다. 그러므로 이에 따라 효의 의미도 달라지므로 변화가 그 가운데 있다고 했다. 그리고 괘효의 원리와 의미를 말한 것이다.

이어서 결국 易은 '貞'을 말한 것이므로 이에 따라 행동해야 함을 말하고 있다. 貞은 '바름'의 뜻이다. '貞勝者也'는 길흉이 바름을 지켜내도록 한다는 뜻으로, '貞觀者也'는 사람이 바름을 우러러보게 하도록 한다는 뜻으로 보았다.

그리고 '乾'과 '坤'의 의미와 괘효와의 관계를 설명하고 있다. 건곤은 '易簡'이니, 괘효도 이를 나타내고 있다고 말하면서, 變化가 功業에까지 이르게 됨을 묶어서 설명한 것 같은데 의미가 확실하게 전달되는 맛이 없다. 먼저 건곤은 易簡인데 이를 '爻'와 '象'이 나타내고 있다고 했다. 象은 爻와 상대되는 의미로 쓰였으니 상은 괘로 보아도 된다. '確然'과 '隤然'은 서로 對가 되는 말인데, 隤然은 '유순한 모양'을 말한다. '效此者也'의 '此'는 이간을 말한다. 이어서 爻象에는 吉凶·變通·功業·聖人의 뜻이 있음을 말하는데 '見'이라는 자를 써서 함께 연결하여 통하도록 표현했다. '動乎內'의 '內'란 괘의 범주 안에 나타남을 말하고, '見乎外'의 '外'는 행동한 결과를 나타내고 있다.

마지막으로 사람은 역을 어떻게 공부하고 닦으면 성인이 되는지를 말하고 있는 것으로 보인다. 먼저 천지의 덕을 말하고 이어 성인의 지위를 말하였으니, 이것으로 천지와 성인이 같음을 말하는 것 같다. 성인은 어떻게 되는가? 仁·財·義로 백성을 이끌면 된다는 뜻인 것 같은데 좀 세속적인 맛이 난다. '曰仁'의 '仁'과 '人'은 통용됐다고 하니, 人으로 풀이하는 학자도 있다.

古者包犧氏之王天下也, 仰則觀象於天, 俯則觀法於地, 觀鳥獸之文, 與地之宜, 近取諸身, 遠取諸物, 於是始作八卦, 以通神明之德, 以類萬物之情.

作結繩而爲罔罟, 以佃以漁, 蓋取諸離. 包犧氏沒, 神農氏作, 斲木爲耜, 揉木爲耒, 耒耨之利, 以教天下, 蓋取諸益. 日中爲市, 致天下之民, 聚天下之貨, 交易而退, 各得其所, 蓋取諸噬嗑.

神農氏沒, 黃帝堯舜作, 通其變, 使民不倦, 神而化之, 使民宜之. 易窮則變, 變則通, 通則久, 是以自天祐之, 吉无不利. 黃帝堯舜, 垂衣裳而天下治, 蓋取諸乾坤. 刳木爲舟, 剡木爲楫, 舟楫之利, 以濟不通, 致遠以利天下, 蓋取諸渙. 服牛乘馬, 引重致遠, 以利天下, 蓋取諸隨. 重門擊柝, 以待暴客, 蓋取諸豫. 斷木爲杵, 掘地爲臼, 臼杵之利, 萬民以濟, 蓋取諸小過. 弦木爲弧, 剡木爲矢, 弧矢之利, 以威天下, 蓋取諸睽.

上古穴居而野處, 後世聖人易之以宮室, 上棟下宇, 以待風雨, 蓋取諸大壯. 古之葬者, 厚衣之以薪, 葬之中野, 不封不樹, 喪期无數, 後世聖人易之以棺槨, 蓋取諸大過. 上古結繩而治, 後世聖人易之以書契, 百官以治, 萬民以察, 蓋取諸夬.

옛날 포희씨가 천하를 통치하면서, 우러러서는 하늘에서 형상을 관찰하고, 꾸부려서는 땅에서 법칙을 관찰하여, 새나 짐승의 무늬를 살피면서, 땅의 마땅함과 함께하였고, 가까이는 몸에서 취하고, 멀리는 사물에서 취하여, 이에 비로소 팔괘를 만들었다. 이것으로써 신비롭고 밝은 덕에 통하도록 하면서, 만물의 본성을 분류했다.

노끈을 매어 그물을 만들어, 이것으로써 사냥하고 물고기를 잡았으니, 대개 離卦에서 취했다. 포희씨가 죽자, 신농씨가 일어나, 나무를 쪼개어 쟁기 날을 만들고, 나무를 구부려 쟁기를 만들어서, 쟁기로 김을 매는 이로움으로써, 천하를 가르치니, 대개 益卦에서 취했다. 한낮에 시장을 열어, 천하의 백성을 이르게 하고, 천하의 재물을 모아서, 교역하고 물러나, 각각 마땅함을 얻게 하였으니, 대개 噬嗑卦에서 취했다.

신농씨가 죽자, 황제 · 요 · 순씨가 일어나서, (시대의)변화를 통하게 하여, 백성들로 하여금 게으르지 않게 하면서, 신기하게 변화시켜, 백성들로 하여금 마땅함을 얻도록 했다. 역은 막히면 변하고, 변하면 통하고, 통하면 오래 가니, 이로써 하늘로부터, 도움이 있으니, 길하고 불리함이 없다. 황제 · 요 · 순은 의상만 드리워도 천하가 다스려졌으니, 대개 乾卦와 坤卦에서 취했다. 나무를 파서 배를 만들고, 나무를 깎아서 노를 만들어, 배와 노의 이로움으로 통하지 않는 것을 건너서, 멀리 이르게 하여 천하를 이롭게 하였으니, 대개 渙卦에서 취했다. 소를 복종시키고 말을 타서, 무거운 것을 끌고 멀리 이르게 하여, 천하를 이롭게 하였으니, 대개 隨卦에서 취했다. 문을 이중으로 하고 목탁을 치면서, 사나운 침입자를 대비하게 하였으니, 대개 豫卦에서 취했다. 나무를 절단하여 공이를 만들고, 땅을 파서 절구를 만들어, 절구와 공이의 이로움으로, 만민을 구제하였으니, 대개 小過卦에서 취했다. 나무에 활줄을 매서 활을 만들고, 나무를 깎아 화살을 만들어, 활과 화살의 이로움으로 천하에 위엄을 보였으니, 대개 睽卦에서 취했다.

오랜 옛날에 동굴에 있으면서 들에서 살았는데, 후세의 성인이 가옥으로 바꾸어서, 기둥을 올리고 지붕을 덮어, 바람과 비에 대비하였으니, 대개 大壯卦에서 취했다. 옛날의 장사지내는 것은, 섶나무로써 두껍게 옷을 입혀, 들 가운데 매장하고, 봉분도 없고

나무도 심지 않고, 喪의 기일도 숫자가 없더니, 후세 성인이 관곽으로 바꾸었으니, 대개 大過卦에서 취했다. 오랜 옛날에 (일의 輕重을)노끈을 매어 다스리더니, 후세 성인이 이를 문자로 바꾸어, 백관에게 다스리게 하고, 만백성이 살펴보게 한 것은, 대개 夬卦에서 취했다.

[해설] 이 章은 성인이 역을 언제 만들고, 이를 어떻게 생활에 활용하였는지를 말하고 있다. 먼저 역을 누가 어떻게 만들었는가? '包犧'라는 전설적인 사람이 하늘과 땅을 관찰하여 八卦의 형태를 만들었다고 했다.

그리고서는 포희와 그 다음의 '신농씨'가 역을 어떻게 생활에 활용하였는지를 '離, 益, 噬嗑卦'로서 그 예를 제시했다. 離卦, 益卦, 噬嗑卦의 풀이를 참고하면 이해가 갈 것이지만, 간단히 말하면 리는 '걸리다'의 뜻이 있고, 익은 '보탬을 주다', 서합은 '씹어 합쳐서 취하다'의 뜻이므로, 이의 뜻만으로도 설명과 연결이 된다.

이어서 '黃帝堯舜' 시대에는 시대의 변화가 있으나, 易은 궁하면 변하고 변하면 통하므로, 백성들로 하여금 이 변화를 따르게 하였는데, 그 예들을 들고 있다. '神而化之'는 시대의 변화와 이를 역과 조화시키는 것을 말하고, '使民宜之'는 그렇게 해서 백성들에게 마땅함을 얻도록 했다는 말이다. '垂衣裳而天下治'는 의상으로 상하의 계급을 나타내니 천하가 절로 다스려졌다는 뜻이다. 곧 의상으로 하늘의 높음과 땅의 낮음을 상징하였다는 뜻이다. 그리고 渙卦(䷺)는 上巽이 '나무'를 상징하고, 下坎이 '물'을 상징하니, 舟楫과 통함이 있다. 隨卦의 '隨'는 '좇다'의 뜻이니 소와 말을 사람의 뜻에 좇게 했다는 것이고, 豫卦의 '豫'는 '미리'라는 뜻이니 미리 예방하는데 이용했다. 모두 괘명의 뜻으로 괘를 이용했다. 小過卦(䷽)는 下艮의 작은 돌에 上震의 나무가 위에서 움직이니, 절구・공이와 통하고, 睽卦의 '睽'는 '어긋나다'의 뜻이니, 활을 뒤로 당겨 화살을 앞으로 나가게 하는 작용에 통한다. 木과 연결된 '斲'은 '쪼갤 착', '揉'는 '바로잡을 유(곧은 것을 구부리거나 구부려진 것을 바로잡음)' '刳'는 '팔 고', '剡'은 '깎을 염', '弦'은 '활줄을 매다'의 뜻이다.

계속해서 옛 성인들이 易을 생활에 활용한 예들을 말했다. 大壯卦의 튼튼하고 굳셈을 이용하여 가옥을 만들고, 大過卦(䷛)의 가운데가 두터운 상에서 장례의 후함을 이끌어 내었다. 夬卦는 '결단하다'의 뜻이니, 사람의 판단을 돕기 위해 문자를 만들었다는 말을 끝에 붙였다. '結繩而治'는 일의 크고 작음이나 물건의 많고 적음에 따라 노끈의 굵기나 매듭의 많고 적음으로 구별한 것을 말한다고 한다.

是故易者象也, 象也者, 像也. 彖者, 材也, 爻也者, 效天下之動者也. 是故吉凶生而悔吝著也.

그러므로 역이란 형상이고, 형상이란 본뜨는 것이다. 단사는 마름질한 것이고, 효

사란 천하의 움직임을 나타낸 것이다. 이 때문에 길흉이 생기고 후회와 인색함이 드러난다.

[해설] 이 장은 앞 장을 결산한 것이다. 간단하면서 앞 장과 연결되므로 전장에 붙여야한다는 설도 많이 한다.

역이란 천지변화를 형상한 것이고, 괘사는 괘의 덕을 말하고, 효사는 움직이는 변화를 말하므로 그것에서 '吉凶悔吝'이 생긴다는 뜻이다. 이런 뜻이 거듭해서 나오고 있다. '彖'은 彖辭이니, 곧 괘사이고 '材'는 '마름질 하다'의 뜻을 취했다.

陽卦多陰, 陰卦多陽. 其故何也. 陽卦奇, 陰卦耦. 其德行何也. 陽一君而二民, 君子之道也, 陰二君而一民, 小人之道也.

양괘는 음이 많고, 음괘는 양이 많다. 그 까닭은 무엇인가? 양괘는 홀수이고, 음괘는 짝수이기 때문이다. 그 덕행은 무엇인가? 양괘는 한 군주에 두 백성이니, 군자의 도이고, 음괘는 두 군주에 한 백성이니, 소인의 도이다.

[해설] 이 장은 八卦에서의 양괘와 음괘의 기본적인 구분을 말하고 있다.

팔괘의 형태는 ☰ ☱ ☲ ☳ ☴ ☵ ☶ ☷이니, 이 부호에서 설명이 이루어졌음을 알 수 있다. '耦'는 '偶'와 통용으로 '짝수'를 말한다. 그어진 획의 數(—은 하나, --은 둘)를 홀짝으로 나누면, '陽卦奇, 陰卦耦'이다. 또 순양 乾과 순음 坤 외에, 양괘는 '—'이 홀수고 음괘는 짝수다. 그리고 양은 군주고 음은 백성이니, '一君二民'은 다스려짐을, '二君一民'은 서로 얻으려는 상이므로 군자와 소인의 도로 나누었다.

易曰, 憧憧往來, 朋從爾思. 子曰, 天下何思何慮. 天下同歸而殊途, 一致而百慮, 天下何思何慮. 日往則月來, 月往則日來, 日月相推而明生焉. 寒往則暑來, 暑往則寒來, 寒暑相推而歲成焉. 往者屈也, 來者信也, 屈信相感而利生焉. 尺蠖之屈, 以求信也, 龍蛇之蟄, 以存身也. 精義入神, 以致用也, 利用安身, 以崇德也. 過此以往, 未之或知也, 窮神知化, 德之盛也.

易曰, 困于石, 據于蒺蔾, 入于其宮, 不見其妻, 凶. 子曰, 非所困而困焉, 名必辱, 非所據而據焉, 身必危. 旣辱且危, 死期將至, 妻其可得見邪.

易曰, 公用射隼于高墉之上, 獲之, 无不利. 子曰, 隼者禽也, 弓矢者器也, 射之者人也. 君子藏器於身, 待時而動, 何不利之有. 動而不括, 是以出而有獲, 語成器而動者也.

子曰, 小人不恥不仁, 不畏不義, 不見利不勸, 不威不懲, 小懲而大誡, 此小人之福也. 易曰, 屨校滅趾, 无咎. 此之謂也.

善不積不足以成名, 惡不積不足以滅身. 小人以小善爲无益而弗爲也, 以小惡爲无傷而弗去也, 故惡積而不可掩, 罪大而不可解. 易曰, 何校滅耳, 凶.

子曰, 危者安其位者也, 亡者保其存者也, 亂者有其治者也. 是故君子安而不忘位, 存而不忘亡, 治而不忘亂. 是以身安而國家可保也. 易曰, 其亡其亡, 繫于苞桑.

子曰, 德薄而位尊, 知小而謨大, 力小而任重, 鮮不及矣. 易曰, 鼎折足, 覆公餗, 其形渥, 凶. 言不勝其任也.

子曰, 知幾其神乎. 君子上交不諂, 下交不瀆, 其知幾乎. 幾者動之微, 吉之先見者也. 君子見幾而作, 不俟終日. 易曰, 介于石, 不終日, 貞吉. 介如石焉, 寧用終日. 斷可識矣. 君子知微知彰, 知柔知剛, 萬夫之望.

子曰, 安氏之子, 其殆庶幾乎. 有不善未嘗不知, 知之未嘗復行也. 易曰, 不遠復, 无祇悔, 元吉.

天地絪縕, 萬物化醇, 男女構精, 萬物化生. 易曰, 三人行, 則損一人, 一人行, 則得其友. 言致一也.

子曰, 君子安其身而後動, 易其心而後語, 定其交而後求. 君子脩此三者, 故全也. 危以動則民不與也, 懼以語則民不應也, 无交而求則民不與也, 莫之與則傷之者至矣. 易曰, 莫益之, 或擊之, 立心勿恒, 凶.

역에서 말했다. 동동거리고 갔다 왔다 해도, (역시)짝은 너의 생각을 따른다. 공자가 말했다. 천하가 무엇을 생각하고 무엇을 근심하겠는가? 천하에는 돌아오는 곳은 같으나 길은 다르고, 도달하는 것은 하나이나 염려하는 것은 백가지이지만, 천하가 무엇을 생각하고 무엇을 근심하겠는가? 해가 가면 달이 오고, 달이 가면 해가 오니, 해와 달이 서로 차례지어 바뀌면서 밝음이 생긴다. 추움이 가면 더움이 오고, 더움이 가면 추움이 오니, 추움과 더움이 서로 차례지어 바뀌면서 세월이 이루어진다. 가는 것은 굽히는 것이고, 오는 것은 펼치는 것이니, 굽히고 펼침이 서로 느껴 이로움이 생긴다. 자벌레의 굽힘은 펼침을 구하는 것이고, 용과 뱀의 겨울잠은 몸을 보존키 위해서다. 옳은 것을 정제하여 신묘한 경지에 들어감은, 쓰기를 다하고자 하는 것이요, 씀을 이롭게 하여 몸을 편히 하는 것은, 덕을 높이는 것이다. 이를 지나서 가는 것은 알 수는 없으나, 신묘함을 궁구하여 변화를 알아서, 덕을 성하게 하고자 하는 것이다.

역에서 말했다. 바위에 곤궁하고, 질려에 의지한다. 집으로 들어가도, 아내를 만나지 못하니, 흉하다. 공자가 말했다. 곤란할 것이 아닌데 곤란하면, 이름이 반드시 욕될 것이고, 의지할 것이 아닌데 의지하면, 몸이 반드시 위태롭게 되니, 이미 욕되고 또 위태로우면, 죽을 날이 장차 올 것인데, 처를 만날 수가 있겠는가?

역에서 말했다. 공이 높은 담 위에 있는 매를 활로 쏘아, 이를 잡으니, 이롭지 않음이 없다. 공자가 말했다. 매는 새이고, 활과 살은 무기이며, 쏘는 것은 사람이다. 군자가 몸에 무기[재간]을 지니고, 때를 기다려 움직이니, 무엇이 불리함이 있겠는가? 움직여도 막힘이 없으니, 이로써 나가면 획득하므로, 무기를 완성해서 움직이라는 말이다.

공자가 말했다. 소인은 어질지 않음을 부끄럽게 여기지 않고, 의롭지 않음을 두려워하지 않으며, 이익을 보지 않으면 힘쓰지 않고, 위엄이 아니면 징계하지 못하니, 작은 징계로 크게 경계하게 되면, 이것이 소인의 복이다. 역에서 말했다. 차꼬를 신겨서 발을 멸했으나 허물이 없다 했다. 이것은 이를 이른 것이다.

선이 쌓이지 않으면 이름을 이루기가 부족하고, 악이 쌓이지 않으면 몸을 망치는 데까지는 부족하다. 소인은 작은 선에는 이익이 없다고 행하지 않고, 작은 악에는 상하는 것이 없다고 버리지 않는다. 때문에 악이 쌓여 가릴 수 없고, 죄가 커져 해결할 수 없다. 역에서 말했다. 형구를 메고 귀를 멸하니, 흉하다.

공자가 말했다. 위태로울까 (염려)하는 자는 그 자리를 편하게 하려는 자이고, 망할까 하는 자는 그 생존을 보전하려는 자이며, 어지러울까 하는 자는 그 다스림을 유지하려는 자이다. 이런 까닭에 군자는 편하면 위태함을 잊지 않고, 존재하면 망함을 잊지 않으며, 다스려지면 어지러울 것을 잊지 않는다. 이로써 몸을 편안케 하고 국가를 보전할 수 있다. 역에서 말했다. 망할까 망할까하여 무성한 뽕나무에 맨다.

공자가 말했다. 덕은 박한데 지위는 높고, 지식은 적은데 꾀하는 것은 크고, 힘은 적은데 임무는 중하면, (禍에)미치지 않는 것이 드물다. 역에서 말했다. 솥이 다리가 꺾여, 공의 음식이 엎질러져, 그 몸이 젖었으니, 흉하다. 이는 그 임무를 이기지 못한 것을 말한다.

공자가 말했다. 기미를 아는 것은 神인가? 군자는 위와 사귀어도 아첨하지 않고, 아래와 사귀어도 깔보지 않으니, 기미를 아는구나! 기미라는 것은 움직임의 미미함이요, 길한 것이 먼저 나타나는 것이다. 군자가 기미를 알고 일하면, 하루를 기다리지 않는다. 역에 말했다. 돌같이 단단하여, 하루를 보내지 않으니, 바르고 길하다. 돌같이 단단하거늘, 어찌 종일을 쓰겠는가? 판단하면 알 수 있는 것을! 군자가 미세한 것을 알면 드러날 것을 알고, 부드러운 것을 알면 강한 것을 아니, 뭇 남자들의 바람이다.

공자가 말했다. 안씨의 자식이 이에(이 효사에) 거의 가까울까? 선하지 않는 것이 있으면 일찍 알지 않으면 안 되고, 그것을 알았으면 다시는 행하지 않았다. 역에서 말했다. 오래지 않아 회복하여, 재앙과 후회가 없으니, 크게 길하다.

천지의 기운이 자욱하면, 만물이 진하게 변하고, 남녀의 정기가 얽히면, 만물이 태어난다. 역에서 말했다. 세 사람이 행하면, 한 사람을 잃고, 한 사람이 행하면 벗을 얻는다. 이는 하나를 이루는 것을 말한다.

공자가 말했다. 군자는 몸을 편안히 한 후에 움직이고, 마음을 평이하게 한 후 말하며, 사귐이 완전해진 후에 구한다. 군자가 이 셋을 닦기 때문에 온전하다. 위험한데 움

직이면 백성이 함께하지 않고, 두려워하면서 말을 하면 백성이 응하지 않으며, 사귀지 않고 구하면 백성이 함께하지 않으니, 함께하지 않으면 상하게 되는 것에 이른다. 역에서 말했다. 보태주지 못하고, 혹 공격할 것이다. 마음가짐이 평상이 아니면, 흉하다.

[해설] 이 장은 공자가 효사를 어떻게 해석하는지를 예를 들어 보인 것이다. 예를 보인 까닭은 『주역』을 공부하는 사람에게 본보기를 보이기 위한 것이 아닌가 한다. 모두 11개의 효인데, 咸卦 九四, 困卦 六三, 解卦 上六, 噬嗑卦 初九와 上九, 否卦 九五, 鼎卦 九四, 豫卦 六二, 復卦 初九, 損卦 六三, 益卦 上九이니, 해당 經文에서 이미 인용한 것이니 모두 찾아서 참고하면 이해가 편할 것이다.

咸卦 구사의 文에 나오는 '屈信'은 자벌레 類의 이동이 屈信에 의하여 이루어지는데, 이를 인간사에까지 넓혀서 생각해야 할 것이다. '信'은 '伸'과 통용이다. '精義入神'은 잘 다듬어서 神의 경지에 들어감을 나타낸 표현이다.

解卦 상육의 文 중 '藏器於身'의 '器'는 기구의 활용을 의미하니, 사람의 '재간'을 나타내고 있다고 보면 된다.

鼎卦 구사의 문 중 '鮮不及矣'의 '鮮'을 '이것'으로 보면 '목적하는 바에 미치지 못한다'는 뜻이 되고, '드물다'로 보면 '화에 미치지 않는 것이 드물다'로 될 것인데 후자로 보았다.

復卦 초구의 문 중 '其殆庶幾乎'는 '殆'도 '거의, 가깝다'의 뜻이 있고, '庶'도 '가깝다'의 뜻이 있으며, '幾'도 '거의, 가깝다'의 뜻이 있어서 어떤 자를 어떻게 해석해야 할 지 모호하다. 여기서는 庶幾를 숙어 '거의 가까움'으로, 殆를 '이에, 곧'의 뜻을 취했다.

損卦 육삼의 문 중 '言致一也'의 '一'은 앞 구절의 '天地'와 '男女'처럼 음양이 합하듯이 일체가 됨을 나타내고 있는 것이다. '絪縕'은 '천지의 기운이 성한 모양'임.

益卦의 상구는 몸과 마음을 편하게 하고 사귄 후에 구하지 못했기 때문에 군자의 행위가 아니라는 말이다.

이상의 해설로 약하니 상하경의 효사를 참고하기 바란다.

子曰, 乾坤其易之門邪. 乾, 陽物也, 坤, 陰物也. 陰陽合德而剛柔有體. 以體天地之撰, 以通神明之德. 其稱名也, 雜而不越, 於稽其類, 其衰世之意邪.

夫易, 彰往而察來, 而微顯而闡幽. 開而當名辨物, 正言斷辭則備矣. 其稱名也小, 其取類也大, 其旨遠, 其辭文, 其言曲而中, 其事肆而隱. 因貳以濟民行, 以明失得之報.

공자가 말했다. 건과 곤은 역의 문이겠지? 건은 양물이고, 곤은 음물이다. 음양이 덕을 합하면 강유가 형체가 있다. 이것이 천지가 지어 만드는 본체이고, 이로써 신명의 덕에 통하는 것이다. 그 지어진 이름은, 여러 가지 섞여 있으나 (괘효사의 이치를)뛰어

넘는 것은 없으니, (이런 괘의)종류를 생각해 보면, 쇠퇴하는 세상의 의미가 아닐까?

역은, 간 것을 드러내어 오는 것을 살피며, 드러난 것은 세밀히 살피고 그윽한 것은 드러냈다. (이를)열어서 합당한 이름으로 사물을 분별하고, 말(괘효사)을 바르게 하고 (길흉의)사를 결정하여 구비했다. 그 지어진 이름은 적으나, 취한 종류는 많다. 그 뜻은 멀고, 말은 문채가 나며, 그 말은 굽었으나 중심이 있고, 그 일들은 펼쳤으나 은근한 데가 있다. (길흉)두 개로 인해서 백성의 행함을 구제하고, 잃고 얻음을 밝혀 이를 알리는 것이다.

[해설] 이 장은 괘효의 기본은 양인 乾과 음인 坤이고 이것이 섞여 만드는 것이 천지의 여러 변화이고 이를 괘효가 나타내고 있다고 말한다. 각 종 해설 서적에서 이 장의 번역이 세분해 보면 각가지이나 여기서는 다음의 의미로 보았다.

첫 절은 공자의 생각을 빌려 건과 곤이 역의 기본임을 말하고, 건곤으로부터 만들어진 괘를 살펴보면 쇠퇴하던 시기의 내용인 것 같다는 뜻이다. '陽物, 陰物'은 양기와 음기를 말한다. '德'은 음양의 성질이고, '體'는 '--과 —'의 형태를 말하는 것으로 보았다. '以體天地之撰'은 이 음양의 부호가 괘효를 만들어내는 본체이고, '以通神明之德'은 이렇게 만들어진 괘효가 신묘하게도 모든 이치에 통한다는 뜻으로 보았다. 그리고 여러 가지 괘명이 있지만 이런 이치 속에 있다. 그런데 이런 역의 내용을 살펴보면 殷 紂임금 때의 쇠퇴하는 시절에 지은 것이 아닌가 한다는 말로 끝맺음을 했다.

둘째 절은 역이 가진 의미들을 여러 각도에서 설명했다. 문장이 나타내고자 한 것은, 역은 세밀하고 자세하여 복잡해보이나 그 핵심은 분명하다는 것을 표현하고자 한 것 같다. '彰往察來'는 과거를 밝혀 미래를 알아내는 것으로, '微顯闡幽'는 드러난 것은 세밀하게, 숨어있는 것은 드러낸다는 뜻인데, 물론 드러내는 것은 세밀히 살피기 위해서 일 것이다. '開'는 前文에 설명한 이런 이치를 밝히는 것으로 보고, '正言'의 '言'은 '괘효사'를, '斷辭'의 '辭'는 '길흉의 말'로 보았다. '類'는 괘효가 나타내는 의미로, '文'은 말의 꾸밈으로, '曲'은 알기가 어려움을, '事'는 세상만사의 일들을, '貳'는 吉과 凶으로 나타나는 결과를 말하는 것으로, '報'는 '보고'의 의미로 보고 번역했다.

易之興也, 其於中古乎. 作易者, 其有憂患乎. 是故履, 德之基也, 謙, 德之柄也, 復, 德之本也, 恒, 德之固也, 損, 德之修也, 益, 德之裕也, 困, 德之辨也, 井, 德之地也, 巽, 德之制也.

履, 和而至, 謙, 尊而光, 復, 小而辨於物, 恒, 雜而不厭, 損, 先難而後易, 益, 長裕而不設, 困, 窮而通, 井, 居其所而遷, 巽, 稱而隱.

履以和行, 謙以制禮, 復以自知, 恒以一德, 損以遠害, 益以興利, 困以寡怨, 井以辨義, 巽以行權.

역이 흥한 것은 중고시대인가? 역을 지은 자는 우환이 있었는가? 이 때문에 리는, 덕의 기초이고, 겸은, 덕의 자루이고, 복은, 덕의 근본이고, 항은, 덕의 꿋꿋함이고, 손은, 덕의 수양이고, 익은, 덕의 여유로움이고, 곤은, 덕의 분별이고, 정은, 덕의 땅이고, 손은, 덕의 마름질이다.

리는, 화순하게 이르고, 겸은, 존귀하여 빛나고, 복은, 작으나 만물에 두루 미치고, 항은, (끝나고 시작함이)상호 돌아가도 싫증나지 않고, 손은, 먼저는 어려워도 후에는 쉽고, 익은, 오래도록 여유로워도 유명무실하지 않고, 곤은, 막혀도 통하고, 정은, 한곳에 있어도 베풂은 옮기고, 손은, 칭찬해도 은근하다.

리는, 행동을 온순하게 하는 것이고, 겸은, 예절을 만드는 것이고, 복은, 스스로 알아 하는 것이고, 항은, 덕을 오로지 하는 것이고, 손은, 해를 멀리하는 것이고, 익은, 이로움을 일으키는 것이고, 곤은, 원망을 적게 하는 것이고, 정은, 의로움을 두루 미치게 하는 것이고, 손은, 권한을 행사하는 것이다.

[해설] 이 장은 우환이 있을 때 처신하는 도리를 9괘를 들어 9덕으로 비유하여 3번 나누어 설명했다. 그래서 이를 九德三陳이라 한다. 우환이 있을 때 처신하는 도리를 보면 그가 덕을 얼마나 수양했는지 알 수 있는데, 履, 謙, 復, 恒, 損, 益, 困, 井, 巽卦에는 이에 합당한 가르침이 있음으로 이를 이끌어내어 설명한 것이다. 덕을 이끌어낼 수 있는 괘가 이렇게 많으니 주역은 우환에 대처하는 도리로 가장 좋은 것이므로 우환이 있었던 때에 지어진 것이 아닌가 한다는 말이 앞에 나온다.

'履'는 조심조심 한 걸음씩 나아가는 것이 禮의 의미가 있고, '謙'은 나를 낮추고 상대를 높이는 겸손, '復'은 근본으로 회복하는 것이면서 점점 자라나는 의미가 있다. '恒'은 변함없이 오래 계속하는 것, '損'은 남을 위해 내가 손해 보는 것, '益'은 이익을 달성하여 여유로운 것, '困'은 어려움을 견디는 것, '井'은 한 자리에서 여럿에게 베푸는 것, '巽'은 공손하게 거듭 명령하는 것으로 생각하면 三陳의 뜻이 이해가 갈 것이다. 이렇게 세 가지로 풀어보는 것은 하나의 괘를 여러 갈래의 방향에서 볼 수 있음을 보여준다. 그러니 다른 괘도 여러 각도로 생각해보라는 뜻인 것 같다.

'中古'는 역사의 시대구분에서 上古·中古·近古로 3분할 때의 '中古'이고, 중국에서는 殷·周를 말한다. 먼저 九卦가 덕의 무엇에 해당하는지를 설명했다. '德之柄'은 겸손으로 사람을 대해야 하니 마치 물건의 자루에 해당한다는 뜻이다. '德之辨'은 困의 곤란을 이겨낼 수 있느냐에 따라 덕의 유무를 변별한다는 뜻이고, '德之制'는 巽卦의 거듭하는 명령으로 덕의 규범을 다듬는 것을 말하는 것으로 보았다. 이런 식으로 각 괘의 의미하는 바와 덕을 연결하여 생각하면 이해가 될 것이다.

이어서 九德을 활용한 결과를 말하고 있다. '復, 小而辨於物'의 '辨'은 '遍'과 통용되었으니

'두루 영향을 미치다'는 의미이므로, 復卦는 양 하나가 가장 아래에 있는 것인데, 앞으로 둘 셋으로 점점 쌓여가니 작으나 만물에 영향을 미치는 것이다. '恒, 雜而不厭'의 '雜'은 '匝(돌다 잡)'과 통용됐으니, 종시가 서로 순환하는 과정을 말하는 것으로 보았다. '益, 長裕而不設'의 '設'은 韓康伯이 '虛設'이라 했으니, '유명무실하다'의 뜻으로 보았다. '井, 居其所而遷'은 우물은 한 곳에 있으나 여러 사람이 사용하므로 그 쓰임이 옮겨 다닌다는 뜻이다.

그리고 이어 이 九德을 또 다른 각도로 설명을 이었다. '復以自知'는 한 양의 회복은 때가 되면 스스로 알아서 행한다는 뜻으로 보았다. 損과 困은 내가 손해를 보고 곤란을 겪음으로 해서 害를 피하고 원망을 줄인다는 뜻이다. 이런 식의 덕이면 능히 우환을 이겨낼 수 있음을 말한 것이다. 이렇게 위의 시작하면서 말한 괘의 의미를 생각하며 연관을 지으면 이해가 갈 것이다. 그래도 이해가 안 가면 上下經에서 해당 괘를 다시 읽고 연관을 시켜보기 바란다.

易之爲書也, 不可遠. 爲道也屢遷, 變動不居, 周流六虛, 上下无常, 剛柔相易. 不可爲典要, 唯變所適. 其出入以度外內, 使知懼. 又明於憂患與故, 无有師保, 如臨父母.

初率其辭而揆其方, 旣有典常. 苟非其人, 道不虛行.

역이 책이 되었으니, 멀리할 수 없다. 도의 됨됨이 여러 번 옮기며, 변동하면서 가만 있지 않으니, 여섯 빈자리에 두루 흘러서, 상하가 상도가 없고, 강유가 서로 바뀐다. (그러니)일정한 법칙을 삼을 수 없고, 오직 변해 갈 뿐이다. 그 날고 듦으로 외괘와 내괘를 헤아리면, 두려움을 알도록 한다. 또 우환과 함께 연고를 밝히는데, 선생의 도움은 있지 않으나, 부모가 임하는 것과 같다.

처음 괘효사를 좇아 그 방향을 헤아리면, 이미 상도가 있다. 진실로 그 사람이 아니면, 도가 헛되이 행하지 않는다.

[해설] 이 장은 역이란 일정한 규칙이 없이 변하는 것이므로, 이를 담은 것이 易書이나, 그 책을 가까이해 연구하면 도를 깨우칠 수 있다는 내용인 것 같은데, 어쩐지 앞뒤의 절이 단절되는 느낌이다.

먼저 역은 변화임을 말하고 있다. 곧 變易을 강론한 것이다. '六虛'는 동서남북과 상하를 말한다고 보기도 하고, 효의 여섯 자리를 말한다고 보기도 하는데, 효의 6位로 이해하는 것이 구체적이라서 실감이 난다. 이 六位에 '剛柔'의 변화가 일정한 규칙이 없이 일어남을 말하고 있다. '其出入以度外內'의 '出'은 음양의 부호가 소성괘의 하괘에서 상괘로, '入'은 상괘에서 하괘로 움직이는 것을 말하고, '外'는 外卦 곧 상괘이고, '內'는 內卦 곧 하괘로, 음양이 오르고 내리며 효가 변하여 괘의 변화가 일어남을 말하는 것으로 보면 된다. 이런 변화를 살피면 '懼'를 갖게 된다는 말이 붙어 있다. 이어 역은 선생처럼 모르는 것을 가르쳐 주지는 않지만 알고 보면 부모와 같은 마음이라는 뜻을 말했다.

그리고 역의 괘효사를 살피고 헤아리면 일정한 규칙이 있음을 말했다. 易은 일정한 법칙이 없다고 강론하다가 典常이 있다고 하니 좀 어리둥절하나 그런대로 넘겨야 할 것이다. 그래서 易에는 不易의 논리도 있다는 것을 말하는 것 같다. '揆其方'의 '方'은 앞으로 행할 방향이나 방도를 말하는 것이다. 끝 구 '苟非其人~'의 '人'은 역의 이치를 깨우친 사람을 말하고, 이런 사람은 도가 헛되지 않는 다는 말이다.

易之爲書也, 原始要終以爲質也. 六爻相雜, 唯其時物也. 其初難知, 其上易知, 本末也. 初辭擬之, 卒成之終. 若夫雜物撰德, 辨是與非, 則非其中爻不備. 噫, 亦要存亡吉凶, 則居可知矣. 知者觀其彖辭, 則思過半矣.

二與四同功而異位, 其善不同. 二多譽, 四多懼, 近也. 柔之爲道, 不利遠者, 其要无咎, 其用柔中也. 三與五同功而異位, 三多凶, 五多功, 貴賤之等也. 其柔危, 其剛勝邪.

역이 책이 되는데, 시작을 추구하여 마침을 구해서 품질을 삼았다. 6효가 서로 섞였음은, 오직 때의 산물이다. 그 초효는 알기가 어렵고, 그 상효는 알기가 쉬우니, 근본과 맺음이기 때문이다. 초효의 효사는 헤아려야 하고, 마침(상효)은 이룸의 끝이다. 만약 섞여있는 물건(음양)에서 덕을 가리고, 옳고 그름을 판별한다면, 그 중효(2효에서 5효까지)가 아니면 갖출 수 없다. 아, 역시 존재하고 망하며 길과 흉을 구하면, 곧 거처를 알 수 있구나! 지혜로운 자는 괘사를 관찰하면, 생각의 반을 지나게 된다.

이효와 사효는 기능은 같으나 지위는 다르니, 그 착함도 같지 않다. 이효는 명예가 많고, 사효는 두려움이 많음은, (五爻에)가깝기 때문이다. 유효의 도 됨은 먼 것이 불리하나, 요지가 허물없음은, 그 쓰임이 유가 가운데 있기 때문이다. 삼효와 오효가 기능은 같으나 지위는 다르니, 삼은 흉이 많고, 오는 공이 많음은, 귀천이 등급 지어진 때문이다. (三・五位에)유는 위태하고, 강은 (임무를)이기겠지?

[해설] 이 장은 6효의 품질을 말한 장이다. 먼저 初爻와 上爻이다. 초효는 시작이니 헤아리기가 어렵고, 헤아림이 이루어졌으면 상효는 생각한대로 마치게 된다. 그러므로 괘사의 뜻을 알면 효의 흐름을 반 이상은 알 수 있다는 뜻이다. 물론 그 사이의 中爻에서 구체적인 것이 나오니 완전하게 된다. '原始要終'의 '原'은 '(근원을) 추구하다'로 '要'는 '구하다'로 보면 된다. '六爻相雜'의 '相雜'과 '若夫雜物'의 '雜'은 '음양이 섞인 것'을 말한다. '時物'의 '時'는 6위가 나타내는 '時', '物'은 음과 양을 말한다고 했다. '卒成之終'의 '卒'은 '上爻'를, '其中爻'의 '中爻'는 二 三 四 五爻다.

이어서 中爻인 二, 三, 四, 五爻를 柔位인 二와 四, 剛位인 三과 五로 나누어 初와 上爻에

이어 그 질을 말했다. '同功'의 '功'은 쓰이는 역할을 말하니 '기능'으로 번역했다. 각각 柔位로써의 기능은 같으나 처한 위치가 다르다는 말이다. '近也'는 五爻인 君位에 가까움을 말한다. '柔之爲道'부터 '其用柔中也'까지는 二爻를 더 설명한 것이다. '不利遠'은 柔의 성질이 순하고 따르는 것이므로 가까이 있는 것이 이롭고 멀리 떨어져 있는 것은 불리하다는 뜻이다. 이 절의 '要'는 '要旨'의 뜻이니, 二爻가 대개 无咎함의 뜻이 되고, 무구한 것은 柔이지만은 중심에 있기 때문이라는 말이 '其用柔中也'이다. 이어서 三과 五位의 설명을 이었다. 말미의 '其柔危, 其剛勝'의 '其柔'와 '其剛'은 三과 五位에 음이 있을 때와 양이 있을 때를 말한 것이다. 양이 있으면 正位고 유가 있으면 부정위가 된다. 대체로 '危'하고 '勝'하지 반드시 그런 것은 아니므로 의문문으로 나타냈다.

易之爲書也, 廣大悉備. 有天道焉, 有人道焉, 有地道焉. 兼三才而兩之, 故六. 六者, 非它也, 三才之道也. 道有變動, 故曰爻, 爻有等, 故曰物. 物相雜, 故曰文, 文不當, 故吉凶生焉.

역이 책이 되면서, 광대하게 다 갖추었다. 천도도 있고, 인도도 있으며, 지도도 있다. (천지인의)삼재를 겸하고 이를 각 둘씩 하였으니, 그래서 여섯(자리)이다. 육위라는 것은 다른 것이 아니고, 삼재의 도이다. 도는 변동이 있으니, 때문에 효(본받음)라 부르고, 효는 차등이 있으니, 때문에 物象(물의 상태)이라 부른다. 물상은 (음양이)서로 섞이니, 때문에 무늬라고 부르고, 무늬에는 부당한 것도 있으니 때문에 길흉이 생긴다.

[해설] 이 장은 효는 육효로 되어 있는데, 아래에서부터 2효씩 묶어 地人天의 三才를 의미하고, 각 位는 차별과 길흉이 있다는 뜻을 나타냈다.

'三才而兩之'는 六位가 아래 두 자리는 땅, 중간의 두 자리는 사람, 위의 두 자리는 하늘을 상징하는데, 이들이 각각 두 자리씩이라는 뜻으로 '兩之'를 보았으나, 상하 소성괘의 두 괘를 이른다고 보아도 될 것이다. '曰爻'의 '爻'는 '效(본받다)'이니 그래서 爻라 이른다는 뜻이고, 효에는 위치에 따라 등급이 있으니, '等'이 쓰였고, 이 등급에 따라 물에는 차이가 있으니, '物' 각각의 상태를 말하는 것으로 보고 '물상'으로 번역했다. '文不當'은 당연히 '文當'과 '文不當'이 함께 묘사된 것으로 보아야 한다. 곧 '文當'은 '吉', '文不當'은 '凶'이 될 것이다.

易之興也, 其當殷之末世, 周之盛德邪. 當文王與紂之事邪. 是故其辭危. 危者使平, 易者使傾, 其道甚大, 百物不廢. 懼以終始, 其要无咎. 此之爲易之道也.

역의 흥함은, 은의 말세에 해당하면서, 주가 덕이 성한 때이겠지? 문왕과 주의 일에 해당하겠지? 그러므로 그 말이 위태롭다. 위태로운 것은 편하도록 하고, 쉬운 것은 기

울어지게 하니, 그 도가 매우 커서, 백물을 폐하지 않는다. 두려움으로써 시작하고 마치니, 중요한 것은 무구이다. 이것이 주역의 도가 되는 것이다.

[해설] 『주역』은 세상이 바뀌는 시기에 만들어져 그 辭가 위태하니, 이를 공부하는 사람은 '危'를 피하고 '无咎'를 추구하는 것에 있다는 말을 했다. 殷 천자인 紂로부터 周 文王은 극도로 위태로운 상황이었기 때문에 辭가 위태하고 두려움이 많다는 말을 하고 있다. '危者使平, 易者使傾'은 서로 對가 되는 것을 다 갖추었다는 말이다. '危'와 '平', '易'와 '傾'이 서로 반대의 상황이고, '危'와 '傾', '平'과 '易'가 서로 통하는 자이다. 그러니 역의 도가 커서 모든 사물과 사태를 이어갈 수 있게 한다는 말을 했다. '其要无咎'는 『周易』에서 중요하게 여기는 것은 '无咎'이니, 공부하는 사람은 이를 추구해야 한다는 뜻이다.

夫乾, 天下之至健也, 德行恒易以知險. 夫坤, 天下之至順也, 德行恒簡以知阻. 能說諸心, 能研諸[侯之]慮, 定天下之吉凶, 成天下之亹亹者. 是故變化云爲, 吉事有祥, 象事知器, 占事知來. 天地設位, 聖人成能, 人謀鬼謀, 百姓與能.

八卦以象告, 爻象以情言, 剛柔雜居, 而吉凶可見矣. 變動以利言, 吉凶以情遷. 是故愛惡相攻而吉凶生, 遠近相取而悔吝生, 情僞相感而利害生. 凡易之情, 近而不相得則凶, 或害之, 悔且吝.

將叛者其辭慙, 中心疑者其辭枝, 吉人之辭寡, 躁人之辭多, 誣善之人其辭游, 失其守者其辭屈.

(陽剛인)건은 천하의 지극한 굳셈이니, 덕행은 항상 쉬우나 이로써 어렵고 험난함을 안다. (陰柔인)곤은 천하의 지극한 순함이니, 덕행은 항상 간략하나 이로써 가로 막힘을 안다. 능히 마음을 기쁘게 하고, 능히 [제후의] 근심함을 연구하여, 천하의 길흉을 정하였으니, 천하가 힘쓰고 힘쓰도록 만들었다. 그러므로 변화함이 있음에, 길한 일은 복이 있고, 형상화된 일은 기구를 알려주고, 점친 일은 올 것을 알려준다. 천지가 (존비귀천의)자리를 베푸니, 성인이 공을 이루어, 사람이 귀신의 책략을 헤아리게 하니, 백성들도 함께한다.

팔괘로써 상을 알리고, 爻辭와 卦辭로써 사물의 정상을 말하니, 강유(의 부호)가 섞여있는 가운데 길흉을 볼 수 있다. 변동은 이로움을 말해주니, 길흉은 (변동의)상황에 따라 옮겨간다. 그러므로 사랑과 미워함이 서로 공격하여 길흉이 생기고, (應·比의)멀고 가까운 것이 서로 취하여 후회와 인색함이 생기며, 참과 거짓이 서로 감응하여 이로움과 해로움이 생긴다. 무릇 역(卦爻)의 정황은 가까우면서도 서로 얻지 못하면 흉하고, 혹 해를 입거나, 후회나 인색함이 된다.

장차 배반할 자는 그 말이 부끄럽고, 마음 가운데 의심이 있는 자는 말이 가지가 여럿 있고, 길한 사람의 말은 적고, 조급한 사람의 말은 많으며, 착한 사람을 중상하는 사람은

그 말이 이리저리 옮겨 다니고, (직무의)지킴을 잃은 사람은 그 말이 도리에 어긋난다.

[해설] 「계사전」의 마지막 장이다. 그런데 이 장도 절과 절의 짜임새가 없어 조잡하고 그 의미도 모호하다. 呂紹綱은 후세 사람이 끼워 넣은 것으로 의심했고, 이 장의 풀이도 생략했다. 그런대로 구절을 만들어 단락을 지으면서 풀이를 해본다.

전체의 내용은 다시 한 번 '乾'과 '坤'의 성질을 말하면서 이것이 易의 근본임을 강조하고, 성인이 이를 궁구하여 역을 만들었는데, 그 내용을 비유적으로 말하면 사람의 인품에 따라 말이 다르듯이 역도 만사 모두를 포괄했다는 내용인 것 같다.

먼저 건곤이 易簡의 덕을 가졌음을 말하고, 이것이 어울려 일으키는 현상을 연구하여 성인이 易을 만들고, 이런 성인의 공으로 역을 모두에게 사용하게 했다는 말이다.

'易以知險'과 '簡以知阻'는 '易'와 '簡'을 행하면 그 반대가 되는 '險'과 '阻'도 알게 된다는 뜻으로 보았다. '能硏諸[侯之]慮'의 '侯之'는 모두가 衍文으로 보고 있다. '成天下之亹亹者'는 모두가 역을 공부하려고 힘을 써야한다는 뜻이다. '變化云爲'의 '云'은 黃壽祺가 '有'로 해석된 例들을 들어 보이고 '有爲'로 보았으므로 '有爲'가 더 마땅해 보여 이를 따랐다. '聖人成能'은 '能'을 '실행'의 명사로 보고, 성인이 功을 이루었다는 뜻으로 의역했다. 곧 성인이 역을 만들었다는 뜻이다. '人謀鬼謀'의 번역은 성인이 역을 만들었기 때문에, 사람이 귀신이 행하는 것 같은 천지의 변화(鬼謀)를 헤아리게 되었다는 뜻으로 푼 것이다.

이어서 괘효가 만들어지고, 그것에서 비롯하는 여러 가지의 득실이 있음을 설명하고 있는데, 도출된 어휘들의 근거가 일관성이 없다. 그런대로 설명을 하면 다음과 같다.

팔괘가 알리는 상으로 괘효사를 이해할 수 있고 여기에 길흉이 있다는 뜻을 먼저 말했다. 이어진 '變動以利言, 吉凶以情遷'은 변동에 따라 길흉도 옮겨 다니므로, 변동의 이로움을 밝혀내야 한다. 그래서 '변동은 利를 말하는 것'이 된다고 했다. 이 '變動'은 육효의 상호관계와 변화로 나타나고, 여기서 吉凶悔吝利害가 생긴다는 뜻을 이어갔다. 곧 '是故愛惡相攻~' 이하의 구절들이다. 효와 효의 관계로 여러 현상들이 일어나는데, 이에 따라 '吉凶悔吝利害'도 일어남을 말한 것이다. 같은 위치 같은 성질의 효가 괘에 따라 다르고, 같은 괘 안에서도 上下·應比에 따라 그 작용이 각가지임을 말하고 있는 것 같다. '愛惡' '遠近' '情僞'의 상대되는 개념으로 괘와 효의 여러 가지 상황으로 상반되는 점사들이 있게 됨을 말하는 모양인데, '遠近'의 뜻하는 바는 짐작이 가나 다른 것들은 너무 관념적이다. '遠近'은 應爻는 멀리 떨어져 있고, 比爻는 바로 옆에 가까이 있음을 말한 것으로 보인다. 그런데 반드시 應爻와 比爻로서 悔吝이 생긴다는 뜻은 아니고, 변동의 예를 들어서 그런 가운데 悔吝도 생긴다는 뜻일 것이다. 이어진 '凡易之情, 近而不相得則凶'은 성인이 역을 만들어 괘효사를 붙여 놓았기 때문에 우리에게 가깝게 있지만, 이를 해득하지 못하면 곧 흉하고 해로움을 입는다는 뜻으로 볼 수도 있고, 가까이 있는 比爻라도 친비가 아니거나 부정위하면 좋은 점사가 없다는 말인지 명확하지 않다.

마지막 절은 사람들의 품성을 6가지로 나누어 그 품성에 따른 말의 나타남을 말했다. 아마도 卦爻辭도 이와 같다는 의미인 것 같다.

'失其守者'는 직무를 계속 수행하지 못하는 사람을 말한다고 보았다.

이상이 「계사전」이다. 章과 장, 節과 절이 짜임새가 없고, 이 장 저 장에 중복되는 의미의 글들이 있어 깔끔하지 못하고 어지럽지만, 대체로 공자학파가 『주역』을 어떻게 보고 어떻게 활용하고 있는가는 이해할 수는 있을 것이다. 이런 관념으로 『주역』을 이해하면서, 우리들은 공자처럼 오늘의 세태를 바르고 선한 방향으로 나아갈 수 있도록 적용하고 활용하는데 힘써 노력해야 할 것이다.

이현규 李玄揆

1962년 3월 경남고등학교 졸업

1966년 3월 서울대학교 사범대학 교육과 졸업

1968년 8월 (주)중앙일보 동양방송 PD 입사

1980년 12월 한국방송공사(KBS)로 통합 PD직 계속

1995년 7월 연세 언론홍보대학원 신문방송고위과정 수료

2002년 9월 KBS 심의위원으로 정년

2000년부터 현재까지 '周易' 연구 계속

다시 펴지는 햇살 周易

초판 1쇄 인쇄 • 2014년 1월 16일
초판 1쇄 발행 • 2014년 1월 20일

譯 解 • 李 玄 揆
발행인 • 박 성 복
발행처 • 도서출판 월인
서울시 강북구 노해로25길 61(수유2동 252-9)
등 록 • 제6-0364호
등록일 • 1998년 5월 4일
전 화 • (02) 912-5000
팩 스 • (02) 900-5036

www.worin.net

ISBN 978-89-8477-555-8 93810

값 35,000원